U0139018

2020年02月最新版

兒少法規

附兒少保護法律體系導讀

林士欽 編著

五南圖書出版公司 印行

兒少法規　凡　例

一、本書輯錄現行重要法規凡109種，名為兒少法規。

二、全書分為憲法、國際法、與曝險兒少有關之法規、與非行兒少有關之法規、與兒少被害人有關之法規、附錄等六大類，於各頁標示所屬類別及收錄各法起訖條號，方便檢索。

三、本書依循下列方式編印

　　㈠法規條文內容，悉以政府公報為準。為服務讀者掌握最新之法規異動情形，本書亦收錄已由立法院三讀通過，尚待總統公布之法律條文，並於該法之法規沿革中明白註記立法院三讀完成時間。

　　㈡法規名稱下詳列制定沿革。

　　㈢「條文要旨」，附於各法規條號之後，以（　）表示。

　　㈣法規內容於民國90年後異動者，於「條文要旨」後以「數字」標示最後異動之年度。

　　㈤法條分項、款、目，為求清晰明瞭，項冠以浮水印①②③數字，以資區別；各款冠以一、二、三數字標示，各目冠以㈠、㈡、㈢數字標示。

四、書後附錄司法院大法官解釋文節錄。

五、本書輕巧耐用，攜帶便利；輯入法規，內容詳實；條文要旨，言簡意賅；字體版面，舒適易讀；項次分明，查閱迅速；法令異動，逐版更新。

兒童及少年保護法律體系導讀

兒少保護法律能否澈底發揮功效
除了仰賴資源與跨領域人才充分投入前端執行面外
在後端尚需要一套完整的體系理論協助建構妥適性的法規內涵

一、幾個概念的釐清

（一）未成年人VS兒童及少年

在羅馬時期，由於未成年的概念尚未產生，故對於成年人與未成年人的區分，是以物理體態（即以身高體重等外在物理特徵來區分成年人與未成年人）作爲標準，基此，今日所使用的「成年人」一詞在當時是使用「大」人，「未成年人」則是「小」大人（adulte en miniature），這樣的稱呼一直持續到了17、18世紀才有所改變，造成改變的原因源自對小大人觀察方式的轉變，即從外在（客觀、物理）進入到內在（主觀、心理），因而發現大人與小大人並非僅有身高體重等外在差異而已，更及於內在心理層面，故揚棄「小大人」一詞，取而代之的則是未成年人（mineur）的概念。依照當時的看法，所謂「未成年人」是指正在發展中且帶有自身需求之成人（adulte en devenir ayant des besoins propres）。前述所謂發展中，是指從出生到成年前的階段，此一階段，稱之爲未成年期（minorité）。如何界定成年，則因國而異。

在法國，民事、刑事成年均界定爲18歲（法國民法第144條、第388條與第414條；1906年4月12日與刑事成年18歲有關之法律第1條loi du 12 avril 1906 sur la majorité pénale à 18 ans），至於對未滿18歲之人之稱呼，則混用「未成年人」（mineur）與「兒童」（enfant）兩個詞彙，儘管如此，在年齡界限法律規範一致的情況下，並無任何問題，且使用上有其脈絡可循。在法國民法的範疇，談論到家庭，尤其是涉及親子關係（filiation）、親權（autorité parentale）之規定時，「兒童」一詞是被偏好使用的，因爲兒童一詞的法文詞義帶有直系卑親屬之意涵，使用上比「未成年人」一詞較爲洽當；法國刑法則偏好「未成年人」的用語，這是因爲「未成年人」的定義明確（18歲以下），較之「兒童」一詞更能合乎構成要件明確性之要求。

在國際間，兒童權利國際公約（下稱「兒權公約」）第1條以

18歲爲界線，對於未滿18歲之人，公約均以兒童稱之，沒有使用成年或未成年的概念。

在我國，成年的界定因民刑法而有所不同。民法將財產法上的成年界定在20歲（民法第12條），身份法上的成年則男性爲18歲、女生爲16歲（民法第980條）。刑法則將成年界定在18歲（刑法第18條）。在法定年齡界限以下之人，便稱之爲「未成年人」，除此用語外，我國法尚有使用「少年及兒童」（下稱「兒少」）的稱呼。依照兒童及少年福利與權益保障法（下稱「兒少福法」）第2條之規定，少年係指「12歲以上未滿18歲之人」，兒童則指「未滿12歲之人」。相同的少年定義，還可以在少年事件處理法（下稱「少事法」）第2條找到。

由於民法與兒少福法在年齡界限上的不一致，導致18歲以上未滿20歲的民事未成年人，不構成兒少福法所稱之兒少，因而無法享有兒少福法所提供之保障，甚而可能產生規範衝突的情況，例如兒少福法第3條與民法第1084條第2項均對父母親課以對子女的保護教養義務，惟在年齡界限法律規範不一致的情況下，父母對於18歲以上未滿20歲之子女的保護與教養義務，到底應該適用兒少福法第3條之規定予以排除，還是依據民法第1084條第2項之規定必須承擔，則會產生疑義。

另刑法不罰未滿14歲之無責任能力人之觸法行爲，然而少事法卻將適用對象界定在12歲以上未滿18歲之少年，致使無責任能力人所爲觸法行爲之處遇被割裂適用，亦即12歲以上未滿14歲之無責任能力觸法少年適用少事法所定之司法保護程序，而未滿12歲之無責任能力觸法兒童，依108年5月修正前少事法第85條之1之規定，本亦適用相同程序處遇，惟108年5月少事法修正刪除第85條之1之規定，刪除理由謂此舉係爲因應我國兒童權利公約首次國家報告結論性意見第96點第1項，即「依《兒童及少年福利與權益保障法》、而非《少年事件處理法》處理14歲以下觸犯刑罰法令的兒少」，惟前開條文之刪除並不當然得出7歲以上未滿12歲之觸法兒童必然適用兒少福法之結論，因爲刑事訴訟法第1條第1項明定「犯罪，非依本法或其他法律所訂之訴訟程序，不得追訴、處罰」，兒少福法並非程序法，不屬前開條文所稱之「其他法律」，是以觸法兒童即便排除適用特別法少事法，也無法適用兒少福法，只能回歸適用普通法，即刑法及刑事訴訟法。換言之，在少事法第85條之1被刪除的情況下，觸法兒童之行爲仍須依刑法、刑事訴訟法之規定進行實體及程序上之處理，亦即由檢察機關及刑事法院來認定觸法兒童欠缺責任能力不構成犯罪，並依刑法第86條第1項之規定得對其施以感化教育，至學校或社政機關則無權自行認定該觸法兒童因欠缺責任能力不罰而不予告發（刑事訴訟法第240條、第241條），兒少福法

也不會因為少事法第85條之1的刪除即當然優先刑法刑訴適用，因此，如果要對觸法兒童採取行政保護，只刪除少事法第85條之1並不足夠，還必須要在兒少福法中訂定配套機制方屬足夠。又在現行法規之下，觸法兒童亦有適用兒少福法之空間，但這必須是當觸法兒童本身危險的情況下，亦即觸法兒童遭逢兒少福法第56條或第62條所定之情形，方有適用之餘地，惟上述法條之規範目的並不在於處理兒少觸法行為，而是在協助兒少脫險，兩者不可混淆。

（二）行政保護VS司法保護

對於兒少的保護，以危險發生為界，可以區分為危險發生前之預防與危險發生後之治療處遇兩方面。這兩項任務該如何分配權責機關，關鍵點在於任務執行過程是否涉及基本權如人身自由（憲法第8條）或家庭權（兒童權利公約第9條、兒童權利公約施行法第2條）之侵害，如果有時，應交由司法機關負責，否則，便該交由行政機關負責。一般而言，危險發生後的治療處遇，不論是具有刑事性質之訓誡、保護管束、感化教育或有期徒刑（少事法第42條），抑或非刑性質之（緊急）安置（兒少福法第56條、第62條），皆或多或少會涉及基本權侵害，故應將將遭遇危險之兒少交由負責人權守護之司法機關，由其決定最適切地回應，至危險發生前的預防階段，考量行政行為的積極主動性格且在無涉基本權侵害的狀況下，允宜由行政機關負責預防危險產生在兒少周圍，倘行政機關預防成效良好，能有效避免兒少曝險，則進入司法保護範圍之兒少數量勢必大為減少，故行政保護可說是兒少保護之攔沙壩。

行政、司法在兒少保護之分工

危險預防
行政保護
行政決定
行政執行

危險發生

危險處理
司法保護
司法決定
行政執行

弱勢家庭

曝險兒少

非行兒少

兒少被害人

1.法國法

在法國，危險發生前，係由行政機關從預防的角度出發來協助困頓家庭，藉以達到兒童保護之目的。參與預防的行政機

關，在省的層級，分別是社會處（service départemental d'action social）、婦幼保護處（service de protection maternelle et infantile；簡稱「PMI」）以及兒童社會協助處（service de l'aide sociale à l'enfance；簡稱「ASE」）。他們協助之方式有二，一是提供家庭資源（主要是透過補助的方式），另一則是教導家庭所需之知識或能力。國家級的兒童保護機關則是教育部，其在兒少保護方面的主要工作項目與在學兒童之健康（就學前係由婦幼保護處負責）以及學齡兒童缺課之預防有關。

危險發生後之階段，法國法採取「司法機關決定、行政機關執行」的模式，交由司法機關決定之考量與人權維護有關。蓋當未成年人曝險、觸法或被害時，要回應未成年人之處境，不論是採取教育機構安置、收容或要求未成年人履行特定義務，都難以避開對未成年人基本自由或權利的干預，哪怕是最輕微的訓誡，未成年人的自由也會受到一定程度的限制。而這些干預之做成，首依法國憲法第66條第2項之規定：「個人自由即屬於法官保留之事項」；復依兒權公約第9條之規定：「1.國家應注意勿違反兒童意願地分離兒童與其父母，除非有權機關認定此項分離合於兒童最佳利益，惟此項分離應受司法審查且合乎相關法律與程序之規定。2.在1之情形，所有關係人均有機會參與評議並陳述意見。」皆必須有司法機關之參與。因此，本於上述規定，法國立法者又採取「司法保護」模式，要求法官在危險發生後介入，一方面保障當事人聽審權，以便合於兒權公約之規定；另方面則呼應憲法之要求，由守護人身自由的法官來思考最適切於未成年人保護之法律回應，至於此一關乎兒少回應的後續執行，由於需要社工、心理諮商、精神、教育等跨領域協助，而司法機關並不職掌這些領域，因此需要設立一個統籌的行政機關，有效協調與指揮其他不同領域之專業人士參與司法判決之執行，法國斯有少年司法保護署（direction de la protection judiciaire de la jeunesse）之設。該署隸屬於法國法務部，被定性為司法助手，負責協助司法兒少決定之做成與執行。

2. 我國法

在我國，危險發生前，也同樣是由行政機關負責協助脆弱家庭（原使用「高風險家庭」一詞），主要的主政的機關乃是衛福部；危險發生後，少事法對於非行少年係採取法官保留原則，該法主管機關為司法院，其他如少年福法、兒少性剝削條例則以行政先行、司法其次的模式為主，這兩部法令之主管機關則為衛福部。

從法規主管機關的角度視之，司法保護與行政保護的區分似乎很明顯，但細究法規內容，則並非如此。兒少福法與兒少性剝削條例所採取的行政先行模式，授權行政機關以保護之名取代司法

機關進行不合比例之自由干預，顯然違反憲法第8條正當法律程序之規定，因為即使是犯罪嫌疑人，依憲法第8條第2項之規定，檢警機關至多也只能限制其人身自由24小時（不含在途期間等法定障礙事由），為何對於沒有觸犯刑法之兒少，如兒少福法第57條（針對曝險兒少）、兒少性剝削條例第16條（針對兒少被害人）竟可以容許行政機關決定緊急安置72小時，或者說是限制自由長達72小時之久，甚至不受司法審查，顯然不合比例原則且違反法官保留原則。

又對兒少施以緊急安置也意味著剝奪他們的家庭生活權，但兒少福法及兒少性剝削條例卻沒有明文保障利害關係人在行政程序中之意見陳述權，甚至行政主管機關72小時緊急安置之決定，也只有在需要延長安置的情況下，才有「可能」受司法審查，但終究也只是可能而已，畢竟法條僅提及「聲請法院裁定繼續安置」，法院縱不先行審查行政機關72小時緊急安置決定之適法性，亦非違法。又如果行政機關評估無需延長緊急安置，法院更無機會審查行政機關緊急安置72小時之決定是否合於兒童最佳利益（兒少福法第57條第2項、兒少性剝削條例第16條第2項）。

綜上所述，在危險發生後本該由司法機關介入之兒少保護範疇，我國法卻採取有違憲之虞的行政先行，因而無法以「兒權保障」作為區隔行政保護與司法保護之界線，如此一來，則我國區分司法保護與行政保護之基準為何，便需另外創設一個能比「兒權保障」更好之界線，否則便會使行政機關與司法機關在兒少保護權責分配上產生爭議，惟我國法目前似乎沒有辦法提供一個清楚的界線，因此方會產生虞犯是否該採行行政先行制度之爭議。再者，在司法、行政的協力上，我國並沒有類似法國少年司法保護署的機關作為司法助手，致使與兒少有關之司法裁判會因為司法資源不足而執行不力或不易，如何透過現有的行政機關（社家署及保護服務司）來協助司法裁判之做成與執行，也是我國兒少保護亟待解決之重要問題。

附帶一言者，國內主管兒少之行政機關之疏漏情形似乎相當嚴重，前述兒少福法以及兒少性剝削條例之有關規定，顯然皆與兒權公約第9條有關司法審查、利害關係人意見陳述之規定有間，可是在我國社政主管機關全面檢視內國法規是否違反兒權公約的清單（https://reurl.cc/0RGXo）中，對於上述內國法條文卻毫無檢視，這不禁令人懷疑所謂的全面檢視真的是全面嗎？而行政機關在兒少法規作業之疏漏尚不僅止於此，亦有法規作業延宕之情形，例如106年底修正通過之兒少性剝削條例，其修正條文自2018年7月1日開始施行，但與之配套的「兒少性剝削行為人輔導教育辦法」卻遲至2019年1月11日方才開始施行，配套法規修訂程序竟然需要耗時一年以上，殊難想像；又從職司兒少保護的保護服務司網頁（法

規專區 / 法規釋義，https://reurl.cc/XynXE），我們先前只能發現一則與兒童及少年保護有關的函釋，且自2014年3月12日之後，還需等到2019年1月14日才有歷來以及新近兒少相關函釋之更新，甚而2019年1月迄今完全沒有一則函釋上網，完全無法知悉到底是沒有做成函釋，抑或做了但沒有上網公開，這樣疏漏嚴重的行政機關，真的能期盼他們對兒少提供有效的行政保護嗎？

二、兒少「司法」保護法律體系之保護類型及對應法規

如前所述，兒少保護可以區分為行政保護與司法保護兩種類型，前者是以弱勢家庭（法國法上則稱之為困頓家庭）做為協助之對象，不論是我國或法國皆然；至司法保護之對象，法國法上存有三種類型，分別是曝險未成年人（mineur en danger）、非行未成年人（mineur délinquant）以及未成年被害人（mineur victime）。這三種類型中，以曝險未成年人最為重要，蓋未成年人一旦曝險卻未能即時將之拯救，則危險源或者將未成年人推向犯罪，或者使未成年人淪為被害人。在我國法中也可以找到與這三類未成年人對應的概念，惟需再次強調的是，除非行少年外，我國法對他們並不全然採取司法保護的方式，而是以行政先行、司法其次這樣的模式來保護他們，故保護這三類弱勢兒少之我國法規所建構之體系，不宜使用兒少「司法」保護法律體系，而係應使用兒少保護法律體系來稱呼較為妥適。

（一）法國法

對於前述三類弱勢未成年人，首要介紹的是非行未成年人。所謂非行未成年人，乃是涉嫌犯罪之人，法國法習慣使用「未成年罪犯」（法文直譯）一詞，我國法則慣於使用非行少年。傳統上，對於非行未成年人之觀察，不是只側重在程序面（即如何從程序上處理未成年人及其犯罪），還必須兼顧實體面之刑事回應，才是對非行未成年人刑事司法全面且完整的觀察，而之所以必須如此，與未成年人刑事司法範圍之形成歷史有關。

這段形成史可以分為三個階段，簡要說明如下。第一個階段為羅馬法時期，在當時，視未成年人為「小大人」，若有觸犯刑法，則適用與大人相同之刑罰，但得「減輕其刑」；第二個階段是在17、18世紀，視未成年人為「發展中有自己需求」之人，此等人士若有觸法，需要的不是和成人相同的刑罰，而是透過「專業處遇」教育他們；第三個階段則是在20世紀初，由於受到社會防衛理論倡議從人格了解罪犯的影響，便開始有「專業法院」與「適切程序」

之立法產生，企圖藉此探究未成年罪犯之人格，以便對其施以最適當之刑事回應。

從減輕其刑到專業處遇，再到「專業法院」與「適切程序」，一步步建構出今日未成年罪犯刑事司法的範圍，不僅止於實體面，也包括程序面，而支配此一司法的法律如我國少事法、法國孩童罪犯條例，都必然會同時規範實體與程序事項。

未成年人之犯罪，在數十年前的法國，往往是一個家庭危機的表徵，因此，當時的未成年罪犯，同時也會構成曝險未成年人，所以要了解未成年罪犯，就不可能不去觸碰到曝險未成年人這個概念。依法國民法第375條之規定，曝險係指「未成年人之健康、安全或品德處於危險抑或其教育條件、物理、情感、智能或社會發展受到嚴重破壞」之情形，此際，未成年人本人、父母、監護人或檢察官可請求法院施以教育輔助。曝險未成年人是第二種需要司法保護之未成年人類型，也是最重要的類型，因為一旦國家沒能及時協助曝險未成年人的家庭走出困境，曝險未成年人若不是以犯罪的方式自救，就是淪為父母行為之被害人。而這後者，就是需要司法保護的第三種（也是最後一種）未成年人類型，即未成年被害人。

在法國，曝險未成年人、未成年罪犯以及未成年被害人均有相對應之法律加以保護。曝險未成年人之輔助涉及民法及民事訴訟法，未成年罪犯之處遇屬於1945年2月2日孩童罪犯條例（ordonnance du 2 février 1945 relative à l'enfance délinquante）之範疇（2020年10月1日起將被未成年人刑事司法典（code de la justice pénale des mineurs）所取代），未成年被害人之保護則主要散見於刑法（針對潛在兒少被害人）及刑事訴訟法（針對顯在兒少被害人）之中。這些法律都是採取司法機關決定、行政機關執行司法決定之模式，故他們所共同建構的體系，便是當代法國未成年人「司法保護」之法律體系。

法國未成年人司法保護之法律體系

曝險未成年人

（Mineur en danger）
民法、民訴

非行未成年人
（Mineur délinquant）
孩童罪犯條例

未成年被害人
（Mineur victime）
刑法、刑訴

（二）我國法

法國法上三種採行司法保護的弱勢少年類型，其中非行少年以及兒少被害人，都可以在我國法中找到有關規範，非行少年適用少事法；兒少被害人則設有特別規定及一般規定加以保護，特別規定計有兒少性剝削防制條例、性侵害犯罪防治法、家庭暴力防治法及人口販運防制法等，普通規定則有刑法及刑事訴訟法。

曝險兒少部分，則有必要進一步加以說明。相較於法國法透過立法解釋統一定義曝險，我國法在2019年5月31日少事法修正通過前並沒有曝險兒少的概念，而在少事法修正通過後，依該法第3條之立法理由，所謂曝險係指行為「程度或已極接近觸犯刑罰法律，或嚴重戕害少年身心健康，**係處於觸犯刑罰法律邊緣而曝露於危險之中……**」，法定態樣有三，分別是：無正當理由經常攜帶危險器械、有施用毒品或迷幻物品之行為而尚未觸犯刑罰法律、有預備犯罪或犯罪未遂而為法所不罰之行為。上開定義將曝險限縮在「觸犯刑罰法律邊緣」，對比法國法之定義，僅能算是為狹義曝險概念。除少事法之規定外，兒少福利法第56條規定「兒童及少年有下列各款情形之一者，直轄市、縣（市）主管機關應予保護、安置或其他處置；必要時得進行緊急安置：一、兒童及少年未受適當之養育或照顧。二、兒童及少年有立即接受醫療之必要，而未就醫。三、兒童及少年遭受遺棄、身心虐待、買賣、質押，被強迫或引誘從事不正當之行為或工作。四、兒童及少年遭受其他迫害，非立即安置難以有效保護。」、同法第62條規定「兒童及少年因家庭發生重大變故，致無法正常生活於其家庭者，其父母、監護人、利害關係人或兒童及少年福利機構，得申請直轄市、縣（市）主管機關安置或輔助。」以及兒少性剝削防制條例第2條規定「本條例所稱兒童或少

我國兒少保護之法律體系

曝險兒少
（Mineur en danger）
兒童及少年福利與權益保障法第56、62條、少事法第3條、兒童及少年性剝削防制條例第2條

非行少年
（Mineur délinquant）
少年事件處理法

兒少被害人
（Mineur victime）一般規定：刑法、刑訴特別規定：兒少性剝削防制條例、性侵害犯罪防治法、家庭暴力防治法、人口販運防制法等

年性剝削，係指下列行為之一：四、使兒童或少年坐檯陪酒或涉及色情之伴遊、伴唱、伴舞等行為。」等條文內容所指態樣，從法國法的角度觀之，均屬曝險之範疇。**編者將兒少法第56、62條以及兒少性剝削防制條例第2條之規定，稱為廣義曝險，少事法第3條之規定則稱為狹義曝險。**

上述有關曝險兒少規定之內容並非無疑，首先，兒少福法第56條賦予縣市主管機關「應」安置或緊急安置「未受適當養育或照顧」之兒少，同法第62條則允許兒少父母等關係人「申請」縣市主管機關安置或輔助「家庭發生重大變故，致無法正常生活於家庭」中之兒少，然而，無法正常生活於家庭不就是未受適當養育與照顧嗎？有必要分成兩條規定嗎？又為什麼縣市機關在同法第56條之情形是主動介入，在同法第62條卻採被動受理，差別立法的理由為何？

再者，兒童及少年性剝削防制條例第2條第1項第4款規定：「使兒童或少年坐檯陪酒或涉及色情之伴遊、伴唱、伴舞等行為。」構成性剝削，故坐檯陪酒的兒少便構成性剝削之被害人，適用上述條例保護之。然而，出於家庭經濟因素而陪酒、伴遊之兒少，不就是在家庭中曝險之未成年人嗎？如果國家不能協助家庭走出困境，只是針對兒少有所作為，一旦處置結束，家庭經濟狀況仍舊沒有解決，這些重返家庭的兒少，將來還是很有可能會重回性產業，況且，國家從曝險未成年人的角度來輔助兒少及其家庭，絕對勝過適用「性剝削被害人」來幫他們貼標籤。

同條例第2條第1項第3款也規定性剝削為「拍攝、製造兒童或少年為性交或猥褻行為之圖畫、照片、影片、影帶、光碟、電子訊號或其他物品」，基此，發生在未成年同儕或情侶間的單純互相自拍或錄影，依照前述條文文義，也會構成性剝削，這指責（或者說是標籤）難道不會太沉重嗎？特別針對兒少性剝削制定專法，這對於不該進入性產業的兒少究竟是一種特別保護，還是一種過度沉重？

最後，2019年5月31日剛完成三讀的少事法修正案，引進了法國法上曝險少年的概念，藉以取代「虞犯」，顯然我們的立法者已經注意到隱藏在少事法第3條第2款（舊法）那七種偏差行為態樣背後所隱藏的家庭危機，且在法律效果上，不再是比照非行少年適用司法保護程序，而是將狹義曝險少年交由少年輔導委員會，由其結合「福利、教育、心理、醫療、衛生、戶政、警政、財政、金融管理、勞政、移民及其他相關資源，**對少年施以適當期間之輔導。**」（少事法第18條第5項），惟新法顯然並沒有進一步創設出可以協助家庭走出困境之輔助措施，供少輔會選擇適用，如此一來，將「虞犯」正名為「曝險少年」恐怕只有形式上的意義而已，立法者

似乎仍然抱持著少年即危險源的思維，沒有正視曝險少年在家庭中曝險的本質，因而才會沒有設計出協助少年及其家庭脫險之機制。又少事法修正通過後的曝險少年與兒少福法第56及62條間的競合關係要如何解決，繼續維持分割適用，抑或是等來日全部歸給行政部門亦或全部回歸司法部門處理，則有待檢討。

兒少非行與曝險之競合

	非行少年 12歲以上未滿18	非行兒童 未滿12歲	少年	兒童
曝險	少年事件處理法 兒少福法 兒少性剝削防制條例	兒少福法 兒少性剝削防制條例 （非行部分 非法處理）	少年事件處理法 兒少福法 兒少性剝削防制條例	兒少福法 兒少性剝削防制條例
未曝險	少年事件處理法	（非行部分 非法處理）		

綜上，我國法對於曝險概念之欠缺反映的是對於弱勢家庭危機之忽略，因而在立法上，除了導致列舉式的分散立法外，在法律效果設計上，也只會制定出僅針對兒少（例如安置、緊急安置）卻忽略協助家庭之法律回應，此等回應是否確實能幫助兒少脫險、避免兒少回歸家庭之後再度曝險，便有待商權。

三、兒少保護必須以法律爲媒介進行跨領域整併

兒少保護往往橫跨教育、社工、心理、精神、醫學與法律等多重領域，不是單純的法律問題，也不是僅依靠某一個專業領域或資源便能解決，上述多種不同的領域與資源需要以法律爲媒介加以整合，才能建構出能妥善運用資源之兒少保護法律體系。

我國兒少法規在跨領域整合上仍有不足之處，例如兒少性剝削條例第15條要求縣市社政主管機關對於被救援之兒少性剝削被害人「立即」進行個案評估，而不是先即送醫進行身體與心理健康檢查後再進行評估，此等未把性剝削被害人健康視爲最優先事項之規定恐有待商權；又兒少福法第61條要求應由社工人員陪同被安置之兒少接受訪談、偵訊、訊問或身體檢查，爲什麼僅限於社工人員，而不及於教育、心理諮商或精神分析等領域之專業人員，限制其他專業參與之理由爲何？同樣是陪偵之規定，兒少性剝削防制條例第9條第1項及刑事訴訟法第248條之1卻都允許社工以外之醫師、心理師或輔導人員在場，並得陳述意見，兒少福法差別規定的用意又是

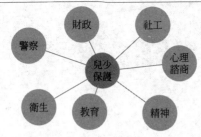

法律整合

為何？

　　兒少法規的跨領域整合以及不同法規間之協調，仍須仰賴法規主管機關積極為之，方能達成。倘主管機關不能或不願以法律為媒介導入社工以外之其他專業領域共同參與兒少保護，地方社工人員必然因被迫萬能化而陷入獨木難支之窘境，這對仰賴跨領域專家協同參與的兒少保護而言，絕非益事。

四、結語

　　面臨少子化的台灣社會，每一位孩童對國家未來發展皆屬不可或缺，即便是非行少年，亦沒有放棄的可能。因此，國家當前刻不容緩的任務，便是建構一套有效的兒少保護法律體系，來協助曝險兒少、非行兒少、兒少被害人及弱勢家庭。而這套體系之設計是否完善、規定內容能否發揮功效，尚須仰賴後端的學理撐持以及前端之良好執行，這兩者缺一不可。2019年5月底甫修正通過的少事法僅只是一個開端，本土版的兒少保護法律體系，不論是在學理面，抑或在執行面，都仍然有好長一段路要走，也需要國家投入大量資源，但問題是，弱勢家庭、曝險兒少、非行兒少、兒少被害人又能有多少時間來等待一套完善的法律體系呢？

兒少法規　目　錄

兒童及少年保護法律體系導讀 ································· I

壹、憲　法

中華民國憲法（36・12・25）························· 1-3
　　第一章　總　綱 ······························· 1-3
　　第二章　人民之權利義務 ······················· 1-3
　　第三章　國民大會 ····························· 1-5
　　第四章　總　統 ······························· 1-6
　　第五章　行　政 ······························· 1-7
　　第六章　立　法 ······························· 1-8
　　第七章　司　法 ······························· 1-9
　　第八章　考　試 ······························· 1-10
　　第九章　監　察 ······························· 1-10
　　第十章　中央與地方之權限 ····················· 1-11
　　第十一章　地方制度 ··························· 1-13
　　第十二章　選舉、罷免、創制、複決 ··············· 1-15
　　第十三章　基本國策 ··························· 1-15
　　第十四章　憲法之施行及修改 ··················· 1-18
中華民國憲法增修條文（94・6・10）··············· 1-19

貳、國際法

兒童權利公約（78・11・20）····················· 2-3
兒童權利公約施行法（108・6・19）················ 2-16
身心障礙者權利公約（95・12・13）················ 2-18
身心障礙者權利公約施行法（103・8・20）··········· 2-36

參、與曝險兒少有關之法規

兒童及少年福利與權益保障法（109・1・15）········· 3-3
　　第一章　總　則 ······························· 3-3
　　第二章　身分權益 ····························· 3-6
　　第三章　福利措施 ····························· 3-9
　　第四章　保護措施 ····························· 3-14
　　第五章　福利機構 ····························· 3-24

第六章　罰　　則 …………………………………3-28
第七章　附　　則 …………………………………3-33
兒童及少年福利與權益保障法施行細則（104‧11‧11）
　………………………………………………………3-51
行政院兒童及少年福利與權益推動小組設置要點
　（108‧10‧22）……………………………………3-55
衛生福利部兒童及少年福利與權益推動小組設置要點
　（108‧9‧17）………………………………………3-57
衛生福利部兒童及少年事故傷害防制推動小組設置要點
　（106‧3‧9）………………………………………3-58
兒童及少年收出養媒合服務者許可及管理辦法
　（104‧12‧18）……………………………………3-59
兒童及少年收出養資訊管理及使用辦法（101‧4‧20）
　………………………………………………………3-68
弱勢兒童及少年生活扶助與托育及醫療費用補助辦法
　（104‧12‧11）……………………………………3-71
無依兒童及少年安置處理辦法（101‧4‧3）………3-76
居家式托育服務提供者登記及管理辦法（107‧7‧16）
　………………………………………………………3-78
兒童及少年醫療補助辦法（103‧1‧3）……………3-83
幼兒園幼童專用車輛與其駕駛人及隨車人員督導管理
　辦法（108‧3‧29）…………………………………3-85
學生交通車管理辦法（102‧7‧4）…………………3-88
發展遲緩疑似發展遲緩或身心障礙兒童及少年指紋
　管理辦法（101‧5‧30）……………………………3-92
疑似發展遲緩兒童通報流程及檔案管理辦法
　（101‧5‧29）………………………………………3-94
兒童遊戲場設施安全管理規範（106‧1‧25）………3-96
弱勢家庭兒童及少年緊急生活扶助計畫（103‧9‧11）
　………………………………………………………3-99
育有未滿二歲兒童育兒津貼申領作業要點（108‧10‧4）
　………………………………………………………3-101
出版品及錄影節目帶分級管理辦法（105‧6‧17）…3-105
第一章　總　　則 …………………………………3-105
第二章　出版品之分級管理 ………………………3-105
第三章　錄影節目帶之分級管理 …………………3-106
第四章　附　　則 …………………………………3-107
遊戲軟體分級管理辦法（108‧5‧23）………………3-109
兒童及少年保護通報與分級分類處理及調查辦法
　（108‧10‧30）……………………………………3-114
脆弱家庭育兒指導服務方案（107‧7‧18）…………3-118

脆弱家庭社區支持服務方案（108・11・7）……………3-122

兒童及少年高風險家庭通報及協助辦法
　（104・10・28）……………………………………3-128

兒童及少年高風險家庭關懷輔導處遇實施計畫
　（104・2・10）……………………………………3-130

六歲以下弱勢兒童主動關懷方案（105・11・4）………3-134

兒童及少年受安置輔導或感化教育之學籍轉銜及
　復學辦法（102・10・31）…………………………3-136

兒童及少年結束家外安置後續追蹤輔導及自立生活
　服務作業規定（106・12・21）……………………3-138

社政主管機關處理網際網路內容違反兒童及少年
　相關法規處理原則（105・12）……………………3-140

兒童及少年福利機構設置標準（102・12・31）………3-142
　　第一章　總　則………………………………………3-142
　　第二章　設置標準……………………………………3-143
　　第三章　附　則………………………………………3-150

兒童課後照顧服務班與中心設立及管理辦法
　（104・7・22）……………………………………3-152
　　第一章　總　則………………………………………3-152
　　第二章　設立許可……………………………………3-153
　　第三章　行政管理及收費……………………………3-156
　　第四章　人員資格訓練及配置………………………3-159
　　第五章　場地、空間及設施設備……………………3-160
　　第六章　附　則………………………………………3-162

兒童及少年福利機構專業人員資格及訓練辦法
　（106・3・31）……………………………………3-163

高級中等以下學校及各該主管機關專業輔導人員
　設置辦法（107・6・1）…………………………3-171

私立兒童及少年福利機構設立許可及管理辦法
　（106・11・27）…………………………………3-176

衛生福利部兒童及少年福利機構評鑑及獎勵辦法
　（103・1・3）……………………………………3-182

兒童及少年福利機構專業人員訓練實施計畫
　（101・12・7）……………………………………3-184

衛生福利部兒童之家辦理安置及教養業務實施要點
　（102・10・8）……………………………………3-186

衛生福利部所屬少年教養機構學員安置輔導實施要點
　（102・11・26）…………………………………3-188

衛生福利部老人之家辦理兒童及少年安置及教養業務
　實施要點（104・11・13）………………………3-190

衛生福利部兒童及少年安置及教養機構院生特殊

　獎勵金發放基準（102・11・26）……………………3-193
衛生福利部兒童及少年安置教養機構院生及離院
　　院生升學獎助金發放作業規定（102・11・26）……3-195
資深與績優兒童及少年安置及教養機構專業人員
　　及寄養家庭獎勵要點（95・1・20）…………………3-197
特殊境遇家庭扶助條例（109・1・15）………………3-199
幼兒教育及照顧法（107・6・27）……………………3-204
　　第一章　總　則…………………………………………3-204
　　第二章　教保服務機構設立及其教保服務……………3-205
　　第三章　教保服務機構組織與服務人員資格及權益…3-208
　　第四章　幼兒權益保障…………………………………3-213
　　第五章　家長之權利及義務……………………………3-214
　　第六章　教保服務機構管理、輔導及獎助……………3-216
　　第七章　罰　則…………………………………………3-217
　　第八章　附　則…………………………………………3-221
社會救助法（104・12・30）…………………………3-223
　　第一章　總　則…………………………………………3-223
　　第二章　生活扶助………………………………………3-227
　　第三章　醫療補助………………………………………3-230
　　第四章　急難救助………………………………………3-230
　　第五章　災害救助………………………………………3-231
　　第六章　社會救助機構…………………………………3-231
　　第七章　救助經費………………………………………3-232
　　第八章　罰　則…………………………………………3-233
　　第九章　附　則…………………………………………3-233
勞動基準法（童工）節錄（108・6・19）…………3-235
國民小學與國民中學未入學或中途輟學學生通報
　　及復學輔導辦法（106・8・23）…………………3-237
民法親屬編（108・6・19）…………………………3-240
　　第一章　通　則…………………………………………3-241
　　第二章　婚　姻…………………………………………3-241
　　第三章　父母子女………………………………………3-251
　　第四章　監　護…………………………………………3-257
　　第五章　扶　養…………………………………………3-263
　　第六章　家………………………………………………3-264
　　第七章　親屬會議………………………………………3-265
民法繼承編（104・1・14）…………………………3-267
　　第一章　遺產繼承人……………………………………3-267
　　第二章　遺產之繼承……………………………………3-268
　　第三章　遺　囑…………………………………………3-274
家事事件法（108・6・19）…………………………3-279

第一編　總　則…………………………………………3-279
第二編　調解程序………………………………………3-284
第三編　家事訴訟程序…………………………………3-286
　第一章　通　則………………………………………3-286
　第二章　婚姻事件程序………………………………3-290
　第三章　親子關係事件程序…………………………3-291
　第四章　繼承訴訟事件………………………………3-293
第四編　家事非訟程序…………………………………3-293
　第一章　通　則………………………………………3-293
　第二章　婚姻非訟事件………………………………3-297
　第三章　親子非訟事件………………………………3-299
　第四章　收養事件……………………………………3-301
　第五章　未成年人監護事件…………………………3-302
　第六章　親屬間扶養事件……………………………3-303
　第七章　繼承事件……………………………………3-303
　第八章　失蹤人財產管理事件………………………3-306
　第九章　宣告死亡事件………………………………3-307
　第十章　監護宣告事件………………………………3-309
　第十一章　輔助宣告事件……………………………3-311
　第十二章　親屬會議事件……………………………3-312
　第十三章　保護安置事件……………………………3-312
第五編　履行之確保及執行……………………………3-313
　第一章　通　則………………………………………3-313
　第二章　扶養費及其他費用之執行…………………3-314
　第三章　交付子女與子女會面交往之執行…………3-314
第六編　附　則…………………………………………3-315
民事訴訟法（107・11・28）…………………………3-316
第一編　總　則…………………………………………3-317
　第一章　法　院………………………………………3-317
　第二章　當事人………………………………………3-322
　第三章　訴訟標的之價額之核定及訴訟費用………3-328
　第四章　訴訟程序……………………………………3-336
第二編　第一審程序……………………………………3-352
　第一章　通常訴訟程序………………………………3-352
　第二章　調解程序……………………………………3-375
　第三章　簡易訴訟程序………………………………3-380
　第四章　小額訴訟程序………………………………3-383
第三編　上訴審程序……………………………………3-386
　第一章　第二審程序…………………………………3-386
　第二章　第三審程序…………………………………3-390
第四編　抗告程序………………………………………3-393

第五編　再審程序 ……………………………………… 3-395
第五編之一　第三人撤銷訴訟程序 …………………… 3-397
第六編　督促程序 ……………………………………… 3-397
第七編　保全程序 ……………………………………… 3-399
第八編　公示催告程序 ………………………………… 3-403
第九編　（刪除）………………………………………… 3-406

肆、與非行兒少有關之法規

少年事件處理法（108・6・19）……………………… 4-3
　第一章　總　則 ………………………………………… 4-3
　第二章　少年法庭之組織 ……………………………… 4-5
　第三章　少年保護事件 ………………………………… 4-6
　第四章　少年刑事案件 ………………………………… 4-17
　第五章　附　則 ………………………………………… 4-19
少年事件處理法施行細則（108・8・21）…………… 4-38
少年及家事法院組織法（103・1・29）……………… 4-41
　第一章　總則 …………………………………………… 4-41
　第二章　法院組織編制及職等 ………………………… 4-42
　第三章　庭長、法官及其他人員之任用 ……………… 4-44
　第四章　法官以外人員之職務 ………………………… 4-45
　第五章　司法年度及事務分配 ………………………… 4-46
　第六章　法庭之開閉及秩序 …………………………… 4-46
　第七章　司法行政之監督 ……………………………… 4-47
　第八章　附則 …………………………………………… 4-48
少年及兒童保護事件執行辦法（89・9・20）……… 4-49
　第一章　通　則 ………………………………………… 4-49
　第二章　少年保護處分之執行 ………………………… 4-49
　第三章　兒童保護處分之執行 ………………………… 4-54
　第四章　附　則 ………………………………………… 4-55
少年保護事件審理細則（98・3・5）………………… 4-57
少年安置輔導之福利及教養機構設置管理辦法
　（108・7・11）……………………………………… 4-64
少年不良行為及虞犯預防辦法（102・12・9）……… 4-66
少年法院（庭）與司法警察機關處理少年事件聯繫
　辦法（92・1・22）………………………………… 4-69
法務部矯正署少年矯正學校組織準則（99・12・31）… 4-72
法務部矯正署所屬少年矯正學校假釋審查委員會設
　置要點（100・1・5）……………………………… 4-74
少年矯正學校設置及教育實施通則（99・5・19）… 4-75
　第一章　總　則 ………………………………………… 4-75

　　第二章　矯正學校之設置 …………………………… 4-76
　　第三章　矯正教育之實施 …………………………… 4-81
　　第四章　附　則 …………………………………… 4-88
少年矯正教育指導委員會設置辦法（108‧4‧17）……… 4-89
少年矯正學校學生學籍管理辦法（90‧7‧4）………… 4-91
少年矯正學校學生申訴再申訴案件處理辦法
　（99‧12‧30）………………………………………… 4-94
少年矯正學校學生累進處遇分數核給辦法
　（88‧6‧30）………………………………………… 4-98
檢察官及少年法院（地方法院少年法庭）考核少年
　矯正學校辦法（91‧12‧4）………………………… 4-103
法院遴選安置輔導機構要點（106‧7‧3）…………… 4-104
少年輔育院條例（99‧5‧26）………………………… 4-105
　　第一章　總　則 …………………………………… 4-105
　　第二章　編制及職掌 ……………………………… 4-105
　　第三章　入院出院 ………………………………… 4-108
　　第四章　個案分析 ………………………………… 4-109
　　第五章　教育及管理 ……………………………… 4-110
　　第六章　獎　懲 …………………………………… 4-111
　　第七章　附　則 …………………………………… 4-111
法務部矯正署少年輔育院組織準則（99‧12‧31）…… 4-112
法務部矯正署少年輔育院辦事細則（99‧12‧31）…… 4-113
少年觀護所設置及實施通則（96‧7‧11）…………… 4-116
　　第一章　總　則 …………………………………… 4-116
　　第二章　組　織 …………………………………… 4-116
　　第三章　入所及出所 ……………………………… 4-119
　　第四章　處遇及賞罰 ……………………………… 4-119
　　第五章　附　則 …………………………………… 4-121
法務部矯正署少年觀護所組織準則（99‧12‧31）…… 4-122
法務部矯正署少年觀護所辦事細則（105‧5‧27）…… 4-123
中華民國刑法（109‧1‧15）………………………… 4-126
　第一編　總　則 …………………………………… 4-128
　　第一章　法　例 …………………………………… 4-128
　　第二章　刑事責任 ………………………………… 4-130
　　第三章　未遂犯 …………………………………… 4-131
　　第四章　正犯與共犯 ……………………………… 4-131
　　第五章　刑 ………………………………………… 4-131
　　第五章之一　沒　收 ……………………………… 4-133
　　第五章之二　易　刑 ……………………………… 4-134
　　第六章　累　犯 …………………………………… 4-135
　　第七章　數罪併罰 ………………………………… 4-136

第八章　刑之酌科及加減……………………………4-137
第九章　緩　刑……………………………………4-138
第十章　假　釋……………………………………4-139
第十一章　時　效…………………………………4-140
第十二章　保安處分………………………………4-141
第二編　分　則……………………………………4-143
第一章　內亂罪……………………………………4-143
第二章　外患罪……………………………………4-144
第三章　妨害國交罪………………………………4-146
第四章　瀆職罪……………………………………4-146
第五章　妨害公務罪………………………………4-148
第六章　妨害投票罪………………………………4-149
第七章　妨害秩序罪………………………………4-149
第八章　脫逃罪……………………………………4-150
第九章　藏匿人犯及湮滅證據罪…………………4-151
第十章　偽證及誣告罪……………………………4-151
第十一章　公共危險罪……………………………4-152
第十二章　偽造貨幣罪……………………………4-158
第十三章　偽造有價證券罪………………………4-158
第十四章　偽造度量衡罪…………………………4-159
第十五章　偽造文書印文罪………………………4-160
第十六章　妨害性自主罪…………………………4-161
第十六章之一　妨害風化罪………………………4-162
第十七章　妨害婚姻及家庭罪……………………4-163
第十八章　褻瀆祀典及侵害墳墓屍體罪…………4-164
第十九章　妨害農工商罪…………………………4-165
第二十章　鴉片罪…………………………………4-166
第二十一章　賭博罪………………………………4-167
第二十二章　殺人罪………………………………4-167
第二十三章　傷害罪………………………………4-168
第二十四章　墮胎罪………………………………4-169
第二十五章　遺棄罪………………………………4-169
第二十六章　妨害自由罪…………………………4-170
第二十七章　妨害名譽及信用罪…………………4-172
第二十八章　妨害秘密……………………………4-172
第二十九章　竊盜罪………………………………4-173
第三十章　搶奪強盜及海盜罪……………………4-174
第三十一章　侵占罪………………………………4-175
第三十二章　詐欺背信及重利罪…………………4-176
第三十三章　恐嚇及擄人勒贖罪…………………4-177
第三十四章　贓物罪………………………………4-178

　　第三十五章　毀棄損壞罪……………………………4-178
　　第三十六章　妨害電腦使用罪………………………4-179
毒品危害防制條例（109・1・15）……………………4-180
觀察勒戒處分執行條例（107・6・13）………………4-192
戒治處分執行條例（96・3・21）………………………4-195
　　第一章　總　則……………………………………4-195
　　第二章　入　所……………………………………4-195
　　第三章　處　遇……………………………………4-196
　　第四章　管　理……………………………………4-197
　　第五章　出　所……………………………………4-198
　　第六章　附　則……………………………………4-198
組織犯罪防制條例（107・1・3）………………………4-199
槍砲彈藥刀械管制條例（106・6・14）………………4-202
社會秩序維護法（108・12・31）………………………4-209
　第一編　總　則………………………………………4-209
　　第一章　法　例……………………………………4-209
　　第二章　責　任……………………………………4-209
　　第三章　處　罰……………………………………4-211
　　第四章　時　效……………………………………4-213
　第二編　處罰程序……………………………………4-213
　　第一章　管　轄……………………………………4-213
　　第二章　調　查……………………………………4-214
　　第三章　裁　處……………………………………4-214
　　第四章　執　行……………………………………4-216
　　第五章　救　濟……………………………………4-216
　第三編　分　則………………………………………4-217
　　第一章　妨害安寧秩序……………………………4-217
　　第二章　妨害善良風俗……………………………4-220
　　第三章　妨害公務…………………………………4-221
　　第四章　妨害他人身體財產………………………4-221
　第四編　附　則………………………………………4-222
刑事訴訟法（109・1・15）……………………………4-224
　第一編　總　則………………………………………4-226
　　第一章　法　例……………………………………4-226
　　第二章　法院之管轄………………………………4-226
　　第三章　法院職員之迴避…………………………4-228
　　第四章　辯護人、輔佐人及代理人………………4-229
　　第五章　文　書……………………………………4-232
　　第六章　送　達……………………………………4-234
　　第七章　期日及期間………………………………4-235
　　第八章　被告之傳喚及拘提………………………4-236

第八章之一　限制出境、出海⋯⋯⋯⋯⋯　4-241
第九章　被告之訊問⋯⋯⋯⋯⋯⋯⋯⋯⋯　4-242
第十章　被告之羈押⋯⋯⋯⋯⋯⋯⋯⋯⋯　4-243
第十一章　搜索及扣押⋯⋯⋯⋯⋯⋯⋯⋯　4-250
第十二章　證　據⋯⋯⋯⋯⋯⋯⋯⋯⋯⋯　4-255
第十三章　裁　判⋯⋯⋯⋯⋯⋯⋯⋯⋯⋯　4-270
第二編　第一審⋯⋯⋯⋯⋯⋯⋯⋯⋯⋯⋯⋯　4-271
第一章　公　訴⋯⋯⋯⋯⋯⋯⋯⋯⋯⋯⋯　4-271
第二章　自　訴⋯⋯⋯⋯⋯⋯⋯⋯⋯⋯⋯　4-287
第三編　上　訴⋯⋯⋯⋯⋯⋯⋯⋯⋯⋯⋯⋯　4-289
第一章　通　則⋯⋯⋯⋯⋯⋯⋯⋯⋯⋯⋯　4-289
第二章　第二審⋯⋯⋯⋯⋯⋯⋯⋯⋯⋯⋯　4-290
第三章　第三審⋯⋯⋯⋯⋯⋯⋯⋯⋯⋯⋯　4-292
第四編　抗　告⋯⋯⋯⋯⋯⋯⋯⋯⋯⋯⋯⋯　4-295
第五編　再　審⋯⋯⋯⋯⋯⋯⋯⋯⋯⋯⋯⋯　4-298
第六編　非常上訴⋯⋯⋯⋯⋯⋯⋯⋯⋯⋯⋯　4-301
第七編　簡易程序⋯⋯⋯⋯⋯⋯⋯⋯⋯⋯⋯　4-301
第七編之一　協商程序⋯⋯⋯⋯⋯⋯⋯⋯⋯　4-303
第七編之二　沒收特別程序⋯⋯⋯⋯⋯⋯⋯　4-305
第七編之三　被害人訴訟參與⋯⋯⋯⋯⋯⋯　4-309
第八編　執　行⋯⋯⋯⋯⋯⋯⋯⋯⋯⋯⋯⋯　4-311
第九編　附帶民事訴訟⋯⋯⋯⋯⋯⋯⋯⋯⋯　4-314
羈押法（109・1・15）⋯⋯⋯⋯⋯⋯⋯⋯⋯　4-318
第一章　總　則⋯⋯⋯⋯⋯⋯⋯⋯⋯⋯⋯　4-318
第二章　入　所⋯⋯⋯⋯⋯⋯⋯⋯⋯⋯⋯　4-319
第三章　監禁及戒護⋯⋯⋯⋯⋯⋯⋯⋯⋯　4-322
第四章　志願作業⋯⋯⋯⋯⋯⋯⋯⋯⋯⋯　4-324
第五章　生活輔導及文康⋯⋯⋯⋯⋯⋯⋯　4-326
第六章　給　養⋯⋯⋯⋯⋯⋯⋯⋯⋯⋯⋯　4-327
第七章　衛生及醫療⋯⋯⋯⋯⋯⋯⋯⋯⋯　4-327
第八章　接見及通信⋯⋯⋯⋯⋯⋯⋯⋯⋯　4-330
第九章　保　管⋯⋯⋯⋯⋯⋯⋯⋯⋯⋯⋯　4-332
第十章　獎懲及賠償⋯⋯⋯⋯⋯⋯⋯⋯⋯　4-334
第十一章　陳情、申訴及起訴⋯⋯⋯⋯⋯　4-335
第十二章　釋放及保護⋯⋯⋯⋯⋯⋯⋯⋯　4-340
第十三章　死　亡⋯⋯⋯⋯⋯⋯⋯⋯⋯⋯　4-341
第十四章　附　則⋯⋯⋯⋯⋯⋯⋯⋯⋯⋯　4-341
監獄行刑法（109・1・15）⋯⋯⋯⋯⋯⋯⋯　4-343
第一章　總　則⋯⋯⋯⋯⋯⋯⋯⋯⋯⋯⋯　4-343
第二章　入　監⋯⋯⋯⋯⋯⋯⋯⋯⋯⋯⋯　4-345
第三章　監　禁⋯⋯⋯⋯⋯⋯⋯⋯⋯⋯⋯　4-347

第四章 戒　護 ……………………………………… 4-348
第五章 作　業 ……………………………………… 4-351
第六章 教化及文康 ………………………………… 4-353
第七章 給　養 ……………………………………… 4-354
第八章 衛生及醫療 ………………………………… 4-354
第九章 接見及通信 ………………………………… 4-358
第十章 保　管 ……………………………………… 4-360
第十一章 獎懲及賠償 ……………………………… 4-361
第十二章 陳情、申訴及起訴 ……………………… 4-363
第十三章 假　釋 …………………………………… 4-368
第十四章 釋放及保護 ……………………………… 4-372
第十五章 死　亡 …………………………………… 4-373
第十六章 死刑之執行 ……………………………… 4-374
第十七章 附　則 …………………………………… 4-374

伍、與兒少被害人有關之法規

兒童及少年性剝削防制條例（107・1・3）…………… 5-3
第一章 總　則 ……………………………………… 5-3
第二章 救援及保護 ………………………………… 5-4
第三章 安置及服務 ………………………………… 5-6
第四章 罰　則 ……………………………………… 5-9
第五章 附　則 ……………………………………… 5-14
兒童及少年性剝削防制條例施行細則（107・6・22）… 5-15
中途學校教育實施辦法（105・12・8）……………… 5-19
兒童及少年性剝削行為人輔導教育辦法（108・1・11）
…………………………………………………………… 5-23
家庭暴力防治法（104・2・4）……………………… 5-26
第一章 通　則 ……………………………………… 5-26
第二章 民事保護令 ………………………………… 5-29
第三章 刑事程序 …………………………………… 5-33
第四章 父母子女 …………………………………… 5-36
第五章 預防及處遇 ………………………………… 5-37
第六章 罰　則 ……………………………………… 5-40
第七章 附　則 ……………………………………… 5-41
性侵害犯罪防治法（104・12・23）………………… 5-43
性侵害犯罪加害人身心治療及輔導教育辦法
（101・3・5）……………………………………… 5-52
寄養家庭安置兒童及少年性侵害事件處理原則
（102・11・7）…………………………………… 5-56
兒童及少年安置及教養機構性侵害事件處理原則

　　（101・5・25）………………………………………5-58
性騷擾防治法（98・1・23）……………………………5-60
　　第一章　總　則…………………………………………5-60
　　第二章　性騷擾之防治與責任…………………………5-61
　　第三章　申訴及調查程序………………………………5-62
　　第四章　調解程序………………………………………5-63
　　第五章　罰　則…………………………………………5-63
　　第六章　附　則…………………………………………5-64
校園性侵害性騷擾或性霸凌防治準則（101・5・24）…5-65
　　第一章　總　則…………………………………………5-65
　　第二章　校園安全規劃…………………………………5-66
　　第三章　校內外教學及人際互動注意事項……………5-66
　　第四章　校園性侵害、性騷擾或性霸凌之處理
　　　　　　機制、程序及救濟方法………………………5-66
　　第五章　附　則…………………………………………5-73
性別平等教育法（107・12・28）………………………5-74
　　第一章　總　則…………………………………………5-74
　　第二章　學習環境與資源………………………………5-76
　　第三章　課程、教材與教學……………………………5-77
　　第四章　校園性侵害、性騷擾及性霸凌之防治………5-78
　　第五章　申請調查及救濟………………………………5-80
　　第六章　罰　則…………………………………………5-82
　　第七章　附　則…………………………………………5-83
人口販運防制法（105・5・25）…………………………5-84
　　第一章　總　則…………………………………………5-84
　　第二章　預防及鑑別……………………………………5-86
　　第三章　被害人保護……………………………………5-87
　　第四章　罰　則…………………………………………5-90
　　第五章　附　則…………………………………………5-92
刑事補償法（100・7・6）…………………………………5-93
犯罪被害人保護法（104・12・30）………………………5-100
證人保護法（107・6・13）………………………………5-108

陸、附　錄

司法院大法官解釋文（兒少相關選錄）……………………6-3

壹、憲　法

中華民國憲法

民國36年1月1日國民政府制定公布全文175條；並自36年12月25日施行。

（前言）

中華民國國民大會受全體國民之付託，依據孫中山先生創立中華民國之遺教，為鞏固國權，保障民權，奠定社會安寧，增進人民福利，制定本憲法，頒行全國，永矢咸遵。

第一章　總　綱

第一條　（國體）

中華民國基於三民主義，為民有、民治、民享之民主共和國。

第二條　（主權之歸屬）

中華民國之主權屬於國民全體。

第三條　（國民）

具有中華民國國籍者，為中華民國國民。

第四條　（領土）

中華民國領土，依其固有之疆域，非經國民大會之決議，不得變更之。

第五條　（民族之平等）

中華民國各民族一律平等。

第六條　（國旗）

中華民國國旗定為紅地，左上角青天白日。

第二章　人民之權利義務

第七條　（平等權）

中華民國人民，無分男女、宗教、種族、階級、黨派，在法律上一律平等。

第八條　（人身自由之保障）

① 人民身體之自由應予保障。除現行犯之逮捕由法律另定外，非經司法或警察機關依法定程序，不得逮捕拘禁。非由法院依法定程序，不得審問處罰。非依法定程序之逮捕、拘禁、審問、處罰，得拒絕之。

② 人民因犯罪嫌疑被逮捕拘禁時，其逮捕拘禁機關應將逮捕拘禁原因，以書面告知本人及其本人指定之親友，並至遲於二十四小時內移送該管法院審問。本人或他人亦得聲請該管法院，於二十四小時內，向逮捕之機關提審。

③法院對於前項聲請，不得拒絕，並不得先令逮捕拘禁之機關查覆。逮捕拘禁之機關，對於法院之提審，不得拒絕或遲延。

④人民遭受任何機關非法逮捕拘禁時，其本人或他人得向法院聲請追究，法院不得拒絕，並應於二十四小時內向逮捕拘禁之機關追究，依法處理。

第九條　（人民不受軍審原則）

人民除現役軍人外，不受軍事審判。

第一〇條　（居住遷徙之自由）

人民有居住及遷徙之自由。

第一一條　（表現意見之自由）

人民有言論、講學、著作及出版之自由。

第一二條　（秘密通訊之自由）

人民有秘密通訊之自由。

第一三條　（信仰宗教之自由）

人民有信仰宗教之自由。

第一四條　（集會結社之自由）

人民有集會及結社之自由。

第一五條　（生存權、工作權及財產權之保障）

人民之生存權、工作權及財產權，應予保障。

第一六條　（請願權、訴願權及訴訟權）

人民有請願、訴願及訴訟之權。

第一七條　（參政權）

人民有選舉、罷免、創制及複決之權。

第一八條　（應考試服公職之權）

人民有應考試、服公職之權。

第一九條　（納稅之義務）

人民有依法律納稅之義務。

第二〇條　（服兵役之義務）

人民有依法律服兵役之義務。

第二一條　（受國民教育之權利義務）

人民有受國民教育之權利與義務。

第二二條　（人民其他基本權利之保障）

凡人民之其他自由及權利，不妨害社會秩序、公共利益者，均受憲法之保障。

第二三條　（人民基本人權之限制）

以上各條列舉之自由權利，除為防止妨礙他人自由、避免緊急危難、維持社會秩序或增進公共利益所必要者外，不得以法律限制之。

第二四條　（公務人員責任及國家賠償責任）

凡公務員違法侵害人民之自由或權利者，除依法律受懲戒外，應負刑事及民事責任。被害人民就其所受損害，並得依法律向國家請求賠償。

第三章　國民大會

第二五條　（國民大會之地位）

　　國民大會依本憲法之規定，代表全國國民行使政權。

第二六條　（國民大會代表之產生方式）

　　國民大會以左列代表組織之：

一　每縣、市及其同等區域各選出代表一人，但其人口逾五十萬人者，每增加五十萬人，增選代表一人。縣、市同等區域，以法律定之。

二　蒙古選出代表，每盟四人，每特別旗一人。

三　西藏選出代表，其名額以法律定之。

四　各民族在邊疆地區選出代表，其名額以法律定之。

五　僑居國外之國民選出代表，其名額以法律定之。

六　職業團體選出代表，其名額以法律定之。

七　婦女團體選出代表，其名額以法律定之。

第二七條　（國民大會之職權）

①國民大會之職權如左。

一　選舉總統、副總統。

二　罷免總統、副總統。

三　修改憲法。

四　複決立法院所提之憲法修正案。

②關於創制、複決兩權，除前項第三、第四兩款規定外，俟全國有半數之縣、市曾經行使創制、複決兩項政權時，由國民大會制定辦法並行使之。

第二八條　（國大代表之任期及資格之限制）

①國民大會代表，每六年改選一次。

②每屆國民大會代表之任期，至次屆國民大會開會之日為止。

③現任官吏不得於其任所所在地之選舉區當選為國民大會代表。

第二九條　（國民大會常會之召集）

　　國民大會於每屆總統任滿前九十日集會，由總統召集之。

第三〇條　（國民大會臨時會之召集）

①國民大會遇有左列情形之一時，召集臨時會。

一　依本憲法第四十九條之規定，應補選總統、副總統時。

二　依監察院之決議，對於總統、副總統提出彈劾案時。

三　依立法院之決議，提出憲法修正案時。

四　國民大會代表五分之二以上請求召集時。

②國民大會臨時會，如依前項第一款或第二款應召集時，由立法院院長通告集會；依第三款或第四款應召集時，由總統召集之。

第三一條　（國民大會之開會地點）

　　國民大會之開會地點，在中央政府所在地。

第三二條　（國民大會代表之言論免責權）

　　國民大會代表在會議時所為之言論及表決，對會外不負責任。

第三三條　（國民大會代表之不逮捕特權）

國民大會代表，除現行犯外，在會期中，非經國民大會許可，不得逮捕或拘禁。

第三四條　（國大組織、選舉及行使職權）

國民大會之組織，國民大會代表之選舉、罷免，及國民大會行使職權之程序，以法律定之。

第四章　總　統

第三五條　（總統之地位）

總統爲國家元首，對外代表中華民國。

第三六條　（總統之統率權）

總統統率全國陸海空軍。

第三七條　（總統之公布法令權）

總統依法公布法律，發布命令，須經行政院院長之副署，或行政院院長及有關部會首長之副署。

第三八條　（總統之外交權）

總統依本憲法之規定，行使締結條約及宣戰、媾和之權。

第三九條　（總統之宣布戒嚴權）

總統依法宣布戒嚴。但須經立法院之通過或追認，立法院認爲必要時，得決議移請總統解嚴。

第四○條　（總統之赦免權）

總統依法行使大赦、特赦、減刑及復權之權。

第四一條　（總統之任免官員權）

總統依法任免文武官員。

第四二條　（總統之授與榮典權）

總統依法授與榮典。

第四三條　（總統之發布緊急命令權）

國家遇有天然災害、癘疫或國家財政、經濟上有重大變故，須爲急速處分時，總統於立法院休會期間，得經行政院會議之決議，依緊急命令法，發布緊急命令，爲必要之處置。但須於發布命令後一個月內，提交立法院追認，如立法院不同意時，該緊急命令立即失效。

第四四條　（總統之權限爭議處理權）

總統對於院與院間之爭執，除本憲法有規定者外，得召集有關各院院長會商解決之。

第四五條　（總統副總統之被選資格）

中華民國國民年滿四十歲者，得被選爲總統、副總統。

第四六條　（總統副總統之選舉辦法）

總統、副總統之選舉，以法律定之。

第四七條　（總統副總統之任期與連任）

總統、副總統之任期爲六年，連選得連任一次。

第四八條　（總統就職之宣誓）

總統應於就職時宣誓，誓詞如左：

「余謹以至誠，向全國人民宣誓，余必遵守憲法，盡忠職務，增進人民福利，保衛國家，無負國民付託。如違誓言，願受國家嚴厲之制裁。謹誓。」

第四九條　（總統、副總統缺位時之繼任、代行）

總統缺位時，由副總統繼任，至總統任期屆滿爲止。總統、副總統均缺位時，由行政院院長代行其職權，並依本憲法第三十條之規定，召集國民大會臨時會，補選總統、副總統，其任期以補足原任總統未滿之任期爲止。總統因故不能視事時，由副總統代行其職權。總統、副總統均不能視事時，由行政院院長代行其職權。

第五〇條　（總統解職時之代行職權）

總統於任滿之日解職，如屆期次任總統尚未選出，或選出後總統、副總統均未就職時，由行政院院長代行總統職權。

第五一條　（行政院院長代行總統職權之期限）

行政院院長代行總統職權時，其期限不得逾三個月。

第五二條　（總統之刑事豁免權）

總統除犯內亂或外患罪外，非經罷免或解職，不受刑事上之訴究。

第五章　行　政

第五三條　（行政之地位）

行政院爲國家最高行政機關。

第五四條　（行政之主要人員）

行政院設院長、副院長各一人，各部會首長若干人，及不管部會之政務委員若干人。

第五五條　（行政院院長之任命及代理）

①行政院院長，由總統提名，經立法院同意任命之。

②立法院休會期間，行政院院長辭職或出缺時，由行政院副院長代理其職務。但總統須於四十日內咨請立法院召集會議，提出行政院院長人選，徵求同意。行政院院長職務，在總統所提行政院院長人選未經立法院同意前，由行政院副院長暫行代理。

第五六條　（行政院院長任權權）

行政院副院長、各部會首長及不管部會之政務委員，由行政院院長提請總統任命之。

第五七條　（行政院與立法院之主要關係）

行政院依左列規定，對立法院負責：

一　行政院有向立法院提出施政方針及施政報告之責。立法委員在開會時，有向行政院院長及行政院各部會首長質詢之權。

二　立法院對於行政院之重要政策不贊同時，得以決議移請行政院變更之。行政院對於立法院之決議，得經總統之核可，移

　　　請立法院覆議。覆議時，如經出席立法委員三分之二維持原
　　　決議，行政院院長應即接受該決議或辭職。
三　行政院對於立法院決議之法律案、預算案、條約案，如認為
　　　有窒礙難行時，得經總統之核可，於該決議案送達行政院十
　　　日內，移請立法院覆議。覆議時，如經出席立法委員三分之
　　　二維持原案，行政院院長應即接受該決議或辭職。

第五八條　（行政院會議之組織及其職權）

①行政院設行政院會議，由行政院院長、副院長、各部會首長及不
管部會之政務委員組織之，以院長為主席。

②行政院院長、各部會首長，須將應行提出於立法院之法律案、預
算案、戒嚴案、大赦案、宣戰案、媾和案、條約案及其他重要事
項，或涉及各部會共同關係之事項，提出於行政院會議議決之。

第五九條　（行政院提出預算案之期間）

行政院於會計年度開始三個月前，應將下年度預算案提出於立法
院。

第六〇條　（行政院提出決算之期間）

行政院於會計年度結束後四個月內，應提出決算於監察院。

第六一條　（關於行政院組織之授權規定）

行政院之組織，以法律定之。

第六章　立　法

第六二條　（立法院之地位）

立法院為國家最高立法機關，由人民選舉之立法委員組織之，代
表人民行使立法權。

第六三條　（立法院之職權）

立法院有議決法律案、預算案、戒嚴案、大赦案、宣戰案、媾和
案、條約案及國家其他重要事項之權。

第六四條　（立法委員之產生方式）

①立法院立法委員，依左列規定選出之：
一　各省、各直轄市選出者，其人口在三百萬以下者五人，其人
　　　口超過三百萬者，每滿一百萬人增選一人。
二　蒙古各盟、旗選出者。
三　西藏選出者。
四　各民族在邊疆地區選出者。
五　僑居國外之國民選出者。
六　職業團體選出者。

②立法委員之選舉及前項第二款至第六款立法委員名額之分配，以
法律定之。婦女在第一項各款之名額，以法律定之。

第六五條　（立法委員之任期）

立法委員之任期為三年，連選得連任，其選舉於每屆任滿前三個
月內完成之。

第六六條 （立法院正副院長之產生）
　　立法院設院長、副院長各一人，由立法委員互選之。
第六七條 （立法院之委員會）
　①立法院得設各種委員會。
　②各種委員會得邀請政府人員及社會上有關係人員到會備詢。
第六八條 （立法院之會期）
　　立法院會期，每年兩次，自行集會，第一次自二月至五月底，第二次自九月至十二月底，必要時得延長之。
第六九條 （立法院之臨時會）
　　立法院遇有左列情事之一時，得開臨時會：
　一　總統之咨請。
　二　立法委員四分之一以上之請求。
第七〇條 （立法院對預算案所爲提議之限制）
　　立法院對於行政院所提預算案，不得爲增加支出之提議。
第七一條 （關係院長及各部會首長之列席）
　　立法院開會時，關係院長及各部會首長得列席陳述意見。
第七二條 （法律案公布之期限）
　　立法院法律案通過後，移送總統及行政院，總統應於收到後十日內公布之，但總統得依照本憲法第五十七條之規定辦理。
第七三條 （立法委員之言論免責權）
　　立法委員在院內所爲之言論及表決，對院外不負責任。
第七四條 （立法委員之不逮捕特權）
　　立法委員，除現行犯外，非經立法院許可，不得逮捕或拘禁。
第七五條 （立法委員兼任官吏之禁止）
　　立法委員不得兼任官吏。
第七六條 （關於立法院組織之授權規定）
　　立法院之組織，以法律定之。

第七章 司　法

第七七條 （司法院之地位及職權）
　　司法院爲國家最高司法機關，掌理民事、刑事、行政訴訟之審判，及公務員之懲戒。
第七八條 （司法院解釋憲法及統一解釋法令之權）
　　司法院解釋憲法，並有統一解釋法律及命令之權。
第七九條 （司法院正副院長及大法官之任命）
　①司法院設院長、副院長各一人，由總統提名，經監察院同意任命之。
　②司法院設大法官若干人，掌理本憲法第七十八條規定事項，由總統提名，經監察院同意任命之。
第八〇條 （法官之地位）
　　法官須超出黨派以外，依據法律獨立審判，不受任何干涉。

第八一條　（法官身分之保障）
　法官爲終身職，非受刑事或懲戒處分或禁治產之宣告，不得免職，非依法律，不得停職、轉任或減俸。

第八二條　（關於司法院組織之授權規定）
　司法院及各級法院之組織，以法律定之。

第八章　考　試

第八三條　（考試院之地位及職權）
　考試院爲全國最高考試機關，掌理考試、任用、銓敘、考績、級俸、陞遷、保障、褒獎、撫卹、退休、養老等事項。

第八四條　（考試院正副院長及考試委員之任命）
　考試院設院長、副院長各一人，考試委員若干人，由總統提名，經監察院同意任命之。

第八五條　（選拔公務人員之方法）
　公務人員之選拔，應實行公開競爭之考試制度，並應按省區分別規定名額，分區舉行考試。非經考試及格者，不得任用。

第八六條　（應經考選銓定之資格）
　左列資格，應經考試院依法考選銓定之：
　一　公務人員任用資格。
　二　專門職業及技術人員執業資格。

第八七條　（考試院提出法律案之權）
　考試院關於所掌事項，得向立法院提出法律案。

第八八條　（考試委員之地位）
　考試委員須超出黨派以外，依據法律獨立行使職權。

第八九條　（關於考試院組織之授權規定）
　考試院之組織，以法律定之。

第九章　監　察

第九〇條　（監察院之地位及職權）
　監察院爲國家最高監察機關，行使同意、彈劾、糾舉及審計權。

第九一條　（監察委員之產生方式）
　監察院設監察委員，由各省、市議會，蒙古、西藏地方議會及華僑團體選舉之。其名額分配，依左列之規定：
　一　每省五人。
　二　每直轄市二人。
　三　蒙古各盟旗共八人。
　四　西藏八人。
　五　僑居國外之國民八人。

第九二條　（監察院正副院長之產生）
　監察院設院長、副院長各一人，由監察委員互選之。

第九三條　（監察委員之任期）
　監察委員之任期爲六年，連選得連任。

第九四條　（監察院同意權之行使）
　監察院依本憲法行使同意權時，由出席委員過半數之議決行之。

第九五條　（監察院之調查權）
　監察院爲行使監察權，得向行政院及其各部、會調閱其所發布之命令及各種有關文件。

第九六條　（監察院之委員會）
　監察院得按行政院及其各部會之工作，分設若干委員會，調查一切設施，注意其是否違法或失職。

第九七條　（監察院之糾正權、糾舉權與彈劾權）
①監察院經各該委員會之審查及決議，得提出糾正案，移送行政院及其有關部會，促其注意改善。
②監察院對於中央及地方公務人員，認爲有失職或違法情事，得提出糾舉案或彈劾案，如涉及刑事，應移送法院辦理。

第九八條　（監察院彈劾公務人員之程序）
　監察院對於中央及地方公務人員之彈劾案，須經監察委員一人以上之提議，九人以上之審查及決定，始得提出。

第九九條　（監察院彈劾司法院、考試院人員之程序）
　監察院對於司法院或考試院人員失職或違法之彈劾，適用本憲法第九十五條、第九十七條及第九十八條之規定。

第一〇〇條　（彈劾總統、副總統之程序）
　監察院對於總統、副總統之彈劾案，須有全體監察委員四分之一以上之提議，全體監察委員過半數之審查及決議，向國民大會提出之。

第一〇一條　（監察委員之言論免責權）
　監察委員在院內所爲之言論及表決，對院外不負責任。

第一〇二條　（監察委員之不逮捕特權）
　監察委員，除現行犯外，非經監察院許可，不得逮捕或拘禁。

第一〇三條　（監察委員兼職之限制）
　監察委員不得兼任其他公職或執行業務。

第一〇四條　（審計長之設置）
　監察院設審計長，由總統提名，經立法院同意任命之。

第一〇五條　（決算之審核及報告）
　審計長應於行政院提出決算後三個月內，依法完成其審核，並提出審核報告於立法院。

第一〇六條　（監察院組織之授權規定）
　監察院之組織，以法律定之。

第十章　中央與地方之權限

第一〇七條　（中央立法並執行之事項）
　左列事項，由中央立法並執行之：
一　外交。
二　國防與國防軍事。

三　國籍法及刑事、民事、商事之法律。

四　司法制度。

五　航空、國道、國有鐵路、航政、郵政及電政。

六　中央財稅及國稅。

七　國稅與省稅、縣稅之劃分。

八　國營經濟事業。

九　幣制及國家銀行。

十　度量衡。

十一　國際貿易政策。

十二　涉外之財政、經濟事項。

十三　其他依本憲法所定關於中央之事項。

第一〇八條　（中央立法執行或省執行事項）

①左列事項，由中央立法並執行之，或交由省、縣執行之：

一　省縣自治通則。

二　行政區劃。

三　森林、工礦及商業。

四　教育制度。

五　銀行及交易所制度。

六　航業及海洋漁業。

七　公用事業。

八　合作事業。

九　二省以上之水陸交通運輸。

十　二省以上之水利、河道及農牧事業。

十一　中央及地方官吏之銓敘、任用、糾察及保障。

十二　土地法。

十三　勞動法及其他社會立法。

十四　公用徵收。

十五　全國戶口調查及統計。

十六　移民及墾殖。

十七　警察制度。

十八　公共衛生。

十九　振濟、撫卹及失業救濟。

二十　有關文化之古籍、古物及古蹟之保存。

②前項各款，省於不牴觸國家法律內，得制定單行法規。

第一〇九條　（省立法執行或縣執行事項）

①左列事項，由省立法並執行之，或交由縣執行之：

一　省教育、衛生、實業及交通。

二　省財產之經營及處分。

三　省、市政。

四　省公營事業。

五　省合作事業。

六　省農林、水利、漁牧及工程。

七　省財政及省稅。

八　省債。

九　省銀行。

十　省警政之實施。

十一　省慈善及公益事項。

十二　其他依國家法律賦予之事項。

②前項各款，有涉及二省以上者，除法律別有規定外，得由有關各省共同辦理。

③各省辦理第一項各款事務，其經費不足時，經立法院議決，由國庫補助之。

第一一〇條　（縣立法並執行之事項）

①左列事項，由縣立法並執行之：

一　縣教育、衛生、實業及交通。

二　縣財產之經營及處分。

三　縣公營事業。

四　縣合作事業。

五　縣農林、水利、漁牧及工程。

六　縣財政及縣稅。

七　縣債。

八　縣銀行。

九　縣警衛之實施。

十　縣慈善及公益事業。

十一　其他依國家法律及省自治法賦予之事項。

②前項各款，有涉及二縣以上者，除法律別有規定外，得由有關各縣共同辦理。

第一一一條　（中央與地方權限分配）

除第一百零七條、第一百零八條、第一百零九條及第一百十條列舉事項外，如有未列舉事項發生時，其事務有全國一致之性質者屬於中央，有全省一致之性質者屬於省，有一縣之性質者屬於縣。遇有爭議時，由立法院解決之。

第十一章　地方制度

第一節　省

第一一二條　（省民代表大會之召集）

①省得召集省民代表大會，依據省縣自治通則，制定省自治法，但不得與憲法牴觸。

②省民代表大會之組織及選舉，以法律定之。

第一一三條　（省自治法之內容）

①省自治法，應包含左列各款：

一　省設省議會，省議會議員由省民選舉之。

二　省設省政府，置省長一人，省長由省民選舉之。

三　省與縣之關係。

②屬於省之立法權，由省議會行之。

第一一四條　（省自治法之審查）

省自治法制定後，須即送司法院。司法院如認為有違憲之處，應將違憲條文宣布無效。

第一一五條　（省自治法發生重大障礙之解決）

省自治法施行中，如因其中某條發生重大障礙，經司法院召集有關方面陳述意見後，由行政院院長、立法院院長、司法院院長、考試院院長與監察院院長組織委員會，以司法院院長為主席，提出方案解決之。

第一一六條　（省法規與國家法律牴觸之結果）

省法規與國家法律牴觸者無效。

第一一七條　（省法規與國家法律有無牴觸之解釋）

省法規與國家法律有無牴觸發生疑義時，由司法院解釋之。

第一一八條　（直轄市之自治制度）

直轄市之自治，以法律定之。

第一一九條　（蒙古各盟旗之自治制度）

蒙古各盟、旗地方自治制度，以法律定之。

第一二○條　（西藏之自治制度）

西藏自治制度，應予以保障。

第二節　縣

第一二一條　（縣自治）

縣實行縣自治。

第一二二條　（縣民代表大會之召集與縣自治法之制定）

縣得召集縣民代表大會，依據省縣自治通則，制定縣自治法，但不得與憲法及省自治法牴觸。

第一二三條　（縣民之行使參政權）

縣民關於縣自治事項，依法律行使創制、複決之權，對於縣長及其他縣自治人員，依法律行使選舉、罷免之權。

第一二四條　（縣議會之組成與職權）

①縣設縣議會，縣議會議員由縣民選舉之。

②屬於縣之立法權，由縣議會行之。

第一二五條　（縣單行規章與國家法律等牴觸之結果）

縣單行規章，與國家法律或省法規牴觸者無效。

第一二六條　（縣長之設置）

縣設縣政府，置縣長一人。縣長由縣民選舉之。

第一二七條　（縣長之職權）

縣長辦理縣自治，並執行中央及省委辦事項。

第一二八條　（市準用縣之規定）

市準用縣之規定。

第十二章　選舉、罷免、創制、複決

第一二九條　（行使選舉權之方法）
　　本憲法所規定之各種選舉，除本憲法別有規定外，以普通、平等、直接及無記名投票之方法行之。

第一三○條　（行使選舉權之年齡）
　　中華民國國民年滿二十歲者，有依法選舉之權。除本憲法及法律別有規定者外，年滿二十三歲者，有依法被選舉之權。

第一三一條　（公開競選之原則）
　　本憲法所規定各種選舉之候選人，一律公開競選。

第一三二條　（選舉公正之維護）
　　選舉應嚴禁威脅、利誘。選舉訴訟，由法院審判之。

第一三三條　（罷免權之行使）
　　被選舉人得由原選舉區依法罷免之。

第一三四條　（婦女當選名額之保障）
　　各種選舉，應規定婦女當選名額，其辦法以法律定之。

第一三五條　（內地生活習慣特殊之國民代表名額及選舉）
　　內地生活習慣特殊之國民代表名額及選舉，其辦法以法律定之。

第一三六條　（創制複決權之行使）
　　創制、複決兩權之行使，以法律定之。

第十三章　基本國策

第一節　國　防

第一三七條　（國防之目的）
①中華民國之國防，以保衛國家安全，維護世界和平為目的。
②國防之組織，以法律定之。

第一三八條　（軍隊國家化—軍人超然）
　　全國陸、海、空軍，須超出個人、地域及黨派關係以外，效忠國家，愛護人民。

第一三九條　（軍隊國家化—軍人不干政）
　　任何黨派及個人，不得以武裝力量為政爭之工具。

第一四○條　（軍人兼任文官之禁止）
　　現役軍人不得兼任文官。

第二節　外　交

第一四一條　（外交之基本原則與目的）
　　中華民國之外交，應本獨立自主之精神，平等互惠之原則，敦睦邦交，尊重條約及聯合國憲章，以保護僑民權益，促進國際合作，提倡國際正義，確保世界和平。

第三節　國民經濟

第一四二條 （國民經濟之基本原則）

國民經濟應以民生主義為基本原則，實施平均地權，節制資本，以謀國計民生之均足。

第一四三條 （土地政策）

①中華民國領土內之土地，屬於國民全體。人民依法取得之土地所有權，應受法律之保障與限制。私有土地應照價納稅，政府並得照價收買。

②附著於土地之礦及經濟上可供公眾利用之天然力，屬於國家所有，不因人民取得土地所有權而受影響。

③土地價值非因施以勞力、資本而增加者，應由國家徵收土地增值稅，歸人民共享之。

④國家對於土地之分配與整理，應以扶植自耕農及自行使用土地人為原則，並規定其適當經營之面積。

第一四四條 （獨佔性企業公營原則）

公用事業及其他有獨佔性之企業，以公營為原則。其經法律許可者，得由國民經營之。

第一四五條 （私人資本之節制與扶助）

①國家對於私人財富及私營事業，認為有妨害國計民生之平衡發展者，應以法律限制之。

②合作事業應受國家之獎勵與扶助。

③國民生產事業及對外貿易，應受國家之獎勵、指導及保護。

第一四六條 （農業建設之政策）

國家應運用科學技術，以興修水利，增進地力，改善農業環境，規劃土地利用，開發農業資源，促成農業之工業化。

第一四七條 （省縣經濟平衡發展之政策）

①中央為謀省與省間之經濟平衡發展，對於貧瘠之省，應酌予補助。

②省為謀縣與縣間之經濟平衡發展，對於貧瘠之縣，應酌予補助。

第一四八條 （貨暢其流）

中華民國領域內，一切貨物應許自由流通。

第一四九條 （金融機構之管理）

金融機構，應依法受國家之管理。

第一五〇條 （普設平民金融機構）

國家應普設平民金融機構，以救濟失業。

第一五一條 （華僑經濟事業之保護）

國家對於僑居國外之國民，應扶助並保護其經濟事業之發展。

第四節　社會安全

第一五二條 （促使人民之充分就業）

人民具有工作能力者，國家應予以適當之工作機會。

第一五三條 （勞工及農民之保護）

①國家為改良勞工及農民之生活，增進其生產技能，應制定保護勞

工及農民之法律，實施保護勞工及農民之政策。

②婦女、兒童從事勞動者，應按其年齡及身體狀態，予以特別之保護。

第一五四條 （勞資關係及其糾紛之處理）

勞資雙方應本協調合作原則，發展生產事業。勞資糾紛之調解與仲裁，以法律定之。

第一五五條 （社會保險及社會救濟之實施）

國家為謀社會福利，應實施社會保險制度。人民之老弱殘廢，無力生活，及受非常災害者，國家應予以適當之扶助與救濟。

第一五六條 （婦女兒童福利政策之實施）

國家為奠定民族生存發展之基礎，應保護母性，並實施婦女、兒童福利政策。

第一五七條 （衛生保健及公醫制度之推行）

國家為增進民族健康，應普遍推行衛生保健事業及公醫制度。

第五節　教育文化

第一五八條 （教育文化之目標）

教育、文化，應發展國民之民族精神、自治精神、國民道德、健全體格、科學及生活智能。

第一五九條 （受教育機會平等原則）

國民受教育之機會，一律平等。

第一六○條 （基本教育及補習教育）

①六歲至十二歲之學齡兒童，一律受基本教育，免納學費。其貧苦者，由政府供給書籍。

②已逾學齡未受基本教育之國民，一律受補習教育，免納學費，其書籍亦由政府供給。

第一六一條 （獎學金之設置）

各級政府應廣設獎學金名額，以扶助學行俱優無力升學之學生。

第一六二條 （教育文化機關之監督）

全國公私立之教育、文化機關，依法律受國家之監督。

第一六三條 （各地區教育之均衡發展）

國家應注重各地區教育之均衡發展，並推行社會教育，以提高一般國民之文化水準，邊遠及貧瘠地區之教育、文化經費，由國庫補助之。其重要之教育、文化事業，得由中央辦理或補助之。

第一六四條 （教育科學文化經費之比例）

教育、科學、文化之經費，在中央不得少於其預算總額百分之十五，在省不得少於其預算總額百分之二十五，在市、縣不得少於其預算總額百分之三十五。其依法設置之教育、文化基金及產業，應予以保障。

第一六五條 （教育科學藝術工作者生活保障）

國家應保障教育、科學、藝術工作者之生活，並依國民經濟之進展，隨時提高其待遇。

第一六六條 （科學獎勵及古蹟之保護）

國家應獎勵科學之發明與創造，並保護有關歷史、文化、藝術之古蹟、古物。

第一六七條 （對於教育事業之鼓勵）

國家對於左列事業或個人，予以獎勵或補助：

一　國內私人經營之教育事業成績優良者。

二　僑居國外國民之教育事業成績優良者。

三　於學術或技術有發明者。

四　從事教育久於其職而成績優良者。

第六節　邊疆地區

第一六八條 （邊疆民族地位之保障）

國家對於邊疆地區各民族之地位，應予以合法之保障，並於其地方自治事業，特別予以扶植。

第一六九條 （邊疆地區教育文化事業）

國家對於邊疆地區各民族之教育、文化、交通、水利、衛生及其他經濟、社會事業，應積極舉辦，並扶助其發展，對於土地使用，應依其氣候、土壤性質，及人民生活習慣之所宜，予以保障及發展。

第十四章　憲法之施行及修改

第一七〇條 （法律之定義）

本憲法所稱之法律，謂經立法院通過，總統公布之法律。

第一七一條 （法律之位階及解釋）

①法律與憲法牴觸者無效。

②法律與憲法有無牴觸發生疑義時，由司法院解釋之。

第一七二條 （命令之位階）

命令與憲法或法律牴觸者無效。

第一七三條 （解釋憲法之機關）

憲法之解釋，由司法院為之。

第一七四條 （修正憲法之程序）

憲法之修改，應依左列程序之一為之：

一　由國民大會代表總額五分之一之提議，三分之二之出席，及出席代表四分之三之決議，得修改之。

二　由立法院立法委員四分之一之提議，四分之三之出席，及出席委員四分之三之決議，擬定憲法修正案，提請國民大會複決，此項憲法修正案，應於國民大會開會前半年公告之。

第一七五條 （實施程序與準備程序）

①本憲法規定事項，有另定實施程序之必要者，以法律定之。

②本憲法施行之準備程序，由制定憲法之國民大會議定之。

中華民國憲法增修條文

①民國80年5月1日總統令制定公布全文10條。
②民國81年5月28日總統令增訂公布第11至18條條文。
③民國83年8月1日總統令修正公布全文10條。
④民國86年7月21日總統令修正公布全文11條。
⑤民國88年9月15日總統令修正公布第1、4、9、10條條文（89年3月24日釋字第499號解釋本次修正條文因違背修憲正當程序，應自本解釋公布之日起失其效力，原86年7月21日之增修條文繼續適用）。
⑥民國89年4月25日總統令修正公布1、2、4至10條條文。
⑦民國94年6月10日總統令修正公布第1、2、4、5、8條條文；並增訂第12條條文。

（前言）

爲因應國家統一前之需要，依照憲法第二十七條第一項第三款及第一百七十四條第一款之規定，增修本憲法條文如左：

第一條 （人民行使直接民權）94

①中華民國自由地區選舉人於立法院提出憲法修正案、領土變更案，經公告半年，應於三個月內投票複決，不適用憲法第四條、第一百七十四條之規定。

②憲法第二十五條至第三十四條及第一百三十五條之規定，停止適用。

第二條 （總統、副總統）94

①總統、副總統由中華民國自由地區全體人民直接選舉之，自中華民國八十五年第九任總統、副總統選舉實施。總統、副總統候選人應聯名登記，在選票上同列一組圈選，以得票最多之一組爲當選。在國外之中華民國自由地區人民返國行使選舉權，以法律定之。

②總統發布行政院院長與依憲法經立法院同意任命人員之任免命令及解散立法院之命令，無須行政院院長之副署，不適用憲法第三十七條之規定。

③總統爲避免國家或人民遭遇緊急危難或應付財政經濟上重大變故，得經行政院會議之決議發布緊急命令，爲必要之處置，不受憲法第四十三條之限制。但須於發布命令後十日內提交立法院追認，如立法院不同意時，該緊急命令立即失效。

④總統爲決定國家安全有關大政方針，得設國家安全會議及所屬國家安全局，其組織以法律定之。

⑤總統於立法院通過對行政院院長之不信任案後十日內，經諮詢立法院院長後，得宣告解散立法院。但總統於戒嚴或緊急命令生效

期間，不得解散立法院。立法院解散後，應於六十日內舉行立法委員選舉，並於選舉結果確認後十日內自行集會，其任期重新起算。

⑥總統、副總統之任期爲四年，連選得連任一次，不適用憲法第四十七條之規定。

⑦副總統缺位時，總統應於三個月內提名候選人，由立法院補選，繼任至原任期屆滿爲止。

⑧總統、副總統均缺位時，由行政院長代行其職權，並依本條第一項規定補選總統、副總統，繼任至原任期屆滿爲止，不適用憲法第四十九條之有關規定。

⑨總統、副總統之罷免案，須經全體立法委員四分之一之提議，全體立法委員三分之二之同意後提出，並經中華民國自由地區選舉人總額過半數之投票，有效票過半數同意罷免時，即爲通過。

⑩立法院提出總統、副總統彈劾案，聲請司法院大法官審理，經憲法法庭判決成立時，被彈劾人應即解職。

第三條 （行政院）

①行政院院長由總統任命之。行政院院長辭職或出缺時，在總統未任命行政院院長前，由行政院副院長暫行代理。憲法第五十五條之規定，停止適用。

②行政院依左列規定，對立法院負責，憲法第五十七條之規定，停止適用：

一 行政院有向立法院提出施政方針及施政報告之責。立法委員在開會時，有向行政院院長及行政院各部會首長質詢之權。

二 行政院對於立法院決議之法律案、預算案、條約案，如認爲有窒礙難行時，得經總統之核可，於該決議案送達行政院十日內，移請立法院覆議。立法院對於行政院移請覆議案，應於送達十五日內作成決議。如爲休會期間，立法院應於七日內自行集會，並於開議十五日內作成決議。覆議案逾期未議決者，原決議失效。覆議時，如經全體立法委員二分之一以上決議維持原案，行政院院長應即接受該決議。

三 立法院得經全體立法委員三分之一以上連署，對行政院院長提出不信任案。不信任案提出七十二小時後，應於四十八小時內以記名投票表決之。如經全體立法委員二分之一以上贊成，行政院院長應於十日內提出辭職，並得同時呈請總統解散立法院；不信任案如未獲通過，一年內不得對同一行政院長再提不信任案。

③國家機關之職權、設立程序及總員額，得以法律爲準則性之規定。

④各機關之組織、編制及員額，應依前項法律，基於政策或業務需要決定之。

第四條 （立法委員之選舉）94

①立法院立法委員自第七屆起一百一十三人，任期四年，連選得連

任，於每屆任滿前三個月內，依左列規定選出之，不受憲法第六十四條及第六十五條之限制：

一　自由地區直轄市、縣市七十三人。每縣市至少一人。

二　自由地區平地原住民及山地原住民各三人。

三　全國不分區及僑居國外國民共三十四人。

②前項第一款依各直轄市、縣市人口比例分配，並按應選名額劃分同額選舉區選出之。第三款依政黨名單投票選舉之，由獲得百分之五以上政黨選舉票之政黨依得票比率選出之，各政黨當選名單中，婦女不得低於二分之一。

③立法院於每年集會時，得聽取總統國情報告。

④立法院經總統解散後，在新選出之立法委員就職前，視同休會。

⑤中華民國領土，依其固有疆域，非經全體立法委員四分之一之提議，全體立法委員四分之三之出席，及出席委員四分之三之決議，提出領土變更案，並於公告半年後，經中華民國自由地區選舉人投票複決，有效同意票過選舉人總額之半數，不得變更之。

⑥總統於立法院解散後發布緊急命令，立法院應於三日內自行集會，並於開議七日內追認之。但於新任立法委員選舉投票日後發布者，應由新任立法委員於就職後追認之。如立法院不同意時，該緊急命令立即失效。

⑦立法院對於總統、副總統之彈劾案，須經全體立法委員二分之一以上之提議，全體立法委員三分之二以上之決議，聲請司法院大法官審理，不適用憲法第九十條、第一百條及增修條文第七條第一項有關規定。

⑧立法委員除現行犯外，在會期中，非經立法院許可，不得逮捕或拘禁。憲法第七十四條之規定，停止適用。

第五條（司法院）94

①司法院設大法官十五人，並以其中一人為院長、一人為副院長，由總統提名，經立法院同意任命之，自中華民國九十二年起實施，不適用憲法第七十九條之規定。司法院大法官除法官轉任者外，不適用憲法第八十一條及有關法官終身職待遇之規定。

②司法院大法官任期八年，不分屆次，個別計算，並不得連任。但並為院長、副院長之大法官，不受任期之保障。

③中華民國九十二年總統提名之大法官，其中八位大法官，含院長、副院長，任期四年，其餘大法官任期為八年，不適用前項任期之規定。

④司法院大法官，除依憲法第七十八條之規定外，並組成憲法法庭審理總統、副總統之彈劾及政黨違憲之解散事項。

⑤政黨之目的或其行為，危害中華民國之存在或自由民主之憲政秩序者為違憲。

⑥司法院所提出之年度司法概算，行政院不得刪減，但得加註意見，編入中央政府總預算案，送立法院審議。

第六條　（考試院）

① 考試院為國家最高考試機關，掌理左列事項，不適用憲法第八十三條之規定：

一　考試。

二　公務人員之銓敘、保障、撫卹、退休。

三　公務人員任免、考績、級俸、陞遷、褒獎之法制事項。

② 考試院設院長、副院長各一人，考試委員若干人，由總統提名，經立法院同意任命之，不適用憲法第八十四條之規定。

③ 憲法第八十五條有關按省區分別規定名額，分區舉行考試之規定，停止適用。

第七條　（監察院）

① 監察院為國家最高監察機關，行使彈劾、糾舉及審計權，不適用憲法第九十條及第九十四條有關同意權之規定。

② 監察院設監察委員二十九人，並以其中一人為院長、一人為副院長，任期六年，由總統提名，經立法院同意任命之。憲法第九十一條至第九十三條之規定停止適用。

③ 監察院對於中央、地方公務人員及司法、考試院人員之彈劾案，須經監察委員二人以上之提議，九人以上之審查及決定，始得提出，不受憲法第九十八條之限制。

④ 監察院對於監察院人員失職或違法之彈劾，適用憲法第九十五條、第九十七條第二項及前項之規定。

⑤ 監察委員須超出黨派以外，依據法律獨立行使職權。

⑥ 憲法第一百零一條及第一百零二條之規定，停止適用。

第八條　（待遇調整）94

立法委員之報酬或待遇，應以法律定之。除年度通案調整者外，單獨增加報酬或待遇之規定，應自次屆起實施。

第九條　（省縣自治）

① 省、縣地方制度，應包括左列各款，以法律定之，不受憲法第一百零八條第一項第一款、第一百零九條、第一百十二條至第一百十五條及第一百二十二條之限制：

一　省設省政府，置委員九人，其中一人為主席，均由行政院院長提請總統任命之。

二　省設省諮議會，置省諮議會議員若干人，由行政院院長提請總統任命之。

三　縣設縣議會，縣議會議員由縣民選舉之。

四　屬於縣之立法權，由縣議會行之。

五　縣設縣政府，置縣長一人，由縣民選舉之。

六　中央與省、縣之關係。

七　省承行政院之命，監督縣自治事項。

② 臺灣省政府之功能、業務與組織之調整，得以法律為特別之規定。

第一〇條　（基本國策）

① 國家應獎勵科學技術發展及投資，促進產業升級，推動農漁業現代化，重視水資源之開發利用，加強國際經濟合作。

② 經濟及科學技術發展，應與環境及生態保護兼籌並顧。

③ 國家對於人民興辦之中小型經濟事業，應扶助並保護其生存與發展。

④ 國家對於公營金融機構之管理，應本企業化經營之原則；其管理、人事、預算、決算及審計，得以法律為特別之規定。

⑤ 國家應推行全民健康保險，並促進現代和傳統醫藥之研究發展。

⑥ 國家應維護婦女之人格尊嚴，保障婦女之人身安全，消除性別歧視，促進兩性地位之實質平等。

⑦ 國家對於身心障礙者之保險與就醫、無障礙環境之建構、教育訓練與就業輔導及生活維護與救助，應予保障，並扶助其自立與發展。

⑧ 國家應重視社會救助、福利服務、國民就業、社會保險及醫療保健等社會福利工作、對於社會救助和國民就業等救濟性支出應優先編列。

⑨ 國家應尊重軍人對社會之貢獻，並對其退役後之就學、就業、就醫、就養予以保障。

⑩ 教育、科學、文化之經費，尤其國民教育之經費應優先編列，不受憲法第一百六十四條規定之限制。

⑪ 國家肯定多元文化，並積極維護發展原住民族語言及文化。

⑫ 國家應依民族意願，保障原住民族之地位及政治參與，並對其教育文化、交通水利、衛生醫療、經濟土地及社會福利事業予以保障扶助並促其發展，其辦法另以法律定之。對於澎湖、金門及馬祖地區人民亦同。

⑬ 國家對於僑居國外國民之政治參與，應予保障。

第一一條　（兩岸關係）

自由地區與大陸地區間人民權利義務關係及其他事務之處理，得以法律為特別之規定。

第一二條　（憲法修正案之提出）94

憲法之修改，須經立法院立法委員四分之一之提議，四分之三之出席，及出席委員四分之三之決議，提出憲法修正案，並於公告半年後，經中華民國自由地區選舉人投票複決，有效同意票過選舉人總額之半數，即通過之，不適用憲法第一百七十四條之規定。

憲　法

貳、國際法

兒童權利公約

聯合國大會1989年11月20日決議通過並開放給各國簽字、批准和加入生效；按照第49條規定，於1990年9月2日生效。
民國106年5月17日總統令公布並溯自103年11月20日生效。

前言

本公約締約國，

考量到聯合國憲章所揭示的原則，體認人類家庭所有成員的固有尊嚴及其平等與不可剝奪的權利，乃是世界自由、正義及和平的基礎；

銘記各國人民在聯合國憲章中重申對基本人權與人格尊嚴及價值之信念，並決心在更廣泛之自由中，促進社會進步及提升生活水準；

體認到聯合國在世界人權宣言及國際人權公約中宣布並同意，任何人均享有前述宣言及公約所揭示之一切權利與自由，不因其種族、膚色、性別、語言、宗教、政治或其他主張、國籍或社會背景、財產、出生或其他身分地位等而有任何區別；

回顧聯合國在世界人權宣言中宣布：兒童有權享有特別照顧及協助；

確信家庭為社會之基本團體，是所有成員特別是兒童成長與福祉之自然環境，故應獲得必要之保護及協助，以充分擔負其於社會上之責任；

體認兒童應在幸福、關愛與理解氣氛之家庭環境中成長，使其人格充分而和諧地發展；

考量到應充分培養兒童使其可在社會上獨立生活，並在聯合國憲章所揭櫫理想之精神，特別是和平、尊嚴、寬容、自由、平等與團結之精神下獲得養育成長；

銘記一九二四年之日內瓦兒童權利宣言，與聯合國大會於一九五九年十一月二十日通過之兒童權利宣言揭示兒童應獲得特別照顧之必要性，並經世界人權宣言、公民與政治權利國際公約（特別是第23條及第24條）、經濟社會文化權利國際公約（特別是第10條），以及與兒童福利相關之各專門機構及國際組織之章程及有關文書所確認；

銘記兒童權利宣言中所揭示：「兒童因身心尚未成熟，因此其出生前與出生後均需獲得特別之保護及照顧，包括適當之法律保護」；

回顧「關於兒童保護和兒童福利、特別是國內和國際寄養和收養

辦法的社會和法律原則宣言」、「聯合國少年司法最低限度標準規則」（北京規則）以及「在非常狀態和武裝衝突中保護婦女和兒童宣言」之規定，

體認到世界各國皆有生活在極端困難情況之兒童，對這些兒童需要給予特別之考量；

適度斟酌每一民族之傳統與文化價值對兒童之保護及和諧發展的重要性，體認國際合作對於改善每一國家，特別是發展中國家兒童生活條件之重要性；

茲協議如下：

第一條

為本公約之目的，兒童係指未滿十八歲之人，但其所適用之法律規定未滿十八歲為成年者，不在此限。

第二條

1. 締約國應尊重本公約所揭櫫之權利，確保其管轄範圍內的每一兒童均享有此等權利，不因兒童、父母或法定監護人之種族、膚色、性別、語言、宗教、政治或其他主張、國籍、族裔或社會背景、財產、身心障礙、出生或其他身分地位之不同而有所歧視。
2. 締約國應採取一切適當措施確保兒童得到保護，免於因兒童父母、法定監護人或家庭成員之身分、行為、意見或信念之關係而遭受到一切形式之歧視或懲罰。

第三條

1. 所有關係兒童之事務，無論是由公私社會福利機構、法院、行政機關或立法機關之作為，均應以兒童最佳利益為優先考量。
2. 締約國承諾為確保兒童福祉所必要之與保護和照顧，應考量其父母、法定監護人或任何對其負有法律責任之個人之權利與義務，並採取一切適當的立法和行政措施達成之。
3. 締約國應確保負責照顧與保護兒童之機構，服務與設施符合主管機關所訂之標準，特別在安全、保健、工作人員數量與資格及有效監督等方面。

第四條

締約國應採取一切適當的立法、行政及其他措施，實現本公約所確認之各項權利。關於經濟、社會及文化的權利方面，締約國運用其本國最大可用之資源，並視需要，在國際合作架構下採取該等措施。

第五條

締約國應尊重兒童之父母或於其他適用情形下，依地方習俗所規定之大家庭或社區成員、其法定監護人或其他依法對兒童負責之人，以符合兒童各發展階段之能力的方式，提供適當指導與指引兒童行使本公約確認權利之責任、權利與義務。

第六條

1. 締約國承認兒童有與生俱來之生命權。
2. 締約國應盡最大可能確保兒童的生存與發展。

第七條

1. 兒童於出生後應立即被登記，並自出生起即應有取得姓名以及國籍的權利，並於儘可能的範圍內有知其父母並受父母照顧的權利。

2. 締約國應確保依據本國法律及其於相關國際文件中所負之義務實踐兒童前項權利，特別若非如此，兒童將成為無國籍人。

第八條

1. 締約國承諾尊重兒童維護其身分的權利，包括法律所承認之國籍、姓名與親屬關係不受非法侵害。

2. 締約國於兒童之身分（不論全部或一部）遭非法剝奪時，應給予適當之協助與保護，俾能迅速恢復其身分。

第九條

1. 締約國應確保不違背兒童父母的意願而使兒童與父母分離。但主管機關依據所適用之法律及程序，經司法審查後，判定兒童與其父母分離係屬維護兒童最佳利益所必要者，不在此限。於兒童受父母虐待、疏忽或因父母分居而必須決定兒童居所之特定情況下，前開判定即屬必要。

2. 前項程序中，應給予所有利害關係人參與並陳述意見之機會。

3. 締約國應尊重與父母一方或雙方分離之兒童與父母固定保持私人關係及直接聯繫的權利。但違反兒童最佳利益者，不在此限。

4. 當前開分離係因締約國對父母一方或雙方或對兒童所採取之行為，諸如拘留、監禁、驅逐、遣送或死亡（包括該人在該國拘禁中因任何原因而死亡），該締約國於受請求時，應將該等家庭成員下落的必要資訊告知父母、兒童，或視其情節，告知其他家庭成員；除非該等資訊之提供對兒童之福祉造成損害。締約國並應確保相關人員不因該請求而蒙受不利。

第一○條

1. 兒童或其父母為團聚而請求進入或離開締約國時，締約國應依照第九條第一項之義務以積極、人道與迅速之方式處理之。締約國並應確保請求人及其家庭成員不因該請求而蒙受不利。

2. 與父母分住不同國家之兒童，除情況特殊者外，應有權與其父母雙方定期保持個人關係與直接聯繫。為利前開目的之達成，並依據第九條第一項所規定之義務，締約國應尊重兒童及其父母得離開包括自己國家在內的任何國家和進入自己國家的權利。離開任何國家的權利應僅受限於法律之規定且該等規定係為保護國家安全、公共秩序、公共衛生或道德、或他人的權利和自由所必需，並應與本公約所承認的其他權利不相牴觸。

第一一條

1. 締約國應採取措施遏止非法移送兒童至國外或令其無法回國之行為。

2. 締約國應致力締結雙邊或多邊協定或加入現有的協定以達成前項遏止之目的。

第一二條

1. 締約國應確保有形成其自己意見之能力的兒童有權就影響其本身之所有事物自由表示其意見，其所表示之意見應依其年齡與成熟度予以權衡。

2. 據此，應特別給予兒童在對自己有影響之司法和行政程序中，能夠依照國家法律之程序規則，由其本人直接或透過代表或適當之組織，表達意見之機會。

第一三條

1. 兒童應有自由表示意見之權利；此項權利應包括以言詞、書面或印刷、藝術形式或透過兒童所選擇之其他媒介，不受國境限制地尋求、接收與傳達各種資訊與思想的自由。

2. 該項權利的行使得予以限制，惟應以法律規定且以達到下列目的所必要者為限：
   (a)為尊重他人之權利與名譽；或
   (b)為保障國家安全或公共秩序或公共衛生與道德。

第一四條

1. 締約國應尊重兒童思想、自我意識與宗教自由的權利。

2. 締約國應尊重其父母及於其他適用情形下之法定監護人之權利與義務，以符合兒童各發展階段之能力的方式指導兒童行使其權利。

3. 個人表明其宗教或信仰的自由，僅受法律規定之限制且該等規定係為保護公共安全、秩序、衛生或道德，或他人之基本權利和自由所必要者。

第一五條

1. 締約國確認兒童享有結社自由及和平集會自由的權利。

2. 前項權利之行使不得加以限制，惟符合法律所規定並在民主社會中為保障國家安全或公共安全、公共秩序、公共衛生或道德或他人之權利與自由所必要者，不在此限。

第一六條

1. 兒童之隱私、家庭、住家或通訊不得遭受恣意或非法干預，其榮譽與名譽亦不可受非法侵害。

2. 兒童對此等干預或侵害有依法受保障的權利。

第一七條

締約國確認大眾傳播媒體之重要功能，故應確保兒童可自國內與國際各種不同來源獲得資訊與資料，尤其是為提升兒童之社會、精神與道德福祉及其身心健康的資訊與資料。

為此締約國應：

(a)鼓勵大眾傳播媒體依據第二十九條之精神，傳播在社會與文化方面有益於兒童的資訊及資料；

(b)鼓勵源自不同文化、國家及國際的資訊及資料，在此等資訊之產製、交流與傳播上進行國際合作；

(c)鼓勵兒童讀物之出版與流通；

(d)鼓勵大眾傳播媒體對少數族群或原住民兒童在語言方面的需

　　要，予以特別關注；

　(e)參考第十三條和第十八條的規定，鼓勵發展適當準則，以保護兒童免於受有損其福祉之資訊與資料之傷害。

第一八條

1.締約國應盡其最大努力，確保父母雙方對兒童之養育與發展負共同責任的原則獲得確認。父母、或視情況而定的法定監護人對兒童之養育與發展負擔主要責任。兒童之最佳利益應為其基本考量。

2.為保證和促進本公約所揭示之權利，締約國應於父母與法定監護人在擔負養育兒童責任時給予適當之協助，並確保照顧兒童之機構、設施與服務業務之發展。

3.締約國應採取一切適當措施確保就業父母之子女有權享有依其資格應有之托兒服務與設施。

第一九條

1.締約國應採取一切適當之立法、行政、社會與教育措施，保護兒童於受其父母、法定監護人或其他照顧兒童之人照顧時，不受到任何形式之身心暴力、傷害或虐待，疏忽或疏失，不當對待或剝削，包括性虐待。

2.此等保護措施，如為適當，應包括有效程序以建立社會規劃對兒童與其照顧者提供必要之支持，並對前述兒童不當對待事件採取其他預防方式與用以指認、報告、轉介、調查、處理與後續追蹤，以及，如適當的話，以司法介入。

第二〇條

1.針對暫時或永久剝奪其家庭環境的兒童，或因顧及其最佳利益無法使其繼續留在家庭環境時，締約國應給予特別之保護與協助。

2.締約國應依其國家法律確保該等兒童獲得其他替代方式之照顧。

3.此等照顧包括安排寄養、依伊斯蘭法之監護、收養或於必要時安置其於適當之照顧機構中。當考量處理方式時，應考量有必要使兒童之養育具有持續性，並考量兒童之種族、宗教、文化和語言背景，予以妥適處理。

第二一條

締約國承認及（或）允許收養制度者，應確保以兒童的最佳利益為最大考量，並應：

　(a)確保兒童之收養僅得由主管機關許可。該機關應依據適用之法律與程序，並根據所有相關且可靠的資訊，據以判定基於兒童與其父母、親屬及法定監護人之情況，認可該收養，且於必要時，如認為該等諮詢可能必要時，應取得關係人經過充分瞭解而對該收養所表示之同意後，方得認可該收養關係；

　(b)在無法為兒童安排寄養或收養家庭，或無法在其出生國給予適當照顧時，承認跨國境收養為照顧兒童的一個替代辦法；

　(c)確保跨國境收養的兒童，享有與在國內被收養的兒童相當之保障與標準；

(d)採取一切適當措施確保跨國境收養之安排，不致使所涉之人士獲得不正當的財務上收益；

(e)於適當情況下，締結雙邊或多邊協議或協定以促進本條之目的，並在此一架構下，努力確保由主管機關或機構負責安排兒童於他國之收養事宜。

第二二條

1.締約國應採取適當措施，確保申請難民身分或依可得適用之國際或國內法律或程序被視為難民之兒童，不論是否與其父母或其他人隨行，均可得到適當的保護和人道主義援助，以享有本公約及該締約國所締結之其他國際人權公約或人道文書中所揭示的相關權利。

2.為此，締約國應配合聯合國及其他政府間的權責組織或與聯合國有合作關係之非政府組織所作之努力並提供其認為適當的合作，以保護和援助該等兒童並追蹤難民兒童之父母或其他家庭成員，以獲得必要的資訊使其家庭團聚。如無法找尋其父母或其他家屬時，則應給予該兒童與本公約所揭示之永久或暫時剝奪家庭環境兒童相同之保護。

第二三條

1.締約國確認身心障礙兒童，應於確保其尊嚴、促進其自立、有利於其積極參與社會環境下，享有完整與一般之生活。

2.締約國確認身心障礙兒童有受特別照顧之權利，且應鼓勵並確保在現有資源範圍內，依據申請，酌視兒童與其父母或其他照顧人之情況，對符合資格之兒童及其照顧者提供協助。

3.有鑒於身心障礙兒童之特殊需求，並考慮兒童的父母或其他照顧者之經濟情況，盡可能免費提供本條第二項之協助，並應用以確保身心障礙兒童能有效地獲得與接受教育、訓練、健康照顧服務、復健服務、職前準備以及休閒機會，促進該兒童盡可能充分地融入社會與實現個人發展，包括其文化與精神之發展。

4.締約國應本著國際合作精神，促進預防健康照顧以及身心障礙兒童的醫療、心理與功能治療領域交換適當資訊，包括傳播與取得有關復健方法，教育以及就業服務相關資料，以使締約國能夠增進該等領域之能力、技術並擴大其經驗。關於此，尤應特別考慮發展中國家之需要。

第二四條

1.締約國確認兒童有權享有最高可達水準之健康，與促進疾病治療以及恢復健康之權利。締約國應努力確保所有兒童享有健康照護服務之權利不遭受剝奪。

2.締約國應致力於充分執行此權利，並應特別針對下列事項採取適當之措施：

(a)降低嬰幼兒之死亡率；

(b)確保提供所有兒童所必須之醫療協助與健康照顧，並強調基礎健康照顧之發展；

(c)消除疾病和營養不良的現象，包括在基礎健康顧顧之架構下運用現行技術，以及透過提供適當營養食物和清潔之飲用水，並應考量環境污染之危險與風險；

(d)確保母親得到適當的產前與產後健康照顧；

(e)確保社會各階層，尤其是父母與兒童，獲得有關兒童健康和營養、母乳育嬰之優點、個人與環境衛生以及防止意外事故之基本知識之教育並協助該等知識之運用；

(f)發展預防健康照顧、針對父母以及家庭計劃教育與服務之指導方針。

3.締約國應致力採取一切有效與適當之措施，以革除對兒童健康有害之傳統習俗。

4.締約國承諾促進並鼓勵國際合作，以期逐步完全實現本條之權利。關於此，尤應特別考慮發展中國家之需要。

第二五條

締約國確認為照顧、保護或治療兒童身體或心理健康之目的，而由權責單位安置之兒童，有權對於其所受之待遇，以及所受安置有關之其他一切情況，要求定期評估。

第二六條

1.締約國應確保每個兒童皆受有包括社會保險之社會安全給付之權利，並應根據其國內法律，採取必要措施以充分實現此一權利。

2.該項給付應依其情節，並考慮兒童及負有扶養兒童義務者之資源與環境，以及兒童本人或代其提出申請有關之其他因素，作為決定給付之參考。

第二七條

1.締約國確認每個兒童均有權享有適於其生理、心理、精神、道德和社會發展之生活水準。

2.父母或其他對兒童負有責任者，於其能力和經濟條件許可範圍內，負有確保兒童發展所需生活條件之主要責任。

3.締約國按照本國條件並於其能力範圍內，應採取適當措施協助父母或其他對兒童負有責任者，實施此項權利，並於必要時提供物質援助與支援方案，特別是針對營養、衣物及住所。

4.締約國應採取一切適當措施，向在本國國內或境外之兒童父母或其他對兒童負有財務責任之人，追索兒童養育費用之償還。特別是當對兒童負有財務責任之人居住在與兒童不同之國家時，締約國應促成國際協定之加入或締結此等國際協定，以及做成其他適當安排。

第二八條

1.締約國確認兒童有接受教育之權利，為使此項權利能於機會平等之基礎上逐步實現，締約國尤應：

(a)實現全面的免費義務小學教育；

(b)鼓勵發展不同形態之中等教育、包括普通教育與職業教育，使所有兒童均能進入就讀，並採取適當措施，諸如實行免費教育

以及對需求者提供財務協助；

(c)以一切適當方式，使所有兒童依照其能力都能接受高等教育；

(d)使所有兒童均能獲得教育與職業方面之訊息與引導；

(e)採取措施鼓勵正常到校並降低輟學率。

2.締約國應採取一切適當措施，確保學校執行紀律之方式，係符合兒童之人格尊嚴及本公約規定。

3.締約國應促進和鼓勵有關教育事項之國際合作，特別著眼於消除全世界無知與文盲，並促進使用科技知識與現代教學方法。關於此，應特別考慮到發展中國家之需要。

第二九條

1.締約國一致認為兒童教育之之目標為：

(a)使兒童之人格、才能以及精神、身體之潛能獲得最大程度之發展；

(b)培養對人權、基本自由以及聯合國憲章所揭櫫各項原則之尊重；

(c)培養對兒童之父母、兒童自身的文化認同、語言和價值觀，兒童所居住國家之民族價值觀、其原籍國以及不同於其本國的文明之尊重；

(d)培養兒童本著理解、和平、寬容、性別平等以及所有人民、種族、民族、宗教與原住民間友好的精神，於自由社會中，過負責任之生活；

(e)培養對自然環境的尊重。

2.本條或第二十八條之所有規定，皆不得被解釋為干涉個人與團體設置及管理教育機構之自由，惟須完全遵守本條第一項所規定之原則，並符合國家就該等機構所實施之教育所制定之最低標準。

第三〇條

在種族、宗教或語言上有少數人民，或有原住民之國家中，這些少數人民或原住民之兒童應與其群體的其他成員共同享有自己的文化、信奉自己的宗教並舉行宗教儀式、或使用自己的語言之權利，此等權利不得遭受否定。

第三一條

1.締約國確認兒童享有休息及休閒之權利；有從事適合其年齡之遊戲和娛樂活動之權利，以及自由參加文化生活與藝術活動之權利。

2.締約國應尊重並促進兒童充分參加文化與藝術生活之權利，並應鼓勵提供適當之文化、藝術、娛樂以及休閒活動之平等機會。

第三二條

1.締約國確認兒童有免受經濟剝削之權利，和避免從事任何可能妨礙或影響其接受教育，或對其健康或身體、心理、精神、道德或社會發展有害之工作。

2.締約國應採取立法、行政、社會和教育措施以確保本條規定之實

施。爲此目的並參照其他國際文件之相關規定，締約國尤應：

(a)規定單一或兩個以上之最低受僱年齡；

(b)規定有關工作時間和工作條件之適當規則；

(c)規定適當罰則或其他制裁措施以確保本條款之有效執行。

第三三條

締約國應採取一切適當措施，包括立法、行政、社會和教育措施，保護兒童不致非法使用有關國際條約所訂定之麻醉藥品和精神藥物，並防止利用兒童從事非法製造與販運此類藥物。

第三四條

締約國承諾保護兒童免於一切形式之性剝削與性虐待。爲此目的，締約國應採取包括國內、雙邊與多邊措施，以防止下列事情發生：

(a)引誘或強迫兒童從事非法之性行爲；

(b)剝削利用兒童從事賣淫或其他非法的性活動；

(c)剝削利用兒童從事色情表演或作爲色情之題材。

第三五條

締約國應採取一切適當的國內、雙邊與多邊措施，以防止兒童受到任何目的或以任何形式之誘拐、買賣或販運。

第三六條

締約國應保護兒童使其免於遭受有害其福祉之任何其他形式的剝削。

第三七條

締約國應確保：

(a)所有兒童均不受酷刑或其他形式之殘忍、不人道或有辱人格的待遇或處罰。對未滿十八歲的人所犯罪行，不得判以死刑或無釋放可能之無期徒刑；

(b)不得非法或恣意剝奪任何兒童之自由。對兒童之逮捕、拘留或監禁應符合法律規定並僅應作爲最後手段，且應爲最短之適當時限；

(c)所有被剝奪自由的兒童應受到人道待遇，其人性尊嚴應受尊重，並應以考慮其年齡之需要加以對待。特別是被剝奪自由之兒童應與成年人分別隔離，除非係基於兒童最佳利益而不隔離；除有特殊情況外，此等兒童有權透過通訊及探視與家人保持聯繫；

(d)所有被剝奪自由之兒童，有迅速獲得法律及其他適當協助之權利，並有權就其自由被剝奪之合法性，向法院或其他權責、獨立、公正機關提出異議，並要求獲得迅速之決定。

第三八條

1. 締約國於發生武裝衝突時，應尊重國際人道法中適用於本國兒童之規定，並保證確實遵守這些規定。

2. 締約國應採取一切可行措施，確保未滿十五歲的人不會直接參加戰鬥行爲。

3. 締約國應避免招募任何未滿十五歲之人加入武裝部隊。在招募已年滿十五歲但未滿十八歲之人時，應優先考慮年齡最大者。

4. 依據國際人道法之規定，締約國於武裝衝突中有義務保護平民，並應採取一切可行之措施，保護和照顧受武裝衝突影響之兒童。

第三九條

締約國應採取一切適當措施，使遭受下述情況之兒童身心得以恢復並重返社會：任何形式之疏忽、剝削或虐待；酷刑或任何其他殘忍、不人道或有辱人格之待遇或處罰方式；或遭遇武裝衝突之兒童。此種恢復與重返社會，應於能促進兒童之健康、自尊與尊嚴的環境中進行。

第四〇條

1. 締約國對於指稱、指控或認為涉嫌觸犯刑事法律的兒童，應確認該等兒童有權獲得到符合以下情況之待遇：依兒童之年齡及對其重返社會，並在社會承擔建設性角色的期待下，促進兒童之尊嚴和價值感，以增強其他人之人權與基本自由的尊重。

2. 為達此目的，並鑑於國際文件之相關規定，締約國尤應確保：

(a) 任何兒童，當其作為或不作為未經本國或國際法規所禁止時，不得被指稱、指控或認為涉嫌觸犯刑事法律。

(b) 針對被指稱或指控觸犯刑事法律之兒童，至少應獲得下列保證：

   i 在依法判定有罪前，應推定為無罪；

   ii 對其被控訴之罪名能夠迅速且直接地被告知，適當情況下經由父母或法定監護人告知本人，於準備與提出答辯時並獲得法律或其他適當之協助；

   iii 要求有權、獨立且公正之機關或司法機構迅速依法公正審理，兒童並應獲得法律或其他適當之協助，且其父母或法定監護人亦應在場，惟經特別考量兒童之年齡或狀況認為其父母或法定監護人在場之作法不符合兒童最佳利益者除外；

   iv 不得被迫作證或認罪；應可詰問或間接詰問對自身不利的證人，並且在平等之條件下，要求對自己有利的證人出庭並接受詰問；

   v 若經認定觸犯刑事法律，對該認定及因此所衍生之處置，有權要求較高層級之權責、獨立、公正機關或司法機關依法再為審查；

   vi 若使用兒童不瞭解或不會說之語言，應提供免費之通譯；

   vii 在前開程序之所有過程中，應充分尊重兒童之隱私。

3. 締約國對於被指稱、指控或確認為觸犯刑事法律之兒童，應特別設置適用之法律、程序、機關與機構，尤應：

(a) 規定無觸犯刑事能力之最低年齡；

(b) 於適當與必要時，制定不對此等兒童訴諸司法程序之措施，惟須充分尊重人權與法律保障。

4. 為確保兒童福祉，並合乎其自身狀況與違法情事，應採行多樣化

之處置，例如照顧、輔導或監督裁定、諮商輔導、觀護、寄養照顧；教育或職業培訓方案或其他替代機構照顧之方式。

第四一條

本公約之任何規定，不應影響下列規定中，更有利於實現兒童權利之任何規定：

(a)締約國之法律；或

(b)對締約國有拘束效力之國際法。

第四二條

締約國承諾以適當的積極手段，使成人與兒童都能普遍知曉本公約的原則與規定。

第四三條

1. 為審查締約國於履行根據本公約義務之進展，應設立兒童權利委員會，執行下文所規定的職能。

2. 委員會應由十八名品德高尚並在本公約所涉領域具有公認能力的專家組成。委員會成員應由締約國從其國民中選出，並應以個人身分任職，但須考慮到公平地域分配原則及主要法律體系。

3. 委員會成員應以無記名表決方式從締約國提名的人選名單中選舉產生。每一締約國可從本國國民中提名一位人選。

4. 委員會的初次選舉應於最遲不晚於本公約生效之日起六個月內舉行，此後每兩年舉行一次。聯合國秘書長應至少在選舉之日前四個月函請締約國在兩個月內提出其提名的人選。秘書長隨後應將已提名的所有人選按字母順序編成名單，註明提名此等人選的締約國，分送本公約締約國。

5. 選舉應在聯合國總部由秘書長召開的締約國會議上進行。在此等會議上，應以三分之二締約國出席作為會議的法定人數，得票最多且占出席並參加表決締約國代表絕對多數票者，當選為委員會委員。

6. 委員會成員任期四年。成員如獲再次提名，應可連選連任。在第一次選舉產生的成員中，有五名成員的任期應在兩年結束時屆滿；會議主席應在第一次選舉之後立即以抽籤方式選定這五名成員。

7. 如果委員會某一成員死亡或辭職，或宣稱因任何其他原因不再能履行委員會的職責，提名該成員的締約國應從其國民中指定另一名專家接替剩餘任期，但須經委員會批准。

8. 委員會應自行制定其議事規則。

9. 委員會應自行選舉其主席團成員，任期兩年。

10. 委員會會議通常應在聯合國總部或在委員會決定的任何其他方便地點舉行。委員會通常應每年舉行一次會議。委員會的會期應由本公約締約國會議決定並在必要時加以審查，但需經大會核准。

11. 聯合國秘書長應為委員會有效履行本公約所規定的職責提供必要的工作人員和設施。

12. 根據本公約設立的委員會成員，經大會核可，得從聯合國之資金

領取薪酬，其條件由大會決定。

第四四條

1. 締約國承諾依下列規定，經由聯合國秘書長，向委員會提交其為實現本公約之權利所採取之措施以及有關落實該等權利之進展的報告：

  (a)在本公約對該締約國生效後兩年內；

  (b)此後每五年一次。

2. 根據本條所提交的報告，應指明可能影響本公約義務履行的任何因素和困難。報告亦應載有充分的資料，以使委員會全面瞭解本公約在該國的實施情況。

3. 締約國若已向委員會提交全面的初次報告，就無須在其以後按照本條第1項第(b)款提交的報告中重複原先已提供的基本資料。

4. 委員會可要求締約國進一步提供與本公約實施情況有關的資料。

5. 委員會應每兩年經由經濟及社會理事會，向大會提交一次其活動的報告。

6. 締約國應向其本國的大眾廣泛提供其報告。

第四五條

為促進本公約的有效實施和鼓勵在本公約所涉領域之國際合作：

  (a)各專門機構、聯合國兒童基金會與聯合國其他機構應有權指派代表出席就本公約中屬於其職責範圍之相關條款實施情況的審議。委員會可邀請各專門機構、聯合國兒童基金會以及其認為合適的其他主管機關，就本公約在屬於其各自職責範圍內領域的實施問題提供專家意見。委員會可邀請各專門機構、聯合國兒童基金會與聯合國其他機構就其運作範圍內有關本公約之執行情況提交報告；

  (b)委員會認為適當時，應向各專門機構、聯合國兒童基金會與其他主管機構轉交締約國要求或標示需要技術諮詢或援助的任何報告，以及委員會就此類要求或標示提出的任何意見和建議；

  (c)委員會可建議大會請秘書長代表委員會對有關兒童權利的具體問題進行研究；

  (d)委員會可根據依照本公約第四十四條與四十五條所得之資料，提出意見和一般性建議。此類意見和一般性建議應轉交有關的任何締約國並連同締約國作出的評論一併報告大會。

第四六條

本公約應向所有國家開放供簽署。

第四七條

本公約須經批准。批准書應交存聯合國秘書長。

第四八條

本公約應向所有國家開放供加入。加入書應交存於聯合國秘書長。

第四九條

1. 本公約自第二十份批准書或加入書交存聯合國秘書長之日後第三十日生效。

2. 本公約對於在第二十份批准書或加入書交存之後批准或加入本公約的國家，自其批准書或加入書交存之日後第三十日生效。

第五〇條

1. 任何締約國均可提出修正案，提交給聯合國秘書長。秘書長應立即將提議的修正案通知締約國，並請其表明是否贊成召開締約國會議以審議提案並進行表決。如果在此類通知發出之日後的四個月內，至少有三分之一的締約國贊成召開這樣的會議，秘書長應在聯合國主持下召開會議。經出席會議並參加表決的締約國多數通過的任何修正案應提交聯合國大會批准。

2. 根據本條第一項通過的修正案若獲大會批准並為締約國三分之二多數所接受，即行生效。

3. 修正案一旦生效，即應對接受該項修正案的締約國具有約束力，其他締約國則仍受本公約各項條款和其已接受的任何原修正案的約束。

第五一條

1. 聯合國秘書長應接受各國在批准或加入時提出的保留，並分發給所有國家。

2. 不得提出內容與本公約目標和宗旨相牴觸的保留。

3. 締約國可隨時向聯合國秘書長提出通知，請求撤銷保留，並由秘書長將此情況通知所有國家。通知於秘書長收到當日起生效。

第五二條

締約國可以書面通知聯合國秘書長退出本公約。秘書長收到通知之日起一年後退約即行生效。

第五三條

指定聯合國秘書長為本公約的保管人。

第五四條

本公約的阿拉伯文、中文、英文、法文、俄文和西班牙文本具有同等效力，應交存聯合國秘書長。下列全權代表，經各自政府正式授權，在本公約上簽字，以資證明。

兒童權利公約施行法

①民國103年6月4日總統令制定公布全文10條；並自103年11月20日起施行。
②民國108年6月19日總統令修正公布第6條條文。

第一條 （立法目的）

為實施聯合國一九八九年兒童權利公約（Convention on the Rights of the Child，以下簡稱公約），健全兒童及少年身心發展，落實保障及促進兒童及少年權利，特制定本法。

第二條 （法律效力）

公約所揭示保障及促進兒童及少年權利之規定，具有國內法律之效力。

第三條 （適用公約規定之解釋）

適用公約規定之法規及行政措施，應參照公約意旨及聯合國兒童權利委員會對公約之解釋。

第四條 （兒童及少年權利之保障）

各級政府機關行使職權，應符合公約有關兒童及少年權利保障之規定，避免兒童及少年權利受到不法侵害，並積極促進兒童及少年權利之實現。

第五條 （各級政府機關依法相互協調合作執行公約規定事項）

①各級政府機關應確實依現行法規規定之業務職掌，負責籌劃、推動及執行公約規定事項，並實施考核；其涉及不同機關業務職掌者，相互間應協調連繫辦理。

②政府應與各國政府、國內外非政府組織及人權機構共同合作，以保護及促進公約所保障各項兒童及少年權利之實現。

第六條 （兒童及少年福利與權益推動小組之成立及其辦理事項）108

①行政院為推動本公約相關工作，應邀集兒童及少年代表、學者專家、民間團體、機構及相關機關代表，成立兒童及少年福利與權益推動小組，定期召開會議，協調、研究、審議、諮詢並辦理下列事項：

一 公約之宣導與教育訓練。

二 各級政府機關落實公約之督導。

三 國內兒童及少年權利現況之研究與調查。

四 國家報告之提出。

五 接受涉及違反公約之申訴。

六 其他與公約相關之事項。

②前項兒童及少年代表、學者專家、民間團體及機構代表之人數不得少於總數二分之一。

③第一項小組成員，任一性別不得少於三分之一。

第七條　（兒童及少年權利報告制度之建立）

政府應建立兒童及少年權利報告制度，於本法施行後二年內提出第一次國家報告，其後每五年提出國家報告，並邀請相關專家學者及民間團體代表審閱，政府應依審閱意見檢討、研擬後續施政。

第八條　（優先編列經費）

各級政府機關執行公約保障各項兒童及少年權利規定所需之經費，應依財政狀況，優先編列，逐步實施。

第九條　（各級政府機關主管法規及行政措施應符公約內容，不符規定者之改進期限）

各級政府機關應依公約規定之內容，就其所主管之法規及行政措施於本法施行後一年內提出優先檢視清單，有不符公約規定者，應於本法施行後三年內完成法規之增修或廢止及行政措施之改進，並應於本法施行後五年內，完成其餘法規之制（訂）定、修正或廢止及行政措施之改進。

第一〇條　（施行日）

本法自中華民國一百零三年十一月二十日起施行。

身心障礙者權利公約

2006年12月13日聯合國大會決議通過；2008年5月3日生效。
民國106年5月17日總統令公布並溯自103年12月3日生效。

前言
本公約締約國，

(a)重申聯合國憲章宣告之各項原則承認人類大家庭所有成員之固有尊嚴與價值，以及平等與不可剝奪之權利，是世界自由、正義與和平之基礎，

(b)確認聯合國於世界人權宣言與國際人權公約中宣示並同意人人有權享有該等文書所載之所有權利與自由，不得有任何區別，

(c)再度確認所有人權與基本自由之普世性、不可分割性、相互依存性及相互關聯性，必須保障身心障礙者不受歧視地充分享有該等權利及自由，

(d)重申經濟社會文化權利國際公約、公民與政治權利國際公約、消除一切形式種族歧視國際公約、消除對婦女一切形式歧視公約、禁止酷刑和其他殘忍、不人道或有辱人格的待遇或處罰公約、兒童權利公約及保護所有移徙工人及其家庭成員權利國際公約，

(e)確認身心障礙是一個演變中之概念，身心障礙是功能損傷者與阻礙他們在與其他人平等基礎上充分及切實地參與社會之各種態度及環境障礙相互作用所產生之結果，

(f)確認關於身心障礙者之世界行動綱領與身心障礙者機會均等標準規則所載原則及政策準則對於影響國家、區域及國際各級推行、制定及評量進一步增加身心障礙者均等機會之政策、計畫、方案及行動方面之重要性，

(g)強調身心障礙主流議題之重要性，為永續發展相關策略之重要組成部分，

(h)同時確認基於身心障礙而歧視任何人是對人之固有尊嚴與價值之侵犯，

(i)進一步確認身心障礙者之多元性，

(j)確認必須促進與保障所有身心障礙者人權，包括需要更多密集支持之身心障礙者，

(k)儘管有上述各項文書與承諾，身心障礙者作為平等社會成員參與方面依然面臨各種障礙，其人權於世界各地依然受到侵犯，必須受到關注，

(1)確認國際合作對改善各國身心障礙者生活條件之重要性，尤其是於開發中國家，

(m)承認身心障礙者存在之價值與其對社區整體福祉與多樣性所作出之潛在貢獻，並承認促進身心障礙者充分享有其權利與基本自由，以及身心障礙者之充分參與，將導致其歸屬感之增強，顯著推進該社會之人類、社會與經濟發展及消除貧窮，

(n)確認身心障礙者個人自主與自立之重要性，包括作出自己選擇之自由，

(o)認為身心障礙者應有機會積極參與政策及方案之決策過程，包括與其直接相關者，

(p)關注基於種族、膚色、性別、語言、宗教、政治或不同主張、民族、族裔、原住民或社會背景、財產、出生、年齡或其他身分而受到多重或加重形式歧視之身心障礙者所面臨之困境，

(q)確認身心障礙婦女與女孩於家庭內外經常處於更高風險，遭受暴力、傷害或虐待、忽視或疏忽、不當對待或剝削，

(r)確認身心障礙兒童應在與其他兒童平等基礎上充分享有所有人權與基本自由，並重申兒童權利公約締約國為此目的之承擔之義務，

(s)強調於促進身心障礙者充分享有人權與基本自由之所有努力必須納入性別平等觀點，

(t)凸顯大多數身心障礙者生活貧困之事實，確認於此方面亟需消除貧窮對身心障礙者之不利影響，

(u)銘記和平與安全之條件必須立基於充分尊重聯合國憲章宗旨與原則，以及遵守現行人權文書，特別是於武裝衝突與外國佔領期間，對身心障礙者之保障為不可或缺，

(v)確認無障礙之物理、社會、經濟與文化環境、健康與教育，以及資訊與傳播，使身心障礙者能充分享有所有人權與基本自由之重要性，

(w)理解個人對他人與對本人所屬社區負有義務，有責任努力促進及遵守國際人權憲章所確認之權利，

(x)深信家庭是自然與基本之社會團體單元，有權獲得社會與國家之保障，身心障礙者及其家庭成員應獲得必要之保障及協助，使家庭能夠為身心障礙者充分及平等地享有其權利作出貢獻，

(y)深信一份促進與保障身心障礙者權利及尊嚴之全面整合的國際公約，對於開發中及已開發國家補救身心障礙者之重大社會不利處境及促使其參與公民、政治、經濟、社會及文化等面向具有重大貢獻，

茲協議如下：

第一條 （宗旨）

1.本公約宗旨係促進、保障與確保所有身心障礙者充分及平等享有

所有人權及基本自由，並促進對身心障礙者固有尊嚴之尊重。

2.身心障礙者包括肢體、精神、智力或感官長期損傷者，其損傷與各種障礙相互作用，可能阻礙身心障礙者與他人於平等基礎上充分有效參與社會。

第二條　（定義）

為本公約之宗旨：

「傳播」包括語言、字幕、點字文件、觸覺傳播、放大文件、無障礙多媒體及書面語言、聽力語言、淺白語言、報讀員及其他輔助或替代性傳播方法、模式及格式，包括無障礙資訊及通信技術；

「語言」包括口語、手語及其他形式之非語音語言；

「基於身心障礙之歧視」是指基於身心障礙而作出之任何區別、排斥或限制，其目的或效果損害或廢除在與其他人平等基礎上於政治、經濟、社會、文化、公民或任何其他領域，所有人權及基本自由之認可、享有或行使。基於身心障礙之歧視包括所有形式之歧視，包括拒絕提供合理之對待；

「合理之對待」是指根據具體需要，於不造成過度或不當負擔之情況下，進行必要及適當之修改與調整，以確保身心障礙者在與其他人平等基礎上享有或行使所有人權及基本自由；

「通用設計」是指盡最大可能讓所有人可以使用，無需作出調整或特別設計之產品、環境、方案與服務設計。

「通用設計」不應排除於必要情況下，為特定身心障礙者群體提供輔助用具。

第三條　（一般原則）

本公約之原則是：

(a)尊重固有尊嚴、包括自由作出自己選擇之個人自主及個人自立；

(b)不歧視；

(c)充分有效參與及融合社會；

(d)尊重差異，接受身心障礙者是人之多元性之一部分與人類之一份子；

(e)機會均等；

(f)無障礙；

(g)男女平等；

(h)尊重身心障礙兒童逐漸發展之能力，並尊重身心障礙兒童保持其身分認同之權利。

第四條　（一般義務）

1.締約國承諾確保並促進充分實現所有身心障礙者之所有人權與基本自由，使其不受任何基於身心障礙之歧視。為此目的，締約國承諾：

(a)採取所有適當立法、行政及其他措施實施本公約確認之權利；

(b)採取所有適當措施，包括立法，以修正或廢止構成歧視身心障礙者之現行法律、法規、習慣與實踐；

(c)於所有政策與方案中考慮到保障及促進身心障礙者之人權；

(d)不實施任何與本公約不符之行為或實踐，確保政府機關和機構之作為遵循本公約之規定；

(e)採取所有適當措施，消除任何個人、組織或私營企業基於身心障礙之歧視；

(f)從事或促進研究及開發本公約第二條所定通用設計之貨物、服務、設備及設施，以儘可能達到最低程度之調整及最少費用，滿足身心障礙者之具體需要，促進該等貨物、服務、設備及設施之提供與使用，並於發展標準及準則推廣通用設計；

(g)從事或促進研究及開發適合身心障礙者之新技術，並促進提供與使用該等新技術，包括資訊和傳播技術、行動輔具、用品、輔助技術，優先考慮價格上可負擔之技術；

(h)提供身心障礙者可近用之資訊，關於行動輔具、用品及輔助技術，包括新技術，並提供其他形式之協助、支持服務與設施；

(i)促進培訓協助身心障礙者之專業人員與工作人員，使其瞭解本公約確認之權利，以便更好地提供該等權利所保障之協助及服務。

2.關於經濟、社會及文化權利，各締約國承諾儘量利用現有資源並於必要時於國際合作架構內採取措施，以期逐步充分實現該等權利，但不妨礙本公約中依國際法屬於立即適用之義務。

3.為執行本公約以發展及實施立法及政策時，及其他關於身心障礙者議題之決策過程中，締約國應與代表身心障礙之組織、身心障礙者，包括身心障礙兒童，密切協商，以使其積極涉入。

4.本公約之規定不影響任何締約各國法律或對締約各國生效之國際法中任何更有利於實現身心障礙者權利之規定。對於依據法律、公約、法規或習慣而於本公約締約各國內獲得承認或存在之任何人權與基本自由，不得以本公約未予承認或未予充分確認該等權利或自由為藉口而加以限制或減損。

5.本公約之規定應延伸適用於聯邦制國家各組成部分，無任何限制或例外。

第五條　（平等與不歧視）

1.締約國確認，在法律之前，人人平等，有權不受任何歧視地享有法律給予之平等保障與平等受益。

2.締約國應禁止所有基於身心障礙之歧視，保障身心障礙者獲得平等與有效之法律保護，使其不受基於任何原因之歧視。

3.為促進平等與消除歧視，締約國應採取所有適當步驟，以確保提供合理之對待。

4.為加速或實現身心障礙者事實上之平等而必須採取之具體措施，不得視為本公約所指之歧視。

第六條　（身心障礙婦女）

1. 締約國體認身心障礙婦女與女孩受到多重歧視，就此應採取措施，確保其充分與平等地享有所有人權及基本自由。

2. 締約國應採取所有適當措施，確保婦女獲得充分發展，提高地位及賦權增能，其目的為保障婦女能行使及享有本公約所定之人權與基本自由。

第七條　（身心障礙兒童）

1. 締約國應採取所有必要措施，確保身心障礙兒童在與其他兒童平等基礎上，充分享有所有人權與基本自由。

2. 於所有關於身心障礙兒童之行動中，應以兒童最佳利益為首要考量。

3. 締約國應確保身心障礙兒童有權在與其他兒童平等基礎上，就所有影響本人之事項自由表達意見，並獲得適合其身心障礙狀況及年齡之協助措施以實現此項權利，身心障礙兒童之意見應按其年齡與成熟程度適當予以考量。

第八條　（意識提升）

1. 締約國承諾採取立即有效與適當措施，以便：

  (a)提高整個社會，包括家庭，對身心障礙者之認識，促進對身心障礙者權利與尊嚴之尊重；

  (b)於生活各個方面對抗對身心障礙者之成見、偏見與有害作法，包括基於性別及年齡之成見、偏見及有害作法；

  (c)提高對身心障礙者能力與貢獻之認識。

2. 為此目的採取之措施包括：

  (a)發起與持續進行有效之宣傳活動，提高公眾認識，以便：

    (i)培養接受身心障礙者權利之態度；

    (ii)促進積極看待身心障礙者，提高社會對身心障礙者之瞭解；

    (iii)促進承認身心障礙者之技能、才華與能力以及其對職場與勞動市場之貢獻；

  (b)於各級教育體系，包括學齡前教育，培養尊重身心障礙者權利之態度；

  (c)鼓勵所有媒體機構以符合本公約宗旨之方式報導身心障礙者；

  (d)推行瞭解身心障礙者及其權利之培訓方案。

第九條　（無障礙）

1. 為使身心障礙者能夠獨立生活及充分參與生活各個方面，締約國應採取適當措施，確保身心障礙者在與其他人平等基礎上，無障礙地進出物理環境，使用交通工具，利用資訊及通信，包括資訊與通信技術及系統，以及享有於都市與鄉村地區向公眾開放或提供之其他設施及服務。該等措施應包括查明及消除阻礙實現無障礙環境之因素，尤其應適用於：

  (a)建築、道路、交通與其他室內外設施，包括學校、住宅、醫療設施及工作場所；

(b)資訊、通信及其他服務，包括電子服務及緊急服務。

2.締約國亦應採取適當措施，以便：

　(a)擬訂、發布並監測向公眾開放或提供之設施與服務為無障礙使用之最低標準與準則；

　(b)確保私人單位向公眾開放或為公眾提供之設施與服務能考慮身心障礙者無障礙之所有面向；

　(c)提供相關人員對於身心障礙者之無障礙議題培訓；

　(d)於向公眾開放之建築與其他設施中提供點字標誌及易讀易懂之標誌；

　(e)提供各種形式之現場協助及中介，包括提供嚮導、報讀員及專業手語翻譯員，以利無障礙使用向公眾開放之建築與其他設施；

　(f)促進其他適當形式之協助與支持，以確保身心障礙者獲得資訊；

　(g)促進身心障礙者有機會使用新資訊與通信技術及系統，包括網際網路；

　(h)促進於早期階段設計、開發、生產、推行無障礙資訊與通信技術及系統，以便能以最低成本使該等技術及系統無障礙。

第一○條　（生命權）

締約國重申人人享有固有之生命權，並應採取所有必要措施，確保身心障礙者在與其他人平等基礎上確實享有生命權。

第一一條　（危險情況與人道緊急情況）

締約國依其基於國際法上之義務，包括國際人道法與國際人權法規定，採取所有必要措施，確保於危險情況下，包括於發生武裝衝突、人道緊急情況及自然災害時，身心障礙者獲得保障及安全。

第一二條　（在法律之前獲得平等承認）

1.締約國重申，身心障礙者於任何地方均獲承認享有人格之權利。

2.締約國應確認身心障礙者於生活各方面享有與其他人平等之權利能力。

3.締約國採取適當措施，便利身心障礙者獲得其於行使權利能力時可能需要之協助。

4.締約國應確保，與行使權利能力有關之所有措施，均依照國際人權法提供適當與有效之防護，以防止濫用。該等防護應確保與行使權利能力有關之措施，尊重本人之權利、意願及選擇，無利益衝突及不當影響，適合本人情況，適用時間儘可能短，並定期由一個有資格、獨立、公正之機關或司法機關審查。提供之防護與影響個人權利及利益之措施於程度上應相當。

5.於符合本條規定之情況下，締約國應採取所有適當及有效措施，確保身心障礙者平等享有擁有或繼承財產之權利，掌管自己財務，有平等機會獲得銀行貸款、抵押貸款及其他形式之金融信用貸款，並應確保身心障礙者之財產不被任意剝奪。

第一三條 （獲得司法保護）

1. 締約國應確保身心障礙者在與其他人平等基礎上有效獲得司法保護，包括透過提供程序與適齡對待措施，以增進其於所有法律訴訟程序中，包括於調查及其他初步階段，有效發揮其作為直接和間接參與之一方，包括作為證人。

2. 為了協助確保身心障礙者有效獲得司法保護，締約國應促進對司法領域工作人員，包括警察與監所人員進行適當之培訓。

第一四條 （人身自由與安全）

1. 締約國應確保身心障礙者在與其他人平等基礎上：
   (a)享有人身自由及安全之權利；
   (b)不被非法或任意剝奪自由，任何對自由之剝奪均須符合法律規定，且於任何情況下均不得以身心障礙作為剝奪自由之理由。

2. 締約國應確保，於任何過程中被剝奪自由之身心障礙者，在與其他人平等基礎上，有權獲得國際人權法規定之保障，並應享有符合本公約宗旨及原則之待遇，包括提供合理之對待。

第一五條 （免於酷刑或殘忍、不人道或有辱人格之待遇或處罰）

1. 不得對任何人實施酷刑或殘忍、不人道或有辱人格之待遇或處罰。特別是不得於未經本人自願同意下，對任何人進行醫學或科學試驗。

2. 締約國應採取所有有效之立法、行政、司法或其他措施，在與其他人平等基礎上，防止身心障礙者遭受酷刑或殘忍、不人道或有辱人格之待遇或處罰。

第一六條 （免於剝削、暴力與虐待）

1. 締約國應採取所有適當之立法、行政、社會、教育與其他措施，保障身心障礙者於家庭內外免遭所有形式之剝削、暴力及虐待，包括基於性別之剝削、暴力及虐待。

2. 締約國尚應採取所有適當措施防止所有形式之剝削、暴力及虐待，其中包括，確保向身心障礙者與其家屬及照顧者提供具性別及年齡敏感度之適當協助與支持，包括透過提供資訊及教育，說明如何避免、識別及報告剝削、暴力及虐待事件。締約國應確保保障服務具年齡、性別及身心障礙之敏感度。

3. 為了防止發生任何形式之剝削、暴力及虐待，締約國應確保所有用於為身心障礙者服務之設施與方案受到獨立機關之有效監測。

4. 身心障礙者受到任何形式之剝削、暴力或虐待時，締約國應採取所有適當措施，包括提供保護服務，促進被害人之身體、認知功能與心理之復原、復健及重返社會。上述復原措施與重返社會措施應於有利於本人之健康、福祉、自尊、尊嚴及自主之環境中進行，並應斟酌因性別及年齡而異之具體需要。

5. 締約國應制定有效之立法與政策，包括聚焦於婦女及兒童之立法及政策，確保對身心障礙者之剝削、暴力及虐待事件獲得確認、

調查，並於適當情況予以起訴。

第一七條 （保障人身完整性）

　　身心障礙者有權在與其他人平等基礎上獲得身心完整性之尊重。

第一八條 （遷徙自由與國籍）

1. 締約國應確認身心障礙者在與其他人平等基礎上有權自由遷徙、自由選擇居所與享有國籍，包括確保身心障礙者：
   (a)有權取得與變更國籍，國籍不被任意剝奪或因身心障礙而被剝奪；
   (b)不因身心障礙而被剝奪獲得、持有及使用國籍證件或其他身分證件之能力，或利用相關處理，如移民程序之能力，該等能力或為便利行使遷徙自由權所必要；
   (c)可以自由離開任何國家，包括本國在內；
   (d)不被任意剝奪或因身心障礙而被剝奪進入本國之權利。
2. 身心障礙兒童出生後應立即予以登記，從出生起即應享有姓名權，享有取得國籍之權利，並儘可能享有認識父母及得到父母照顧之權利。

第一九條 （自立生活與融合社區）

　　本公約締約國體認所有身心障礙者享有於社區中生活之平等權利以及與其他人同等之選擇，並應採取有效及適當之措施，以促進身心障礙者充分享有該等權利以及充分融合及參與社區，包括確保：
   (a)身心障礙者有機會在與其他人平等基礎上選擇居所，選擇於何處、與何人一起生活，不被強迫於特定之居住安排中生活；
   (b)身心障礙者享有近用各種居家、住所及其他社區支持服務，包括必要之個人協助，以支持於社區生活及融合社區，避免孤立或隔離於社區之外；
   (c)為大眾提供之社區服務及設施，亦可由身心障礙者平等使用，並回應其需求。

第二○條 （個人行動能力）

　　締約國應採取有效措施，確保身心障礙者於最大可能之獨立性下，享有個人行動能力，包括：
   (a)促進身心障礙者按自己選擇之方式與時間，以其可負擔之費用享有個人行動能力；
   (b)促進身心障礙者享有近用優質之行動輔具、用品、輔助技術以及各種形式之現場協助及中介，包括以其可負擔之費用提供之；
   (c)提供身心障礙者及與其共事之專業人員行動技能培訓；
   (d)鼓勵生產行動輔具、用品與輔助技術之生產者斟酌身心障礙者行動能力之所有面向。

第二一條 （表達與意見之自由及近用資訊）

　　締約國應採取所有適當措施，確保身心障礙者能夠行使自由表達及意見自由之權利，包括在與其他人平等基礎上，通過自行選擇

本公約第二條所界定之所有傳播方式，尋求、接收、傳遞資訊與思想之自由，包括：

(a)提供予公眾之資訊須以適於不同身心障礙類別之無障礙形式與技術，及時提供給身心障礙者，不另收費；

(b)於正式互動中接受及促進使用手語、點字文件、輔助與替代性傳播及身心障礙者選用之其他所有無障礙傳播方法、模式及格式；

(c)敦促提供公眾服務之私人單位，包括通過網際網路提供服務，以無障礙及身心障礙者可以使用之模式提供資訊及服務；

(d)鼓勵大眾媒體，包括透過網際網路資訊提供者，使其服務得為身心障礙者近用；

(e)承認及推廣手語之使用。

第二二條 （尊重隱私）

1.身心障礙者，不論其居所地或居住安排為何，其隱私、家庭、家居與通信及其他形式之傳播，不得受到任意或非法干擾，其尊榮與名譽也不得受到非法攻擊。身心障礙者有權獲得法律保障，不受該等干擾或攻擊。

2.締約國應在與其他人平等基礎上保障身心障礙者之個人、健康與復健資料之隱私。

第二三條 （尊重家居與家庭）

1.締約國應採取有效及適當措施，在與其他人平等基礎上，於涉及婚姻、家庭、父母身分及家屬關係之所有事項中，消除對身心障礙者之歧視，以確保：

(a)所有適婚年齡之身心障礙者，基於當事人雙方自由與充分之同意，其結婚或組成家庭之權利，獲得承認；

(b)身心障礙者得自由且負責任地決定子女人數及生育間隔，近用適齡資訊、生育及家庭計畫教育之權利獲得承認，並提供必要措施使身心障礙者得以行使該等權利；

(c)在與其他人平等基礎上，身心障礙者，包括身心障礙兒童，保留其生育能力。

2.存在於本國立法中有關監護、監管、託管及收養兒童或類似制度等概念，締約國應確保身心障礙者於該等方面之權利及責任；於任何情況下均應以兒童最佳利益為最優先。締約國應適當協助身心障礙者履行其養育子女之責任。

3.締約國應確保身心障礙兒童於家庭生活方面享有平等權利。為實現該等權利，並防止隱藏、遺棄、疏忽與隔離身心障礙兒童，締約國應及早提供身心障礙兒童及其家屬全面之資訊、服務及協助。

4.締約國應確保不違背兒童父母意願使子女與父母分離，除非主管當局依照適用之法律與程序，經司法審查判定基於兒童本人之最佳利益，此種分離確有其必要。於任何情況下均不得以子女或心

障礙或父母一方或雙方身心障礙為由，使子女與父母分離。

5. 締約國應於直系親屬不能照顧身心障礙兒童之情況下，盡一切努力於家族範圍內提供替代性照顧，並於無法提供該等照顧時，於社區內提供家庭式照顧。

第二四條 （教育）

1. 締約國確認身心障礙者享有受教育之權利。為了於不受歧視及機會均等之基礎上實現此一權利，締約國應確保於各級教育實行融合教育制度及終身學習，朝向：

   (a)充分開發人之潛力、尊嚴與自我價值，並加強對人權、基本自由及人之多元性之尊重；

   (b)極致發展身心障礙者之人格、才華與創造力以及心智能力及體能；

   (c)使所有身心障礙者能有效參與自由社會。

2. 為實現此一權利，締約國應確保：

   (a)身心障礙者不因身心障礙而被排拒於普通教育系統之外，身心障礙兒童不因身心障礙而被排拒於免費與義務小學教育或中等教育之外；

   (b)身心障礙者可以於自己生活之社區內，在與其他人平等基礎上，獲得融合、優質及免費之小學教育及中等教育；

   (c)提供合理之對待以滿足個人需求；

   (d)身心障礙者於普通教育系統中獲得必要之協助，以利其獲得有效之教育；

   (e)符合充分融合之目標下，於最有利於學業與社會發展之環境中，提供有效之個別化協助措施。

3. 締約國應使身心障礙者能夠學習生活與社會發展技能，促進其充分及平等地參與教育及融合社區。為此目的，締約國應採取適當措施，包括：

   (a)促進學習點字文件、替代文字、輔助與替代性傳播方法、模式及格式、定向與行動技能，並促進同儕支持及指導；

   (b)促進手語之學習及推廣聽覺障礙社群之語言認同；

   (c)確保以最適當個人情況之語言與傳播方法、模式及於最有利於學業及社會發展之環境中，提供教育予視覺、聽覺障礙或視聽覺障礙者，特別是視覺、聽覺障礙或視聽覺障礙兒童。

4. 為幫助確保實現該等權利，締約國應採取適當措施，聘用合格之手語或點字教學教師，包括身心障礙教師，並對各級教育之專業人員與工作人員進行培訓。該等培訓應包括障礙意識及學習使用適當之輔助替代性傳播方法、模式及格式、教育技能及教材，以協助身心障礙者。

5. 締約國應確保身心障礙者能夠於不受歧視及與其他人平等基礎上，獲得一般高等教育、職業訓練、成人教育及終身學習。為此目的，締約國應確保向身心障礙者提供合理之對待。

第二五條　（健康）

締約國確認，身心障礙者有權享有可達到之最高健康標準，不因身心障礙而受到歧視。締約國應採取所有適當措施，確保身心障礙者獲得考慮到性別敏感度之健康服務，包括與健康有關之復健服務。締約國尤其應：

(a)提供身心障礙者與其他人享有同等範圍、質量與標準之免費或可負擔之健康照護與方案，包括於性與生育健康及全民公共衛生方案領域；

(b)提供身心障礙者因其身心障礙而特別需要之健康服務，包括提供適當之早期診斷與介入，及提供設計用來極小化與預防進一步障礙發生之服務，包括提供兒童及老年人該等服務；

(c)盡可能於身心障礙者最近所在之社區，包括鄉村地區，提供該等健康服務；

(d)要求醫事人員，包括於徵得身心障礙者自由意識並知情同意之基礎上，提供身心障礙者與其他人相同品質之照護，其中包括藉由提供培訓與頒布公共及私營健康照護之倫理標準，提高對身心障礙者人權、尊嚴、自主及需求之意識；

(e)於提供健康保險與國家法律許可之人壽保險方面，禁止歧視身心障礙者，該等保險應以公平合理之方式提供；

(f)防止以身心障礙為由而歧視性地拒絕提供健康照護或健康服務，或拒絕提供食物與液體。

第二六條　（適應訓練與復健）

1.締約國應採取有效與適當措施，包括經由同儕支持，使身心障礙者能夠達到及保持最大程度之自立，充分發揮及維持體能、智能、社會及職業能力，充分融合及參與生活所有方面。為此目的，締約國應組織、加強與擴展完整之適應訓練、復健服務及方案，尤其是於健康、就業、教育及社會服務等領域，該等服務與方案應：

(a)及早開始依據個人需求與優勢能力進行跨專業之評估；

(b)協助身心障礙者依其意願於社區及社會各層面之參與及融合，並盡可能於身心障礙者最近社區，包括鄉村地區。

2.締約國應為從事適應訓練與復健服務之專業人員及工作人員，推廣基礎及繼續培訓之發展。

3.於適應訓練與復健方面，締約國應推廣為身心障礙者設計之輔具與技術之可及性、知識及運用。

第二七條　（工作與就業）

1.締約國承認身心障礙者享有與其他人平等之工作權利；此包括於一個開放、融合與無障礙之勞動市場及工作環境中，身心障礙者有自由選擇與接受謀生工作機會之權利。締約國採取適當步驟，防護及促進工作權之實現，包括於就業期間發生障礙事實者，其中包括，透過法律：

(a)禁止基於身心障礙者就各種就業形式有關之所有事項上之歧

視，包括於招募、僱用與就業條件、持續就業、職涯提升及安全與衛生之工作條件方面；

(b)保障身心障礙者在與其他人平等基礎上享有公平與良好之工作條件，包括機會均等及同工同酬之權利，享有安全及衛生之工作環境，包括免於騷擾之保障，並享有遭受侵害之救濟；

(c)確保身心障礙者能夠在與其他人平等基礎上行使勞動權及工會權；

(d)使身心障礙者能夠有效參加一般技術與職業指導方案，獲得就業服務及職業與繼續訓練；

(e)促進身心障礙者於勞動市場上之就業機會與職涯提升，協助身心障礙者尋找、獲得、保持及重返就業；

(f)促進自營作業、創業經營、開展合作社與個人創業之機會；

(g)於公部門僱用身心障礙者；

(h)以適當政策與措施，促進私部門僱用身心障礙者，得包括平權行動方案、提供誘因及其他措施；

(i)確保於工作場所為身心障礙者提供合理之空間安排；

(j)促進身心障礙者於開放之勞動市場上獲得工作經驗；

(k)促進身心障礙者之職業與專業重建，保留工作和重返工作方案。

2.締約國應確保身心障礙者不處於奴隸或奴役狀態，並在與其他人平等基礎上受到保障，不被強迫或強制勞動。

第二八條 （適足之生活水準與社會保障）

1.締約國承認身心障礙者就其自身及其家屬獲得適足生活水準之權利，包括適足之食物、衣物、住宅，及持續改善生活條件；並應採取適當步驟，防護與促進身心障礙者於不受歧視之基礎上實現該等權利。

2.締約國承認身心障礙者享有社會保障之權利，及於身心障礙者不受歧視之基礎上享有該等權利；並應採取適當步驟，防護及促進該等權利之實現，包括採取下列措施：

(a)確保身心障礙者平等地獲得潔淨供水服務，並確保其獲得適當與可負擔之服務、用具及其他協助，以滿足與身心障礙有關之需求；

(b)確保身心障礙者，尤其是身心障礙婦女、女孩與年長者，利用社會保障方案及降低貧窮方案；

(c)確保生活貧困之身心障礙者及其家屬，在與身心障礙有關之費用支出，包括適足之培訓、諮詢、財務協助及喘息服務方面，可以獲得國家援助；

(d)確保身心障礙者參加公共住宅方案；

(e)確保身心障礙者平等參加退休福利與方案。

第二九條 （參與政治與公共生活）

締約國應保障身心障礙者享有政治權利，及有機會在與其他人平等基礎上享有該等權利，並應承諾：

(a)確保身心障礙者能夠在與其他人平等基礎上，直接或透過自由選擇之代表，有效與充分地參與政治及公共生活，包括確保身心障礙者享有選舉與被選舉之權利及機會，其中包括，採取下列措施：

(i)確保投票程序、設施與材料適當、無障礙及易懂易用；

(ii)保障身心障礙者之投票權利，使其得以於各種選舉或公投中不受威嚇地採用無記名方式投票及參選，於各級政府有效地擔任公職與執行所有公共職務，並於適當情況下促進輔助與新技術之使用；

(iii)保障身心障礙者作為選民，得以自由表達意願，及為此目的，於必要情形，根據其要求，允許由其選擇之人協助投票；

(b)積極促進環境，使身心障礙者得於不受歧視及與其他人平等基礎上有效與充分地參與公共事務之處理，並鼓勵其參與公共事務，包括：

(i)參與關於本國公共與政治生活之非政府組織與團體，及參加政黨之活動與行政事務；

(ii)成立及加入身心障礙者組織，於國際性、全國性、區域性及地方性各層級代表身心障礙者。

第三〇條　（參與文化生活、康樂、休閒與體育活動）

1.締約國承認身心障礙者有權在與其他人平等基礎上參與文化生活，並應採取所有適當措施，確保身心障礙者：

(a)享有以無障礙格式提供之文化素材；

(b)享有以無障礙格式提供之電視節目、影片、戲劇及其他文化活動；

(c)享有進入文化表演或文化服務場所，例如劇院、博物館、電影院、圖書館、旅遊服務場所，並儘可能地享有進入於本國文化中具有重要意義之紀念建築與遺址。

2.締約國應採取適當措施，使身心障礙者能有機會發展與利用其創意、藝術及知識方面之潛能，不僅基於自身之利益，更為充實社會。

3.締約國應採取所有適當步驟，根據國際法，確保保障智慧財產權之法律不構成不合理或歧視性障礙，阻礙身心障礙者獲得文化素材。

4.身心障礙者應有權利，在與其他人平等基礎上，被承認及支持其特有之文化與語言認同，包括手語及聾人文化。

5.著眼於使身心障礙者能夠在與其他人平等基礎上參加康樂、休閒與體育活動，締約國應採取下列適當措施：

(a)鼓勵與推廣身心障礙者儘可能充分地參加各種等級之主流體育活動；

(b)確保身心障礙者有機會組織、發展及參與身心障礙者特殊之體育、康樂活動，並為此目的，在與其他人平等基礎上，鼓勵提

供適當之指導、培訓及資源；

(c)確保身心障礙者得以使用體育、康樂與旅遊場所；

(d)確保身心障礙兒童與其他兒童平等地參加遊戲、康樂與休閒及體育活動，包括於學校體系內之該等活動；

(e)確保身心障礙者於康樂、旅遊、休閒與體育等活動籌組時，獲得參與所需之服務。

第三一條 （統計與資料收集）

1.締約國承諾收集適當之資訊，包括統計與研究資料，以利形成與推動實踐本公約之政策。收集與保存該等資訊之過程應：

(a)遵行法定防護措施，包括資料保護之立法，確保隱密性與尊重身心障礙者之隱私；

(b)遵行保護人權與基本自由之國際公認規範及收集與使用統計資料之倫理原則。

2.依本條所收集之資訊應適當予以分類，用於協助評估本公約所定締約國義務之履行情況，並查明與指出身心障礙者於行使其權利時面臨之障礙。

3.締約國應負有散播該等統計資料之責任，確保身心障礙者與其他人得以使用該等統計資料。

第三二條 （國際合作）

1.締約國認到國際合作及其推廣對支援國家為實現本公約宗旨與目的所作出努力之重要性，並將於此方面，於雙邊及多邊國家間採取適當及有效措施，及於適當情況下，與相關國際、區域組織及公民社會，特別是與身心障礙者組織結成夥伴關係。其中得包括如下：

(a)確保包含並便利身心障礙者參與國際合作，包括國際發展方案；

(b)促進與支援能力建構，包括透過交流與分享資訊、經驗、培訓方案及最佳範例等；

(c)促進研究方面之合作，及科學與技術知識之近用；

(d)適當提供技術與經濟援助，包括促進無障礙技術及輔助技術之近用與分享，以及透過技術轉讓等。

2.本條之規定不妨害各締約國履行其於本公約所承擔之義務。

第三三條 （國家實施與監測）

1.締約國應依其組織體制，就有關實施本公約之事項，於政府內指定一個或多個協調中心，並應適當考慮於政府內設立或指定一協調機制，以促進不同部門及不同層級間之有關行動。

2.締約國應依其法律及行政體制，適當地於國內維持、加強、指定或設立一架構，包括一個或多個獨立機制，以促進、保障與監測本公約之實施。於指定或建立此一機制時，締約國應考慮到保障與促進人權之國家機構之地位及功能的相關原則。

3.公民社會，特別是身心障礙者及其代表組織，應涉入並充分參與監測程序。

第三四條　（身心障礙者權利委員會）

1. （聯合國）應設立一個身心障礙者權利委員會（以下稱委員會），履行以下規定之職能。

2. 於本公約生效時，委員會應由十二名專家組成。於另有六十個國家批准或加入公約後，委員會應增加六名成員，以達到十八名成員之最高限額。

3. 委員會成員應以個人身分任職，品德高尚，於本公約所涉領域具有公認之能力與經驗。締約國於提名候選人時，請適當考慮本公約第四條第三項之規定。

4. 委員會成員由締約國選舉，選舉須顧及地域分配之公平，不同文化形式及主要法律體系之代表性，成員性別之均衡性及身心障礙者專家參與。

5. 委員會成員應於聯合國秘書長召集之締約國會議上，依締約國提名之各國候選人名單，以無記名投票之方式選出。該等會議以三分之二之締約國構成法定人數，得票最多並獲得出席參加表決之締約國代表之絕對多數票者，當選為委員會成員。

6. 首次選舉至遲應於本公約生效之日後六個月內舉行。聯合國秘書長至遲應於每次選舉日前四個月，函請締約國於兩個月內遞交提名人選。秘書長隨後應按英文字母次序編列全體被提名人名單，註明提名締約國，分送本公約締約國。

7. 當選之委員會成員任期四年，有資格連選連任一次。但於第一次選舉當選之成員中，六名成員之任期應於二年後屆滿；本條第五項所述會議之主席應於第一次選舉後，立即抽籤決定此六名成員。

8. 委員會另外六名成員之選舉應依照本條之相關規定，於定期選舉時舉行。

9. 如委員會成員死亡或辭職或因任何其他理由而宣稱無法繼續履行其職責，提名該成員之締約國應指定一名具備本條相關規定所列資格並符合有關要求之專家，完成其餘任期。

10. 委員會應自行制定議事規則。

11. 聯合國秘書長應盡為委員會有效履行本公約規定之職能，提供必要之工作人員與設備，並應召開委員會之首次會議。

12. 顧及委員會責任重大，經聯合國大會核准，本公約設立之委員會成員，應按大會所定條件，從聯合國資源領取薪酬。

13. 委員會成員根據聯合國特權與豁免公約相關章節規定，應有權享有聯合國特派專家享有之設施、特權及豁免。

第三五條　（締約國提交之報告）

1. 各締約國於本公約對其生效後二年內，應透過聯合國秘書長，向委員會提交一份完整報告，說明為履行本公約規定之義務所採取之措施與於該方面取得之進展。

2. 其後，締約國至少應每四年提交一次報告，並於委員會提出要求時另外提交報告。

3. 委員會應決定適用於報告內容之準則。

4. 已經向委員會提交完整初次報告之締約國，於其後提交之報告中，不必重複以前提交之資料。締約國編寫給委員會之報告時，務請採用公開、透明程序，並適度考慮本公約第四條第三項規定。

5. 報告可指出影響本公約所定義務履行程度之因素與困難。

第三六條 （報告之審議）

1. 委員會應審議每一份報告，並於委員會認為適當時，對報告提出意見與一般性建議，將其送交有關締約國。締約國可以自行決定對委員會提供任何資料作為回復。委員會得要求締約國提供與實施本公約相關之進一步資料。

2. 對於明顯逾期未交報告之締約國，委員會得通知有關締約國，如於發出通知後三個月內仍未提交報告，委員會必須根據所獲得之可靠資料，審查該締約國實施本公約之情況。委員會應邀請有關締約國參加此項審查工作。如締約國提交相關報告作為回復，則適用本條第一項之規定。

3. 聯合國秘書長應向所有締約國提供上述報告。

4. 締約國應對國內公眾廣泛提供本國報告，並便利獲得有關該等報告之意見與一般性建議。

5. 委員會應於其認為適當時，將締約國報告轉交聯合國專門機構、基金與方案及其他主管機構，以便處理報告中就技術諮詢或協助提出之請求或表示之需要，同時附上委員會可能對該等請求或需要提出之意見與建議。

第三七條 （締約國與委員會之合作）

1. 各締約國應與委員會合作，協助委員會成員履行其任務。

2. 於與締約國之關係方面，委員會應適度考慮提高各國實施本公約能力之途徑與手段，包括透過國際合作。

第三八條 （委員會與其他機構之關係）

為促進本公約之有效實施及鼓勵於本公約所涉領域開展國際合作：

(a) 各專門機構與其他聯合國機關應有權出席審議本公約中屬於其職權範圍規定之實施情況。委員會得於其認為適當時，邀請專門機構與其他主管機構就公約於各自職權範圍所涉領域之實施情況提供專家諮詢意見。委員會得邀請專門機構與其他聯合國機關提交報告，說明公約於其活動範圍所涉領域之實施情況。

(b) 委員會於履行其任務時，應適當諮詢各國際人權條約所設立之其他相關組織意見，以便確保各自之報告準則、意見與一般性建議之一致性，避免於履行職能時出現重複及重疊。

第三九條 （委員會報告）

委員會應每二年向大會與經濟及社會理事會提出關於其活動之報告，並得於審查締約國提交之報告與資料之基礎上，提出意見及

一般性建議。該等意見及一般性建議應連同締約國可能作出之任何評論，一併列入委員會報告。

第四〇條 （締約國會議）

1. 締約國應定期舉行締約國會議，以審議與實施本公約有關之任何事項。

2. 聯合國秘書長最遲應於本公約生效後六個月內召開締約國會議。其後，聯合國秘書長應每二年，或根據締約國會議之決定，召開會議。

第四一條 （保存人）

聯合國秘書長爲本公約之保存人。

第四二條 （簽署）

本公約自二〇〇七年三月三十日起於紐約聯合國總部開放給所有國家與區域整合組織簽署。

第四三條 （同意接受約束）

本公約應經簽署國批准與經簽署區域整合組織正式確認，並應開放給任何尚未簽署公約之國家或區域整合組織加入。

第四四條 （區域整合組織）

1. 「區域整合組織」是指由某一區域之主權國家組成之組織，其成員國已將本公約所涉事項方面之權限移交該組織。該等組織應於其正式確認書或加入書中聲明其有關本公約所涉事項之權限範圍。此後，該等組織應將其權限範圍之任何重大變更通知保存人。

2. 本公約提及「締約國」之處，於上述組織之權限範圍內，應適用於該等組織。

3. 爲第四十五條第一項與第四十七條第二項及第三項之目的，區域整合組織交存之任何文書不應計算在內。

4. 區域整合組織可以締約國會議上，對其權限範圍內之事項行使表決權，其票數相當於已成爲本公約締約國之組織成員國數目。如區域整合組織之任何成員國行使表決權，則該組織不得行使表決權，反之亦然。

第四五條 （生效）

1. 本公約應於第二十份批准書或加入書存放後之第三十日起生效。

2. 對於第二十份批准書或加入書存放後批准、正式確認或加入之國家或區域整合組織，本公約應自其文書存放後之第三十日起生效。

第四六條 （保留）

1. 保留不得與本公約之目的與宗旨不符。

2. 保留可隨時撤回。

第四七條 （修正）

1. 任何締約國均得對本公約提出修正案，提交聯合國秘書長。秘書長將任何提議之修正案傳達締約國，要求締約國通知是否贊成召開締約國會議，以審議提案並就提案作出決定。於上述傳達發

出日後四個月內，如有至少三分之一之締約國贊成召開締約國會議時，秘書長應於聯合國主辦下召開會議。經出席並參加表決之締約國三分之二多數通過之任何修正案應由秘書長提交大會核可，隨後提交所有締約國接受。

2. 依據本條第一項之規定通過與核可之修正案，應於存放之接受書數目達到修正案通過之日締約國數目之三分之二後之第三十日起生效。此後，修正案應於任何締約國交存其接受書後之第三十日起對該締約國生效。修正案只對接受該項修正案之締約國具有約束力。

3. 經締約國會議一致決定，依據本條第一項之規定通過與核可但僅涉及第三十四條、第三十八條、第三十九條及第四十條之修正案，應於存放之接受書數目達到修正案通過之日締約國數目之三分之二後之第三十日起對所有締約國生效。

第四八條（退約）

締約國得以書面通知聯合國秘書長退出本公約。退約應於秘書長收到通知之日起一年後生效。

第四九條（無障礙格式）

本公約之文本應以無障礙格式提供。

第五〇條（正本）

本公約之阿拉伯文、中文、英文、法文、俄文與西班牙文文本，同一作準。

下列簽署人經各自政府正式授權於本公約簽字，以昭信守。

身心障礙者權利公約施行法

民國103年8月20日總統令制定公布全文12條；並自103年12月3日起施行。

第一條　（立法目的）

為實施聯合國二〇〇六年身心障礙者權利公約（The Convention on the Rights of Persons with Disabilities）（以下簡稱公約），維護身心障礙者權益，保障其平等參與社會、政治、經濟、文化等之機會，促進其自立及發展，特制定本法。

第二條　（法律效力）

公約所揭示保障身心障礙者人權之規定，具有國內法律之效力。

第三條　（適用公約規定之解釋）

適用公約規定之法規及行政措施，應參照公約意旨及聯合國身心障礙者權利委員會對公約之解釋。

第四條　（身心障礙者權利之保障）

各級政府機關行使職權，應符合公約有關身心障礙者權利保障之規定，避免侵害身心障礙者權利，保護身心障礙者不受他人侵害，並應積極促進各項身心障礙者權利之實現。

第五條　（各級政府機關間相互協調，與國際間共同合作，推動及執行公約規定事項）

① 各級政府機關應確實依現行法規規定之業務職掌，負責籌劃、推動及執行公約規定事項；其涉及不同機關業務職掌者，相互間應協調連繫辦理。

② 政府應與各國政府、國內外非政府組織及人權機構共同合作，以保護及促進公約所保障各項身心障礙者人權之實現。

③ 政府應徵詢身心障礙團體之意見，建立評估公約落實與影響之人權指標、基準及政策、法案之影響評估及監測機制。

第六條　（身心障礙者權益推動小組之成立及其辦理事項）

① 行政院為推動本公約相關工作，應邀集學者專家、身心障礙團體（機構）及各政府機關代表，成立身心障礙者權益推動小組，定期召開會議，協調、研究、審議、諮詢並辦理下列事項：

一　公約之宣導及教育訓練。

二　各級政府機關落實公約之督導。

三　國內身心障礙者權益現況之研究及調查。

四　國家報告之提出。

五　接受涉及違反公約之申訴。

六　其他與公約相關之事項。

②前項學者專家、身心障礙團體（機構）之人數不得少於總數二分之一；任一性別不得少於三分之一。

第七條　（身心障礙者權利報告制度之建立）

①政府應依公約規定建立身心障礙者權利報告制度，於本法施行後二年提出初次國家報告；之後每四年提出國家報告，並邀請相關專家學者及民間團體代表審閱。

②前項之專家學者，應包含熟悉聯合國身心障礙者權利事務經驗者。

③政府應依審閱意見檢討及研擬後續施政方針，並定期追蹤管考實施成效。

第八條　（身心障礙者權益受侵害得依法提起救濟，政府應提供必要之法律扶助）

①身心障礙者受公約及其有關法規保障之權益遭受侵害、無法或難以實施者，得依法提起訴願、訴訟或其他救濟管道主張權利；侵害之權益係屬其他我國已批准或加入之國際公約及其有關法規保障者，亦同。

②身心障礙者委任律師依前項規定行使權利者，政府應依法提供法律扶助；其扶助業務，得委託財團法人法律扶助基金會或其他民間團體辦理。

③為維護身心障礙者人權，政府應對司法人員辦理相關訓練。

第九條　（所需經費優先編列）

各級政府機關執行公約保障各項身心障礙者人權規定所需之經費，應優先編列，逐步實施。

第一〇條　（各級政府機關主管法規及行政措施應符公約內容，不符規定者之改進期限）

①各級政府機關應依公約規定之內容，就其所主管之法規及行政措施於本法施行後二年內提出優先檢視清單，有不符公約規定者，應於本法施行後三年內完成法規之增修、廢止及行政措施之改進，並應於本法施行後五年內，完成其餘法規之制（訂）定、修正或廢止及行政措施之改進。

②未依前項規定完成法規之制（訂）定、修正或廢止及行政措施之改進前，應優先適用公約之規定。

③第一項法規增修、廢止及行政措施之改進，應徵詢身心障礙團體意見。

第一一條　（本法未規定事項之處理）

本法未規定之事項，政府得視其性質，參照公約、聯合國身心障礙者權利委員會之解釋辦理。

第一二條　（施行日）

本法自中華民國一百零三年十二月三日起行行。

參、與曝險兒少 有關之法規

兒童及少年福利與權益保障法

①民國92年5月28日總統令制定公布全文75條。
②民國97年5月7日總統令修正公布第30、58條條文。
③民國97年8月6日總統令修正公布第20條條文。
④民國99年5月12日總統令增訂公布第50-1條條文。
⑤民國100年11月30日總統令修正公布名稱及全文118條；除第157、29、76、87、88、116條自公布六個月後施行，第25、26、90條自公布三年後施行外，其餘自公布日施行（原名稱：兒童及少年福利法）。
⑥民國101年8月8日總統令增訂公布第54-1條條文。
民國102年7月19日行政院公告第6條所列屬「內政部」之權責事項，自102年7月23日起改由「衛生福利部」管轄。
⑦民國103年1月22日總統令修正公布第33、76條條文；並增訂第90-1條條文。
⑧民國104年2月4日總統令修正公布第6、7、15、23、26、43、44、47、49、51、53、54、70、76、81、90至92、94、97、100、102、103、118條條文；增訂第26-1、26-2、46-1條條文；並刪除第101條條文。
⑨民國104年12月2日總統令修正公布第24、88、92條條文。
⑩民國104年12月16日總統令修正公布第7條條文；並增訂第33-1、33-2、90-2條條文；除第33-2條自公布後二年施行，第90-2條第1項自公布後三年施行，第90-2條第2項自公布後五年施行外，餘自公布日施行。
⑪民國107年11月21日總統令修正公布第26-1、29、90-1條條文；並增訂第33-3條條文。
⑫民國108年1月2日總統令修正公布第26-1、26-2、81條條文。
⑬民國108年4月24日總統令修正公布第10、13、41、43、49、53、54、56、62至64、70、76、81、89、90、91、97、100、107、108條條文；並增訂第21-1、70-1、75-1、77-1、81-1、105-1、105-2、112-1條條文。
⑭民國109年1月15日總統令增訂公布第23-1條條文。

第一章　總則

第一條　（立法目的）

為促進兒童及少年身心健全發展，保障其權益，增進其福利，特制定本法。

第二條　（兒童及少年之定義）

本法所稱兒童及少年，指未滿十八歲之人；所稱兒童，指未滿十二歲之人；所稱少年，指十二歲以上未滿十八歲之人。

第三條　（兒童及少年之父母或監護人應配合及協助之範圍）

父母或監護人對兒童及少年應負保護、教養之責任。對於主管機

關、目的事業主管機關或兒童及少年福利機構、團體依本法所為之各項措施，應配合及協助之。

第四條　（提供兒童及少年所需服務及措施）

政府及公私立機構、團體應協助兒童及少年之父母、監護人或其他實際照顧兒童及少年之人，維護兒童及少年健康，促進其身心健全發展，對於需要保護、救助、輔導、治療、早期療育、身心障礙重建及其他特殊協助之兒童及少年，應提供所需服務及措施。

第五條　（兒童及少年相關事務之處理）

① 政府及公私立機構、團體處理兒童及少年相關事務時，應以兒童及少年之最佳利益為優先考量，並依其心智成熟程度權衡其意見；有關其保護及救助，並應優先處理。

② 兒童及少年之權益受到不法侵害時，政府應予適當之協助及保護。

第六條　（主管機關）104

本法所稱主管機關：在中央為衛生福利部；在直轄市為直轄市政府；在縣（市）為縣（市）政府。

第七條　（中央主管機關及目的事業主管機關權責劃分）104

① 本法所定事項，主管機關及目的事業主管機關應就其權責範圍，針對兒童及少年之需要，尊重多元文化差異，主動規劃所需福利，對涉及相關機關之兒童及少年福利業務，應全力配合之。

② 主管機關及目的事業主管機關均應辦理兒童及少年安全維護及事故傷害防制措施；其權責劃分如下：

一　主管機關：主管兒童及少年福利政策之規劃、推動及監督等相關事宜。

二　衛生主管機關：主管婦幼衛生、生育保健、早產兒通報、追蹤、訪視及關懷服務、發展遲緩兒童早期醫療、兒童及少年身心健康、醫療、復健及健康保險等相關事宜。

三　教育主管機關：主管兒童及少年教育及其經費之補助、特殊教育、學前教育、安全教育、家庭教育、中介教育、職涯教育、休閒教育、性別平等教育、社會教育、兒童及少年就學權益之維護及兒童課後照顧服務等相關事宜。

四　勞工主管機關：主管未滿十五歲之人勞動條件維護與年滿十五歲或國民中學畢業少年之職業訓練、就業準備、就業服務及勞動條件維護等相關事宜。

五　建設、工務、消防主管機關：主管兒童及少年福利與權益維護相關之建築物管理、公共設施、公共安全、建築物環境、消防安全管理、遊樂設施、親子廁所盥洗室等相關事宜。

六　警政主管機關：主管兒童及少年人身安全之維護及觸法預防、失蹤兒童及少年、無依兒童及少年之父母或監護人之協尋等相關事宜。

七　法務主管機關：主管兒童及少年觸法預防、矯正與犯罪被害人保護等相關事宜。

八　交通主管機關：主管兒童及少年交通安全、幼童專用車檢驗、公共停車位等相關事宜。

九　通訊傳播主管機關：主管兒童及少年通訊傳播視聽權益之維護、內容分級之規劃及推動等相關事宜。

十　戶政主管機關：主管兒童及少年身分資料及戶籍等相關事宜。

十一　財政主管機關：主管兒童及少年福利機構稅捐之減免等相關事宜。

十二　金融主管機關：主管金融機構對兒童及少年提供財產信託服務之規劃、推動及監督等相關事宜。

十三　經濟主管機關：主管兒童及少年相關商品與非機械遊樂設施標準之建立及遊戲軟體分級等相關事宜。

十四　體育主管機關：主管兒童及少年體育活動等相關事宜。

十五　文化主管機關：主管兒童及少年藝文活動、閱聽權益之維護、出版品及錄影節目帶分級等相關事宜。

十六　其他兒童及少年福利措施，由相關目的事業主管機關依職權辦理。

第八條　（中央主管機關職掌）

下列事項，由中央主管機關掌理。但涉及中央目的事業主管機關職掌，依法應由中央目的事業主管機關掌理者，從其規定：

一　全國性兒童及少年福利政策、法規與方案之規劃、釐定及宣導事項。

二　對直轄市、縣（市）政府執行兒童及少年福利之監督及協調事項。

三　中央兒童及少年福利經費之分配及補助事項。

四　兒童及少年福利事業之策劃、獎助及評鑑之規劃事項。

五　兒童及少年福利專業人員訓練之規劃事項。

六　國際兒童及少年福利業務之聯繫、交流及合作事項。

七　兒童及少年保護業務之規劃事項。

八　中央或全國性兒童及少年福利機構之設立、監督及輔導事項。

九　其他全國性兒童及少年福利之策劃及督導事項。

第九條　（直轄市、縣（市）主管機關職掌）

下列事項，由直轄市、縣（市）主管機關掌理。但涉及地方目的事業主管機關職掌，依法應由地方目的事業主管機關掌理者，從其規定：

一　直轄市、縣（市）兒童及少年福利政策、自治法規與方案之規劃、釐定、宣導及執行事項。

二　中央兒童及少年福利政策、法規及方案之執行事項。

三　兒童及少年福利專業人員訓練之執行事項。

四　兒童及少年保護業務之執行事項。

五　直轄市、縣（市）兒童及少年福利機構之設立、監督及輔導

　　　　事項。

六　其他直轄市、縣（市）兒童及少年福利之策劃及督導事項。

第一〇條（政策諮詢、推動及制定之相關列席代表）108

①主管機關應以首長為召集人，邀集兒童及少年福利相關學者或專家、民間相關機構、團體代表、目的事業主管機關代表、兒童及少年代表，協調、研究、審議、諮詢及推動兒童及少年福利政策。

②前項兒童及少年福利相關學者、專家、民間相關機構、團體代表、兒童及少年代表不得少於二分之一，單一性別不得少於三分之一。

第一一條（專業人員之培養及訓練）

政府及公私立機構、團體應培養兒童及少年福利專業人員，並應定期舉辦職前訓練及在職訓練。

第一二條（經費來源）

兒童及少年福利經費之來源如下：

一　各級政府年度預算及社會福利基金。

二　私人或團體捐贈。

三　依本法所處之罰鍰。

四　其他相關收入。

第一三條（建立六歲以下兒童死亡原因回溯分析及定期調查兒童及少年基礎資料，並公布之）108

①中央衛生主管機關應進行六歲以下兒童死亡原因回溯分析，並定期公布分析結果。

②主管機關應每四年對兒童及少年身心發展、社會參與、生活及需求現況進行調查、統計及分析，並公布結果。

第二章　身分權益

第一四條（出生通報）

①胎兒出生後七日內，接生人應將其出生之相關資料通報衛生主管機關備查；其為死產者，亦同。

②接生人無法取得完整資料以填報出生通報者，仍應為前項之通報。

③衛生主管機關應將第一項通報之新生兒資料轉知戶政主管機關，由其依相關規定辦理；必要時，戶政主管機關並得請求主管機關、警政及其他目的事業主管機關協助。

④第一項通報之相關表單，由中央衛生主管機關定之。

第一五條（媒合服務者之核定及規定）104

①從事收出養媒合服務，以經主管機關許可之財團法人、公私立兒童及少年安置、教養機構（以下統稱收出養媒合服務者）為限。

②收出養媒合服務者應評估並安排收養人與兒童、少年先行共同生活或漸進式接觸。

③收出養媒合服務者從事收出養媒合服務，得向收養人收取服務費

用。

④第一項收出養媒合服務者之資格條件、申請程序、許可之發給、撤銷與廢止許可、服務範圍、業務檢查與其管理、停業、歇業、復業、第二項之服務、前項之收費項目、基準及其他應遵行事項之辦法，由中央主管機關定之。

第一六條 （收出養之委託及評估義務）

①父母或監護人因故無法對其兒童及少年盡扶養義務而擬予出養時，應委託收出養媒合服務者代覓適當之收養人。但下列情形之出養，不在此限：

一 旁系血親在六親等以內及旁系姻親在五親等以內，輩分相當。

二 夫妻之一方收養他方子女。

②前項收出養媒合服務者於接受委託後，應先為出養必要性之訪查調查，並作成評估報告；評估有出養必要者，應即進行收養人之評估，並提供適當之輔導及協助等收出養服務相關措施；經評估不宜出養者，應即提供或轉介相關福利服務。

③第一項出養，以國內收養人優先收養為原則。

第一七條 （收出養之評估報告及法院認可要件）

①聲請法院認可兒童及少年之收養，除有前條第一項但書規定情形者外，應檢附前條第二項之收出養評估報告。未檢附者，法院應定期間命其補正；逾期不補正者，應不予受理。

②法院認可兒童及少年之收養前，得採行下列措施，供決定認可之參考：

一 命直轄市、縣（市）主管機關、兒童及少年福利機構、其他適當之團體或專業人員進行訪視，提出訪視報告及建議。

二 命收養人與兒童及少年先行共同生活一段期間；共同生活期間，對於兒童及少年權利義務之行使或負擔，由收養人為之。

三 命收養人接受親職準備教育課程、精神鑑定、藥、酒癮檢測或其他維護兒童及少年最佳利益之必要事項；其費用，由收養人自行負擔。

四 命直轄市、縣（市）主管機關調查被遺棄兒童及少年身分資料。

③依前項第一款規定進行訪視者，應評估出養之必要性，並給予必要之協助；其無出養之必要者，應建議法院不為收養之認可。

④收養人或收養事件之利害關係人亦得提出相關資料或證據，供法院斟酌。

第一八條 （收養之最佳利益原則）

①父母對於兒童及少年出養之意見不一致，或一方所在不明時，父母之一方仍可向法院聲請認可。經法院調查認為收養乃符合兒童及少年之最佳利益時，應予認可。

②法院認可或駁回兒童及少年收養之聲請時，應以書面通知直轄

市、縣（市）主管機關，直轄市、縣（市）主管機關應為必要之訪視或其他處置，並作成紀錄。

第一九條　（收養關係之效力）

①收養兒童及少年經法院認可者，收養關係溯及於收養書面契約成立時發生效力；無書面契約者，以向法院聲請時為收養關係成立之時；有試行收養之情形者，收養關係溯及於開始共同生活時發生效力。

②聲請認可收養後，法院裁定前，兒童及少年死亡者，聲請程序終結。收養人死亡者，法院應命直轄市、縣（市）主管機關、兒童及少年福利機構、其他適當之團體或專業人員為評估，並提出報告及建議，法院認收養於兒童及少年有利益時，仍得為認可收養之裁定，其效力依前項之規定。

第二○條　（收養關係之終止）

養父母對養子女有下列行為之一者，養子女、利害關係人或主管機關得向法院請求宣告終止其收養關係：

一　有第四十九條各款所定行為之一。

二　違反第四十三條第二項或第四十七條第二項規定，情節重大。

第二一條　（收出養身分檔案之保存及保密）

①中央主管機關應保存出養人、收養人及被收養兒童及少年之身分、健康等相關資訊之檔案。

②收出養媒合服務者及經法院交查之直轄市、縣（市）主管機關、兒童及少年福利機構、其他適當之團體或專業人員，應定期將前項收出養相關資訊提供中央主管機關保存。

③辦理收出養業務、資訊保存或其他相關事項之人員，對於第一項資訊，應妥善維護當事人之隱私，除法律另有規定外，應予保密。

④第一項資訊之範圍、來源、管理及使用辦法，由中央主管機關定之。

第二一條之一　（主管機關應提供尋親服務及諮詢轉介服務）108

①主管機關應對被收養兒童及少年、出養人、收養人及其他利害關係人提供尋親服務，必要時得請求戶政、警政或其他相關機關或機構協助，受請求之機關或機構應予配合。

②主管機關得依被收養兒童及少年、出養人、收養人或其他利害關係人之請求，提供心理、醫療、法律及其他相關諮詢轉介服務。

第二二條　（無身分、無國籍或國籍不明兒童之權益保障）

①主管機關應會同戶政、移民主管機關協助未辦理戶籍登記、無國籍或未取得居留、定居許可之兒童、少年依法辦理有關戶籍登記、歸化、居留或定居等相關事項。

②前項兒童、少年於戶籍登記完成前或未取得居留、定居許可前，其社會福利服務、醫療照顧、就學權益等事項，應依法予以保障。

第三章 福利措施

第二三條 （政府整合性服務機制之建立及福利措施之辦理）104

① 直轄市、縣（市）政府，應建立整合性服務機制，並鼓勵、輔導、委託民間或自行辦理下列兒童及少年福利措施：

一 建立早產兒通報系統，並提供追蹤、訪視及關懷服務。

二 建立發展遲緩兒童早期通報系統，並提供早期療育服務。

三 辦理兒童托育服務。

四 對兒童、少年及其家庭提供諮詢服務。

五 對兒童、少年及其父母辦理親職教育。

六 對於無力撫育其未滿十二歲之子女或受監護人者，視需要予以托育、家庭生活扶助或醫療補助。

七 對於無謀生能力或在學之少年，無扶養義務人或扶養義務人無力維持其生活者，予以生活扶助、協助就學或醫療補助，並協助培養其自立生活之能力。

八 早產兒、罕見疾病、重病兒童、少年及發展遲緩兒童之扶養義務人無力支付醫療費用之補助。

九 對於不適宜在家庭內教養或逃家之兒童及少年，提供適當之安置。

十 對於無依兒童及少年，予以適當之安置。

十一 對於因懷孕或生育而遭遇困境之兒童、少年及其子女，予以適當之安置、生活扶助、醫療補助、托育補助及其他必要協助。

十二 辦理兒童課後照顧服務。

十三 對結束安置無法返家之少年，提供自立生活適應協助。

十四 辦理兒童及少年安全與事故傷害之防制、教育、宣導及訓練等服務。

十五 其他兒童、少年及其家庭之福利服務。

② 前項第六款至第八款及第十一款之托育、生活扶助及醫療補助請領資格、條件、程序、金額及其他相關事項之辦法，分別由中央及直轄市主管機關定之。

③ 第一項第十款無依兒童及少年之通報、協尋、安置方式、要件、追蹤之處理辦法，由中央主管機關定之。

第二十三條之一 （早產、重病兒童適用醫藥器材短缺通報及處理機制之建立）109

中央衛生主管機關對早產兒、重病及其他危及生命有醫療需求之兒童，為維持生命所需之適用藥品及醫療器材，應建立短缺通報及處理機制。

第二四條 （保障兒童及少年平等參與活動之權利）104

① 文化、教育、體育主管機關應鼓勵、輔導民間或自行辦理兒童及少年適當之休閒、娛樂及文化活動，提供合適之活動空間，並保障兒童及少年有平等參與活動之權利。

②目的事業主管機關對於辦理前項活動著有績效者，應予獎勵表揚。

第二五條　（居家式托育服務之辦理）

①直轄市、縣（市）主管機關應辦理居家式托育服務之管理、監督及輔導等相關事項。

②前項所稱居家式托育服務，指兒童由其三親等內親屬以外之人員，於居家環境中提供收費之托育服務。

③直轄市、縣（市）主管機關應以首長為召集人，邀集學者或專家、居家托育員代表、兒童及少年福利團體代表、家長團體代表、婦女團體代表、勞工團體代表，協調、研究、審議及諮詢居家式托育服務、收退費、人員薪資、監督考核等相關事宜，並建立運作管理機制，應自行或委託相關專業之機構、團體辦理。

第二六條　（居家式托育服務者之資格要件）104

①居家式托育服務提供者，應向直轄市、縣（市）主管機關辦理登記。

②居家式托育服務提供者應年滿二十歲並具備下列資格之一：

　一　取得保母人員技術士證。

　二　高級中等以上學校幼兒保育、家政、護理相關學程、科、系、所畢業。

　三　修畢托育人員專業訓練課程，並領有結業證書。

③直轄市、縣（市）主管機關為辦理居家式托育服務提供者之登記、管理、輔導、監督及檢查等事項，應自行或委託相關專業機構、團體辦理。

④居家式托育服務提供者對於前項之管理、輔導、監督及檢查等事項，不得規避、妨礙或拒絕，並應提供必要之協助。

⑤第一項居家式托育服務提供者之收托人數、登記、輔導、管理、撤銷與廢止登記、收退費規定及其他應遵行事項之辦法，由中央主管機關定之。

第二六條之一　（居家式托育服務提供者之消極資格）108

①有下列情事之一，不得擔任居家式托育服務提供者：

　一　曾犯性侵害犯罪防治法第二條第一項之罪、性騷擾防治法第二十五條之罪、兒童及少年性交易防制條例之罪、兒童及少年性剝削防制條例之罪，經緩起訴處分或有罪判決確定。但未滿十八歲之人，犯刑法第二百二十七條之罪者，不在此限。

　二　曾犯毒品危害防制條例之罪，經緩起訴處分或有罪判決確定。

　三　有第四十九條各款所定行為之一，經有關機關查證屬實。

　四　行為違法或不當，其情節影響收托兒童權益重大，經主管機關查證屬實。

　五　有客觀事實認有傷害兒童之虞，經直轄市、縣（市）主管機關認定不能執行業務。

　六　受監護或輔助宣告，尚未撤銷。

七 曾犯家庭暴力罪，經緩起訴處分或有罪判決確定之日起五年內。

②前項第五款之認定，應由直轄市、縣（市）主管機關邀請相關專科醫師、兒童少年福利及其他相關學者專家組成小組爲之。

③第一項第五款原因消失後，仍得依本法規定申請擔任居家式托育服務提供者。

④有第一項各款情事之一者，直轄市、縣（市）主管機關應命其停止服務，並強制轉介其收托之兒童。已完成登記者，廢止其登記。

第二六條之二（僅得提供到宅托育之規定）108

①與居家式托育服務提供者共同居住之人，有下列情事之一者，居家式托育服務提供者以提供到宅托育爲限：

一 有前條第一項第一款、第二款或第四款情形之一。

二 有客觀事實認有傷害兒童之虞，經直轄市、縣（市）主管機關邀請相關專科醫師、兒童少年福利及其他相關學者專家組成小組認定。

②前項第二款經直轄市、縣（市）主管機關認定事實消失，居家式托育服務提供者仍得依本法提供居家式托育服務。

第二七條（兒童及少年醫療照顧措施之規劃）

①政府應規劃實施兒童及少年之醫療照顧措施；必要時，並得視其家庭經濟條件補助其費用。

②前項費用之補助對象、項目、金額及其程序等之辦法，由中央主管機關定之。

第二八條（兒童及少年事故傷害防制協調會議）

①中央主管機關及目的事業主管機關應定期召開兒童及少年事故傷害防制協調會議，以協調、研究、審議、諮詢、督導、考核及辦理下列事項：

一 兒童及少年事故傷害資料登錄。

二 兒童及少年安全教育教材之建立、審核及推廣。

三 兒童及少年遊戲與遊樂設施、玩具、用品、交通載具等標準、檢查及管理。

四 其他防制機制之建立及推動。

②前項會議應遴聘學者專家、民間團體及相關機關代表提供諮詢。學者專家、民間團體代表之人數，不得少於總數二分之一。

第二九條（交通載具之規範與管理）107

①下列兒童及少年所使用之交通載具應予輔導管理，以維護其交通安全：

一 幼童專用車。

二 公私立學校之校車。

三 短期補習班或兒童課後照顧服務班及中心之接送車。

②前項交通載具載運國民小學前之幼兒、國民小學學生者，其車齡不得逾出廠十年；載運國民中學、高級中等學校學生者，其車齡不得逾出廠十五年。

③第一項交通載具之申請程序、輔導措施、管理與隨車人員之督導管理及其他應遵行事項之辦法，由中央教育主管機關會同交通主管機關定之。

第三○條　（疑似發展遲緩、發展遲緩或身心障礙兒童及少年指紋檔案之建立與資訊防護措施）

①疑似發展遲緩、發展遲緩或身心障礙兒童及少年之父母或監護人，得申請警政主管機關建立指紋資料。

②前項資料，除作為失蹤協尋外，不得作為其他用途之使用。

③第一項指紋資料按捺、塗銷及管理辦法，由中央警政主管機關定之。

第三一條　（六歲以下兒童發展評估機制之建立與早療服務之個別化家庭服務計畫）

①政府應建立六歲以下兒童發展之評估機制，對發展遲緩兒童，應按其需要，給予早期療育、醫療、就學及家庭支持方面之特殊照顧。

②父母、監護人或其他實際照顧兒童之人，應配合前項政府對發展遲緩兒童所提供之各項特殊照顧。

③第一項早期療育所需之篩檢、通報、評估、治療、教育等各項服務之銜接及協調機制，由中央主管機關會同衛生、教育主管機關規劃辦理。

第三二條　（疑似發展遲緩兒童通報及轉介服務）

①各類社會福利、教育及醫療機構，發現有疑似發展遲緩兒童，應通報直轄市、縣（市）主管機關。直轄市、縣（市）主管機關應將接獲資料，建立檔案管理，並視其需要提供、轉介適當之服務。

②前項通報流程及檔案管理等相關事項之辦法，由中央主管機關定之。

第三三條　（提供兒童與孕婦友善之優先照顧及未滿一定年齡兒童之優惠措施）103

①兒童及孕婦應優先獲得照顧。

②交通及醫療等公、民營事業應提供兒童及孕婦優先照顧措施。

③國內大眾交通運輸、文教設施、風景區與康樂場所等公營、公辦民營及民營事業，應以年齡為標準，提供兒童優惠措施，並應提供未滿一定年齡之兒童免費優惠。

④前項兒童優惠措施之適用範圍及一定年齡，由各目的事業主管機關定之。

第三三條之一　（孕婦、育有六歲以下兒童停車位之設置場所）104

①下列場所附設之公共停車場，應保留百分之二之汽車停車位，作為孕婦、育有六歲以下兒童者之停車位；汽車停車位未滿五十個之公共停車場，至少應保留一個孕婦、育有六歲以下兒童者之停車位。但汽車停車位未滿二十五個之公共停車場，不在此限：

一　提供民眾申辦業務或服務之政府機關（構）及公營事業。

二　鐵路車站、航空站及捷運交會轉乘站。
三　營業場所總樓地板面積一萬平方公尺以上之百貨公司及零售式量販店。
四　設有兒童病房或產科病房之區域級以上醫院。
五　觀光遊樂業之園區。
六　其他經各級交通主管機關公告之場所。
②前項停車位之設置地點、空間規劃、使用對象與方式及其他應遵行事項之辦法，由中央交通主管機關會商建設、工務、消防主管機關定之。

第三三條之二　（親子廁所盥洗室應規劃設置之場所）104
①下列場所應規劃設置適合六歲以下兒童及其照顧者共同使用之親子廁所盥洗室，並附設兒童安全座椅、尿布臺等相關設備：
一　提供民眾申辦業務或服務之場所總樓地板面積五千平方公尺以上之政府機關（構）。
二　營業場所總樓地板面積五千平方公尺以上之公營事業。
三　服務場所總樓地板面積五千平方公尺以上之鐵路車站、航空站及捷運交會轉乘站。
四　營業場所總樓地板面積一萬平方公尺以上之百貨公司及零售式量販店。
五　設有兒科病房之區域級以上醫院。
六　觀光遊樂業之園區。
②前項場所未依第三項前段所定辦法設置親子廁所盥洗室者，直轄市、縣（市）建築主管機關應命其所有權人或管理機關負責人限期改善；其設置確有困難者，得由所有權人或管理機關負責人提具替代性改善計畫，申報直轄市、縣（市）建築主管機關核定，並核定改善期限。
③第一項親子廁所盥洗室之設備項目與規格及其他應遵行事項之辦法，由中央建築主管機關定之。相關商品標準之建立，由中央經濟主管機關定之。
④本條自中華民國一百零四年十一月二十七日修正之條文公布後二年施行。

第三三條之三　（博愛座之設置）107
運送旅客之鐵路列車應保留一定座位，作為孕婦及有兒童同行之家庭優先使用。

第三四條　（提供少年之就業準備與輔導措施）
①少年年滿十五歲或國民中學畢業，有進修或就業意願者，教育、勞工主管機關應視其性向及志願，輔導其進修、接受職業訓練或就業。
②教育主管機關應依前項規定辦理並督導高級中等以下學校辦理職涯教育、勞動權益及職業安全教育。
③勞工主管機關應依第一項規定提供職業訓練、就業準備、職場體驗、就業媒合、支持性就業安置及其他就業服務措施。

第三五條　（教育進修機會之保障）

雇主對年滿十五歲或國民中學畢業之少年員工應保障其教育進修機會；其辦理績效良好者，勞工主管機關應予獎勵。

第三六條　（提供個別化就業輔導措施）

勞工主管機關對於缺乏技術及學歷，而有就業需求之少年，應整合教育及社政主管機關，提供個別化就業服務措施。

第三七條　（建教合作定型化契約之訂定與權利義務載明事項）

①高級中等以下學校應協調建教合作機構與學生及其法定代理人，簽訂書面訓練契約，明定權利義務關係。

②前項書面訓練契約之格式、內容，中央教育主管機關應訂定定型化契約範本與其應記載及不得記載事項。

第三八條　（參與公共事務之保障權利）

政府應結合民間機構、團體鼓勵兒童及少年參與學校、社區等公共事務，並提供機會，保障其參與之權利。

第三九條　（改善國內兒童及少年文學、視聽出版與節目之創作及引介）

政府應結合民間機構、團體鼓勵國內兒童及少年文學、視聽出版品與節目之創作、優良國際兒童及少年視聽出版品之引進、翻譯及出版。

第四〇條　（兒童及少年視聽品味及環境發展之鼓勵）

政府應結合或鼓勵民間機構、團體對優良兒童及少年出版品、錄影節目帶、廣播、遊戲軟體及電視節目予以獎勵。

第四一條　（高級中等以下學校學生每週學習節數規定）108

①為確保兒童及少年之遊戲及休閒權利，促進其身心健康，除法律另有規定外，高級中等以下學校學生每週學習節數，應依中央教育主管機關訂定之課程綱要規定；其課業輔導課程，依各級教育主管機關之法令規定。

②中央教育主管機關應邀集兒童及少年事務領域之專家學者、民間團體代表、兒童及少年代表，參與課程綱要之設計與規劃。

第四二條　（兒童及少年之受教權益與品質之保障）

為確保兒童及少年之受教權，對於因特殊狀況無法到校就學者，家長得依國民教育法相關規定向直轄市、縣（市）政府申請非學校型態實驗教育。

第四章　保護措施

第四三條　（兒童及少年禁止之行為）108

①兒童及少年不得為下列行為：

一　吸菸、飲酒、嚼檳榔。

二　施用毒品、非法施用管制藥品或其他有害身心健康之物質。

三　觀看、閱覽、收聽或使用有害其身心健康之暴力、血腥、色情、猥褻、賭博之出版品、圖畫、錄影節目帶、影片、光

　　　　碟、磁片、電子訊號、遊戲軟體、網際網路內容或其他物品。

四　在道路上競駛、競技或以蛇行等危險方式駕車或參與其行為。

五　超過合理時間持續使用電子類產品，致有害身心健康。

②父母、監護人或其他實際照顧兒童及少年之人，應禁止兒童及少年為前項各款行為。

③任何人均不得販賣、交付或供應第一項第一款至第三款之物質、物品予兒童及少年。

④任何人均不得對兒童及少年散布或播送第一項第三款之內容或物品。

第四四條　（物之分級）104

①新聞紙以外之出版品、錄影節目帶、遊戲軟體應由有分級管理義務之人予以分級；其他有事實認定影響兒童及少年身心健康之虞之物品經目的事業主管機關認定應予分級者，亦同。

②任何人不得以違反第三項所定辦法之陳列方式，使兒童及少年觀看或取得應列為限制級之物品。

③第一項物品之分級類別、內容、標示、陳列方式、管理、有分級管理義務之人及其他應遵行事項之辦法，由中央目的事業主管機關定之。

第四五條　（新聞紙刊載之限制及例外）

①新聞紙不得刊載下列有害兒童及少年身心健康之內容。但引用司法機關或行政機關公開之文書而為適當之處理者，不在此限：

一　過度描述（繪）強制性交、猥褻、自殺、施用毒品等行為細節之文字或圖片。

二　過度描述（繪）血腥、色情細節之文字或圖片。

②為認定前項內容，報業商業同業公會應訂定防止新聞紙刊載有害兒童及少年身心健康內容之自律規範及審議機制，報中央主管機關備查。

③新聞紙業者經舉發有違反第一項之情事者，報業商業同業公會應於三個月內，依據前項自律規範及審議機制處置。必要時，得延長一個月。

④有下列情事之一者，主管機關應邀請報業商業同業公會代表、兒童及少年福利團體代表以及專家學者代表，依第二項備查之自律規範，共同審議認定之：

一　非屬報業商業同業公會會員之新聞紙業者經舉發有違反第一項之情事。

二　報業商業同業公會就前項案件逾期不處置。

三　報業商業同業公會就前項案件之處置結果，經新聞紙刊載之當事人、受處置之新聞紙業者或兒童及少年福利團體申訴。

第四六條　（網路安全防護機構之設立及管理）

①為防止兒童及少年接觸有害其身心發展之國際網路內容，由通訊

傳播主管機關召集各目的事業主管機關委託民間團體成立內容防護機構，並辦理下列事項：

一　兒童及少年使用網際網路行為觀察。

二　申訴機制之建立及執行。

三　內容分級制度之推動及檢討。

四　過濾軟體之建立及推動。

五　兒童及少年上網安全教育宣導。

六　推動網際網路平臺提供者建立自律機制。

七　其他防護機制之建立及推動。

②網際網路平臺提供者應依前項防護機制，訂定自律規範採取明確可行之防護措施；未訂定自律規範者，應依相關公（協）會所定自律規範採取必要措施。

③網際網路平臺提供者經目的事業主管機關告知網際網路內容有害兒童及少年身心健康或違反前項規定未採取明確可行防護措施者，應為限制兒童及少年接取、瀏覽之措施，或先行移除。

④前三項所稱網際網路平臺提供者，指提供連線上網後各項網際網路平臺服務，包含在網際網路上提供儲存空間，或利用網際網路建置網站提供資訊、加值服務及網頁連結服務等功能者。

第四六條之一　（網際網路散布或傳送有害兒童及少年身心健康內容禁止）104

任何人不得於網際網路散布或傳送有害兒童及少年身心健康之內容，未採取明確可行之防護措施，或未配合網際網路平臺提供者之防護機制，使兒童及少年得以接取或瀏覽。

第四七條　（禁止兒童及少年出入危害其身心健康之場所）108

①兒童及少年不得出入酒家、特種咖啡茶室、成人用品零售業、限制級電子遊戲場及其他涉及賭博、色情、暴力等經主管機關認定足以危害其身心健康之場所。

②父母、監護人或其他實際照顧兒童及少年之人，應禁止兒童及少年出入前項場所。

③第一項場所之負責人及從業人員應拒絕兒童及少年進入。

④第一項之場所應距離幼兒園、國民中小學、高中、職校二百公尺以上，並檢附證明文件，經商業登記主管機關登記後，始得營業。

第四八條　（禁止兒童及少年充當不當場所之侍應工作）

①父母、監護人或其他實際照顧兒童及少年之人，應禁止兒童及少年充當前條第一項場所之侍應或從事危險、不正當或其他足以危害或影響其身心發展之工作。

②任何人不得利用、僱用或誘迫兒童及少年從事前項之工作。

第四九條　（對兒童及少年特定行為之禁止）108

①任何人對於兒童及少年不得有下列行為：

一　遺棄。

二　身心虐待。

三 利用兒童及少年從事有害健康等危害性活動或欺騙之行為。

四 利用身心障礙或特殊形體兒童及少年供人參觀。

五 利用兒童及少年行乞。

六 剝奪或妨礙兒童及少年接受國民教育之機會。

七 強迫兒童及少年婚嫁。

八 拐騙、綁架、買賣、質押兒童及少年。

九 強迫、引誘、容留或媒介兒童及少年為猥褻行為或性交。

十 供應兒童及少年刀械、槍砲、彈藥或其他危險物品。

十一 利用兒童及少年拍攝或錄製暴力、血腥、色情、猥褻或其他有害兒童及少年身心健康之出版品、圖畫、錄影節目帶、影片、光碟、磁片、電子訊號、遊戲軟體、網際網路內容或其他物品。

十二 迫使或誘使兒童及少年處於對其生命、身體易發生立即危險或傷害之環境。

十三 帶領或誘使兒童及少年進入有礙其身心健康之場所。

十四 強迫、引誘、容留或媒介兒童及少年為自殺行為。

十五 其他對兒童及少年或利用兒童及少年犯罪或為不正當之行為。

②前項行為經直轄市、縣（市）主管機關依第九十七條規定裁罰者，中央主管機關應建立裁罰資料，供政府機關（構）及其他經中央主管機關同意之機構、法人或團體查詢。

第五○條（孕婦有害胎兒發育行為之禁止）

①孕婦不得吸菸、酗酒、嚼檳榔、施用毒品、非法施用管制藥品或為其他有害胎兒發育之行為。

②任何人不得強迫、引誘或以其他方式使孕婦為有害胎兒發育之行為。

第五一條（不得使兒童及少年獨處之情形）104

父母、監護人或其他實際照顧兒童及少年之人，不得使六歲以下兒童或需要特別看護之兒童及少年獨處或由不適當之人代為照顧。

第五二條（相關機構協助、輔導或安置之情形）

①兒童及少年有下列情事之一者，直轄市、縣（市）主管機關得依其父母、監護人或其他實際照顧兒童及少年之人之申請或經其同意，協調適當之機構協助、輔導或安置之：

一 違反第四十三條第一項、第四十七條第一項規定或從事第四十八條第一項禁止從事之工作，經其父母、監護人或其他實際照顧兒童及少年之人盡力禁止而無效果。

二 有偏差行為，情形嚴重，經其父母、監護人或其他實際照顧兒童及少年之人盡力矯正而無效果。

②前項機構協助、輔導或安置所必要之生活費、衛生保健費、學雜費、代收代辦費及其他相關費用，由扶養義務人負擔；其收費規定，由直轄市、縣（市）主管機關定之。

第五三條 （執行職務人員應立即通報之情形）108

①醫事人員、社會工作人員、教育人員、保育人員、教保服務人員、警察、司法人員、移民業務人員、戶政人員、村（里）幹事及其他執行兒童及少年福利業務人員，於執行業務時知悉兒童及少年有下列情形之一者，應立即向直轄市、縣（市）主管機關通報，至遲不得超過二十四小時：

一 施用毒品、非法施用管制藥品或其他有害身心健康之物質。

二 充當第四十七條第一項場所之侍應。

三 遭受第四十九條第一項各款之行為。

四 有第五十一條之情形。

五 有第五十六條第一項各款之情形。

六 遭受其他傷害之情形。

②任何人知悉兒童及少年有前項各款之情形者，得通報直轄市、縣（市）主管機關。

③直轄市、縣（市）主管機關於知悉或接獲通報前二項案件時，應立即進行分級分類處理，至遲不得超過二十四小時。

④直轄市、縣（市）主管機關受理第一項各款案件後，應提出調查報告。

⑤第一項及第二項通報人之身分資料，應予保密。

⑥直轄市、縣（市）主管機關於提出第四項調查報告前，得對兒童及少年進行訪視。訪視顯有困難或兒童及少年行方不明，經警察機關處理、尋查未果，涉有犯罪嫌疑者，得經司法警察機關報請檢察機關處理。

⑦第一項至第四項通報、分級分類處理、調查與其作業期程及其他相關事項之辦法，由中央主管機關定之。

第五四條 （執行職務人員應通報及其他相關機關應提供必要協助之責任）108

①醫事人員、社會工作人員、教育人員、保育人員、教保服務人員、警察、司法人員、移民業務人員、戶政人員、村（里）幹事、村（里）長、公寓大廈管理服務人員及其他執行兒童及少年福利業務人員，於執行業務時知悉六歲以下兒童未依規定辦理出生登記、預防接種或兒童及少年家庭遭遇經濟、教養、婚姻、醫療或其他不利處境，致兒童及少年有未獲適當照顧之虞，應通報直轄市、縣（市）主管機關。

②直轄市、縣（市）主管機關於接獲前項通報後，應對前項家庭進行訪視評估，並視其需要結合警政、教育、戶政、衛生、財政、金融管理、勞政、移民或其他相關機關提供生活、醫療、就學、托育及其他必要之協助。

③中央主管機關為蒐集、處理、利用前段及第一項業務所需之必要資料，得洽請各目的事業主管機關提供之；受請求者有配合提供資訊之義務。

④第二項訪視顯有困難或兒童及少年行方不明，經警察機關處理

尋查未果，涉有犯罪嫌疑者，得經司法警察機關報請檢察機關處理。

⑤第一項通報人之身分資料，應予保密。

⑥第一項至第三項通報、協助、資訊蒐集、處理、利用、查詢及其他相關事項之辦法，由中央主管機關定之。

第五四條之一　（主動查訪之義務）

①兒童之父母、監護人或其他實際照顧兒童之人，有違反毒品危害防制條例者，於受通緝、羈押、觀察、勒戒、強制戒治或入獄服刑時，司法警察官、司法警察、檢察官或法院應查訪兒童之生活與照顧狀況。

②司法警察官、司法警察、檢察官、法院就前項情形進行查訪，知悉兒童有第五十三條第一項各款情形及第五十四條之情事者，應依各該條規定通報直轄市、縣（市）主管機關。

第五五條　（緊急保護、安置之處理）

①兒童及少年罹患性病或有酒癮、藥物濫用情形者，其父母、監護人或其他實際照顧兒童及少年之人應協助就醫，或由直轄市、縣（市）主管機關會同衛生主管機關配合協助就醫；必要時，得請求警政主管機關協助。

②前項治療所需之費用，由兒童及少年之父母、監護人負擔。但屬全民健康保險給付範圍或依法補助者，不在此限。

第五六條　（緊急安置及家庭寄養）108

①兒童及少年有下列各款情形之一者，直轄市、縣（市）主管機關應予保護、安置或為其他處置；必要時得進行緊急安置：

一　兒童及少年未受適當之養育或照顧。

二　兒童及少年有立即接受醫療之必要，而未就醫。

三　兒童及少年遭受遺棄、身心虐待、買賣、質押，被強迫或引誘從事不正當之行為或工作。

四　兒童及少年遭受其他迫害，非立即安置難以有效保護。

②直轄市、縣（市）主管機關疑有前項各款情事之一者，應基於兒童及少年最佳利益，經多元評估後，加強保護、安置、緊急安置或為其他必要之處置。

③直轄市、縣（市）主管機關為前二項保護、安置、緊急安置或為其他必要之處置時，得請求檢察官或當地警察機關協助之。

④經直轄市、縣（市）主管機關評估第一項各款兒童及少年之生命、身體或自由有立即危險或有危險之虞者，應移送當地司法警察機關報請檢察機關處理。

⑤第一項兒童及少年之安置，直轄市、縣（市）主管機關得辦理家庭寄養，或交付適當之親屬、第三人、兒童及少年福利機構或其他安置機構教養之。

第五七條　（緊急安置之時限）

①直轄市、縣（市）主管機關依前條規定緊急安置時，應即通報當地地方法院及警察機關，並通知兒童及少年之父母、監護人。但

其無父母、監護人或通知顯有困難時，得不通知之。

②緊急安置不得超過七十二小時，非七十二小時以上之安置不足以保護兒童及少年者，得聲請法院裁定繼續安置。繼續安置以三個月為限；必要時，得聲請法院裁定延長之，每次得聲請延長三個月。

③繼續安置之聲請，得以電訊傳真或其他科技設備為之。

第五八條　（提起抗告與聲請期間之安置）

前條第二項所定七十二小時，自依前條第一項規定緊急安置兒童及少年之時起，即時起算。但下列時間不予計入：
一　在途護送時間。
二　交通障礙時間。
三　其他不可抗力之事由所生之遲滯時間。

第五九條　（安置期間之權利義務行使）

①直轄市、縣（市）主管機關、父母、監護人、受安置兒童及少年對於第五十七條第二項裁定有不服者，得於裁定送達後十日內提起抗告。對於抗告法院之裁定不得再抗告。

②聲請及抗告期間，原安置機關、機構或寄養家庭得繼續安置。

③安置期間因情事變更或無依原裁定繼續安置之必要者，直轄市、縣（市）主管機關、父母、原監護人、受安置兒童及少年得向法院聲請變更或撤銷之。

④直轄市、縣（市）主管機關對於安置期間期滿或依前項撤銷安置之兒童及少年，應繼續予追蹤輔導至少一年。

第六〇條　（接受訪談、偵訊或身體檢查之處理）

①安置期間，直轄市、縣（市）主管機關或受其交付安置之機構或寄養家庭在保護安置兒童及少年之範圍內，行使、負擔父母對於未成年子女之權利義務。

②法院裁定得繼續安置兒童及少年者，直轄市、縣（市）主管機關或受其交付安置之機構或寄養家庭，應選任其成員一人執行監護事務，並負與親權人相同之注意義務。直轄市、縣（市）主管機關應陳報法院執行監護事項之人，並應按個案進展作成報告備查。

③安置期間，兒童及少年之父母、原監護人、親友、師長經直轄市、縣（市）主管機關同意，得依其約定時間、地點及方式，探視兒童及少年。不遵守約定或有不利於兒童及少年之情事者，直轄市、縣（市）主管機關得禁止探視。

④直轄市、縣（市）主管機關為前項同意前，應尊重兒童及少年之意願。

第六一條　（接受訪談、偵訊或身體檢查之處理）

①安置期間，非為貫徹保護兒童及少年之目的，不得使其接受訪談、偵訊、訊問或身體檢查。

②兒童及少年接受訪談、偵訊、訊問或身體檢查，應由社會工作人員陪同，並保護其隱私。

第六二條 （家庭發生變故兒童及少年之安置或輔助）108

①兒童及少年因家庭發生重大變故，致無法正常生活於其家庭者，其父母、監護人、利害關係人或兒童及少年福利機構，得申請直轄市、縣（市）主管機關安置或輔助。

②前項安置，直轄市、縣（市）主管機關得辦理家庭寄養、交付適當之兒童及少年福利機構或其他安置機構教養之。

③直轄市、縣（市）主管機關、受寄養家庭或機構依第一項規定，在安置兒童及少年之範圍內，行使、負擔父母對於未成年子女之權利義務。

④第一項之家庭情況改善者，被安置之兒童及少年仍得返回其家庭，並由直轄市、縣（市）主管機關續予追蹤輔導至少一年。

⑤第二項及第五十六條第五項之家庭寄養，其寄養條件、程序與受寄養家庭之資格、許可、督導、考核及獎勵之規定，由直轄市、縣（市）主管機關定之。

第六三條 （兒童及少年安置費用之收取）108

直轄市、縣（市）主管機關依第五十六條第五項或前項第二項對兒童及少年為安置時，因受寄養家庭或安置機構提供兒童及少年必要服務所需之生活費、衛生保健費、學雜費、代收代辦費及其他與安置有關之費用，得向扶養義務人收取；其收費規定，由直轄市、縣（市）主管機關定之。

第六四條 （兒童及少年家庭處遇計畫）108

①兒童及少年有第四十九條第一項或第五十六條第一項各款情事，或屬目睹家庭暴力之兒童及少年，經直轄市、縣（市）主管機關列為保護個案者，該主管機關應於三個月內提出兒童及少年家庭處遇計畫；必要時，得委託兒童及少年福利機構或團體辦理。

②前項處遇計畫得包括家庭功能評估、兒童及少年安全與安置評估、親職教育、心理輔導、精神治療、戒癮治療或其他與維護兒童及少年或其他家庭正常功能有關之協助及福利服務方案。

③處遇計畫之實施，兒童及少年本人、父母、監護人、其他實際照顧兒童及少年之人或其他有關之人應予配合。

④第一項之保護個案，其父母、監護人或其他實際照顧之人變更住居所或通訊方式，應告知直轄市、縣（市）主管機關。

⑤直轄市、縣（市）主管機關發現兒童及少年行方不明，經警察機關處理、尋查未果，涉有犯罪嫌疑者，得經司法警察機關報請檢察機關處理。

第六五條 （兒童及少年長期輔導計畫）

①依本法安置兩年以上之兒童及少年，經直轄市、縣（市）主管機關評估其家庭功能不全或無法返家者，應提出長期輔導計畫。

②前項長期輔導計畫得委託兒童及少年福利機構或團體為之。

第六六條 （個案資料之建立及定期追蹤評估）

①依本法保護、安置、訪視、調查、評估、輔導、處遇兒童及少年或其家庭，應建立個案資料，並定期追蹤評估。

②因職務上所知悉之秘密或隱私及所製作或持有之文書，應予保密，非有正當理由，不得洩漏或公開。

第六七條　（福利服務）

①直轄市、縣（市）主管機關對於依少年事件處理法以少年保護事件、少年刑事案件處理之兒童、少年及其家庭，應持續提供必要之福利服務。

②前項福利服務，得委託兒童及少年福利機構或團體為之。

第六八條　（追蹤輔導）

①直轄市、縣（市）主管機關對於依少年事件處理法交付安置輔導或感化教育結束、停止或免除，或經交付轉介輔導之兒童、少年及其家庭，應予追蹤輔導至少一年。

②前項追蹤輔導，得委託兒童及少年福利機構或團體為之。

第六九條　（不得揭露足以識別兒童及少年姓名身分之資訊）

①宣傳品、出版品、廣播、電視、網際網路或其他媒體對下列兒童及少年不得報導或記載其姓名或其他足以識別身分之資訊：

一　遭受第四十九條或第五十六條第一項各款行為。

二　施用毒品、非法施用管制藥品或其他有害身心健康之物質。

三　為否認子女之訴、收養事件、親權行使、負擔事件或監護權之選定、酌定、改定事件之當事人或關係人。

四　為刑事案件、少年保護事件之當事人或被害人。

②行政機關及司法機關所製作必須公開之文書，除前項第三款或其他法律特別規定之情形外，亦不得揭露足以識別前項兒童及少年身分之資訊。

③除前二項以外之任何人亦不得於媒體、資訊或以其他公示方式揭示有關第一項兒童及少年之姓名及其他足以識別身分之資訊。

④第一、二項如係為增進兒童及少年福利或維護公共利益，且經行政機關邀集相關機關、兒童及少年福利團體與報業商業同業公會代表共同審議後，認為有公開之必要，不在此限。

第七〇條　（主管機關得進行訪視、調查及處遇）108

①直轄市、縣（市）主管機關就本法規定事項，必要時，得自行或委託兒童及少年福利機構、團體或其他適當之專業人員進行訪視、調查及處遇。

②直轄市、縣（市）主管機關、受其委託之機構、團體或專業人員進行訪視、調查及處遇時，兒童及少年之父母、監護人、其他實際照顧兒童及少年之人、師長、雇主、醫事人員及其他有關之人應予配合，並提供相關資料；該直轄市、縣（市）主管機關得請求警察、戶政、財政、教育或其他相關機關（構）協助，被請求之機關（構）應予配合。

③為辦理各項兒童及少年保護、補助與扶助業務所需之必要資料，主管機關得洽請相關機關（構）、團體、法人或個人提供之，受請求者有配合提供資訊之義務。

④主管機關依前二項規定所取得之資料，應盡善良管理人之注意義

務，確實辦理資訊安全稽核作業，其保有、處理及利用，並應遵循個人資料保護法之規定。

第七〇條之一 （主管機關進行訪視、調查及處遇遭拒絕，得請求即時強制進入或其他處置）108

①直轄市、縣（市）主管機關或受其委託之機構、團體、專業人員，進行前條訪視、調查及處遇遭拒絕，合理懷疑兒童及少年有危險、危險之虞或有客觀事實認有必要者，直轄市、縣（市）主管機關得請求警察機關對於住宅、建築物或其他處所為即時強制進入或為其他必要處置。

②警察機關得依前項請求派員執行即時強制進入，執行時應主動出示身分證件，並得詢問關係人。

第七一條 （停止親權或監護權、終止收養關係）

①父母或監護人對兒童及少年疏於保護、照顧情節嚴重，或有第四十九條、第五十六條第一項各款行為，或未禁止兒童及少年施用毒品、非法施用管制藥品者，兒童及少年或其最近尊親屬、直轄市、縣（市）主管機關、兒童及少年福利機構或其他利害關係人，得請求法院宣告停止其親權或監護權之全部或一部，或得另行聲請選定或改定監護人；對於養父母，並得請求法院宣告終止其收養關係。

②法院依前項規定選定或改定監護人時，得指定直轄市、縣（市）主管機關、兒童及少年福利機構之負責人或其他適當之人為兒童及少年之監護人，並得指定監護方法、命其父母、原監護人或其他扶養義務人交付子女、支付選定或改定監護人相當之扶養費用及報酬、命為其他必要處分或訂定必要事項。

③前項裁定，得為執行名義。

第七二條 （兒童及少年之財產管理及信託）

①有事實足以認定兒童及少年之財產權益有遭受侵害之虞者，直轄市、縣（市）主管機關得請求法院就兒童及少年財產之管理、使用、收益或處分，指定或改定社政主管機關或其他適當之人任監護人或指定監護之方法，並得指定或改定受託人管理財產之全部或一部，或命監護人代理兒童及少年設立信託管理之。

②前項裁定確定前，直轄市、縣（市）主管機關得代為保管兒童及少年之財產。

③第一項之財產管理及信託規定，由直轄市、縣（市）主管機關定之。

第七三條 （轉銜及復學教育計畫）

①高級中等以下學校對依少年事件處理法交付安置輔導或施以感化教育之兒童及少年，應依法令配合福利、教養機構或感化教育機構，執行轉銜及復學教育計畫，以保障其受教權。

②前項轉銜及復學作業之對象、程序、違反規定之處理及其他應遵循事項之辦法，由中央教育主管機關會同法務主管機關定之。

第七四條 （整合各主管機關提供之相關服務與措施）

　　法務主管機關應針對矯正階段之兒童及少年，依其意願，整合各主管機關提供就學輔導、職業訓練、就業服務或其他相關服務與措施，以協助其回歸家庭及社區。

第五章　福利機構

第七五條 （兒童及少年福利機構）

①兒童及少年福利機構分類如下：

一　托嬰中心。

二　早期療育機構。

三　安置及教養機構。

四　心理輔導或家庭諮詢機構。

五　其他兒童及少年福利機構。

②前項兒童及少年福利機構之規模、面積、設施、人員配置及業務範圍等事項之標準，由中央主管機關定之。

③第一項兒童及少年福利機構，各級主管機關應鼓勵、委託民間或自行創辦；其所屬公立兒童及少年福利機構之業務，必要時，並得委託民間辦理。

④直轄市、縣（市）主管機關為辦理托嬰中心托育服務之輔導及管理事項，應自行或委託相關專業之機構、團體辦理。

第七五條之一 （提供國有不動產出租方式及其租金基準）108

　　直轄市、縣（市）主管機關為配合國家政策，委託非營利性質法人辦理托嬰中心、早期療育機構、安置及教養機構需用國有土地或建築物者，得由國有財產管理機關以出租方式提供使用；其租金基準，按該土地及建築物當期依法應繳納之地價稅及房屋稅計收年租金。

第七六條 （兒童課後照顧服務）108

①第二十三條第一項第十二款所稱兒童課後照顧服務，指招收國民小學階段學童，於學校上課以外時間，所提供之照顧服務。

②前項兒童課後照顧服務，得由各該教育主管機關指定國民小學辦理兒童課後照顧服務班，或由鄉（鎮、市、區）公所、私人、團體申請設立兒童課後照顧服務中心辦理之。

③前項兒童課後照顧服務班與兒童課後照顧服務中心之申請、設立、收費項目、用途與基準、管理、設施設備、改制、人員資格與不適任之認定、通報、資訊蒐集、查詢、處理、利用及其他應遵行事項之辦法，由中央教育主管機關定之。

④直轄市、縣（市）主管機關為辦理兒童課後照顧服務班及中心，應召開審議會，由機關首長或指定之代理人為召集人，成員應包含機關代表、教育學者專家、家長團體代表、婦女團體代表、公益教保團體代表、勞工團體代表與兒童及少年福利團體代表等。

第七七條 （兒童之團體保險）

①托嬰中心應為其收托之兒童辦理團體保險。

②前項團體保險，其範圍、金額、繳費方式、期程、給付標準、權利與義務、辦理方式及其他相關事項之辦法，由直轄市、縣（市）主管機關定之。

第七七條之一 （托嬰中心裝設監視錄影設備）108

①托嬰中心應裝設監視錄影設備。

②前項監視錄影設備之設置、管理與攝錄影音資料之處理、利用、查閱、保存方式與期限及其他相關事項之辦法，由中央主管機關定之。

第七八條 （遴用專業人員辦理業務）

兒童及少年福利機構之業務，應遴用專業人員辦理；其專業人員之類別、資格、訓練及課程等之辦法，由中央主管機關定之。

第七九條 （免徵規費）

依本法規定發給設立許可證書，免徵規費。

第八○條 （社會工作人員或專任輔導人員之設置）

①直轄市、縣（市）教育主管機關應設置社會工作人員或專任輔導人員執行本法相關業務。

②前項人員之資格、設置、實施辦法，由中央教育主管機關定之。

第八一條 （兒童及少年福利機構負責人或工作人員之消極資格）108

①有下列情事之一者，不得擔任兒童及少年福利機構之負責人或工作人員：

一 曾犯性侵害犯罪防治法第二條第一項之罪、性騷擾防治法第二十五條之罪、兒童及少年性交易防制條例之罪、兒童及少年性剝削防制條例之罪，經緩起訴處分或有罪判決確定。但未滿十八歲之人，犯刑法第二百二十七條之罪者，不在此限。

二 有第四十九條第一項各款所定行為之一，經有關機關查證屬實。

三 有客觀事實認有傷害兒童少年之虞，經主管機關認定不能執行職務。

四 有客觀事實認有性侵害、性騷擾、性霸凌行為，經有關機關（構）、學校查證屬實。

②有前項第二款或第四款之行為，不得擔任負責人或工作人員之期間，由主管機關審酌情節嚴重程度認定。

③第一項第三款之認定，應由主管機關邀請相關專科醫師、兒童少年福利及其他相關學者專家組成小組為之。

④第一項第三款原因消失後，仍得依本法規定擔任兒童及少年福利機構之負責人或工作人員。

⑤主管機關應主動查證兒童及少年福利機構負責人是否有第一項各款情事；兒童及少年福利機構聘僱工作人員之前，亦應主動查詢，受請求查詢機關應協助查復。

⑥兒童及少年福利機構聘僱工作人員前，應檢具相關名冊、資格證

明文件影本、切結書、健康檢查表影本、最近三個月內核發之警察刑事紀錄證明書及其他基本資料，報主管機關核定。主管機關應主動查證並得派員檢查；人員異動時，亦同。

⑦現職工作人員有第一項各款情事之一者，兒童及少年福利機構應即停止其職務，並得予以調職、資遣、令其退休或終止勞動契約。

⑧為辦理兒童及少年福利機構第一項各款不適任資格之認定、資訊蒐集、處理、利用、查詢及其他相關事項之辦法，由中央主管機關定之。

第八一條之一 （兒童課後照顧服務班及中心之負責人或工作人員之消極資格）108

①有下列情事之一者，不得擔任兒童課後照顧服務班及中心之負責人或工作人員：

一 曾犯性侵害犯罪防治法第二條第一項之罪、性騷擾防治法第二十五條之罪、兒童及少年性交易防制條例之罪、兒童及少年性剝削防制條例之罪，經緩起訴處分或有罪判決確定。但未滿十八歲之人，犯刑法第二百二十七條之罪者，不在此限。

二 有性侵害行為，或有情節重大之性騷擾、性霸凌、第四十九條第一項各款所定行為之一，經教育主管機關查證屬實。

三 有非屬情節重大之性騷擾、性霸凌、第四十九條第一項各款所定行為之一，教育主管機關認定有必要予以解聘或解僱，並審酌案件情節，認定一年至四年不得聘用或僱用。

四 有客觀事實認有傷害兒童少年之虞，經教育主管機關認定不能執行職務。

②兒童課後照顧服務中心之負責人有前項各款情事之一者，教育主管機關應廢止其設立許可。

③第一項第四款之認定，應由教育主管機關邀請相關專科醫師、兒童少年福利及其他相關學者專家組成小組為之。

④第一項第四款原因消失後，仍得依本法規定擔任兒童課後照顧服務班及中心之負責人或工作人員。

⑤教育主管機關應主動查證兒童課後照顧服務班及中心負責人是否有第一項各款情事；兒童課後照顧服務班及中心聘僱工作人員之前，亦應主動查詢，受請求查詢機關應協助查復。

⑥兒童課後照顧服務班及中心聘僱工作人員前，應檢具名冊，並檢附資格證明文件影本、切結書、健康檢查表影本、最近三個月內核發之警察刑事紀錄證明書及其他相關文件，報教育主管機關核准；教育主管機關應主動查證並得派員檢查；人員異動時，亦同。但現職教師兼任之工作人員，得免附相關文件。

⑦現職工作人員有第一項各款情事之一者，兒童課後照顧服務班及中心應即停止其職務，並得予以調職、資遣、令其退休或終止勞動契約。

⑧兒童課後照顧服務班及中心辦理第一項各款不適任資格之認定、通報、資訊蒐集、任職前與任職期間之查詢、處理、利用及其他相關事項之辦法，由中央教育主管機關定之。

第八二條　（申請設立兒童及少年福利機構）

①私人或團體辦理兒童及少年福利機構，以向當地主管機關申請設立許可者爲限；其有對外勸募行爲或享受租稅減免者，應於設立許可之日起六個月內辦理財團法人登記。

②未於前項期間辦理財團法人登記，而有正當理由者，得申請核准延長一次，期間不得超過三個月；屆期不辦理者，原許可失其效力。

③第一項申請設立許可之要件、程序、審核期限、撤銷與廢止許可、督導管理、停業、歇業、復業及其他應遵行事項之辦法，由中央主管機關定之。

第八三條　（兒童及少年福利機構或課後照顧服務中心之限制）

兒童及少年福利機構或兒童課後照顧服務班及中心，不得有下列情形之一：

一　虐待或妨害兒童及少年身心健康。

二　供給不衛生之餐飲，經衛生主管機關查明屬實。

三　提供不安全之設施或設備，經目的事業主管機關查明屬實。

四　發現兒童及少年受虐事實，未向直轄市、縣（市）主管機關通報。

五　違反法令或捐助章程。

六　業務經營方針與設立目的不符。

七　財務收支未取具合法之憑證、捐款未公開徵信或會計紀錄未完備。

八　規避、妨礙或拒絕主管機關或目的事業主管機關輔導、檢查、監督。

九　對各項工作業務報告申報不實。

十　擴充、遷移、停業、歇業、復業未依規定辦理。

十一　有其他情事，足以影響兒童及少年身心健康。

第八四條　（兒童及少年福利機構不得利用其事業爲不當之宣傳）

①兒童及少年福利機構不得利用其事業爲任何不當之宣傳；其接受捐贈者，應公開徵信，並不得利用捐贈爲設立目的以外之行爲。

②主管機關應辦理輔導、監督、檢查、獎勵及定期評鑑兒童及少年福利機構並公布評鑑報告及結果。

③前項評鑑對象、項目、方式及獎勵方式等辦法，由主管機關定之。

第八五條　（協助安置）

兒童及少年福利機構停辦、停業、歇業、解散、經撤銷或廢止許可時，對於其收容之兒童及少年應即予適當之安置；其未能予以

適當安置者，設立許可主管機關應協助安置，該機構應予配合。

第六章 罰 則

第八六條 （罰則）

接生人違反第十四條第一項規定者，由衛生主管機關處新臺幣六千元以上三萬元以下罰鍰。

第八七條 （罰則）

違反第十五條第一項規定，未經許可從事收出養媒合服務者，由主管機關處新臺幣六萬元以上三十萬元以下罰鍰，並公布其姓名或名稱。

第八八條 （罰則）104

①收出養媒合服務者違反依第十五條第四項所定辦法中有關業務檢查與管理、停業、歇業、復業之規定者，由許可主管機關通知限期改善，屆期未改善者，處新臺幣三萬元以上十五萬元以下罰鍰，並得按次處罰；情節嚴重者，得命其停辦一個月以上一年以下，並公布其名稱或姓名。

②依前項規定命其停辦，拒不遵從或停辦期限屆滿未改善者，許可主管機關應廢止其許可。

第八九條 （罰則）108

違反第二十一條第三項、第五十三條第五項、第五十四條第五項、第六十六條第二項或第六十九條第三項而無正當理由者，處新臺幣二萬元以上十萬元以下罰鍰。

第九〇條 （罰則）108

①違反第二十六條第一項規定未辦理居家式托育服務登記者，處新臺幣六千元以上三萬元以下罰鍰，並命其限期改善。屆期未改善者，處新臺幣六千元以上三萬元以下罰鍰，並命其於一個月內將收托兒童予以轉介，未能轉介時，由直轄市、縣（市）主管機關協助轉介。

②前項限期改善期間，直轄市、縣（市）主管機關應即通知家長，並協助居家式托育服務提供者，依家長意願轉介，且加強訪視輔導。

③拒不配合第一項轉介之命令者，處新臺幣六千元以上三萬元以下罰鍰，直轄市、縣（市）主管機關並應強制轉介其收托之兒童。

④第一項限期改善期間，居家式托育服務提供者不得增加收托兒童。違反者，處新臺幣六千元以上三萬元以下罰鍰，並得按次處罰；直轄市、縣（市）主管機關並應強制轉介其收托之兒童。

⑤違反第二十六條第四項規定，或依第五項所定辦法有關托人數、登記或輔導結果列入應改善而屆期未改善之規定者，處新臺幣六千元以上三萬元以下罰鍰，並得按次處罰，其情節重大或經處罰三次後仍未改善者，得廢止其登記。

⑥經依前項廢止登記者，自廢止之日起，一年內不得辦理登記為居家式托育服務提供者。

⑦違反第二十六條之一第四項規定，不依直轄市、縣（市）主管機關之命令停止服務者，處新臺幣六萬元以上三十萬元以下罰鍰，並得公布其姓名。

第九○條之一 （罰則）107

①違反第二十九條第三項所定辦法規定而有下列各款情形之一者，由教育主管機關處公私立學校校長、短期補習班或兒童課後照顧服務中心負責人新臺幣六千元以上三萬元以下罰鍰，並命其限期改善，屆期未改善者，得按次處罰：
一 以未經核准或備查之車輛載運學生。
二 載運人數超過汽車行車執照核定數額。
三 未依學生交通車規定載運學生。
四 未配置符合資格之隨車人員隨車照護學生。

②違反第三十三條第三項及第四項規定適用範圍及一定年齡者，各目的事業主管機關得處新臺幣六千元以上三萬元以下罰鍰，並命其限期改善，屆期未改善者，得按次處罰。

第九○條之二 （罰則）104

①違反第三十三條之一規定者，由直轄市、縣（市）交通主管機關命其限期改善，屆期未改善者，處所有權人或管理機關負責人新臺幣一萬元以上五萬元以下罰鍰，並得按次處罰至其改善完成為止。

②違反第三十三條之二第二項規定未改善、未提具替代改善計畫或未依核定改善計畫之期限改善完成者，由直轄市、縣（市）建築主管機關處所有權人或管理機關負責人新臺幣一萬元以上五萬元以下罰鍰，並命其限期改善；屆期未改善者，得按次處罰至其改善完成為止。

③第一項規定自中華民國一百零四年十一月二十七日修正之條文公布後三年施行；前項規定自中華民國一百零四年十一月二十七日修正之條文公布後五年施行。

第九一條 （罰則）108

①父母、監護人或其他實際照顧兒童及少年之人，違反第四十三條第二項規定，情節嚴重者，處新臺幣一萬元以上五萬元以下罰鍰。

②販賣、交付或供應酒或檳榔予兒童及少年者，處新臺幣一萬元以上十萬元以下罰鍰。

③販賣、交付或供應毒品、非法供應管制藥品或其他有害身心健康之物質予兒童及少年者，處新臺幣六萬元以上三十萬元以下罰鍰。

④販賣、交付或供應有關暴力、血腥、色情或猥褻出版品、圖畫、錄影節目帶、影片、光碟、電子訊號、遊戲軟體或其他物品予兒童及少年者，處新臺幣二萬元以上十萬元以下罰鍰。

⑤違反第四十三條第四項規定者，除新聞紙依第四十五條及第九十三條規定辦理外，處新臺幣五萬元以上二十五萬元以下罰

鍰，並公布其姓名或名稱及命其限期改善；屆期未改善者，得按次處罰；情節嚴重者，並得由主管機關移目的事業主管機關勒令停業一個月以上一年以下。

第九二條（罰則）104

①新聞紙以外之出版品、錄影節目帶、遊戲軟體或其他經主管機關認定有影響兒童及少年身心健康之虞應予分級之物品，其有分級管理義務之人有下列情形之一者，處新臺幣五萬元以上二十五萬元以下罰鍰，並命其限期改善，屆期未改善者，得按次處罰：

一　違反第四十四條第一項規定，未予分級。

二　違反依第四十四條第三項所定辦法中有關分級類別或內容之規定。

②前項有分級管理義務之人違反依第四十四條第三項所定辦法中有關標示之規定者，處新臺幣三萬元以上十五萬元以下罰鍰，並命其限期改善，屆期未改善者，得按次處罰。

③違反第四十四條第二項規定者，處新臺幣一萬元以上五萬元以下罰鍰，並公布其姓名或名稱及命其限期改善；屆期未改善者，得按次處罰。

第九三條（罰則）

新聞紙業者未依第四十五條第三項規定履行處置者，處新臺幣三萬元以上十五萬元以下罰鍰，並限期命其履行；屆期仍不履行者，得按次處罰至履行為止。經主管機關依第四十五條第四項規定認定者，亦同。

第九四條（罰則）104

①網際網路平臺提供者違反第四十六條第三項規定，未為限制兒童及少年接取、瀏覽之措施或先行移除者，由各目的事業主管機關處新臺幣六萬元以上三十萬元以下罰鍰，並命其限期改善，屆期未改善者，得按次處罰。

②違反第四十六條之一規定者，處新臺幣十萬元以上五十萬元以下罰鍰，並公布其姓名或名稱及命其限期改善；屆期未改善者，得按次處罰；情節嚴重者，並得勒令停業一個月以上一年以下。

第九五條（罰則）

①父母、監護人或其他實際照顧兒童及少年之人，違反第四十七條第二項規定者，處新臺幣一萬元以上五萬元以下罰鍰。

②場所負責人或從業人員違反第四十七條第三項規定者，處新臺幣二萬元以上十萬元以下罰鍰，並公布場所負責人姓名。

第九六條（罰則）

①父母、監護人或其他實際照顧兒童及少年之人，違反第四十八條第一項規定者，處新臺幣二萬元以上十萬元以下罰鍰，並公布其姓名。

②違反第四十八條第二項規定者，處新臺幣六萬元以上三十萬元以下罰鍰，公布行為人及場所負責人之姓名，並命其限期改善；屆期未改善者，除情節嚴重，由主管機關請目的事業主管機關命

其歇業者外，命其停業一個月以上一年以下。

第九七條　（違反對兒童及少年特定行為禁止之罰則）108

違反第四十九條第一項各款規定之一者，處新臺幣六萬元以上六十萬元以下罰鍰，並得公布其姓名或名稱。

第九八條　（罰則）

違反第五十條第二項規定者，處新臺幣一萬元以上五萬元以下罰鍰。

第九九條

父母、監護人或其他實際照顧兒童及少年之人違反第五十一條規定者，處新臺幣三千元以上一萬五千元以下罰鍰。

第一○○條　（違反執行職務人員應立即通報之罰則）108

醫事人員、社會工作人員、教育人員、保育人員、教保服務人員、警察、司法人員、移民業務人員、戶政人員、村（里）幹事或其他執行兒童及少年福利業務人員，違反第五十三條第一項通報規定而無正當理由者，處新臺幣六千元以上六萬元以下罰鍰。

第一○一條　（刪除）104

第一○二條　（罰則）104

①父母、監護人或實際照顧兒童及少年之人有下列情形者，主管機關應命其接受四小時以上五十小時以下之親職教育輔導：

一　未禁止兒童及少年為第四十三條第一項第二款行為者。

二　違反第四十七條第二項規定者。

三　違反第四十八條第一項規定者。

四　違反第四十九條各款規定之一者。

五　違反第五十一條規定者。

六　使兒童及少年有第五十六條第一項各款情形之一者。

②依前項規定接受親職教育輔導，如有正當理由無法如期參加，得申請延期。

③不接受親職教育輔導或拒不完成其時數者，處新臺幣三千元以上三萬元以下罰鍰；經再通知仍不接受者，得按次處罰至其參加為止。

④依限完成親職教育輔導者，免依第九十一條第一項、第九十五條第一項、第九十六條第一項、第九十七條及第九十九條處以罰鍰。

第一○三條　（罰則）104

①廣播、電視事業違反第六十九條第一項規定，由目的事業主管機關處新臺幣三萬元以上十五萬元以下罰鍰，並命其限期改正；屆期未改正者，得按次處罰。

②宣傳品、出版品、網際網路或其他媒體違反第六十九條第一項規定，由目的事業主管機關處負責人新臺幣三萬元以上十五萬元以下罰鍰，並得沒入第六十九條第一項規定之物品、命其限期移除內容、下架或其他必要之處置；屆期不履行者，得按次處罰至履行為止。

③前二項經第六十九條第四項審議後，認為有公開之必要者，不罰。

④宣傳品、出版品、網際網路或其他媒體無負責人或負責人對行為人之行為不具監督關係者，第二項所定之罰鍰，處罰行為人。

⑤本法中華民國一百零四年一月二十三日修正施行前，宣傳品、出版品、廣播、電視、網際網路或其他媒體之負責人違反第六十九條第一項規定者，依修正前第一項罰鍰規定，處罰該負責人。無負責人或負責人對行為人之行為不具監督關係者，處罰行為人。

第一○四條　（罰則）

兒童及少年之父母、監護人、其他實際照顧兒童及少年之人、師長、雇主、醫事人員或其他有關之人違反第七十條第二項規定而無正當理由者，處新臺幣六千元以上三萬元以下罰鍰，並得按次處罰至其配合或提供相關資料為止。

第一○五條　（罰則）

①違反第七十六條或第八十二條第一項前段規定，未申請設立許可而辦理兒童及少年福利機構或兒童課後照顧服務班及中心者，由當地主管機關或教育主管機關處新臺幣六萬元以上三十萬元以下罰鍰及公布其姓名或名稱，並命其限期改善。

②於前項限期改善期間，不得增加收托安置兒童及少年，違者處其負責人新臺幣六萬元以上三十萬元以下罰鍰，並得按次處罰。

③經依第一項規定限期命其改善，屆期未改善者，再處其負責人新臺幣十萬元以上五十萬元以下罰鍰，並命於一個月內對於其收托之兒童及少年予以轉介安置；其無法辦理時，由當地主管機關協助之，負責人應予配合。不予配合者，強制實施之，並處新臺幣六萬元以上三十萬元以下罰鍰。

第一○五條之一　（罰則）108

兒童及少年福利機構違反第八十一條第五項或第七項規定者，由設立許可機關處新臺幣五萬元以上二十五萬元以下罰鍰，並命其限期改善，屆期未改善者，得按次處罰；必要時並命其停辦或廢止其設立許可。

第一○五條之二　（罰則）108

兒童課後照顧服務班及中心違反第八十一條之一第五項至第七項規定者，由教育主管機關處負責人新臺幣五萬元以上二十五萬元以下罰鍰，並命其限期改善，屆期未改善者，得按次處罰；必要時並命其停辦或廢止其設立許可。

第一○六條　（罰則）

兒童及少年福利機構違反第八十二條第一項後段規定者，經設立許可主管機關命其立即停止對外勸募之行為而不遵命者，由設立許可主管機關處新臺幣六萬元以上三十萬元以下罰鍰，並得按次處罰且公布其名稱；情節嚴重者，並得命其停辦一個月以上一年以下。

第一○七條 （罰則）

① 兒童及少年福利機構或兒童課後照顧服務班及中心違反第八十三條第一款至第四款規定情形之一者，由設立許可主管機關處新臺幣六萬元以上三十萬元以下罰鍰，並命其限期改善，屆期未改善者，得按次處罰；情節嚴重者，得命其停辦一個月以上一年以下並公布其名稱。

② 未經許可從事兒童及少年福利機構或兒童課後照顧服務班及中心業務，經當地主管機關或教育主管機關依第一百零五條第一項規定命其限期改善，限期改善期間，有第八十三條第一款至第四款規定情形之一者，由當地主管機關或教育主管機關依前項規定辦理。

第一○八條 （罰則）108

① 兒童及少年福利機構或兒童課後照顧服務班及中心違反第八十三條第五款至第十一款規定之一者，或依第八十四條第三項所定辦法評鑑為丙等或丁等者，經設立許可主管機關命其限期改善，屆期未改善者，處新臺幣三萬元以上三十萬元以下罰鍰，並得按次處罰；情節嚴重者，得命其停辦一個月以上一年以下，並公布其名稱。

② 依前二條及前項規定命其停辦，拒不遵從或停辦期限屆滿未改善者，設立許可主管機關應廢止其設立許可。

第一○九條 （罰則）

兒童及少年福利機構違反第八十五條規定，不予配合設立許可主管機關安置者，由設立許可主管機關處新臺幣六萬元以上三十萬元以下罰鍰，並強制實施之。

第七章 附 則

第一一○條 （緊急安置保護措施準用規定）

十八歲以上未滿二十歲之人，於緊急安置等保護措施，準用本法之規定。

第一一一條 （兒童及少年無法返家或自立生活者之安置期限）

直轄市、縣（市）主管機關依本法委託安置之兒童及少年，年滿十八歲，經評估無法返家或自立生活者，得繼續安置至年滿二十歲；其已就讀大專校院者，得安置至畢業為止。

第一一二條 （教唆、幫助或利用兒童及少年犯罪者加重其刑）

① 成年人教唆、幫助或利用兒童及少年犯罪或與之共同實施犯罪或故意對其犯罪者，加重其刑至二分之一。但各該罪就被害人係兒童及少年已定有特別處罰規定者，從其規定。

② 對於兒童及少年犯罪者，主管機關得獨立告訴。

第一一二條之一 （保護管束期間內應遵守事項）108

① 成年人故意對兒童及少年犯兒童及少年性剝削防制條例、刑法妨害性自主罪章、殺人罪章及傷害罪章之罪而受緩刑宣告者，在緩刑期內應付保護管束。

②法院為前項宣告時，得委託專業人員、團體、機構評估，除顯無必要者外，應命被告於付保護管束期間內，遵守下列一款或數款事項：

一 禁止對兒童及少年實施特定不法侵害之行為。

二 完成加害人處遇計畫。

三 其他保護被害人之事項。

③犯第一項罪之受刑人經假釋出獄付保護管束者，準用前項規定。

④中央衛生主管機關應會同法務主管機關訂定加害人處遇計畫規範，其內容包括下列各款：

一 對加害人實施之認知教育輔導、心理輔導、精神治療、戒癮治療或其他輔導、治療。

二 處遇計畫之評估標準。

三 司法機關及加害人處遇計畫之執行機關（構）間之連繫及評估制度。

四 執行機關（構）之資格。

⑤加害人同時為受保護管束人者，執行保護管束之檢察機關觀護人應協調直轄市、縣（市）衛生主管機關執行加害人處遇計畫，並督促受保護管束人履行之。

⑥前項加害人經觀護人督促，仍不履行加害人處遇計畫或有不遵守該計畫內容之行為，情節重大者，檢察官得通知原執行監獄典獄長報請法務部撤銷假釋，或向法院聲請撤銷緩刑之宣告。

第一一三條　（以詐欺或不當方法領取費用者之返還）

以詐欺或其他不正當方法領取本法相關補助或獎勵費用者，主管機關應撤銷原處分並以書面限期命其返還，屆期未返還者，移送強制執行；其涉及刑事責任者，移送司法機關辦理。

第一一四條　（兒童及少年保護費用之支付）

扶養義務人不依本法規定支付相關費用者，如為保護兒童及少年之必要，由主管機關就兒童及少年福利經費中先行支付。

第一一五條　（本法修正公布施行後，不符規定者之限期改善）

本法修正施行前已許可立案之兒童福利機構及少年福利機構，於本法修正公布施行後，其設立要件與本法及所授權辦法規定不相符合者，應於中央主管機關公告指定之期限內改善；屆期未改善者，依本法規定處理。

第一一六條　（本法施行前之托育機構申請改制）

①本法施行前經政府核准立案之課後托育中心應自本法施行之日起二年內，向教育主管機關申請改制完成為兒童課後照顧服務班及中心，屆期未申請者，應廢止其設立許可，原許可證書失其效力。

②前項未完成改制之課後托育中心，於本條施行之日起二年內，原核准主管機關依本法修正前法令管理。

③托育機構之托兒所未依幼兒教育及照顧法規定改制為幼兒園前，原核准主管機關依本法修正前法令管理。

第一一七條　（施行細則）

　本法施行細則，由中央主管機關定之。

第一一八條　（施行日）104

　本法除中華民國一百年十一月三十日修正公布之第十五條至第
十七條、第二十九條、第七十六條、第八十七條、第八十八條及
第一百十六條自公布六個月後施行，第二十五條、第二十六條及
第九十條自公布三年後施行外，自公布日施行。

兒童及少年福利與權益保障法修正前後條文對照表

	108年4月24日公布	107年12月14日公布
第十條 （修正）	主管機關應以首長為召集人，邀集兒童及少年福利相關學者或專家、民間相關機構、團體代表、目的事業主管機關代表、兒童及少年代表，協調、研究、審議、諮詢及推動兒童及少年福利政策。 前項兒童及少年福利相關學者、專家、民間相關機構、團體代表、兒童及少年代表不得少於二分之一，單一性別不得少於三分之一。	主管機關應以首長為召集人，邀集兒童及少年福利相關學者或專家、民間相關機構、團體代表及目的事業主管機關代表，協調、研究、審議、諮詢及推動兒童及少年福利政策。 前項兒童及少年福利相關學者、專家及民間相關機構、團體代表不得少於二分之一，單一性別不得少於三分之一。必要時，並得邀請少年代表列席。
第十三條 （修正）	中央衛生主管機關應進行六歲以下兒童死亡原因回溯分析，並定期公布分析結果。 主管機關應每四年對兒童及少年身心發展、社會參與、生活及需求現況進行調查、統計及分析，並公布結果。	主管機關應每四年對兒童及少年身心發展、社會參與、生活及需求現況進行調查、統計及分析，並公布結果。
第四十一條 （修正）	為確保兒童及少年之遊戲及休閒權利，促進其身心健康，除法律另有規定外，高級中等以下學校學生每週學習節數，依中央教育主管機關訂定之課程綱要規定；其課業輔導課程，依各級教育主管機關之	為確保兒童及少年之遊戲及休閒權利，促進其身心健康，除法律另有規定者外，國民小學每週兒童學習節數不得超過教育部訂定之課程綱要規定上限。 中央目的事業主管機關應邀集兒童及少年事務

	108年4月24日公布	107年12月14日公布
	法令規定。 中央教育主管機關應邀集兒童及少年事務領域之專家學者、民間團體代表、兒童及少年代表，參與課程綱要之設計與規劃。	領域之專家學者、民間團體代表參與課程綱要之設計與規劃。
第四十三條 （修正）	兒童及少年不得下列行為： 一、吸菸、飲酒、嚼檳榔。 二、施用毒品、非法施用管制藥品或其他有害身心健康之物質。 三、觀看、閱覽、收聽或使用有害其身心健康之暴力、血腥、色情、猥褻、賭博之出版品、圖畫、錄影節目帶、影片、光碟、磁片、電子訊號、遊戲軟體、網際網路內容或其他物品。 四、在道路上競駛、競技或以蛇行等危險方式駕車或參與其行為。 五、超過合理時間持續使用電子類產品，致有害身心健康。 父母、監護人或其他實際照顧兒童及少年之人，應禁止兒童及少年為前項各款行為。 任何人均不得販賣、交付或供應第一項第一款至第三款之物質、物品予兒童及少年。 任何人均不得對兒童及少年散布或播送第一項第三款之內容或物品。	兒童及少年不得為下列行為： 一、吸菸、飲酒、嚼檳榔。 二、施用毒品、非法施用管制藥品或其他有害身心健康之物質。 三、觀看、閱覽、收聽或使用有害其身心健康之暴力、血腥、色情、猥褻、賭博之出版品、圖畫、錄影節目帶、影片、光碟、磁片、電子訊號、遊戲軟體、網際網路內容或其他物品。 四、在道路上競駛、競技或以蛇行等危險方式駕車或參與其行為。 五、超過合理時間持續使用電子類產品，致有害身心健康。 父母、監護人或其他實際照顧兒童及少年之人，應禁止兒童及少年為前項各款行為。 任何人均不得供應第一項第一款至第三款之物質、物品予兒童及少年。 任何人均不得對兒童及少年散布或播送第一項第三款之內容或物品。

	108年4月24日公布	107年12月14日公布
第四十九條 （修正）	任何人對於兒童及少年不得有下列行為： 一、遺棄。 二、身心虐待。 三、利用兒童及少年從事有害健康等危害性活動或欺騙之行為。 四、利用身心障礙或特殊形體兒童及少年供人參觀。 五、利用兒童及少年行乞。 六、剝奪或妨礙兒童及少年接受國民教育之機會。 七、強迫兒童及少年婚嫁。 八、拐騙、綁架、買賣、質押兒童及少年。 九、強迫、引誘、容留或媒介兒童及少年為猥褻行為或性交。 十、供應兒童及少年刀械、槍砲、彈藥或其他危險物品。 十一、利用兒童及少年拍攝或錄製暴力、血腥、色情、猥褻、性交或其他有害兒童及少年身心健康之出版品、圖畫、錄影節目帶、影片、光碟、磁片、電子訊號、遊戲軟體、網際網路內容或其他物品。 十二、迫使或誘使兒童及少年處於對其生命、身體易發生立即危險或傷	任何人對於兒童及少年不得有下列行為： 一、遺棄。 二、身心虐待。 三、利用兒童及少年從事有害健康等危害性活動或欺騙之行為。 四、利用身心障礙或特殊形體兒童及少年供人參觀。 五、利用兒童及少年行乞。 六、剝奪或妨礙兒童及少年接受國民教育之機會。 七、強迫兒童及少年婚嫁。 八、拐騙、綁架、買賣、質押兒童及少年。 九、強迫、引誘、容留或媒介兒童及少年為猥褻行為或性交。 十、供應兒童及少年刀械、槍砲、彈藥或其他危險物品。 十一、利用兒童及少年拍攝或錄製暴力、血腥、色情、猥褻或其他有害兒童及少年身心健康之出版品、圖畫、錄影節目帶、影片、光碟、磁片、電子訊號、遊戲軟體、網際網路內容或其他物品。 十二、迫使或誘使兒童及少年處於對其生命、身體易發生立即危害之環境。

	108年4月24日公布	107年12月14日公布
	害之環境。 十三、帶領或誘使兒童及少年進入有礙其身心健康之場所。 十四、強迫、引誘、容留或媒介兒童及少年爲自殺行爲。 十五、其他對兒童及少年或利用兒童及少年犯罪或爲不正當之行爲。 前項行爲經直轄市、縣（市）主管機關依第九十七條規定裁罰者，中央主管機關應建立裁罰資料，供政府機關（構）及其他經中央主管機關同意之機構、法人或團體查詢。	十三、帶領或誘使兒童及少年進入有礙其身心健康之場所。 十四、強迫、引誘、容留或媒介兒童及少年爲自殺行爲。 十五、其他對兒童及少年或利用兒童及少年犯罪或爲不正當之行爲。
第五十三條 （修正）	醫事人員、社會工作人員、教育人員、保育人員、教保服務人員、警察、司法人員、移民業務人員、戶政人員、村（里）幹事及其他執行兒童及少年福利業務人員，於執行業務時知悉兒童及少年有下列情形之一者，應立即向直轄市、縣（市）主管機關通報，至遲不得超過二十四小時： 一、施用毒品、非法施用管制藥品或其他有害身心健康之物質。 二、充當第四十七條第一項場所之侍應。 三、遭受第四十九條第一項各款之行爲。 四、有第五十一條之情形。	醫事人員、社會工作人員、教育人員、保育人員、教保服務人員、警察、司法人員、移民業務人員、戶政人員、村（里）幹事及其他執行兒童及少年福利業務人員，於執行業務時知悉兒童及少年有下列情形之一者，應立即向直轄市、縣（市）主管機關通報，至遲不得超過二十四小時： 一、施用毒品、非法施用管制藥品或其他有害身心健康之物質。 二、充當第四十七條第一項場所之侍應。 三、遭受第四十九條各款之行爲。 四、有第五十一條之情形。

	108年4月24日公布	107年12月14日公布
	五、有第五十六條第一項各款之情形。 六、遭受其他傷害之情形。 任何人知悉兒童及少年有前各款之情形者，得通報直轄市、縣（市）主管機關。 直轄市、縣（市）主管機關於知悉或接獲通報前二項案件時，應立即進行分級分類處理，至遲不得超過二十四小時。 直轄市、縣（市）主管機關受理第一項各款案件後，應提出調查報告。 第一項及第二項通報人之身分資料，應予保密。 直轄市、縣（市）主管機關於提出第四項調查報告前，得對兒童及少年進行訪視。訪視顯有困難或兒童及少年行方不明，經警察機關處理、尋查未果，涉有犯罪嫌疑者，得經司法警察機關報請檢察機關處理。 第一項至第四項通報、分級分類處理、調查與其作業期程及其他相關事項之辦法，由中央主管機關定之。	五、有第五十六條第一項各款之情形。 六、遭受其他傷害之情形。 其他任何人知悉兒童及少年有前各款之情形者，得通報直轄市、縣（市）主管機關。 直轄市、縣（市）主管機關於知悉或接獲通報前二項案件時，應立即進行分級分類處理，至遲不得超過二十四小時。 直轄市、縣（市）主管機關受理第一項第五款案件後，應於四日內提出調查報告；受理第一項其他各款案件後，應於三十日內提出調查報告。 第一項及第二項通報人之身分資料，應予保密。 第一項至第四項通報、分級分類處理及調查之辦法，由中央主管機關定之。
第五十四條 （修正）	醫事人員、社會工作人員、教育人員、保育人員、教保服務人員、警察、司法人員、移民業務人員、戶政人員、村（里）幹事、村（里）長、公寓大廈管理服務人員及其他執行兒童	醫事人員、社會工作人員、教育人員、保育人員、教保服務人員、警察、司法人員、移民業務人員、戶政人員、村（里）幹事、村（里）長、公寓大廈管理服務人員及其他執行兒童及

	108年4月24日公布	107年12月14日公布
	少年福利業務人員，於執行業務時知悉六歲以下兒童未依規定辦理出生登記、預防接種或兒童及少年家庭遭遇經濟、教養、婚姻、醫療或其他不利處境，致兒童及少年有未獲適當照顧之虞，應通報直轄市、縣（市）主管機關。直轄市、縣（市）主管機關於接獲前項通報後，應對前項家庭進行訪視評估，並視其需要結合警政、教育、戶政、衛生、財政、金融管理、勞政、移民或其他相關機關提供生活、醫療、就學、托育及其他必要之協助。 中央主管機關為蒐集、處理、利用前條及第一項業務所需之必要資料，得洽請各目的事業主管機關提供之；受請求者有配合提供資訊之義務。 第二項訪視顯有困難或兒童及少年行方不明，經警察機關處理、尋查未果，涉有犯罪嫌疑者，得send司法警察機關報請檢察機關處理。 第一項通報人之身分資料，應予保密。 第一項至第三項通報、協助、資訊蒐集、處理、利用、查詢及其他相關事項之辦法，由中央主管機關定之。	少年福利業務人員，於執行業務時知悉兒童及少年家庭遭遇經濟、教養、婚姻、醫療等問題，致兒童及少年有未獲適當照顧之虞，應通報直轄市、縣（市）主管機關。 直轄市、縣（市）主管機關於接獲前項通報後，應對前項家庭進行訪視評估，並視其需要結合警政、教育、戶政、衛生、財政、金融管理、勞政、移民或其他相關機關提供生活、醫療、就學、托育及其他必要之協助。 前二項通報及協助辦法，由中央主管機關定之。
第五十六條 （修正）	兒童及少年有下列各款情形之一者，直轄市、縣（市）主管機關應予保護、安置或為其他處	兒童及少年有下列各款情形之一，非立即給予保護、安置或為其他處置，其生命、身體或自

	108年4月24日公布	107年12月14日公布
	置；必要時得進行緊急安置： 一、兒童及少年未受適當之養育或照顧。 二、兒童及少年有立即接受醫療之必要，而未就醫。 三、兒童及少年遭受遺棄、身心虐待、買賣、質押，被強迫或引誘從事不正當之行為或工作。 四、兒童及少年遭受其他迫害，非立即安置難以有效保護。 直轄市、縣（市）主管機關疑有前項各款情事之一者，應基於兒童及少年最佳利益，經多元評估後，加強保護、安置、緊急安置或為其他必要之處置。 直轄市、縣（市）主管機關為前二項保護、安置、緊急安置或為其他必要之處置時，得請求檢察官或當地警察機關協助之。 經直轄市、縣（市）主管機關評估第一項各款兒童及少年之生命、身體或自由有立即危險或有危險之虞者，應移送當地司法警察機關報請檢察機關處理。 第一項兒童及少年之安置，直轄市、縣（市）主管機關得辦理家庭寄養，或交付適當之親屬、第三人、兒童及少年福利機構或其他安置機構教養之。	由有立即之危險或有危險之虞者，直轄市、縣（市）主管機關應予緊急保護、安置或為其他必要之處置： 一、兒童及少年未受適當之養育或照顧。 二、兒童及少年有立即接受診治之必要，而未就醫。 三、兒童及少年遭遺棄、身心虐待、買賣、質押，被強迫或引誘從事不正當之行為或工作。 四、兒童及少年遭受其他迫害，非立即安置難以有效保護。 疑有前項各款情事之一，直轄市、縣（市）主管機關應基於兒童及少年最佳利益，經多元評估後加強必要之緊急保護、安置或為其他必要之處置。 直轄市、縣（市）主管機關為前項緊急保護、安置或為其他必要之處置時，得請求檢察官或當地警察機關協助之。 第一項兒童及少年之安置，直轄市、縣（市）主管機關得辦理家庭寄養、交付適當之兒童及少年福利機構或其他安置機構教養之。
第六十二條 （修正）	兒童及少年因家庭發生重大變故，致無法正常	兒童及少年因家庭發生重大變故，致無法正常

	108年4月24日公布	107年12月14日公布
	生活於其家庭者，其父母、監護人、利害關係人或兒童及少年福利機構，得申請直轄市、縣（市）主管機關安置或輔助。 前項安置，直轄市、縣（市）主管機關得辦理家庭寄養、交付適當之兒童及少年福利機構或其他安置機構教養之。 直轄市、縣（市）主管機關、受寄養家庭或機構依第一項規定，在安置兒童及少年之範圍內，行使、負擔父母對於未成年子女之權利義務。 第一項之家庭情況改善者，被安置之兒童及少年仍得返回其家庭，並由直轄市、縣（市）主管機關繼續予追蹤輔導至少一年。 第二項及第五十六條第五項之家庭寄養，其寄養條件、程序與受寄養家庭之資格、許可、督導、考核及獎勵之規定，由直轄市、縣（市）主管機關定之。	生活於其家庭者，其父母、監護人、利害關係人或兒童及少年福利機構，得申請直轄市、縣（市）主管機關安置或輔助。 前項安置，直轄市、縣（市）主管機關得辦理家庭寄養、交付適當之兒童及少年福利機構或其他安置機構教養之。 直轄市、縣（市）主管機關、受寄養家庭或機構依第一項規定，在安置兒童及少年之範圍內，行使、負擔父母對於未成年子女之權利義務。 第一項之家庭情況改善者，被安置之兒童及少年仍得返回其家庭，並由直轄市、縣（市）主管機關繼續予追蹤輔導至少一年。 第二項及第五十六條第四項之家庭寄養，其寄養條件、程序與受寄養家庭之資格、許可、督導、考核及獎勵之規定，由直轄市、縣（市）主管機關定之。
第六十三條 （修正）	直轄市、縣（市）主管機關依第五十六條第五項或前條第二項對兒童及少年為安置時，因受寄養家庭或安置機構提供兒童及少年必要服務所需之生活費、衛生保健費、學雜費、代收代辦費及其他與安置有關之費用，得向扶養義務人收取；其收費規定，由直轄市、縣（市）主管機關定之。	直轄市、縣（市）主管機關依第五十六條第四項或前條第二項對兒童及少年為安置時，因受寄養家庭或安置機構提供兒童及少年必要服務所需之生活費、衛生保健費、學雜費、代收代辦費及其他與安置有關之費用，得向扶養義務人收取；其收費規定，由直轄市、縣（市）主管機關定之。

	108年4月24日公布	107年12月14日公布
第六十四條 （修正）	兒童及少年有第四十九條第一項或第五十六條第一項各款情事，或屬目睹家庭暴力之兒童及少年，經直轄市、縣（市）主管機關列為保護個案者，該主管機關應於三個月內提出兒童及少年家庭處遇計畫；必要時，得委託兒童及少年福利機構或團體辦理。 前項處遇計畫得包括家庭功能評估、兒童及少年安全與安置評估、親職教育、心理輔導、精神治療、戒癮治療或其他與維護兒童及少年或其他家庭正常功能有關之協助及福利服務方案。 處遇計畫之實施，兒童及少年本人、父母、監護人、其他實際照顧兒童及少年之人或其他有關之人應予配合。 第一項之保護個案，其父母、監護人或其他實際照顧之人變更住居所或通訊方式，應告知直轄市、縣（市）主管機關。 直轄市、縣（市）主管機關發現兒童及少年行方不明，經警察機關處理、尋查未果，涉有犯罪嫌疑者，得經司法警察機關報請檢察機關處理。	兒童及少年有第四十九條或第五十六條第一項各款情事，或屬目睹家庭暴力之兒童及少年，經直轄市、縣（市）主管機關列為保護個案者，該主管機關應於三個月內提出兒童及少年家庭處遇計畫；必要時，得委託兒童及少年福利機構或團體辦理。 前項處遇計畫得包括家庭功能評估、兒童及少年安全與安置評估、親職教育、心理輔導、精神治療、戒癮治療或其他與維護兒童及少年或其他家庭正常功能有關之協助及福利服務方案。 處遇計畫之實施，兒童及少年本人、父母、監護人、其他實際照顧兒童及少年之人或其他有關之人應予配合。
第七十條 （修正）	直轄市、縣（市）主管機關就本法規定事項，必要時，得自行或委託兒童及少年福利機構、團體或其他適當之專業	直轄市、縣（市）主管機關就本法規定事項，必要時，得自行或委託兒童及少年福利機構、團體或其他適當之專業

	108年4月24日公布	107年12月14日公布
	人員進行訪視、調查及處遇。 直轄市、縣（市）主管機關、受其委託之機構、團體或專業人員進行訪視、調查及處遇時，兒童及少年之父母、監護人、其他實際照顧兒童及少年之人、師長、雇主、醫事人員及其他有關之人應予配合，並提供相關資料；該直轄市、縣（市）主管機關得請求警政、戶政、財政、教育或其他相關機關（構）協助，受請求之機關（構）應予配合。 為辦理各項兒童及少年保護、補助與扶助業務所需之必要資料，主管機關得洽請相關機關（構）、團體、法人或個人提供之，受請求者有配合提供資訊之義務。 主管機關依前二項規定所取得之資料，應盡善良管理人之注意義務，確實辦理資訊安全稽核作業，其保有、處理及利用，並應遵循個人資料保護法之規定。	人員進行訪視、調查及處遇。 直轄市、縣（市）主管機關、受其委託之機構、團體或專業人員進行訪視、調查及處遇時，兒童及少年之父母、監護人、其他實際照顧兒童及少年之人、師長、雇主、醫事人員及其他有關之人應予配合並提供相關資料；必要時，該直轄市、縣（市）主管機關並得請求警政、戶政、財政、教育或其他相關機關或機構協助，被請求之機關或機構應予配合。 為辦理各項兒童及少年補助與扶助業務所需之必要資料，主管機關得洽請相關機關（構）、團體、法人或個人提供之，受請求者有配合提供資訊之義務。 主管機關依前二項規定所取得之資料，應盡善良管理人之注意義務，確實辦理資訊安全稽核作業，其保有、處理及利用，並應遵循個人資料保護法之規定。
第七十六條 （修正）	第二十三條第一項第十二款所稱兒童課後照顧服務，指招收國民小學階段學童，於學校上課以外時間，所提供之照顧服務。 前項兒童課後照顧服務，得由各該教育主管機關指定國民小學辦理兒童課後照顧服務班，或由鄉（鎮、市、區）	第二十三條第一項第十二款所稱兒童課後照顧服務，指招收國民小學階段學童，於學校上課以外時間，所提供之照顧服務。 前項兒童課後照顧服務，得由各該教育主管機關指定國民小學辦理兒童課後照顧服務班；或由鄉（鎮、市、區）

	108年4月24日公布	107年12月14日公布
	公所、私人、團體申請設立兒童課後照顧服務中心辦理之。 前項兒童課後照顧服務班與兒童課後照顧服務中心之申請、設立、收費項目、用途與基準、管理、設施設備、改制、人員資格與不適任之認定、通報、資訊蒐集、查詢、處理、利用及其他應遵行事項之辦法，由中央教育主管機關定之。 直轄市、縣（市）主管機關為辦理兒童課後照顧服務班及中心，應召開審議會，由機關首長或指定之代理人為召集人，成員應包含機關代表、教育學者專家、家長團體代表、婦女團體代表、公益教保團體代表、勞工團體代表與兒童及少年福利團體代表等。	公所、私人、團體申請設立兒童課後照顧服務中心辦理之。 前項兒童課後照顧服務班與兒童課後照顧服務中心之申請、設立、收費項目、用途與基準、管理、設施設備、改制、人員資格與不適任之通報、資訊蒐集、查詢及其他應遵行事項之辦法，由中央教育主管機關定之。 直轄市、縣（市）主管機關為辦理兒童課後照顧服務班及中心，應召開審議會，由機關首長或指定之代理人為召集人，成員應包含教育學者專家、家長團體代表、婦女團體代表、公益教保團體代表、勞工團體代表與兒童及少年福利團體代表等。
第八十一條 （修正）	有下列情事之一者，不得擔任兒童及少年福利機構之負責人或工作人員： 一、曾犯性侵害犯罪防治法第二條第一項之罪、性騷擾防治法第二十五條之罪、兒童及少年性交易防制條例之罪、兒童及少年性剝削防制條例之罪，經緩起訴處分或有罪判決確定。但未滿十八歲之人，犯刑法第二百二十七條之罪者，不在此限。	有下列情事之一者，不得擔任兒童及少年福利機構或兒童課後照顧服務班及中心之負責人或工作人員： 一、曾犯性侵害犯罪防治法第二條第一項之罪、性騷擾防治法第二十五條之罪、兒童及少年性交易防制條例之罪、兒童及少年性剝削防制條例之罪，經緩起訴處分或有罪判決確定。但未滿十八歲之人，犯刑法第二百二十七條之罪

	108年4月24日公布	107年12月14日公布
	二、有第四十九條第一項各款所定行為之一，經有關機關查證屬實。 三、有客觀事實認有傷害兒童少年之虞，經主管機關認定不能執行職務。 四、有客觀事實認有性侵害、性騷擾、性霸凌行為，經有關機關（構）、學校查證屬實。 有前項第二款或第四款之行為，不得擔任負責人或工作人員之期間，由主管機關審酌情節嚴重程度認定之。 第一項第三款之認定，應由主管機關邀請相關專科醫師、兒童少年福利及其他相關學者專家組成小組為之。 第一項第三款原因消失後，仍得依本法規定擔任兒童及少年福利機構之負責人或工作人員。 主管機關應主動查證兒童及少年福利機構負責人是否有第一項各款情事；兒童及少年福利機構聘僱工作人員之前，亦應主動查詢，受請求查詢機關應協助查復。 兒童及少年福利機構聘僱工作人員前，應檢具相關名冊、資格證明文件影本、切結書、健康檢查表影本、最近三個月內核發之警察刑事紀錄證明書及其他基本資料，報主管機關核准。 主管機關應主動查證並得派員檢查；人員異動時，亦同。	者，不在此限。 二、有第四十九條各款所定行為之一，經有關機關查證屬實。 三、有客觀事實認有傷害兒童少年之虞，經主管機關、教育主管機關認定不能執行職務。 前項第三款之認定，應由主管機關、教育主管機關邀請相關專科醫師、兒童少年福利及其他相關學者專家組成小組為之。 第一項第三款原因消失後，仍得依本法規定擔任兒童及少年福利機構或兒童課後照顧服務班及中心之負責人或工作人員。 主管機關、教育主管機關應主動查證兒童及少年福利機構或兒童課後照顧服務班及中心負責人是否有第一項第一款情事；兒童及少年福利機構或兒童課後照顧服務班及中心聘僱工作人員之前，亦應主動查證。 現職工作人員有第一項各款情事之一者，兒童及少年福利機構或兒童課後照顧服務班及中心應即停止其職務，並依相關規定予以調職、資遣、令其退休或終止勞動契約。

	108年4月24日公布	107年12月14日公布
	現職工作人員有第一項各款情事之一者，兒童及少年福利機構應即停止其職務，並得予以調職、資遣、令其退休或終止勞動契約。 為辦理兒童及少年福利機構第一項各款不適任資格之認定、資訊蒐集、處理、利用、查詢及其他相關事項之辦法，由中央主管機關定之。	
第八十九條 （修正）	違反第二十一條第三項、第五十三條第五項、第五十四條第五項、第六十六條第二項或第六十九條第三項而無正當理由者，處新臺幣二萬元以上十萬元以下罰鍰。	違反第二十一條第三項、第五十三條第五項、第六十六條第二項或第六十九條第三項而無正當理由者，處新臺幣二萬元以上十萬元以下罰鍰。
第九十條 （修正）	違反第二十六條第一項規定未辦理居家式托育服務登記者，處新臺幣六千元以上三萬元以下罰鍰，並命其限期改善。屆期未改善者，處新臺幣六千元以上三萬元以下罰鍰，並命其於一個月內將收托兒童予以轉介，未能轉介時，由直轄市、縣（市）主管機關協助轉介。 前項限期改善期間，直轄市、縣（市）主管機關應即通知家長，並協助居家式托育服務提供者，依家長意願轉介，且加強訪視輔導。 拒不配合第一項轉介之命令者，處新臺幣六千元以上三萬元以下罰鍰，直轄市、縣（市）主管機關並應強制轉介	違反第二十六條第一項規定未辦理居家式托育服務登記者，處新臺幣六千元以上三萬元以下罰鍰，並命其限期改善。屆期未改善者，處新臺幣六千元以上三萬元以下罰鍰，並命其於一個月內將收托兒童予以轉介，未能轉介時，由直轄市、縣（市）主管機關協助轉介。 前項限期改善期間，直轄市、縣（市）主管機關應即通知家長，並協助居家式托育服務提供者，依家長意願轉介，且加強訪視輔導。 拒不配合第一項轉介之命令者，處新臺幣六千元以上三萬元以下罰鍰，直轄市、縣（市）主管機關並應強制轉介

	108年4月24日公布	107年12月14日公布
	其收托之兒童。 第一項限期改善期間，居家式托育服務提供者不得增加收托兒童。違反者，處新臺幣六千元以上三萬元以下罰鍰，並得按次處罰；直轄市、縣（市）主管機關並應強制轉介其收托之兒童。 違反第二十六條第四項規定，或依第五項所定辦法有關收托人數、登記或輔導結果列入應改善而屆期未改善之規定者，處新臺幣六千元以上三萬元以下罰鍰，並得按次處罰，其情節重大或經處罰三次後仍未改善者，得廢止其登記。 經依前項廢止登記者，自廢止之日起，一年內不得辦理登記為居家式托育服務提供者。 違反第二十六條之一第四項規定，不依直轄市、縣（市）主管機關之命令停止服務者，處新臺幣六萬元以上三十萬元以下罰鍰，並得公布其姓名。	其收托之兒童。 第一項限期改善期間，居家式托育服務提供者不得增加收托兒童。違反者，處新臺幣六千元以上三萬元以下罰鍰，並得按次處罰；直轄市、縣（市）主管機關並應強制轉介其收托之兒童。 違反第二十六條第四項規定，或依第五項所定辦法有關收托人數、登記或輔導結果列入應改善而屆期未改善之規定者，處新臺幣六千元以上三萬元以下罰鍰，並得按次處罰，其情節重大或經處罰三次後仍未改善者，得廢止其登記。 經依前項廢止登記者，自廢止之日起，一年內不得辦理登記為居家式托育服務提供者。 違反第二十六條之一第三項規定，不依直轄市、縣（市）主管機關之命令停止服務者，處新臺幣六萬元以上三十萬元以下罰鍰，並得公布其姓名。
第九十一條（修正）	父母、監護人或其他實際照顧兒童及少年之人，違反第四十三條第二項規定，情節嚴重者，處新臺幣一萬元以上五萬元以下罰鍰。 販賣、交付或供應酒或檳榔予兒童及少年者，處新臺幣一萬元以上十萬元以下罰鍰。 販賣、交付或供應毒品、非法供應管制藥品	父母、監護人或其他實際照顧兒童及少年之人，違反第四十三條第二項規定，情節嚴重者，處新臺幣一萬元以上五萬元以下罰鍰。 供應酒或檳榔予兒童及少年者，處新臺幣一萬元以上五萬元以下罰鍰。 供應毒品、非法供應管制藥品或其他有害身心

	108年4月24日公布	107年12月14日公布
	或其他有害身心健康之物質予兒童及少年者，處新臺幣六萬元以上三十萬元以下罰鍰。 販賣、交付或供應有關暴力、血腥、色情或猥褻出版品、圖畫、錄影節目帶、影片、光碟、電子訊號、遊戲軟體或其他物品予兒童及少年者，處新臺幣二萬元以上十萬元以下罰鍰。 違反第四十三條第四項規定者，除新聞紙依第四十五條及第九十三條規定辦理外，處新臺幣五萬元以上二十五萬元以下罰鍰，並公布其姓名或名稱及命其限期改善；屆期未改善者，得按次處罰；情節嚴重者，並得由主管機關移請目的事業主管機關勒令停業一個月以上一年以下。	健康之物質予兒童及少年者，處新臺幣六萬元以上三十萬元以下罰鍰。 供應有關暴力、血腥、色情或猥褻出版品、圖畫、錄影節目帶、影片、光碟、電子訊號、遊戲軟體或其他物品予兒童及少年者，處新臺幣二萬元以上十萬元以下罰鍰。 違反第四十三條第四項規定者，除新聞紙依第四十五條及第九十三條規定辦理外，處新臺幣五萬元以上二十五萬元以下罰鍰，並公布其姓名或名稱及命其限期改善；屆期未改善者，得按次處罰；情節嚴重者，並得由主管機關移請目的事業主管機關勒令停業一個月以上一年以下。
第九十七條 （修正）	違反第四十九條第一項各款規定之一者，處新臺幣六萬元以上六十萬元以下罰鍰，並得公布其姓名或名稱。	違反第四十九條各款規定之一者，處新臺幣六萬元以上三十萬元以下罰鍰，並得公布其姓名或名稱。
第一百條 （修正）	醫事人員、社會工作人員、教育人員、保育人員、教保服務人員、警察、司法人員、移民業務人員、戶政人員、村（里）幹事或其他執行兒童及少年福利業務人員，違反第五十三條第一項通報規定而無正當理由者，處新臺幣六千元以上六萬元以下罰鍰。	醫事人員、社會工作人員、教育人員、保育人員、教保服務人員、警察、司法人員、移民業務人員、戶政人員、村（里）幹事或其他執行兒童及少年福利業務人員，違反第五十三條第一項規定而無正當理由者，處新臺幣六千元以上三萬元以下罰鍰。

	108年4月24日公布	107年12月14日公布
第一百零七條（修正）	兒童及少年福利機構或兒童課後照顧服務班及中心違反第八十三條第一款至第四款規定情形之一者，由設立許可主管機關處新臺幣六萬元以上六十萬元以下罰鍰，並命其限期改善，屆期未改善者，得按次處罰；情節嚴重者，得命其停辦一個月以上一年以下，或停辦並公布其名稱及負責人姓名。未經許可從事兒童及少年福利機構或兒童課後照顧服務班及中心業務，經當地主管機關或教育主管機關依第一百零五條第一項規定命其限期改善，限期改善期間有第八十三條第一款至第四款規定情形之一者，由當地主管機關或教育主管機關依前項規定辦理。	兒童及少年福利機構或兒童課後照顧服務班及中心違反第八十三條第一款至第四款規定情形之一者，由設立許可主管機關處新臺幣六萬元以上三十萬元以下罰鍰，並命其限期改善，屆期未改善者，得按次處罰；情節嚴重者，得命其停辦一個月以上一年以下並公布其名稱。未經許可從事兒童及少年福利機構或兒童課後照顧服務班及中心業務，經當地主管機關或教育主管機關依第一百零五條第一項規定命其限期改善，限期改善期間，有第八十三條第一款至第四款規定情形之一者，由當地主管機關或教育主管機關依前項規定辦理。
第一百零八條（修正）	兒童及少年福利機構或兒童課後照顧服務班及中心違反第八十三條第五款至第十一款規定之一者，或依第八十四條第三項所定辦法評鑑為丙等或丁等者，經設立許可主管機關命其限期改善，屆期未改善者，處新臺幣三萬元以上三十萬元以下罰鍰，並得按次處罰；情節嚴重者，得命其停辦一個月以上一年以下，或公布其名稱。依前二條及前項規定命其停辦，拒不遵從或停辦期限屆滿未改善者，設立許可主管機關應廢止其設立許可。	兒童及少年福利機構或兒童課後照顧服務班及中心違反第八十三條第五款至第十一款規定之一者，經設立許可主管機關命其限期改善，屆期未改善者，處新臺幣三萬元以上十五萬元以下罰鍰，並得按次處罰；情節嚴重者，得命其停辦一個月以上一年以下，並公布其名稱。依前二條及前項規定命其停辦，拒不遵從或停辦期限屆滿未改善者，設立許可主管機關應廢止其設立許可。

兒童及少年福利與權益保障法施行細則

①中華民國93年6月3日內政部令訂定發布全文24條；並自發布日施行。
②中華民國101年7月9日內政部令修正發布名稱及全文25條；並自發布日施行（原名稱：兒童及少年福利法施行細則；新名稱：兒童及少年福利與權益保障法施行細則）。
③中華民國104年3月16日衛生福利部令修正發布第9條條文。
④中華民國104年11月11日衛生福利部令修正發布第6、7、10、12條條文。

第一條

本細則依兒童及少年福利與權益保障法（以下簡稱本法）第一百十七條規定訂定之。

第二條

本法第七條第二項第六款所定警政主管機關之觸法預防，包括執行本法第四十三條及第四十七條兒童及少年禁制行為之查察、勸導及制止；同條第二項第七款所定法務主管機關之觸法預防，包括協調聯繫，調整防制策略，發揮防制兒童及少年犯罪之功能。

第三條

①本法第十一條所定政府應培養兒童及少年福利專業人員，除由高級中等以上學校相關院、所、系、科及學位學程培植外，得委託有關機關、學校、團體選訓。

②本法第十一條所定政府應定期舉行職前訓練及在職訓練，每年至少辦理一次。

第四條

本法第十二條第三款所定依本法所處之罰鍰，應全數供作促進兒童及少年福利業務之經費使用。

第五條

本法第十四條第一項所定七日內，自胎兒出生之翌日起算，並以網路通報日或發信郵戳日為通報日；非以網路通報或郵寄者，以主管機關收受日為通報日。

第六條 104

本法第十七條第二項第一款、第十九條第二項及第二十一條第二項所稱專業人員，指經專門職業及技術人員考試及格之社會工作師、醫師、護理師、臨床心理師、諮商心理師、物理治療師、職能治療師、語言治療師及聽力師等相關專業人員。

第七條 104

本法第二十三條第一項第七款及第十三款所定自立生活，包括下

列事項：

一　培養生涯規劃、生活自理、社交技能及財務管理等適應社會能力。

二　提供職業訓練及就業媒合服務。

三　提供社區覓屋、租屋協助及相關資訊等服務。

第八條

① 本法所稱早期療育，指由社會福利、衛生、教育等專業人員以團隊合作方式，依未滿六歲之發展遲緩兒童及其家庭之個別需求，提供必要之治療、教育、諮詢、轉介、安置與其他服務及照顧。

② 經早期療育後仍不能改善者，輔導其依身心障礙者權益保障法相關規定申請身心障礙鑑定。

第九條 104

① 本法所稱發展遲緩兒童，指在認知發展、生理發展、語言及溝通發展、心理社會發展或生活自理技能等方面，有疑以異常或可預期有發展異常情形，並經衛生主管機關認可之醫院評估確認，發給證明之兒童。

② 發展遲緩兒童再評估之時間，得由專業醫師視個案發展狀況建議之。

第一〇條 104

直轄市、縣（市）主管機關依本法第二十三條第一項第九款、第五十六條第一項或第六十二條第一項規定安置兒童及少年，應循下列順序爲原則：

一　安置於合適之親屬家庭。

二　安置於已登記合格之寄養家庭。

三　收容於經核准立案之兒童及少年安置及教養機構。

四　收容於其他安置機構。

第一一條

① 警察機關、學校或直轄市、縣（市）主管機關發現兒童及少年有本法第四十三條第一項第一款或第三款情形，應予以勸導制止，並酌情通知兒童及少年之父母、監護人或實際照顧之人加強管教。

② 供應本法第四十三條第一項第一款或第三款物品者，對接受供應者是否已滿十八歲有懷疑時，應請其出示身分證明；無身分證明或不出示證明者，應拒絕供應。

第一二條 104

① 本法第四十七條第一項營業場所之負責人應於場所入口明顯處，張貼禁止未滿十八歲之兒童及少年進入之標誌。對顧客之年齡有懷疑時，請其出示身分證明；無身分證明或不出示證明者，應拒絕其進入該場所。

② 經核本法第四十七條第一項之場所於營業前，應檢附營業場所距離幼兒園、國民中小學、高中、職校二百公尺以上之證明文件，向營業場所所在地直轄市、縣（市）商業主管機關辦理登記。

③本法第四十七條第四項所稱之證明文件，指申請營業地點方圓二百公尺內於最近三個月內，經測量技師、建築師、其他具測量或相關專業技師簽證之基（地籍圖）周圍現況實測圖。二百公尺之起算點，以二建築物基地境界線最近二點作直線測量。

第一三條

本法第五十一條所稱需要特別看護之兒童及少年，指罹患疾病、身體受傷或身心障礙不能自理生活者。

第一四條

本法第五十一條所定不適當之人，指下列各款情形之一：

一　無行為能力人。
二　七歲以上未滿十二歲之兒童。
三　有法定傳染病者。
四　身心有嚴重缺陷者。
五　其他有影響受照顧兒童及少年安全之虞者。

第一五條

依本法第六十條第三項規定申請探視，應以書面為之。直轄市、縣（市）主管機關應就會面過程做成紀錄。

第一六條

本法第六十一條第二項所定社會工作人員，包括下列人員：

一　直轄市、縣（市）主管機關編制內或聘僱之社會工作及社會行政人員。
二　受直轄市、縣（市）主管機關委託之社會福利團體、機構之社會工作人員或執業社會工作師。
三　醫療機構之社會工作人員。

第一七條

本法第六十二條第一項所定家庭發生重大變故，致無法正常生活於其家庭者，由居住地主管機關認定之；必要時，得洽商有關機關認定之。

第一八條

①直轄市、縣（市）主管機關對依本法安置之兒童、少年及其家庭，應進行個案調查、諮詢，並提供家庭服務。
②依本法處理兒童及少年個案時，當地主管機關應通知其居住地及戶籍所在地主管機關提供資料；認為有續予救助、輔導或保護兒童及少年之必要者，得移送兒童及少年戶籍所在地之主管機關處理。

第一九條

直轄市、縣（市）主管機關發現接受安置之兒童及少年，與其交付安置之親屬家庭、寄養家庭或機構間發生失調情形者，應協調處理之；其不能適應生活者，應另行安置之。

第二〇條

依本法第六十六條第一項規定建立之個案資料，應記載下列事項：

　一　兒童及少年及其家庭、關係人概況。

　二　個案問題概述。

　三　個案分析及評估。

　四　個案處遇結果評估。

　五　個案訪視調查及追蹤報告。

第二一條

本法第六十九條第一項至第三項所定其他足以識別身分之資訊，包括兒童及少年照片或影像、聲音、住所、親屬姓名或其關係、就讀學校或其班級等個人基本資料。

第二二條

本法第六十九條第二項所稱前項第三款規定之情形，指兒童及少年為該事件之當事人或關係人，依法須向該兒童及少年為公示送達者。

第二三條

兒童及少年福利機構之目的事業，應受各該目的事業主管機關之輔導、監督。

第二四條

主管機關依本法第一百零五條、第一百零七條、第一百零八條規定通知兒童及少年福利機構限期改善時，應要求受處分者提出改善計畫書，並由主管機關會同目的事業主管機關評估其改善情形。

第二五條

本細則自發布日施行。

行政院兒童及少年福利與權益推動小組設置要點

①民國103年1月29日行政院函訂定發布。
②民國103年5月6日行政院函修正發布。
③民國103年11月25日行政院函修正發布。
④民國105年11月2日行政院函修正發布全文8點。
⑤民國108年10月22日行政院函修正。

一 行政院（以下簡稱本院）為推動兒童及少年福利與權益保障政策，特設兒童及少年福利與權益推動小組（以下簡稱本推動小組）。

二 本推動小組任務如下：
  (一)涉及兒童及少年福利與權益保障相關事項，經主管機關協調機制處理後，仍需協調之重大事項處理。
  (二)重要兒童及少年福利與權益保障政策及重大措施，經本院指示之跨部會研商及推動。
  (三)兒童權利公約及其施行法之協調、研究、審議及諮詢並辦理相關事項。
  (四)其他有關重大兒童及少年福利與權益保障之協調及推動事項。

三 本推動小組置委員二十一人至二十七人，其中一人為召集人，由本院政務委員兼任；其餘委員，由本院就下列人員派（聘）兼之：
  (一)司法院代表。
  (二)內政部次長。
  (三)教育部次長。
  (四)法務部次長。
  (五)交通部次長。
  (六)衛生福利部次長。
  (七)勞動部次長。
  (八)原住民族委員會副主任委員。
  (九)國家通訊傳播委員會副主任委員。
  (十)兒童及少年代表三人至五人。
  (十一)專家、學者代表三人至五人。
  (十二)民間團體及機構代表五人至七人。
  本推動小組召開會議，必要時得邀請相關機關代表或其他專業人士、社會團體、兒童及少年代表列席。
  第一項兒童及少年代表、學者、專家、民間團體及機構代表不

得少於委員總數二分之一；任一性別不得少於委員總數三分之一。

四　本推動小組委員任期二年，期滿得續派（聘）兼之；其代表機關出任者，應隨其本職進退，非由機關代表兼任者，得隨同召集人異動改聘之。

本推動小組委員出缺時，得予補派（聘）；其任期至原派（聘）任委員任期屆滿之日為止。

五　本推動小組置執行秘書，由兼任本推動小組委員之衛生福利部次長擔任，承召集人指示，綜理本推動小組有關作業及會議決議執行情形，幕僚作業由衛生福利部負責。

六　本推動小組會議每四個月召開一次；必要時，得召開臨時會議，均由召集人擔任主席；召集人因故不能召集時，得指定委員一人代理之。

由機關代表兼任之委員不克出席會議時，得指派代表出席。

七　本推動小組委員及幕僚人員均為無給職。

八　本推動小組所需經費，由衛生福利部預算支應。

衛生福利部兒童及少年福利與權益推動小組設置要點

①民國92年7月25日內政部函訂定發布全文8點。
②民國101年7月11日內政部函修正發布名稱及全文8點（原名稱：內政部兒童及少年福利促進委員會設置要點）。
③民國102年8月29日衛生福利部函修正發布名稱及全文8點（原名稱：內政部兒童及少年福利與權益促進會設置要點）。
④民國108年9月17日衛生福利部函修正。

一 衛生福利部（以下簡稱本部）為協調、研究、審議、諮詢及推動兒童及少年福利政策事項，特設兒童及少年福利與權益推動小組（以下簡稱本小組）。

二 本小組任務如下：
（一）兒童及少年福利政策之協調、研究、審議、諮詢、推動事項。
（二）兒童及少年福利業務發展、保護工作之整合規劃事項。
（三）其他兒童及少年福利之促進事項。

三 本小組置委員二十七人至二十九人，其中一人為召集人，由本部部長兼任；一人為副召集人，由本部次長兼任；其餘委員由本部部長就各目的事業主管機關、兒童及少年福利學者或專家、民間相關機構、團體代表及兒童及少年代表聘請之，其中學者、專家、民間相關機構、團體代表及兒童及少年代表不得少於委員人數二分之一，任一性別比率不得少於百分之四十。

四 本小組置執行秘書一人，承召集人之命處理日常事務；並置工作人員若干人，均由本部部長就本部人員派兼之。

五 本小組每六個月開會一次，由召集人召集並為主席，必要時得召集臨時會議。召集人不能出席時，由副召集人代理之；副召集人不能出席時，由出席委員互推一人代理之。

六 本小組開會應有二分之一以上委員出席，決議事項應經出席委員過半數之同意；可否同數時，取決於主席。
委員應親自出席前項會議。但由機關、機構或團體代表兼任之委員，除召集人及副召集人外，如因故未能親自出席時，得指派代表出席。
前項指派之代表列入出席人數，並參與會議發言及表決。

七 本小組決議事項，應送請相關機關、機構、團體參考或辦理。

八 本小組委員、執行秘書及工作人員均為無給職。

衛生福利部兒童及少年事故傷害防制推動小組設置要點

①民國102年9月24日衛生福利部函訂定發布全文8點。
②民國106年3月9日衛生福利部函頒修正。

一 衛生福利部（以下簡稱本部）為協調、研究、審議、諮詢、督導、考核及辦理兒童及少年事故傷害防制政策事項，特設兒童及少年事故傷害防制推動小組（以下簡稱本推動小組）。

二 本推動小組任務如下：
(一)兒童及少年事故傷害資料登錄。
(二)兒童及少年安全教育教材之建立、審核及推廣。
(三)兒童及少年遊戲與遊樂設施、玩具、用品、交通載具等標準、檢查及管理。
(四)其他防制機制之建立及推動。

三 本推動小組置委員十九人，其中一人為召集人，由本部部長兼任；一人為副召集人，由本部次長兼任；其餘委員由本部部長就各目的事業主管機關、兒童及少年福利學者或專家、民間相關機構及團體代表聘兼之，其中學者、專家、民間相關機構及團體代表不得少於委員人數二分之一，任一性別比率不得少於三分之一。

前項委員任期二年，期滿得續聘之。但代表機關或團體出任者，應隨其本職進退。

第一項委員出缺時，本部應予補聘；補聘委員之任期至原委員任期屆滿之日為止。

四 本推動小組置執行秘書一人，承召集人之命處理日常事務；並置工作人員若干人，由本部部長就本部人員派兼之。

五 本推動小組每六個月開會一次，由召集人召集並為主席，必要時得召集臨時會議。召集人不能出席時，由副召集人代理之；副召集人不能出席時，由出席委員互推一人代理之。

六 本推動小組開會應有二分之一以上委員出席，決議事項應經出席委員過半數之同意；可否同數時，取決於主席。

委員應親自出席前項會議。但因機關、機構或團體代表兼任之委員，除召集人及副召集人外，如因故未能親自出席時，得指派代表出席。

前項指派之代表列入出席人數，並參與會議發言及表決。

七 本推動小組決議事項，應送請相關機關、機構、團體參考或辦理。

八 本推動小組委員、執行秘書及工作人員均為無給職。

兒童及少年收出養媒合服務者許可及管理辦法

①民國93年6月24日內政部令訂定發布全文13條；並自發布日施行。
②民國101年5月23日內政部令修正發布名稱及全文35條；並自101年5月30日施行（原名稱：兒童及少年福利機構從事收出養服務許可及管理辦法）。
③民國104年12月18日衛生福利部令修正發布第1、35條條文；並自發布日施行。

第一條 104

本辦法依兒童及少年福利與權益保障法（以下簡稱本法）第十五條第四項規定訂定之。

第二條

收出養媒合服務者應提供及辦理之服務範圍如下：

一 收出養諮詢服務。
二 接受收出養申請。
三 轉介出養人福利服務。
四 收出養前後相關人員會談、訪視、調查及評估工作。
五 被收養人被收養前後之心理輔導。
六 收養人與被收養人媒合服務。
七 收養人親職準備教育課程。
八 收養人與被收養人於先行共同生活或漸進式接觸期間所需之協助。
九 收出養服務宣導。
十 收出養家庭與被收養人互助團體及其他後續服務。
十一 收養家庭親職教育或相關活動。
十二 收出養服務完成後之追蹤輔導，期間至少三年。
十三 其他與收出養有關之業務及服務。

第三條

①兒童及少年安置、教養機構（以下簡稱安置機構）申請從事國內收出養媒合服務許可，以公立安置機構或已辦理財團法人登記之私立安置機構為限，並應具備下列資格：

一 財務健全，足以從事收出養服務。
二 最近一次安置機構評鑑結果為甲等以上。

②前項以外之財團法人申請從事國內收出養媒合服務許可，應經目的事業主管機關同意，並以辦理社會福利或文教事業之財團法人為限，且具備前項第一款之資格及最近一次財團法人評鑑結果為甲等或八十分以上。

③收出養媒合服務者從事國內收出養媒合服務達三年以上，行政組織及財務制度健全，最近一次兒童及少年收出養媒合服務評鑑結果甲等以上者，得申請從事跨國境收出養媒合服務許可。

第四條

安置機構及財團法人有下列情形之一者，不得申請從事收出養媒合服務許可：

一　會務、業務或財務不健全，經主管機關糾正、限期改善、限期整理，仍未改善。

二　違反本法第十五條第一項規定受罰鍰處分二次以上。

三　違反本辦法規定，受廢止或撤銷許可處分未滿三年。

四　代表人或第五條第一項所定之工作人員有本法第八十一條第一項各款情事之一。

第五條

①收出養媒合服務者應置專任主管人員一名，綜理收出養媒合服務業務，並置下列人員：

一　社會工作人員。

二　心理輔導人員。

三　行政人員或其他工作人員。

②前項第一款人員應為專任；第二款人員得以特約方式辦理；第三款人員得由相關人員兼任。

第六條

①前條所稱主管人員應具備下列資格之一：

一　大學兒童及少年福利、社會工作、心理、輔導、教育、兒童與家庭、社會福利、法律相關學院、系、所碩士班或碩士學位學程以上畢業，具有一年以上公、私立社會福利相關機關（構）或團體工作經驗者。

二　社會工作師考試及格或高等考試、相當高等考試之各類公務人員考試社會行政或社會工作職系及格，具有一年以上公、私立社會福利相關機關（構）或團體工作經驗者。

三　大學碩士學位以上畢業或兒童及少年福利、社會工作、心理、輔導、教育、兒童與家庭、社會福利、法律相關學院、系、所學士班或學士學位學程畢業或取得其輔系證書，具有三年以上公、私立社會福利相關機關（構）或團體工作經驗者。

四　大學學士學位或專科副學士學位畢業，具有四年以上公、私立社會福利相關機關（構）或團體工作經驗者。

②前條第一項第一款社會工作人員應具備下列資格之一：

一　社會工作師考試及格者。

二　專科以上學校社會工作、兒童及少年福利、社會福利相關學院、系、所、學位學程、科畢業或取得其輔系證書者。

三　高等考試、相當高等考試之各類公務人員考試社會行政或社會工作職系及格者。

③前條第一項第二款心理輔導人員應具備下列資格之一：

一　專科以上學校心理、輔導、諮商相關學院、系、所、學位學程、科畢業或取得其輔系證書者。

二　專科以上學校社會工作、兒童及少年福利、社會福利、教育、性別相關學院、系、所、學位學程、科畢業，並取得心理輔導人員專業訓練結業證書者。

第七條

①第五條第一項第一款社會工作人員應至少配置三人，且其中一人須具有二年以上從事兒童及少年福利工作經驗，並優先進用領有社會工作師證書者。

②前項社會工作人員人數之計算，得包括社會工作督導。

第八條

①申請收出養媒合服務者，應檢附下列文件，向中央主管機關申請許可：

一　申請書：載明安置機構或財團法人名稱、地址、服務處所地址、代表人姓名、地址及履歷。

二　財團法人登記證書。

三　董事會同意從事收出養服務會議紀錄影本。

四　最近一次評鑑結果及目的事業主管機關同意證明文件。

五　業務計畫：

　　㈠服務項目、流程及服務國家或地區。

　　㈡收養人條件與收出養評估及審查方式。

　　㈢收費項目、基準及方式。

　　㈣組織架構。

　　㈤第五條第一項各款人員名冊、學經歷及證明文件等。

　　㈥與收出養人簽訂之書面契約範本。

　　㈦預定開辦日期。

　　㈧其他與推動收出養媒合服務有關之內容。

六　經費來源及支出預算表。

②公立安置機構依前項規定申請許可者，免附第二款及第三款文件。

第九條

①申請從事跨國境收出養媒合服務許可者，應檢附與外國合作機構或團體受當地政府認可或授權從事該項業務之證明文件，或其他足資證明辦理收出養業務之文件。

②前項文件應經我國駐外使領館、代表處、辦事處或其他經外交部授權機構驗證。

第一〇條

①第八條第一項第五款第二目所定收養人條件，除應符合民法及其他相關法令規定外，並得包括身心狀況、人格特質、經濟能力、與被收養人之年齡差距、參與準備教育課程情形、試養之意願及有無犯罪紀錄等。但不得對收養人有相關歧視之限制。

②前項犯罪紀錄，以對收養人之親職能力有影響者為限。

第一一條

①第八條第一項第五款第二目所定收出養人評估及審查方式，得依下列規定辦理：

一 收出養人評估：包括會談、訪視或調查。

二 收養人審查：包括書面資料審核或由相關人員組成審查會審查之。

②前項第二款審查會由收出養媒合服務者及具有兒童少年福利、醫療或法律背景之專家或學者九人組成之。

③第一項第二款審查會之出席委員，其中外聘專家、學者人數，不得少於出席委員人數之二分之一。

第一二條

中央主管機關受理申請從事收出養媒合服務許可案件，應於申請者文件備齊後二個月內完成審查。必要時，得延長一次，並以一個月為限。

第一三條

申請從事收出養媒合服務許可，有下列情形之一者，中央主管機關應不予許可；已許可者，撤銷或廢止其許可：

一 有本法第八十三條各款規定，經通知限期改善，屆期仍未改善。

二 有第四條各款情形之一。

三 繳交之文件不實。

四 與收出養人簽訂之書面契約範本未依第二十三條第二項規定辦理，經通知限期改正，屆期仍未改正。

五 業務計畫內提出之服務項目與收出養媒合服務無關，經通知限期改正，屆期仍未改正。

六 申請文件不完備，經通知限期補正，屆期仍未補正。

第一四條

①申請從事收出養媒合服務經許可者，中央主管機關應發給許可證。

②前項許可證有效期限為三年。

③收出養媒合服務者應於許可證有效期限屆滿前九十日內，依第八條及第九條規定，重新提出申請。

第一五條

①許可證應載明安置機構或財團法人名稱、地址、代表人姓名、許可有效期限、服務項目及服務處所地址。

②收出養媒合服務者應將許可證揭示於服務場所內之明顯位置。

第一六條

①收出養媒合服務者不得將許可證租借或轉讓他人。

②許可證遺失或滅失者，安置機構或財團法人應檢附申請書及切結書，申請補發；污損者，應檢附申請書及原核發之許可證申請換發。

第一七條

①許可證所載安置機構或財團法人名稱、地址或代表人變更時，收出養媒合服務者應於事實發生之翌日起三十日內，檢附申請書、許可證正本及相關證明文件，向中央主管機關申請換發許可證。

②許可證所載服務項目及服務處所地址變更時，應檢附申請書、許可證正本及變更後資料，經中央主管機關核准並換發許可證後，始得為之。

第一八條

①收出養媒合服務者從事收出養媒合服務之收費項目、收費金額及契約內容變更時，應檢附申請書及變更後資料，報請中央主管機關核准後，始得為之。

②第五條第一項各款人員、服務國家或地區及合作之外國機構或團體變更時，應於事實發生之翌日起三十日內，檢附變更後資料及相關證明文件，報請中央主管機關備查。

第一九條

①收出養媒合服務者辦理收出養媒合服務，向收養人收取費用之項目及基準，如附表。

②收出養媒合服務者從事收出養媒合服務收取費用時，應掣給收據，並保存收據存根五年。

第二〇條

收出養媒合服務者應定期召開督導會議，其社會工作人員每年應接受兒童及少年福利與收出養相關課程在職訓練至少二十小時。

第二一條

①收出養媒合服務者從事出養服務得依下列程序辦理：

一 提供出養諮詢服務。
二 接受出養人申請，並建立檔案。
三 進行出養人會談、訪視或調查。
四 評估出養之可行性及必要性。
五 接受出養人委託，提供被收養人安置服務。
六 與出養人共同尋求適當收養人。
七 協助被收養人與收養人媒合。
八 提供分離失落輔導。
九 協助被收養人進行試養。
十 進行試養後評估。
十一 協助辦理聲請法院收養認可事宜。
十二 辦理出養人追蹤輔導或轉介相關福利服務。

②收出養媒合服務者辦理前項第十一款之服務時，屬跨國境收養案件者，應提供已進行國內優先收養之證明文件。

③中央主管機關應建置兒童及少年收出養媒合服務平台提供前項證明文件。

第二二條

收出養媒合服務者從事收養服務得依下列程序辦理：

一　辦理收養說明會。
二　提供有收養意願者準備教育課程。
三　接受收養人申請，並建立檔案。
四　進行收養人書面資料審核。
五　進行收養人會談、訪視或調查。
六　辦理收養人審查會。
七　協助收養人與被收養人媒合。
八　安排漸進式接觸。
九　協助被收養人進行試養。
十　進行收養之評估。
十一　協助辦理聲請法院認可收養。
十二　辦理收養家庭追蹤輔導，並提供支持性服務。
十三　辦理收養家庭互助團體或其他相關活動。

第二三條

①收出養媒合服務者受託辦理收出養媒合服務時，應與收養人、出養人分別簽訂書面契約。

②前項書面契約應載明下列事項：
一　服務項目。
二　收費項目及金額。
三　收費及退費方式。
四　違約之損害賠償事宜。
五　其他經中央主管機關規定之事項。

第二四條

①收出養媒合服務者從事收養或出養服務應建立個案資料管理，保存被收養人、收養人及出養人檔案資料。

②前項檔案資料屬完成收養之個案者，應定期彙送中央主管機關保存建檔。

第二五條

收出養媒合服務者，應於每年一月三十一日前，將前一年收出養媒合服務概況，陳報中央主管機關備查。

第二六條

①收出養媒合服務者應配合每年接受中央主管機關業務檢查；其檢查方式，得視需要以抽查方式為之，收出養媒合服務者應提供相關資料，不得規避、妨礙或拒絕。

②前項業務檢查，中央主管機關得委由直轄市、縣（市）主管機關辦理。

③第一項業務檢查，得會同安置機構及財團法人設立許可之主管機關為之。

第二七條

①中央主管機關對收出養媒合服務者應至少每三年辦理一次評鑑。

②前項評鑑結果分為下列等第：
一　優等。

二　甲等。

三　乙等。

四　丙等。

五　丁等。

③第一項評鑑項目包括業務運作、人力資源、財務管理、專業服務及其他必要事項。

④經評鑑為優等或甲等之收出養媒合服務者，中央主管機關得核發獎牌或獎狀；經評鑑為丙等或丁等之收出養媒合服務者，應於評鑑結果公布三個月內提出改善計畫，送中央主管機關備查。

第二八條

①收出養媒合服務者應於停業之日前十五日內，檢附申請書敘明停業之理由、收出養人及被收養人之協助規劃及第五條第一項各款人員安置計畫及停業起迄日期，報中央主管機關許可後為之。

②前項申請停業期間，最長不得超過半年；有正當理由者，應於期間屆滿前十五日內申請，經中央主管機關許可者，得延長一次，期限為半年。

③收出養媒合服務者停業期限屆滿後，應於十五日內檢附申請書、第八條第一項第五款第五目所定文件向中央主管機關申請復業許可。

④前項復業申請，應符合本法及本辦法申請許可之相關規定。

⑤收出養媒合服務者未依規定申請停業、停業期間屆滿逾十五日未申請復業或申請復業不予許可時，中央主管機關得廢止其許可，並註銷其許可證。

第二九條

①收出養媒合服務者於許可證有效期限屆滿前歇業時，應先於一個月前檢附申請書及許可證影本，報請中央主管機關廢止許可，並自歇業之日起三十日內向中央主管機關繳還許可證正本。屆期未繳還時，由中央主管機關逕行公告註銷。

②前項申請書應敘明歇業之理由、收出養人及被收養人之協助規劃。

第三〇條

收出養媒合服務者從事收出養媒合服務有下列情形之一者，依本法第八十八條規定辦理；如經許可機關廢止其許可者，並公告註銷其許可證：

一　從事未經許可之服務項目，或未依核准之收費項目及金額收取費用。

二　協助收出養人填寫或繳交不實資料。

第三一條

收出養媒合服務者從事收出養媒合服務有下列情形之一者，中央主管機關應廢止其許可，並公告註銷許可證：

一　經許可從事收出養媒合服務，連續二年內無實際服務件數。

二　安置機構或財團法人經設立許可之主管機關廢止許可。

三　財團法人解散。

第三二條

中央主管機關應就收出養媒合服務者之業務檢查結果、許可之廢止或撤銷予以公告。

第三三條

中央主管機關撤銷或廢止收出養媒合服務許可時，應命該安置機構或財團法人於一個月內，將其服務之收出養個案及保管之相關文件，交由中央主管機關處理。

第三四條

①本法施行前已取得收出養服務許可之兒童及少年福利機構，其許可要件與本法、本辦法規定不相符合者，應自本辦法施行之日起二年內完成改善，並取得收出養媒合服務許可。屆期未取得許可者，許可主管機關應廢止其原許可。

②於中華民國九十二年五月二十八日以前已依捐助章程從事收出養服務之財團法人適用前項規定。

③前二項之申請者申請從事跨國境收出養媒合服務許可，不受第三一條第三項有關從事國內收出養媒合服務期間之限制。

第三五條 104

①本辦法自中華民國一百零一年五月三十日施行。

②本辦法修正條文，自發布日施行。

附表

服務別	收費上限（美金）	服務階段	服務內容	備註
跨國境收養	一萬四千元	媒合	媒合服務、與收養人簽訂服務合約	一、為提高特殊需求兒童出養機會，各收出養媒合服務者得視出養兒童之年齡、身心健康及家庭狀況等情形衡量調降收費標準。 二、費用包含人事費、專業服務費及行政費用等。 三、由收出養媒合服務者依服務階段或內容訂定收費方式及金額。
		簽約至送件	被收養人分離準備、收養人與被收養人漸進式接觸、收養評估審查、法院文件準備（含翻譯）、媒合成功後	

服務別	收費上限（美金）	服務階段	服務內容	備註
			之安置及醫療照顧	四、收養服務中止之原因，非可歸責於收養人者，依服務進行階段調整收費或退費比例。
		送件至認可確定	法院收養認可申請	
		認可確定後之服務	被收養人出國證件申請、收養追蹤訪視聯繫	
國內收養	十五萬元	申請與準備教育課程	諮詢、登記、說明會、收養人準備教育課程	一、為鼓勵國人收養特殊需求兒童，各收出養媒合服務者得視出養兒童之年齡、身心健康及家庭狀況等情形衡量調降收費標準。
		審查階段	收養人會談訪視、媒合服務、收養評估審查	二、所收費用包含人事費、專業服務費用及行政費用等。
		試養及送件	試養、被收養人心理諮商輔導、法院文件準備、法院收養認可聲請	三、由收出養媒合服務者依服務階段或內容訂定收費方式及金額。
		收養認可確定後	收養人支持服務、收養人親職教育、追蹤訪視輔導	四、收養服務中止之原因，非可歸責於收養人者，依服務進行階段調整收費或退費比例。

兒童及少年收出養資訊管理及使用辦法

①民國93年12月24日內政部令訂定發布全文11條；並自94年10月1日施行。
②民國101年4月20日內政部令修正發布名稱及第1至4、11條條文；並自發布日施行（原名稱：兒童及少年收養資訊管理及使用辦法）。

第一條 101

本辦法依兒童及少年福利與權益保障法第二十一條第四項規定訂定之。

第二條 101

中央主管機關應保存下列資訊：

一 識別資訊：出養人、收養人、被收養兒童及少年本人與其三親等內親屬及相關人員之姓名、戶籍地址、住居所、國民身分證統一編號及其他可辨識身分之資料。

二 非識別資訊：

㈠出養人、收養人、被收養兒童及少年本人與其三親等內親屬及相關人員之工作單位、地點。

㈡收養聲請狀。

㈢收出養同意書。

㈣出庭筆錄。

㈤收養人訪視評估報告。

㈥出養人訪視報告。

㈦收養登記申請書。

㈧法院認可或駁回兒童及少年收養聲請之裁判書；如有確定證明書者，併同確定證明書。

㈨個案紀錄及照片。

㈩出養人、收養人與被收養兒童及少年之健康資訊。

(十一)資料釋出意願書。

第三條 101

①兒童及少年收出養媒合服務者、直轄市、縣（市）主管機關、兒童及少年福利機構及其他團體或專業人員得協助出養人、收養人簽訂資料釋出意願書。

②出養人、收養人得隨時簽訂或修正資料釋出意願書。但違背收出養雙方之書面約定者，非有正當理由不得為之。

第四條 101

①中央主管機關應協調下列機關（構）、個人提供收出養資訊：

一 法院。

二　直轄市、縣（市）主管機關。

三　戶政事務所。

四　兒童及少年福利機構。

五　兒童及少年收出養媒合服務者。

六　出養人、收養人與被收養兒童及少年。

七　其他團體或專業人員。

②前項各機關（構）、個人得以電信傳真或其他科技設備傳送等方式提供相關資訊。

第五條

①下列各款之人，得備具申請書，檢附身分證明文件向中央主管機關申請提供第二條之資訊：

一　被收養兒童及少年。

二　出養人或被收養兒童及少年之生父、生母。

三　收養人。

四　利害關係人。

②第二條資訊有錯誤或遺漏時，前項各款所定之人得檢附相關證明文件申請更正及補充。

第六條

中央主管機關接受申請第二條資訊者，依下列原則辦理：

一　申請人為前條第一項第一款者：經確認身分後提供之。

二　申請人為前條第一項第二款至第四款者：經確認身分，且出養人或收養人於資料釋出意願書表示同意，或事後同意者，提供之。但收養人或出養人行蹤不明或死亡，且未表示同意者，經收養資訊管理委員會評估核可後提供。

第七條

中央主管機關評估提供第二條之資訊將造成申請人心理傷害，得於提供資料前，建議其接受諮商輔導。

第八條

中央主管機關得提供尋親服務，並得依出養人、收養人、被收養兒童及少年或利害關係人之請求，提供心理、醫療、法律等諮詢轉介服務。

第九條

①中央主管機關應成立收養資訊管理委員會，審議、評估下列事宜：

一　第三條第二項但書事宜。

二　第五條第一項第四款利害關係人之認定事宜。

三　第六條第二項但書事宜。

四　其他與收出養資訊有關之爭議事宜。

②收養資訊管理委員會應置委員九人至十七人，其中一人為召集人，由中央主管機關派員兼任，其餘委員由中央主管機關就下列人員遴聘之：

一　中央主管機關及相關機關代表。

二　民間團體代表。

三　學者及專家。

③前項第二款及第三款代表之比例不得少於委員總數二分之一。

第一〇條

本辦法所定書、表格式，由中央主管機關定之。

第一一條 101

①本辦法自中華民國九十四年十月一日施行。

②本辦法中華民國一百零一年四月二十日修正條文，自發布日施行。

弱勢兒童及少年生活扶助與托育及醫療費用補助辦法

①民國101年5月28日內政部令訂定發布全文17條；並自102年1月1日施行。

民國102年7月19日行政院公告第9條第9款所列屬「行政院衛生署」之權責事項，自102年7月23日起改由「衛生福利部」管轄。

②民國103年2月18日衛生福利部令修正發布第2、9、10、13、17條條文；除第10條自103年1月1日施行外，自發布日施行。

③民國104年12月11日衛生福利部令修正發布第6、7、16、17條條文；並自發布日施行。

第一條

本辦法依兒童及少年福利與權益保障法（以下簡稱本法）第二十三條第二項規定訂定之。

第二條 103

①本辦法所定補助，包括生活扶助、托育費用及醫療費用（含全民健康保險保險費）補助。

②前項補助及其審核認定與核撥事宜，由縣（市）主管機關辦理。

第三條

①生活扶助之補助對象如下：

一 遭遇困境之中低收入戶內兒童、少年。

二 因懷孕或生育而遭遇困境之兒童、少年及其子女。

三 其他經縣（市）主管機關評估無力撫育及無扶養義務人或撫養義務人無力維持其生活之兒童及少年。

②依前項規定申請生活扶助者，應備齊申請表及相關證明文件向戶籍所在地縣（市）主管機關申請。

第四條

①領取生活扶助者，每人每月補助新臺幣一千九百元。

②前項扶助金額自中華民國一百零五年起調整，由中央主管機關參照中央主計機關發布之最近一年消費者物價指數較前次調整之前一年消費者物價指數成長率公告調整補助金額，其後每四年調整一次。但成長率為零或負數時，不予調整。

③本辦法施行前，縣（市）主管機關所定金額高於第一項所定金額或依前項調整之金額者，得以當地之金額定之。

第五條

①已接受政府公費安置或領取政府其他相同性質之生活類補助或津貼者，不予重複扶助；其他法令另有規定者，從優辦理；其額度低於生活扶助者，得補助其差額。

② 前項相同性質之生活類補助或津貼，由縣（市）主管機關認定之。

第六條 104

① 父母雙方或單親一方或監護人因就業，致無法自行照顧家中未滿二歲幼兒，需送請居家式托育服務提供者（以下簡稱居家托育人員）或托嬰中心照顧者，得申請托育費用補助。其補助對象應具下列資格之一：

一 低收入戶。

二 中低收入戶。

三 因懷孕或生育而遭遇困境之少年。

四 其他經縣（市）主管機關評估無力撫育及無扶養義務人或撫養義務人無力維持其生活之幼兒。

② 父母或監護人具前項資格之一，參加職業訓練、求職或家庭遭遇變故致無法自行照顧家中未滿二歲幼兒，需送請居家托育人員或托嬰中心照顧之臨時托育，或父母或監護人因臨時或特殊事件，需將未滿二歲之發展遲緩或身心障礙幼兒送請居家托育人員或托嬰中心照顧者，得申請臨時托育費用補助。

③ 前二項居家托育人員，應年滿二十歲並符合本法第二十六條第二項第一款至第三款所定資格之一，且依居家式托育服務提供者登記及管理辦法規定辦理登記。

第七條 104

① 托育費用之補助金額如下：

一 符合前條第一項第一款、第三款或第四款資格，並送托本法第二十六條第二項第一款資格居家托育人員或托嬰中心照顧者，每月補助新臺幣五千元；送托本法第二十六條第二項第二款、第三款資格居家托育人員者，每月補助新臺幣四千元。

二 符合前條第一項第二款，並送托本法第二十六條第二項第一款資格居家托育人員或托嬰中心照顧者，每月補助新臺幣四千元；送托本法第二十六條第二項第二款、第三款資格居家托育人員者，每月補助新臺幣三千元。

② 臨時托育費用之補助金額如下：

一 符合前條第一項第一款至第四款資格者，送托居家托育人員或托嬰中心臨時照顧者，每小時補助新臺幣一百元，每年最高補助二百四十小時。

二 未滿二歲之發展遲緩或身心障礙幼兒送托居家托育人員或托嬰中心臨時照顧者，每小時補助新臺幣一百二十元，每年最高補助二百四十小時。

第八條

① 申請托育費用、臨時托育費用補助者，應自托育事實發生日起十五日內，備齊申請表、幼兒身分證明文件、托育契約書、就業證明文件、低收入戶或中低收入戶證明等相關文件，向戶籍所在

地之縣（市）主管機關申請。

②符合前項資格者，其申請應自托育事實發生之日起算。逾申請期限者，以資料備齊送達之日起算。

第九條 103

醫療費用補助之對象如下：

一　低收入戶及中低收入戶內兒童及少年。

二　領有弱勢家庭兒童及少年緊急生活扶助者。

三　依兒童及少年保護通報及處理辦法保護之兒童及少年。

四　安置於公私立兒童及少年安置及教養機構或寄養家庭之兒童及少年。

五　特殊境遇家庭扶助條例第九條規定，未滿六歲之兒童。

六　發展遲緩兒童。

七　早產兒。

八　因懷孕或生育而遭遇困難之兒童、少年及其子女。

九　符合衛生福利部公告之罕見疾病或領有全民健康保險重大傷病證明之兒童及少年。

十　其他經縣（市）主管機關評估有補助必要之兒童及少年。

第一〇條 103

①醫療費用補助之項目如下：

一　補助全民健康保險應自行負擔之住院費用及住院期間之看護費用，合計每年最高補助新臺幣三十萬元。住院費用以因疾病、傷害事故就醫所生全民健康保險之應自行負擔之住院費用為限。本補助費用不含義肢、義眼、義齒、配鏡、鑲牙、整容、整形、病人運輸、指定醫師、特別護士、指定藥品材料費、掛號費、疾病預防與非因疾病而施行預防之手術或節育結紮及指定病房費。

二　未婚懷孕生產、流產醫療費用。但以特殊境遇家庭扶助條例未規定補助之費用為限。

三　為確認身分所作之親子血緣鑑定費用。

四　全民健康保險未涵蓋之發展遲緩兒童評估費及療育訓練費：未滿六歲或已滿六歲，未達到就學年齡，或經評鑑可暫緩入學者，每人每次最高補助新臺幣五百元，每月最多八次為限。

五　經醫師鑑定，因早產及其併發症所衍生之醫療、住院費用，每年最高補助新臺幣三十萬元為限。

六　無全民健康保險投保資格個案之醫療費用。但以全民健康保險有給付項目，且由就醫者自行負擔之費用為限，每年最高補助新臺幣三十萬元為限。

七　經醫師評估有必要之愛滋病毒感染預防性投藥費用，每一療程最高補助新臺幣三萬元為限。

八　其他經評估有補助必要之項目，每年最高補助新臺幣三十萬元為限。

②前條各款兒童及少年未投保、中斷投保或欠繳全民健康保險法第二十七條規定應自付之保險費，縣（市）主管機關得酌予補助，每名兒童及少年補助以一次為限。

第一一條

①前條第一項各款醫療費用之補助基準如下：

一　依第九條第六款至第十款規定申請前條第一項各款補助者，得依收入訂定補助比率如下：

（一）家庭總收入平均未達當年度當地區每人每月最低生活費二倍，或未達臺灣地區平均每人每月消費支出者，補助百分之七十五。

（二）家庭總收入平均在當年度當地區每人每月最低生活費二倍以上未達三倍，或未達臺灣地區平均每人每月消費支出一點五倍者，補助百分之五十。

（三）家庭總收入平均在當年度當地區每人每月最低生活費三倍以上未達四倍，或未達臺灣地區平均每人每月消費支出二倍者，補助百分之二十五。

二　依第九條第一款至第五款規定申請前條第一項各款補助者，全額補助。

②前項家庭應計算人口範圍，包含兒童及少年之一親等直系血親及實際共同生活之兄弟姊妹。但未與單親家庭未成年子女共同生活、無扶養事實，且未行使、負擔其對未成年子女權利義務之父或母，得不列入。

③家庭總收入之計算方式，依社會救助法相關規定辦理。

第一二條

申請醫療費用補助者，應自住（出）院日、醫療行為或申請事項結束日起六個月內，檢具相關證明文件、健保卡影本、全民健康保險特約醫院或診所自付費用及看護支出費用之收據正本及支付明細，併同醫師診斷確有醫療或看護必要之證明文件，向戶籍所在地之縣（市）主管機關申請，逾期不予補助。

第一三條 103

辦理第十條第二項兒童及少年繳納前未投保、中斷投保或欠繳之全民健康保險法第二十七條規定應自付之保險費，由縣（市）主管機關於每年四月及八月底前將確定補助名單，送交全民健康保險保險人辦理，並於每年七月底及十一月底前，撥付應補助之保險費。

第一四條

申請生活扶助托育及醫療費用補助有下列情形之一者，不予補助；已領取者，縣（市）主管機關應停止其補（扶）助，並得命其返還。但因不可歸責申請人之事由且依法令得補正時，不在此限：

一　同一事故已依其他法令取得政府扶助或補助。

二　提供不實資料、拒絕或隱匿提供縣（市）主管機關所要求之

　　資料者。

三　以虛偽證明、詐欺或其他不當行為申請或取得補助。

第一五條

　為辦理本辦法補助業務所需申請人家庭之各類所得、財產及稅籍資料，由縣（市）主管機關或其委辦或委任之鄉（鎮、市、區）公所統一造冊，分別函送國稅局及地方稅稽徵機關依稅捐稽徵法規定提供。

第一六條 104

　縣（市）主管機關應於每半年終了時，於次月十日前將前半年請領人數相關統計資料登入衛生福利部社福公務統計報表網際網路報送系統或函報中央主管機關。

第一七條 104

①本辦法自中華民國一百零二年一月一日施行。

②本辦法修正條文，除中華民國一百零三年二月十八日修正發布之第十條自一百零三年一月一日施行外，自發布日施行。

無依兒童及少年安置處理辦法

①民國93年3月12日內政部令訂定發布全文10條；並自發布日施行。
②民國96年7月12日內政部令修正發布第3、4、6條條文。
③民國101年4月3日內政部令修正發布全文10條；並自發布日施行。

第一條

本辦法依兒童及少年福利與權益保障法（以下簡稱本法）第二十三條第三項規定訂定之。

第二條

①醫事人員、社會工作人員、教育人員、保育人員、警察、司法人員及其他執行兒童及少年福利業務人員知悉無依兒童及少年時，應於二十四小時內填具通報表，以電信傳真或其他科技設備傳送等方式通報當地直轄市、縣（市）主管機關；情況緊急時，得先以言詞、電話通訊方式通報，並於二十四小時內填具通報表，送當地直轄市、縣（市）主管機關。

②前項以外之任何人知悉有無依兒童及少年時，得以前項規定方式或其他任何方式通報當地直轄市、縣（市）主管機關。

第三條

直轄市、縣（市）主管機關接獲前條通報後，應立即指派社會工作人員進行訪視、調查；並依實際需要，分別為下列處置：

一　無依兒童及少年係被遺棄或走失者，應立即向警察機關報案，協尋其父母或監護人；必要時，得發布新聞協尋。

二　將無依兒童及少年安置於寄養家庭、兒童及少年福利機構、其他安置機構或適當之處所。

三　將無依兒童及少年送醫療院所診察；必要時，得會同警察機關辦理。

四　其他必要協助。

第四條

①警察機關知悉或接獲民眾報案為被遺棄或走失之兒童及少年，除通報當地直轄市、縣（市）主管機關進行安置外，並應協尋該兒童及少年之父母或監護人；必要時，並得拍照存證、捺印手腳印紋、製作調查筆錄及調閱相關影像資料。

②警察機關尋獲被遺棄或走失無依兒童及少年之父母、監護人或戶籍資料時，應以書面通知兒童及少年當地直轄市、縣（市）主管機關處置。但情況急迫時，得以言詞、電信傳真或其他科技設備傳送為之。

第五條

①直轄市、縣（市）主管機關接獲前條第二項警察機關之通知後，應請兒童及少年之父母、監護人居住地直轄市、縣（市）主管機關訪視，並填具評估表，評估其家庭適任程度。

②前項評估應於二星期內完成，並以書面送當地直轄市、縣（市）主管機關。

③直轄市、縣（市）主管機關依調查及評估結果，認定兒童及少年之父母、監護人有照顧能力者，應通知其領回兒童及少年。

④兒童及少年之父母、監護人經評估不適任或經通知仍不領回該兒童及少年者，當地直轄市、縣（市）主管機關將兒童及少年交由戶籍地直轄市、縣（市）主管機關續予安置，並依本法第六十五條、第九十七條第一項規定辦理；其涉有遺棄罪或其他犯罪嫌疑者，移送司法機關偵辦。

第六條

直轄市、縣（市）主管機關接獲無依兒童及少年通報日起滿六個月後，仍未尋獲該兒童及少年之父母、監護人時，應向警察機關確認協尋結果，並取得書面證明文件後，依第七條規定辦理。但完全無法知悉父母、監護人身分者，得縮短為四個月。

第七條

直轄市、縣（市）主管機關對於前條兒童及少年，應以其最佳利益為考量，依下列方式處置：

一　委託經許可之兒童及少年收出養媒合服務者辦理出養。

二　為無法出養之兒童及少年，擇定適當之寄養家庭、兒童及少年福利機構或其他安置機構予以安置，並定期追蹤評估及提供必要之福利服務。

第八條

依本辦法出養或安置之兒童及少年，於出養或結束安置後，直轄市、縣（市）主管機關應續予追蹤、輔導及協助，期間為一年。

第九條

本辦法所定書、表格式，由中央主管機關定之。

第一○條

本辦法自發布日施行。

居家式托育服務提供者登記及管理辦法

①民國103年9月15日衛生福利部令訂定發布全文24條；並自103年12月1日施行。
②民國104年11月19日衛生福利部令修正發布全文21條；並自發布日施行。
③民國107年7月16日衛生福利部令修正發布全文21條；並自發布日施行。

第一條

本辦法依兒童及少年福利與權益保障法（以下簡稱本法）第二十六條第五項規定訂定之。

第二條

居家式托育服務提供者（以下簡稱托育人員），提供之服務類型如下：

一　在宅托育服務：托育人員受兒童之父母、監護人或其他實際照顧之人委託，在托育人員提供托育服務登記處所（以下簡稱服務登記處所）提供之托育服務。

二　到宅托育服務：托育人員受兒童之父母、監護人或其他實際照顧之人委託，至兒童住所或其他指定居所提供之托育服務。

第三條

托育人員應提供下列服務：

一　清潔、衛生、安全及適宜兒童發展之托育服務環境。

二　兒童充分之營養、衛生保健、生活照顧與學習、遊戲活動及社會發展相關服務。

三　育兒諮詢及相關資訊。

四　記錄兒童生活及成長過程。

五　協助辦理兒童發展之篩檢。

六　其他有利於兒童發展之相關服務。

第四條

托育人員應遵守下列事項：

一　優先考量兒童之最佳利益，並專心提供托育服務。

二　與收托兒童之父母、監護人或其他實際照顧之人訂定書面契約。

三　對收托兒童及其家人之個人資料保密。但經當事人同意或依法應予通報或提供者，不在此限。

四　每年至少接受十八小時之在職訓練。每二年所接受之在職訓練，應包括八小時以上之基本救命術。

五　每二年至少接受一次健康檢查。

六　收托兒童當日前，投保責任保險。

第五條

托育人員不得有下列行為：

一　虐待、疏忽或其他違反相關保護兒童規定之行為。

二　收托時間兼任或經營足以影響其托育服務之職務或事業。

三　對托育服務為誇大不實之宣傳。

四　規避、妨礙或拒絕直轄市、縣（市）主管機關檢查、訪視、輔導及監督。

五　巧立名目或任意收取直轄市、縣（市）主管機關訂定之收退費項目以外之費用。

第六條

托育服務收托方式及時間如下：

一　半日托育：每日收托時間在六小時以內。

二　日間托育：每日收托時間超過六小時且在十二小時以內。

三　全日托育：每日收托時間超過十六小時。

四　夜間托育：每日於夜間收托至翌晨，其時間不超過十二小時。

五　延長托育：延長前四款所定托育時間之托育。

六　臨時托育：前五款以外之臨時性托育服務。

第七條

①托育人員收托人數應符合下列規定之一：

一　每一托育人員：

　㈠半日、日間、延長或臨時托育：至多四人，其中未滿二歲者至多二人。

　㈡全日或夜間托育：至多二人。

　㈢全日或夜間托育一人：得增加收托半日、日間、延長或臨時托育至多二人，其中未滿二歲者至多二人。

　㈣夜間托育二歲以上二人：得增加收托半日、日間、延長或臨時托育一人。

二　二名以上托育人員：於同一處所共同托育至多四人，其中全日或夜間托育至多二人。

②前項兒童人數，應以托育人員托育服務時間實際照顧兒童數計算，並包括其六歲以下之子女與受其監護者、三親等內兒童及未收取托育費用之兒童。

③第一項第二款之托育服務，應就收托之兒童分配主要照顧人。

第八條

①托育人員應檢具申請書及下列文件，向直轄市、縣（市）主管機關辦理托育服務登記：

一　最近三個月內之健康檢查合格證明正本。

二　保母人員技術士證，高級中等以上學校幼兒保育、家政、護理相關學程、科、系、所畢業證書，或托育人員專業訓練課

程結業證書等資格證明文件影本。

三　身分證明文件影本。

四　最近三個月內之二吋正面脫帽半身照片。

五　最近三個月內之警察刑事紀錄證明正本。

六　自我評量之托育服務環境安全檢核表正本。

七　申請居家式托育服務登記切結書及申請調閱警察刑事紀錄同意書正本。

八　服務登記處所共同居住成員之名冊。

②托育人員係提供到宅托育服務者，其辦理前項登記，免附第六款及第八款所定文件。

③第一項文件未備齊者，直轄市、縣（市）主管機關應以書面通知限期補正，屆期未補正者，以書面駁回其申請。

第九條

托育人員經直轄市、縣（市）主管機關廢止其登記，或因有本法第二十六條之一第一項各款情事之一駁回其申請時，主管機關應即命其停止服務，並強制轉介所收托之兒童。

第一〇條

直轄市、縣（市）主管機關受理托育人員申請登記，應自受理之日起二個月內完成書面及實地訪視審查。提供到宅托育服務者，免辦理實地訪視審查。

第一一條

①托育服務登記證書（以下簡稱服務登記證書），應記載下列事項：

一　托育人員姓名、性別、出生年月日。

二　證書字號。

三　第八條第一項第二款資格。

四　服務登記處所地址；提供到宅托育服務者，免予記載。

五　證書有效期限。

②提供在宅托育服務者，應將服務登記證書，懸掛於服務登記處所足資辨識之明顯處。

第一二條

服務登記證書有效期間為六年，有效期間屆滿前三個月內，托育人員應檢具有效期間屆滿前六年內完成第四條第四款所定教育訓練之證明，併同第八條第一項所定文件，向直轄市、縣（市）主管機關申請換發。屆期未申請換發者，廢止其服務登記。

第一三條

①托育人員不得將服務登記證書租借或轉讓他人。

②服務登記證書遺失或毀損者，托育人員應填具申請書及相關文件，向直轄市、縣（市）主管機關申請補發或換發。

第一四條

①第十一條第一項第一款、第三款所定服務登記證書記載事項變更者，托育人員應自事實發生之日起三十日內，填具申請書，並檢

附原服務登記證書及相關文件，向直轄市、縣（市）主管機關辦理變更登記。

②第十一條第一項第四款所定服務登記處所地址變更者，應事先填具申請書，並檢附第八條第一項第四款、第六款及第八款文件，向直轄市、縣（市）主管機關申請核准變更後，始得於變更後之服務登記處所提供托育服務。變更服務登記處所至其他行政區域時，並應檢附第八條第一項第五款及第七款文件。

③托育人員提供到宅托育服務之處所新增或變更至其他行政區域時，應事先填具申請書，並檢附原服務登記證書與第八條第一項第四款、第五款及第七款文件，向直轄市、縣（市）主管機關提出申請，俟取得服務登記證書後，始可收托。

④直轄市、縣（市）主管機關受理前三項之申請，應自受理之日起三十日內完成審查。

⑤托育人員死亡者，原核發服務登記證書之機關應註銷其服務登記證書。

第一五條

①托育人員停止托育服務，應自事實發生之日起三十日內填具申請書，並檢附原服務登記證書，向原核發服務登記證書機關提出申請。

②托育人員恢復托育服務時，應填具申請書，並檢附有關文件，經原核發服務登記證書機關同意後，始可收托。

第一六條

托育人員應於開始及結束收托每一兒童之日起七日內，報直轄市、縣（市）主管機關備查。

第一七條

直轄市、縣（市）主管機關應於托育人員每次新收托兒童之日起三十日內完成新收托訪視。但提供到宅托育服務，經直轄市、縣（市）主管機關認定情形特殊者，不在此限。

第一八條

①直轄市、縣（市）主管機關應辦理下列在宅托育服務之檢查、輔導：

一　初次訪視：托育人員初次收托兒童，一年內至少訪視四次；首次訪視，應於收托兒童之日起三十日內為之。

二　例行訪視：托育人員收托兒童一年以上者，每年至少訪視一次。但提供全日、夜間托育服務及第七條第一項第二款托育服務者，每年至少訪視四次。

②直轄市、縣（市）主管機關辦理前項檢查、輔導，發現托育人員或其服務登記處所有下列情形之一者，應限期令其改善；屆期未改善，除依本法第七十條規定訪視外，並得依本法第九十條規定辦理：

一　未通過托育服務環境安全檢核表之檢查。

二　違反第四條、第五條、第七條、第十三條第一項、第十四

條、第十五條第二項或第十六條規定。

三 其他有違反法令或有害兒童身心健康之情形。

第一九條

直轄市、縣（市）主管機關辦理檢查、輔導時，托育人員應予配
合，並提供下列文件、資料：

一 實際收托兒童之姓名、性別、出生年月日與收托方式、時
　間、期間及書面契約。有第七條第三項情事者，並應提供主
　要照顧人名冊。

二 服務登記處所共同居住成員之名冊。

三 托育人員健康檢查證明。

四 在職訓練證明。

五 其他必要事項。

第二〇條

直轄市、縣（市）主管機關應依本法第二十五條第三項之規定，
審酌轄內物價指數、當地區最近二年托育人員服務登記收費情
形，依托育服務收托方式，分區訂定托育服務收退費項目及基
準，並定期公告。

第二一條

本辦法自發布日施行。

兒童及少年醫療補助辦法

①民國93年12月1日內政部令訂定發布全文11條；並自發布日施行。
②民國94年4月1日內政部令修正發布全文18條；並自發布日施行。
③民國97年12月31日內政部令修正發布名稱及全文19條；並自98年1月1日施行（原名稱：三歲以下兒童醫療補助辦法）。
④民國100年6月29日內政部令修正發布全文15條；並自100年7月1日施行。
⑤民國100年12月30日內政部令修正發布第1、14、15條條文；並刪除第7條條文；但第1條自100年12月2日施行；第14條自100年7月1日施行；第7條自發布日施行。
⑥民國102年4月18日內政部令修正發布第2、15條條文；並自102年1月1日施行。
　民國102年7月19日行政院公告第6條所列屬「行政院衛生署中央健康保險局」之權責事項，自102年7月23日起改由「衛生福利部中央健康保險署」管轄。
⑦民國103年1月3日衛生福利部令修正發布第6、8、11、13條條文。

第一條

本辦法依兒童及少年福利與權益保障法第二十七條第二項規定訂定之。

第二條 102

本辦法之補助項目如下：

一　全民健康保險法第四十三條及第四十七條規定應自行負擔之費用。
二　全民健康保險法第二十七條規定，應自付之保險費。

第三條

①接受前條第一款之補助對象為三歲以下參加全民健康保險之兒童。
②前項補助對象因傷病住院期間年滿三歲者，得繼續接受補助至出院日止。

第四條

接受第二條第二款之補助對象為中低收入戶內兒童及少年。

第五條

接受第二條第一款之補助對象就醫應依全民健康保險法相關規定辦理。

第六條 103

因不可歸責之事由，致第二條第一款補助對象先行墊付補助費用

者，得依全民健康保險法規定向衛生福利部中央健康保險署（以下簡稱健保署）申請核退。

第七條 （刪除）

第八條 103

① 直轄市、縣（市）主管機關應於每月五日以前將符合中低收入戶內兒童及少年之基本資料以媒體資料方式送健保署。資料異動時，亦同。

② 前項異動，因戶籍遷徙而仍具補助資格時，應追溯至戶政機關登列之遷入日期為異動生效日。

③ 第一項媒體資料交換之規範，由健保署定之。

第九條

① 有下列情形之一者，不予補助保險費；已補助者，由直轄市、縣（市）主管機關追回補助費。
　一　未依規定提出必要或其他相關文件。
　二　同一事故已依其他法令取得政府保險費補助。
　三　以虛偽證明或其他不當行為申請或取得補助。
　四　不具本辦法規定之補助資格。

② 前項因不可歸責申請人之事由且依法令得補正時，不在此限。

第一○條

依本辦法補助中低收入戶內兒童或少年之保險費，由保險人依直轄市、縣（市）主管機關所送之媒體資料，經與投保資料確認後，於其所屬投保單位保險費計算表內免除之，並作為投保單位對當事人免除收取保險費之依據。

第一一條 103

依本辦法補助之費用，中央主管機關每年於一月底及七月底前預撥健保署；健保署於每年年底時檢附彙總明細表及結算表辦理核銷結算。

第一二條

本辦法所需經費，由中央主管機關按年度編列預算支應。

第一三條 103

兒童或少年未參加全民健康保險者，直轄市、縣（市）主管機關及健保署得予協助其參加全民健康保險。

第一四條

本辦法中華民國一百年七月一日修正施行前，經直轄市、縣（市）主管機關審核通過補助者，其補助維持至一百零一年十二月三十一日。

第一五條 102

① 本辦法自中華民國一百年七月一日施行。

② 本辦法中華民國一百年十二月三十日修正發布之第一條，自一百年十二月二日施行；刪除之第七條，自發布日施行。

③ 本辦法中華民國一百零二年四月十八日修正發布之條文，自一百零二年一月一日施行。

幼兒園幼童專用車輛與其駕駛人及隨車人員督導管理辦法

①民國101年6月13日教育部、交通部令會銜訂定發布全文18條；並自101年1月1日施行。
②民國102年12月2日教育部、交通部令會銜修正發布第1、12、17、18條條文；並自發布日施行。
③民國108年3月29日教育部令修正發布第1、4、10、13條條文；並刪除第17條條文。

第一條 108

本辦法依幼兒教育及照顧法（以下簡稱本法）第二十六條第三項、兒童及少年福利與權益保障法第二十九條第三項規定訂定之。

第二條

①幼兒園載運幼兒之車輛，以自有之原廠幼童專用車車種為限。
②幼童專用車應遵守道路交通管理相關法規及本辦法之規定。

第三條

①幼兒園購置幼童專用車，應經直轄市、縣（市）主管機關核准後，向公路監理機關申請幼童專用車牌照，並於領牌後十五日內，報直轄市、縣（市）主管機關備查。
②幼童專用車有過戶、車種變更、停駛、復駛、報廢、繳銷或註銷牌照等異動情形，應依交通相關法規規定辦理，並於十五日內，報直轄市、縣（市）主管機關備查。

第四條 108

①幼兒園幼童專用車之車齡不得逾出廠十年。出廠年限逾十年者，應予汰換，並應向公路監理機關辦理異動登記及報直轄市、縣（市）主管機關備查。
②幼兒園幼童專用車之車齡逾出廠十年，未依前項規定汰換並向公路監理機關辦理異動登記者，除依本法第四十九條第五款規定處罰外，直轄市、縣（市）主管機關應廢止其原核准，並通知公路監理機關註銷幼童專用車牌照。

第五條

①幼兒園之幼童專用車，其車型、規格、安全設備（含滅火器）及其他設施設備，應符合道路交通安全規則之規定。
②幼童專用車之車身顏色及標識，應符合下列規定，並不得增加其他標識或廣告：
一　車身顏色及標識：應依教育部公告之幼童專用車顏色及標識標準圖辦理。

二　駕駛座兩邊外側：應標示幼兒園設立許可字號、幼童專用車車號、出廠年份及載運人數。

第六條

幼童專用車除依法投保強制汽車責任保險外，並得投保汽車乘客責任險及汽車第三人責任險。

第七條

幼童專用車載運人數不得逾汽車行車執照核定額；載運幼兒時，應令其乘坐於座椅不得站立，且前座不得乘坐幼兒。

第八條

①幼兒園應妥善規劃幼童專用車之行車路線，擇定安全地點供幼兒上下車，並將行車路線報直轄市、縣（市）主管機關備查。

②幼童專用車載運幼兒時，不得行駛高速公路，並應避免行駛快速道路；其有行駛快速道路必要者，應於前項車路線中載明。

第九條

幼童專用車除應依交通管理相關法規規定定期檢驗及實施保養外，至少每半年應至領有經主管機關核准登記公司行號之汽車保養廠、或領有工廠登記證之合法汽車修理業實施保養，並於行車執照及保養紀錄卡載明，其檢查保養紀錄應留存二年，以備直轄市、縣（市）主管機關檢查。

第一○條 108

幼童專用車之駕駛人，除不得有本法第二十三條第一項各款所定情事外，並應同時符合下列各款之規定：

一　年齡六十五歲以下。

二　具職業駕駛執照。

三　最近二年內無違規記點及肇事紀錄。但肇事原因事實，非可歸責於駕駛人者，不在此限。

第一一條

①幼童專用車之駕駛人每年七月應至公立醫院或勞保指定醫院健康檢查，其檢查結果應留存幼兒園以備查考，並於十五日內報直轄市、縣（市）主管機關備查；駕駛人有異動時，亦同。

②駕駛人罹患足以影響行車及幼兒安全之疾病，幼兒園應令其暫停駕駛工作，病癒取得醫院健康檢查證明，始得繼續駕駛。

第一二條 102

①幼童專用車內適當明顯處應設置合於規定之滅火器、行車影像紀錄器、緊急救護設施，及其他符合規定之安全設備。

②前項行車影像紀錄器應具有對車輛內外之監視功能，其紀錄應保存二個月。

③幼童專用車之駕駛人，於每次行車前，均應確實檢查車況、滅火器、安全門及相關安全設備，並應於確認各項設施設備齊備及可用後，始得行駛。

④前項檢查紀錄及檢修紀錄，至少留存一年，以備直轄市、縣（市）主管機關檢查。

第一三條 108

①幼童專用車載運幼兒每二十人至少配置隨車人員一人，隨車照護幼兒，並協助幼兒上下車。

②前項隨車人員之資格應符合本法之規定，且不得有本法第二十三條第一項各款所定情事。

③幼兒園應造具乘坐幼童專用車幼兒之名冊，隨車人員於每次幼兒上下車時，應確實依乘坐幼兒名冊逐一清點，並留存紀錄以備查考。

第一四條

幼童專用車發生行車事故時，駕駛人及隨車人員應立即疏散幼兒，並報直轄市、縣（市）主管機關備查。

第一五條

幼兒園每半年應辦理幼童專用車安全演練，並應將演練紀錄留存幼兒園，以備查考。

第一六條

①直轄市、縣（市）主管機關應定期至幼兒園進行幼童專用車使用情形檢查。

②直轄市、縣（市）主管機關應會同公路監理機關及警察機關實施幼童專用車路邊臨檢，並督導及追蹤改善情形；路邊臨檢以每月至少辦理二次為原則。

③直轄市、縣（市）主管機關得視實際狀況，督導幼兒園幼童專用車至公路監理機關進行臨時檢驗，檢驗未通過期間，不得載運幼兒。

第一七條 （刪除）108

第一八條 102

①本辦法自中華民國一百零一年一月一日施行。

②本辦法修正條文，自發布日施行。

學生交通車管理辦法

①民國102年3月6日教育部、交通部令會銜訂定發布全文19條；並自發布日施行。
②民國102年7月4日教育部、交通部令會銜修正發布第3、5、10、13、18條條文。

第一條

本辦法依兒童及少年福利與權益保障法（以下簡稱本法）第二十九條第二項規定訂定之。

第二條

本辦法所稱主管機關：在中央為教育部；在直轄市為直轄市政府；在縣（市）為縣（市）政府。

第三條

①本辦法所稱學生交通車，指下列交通工具：

一　公私立學校之校車：高級中等以下各級學校載運學生之車輛。

二　短期補習班、兒童課後照顧服務班及中心之接送車。

②前項學生交通車分類如下：

一　第一類：載運入國民小學前之幼兒、國民小學學生者。

二　第二類：載運國民中學、高級中等學校學生者。

第四條

①學生交通車得以購置或租賃方式辦理，其車型、規格、安全設備（含防火器）及其他設施設備，應符合道路交通安全規則之規定。

②前項購置之學生交通車，應經直轄市、縣（市）主管機關核准後，向公路監理機關申請牌照，並於領牌後十五日內，報直轄市、縣（市）主管機關備查。

③第一項租賃之學生交通車，租賃契約應載明交通車之使用及管理應遵守本辦法及汽車運輸業管理規則之規定，並於完成租賃後十五日內，將租賃契約副本報直轄市、縣（市）主管機關備查。

④學生交通車有過戶、車種變更、停駛、復駛、報廢、繳銷或註銷牌照、變更租賃契約等異動情形，應依交通相關法規規定辦理，並於十五日內，報直轄市、縣（市）主管機關備查。

第五條

①第一類學生交通車之車齡，不得逾出廠十年；第二類學生交通車之車齡，不得逾出廠十五年。

②第二類學生交通車，應依下列規定辦理：

一　出廠年限逾十年者：適用或準用汽車運輸業管理規則第八十六條第一項第七款出廠逾十年遊覽車，應隨車攜帶合法汽車修理業出具之四個月內保養紀錄表影本之規定。

二　出廠年限逾十二年者：除依前款規定處理外，適用或準用上開規則第八十六條第二項出廠逾十二年遊覽車，不得行駛經公路主管機關公告管制之山區公路，行駛高速公路時速不得逾九十公里之規定。

③租賃之第二類學生交通車，以出廠未逾十年者為優先。

④學生交通車出廠年限未符第一項規定者，應予汰換後報直轄市、縣（市）主管機關備查，購置者並應依規定先向公路監理機關辦理異動登記；未依規定汰換並向公路監理機關辦理異動登記者，直轄市、縣（市）主管機關應廢止其原核准，並通知公路監理機關註銷牌照。

第六條

①購置之學生交通車，其車身顏色及標識，應符合下列規定，並不得增加其他標識或廣告：

一　車身顏色及標識：應適用或準用教育部公告之公私立各級學校校車顏色及標識標準圖辦理。

二　駕駛座兩邊外側：應標示設立許可字號、車號、出廠年份及載運人數。

②租賃之學生交通車，應於前後車窗及駕駛座左右外側標示清晰可識之學生專車校（班）、中心名稱、電話、載運人數，短期補習班及兒童課後照顧服務中心租賃者，並應加註立案字號。

第七條

學生交通車除依法投保強制汽車責任保險外，並得投保汽車乘客責任險及汽車第三人責任險。

第八條

①學生交通車載運人數不得逾汽車行車執照核定數額。

②公私立學校、短期補習班、兒童課後照顧服務班及中心應造具乘坐學生交通車學生之名冊。

第九條

公私立學校、短期補習班、兒童課後照顧服務班及中心，應妥善規劃學生交通車之行車路線，擇定安全地點供學生上下車，並將行車路線報直轄市、縣（市）主管機關備查。

第一〇條

學生交通車之駕駛人，除不得有本法第八十一條第一項各款所定事項外，並應同時符合下列各款之規定：

一　年齡六十五歲以下。

二　具職業駕駛執照。

三　最近六個月內無違反道路交通管理處罰條例違規記點達四點以上，且最近二年內無肇事紀錄。但肇事原因事實，非可歸責於駕駛人者，不在此限。

第一一條

①學生交通車之駕駛人就任前及每年七月應至公立醫院或勞保指定醫院健康檢查，其檢查結果應留存公私立學校、短期補習班或兒童課後照顧服務班、中心以備查考，並於十五日內報請直轄市、縣（市）主管機關備查；駕駛人有異動時，亦同。

②駕駛人罹患足以影響行車及學生安全之疾病，公私立學校、短期補習班或兒童課後照顧服務班、中心應令其暫停駕駛工作，病癒取得醫院健康檢查證明，始得繼續駕駛。

第一二條

①學生交通車內適當明顯處應設置合於規定之滅火器、行車影像紀錄器、緊急求救設施，及其他符合規定之安全設備。

②前項行車影像紀錄器應具有對車輛內外之監視功能，其紀錄應保存二個月。

③學生交通車之駕駛人，於每次行車前，均應確實檢查車況、滅火器、安全門及相關安全設備，並應於確認各項設施設備齊備及可用後，始得行駛。

④前項檢查紀錄及檢修紀錄，至少留存一年，以備直轄市、縣（市）主管機關檢查。

第一三條

①第一類學生交通車，每車至少配置隨車人員一人，第二類學生交通車，每車得配置隨車人員一人，隨車照護學生，並協助學生上下車。

②前項隨車人員應滿二十歲，且不得有本法第八十一條第一項各款所列之情形。

③隨車人員於每次學生上下車時，應確實依乘坐學生名冊逐一清點，並留存紀錄以備查考。

第一四條

學生交通車發生行車事故時，駕駛人及隨車人員應立即疏散學生，並報請直轄市、縣（市）主管機關備查。

第一五條

公私立學校、短期補習班、課後照顧服務班及中心應督導乘坐者遵守乘坐安全規定及緊急逃生方向，每學期初辦理一次安全逃生演練，並應將演練紀錄留存，以備查考。駕駛人員與隨車人員應每年固定參加交通安全講習。

第一六條

載運身心障礙無法自行上下學之學生交通車，應按實際需要增加輔助器具及升降設備。

第一七條

①各該主管機關應定期至公私立學校、短期補習班、兒童課後照顧服務班及中心進行學生交通車使用情形檢查。

②各該主管機關應會同公路監理機關及警察機關實施學生交通車路邊臨檢，並督導及追蹤改善情形；路邊臨檢以每月至少辦理二次

為原則。

③各該主管機關得視實際狀況，督導公私立學校、短期補習班、課後照顧服務班及中心學生交通車至公路監理機關進行臨時檢驗，檢驗未通過期間，不得載運學生。

第一八條

本辦法施行前，已使用之學生交通車出廠年限未符第五條第一項規定者，至遲應自本辦法施行之日起二年內汰換；屆期未汰換者，依第五條第四項規定辦理。

第一九條

本辦法自發布日施行。

發展遲緩疑似發展遲緩或身心障礙兒童及少年指紋管理辦法

民國101年5月30日內政部令訂定發布全文9條；並自發布日施行。

第一條

本辦法依兒童及少年福利與權益保障法第三十條第三項規定訂定之。

第二條

本辦法之指紋資料，其建檔、比對、管理及塗銷作業，由內政部警政署刑事警察局（以下簡稱刑事局）辦理。

第三條

疑似發展遲緩、發展遲緩或身心障礙兒童及少年指紋資料內容如下：

一　基本資料：姓名、性別、出生年月日、國民身分證統一編號、住址等。

二　指紋：全部手指指紋平面印、三面印。

三　受捺手指有殘缺或傷病等特殊情形之記載。

第四條

疑似發展遲緩、發展遲緩或身心障礙兒童及少年之父母或監護人，得依下列程序申請建立指紋資料：

一　申請者得逕至各直轄市、縣（市）政府警察局鑑識課（鑑識中心）、分局偵查隊辦理指紋捺印。

二　申請者應繳驗戶口名簿、國民身分證或身心障礙手冊（證明），並由受理人員核對其資料無誤後，協助建立疑似發展遲緩、發展遲緩或身心障礙兒童及少年指紋資料，移送刑事局建檔。

第五條

本辦法之指紋資料，除作為失蹤協尋外，不得作為其他用途之使用。

第六條

警察機關因失蹤協尋需使用第二條指紋資料，應敘明理由及使用目的之函請刑事局比對。但因情況急迫者，得以電信傳真方式為之，並於事後補送公函。

第七條

①指紋資料之傳輸、儲存及運用過程，應遵守資訊安全相關規範，確保指紋資料安全，防範不法入侵及資料外洩。

②指紋資料應由專責人員管理及維護。

③指紋資料與受捺人資料不符時，應立即查明處理。如有錯誤，應於查明後更正受捺人資料。

第八條

①第四條之申請人得以書面向刑事局或經直轄市、縣（市）政府警察局函轉刑事局申請塗銷指紋資料；其合於規定者，刑事局於受理申請後，應即塗銷。

②第二條之指紋資料除依前項規定申請塗銷外，應保存至受捺人年滿十八歲為止。

第九條

本辦法自發布日施行。

疑似發展遲緩兒童通報流程及檔案管理辦法

民國101年5月29日內政部令訂定發布全文6條；並自發布日施行。

第一條
本辦法依兒童及少年福利與權益保障法第三十二條第二項規定訂定之。

第二條
①社會福利、教育及醫療機構發現有疑似發展遲緩兒童，應於一週內填具疑似發展遲緩兒童通報表，以電信傳真或其他科技設備傳送等方式通報兒童戶籍地之直轄市、縣（市）主管機關。
②前項疑似發展遲緩兒童通報表之內容如附表一。

第三條
①直轄市、縣（市）主管機關接獲前條通報，應即登錄個案管理系統予以列管，並即進行評估，評估有開案需要者，並依評估結果提供兒童發展個別化服務計畫。
②前項計畫應由社會工作人員或其他相關專業人員實施個案管理，提供兒童及其家庭相關處遇服務。
③直轄市、縣（市）主管機關應將前二項處理情形填具疑似發展遲緩兒童通報回覆表如附表二，回覆通報機構。

第四條
①前條個案管理系統資訊及相關處遇服務，應撰製工作紀錄、建立檔案。
②前項紀錄保存年限不得少於七年。

第五條
本辦法所定事項，直轄市、縣（市）主管機關得委任所屬機關（構）或委託相關團體辦理。

第六條
本辦法自發布日施行。

※密件

疑似發展遲緩兒童通報表

請傳＿＿＿縣（市）受理疑似發展遲緩兒童通報　　　　電話：　　　　傳真：
單位　　　　　　　　　　　　　　　　　　　　　　　電子信箱：

通報人	通報單位	□托嬰中心　□早期療育機構　□社福機構　□幼兒教育機構 □醫療院所　□衛生所　　　□其他＿＿＿＿			
	單位名稱		姓名	通報日期	年　月　日
	聯絡電話（電話）（手機）		電子信箱	傳真	

兒童資料	姓名：	國民身分證統一編號：	出生日期：年 月 日	性別：□男 □女
	身心障礙證明 □無　□有	◎核發日期：＿＿年＿＿月＿＿日、障礙類別： 障礙等級：□輕度 □中度 □重度 □極重度		
	重大傷病證明 □無　□有	◎病名：		
	（疑似）發展遲緩類別	□語言溝通能力　□認知能力　　□社會、情緒發展　□粗動作 □精細動作　　　□生活自理　　□其他		

家長資料	父親	姓名：	◎出生日期：　年　月　日
		聯絡電話：	聯絡地址：
	母親	姓名：	◎出生日期：　年　月　日
		聯絡電話：	聯絡地址：
	監護人	□同父親 □同母親 □另列如下： 姓名： 聯絡電話：	與兒童關係： 聯絡地址：
	聯絡人	□同父親 □同母親 □另列如下： 姓名： 聯絡電話：	與兒童關係： 聯絡地址：
	主要照顧人	□同父親 □同母親 □另列如下： 姓名： 聯絡電話：	與兒童關係： 聯絡地址：

※依據兒童及少年福利與權益保障法第三十二條第一項規定，各類社會福利、教育及醫療機構，發現有疑似發展遲緩兒童，應通報直轄市、縣（市）主管機關。直轄市、縣（市）主管機關應將接獲資料，建立檔案管理，並視其需要提供、轉介適當之服務。

※密件

疑似發展遲緩兒童通報回覆表

附表二

主管機關：＿＿＿縣（市）受理疑似發展遲緩兒童通報單位
通報單位：＿＿＿＿＿＿＿＿＿
兒童姓名：＿＿＿＿＿＿＿＿＿　　　出生日期：＿＿＿＿＿＿
服務情形：□已提供服務
　　　　　　服務概況：＿＿＿＿＿＿＿＿＿
　　　　　　服務單位：＿＿＿＿＿＿　聯絡人：＿＿＿＿
　　　　　　聯絡電話：＿＿＿＿＿＿
　　　　　□家長拒絕服務予以追蹤
　　　　　□不予受案，原因：＿＿＿＿＿＿＿＿
　　　　　□其他：＿＿＿＿＿＿＿＿

填表人：＿＿＿　　電話：＿＿＿　　電子信箱：＿＿＿

※依疑似發展遲緩兒童通報流程及檔案管理辦法第三條規定，處理情形應回覆通報機構。

兒童遊戲場設施安全管理規範

①民國92年4月9日內政部函訂定發布全文15點。
②民國102年9月4日衛生福利部函修正發布全文15點。
③民國106年1月25日衛生福利部函修正發布名稱及全文14點（原名稱：各行業附設兒童遊樂設施安全管理規範）。

一　為維護兒童遊戲場設施安全，防止兒童傷害事件發生，特訂定本規範。

二　本規範適用於設置兒童遊戲場設施之各場所。
　　本規範所稱兒童遊戲場設施，指無動力固定於兒童遊戲場，供二歲至十二歲兒童使用之非機械式之兒童遊戲設施。

三　本規範主管機關為衛生福利部，主管兒童遊戲場安全管理規範之研修等相關事宜。

四　兒童遊戲場主管機關，在中央為各兒童遊戲場之主管機關；在直轄市為直轄市政府；在縣（市）為縣（市）政府。
　　主管機關類別如下：
　(一)營建主管機關：主管公園、綠地、廣場等附設兒童遊戲場。
　(二)教育主管機關：主管公私立幼兒園、學校、及社會教育機構附設兒童遊戲場。
　(三)文化主管機關：主管文化類博物館、展覽場館、文化中心、藝術中心、表演場館、生活美學館及其他具文化功能之文化機構附設兒童遊戲場。
　(四)體育主管機關：主管體育館附設兒童遊戲場。
　(五)民政主管機關：主管登記有案之宗教場所附設兒童遊戲場。
　(六)經濟主管機關：主管百貨公司、賣場附設兒童遊戲場及專營之兒童遊戲場。
　(七)衛生主管機關：主管餐飲業、醫療院所等附設兒童遊戲場。
　(八)社政主管機關：主管社會福利機構等附設兒童遊戲場。
　(九)觀光主管機關：主管國家風景區、觀光產業附設兒童遊戲場。
　(十)農業、退輔主管機關：主管森林遊樂區、農（牧）場附設兒童遊戲場。
　(十一)其他場域附設兒童遊戲場之主管機關，為各場域之主管機關。

五　兒童遊戲場主管機關及各目的事業主管機關權責劃分如下：
　(一)中央主管機關：掌理兒童遊戲場設施之監督、協調、管理、稽查及統籌等相關事宜。

(二)直轄市、縣（市）主管機關：掌理兒童遊戲場設施之管理、稽查及相關人員教育訓練等相關事宜。

涉及中央及地方目的事業主管機關職掌，依法應由中央及地方目的事業主管機關掌理者，從其規定。

六　兒童遊戲場設施之設計、製造、安裝、檢查及維護，應符合國家標準及相關法規之規定。

　　無國家標準及相關法規規定可供適用者，應參酌國際（區域性）標準、法規或其他國家之標準。

七　兒童遊戲場設施設置者，在該設施開放使用前，應檢具下列文件陳報該管兒童遊戲場主管機關備查；變更或增設時亦同：

(一)兒童遊戲場基本資料（包含設置位置、範圍、遊戲設施種類及數量、設置平面圖、使用者年齡、管理人等資料）。

(二)廠商出具符合國家標準及相關法規規定之試驗報告與合格保證書。

(三)投保含附設兒童遊戲場之公共意外責任險證明文件（政府部門附設兒童遊戲場無收費者得免附）。

(四)兒童遊戲設施自主檢查表（如附表一）。

(五)由取得我國簽署國際實驗室認證聯盟（ILAC）相互承認協議（MRA）認證機構核發CNS 17020或ISO/IEC 17020認證證書之檢驗機構，所開立具有認證標誌之合格檢驗報告。

　　本規範修正前已設置之兒童遊戲場設施，應於三年內檢具第一項第一款及第三款至第五款表件向該管兒童遊戲場主管機關完成備查手續。

八　兒童遊戲場應設置管理人員，直轄市、縣（市）主管機關並應辦理該員教育訓練課程，提升安全知能。

　　前項管理人員應接受講習或訓練，其課程及時數，由本規範之主管機關定之。

九　兒童遊戲場管理人員之職責如下：

(一)應於開放使用期間，每日進行遊戲場及設施目測檢查工作，發現顯有不安全情事，應立即進行維修保養工作。

(二)應每月定期依兒童遊戲設施自主檢查表（如附表一）進行遊戲場及設施檢查工作，並填表存放管理單位，其保存期限為五年。

十　兒童遊戲場設施設置者應辦理事項如下：

(一)遊戲場廠商在保固期間進行遊戲場設施檢查工作，並製作檢查報告放管理單位，該檢查報告應至少保存五年。

(二)每三年委託專業檢驗機構進行遊戲場設施檢驗工作，並製作檢查報告存放管理單位，該檢驗報告應至少保存五年。

(三)投保附設兒童遊戲場之公共意外責任險；保險期間屆滿時，應予續保，並報送主管機關。

十一　兒童遊戲場設施設置者之事故傷害防制及處遇規定如下：

(一)應設告示牌並標示發生事故傷害緊急聯絡機制。

　　㈡室內環境應備置急救用品：如優碘、剪刀、繃帶、無菌紗
　　　布、無菌棉籤、透氣膠帶、OK繃、生理食鹽水、急救手
　　　冊、冷水袋等，並注意使用期限、保存方式及定期更換。
　　㈢實施事故傷害防制教育及相關訓練，增進員工安全急救技
　　　能。

十二　兒童遊戲場主管機關應每年自行或依法規委託專業檢查機
　　　構、法人或團體依兒童遊戲設施稽查檢核表（如附表二）進
　　　行兒童遊戲場安全稽查業務；必要時，會同當地建管、工
　　　務、消防、衛生、環保等相關目的事業主管機關及消費者保
　　　護官實施聯合稽查。
　　　前項安全稽查作業，得由直轄市、縣（市）政府併同維護公
　　　共安全聯合稽查執行。

十三　兒童遊戲場主管機關對於有違反本規範情事者，應彙整稽查
　　　紀錄，詳列違規事實，依法處理，並列管追蹤，輔導其限期
　　　改善；必要時，得送相關目的事業主管機關依法處理。

十四　兒童遊戲場設施發生危害兒童安全之情事，兒童遊戲場主管
　　　機關應會同相關機關妥處。
　　　兒童遊戲場設施設置者屬消費者保護法第二條第二款之企業
　　　經營者，違反本規範情節重大，並對使用者已發生重大損害
　　　或有發生重大損害之虞，而情況危急時，直轄市、縣（市）
　　　政府得依消費者保護法第三十七條規定，在大眾傳播媒體公
　　　告違法業者名稱、地址及其違法情形。

弱勢家庭兒童及少年緊急生活扶助計畫

①民國95年5月29日內政部函核定發布全文13點；並自即日起配合實施。
②民國103年9月11日行政院函修正發布全文13點。

一　衛生福利部為協助遭變故或功能不全之弱勢家庭紓緩經濟壓力，維持子女生活安定，提昇家庭照顧兒童及少年之能力，避免兒童及少年受虐情事發生，促進家庭恢復正常運作，特訂定本計畫。

二　本計畫扶助對象為未滿十八歲之兒童及少年，且未接受公費收容安置，其家庭有下列情形之一經社工人員訪視評估，並符合第三點規定者：

㈠父母一方或監護人失業、經判刑確定入獄、罹患重大傷病、精神疾病或藥酒癮戒治，致生活陷於困境。

㈡父母離婚或一方死亡、失蹤，他方無力維持家庭生活。

㈢父母一方因不堪家庭暴力或有其他因素出走，致生活陷於困境。

㈣父母雙亡或兒童及少年遭遺棄，其親屬願代為撫養，而無經濟能力。

㈤未滿十八歲未婚懷孕或有未滿十八歲之非婚生子女，經評估有經濟困難。

㈥其他經評估確有生活困難，需予經濟扶助。

前項之申請，應於生活陷於困境、無力維持家庭生活、無經濟能力或有經濟困難等事實發生後六個月內為之。

三　申請本計畫扶助之弱勢家庭應符合下列規定：

㈠臺灣省各縣（市）及福建省金門縣、連江縣：家庭總收入按全家人口平均分配，未超過該縣（市）最近一年平均每人每月最低生活費一點五倍者。

㈡直轄市：家庭總收入按全家人口平均分配，未超過該市平均每人每月消費支出百分之八十者。但其平均每人每月消費支出百分之八十低於臺灣省各縣（市）每人每月最低生活費一點五倍者，依台灣省之比例核計。

㈢全家人口動產（含股票、投資、存款等）平均每人低於新臺幣十五萬元。

㈣全家人口不動產（含土地、房屋等）總值未超過新臺幣六百五十萬元。

㈤不符第一款至第四款規定，但有事實足以證明生活陷困，經

評估確有扶助之必要。

四 本計畫所稱家庭或全家人口，指與兒童及少年實際共同生活之兄弟姊妹及直系血親。

五 符合本計畫扶助資格者，每人每月補助新臺幣三千元，扶助期間以六個月為原則，經實地訪視如認有延長必要，最多延長六個月，且同一事由以補助一次為限。

六 接受扶助之兒童及少年，扶助期間或期滿後生活仍陷於困境者，直轄市政府社會局或縣（市）政府應協助其申請其他補助或結合民間資源予以協助。

七 已接受政府其他生活補助，不得再領取本計畫扶助。但經評估納為兒童及少年保護個案或高風險家庭關懷處遇服務對象需要經濟協助者，得核予補助本計畫扶助與其他生活補助之差額。

八 直轄市政府社會局、縣（市）政府應依本計畫訂定申請及核發作業規定，辦理補助事宜。

九 申請或領取本計畫扶助之家庭，應接受社工人員之關懷訪視評估及其他相關協助；領取扶助之費用應支用於兒童及少年之食、衣、住、行、教育及醫療保健等基本生活所需，扶助費用支出情形或兒童及少年基本需求被滿足狀況，由社工人員納入評估，未符合前述規定者，得停止補助。

十 接受扶助之兒童及少年，若扶助原因消失，應即停止補助，但扶助期間年滿十八歲者，得繼續接受補助至期滿為止。

十一 以虛偽不實之資料、陳述或其他不正當之方法申請或領取緊急生活扶助者，除撤銷原核准之處分，追回已領取之生活扶助外，並得視情節依法追究。

十二 本計畫所需經費，由一般性補助款支應。

十三 本計畫奉核定後實施。

育有未滿二歲兒童育兒津貼申領作業要點

①民國100年12月28日內政部令訂定發布全文9點；並自101年1月1日生效。
②民國102年1月4日內政部令修正發布全文9點；並自即日生效。
③民國102年12月31日衛生福利部令修正發布全文9點；並自103年1月1日生效。
④民國103年3月10日衛生福利部令修正發布第6點；並自103年1月1日生效。
⑤民國105年2月19日衛生福利部令修正發布第1、3、5、6點；並自即日生效。
⑥民國107年7月31日衛生福利部令修正發布名稱及全文9點；並自107年8月1日生效（原名稱：父母未就業家庭育兒津貼申領作業要點）。
⑦民國108年10月4日衛生福利部令修正發布第1、7、9點；並自即日生效。

一　為協助家庭顧顧兒童，減輕父母育兒負擔，並執行行政院一百零八年六月四日院臺教字第一○八○一七六四七五號函核定修正我國少子女化對策計畫（一百零七年至一百一十一年）（以下稱本計畫），補助育有未滿二歲兒童育兒津貼（以下稱本津貼）並鼓勵參與親職教育，特訂定本要點。

二　本要點所稱核定機關，指鄉（鎮、市、區）公所；直轄市、縣（市）政府衡量其得於本要點規定時程內核定事項者，得自為核定機關。

三　本津貼補助對象，請領當時應符合下列各款規定：
(一)育有未滿二歲（含當月）兒童。
(二)經直轄市、縣（市）政府依社會救助法審核認定為低收入戶或中低收入戶，或兒童之父母（或監護人）經稅捐稽徵機關核定之最近一年之綜合所得總額合計未達申報標準或綜合所得稅稅率未達百分之二十。
(三)兒童未經政府公費安置收容。
(四)未領取以照顧該名兒童之育嬰留職停薪津貼。
(五)未接受托育公共或準公共化服務。
前項第五款所稱托育公共或準公共化服務，指與政府簽訂合作契約之居家托育人員、社區公共托育家園、托嬰中心。

四　補助金額規定如下：
(一)低收入戶：每名兒童每月補助新臺幣五千元。
(二)中低收入戶：每名兒童每月補助新臺幣四千元。

㈢兒童之父母（或監護人）經稅捐稽徵機關核定之最近一年之綜合所得總額合計未達申報標準或綜合所得稅率未達百分之二十者：每名兒童每月補助新臺幣二千五百元。

㈣符合前三款資格之一，且為第三名以上者，每名兒童每月補助加發新臺幣一千元。

㈤已領有政府其他相同性質之生活類補助或津貼者，不得重複領取本津貼。

㈥本津貼以月為核算單位。

前項第四款所稱第三名以上者，指戶籍登記為同一母親或父親且依出生年月日排序計算之第三名以上子女。

第一項第五款所定相同性質之生活類補助或津貼者，由直轄市、縣（市）政府認定之。

五　本津貼申請人（以下稱申請人）資格規定如下：
㈠兒童之父母雙方、監護人得申請本津貼。但有下列情形之一者，得由父或母一方舉證後提出申請：
　1.父母一方失蹤，經向警察機關報案協尋未獲，達六個月以上。
　2.父母一方處一年以上之徒刑或受拘束人身自由之保安處分一年以上，且在執行中。
　3.父母離婚而未協議對未成年子女權利義務行使或負擔或共同監護，由實際照顧之父或母提出申請。
　4.有家庭暴力或其他變故，由實際照顧之父或母提出申請。
　5.未婚生子之婦女。
㈡兒童之父母、監護人雙方具前款情況致實際上未能照顧兒童者，得由實際照顧兒童且與兒童共同居住之人提出申請。得由實際照顧之人提出申請時，其申請時，第三點第一項第二款所定經稅捐稽徵機關核定之最近一年之綜合所得總額合計未達申報標準或綜合所得稅率未達百分之二十之查調，以實際照顧之人資料為準。

六　本津貼申領及發放程序規定如下：
㈠由申請人檢具申請書及相關證明文件郵寄或親送兒童戶籍地之核定機關提出申請。申請書格式由直轄市、縣（市）政府定之。
㈡核定機關受理後，應即審核文件是否齊備，經審核未齊備者，應以書面通知申請人於十四個工作天內補正；屆期仍未補正者，應以書面駁回。並以申請人檢附完整資料之日為受理申請日。
㈢經審核未符合補助規定者，核定機關應依下列規定辦理：
　1.以書面通知申請人，並載明申請人得於收到通知次日起三十日內，檢附資料提出申復。
　2.申請人因綜合所得稅率審查未通過者：

(1)以書面通知申請人，申請人得於收到通知次日起三十日內，以當年度申請之綜合所得稅核定通知書提出申復。

(2)申請人於三十日內無法取得綜合所得稅核定通知書，得先以當年度綜合所得稅申報資料辦理資料建檔，並於當年十二月三十一日前主動補附綜合所得稅核定通知書，如有特殊理由，經直轄市、縣市政府認定者，不在此限。

(3)申復期限於當年綜合所得稅結算申報期限前者，應延長至結算申報截止日補附綜合所得稅申報資料，並於當年十二月三十一日前補附綜合所得稅核定通知書。

3.受理申請人之申復，經審核符合申請資格者，追溯自受理申請月份發給本津貼。

(四)申請人逾前款第一目及第二目期間始申復者，視為重新申請。

(五)經審核符合補助資格者，核定機關應將本津貼按月撥入申請人帳戶。但有特殊情形者，得按月以其他方式發給。

(六)本津貼追溯自受理申請月份發給。但下列情形不在此限：

1.兒童出生後六十日內完成出生或初設戶籍登記並申請者，得追溯自出生月份發給。

2.中華民國一百零七年八月一日起二個月內申請者，得追溯自一百零七年八月發給。

(七)核定機關按月發給本津貼，原則應於次月底前完成。但本津貼第一次申請案件及總清查期間，不在此限。

(八)核定機關進行申請人財稅等相關資料年度清查，應至遲於三月底前完成，清查期間發現兒童及申請人有第七點第四款情形者，應書面通知申請人及戶籍地主管機關補助異動情形。

(九)不符合請領資格而領取補助者，由核定機關以書面命申請人自處分文書送達之次日起三十日內繳還；屆期未繳還者，依法移送行政執行。

七　申請人應配合事項：

(一)申請人提出申請時，應檢附證明文件供審核，所提供審核資料不實，須自負法律責任，並返還補助金額。

(二)為查核兒童及申請人申請資格，核定機關應向有關政府機關查調戶籍及財稅等資料，必要時得要求申請人配合查核，申請人不得拒絕。

(三)受補助期間重複領有政府其他相關同性質之生活類補助或津貼者，經查證屬實，應返還補助金額。

(四)有下列情事之一者，申請人應於事實發生日起三十日內主動向原核定機關申報：

1.兒童死亡或失蹤經向警察機關報案協尋未獲，達六個月以上。

2.兒童戶籍遷移至其他直轄市、縣（市）。

3. 兒童領有政府其他相同性質之生活類補助或津貼者。

4. 兒童經出養或認領。

5. 申請人結婚、離婚或子女扶養義務重新約定等親屬關係變動。

6. 申請人請領育嬰留職停薪津貼狀況異動。

㈤領取本津貼之費用應支用於兒童之食、衣、住、行、休閒育樂及醫療保健等基本生活所需，未符合規定者，得停止補助。

申請人未配合前項各款規定或核定機關知悉申請人有第四款各目情形之一者，得視情節輕重，撤銷或自事實發生之次月起廢止原核准處分之全部或一部，並追回已撥付本津貼之全部或一部。

前項應繳還津貼之全部或一部，得以扣抵本津貼或未滿二歲兒童托育準公共化服務費用政府協助支付金額方式辦理。

八 本要點之親職教育課程內容由衛生福利部社會及家庭署（以下稱本社家署）規劃定之，直轄市、縣（市）政府依轄內實際狀況遴選場地、講師及實施方式等事項，鼓勵申請人參與。

九 經費處理及管考規定如下：

㈠所需經費依本計畫規定，由本部社家署及直轄市、縣（市）政府編列預算支應。

㈡直轄市、縣（市）政府不得就第四點所定補助金額額外提供同性質之補助，一零七年八月一日前已實施之津貼或補助措施，應將落日與衛接規劃報送本部同意。

㈢直轄市、縣（市）政府倘有違反前款情事，自次年度起調降對該直轄市、縣（市）政府之補助，該直轄市、縣（市）政府應自籌財源負擔本要點所需經費。

㈣直轄市、縣（市）政府應依本部社家署所核定之補助經費金額覈據辦理撥款。直轄市、縣（市）政府應於辦理完竣後一個月內填具執行概況考核表、核定函及核定表影本，連同賸餘款繳回本部社家署辦理結案，並應依規定審核並保管支出憑證，以利審計機關及本部社家署查核。其餘事項另依衛生福利部社會及家庭署推展社會福利補助作業要點規定辦理。

㈤直轄市、縣（市）政府及鄉（鎮、市、區）公所應如實完期登錄、更新、彙送相關統計資料，並配合相關研考作業提報所需資料。

㈥直轄市、縣（市）政府及鄉（鎮、市、區）公所得視相關工作人員辦理本要點事項之執行績效，予以適度獎懲。

出版品及錄影節目帶分級管理辦法

①民國93年8月26日行政院令訂定發布全文20條；並自93年12月1日施行。
②民國94年4月1日行政院令修正發布第20條條文；有關出版品之分級管理規定自94年7月1日施行；有關錄影節目帶之分級管理規定自93年12月1日施行。
③民國101年5月31日文化部令修正發布名稱及第1、4、5、7、8、18至20條條文；並自發布日施行（原名稱：出版品及錄影節目帶分級辦法）。
④民國104年7月27日文化部令修正發布第1、20條條文；並自發布日施行。
⑤民國105年6月17日文化部令修正發布全文25條；並自發布日施行。

第一章 總 則

第一條

本辦法依兒童及少年福利與權益保障法第四十四條第三項規定訂定之。

第二條

本辦法用詞定義如下：

一 出版品：指以文字記載或圖畫描述事物之刊物、冊籍及錄製僅具聲音效果之錄音產品。

二 錄影節目帶：指經由電子掃描作用，在電視接收機或類似機具上顯示系統性聲音及影像之錄影帶（片）等產品。但電腦程式產品不屬之。

三 錄影節目帶分級管理義務之人：指錄影節目帶之發行、租售、展示陳列或提供者。

第三條

出版品及錄影節目帶之內容不得違反法律強制或禁止規定。

第二章 出版品之分級管理

第四條

出版品之出版、發行、供應者，應依本章規定，於出版品發行、銷售、陳列及供應前，自行分級；其對於自行分級有疑義時，得諮詢出版品分級專業團體意見。

第五條

出版品之內容有下列情形之一，有害兒童及少年身心健康者，列為限制級，未滿十八歲之人不得閱聽：

一 過當描述賭博、吸毒、販毒、搶劫、竊盜、綁架、殺人或其他犯罪行為者。

二 過當描述自殺過程者。

三 過當描述恐怖、血腥、殘暴、變態等情節且表現方式強烈者。

四 過當以語言、文字、對白、聲音、圖畫、攝影描繪性行為、淫穢情節或裸露人體性器官者。

第六條

①限制級出版品應在封面明顯標示「限制級：未滿十八歲之人不得閱聽」字樣。

②前項標示不得小於封面五十分之一。

第七條

限制級出版品封面及封底之圖片及文字，不得有第五條各款情形之一。

第八條

①租售限制級出版品者，應將限制級出版品以下列方式擇一陳列：

一 設置專區。

二 設置專櫃。

三 外加封套。

②前項專區、專櫃，應明顯標示「未滿十八歲之人不得租買」字樣。

第九條

出版品之內容無第三條或第五條情形者，列為普遍級，一般人皆可閱聽。

第一○條

本章之規定於新聞紙不適用之。

第三章 錄影節目帶之分級管理

第一一條

錄影節目帶分級管理義務之人於錄影節目帶發行、租售、展示陳列或提供前，應依本辦法之規定負分級義務並標示分級資訊。

第一二條

錄影節目帶分下列五級：

一 限制級（簡稱「限」級）：未滿十八歲之人不得觀賞。

二 輔導十五歲級（簡稱「輔十五」級）：未滿十五歲之人不得觀賞。

三 輔導十二歲級（簡稱「輔十二」級）：未滿十二歲之兒童不得觀賞。

四 保護級（簡稱「護」級）：未滿六歲之兒童不得觀賞，六歲以上未滿十二歲之兒童需父母、師長或成年親友陪伴輔導觀賞。

五 普遍級（簡稱「普」級）：一般人皆可觀賞。

第一三條

錄影節目帶之內容有下列情形之一，列為「限」級：

一 描述吸毒、販毒、搶劫、綁架、殺人或其他犯罪行為情節細密，有誘發模仿之虞者。

二 有恐怖、血腥、暴力、變態等情節且表現方式強烈，十八歲以上之人尚可接受者。

三 以動作、影像、語言、文字、對白、聲音表現出強烈之性表現或性暗示，且不致引起十八歲以上之人羞恥或厭惡者。

第一四條

錄影節目帶之內容有下列情形之一，列為「輔十五」級：

一 情節或對白涉及犯罪、恐怖、血腥、暴力、變態、玄奇怪異、社會畸型現象或其他對未滿十五歲之人之行為或心理有不良影響者。

二 以動作、影像、語言、文字、對白、聲音呈現性表現或性暗示，對未滿十五歲之人之行為或心理有不良影響之虞者。

第一五條

錄影節目帶之內容涉及下列情形之一，列為「輔十二」級：

一 情節或對白涉及犯罪、暴力、恐怖、血腥、變態、玄奇怪異、社會畸型現象或其他對兒童行為或心理有不良影響者。

二 以動作、影像、語言、文字、對白、聲音呈現性表現或性暗示，對未滿十二歲兒童之行為或心理有不良影響之虞者。

第一六條

錄影節目帶之內容有下列情形之一，且無前三條情形，列為「護」級：

一 涉及打鬥、竊盜、驚悚、玄奇怪異或社會畸型現象，對兒童行為或心理有不良影響之虞者。

二 涉及性或有混淆道德、價值觀之虞者。

第一七條

錄影節目帶之內容適合一般人觀賞者，列為「普」級。

第一八條

無渲染色情之裸露鏡頭，得視劇情需要，列入「限」級、「輔十五」級、「輔十二」級、「護」級或「普」級。

第一九條

錄影節目帶中預告樣片之級別應與其正片之級別一致。

第四章 附 則

第二○條

①錄影節目帶由有分級義務之人製作標籤黏貼或印製於錄影節目帶側面及其封套上。

②前項標籤應載明節目名稱、長度、級別及內容簡介。

第二一條

①限制級錄影節目帶應於錄影帶（片）、封面及封底上明顯標示

「本片列爲限制級，未滿十八歲之人不得觀賞」字樣。封面及封底之圖片及文字不得有限制級情形出現。

②前項封面及封底標示不得小於五分之一之版面。

第二二條

廣告宣傳品內容應符合錄影節目帶內容，並適合一般觀衆觀賞，且不得有下列情形之一：

一　違反法律強制或禁止規定者。

二　涉及性、暴力、恐怖、血腥或其他對兒童、少年之行爲或心理有不良影響之虞者。

第二三條

①租售限制級錄影節目帶者，應將限制級錄影節目帶以下列方式擇一陳列：

一　設置專區。

二　設置專櫃。

②前項專區、專櫃應明顯標示「未滿十八歲之人不得租買」字樣。

第二四條

錄影節目帶分級就分級有疑義之案件，中央目的事業主管機關得邀請相關專家及團體代表進行評議。

第二五條

本辦法自發布日施行。

遊戲軟體分級管理辦法

①民國95年7月6日經濟部令訂定發布全文11條；並自發布後六個月施行。
②民國98年6月5日經濟部令修正發布第2、11條條文；並自98年12月1日施行。
③民國100年4月13日經濟部令修正發布第2、7、11條條文；並自100年7月1日施行。
④民國101年5月29日經濟部令修正發布名稱及全文21條；並自發布日施行（原名稱：電腦軟體分級辦法）。
⑤民國104年11月12日經濟部令修正發布第1、19條條文；刪除第20條條文。
⑥民國107年4月20日經濟部令修正發布第2、10、13、15、16、21條條文；並自發布後三個月施行。
⑦民國108年5月23日經濟部令修正發布第2、6、7、8、12、13、21條條文；並自發布後三個月施行。

第一條 104
本辦法依兒童及少年福利與權益保障法（以下簡稱本法）第四十四條第三項規定訂定之。

第二條 108
本辦法用詞定義如下：

一 遊戲軟體：指整合數位化之文字、聲光、音樂、圖片、影像或動畫等程式，提供使用者藉由電腦、手持或穿戴式實境體感裝置等電子化設備操作以達到一定遊戲目的之軟體。但不包含電子遊戲場業管理條例所稱電子遊戲機使用之軟體。

二 有分級管理義務之人：指遊戲軟體發行、代理、租售、散布、展示陳列、提供接取瀏覽或下載之人。

三 棋奕類遊戲軟體：指在模擬之棋盤上依照規則移動棋子，且以策略決定輸贏之遊戲，包含模擬之五子棋、跳棋、象棋、圍棋等內容者。

四 牌類及益智娛樂類遊戲軟體：指以模擬之麻將、撲克、骰子、鋼珠、跑馬、輪盤為內容或以小瑪莉、拉霸、水果盤之圖像連線遊戲為內容者。

第三條
遊戲軟體內容不得違反法律強制或禁止規定。

第四條
①遊戲軟體依其內容分為下列五級：

一 限制級（以下簡稱限級）：十八歲以上之人始得使用。

二 輔導十五歲級（以下簡稱輔十五級）：十五歲以上之人始得

使用。

三　輔導十二歲級（以下簡稱輔十二級）：十二歲以上之人始得使用。

四　保護級（以下簡稱護級）：六歲以上之人始得使用。

五　普遍級（以下簡稱普級）：任何年齡皆得使用。

②父母、監護人或其他實際照顧兒童及少年之人應協助兒童及少年遵守前項分級規定。

③第一項之分級標識如附圖。

第五條

遊戲軟體內容有下列情形之一者，列為限級：

一　性：全裸畫面或以圖像、文字、影像及語音表達具體性暗示等描述。

二　暴力、恐怖：涉及人或角色被殺害之攻擊、殺戮等血腥、殘暴或恐怖畫面，令人產生殘虐印象。

三　毒品：使用毒品之畫面或情節。

四　不當言語：多次出現粗鄙或仇恨性文字、言語或對白。

五　反社會性：描述搶劫、綁架、自傷、自殺等犯罪或不當行為且易引發兒童及少年模仿。

六　其他描述對未滿十八歲人之行為或心理有不良影響之虞。

第六條 108

遊戲軟體內容有下列情形之一者，列為輔十五級：

一　性：女性裸露上半身、背面或遠處全裸、經過處理之裸露畫面或以圖像、文字、影像及語音表達輕微性暗示等描述。

二　暴力、恐怖：攻擊、殺戮等血腥或恐怖畫面，未令人產生殘虐印象。

三　菸酒：引誘使用菸酒之畫面或情節。

四　不當言語：出現粗鄙文字、言語或對白。

五　反社會性：有描述前條第五款以外之犯罪或不當行為，但不致引發兒童及少年模仿。

六　使用虛擬遊戲幣進行遊戲，且遊戲結果會直接影響虛擬遊戲幣增減之棋奕類、牌類及益智娛樂類遊戲軟體。

七　其他描述對未滿十五歲人之行為或心理有不良影響之虞。

第七條 108

遊戲軟體內容有下列情形之一者，列為輔十二級：

一　性：遊戲角色穿著凸顯性特徵之服飾或裝扮但不涉及性暗示；具教育性或醫學性之裸露畫面。

二　暴力、恐怖：有打鬥、攻擊等未達血腥之畫面或有輕微恐怖之畫面。

三　不當言語：一般不雅但無不良隱喻之言語。

四　戀愛交友：遊戲設計促使使用者虛擬戀愛或結婚。

五　未使用虛擬遊戲幣進行遊戲，或遊戲結果亦不直接影響虛擬遊戲幣增減之牌類及益智娛樂類遊戲軟體。

六　其他描述對未滿十二歲人之行為或心理有不良影響之虞。

第八條 108

遊戲軟體內容有下列情形之一者，列為護級：

一　暴力：可愛人物打鬥或未描述角色傷亡細節之攻擊等而無血腥畫面。

二　其他描述對未滿六歲人之行為或心理有不良影響之虞者。

第九條

遊戲軟體之內容無前四條描述之情形者，列為普級。

第一〇條 107

①發行或代理遊戲軟體之人於其遊戲軟體上市前，應依本辦法之規定標示分級資訊。但非由前述之人所供應之遊戲軟體，應由實際供應者依本辦法之規定負分級義務。

②前項之人應於遊戲軟體上市前將遊戲軟體分級級別、情節及發行或代理遊戲軟體之人有效連絡之通訊資料登錄於中央目的事業主管機關之資料庫，供分級查詢。

③遊戲軟體產品包裝及遊戲軟體說明、下載或起始網頁之內容，不得逾越該遊戲軟體之分級級別。

第一一條

遊戲軟體應依下列規定標示分級標識：

一　有遊戲軟體產品包裝者，應標示於產品包裝正面之左下方或右下方；除限級之標示不得小於二公分乘以二公分外，其餘級別之標示不得小於一點五公分乘以一點五公分。

二　無遊戲軟體產品包裝者，應於遊戲軟體說明、下載、起始網頁或連結處旁為明顯之標示；除限級之標示不得小於五十像素乘以五十像素外，其餘級別之標示不得小於四十五像素乘以四十五像素。但因體積過小或性質特殊無法為標示者，應以文字標示分級級別。

第一二條 108

①同一遊戲軟體內容有以下情形者，應以中文明顯標示下列各款情節名稱。

②其情節達三種以上者，應按內容比重至少標示三種情節：

一　涉及性、暴力、恐怖、菸酒、毒品、不當言語或反社會性等七種情節。

二　第六條第六款及第七條第五款所定之棋奕、牌類及益智娛樂。

三　涉及促使使用者虛擬戀愛或結婚之情節。

③遊戲軟體之情節名稱標示方法如下：

一　有遊戲軟體產品包裝者，應標示於產品包裝正面或背面之左下方或右下方。

二　無遊戲軟體產品包裝者，應於遊戲軟體說明、下載、起始網頁或連結處旁為明顯之標示。但因體積過小或性質特殊無法為標示者，不在此限。

第一三條 108

遊戲軟體應於遊戲軟體產品包裝及遊戲軟體說明、下載或起始網頁以中文明顯標示下列警語：

一 注意使用時間、避免沉迷、遊戲虛擬情節勿模仿或其他類似警語。

二 以棋奕類、牌類及益智娛樂類為遊戲主要情節者，應標示不得利用遊戲賭博、從事違反法令或其他類似行為之警語。

三 以購買遊戲點數（卡）、虛擬遊戲幣或虛擬寶物作為付費方式者，應標示其付費內容及金額、遊戲部分內容或服務需另行支付其他費用，或其他類似警語。

四 限級遊戲軟體應標示滿十八歲之人始得購買或使用之警語。

第一四條

① 有分級管理義務之人為遊戲軟體廣告者，該廣告除遵守相關法律及主管機關之規定外，並應於明顯處揭露遊戲軟體之分級級別。但因廣告體積過小或性質特殊無法為標示者，不在此限。

② 遊戲軟體上市前刊播之廣告，若其分級級別尚未確定，應以中文明顯標示本遊戲尚未上市，分級級別評定中之警語。

第一五條 107

① 第十條規定以外之有分級管理義務之人於租售、散布、展示陳列、提供接取瀏覽或下載遊戲軟體前，應確認遊戲軟體已完成分級資訊之標示；遊戲軟體分級標示不符本辦法規定者，經中央目的事業主管機關、地方主管機關或目的事業主管機關通知後，應立即改正、下架或移除。

② 設置特定場域提供設備及前項軟體供不特定多數人使用並以此為營業者，應以中文明顯標示分級資訊、場域安全須知、對人體可能產生之影響及遵從現場管理人員指示進行操作等其他類似警語。

③ 使用者得透過國際網路連結或下載非在中華民國境內發行之遊戲軟體，該遊戲軟體未能依本辦法規定分級及完成資料庫登錄資訊者，中央目的事業主管機關、地方主管機關或目的事業主管機關得採取下列措施：

一 通知網際網路平台提供者，為限制接取、瀏覽之措施，或先行移除。

二 通知在中華民國境內提供其營運服務之人，終止提供相關服務。

第一六條 107

① 租售、散布、展示陳列、提供接取瀏覽或下載限級遊戲軟體之有分級管理義務之人，應採取避免兒童及少年接觸之必要措施。

② 限級遊戲軟體應設有專區展示陳列並與其他級別遊戲軟體區隔，以中文明顯標示滿十八歲之人始得購買或使用之警語。

第一七條 107

① 中央目的事業主管機關、地方主管機關或目的事業主管機關為落

實遊戲軟體分級管理，得提供諮詢、受理檢舉及為本辦法應遵循事項之稽查。

②前項各機關受理檢舉或稽查之結果，由地方主管機關或目的事業主管機關依本法規定處罰。

第一八條

為推動遊戲軟體分級，中央目的事業主管機關得採取下列措施：

一　公布分級參照表，供有分級管理義務之人參考。

二　就分級有疑義之案件，邀請相關專家及團體代表進行評議。

三　評選優良之有分級管理義務之人並給予獎勵。

四　協助民間團體成立第三公正單位，提供有分級管理義務之人處理分級必要之協助或輔導。

第一九條 104

①本辦法中華民國一百零一年五月二十九日修正施行前已上市之遊戲軟體，其發行或代理遊戲軟體之人就其持有及其經銷商或代理商之遊戲軟體，應依第十條規定標示分級級別並登錄於中央目的事業主管機關之資料庫。

②前項遊戲軟體租售、散布、展示陳列或提供下載之人應通知發行或代理遊戲軟體之人依前項規定標示分級級別。

第二〇條 （刪除）104

第二一條 108

①本辦法自發布日施行。

②本辦法中華民國一百零七年四月二十日修正之條文，自發布後三個月施行。

③本辦法中華民國一百零八年五月二十三日修正之條文，自發布後三個月施行。

附圖：分級標識

產包大小（限制級不得小於2cm×2cm，其餘皆不小於1.5cm×1.5cm）				
四色(CMYK)組	M100%+Y100%	M65%+Y100%	M20%+Y100%	C100%	C65%+Y100%
PANTONE組	PANTONE 185C	PANTONE Orange 021C	PANTONE 116C	PANTONE 639C	PANTONE 381C

兒童及少年保護通報與分級分類處理及調查辦法

①民國93年4月8日內政部令訂定發布全文13條；並自發布日施行。
②民國94年3月28日內政部令修正發布第4條條文。
③民國101年5月30日內政部令修正發布全文17條；並自發布日施行。
④民國104年8月6日衛生福利部令修正發布名稱及全文18條；並自發布日施行（原名稱：兒童及少年保護通報及處理辦法）。
⑤民國108年10月30日衛生福利部令修正發布第1、2、4、5、7至9條條文

第一條 108

本辦法依兒童及少年福利與權益保障法（以下簡稱本法）第五十三條第七項規定訂定之。

第二條 108

①醫事人員、社會工作人員、教育人員、保育人員、教保服務人員、警察、司法人員、移民業務人員、戶政人員、村（里）幹事及其他執行兒童及少年福利業務人員，於執行業務時知悉兒童及少年有下列情形之一者，應立即填具通報表，以網際網路、電信傳真或其他科技設備傳送等方式，通報直轄市、縣（市）主管機關，至遲不得逾二十四小時；情況緊急時，得先以言詞、電話通訊方式通報，並於知悉起二十四小時內填具通報表，送直轄市、縣（市）主管機關：

一 施用毒品、非法施用管制藥品或其他有害身心健康之物質。
二 充當本法第四十七條第一項場所之侍應。
三 遭受本法第四十九條第一項各款之行為。
四 有本法第五十一條之情形。
五 有本法第五十六條第一項各款之情形。
六 遭受其他傷害之情形。

②前項通報人員通報內容，應包括通報事由、違反前項各款情形、兒童及少年基本資料及其他相關資訊。

第三條

前條以外之任何人知悉兒童及少年有前條第一項各款情形者，依本法第五十三條第二項規定通報直轄市、縣（市）主管機關時，得以前條第一項規定方式或其他任何方式為之。

第四條 108

兒童及少年有第二條第一項各款情形者，通報人員及其所屬機關

（構）於直轄市、縣（市）主管機關處理前，應視需要提供兒童及少年適當保護及照顧；其有接受醫療之必要者，應立即送醫；其有少年事件處理法第三條第一項情形者，應依該法相關規定處理；其有被害情形者，應通報警察機關。警察機關經查處將案件移送司法機關者，並應通知直轄市、縣（市）主管機關。

第五條 108

直轄市、縣（市）主管機關於知悉或接獲第二條、第三條通報時，應於二十四小時內進行評估後，分級如下：

一 第一級：有第二條第一項第五款情形，須立即給予保護、安置或為其他處置，或必須進行緊急安置者。

二 第二級：有第二條第一項第一至第六款情形，非屬前款案件者。

第六條

直轄市、縣（市）主管機關依前條進行分級後，應依通報事由、行為人與兒童及少年之關係、其他通報資訊及案件特性，進行分類：

一 第一類：因兒童及少年之父母、監護人、其他實際照顧兒童及少年之人或其他家庭成員（以下簡稱照顧人），未盡力禁止或故意，致兒童及少年有第二條第一項各款情形之一者。

二 第二類：因兒童及少年本人或照顧人以外之人故意，致兒童及少年有第二條第一項各款情形之一者。

三 第三類：前二款以外之情形者。

第七條 108

①直轄市、縣（市）主管機關就通報案件進行分級及分類後，應盡速指派人員依下列規定處理，並提出調查報告：

一 第一級：對兒童及少年進行訪視、調查、緊急保護、安置或為其他必要之處置。

二 第二級：

　(一)第一類：對兒童及少年進行訪視、調查、安全評估及為其他必要之處置。

　(二)第二類：確認已依本法及其他相關法律處理。

　(三)第三類：記載相關聯繫或查詢紀錄。

②前項調查報告，應包括分級與分類、通報事由之調查結果及處理方式；其提出之期限如下：

一 第一級案件：分級及分類後四日內。

二 第二級案件：分級及分類後三十日內。

第八條 108

①兒童及少年依本法第五十六條需緊急安置者，直轄市、縣（市）主管機關應以書面通報當地地方法院及警察機關，並通知兒童及少年之父母、監護人。但其無父母、監護人或通知顯有困難者，得不通知之。

②經直轄市、縣（市）主管機關緊急安置之兒童及少年為在學學生

者，應以書面或其他方式通知其就讀學校及教育主管機關，並製作紀錄備查。

③兒童及少年經法院裁定繼續安置期間，依法執行監護事務之人應定期作成兒童及少年照顧輔導報告，送由直轄市、縣（市）主管機關按個案進展作成報告，送交地方法院備查。

④第一項、前項及本法第五十七條第一項地方法院，於設有少年及家事法院地區，指少年及家事法院。

第九條 108

①緊急安置之兒童及少年於本法第五十七條第二項所定七十二小時期間屆滿前，直轄市、縣（市）主管機關應評估繼續安置之必要性；其安置原因未消滅暫不適宜返家者，得聲請法院裁定繼續安置；安置原因消滅時，應將兒童及少年交付其父母、監護人或其他實際照顧者。

②前項兒童及少年為在學學生者，直轄市、縣（市）主管機關應將安置情形或結果，以書面或其他方式通知其就讀學校及教育主管機關。

第一〇條

緊急安置之兒童及少年在法院裁定繼續安置期間，直轄市、縣（市）主管機關最遲應於安置期間屆滿十五日前完成延長安置必要性之評估；其有延長安置之必要者，並應於期間屆滿七日前向法院提出聲請。聲請再延長安置者，亦同。

第一一條

直轄市、縣（市）主管機關對於安置期間屆滿或撤銷安置之兒童及少年，應依本法第五十九條第四項規定，續予追蹤輔導至少一年，並定期作成追蹤輔導報告。

第一二條

直轄市、縣（市）主管機關依本法第六十四條第一項規定提出之兒童及少年家庭處遇計畫，應由社會工作人員實施個案管理，結合相關資源，提供兒童及少年及其家庭相關處遇服務。

第一三條

①直轄市、縣（市）主管機關對於受安置之兒童及少年，依前條規定實施之家庭處遇計畫滿二年，經評估其家庭無法重建或重建無成效，致兒童及少年無法返家者，應依本法第六十五條第一項規定，提出兒童及少年長期輔導計畫。

②前項長期輔導計畫，應由社會工作人員實施個案管理，提供包括長期安置、永久安置、出養或少年自立生活方案。

第一四條

依本辦法保護之兒童及少年轉學時，直轄市、縣（市）教育主管機關應予協助，必要時，得以不遷徙戶籍方式辦理轉學籍，兒童及少年轉出與轉入之學校應予配合，並注意個案身分資訊保密。

第一五條

依本辦法保護之兒童及少年有適用家庭暴力防治法者，直轄市、

縣（市）主管機關得視兒童及少年需要，代為聲請民事保護令。

第一六條

①第二條第一項情況緊急之通報案件，由兒童及少年所在地之直轄市、縣（市）主管機關處理；兒童及少年因移動或行蹤不明者，以受理通報在先之直轄市、縣（市）主管機關處理。

②前項以外之通報案件，由受理通報之直轄市、縣（市）主管機關處理。但同一兒童及少年通報案件有二以上直轄市、縣（市）主管機關受理通報者，以兒童及少年住居所在地之直轄市、縣（市）主管機關處理。

③通報案件依第一項及前項前段處理後，得視案件需要，移轉由兒童及少年住居所在地之直轄市、縣（市）主管機關為後續處遇或輔導；兒童及少年無住居所者，得移轉由兒童及少年所在地之直轄市、縣（市）主管機關為後續處遇或輔導。

第一七條

直轄市、縣（市）主管機關應結合社政、警政、教育、衛生、司法、戶政、民政、移民業務及其他相關機關，辦理兒童及少年保護通報與處理之宣導、教育訓練。

第一八條

本辦法自發布日施行。

脆弱家庭育兒指導服務方案

民國107年7月18日衛生福利部函訂頒。

壹、背景說明

兒童是國家未來的主人翁，亦是國家最寶貴的資產，政府除了積極鼓勵生育，更應該保護每個已出生的兒童，可以平安、健康的成長。然而，依據衛生福利部統計資料顯示，兒童及少年保護通報案件近5年來逐年增加，從102年3萬1,102件到106年5萬9,912件，而且平均每年有22.6名兒少因為父母或主要照顧者嚴重虐待或是殺子自殺事件波及而致死。如果從受虐者年齡來看，受虐者為未滿6歲兒童，其所占總受虐人數之比率由102年21.43%上升至106年31.87%，此向上攀升的趨勢亦令人憂心。此外，衛生福利部針對105年兒少保護案件分析施虐因素，以施虐者缺乏親職知能（35%）、負面人格特質（23%）最多，藥酒癮（12%）、親密關係失調（8%）等次之。因此，提升父母或主要照顧者之親職知識及技巧，預防最脆弱的6歲以下兒童遭受不當照顧或虐待，實有必要。

依據衛生福利部社會及家庭署盤點全國育兒指導服務方案統計資料顯示，截至106年底全國計13個地方政府運用公務預算或公彩盈餘等經費辦理相關育兒指導方案，合計服務6,975戶家庭，對象包含一般家庭與弱勢家庭。全國縣市涵蓋率僅6成，究其原因主要有兩點，一是地方政府人力及預算有限，爰將執行親職教育之重點放在兒少保護案件施予強制性親職教育上；二是轄內具育兒專業之民間團體及人員均不足，爰難提供服務。

綜上，為擴大推動育兒指導服務，減緩區域資源不平等現象，確保有需要的6歲以下兒童及其家庭，均能獲得專業的服務與協助，有效預防兒童虐待事件，爰訂定本方案。

貳、方案目標

一 提供兒童照顧支持服務，增強家庭教養及親職知能，確保兒童身心健全發展。

二 推展脆弱兒童保護預防性工作，落實強化社會安全網計畫宗旨。

參、服務對象

以行政院所核定「強化社會安全網計畫」之脆弱家庭育有6歲以下兒童為優先，並經地方政府評估有需求者，包含：

一 低收入戶家庭。

二 中低收入戶家庭。

三 兒少高風險家庭。

四 特殊境遇家庭。

五 未成年父（母）。

六 父母雙方或一方為中度以上之身心障礙者。

七 兒童為身心障礙或發展遲緩者。

八 領有弱勢家庭兒少緊急生活扶助者。

九 雙（多）胞胎家庭。

十 新手父母家庭。

十一 其他經社工評估有需求之家庭。

肆、服務內容

由直轄市政府社會局、縣（市）政府評估轄內區域需求，自行辦理或結合社會福利機構、基金會、團體及大專校院，提供到宅育兒指導、提升家長知能方案、育兒諮詢、親職指導人員培力等服務。

伍、執行單位

一 策劃單位：衛生福利部社會及家庭署。

二 主辦單位：直轄市政府社會局、縣（市）政府。

三 承辦單位：主辦單位或經主辦單位規劃承辦之機構、基金會、團體及大專校院。

陸、權責分工

一 策劃單位：

　(一)本方案之訂定、修正及解釋。

　(二)督導主辦單位推動本方案。

　(三)補助承辦單位相關執行經費。

　(四)其他有關本方案全國一致性之作業。

二 主辦單位：

　(一)評估轄內整體需求及資源盤點，並邀集承辦單位共同研擬規劃全縣（市）推動本方案。

　(二)以全縣（市）角度，撰寫整體規劃申請計畫書（格式如附件1-1），依規定配合編列自籌款後，提出補助申請。

　(三)將補助款分配給承辦單位，並督導承辦單位落實計畫執行，每年辦理執行成效評核事宜，其評核結果應納入下年度申請計畫內，供核定補助款之參考。

　(四)每年應召開至少兩次業務聯繫會議，並配合每半年彙送相關服務統計報表（格式如附件1-2）。

　(五)協調承辦單位與社會（家庭）福利服務中心進行雙向合作，促使本方案成為中心個案服務之後送資源。

三 承辦單位：

　(一)依據本方案內容提供相關服務措施，並積極發展在地創新服務方案。

　(二)每半年提報相關服務統計報表（格式如附件1-2），並接受主辦單位相關督導及評核。

㈢發現需政府介入的脆弱家庭、兒少高風險及保護性案件，應予轉介或依法通報。

柒、經費來源

每年申請公益彩券回饋金辦理。

捌、補助內容

一 補助對象：

直轄市政府社會局、縣（市）政府。

二 補助原則：

㈠直轄市政府社會局、縣（市）政府應整合規劃該縣市執行相關育兒指導服務方案，提出申請計畫。

㈡直轄市政府社會局、縣（市）政府應依行政院主計總處最新公告之「各直轄市及縣（市）政府財力分級表」編列自籌款配合辦理，其自籌比率如下：第1級：至少30%。第2級：至少25%。第3級：至少20%。第4級：至少15%。第5級：至少10%。並於函送申請案時檢附相關證明文件。另每年度自籌款比率應較前年度增加10%。

㈢本服務由直轄市政府社會局、縣（市）政府自行辦理、委由或補助民間團體辦理，該民間團體應符合以下資格：

1. 財團法人私立兒童及少年福利機構。
2. 財團法人社會福利慈善事業基金會。
3. 立案之社會團體
4. 財團法人其捐助章程明定辦理社會福利者。
5. 設有兒童福利、社會工作、社會福利、幼兒保育、幼兒教育、護理、幼兒與家庭教育等相關科系之大專院校。

㈣直轄市政府社會局、縣（市）政府應督導承辦之民間團體確實執行本方案，每年召開至少兩次業務聯繫會議，並辦理團體執行成效之評核事宜，其評核結果應納入下年度申請計畫內，供核定補助款之參考。

三 補助項目及標準：

㈠專業服務費：直轄市政府社會局、縣（市）政府，最多各補助1名人力，專業人員資格條件，依本署推展社會福利補助經費申請補助項目及基準相關規定辦理。

㈡專案管理人員服務費（申請單位請款時應檢附資格證明文件影本）：每一個承辦團體，最多各補助1名人力。資格條件應為符合下列之一者（申請單位應檢附資格證明文件影本），每人每月最高補助新臺幣3萬3,000元：

1. 大專以上幼兒保育、護理、特殊教育、早期療育、社會工作或兒童福利相關科系畢業，且應具有二年以上兒童福利機構、團體直接服務、督導、訪視輔導或居家式托育服務人員從業經驗。
2. 大專以上非相關科系畢業，但具有三年以上兒童福利機構、團體直接服務、督導、訪視輔導或居家式托育服務

人員從業經驗。

3. 上開人員為社會工作相關科系者，每人每月新臺幣3萬4,000元，具社會工作師專業證照之專業人員每月增加補助新臺幣2,000元；具專科社會工作師專業證書之專業人員每月增加補助新臺幣2,000元，相關系所碩士以上學歷每月增加補助新臺幣1,000元。

(三)訪視輔導事務費及交通補助費：由護理、幼教、家政、社工或具保母人員技術士證者等背景人員擔任親職指導人員，到宅提供親職示範、餐點預備、家務指導或親職諮詢等服務。訪視輔導事務費每案每月最高補助4次為原則，每案次最高補助新臺幣675元。交通補助費為同一訪視人員以每日訪視件次之公里數合計，5公里以上至未滿30公里補助新臺幣200元，30公里以上至未滿70公里補助新臺幣400元，70公里以上補助新臺幣500元。同一戶內之家長及兒童視為同一案。

(四)保險費：提供到宅訪視親職指導人員保險費，視各縣市資源及需求核定，並應檢據核銷。

(五)提升家長知能方案：辦理親職主題課程、成長團體、工作坊、讀書會等方案，補助項目包含講座鐘點費、專家學者出席費、團體帶領員、協同帶領員、印刷費、交通費、住宿費、材料費、場地及佈置費、器材租金、膳費、保險費、臨時酬勞費及雜支。

(六)親職指導人員培力方案：辦理教育訓練、個案研討、外聘督導等方案，補助項目包含講座鐘點費、專家學者出席費、團體帶領員、協同帶領員、交通費、住宿費、場地及佈置費、器材租金、印刷費、材料費、臨時酬勞費、保險費及膳費。

(七)創新及特殊需求服務工作方案：依當地特殊需求研提創新、實驗性服務計畫。

(八)專案計畫管理費。

玖、成效考核

一 主辦單位及承辦單位辦理下列事項之情形，將納入下年度核定補助之參考：

(一)承辦單位評比成績。

(二)每縣（市）服務區域涵蓋率達30%：所服務之鄉鎮市區數／轄區鄉鎮市區數總數*100%。

(三)主辦單位填送服務統計報表之時效及正確性。

二 承辦單位辦理本方案之執行績效，納入「中央對直轄市與縣（市）政府執行社會福利績效考核之項目」。

壹拾、本方案如有未盡事宜，視執行情形檢討修正。

脆弱家庭社區支持服務方案

①民國107年7月18日衛生福利部函頒。
②民國108年11月7日衛生福利部修正函頒。

壹、背景說明

家庭為人類社會生活的核心，對個人發展與社會穩定有其重要的意義與功能。惟因人口結構與社會發展的變遷、貧富差距擴大、就業市場緊縮及家庭解組等現象，導致家庭已無法如往昔發揮正常功能，難以穩定且妥適的照顧及教養家內成員，特別是兒童。這也是脆弱兒童與家庭受到關注的原因。

所謂脆弱兒童與家庭（vulnerable children and families），依據Waldman（2007）[1]的定義，是指家庭中的兒童有以下情況者：家庭中有兒童須照顧、低社經地位的年輕夫妻、不同少數族裔結合的年輕夫妻、年輕的家庭照顧者、年輕的母親、變換照顧者的兒童、難民或遊民家庭、家中有身心障礙的兒童、兒童有易受傷害的高風險之處者、兒童與脆弱的成人同住、接受家庭服務中的兒童、國語不流暢的學童、居住條件不佳的兒童家庭。Berrick（2009）[2]進一步提到脆弱家庭往往存在多重脆弱性（multiple vulnerabilities），包括：物質、生理、心理、環境的脆弱。因此，脆弱家庭需要多重支持與服務介入，特別是建構「以家庭為中心，以社區為基礎」的支持體系，來提供預防性服務。

經檢視97年12月4日訂頒並於102年12月26日修正的「推動弱勢家庭兒童及少年社區照顧服務計畫」，以及105年3月11日訂頒的「守護家庭小衛星--培植家庭支持服務資源網絡計畫」，係為由地方政府結合民間團體的在地據點，提供支持或補充性照顧兒童及少年（以下簡稱兒少）的服務，避免兒少受到疏忽，並預防或協助解決家庭問題，均吻合脆弱兒童及家庭的服務內涵。

「推動弱勢家庭兒童及少年社區照顧服務計畫」之特色，在於以課後臨托與照顧為媒介，專業社工得以接觸到家庭，在提供服務之外亦可發掘高風險家庭。而「守護家庭小衛星──培植家庭支持服務資源網絡計畫」之特色，在於與地方政府社會（家庭）福利服務中心（下稱社福中心）的連結，呈現分層級的公私協力服

1 Waldman, J. (2007). *Narrowing the Gap in Outcomes for Vulnerable Groups*. Slough: NFER.
2 Berrick, J. D. (2009). *Take Me Home, Protecting America's Vulnerable Children and Families*. Oxford: Oxford University Press.

務模式。

愛此，自108年起，擷取上開兩項計畫之優點整併成本方案，除讓補助資源配置更具效益外，實期建置數量更多、服務內容更多元的脆弱家庭社區據點，形塑分層級公私協力服務模式，並強化地方政府辦理培植、整合社區團體及資源的工作，完善家庭支持服務網絡。

貳、方案目標

一　建置脆弱家庭社區服務據點（小衛星），提供預防性、支持性及發展性服務方案，促進兒少身心健全發展，協助家庭顧功能發揮。

二　發展分層級公私協力服務模式，提升家庭支持服務之廣度與深度，建構以家庭為中心、社區為基礎的整合性支持服務體系。

參、服務對象

隔代、單親、身心障礙、原住民、新住民、受刑人、經濟弱勢等育有兒少之家庭，並經評估其家庭支持薄弱、有教養困難或照顧壓力者，其中以社福中心認定之脆弱家庭為優先。

肆、服務內容

由直轄市政府社會局、縣（市）政府評估轄內區域需求，結合社會福利機構、基金會、團體及大專院校等單位，針對有教養困難或照顧壓力之家庭，提供社區化及近便性之服務。

伍、執行單位

一　策劃單位：衛生福利部社會及家庭署。

二　主辦單位：直轄市政府社會局、縣（市）政府。

三　承辦單位：主辦單位或經主辦單位規劃承辦之機構、基金會、團體及大專院校。

陸、權責分工

一　策劃單位：

㈠本方案之訂定、修正及解釋。

㈡督導主辦單位推動本方案。

㈢補助承辦單位相關執行經費。

㈣其他有關本方案全國一致性之作業。

二　主辦單位：

㈠評估轄內整體需求及資源盤點，決定布點之區域及數量。

㈡以全縣（市）角度，撰寫整體規劃申請計畫書（格式如附件2-1）。

㈢督導承辦單位落實計畫執行，並每年辦理執行成效評核事宜，其評核結果應納入下年度申請計畫內，供核定補助款之參考。

㈣每年應召開至少兩次業務聯繫會議，並配合每半年彙送相關服務統計報表（格式如附件2-2）。

㈤自行規劃或委託辦理本方案教育訓練或培力計畫，以及開

發在地創新服務方案。

(六)協調承辦單位與社福中心進行雙向合作，促使本方案成為中心個案服務之後送資源。

二 承辦單位：

(一)除主辦單位同意者外，應於服務區域內設有辦公處所，其服務場地需符合公共安全相關規定。

(二)依據本方案內容提供相關服務措施，並積極發展在地創新服務方案。

(三)每半年提報相關服務統計報表（格式如附件2-2），並接受主辦單位相關督導、評核、教育訓練及培力計畫。

(四)發現需政府介入的脆弱家庭及保護性案件，應予轉介或依法通報。

(五)應與社福中心建立資源連結與合作模式，成為社福中心在社區中的資源窗口與關懷追蹤及轉介的網絡單位。

柒、經費來源

每年申請公益彩券回饋金辦理。

捌、補助內容

一 補助對象：直轄市政府社會局、縣（市）政府。

二 補助原則：

(一)直轄市政府社會局、縣（市）政府應盤點各社福中心及轄內整體需求及資源分布情形，以全縣（市）角度提出補助申請。

(二)本服務由直轄市政府社會局、縣（市）政府自行辦理（如社福中心）或補助、委託民間團體辦理，該民間團體應符合以下資格：

　　1.財團法人私立社會福利機構。

　　2.財團法人社會福利慈善事業基金會。

　　3.社團法人或立案之社會團體。

　　4.財團法人其捐助章程明定辦理社會福利者。

　　5.設有兒童福利、社會工作、社會福利、家庭教育、親職教育等相關科系之大專院校。

(三)直轄市政府社會局、縣（市）政府應依行政院主計總處最新公告之「各直轄市及縣（市）政府財力分級表」編列自籌款配合辦理，其自籌比率如下：第1級：至少50%。第2級：至少45%。第3級：至少40%。第4級：至少35%。第5級：至少30%，並於申請時檢附相關證明文件。

三 補助項目及標準：

(一)專業服務費：

　　1.直轄市政府社會局、縣（市）政府及承辦單位，每單位最多各補助1名人力。

　　2.接受專業服務費補助之民間團體需有良好督導系統，受補助之專業人員應為專職社工，辦理服務方案與方案管

理、資源開發及提供家庭訪視、轉介服務及落實法定通報，並接受轄區社福中心連結／轉介辦理本服務方案各項目社區支持服務為原則，且不得重複請領課後照顧服務人員費。

(二)訪視輔導事務費：限已提出申請但未獲補助專業服務費者，且不得重複請領課後照顧服務人員費。每案（家庭）每月最高補助2次為原則，每案次（家庭）最高補助新臺幣675元。同一戶內之家長及少兒視為同一案。

(三)電話諮詢事務費：限已提出申請但未獲補助專業服務費者，且不得重複請領課後照顧服務人員費。每案（家庭）每月最高補助4次為原則，每案次（家庭）最高補助新臺幣160元。

(四)訪視交通補助費：同一訪視人員以每日訪視件次之公里數合計，5公里以上至未滿30公里補助新臺幣200元，30公里以上至未滿70公里補助新臺幣400元，70公里以上補助新臺幣500元，每案每年最高補助48次（限社工專業人員領取）。

(五)個別心理輔導、社會暨心理評估與處置、諮商及心理治療費：每案次最高補助新臺幣1,600元，每案每年最高補助24次，並應檢據報銷。

(六)團體輔導活動費：最高補助新臺幣5萬元，項目為輔導人員鐘點費（每小時最高補助新臺幣800元）、印刷費、場地及佈置費、膳費及雜支。

(七)脆弱家庭關懷或追蹤輔導志工交通費及誤餐費：包含協助社福中心脆弱家庭關懷訪視、追蹤輔導或脆弱家庭兒少認輔個案之關懷等初級預防服務，每案次最高補助新臺幣150元，每案每月最高補助8次。

(八)兒童課後臨托與照顧：

1. 課後照顧服務人員費：每班每小時新臺幣150元至新臺幣260元（大專青年新臺幣150元至新臺幣200元，社團老師、社團遴聘老師、小學老師、代理老師、退休老師、大專學校老師新臺幣200元至新臺幣260元）。照顧人數不足25人，補助1名服務人員費，照顧30人（二班）補助2名服務人員費。學期中每天最高補助5小時，寒暑假期間每天最高補助8小時，僅辦理周末假日期間不予補助。（得參照各直轄市、縣市教育主管機關訂定鐘點費標準支應，惟不足部分應自籌辦理）

2. 膳費（課後照顧時間至少至下午6時之計畫始得申請，每人每餐最高補助新臺幣80元）。

3. 教材費、印刷費。

4. 需檢附課程表、學童名冊（格式如附件2-3）及註明免費提供服務，並切結其照顧服務人員（含志願服務人

員）符合兒童及少年福利與權益保障法第81條之消極資格，且依「兒童課後照顧服務班與中心設立及管理辦法」規定辦理。每班照顧人數以15人為原則，至多不得超過25人。

(九)少年輔導團體與活動：依不同少年需求，辦理團體輔導或發展創新服務方案活動，補助項目為團體帶領費（每人每小時最高補助新臺幣2,000元）、協同帶領費（每人每小時最高補助新臺幣1,000元），講座鐘點費、講座交通費、講座住宿費、專家學者出席費及交通費、印刷費、交通費、場地及佈置費、器材租金、材料費、教材費、住宿費、膳費、臨時酬勞費及雜支。

(十)簡易家務指導服務費：依個案需要提供，每案每小時補助新臺幣180元，每案每次最高補助4小時，每案每年最高補助48小時。請優先聘用國中以上畢業，具親職經驗，且願意接受職前訓練課程者。

(十一)親職教育或親子活動：最高補助新臺幣10萬元，項目為講座鐘點費、講座交通費、講座住宿費、翻譯費、口譯費、印刷費、場地及佈置費、器材租金、教材費、交通費、膳費、臨時酬勞費（配合活動辦理所需臨時托兒服務）及雜支。

(十二)寒暑假生活輔導及休閒輔導服務：寒暑假生活輔導服務期間至少一週，且須具生活輔導內容，最高補助新臺幣10萬元，項目為講座鐘點費、講座交通費、講座住宿費、印刷費、交通費、場地及佈置費、住宿費、器材租金、教材費、膳費、臨時酬勞費及雜支。

(十三)志工及工作人員（含家務指導員及臨時人員）研習訓練：最高補助新臺幣10萬元，項目為講座鐘點費、講座交通費、講座住宿費、印刷費、場地及佈置費、器材租金、交通費、膳費及雜支。

(十四)個案研討及方案評估外聘督導出席費。

(十五)辦理本方案相關單位聯繫會議或組織協力方案：講座鐘點費及交通費、專家學者出席費、場地及佈置費、臨時酬勞費、器材租金、教材費、交通費、印刷費及膳費。

(十六)特殊需求服務：依當地特殊需求研提創新、多元的家庭支持服務方案，每案最高補助新臺幣15萬元。

(十七)專案計畫管理費（總經費不含寒暑假生活輔導服務）。

玖、成效考核

一 主辦單位及承辦單位辦理下列事項之情形，納入下年度核定補助之參考：

(一)承辦單位評比成績。

(二)承辦單位個案服務人數成長率（每年達10%）。

(三)主辦單位輔導承辦之民間團體（包含補助辦理或社福中心

　　合作辦理）數量成長率（每年達10%）。
　　㈣主辦單位填送服務統計報表之時效及正確性。
二　本方案之執行績效納入「中央對直轄市與縣（市）政府執行
　　社會福利績效考核之項目」。
壹拾、本方案如有未盡事宜，視執行情形檢討修正。

兒童及少年高風險家庭通報及協助辦法

①民國101年5月30日內政部令訂定發布全文11條；並自發布日施行。
②民國104年10月28日衛生福利部令修正發布全文10條；並自發布日施行。

第一條
本辦法依兒童及少年福利與權益保障法（以下簡稱本法）第五十四條第三項規定訂定之。

第二條
本辦法所稱兒童及少年高風險家庭，指因遭遇經濟、教養、婚姻、醫療等問題，致兒童及少年有未獲適當照顧之虞之家庭。

第三條
①醫事人員、社會工作人員、教育人員、保育人員、教保服務人員、警察、司法人員、移民業務人員、戶政人員、村（里）幹事、村（里）長、公寓大廈管理服務人員及其他執行兒童及少年福利業務人員，於執行業務時知悉有兒童及少年高風險家庭時，應填具通報表以下列方式通報直轄市、縣（市）主管機關：
一　網際網路。
二　電信傳真。
三　其他科技設備等方式。
②前項通報內容應載明通報事由、兒童、少年及父母、監護人或主要照顧者基本資料、連絡方式及其他相關資訊。
③對於第一項通報，應妥善維護當事人之隱私，除法律另有規定外，應予保密。

第四條
①直轄市、縣（市）主管機關於知悉或接獲前條通報時，經初步評估符合兒童及少年高風險家庭者，應於知悉或接獲通報時起十日內進行訪視評估，並於一個月內提出評估報告。
②前項評估報告內容，應包含下列事項：
一　通報事由之確認。
二　問題診斷及評估。
三　服務目標之訂定。
四　服務計畫之建議。

第五條
①經直轄市、縣（市）主管機關依前條訪視評估兒童及少年有未獲適當照顧之虞者，應視個案需求結合社政、警政、教育、戶政、

衛生、財政、金融管理、勞政、移民或其他相關機關，提供整合性服務。

②前項服務之內容如下：

一　社政：提供關懷訪視、經濟補助、托育補助、社會救助及其他生活輔導服務。

二　警政：提供人身安全維護、觸法預防及失蹤人口協尋。

三　教育：提供就學權益維護與學生輔導及認輔服務。

四　戶政：提供個案身分資料及戶籍資料查詢。

五　衛生：提供就醫、藥癮、酒癮治療及心理衛生服務。

六　財政：提供稅務諮詢服務。

七　金融管理：提供金融機構對兒童及少年提供財產信託服務之督導。

八　勞政：提供職業訓練及就業輔導。

九　移民：提供停留、居留及定居權益維護之協助。

十　其他相關機關：提供必要服務。

第六條

直轄市、縣（市）主管機關依前條規定提供整合性服務時，應實施個案管理、追蹤、確認服務狀況及進度，並做成個案紀錄。

第七條

直轄市、縣（市）主管機關應邀集第五條提供服務相關機關，定期召開業務聯繫會報，一年至少二次。

第八條

直轄市、縣（市）主管機關應結合社政、警政、教育、衛生、司法、戶政、財政、金融管理、勞政、移民及其他相關機關，辦理兒童及少年高風險家庭通報與協助之宣導、教育訓練。

第九條

①直轄市、縣（市）主管機關就本辦法規定事項，得委託兒童及少年福利機構、團體或其他適當之專業人員，進行評估、訪視、個案管理及服務。

②直轄市、縣（市）主管機關應對受委託兒童及少年福利機構、團體或其他適當之專業人員，提供必要之協助。

第一〇條

本辦法自發布日施行。

兒童及少年高風險家庭關懷輔導處遇實施計畫

① 民國95年7月24日內政部函訂頒。
② 民國95年10月30日內政部函修正發布。
③ 民國96年11月7日內政部函修正發布。
④ 民國98年11月24日內政部函修正發布。
⑤ 民國102年12月3日衛生福利部函修正發布。
⑥ 民國104年2月10日衛生福利部函修正發布。

一　背景說明：

國內兒童虐待、家庭暴力及性侵害事件的發生，在過去十年以來有顯著的增加，除了數量上的增加，此類案件在問題的複雜性和嚴重性亦有日漸惡化的現象，近二年來，更有許多殺子後自殺的案例，探究此類案件發生原因，多數伴隨著父母失業、疏忽、吸毒、酗酒、離婚等危機事件，父母不勝壓力負荷，轉向子女施暴發洩，無辜的孩子變成父母的出氣筒，傷害之深，令人痛心，也引起政府及民間高度關切，而此等案件幾乎均非一一三兒保通報案件。

有鑑於此，政府亟需於原來兒童虐待及家庭暴力事件處遇流程和服務內涵之外，擴大篩檢體制，以及早發現或篩檢具有高風險家庭之虞的個案，爰自九三年十一月二九日函頒實施「推動高風險家庭關懷輔導處遇實施計畫」，透過主動和提前介入此等家庭及個案，有效評量其潛在的問題與需求，並提供以兒童為中心，家庭為對象之支持性、補充性等預防性服務。

為進一步提升兒童及少年高風險家庭（以下簡稱兒少高風險家庭）通報、篩檢及處遇服務之效能，分別於一百年十一月三十日修正「兒童及少年福利與權益保障法」增訂第五十四條，一〇一年八月八日增訂同法第五十四條之一等條文，一〇一年五月三十日訂定發布「兒童及少年高風險家庭通報與協助辦法」，促使兒少高風險家庭業務成為法定事項，對高風險家庭的兒童及少年提供更積極的保護作為。

二　法令依據：

㈠兒童及少年福利與權益保障法第五十四條及第五十四條之一。

㈡兒童及少年高風險家庭通報及協助辦法。

三　實施目的：及早篩檢發現遭遇困難或有需求之兒少高風險家庭，轉介社政單位提供支持性、補充性等預防性服務，降低家庭風險因子，協助家庭發揮功能，確保兒童少年獲適當照顧，

以預防兒童少年虐待、家庭暴力及性侵害事件發生。

四　兒少高風險家庭定義：係指因遭遇經濟、教養、婚姻、醫療等問題，致兒童及少年有未獲適當照顧之虞之家庭。

五　策劃單位：衛生福利部社會及家庭署（以下簡稱本署）。

六　主辦單位：直轄市政府社會局、縣（市）政府（以下簡稱地方政府）。

七　承辦單位：經地方政府規劃承辦之機構或團體。

八　服務對象：

（一）經教育、衛生、民政、勞政、警政、社政、戶政、移民等相關單位篩檢轉介之兒少高風險家庭，並依兒童及少年保護及高風險家庭通報表（如附表一）通報之個案。

（二）經相關團體或民眾通報轉介之兒少高風險家庭。

九　辦理事項：

（一）專業人員關懷訪視，以個案管理員角色模式，為個案家庭做需求評估、尋求資源、安排轉介、督導服務、追蹤評估等，提供支持性、補充性等預防性服務，健全家庭功能完整性。

（二）結合政府及民間資源，提供幼兒臨托及喘息服務。

（三）結合社區志工，推動認輔制度，協助兒童少年身心成長發展，或轉介參加國中小學學童課後照顧服務。

（四）辦理親職教育活動及增強父母或照顧者親職知能、親職指導或促進親子參與及親子關係之服務。

（五）針對精神疾病、酒藥癮家庭，轉介衛生醫療單位提供心理衛生及就醫服務。

（六）針對須就業輔導家庭，轉介就業服務單位，提供職業訓練及就業輔導資源。

（七）結合民間社會福利資源協助兒少高風險家庭改善困境。

（八）輔導進入社會救助系統，或協助申請中低收入兒童少年生活補助、弱勢家庭兒童及少年緊急生活扶助、托育補助或育兒津貼等相關費用，並轉介早期療育服務。

（九）辦理兒少高風險家庭宣導及教育訓練，強化兒少高風險家庭篩檢轉介機能，擴大轉介來源。

（十）其他依個案狀況予以適當之輔導處遇。

十　權責分工：

（一）策劃單位（本署）：

1.本計畫之研訂修正。

2.規劃兒少高風險家庭資訊作業系統。

3.研訂兒少高風險家庭評估指標與其篩檢通報及處遇流程（如附表二）。

4.協助安排承辦單位相關人員在職訓練。

5.督導地方政府推動本計畫。

6.補助承辦單位相關經費。

7.其他有關全國一致性之作業。

(二)主辦單位（地方政府）：

1. 洽定本計畫之承辦單位。
2. 審核承辦單位研提之計畫。
3. 審查承辦單位相關經費及其核銷作業。
4. 依據兒少高風險家庭開案指標、個案分級分類處遇指標及結案指標建議參考表（如附表三），督導承辦單位落實執行本計畫。
5. 承辦單位異動時，輔導移轉服務對象名冊與檔案資料。
6. 安排承辦單位相關人員在職訓練及引介連結公私部門資源，俾便承辦單位順利運用輔導案家。
7. 定期邀集相關行政單位與承辦單位召開聯繫會報。
8. 辦理兒少高風險家庭宣導、通報與協助之教育訓練。
9. 依兒少高風險家庭篩檢轉介處遇流程與承辦單位劃定責任分工。
10. 督導與考核承辦單位執行狀況並研訂承辦單位退出機制。
11. 建立兒少高風險家庭個案回覆機制。
12. 其他有關地方政府一致性之作業。

(三)承辦單位：

1. 應於地方政府轄區內設有辦公室。但經地方政府同意者不在此限。
2. 接受社會局（處）轉介個案不得無故拒絕，接案後應於十日內進行訪視評估並於一個月內提出評估報告。
3. 依本計畫內容提供相關服務，並應將個案資料建置於兒少高風險家庭個案管理資訊系統。
4. 運用案家成員優點增進案家權能，協助案家脫離困境。
5. 依據個案狀況，安排訪視之密度，並輔以電話關懷，協助案家，並做成紀錄備查。
6. 招募志工共同協助兒少高風險家庭。
7. 不得向服務對象收費及要求捐款。
8. 辦理宣導，廣邀社區民眾共同關懷兒少高風險家庭。
9. 接受補助購置之器材設備應列冊管理並納入移交。
10. 接受本署及地方政府之督導與訪評。
11. 其他有關承辦單位一致性之作業。

十一 專業人力：

(一)承辦單位應配置公立或立案之私立專科以上學校社會工作相關科、系、組、所畢業，領有畢業證書者，或非本相關科系需具有社工經歷二年以上，並修有相關學分課程（符合具可考社會工作師資格標準）職司本項服務之規劃與執行。

(二)承辦單位於九十五年以前聘用之心理輔導科系專業人員得繼續聘用，不受前項之限制。

十二 本署補助經費之項目及基準，另依年度預算編列情形逐年訂

　　　定公布之。
十三　承辦單位未依本計畫執行，經主辦單位限期改善仍未改善者，主辦單位得停止其承辦業務，並追繳其已撥發未執行之補助經費及相關設備。
十四　本計畫奉核定後實施，修正時亦同。

六歲以下弱勢兒童主動關懷方案

①民國98年6月12日內政部函訂頒。
②民國104年3月31日衛生福利部函修正發布。
③民國105年11月4日衛生福利部函修正發布；並自106年1月1日實施。

一 背景說明

本部九十四年度起推動兒童及少年高風險家庭（以下簡稱兒少高風險家庭）篩選轉介及關懷處遇服務，建立兒虐預警機制，結合醫事人員、社會工作人員、教育人員、保育人員、教保服務人員、警察、司法人員、移民業務人員、戶政人員、村（里）幹事、村（里）長、公寓大廈管理服務人員及其他執行兒童及少年福利業務等基層人力，篩檢有失業、貧困、入監服刑、藥酒癮、精神疾病、婚姻失調等問題的兒少高風險家庭，轉介各直轄市、縣（市）政府社政單位提供關懷訪視。

考量六歲以下學齡前兒童若未進入托嬰中心、幼兒園就托或就學，生活空間以自家居所為主，較不易被發現有受虐或未獲適當照顧之情事，為能強化兒少高風險家庭預防性服務措施，應優先針對育有六歲以下學齡前幼兒之高風險家庭建立主動關懷機制，以全面篩檢之方式，主動瞭解案家問題，及早介入關懷協助，預防家庭不幸事件之發生。

二 法令依據

㈠兒童及少年福利與權益保障法第五十四條、第五十四條之一。

㈡兒童及少年高風險家庭通報及協助辦法。

三 主動關懷對象為下列六歲以下之兒童

㈠戶政機關逕為出生登記者。

㈡戶政機關逕遷戶籍至戶政事務所者。

㈢逾期未完成預防接種者。

㈣未納入全民健保逾一年者。

㈤國小新生未依規定入學者。

㈥矯正機關收容人子女。

㈦父或母為未滿二十歲者。

四 工作權責及方式

㈠前點各款對象關懷方式之執行，應由各中央主管機關，責請所屬單位或直轄市、縣（市）政府確依各業管法規，落實前端關懷、輔導、查訪或調查工作，協助篩檢兒少高風險家

庭，並加強辦理教育訓練，提升各該單位（人員）對兒虐及兒少高風險家庭之辨識能力，使其於執行家訪追蹤之同時，敏於觀察案家六歲以下兒童照顧狀況，發現有符合兒少保護或兒少高風險家庭指標者，應依兒童及少年福利與權益保障法第五十三條及第五十四條規定進行通報。

(二)前點第一款至第四款對象關懷方式，依「戶政、衛政、警政及社政單位執行六歲以下弱勢兒童主動關懷個案通報及查訪作業流程」辦理，如附表一。

(三)前點第五款對象關懷方式，依教育部「強迫入學作業流程圖」辦理，如附表二。

(四)前點第六款對象關懷方式，依法務部「受刑人、在押人或受保安處分人有子女需照顧之通知處遇流程」辦理，如附表三。

(五)前點第七款對象關懷方式，由各戶政事務所於新生兒辦理登記時，請申請人填寫調查表（如附表四），並每月定期彙送各直轄市、縣（市）政府民政單位後，轉送社政單位辦理主動關懷工作。

(六)直轄市、縣（市）政府社政單位辦理本方案關懷工作時，如發現個案行方不明者，得移請警政機關協尋。

(七)直轄市、縣（市）政府社政單位對於後續關懷篩檢方式，得本諸職掌及社工專業，依地區特性因地制宜，採取委辦或依主動關懷對象類別分工合作自行規劃辦理。

五 管考機制
　本方案列入定期中央各網絡單位業務聯繫及檢討機制辦理，並納入社會福利績效考核項目予以督考。

六 本計畫奉核定後實施，修正時亦同。

兒童及少年受安置輔導或感化教育之學籍轉銜及復學辦法

民國102年10月31日教育部、法務部會銜訂定發布全文11條；
並自發布日施行。

第一條
本辦法依兒童及少年福利與權益保障法第七十三條第二項規定訂定之。

第二條
①本辦法適用對象為依少年事件處理法交付安置輔導或施以感化教育之兒童及少年（以下簡稱兒童及少年）。
②本辦法所定學籍轉銜及復學，適用於兒童及少年受安置輔導、施以感化教育期間及其期滿後，或經提報免除、停止執行感化教育後。

第三條
執行兒童及少年安置輔導之福利、教養機構（以下簡稱安置輔導機構）或感化教育機構應於兒童及少年進入機構後十四日至一個月內，評估兒童及少年之身心狀況及學習能力等相關需求，訂定兒童及少年受安置輔導或感化教育期間之就學輔導或處遇計畫。

第四條
兒童及少年於進入安置輔導機構後一個月內，機構應訂定安置輔導期間轉銜及復學教育計畫，必要時，得邀集擬轉銜及復學學校主管機關代表、學校校長、兒童及少年家長代表及其他相關人員，召開轉銜及復學輔導會議決定之。

第五條
兒童及少年於受安置輔導或感化教育期滿一個月前或經提報免除、停止執行感化教育當月，安置輔導機構或感化教育機構應邀集擬轉銜及復學學校主管機關代表、學校校長、兒童及少年家長代表及其他相關人員，召開轉銜及復學輔導會議，訂定離開機構後之轉銜及復學教育計畫。

第六條
兒童及少年之學籍轉銜及復學方式如下：
一　國民教育階段：
　　㈠未逾國民教育年齡者：依國民教育法規定進入戶籍所在地或安置輔導機構、感化教育機構所在地學區學校。
　　㈡逾國民教育年齡者：進入戶籍所在地或安置輔導機構、感化教育機構所在地學區學校或附設補習學校。

二 高級中等教育階段：由安置輔導機構或感化教育機構專案向擬轉銜及復學學校及學校主管機關申報學籍，不受高級中等學校學籍申報時間及名額限制。

第七條

①教育部應會同法務部、衛生福利部組成兒童及少年學籍轉銜及復學教育協調小組，辦理下列事項：

一 協調學籍轉銜及復學合作學校名單。

二 處理爭議個案。

三 建立個案安置輔導檢核指標，提供少年法院個案審理裁定處遇之參據。

四 處理第九條所定獎懲事宜。

五 其他轉銜及復學相關事項。

②前項協調小組置委員十三人至二十一人，其中一人為召集人，由教育部國民及學前教育署署長擔任；其餘委員，就直轄市、縣（市）教育與社政主管機關代表、安置輔導機構或感化教育機構首長及專家學者聘（派）兼之。任一性別委員人數不得少於委員總數三分之一。

第八條

兒童及少年依第四條、第五條之轉銜及復學教育計畫，向轉銜及復學學校報到後十四日內，學校應通知原安置輔導機構或感化教育機構，並視學生需求，於開學或復學後一個月內，召開個案輔導會議，必要時，得邀請原安置輔導機構或感化教育機構相關人員參加。

第九條

①學校辦理兒童及少年轉銜及復學輔導工作之執行成效，應納入各該學校校務評鑑。

②學校辦理兒童及少年轉銜及復學輔導工作成效良好者，由教育部會同法務部、衛生福利部予以表揚，並由教育部函知學校主管機關依相關規定敘獎。

③學校違反本辦法規定，或執行轉銜及復學教育計畫不力致影響兒童及少年受教權益者，由教育部函知學校主管機關依相關規定懲處。

第一〇條

兒童及少年於國民教育及高級中等教育階段之入學、升學、轉學及學籍管理，本辦法未規定者，適用其他相關法規規定。

第一一條

本辦法自發布日施行。

兒童及少年結束家外安置後續追蹤輔導及自立生活服務作業規定

①民國101年5月3日內政部函訂定發布全文7點；並自即日生效。
②民國102年11月5日衛生福利部函修正發布第1、2、7點；並自即日生效。
③民國106年12月21日衛生福利部函修正發布全文7點。

一　為執行兒童及少年福利與權益保障法（以下簡稱兒少法）第五十九條、第六十二條、第六十八條，及兒童及少年性剝削防制條例第三十條第一項第二款至第四款規定，直轄市、縣（市）主管機關（以下簡稱主管機關）對於結束家外安置之兒童及少年，應續予追蹤輔導至少一年，特訂定本作業規定。

二　本作業規定所稱兒童及少年結束家外安置後續追蹤輔導（以下簡稱後追）服務對象如下：

(一)兒少法第五十九條：主管機關依兒少法第五十六條對兒童及少年緊急安置、第五十七條對兒童及少年繼續安置及延長安置，並於安置期間期滿或依法撤銷安置者。

(二)兒少法第六十二條：主管機關依兒少法第六十二條接受兒童及少年之父母等人申請安置，並於被安置之兒童及少年家庭情況改善後返回其家庭者。

(三)兒少法第六十八條：主管機關對於依少年事件處理法交付安置輔導或感化教育結束，停止或免除之兒童、少年及其家庭。

(四)兒童及少年性剝削防制條例第三十條第一項第二款至第四款：主管機關對於經法院裁定不付安置、停止安置或經安置期滿之兒童及少年。

(五)其他：兒童及少年安置及教養機構、辦理寄養家庭或親屬安置之社會福利機構（以下簡稱安置機構）自行收容安置之兒童及少年。

三　主管機關應自行或委託兒童及少年福利機構或團體（以下簡稱委辦單位）辦理後追服務。

四　兒童及少年後追服務應由原戶籍地主管機關辦理，其住居所遷出時，戶籍地主管機關得委託居住地主管機關代為辦理。相關兒童及少年福利服務或補助等經費，由原戶籍地主管機關支付。

五　安置機構知悉兒童及少年結束安置三個月前或因情事變更臨時結束安置者，應即發文通知主管機關，行文單位如下：

㈠與安置機構簽訂委託安置契約之主管機關。

㈡安置機構自行收容之兒童及少年（含司法轉向），發文至其戶籍地主管機關。

六 主管機關接獲安置機構通知兒童及少年結束安置之公文，應依各主管機關辦理兒童及少年結束家外安置後續追蹤輔導與自立生活服務流程圖（如附件）及下列原則辦理後追服務：

㈠建立後追服務動態名冊，如兒童及少年有緊急或延長安置等特殊情形，得隨時調整之。

㈡於一個月內，派社工員至安置機構、兒童及少年家庭進行訪視評估，兒童及少年離開機構前完成結束家外安置後續追蹤輔導計畫。

㈢依法實施家庭處遇計畫或遭受性剝削之兒童及少年，社工員應依前揭家庭處遇計畫繼續提供服務，並就其狀況一併擬定結束家外安置後續追蹤輔導計畫，必要時，並得修正家庭處遇計畫。

㈣返家之兒童及少年：兒童及少年交付家長或適當親屬後，應持續追蹤輔導並提供適性之福利服務及補助。

㈤無法返家之兒童及少年：應依兒少法第二十三條辦理自立生活適應協助方案並擔任兒童及少年緊急聯絡人。

㈥追蹤期限：對於兒童及少年應予追蹤輔導至少一年。後追期間訪視之頻率與方式，應視其狀況而定。

㈦研討及評估：對於兒童及少年服務處遇、研討及結案等評估，應主動召集相關單位共同研商。

七 為確實掌握後追服務進度及服務成效，主管機關應辦理下列事項：

㈠自行或督導委辦單位於保護資訊系統、全國兒童少年安置及追蹤個案管理系統建置個案資料，並查核建置之完整性及正確性。

㈡所有經確認之後追兒童及少年名冊於每年一月十五日、七月十五日前報送衛生福利部（保護服務司）、衛生福利部社會及家庭署。

㈢與委辦單位應接受衛生福利部（保護服務司）、衛生福利部社會及家庭署之督導，並參與相關之專業研習訓練。

社政主管機關處理網際網路內容違反兒童及少年相關法規處理原則

民國105年12月衛生福利部函修正名稱及全文5點；並自106年1月1日生效（原名稱：網際網路內容違反兒童及少年相關法規處理原則）。

一 為協助各直轄市、縣（市）政府社政主管機關處理網際網路內容違反兒童及少年相關法規之案件，特訂定本原則。

二 本原則所稱兒童及少年相關法規，指涉兒童及少年福利與權益保障法（以下簡稱兒少法）第四十六條、第四十六條之一、第四十九條及第六十九條，及兒童及少年性剝削防制條例（以下簡稱防制條例）第五十條由社政機關處理之案件，其中兒少法第四十六條涉及其他目的事業主管機關之案件，由各該目的事業主管機關依相關規定處理，另防制條例第三十六條、第三十八條、第四十條由警政機關處理。

三 iWIN網路內容防護機構（以下簡稱iWIN）接獲舉報後，應初步判讀網頁內容，將相關網頁資料存證，並查出該網頁公司行號所在地或IP位址所在地，依下列原則辦理，同時回復舉報人：

(一)未涉兒少法或防制條例者，依規定轉其他權責單位辦理或結案。

(二)涉及防制條例第三十六條、第三十八條、第四十條者，應立即檢附網頁相關存證資料、移請內政部警政署偵辦。

(三)涉及防制條例第五十條、兒少法第四十六條之一、第四十九條或第六十九條者，應立即檢附網頁相關存證資料，移請公司行號所在地之社政主管機關處理，公司行號所在地不明者，移請IP位址所在地之社政主管機關處理。但網頁有足資識別被害人身分資訊者，依人在地原則，檢附相關資料送被害人住所地之社政主管機關處理，必要時得由地方社政主管機關協調管轄權。

(四)涉及兒少法第四十六條者：

　1.相關存證資料備份後，立即通知該IP平台業者（個人），網路內容恐已涉違法情事，建議應限制兒童少年接取、瀏覽之措施或先行移除。

　2.檢附網頁相關存證資料、移請各目的事業主管機關處理，其中涉社政主管機關之案件，移請公司行號所在地之社政主管機關處理，公司行號所在地不明者，移請IP位址所在

　　地之社政主管機關處理。

　㈤IP位址設於國外者，除將網站資訊通知教育部、中華電信，透過色情守門員等軟體防護措施，防杜兒童少年接取網站（頁）資訊；兒少色情案件另可轉介臺灣展翅協會透過國際色情防制組織予以追蹤查察；重大案件並移請警政署辦理。

四　社政主管機關接獲iWIN通知後，應依相關規定為行政調查後認定是否違法：

　㈠未違法：回復iWIN，結案。

　㈡違法：

　　1.違反兒少法第四十六條：應立即通知該IP平台業者網路內容已涉違法情事，應依時限為限制兒童少年接取、瀏覽之措施或先行移除。並於該時限屆滿後立即複查，若網路業者未移除，主管機關應依兒少法第九十四條裁罰，屆期未改善，得按次處罰，辦理情形回覆iWIN，結案。

　　2.違反防制條例第五十條、兒少法第四十六條之一、第四十九條或第六十九條：主管機關應立即通知該IP平台業者網路內容已涉違法情事，應立即移除，並分別依防制條例五十條、兒少法第九十四條、第九十七條及第一百零三條裁罰，辦理情形回覆iWIN，結案。

五　iWIN定期將派案及回復處理情形送交衛生福利部保護服務司檢討處理結果。

兒童及少年福利機構設置標準

①民國93年13月23日內政部令訂定發布全文35條；並自發布日施行。
②民國96年12月23日內政部令修正發布第9、33條條文。
③民國100年5月12日內政部令修正發布第9、22、33條條文。
④民國101年1月6日內政部令修正發布第8條條文；並增訂第33-1條條文。
⑤民國101年5月30日內政部令修正發布全文33條；並自發布日施行。
⑥民國102年12月31日衛生福利部令修正發布第6、8、10、11、18、20至22、25、26、30條條文。

第一章 總則

第一條

本標準依兒童及少年福利與權益保障法（以下簡稱本法）第七十五條第二項規定訂定之。

第二條

①本法所稱兒童及少年福利機構，其定義如下：

一　托嬰中心指辦理未滿二歲兒童托育服務之機構。

二　早期療育機構指辦理發展遲緩兒童早期療育服務之機構。

三　安置及教養機構指辦理下列對象安置及教養服務之機構：

　　㈠不適宜在家庭內教養或逃家之兒童及少年。

　　㈡無依兒童及少年。

　　㈢未婚懷孕或分娩而遭遇困境之婦嬰。

　　㈣依本法第五十二條第一項第一款或第二款規定，經盡力禁止或盡力矯正而無效果之兒童及少年。

　　㈤有本法第五十六條第一項各款規定情事應予緊急保護、安置之兒童及少年。

　　㈥因家庭發生重大變故，致無法正常生活於其家庭之兒童及少年。

　　㈦兒童、少年及其家庭有其他依法得申請安置保護之情事者。

四　心理輔導或家庭諮詢機構指辦理對於兒童、少年及其家庭提供諮詢輔導服務，及對兒童、少年及其父母辦理親職教育之機構。

五　其他兒童及少年福利機構指提供兒童、少年及其家庭相關福利服務之機構。

②托嬰中心、早期療育機構及安置教養機構應具有收托或安置五人

以上之規模。

第三條

兒童及少年福利機構所需之專業人員，應依兒童及少年福利機構專業人員資格及訓練辦法或其他相關專業人員資格規定，並於聘任後三十日內報請主管機關備查；異動時，亦同。

第四條

兒童及少年福利機構之設置，應以促進兒童及少年身心健全發展爲目標，除依各目的事業主管機關規定辦理外，並應符合下列規定：

一　機構內設施設備，應符合衛生、消防、建築管理等規定，並考量兒童及少年個別需求。

二　機構內設施設備應配合兒童及少年之特殊安全需求，妥爲設計，並善盡管理及維護。

三　機構內設施設備應使行動不便之兒童及少年亦有平等之使用機會。

四　機構之環境應保持清潔、衛生，室內之採光及通風應充足。

第二章　設置標準

第一節　托嬰中心

第五條

①托嬰中心應提供受托兒童獲得充分發展之學習活動及遊戲，以協助其完成各階段之發展，並依其個別需求提供下列服務：

一　兒童生活照顧。

二　兒童發展學習。

三　兒童衛生保健。

四　親職教育及支持家庭功能。

五　記錄兒童生活成長與諮詢及轉介。

六　其他有益兒童身心健全發展者。

②前項托嬰中心已收托之兒童達二歲，尚未依幼兒教育及照顧法規定進入幼兒園者，托嬰中心得繼續收托，其期間不得逾一年。

第六條 102

①托嬰中心之收托方式分爲下列三種：

一　半日托育：每日收托時間未滿六小時者。

二　日間托育：每日收托時間在六小時以上未滿十二小時者。

三　臨時托育：父母、監護人或其他實際照顧兒童之人因臨時事故送托者。

②前項第三款臨時托育時間不得逾前項第一款及第二款托育時間。

第七條

托嬰中心應有固定地點及完整專用場地，其使用建築物樓層以使用地面樓層一樓至三樓爲限，並得報請主管機關許可，附帶使用地下一樓作爲行政或儲藏等非兒童活動之用途。

第八條 102

① 托嬰中心應具有下列空間：

一 活動區：生活、學習、遊戲、教具及玩具操作之室內或室外空間。

二 睡眠區：睡眠、休息之空間。

三 盥洗室：洗手、洗臉、如廁、沐浴之空間。

四 清潔區：清潔及護理之空間。

五 廚房：製作餐點之空間。

六 備餐區：調奶及調理食品之空間。

七 用餐區：使用餐點之空間。

八 行政管理區：辦公、接待及保健之空間。

九 其他與服務相關之必要空間。

② 前項空間應有適當標示，第一款應依幼兒托規模、兒童年齡與發展能力不同分別區隔，第三款及第四款應與第六款及第七款有所區隔。

③ 第一項各款空間，得視實際情形，依下列規定調整併用：

一 第二款、第四款或第七款，得設置於第一款之室內空間。

二 第二款及第七款空間得合併使用；第五款及第六款，亦同。

三 第四款得設置於第三款空間。

④ 第一項第四款應設有沐浴槽及護理台；第六款應設有調奶台。

第九條

① 托嬰中心室內樓地板面積及室外活動面積，扣除盥洗室、廚房、備餐區、行政管理區、儲藏室、防火空間、樓梯、陽台、法定停車空間及騎樓等非兒童主要活動空間後，合計應達六十平方公尺以上。

② 前項供兒童主要活動空間，室內樓地板面積，每人不得少於二平方公尺，室外活動面積，每人不得少於一點五平方公尺。但無室外活動面積或不足時，得另以其他室內樓地板面積每人至少一點五平方公尺代之。

第一〇條 102

托嬰中心應提供具有適當且符合兒童年齡發展專用固定之坐式小馬桶一套；超過二十人者，每十五人增加一套，未滿十五人者，以十五人計；每收托十名兒童應設置符合兒童使用之水龍頭一座，未滿十人者，以十人計。

第一一條 102

托嬰中心應置專任主管人員一人綜理業務，並置特約醫師或專任護理人員至少一人；每收托五名兒童應置專任托育人員一人，未滿五人者，以五人計。

第一二條

托嬰中心不得以兒童係發展遲緩、身心障礙或其家庭為低收入戶、中低收入戶為理由拒絕收托。

第二節　早期療育機構

第一三條

早期療育機構應以家庭為服務對象，提供兒童及其父母、監護人或實際照顧兒童之人下列服務：

一　療育。
二　生活自理訓練及社會適應。
三　親職教育及支持家庭功能。
四　通報、轉介及轉銜等諮詢。
五　其他有益兒童身心健全發展者。

第一四條

① 早期療育機構之服務方式分為下列二種：

一　日間療育：以半日托育、日間托育或全日托育方式提供發展遲緩兒童療育及照顧。
二　時段療育：以部分時段托育方式提供發展遲緩兒童療育及照顧。

② 前項機構得合併設置，並得因父母、監護人或其他實際照顧兒童之人需求，遴派專業人員至服務對象所在處所提供到宅療育服務。

第一五條

① 早期療育機構除另有規定外，應具有下列設施設備：

一　辦公室。
二　保健室。
三　活動室。
四　會談室。
五　訓練室。
六　會議室。
七　盥洗衛生設備。
八　廚房。
九　寢室。
十　其他與服務相關之必要設施設備。

② 前項第一款、第二款及第四款，第三款及第九款規定之設施設備得視實際需要調整併用。

③ 第一項第八款及第九款規定之設施設備於辦理時段療育之機構，得視業務需要設置。

第一六條

① 早期療育機構室內樓地板面積扣除辦公室、廚房、儲藏室、防火空間、樓梯、陽台、法定停車空間及騎樓等非兒童主要活動空間後，應符合下列規定：

一　提供日間療育服務者：不得少於一百平方公尺，供兒童主要活動空間，每一室內樓地板面積不得少於六點六平方公尺。
二　提供時段療育服務者：不得少於七十五平方公尺。

②早期療育機構收托之兒童以使用地面樓層一樓至三樓為限。

第一七條

①早期療育機構應置專任主管人員一人，綜理機構業務，並置下列工作人員：

一 社會工作人員。

二 早期療育教保人員、早期療育助理教保人員。

三 療育專業人員。

四 行政人員或其他工作人員。

②前項第三款所稱療育專業人員，指特殊教育老師、職能治療師、物理治療師、心理師、語言治療人員、定向行動訓練人員、醫師及護理人員等。

③第一項第一款及第二款所定人員應為專任；第三款人員得以專任或特約方式辦理。收托三十名以上兒童之機構，第四款人員至少應置專任人員一人。

④第一項第一款所定社會工作人員，每收托三十名兒童應置一人，未滿三十人者，以三十人計。

⑤第一項第二款、第三款所定早期療育教保人員、早期療育助理教保人員或療育專業人員應依下列規定配置：

一 日間療育：每收托五名兒童應置早期療育教保人員、早期療育助理教保人員或療育專業人員一人，未滿五人者，以五人計。

二 時段療育：以一對一之個別療育為原則，最高不得超過一對三，早期療育教保人員、早期療育助理教保人員或療育專業人員與受服務者比例，每人每週服務量不得超過二十五人。

⑥前項之早期療育助理教保人員數不得超過早期療育教保人員數。

第三節 安置及教養機構

第一八條 102

安置及教養機構，應以滿足安置對象發展需求及增強其家庭功能為原則，並提供下列服務：

一 生活照顧。

二 心理及行為輔導。

三 就學及課業輔導。

四 衛生保健。

五 衛教指導及性別教育。

六 休閒活動輔導。

七 就業輔導。

八 親職教育及返家準備。

九 自立生活能力養成及分離準備。

十 追蹤輔導。

十一 其他必要之服務。

第一九條

安置及教養機構應視安置對象之年齡、性別、需求及安置理由等，採分樓層或分區域方式規劃安置與教養方式及環境。

第二○條 102

①安置及教養機構生活空間之規劃，應以營造家庭生活氣氛為原則，設置下列設施設備：

一　客廳或聯誼空間。

二　餐廳。

三　盥洗衛生設備。

四　廚房。

五　寢室，包括工作人員值夜室。

六　其他與生活起居相關之必要設施設備。

②除前開設施設備外，安置及教養機構應視服務性質，設置下列設施設備：

一　多功能活動室。

二　辦公室。

三　會談室。

四　圖書室。

五　保健室。

六　其他與服務相關之必要設施設備。

③前項各款之設施設備，得視實際情形調整併用。

④安置及教養機構並得視業務需要增設調奶台、護理台、沐浴台、育嬰室、職訓室、會議室、情緒調整室、感染隔離室、會客室、健身房、運動場等設施設備。

第二一條 102

①安置及教養機構室內樓地板面積不得少於一百二十平方公尺，並應符合下列規定：

一　安置未滿二歲之兒童者：每人不得少於十平方公尺；其中寢室及盥洗衛生設備，合計每人不得少於三點五平方公尺。

二　安置二歲以上之兒童及少年者：每人不得少於十五平方公尺；其中寢室及盥洗衛生設備，合計每人不得少於八平方公尺。

三　每一寢室安置未滿三個月之兒童最多以十五人為限，三個月以上未滿二歲之兒童最多以九人為限，二歲以上之兒童最多以六人為限，少年最多以四人為限。

四　安置第二條第三款第三目所定對象者，每人不得少於二十平方公尺，其中寢室、盥洗衛生設備，合計每人不得少於十平方公尺；每四人至少應有一間盥洗設備。

②安置及教養機構之室外活動面積，每人不得少於三平方公尺，並得報請主管機關許可，參酌當地實際情形，以室內樓地板面積代之。

③安置及教養機構安置之兒童，以使用地面樓層一樓至四樓為限。

第二二條 102

① 安置及教養機構應置專任主管人員一人，綜理機構業務，並置下列工作人員：

一　保育人員、助理保育人員、托育人員、生活輔導人員或助理生活輔導人員。

二　社會工作人員。

三　心理輔導人員。

四　醫師或護理人員。

五　行政人員或其他工作人員。

② 前項第一款及第二款人員應為專任；第三款及第四款人員得以特約方式辦理；第五款行政人員得由相關人員兼任。

③ 安置未滿二歲之兒童，每三人至少應置保育人員、助理保育人員或托育人員一人，未滿三人者，以三人計。

④ 安置二歲以上未滿六歲之兒童，每四人至少應置保育人員或助理保育人員一人，未滿四人者，以四人計。

⑤ 安置六歲以上之兒童，每六人至少應置保育人員或助理保育人員一人，未滿六人者，以六人計。

⑥ 安置少年，每六人至少應置生活輔導人員或助理生活輔導人員一人，未滿六人者，以六人計。

⑦ 安置第二條第三款第一目、第三目及第四目所定之兒童，每四人至少應置保育人員或助理保育人員一人，未滿四人者，以四人計。安置少年者，每四人至少應置生活輔導人員或助理生活輔導人員一人，未滿四人者，以四人計。

⑧ 第一項第一款規定之助理保育人員數不得超過保育人員數；助理生活輔導人員數不得超過生活輔導人員數。

⑨ 安置第二條第三款第一目、第三目至第五目所定之兒童及少年，每十五人應置社會工作人員一人，未滿十五人者，以十五人計。安置第二條第三款第二目、第六目及第七目所定之兒童及少年，每二十五人應置社會工作人員一人，未滿二十五人者，以二十五人計。

⑩ 安置第二條第三款第一目、第三目至第五目所定二歲以上之兒童及少年，每四十人應置心理輔導人員一人，未滿四十人者，得以特約方式聘用。

⑪ 安置第二條第三款第二目、第六目及第七目所定二歲以上之兒童及少年，每七十五人應置心理輔導人員一人，未滿七十五人者，得以特約方式聘用。

⑫ 共同安置第二條第三款各目之兒童及少年，應置心理輔導人員數依前二項應置人數之比例總和計算，未滿一人者，得以特約方式聘用。

第二三條

安置及教養機構應以獨立設置為原則，兼辦其他類型機構業務者，應報請主管機關許可。

第四節　心理輔導或家庭諮詢機構

第二四條

心理輔導或家庭諮詢機構應針對兒童、少年及其家庭或實際照顧兒童及少年之人提供下列服務：

一　兒童及少年之認知、情緒（感）、心理及行為輔導。

二　兒童及少年就學、就業等之心理輔導及諮詢。

三　兒童、少年及其家庭親職教育、親子關係諮詢輔導及相關處遇。

四　兒童及少年福利諮詢、轉介。

五　其他必要之服務。

第二五條　102

心理輔導或家庭諮詢機構室內樓地板面積不得少於七十五平方公尺，並應具有下列設施設備：

一　辦公室。

二　會談室。

三　多功能活動室。

四　盥洗衛生設備。

五　其他與服務相關之必要設施設備。

第二六條　102

①心理輔導或家庭諮詢機構應置專任主管人員一名，綜理機構業務，並置下列工作人員：

一　心理輔導人員。

二　社會工作人員。

三　行政人員或其他工作人員。

②前項第一款人員應為專任。

第五節　其他兒童及少年福利機構

第二七條

①福利服務機構應針對兒童、少年及其家庭成員，提供下列服務：

一　個案服務。

二　團體服務。

三　社區服務。

四　外展服務。

五　轉介服務。

六　親職教育。

七　親子活動。

②福利服務機構除提供前項服務外，並得視需要提供諮商服務、閱覽服務、遊戲服務、資訊服務、休閒或體能活動或其他福利服務。

第二八條

①福利服務機構室內樓地板面積不得少於一百五十平方公尺，並應

具有下列設施設備：

一 辦公室。

二 會談室。

三 活動室。

四 會議室。

五 盥洗衛生設備。

六 其他與服務相關之必要設施設備。

②前項第三款及第四款之設施設備，得視實際情形調整併用；並得視業務需要增設遊戲室、保健室、閱覽室、電腦室、運動場等設施設備。

第二九條

①福利服務機構應置專任主管人員一人，綜理機構業務，並置下列人員：

一 社會工作人員。

二 心理輔導人員。

三 行政人員或其他工作人員。

②前項第一款人員應至少一人為專任；第二款人員得以特約方式辦理。

③福利服務機構提供兒童及少年遊樂設施或體能活動者，應置專人管理並提供必要之指導。

第三章　附　則

第三〇條　102

①偏遠、離島或原住民族地區依本標準規定設立兒童及少年福利機構有困難者，得專案報請直轄市、縣（市）主管機關審查，並經中央主管機關同意後辦理。

②直轄市、縣（市）主管機關得因都市土地使用限制等社會環境之需要，專案報請中央主管機關同意，就第二十一條第三項規定機構樓層放寬之。但於機構新設、擴充、遷移、負責人或法人變更時，應依第二十一條第三項規定辦理。

第三一條

①本標準中華民國一百零一年一月六日修正施行前，托兒所經許可兼辦托嬰中心者，其托嬰中心總面積達六十平方公尺以上，並符合第九條第二項之兒童個人最少活動空間之規定，得於幼兒教育及照顧法規定申請改制之同時，向當地主管機關申請許可，取得托嬰中心設立許可證書。

②前項托嬰中心於擴充、遷移、負責人或法人變更時，應重新申請設立許可；其依前項規定取得之托嬰中心設立許可證書，應由原主管機關廢止之。

第三二條

本標準施行後，直轄市、縣（市）自治法規有關人員配置及樓地板面積之規定高於本標準者，從其規定。

第三三條

本標準自發布日施行。

兒童課後照顧服務班與中心設立及管理辦法

① 民國101年6月4日教育部令訂定發布全文33條；並自101年5月30日施行。
② 民國102年3月13日教育部令修正發布第22、25、33條條文；並自發布日施行。
③ 民國103年11月19日教育部令修正發布第9、22、25、26條條文；並增訂第18-1至18-4、21-1條條文。
④ 民國104年7月22日教育部令修正發布第8、24條條文。

第一章 總 則

第一條

本辦法依兒童及少年福利與權益保障法（以下簡稱本法）第七十六條第三項規定訂定之。

第二條

本辦法所稱主管機關：在中央為教育部；在直轄市為直轄市政府；在縣（市）為縣（市）政府。

第三條

① 本辦法用詞，定義如下：

一 兒童課後照顧服務（以下簡稱本服務）：指收托國民小學階段兒童，於學校上課以外時間，提供以生活照顧及學校作業輔導為主之多元服務，以促進兒童健康成長、支持婦女婚育及使父母安心就業。

二 兒童課後照顧服務班（以下簡稱課後照顧班）：指由公、私立國民小學設立，辦理兒童課後照顧服務之班級。

三 兒童課後照顧服務中心（以下簡稱課後照顧中心）：指由鄉（鎮、市、區）公所、私人（包括自然人或法人）或團體設立，辦理兒童課後照顧服務之機構。

② 前項第二款由公立國民小學設立或第三款由鄉（鎮、市、區）公所設立者，為公立，其餘為私立。

第四條

① 公立國民小學或鄉（鎮、市、區）公所（以下簡稱委託人），得委託依法登記或立案之公、私立機構、法人、團體（以下簡稱受託人）辦理公立課後照顧班或公立課後照顧中心。

② 前項委託辦理，應符合政府採購法及其相關法規規定，受託人辦理本服務經評鑑成績優良者，委託人得以續約方式延長一年；其收費數額、活動內容、人員資格與在職訓練計畫、編班方式、辦

理時間、辦理場所、管理方案、受託人續約及相關必要事項，應載明於招標文件。

③公立國民小學依前項規定，委託辦理本服務者，應提供學校內各項設施及設備。受託人須使用學校以外之其他場所、設施或設備時，應以師生安全及服務活動需要爲優先考量，並經學校同意後，報直轄市、縣（市）主管機關核准。

第五條

①提供本服務而招收兒童五人以上者，應依本辦法規定辦理。但依法登記或立案之社會福利、公益、慈善或宗教團體提供免費之本服務者，不在此限。

②國小學辦理課後照顧班，應充分告知兒童之家長，儘量配合一般家長上班時間，並由家長決定自由參加，不得強迫。

③課後照顧班、課後照顧中心（以下簡稱課後照顧班、中心）每班兒童，以十五人爲原則，至多不得超過二十五人。

④公立課後照顧班、中心，每班以招收身心障礙兒童二人爲原則，並應酌予減少該班級人數。

⑤國小學得視身心障礙兒童照顧需要，以專班方式辦理本服務。

第六條

①直轄市、縣（市）主管機關於離島、偏鄉、原住民族或特殊地區，得優先指定公立國民小學、區公所設立課後照顧班、中心，或補助鄉（鎮、市）公所、私人或團體設立課後照顧中心。

②離島、偏鄉、原住民族或特殊地區依本辦法規定設立課後照顧中心有困難者，得專案報直轄市、縣（市）主管機關許可後，依許可內容辦理之。

③前項特殊地區，由直轄市、縣（市）主管機關認定。

第七條

①公立課後照顧班應優先招收低收入戶、身心障礙及原住民兒童。

②公立課後照顧班之收費如下：

一　低收入戶、身心障礙及原住民兒童：免費。

二　情況特殊兒童：經學校評估後，報直轄市、縣（市）主管機關專案核准者，減免收費。

三　一般兒童：依第二十條規定收費。

③前項兒童，除第五條第四項規定外，以分散編班爲原則。

④國小學或受託人每招收兒童二十人，第二項減免之費用，應自行負擔一人；其餘由直轄市、縣（市）主管機關補助之；仍不足者，由中央主管機關視實際情況補助之。

⑤低收入戶、身心障礙、原住民及其他情況特殊兒童參加本服務之人數比率，列爲各國民小學辦理本服務之教育視導重要指標之一。

第二章　設立許可

第八條 104

①直轄市、縣（市）主管機關依本法第七十六條第四項規定設立之課後照顧服務審議會，其任務如下：

一 研訂直轄市、縣（市）推展兒童課後照顧服務之目標及方針。

二 協調規劃直轄市、縣（市）主管機關兒童課後照顧服務之推動。

三 審議其他有關兒童課後照顧服務事項。

②前項審議會置委員十三人至十七人，由直轄市、縣（市）長或其指定之人擔任召集人，並就教育學者專家、家長團體代表、婦女團體代表、公益教保團體代表、勞工團體代表、兒童及少年福利團體代表及機關代表聘（派）兼之。

第九條 103

①公立課後照顧班，由直轄市、縣（市）主管機關指定公立國民小學，或由公立國民小學提出申請，經直轄市、縣（市）主管機關核定後辦理；私立課後照顧班，由直轄市、縣（市）主管機關指定私立國民小學辦理者，由直轄市、縣（市）主管機關核定後辦理之。

②私立課後照顧班，由私立國民小學申請辦理者，應填具申請書，並檢附下列文件、資料，經直轄市、縣（市）主管機關核定後辦理之：

一 設立目的及業務計畫書。

二 財產清冊及經費來源。

三 預算表：載明全年收入及支出預算。

四 組織表、主管與工作人員人數、資格、條件、工作項目及福利。

五 收退費及服務規定。

六 學校財團法人董事會同意附設課後照顧班之會議紀錄。

③前二項所定國民小學，包括師資培育大學附設之實驗國民小學及高級中等以上學校附設之國民小學或國小部。

④第一項指定或申請程序及應檢附資料文件，由直轄市、縣（市）主管機關定之。

第一〇條

①公、私立課後照顧中心，由鄉（鎮、市）公所、私人或團體填具申請書，並檢附下列文件、資料一式五份，向直轄市、縣（市）主管機關申請許可：

一 中心名稱、地址及負責人等基本資料；負責人並應檢附其無違反本法第八十一條第一項規定之切結書及警察刑事紀錄證明。

二 中心設立目的及業務計畫書。

三 建築物位置圖及平面圖，並以平方公尺註明樓層、各隔間面積、用途說明及總面積。

四　土地及建築物使用權利證明文件：包括土地與建物登記（簿）謄本、建築物使用執照影本、建築物竣工圖、消防安全設備圖說及消防安全機關查驗合格之證明文件與使用權利證明文件影本。土地或建物所有權非屬私人或團體所有者，應分別檢具經公證自申請日起有效期限三年以上之租賃契約或使用同意書。

五　財產清冊及經費來源。

六　預算表：載明全年收入及支出預算。

七　組織表、主管與工作人員人數、資格、條件、工作項目及福利。

八　收退費基準及服務規定。

九　履行營運擔保證明影本。

十　投保公共意外責任保險之保險單影本。

十一　申請人為法人或團體者，並應檢附法人或團體登記或立案證明文件影本，及法人或團體經目的事業主管機關核准附設課後照顧中心文件影本。

②前項第九款履行營運擔保能力之認定及第十款公共意外責任保險之保險金額，由直轄市、縣（市）主管機關公告之。

③直轄市、縣（市）主管機關得視需要，命申請人就第一項所定文件、資料繳交正本，備供查驗。

④直轄市、市主管機關指定區公所辦理課後照顧中心者，由直轄市、市主管機關核定後辦理之。

第一一條

課後照顧班、中心之命名及更名，應符合下列規定：

一　私立課後照顧班、中心，不得使用易使人誤解其與政府機關（構）有關之名稱。

二　課後照顧班應冠以學校附設之名稱；其依第四條規定委託辦理者，並應明確表示委託人與委託辦理及受託人之名稱。

三　公立課後照顧中心，應冠以直轄市、縣（市）某鄉（鎮、市、區）公所設立之名稱；其依第四條規定委託辦理者，並應明確表示委託人與委託辦理及受託人之名稱。

四　私立課後照顧中心，應冠以其所在地直轄市、縣（市）名稱及私立二字，並得冠以該私人、團體之姓名或名稱。

五　同一直轄市、縣（市）之私立課後照顧中心，不得使用相同名稱。但由同一私人或團體設立者，得使用相同名稱，並加註足資分辨之文字。

第一二條

直轄市、縣（市）主管機關受理第十條第一項之申請後，經會同相關機關實地勘查，認符合本辦法規定者，應許可其設立，並發給設立許可證書。

第一三條

設立許可證書應至少載明課後照顧中心之名稱、地址、負責人姓

名、機構面積、最大招收人數、許可期間及許可文號；其格式，由直轄市、縣（市）主管機關定之。

第一四條

前條設立許可證書應載明之事項有變更時，負責人應自事實發生之次日起三十日內，向直轄市、縣（市）主管機關申請變更登記，並換發設立許可證書。

第一五條

課後照顧中心遷移者，應向遷移所在地直轄市、縣（市）主管機關重新申請設立；其遷移至原行政區域外者，並應向原主管機關申請歇業。

第一六條

①課後照顧中心停業或歇業時，應於三十日前敘明理由及日期，申請直轄市、縣（市）主管機關核准後，始得為之；停業後復業者，亦同。

②課後照顧中心經許可設立後，於一年內未開始營運，或因故停業而未依前項規定申請核准者，直轄市、縣（市）主管機關應命其限期改善；屆期未改善者，得廢止其設立許可。已逾核准之停業期間而未復業者，亦同。

③第一項所定停業期間，以一年為限，必要時得申請延長一年。

第一七條

①課後照顧中心在原址進行改建、擴充、縮減場地、增減招收人數等事項時，應於三十日前檢具下列文件、資料，申請直轄市、縣（市）主管機關核准：

一　原設立許可證書。

二　變更項目及內容。

三　建築物改建、擴充或縮減場地之許可證明文件及建築物樓層配置圖，並標示變更範圍。

四　消防安全設備機關核發之合格文件及圖說。

五　變更後之室內、外活動空間面積。

六　變更後之房舍用途及面積。

七　學童安置方式。

②課後照顧中心依前項核准之事項變更完成後，應報直轄市、縣（市）主管機關進行查核，通過者，換發設立許可證書。未依規定辦理或不符許可內容者，直轄市、縣（市）主管機關得廢止其設立許可。

第三章　行政管理及收費

第一八條

①課後照顧中心每年六月三十日及十二月三十一日前，應檢附招收概況表，報直轄市、縣（市）主管機關備查。

②課後照顧中心每年十二月三十一日前，應檢附公共意外責任險保單影本，報直轄市、縣（市）主管機關備查。

③課後照顧中心應每二年檢附主任、課後照顧服務人員與其他工作人員之健康檢查結果影本，報直轄市、縣（市）主管機關備查。

第一八條之一 103

課後照顧中心之服務，分爲下列三類：

一　平日服務：於學期起迄期間提供服務者。

二　寒暑假服務：於寒暑假期間提供服務者。

三　臨時服務：爲父母、監護人或其他實際照顧兒童之人因臨時需要提供服務者。

第一八條之二 103

課後照顧中心收取之費用項目及用途如下：

一　註冊費：支應硬體設施維護成本。

二　月費：支應人事成本。

三　代辦費：支應交通費、教材費、餐點費、活動費等費用。

四　臨時服務費：支應臨時服務時間之相關費用。

第一八條之三 103

①課後照顧中心應於申請許可時，考量其營運成本，依前條所定收費項目及用途訂定收費基準，報直轄市、縣（市）主管機關核准。

②直轄市、縣（市）主管機關應衡酌之收費項目與用途、中心規模與經營成本，核准其收費基準後，課後照顧中心始得依核准之內容，向兒童家長收取費用。

③課後照顧中心有變更收費項目及基準必要時，應於每學期開始三十日前，敘明理由及擬變更收費日期，向直轄市、縣（市）主管機關申請核准後，始得爲之。

第一八條之四 103

①課後照顧中心收取費用，應掣給正式收據，且不得以任何理由要求兒童及家長繳回收據收執聯。

②前項收據，應載明課後照顧中心名稱、地址、設立許可證書號碼、服務期間、收費項目、各項金額、總額及退費規定。

第一九條

①課後照顧中心應與兒童家長，就本服務之內容、時間、接送方式、逾時或短少時數、保護照顧、告知義務、緊急事故與處理、終止契約事項、收費與退費方式、違約賠償、申訴處理、管轄法院及其他課後照顧中心與家長之權利、義務等事項，訂定書面契約。

②前項書面契約之範本，由中央主管機關公告之。

第二〇條

①公立課後照顧班辦理本服務之收費基準，由直轄市、縣（市）主管機關以下列計算方式爲上限，自行訂定：

一　學校自辦：

於學校上班時間辦理時，每位學生收費	新臺幣二百六十元×服務總節數÷零點七÷學生數
於學校下班時間及寒暑假辦理時，每位學生收費	新臺幣四百元×服務總節數÷零點七÷學生數
一併於學校上班時間及下班時間辦理時，每位學生收費	（新臺幣二百六十元×上班時間服務總節數÷零點七÷學生數）＋（新臺幣四百元×下班時間服務節數÷零點七÷學生數）

二　委託辦理：

於學校上班時間辦理時，每位學生收費	
於學校下班時間及寒暑假辦理時，每位學生收費	新臺幣四百十元×服務總時數÷零點七÷學生數
一併於學校上班時間及下班時間辦理時，每位學生收費	

②前項第一款服務總節數，其每節為四十分鐘。

③第一項收費，得採每月收費或一次收費；參加兒童未滿十五人者，得酌予提高收費，但不得超過直轄市、縣（市）主管機關依第一項所定收費基準之百分之二十，並應報直轄市、縣（市）主管機關核准。

④第一項本服務總節（時）數，因故未能依原定服務節（時）數實施時，應依比率減收費用。

第二一條

①公立課後照顧班依前條規定收取之費用，其支應之項目，分為下列二類：

一　行政費：

　　㈠行政費包括水電費、材料費、勞健保費、勞退金、資遣費、加班費、獎金及意外責任保險等勞動權益保障費用。

　　㈡行政費以占總收費百分之三十為原則。但學校委託辦理時，受託人之行政費，以占總收費百分之二十為原則；學校之行政費，以占總收費百分之十為限。

二　鐘點費：以占總收費百分之七十為原則。

②前項收費不足支應時，應優先支付鐘點費。

③公立國民小學自行辦理本服務時，其收支得採代收代付方式為之，並應妥為管理會計帳冊。

①私立課後照顧班辦理本服務之收費基準，準用第二十條第一項第一款公立課後照顧班學校自辦規定。

②私立課後照顧班辦理本服務之支應項目及收支方式，準用前條規定。

第四章　人員資格訓練及配置

第二二條 103

①課後照顧班置下列人員：

一　執行秘書：一人；學校自辦者，得由校長就校內教師派兼之；委託辦理者，由受託人聘請合格人員擔任之。

二　課後照顧服務人員：

　　(一)每招收兒童二十五人，應置一人；未滿二十五人者，以二十五人計。

　　(二)學校自辦者，得由校長就校內教師派兼之或聘請合格人員擔任之，校內教師並應徵詢其意願；委託辦理者，由受託人聘請合格人員擔任之，並應於開課七日前報委託學校備查。

三　行政人員或其他工作人員：由學校視需要酌置之，並得由校長就校內教師派兼之；委託辦理者，由受託人視需要酌置之。

②課後照顧中心置下列人員：

一　主任：一人，專任，並得支援該中心課後照顧服務業務。

二　課後照顧服務人員：每招收兒童二十五人，應置一人；未滿二十五人者，以二十五人計。

三　行政人員或其他工作人員：視實際需要酌置之。

③課後照顧中心應於設立後，招生前，檢附主任、課後照顧服務人員、行政人員與其他工作人員名單及下列文件，報直轄市、縣（市）主管機關核准後，始得招生；課後照顧班委託辦理者，亦同：

一　主任及課後照顧服務人員之資格證明文件影本。

二　所有人員無違反本法第八十一條第一項規定之切結書及警察刑事紀錄證明。

三　所有人員之健康檢查表影本。

④前項人員有異動時，應自事實發生後三十日內，依前項規定，報直轄市、縣（市）主管機關備查。

⑤課後照顧班、中心負責人或工作人員有本法第八十一條第一項各款情形之一者，課後照顧班、中心應向主管機關辦理通報事宜，於辦理本法第八十一條第二項查證時，應為資訊蒐集及查詢；其通報、資訊蒐集、查詢及其他相關事項，準用不適任教育人員之通報與資訊蒐集及查詢辦法之規定。

第二三條

①課後照顧班、中心之執行秘書、主任及課後照顧服務人員，應具備下列資格之一：

一　高級中等以下學校、幼稚園或幼兒園合格教師、幼兒園教保員、助理教保員。

二　曾依中小學兼任代課及代理教師聘任辦法或國民中小學教學支援工作人員聘任辦法聘任之教師。但教學支援工作人員為高級中等以下學校畢業者，應經直轄市、縣（市）政府教育、社政或勞工相關機關自行或委託辦理之一百八十小時課後照顧服務人員專業訓練課程結訓。

三　公私立大專校院以上畢業，並修畢師資培育規定之教育專業課程者。

四　符合兒童及少年福利機構專業人員資格者。但不包括保母人員。

五　高級中等以上學校畢業，並經直轄市、縣（市）政府教育、社政或勞工相關機關自行或委託辦理之一百八十小時課後照顧服務人員專業訓練課程結訓。

②偏鄉、離島、原住民族或特殊地區遴聘前項資格人員有困難時，得報直轄市、縣（市）主管機關核准，酌減前項第二款或第五款人員之專業課程訓練時數。

③本服務針對需要個案輔導之兒童，應視需要聘請全職或兼職社會福利工作或輔導專業人員為之；針對身心障礙兒童，應視需要聘請全職或兼職特教教師或專業人員為之。

第二四條 104

①課後照顧班執行秘書、課後照顧中心主任及課後照顧服務人員，每年應參加直轄市、縣（市）主管機關辦理之在職訓練至少十八小時。

②課後照顧班、中心應就前項參加在職訓練人員給予公假，並建立在職訓練檔案，至少保存三年。

③第一項在職訓練，得由直轄市、縣（市）主管機關自行辦理、委託專業團體、法人或專科以上學校辦理，或由專業團體報經直轄市、縣（市）主管機關認可後辦理。

④國民小學合格教師及依中小學兼任代課及代理教師聘任辦法聘任之教師，其當年度依法令參與進修、研究或研習之課程，經學校報直轄市、縣（市）主管機關認定相當於第一項在職訓練課程者，得抵免第一項所定時數。

第五章　場地、空間及設施設備

第二五條 103

①課後照顧中心之室內樓地板面積及室外活動面積，扣除辦公室、保健室、盥洗衛生設備、廚房、儲藏室、防火空間、樓梯、陽台、法定停車空間及騎樓等非兒童主要活動空間之面積後，應符

合下列規定：

一 兒童活動總面積：應達七十平方公尺以上。

二 室內活動面積：兒童每人不得小於一點五平方公尺。

三 室外活動面積：兒童每人不得小於二平方公尺，設置於內政
部公布直轄市最新人口密度高於每平方公里一萬二千人或可
供都市發展用地之最新人口密度高於每平方公里一萬二千人
之行政區者，每人不得小於一點三平方公尺。但無室外活動
面積或室外活動面積不足時，得另以室內相同活動面積替代
之。

②前項第三款所稱行政區，指直轄市依地方制度法第三條第三項所
劃分之區；可供都市發展用地，指依都市計畫書該行政區土地總
面積扣除農業區、保護區、河川區、行水區、風景區等非屬開發
建築之用地。

第二六條 103

①課後照顧中心應有固定地點及完整專用場地；其爲樓層建築者，
以使用地面樓層一樓至四樓爲限。

②課後照顧中心申請擴充營運規模，同棟建築物內以同一樓層或相
連之直上樓層及直下樓層爲限；他棟或他幢建築物，以原中心許
可土地範圍內之建築物爲限，且二者均使用地面樓層者。

③課後照顧中心經直轄市、縣（市）主管機關核准後，得依下列規
定使用，不受第一項規定之限制：

一 附帶使用地下一樓作爲行政或儲藏等非兒童活動之用途。

二 位於山坡地或因基地整地形成地面高低不一，且非作爲防空
避難設備使用之地下一樓，得作爲兒童遊戲空間使用。

第二七條

①課後照顧中心應具備下列設施、設備：

一 教室。

二 活動室。

三 遊戲空間。

四 寢室。

五 保健室或保健箱。

六 辦公區或辦公室。

七 廚房。

八 盥洗衛生設備。

九 其他與本服務相關之必要設施或設備。

②前項第一款至第六款之設施、設備，得視實際需要調整併用。

③第一項第八款設備數量，不得少於下列規定，其規格應合於兒童
使用；便器並應有隔間設計：

一 大便器：

㈠男生：每五十人一個，未滿五十人者，以五十人計。

㈡女生：每十人一個，未滿十人者，以十人計。

二 男生小便器：每三十人一個，未滿三十人者，以三十人計。

三　水龍頭：每十人一個，未滿十人者，以十人計。

第二八條

課後照顧班、中心之建築、設施及設備，應符合下列規定：

一　依建築、衛生、消防等法規定建築及設置，並考量兒童個別需求。

二　配合兒童之特殊安全需求，妥為設計，並善盡管理及維護。

三　使身心障礙之兒童有平等之使用機會。

四　環境應保持清潔、衛生，室內之採光及通風應充足。

第六章　附　則

第二九條

本辦法所定書表格式，除第十九條第二項規定外，由直轄市、縣（市）主管機關定之。

第三〇條

①直轄市、縣（市）主管機關得定期或不定期至課後照顧班、中心視導、稽查，其中安全措施相關業務之稽查，應每年至少辦理一次。

②直轄市、縣（市）主管機關視導、稽查課後照顧班、中心時，得要求其提出業務報告，或提供相關資料、文件；課後照顧班、中心之負責人或相關人員不得規避、妨礙或拒絕。

③前二項視導及稽查之相關規定，由直轄市、縣（市）主管機關定之。

第三一條

直轄市、縣（市）主管機關應自本辦法施行之日起三個月內，通知本辦法施行前已許可設立之課後托育中心，於本法第一百十六條第一項所定期限內，填具申請表，並檢附下列文件，申請改制：

一　負責人基本資料：包括姓名、國民身分證影本及地址。

二　主任及課後照顧服務人員合於第二十三條規定之文件。

三　原設立許可證明文件正本及影本。

四　原設立許可證明文件所載建築物平面圖及投保公共意外責任保險之保單影本。

五　建築物公共安全檢查簽證及申報辦法所定期限內申報取得之查核合格或改善完竣證明文件。但建築物取得使用執照後，經建築主管機關通知首次檢查及申報期間為申請改制日以後，並取得證明文件者，得以該證明文件替代之。

第三二條

直轄市、縣（市）主管機關依本辦法規定，得另訂補充規定。

第三三條　102

①本辦法自中華民國一百零一年五月三十日施行。

②本辦法修正條文，自發布日施行。

兒童及少年福利機構專業人員資格及訓練辦法

①民國93年12月23日內政部令訂定發布全文29條；並自發布日施行。
②民國98年2月19日內政部令修正發布全文29條；並自發布日施行。
③民國99年4月22日內政部令修正發布第3、6、8至10、13至17條條文。
④民國100年6月29日內政部令修正發布第14條條文；並增訂第17-1條條文
⑤民國101年5月30日內政部令修正發布全文28條；並自發布日施行。
⑥民國103年1月17日衛生福利部令修正發布全文28條；並自發布日施行。
⑦民國106年3月31日衛生福利部令修正發布第3至5、8、11、12、14、15、17、26至28條條文；並自106年1月1日施行。

第一條

本辦法依兒童及少年福利與權益保障法（以下簡稱本法）第七十八條規定訂定之。

第二條

①本法所稱兒童及少年福利機構（以下簡稱機構）專業人員，其定義如下：

一　托育人員：指於托嬰中心、安置及教養機構提供教育及保育之人員。

二　早期療育教保人員、早期療育助理教保人員：指於早期療育機構提供發展遲緩兒童教育及保育之人員。

三　保育人員、助理保育人員：指於安置及教養機構提供兒童生活照顧及輔導之人員。

四　生活輔導人員、助理生活輔導人員：指於安置及教養機構提供少年生活輔導之人員。

五　心理輔導人員：指於安置及教養機構、心理輔導或家庭諮詢機構及其他兒童及少年福利機構，提供兒童、少年及其家庭諮詢輔導之人員。

六　社會工作人員：指於早期療育機構、安置及教養機構、心理輔導或家庭諮詢機構及其他兒童及少年福利機構，提供兒童及少年入出院、訪視調查、資源整合等社會工作之人員。

七　主管人員：指於機構綜理業務之人員。

②本辦法所稱教保人員、助理教保人員，指本辦法中華民國一百零

一年五月三十日修正施行前於托兒所、托嬰中心、課後托育中心提供兒童教育及保育服務者。

第三條 106

①托育人員應年滿二十歲並具備下列資格之一：

一 取得保母人員技術士證者。

二 高級中等以上學校幼兒教育、幼兒保育、家政、護理相關學院、系、所、學位學程、科畢業者。

②具備教保人員、助理教保人員資格者，於本辦法中華民國一百零一年五月三十日修正施行日起十年內，得遴用為托育人員。

第四條 106

早期療育教保人員應具備下列資格之一：

一 專科以上學校醫護、職能治療、物理治療、聽語、教育、特殊教育、早期療育、幼兒教育、幼兒保育、社會、社會福利、社會工作、心理、輔導、兒童及少年福利、家政相關學院、系、所、學位學程、科畢業者。

二 專科以上學校畢業，並取得下列結業證書之一者：

㈠學前特殊教育學程。

㈡前款相關學院、系、所、學位學程、科之輔系或學分學程。

㈢早期療育教保人員專業訓練。

三 高級中等以上學校畢業，擔任早期療育助理教保人員三年以上者。

四 普通考試、相當普通考試以上之各類公務人員考試社會行政、社會工作職系及格或具社會行政、社會工作職系合格實授委任第三職等以上任用資格者。

第五條 106

早期療育助理教保人員應具備下列資格之一：

一 高級中等以上學校幼兒保育、家政、護理相關學院、系、所、學位學程、科之輔系或學分學程畢業者。

二 高級中等以上學校畢業，並取得早期療育教保人員專業訓練結業證書者。

第六條

保育人員應具備下列資格之一：

一 專科以上學校幼兒教育、幼兒保育、家政、護理、兒童及少年福利、社會工作、心理、輔導、教育、犯罪防治、社會福利、性別相關學院、系、所、學位學程、科畢業者。

二 專科以上學校畢業，並取得下列結業證書之一者：

㈠各類教師教育學程。

㈡前款相關學院、系、所、學位學程、科之輔系或學分學程。

㈢保育人員專業訓練。

三 高級中等以上學校畢業，擔任助理保育人員三年以上者。

四 普通考試、相當普通考試以上之各類公務人員考試社會行
政、社會工作職系及格，或具社會行政、社會工作職系合格
實授委任第三職等以上任用資格者。

第七條

助理保育人員應具備下列資格之一：

一 高級中等以上學校幼兒保育、家政、護理相關學院、系、
所、學位學程、科畢業。

二 高級中等以上學校畢業，並取得下列結業證書之一者：

　(一)前條第一款相關學院、系、所、學位學程、科之輔系或學
　　分學程。

　(二)保育人員專業訓練。

三 具有三年以上社會福利機構照顧工作經驗者。

四 初等考試、相當初等考試以上之各類公務人員考試社會行政
或社會工作職系及格者。

第八條 106

生活輔導人員應具備下列資格之一：

一 專科以上學校家政、護理、兒童及少年福利、社會工作、心
理、輔導、教育、特殊教育、犯罪防治、社會福利、性別相
關學院、系、所、學位學程、科畢業者。

二 專科以上學校畢業，並取得下列結業證書之一者：

　(一)各類教師教育學程。

　(二)前款相關學院、系、所、學位學程、科之輔系或學分學
　　程。

　(三)生活輔導人員專業訓練。

三 高級中等以上學校畢業，擔任助理生活輔導人員三年以上
者。

四 普通考試、相當普通考試以上之各類公務人員考試社會行
政、社會工作職系及格，或具社會行政、社會工作職系合格
實授委任第三職等以上任用資格者。

第九條

助理生活輔導人員應具備下列資格之一：

一 高級中等以上學校家政、護理相關學院、系、所、學位學
程、科畢業者。

二 高級中等以上學校畢業，並取得下列結業證書之一者：

　(一)前條第一款相關學院、系、所、學位學程、科之輔系或學
　　分學程。

　(二)生活輔導人員專業訓練。

三 具有三年以上社會福利機構照顧工作經驗者。

第一○條

心理輔導人員應具備下列資格之一：

一 專科以上學校心理、輔導、諮商相關學院、系、所、學位學
程、科畢業或取得其輔系證書者。

二　專科以上學校社會工作、兒童及少年福利、社會福利、教育、性別相關學院、系、所、學位學程、科畢業，並取得下列結業證書之一者：

(一)前款相關學院、系、所、學位學程、科之輔系或學分學程。

(二)心理輔導人員專業訓練。

第一一條 106

社會工作人員應具備下列資格之一：

一　具社會工作師考試應考資格者。

二　社會工作師考試及格者。

三　專科以上學校社會工作、兒童及少年福利、社會福利相關學院、系、所、學位學程、科畢業或取得學分學程結業證書者。

四　高等考試、相當高等考試之各類公務人員考試社會行政或社會工作職系及格者。

第一二條 106

①托嬰中心主管人員應具備下列資格之一：

一　大學幼兒教育、幼兒保育、家政、護理相關學院、系、所碩士班或碩士學位學程以上畢業，且有二年以上兒童教育、保育及照護經驗者。

二　大學幼兒教育、幼兒保育、家政、護理相關學院、系學士班或學士學位學程畢業或取得其輔系證書，有二年以上兒童教育、保育及照護經驗，並取得主管人員專業訓練結業證書者。

三　學士學位以上畢業或專科學校幼兒教育、幼兒保育、家政、護理相關學院、系、所、學位學程、科畢業，有三年以上兒童教育、保育及照護經驗，並取得主管人員專業訓練結業證書者。

四　專科學校畢業，有四年以上兒童教育、保育及照護經驗，並取得主管人員專業訓練結業證書者。

五　高等考試、相當高等考試之各類公務人員考試社會行政或社會工作職系及格者，具二年以上社會福利相關機關或社會福利機構工作經驗者。

②前項第一款至第四款所稱兒童教育、保育及照護經驗，指符合下列規定，並取得直轄市、縣（市）主管機關或教育主管機關所開立服務年資證明人員之經驗：

一　托兒所、幼稚園或改制後幼兒園之教保人員、助理教保人員、教師、教保員及助理教保員。

二　托嬰中心之托育人員。

三　早期療育機構之早期療育教保人員及早期療育助理教保人員。

四　安置及教養機構之托育人員。

第一三條

早期療育機構主管人員應具備下列資格之一：

一　大學兒童及少年福利、幼兒教育、幼兒保育、社會福利、社會工作、心理、輔導、特殊教育、早期療育相關學院、系、所碩士班或碩士學位學程以上畢業，具有二年以上社會福利相關機關或社會福利機構工作經驗者。

二　大學兒童及少年福利、幼兒教育、幼兒保育、社會工作、心理、輔導、特殊教育相關學院、系學士班或學士學位學程畢業，具有二年以上社會福利相關機關或社會福利機構工作經驗，並取得主管訓練人員專業結業證書者或有身心障礙福利機構主管人員三年以上經驗者。

三　學士學位以上畢業，具教保人員、早期療育教保人員、保育人員、生活輔導人員、心理輔導人員、社會工作人員所定專業人員資格之一，且有三年以上社會福利相關機關或社會福利機構工作經驗，並取得主管人員專業訓練結業證書者或有身心障礙福利機構主管人員五年以上經驗者。

四　專科學校畢業，具教保人員、早期療育教保人員、保育人員、生活輔導人員、心理輔導人員、社會工作人員專業人員資格之一，且有四年以上社會福利相關機關或社會福利機構工作經驗，並取得主管人員專業訓練結業證書或有身心障礙福利機構主管人員七年以上經驗者。

五　高等考試、相當高等考試之各類公務人員考試社會行政或社會工作職系及格，具有二年以上社會福利相關機關或社會福利機構工作經驗者。

六　具有醫師、治療師、心理師、特殊教育教師資格，具有三年以上社會福利相關機關或社會福利機構工作經驗，並取得主管人員專業訓練結業證書或有身心障礙福利機構主管人員三年以上經驗者。

第一四條 106

安置及教養機構主管人員應具備下列資格之一：

一　大學兒童及少年福利、社會工作、心理、輔導、教育、犯罪防治、家政、社會福利相關學院、系、所碩士班或碩士學位學程以上畢業，具有二年以上社會福利相關機關或社會福利機構工作經驗者。

二　大學兒童及少年福利、社會工作、心理、輔導、教育、犯罪防治、家政、社會福利相關學院、系學士班或學士學位學程畢業或取得其相關系證書，具有二年以上社會福利相關機關或社會福利機構工作經驗，並取得主管人員專業訓練結業證書者。

三　學士學位以上畢業，具教保人員、早期療育教保人員、保育人員、生活輔導人員、心理輔導人員、社會工作人員專業人員資格之一，且有三年以上社會福利相關機關或社會福利機

構工作經驗，並取得主管人員專業訓練結業證書者。

四　專科學校畢業，具教保人員、早期療育教保人員、保育人員、生活輔導人員、心理輔導人員、社會工作人員專業人員資格之一，且有四年以上社會福利相關機關或社會福利機構工作經驗，並取得主管人員專業訓練結業證書者。

五　高等考試、相當高等考試之各類公務人員考試社會行政或社會工作職系及格，具有二年以上社會福利相關機關或社會福利機構工作經驗者。

六　具有醫師、護理師、心理師、教師資格，且有三年以上社會福利相關機關或社會福利機構工作經驗，並取得主管人員專業訓練結業證書者。

第一五條　106

心理輔導或家庭諮詢機構、其他兒童及少年福利機構主管人員應具備下列資格之一：

一　大學兒童及少年福利、社會工作、心理、輔導、教育、犯罪防治、家政、社會福利相關學院、系、所碩士班或碩士學位學程以上畢業，具有二年以上社會福利相關機關或社會福利機構工作經驗者。

二　大學兒童及少年福利、社會工作、心理、輔導、教育、犯罪防治、家政、社會福利相關學院、系學士班或學士學位學程畢業或取得其輔系證書，具有二年以上社會福利相關機關或社會福利機構工作經驗，並取得主管人員專業訓練結業證書者。

三　學士學位以上畢業，具教保人員、早期療育教保人員、保育人員、生活輔導人員、心理輔導人員、社會工作人員專業人員資格之一，且有三年以上社會福利相關機關或社會福利機構工作經驗，並取得主管人員專業訓練結業證書者。

四　專科學校畢業，具教保人員、早期療育教保人員、保育人員、生活輔導人員、心理輔導人員、社會工作人員專業人員資格之一，且有四年以上社會福利相關機關或社會福利機構工作經驗，並取得主管人員專業訓練結業證書者。

五　高等考試、相當高等考試之各類公務人員考試社會行政或社會工作職系及格，具有二年以上社會福利相關機關或社會福利機構工作經驗者。

六　具有醫師、護理師、心理師、教師資格，且有三年以上社會福利相關機關或社會福利機構工作經驗，並取得主管人員專業訓練結業證書者。

第一六條

①持有教育主管機關立案之國內學校或符合教育部採認之國外學校之學院、系、所、學程或科所發給之學分證明者，得向中央主管機關申請抵免專業訓練相關課程時數。

②第四條至前條所定相關學院、系、所、學程或科，由中央主管機

關認定之。

③前二項專業訓練時數之抵免及相關學院、系、所、學程或科之認定，中央主管機關得邀集專家學者共同認定或委託專業機構、團體辦理。

第一七條 106

專業人員依第四條第四款、第六條第四款、第七條第四款、第八條第四款、第十一條第四款、第十二條第一項第五款、第十三條第五款、第十四條第五款及第十五條第五款進用者，應取得各該類人員專業訓練結業證書。

第一八條

①托育、早期療育教保、保育、生活輔導、心理輔導、社會工作及主管人員之專業訓練課程，至少包括下列核心課程：

一 兒童及少年福利與權益保障政策、法規。

二 兒童、少年身心發展。

三 多元文化與親職教育。

四 專業工作倫理。

②修習不同類別人員資格之專業訓練，其課程名稱相同者，得抵免之。

第一九條

①本辦法所定專業人員資格之訓練課程由主管機關自行、委託設有相關學院、系、所、學位學程、科之高級中等以上學校辦理。必要時，經專案報中央主管機關核准者，得委託辦理兒童及少年福利業務之團體辦理。

②訓練成績合格者，由主管機關發給結業證書，並載明訓練課程及時數；結業證書格式，由中央主管機關定之。

第二○條

兒童及少年福利機構專業人員應參與職前訓練及在職訓練。

第二一條

職前訓練至少六小時，訓練內容應包括簡介機構環境、服務內容、經營管理制度、相關法令及見習。

第二二條

在職訓練每年至少十八小時，訓練內容應採理論及實務並重原則辦理。

第二三條

在職訓練辦理方式如下：

一 由主管機關自行、委託或補助機構、團體辦理。

二 由機構自行或委託機構、團體辦理。

三 由目的事業主管機關自行、委託或補助相關專業團體辦理。

第二四條

專業人員參加在職訓練，應給予公假。

第二五條

本辦法施行前，已依兒童福利專業人員訓練實施方案修畢訓練課

程，並領有結業證書者，視同已修畢本辦法各該類人員專業訓練課程。

第二六條 106

① 本辦法施行前，已依兒童福利專業人員資格要點取得專業人員資格，且現任並繼續於同一職位之人員，視同本辦法之專業人員。

② 於中華民國一百零五年十二月三十一日以前，已依本辦法以社會工作相關學院、系、所、學位學程、科、輔系或學分學程取得各該專業人員資格服務於兒童及少年福利機構者，得於原職繼續服務至離職、調職或轉任爲止。

③ 前二項人員轉任其他機構、職位者，應符合本辦法專業人員資格。

第二七條 106

偏遠、離島、原住民族地區、收容依法院交付或裁定安置輔導、疑似或感染人類免疫缺乏病毒兒童少年之機構，適用專業人員有困難者，得專案報請直轄市、縣（市）主管機關審查，並經中央主管機關同意後酌予放寬人員資格。

第二八條 106

① 本辦法自發布日施行。

② 本辦法中華民國一百零六年三月三十一日修正發布之條文，自一百零六年一月一日施行。

高級中等以下學校及各該主管機關專業輔導人員設置辦法

①民國100年6月7日教育部令訂定發布全文14條；並自發布日施行。
②民國101年8月1日教育部令修正發布全文13條；並自發布日施行。
③民國102年9月27日教育部令修正發布名稱及全文13條；並自發布日施行（原名稱：國民小學國民中學及直轄市縣（市）政府置專任專業輔導人員辦法）。
④民國105年3月21日教育部令修正發布名稱及全文12條；並自發布日施行（原名稱：國民小學國民中學及直轄市縣（市）政府置輔導人員辦法）。
⑤民國106年8月22日教育部令修正發布第8條條文。
⑥民國107年6月1日教育部令修正發布全文14條；並自發布日施行。

第一條

本辦法依學生輔導法第十一條第四項、國民教育法第十條第八項、兒童及少年福利與權益保障法第八十條第二項及偏遠地區學校教育發展條例第十一條第五項規定訂定之。

第二條

本辦法所稱專業輔導人員，指高級中等以下學校（以下簡稱學校）及各該主管機關依下列規定聘用之人員：

一　依學生輔導法第十一條第一項、第二項、國民教育法第十條第六項及第七項規定聘用之專任專業輔導人員。

二　依兒童及少年福利與權益保障法第八十條第一項規定聘用之社會工作人員或專任輔導人員。

三　依偏遠地區學校教育發展條例第十一條第五項聘用之專業輔導人員或社會工作人員。

第三條

①直轄市、縣（市）政府（以下簡稱地方主管機關）應以偏遠地區學校國民中學學區為範圍，至少置專業輔導人員一人，並自中華民國一百零七年八月一日起，於五年內逐年完成設置。

②前項人員應配置於偏遠地區學校，由地方主管機關統籌協調其服務區域。

第四條

①學校主管機關得就轄內之專業輔導人員，每七人至多擇一人擔任督導人員。但轄內之專業輔導人員總數未滿七人者，得視實際需求擇一人擔任督導人員。

②前項督導人員，應具備下列資格之一：

一　具有碩士學位及相關專業資格，並從事學校輔導或兒童及少年之諮商、社會工作實務工作二年以上。

二 具有學士學位及相關專業資格，並從事學校輔導或兒童及少年之諮商、社會工作實務工作四年以上。

③前項實務工作年資之採計，以服務於公立機關（構）、公私立學校、醫療機構與政府立案之社會福利機構或團體，並任從事學校輔導或兒童及少年之諮商、社會工作年資為限。

④本辦法中華民國一百零一年八月一日修正施行前，已依原規定以兼任方式擔任第二項各款實務工作者，其兼任年資得予併計，並折半計算。

第五條

①公立學校及各該主管機關應公開甄選具臨床心理師、諮商心理師或社會工作師證書之人員，擔任專業輔導人員，依聘用人員聘用條例聘用，並由各該主管機關視實際需要統籌調派。

②依前項規定聘用之專業輔導人員，不受行政院暨所屬各級機關聘用人員注意事項第一點聘用員額不超過該機關預算總人數百分之五規定之限制。

③私立學校應以私法契約進用專業輔導人員，並依勞動基準法及相關規定辦理。

第六條

①公立學校及各該主管機關經公開甄選二次以上，未足額錄取具前條第一項相關專業資格證書者，該年度得經公開甄選聘用具各該相關專業資格證書應考資格者擔任之。

②前項人員經年度績效評核為乙等以上者，得留原薪點續聘一年；其續聘期滿次年度，應重新辦理公開甄選作業。

③依前二項規定聘用之專業輔導人員，經向學校主管機關申請或由學校主管機關統籌，於同一學校主管機關所轄公立學校內調動時，得不受前條第一項公開甄選程序規定之限制。

第七條

學校主管機關應指定專責單位，辦理學校主管機關及所轄公立學校專業輔導人員之培訓、配置規劃、督導及考評等作業。

第八條

專業輔導人員執行專業諮商、家庭訪問、巡迴督導等業務時，學校及各該主管機關應提供相關設備、經費及其他必要之協助。

第九條

①專業輔導人員有下列情事之一者，學校及各該主管機關應予解聘：

一 曾犯內亂、外患罪，經有罪判決確定或通緝有案尚未結案。
二 受有期徒刑一年以上判決確定，未獲宣告緩刑。
三 曾服公務，因貪污瀆職經有罪判決確定或通緝有案尚未結案。
四 曾犯性侵害犯罪防治法第二條第一項所定之罪，經有罪判決確定。
五 依法停止任用，或受休職處分尚未期滿，或因案停止職務，

其原因尚未消滅。

六　褫奪公權尚未復權。

七　受監護或輔助宣告尚未撤銷。

八　經合格醫師證明有精神病尚未痊癒。

九　經學校主管機關或學校之性別平等教育委員會或依法組成之相關委員會調查確認有性侵害行為屬實。

十　經學校主管機關或學校之性別平等教育委員會或依法組成之相關委員會調查確認有性騷擾或性霸凌行為，且情節重大。

十一　知悉服務學校發生疑似校園性侵害事件，未依性別平等教育法規定通報，致再度發生校園性侵害事件；或偽造、變造、湮滅或隱匿他人所犯校園性侵害事件之證據，經有關機關查證屬實。

十二　偽造、變造或湮滅他人所犯校園毒品危害事件之證據，經有關機關查證屬實。

十三　體罰或霸凌學生，造成其身心嚴重侵害。

十四　行為違反相關法令，經有關機關查證屬實，且情節重大。

十五　行為違反相關法令，經有關機關查證屬實，非屬情節重大，而有必要予以解聘，並經審酌案件情節，議決一年至四年不得聘用。

十六　工作不力或不能勝任工作有具體事實；或違反聘約情節重大。

②專業輔導人員有前項第一款至第十四款情事者，各級學校及各該主管機關均不得聘用，已聘用者，學校及各該主管機關應予解聘；有前項第十五款情事者，於該議決一年至四年不得聘用期間，亦同。

③學校及各該主管機關為避免聘用之專業輔導人員有第一項第一款至第十五款規定情事，除依前二項規定辦理外，並應準用不適任教育人員之通報與資訊蒐集及查詢辦法相關規定辦理通報、資訊蒐集及查詢。

第一○條

①專業輔導人員服務對象為學校具正式學籍之學生，及二歲以上就讀幼兒園之幼兒。

②專業輔導人員之服務內容如下：

一　學生及幼兒學習權益之維護及學習適應之促進。

二　學生及幼兒與其家庭、社會環境之評估及協助。

三　學生及幼兒之心理評估、輔導諮商及資源轉介服務。

四　教育人員、教保服務人員、父母、監護人或其他實際照顧學生與幼兒之人，其輔導學生與幼兒之專業諮詢及協助。

五　學校及幼兒園輔導諮詢服務之提供。

六　其他由學校主管機關指派與學生及幼兒輔導或兒童少年保護相關之工作。

③第三條第一項之專業輔導人員除前項服務內容外，並應辦理下列

事項：

一　因應偏遠地區學生輔導需求，結合學校輔導人力及社區資源，提供學生及家庭必要之服務。

二　協助學校辦理偏遠地區學校教育發展條例第十三條相關事務。

④第四條第一項之督導人員除專業輔導人員之服務內容外，並應辦理下列事項：

一　督導及指導專業輔導人員。

二　定期召開專業輔導人員督導會議，了解工作推展情形，並提供必要之行政支持或協助。

第一一條

①偏遠地區學校專業輔導人員之經費，由中央主管機關補助地方主管機關；其補助項目，包括薪資、雇主應負擔之勞保費、健保費、離職儲金、年終獎金。但差旅費、加班費、離島與偏遠加給所需增列之費用，由地方主管機關自籌經費支應。

②前項經費，應依偏遠地區學校分級及認定標準所定偏遠地區學校分級，及中央對直轄市及縣（市）政府補助辦法規定，並依地方主管機關財力級次，予以補助。

第一二條

公立學校及各該主管機關專業輔導人員薪資，依行政院暨所屬各級機關聘用人員注意事項之聘用人員比照分類職位公務人員俸點支給報酬標準表，以契約訂定；其基準如下：

一　具國內公立或立案之私立專科以上學校或經教育部承認之國外專科以上學校學位之專業輔導人員，以相當六等三階支薪基準起用之，並以晉級至七等七階為限。

二　具國內公立或已立案之私立大學校院碩士學位以上之專業輔導人員，以相當六等四階支薪基準起用之，並以晉級至七等七階為限。

三　督導人員，以相當七等一階支薪基準用之，並以晉級至八等七階為限。

四　依第六條第一項聘用之人員，以相當六等二階支薪基準聘用之。

五　離島及偏遠地區專業輔導人員，得依前四款支薪基準晉薪點一階至二階聘用之。

六　具第五條第一項相關專業資格證書之專業輔導人員，且具第四條第三項實務工作年資者，得併計年資敘薪。

第一三條

①學校應於每年十二月十日前，依學校主管機關規定，辦理專業輔導人員績效評核初核，並報學校主管機關評核。

②學校主管機關應於每年十二月辦理專業輔導人員績效評核。

③專業輔導人員績效評核結果以一百分為滿分，分甲、乙、丙三等，除第六條第二項規定外，各等分數及獎懲規定如下：

一　甲等：八十分以上，晉薪點一階續聘。

二　乙等：七十分以上，未滿八十分，留原薪點續聘。

三　丙等：未滿七十分，不續聘。

④專業輔導人員之年終工作獎金，依軍公教人員年終工作獎金發給注意事項規定辦理。

第一四條

本辦法自發布日施行。

私立兒童及少年福利機構設立許可及管理辦法

①民國93年12月23日內政部令訂定發布全文22條；並自發布日施行。
②民國96年12月23日內政部令修正發布第20條條文。
③民國101年5月30日內政部令修正發布全文23條；並自發布日施行。
④民國104年12月30日衛生福利部令修正發布第3、5、9條條文；並刪除第21條條文。
⑤民國106年11月27日衛生福利部令修正發布第6、10、11、13、16條條文。

第一條

本辦法依兒童及少年福利與權益保障法（以下簡稱本法）第八十二條第三項規定訂定之。

第二條

私人或團體設立兒童及少年福利機構之名稱，應標明業務性質，並冠以私立二字。業務性質相同者，於同一行政區域不得使用相同之名稱。

第三條 104

①私人或團體申請兒童及少年福利機構許可設立者，應檢具申請書及下列文件一式三份，向機構所在地直轄市、縣（市）主管機關提出：

一　機構名稱、地址及負責人等基本資料。

二　設立財團法人兒童及少年福利機構者，應檢附籌備會議紀錄影本。

三　機構設立目的及業務計畫書：含機構業務與業務規模、經費來源、服務項目、服務契約及預定營運日期。

四　預算書：載明全年收入及支出概算。

五　組織架構及人員編制：含主管與工作人員人數、進用資格、條件、工作項目及福利、行政管理等事項。

六　建築物位置圖及平面圖，並以平方公尺註明樓層、各隔間面積、用途說明及總面積。

七　土地及建築物使用權利證明文件：含土地及建物所有權狀影本、建築物使用執照影本、建築物竣工圖、使用權利證明文件影本及消防安全設備機關合格文件及圖說。土地或建物所有權非屬私人或團體所有者，應檢附經公證之期間五年以上之租賃契約或使用同意書，並不得有有效期間屆滿前得任意

終止之約定。檢附土地使用同意書者，應檢附辦理相同期間之地上權設定登記之證明文件。

八 收退費基準。

九 履行營運擔保能力證明文件影本。

十 投保公共意外責任保險之保險單影本。

②前項第九款履行營運擔保能力之認定及第十款公共責任保險之保險金額，由直轄市、縣（市）主管機關公告之。

③直轄市、縣（市）主管機關得視需要命申請人就本條所定文件或資料繳交正本備供查驗。

第四條

財團法人申請附設兒童及少年福利機構許可者，應檢具前條所定文件及下列文件一式三份：

一 目的事業主管機關核准附設兒童及少年福利機構函影本。

二 法人登記證書影本。

三 捐助章程影本。

四 代表人簡歷表。

五 董事名冊及國民身分證影本。

六 法人及董事印鑑。

七 董事會決議同意附設兒童及少年福利機構之會議紀錄。

八 財產清冊。

第五條 104

①私人或團體申請設立兒童及少年福利機構，其用地未能符合土地使用分區管制規定者，應檢具申請書及下列文件一式五份，向機構所在地直轄市、縣（市）主管機關申請許可籌設：

一 機構名稱、地址及負責人等基本資料。

二 設立財團法人兒童及少年福利機構者，應檢附籌備會議紀錄影本。

三 機構設立目的及事業計畫書：含機構業務與業務規模、預算、經費來源、服務項目、服務契約及預定營運日期。

四 建築物位置圖及平面圖，並以平方公尺註明樓層、各隔間面積、用途說明及總面積。

五 土地使用權利證明文件：含土地所有權狀影本及使用權利證明文件影本。土地所有權非屬申請之私人或團體所有者，應檢附經公證之期間六年以上之租賃契約或使用同意書；檢附土地使用同意書者，並應辦理相同期間之地上權設定登記。

②前項籌設許可有效期限為三年。有效期限屆滿前，有正當理由由直轄市、縣（市）主管機關許可者，得予延長。延長以一次為限，期限為三年。

③第二項之籌設許可有效期限屆滿未經許可延長，或延長期限屆滿仍未能符合土地使用分區管制規定者，失其效力。

第六條 106

①私人或團體依前條規定籌設完竣後，應填具申請書並檢附下列文

件一式三份向直轄市、縣（市）主管機關申請許可設立：

一　建築物所有權狀影本。

二　建築物使用執照影本。

三　建築物竣工圖。

四　消防安全設備機關合格文件及圖說。

五　財產清冊。

六　履行營運擔保能力證明文件影本。

七　投保公共意外責任保險之保險單影本。

②前項許可，並應適用第三條第三項規定。

第七條

①直轄市、縣（市）主管機關受理兒童及少年福利機構申請設立許可案件後，應會同相關機關實地勘查其設備設施，其有應補正之事項者，應以書面通知申請人限期補正。

②直轄市、縣（市）主管機關受理兒童及少年福利機構申請設立許可案件及申請籌設許可案件，應於一個月內完成審核。

③前項申請籌設許可案件，其用地未能符合土地使用分區管制規定者，直轄市、縣（市）主管機關應會同相關機關審查，並於三個月內完成審核。

第八條

兒童及少年福利機構設立許可申請案件，有下列情事之一者，由直轄市、縣（市）主管機關敘明理由，以書面駁回之：

一　經通知限期補正，屆期仍未補正。

二　不符本法或本辦法規定。

三　不符兒童及少年福利機構設置標準規定。

四　私立兒童及少年福利機構負責人所經營之其他私立兒童及少年福利機構，曾違反第十條、第十二條第四項或本法第一百零八條第二項規定，經主管機關廢止設立許可處分未滿二年。

五　私立兒童及少年福利機構曾違反第十三條規定，經主管機關廢止設立許可處分未滿二年。

第九條 104

①兒童及少年福利機構經許可設立，應由直轄市、縣（市）主管機關於其申請書及附件加蓋印信，附件一份發還申請人，並發給設立許可證書。直轄市、縣（市）主管機關並應製作設立許可概況表一份報中央主管機關備查。

②前項設立許可證書，應載明兒童及少年福利機構名稱、地址、負責人姓名、設立日期、面積及服務對象等。

③第一項設立許可證書，不得租借或轉讓他人；並應懸掛於兒童及少年福利機構內足資辨識之明顯處所。

④第一項設立許可證書遺失或毀損時，負責人應備具申請書及相關文件，向主管機關申請補發或換發。

第一○條 106

經許可設立之兒童及少年福利機構，因可歸責於該機構之事由，致未能於一年內開始營運者，由主管機關廢止其設立許可，並註銷其設立許可證書。

第一一條 106

①兒童及少年福利機構縮減、擴充或遷移者，應於縮減、擴充或遷移預定日三個月前，敘明理由、現有兒童及少年之安置計畫或遷移地址等事項，並檢具第三條第一項所定文件，報經主管機關許可。

②前項申請縮減、擴充或遷移案件，主管機關應於一個月內完成審核。

③申請第一項擴充營運規模者，應於同一幢建築物，位於同樓層或直上、直下不超過一層數之不同樓層；如其位於不同幢建築物者，應於原機構設立許可土地範圍內或與原機構設立許可土地相連接，且不為道路、鐵路、永久性空地或其他障礙物所分隔。

④兒童及少年福利機構依第一項許可縮減、擴充營運規模或遷移後，應經主管機關會同相關機關實地勘查其設備及設施，均符合規定者，始得營運。

⑤第一項遷移，跨越原許可主管機關轄之行政區域者，應依本辦法重新申請設立許可，並由原主管機關廢止其原設立許可。

第一二條

①兒童及少年福利機構設立許可後，其許可事項有變更者，負責人應於變更前一個月，檢具申請書敘明變更項目及事由，報請主管機關許可。

②主管機關核發變更後設立許可證書時，應註記歷次核准變更、停業或復業之日期、文號及變更事項。

③第一項變更事項為負責人時，得由原負責人或代理人提出。

④未依規定辦理變更者，主管機關得廢止其設立許可。

第一三條 106

①兒童及少年福利機構停業一個月以上者，應於停業之日前十五日內，檢具申請書敘明理由、現有收容兒童少年、工作人員安置計畫及停業起訖日期，報主管機關許可後為之。

②前項申請停業期間，最長不得超過一年；有正當理由者，應於期間屆滿前十五日內申請，經主管機關核准，得延長一次，期限為一年。

③兒童及少年福利機構停業期限屆滿後，應於十五日內檢具申請書向主管機關申請復業許可。

④前項復業申請，主管機關應會同相關機關實地勘查其設備、設施及工作人員，符合相關法令規定者，始得許可。

⑤兒童及少年福利機構因可歸責之事由，致未依規定申請停業、申請停業期間屆滿後逾一年未申請復業或申請復業未獲許可時，主管機關除依本法第一百零八條規定處理外，得廢止其設立許可，

並註銷其設立許可證書。

第一四條

① 兒童及少年福利機構申請歇業，應於三個月前敘明理由及日期，報請主管機關許可。

② 兒童及少年福利機構經許可歇業，主管機關應廢止其原設立許可。

第一五條

兒童及少年福利機構經主管機關廢止其設立許可時，應繳回設立許可證書，不繳回者，公告註銷設立許可證書；其為財團法人者，主管機關並應通知法院。

第一六條　106

① 兒童及少年福利機構應於每年十一月三十日以前，檢具次年度下列文件，報請主管機關備查：

一　業務計畫書。

二　年度預算書。

三　工作人員名冊。

② 兒童及少年福利機構應於每年五月三十一日以前，檢具上年度下列文件，報請主管機關備查：

一　業務報告。

二　年度決算。

三　人事概況。

③ 托嬰中心非為財團法人或非由財團法人附設者，經直轄市、縣（市）主管機關同意後，應依限填報收托概況表，報直轄市、縣（市）主管機關備查，免適用前二項規定。

第一七條

財團法人附設兒童及少年福利機構，其財務及會計，均應獨立。

第一八條

兒童及少年福利機構應建立會計制度，年度決算金額在新臺幣三千萬元以上者，應由會計師簽證。

第一九條

主管機關為瞭解兒童及少年福利機構之狀況，得隨時通知其提出業務及財務報告，並得派員查核之；兒童及少年福利機構不得規避、妨礙或拒絕。

第二〇條

兒童及少年福利機構應每二年至少實施工作人員定期健康檢查一次。

第二一條　（刪除）

第二二條

本辦法所定書、表格式，除第九條所定設立許可證書、設立許可概況表及第十六條第三項所定托嬰中心收托概況表由中央主管機關訂定外；其餘書、表格式，由直轄市、縣（市）主管機關訂定之。

第二三條

本辦法自發布日施行。

衛生福利部兒童及少年福利機構評鑑及獎勵辦法

①民國93年2月26日內政部令訂定發布全文11條；並自發布日施行。
②民國101年4月3日內政部令修正發布第1條條文。
民國102年7月19日行政院公告本辦法之主管機關原為「內政部」自102年7月23日起變更為「衛生福利部」，第3條第1項、第4條第1項、第6條第2項、第8至10條所列主管機關掌理事項，改由「衛生福利部」管轄。
③民國103年1月3日衛生福利部令修正發布名稱及第3、4條條文（原名稱：內政部兒童及少年福利機構評鑑及獎勵辦法）。

第一條 101

本辦法依兒童及少年福利與權益保障法第八十四條第三項規定訂定之。

第二條

本辦法之評鑑對象，為中央或全國性兒童及少年福利機構。

第三條 103

①衛生福利部（以下簡稱本部）應成立評鑑小組，負責協調、規劃與執行評鑑及其他有關兒童及少年福利機構評鑑事宜。

②前項評鑑之執行，得委託民間機構或學校辦理。

第四條 103

①評鑑小組應置委員七人至十一人，其中一人為召集人，由本部派員兼任，其餘委員，由本部就下列人員遴聘之：

一 本部社會及家庭署及相關目的事業主管機關代表。

二 相關專家、學者。

三 兒童及少年福利團體代表。

②評鑑小組委員之任期至該次評鑑任務完成為止。

③評鑑小組委員應遵守利益迴避原則，以維持評鑑之客觀公正。

第五條

評鑑小組開會時由召集人擔任主席，召集人不能出席時，由其指定委員一人代理之。

第六條

①兒童及少年福利機構評鑑項目如下：

一 行政組織及經營管理。

二 建築物環境及設施設備。

三 專業服務。

四 權益保障。

五 特殊事項或措施。

六　其他經評鑑小組決議評鑑之項目。

②前項評鑑項目內容，由本部於評鑑實施六個月前公告。

第七條

評鑑結果分為下列等第：

一　優等。

二　甲等。

三　乙等。

四　丙等。

五　丁等。

第八條

本部對於兒童及少年福利機構之評鑑，以每三年一次為原則；其評鑑方式、程序及等第基準，由評鑑小組定之。

第九條

經評鑑為優等或甲等之兒童及少年福利機構，本部得依其規模核發獎牌或獎勵金。

第一〇條

①經評鑑為丙等或丁等之兒童及少年福利機構，本部應停止政府資本支出之補助一年。

②前項機構應於評鑑結果公布三個月內提出改善計畫，送本部備查；本部應遴選適當之專業人員或兒童及少年福利機構予以輔導。

③本部於評鑑結果公布後九個月內應辦理機構複評，經複評成績為乙等以上者，得解除第一項停止補助之限制。

第一一條

本辦法自發布日施行。

兒童及少年福利機構專業人員訓練實施計畫

①民國98年5月6日內政部令訂定發布全文9點；並自即日生效。
②民國99年11月3日內政部令修正發布第7點；並自即日生效。
③民國101年12月7日內政部令修正發布第3、9點及第6點附件一、第8點附件二、三；並自即日生效。

一　為因應兒童及少年福利機構專業人員專業訓練（以下簡稱訓練）需求，規劃專業訓練課程相關事宜，提升機構服務品質，特訂定本計畫。

二　本計畫主管機關在中央為內政部，在地方為直轄市、縣（市）政府。

三　本計畫訓練單位如下：
　(一)主管機關。
　(二)設有相關學院、系、所、學位學程、科，並接受主管機關委託辦理之高中（職）以上學校。
　(三)辦理兒童及少年福利業務之團體，並經專案報中央主管機關核准辦理者。

四　訓練課程收退費基準，由辦理訓練之主管機關定之。

五　訓練師資應符合下列條件之一：
　(一)與授課主題相關學院、系、所、學位學程、科之大專校院相關科系所講師以上資格者。
　(二)與授課主題相關學院、系、所、學位學程、科之大學以上畢業，且具實務工作經驗三年以上者。
　(三)與授課主題相關之實務經驗五年以上者。
　符合前項第三款師資條件者，授課課程以實習及照顧技巧課程為限。

六　訓練課程名稱、學分數、課程內容，如附件一。

七　訓練課程成績考核方式如下：
　(一)本計畫訓練課程，一學分以十八小時計。
　(二)參訓人員出席率達下列標準，得參加成績考核，經考核及格者，授予該課程名稱之學分：
　　1.該專業訓練課程名稱（單科）出席率達三分之一以上。
　　2.該專業訓練課程（總時數）出席率達百分之八十以上。
　　3.該課程名稱實習課程出席率百分之百。

八　訓練結業（學分）證書發給方式如下：
　(一)訓練期滿（學分取得）後，訓練單位應將結訓（參訓）人員

名冊、出席情形及考核成績等相關資料，送主管機關備查，並據以發給結業（學分）證書。

㈡同一人參加不同年度、不同主管機關、不同訓練單位辦理之訓練課程，並已取得主管機關發給之學分證明者，得依其符合之專業人員類別，備齊證明文件向最後參加訓練之主管機關申請發給該類人員專業訓練結業證書。

㈢本計畫生效後，附件二所列各類專業人員專業訓練課程之課程名稱相關者，自參訓人員取得該課程名稱之學分日起，三年內得互相採認抵免。

㈣本計畫生效前，參訓人員已依規定參加訓練，課程名稱與本計畫相同者，自取得該學分之日起，三年內得互相採認抵免；課程名稱不同，符合附件三所列課程名稱者，亦得互相採認抵免。

㈤結業（學分）證書格式範例，如附件四。

九　專業人員依兒童及少年福利機構專業人員資格及訓練辦法依第四條第一項第四款、第六條第四款、第七條第四款、第八條第四款、第十一條第一項第三款、第十三條第五款、第十四條第五款及第十七條第一項第五款進用者，應自報到日起三年內取得各該類人員專業訓練結業證書。

衛生福利部兒童之家辦理安置及教養業務實施要點

①民國90年1月11日內政部函訂定發布全文17點。
②民國91年月25日內政部函修正發布第3點。
③民國93年12月17日內政部函修正發布第3、4、6、7、10、13點。
④民國94年3月3日內政部函修正發布第5點。
⑤民國95年12月13日內政部令修正發布第5點；並自即日生效。
⑥民國102年10月8日衛生福利部函修正發布名稱及全文16點（原名稱：內政部兒童之家辦理收容業務實施要點）。

一　衛生福利部為輔導所屬兒童之家（以下簡稱兒童之家）辦理安置及教養業務，特訂定本要點。

二　兒童之家應依安置及教養設施量額定其安置名額。

三　兒童之家入家安置以二歲至未滿十二歲者為原則。但有其他特殊情形，得經兒童之家家務會議通過安置之。

四　兒童之家安置對象如下：
　　㈠無依兒童及少年。
　　㈡有兒童及少年福利與權益保障法（以下簡稱本法）第五十二條第一項第一款或第二款規定，經盡力禁止或盡力矯正而無效果之兒童及少年。
　　㈢有本法第五十六條第一項各款規定情事應予保護、安置者。
　　㈣有本法第六十二條第一項，家庭發生重大變故致無法正常生活於其家庭者。
　　㈤兒童、少年及其家庭有其他依法得申請安置保護之情事者。
　　前項各款之安置須經直轄市、縣（市）主管機關委託安置。

五　第四點第一項第二款、第四款、第五款，其家庭、兒童及少年之父母雙方或負教養責任之單親，須有下列情事之一，始得申請兒童之家委託安置：
　　㈠年滿六十歲。
　　㈡患有慢性精神病。
　　㈢罹患重病須長期治療。
　　㈣身心障礙且無工作能力。
　　㈤經刑事判決確定在執行中。
　　㈥失蹤。
　　㈦經列冊低收入戶，無法照顧教養其子女者。
　　㈧工作情況特殊，無法照顧教養其子女者。

六　兒童、少年有下列情形之一者，兒童之家得不予安置：
　　㈠罹患法定傳染病，經醫療機構評估有傳染之虞，並經衛生主

　　　管機關認定須施行隔離治療者。

　　㈡罹患須長期治療或照護之疾病。

　　㈢中度、重度或極重度身心障礙。

　　兒童、少年有前項第一款情形者，應送傳染病指定隔離醫院接受治療，經確認無傳染之虞後得予安置。

七　經兒童之家安置之兒童、少年（以下簡稱家童），直轄市、縣（市）主管機關應辦妥戶籍、學籍及全民健康保險等事宜，並經健康檢查後，由其父母或監護人填具保證書，辦理入家手續。

八　家童所需生活費、衛生保健費、學雜各費及其他與安置有關之費用，由兒童之家及直轄市、縣（市）主管機關共同負擔。

　　直轄市、縣（市）主管機關負擔前項委託安置費用，以每名每月新臺幣六千元為下限，並依各直轄市及縣（市）政府財力分級表，財力分級每優一級者，增加新臺幣一千元。但安置期間未滿一個月者，得按日計費。

　　前項費用基準每逾消費物價指數年增率累計超過百分之十以上時，按收費基準調整百分之五，調整金額以新臺幣百元為單位，尾數四捨五入，除定有期限契約外，並於次年施行。

　　第一項收費自修正通過後次年之新入家個案開始適用。

九　委託安置費用之繳納及退費方式，依約定規定辦理。

十　兒童之家所收委託安置費用，應繳交社會福利基金專戶。

十一　家童在家期間，除法規另有規定外；其父母、監護人、親友或師長得於規定時間來家探視。

十二　家童死亡時，兒童之家應通知委託安置之直轄市、縣（市）主管機關、家童父母或監護人，並料理善後。

十三　除因本法第五十六條第一項或第四點第一項第五款情事入家之家童外，經直轄市、縣（市）主管機關評估同意後，得由其父母或監護人申請退家。退家時，應填具退家申請書，並辦理戶籍遷出登記。

十四　家童有下列情事之一者，兒童之家應通知委託安置之直轄市、縣（市）主管機關、家童父母或監護人於限期內辦理退家，逾期不退家者，由兒童之家通知直轄市、縣（市）主管機關處理：

　　㈠受安置原因消失。

　　㈡扶養義務人已具扶養能力。

　　㈢違反兒童之家規定，其情節重大或影響其他家童安全，或因特殊事故，經兒童之家會商委託安置之直轄市、縣（市）主管機關同意。

十五　兒童之家對家童父母、監護人之姓名、身分、住址等相關資料，應予保密。

十六　兒童之家對離院家童離院一年內，應依規定辦理追蹤輔導，並作成紀錄。

衛生福利部所屬少年教養機構學員安置輔導實施要點

①民國94年12月22日內政部函訂頒。
②民國96年2月9日內政部函修正發布訂頒。
③民國102年11月26日衛生福利部函修正發布全文14點。

一 為增進衛生福利部所屬少年教養機構（以下簡稱機構）輔導效益，並確保學員接續國民義務教育、身心健全發展，協助其回歸社區，特訂定本要點。

二 本要點所稱學員，係指依兒童及少年性交易防制條例，經法院裁定由直轄市、縣（市）政府委託安置之兒童或少年。

三 機構於輔導安置學員時，應視個案資料及學員狀況，與委託安置之直轄市、縣（市）政府共同研擬輔導計畫，並每三個月對個案進行輔導評估；
另將評估結果提供主管機關擬定個案返家或回歸社區計畫之參考。

四 學員進入機構後，應安排健康檢查、心理適應及家庭動力觀察，以瞭解學員之身心狀況，其有不適宜團體生活者，應請原委託機關安置其他適當處所。
前項所稱不適宜團體生活，指有下列情形之一者：
㈠罹患傳染病，有引起群聚感染之虞。
㈡懷孕。
㈢外國籍。
㈣來自大陸地區。
㈤智障。
㈥有事實足證較適宜由父母監護。
㈦其他有事實足證不適合機構之教養，且有其他適當之處遇。

五 學員進入機構時，尚未完成國民義務教育者，應安排其接續就學；已完成國民中學學業者，協助其依興趣、能力進入高中（職）就讀或接受適合之職業訓練。

六 機構為豐富學員生活，應結合社會資源，安排社區生活適應及文康休閒活動。

七 機構為增進學員回歸社區之適應能力，應視學員需要，安排法治、性別教育、人際關係、生命教育、價值澄清及生涯規劃等適性教育課程，並得視需要安排家庭諮商、親職教育課程。
前項課程得視需要邀請專家學者參與。

八 機構應協助學員與家庭建立良好之互動關係。平日學員有通訊

及會見親友之權利。機構為促進學員之親子關係，得訂定學員於假日返家與家人團聚之計畫。

前項計畫應經內部評估，學員對評估結果有異議時，得向申訴委員會申訴之。

九　機構為養成學員良好之生活習慣及行為，應訂定生活公約。

前項生活公約之訂定或修正，應由職員及學員代表參與，學員代表比例不得少於三分之一。

十　機構為維持內部生活秩序，應訂定獎懲規定。

前項獎懲規定之訂定或修正，應有社會公正人士參與，其比例不得少於三分之一。

十一　機構為議決學員之獎懲事項，應設置獎懲委員會，由內部適當之工作人員組成之，並應保存議決過程及懲處理由等之詳細紀錄。

受懲處學員之意見表明權應受保障，對懲處結果不服者，得向申訴委員會申訴之。

前項申訴委員會應有社會公正人士參與，其比例不得少於三分之一。

學員對輔導管理措施及其他生活事項有意見者，亦得向申訴委員會申訴之。

十二　機構對學員之獎懲事項，於不違背兒童或少年之最佳利益原則下，應視情況運用適當之管道，通知其父母或現在保護學員之人。

十三　擅自離去機構之學員，自離去之日起，逾三個月尚未尋獲時，其遺留財物之處理如下：

(一)遺留之金錢，機構應訂定期限通知本人領取；逾期未領取者，提存法院。

(二)遺留之物品，機構得予清點列單並訂定期限通知本人或現在保護學員之人領取；逾期未領取者，機構得代為處理。

十四　學員結束安置前，機構應預為協助其準備重返社區，離去機構後得續予追蹤輔導。

衛生福利部老人之家辦理兒童及少年安置及教養業務實施要點

①民國90年12月12日內政部函訂頒。
②民國104年11月13日衛生福利部函修正發布。

一　衛生福利部（以下簡稱本部）為輔導所屬老人之家（以下簡稱老人之家）辦理兒童及少年安置及教養業務，特訂定本要點。

二　老人之家應依收容設施量額定其兒童及少年安置名額。

三　老人之家安置之兒童及少年，以六歲至未滿十八歲者為原則。但有其他特殊情形得經老人之家主管會議通過安置之。

四　老人之家安置之兒童及少年如下：

　㈠無依兒童及少年。

　㈡有兒童及少年福利與權益保障法（以下簡稱本法）第五十二條第一項第一款或第二款規定，經盡力禁止或盡力矯正而無效果之兒童及少年。

　㈢有本法第五十六條第一項各款規定情事應予保護、安置者。

　㈣有本法第六十二條第一項，家庭發生重大變故致無法正常生活於其家庭者。

　㈤兒童、少年及其家庭有其他依法得申請安置保護之情事者。

　㈥其他經直轄市、縣（市）主管機關評估有安置需求之兒童及少年。

　㈦經法院裁定交付安置之兒童及少年。

　前項第一款至第六款之安置，應經直轄市、縣（市）主管機關委託安置。

　離島地區老人之家得因當地社會環境之特殊需要，專案報請本部同意後酌予放寬安置對象及條件。

五　兒童、少年有下列情形之一者，老人之家得不予安置：

　㈠罹患法定傳染病，經醫療機構評估有傳染之虞，並經衛生主管機關認定須施行隔離治療者。

　㈡罹患須長期治療或照護之疾病。

　㈢中度、重度或極重度身心障礙。

　兒童、少年有前項第一款情形者，應送傳染病指定隔離醫院接受治療，經確認無傳染之虞後得予安置。

六　經老人之家安置之兒童或少年（以下簡稱院生），直轄市、縣（市）主管機關應辦妥戶籍、學籍及全民健康保險等事宜，並經健康檢查後，由其父母或監護人填具保證書，辦理入家手續。

法院交付安置者由老人之家協助辦理戶籍、學籍及全民健康保險等事宜。

七　院生除有特殊情況者，戶籍應遷入老人之家。退家時，應將戶籍遷出。

八　院生在外就學者，應於每年寒暑假，返回老人之家累計十四日以上，俾利瞭解其就學及生活狀況。

九　院生所需生活費、衛生保健費、學雜各費及其他與安置有關之費用，除依第四點第一項第七款情事安置者，依契約辦理外，由老人之家及直轄市、縣（市）主管機關共同負擔。

　　直轄市、縣（市）主管機關負擔前項委託安置費用，以每人每月新臺幣六千元為下限，並依各直轄市及縣（市）政府財力分級表，財力分級每優一級者，增加新臺幣一千元。但安置期間未滿一個月者，得按日計費。

　　前項費用基準於行政院主計總處所定當地消費者物價指數自原收費標準訂定日起上漲或下跌超過百分之五時，始得調整收費，調整金額以新臺幣百元為單位，尾數四捨五入，除定期限契約外，並於次年施行。

　　第一項收費自修正通過後次年之新入家個案開始適用。

十　委託安置費用之繳納及退費方式，依契約規定辦理。

十一　老人之家所收委託安置費用，應繳交社會福利基金專戶。

十二　院生在家期間，除法規另有規定外；其父母、監護人、親友或師長得於規定時間來家探視。

十三　院生死亡時，老人之家應通知委託安置之直轄市、縣（市）主管機關、院生父母、監護人或親友，並協助辦理喪葬事宜。

十四　院生有下列情事之一者，老人之家應通知委託安置之直轄市、縣（市）主管機關、院生父母、監護人或親友於限期內辦理退家，逾期不退家者，由老人之家通知直轄市、縣（市）主管機關處理：

　　㈠受安置原因消失。

　　㈡扶養義務人已具扶養能力。

　　㈢高中（職）在校生留級二次者。

　　㈣違反老人之家規定，其情節重大或影響其他院生安全，或因特殊事故，經老人之家會商委託安置之直轄市、縣（市）主管機關同意。

十五　除因第四點第一項第三款、第五款情事安置之院生外，經直轄市、縣（市）主管機關評估同意後，得由其父母或監護人申請退家。退家時，應填具退家申請書，並辦理戶籍遷出登記。

十六　老人之家對院生父母、監護人之姓名、身分、住址等相關資料，應予保密。

十七　老人之家對離院院生離院一年內，應依規定辦理追蹤輔導，
　　　並作成紀錄。

衛生福利部兒童及少年安置及教養機構院生特殊獎勵金發放基準

民國102年11月26日衛生福利部函修正名稱及全文7點（原名稱：內政部兒童及少年安置教養機構院生特殊獎勵金發放基準）。

一　衛生福利部所屬兒童及少年安置教養機構為獎勵院生表現優良，提升院生人力品質，特訂定本基準。

二　本基準獎勵對象為衛生福利部所屬北區兒童之家、中區兒童之家、南區兒童之家、少年之家、雲林教養院、南區老人之家附設少年教養所及澎湖老人之家附設少年教養所，符合下列資格之院生：

(一)在校課業成績良好者。

(二)參加機構或團體各類競賽成績優異者。

(三)參加外界各項技能檢定或藝文、技藝、體育等競賽成績優異者。

三　獎勵金發放基準如下：

(一)在校課業成績良好之院生：

1.學期成績優良獎：

(1)高中（職）校（含五專一至三年級）院生：學業總平均分數七十五分以上之院生得申請，每人不超過新臺幣八百元。

(2)國中院生：學業總平均分數七十五分以上之院生得申請，每人不超過新臺幣六百元。

(3)國小院生：各領域學期成績均為甲等（八十分）以上之院生得申請，每人不超過新臺幣四百元。

2.定期考查或段考成績優良獎：

(1)對象：就讀國中、國小院生。

(2)基準：以年級為單位，每次定期考查或段考排名在機構該年級前三名（國小當次考試平均成績八十分以上、國中當次考試平均成績七十五分以上）之院生得申請，每人依名次分別不超過新臺幣三百元、新臺幣二百元、新臺幣一百元。

(二)參加機構或團體各類競賽成績優異之院生：第一名不超過新臺幣五百元，第二名不超過新臺幣三百元，第三名不超過新臺幣二百元。

(三)參加外界各項技能檢定或藝文、技藝、體育等競賽成績優異，且獲有獎牌、獎杯、獎狀或證照之院生：

1. 參加就讀學校各類競賽之獎勵：
   (1)高中職（含五專一至三年級）院生：第一名不超過新臺幣八百元，第二名不超過新臺幣五百元，第三名不超過新臺幣三百元。
   (2)國中生：第一名不超過新臺幣五百元，第二名不超過新臺幣三百元，第三名不超過新臺幣二百元。
   (3)國小生：第一名不超過新臺幣三百元，第二名不超過新臺幣二百元，第三名不超過新臺幣一百元。
   (4)榮獲模範生院生：高中職不超過新臺幣八百元，國中不超過新臺幣五百元，國小不超過新臺幣三百元。
2. 參加縣（市）級各類檢定或競賽之獎勵：第一名不超過新臺幣一千元，第二名不超過新臺幣八百元，第三名不超過新臺幣六百元。
3. 參加全國性檢定或競賽之獎勵：第一名不超過新臺幣二千元，第二名不超過新臺幣一千五百元，第三名不超過新臺幣一千元。
4. 取得技術士證照之獎勵：
   (1)取得甲級技術士證照者，每人每張證照不超過新臺幣五千元。
   (2)取得乙級技術士證照者，每人每張證照不超過新臺幣二千元。
   (3)取得丙級技術士證照者，每人每張證照不超過新臺幣五百元。
5. 參加檢定或競賽依其性質之重要性、規模大小、影響範圍等，機構得逐予增減獎額；二人以上合組隊伍（團體組）參加檢定或競賽之獎勵，額減半。
   前項獎勵金，必要時得以等值獎品代之。

四　保育（輔導）人員定期按成績表現優異院生人數編製獎勵金印領清冊，送請會計室辦理。

五　經辦單位應依院生獎勵金繕製印領清冊，依規定程序轉存入院生個人金融機構帳戶或公開場合頒贈表揚，會計室並據以辦理核銷。

六　院生獎勵金發放之督導及考核，得由政風室及會計室會同保育（輔導）課長辦理查核工作；經查核有不法情事者，簽報機構首長核處，依法處理。

七　本基準經費由衛生福利部社會福利基金會費、捐助、補助、分攤、救助與交流活動費，補貼（償）獎勵、慰問及救濟項下支應。

衛生福利部兒童及少年安置教養機構院生及離院院生升學獎助金發放作業規定

民國102年11月26日衛生福利部函修正名稱及全文9點（原名稱：內政部兒童及少年安置教養機構院生及離院院生升學獎助金發放作業規定）。

一　衛生福利部所屬北區兒童之家、中區兒童之家、南區兒童之家、少年之家、雲林教養院、南區老人之家附設少年教養所及澎湖老人之家附設少年教養所（以下簡稱機構）為協助院生及離院院生就學，使能發展特殊才能或專心向學，提升院生人力品質，特訂定本作業規定。

二　本作業規定獎助對象如下：

(一)在院院生：

1.就讀公私立學校資優班、才藝班、體能班，或參加才藝、體能訓練機構學習之院生。

2.具有學習意願且需補習輔導或補救教學之院生。

(二)離院院生：曾安置於機構，就讀公私立高中（職）以上學校且繼續升學，經機構家庭訪視，並得參考地方政府評估家庭狀況資料，提家（院）務會議審核確具獎助需求者。

前項獎助時程延續至大專（學）學業完成為限。

三　獎助金申請方式：

(一)在院院生：機構保育課（輔導課或教養所）每年初就院生特殊才能特性或學科補強需求擬具年度發展計畫（含經費概算），提家（院）務會議審核。

(二)離院院生：以每學期一次為限，申請人於當年一月底及八月底前填妥申請書為原則，並備齊下列證件，以掛號郵寄或親至機構社工課申請。

1.獎助金申請書。（格式如附件）

2.戶口名簿影本或戶籍謄本。

3.一千字以上自傳及讀書計畫（初次申請者）。

四　獎助金依下列基準發放：

(一)在院院生：依實際需求支應，每人每學期不超過新臺幣三萬元。

(二)離院院生在校學期成績總平均及格：

1.就讀公立大專（學）院校之學生，每人每學期不超過新臺幣三萬元；私立大專（學）院校之學生，每人每學期不超過新臺幣五萬元。

2. 就讀公立高中（職）之學生，每人每學期不超過新臺幣一萬五千元；私立高中（職）之學生，每人每學期不超過新臺幣三萬元。

領有政府設置之學雜費補助者，獎助金依前項額度扣除所領金額發放。

五　獎助金審查程序：

(一)在院院生：機構保育課（輔導課或教養所）所提年度發展計畫，經家（院）務會議審核通過後辦理。

(二)離院院生：申請表件經機構社工課初審，分別在當年二月及九月提家（院）務會議複審通過後，公告於機構網站，並以電話或專函通知申請人，於三月底及十月底前，攜帶註冊繳費證明文件或蓋有註冊章之學生證赴機構辦理申領手續。

延畢期間，不得申請獎助金。

審查期間機構得派人員前往申請人居住地、學校或教育訓練場訪視，以了解受獎助情形，拒絕接受訪視或發現資格不符、資料不實者，取消其申請。

六　核撥及核銷程序：

(一)在院院生：教育訓練單位或教練（師）應擊據送機構，機構依規定辦理核銷審核程序，經核准後，以教育訓練單位或教練（師）為受領人開立支票，並代扣所得稅。

(二)離院院生：機構應繕製印領清冊或個人領據，依規定辦理核銷審核程序，經核准後，存入申請人個人金融機構帳戶，並代扣個人綜合所得稅。

七　獎助金發放之督導及考核，得由機構政風及會計人員會同業務單位辦理查核工作，確有不法情事，應簽報機構負責人核處，依法處理。

八　本作業規定經費為接受外界捐款指定用途為院生及離院院生升學獎助金之受贈收入。

前項受贈收入應設置帳簿，詳細登載收支情形，並於累計餘額內編列年度預算支用。當年度預算編列不及者，得先行報衛生福利部核准後，併年度決算辦理。累計餘額用罄期間，獎助金即停止辦理。

九　機構應於每年一月將上年度獎助情形，彙報衛生福利部備查。

資深與績優兒童及少年安置及教養機構專業人員及寄養家庭獎勵要點

①民國91年4月4日內政部函訂定發布全文7點。
②民國92年2月18日內政部函修正發布全文7點。
③民國93年3月17日內政部函修正發布名稱及全文7點（原名稱：臺閩地區資深與績優兒幼機構保育工作人員及寄養家庭獎勵要點）。
④民國94年2月15日內政部函修正發布全文7點。
⑤民國95年1月20日內政部函修正發布名稱及全文7點（原名稱：臺閩地區資深與績優兒童及少年安置及教養機構專業人員及寄養家庭獎勵要點）。

一　為激勵從事兒童及少年福利工作之資深、績優專業人員及寄養家庭工作士氣，提昇服務品質，增進兒童及少年身心健康，特訂定本要點。

二　本要點主辦單位為內政部兒童局，協辦單位為直轄市、縣（市）政府、內政部所屬兒童之家、少年之家、雲林教養院、老人之家（少教所）及臺灣省政府立案之兒童及少年安置及教養機構。

三　獎勵對象：
(一)符合相關專業人員資格，並實際擔任兒童及少年安置及教養機構專業人員，包括保母人員、助理保育人員、保育人員、助理生活輔導人員、生活輔導人員、心理輔導人員、社會工作人員及其直屬部門主管。
(二)實際從事兒童及少年家庭寄養服務工作之寄養家庭父母。

四　遴選標準：
(一)資深部分：
　　1.專業人員：從事兒童及少年安置及教養機構專業工作屆滿二十年，且無懲戒紀錄、未曾犯罪判決確定或緩刑期滿前，緩刑之宣告經撤銷或刑事偵查程式中，且最近五年未以同一事由經內政部表揚者。
　　2.寄養家庭：寄養家庭父母從事兒童及少年家庭寄養服務工作屆滿十年，且無懲戒紀錄、未曾犯罪判決確定或緩刑期滿前，緩刑之宣告經撤銷或刑事偵查程式中，且最近五年未以同一事由獲內政部表揚者。
(二)績優部分：
　　1.專業人員、寄養家庭父母具有下列條件：
　　　(1)對兒童及少年照顧與輔導有明顯成效、具體事蹟者。

(2)研提具體創新意見或做法，確有助於兒童及少年福利業務推動改進者。

2.第一目專業人員並應從事兒童及少年安置及教養機構專業工作五年以上，且無懲戒紀錄、未曾犯罪判決確定或緩刑期滿前，緩刑之宣告經撤銷或刑事偵查程式中，且最近三年未以同一事由獲內政部表揚。

3.第一目寄養家庭父母並應從事兒童及少年家庭寄養服務工作三年以上，且無懲戒紀錄、未曾犯罪判決確定或緩刑期滿前，緩刑之宣告經撤銷或刑事偵查程式中，且最近三年未以同一事由獲內政部表揚。

4.第一目專業人員、寄養家庭父母有特殊具體優良事蹟，足為從事兒童及少年福利工作人員表率者，得不受第二目、第三目年資之限制。

五 推薦及評審方式：

(一)推薦方式：由直轄市、縣（市）政府及相關單位依下列方式推薦（推薦表及參考指標如附件）：

　1.專業人員：由直轄市、縣（市）政府或內政部所屬兒童之家、少年之家、雲林教養院、老人之家（少教所）及臺灣省政府立案之兒童及少年安置及教養機構將推薦表送內政部兒童局辦理。

　2.寄養家庭：由直轄市、縣（市）政府將推薦表送內政部兒童局辦理。

(二)評審方式：由內政部兒童局邀請專家學者五人至七人組成評審小組評選。

六 推薦名額：

(一)資深部分：不限名額。

(二)績優部分：

　1.專業人員：每一機構收容兒童及少年人數在五十人以下者，得推薦一名，五十一人至一百人者，得推薦二名，一百零一人以上者，得推薦三名。

　2.寄養家庭：每一直轄市、縣（市）轄內寄養家庭在五十個以下者，得推薦一個家庭，五十一個至一百個者，得推薦二個家庭，一百零一個以上者，得推薦三個家庭。

七 獎勵方式：

(一)公開表揚：

　1.頒發資深榮譽紀念獎獎座乙座。

　2.頒發績優榮譽紀念獎獎座乙座。

(二)頒發獎品或參加觀摩座談會。

特殊境遇家庭扶助條例

① 民國89年5月24日總統令制定公布全文16條；並自公布日起施行。
② 民國95年5月17日總統令修正公布第4、5至8、10、16條條文；
　增訂第4-1、12-1條條文；刪除第14條條文；並自公布後次年1月
　1日施行。
③ 民國98年1月23日總統令修正公布名稱及第1、2、4、5、7至
　10、12、12-1、16條條文（原名稱：特殊境遇婦女家庭扶助條
　例）。
　民國98年2月26日行政院令發布定自98年3月1日施行。
④ 民國100年12月7日總統令修正公布第4、9條條文；並增訂第13-1
　條條文。
⑤ 民國102年1月2日總統令修正公布第8條條文；並增訂第15-1條條
　文。
　民國102年7月19日行政院公告第3條第1項所列屬「內政部」之
　權責事項，自102年7月23日起改由「衛生福利部」管轄。
⑥ 民國103年1月29日總統令修正公布第13-1條條文。
⑦ 民國109年1月15日總統令修正公布第3條條文。

第一條　（立法目的）98
　為扶助特殊境遇家庭解決生活困難，給予緊急照顧，協助其自立
　自強及改善生活環境，特制定本條例。

第二條　（生活扶助之種類）98
　本條例所定特殊境遇家庭扶助，包括緊急生活扶助、子女生活津
　貼、子女教育補助、傷病醫療補助、兒童托育津貼、法律訴訟補
　助及創業貸款補助。

第三條　（主管機關）109
① 本條例所稱主管機關：在中央為衛生福利部；在直轄市為直轄市
　政府；在縣（市）為縣（市）政府。
② 本條例所定事項，涉及各目的事業主管機關職掌者，由各目的事
　業主管機關辦理。

第四條　（特殊境遇家庭之認定）100
① 本條例所稱特殊境遇家庭，指申請人其家庭總收入按全家人口平
　均分配，每人每月未超過政府當年公布最低生活費二點五倍及臺
　灣地區平均每人每月消費支出一點五倍，且家庭財產未超過中央
　主管機關公告之一定金額，並具有下列情形之一者：
一　六十五歲以下，其配偶死亡，或失蹤經向警察機關報案協尋
　　未獲達六個月以上。
二　因配偶惡意遺棄或受配偶不堪同居之虐待，經判決離婚確定
　　或已完成協議離婚登記。
三　家庭暴力受害。

四　未婚懷孕婦女，懷胎三個月以上至分娩二個月內。

五　因離婚、喪偶、未婚生子獨自扶養十八歲以下子女或祖父母扶養十八歲以下父母無力扶養之孫子女，其無工作能力，或雖有工作能力，因遭遇重大傷病或照顧六歲以下子女或孫子女致不能工作。

六　配偶處一年以上之徒刑或受拘束人身自由之保安處分一年以上，且在執行中。

七　其他經直轄市、縣市政府評估因三個月內生活發生重大變故導致生活、經濟困難者，且其重大變故非因個人責任、債務、非因自願性失業等事由。

②申請子女生活津貼、子女教育補助及兒童托育津貼者，前項特殊境遇家庭，應每年申請認定之。

③申請人之孫子女領取本條例所定扶助，以符合第一項第五款扶養十八歲以下父母無力扶養之孫子女為限。

④第一項第五款所稱父母無力扶養，係指父母均因死亡、非自願失業且未領失業給付、重大傷病、服刑或失蹤等，致無力扶養子女。

第四條之一　（準用規定及不納入家庭應計算人口範圍之各種情形）95

①前條第一項所稱家庭總收入及無工作能力，準用社會救助法第五條之一及第五條之三規定。

②前條第一項所稱家庭財產，包括動產及不動產，其金額應分別定之，並準用社會救助法第五條之二規定。

③前條第一項所稱全家人口，其應計算人口範圍，包括下列人員：

一　申請人。

二　負扶養義務之直系血親卑親屬及其配偶。

三　前款以外，認列綜合所得稅扶養親屬免稅額之納稅義務人。

④前項第二款、第三款人員有下列情形之一者，不列入應計算人口範圍：

一　無工作收入、未共同生活且無扶養能力之已結婚直系血親卑親屬。

二　應徵集召集入營服兵役或替代役現役。

三　在學領有公費。

四　入獄服刑、因案羈押或依法拘禁。

五　失蹤，經向警察機關報案協尋未獲，達六個月以上。

第五條　（適用範圍）98

①特殊境遇家庭得依第二條所定家庭扶助項目申請，不以單一項目為限。但得依其他法令規定取得生活扶助、給付或安置者，除前補助生活扶助、給付與本條例之差額外，不予重複扶助。

②依本條例接受補助者有下列情形之一時，直轄市、縣（市）主管機關應停止其家庭扶助，並得追回其所領取之補助：

一　提供不實資料。

二　隱匿或拒絕提供直轄市、縣（市）主管機關要求之資料。

三　以詐欺或其他不正當方法取得家庭扶助。

第六條　（緊急生活扶助）95

① 符合第四條第一項規定申請緊急生活扶助者，按當年度低收入戶每人每月最低生活費用標準一倍核發，每人每次以補助三個月為原則，同一個案同一事由以補助一次為限。

② 申請緊急生活扶助，應於事實發生後六個月內，檢具戶口名簿影本及其他相關證明文件，向戶籍所在地直轄市、縣（市）主管機關提出申請，或由鄉（鎮、市、區）公所、社會福利機構轉介申請。證明文件取得困難時，得依社工員訪視資料審核之。

③ 直轄市、縣（市）主管機關應於緊急生活扶助核准後，定期派員訪視其生活情形；其生活已有明顯改善者，應即停止扶助。

第七條　（子女生活津貼）98

① 符合第四條第一項第一款至第三款、第五款或第六款規定，並有十五歲以下子女或孫子女者，得申請子女生活津貼。

② 子女生活津貼之核發標準，每一名子女或孫子女每月補助當年度最低工資之十分之一，每年申請一次。

③ 初次申請子女生活津貼者，得隨時提出。但有延長補助情形者，應於會計年度開始前兩個月提出。

④ 直轄市、縣（市）主管機關對申請延長補助者，應派員訪視其生活情形；其生活已有明顯改善者，應即停止津貼。

⑤ 申請子女生活津貼，應檢具戶口名簿影本及其他相關證明文件，向戶籍所在地主管機關提出申請，或由鄉（鎮、市、區）公所、社會福利機構轉介申請。

第八條　（教育補助）102

① 符合第四條規定，且其子女或孫子女就讀國內公立或立案之私立高級中等以上學校，得申請教育補助。但其他法令有性質相同之補助規定者，不得重複領取：

一　就讀高中高職減免學雜費百分之六十。

二　就讀大專院校減免學雜費百分之六十。

② 前項學雜費減免，應於註冊時檢附相關證明文件，經學校審核確認後逕予減免，私立學校由學校逕予減免後，報請主管教育行政機關補助之。

③ 第一項教育補助之申請程序、方式及其他應遵行事項之辦法，由各該主管教育行政機關定之。

④ 第一項中華民國一百零一年十二月十八日修正條文，自一百零一年八月一日施行。

第九條　（傷病醫療補助）100

① 符合第四條規定，而有下列情形之一，得申請傷病醫療補助：

一　本人及六歲以上未滿十八歲之子女或孫子女參加全民健保，最近三個月內自行負擔醫療費用超過新臺幣三萬元，無力負擔且未獲其他補助或保險給付者。

二 未滿六歲之子女或孫子女，參加全民健保，無力負擔自行負擔之費用者。

②傷病醫療補助之標準如下：

一 本人及六歲以上未滿十八歲之子女或孫子女：自行負擔醫療費用超過新臺幣三萬元之部分，最高補助百分之七十，每人每年最高補助新臺幣十二萬元。

二 未滿六歲之子女或孫子女：凡在健保特約之醫療院所接受門診、急診及住院診治者，依全民健康保險法第三十三條及第三十五條之規定應自行負擔之費用，每人每年最高補助新臺幣十二萬元。

③申請傷病醫療補助，應於傷病發生後三個月內，檢具相關證明文件、健保卡正，反面影本、診斷證明書及醫療費用收據正本，向戶籍所在地主管機關提出申請；未滿六歲之子女或孫子女傷病醫療補助申請，應向戶籍所在地之鄉（鎮、市、區）公所申請醫療補助證後，逕赴保險人特約之醫療院所就診，並由醫療院所按月造冊向直轄市、縣（市）主管機關申請。

第一〇條 （兒童托育津貼）98

①符合第四條第一項第一款至第三款、第五款及第六款規定，並有未滿六歲之子女或孫子女者，應優先獲准進入公立托教機構；如子女或孫子女進入私立托教機構時，得申請兒童托育津貼每人每月新臺幣一千五百元。

②申請兒童托育津貼，應於事實發生後六個月內，檢具相關證明文件，向戶籍所在地主管機關申請。

③直轄市、縣（市）主管機關對申請延長補助者，應派員訪視其生活情形；其生活已有明顯改善者，應即停止津貼。但已進入公立托教機構者，得繼續接受托育。

第一一條 （法律訴訟補助）

①符合第四條第一項第三款規定，而無力負擔訴訟費用者，得申請法律訴訟補助。其標準最高金額以新臺幣五萬元為限。

②申請法律訴訟補助，應於事實發生後三個月內檢具相關證明、律師費用收據正本及訴訟或判決書影本各一份，向戶籍所在地之主管機關申請。

第一二條 （創業貸款補助）98

符合第四條第一項第一款至第三款、第五款及第六款規定，且年滿二十歲者，得申請創業貸款補助；其申請資格、程序、補助金額、名額及期限等，由中央目的事業主管機關另以辦法定之。

第一二條之一 （申請子女生活、兒童托育津貼及創業貸款補助資格）98

符合第四條第一項第三款規定，申請子女生活津貼及兒童托育津貼，以依民事保護令取得未成年子女之權利義務行使或有具體事實證明獨自扶養子女者為限。

第一三條 （扶助經費）

　　辦理本條例各項家庭扶助業務所需經費，應由各級政府分別編列預算支應之。

第一三條之一 （扣押、抵銷、供擔保或強制執行標的之禁止）100

①依本條例請領各項津貼或補助之權利，不得扣押、讓與或供擔保。

②依本條例請領各項津貼或補助者，得檢具直轄市、縣（市）主管機關出具之證明文件，於金融機構開立專戶，並載明金融機構名稱、地址、帳號及戶名，報直轄市、縣（市）主管機關核可後，專供存入各項津貼或補助之用。

③前項專戶內之存款，不得作為扣押、抵銷、供擔保或強制執行之標的。

第一四條 （刪除）95

第一五條 （申請之程式）

　　本條例所定各項家庭扶助之申請，其所需文件、格式、審核基準、審核程序及經費核撥方式等相關事宜，由各該主管機關定之。

第一五條之一 （資料之申調及保密義務）102

①為辦理本條例扶助業務所需之必要資料，主管機關得洽請相關機關（構）、團體、法人或個人提供之，受請求者不得拒絕。

②主管機關依前項規定所取得之資料，應盡善良管理人之注意義務，確實辦理資訊安全稽核作業；其保有、處理及利用，並應遵循個人資料保護法之規定。

第一六條 （施行日）98

①本條例自公布日施行。

②本條例九十八年一月十二日修正條文施行期日，由行政院定之。

幼兒教育及照顧法

①民國100年6月29日總統令制定公布全文60條；並自101年1月1日施行。
②民國102年5月22日總統令修正公布第10、15、43、55條條文；並自101年1月1日施行。
　民國103年2月14日行政院公告第19條第2項所列屬「勞工保險局」之權責事項，自103年2月17日起改由「勞動部勞工保險局」管轄。
③民國104年7月1日總統令修正公布第6至8、18、31、53、55條條文；並自101年1月1日施行。
④民國107年6月27日總統令修正公布全文59條；並自公布日施行。

第一章　總　則

第一條　（立法目的）
①為保障幼兒接受適當教育及照顧之權利，確立幼兒教育及照顧方針，健全幼兒教育及照顧體系，以促進其身心健全發展，特制定本法。
②幼兒之居家式托育服務，依兒童及少年福利與權益保障法之規定辦理。

第二條　（主管機關）
①本法所稱主管機關：在中央為教育部；在直轄市為直轄市政府；在縣（市）為縣（市）政府。
②本法所定事項涉及各目的事業主管機關業務時，各該機關應配合辦理。

第三條　（用詞定義）
本法用詞，定義如下：
一　幼兒：指二歲以上至入國民小學前之人。
二　幼兒教育及照顧：指以下列方式對幼兒提供之服務：
　　㈠居家式托育。
　　㈡幼兒園。
　　㈢社區互助式。
　　㈣部落互助式。
　　㈤職場互助式。
三　教保服務機構：指以前款第二目至第五目方式，提供幼兒教育及照顧服務（以下簡稱教保服務）者。
四　負責人：指教保服務機構依本法及其相關法規登記之名義人；其為法人者，指其董事長。
五　教保服務人員：指提供教保服務之園長、教師、教保員及助

理教保員。

第四條　(召開諮詢會及其成員代表)

①各級主管機關爲整合規劃、協調、諮詢及宣導教保服務，應召開諮詢會。

②前項諮詢會，其成員應包括主管機關代表、衛生主管機關代表、勞動主管機關代表、身心障礙團體代表、教保與兒童福利學者專家、教保與兒童福利團體代表、教保服務人員團體代表、家長團體代表及婦女團體代表；其組織及會議等相關事項之辦法及自治法規，由各主管機關定之。

第五條　(中央主管機關掌理事項)

①中央主管機關掌理下列事項：

一　教保服務政策及法規之研擬。

二　教保服務理念、法規之宣導及推廣。

三　全國性教保服務之方案策劃、研究、獎助、輔導、實驗及評鑑規劃。

四　地方教保服務行政之監督、指導及評鑑。

五　全國性教保服務基本資料之蒐集、調查、統計及公布。

六　協助教保服務人員組織及家長組織之成立。

七　其他全國性教保服務之相關事項。

②前項第五款教保服務基本資料，至少應包括全國教保服務機構之收費項目與數額、評鑑結果、不利處分及其他相關事項。

第六條　(直轄市、縣 (市) 主管機關掌理事項)

①直轄市、縣 (市) 主管機關掌理下列事項：

一　地方性教保服務方案之規劃、實驗、推展及獎助。

二　教保服務機構之設立、監督、輔導及評鑑。

三　公立幼兒園、非營利幼兒園、社區、部落或職場互助式教保服務之推動。

四　親職教育之規劃及辦理。

五　地方性教保服務基本資料之蒐集、調查、統計及公布。

六　其他地方性教保服務之相關事項。

②前項第五款教保服務基本資料，至少應包括直轄市、縣 (市) 主管機關主管之教保服務機構之收費項目與數額、評鑑結果、不利處分及其他相關事項。

第二章　教保服務機構設立及其教保服務

第七條　(教保服務原則)

①教保服務應以幼兒爲主體，遵行幼兒本位精神，秉持性別、族群、文化平等、教保並重及尊重家長之原則辦理。

②推動與促進教保服務工作發展爲政府、社會、家庭、教保服務機構及教保服務人員共同之責任。

③政府應提供幼兒優質、普及、平價及近便性之教保服務，對處於離島、偏遠地區，或經濟、身心、文化與族群之需要協助幼兒，

應優先提供其接受適當教保服務之機會，並得補助私立教保服務機構辦理之。

④公立幼兒園及非營利幼兒園應優先招收需要協助幼兒，其招收需要協助幼兒人數超過一定比率時，得報請直轄市、縣（市）主管機關增聘專業輔導人力。

⑤前二項補助、招收需要協助幼兒之優先順序、一定比率及增聘輔導人力之辦法或自治法規，由各級主管機關定之。

⑥政府對接受教保服務之幼兒，得視實際需要補助其費用；其補助對象、補助條件、補助額度及其他相關事項之辦法，由中央主管機關定之。

第八條 （幼兒園之許可設立；法人為公司者其設立幼兒園之招生原則；以高級中等以下學校教學場所辦理幼兒園者，不受建築法相關規定限制）

①直轄市、縣（市）、鄉（鎮）、市、直轄市山地原住民區、學校、法人、團體或個人，得興辦幼兒園；幼兒園應經直轄市、縣（市）主管機關許可設立，並於取得設立許可後，始得招收幼兒進行教保服務。

②公立學校所設幼兒園應為學校所附設，其與直轄市、縣（市）、鄉（鎮、市）及直轄市山地原住民區設立者為公立，其餘為私立。但中華民國一百年十二月三十一日以前已由政府或公立學校所設之私立幼稚園或托兒所，仍為私立。

③幼兒園得設立分班；分班之設立，以於同一鄉（鎮、市、區）內設立為限。但學校於同一直轄市、縣（市）內設立之分校、分部或分班，其附設或附屬幼兒園分班，不在此限。

④幼兒園分班之招收人數，不得逾本園之人數，並以六十人為限。

⑤私立幼兒園得辦理財團法人登記，並設董事會。

⑥幼兒園與其分班基本設施設備之標準，及其設立、改建、遷移、擴充、招收人數、更名與變更負責人程序及應檢具之文件、停辦、復辦、撤銷或廢止許可、督導管理、財團法人登記、董事會運作及其他相關事項之辦法，均由中央主管機關定之。

⑦第一項所定法人為公司者，得自行或聯合興辦幼兒園；其設立之幼兒園，以招收該公司員工子女為主，有餘額者，經直轄市、縣（市）主管機關核准後，始得招收其他幼兒。

⑧以高級中等以下學校教學場所辦理幼兒園者，得繼續適用原建築物使用類組，不受建築法第七十三條應申請變更使用執照規定之限制。

第九條 （非營利幼兒園設立方式）

①非營利幼兒園應以下列方式之一設立：

一　由直轄市、縣（市）政府、中央政府機關（構）、國立各級學校、鄉（鎮、市）公所及直轄市山地原住民區公所委託經依法設立或登記之非營利性質法人辦理。

二　由非營利性質法人申請經直轄市、縣（市）主管機關核准辦

理。

②前項非營利幼兒園之辦理方式、委託要件、委託年限、委託方式、收退費基準、教保服務人員及其他服務人員薪資、審議機制、考核、契約期滿續辦、終止契約、代為經營管理及其他相關事項之辦法，由中央主管機關定之；其退費之方式及金額或比率，由直轄市、縣（市）主管機關定之。

③第一項非營利性質法人為學校財團法人者，得自行設立附設或附屬非營利幼兒園，或由其設立之私立學校以附設或附屬方式辦理非營利幼兒園。

④直轄市、縣（市）主管機關為辦理第二項事項之審議，應召開審議會，由機關首長或指定之代理人為召集人，成員應包括勞工團體代表、教保與兒童福利學者專家、教保與兒童福利團體代表、教保服務人員團體代表、家長團體代表及婦女團體代表。

⑤直轄市、縣（市）政府辦理非營利幼兒園需用國有土地或建築物者，得由國有財產管理機關以出租方式提供使用；其租金基準，按該土地及建築物當期依法應繳納之地價稅及房屋稅計收年租金。

第一○條 （社區互助式、部落互助式及職場互助式幼兒教保服務之相關規定）

①直轄市、縣（市）主管機關應協助離島、偏遠地區國民小學附設幼兒園。

②離島、偏遠地區為因應當地理條件限制及幼兒生活與學習活動之需要，得採社區互助式方式對幼兒提供教保服務；其機構經直轄市、縣（市）主管機關許可設立後，始得招收幼兒進行教保服務。

③為提供原住民族幼兒學習其族語、歷史及文化機會與發揮部落照顧精神，得採部落互助式方式對幼兒提供教保服務；其機構經直轄市、縣（市）主管機關許可設立後，始得招收幼兒進行教保服務。

④政府機關（構）、公司及非政府組織為照顧員工子女，得採職場互助式方式對幼兒提供教保服務；其機構經直轄市、縣（市）主管機關許可設立後，始得招收幼兒進行教保服務。

⑤前三項地區範圍、辦理方式、招收人數、人員資格與配置、許可條件與程序、環境、設施與設備、衛生保健、直轄市、縣（市）主管機關輔導與協助、檢查、管理、撤銷或廢止許可、收退費及其他相關事項之辦法，由中央主管機關會商中央原住民族主管機關及中央勞動主管機關定之。

⑥以高級中等以下學校教學場所辦理第二項至第四項教保服務者，得繼續適用原建築物使用類組，不受建築法第七十三條應申請變更使用執照規定之限制。

第一一條 （教保服務實施目標）

教保服務之實施，應與家庭及社區密切配合，以達成下列目標：

一　維護幼兒身心健康。
二　養成幼兒良好習慣。
三　豐富幼兒生活經驗。
四　增進幼兒倫理觀念。
五　培養幼兒合群習性。
六　拓展幼兒美感經驗。
七　發展幼兒創意思維。
八　建構幼兒文化認同。
九　啓發幼兒關懷環境。

第一二條　（教保服務內容）

①教保服務內容如下：
一　提供生理、心理及社會需求滿足之相關服務。
二　提供健康飲食、衛生保健安全之相關服務及教育。
三　提供適宜發展之環境及學習活動。
四　提供增進身體動作、語文、認知、美感、情緒發展與人際互動等發展能力與培養基本生活能力、良好生活習慣及積極學習態度之學習活動。
五　記錄生活與成長及發展與學習活動過程。
六　舉辦促進親子關係之活動。
七　其他有利於幼兒發展之相關服務。

②幼兒之父母或監護人得依幼兒之需求，選擇參與全日、上午時段或下午時段之教保服務；教保服務機構於教保活動課程以外之日期及時間，得視父母或監護人需求，提供延長照顧服務。

③教保服務機構並得視其設施、設備與人力資源及幼兒父母或監護人之需求，經直轄市、縣（市）主管機關核准後，提供幼兒臨時照顧服務。

④幼兒教保活動課程大綱及服務實施準則，由中央主管機關定之。

⑤離島、偏遠地區教保服務機構得結合非營利組織、大專校院及社區人力資源，提供幼兒照顧服務及相關活動。

第一三條　（身心障礙幼兒接受教保服務之補助）

①直轄市、縣（市）主管機關應依相關法律規定，對接受教保服務之身心障礙幼兒，主動提供專業團隊，加強早期療育及學前特殊教育相關服務，並依相關規定補助其費用。

②中央政府為均衡地方身心障礙幼兒教保服務之發展，應補助地方政府遴聘學前特殊教育專業人員之鐘點、業務及設備經費，以辦理身心障礙幼兒教保服務；其補助辦法，由中央主管機關定之。

第一四條　（教保服務機構得作為社區教保資源中心）

教保服務機構得作為社區教保資源中心，發揮社區資源中心之功能，協助推展社區活動及社區親職教育。

第三章　教保服務機構組織與服務人員資格及權益

第一五條 （進用具教保服務資格之人員）

① 除本法另有規定外，教保服務機構應進用具教保服務人員資格，且未有教保服務人員條例第十二條第一項所列情事者，從事教保服務。

② 教保服務機構不得借用未在該機構服務之教保服務人員資格證書。

③ 教保服務機構於進用教職員工後三十日內，應檢具相關名冊、學經歷證件、身分證明文件影本，並應附最近三個月內核發之警察刑事紀錄證明書等基本資料，報直轄市、縣（市）主管機關備查；異動時，亦同。直轄市、縣（市）主管機關應主動查證並得派員檢查。

第一六條 （二歲以上未滿三歲幼兒之幼兒園招生人數限制及其教保服務人員員額配置）

① 幼兒園二歲以上未滿三歲幼兒，每班以十六人為限，且不得與其他年齡幼兒混齡；三歲以上至入國民小學前幼兒，每班以三十人為限。但離島、偏遠及原住民族地區之幼兒園，因區域內二歲以上未滿三歲幼兒之人數稀少，致其招收人數無法單獨成班者，得報直轄市、縣（市）主管機關同意後，以二歲以上至入國民小學前幼兒進行混齡編班，每班以十五人為限。

② 幼兒園有招收身心障礙幼兒之班級，得酌予減少前項所定班級人數；其減少班級人數之條件及核算方式，由直轄市、縣（市）主管機關定之。

③ 幼兒園除公立學校附設者及分班免置園長外，應置下列專任教保服務人員：

一 園長。

二 幼兒園教師、教保員或助理教保員。

④ 幼兒園及其分班除園長外，應依下列方式配置教保服務人員：

一 招收二歲以上至未滿三歲幼兒之班級，每班招收幼兒八人以下者，應置教保服務人員一人，九人以上者，應置教保服務人員二人；第一項但書所定情形，其教保服務人員之配置亦同。

二 招收三歲以上至入國民小學前幼兒之班級，每班招收幼兒十五人以下者，應置教保服務人員一人，十六人以上者，應置教保服務人員二人。

⑤ 公立學校附設幼兒園者，除依前二項規定配置教保服務人員外，每園應再增置教保服務人員一人。

⑥ 直轄市、縣（市）主管機關為因應天然災害發生或其他緊急安置情事，有安置幼兒之必要者，應依下列規定辦理，不受第一項、第四項規定及核定招收人數額之限制：

一 當學年度招收二歲以上至未滿三歲幼兒，或依第一項但書規定混齡招收二歲以上至入國民小學前幼兒之班級，每招收幼兒八人，得另行安置一人。

二　當學年度招收三歲以上至入國民小學前幼兒之班級，每招收幼兒十五人，得另行安置一人。

三　幼兒園於次學年度起，除該學年度無幼兒離園者仍應依前二款規定辦理外，每班招收人數，應依第一項規定辦理。

第一七條（五歲至入國民小學前幼兒之幼兒園教保服務人員及其他相關人員員額配置）

①幼兒園有五歲至入國民小學前幼兒之班級，其配置之教保服務人員，每班應有一人以上為幼兒園教師。

②幼兒園助理教保員之人數，不得超過園內教保服務人員總人數之三分之一。

③幼兒園得視需要配置學前特殊教育教師及社會工作人員。

④幼兒園及其分班應置護理人員，其合計招收幼兒總數六十人以下者，以特約或兼任方式置護理人員；六十一人至二百人者，以特約、兼任或專任方式置護理人員；二百零一人以上者，以專任方式置護理人員。但國民中、小學附設之幼兒園，其校內已置有專任護理人員者，得免再置護理人員。

⑤幼兒園達一定規模或其分班，得分組辦事，並置組長，其組長得由教師、教保員或職員兼任之；附設幼兒園達一定規模及直轄市、縣（市）、鄉（鎮、市）、直轄市山地原住民區設立之幼兒園得置專任職員；幼兒園應以專任或兼任方式置廚工。

⑥直轄市、縣（市）、鄉（鎮、市）及直轄市山地原住民區設立之公立幼兒園，其人事、主計業務，得由直轄市、縣（市）人事及主計主管機關（構）指派專任之人事、主計人員兼任，或經有關機關辦理相關業務訓練合格之職員辦理。公立學校附設之幼兒園，其人事、主計業務，由學校之專任（或兼任、兼辦）人事、主計人員兼辦。

⑦幼兒園之行政組織及員額編制標準，由中央主管機關定之。

⑧幼兒園教保服務人員、主任及組長依規定請假、留職停薪，或其他原因出缺之職務，幼兒園應建立代理制度，由代理人代理之；情形特殊者，代理人資格得不受教保服務人員條例第二十六條第二項規定之限制；其代理人之資格、薪資及其他相關事項，於本法施行細則及第二十二條第一項所定辦法定之。

第一八條（教保服務人員之培育資格、權益及管理等事項）

①教保服務人員之培育、資格、權益、管理、申訴及爭議處理等事項，依教保服務人員條例之規定辦理。

②為促進離島、偏遠地區教保服務發展，各級主管機關得定期辦理該地區教保服務人員培訓課程。

第一九條（進用社會工作人員及護理人員資格應符相關規定）
依本法進用之社會工作人員及護理人員，其資格應符合相關法律規定。

第二〇條（提供延長照顧服務之人員應具備資格）
①提供延長照顧服務之人員，應具備下列資格之一：

一　高級中等以下學校或幼兒園（包括幼稚園）合格教師、幼兒園教保員、助理教保員。

二　曾依中小學兼任代課及代理教師聘任辦法或國民中小學教學支援工作人員聘任辦法聘任之教師。但教學支援工作人員為高級中等以下學校畢業者，應經直轄市、縣（市）教育、社政或勞動相關主管機關自行或委託辦理之一百八十小時課後照顧服務人員專業訓練課程結訓。

三　公私立大專校院以上學校畢業，並修畢師資培育規定之教育專業課程。

四　符合兒童及少年福利機構專業人員資格。

五　高級中等以上學校畢業，並經直轄市、縣（市）教育、社政或勞動相關主管機關自行或委託辦理之一百八十小時課後照顧服務人員專業訓練課程結訓。

②離島、偏遠或原住民族地區遴聘前項資格人員有困難時，得報直轄市、縣（市）主管機關核准，酌減前項第二款或第五款人員之專業訓練課程時數。

第二一條　（改制後原任用或僱用之人員，依改制前原適用之組織法規辦理）

①公立托兒所改制為公立幼兒園後，原公立托兒所依公務人員任用法任用之人員及依僱員管理規則僱用之人員，於改制後繼續於原機構任用，其服務、懲戒、考績、訓練、進修、俸給、保險、保障、結社、退休、資遣、撫卹、福利及其他權益事項，依其原適用之相關法令辦理；並得依改制前原適用之組織法規，依規定辦理陞遷及銓敘審定；人事、會計人員之管理，與其他公務人員同。

②公立幼稚園、公立托兒所依本法改制為公立幼兒園，原依行政院暨所屬機關約僱人員僱用辦法僱用之人員，及現有工友（含技工、駕駛），依其原適用之相關法令規定辦理。

第二二條　（前條以外之公立幼兒園其他服務人員之進用規定）

①前條以外公立幼兒園之其他服務人員，依勞動基準法相關規定，以契約進用，契約中應明定其權利義務；其進用程序、考核及待遇等相關事項之辦法，由中央主管機關定之。

②公立幼兒園以外教保服務機構之其他服務人員，其勞動條件，依勞動基準法及其他相關法規辦理；法規未規定者，得經直轄市、縣（市）主管機關邀集勞資雙方組織協商之。

第二三條　（教保服務人員以外之其他服務人員，應予免職、解聘、解僱或辦理退休或資遣之情形）

①教保服務人員以外之其他服務人員，有下列第一款至第三款情事之一者，教保服務機構應予免職、解聘或解僱；有第四款情事者，得依規定辦理退休或資遣；有第五款情事者，依其規定辦理：

一　曾有性侵害、性騷擾、性剝削或虐待兒童及少年行為，經判

刑確定或通緝有案尚未結案。

二 有性侵害行為，或有情節重大之性騷擾、性霸凌、損害兒童及少年權益之行為，經直轄市、縣（市）主管機關查證屬實。

三 有非屬情節重大之性騷擾、性霸凌或損害兒童及少年權益之行為，經直轄市、縣（市）主管機關認定有必要予以免職、解聘或解僱，並審酌案件情節，認定一年至四年不得進用或僱用。

四 教保服務機構諮詢相關專科醫師二人以上，有客觀事實足認其身心狀況有傷害幼兒之虞，並由直轄市、縣（市）主管機關邀請相關專家學者組成審查小組認定不能勝任教保工作。

五 其他法律規定不得擔任各該人員之情事。

②前項經免職、解聘或解僱之人員，適用勞動基準法規定且符合該法所定退休之條件者，應依法給付退休金。

③有第一項第一款、第二款、第四款、第五款情事，或教師法第十四條第一項第八款、第九款情事者，不得於教保服務機構服務，已進用或僱用者，應予免職、解聘或解僱；有第一項第三款情事或教師法第十四條第二項後段涉及性騷擾、性霸凌情事者，於該認定或議決一年至四年期間，亦同。

④教保服務機構進用或僱用教職員工前，應向直轄市、縣（市）主管機關查詢有無前項情事。

⑤教保服務機構之負責人或其他服務人員於執行業務時，知悉有任何人對幼兒有第一項第一款至第三款行為之一時，除依其他相關法律規定通報外，並應通報直轄市、縣（市）主管機關。

⑥各級主管機關為處理第四項之查詢，得使用中央社政主管機關建立之依性騷擾防治法第二十條、兒童及少年福利與權益保障法第九十七條規定受處罰者之資料庫。

⑦第一項、第三項至前項之認定、通報、資訊蒐集、任職前及任職期間之查詢、處理、利用及其他應遵行事項之辦法，由中央主管機關定之。

⑧教保服務機構之其他服務人員，有第一項第一款至第三款情事之一，且適用公務人員相關法律者，其免職或撤職，依各該法律規定辦理；其未免職或撤職者，應調離現職。

⑨教保服務機構之其他服務人員涉有第一項第一款至第三款情形，於調查期間，教保服務機構應命令其暫時停職；停職原因消滅後復職者，其未發給之薪資應予補發。

第二四條 （教保服務機構之負責人，或財團法人幼兒園之董事或監察人之消極資格）

①有下列情事之一者，不得擔任教保服務機構之負責人，或財團法人幼兒園之董事或監察人：

一 有前條第一項第一款至第三款所列事項。

二 曾犯內亂、外患罪，經判刑確定或通緝有案尚未結案。

三　曾服公務因貪污瀆職，經判刑確定或通緝有案尚未結案。

四　褫奪公權尚未復權。

五　曾任公務人員受撤職或休職處分，其停止任用或休職期間尚未屆滿。

六　受破產宣告尚未復權。

七　無行為能力或限制行為能力。

八　受輔助宣告尚未撤銷。

②負責人有前項第一款情形者，直轄市、縣（市）主管機關應廢止其設立許可；董事或監察人有前項第一款情形者，直轄市、縣（市）主管機關應令其更換。

③負責人、董事或監察人有第一項第一款情事者，其認定、通報、資訊蒐集、任用前及任職期間之查詢、處理、利用及其他相關事項，於前條第七項所定辦法定之。

第四章　幼兒權益保障

第二五條　（禁止對幼兒之行為；訂定管理規定並定期檢討之事項）

①教保服務機構之負責人及其他服務人員，不得對幼兒有兒童及少年福利與權益保障法第四十九條規定、體罰、不當管教或性騷擾之行為。

②教保服務機構應就下列事項訂定管理規定、確實執行，並定期檢討改進：

一　環境、食品安全與衛生及疾病預防。

二　安全管理。

三　定期檢修各項設施安全。

四　各項安全演練措施。

五　緊急事件處理機制。

第二六條　（幼兒園保護措施之實施）

①幼兒進入及離開教保服務機構時，該機構應實施保護措施，確保其安全。

②幼兒園接送幼兒，應以經直轄市、縣（市）主管機關核准之幼童專用車輛為之，車齡不得逾出廠十年；其規格、標識、顏色、載運人數應符合法令規定，並經公路監理機關檢驗合格；該車輛之駕駛人應具有職業駕駛執照，並配置具教保服務人員資格，或年滿二十歲以上之隨車人員隨車照護，維護接送安全。

③前項幼童專用車輛、駕駛人及其隨車人員之督導管理及其他應遵行事項之辦法，由中央主管機關會同交通部定之。

④幼兒園新進用之駕駛人及隨車人員，應於任職前二年內，或任職後三個月內，接受基本救命術訓練八小時以上；任職後每二年應接受基本救命術訓練八小時以上、安全教育（含交通安全）相關課程三小時以上及緊急救護情境演習一次以上。直轄市、縣（市）主管機關應至少每季辦理相關訓練、課程或演習，幼兒園

應予協助。

第二七條　（幼兒健康管理制度之建立）

①教保服務機構應建立幼兒健康管理制度。直轄市、縣（市）衛生主管機關辦理幼兒健康檢查時，教保服務機構應予協助，並依檢查結果，施予健康指導或轉介治療。

②教保服務機構應將幼兒健康檢查、疾病檢查結果、轉介治療及預防接種等資料，載入幼兒健康資料檔案，並妥善管理及保存。

③前項預防接種資料，父母或監護人應於幼兒入園或學年開始後一個月內提供教保服務機構。

④父母或監護人未提供前項資料者，教保服務機構應通知父母或監護人提供；父母或監護人未於接獲通知一個月內提供者，教保服務機構應通知衛生主管機關。

⑤教保服務機構、負責人及其他服務人員，對幼兒資料應予保密。但經父母或監護人同意或依其他法律規定應予提供者，不在此限。

第二八條　（施救步驟之訂定及保健設施之設置）

①教保服務機構為適當處理幼兒緊急傷病，應訂定施救步驟、護送就醫地點，呼叫緊急救護專線支援之注意事項及父母或監護人未到達前之處理措施等規定。

②幼兒園應依第八條第六項之基本設施設備標準設置保健設施，作為健康管理、緊急傷病處理、衛生保健、營養諮詢及協助健康教學之資源。

③幼兒園之護理人員，每二年應接受教學醫院或主管機關認可之機構、學校或團體辦理之救護技術訓練八小時。

第二九條　（辦理幼兒團體保險）

①教保服務機構應辦理幼兒團體保險；其範圍、金額、繳退費方式、期程、給付標準、權利與義務、辦理方式及其他相關事項之自治法規，由直轄市、縣（市）主管機關定之。

②幼兒申請理賠時，教保服務機構應主動協助辦理。

③各級主管機關應為所轄之教保服務機構投保場所公共意外責任保險，其經費，由中央主管機關按年度編列預算支應之。

第五章　家長之權利及義務

第三〇條　（成立家長會）

①幼兒園得成立家長會；其屬國民中、小學附設者，併入該校家長會辦理。

②前項家長會得加入地區性家長團體。

③幼兒園家長會之任務、組織、運作及其他相關事項之自治法規，由直轄市、縣（市）主管機關定之。

第三一條　（請求地方主管機關提供資訊）

父母或監護人及家長團體，得請求直轄市、縣（市）主管機關提供下列資訊，該主管機關不得拒絕：

一　教保服務政策。

二　教保服務品質監督之機制及作法。

三　許可設立之教保服務機構名冊。

四　教保服務機構收退費之相關規定及收費數額。

五　幼兒園評鑑報告及結果。

第三二條　（教保服務機構應公開之資訊）

教保服務機構應公開下列資訊：

一　教保目標及內容。

二　教保服務人員及其他服務人員之學（經）歷、證照。

三　衛生、安全及緊急事件處理措施。

四　依第十六條及第十七條規定設置行政組織及員額編制情形。

五　依第二十九條第一項規定辦理幼兒團體保險之情形。

六　第三十八條第三項所定收退費基準、收費項目及數額、減免收費之規定。

七　核定之招收人數及實際招收人數。

第三三條　（請求說明不得拒絕）

父母或監護人對教保服務機構提供之教保服務方式及內容有異議時，得請求教保服務機構提出說明，教保服務機構無正當理由不得拒絕，並視需要修正或調整之。

第三四條　（參與幼兒園評鑑之規劃）

直轄市、縣（市）層級家長團體及教保服務人員組織，得參與直轄市、縣（市）主管機關對幼兒園評鑑之規劃。

第三五條　（提出異議及申訴）

①教保服務機構之教保服務有損及幼兒權益者，其父母或監護人得向教保服務機構提出異議，不服教保服務機構之處理時，得於知悉處理結果之日起三十日內，向教保服務機構所在地之直轄市、縣（市）主管機關提出申訴，不服主管機關之評議決定者，得依法提起訴願或訴訟。

②直轄市或縣（市）主管機關為評議前項申訴事件，應召開申訴評議會；其成員應包括主管機關代表、教保與兒童福利團體代表、教保服務人員團體代表、家長團體代表、教保服務機構行政人員代表及法律、教育、兒童福利、心理或輔導學者專家，其中非機關代表人員不得少於成員總數二分之一，任一性別成員應占成員總數三分之一以上；其組織及評議等相關事項之自治法規，由直轄市、縣（市）主管機關定之。

第三六條　（父母或監護人應履行之義務）

①父母或監護人應履行下列義務：

一　依教保服務契約規定繳費。

二　參加教保服務機構因其幼兒特殊需要所舉辦之個案研討會或相關活動。

三　參加教保服務機構所舉辦之親職活動。

四　告知幼兒特殊身心健康狀況，必要時並提供相關健康狀況資

料，並與教保服務機構協力改善幼兒之身心健康。

②各級主管機關對有前項第四款幼兒之父母或監護人，應主動提供資源協助之。

第六章　教保服務機構管理、輔導及獎助

第三七條　（訂定書面契約）

①教保服務機構受託提供教保服務，應與幼兒之父母或監護人訂定書面契約。

②前項書面契約之格式、內容，中央主管機關應訂定書面契約範本供參。

③幼兒園有違反第八條第六項所定辦法有關招收人數之限制規定，父母或監護人得於知悉後三十日內，以書面通知幼兒園終止契約，幼兒園應就已收取之費用返還父母或監護人，不受依第三十八條第一項或第五項所定退費基準之限制。

第三八條　（主動公開教保服務機構收費項目及數額、減免收費及收退費基準之內容）

①教保服務機構之收費項目、用途及公立幼兒園收退費基準之自治法規，由直轄市、縣（市）主管機關之。

②私立教保服務機構得考量其營運成本，依直轄市、縣（市）主管機關所定之收費項目及用途訂定收費數額，於每學年度開始前對外公布，並報直轄市、縣（市）主管機關備查後，向就讀幼兒之父母或監護人收取費用。

③教保服務機構之收退費基準、收費項目及數額、減免收費規定，應至少於每學期開始前一個月公告之。

④前項收退費基準、收費項目及數額、減免收費規定，直轄市、縣（市）主管機關應主動於資訊網站公開其訂定或備查之內容。

⑤幼兒因故無法繼續就讀而離開教保服務機構者，教保服務機構應依其就讀期間退還父母或監護人所繳費用；其退費項目及基準之自治法規，由直轄市、縣（市）主管機關之。

⑥前五項收費項目、數額、減免及收退費基準，應包括第十二條第二項及第三項所定之教保服務、延長照顧服務及臨時照顧服務。

第三九條　（優先招收離島、偏遠地區等需要協助幼兒，提供適切協助或補助）

①直轄市、縣（市）主管機關對主管之教保服務機構，其優先招收離島、偏遠地區，或經濟、身心、文化與族群之需要協助幼兒，應提供適切之協助或補助。

②前項協助或補助之辦法，由中央主管機關之。

第四〇條　（設置專帳處理）

①教保服務機構各項經費收支保管及運用，應設置專帳處理；其收支應有合法憑證，並依規定年限保存。

②私立教保服務機構會計帳簿與憑證之設置、取得、保管及其他應遵行事項，應依相關稅法規定辦理。

③法人附設教保服務機構之財務應獨立。

第四一條　（檢查、輔導及評鑑）

①直轄市、縣（市）主管機關應對教保服務機構辦理檢查及輔導，並應對幼兒園辦理評鑑。

②教保服務機構對前項檢查、評鑑不得規避、妨礙或拒絕。

③第一項評鑑由直轄市、縣（市）主管機關自行或委託設有幼兒教育、幼兒保育相關科系、所之專科以上學校辦理，並應於資訊網站公布評鑑報告及結果。

④第一項評鑑類別、評鑑項目、評鑑指標、評鑑對象、評鑑人員資格與培訓、實施方式、結果公布、申復、申訴及追蹤評鑑等相關事項之辦法，由中央主管機關定之。

第四二條　（獎勵）

教保服務機構辦理績效卓著者，直轄市、縣（市）主管機關應予以獎勵；其獎勵事項、對象、種類、方式之自治法規，由直轄市、縣（市）主管機關定之。

第四三條　（申請改制為幼兒園）

①中華民國一百年十二月三十一日以前，已依兒童及少年福利法許可辦理國民小學兒童課後照顧服務之托兒所，於一百零一年一月一日以後，改制為幼兒園者，得繼續兼辦之。

②中華民國一百零一年一月一日以後，幼兒園於提供教保服務外，其原設立許可之空間有空餘，且主要空間可明確區隔者，得報直轄市、縣（市）主管機關核准後，將原設立許可幼兒園幼兒總招收人數二分之一以下之名額，轉為兼辦國民小學階段兒童課後照顧服務之兒童人數，招收兒童進行課後照顧服務，並不得停止辦理幼兒園之教保服務。

③前項兼辦國民小學階段兒童課後照顧服務之幼兒園，其服務內容、人員資格及收退費規定，準用兒童課後照顧服務班與中心設立及管理辦法之規定；有購置或租賃交通車載運兒童之需要者，應準用學生交通車管理辦法相關規定辦理。

④第一項及第二項核准條件、人員編制、管理、設施設備及其他應遵行事項之辦法，由中央主管機關定之。

第四四條　（審議會、申訴評議會委員之迴避）

①負責人不得以非教保團體代表之身分，擔任教保服務諮詢會、審議會及申訴評議會之委員。

②違反前項規定者，主管機關應重新聘任。

③審議會、申訴評議會委員之迴避，依行政程序法之規定辦理。

第七章　罰　則

第四五條　（罰則）

①有下列情形之一者，處負責人或行為人新臺幣六萬元以上三十萬元以下罰鍰，並命其停辦；其拒不停辦者，並得按次處罰：

一　違反第八條第一項規定，未經許可設立即招收幼兒進行教保

　　　服務。
二　違反第十條第二項至第四項規定，未經許可設立即招收幼兒
　　進行教保服務。
三　違反第四十三條第二項規定，未經核准即招收兒童進行課後
　　照顧服務。
②有前項各款情形之一者，直轄市、縣（市）主管機關並應公布場
　所地址及負責人或行為人之姓名。

第四六條　（罰則）
教保服務機構之負責人或其他服務人員，違反第二十五條第一項
規定者，除有兒童及少年福利與權益保障法第四十九條規定之行
為依該法第九十七條規定處罰外，應依下列規定處罰負責人或其
他服務人員，並公布行為人之姓名及機構名稱：
一　體罰：處新臺幣六萬元以上五十萬元以下罰鍰。
二　性騷擾：處新臺幣六萬元以上三十萬元以下罰鍰。
三　不當管教：處新臺幣六千元以上三萬元以下罰鍰。

第四七條　（罰則）
①教保服務機構違反第十五條第三項或第二十三條第四項規定者，
處負責人新臺幣五萬元以上二十五萬元以下罰鍰，並命其限期改
善，屆期仍未改善者，得按次處罰；必要時並得為命其停止招生
或廢止設立許可之處分。
②教保服務機構之負責人或其他服務人員，違反第二十三條第五項
規定者，處新臺幣三萬元以上十五萬元以下罰鍰。

第四八條　（罰則）
教保服務機構、負責人或其他服務人員，違反第二十七條第五項
規定者，處負責人或其他服務人員新臺幣三萬元以上十五萬元以
下罰鍰，並得按次處罰。

第四九條　（罰則）
幼兒園有下列情形之一者，處負責人新臺幣六千元以上三萬元以
下罰鍰，並命其限期改善，屆期仍未改善者，得按次處罰；其情
節重大或經處罰三次仍未改善者，得依情節輕重為一定期間減
少招收人數、停止招生六個月至一年、停辦一年至三年或廢止設
立許可之處分。
一　違反第八條第六項所定標準或辦法有關設施設備或招收人數
　　之限制規定。
二　違反第二十條第一項規定，進用未符合資格之服務人員。
三　違反第二十三條第一項、第三項或第九項規定，知悉園內有
　　不得於幼兒園服務之人員而未依規定處理。
四　違反第二十四條第二項規定，幼兒園之董事或監察人有不得
　　擔任該項職務之情形而未予以更換。
五　違反第二十六條第二項規定，以未經核准之幼童專用車輛載
　　運幼兒、車齡逾十年、載運人數不符合法令規定、配置之隨
　　車人員未具教保服務人員資格或未滿二十歲。

六　違反依第二十六條第三項所定辦法有關幼童專用車輛車身顏色與標識、接送幼兒、駕駛人或隨車人員之規定。

七　違反第二十九條第一項規定，未辦理幼兒團體保險。

八　未依第三十七條第三項規定返還費用、違反第三十八條第二項規定，未將收費數額報直轄市、縣（市）主管機關備查、以超過備查之數額及項目收費，或未依第三十八條第五項所定自治法規退費。

九　違反依第四十一條第四項所定辦法有關評鑑結果列入應追蹤評鑑，且經追蹤評鑑仍未改善。

十　違反第四十三條第二項規定，停止辦理幼兒園之教保服務。

十一　違反第四十三條第三項準用兒童課後照顧服務班與中心設立及管理辦法所定服務內容、人員資格或收退費之規定。

十二　違反第四十三條第三項準用學生交通車管理辦法規定，以未經核准或備查之車輛載運幼童，或違反有關學生交通車車輛車齡、車身顏色與標識、載運人數核定數額、接送兒童、駕駛人或隨車人員之規定。

十三　違反依第四十三條第四項所定辦法有關人員編制、管理或設施設備之規定。

第五〇條　（罰則）
提供社區、部落或職場互助式教保服務之機構，有下列情形之一者，應命其限期改善，屆期仍未改善者，處負責人新臺幣三千元以上三萬元以下罰鍰，並得按次處罰；其情節重大或經處罰三次後仍未改善者，得依情節輕重為一定期間減少招收人數、停止招生六個月至一年、停辦一年至三年或廢止設立許可之處分：

一　違反依第十條第五項所定辦法有關招收人數、人員資格與配置、收退費、環境、設施與設備、衛生保健、檢查、管理之強制或禁止規定。

二　違反第十五條第二項規定，借用未在該機構服務之教保服務人員資格證書。

三　違反第二十條第一項規定，進用未符資格之服務人員。

四　違反第二十三條第一項、第三項或第九項規定，知悉有不得於教保服務機構服務之人員而未依規定處理。

五　違反第二十四條第二項規定，董事或監察人有不得擔任該項職務之情形而未予以更換。

六　違反第二十九條第一項規定，未辦理幼兒團體保險。

七　違反第三十八條第二項規定，未將收費數額報直轄市、縣（市）主管機關備查、以超過備查之數額或項目收費，或未依第三十八條第五項所定自治法規退費。

第五一條　（罰則）
教保服務機構有下列情形之一者，應命其限期改善，屆期仍未改善者，處負責人新臺幣三千元以上三萬元以下罰鍰，並得按次處罰；其情節重大或經處罰三次後仍未改善者，得依情節輕重為一

定期間減少招收人數、停止招生六個月至一年、停辦一年至三年或廢止設立許可之處分。

一 違反依第八條第六項所定標準有關幼兒園之使用樓層、必要設置空間與總面積、室內與室外活動空間面積數、衛生設備高度與數量，及所定辦法有關幼兒園改建、遷移、擴充、更名、變更負責人或停辦之規定。

二 違反依第十二條第四項所定準則有關衛生保健之強制規定或教保活動課程之禁止規定。

三 違反第十六條第一項、第三項、第四項或第五項規定。

四 違反第十七條第一項、第二項、第四項規定，或違反依第七項所定標準有關置廚工之規定。

五 違反依第二十三條第七項所定辦法有關教保服務機構辦理認定、通報、資訊蒐集、任職前及任職期間之查詢、處理及利用之強制或禁止規定。

六 違反第二十八條第一項規定，未訂定注意事項及處理措施。

七 違反第四十一條第二項規定，規避、妨礙或拒絕檢查或許鑑。

八 經營許可設立以外之業務。

第五二條 （罰則）

①教保服務機構違反第十七條第八項、第二十五條第二項、第二十六條第一項、第二十七條第一項、第二項或第四項、第二十八條第二項、第二十九條第二項、第三十二條、第三十三條、第三十七條第一項、第三十八條第三項或第四十條規定者，應命其限期改善，屆期仍未改善者，處負責人新臺幣三千元以上一萬五千元以下罰鍰，並得按次處罰；其情節重大或經處罰三次後仍未改善者，得依情節輕重為一定期間減少招收人數、停止招生六個月至一年、停辦一年至三年或廢止設立許可之處分。

②教保服務機構為法人，經依前項或第二十四條第二項、第四十七條第一項、第四十九條、第五十條、前條、第五十三條第三項規定廢止設立許可者，直轄市、縣（市）主管機關應通知法院令其解散。

第五三條 （罰則）

①駕駛人、隨車人員或護理人員有下列情形之一者，應命其限期改善，屆期仍未改善者，處新臺幣一千元以上六千元以下罰鍰，並得按次處罰：

一 違反第二十六條第四項規定，未於規定期限內接受基本救護術訓練八小時以上、安全教育（含交通安全）相關課程三小時以上或緊急救護情境演習一次以上。

二 違反第二十八條第三項規定，未每二年接受救護技術訓練八小時。

②有前項各款情形之一，係因不可歸責於該駕駛人、隨車人員或護理人員之事由所致，並經直轄市、縣（市）主管機關查證屬實

者，不予處罰。

③前項情形可歸責於幼兒園者，應命其限期改善，屆期仍未改善者，處負責人新臺幣一千元以上六千元以下罰鍰，並得按次處罰；其情節重大或經處罰三次後仍未改善者，得依情節輕重為一定期間減少招收人數、停止招生六個月至一年、停辦一年至三年或廢止設立許可之處分。

第五四條　（罰則）

①本法所定命限期改善及處罰，由直轄市、縣（市）主管機關為之；直轄市、縣（市）主管機關並得依行政罰法第十八條第二項規定，酌量加重罰鍰額度。

②教保服務機構違反本法規定，經直轄市、縣（市）主管機關處以罰鍰、減少招收人數、停止招生、停辦或廢止設立許可者，直轄市、縣（市）主管機關應公布其名稱及負責人姓名。

第八章　附　則

第五五條　（申請改制為幼兒園）

①中華民國一百年十二月三十一日以前之公立托兒所或經政府許可設立、核准立案之私立托兒所，已依本法改制為幼兒園者，其五歲至入國民小學前幼兒之班級，至遲應於一百十四年八月一日起符合第十七條第一項所定，每班配置之教保服務人員應有一人以上為幼兒園教師之規定。

②中華民國一百年十二月三十一日以前之公立托兒所，其未依本法一百零七年五月二十九日修正之條文施行前第五十五條第一項規定改制為幼兒園經廢止設立許可者，中央主管機關應視其財力補助直轄市、縣（市）主管機關於其所在地或鄰近地區設置公立幼兒園或非營利幼兒園。

第五六條　（幼兒園得依取得或興設時之設施設備規定申請設立許可之緩衝期間）

中華民國一百年十二月三十一日以前，已依建築法取得F-3使用類組（托兒所或幼稚園）之建造執照、使用執照，或已依私立兒童及少年福利機構設立許可及管理辦法規定取得籌設許可之托兒所，或依幼稚教育法規定取得籌設許可之幼稚園，自一百零一年一月一日起至一百零二年十二月三十一日止之期間內，得依取得或籌設時之設施設備規定申請幼兒園設立許可，其餘均應依第八條第六項設施設備之規定辦理。

第五七條　（建立資料庫）

各級主管機關為瞭解與規劃幼兒接受教保服務或補助情形、教保服務機構員額配置或人員進用，得蒐集、處理或利用學前教育階段幼兒及人員之個人資料，並建立相關資料庫。

第五八條　（施行細則）

本法施行細則，由中央主管機關定之。

第五九條 （施行日）

本法自公布日施行。

社會救助法

①民國69年6月14日總統令制定公布全文27條。
②民國86年11月19日總統令修正公布全文46條。
③民國89年6月14日總統令修正公布第3、4、11、15至17、19、
　20、23、26至28、36、37條條文。
④民國94年1月19日總統令修正公布第4、5、10、16、41、43條條
　文；增訂第5-1至5-3、15-1、44-1條條文；並刪除第42條條文。
⑤民國97年1月16日總統令修正公布第5至5-2、9、12、21、36
　條條文；並刪除第43條條文。
⑥民國98年7月8日總統令修正公布第5-3、46條條文；並自98年11
　月23日施行。
⑦民國99年12月29日總統令修正公布第1、3、4、5至5-3、8、9、
　12至15-1、16、17、19、21、30至32、36、38至41、46條條
　文；增訂第4-1、9-1、15-2、16-1至16-3、44-2、44-3條條文；
　刪除第37條條文；並自100年7月1日施行。
⑧民國100年12月7日總統令修正公布第16-2條條文；第1項自100年
　8月1日施行。
⑨民國102年1月30日總統令修正公布第5-1、16-1條條文。
⑩民國102年6月11日總統令修正公布第44-3條條文。
　民國102年7月19日行政院公告第3條第1項所列屬「內政部」之
　權責事項，自102年7月23日起改由「衛生福利部」管轄。
⑪民國104年12月30日總統令修正公布第3、4、11、15、15-1、
　16-2條條文；除第16-2條自105年2月1日施行外，餘自公布日施
　行。

第一章　總　則

第一條　（立法目的）99
　為照顧低收入戶、中低收入戶及救助遭受急難或災害者，並協助
　其自立，特制定本法。

第二條　（社會救助種類）
　本法所稱社會救助，分生活扶助、醫療補助、急難救助及災害救
　助。

第三條　（主管機關）104
①本法所稱主管機關：在中央為衛生福利部；在直轄市為直轄市政
　府；在縣（市）為縣（市）政府。
②本法所定事項，涉及各目的事業主管機關職掌者，由各目的事業
　主管機關辦理。

第四條　（最低生活費標準）104
①本法所稱低收入戶，指申請戶籍所在地直轄市、縣（市）主管
　機關審核認定，符合家庭總收入平均分配全家人口，每人每月在

最低生活費以下，且家庭財產未超過中央、直轄市主管機關公告之當年度一定金額者。

②前項所稱最低生活費，由中央、直轄市主管機關參照中央主計機關所公布當地區最近一年每人可支配所得中位數百分之六十定之，並於新年度計算出之數額較現行最低生活費變動達百分之五以上時調整之。直轄市主管機關並應報中央主管機關備查。

③前項最低生活費之數額，不得超過同一最近年度中央主計機關所公布全國每人可支配所得中位數（以下稱所得基準）百分之七十，同時不得低於台灣省其餘縣（市）可支配所得中位數百分之六十。

④第一項所定家庭財產，包括動產及不動產，其金額應分別定之。

⑤第一項申請應檢附之文件、審核認定程序等事項之規定，由直轄市、縣（市）主管機關定之。

⑥依第一項規定申請時，其申請戶之戶內人口均應實際居住於戶籍所在地之直轄市、縣（市），且最近一年居住國內超過一百八十三日；其申請時設籍之期間，不予限制。

第四條之一 （低收入戶資格認定）99

①本法所稱中低收入戶，指經申請戶籍所在地直轄市、縣（市）主管機關審核認定，符合下列規定者：

一 家庭總收入平均分配全家人口，每人每月不超過最低生活費一點五倍，且不得超過前條第三項之所得基準。

二 家庭財產未超過中央、直轄市主管機關公告之當年度一定金額。

②前項最低生活費、申請應檢附之文件及審核認定程序等事項之規定，依前條第二項、第三項、第五項及第六項規定。

③第一項第二款所定家庭財產，包括動產及不動產，其金額應分別定之。

第五條 （家庭應計算人口範圍）99

①第四條第一項及前條所定家庭，其應計算人口範圍，除申請人外，包括下列人員：

一 配偶。

二 一親等之直系血親。

三 同一戶籍或共同生活之其他直系血親。

四 前三款以外，認列綜合所得稅扶養親屬免稅額之納稅義務人。

②前項之申請人，應由同一戶籍具行為能力之人代表之。但情形特殊，經直轄市、縣（市）主管機關同意者，不在此限。

③第一項各款人員有下列情形之一者，不列入應計算人口範圍：

一 尚未設有戶籍之非本國籍配偶或大陸地區配偶。

二 未共同生活且無扶養事實之特定境遇單親家庭直系血親尊親屬。

三 未共同生活且無扶養能力之已結婚直系血親卑親屬。

四　未與單親家庭未成年子女共同生活、無扶養事實，且未行使、負擔其對未成年子女權利義務之父或母。

五　應徵集召集入營服兵役或替代役現役。

六　在學領有公費。

七　入獄服刑、因案羈押或依法拘禁。

八　失蹤，經向警察機關報案協尋未獲，達六個月以上。

九　因其他情形特殊，未履行扶養義務，致申請人生活陷於困境，經直轄市、縣（市）主管機關訪視評估以申請人最佳利益考量，認定以不列入應計算人口為宜。

④前項第九款直轄市、縣（市）主管機關應訂定處理原則，並報中央主管機關備查。

⑤直轄市、縣（市）主管機關得協助申請人對第三項第四款及第九款未履行扶養義務者，請求給付扶養費。

第五條之一　（家庭總收入之計算總額）102

①第四條第一項及第四條之一第一項第一款所稱家庭總收入，指下列各款之總額：

一　工作收入，依下列規定計算：

　㈠已就業者，依序核算：

　　1.依全家人口當年度實際工作收入並提供薪資證明核算。無法提出薪資證明者，依最近一年度之財稅資料所列工作收入核算。

　　2.最近一年度之財稅資料查無工作收入，且未能提出薪資證明者，依臺灣地區職類別薪資調查報告各職類每人月平均經常性薪資核算。

　　3.未列入臺灣地區職類別薪資調查報告各職類者，依中央勞工主管機關公布之最近一次各業初任人員每月平均經常性薪資核算。

　㈡有工作能力未就業者，依基本工資核算。但經公立就業服務機構認定失業者或五十五歲以上經公立就業服務機構媒介工作三次以上未媒合成功、參加政府主辦或委辦全日制職業訓練，其失業或參加職業訓練期間得不計算工作收入，所領取之失業給付或職業訓練生活津貼，仍應併其他收入計算。但依高級中等學校建教合作實施及建教生權益保障法規定參加建教合作計畫所領取之職業技能訓練生活津貼不予列計。

二　動產及不動產之收益。

三　其他收入：前二款以外非屬社會救助給付之收入。

②前項第一款第一目之二及第一目之三工作收入之計算，原住民應依中央原住民族事務主管機關公布之原住民就業狀況調查報告，按一般民眾主要工作所得與原住民主要工作所得之比例核算。但核算結果未達基本工資者，依基本工資核算。

③第一項第一款第一目之二、第一目之三及第二目工作收入之計

算，十六歲以上未滿二十歲或六十歲以上未滿六十五歲者，依其核算收入百分之七十計算；身心障礙者，依其核算收入百分之五十五計算。

④第一項第三款收入，由直轄市、縣（市）主管機關認定之。

⑤申請人家庭總收入及家庭財產之申報，直轄市、縣（市）主管機關得予訪查；其有虛偽不實之情形者，除撤銷低收入戶或中低收入戶資格外，並應以書面限期命其返還已領之補助。

第五條之二 （不列入家庭總收入之不動產土地）99

①下列土地，經直轄市、縣（市）主管機關認定者，不列入家庭之不動產計算：

一 未產生經濟效益之原住民保留地。

二 未產生經濟效益之公共設施保留地及具公用地役關係之既成道路。

三 未產生經濟效益之非都市土地之國土保安用地、生態保護用地、古蹟保存用地、墳墓用地及水利用地。

四 祭祀公業解散後派下員由分割所得未產生經濟效益之土地。

五 未產生經濟效益之嚴重地層下陷區之農牧用地、養殖用地。

六 因天然災害致未產生經濟效益之農牧用地、養殖用地及林業用地。

七 依法公告為污染整治場址。但土地所有人為污染行為人，不在此限。

②前項各款土地之認定標準，由各中央目的事業主管機關會商本法中央及地方主管機關定之。

第五條之三 （有工作能力之要件）99

①本法所稱有工作能力，指十六歲以上，未滿六十五歲，而無下列情事之一者：

一 二十五歲以下仍在國內就讀空中大學、大學院校以上進修學校、在職班、學分班、僅於夜間或假日上課、遠距教學以外學校，致不能工作。

二 身心障礙致不能工作。

三 罹患嚴重傷、病，必須三個月以上之治療或療養致不能工作。

四 因照顧特定身心障礙或罹患特定病症且不能自理生活之共同生活或受扶養親屬，致不能工作。

五 獨自扶養六歲以下之直系血親卑親屬致不能工作。

六 婦女懷胎六個月以上至分娩後二個月內，致不能工作；或懷胎期間經醫師診斷不宜工作。

七 受監護宣告。

②依前項第四款規定主張無工作能力者，同一低收入戶、中低收入戶家庭以一人為限。

③第一項第二款所稱身心障礙致不能工作之範圍，由中央主管機關定之。

第六條　（專責單位或專責人員之設置）

為執行有關社會救助業務，各級主管機關應設專責單位或置專責人員。

第七條　（救助項目從優辦理）

本法所定救助項目，與其他社會福利法律所定性質相同時，應從優辦理，並不影響其他各法之福利服務。

第八條　（救助總金額）99

依本法或其他法令每人每月所領取政府核發之救助總金額，不得超過當年政府公告之基本工資。

第九條　（停止社會救助之情形）99

①直轄市、縣（市）主管機關為執行本法所規定之業務，申請人及其家戶成員有提供詳實資料之義務。

②受社會救助者有下列情形之一，主管機關應停止其社會救助，並得以書面行政處分命其返還所領取之補助：

　一　提供不實之資料者。

　二　隱匿或拒絕提供主管機關所要求之資料者。

　三　以詐欺或其他不正當方法取得本法所定之社會救助者。

第九條之一　（通報機制）99

①教育人員、保育人員、社會工作人員、醫事人員、村（里）幹事、警察人員因執行業務知悉有社會救助需要之個人或家庭時，應通報直轄市、縣（市）主管機關。

②直轄市、縣（市）主管機關於知悉或接獲前項通報後，應派員調查，依法給予必要救助。

③前二項通報流程及處理時效，由中央主管機關定之。

第二章　生活扶助

第一〇條　（生活扶助之申請）94

①低收入戶得向戶籍所在地直轄市、縣（市）主管機關申請生活扶助。

②直轄市、縣（市）主管機關應自受理前項申請之日起五日內，派員調查申請人家庭環境、經濟狀況等項目後核定之；必要時，得委由鄉（鎮、市、區）公所為之。

③申請生活扶助，應檢附之文件、申請調查及核定程序等事項之規定，由直轄市、縣（市）主管機關定之。

④前項申請生活扶助經核准者，溯自備齊文件之當月生效。

第一一條　（生活扶助之方式）104

①生活扶助以現金給付為原則。但因實際需要，得委託適當之社會救助機構、社會福利機構或其他家庭予以收容。

②前項現金給付，中央、直轄市主管機關並得依收入差別訂定等級；直轄市主管機關並應報中央主管機關備查。

③第一項現金給付所定金額，每四年調整一次，由中央、直轄市主管機關參照中央主計機關發布之最近一年消費者物價指數較前次

調整之前一年消費者物價指數成長率公告調整之。但成長率為零或負數時，不予調整。

第一二條 （低收入戶補助標準）99

① 低收入戶成員中有下列情形之一者，主管機關得依其原領取現金給付之金額增加補助，但最高不得逾百分之四十：

一 年滿六十五歲。

二 懷胎滿三個月。

三 領有身心障礙手冊或身心障礙證明。

② 前項補助標準，由中央主管機關定之。

第一三條 （定期辦理低收入戶生活狀況調查）99

① 直轄市及縣（市）主管機關每年應定期辦理低收入戶、中低收入戶調查。

② 直轄市及縣（市）主管機關依前項規定調查後，對因收入或資產增加而停止扶助者，應主動評估其需求，協助申請其他相關福利補助或津貼，並視需要提供或轉介相關就業服務。

③ 主管機關應至少每五年舉辦低收入戶及中低收入戶生活狀況調查，並出版統計報告。若社會經濟情勢有特殊改變，得不定期增加調查次數。

第一四條 （主管機關之訪視及扶助功能）99

直轄市及縣（市）主管機關應經常派員訪視、關懷受生活扶助者之生活情形，並提供必要之協助及輔導；其收入或資產增減者，應調整其扶助等級或停止扶助；其生活寬裕與低收入戶、中低收入戶顯不相當者，或扶養義務人已能履行扶養義務者，亦同。

第一五條 （提供或轉介低收入戶有工作能力者就業服務措施）104

① 直轄市、縣（市）主管機關應依需求提供或轉介低收入戶及中低收入戶中有工作能力者相關就業服務、職業訓練或以工代賑。

② 直轄市、縣（市）主管機關得視需要提供低收入戶及中低收入戶創業輔導、創業貸款利息補貼、求職交通補助、求職或職業訓練期間之臨時托育及日間照顧津貼等其他就業服務與補助。

③ 參與第一項服務措施之低收入戶及中低收入戶，於一定期間及額度內因就業（含自行求職）而增加之收入，得免計入第四條第一項及第四條之一第一項第一款之家庭總收入，最長以三年為限，經評估有必要者，得延長一年；其增加收入之認定、免計入之期間及額度之限制等事項之規定，由直轄市、縣（市）主管機關定之。

④ 不願接受第一項之服務措施，或接受後不願工作者，直轄市、縣（市）主管機關不予扶助。其他法令有性質相同之補助規定者，不得重複領取。

第一五條之一 （協助低收入戶脫貧措施）104

① 直轄市、縣（市）主管機關為協助低收入戶及中低收入戶積極自立，得自行或運用民間資源辦理脫離貧窮相關措施。

②參與前項措施之低收入戶及中低收入戶，於一定期間及額度內因措施所增加之收入及存款，得免計入第四條第一項之家庭總收入及家庭財產，最以以三年爲限，經評估有必要者，得延長一年；其增加收入及存款之認定、免計入之期間及額度之限制等事項之規定，由直轄市、縣（市）主管機關定之。

③第一項脫離貧窮相關措施之對象、實施方式及其他相關事項規定之辦法，由中央主管機關定之。

第一五條之二　（社會排除現象之避免）99

直轄市、縣（市）主管機關爲促進低收入戶及中低收入戶之社會參與及社會融入，得擬訂相關教育訓練、社區活動及非營利組織社會服務計畫，提供低收入戶及中低收入戶參與。

第一六條　（特殊項目救助及服務內容）99

①直轄市、縣（市）主管機關得視實際需要及財力，對設籍於該地之低收入戶或中低收入戶提供下列特殊項目救助及服務：

一　產婦及嬰兒營養補助。

二　托兒補助。

三　教育補助。

四　喪葬補助。

五　居家服務。

六　生育補助。

七　其他必要之救助及服務。

②前項救助對象、特殊項目救助及服務之內容、申請條件及程序等事項之規定，由直轄市、縣（市）主管機關定之。

第一六條之一　（住宅補貼措施）102

①爲照顧低收入戶及中低收入戶得到適宜之居所及居住環境，各級住宅主管機關得提供下列住宅補貼措施：

一　優先入住由政府興辦或獎勵民間興辦，用以出租予經濟或社會弱勢者居住之住宅。

二　承租住宅租金費用。

三　簡易修繕住宅費用。

四　自購住宅貸款利息。

五　自建住宅貸款利息。

六　其他必要之住宅補貼。

②前項各款補貼資格、補貼基準及其他應遵行事項之辦法，由中央住宅主管機關會同中央主管機關定之。

第一六條之二　（減免學雜費）104

①低收入戶及中低收入戶之家庭成員就讀國內公立或立案之私立高級中等以上學校者，得申請減免學雜費；其減免基準如下：

一　低收入戶學生：免除全部學雜費。

二　中低收入戶學生：減免學雜費百分之六十。

②前項學雜費減免之申請方式及其他應遵行事項之辦法，由各該主管教育行政機關定之。

③其他法令有性質相同之補助規定者，不得重複領取。

④第一項中華民國一百年十一月二十二日修正條文，自一百年八月一日施行。

⑤中華民國一百零四年十二月十一日修正條文，自一百零五年二月一日施行。

第一六條之三　（短期生活扶助之提供）99

①國內經濟情形發生有重大變化時，中央主管機關得視實際需要，針對中低收入戶提供短期生活扶助。

②前項扶助之內容、申請條件、程序及其他應遵行事項之辦法，由中央主管機關定之。

第一七條　（遊民安置及輔導）99

①警察機關發現無家可歸之遊民，除其他法律另有規定外，應通知社政機關（單位）共同處理，並查明其身分及協助護送前往社會救助機構或社會福利機構安置輔導；其身分經查明者，立即通知其家屬。不願接受安置者，予以造冊並提供社會福利相關資訊。

②有關遊民之安置及輔導規定，由直轄市、縣（市）主管機關定之。

③為強化遊民之安置及輔導功能，應以直轄市、縣（市）為單位，並結合警政、衛政、社政、民政、法務及勞政機關（單位），建立遊民安置輔導體系，並定期召開遊民輔導聯繫會報。

第三章　醫療補助

第一八條　（申請醫療補助之條件）

①具有下列情形之一者，得檢同有關證明，向戶籍所在地主管機關申請醫療補助：

　一　低收入戶之傷、病患者。

　二　患嚴重傷、病，所需醫療費用非其本人或扶養義務人所能負擔者。

②參加全民健康保險可取得之醫療給付者，不得再依前項規定申請醫療補助。

第一九條　（全民健保保險費之補助）99

①低收入戶參加全民健康保險之保險費，由中央主管機關編列預算補助。

②中低收入戶參加全民健康保險應自付之保險費，由中央主管機關補助二分之一。

③其他法令有性質相同之補助規定者，不得重複補助。

第二○條　（醫療補助之給付項目、方式及標準）

醫療補助之給付項目、方式及標準，由中央、直轄市主管機關定之；直轄市主管機關並應報中央主管機關備查。

第四章　急難救助

第二一條　（申請急難救助之條件）99

具有下列情形之一者，得檢同有關證明，向戶籍所在地主管機關

申請急難救助：

一　戶內人口死亡無力殮葬。

二　戶內人口遭受意外傷害或罹患重病，致生活陷於困境。

三　負家庭主要生計責任者，失業、失蹤、應徵集召集入營服兵役或替代役現役、入獄服刑、因案羈押、依法拘禁或其他原因，無法工作致生活陷於困境。

四　財產或存款帳戶因遭強制執行、凍結或其他原因未能及時運用，致生活陷於困境。

五　已申請福利項目或保險給付，尚未核准期間生活陷於困境。

六　其他因遭遇重大變故，致生活陷於困境，經直轄市、縣（市）主管機關訪視評估，認定確有救助需要。

第二二條　（流落外地之申請救助）

流落外地，缺乏車資返鄉者，當地主管機關得依其申請酌予救助。

第二三條　（急難救助方式）

前二條之救助以現金給付為原則；其給付方式及標準，由直轄市、縣（市）主管機關定之，並報中央主管機關備查。

第二四條　（急難者喪葬之辦理）

死亡而無遺屬與遺產者，應由當地鄉（鎮、市、區）公所辦理葬埋。

第五章　災害救助

第二五條　（災害救助之條件）

人民遭受水、火、風、雹、旱、地震及其他災害，致損害重大，影響生活者，予以災害救助。

第二六條　（災害救助方式）

①直轄市或縣（市）主管機關應視災情需要，依下列方式辦理災害救助：

一　協助搶救及善後處理。

二　提供受災戶膳食口糧。

三　給與傷、亡或失蹤濟助。

四　輔導修建房舍。

五　設立臨時災害收容場所。

六　其他必要之救助。

②前項救助方式，得由直轄市、縣（市）主管機關依實際需要訂定規定辦理之。

第二七條　（災害救助之協助）

直轄市、縣（市）主管機關於必要時，得洽請民間團體或機構協助辦理災害救助。

第六章　社會救助機構

第二八條　（社會福利機構之設立及費用）

①社會救助，除由各種社會福利機構外，直轄市、縣（市）主管機關得視實際需要，設立或輔導民間設立為實施本法所必要之機構。

②前項社會福利機構，對於受救助者所應收之費用，由主管機關予以補助。

③直轄市、縣（市）主管機關依第一項規定設立之機構，不收任何費用。

第二九條　（私立社會救助機構之申請設立）

①設立私立社會救助機構，應申請當地主管機關許可。經許可設立者，應於三個月內辦理財團法人登記；其有正當理由者，得申請主管機關核准延期三個月。

②前項申請經許可後，應層報中央主管機關備查。

第三〇條　（社會救助機構設立標準）99

社會救助機構之規模、面積、設施、人員配置等設立標準，由中央主管機關定之。

第三一條　（社會救助機構之輔助、監督及評鑑與獎勵辦法）99

①主管機關對社會救助機構應予輔助、監督及評鑑。

②社會救助機構之獎勵辦法，由主管機關定之。

③社會救助機構辦理不善或違反原許可設立標準或依第一項評鑑結果應予改善者，主管機關應通知其限期改善。

第三二條　（委託安置）99

接受政府委託安置之社會救助機構，非有正當理由，不得拒絕依本法之委託安置。

第三三條　（派員檢查設備、帳冊及紀錄）

社會救助機構應接受主管機關派員對其設備、帳冊、紀錄之檢查。

第三四條　（專業人員辦理業務）

社會救助機構之業務，應由專業人員辦理之。

第三五條　（詳列列帳及財產管理）

①社會救助機構接受政府補助者，應依規定用途使用之，並詳細列帳；其有違反者，補助機關得追回補助款。

②依前項規定增置之財產，應列入機構財產管理，以供查核。

第七章　救助經費

第三六條　（救助預算之編列）99

①辦理本法各項救助業務所需經費，應由中央、直轄市、縣（市）主管機關及各目的事業主管機關分別編列預算支應之。

②中央依地方制度法第六十九條第三項及相關規定籌編補助直轄市、縣（市）政府辦理本法各項救助業務之定額設算之補助經費時，應限定支出之範圍及用途。

第三七條 （刪除）99

第八章 罰 則

第三八條 （違法申請設立之處罰）99

①設立社會救助機構未依第二十九條第一項規定經主管機關許可，或未於期限內辦理財團法人登記者，處其負責人新臺幣六萬元以上三十萬元以下罰鍰，並公布其姓名及限期令其改善。

②於前項限期改善期間，不得新增安置受救助者；違反者，處其負責人新臺幣六萬元以上三十萬元以下罰鍰，並按次處罰。

③經依第一項規定限期令其改善，屆期未改善者，處其負責人新臺幣十萬元以上五十萬元以下罰鍰，並按次處罰及公告其名稱；必要時，得令其停辦。

④經依前項規定令其停辦而拒不遵守者，處新臺幣二十萬元以上一百萬元以下罰鍰，並按次處罰；必要時得廢止其許可。

第三九條 （屆期未改善及停辦解散之處罰）99

①社會救助機構於主管機關依第三十一條第三項規定限期改善期間，不得新增安置受救助者；違反者，處新臺幣六萬元以上三十萬元以下罰鍰，並按次處罰。

②經主管機關依第三十一條第三項規定令其限期改善；屆期未改善者，處新臺幣六萬元以上三十萬元以下罰鍰，並按次處罰；必要時，得令其停辦一個月以上一年以下及公布其名稱。停辦期限屆至仍未改善或違反法令情節重大者，應廢止其許可；其屬法人者，得予解散。

③依前項規定令其停辦而拒不遵守者，處新臺幣二十萬元以上一百萬元以下罰鍰，並按次處罰。

第四〇條 （罰則）99

社會救助機構停辦、停業、歇業、經撤銷或廢止許可時，對於該機構安置之人應即予以適當之安置；其未能安置時，由主管機關協助安置，機構應予配合；不予配合者，強制實施之，並處新臺幣六萬元以上三十萬元以下罰鍰；必要時，得予接管。

第四一條 （罰則）99

社會救助機構違反第三十二條或第三十三條規定者，主管機關得處以新臺幣二十萬元以上一百萬元以下罰鍰，並得令其限期改善；屆期不改善者，得廢止其許可。

第四二條 （刪除）94
第四三條 （刪除）97

第九章 附 則

第四四條 （不得扣押、讓與或供擔保）

依本法請領各項現金給付或補助之權利，不得扣押、讓與或供擔保。

第四四條之一 （專戶儲存及公開徵信）94

①各級政府及社會救助機構接受私人或團體之捐贈，應妥善管理及運用；其屬現金者，應設專戶儲存，專作社會救助事業之用，捐贈者有指定用途者，並應專款專用。

②前項接受之捐贈，應公開徵信；其相關事項，於本法施行細則定之。

第四四條之二 （現金給付或補助專戶之開立）99

①依本法請領各項現金給付或補助者，得檢具直轄市、縣（市）主管機關出具之證明文件，於金融機構開立專戶，並載明金融機構名稱、地址、帳號及戶名，報直轄市、縣（市）主管機關核可後，專供存入各項現金給付或補助之用。

②前項專戶內之存款，不得作為抵銷、扣押、供擔保或強制執行之標的。

第四四條之三 （相關機關（構）、團體、法人或個人配合提供資料之義務）102

①為辦理本法救助業務所需之必要資料，主管機關得洽請相關機關（構）、團體、法人或個人提供之，受請求者有配合提供資訊之義務。

②主管機關依前項規定所取得之資料，應盡善良管理人之注意義務，確實辦理資訊安全稽核作業，其保有、處理及利用，並應遵循個人資料保護法之規定。

第四五條 （施行細則）

本法施行細則，由中央主管機關定之。

第四六條 （施行日）99

①本法自公布日施行。

②本法中華民國九十八年六月十二日修正之條文，自九十八年十一月二十三日施行。

③本法中華民國九十九年十二月十日修正之條文，自一百年七月一日施行。但九十九年十二月十日修正之條文施行前，經直轄市、縣（市）主管機關審核通過之低收入戶，非有本法第九條或第十四條之情事，其低收入戶資格維持至一百年十二月三十一日；施行後，經直轄市、縣（市）主管機關依修正條文審核調整低收入戶等級，致增加生活扶助現金給付者，應溯自一百年七月一日至十二月三十一日補足其差額。

勞動基準法（童工）節錄

①民國73年7月30日總統令制定公布全文86條。
②民國105年12月21日總統令修正公布第23、24、30-1、34、36至39、74、79條條文；並自公布日施行；但第34條第2項規定，施行日期由行政院定之；第37條第1項規定及第38條條文，自106年1月1日施行。
③民國106年12月27日總統令修正公布第61條條文。
④民國107年1月31日總統令修正公布第24、32、34、36至38、86條條文；增訂第32-1條條文；並自107年3月1日施行。
⑤民國107年11月21日總統令修正公布第54、55、59條條文。

第四四條 （童工及其工作性質之限制）104
①十五歲以上未滿十六歲之受僱從事工作者，為童工。
②童工及十六歲以上未滿十八歲之人，不得從事危險性或有害性之工作。

第四五條 （未滿十五歲人之僱用限制與保障）102
①雇主不得僱用未滿十五歲之人從事工作。但國民中學畢業或經主管機關認定其工作性質及環境無礙其身心健康而許可者，不在此限。
②前項受僱之人，準用童工保護之規定。
③第一項工作性質及環境無礙其身心健康之認定基準、審查程序及其他應遵行事項之辦法，由中央主管機關依勞工年齡、工作性質及受國民義務教育之時間等因素定之。
④未滿十五歲之人透過他人取得工作為第三人提供勞務，或直接為他人提供勞務取得報酬未具勞僱關係者，準用前項及童工保護之規定。

第四六條 （法定代理人同意書及年齡證明文件）104
未滿十八歲之人受僱從事工作者，雇主應置備其法定代理人同意書及其年齡證明文件。

第四七條 （童工工作時間之嚴格限制）102
童工每日之工作時間不得超過八小時，每週之工作時間不得超過四十小時，例假日不得工作。

第四八條 （童工夜間工作之禁止）
童工不得於午後八時至翌晨六時之時間內工作。

第四九條 （女工深夜工作之禁止及其例外）
①雇主不得使女工於午後十時至翌晨六時之時間內工作。但雇主經工會同意，如事業單位無工會者，經勞資會議同意後，且符合下列各款規定者，不在此限：

一　提供必要之安全衛生設施。

二　無大眾運輸工具可資運用時，提供交通工具或安排女工宿舍。

②前項第一款所稱必要之安全衛生設施，其標準由中央主管機關定之。但雇主與勞工約定之安全衛生設施優於本法者，從其約定。

③女工因健康或其他正當理由，不能於午後十時至翌晨六時之時間內工作者，雇主不得強制其工作。

④第一項規定，於因天災、事變或突發事件，雇主必須使女工於午後十時至翌晨六時之時間內工作時，不適用之。

⑤第一項但書及前項規定，於妊娠或哺乳期間之女工，不適用之。

第五○條　（產假及工資）

①女工分娩前後，應停止工作，給予產假八星期；妊娠三個月以上流產者，應停止工作，給予產假四星期。

②前項女工受僱工作在六個月以上者，停止工作期間工資照給，未滿六個月者減半發給。

第五一條　（妊娠期間得請求改調較輕易工作）

女工在妊娠期間，如有較為輕易之工作，得申請改調，雇主不得拒絕，並不得減少其工資。

第五二條　（哺乳時間）

①子女未滿一歲須女工親自哺乳者，於第三十五條規定之休息時間外，雇主應每日另給哺乳時間二次，每次以三十分鐘為度。

②前項哺乳時間，視為工作時間。

國民小學與國民中學未入學或中途輟學學生通報及復學輔導辦法

①民國85年5月29日教育部令訂定發布全文10條。
②民國88年3月31日教育部令修正發布名稱及全文13條（原名稱：國民中小學中途輟學學生通報辦法）。
③民國88年6月29日教育部令修正發布第3、11條條文。
④民國91年12月9日教育部令修正發布全文13條；並自發布日施行。
⑤民國101年8月1日教育部令修正發布全文13條；並自發布日施行。
⑥民國106年8月23日教育部令修正發布名稱及全文13條；並自發布日施行（原名稱：國民中小學中途輟學學生通報及復學輔導辦法）。

第一條

本辦法依強迫入學條例第八條之一規定訂定之。

第二條

①本辦法用詞，定義如下：

一　未入學學生：指新生未經請假或不明原因未就學。

二　中途輟學學生（以下簡稱中輟生）：指國民小學及國民中學學生有下列情形之一者：

㈠未經請假、請假未獲准或不明原因未到校上課連續達三日以上。

㈡轉學生因不明原因，自轉出之日起三日內未向轉入學校完成報到手續。

三　復學：指未入學學生或中輟生返校就讀。

②前項國民小學及國民中學未入學學生及中輟生（以下簡稱學生），不包括於少年矯正學校及少年輔育院接受矯正教育之學生。

第三條

①教育部應建置主管教育行政機關通報系統（以下簡稱通報系統），供學生就讀學校、轉出學校或新生未就學學校（以下併稱學校）辦理通報及協尋。

②學生有前條第一項各款情形之一者，其通報程序如下：

一　學校應至通報系統辦理通報；學生有行蹤不明情事者，學校並應將該學生檔案資料傳送通報系統列管，由通報系統交換至內政部警政署。

二　學校應函送鄉（鎮、市、區）強迫入學委員會，執行強迫入學程序。

③內政部警政署接獲前項第一款學生檔案資料後，應傳送各地警察

機關（單位），配合協尋。

④各地警察機關（單位）協助查獲學生後，除應註明尋獲外，應即通知其法定代理人及學校，並以書面通知學校及副知直轄市、縣（市）政府。

⑤直轄市、縣（市）政府及學校應指定聯絡人，即時受理警察機關（單位）通知，並會同（鄉、鎮、市、區）強迫入學委員會執行協助尋獲學生之復學事宜。

⑥本辦法所定學生之通報、協尋及協助復學，至其滿十五歲之該學年度結束爲止。

第四條

學生因家庭清寒、發生重大變故或親職功能不彰致不能到校上課或未向轉入學校報到者，學校除依前條規定辦理外，並應檢具該生及其家庭相關資料，報當地直轄市、縣（市）政府提供必要之救助或福利服務，並得請家庭教育中心提供親職教育之諮詢服務。

第五條

學校應積極輔導學生復學，並於其復學後，向通報系統進行復學通報。

第六條

學校應對復學之學生施予適當之課業補救及適性教育措施，並依學校輔導制度之推動，優先列其爲輔導對象。

第七條

學校應建立學生檔案，詳細記載學生資料，包括未入學、輟學日期、通報日期、聯絡資訊、輔導紀錄、復學日期、再度輟學情形及追蹤輔導紀錄等，並定期檢討輔導成效。

第八條

直轄市、縣（市）政府對經常輟學及輟學後長期未復學學生，得洽商民間機構、團體協助追蹤輔導復學。

第九條

①直轄市、縣（市）政府對中輟生復學後不適應一般學校教育課程者，應規劃多元教育輔導措施，提供適性教育課程，避免學生再度輟學。

②前項多元教育輔導措施如下：

一　慈輝班：直轄市、縣（市）政府對家庭遭遇變故或因親職功能不彰之學生，採跨學區、跨行政區所設置。

二　資源式中途班：直轄市、縣（市）政府以鄰近學區教學資源共享方式，遴選轄內國民中小學分區設置。

三　合作式中途班：直轄市、縣（市）政府提供師資及適性課程，民間團體提供適宜場地及專業輔導資源共同設置。

四　其他具相同功能之教育輔導措施。

第一〇條

直轄市、縣（市）政府應定期辦理學校及鄉（鎮、市、區）強迫

入學委員會執行中輟生通報及復學輔導工作之督導考評。

第一一條

　直轄市、縣（市）政府有關中輟生通報及輔導復學事項之相關成效，列入教育部補助經費額度調整之參據。

第一二條

　教育部及直轄市、縣（市）政府對通報及輔導工作執行績效良好者，應予獎勵。

第一三條

　本辦法自發布日施行。

民法親屬編

①民國19年12月26日國民政府制定公布全文第967至1137條文;並自20年5月5日施行。

②民國74年6月3日總統令修正公布第971、977、982、983、985、988、1002、1010、1013、1016至1019、1021、1024、1050、1052、1058至1060、1063、1067、1074、1078至1080、1084、1088、1105、1113、1118、1131、1132條條文;刪除第992、1042、1043、1071條條文暨第二章第四節第三款第二目目名;並增訂第979-1、979-2、999-1、1008-1、1030-1、1073-1、1079-1、1079-2、1103-1、1116-1條條文。

③民國85年9月25日總統令修正公布第999-1、1055、1089條條文;刪除第1051條條文;並增訂第1055-1、1055-2、1069-1、1116-2條條文。

④民國87年6月17日總統令修正公布第983、1000、1002條條文;並刪除第986、987、993、994條條文。

⑤民國88年4月21日總統令修正公布第1067條條文。

⑥民國89年1月19日總統令修正公布第1094條條文。

⑦民國91年6月26日總統令修正公布第1007、1008、1008-1、1010、1017、1018、1022、1023、1030-1、1031至1034、1038、1040、1041、1044、1046及1058條條文;刪除第1006、1013至1016、1019至1021、1024至1030、1035至1037、1045、1047及1048條條文;並增訂第1003-1、1018-1、1020-1、1020-2、1030-2至1030-4及1031-1條條文。

⑧民國96年5月23日總統令修正公布第982、988、1030-1、1052、1059、1062、1063、1067、1070、1073至1083、1086、1090條條文;刪除第1068條條文;並增訂第988-1、1059-1、1076-1、1076-2、1079-3至1079-5、1080-1至1080-3、1083-1、1089-1條條文;除第982條自公布後一年施行,其餘自公布日施行。

⑨民國97年1月9日總統令修正公布第1052、1120條條文。

⑩民國97年5月23日總統令修正公布第1092至1101、1103、1104、1106至1109、1110至1113條條文;刪除第1103-1、1105條條文;增訂第1094-1、1099-1、1106-1、1109-1、1109-2、1111-1、1111-2、1112-1、1112-2、1113-1條條文;並自公布後一年六個月施行。

⑪民國98年4月29日總統令增訂公布第1052-1條條文。

⑫民國98年12月30日總統令修正公布第1131及1133條條文。

⑬民國99年1月27日總統令修正公布第1118-1條條文。

⑭民國99年5月19日總統令修正公布第1059、1059-1條條文。

⑮民國101年12月26日總統令修正公布第1030-1條條文;並刪除第1009及1011條條文。

⑯民國102年12月11日總統令修正公布第1055-1條條文。

⑰民國103年1月29日總統令修正公布第1132條條文。

⑱民國104年1月14日總統令修正公布第1111-2條條文。

⑲民國108年4月24日總統令修正公布第976條條文;並自公布日施行。

⑳民國108年6月19日總統令增訂公布第1113-2至1113-10條條文暨第四章第三節節名。

第一章 通 則

第九六七條 （直系與旁系血親）

① 稱直系血親者，謂己身所從出，或從己身所出之血親。

② 稱旁系血親者，謂非直系血親，而與己身出於同源之血親。

第九六八條 （親等之計算）

血親親等之計算，直系血親，從己身上下數，以一世爲一親等；旁系血親，從己身數至同源之直系血親，再由同源之直系血親，數至與之計算親等之血親，以其總世數爲親等之數。

第九六九條 （姻親之定義）

稱姻親者，謂血親之配偶、配偶之血親及配偶之血親之配偶。

第九七〇條 （姻親之親系及親等）

姻親之親系及親等之計算如左：

一 血親之配偶，從其配偶之親系及親等。

二 配偶之血親，從其與配偶之親系及親等。

三 配偶之血親之配偶，從其與配偶之親系及親等。

第九七一條 （姻親關係之消滅）

姻親關係，因離婚而消滅；結婚經撤銷者亦同。

第二章 婚 姻

第一節 婚 約

第九七二條 （婚約之要件）

婚約，應由男女當事人自行訂定。

第九七三條 （婚約之要件）

男未滿十七歲，女未滿十五歲者，不得訂定婚約。

第九七四條 （婚約之要件）

未成年人訂定婚約，應得法定代理人之同意。

第九七五條 （婚約之效力）

婚約，不得請求強迫履行。

第九七六條 （婚約解除之事由及方法）108

① 婚約當事人之一方，有下列情形之一者，他方得解除婚約：

一 婚約訂定後，再與他人訂定婚約或結婚。

二 故違結婚期約。

三 生死不明已滿一年。

四 有重大不治之病。

五 婚約訂定後與他人合意性交。

六 婚約訂定後受徒刑之宣告。

七 有其他重大事由。

② 依前項規定解除婚約者，如事實上不能向他方爲解除之意思表示時，無須爲意思表示，自得爲解除時起，不受婚約之拘束。

第九七七條 （解除婚約之賠償）

① 依前條之規定，婚約解除時，無過失之一方，得向有過失之他方，請求賠償其因此所受之損害。

② 前項情形，雖非財產上之損害，受害人亦得請求賠償相當之金額。

③ 前項請求權不得讓與或繼承。但已依契約承諾，或已起訴者，不在此限。

第九七八條 （違反婚約之損害賠償）

婚約當事人之一方，無第九百七十六條之理由而違反婚約者，對於他方因此所受之損害，應負賠償之責。

第九七九條 （違反婚約之損害賠償）

① 前條情形，雖非財產上之損害，受害人亦得請求賠償相當之金額。但以受害人無過失者為限。

② 前項請求權，不得讓與或繼承。但已依契約承諾或已起訴者，不在此限。

第九七九條之一 （贈與物之返還）

因訂定婚約而為贈與者，婚約無效、解除或撤銷時，當事人之一方，得請求他方返還贈與物。

第九七九條之二 （贈與物返還請求權之消滅時效）

第九百七十七條至第九百七十九條之一所規定之請求權，因二年間不行使而消滅。

第二節 結 婚

第九八〇條 （結婚之實質要件——結婚年齡）

男未滿十八歲，女未滿十六歲者，不得結婚。

第九八一條 （結婚之實質要件——未成年人結婚之同意）

未成年人結婚，應得法定代理人之同意。

第九八二條 （結婚之形式要件）

結婚應以書面為之，有二人以上證人之簽名，並應由雙方當事人向戶政機關為結婚之登記。

第九八三條 （結婚之實質要件——須非一定之親屬）

① 與左列親屬，不得結婚：

一 直系血親及直系姻親。

二 旁系血親在六親等以內者。但因收養而成立之四親等及六親等旁系血親，輩分相同者，不在此限。

三 旁系姻親在五親等以內，輩分不相同者。

② 前項直系姻親結婚之限制，於姻親關係消滅後，亦適用之。

③ 第一項直系血親及直系姻親結婚之限制，於因收養而成立之直系親屬間，在收養關係終止後，亦適用之。

第九八四條 （結婚之實質要件——須無監護關係）

監護人與受監護人，於監護關係存續中，不得結婚。但經受監護人父母之同意者，不在此限。

第九八五條 （結婚之實質要件——須非重婚）

①有配偶者，不得重婚。

②一人不得同時與二人以上結婚。

第九八六條 （刪除）

第九八七條 （刪除）

第九八八條 （結婚之無效）

結婚有下列情形之一者，無效：

一　不具備第九百八十二條之方式。

二　違反第九百八十三條規定。

三　違反第九百八十五條規定。但重婚之雙方當事人因善意且無過失信賴一方前婚姻消滅之兩願離婚登記或離婚確定判決而結婚者，不在此限。

第九八八條之一 （前婚姻視爲消滅之效力、賠償及相關規定）

①前條第三款但書之情形，前婚姻自後婚姻成立之日起視爲消滅。

②前婚姻視爲消滅之效力，除法律另有規定外，準用離婚之效力。但剩餘財產已爲分配或協議者，仍依原分配或協議定之，不得另行主張。

③依第一項規定前婚姻視爲消滅者，其剩餘財產差額之分配請求權，自請求權人知有剩餘財產之差額時起，二年間不行使而消滅。自撤銷兩願離婚登記或廢棄離婚判決確定時起，逾五年者，亦同。

④前婚姻依第一項規定視爲消滅者，無過失之前婚配偶得向他方請求賠償。

⑤前項情形，雖非財產上之損害，前婚配偶亦得請求賠償相當之金額。

⑥前項請求權，不得讓與或繼承。但已依契約承諾或已起訴者，不在此限。

第九八九條 （結婚之撤銷——未達結婚年齡）

結婚違反第九百八十條之規定者，當事人或其法定代理人，得向法院請求撤銷之。但當事人已達該條所定年齡或已懷胎者，不得請求撤銷。

第九九〇條 （結婚之撤銷——未得同意）

結婚違反第九百八十一條之規定者，法定代理人得向法院請求撤銷之。但自知悉其事實之日起，已逾六個月，或結婚後已逾一年，或已懷胎者，不得請求撤銷。

第九九一條 （結婚之撤銷——有監護關係）

結婚違反第九百八十四條之規定者，受監護人或其最近親屬得向法院請求撤銷之。但結婚已逾一年者，不得請求撤銷。

第九九二條至第九九四條 （刪除）

第九九五條 （結婚之撤銷——不能人道）

當事人之一方於結婚時不能人道而不能治者，他方得向法院請求撤銷之。但自知悉其不能治之時起已逾三年者，不得請求撤銷。

第九九六條 （結婚之撤銷——精神不健全）

當事人之一方於結婚時係在無意識或精神錯亂中者，得於常態回復後六個月內，向法院請求撤銷之。

第九九七條 （結婚之撤銷——因被詐欺或脅迫）

因被詐欺或被脅迫而結婚者，得於發見詐欺或脅迫終止後，六個月內向法院請求撤銷之。

第九九八條 （撤銷之不溯及效力）

結婚撤銷之效力，不溯及既往。

第九九九條 （婚姻無效或撤銷之損害賠償）

①當事人之一方因結婚無效或被撤銷而受有損害者，得向他方請求賠償。但他方無過失者，不在此限。

②前項情形，雖非財產上之損害，受害人亦得請求賠償相當之金額，但以受害人無過失者為限。

③前項請求權，不得讓與或繼承。但已依契約承諾或已起訴者，不在此限。

第九九九條之一 （結婚無效或經撤銷準用規定）

①第一千零五十七條及第一千零五十八條之規定，於結婚無效時準用之。

②第一千零五十五條、第一千零五十五條之一、第一千零五十五條之二、第一千零五十七條及第一千零五十八條之規定，於結婚經撤銷時準用之。

第三節　婚姻之普通效力

第一○○○條 （夫妻之冠姓）

①夫妻各保有其本姓。但得書面約定以其本姓冠以配偶之姓，並向戶政機關登記。

②冠姓之一方得隨時回復其本姓。但於同一婚姻關係存續中以一次為限。

第一○○一條 （夫妻之同居義務）

夫妻互負同居之義務。但有不能同居之正當理由者。不在此限。

第一○○二條 （夫妻之住所）

①夫妻之住所，由雙方共同協議之；未為協議或協議不成時，得聲請法院定之。

②法院為前項裁定前，以夫妻共同戶籍地推定為其住所。

第一○○三條 （日常家務代理權）

①夫妻於日常家務，互為代理人。

②夫妻之一方濫用前項代理權時，他方得限制之。但不得對抗善意第三人。

第一○○三條之一 （家庭生活費用之分擔方式）

①家庭生活費用，除法律或契約另有約定外，由夫妻各依其經濟能力、家事勞動或其他情事分擔之。

②因前項費用所生之債務，由夫妻負連帶責任。

第四節　夫妻財產制

第一款　通則

第一〇〇四條 （夫妻財產制契約之訂立——約定財產制之選擇）

夫妻得於結婚前或結婚後，以契約就本法所定之約定財產制中，選擇其一，爲其夫妻財產制。

第一〇〇五條 （法定財產制之適用）

夫妻未以契約訂立夫妻財產制者，除本法另有規定外，以法定財產制，爲其夫妻財產制。

第一〇〇六條 （刪除）

第一〇〇七條 （夫妻財產制契約之要件——要式契約）

夫妻財產制契約之訂立、變更或廢止，應以書面爲之。

第一〇〇八條 （夫妻財產制契約之要件——契約之登記）

①夫妻財產制契約之訂立、變更或廢止，非經登記，不得以之對抗第三人。

②前項夫妻財產制契約之登記，不影響依其他法律所爲財產權登記之效力。

③第一項之登記，另以法律定之。

第一〇〇八條之一 （除夫妻財產制外，其他約定之方法）

前二條之規定，於有關夫妻財產之其他約定準用之。

第一〇〇九條 （刪除）

第一〇一〇條 （分別財產制之原因——法院應夫妻一方之聲請而爲宣告）

①夫妻之一方有左列各款情形之一時，法院因他方之請求，得宣告改用分別財產制：

一　依法應給付家庭生活費用而不給付時。

二　夫或妻之財產不足清償其債務時。

三　依法應得他方同意所爲之財產處分，他方無正當理由而拒絕同意時。

四　有管理權之一方對於共同財產之管理顯有不當，經他方請求改善而不改善時。

五　因不當減少其婚後財產，而對他方剩餘財產分配請求權有侵害之虞時。

六　有其他重大事由時。

②夫妻之總財產不足清償總債務或夫妻難於維持共同生活，不同居已達六個月以上時，前項規定於夫妻均適用之。

第一〇一一條 （刪除）

第一〇一二條 （夫妻財產制之變更廢止）

夫妻於婚姻關係存續中，得以契約廢止其財產契約，或改用他種約定財產制。

第一〇一三條至第一〇一五條 （刪除）

第二款　法定財產制

第一〇一六條　（刪除）

第一〇一七條　（婚前財產與婚後財產）

①夫或妻之財產分為婚前財產與婚後財產，由夫妻各自所有。不能證明為婚前或婚後財產者，推定為婚後財產；不能證明為夫或妻所有之財產，推定為夫妻共有。

②夫或妻婚前財產，於婚姻關係存續中所生之孳息，視為婚後財產。

③夫妻以契約訂立夫妻財產制後，於婚姻關係存續中改用法定財產制者，其改用前之財產視為婚前財產。

第一〇一八條　（各自管理財產）

夫或妻各自管理、使用、收益及處分其財產。

第一〇一八條之一　（自由處分生活費用外金錢）

夫妻於家庭生活費用外，得協議一定數額之金錢，供夫或妻自由處分。

第一〇一九條　（刪除）

第一〇二〇條　（刪除）

第一〇二〇條之一　（婚後剩餘財產之分配）

①夫或妻於婚姻關係存續中就其婚後財產所為之無償行為，有害及法定財產制關係消滅後他方之剩餘財產分配請求權者，他方得聲請法院撤銷之。但為履行道德上義務所為之相當贈與，不在此限。

②夫或妻於婚姻關係存續中就其婚後財產所為之有償行為，於行為時明知有損於法定財產制關係消滅後他方之剩餘財產分配請求權者，以受益人受益時亦知其情事者為限，他方得聲請法院撤銷之。

第一〇二〇條之二　（婚後剩餘財產分配撤銷權之除斥期間）

前條撤銷權，自夫或妻之一方知有撤銷原因時起，六個月間不行使，或自行為時起經過一年而消滅。

第一〇二一條　（刪除）

第一〇二二條　（婚後財產之報告義務）

夫妻就其婚後財產，互負報告之義務。

第一〇二三條　（各自清償債務）

①夫妻各自對其債務負清償之責。

②夫妻之一方以自己財產清償他方之債務時，雖於婚姻關係存續中，亦得請求償還。

第一〇二四條至第一〇三〇條　（刪除）

第一〇三〇條之一　（法定財產制關係消滅時剩餘財產之分配、除外規定及請求權行使之時效）

①法定財產制關係消滅時，夫或妻現存之婚後財產，扣除婚姻關係存續所負債務後，如有剩餘，其雙方剩餘財產之差額，應平均分

配。但下列財產不在此限：

一 因繼承或其他無償取得之財產。

二 慰撫金。

②依前項規定，平均分配顯失公平者，法院得調整或免除其分配額。

③第一項請求權，不得讓與或繼承。但已依契約承諾，或已起訴者，不在此限。

④第一項剩餘財產差額之分配請求權，自請求權人知有剩餘財產之差額時起，二年間不行使而消滅。自法定財產制關係消滅時起，逾五年者，亦同。

第一○三○條之二 （法定財產制關係消滅時債務之計算）

①夫或妻之一方以其婚後財產清償其婚前所負債務，或以其婚前財產清償婚姻關係存續中所負債務，除已補償者外，於法定財產制關係消滅時，應分別納入現存之婚後財產或婚姻關係存續中所負債務計算。

②夫或妻之一方以其前條第一項但書之財產清償婚姻關係存續中其所負債務者，適用前項之規定。

第一○三○條之三 （法定財產制關係消滅時財產之追加計算）

①夫或妻爲減少他方對於剩餘財產之分配，而於法定財產制關係消滅前五年內處分其婚後財產者，應將該財產追加計算，視爲現存之婚後財產。但爲履行道德上義務所爲之相當贈與，不在此限。

②前項情形，分配權利人於義務人不足清償其應得之分配額時，得就其不足額，對受領之第三人於其所受利益內請求返還。但受領爲有償者，以顯不相當對價取得者爲限。

③前項對第三人之請求權，於知悉其分配權利受侵害時起二年間不行使而消滅。自法定財產制關係消滅時起，逾五年者，亦同。

第一○三○條之四 （婚後財產與追加計算財算之計價基準）

①夫妻現存之婚後財產，其價值計算以法定財產制關係消滅時爲準。但夫妻因判決而離婚者，以起訴時爲準。

②依前條應追加計算之婚後財產，其價值計算以處分時爲準。

第三款 約定財產制

第一目 共同財產制

第一○三一條 （共同財產之定義）

夫妻之財產及所得，除特有財產外，合併爲共同財產，屬於夫妻公同共有。

第一○三一條之一 （特有財產之範圍及準用規定）

①左列財產爲特有財產：

一 專供夫或妻個人使用之物。

二 夫或妻職業上必需之物。

三 夫或妻所受之贈物，經贈與人以書面聲明爲其特有財產者。

②前項所定之特有財產，適用關於分別財產制之規定。

第一〇三二條 （共同財產之管理）

①共同財產，由夫妻共同管理。但約定由一方管理者，從其約定。

②共同財產之管理費用，由共同財產負責。

第一〇三三條 （共同財產之處分）

①夫妻之一方，對於共同財產為處分時，應得他方之同意。

②前項同意之欠缺，不得對抗第三人。但第三人已知或可得而知其欠缺，或依情形，可認為該財產屬於共同財產者，不在此限。

第一〇三四條 （結婚前或婚關係存續中債務之清償責任）

夫或妻結婚前或婚姻關係存續中所負之債務，應由共同財產，並各就其特有財產負清償責任。

第一〇三五條至第一〇三七條 （刪除）

第一〇三八條 （共同財產制之補償請求權）

①共同財產所負之債務，而以共同財產清償者，不生補償請求權。

②共同財產之債務，而以特有財產清償，或特有財產之債務，而以共同財產清償者，有補償請求權，雖於婚姻關係存續中，亦得請求。

第一〇三九條 （共同財產制之消滅—因其他原因之消滅）

①夫妻之一方死亡時，共同財產之半數，歸屬於死亡者之繼承人，其他半數，歸屬於生存之他方。

②前項財產之分割，其數額另有約定者，從其約定。

③第一項情形，如該生存之他方，依法不得為繼承人時，其對於共同財產得請求之數額，不得超過於離婚時所應得之數額。

第一〇四〇條 （共有財產制之消滅時財產之取回）

①共同財產制關係消滅時，除法律另有規定外，夫妻各取回其訂立共同財產制契約時之財產。

②共同財產制關係存續中取得之共同財產，由夫妻各得其半數。但另有約定者，從其約定。

第一〇四一條 （勞力所得共同財產制）

①夫妻得以契約訂定僅以勞力所得為限為共同財產。

②前項勞力所得，指夫或妻於婚姻關係存續中取得之薪資、工資、紅利、獎金及其他與勞力所得有關之財產收入。勞力所得之孳息及代替利益，亦同。

③不能證明為勞力所得或勞力所得以外財產者，推定為勞力所得。

④夫或妻勞力所得以外之財產，適用關於分別財產制之規定。

⑤第一千零三十四條、第一千零三十八條及第一千零四十條之規定，於第一項情形準用之。

第二目 （刪除）

第一〇四二條 （刪除）

第一〇四三條 （刪除）

第三目 分別財產制

第一〇四四條 （分別財產制之意義）

分別財產，夫妻各保有其財產之所有權，各有管理、使用、收益

及處分。

第一○四五條 （刪除）

第一○四六條 （分別財產制債務之清償）

分別財產制有關夫妻債務之清償，適用第一千零二十三條之規定。

第一○四七條 （刪除）

第一○四八條 （刪除）

第五節　離　婚

第一○四九條 （兩願離婚）

夫妻兩願離婚者，得自行離婚。但未成年人，應得法定代理人之同意。

第一○五○條 （離婚之要式性）

兩願離婚，應以書面為之，有二人以上證人之簽名並應向戶政機關為離婚之登記。

第一○五一條 （刪除）

第一○五二條 （裁判離婚之原因）

①夫妻之一方，有下列情形之一者，他方得向法院請求離婚：

一　重婚。

二　與配偶以外之人合意性交。

三　夫妻之一方對他方為不堪同居之虐待。

四　夫妻之一方對他方之直系親屬為虐待，或夫妻一方之直系親屬對他方為虐待，致不堪為共同生活。

五　夫妻之一方以惡意遺棄他方在繼續狀態中。

六　夫妻之一方意圖殺害他方。

七　有不治之惡疾。

八　有重大不治之精神病。

九　生死不明已逾三年。

十　因故意犯罪，經判處有期徒刑逾六個月確定。

②有前項以外之重大事由，難以維持婚姻者，夫妻之一方得請求離婚。但其事由應由夫妻之一方負責者，僅他方得請求離婚。

第一○五二條之一 （法院調解或和解離婚之效力）

離婚經法院調解或法院和解成立者，婚姻關係消滅。法院應依職權通知該管戶政機關。

第一○五三條 （裁判離婚之限制）

對於前條第一款、第二款之情事，有請求權之一方，於事前同意或事後宥恕，或知悉後已逾六個月，或自其情事發生後已逾二年者，不得請求離婚。

第一○五四條 （裁判離婚之限制）

對於第一千零五十二條第六款及第十款之情事，有請求權之一方，自知悉後已逾一年，或自其情事發生後已逾五年者，不得請求離婚。

第一〇五五條 （離婚未成年子女保護教養之權義及變更）

① 夫妻離婚者，對於未成年子女權利義務之行使或負擔，依協議由一方或雙方共同任之。未為協議或協議不成者，法院得依夫妻之一方、主管機關、社會福利機構或其他利害關係人之請求或依職權酌定之。

② 前項協議不利於子女者，法院得依主管機關、社會福利機構或其他利害關係人之請求或依職權為子女之利益改定之。

③ 行使、負擔權利義務之一方未盡保護教養之義務或對未成年子女有不利之情事者，他方、未成年子女、主管機關、社會福利機構或其他利害關係人得為子女之利益，請求法院改定之。

④ 前三項情形，法院得依請求或依職權，為子女之利益酌定權利義務行使或負擔之內容及方法。

⑤ 法院得依請求或依職權，為未行使或負擔權利義務之一方酌定其與未成年子女會面交往之方式及期間。但其會面交往有妨害子女之利益者，法院得依請求或依職權變更之。

第一〇五五條之一 （裁判離婚子女之監護）

① 法院為前條裁判時，應依子女之最佳利益，審酌一切情狀，尤應注意下列事項：

一 子女之年齡、性別、人數及健康情形。

二 子女之意願及人格發展之需要。

三 父母之年齡、職業、品行、健康情形、經濟能力及生活狀況。

四 父母保護教養子女之意願及態度。

五 父母子女間或未成年子女與其他共同生活之人間之感情狀況。

六 父母之一方是否有妨礙他方對未成年子女權利義務行使負擔之行為。

七 各族群之傳統習俗、文化及價值觀。

② 前項子女最佳利益之審酌，法院除得參考社工人員之訪視報告或家事調查官之調查報告外，並得依囑託警察機關、稅捐機關、金融機構、學校及其他有關機關、團體或具有相關專業知識之適當人士就特定事項調查之結果認定之。

第一〇五五條之二 （裁判離婚子女之監護）

父母均不適合行使權利時，法院應依子女之最佳利益並審酌前條各款事項，選定適當之人為子女之監護人，並指定監護之方法、命其父母負擔扶養費用及其方式。

第一〇五六條 （損害賠償）

① 夫妻之一方，因判決離婚而受有損害者，得向有過失之他方，請求賠償。

② 前項情形，雖非財產上之損害，受害人亦得請求賠償相當之金額。但以受害人無過失者為限。

③ 前項請求權，不得讓與或繼承。但已依契約承諾或已起訴者，不

在此限。

第一〇五七條 （贍養費）

夫妻無過失之一方，因判決離婚而陷於生活困難者，他方縱無過失，亦應給與相當之贍養費。

第一〇五八條 （財產之取回）

夫妻離婚時，除採用分別財產制者外，各自取回其結婚或變更夫妻財產制時之財產。如有剩餘，各依其夫妻財產制之規定分配之。

第三章 父母子女

第一〇五九條 （子女之姓）

①父母於子女出生登記前，應以書面約定子女從父姓或母姓。未約定或約定不成者，於戶政事務所抽籤決定之。

②子女經出生登記後，於未成年前，得由父母以書面約定變更為父姓或母姓。

③子女已成年者，得變更為父姓或母姓。

④前二項之變更，各以一次為限。

⑤有下列各款情形之一，法院得依父母之一方或子女之請求，為子女之利益，宣告變更子女之姓氏為父姓或母姓：

一　父母離婚者。

二　父母之一方或雙方死亡者。

三　父母之一方或雙方生死不明滿三年者。

四　父母之一方顯有未盡保護或教養義務之情事者。

第一〇五九條之一 （非婚生子女之姓）

①非婚生子女從母姓。經生父認領者，適用前條第二項至第四項之規定。

②非婚生子女經生父認領，而有下列各款情形之一，法院得依父母之一方或子女之請求，為子女之利益，宣告變更子女之姓氏為父姓或母姓：

一　父母之一方或雙方死亡者。

二　父母之一方或雙方生死不明滿三年者。

三　子女之姓氏與任權利義務行使或負擔之父或母不一致者。

四　父母之一方顯有未盡保護或教養義務之情事者。

第一〇六〇條 （未成年子女之住所）

未成年之子女，以其父母之住所為住所。

第一〇六一條 （婚生子女之定義）

稱婚生子女者，謂由婚姻關係受胎而生之子女。

第一〇六二條 （受胎期間）

①從子女出生日回溯第一百八十一日起至第三百零二日止，為受胎期間。

②能證明受胎回溯在前項第一百八十一日以內或第三百零二日以前者，以其期間為受胎期間。

第一○六三條 （婚生子女之推定及否認）

①妻之受胎，係在婚姻關係存續中者，推定其所生子女為婚生子女。

②前項推定，夫妻之一方或子女能證明子女非為婚生子女者，得提起否認之訴。

③前項否認之訴，夫妻之一方自知悉該子女非婚生子女，或子女自知悉其非婚生子女之時起二年內為之。但子女於未成年時知悉者，仍得於成年後二年內為之。

第一○六四條 （準正）

非婚生子女，其生父與生母結婚者，視為婚生子女。

第一○六五條 （認領之效力及認領之擬制及非婚生子女與生母之關係）

①非婚生子女經生父認領者，視為婚生子女，其經生父撫育者，視為認領。

②非婚生子女與其生母之關係視為婚生子女，無須認領。

第一○六六條 （認領之否認）

非婚生子女或其生母，對於生父之認領，得否認之。

第一○六七條 （認領之請求）

①有事實足認其為非婚生子女之生父者，非婚生子女或其生母或其他法定代理人，得向生父提起認領之訴。

②前項認領之訴，於生父死亡後，得向生父之繼承人為之。生父無繼承人者，得向社會福利主管機關為之。

第一○六八條 （刪除）

第一○六九條 （認領之效力——溯及效力）

非婚生子女認領之效力，溯及於出生時。但第三人已得之權利，不因此而受影響。

第一○六九條之一 （認領非婚生未成年子女權義之準用規定）

非婚生子女經認領者，關於未成年子女權利義務之行使或負擔，準用第一千零五十五條、第一千零五十五條之一及第一千零五十五條之二之規定。

第一○七○條 （認領之效力——絕對效力）

生父認領非婚生子女後，不得撤銷其認領。但有事實足認其非生父者，不在此限。

第一○七一條 （刪除）

第一○七二條 （收養之定義）

收養他人之子女為子女時，其收養者為養父或養母，被收養者為養子或養女。

第一○七三條 （收養要件——年齡）

①收養者之年齡，應長於被收養者二十歲以上。但夫妻共同收養時，夫妻之一方長於被收養者二十歲以上，而他方僅長於被收養者十六歲以上者，亦得收養。

②夫妻之一方收養他方之子女時，應長於被收養者十六歲以上。

第一○七三條之一 （不得收養爲養子女之親屬）

下列親屬不得收養爲養子女：

一 直系血親。

二 直系姻親。但夫妻之一方，收養他方之子女者，不在此限。

三 旁系血親在六親等以內及旁系姻親在五親等以內，輩分不相
  當者。

第一○七四條 （夫妻應爲共同收養）

夫妻收養子女時，應共同爲之。但有下列各款情形之一者，得單
獨收養：

一 夫妻之一方收養他方之子女。

二 夫妻之一方不能爲意思表示或生死不明已逾三年。

第一○七五條 （同時爲二人養子女之禁止）

除夫妻共同收養外，一人不得同時爲二人之養子女。

第一○七六條 （被收養人配偶之同意）

夫妻之一方被收養時，應得他方之同意。但他方不能爲意思表示
或生死不明已逾三年者，不在此限。

第一○七六條之一 （子女被收養應得父母之同意）

①子女被收養時，應得其父母之同意。但有下列各款情形之一者，
  不在此限：

一 父母之一方或雙方對子女未盡保護教養義務或有其他顯然不
  利子女之情事而拒絕同意。

二 父母之一方或雙方事實上不能爲意思表示。

②前項同意應作成書面並經公證。但已向法院聲請收養認可者，得
  以言詞向法院表示並記明筆錄代之。

③第一項之同意，不得附條件或期限。

第一○七六條之二 （未滿七歲及滿七歲之被收養者應得其法定代理人之同意）

①被收養者未滿七歲時，應由其法定代理人代爲並代受意思表示。

②滿七歲以上之未成年人被收養時，應得其法定代理人之同意。

③被收養者之父母已依前二項規定以法定代理人之身分代爲並代受
  意思表示或爲同意時，得免依前條規定爲同意。

第一○七七條 （收養之效力——養父母子女之關係）

①養子女與養父母及其親屬間之關係，除法律另有規定外，與婚生
  子女同。

②養子女與本生父母及其親屬間之權利義務，於收養關係存續中停
  止之。但夫妻之一方收養他方之子女時，他方與其子女之權利義
  務，不因收養而受影響。

③收養者收養子女後，與養子女之本生父或母結婚時，養子女回復
  與本生父或母及其親屬間之權利義務。但第三人已取得之權利，
  不受影響。

④養子女於收養認可時已有直系血親卑親屬者，收養之效力僅及於
  其未成年且未結婚之直系血親卑親屬。但收養認可前，其已成年

或已結婚之直系血親卑親屬表示同意者，不在此限。

⑤前項同意，準用第一千零七十六條之一第二項及第三項之規定。

第一〇七八條 （收養之效力──養子女之姓氏）

①養子女從收養者之姓或維持原來之姓。

②夫妻共同收養子女時，於收養登記前，應以書面約定養子女從養父姓、養母姓或維持原來之姓。

③第一千零五十九條第二項至第五項之規定，於收養之情形準用之。

第一〇七九條 （收養之方法）

①收養應以書面為之，並向法院聲請認可。

②收養有無效、得撤銷之原因或違反其他法律規定者，法院應不予認可。

第一〇七九條之一 （收養之無效）

法院為未成年人被收養之認可時，應以養子女最佳利益為之。

第一〇七九條之二 （收養之撤銷及其行使期間）

被收養者為成年人而有下列各款情形之一者，法院應不予收養之認可：

一　意圖以收養免除法定義務。

二　依其情形，足認收養於其本生父母不利。

三　有其他重大事由，足認違反收養目的。

第一〇七九條之三 （收養之生效時點）

收養自法院認可裁定確定時，溯及於收養契約成立時發生效力。但第三人已取得之權利，不受影響。

第一〇七九條之四 （收養之無效）

收養子女，違反第一千零七十三條、第一千零七十三條之一、第一千零七十五條、第一千零七十六條之一、第一千零七十六條之二第一項或第一千零七十九條第一項之規定者，無效。

第一〇七九條之五 （收養之撤銷及其行使期間）

①收養子女，違反第一千零七十四條之規定者，收養者之配偶得請求法院撤銷之。但自知悉其事實之日起，已逾六個月，或自法院認可之日起已逾一年者，不得請求撤銷。

②收養子女，違反第一千零七十六條或第一千零七十六條之二第二項之規定者，被收養者之配偶或法定代理人得請求法院撤銷之。但自知悉其事實之日起，已逾六個月，或自法院認可之日起已逾一年者，不得請求撤銷。

③依前二項之規定，經法院判決撤銷收養者，準用第一千零八十二條及第一千零八十三條之規定。

第一〇八〇條 （收養之終止──合意終止）

①養父母與養子女之關係，得由雙方合意終止之。

②前項終止，應以書面為之。養子女為未成年人者，並應向法院聲請認可。

③法院依前項規定為認可時，應依養子女最佳利益為之。

④養子女爲未成年人者，終止收養自法院認可裁定確定時發生效力。

⑤養子女未滿七歲者，其終止收養關係之意思表示，由收養終止後爲其法定代理人之人爲之。

⑥養子女爲滿七歲以上之未成年人者，其終止收養關係，應得收養終止後爲其法定代理人之人之同意。

⑦夫妻共同收養子女者，其合意終止收養應共同爲之。但有下列情形之一者，得單獨終止：

一 夫妻之一方不能爲意思表示或生死不明已逾三年。

二 夫妻之一方於收養後死亡。

三 夫妻離婚。

⑧夫妻之一方依前項但書規定單獨終止收養者，其效力不及於他方。

第一〇八〇條之一 （收養之終止——聲請法院許可）

①養父母死亡後，養子女得聲請法院許可終止收養。

②養子女未滿七歲者，由收養終止後爲其法定代理人之人向法院聲請許可。

③養子女爲滿七歲以上之未成年人者，其終止收養之聲請，應得收養終止後爲其法定代理人之人之同意。

④法院認終止收養顯失公平者，得不許可之。

第一〇八〇條之二 （收養之終止——無效）

終止收養，違反第一千零八十條第二項、第五項或一一〇八十條之一第二項規定者，無效。

第一〇八〇條之三 （收養之終止——撤銷）

①終止收養，違反第一千零八十條第七項之規定者，終止收養者之配偶得請求法院撤銷之。但自知悉其事實之日起，已逾六個月，或自法院認可之日起已逾一年者，不得請求撤銷。

②終止收養，違反第一千零八十條第六項或第一千零八十條之一第三項之規定者，終止收養後收養者之法定代理人得請求法院撤銷之。但自知悉其事實之日起，已逾六個月，或自法院許可之日起已逾一年者，不得請求撤銷。

第一〇八一條 （收養之終止——判決終止）

①養父母、養子女之一方，有下列各款情形之一者，法院得依他方、主管機關或利害關係人之請求，宣告終止其收養關係：

一 對於他方爲虐待或重大侮辱。

二 遺棄他方。

三 因故意犯罪，受二年有期徒刑以上之刑之裁判確定而未受緩刑宣告。

四 有其他重大事由難以維持收養關係。

②養子女爲未成年人者，法院宣告終止收養關係時，應依養子女最佳利益爲之。

第一○八二條　（終止之效果——給與金額之請求）

因養關係終止而生活陷於困難者，得請求他方給與相當之金額。但其請求顯失公平者，得減輕或免除之。

第一○八三條　（終止之效果——復姓）

養子女及收養效力所及之直系血親卑親屬，自收養關係終止時起，回復其本姓，並回復其與本生父母及其親屬間之權利義務。但第三人已取得之權利，不受影響。

第一○八三條之一　（準用規定）

法院依第一千零五十九條第五項、第一千零五十九條之一第二項、第一千零七十八條第三項、第一千零七十九條之一、第一千零八十條第三項或第一千零八十一條第二項規定為裁判時，準用第一千零五十五條之一之規定。

第一○八四條　（親權——孝親、保護及教養）

①子女應孝敬父母。

②父母對於未成年之子女，有保護及教養之權利義務。

第一○八五條　（親權——懲戒）

父母得於必要範圍內懲戒其子女。

第一○八六條　（親權——代理）

①父母為其未成年子女之法定代理人。

②父母之行為與未成年子女之利益相反，依法不得代理時，法院得依父母、未成年子女、主管機關、社會福利機構或其他利害關係人之聲請或依職權，為子女選任特別代理人。

第一○八七條　（子女之特有財產）

未成年子女，因繼承、贈與或其他無償取得之財產，為其特有財產。

第一○八八條　（親權——子女特有財產之管理）

①未成年子女之特有財產，由父母共同管理。

②父母對於未成年子女之特有財產，有使用，收益之權。但非為子女之利益，不得處分之。

第一○八九條　（裁判未成年子女權義之行使及變更）

①對於未成年子女之權利義務，除法律另有規定外，由父母共同行使或負擔之。父母之一方不能行使權利時，由他方行使之。父母不能共同負擔義務時，由有能力者負擔之。

②父母對於未成年子女重大事項權利之行使意思不一致時，得請求法院依子女之最佳利益酌定之。

③法院為前項裁判前，應聽取未成年子女、主管機關或社會福利機構之意見。

第一○八九條之一　（未成年子女權義之行使或負擔準用規定）

父母不繼續共同生活達六個月以上時，關於未成年子女權利義務之行使或負擔，準用第一千零五十五條、第一千零五十五條之一及第一千零五十五條之二之規定。但父母有不能同居之正當理由或法律另有規定者，不在此限。

第一〇九〇條 （親權濫用之禁止）

父母之一方濫用其對於子女之權利時，法院得依他方、未成年子女、主管機關、社會福利機構或其他利害關係人之請求或依職權，爲子女之利益，宣告停止其權利之全部或一部。

第四章 監 護

第一節 未成年人之監護

第一〇九一條 （監護人之設置）

未成年人無父母，或父母均不能行使、負擔對於其未成年子女之權利、義務時，應置監護人。但未成年人已結婚者，不在此限。

第一〇九二條 （委託監護人）

父母對其未成年之子女，得因特定事項，於一定期限內，以書面委託他人行使監護之職務。

第一〇九三條 （遺囑指定監護人）

①最後行使、負擔對於未成年子女之權利、義務之父或母，得以遺囑指定監護人。

②前項遺囑指定之監護人，應於知悉其爲監護人後十五日內，將姓名、住所報告法院；其遺囑未指定會同開具財產清冊之人者，並應申請當地直轄市、縣（市）政府指派人員會同開具財產清冊。

③於前項期限內，監護人未向法院報告者，視爲拒絕就職。

第一〇九四條 （法定監護人）

①父母均不能行使、負擔對於未成年子女之權利義務或父母死亡而無遺囑指定監護人，或遺囑指定之監護人拒絕就職時，依下列順序定其監護人：

一 與未成年人同居之祖父母。

二 與未成年人同居之兄姊。

三 不與未成年人同居之祖父母。

②前項監護人，應於知悉其爲監護人後十五日內，將姓名、住所報告法院，並應申請當地直轄市、縣（市）政府指派人員會同開具財產清冊。

③未能依第一項之順序定其監護人時，法院得依未成年子女、四親等內之親屬、檢察官、主管機關或其他利害關係人之聲請，爲未成年子女之最佳利益，就其三親等旁系血親尊親屬、主管機關、社會福利機構或其他適當之人選定爲監護人，並得指定監護之方法。

④法院依前項選定監護人或依第一千一百零六條及第一千一百零六條之一另行選定或改定監護人時，應同時指定會同開具財產清冊之人。

⑤未成年人無第一項之監護人，於法院依第三項爲其選定確定前，由當地社會福利主管機關爲其監護人。

第一〇九四條之一 （法院選定或改定監護人應注意事項）

法院選定或改定監護人時，應依受監護人之最佳利益，審酌一切情狀，尤應注意下列事項：

一　受監護人之年齡、性別、意願、健康情形及人格發展需要。

二　監護人之年齡、職業、品行、意願、態度、健康情形、經濟能力、生活狀況及有無犯罪前科紀錄。

三　監護人與受監護人間或受監護人與其他共同生活之人間之情感及利害關係。

四　法人爲監護人時，其事業之種類與內容，法人及其代表人與受監護人之利害關係。

第一○九五條　（監護人之辭職）

監護人有正當理由，經法院許可者，得辭任其職務。

第一○九六條　（監護人資格之限制）

有下列情形之一者，不得爲監護人：

一　未成年。

二　受監護或輔助宣告尚未撤銷。

三　受破產宣告尚未復權。

四　失蹤。

第一○九七條　（監護人之職務）

①除另有規定外，監護人於保護、增進受監護人利益之範圍內，行使、負擔父母對於未成年子女之權利、義務。但由父母暫時委託者，以所委託之職務爲限。

②監護人有數人，對於受監護人重大事項權利之行使意思不一致時，得聲請法院依受監護人之最佳利益，酌定由其中一監護人行使之。

③法院爲前項裁判前，應聽取受監護人、主管機關或社會福利機構之意見。

第一○九八條　（監護人之法定代理權）

①監護人於監護權限內，爲受監護人之法定代理人。

②監護人之行爲與受監護人之利益相反或依法不得代理時，法院得因監護人、受監護人、主管機關、社會福利機構或其他利害關係人之聲請或依職權，爲受監護人選任特別代理人。

第一○九九條　（監護人對受監護人財產之權義——開具財產清冊）

①監護開始時，監護人對於受監護人之財產，應依規定會同遺囑指定、當地直轄市、縣（市）政府指派或法院指定之人，於二個月內開具財產清冊，並陳報法院。

②前項期間，法院得依監護人之聲請，於必要時延長之。

第一○九九條之一　（監護人對受監護人之財產僅得爲管理上必要行爲）

於前條之財產清冊開具完成並陳報法院前，監護人對於受監護人之財產，僅得爲管理上必要之行爲。

第一一○○條（監護人對受監護人財產之權義——管理權及注意義務）

監護人應以善良管理人之注意，執行監護職務。

第一一○一條（監護人對受監護人財產之權義——限制）

①監護人對於受監護人之財產，非為受監護人之利益，不得使用、代為或同意處分。

②監護人為下列行為，非經法院許可，不生效力：

一　代理受監護人購置或處分不動產。

二　代理受監護人，就供其居住之建築物或其基地出租、供他人使用或終止租賃。

③監護人不得以受監護人之財產為投資。但購買公債、國庫券、中央銀行儲蓄券、金融債券、可轉讓定期存單、金融機構承兌匯票或保證商業本票，不在此限。

第一一○二條（監護人對受監護人財產之權義——受讓之禁止）

監護人不得受讓受監護人之財產。

第一一○三條（監護人對受監護人財產之權義——財產狀況之報告）

①受監護人之財產，由監護人管理。執行監護職務之必要費用，由受監護人之財產負擔。

②法院於必要時，得命監護人提出監護事務之報告、財產清冊或結算書，檢查監護事務或受監護人之財產狀況。

第一一○三條之一（刪除）

第一一○四條（監護人之報酬請求權）

監護人得請求報酬，其數額由法院按其勞力及受監護人之資力酌定之。

第一一○五條（刪除）

第一一○六條（監護人之撤退）

①監護人有下列情形之一，且受監護人無第一千零九十四條第一項之監護人者，法院得依受監護人、第一千零九十四條第三項聲請權人之聲請或依職權，另行選定適當之監護人：

一　死亡。

二　經法院許可辭任。

三　有第一千零九十六條各款情形之一。

②法院另行選定監護人確定前，由當地社會福利主管機關為其監護人。

第一一○六條之一（改定監護人之聲請）

①有事實足認監護人不符受監護人之最佳利益，或有顯不適任之情事者，法院得依前條第一項聲請權人之聲請，改定適當之監護人，不受第一千零九十四條第一項規定之限制。

②法院於改定監護人確定前，得先行宣告停止原監護人之監護權，並由當地社會福利主管機關為其監護人。

第一一〇七條 （監護終止時受監護人財產之清算）

①監護人變更時，原監護人應即將受監護人之財產移交於新監護人。

②受監護之原因消滅時，原監護人應即將受監護人之財產交還於受監護人；如受監護人死亡時，交還於其繼承人。

③前二項情形，原監護人應於監護關係終止時起二個月內，為受監護人財產之結算，作成結算書，送交新監護人、受監護人或其繼承人。

④新監護人、受監護人或其繼承人對於前項結算書未為承認前，原監護人不得免其責任。

第一一〇八條 （清算義務之繼承）

監護人死亡時，前條移交及結算，由其繼承人為之；其無繼承人或繼承人有無不明者，由新監護人逕行辦理結算，連同依第一千零九十九條規定開具之財產清冊陳報法院。

第一一〇九條 （監護人賠償責任之短期時效）

①監護人於執行監護職務時，因故意或過失，致生損害於受監護人者，應負賠償之責。

②前項賠償請求權，自監護關係消滅之日起，五年間不行使而消滅；如有新監護人者，其期間自新監護人就職之日起算。

第一一〇九條之一 （監護事件依職權囑託行政機關登記）

法院於選定監護人、許可監護人辭任及另行選定或改定監護人時，應依職權囑託該管戶政機關登記。

第一一〇九條之二 （未成年人受監護宣告之適用規定）

未成年人依第十四條受監護之宣告者，適用本章第二節成年人監護之規定。

第二節　成年人之監護及輔助

第一一一〇條 （監護人之設置）

受監護宣告之人應置監護人。

第一一一一條 （監護人之順序及選定）

①法院為監護之宣告時，應依職權就配偶、四親等內之親屬、最近一年有同居事實之其他親屬、主管機關、社會福利機構或其他適當之人選定一人或數人為監護人，並同時指定會同開具財產清冊之人。

②法院為前項選定及指定前，得命主管機關或社會福利機構進行訪視，提出調查報告及建議。監護之聲請人或利害關係人亦得提出相關資料或證據，供法院斟酌。

第一一一一條之一 （選定監護人之注意事項）

法院選定監護人時，應依受監護宣告之人之最佳利益，優先考量受監護宣告之人之意見，審酌一切情狀，並注意下列事項：

一　受監護宣告之人之身心狀態與生活及財產狀況。

二　受監護宣告之人與其配偶、子女或其他共同生活之人間之情

感狀況。

三　監護人之職業、經歷、意見及其與受監護宣告之人之利害關係。

四　法人為監護人時，其事業之種類與內容，法人及其代表人與受監護宣告之人之利害關係。

第一一一一條之二　（監護人之資格限制）104

照護受監護宣告之人之法人或機構及其代表人、負責人，或與該法人或機構有僱傭、委任或其他類似關係之人，不得為該受監護宣告之人之監護人。但為該受監護宣告之人之配偶、四親等內之血親或二親等內之姻親者，不在此限。

第一一一二條　（監護人之職務）

監護人於執行有關受監護人之生活、護養療治及財產管理之職務時，應尊重受監護人之意思，並考量其身心狀態與生活狀況。

第一一一二條之一　（成年監護之監護人為數人時執行監護職務之方式）

①法院選定數人為監護人時，得依職權指定其共同或分別執行職務之範圍。

②法院得因監護人、受監護人、第十四條第一項聲請權人之聲請，撤銷或變更前項之指定。

第一一一二條之二　（監護事件依職權囑託戶政機關登記）

法院為監護之宣告、撤銷監護之宣告、選定監護人、許可監護人辭任及另行選定或改定監護人時，應依職權囑託該管戶政機關登記。

第一一一三條　（未成年人監護規定之準用）

成年人之監護，除本節有規定者外，準用關於未成年人監護之規定。

第一一一三條之一　（輔助人之設置）

①受輔助宣告之人，應置輔助人。

②輔助人及有關輔助之職務，準用第一千零九十五條、第一千零九十六條、第一千零九十八條第二項、第一千一百條、第一千一百零二條、第一千一百零三條第二項、第一千一百零四條、第一千一百零六條、第一千一百零六條之一、第一千一百零九條、第一千一百十一條至第一千一百十一條之二、第一千一百十二條之一及第一千一百十二條之二之規定。

第三節　成年人之意定監護 108

第一一一三條之二　（意定監護契約之定義）108

①稱意定監護者，謂本人與受任人約定，於本人受監護宣告時，受任人允為擔任監護人之契約。

②前項受任人得為一人或數人；其為數人者，除約定為分別執行職務外，應共同執行職務。

第一一一三條之三　（意定監護契約之成立及發生效力）108

①意定監護契約之訂立或變更，應由公證人作成公證書始爲成立。公證人作成公證書後七日內，以書面通知本人住所地之法院。

②前項公證，應有本人及受任人在場，向公證人表明其合意，始得爲之。

③意定監護契約於本人受監護宣告時，發生效力。

第一一一三條之四 （意定監護優先爲原則）108

①法院爲監護之宣告時，受監護宣告之人已訂有意定監護契約者，應以意定監護契約所定之受任人爲監護人，同時指定會同開具財產清冊之人。其意定監護契約已載明會同開具財產清冊之人者，法院應依契約所定者指定之，但意定監護契約未載明會同開具財產清冊之人或所載明之人顯不利本人利益者，法院得依職權指定之。

②法院爲前項監護之宣告時，有事實足認意定監護受任人不利於本人或有顯不適任之情事者，法院得依職權就第一千一百十一條第一項所列之人選定爲監護人。

第一一一三條之五 （意定監護契約之撤回或終止）108

①法院爲監護之宣告前，意定監護契約之本人或受任人得隨時撤回之。

②意定監護契約之撤回，應以書面先向他方爲之，並由公證人作成公證書後，始生撤回之效力。公證人作成公證書後七日內，以書面通知本人住所地之法院。契約經一部撤回者，視爲全部撤回。

③法院爲監護之宣告後，本人有正當理由者，得聲請法院許可終止意定監護契約。受任人有正當理由者，得聲請法院許可辭任其職務。

④法院依前項許可終止意定監護契約時，應依職權就第一千一百十一條第一項所列之人選定爲監護人。

第一一一三條之六 （選定或改定監護人）108

①法院爲監護之宣告後，監護人共同執行職務時，監護人全體有第一千一百零六條第一項或第一千一百零六條之一第一項之情形者，法院得依第十四條第一項所定聲請權人之聲請或依職權，就第一千一百十一條第一項所列之人另行選定或改定爲監護人。

②法院爲監護之宣告後，意定監護契約約定監護人數人分別執行職務時，執行同一職務之監護人全體有第一千一百零六條第一項或第一千一百零六條之一第一項之情形者，法院得依前項規定另行選定或改定全體監護人。但執行其他職務之監護人無不適任之情形者，法院應優先選定或改定其監護人。

③法院爲監護之宣告後，前二項所定執行職務之監護人中之一人或數人有第一千一百零六條第一項之情形者，由其他監護人執行職務。

④法院爲監護之宣告後，第一項及第二項所定執行職務之監護人中之一人或數人有第一千一百零六條之一第一項之情形者，法院得依第十四條第一項所定聲請權人之聲請或依職權解任之，由其他

監護人執行職務。

第一一三條之七 （意定監護人之報酬）108

意定監護契約已約定報酬或約定不給付報酬者，從其約定；未約定者，監護人得請求法院按其勞力及受監護人之資力酌定之。

第一一三條之八 （意定監護契約相牴觸之情形）108

前後意定監護契約有相牴觸者，視爲本人撤回前意定監護契約。

第一一三條之九 （當事人意思自主原則）108

意定監護契約約定受任人執行監護職務不受第一千一百零一條第二項、第三項規定限制者，從其約定。

第一一三條之一〇 （成年人監護之準用）108

意定監護，除本節有規定者外，準用關於成年人監護之規定。

第五章　扶　養

第一一四條 （互負扶養義務之親屬）

左列親屬，互負扶養之義務：

一　直系血親相互間。
二　夫妻之一方與他方之父母同居者，其相互間。
三　兄弟姊妹相互間。
四　家長家屬相互間。

第一一五條 （扶養義務人之順序）

①負扶養義務者有數人時，應依左列順序定其履行義務之人：

一　直系血親卑親屬。
二　直系血親尊親屬。
三　家長。
四　兄弟姊妹。
五　家屬。
六　子婦、女婿。
七　夫妻之父母。

②同係直系尊親屬或直系卑親屬者，以親等近者爲先。

③負扶養義務者有數人，而其親等同一時，應各依其經濟能力，分擔義務。

第一一六條 （扶養權利人之順序）

①受扶養權利者有數人，而負扶養義務者之經濟能力，不足扶養其全體時，依左列順序定其受扶養之人：

一　直系血親尊親屬。
二　直系血親卑親屬。
三　家屬。
四　兄弟姊妹。
五　家長。
六　夫妻之父母。
七　子婦、女婿。

②同係直系尊親屬或直系卑親屬者，以親等近者爲先。

③受扶養權利者有數人，而其親等同一時，應按其需要之狀況，酌為扶養。

第一一一六條之一 （夫妻與其他人扶養權利義務之順位）

夫妻互負扶養之義務，其負扶養義務之順序與直系血親卑親屬同，其受扶養權利之順序與直系血親尊親屬同。

第一一一六條之二 （結婚經撤銷或離婚子女之扶養義務）

父母對於未成年子女之扶養義務，不因結婚經撤銷或離婚而受影響。

第一一一七條 （受扶養之要件）

①受扶養權利者，以不能維持生活而無謀生能力者為限。

②前項無謀生能力之限制，於直系血親尊親屬不適用之。

第一一一八條 （扶養義務之免除）

因負擔扶養義務而不能維持自己生活者，免除其義務。但受扶養權利者為直系血親尊親屬或配偶時，減輕其義務。

第一一一八條之一 （減輕或免除扶養義務之情形）

①受扶養權利者有下列情形之一，由負扶養義務者負擔扶養義務顯失公平，負扶養義務者得請求法院減輕其扶養義務：

一 對負扶養義務者、其配偶或直系血親故意為虐待、重大侮辱或其他身體、精神上之不法侵害行為。

二 對負扶養義務者無正當理由未盡扶養義務。

②受扶養權利者對負扶養義務者有前項各款行為之一，且情節重大者，法院得免除其扶養義務。

③前二項規定，受扶養權利者為負扶養義務者之未成年直系血親卑親屬者，不適用之。

第一一一九條 （扶養程序）

扶養之程度，應按受扶養權利者之需要與負扶養義務者之經濟能力及身分定之。

第一一二〇條 （扶養方法之決定）

扶養之方法，由當事人協議定之；不能協議時，由親屬會議定之。但扶養費之給付，當事人不能協議時，由法院定之。

第一一二一條 （扶養程度及方法之變更）

扶養之程度及方法，當事人得因情事之變更，請求變更之。

第六章　家

第一一二二條 （家之定義）

稱家者，謂以永久共同生活為目的而同居之親屬團體。

第一一二三條 （家長與家屬）

①家置家長。

②同家之人，除家長外，均為家屬。

③雖非親屬，而以永久共同生活為目的同居一家者，視為家屬。

第一一二四條 （家長之選定）

家長由親屬團體中推定之；無推定時，以家中之最尊輩者為之；

尊輩同者，以年長者爲之；最尊或最長者不能或不願管理家務時，由其指定家屬一人代理之。

第一一二五條 （管理家務之注意義務）
家務由家長管理。但家長得以家務之一部，委託家屬處理。

第一一二六條 （管理家務之注意義務）
家長管理家務，應注意於家屬全體之利益。

第一一二七條 （家屬之分離——請求分離）
家屬已成年或雖未成年而已結婚者，得請求由家分離。

第一一二八條 （家屬之分離——命令分離）
家長對於已成年或雖未成年而已結婚之家屬，得令其由家分離。但以有正當理由時爲限。

第七章　親屬會議

第一一二九條 （召集人）
依本法之規定應開親屬會議時，由當事人、法定代理人或其他利害關係人召集之。

第一一三〇條 （親屬會議組織）
親屬會議，以會員五人組織之。

第一一三一條 （親屬會議會員之選定順序）
①親屬會議會員，應就未成年人、受監護宣告之人或被繼承人之下列親屬與順序定之：
　一　直系血親尊親屬。
　二　三親等內旁系血親尊親屬。
　三　四親等內之同輩血親。
②前項同一順序之人，以親等近者爲先；親等同者，以同居親屬爲先，無同居親屬者，以年長者爲先。
③依前二項順序所定之親屬會議會員，不能出席會議或難於出席時，由次順序之親屬充任之。

第一一三二條 （聲請法院處理之事由）103
依法應經親屬會議處理之事項，而有下列情形之一者，得由有召集權人或利害關係人聲請法院處理之：
　一　無前條規定之親屬或親屬不足法定人數。
　二　親屬會議不能或難以召開。
　三　親屬會議經召開而不爲或不能決議。

第一一三三條 （會員資格之限制）
監護人、未成年人及受監護宣告之人，不得爲親屬會議會員。

第一一三四條 （會員辭職之限制）
依法應爲親屬會議會員之人，非有正當理由，不得辭其職務。

第一一三五條 （會議之召開及決議）
親屬會議，非有三人以上之出席，不得開會；非有出席會員過半數之同意，不得爲決議。

第一一三六條 （決議之限制）

　　親屬會議會員，於所議事件有個人利害關係者，不得加入決議。

第一一三七條 （不服決議之聲訴）

　　第一千一百二十九條所定有召集權之人，對於親屬會議之決議有不服者，得於三個月內向法院聲訴。

民法繼承編

①民國19年12月26日國民政府制定公布全文第1138至1225條；並自20年5月5日施行。
②民國74年6月3日總統令修正公布第1145、1165、1174、1176、1178、1181、1195、1196、1213、1219至1222條條文暨第三章第五節節名；刪除第1142、1143、1167條條文；並增訂第1176-1、1178-1條條文。
③民國97年1月2日總統令修正公布第1148、1153、1154、1156、1157、1163、1174及1176條條文。
④民國98年6月10日總統令修正公布第1148、1153、1154、1156、1157、1159、1161、1163、1176條條文；刪除第1155條條文及第二章第二節節名；並增訂第1148-1、1156-1、1162-1、1162-2條條文。
⑤民國98年12月30日總統令修正公布第1198及1210條條文。
⑥民國103年1月29日總統令修正公布第1212條條文。
⑦民國104年1月14日總統令修正公布第1183條條文；並增訂第1211-1條條文。

第一章　遺產繼承人

第一一三八條　（法定繼承人及其順序）

遺產繼承人，除配偶外，依左列順序定之。

一　直系血親卑親屬。

二　父母。

三　兄弟姊妹。

四　祖父母。

第一一三九條　（第一順序繼承人之決定）

前條所定第一順序之繼承人，以親等近者為先。

第一一四〇條　（代位繼承）

第一千一百三十八條所定第一順序之繼承人，有於繼承開始前死亡或喪失繼承權者，由其直系血親卑親屬代位繼承其應繼分。

第一一四一條　（同順序繼承人之應繼分）

同一順序之繼承人有數人時，按人數平均繼承。但法律另有規定者，不在此限。

第一一四二條　（刪除）

第一一四三條　（刪除）

第一一四四條　（配偶之應繼分）

配偶有相互繼承遺產之權，其應繼分，依左列各款定之：

一　與第一千一百三十八條所定第一順序之繼承人同為繼承時，其應繼分與他繼承人平均。

二　與第一千一百三十八條所定第二順序或第三順序之繼承人同為繼承時，其應繼分為遺產二分之一。

三　與第一千一百三十八條所定第四順序之繼承人同為繼承時，其應繼分為遺產三分之二。

四　無第一千一百三十八條所定第一順序至第四順序之繼承人時，其應繼分為遺產全部。

第一一四五條　（繼承權喪失之事由）

①有左列各款情事之一者，喪失其繼承權：

一　故意致被繼承人或應繼承人於死或雖未致死因而受刑之宣告者。

二　以詐欺或脅迫使被繼承人為關於繼承之遺囑，或使其撤回或變更之者。

三　以詐欺或脅迫妨害被繼承人為關於繼承之遺囑，或妨害其撤回或變更之者。

四　偽造、變造、隱匿或湮滅被繼承人關於繼承之遺囑者。

五　對於被繼承人有重大之虐待或侮辱情事，經被繼承人表示其不得繼承者。

②前項第二款至第四款之規定，如經被繼承人宥恕者，其繼承權不喪失。

第一一四六條　（繼承回復請求權）

①繼承權被侵害者，被害人或其法定代理人得請求回復之。

②前項回復請求權，自知悉被侵害之時起，二年間不行使而消滅；自繼承開始起逾十年者亦同。

第二章　遺產之繼承

第一節　效　力

第一一四七條　（繼承之開始）

繼承，因被繼承人死亡而開始。

第一一四八條　（限定繼承之有限責任）

①繼承人自繼承開始時，除本法另有規定外，承受被繼承人財產上之一切權利、義務。但權利、義務專屬於被繼承人本身者，不在此限。

②繼承人對於被繼承人之債務，以因繼承所得遺產為限，負清償責任。

第一一四八條之一　（財產贈與視同所得遺產之計算期限）

①繼承人在繼承開始前二年內，從被繼承人受有財產之贈與者，該財產視為其所得遺產。

②前項財產如已移轉或滅失，其價額，依贈與時之價值計算。

第一一四九條　（遺產酌給請求權）

被繼承人生前繼續扶養之人，應由親屬會議依其所受扶養之程度及其他關係。酌給遺產。

第一一五○條　（繼承費用之支付）

關於遺產管理、分割及執行遺囑之費用，由遺產中支付之。但因繼承人之過失而支付者，不在此限。

第一一五一條　（遺產之公同共有）

繼承人有數人時，在分割遺產前，各繼承人對於遺產全部為公同共有。

第一一五二條　（公同共有遺產之管理）

前條公同共有之遺產，得由繼承人中互推一人管理之。

第一一五三條　（債務之連帶責任）

① 繼承人對於被繼承人之債務，以因繼承所得遺產為限，負連帶責任。

② 繼承人相互間對於被繼承人之債務，除法律另有規定或另有約定外，按其應繼分比例負擔之。

第二節　（刪除）

第一一五四條　（繼承人之權義）

繼承人對於被繼承人之權利、義務，不因繼承而消滅。

第一一五五條　（刪除）

第一一五六條　（繼承人開具遺產清冊之呈報）

① 繼承人於知悉其得繼承之時起三個月內開具遺產清冊陳報法院。

② 前項三個月期間，法院因繼承人之聲請，認為必要時，得延展之。

③ 繼承人有數人時，其中一人已依第一項開具遺產清冊陳報法院者，其他繼承人視為已陳報。

第一一五六條之一　（債權人遺產清冊之提出）

① 債權人得向法院聲請命繼承人於三個月內提出遺產清冊。

② 法院於知悉債權人以訴訟程序或非訟程序向繼承人請求清償繼承債務時，得依職權命繼承人於三個月內提出遺產清冊。

③ 前條第二項及第三項規定，於第一項及第二項情形，準用之。

第一一五七條　（報明債權之公示催告及其期限）

① 繼承人依前二條規定陳報法院時，法院應依公示催告程序公告，命被繼承人之債權人於一定期限內報明其債權。

② 前項一定期限，不得在三個月以下。

第一一五八條　（償還債務之限制）

繼承人在前條所定之一定期限內，不得對於被繼承人之任何債權人償還債務。

第一一五九條　（依報明債權之償還）

① 在第一千一百五十七條所定之一定期限屆滿後，繼承人對於在該一定期限內報明之債權及繼承人所已知之債權，均應按其數額，比例計算，以遺產分別償還。但不得害及有優先權人之利益。

② 繼承人對於繼承開始時未屆清償期之債權，亦應依第一項規定予以清償。

③前項未屆清償期之債權，於繼承開始時，視為已到期。其無利息者，其債權額應扣除自第一千一百五十七條所定之一定期限屆滿時起至到期時止之法定利息。

第一一六〇條 （交付遺贈之限制）

繼承人非依前條規定償還債務後，不得對受遺贈人交付遺贈。

第一一六一條 （繼承人之賠償責任及受害人之返還請求權）98

①繼承人違反第一千一百五十八條至第一千一百六十條之規定，致被繼承人之債權人受有損害者，應負賠償之責。

②前項受有損害之人，對於不當受領之債權人或受遺贈人，得請求返還其不當受領之數額。

③繼承人對於不當受領之債權人或受遺贈人，不得請求返還其不當受領之數額。

第一一六二條 （未依期報明債權之償還）

被繼承人之債權人，不於第一千一百五十七條所定之一定期限內報明其債權，而又為繼承人所不知者，僅得就賸餘遺產，行使其權利。

第一一六二條之一 （繼承人之清償債權責任）

①繼承人未依第一千一百五十六條、第一千一百五十六條之一開具遺產清冊陳報法院者，對於被繼承人債權人之全部債權，仍應按其數額，比例計算，以遺產分別償還。但不得害及有優先權人之利益。

②前項繼承人，非依前項規定償還債務後，不得對受遺贈人交付遺贈。

③繼承人對於繼承開始時未屆清償期之債權，亦應依第一項規定予以清償。

④前項未屆清償期之債權，於繼承開始時，視為已到期。其無利息者，其債權額應扣除自清償時起至到期時止之法定利息。

第一一六二條之二 （限定繼承之例外原則）

①繼承人違反第一千一百六十二條之一規定者，被繼承人之債權人得就應受清償而未受償之部分，對該繼承人行使權利。

②繼承人對於前項債權人應受清償而未受償部分之清償責任，不以所得遺產為限。但繼承人為無行為能力人或限制行為能力人，不在此限。

③繼承人違反第一千一百六十二條之一規定，致被繼承人之債權人受有損害者，亦應負賠償之責。

④前項受有損害之人，對於不當受領之債權人或受遺贈人，得請求返還其不當受領之數額。

⑤繼承人對於不當受領之債權人或受遺贈人，不得請求返還其不當受領之數額。

第一一六三條 （限定繼承利益之喪失）

繼承人中有下列各款情事之一者，不得主張第一千一百四十八條第二項所定之利益：

一　隱匿遺產情節重大。

二　在遺產清冊爲虛僞之記載情節重大。

三　意圖詐害被繼承人之債權人之權利而爲遺產之處分。

第三節　遺產之分割

第一一六四條　（遺產分割自由原則）

繼承人得隨時請求分割遺產。但法律另有規定或契約另有訂定者，不在此限。

第一一六五條　（分割遺產之方法）

①被繼承人之遺囑，定有分割遺產之方法，或託他人代定者，從其所定。

②遺囑禁止遺產之分割者，其禁止之效力以十年爲限。

第一一六六條　（胎兒應繼分之保留）

①胎兒爲繼承人時，非保留其應繼分，他繼承人不得分割遺產。

②胎兒關於遺產之分割，以其母爲代理人。

第一一六七條　（刪除）

第一一六八條　（分割之效力——繼承人互相擔保責任）

遺產分割後，各繼承人按其所得部分，對於他繼承人因分割而得之遺產，負與出賣人同一之擔保責任。

第一一六九條　（分割之效力——債務人資力之擔保責任）

①遺產分割後，各繼承人按其所得部分，對於他繼承人因分割而得之債權，就遺產分割時債務人之支付能力，負擔保之責。

②前項債權，附有停止條件或未屆清償期者，各繼承人就應清償時債務人之支付能力，負擔保之責。

第一一七〇條　（分割之效力——擔保責任人無資力時之分擔）

依前二條規定負擔保責任之繼承人中，有無支付能力不能償還其分擔額者，其不能償還之部分，由有請求權之繼承人與他繼承人，按其所得部分比例分擔之。但其不能償還，係由有請求權人之過失所致者，不得對於他繼承人。請求分擔。

第一一七一條　（分割之效力——連帶債務之免除）

①遺產分割後，其未清償之被繼承人之債務，移歸一定之人承受，或劃歸各繼承人分擔，如經債權人同意者，各繼承人免除連帶責任。

②繼承人之連帶責任，自遺產分割時起，如債權清償期在遺產分割後者，自清償期屆滿時起，經過五年而免除。

第一一七二條　（分割之計算——債務之扣還）

繼承人中如對於被繼承人負有債務者，於遺產分割時，應按其債務數額，由該繼承人之應繼分內扣還。

第一一七三條　（分割之計算——贈與之歸扣）

①繼承人中有在繼承開始前因結婚、分居或營業，已從被繼承人受有財產之贈與者，應將該贈與價額加入繼承開始時被繼承人所有之財產中，爲應繼遺產。但被繼承人於贈與時有反對之意思表示

者，不在此限。

②前項贈與價額，應於遺產分割時，由該繼承人之應繼分中扣除。

③贈與價額，依贈與時之價值計算。

第四節　繼承之拋棄

第一一七四條　（繼承權拋棄之自由及方法）

①繼承人得拋棄其繼承權。

②前項拋棄，應於知悉其得繼承之時起三個月內，以書面向法院為之。

③拋棄繼承後，應以書面通知因其拋棄而應為繼承之人。但不能通知者，不在此限。

第一一七五條　（繼承拋棄之效力）

繼承之拋棄，溯及於繼承開始時發生效力。

第一一七六條　（拋棄繼承權人應繼分之歸屬）

①第一千一百三十八條所定第一順序之繼承人中有拋棄繼承權者，其應繼分歸屬於其他同為繼承之人。

②第二順序至第四順序之繼承人中，有拋棄繼承權者，其應繼分歸屬於其他同一順序之繼承人。

③與配偶同為繼承之同一順序繼承人均拋棄繼承權，而無後順序之繼承人時，其應繼分歸屬於配偶。

④配偶拋棄繼承權者，其應繼分歸屬於與其同為繼承之人。

⑤第一順序之繼承人，其親等近者均拋棄繼承權時，由次親等之直系血親卑親屬繼承。

⑥先順序繼承人均拋棄其繼承權時，由次順序之繼承人繼承。其次順序繼承人有無不明或第四順序之繼承人均拋棄其繼承權者，準用關於無人承認繼承之規定。

⑦因他人拋棄繼承而應為繼承之人，為拋棄繼承時，應於知悉其得繼承之日起三個月內為之。

第一一七六條之一　（拋棄繼承權者繼續管理遺產之義務）

拋棄繼承權者，就其所管理之遺產，於其他繼承人或遺產管理人開始管理前，應與處理自己事務為同一之注意，繼續管理之。

第五節　無人承認之繼承

第一一七七條　（遺產管理人之選定及報明）

繼承開始時，繼承人之有無不明者，由親屬會議於一個月內選定遺產管理人，並將繼承開始及選定遺產管理人之事由，向法院報明。

第一一七八條　（搜索繼承人之公示催告與選任遺產管理人）

①親屬會議依前條規定為報明後，法院應依公示催告程序，定六個月以上之期限，公告繼承人，命其於期限內承認繼承。

②無親屬會議或親屬會議未於前條所定期限內選定遺產管理人者，利害關係人或檢察官，得聲請法院選任遺產管理人，並由法院依

前項規定為公示催告。

第一一七八條之一　（法院為保存遺產之必要處置）

繼承開始時繼承人之有無不明者，在遺產管理人選定前，法院得因利害關係人或檢察官之聲請，為保存遺產之必要處置。

第一一七九條　（遺產管理人之職務）

①遺產管理人之職務如左：

一　編製遺產清冊。

二　為保存遺產必要之處置。

三　聲請法院依公示催告程序，限定一年以上之期間，公告被繼承人之債權人及受遺贈人，命其於該期間內報明債權及為願受遺贈與否之聲明，被繼承人之債權人及受遺贈人為管理人所已知者，應分別通知之。

四　清償債權或交付遺贈物。

五　有繼承人承認繼承或遺產歸屬國庫時，為遺產之移交。

②前項第一款所定之遺產清冊，管理人應於就職後三個月內編製之；第四款所定債權之清償，應先於遺贈物之交付，為清償債權或交付遺贈物之必要，管理人經親屬會議之同意，得變賣遺產。

第一一八〇條　（遺產管理人之報告義務）

遺產管理人，因親屬會議，被繼承人之債權人或受遺贈人之請求，應報告或說明遺產之狀況。

第一一八一條　（清償債務或交付遺贈物期間之限制）

遺產管理人非於第一千一百七十九條第一項第三款所定期間屆滿後，不得對被繼承人之任何債權人或受遺贈人，償還債務或交付遺贈物。

第一一八二條　（未依期限報明債權及聲明受遺贈之償還）

被繼承人之債權人或受遺贈人，不於第一千一百七十九條第一項第三款所定期間內為報明或聲明者，僅得就賸餘遺產，行使其權利。

第一一八三條　（遺產管理人之報酬）104

遺產管理人得請求報酬，其數額由法院按其與被繼承人之關係、管理事務之繁簡及其他情形，就遺產酌定之，必要時，得命聲請人先為墊付。

第一一八四條　（遺產管理人行為效果之擬制）

第一千一百七十八條所定之期限內，有繼承人承認繼承時，遺產管理人在繼承人承認繼承前所為之職務上行為，視為繼承人之代理。

第一一八五條　（賸餘遺產之歸屬）

第一千一百七十八條所定之期限屆滿，無繼承人承認繼承時，其遺產於清償債權並交付遺贈物後，如有賸餘，歸屬國庫。

第三章 遺 囑

第一節 通 則

第一一八六條 （遺囑能力）

①無行為能力人，不得為遺囑。

②限制行為能力人，無須經法定代理人之允許，得為遺囑。但未滿十六歲者，不得為遺囑。

第一一八七條 （遺產之自由處分）

遺囑人於不違反關於特留分規定之範圍內，得以遺囑自由處分遺產。

第一一八八條 （受遺贈權之喪失）

第一千一百四十五條喪失繼承權之規定，於受遺贈人準用之。

第二節 方 式

第一一八九條 （遺囑方式之種類）

遺囑應依左列方式之一為之：

一 自書遺囑。

二 公證遺囑。

三 密封遺囑。

四 代筆遺囑。

五 口授遺囑。

第一一九〇條 （自書遺囑）

自書遺囑者，應自書遺囑全文，記明年、月、日，並親自簽名；如有增減、塗改，應註明增減、塗改之處所及字數，另行簽名。

第一一九一條 （公證遺囑）

①公證遺囑，應指定二人以上之見證人，在公證人前口述遺囑意旨，由公證人筆記、宣讀、講解，經遺囑人認可後，記明年、月、日，由公證人、見證人及遺囑人同行簽名；遺囑人不能簽名者，由公證人將其事由記明，使按指印代之。

②前項所定公證人之職務，在無公證人之地，得由法院書記官行之，僑民在中華民國領事駐在地為遺囑時，得由領事行之。

第一一九二條 （密封遺囑）

①密封遺囑，應於遺囑上簽名後，將其密封，於封縫處簽名，指定二人以上之見證人，向公證人提出，陳述其為自己之遺囑，如非本人自寫，並陳述繕寫人之姓名、住所，由公證人於封面記明該遺囑提出之年、月、日及遺囑人所為之陳述，與遺囑人及見證人同行簽名。

②前條第二項之規定，於前項情形準用之。

第一一九三條 （密封遺囑之轉換）

密封遺囑，不具備前條所定之方式，而具備第一千一百九十條所定自書遺囑之方式者，有自書遺囑之效力。

第一一九四條　（代筆遺囑）

代筆遺囑，由遺囑人指定三人以上之見證人，由遺囑人口述遺囑意旨，使見證人中之一人筆記、宣讀、講解，經遺囑人認可後，記明年、月、日，及代筆人之姓名，由見證人全體及遺囑人同行簽名，遺囑人不能簽名者，應按指印代之。

第一一九五條　（口授遺囑之方法）

遺囑人因生命危急或其他特殊情形，不能依其他方式為遺囑者，得依左列方式之一為口授遺囑：

一　由遺囑人指定二人以上之見證人，並口授遺囑意旨，由見證人中之一人，將該遺囑意旨，據實作成筆記，並記明年、月、日，與其他見證人同行簽名。

二　由遺囑人指定二人以上之見證人，並口述遺囑意旨、遺囑人姓名及年、月、日，由見證人全體口述遺囑之為真正及見證人姓名，全部予以錄音，將錄音帶當場密封，並記明年、月、日，由見證人全體在封縫處同行簽名。

第一一九六條　（口授遺囑之失效）

口授遺囑，自遺囑人能依其他方式為遺囑之時起，經過三個月而失其效力。

第一一九七條　（口授遺囑之鑑定）

口授遺囑，應由見證人中之一人或利害關係人，於遺囑人死亡後三個月內，提經親屬會議認定其真偽，對於親屬會議之認定如有異議，得聲請法院判定之。

第一一九八條　（遺囑見證人資格之限制）

下列之人，不得為遺囑見證人：

一　未成年人。

二　受監護或輔助宣告之人。

三　繼承人及其配偶或其直系血親。

四　受遺贈人及其配偶或其直系血親。

五　為公證人或代行公證職務人之同居人助理人或受僱人。

第三節　效　力

第一一九九條　（遺囑生效期）

遺囑自遺囑人死亡時發生效力。

第一二〇〇條　（附停止條件遺贈之生效期）

遺囑所定遺贈，附有停止條件者，自條件成就時，發生效力。

第一二〇一條　（遺贈之失效）

受遺贈人於遺贈發生效力前死亡者，其遺贈不生效力。

第一二〇二條　（遺贈之無效）

遺囑人以一定之財產為遺贈，而其財產在繼承開始時，有一部分不屬於遺產者，其一部分遺贈為無效；全部不屬於遺產者，其全部遺贈為無效。但遺囑另有意思表示者，從其意思。

第一二〇三條　（遺贈標的物之推定）

遺囑因遺贈物滅失、毀損、變造、或喪失物之占有，而對於他人取得權利時，推定以其權利爲遺贈；因遺贈物與他物附合或混合而對所附合或混合之物取得權利時亦同。

第一二〇四條 （用益權之遺贈及其期限）

以遺產之使用、收益爲遺贈，而遺囑未定返還期限，並不能依遺贈之性質定其期限者，以受遺贈人之終身爲其期限。

第一二〇五條 （附負擔之遺贈）

遺贈附有義務者，受遺贈人以其所受利益爲限，負履行之責。

第一二〇六條 （遺贈之拋棄及其效力）

①受遺贈人在遺囑人死亡後，得拋棄遺贈。

②遺贈之拋棄，溯及遺囑人死亡時發生效力。

第一二〇七條 （承認遺贈之催告及擬制）

繼承人或其他利害關係人，得定相當期限，請求受遺贈人於期內爲承認遺贈與否之表示；期限屆滿，尚無表示者，視爲承認遺贈。

第一二〇八條 （遺贈無效或拋棄之效果）

遺贈無效或拋棄時，其遺贈之財產，仍屬於遺產。

第四節　執　行

第一二〇九條 （遺囑執行人之產生──遺囑指定）

①遺囑人得以遺囑指定遺囑執行人，或委託他人指定之。

②受前項委託者，應即指定遺囑執行人，並通知繼承人。

第一二一〇條 （遺囑執行人資格之限制）

未成年人、受監護或輔助宣告之人，不得爲遺囑執行人。

第一二一一條 （遺囑執行人之產生──親屬會議法院之選任）

遺囑未指定遺囑執行人，並未委託他人指定者，得由親屬會議選定之；不能由親屬會議選定時，得由利害關係人聲請法院指定之。

第一二一一條之一 （遺囑執行人之報酬）104

除遺囑人另有指定外，遺囑執行人就其職務之執行，得請求相當之報酬，其數額由繼承人與遺囑執行人協議定之；不能協議時，由法院酌定之。

第一二一二條 （遺囑之提示）103

遺囑保管人知有繼承開始之事實時，應即將遺囑交付遺囑執行人，並以適當方法通知已知之繼承人；無遺囑執行人者，應通知已知之繼承人、債權人、受遺贈人及其他利害關係人。無保管人而由繼承人發現遺囑者，亦同。

第一二一三條 （封緘遺囑之開視）

①有封緘之遺囑，非在親屬會議當場或法院公證處，不得開視。

②前項遺囑開視時應製作紀錄，記明遺囑之封緘有無毀損情形，或其他特別情事，並由在場之人同行簽名。

第一二一四條 （遺囑執行人之執行職務──編製遺產清冊）

遺囑執行人就職後，於遺囑有關之財產，如有編製清冊之必要時，應即編製遺產清冊，交付繼承人。

第一二一五條 （遺囑執行人之執行職務——遺產管理及必要行為）

①遺囑執行人有管理遺產，並為執行上必要行為之職務。

②遺囑執行人因前項職務所為之行為，視為繼承人之代理。

第一二一六條 （遺囑執行人之執行職務——繼承人妨害之排除）

繼承人於遺囑執行人執行職務中，不得處分與遺囑有關之遺產，並不得妨礙其職務之執行。

第一二一七條 （遺囑執行人之執行職務——數執行人執行職務之方法）

遺囑執行人有數人時，其執行職務，以過半數決之。但遺囑另有意思表示者，從其意思。

第一二一八條 （遺囑執行人之解任）

遺囑執行人怠於執行職務，或有其他重大事由時，利害關係人，得請求親屬會議改選他人；其由法院指定者，得聲請法院另行指定。

第五節　撤　回

第一二一九條 （遺囑撤回之自由及其方式）

遺囑人得隨時依遺囑之方式，撤回遺囑之全部或一部。

第一二二○條 （視為撤回——前後遺囑牴觸）

前後遺囑有相牴觸者，其牴觸之部分，前遺囑視為撤回。

第一二二一條 （視為撤回——遺囑與行為牴觸）

遺囑人於為遺囑後所為之行為與遺囑有相牴觸者，其牴觸部分，遺囑視為撤回。

第一二二二條 （視為撤回——遺囑之廢棄）

遺囑人故意破毀或塗銷遺囑，或在遺囑上記明廢棄之意思者，其遺囑視為撤回。

第六節　特留分

第一二二三條 （特留分之決定）

繼承人之特留分，依左列各款之規定：

一　直系血親卑親屬之特留分，為其應繼分二分之一。

二　父母之特留分，為其應繼分二分之一。

三　配偶之特留分，為其應繼分二分之一。

四　兄弟姊妹之特留分，為其應繼分三分之一。

五　祖父母之特留分，為其應繼分三分之一。

第一二二四條 （特留分之算定）

特留分，由依第一千一百七十三條算定之應繼財產中，除去債務額算定之。

第一二二五條 （遺贈之扣減）

應得特留分之人，如因被繼承人所為之遺贈，致其應得之數不足者，得按其不足之數由遺贈財產扣減之。受遺贈人有數人時，應按其所得遺贈價額比例扣減。

家事事件法

①民國101年1月11日總統令制定公布全文200條。
民國101年2月29日司法院令發布自101年6月1日施行。
②民國104年12月30日總統令修正公布第19、32、60、64、165條條文。
民國105年1月11日司法院令發布定自105年1月15日施行。
③民國108年4月24日總統令修正公布第53、167條條文。
④民國108年6月19日總統令修正公布第164、165條條文。

第一編　總　則

第一條　（立法目的）

　　爲妥適、迅速、統合處理家事事件，維護人格尊嚴、保障性別地位平等、謀求未成年子女最佳利益，並健全社會共同生活，特制定本法。

第二條　（少年及家事法院或地方法院家事法庭之事務處理原則）

　　本法所定家事事件由少年及家事法院處理之；未設少年及家事法院地區，由地方法院家事法庭處理之。

第三條　（家事事件分類標準）

①下列事件爲甲類事件：

一　確認婚姻無效、婚姻關係存在或不存在事件。

二　確定母再婚後所生子女生父事件。

三　確認親子關係存在或不存在事件。

四　確認收養關係存在或不存在事件。

②下列事件爲乙類事件：

一　撤銷婚姻事件。

二　離婚事件。

三　否認子女、認領子女事件。

四　撤銷收養、撤銷終止收養事件。

③下列事件爲丙類事件：

一　因婚約無效、解除、撤銷、違反婚約之損害賠償、返還婚約贈與物事件。

二　因婚姻無效、撤銷婚姻、離婚、婚姻消滅之損害賠償事件。

三　夫妻財產之補償、分配、分割、取回、返還及其他因夫妻財產關係所生請求事件。

四　因判決終止收養關係給與相當金額事件。

五　因監護所生損害賠償事件。

六　因繼承回復、遺產分割、特留分、遺贈、確認遺囑真偽或其
　　他繼承關係所生請求事件。
④下列事件為丁類事件：
一　宣告死亡事件。
二　撤銷死亡宣告事件。
三　失蹤人財產管理事件。
四　監護或輔助宣告事件。
五　撤銷監護或輔助宣告事件。
六　定監護人、選任特別代理人事件。
七　認可收養或終止收養、許可終止收養事件。
八　親屬會議事件。
九　拋棄繼承、無人承認繼承及其他繼承事件。
十　指定遺囑執行人事件。
十一　兒童、少年或身心障礙者保護安置事件。
十二　停止緊急安置或強制住院事件。
十三　民事保護令事件。
⑤下列事件為戊類事件：
一　因婚姻無效、撤銷或離婚之給與贍養費事件。
二　夫妻同居事件。
三　指定夫妻住所事件。
四　報告夫妻財產狀況事件。
五　給付家庭生活費用事件。
六　宣告改用分別財產制事件。
七　變更子女姓氏事件。
八　定對於未成年子女權利義務之行使負擔事件。
九　交付子女事件。
十　宣告停止親權或監護權或撤銷其宣告事件。
十一　監護人報告財產狀況及監護人報酬事件。
十二　扶養事件。
十三　宣告終止收養關係事件。
⑥其他應由法院處理之家事事件，除法律別有規定外，適用本法之
　規定。
第四條　（當事人合意處理原則）
①少年及家事法院就其受理事件之權限，與非少年及家事法院確定
　裁判之見解有異時，如當事人合意由少年及家事法院處理者，依
　其合意。
②前項合意，應記明筆錄或以文書證之。
第五條　（家事事件管轄之準據）
　家事事件之管轄，除本法別有規定外，準用非訟事件法有關管轄
　之規定；非訟事件法未規定者，準用民事訴訟法有關管轄之規
　定。

第六條 （合意管轄與移送管轄）

①法院受理家事事件之全部或一部不屬其管轄者，除當事人有管轄之合意外，應依聲請或依職權以裁定移送於其管轄法院。但法院為統合處理事件認有必要，或當事人已就本案為陳述者，得裁定自行處理。

②法院受理有管轄權之事件，為統合處理事件之必要，經當事人合意者，得依聲請以裁定移送於相關家事事件繫屬中之其他法院。

③對於前項移送之裁定，得為抗告。

④移送之聲請被駁回者，不得聲明不服。

⑤移送之裁定確定後，受移送之法院不得以違背專屬管轄為理由，移送於他法院。法院書記官應速將裁定正本附入卷宗，送交受移送之法院。受移送之法院，應即就該事件為處理。

第七條 （權限劃分之訂定）

①同一地區之少年及家事法院與地方法院處理權限之劃分，除本法及其他法令別有規定外，由司法院定之。

②同一地方法院家事法庭與民事庭之事務分配，由司法院定之。

第八條 （法官之遴選）

①處理家事事件之法官，應遴選具有性別平權意識、尊重多元文化並有相關學識、經驗及熱忱者任之。

②前項法官之遴選資格、遴選方式、任期及其他有關事項，由司法院定之。

第九條 （程序不公開原則）

①家事事件之處理程序，以不公開法庭行之。但有下列各款情形之一者，審判長或法官應許旁聽：

一 經當事人合意，並無妨礙公共秩序或善良風俗之虞。

二 經有法律上利害關係之第三人聲請。

三 法律別有規定。

②審判長或法官認為適當時，得許就事件無妨礙之人旁聽。

第一〇條 （法院事證調查之規定）

①法院審理家事事件認有必要時，得斟酌當事人所未提出之事實，並依職權調查證據。但法律別有規定者，不在此限。

②離婚、終止收養關係、分割遺產或其他當事人得處分之事項，準用民事訴訟法第二編第一章第二節有關爭點簡化協議、第三節有關事實證據之規定。但有下列各款情形之一者，適用前項之規定：

一 涉及家庭暴力或有危害未成年子女利益之虞。

二 有害當事人或關係人人格權之虞。

三 當事人自認及不爭執之事實顯與事實不符。

四 依其他情形顯失公平。

③第一項情形，法院應使當事人或關係人有辯論或陳述意見之機會。

第一一條 （未成年及陪同人員之隱私及安全）

①未成年人、受監護或輔助宣告之人，表達意願或陳述意見時，必要者，法院應通知直轄市、縣（市）主管機關指派社會工作人員或其他適當人員陪同在場，並得陳述意見。

②前項情形，法院得隔別為之，並提供友善環境、採取適當及必要措施，保護意見陳述者及陪同人員之隱私及安全。

第一二條 （遠距視訊審理及程序）

①當事人、證人或鑑定人之所在處所與法院間有聲音及影像相互傳送之科技設備而得直接審理者，法院認為必要時，得依聲請以該設備為之。

②前項情形，其期日通知書記載之應到處所為該設備所在處所。

③依第一項進行程序之筆錄及其他文書，須受訊問人簽名者，由訊問端法院傳送至受訊問人所在之處所，經受訊問人確認內容並簽名後，將筆錄以電信傳真或其他科技設備傳回訊問端法院。

④法院依第一項規定審理時，準用民事訴訟法第二編第一章第三節第二目、第三目及第五目之一之規定。

⑤第一項之審理及第三項文書傳送之辦法，由司法院定之。

第一三條 （當事人或法定代理人到場之義務）

①法院處理家事事件，得命當事人或法定代理人本人到場，或依事件之性質，以適當方法命其陳述或訊問之。但法律別有規定者，依其規定。

②當事人或法定代理人本人無正當理由，而不從法院之命到場者，準用民事訴訟法第三百零三條之規定。但不得拘提之。

③受前項裁定之人經法院合法通知，無正當理由仍不到場者，法院得連續處罰。

④受裁定人對於前二項裁定得為抗告；抗告中應停止執行。

第一四條 （家事事件之程序能力）

①能獨立以法律行為負義務者，有程序能力。

②滿七歲以上之未成年人，除法律別有規定外，就有關其身分及人身自由之事件，有程序能力。

③不能獨立以法律行為負義務，而能證明其有意思能力者，除法律別有規定外，就有關其身分及人身自由之事件，亦有程序能力。

第一五條 （程序監理人制度）

①處理家事事件有下列各款情形之一者，法院得依利害關係人聲請或依職權選任程序監理人：

一　無程序能力人與其法定代理人有利益衝突之虞。

二　無程序能力人之法定代理人不能行使代理權，或行使代理權有困難。

三　為保護有程序能力人之利益認有必要。

②前條第二項及第三項情形，法院得依職權選任程序監理人。

③法院依前二項選任程序監理人後，認有必要時，得隨時以裁定撤銷或變更之。

④法院為前三項裁定前，應使當事人、法定代理人、被選任人及法院職務上已知之其他利害關係人有陳述意見之機會。但有礙難之情形或恐有害其健康或顯有延滯程序者，不在此限。

第一六條　（程序監理人之資格、選任程序及行使權利）

①法院得就社會福利主管機關、社會福利機構所屬人員，或律師公會、社會工作師公會或其他相類似公會所推薦具有性別平權意識、尊重多元文化，並有處理家事事件相關知識之適當人員，選任為程序監理人。

②程序監理人有為受監理人之利益為一切程序行為之權，並得獨立上訴、抗告或為其他聲明不服。程序監理人之行為與有程序能力人之行為不一致者，以法院認為適當者為準。

③選任之程序監理人不受審級限制。

④法院得依程序監理人聲請，按其職務內容、事件繁簡等一切情況，以裁定酌給酬金，其報酬為程序費用之一部。

⑤前項酬金，法院於必要時得定期命當事人或利害關係人預納之。但其預納顯有困難者，得由國庫墊付全部或一部。其由法院依職權選任者，亦得由國庫墊付之。

⑥有關程序監理人之選任、酌給酬金、預納費用及國庫墊付辦法，由司法院定之。

第一七條　（受託機關之調查義務及費用之核定）

①法院得囑託警察機關、稅捐機關、金融機構、學校或其他有關機關、團體或具有相關專業知識之適當人士為必要之調查及查明當事人或關係人之財產狀況。

②前項受託者有為調查之義務。

③囑託調查所需必要費用及受託個人請求之酬金，由法院核定，並為程序費用之一部。

第一八條　（家事調查官調查事實之責）

①審判長或法官得依聲請或依職權命家事調查官就特定事項調查事實。

②家事調查官為前項之調查，應提出報告。

③審判長或法官命為第一項調查前，應使當事人或利害關係人以言詞或書狀陳述意見。但認為不必要者，不在此限。

④審判長或法官斟酌第二項調查報告書為裁判前，應使當事人或利害關係人有陳述意見或辯論之機會。但其內容涉及隱私或有不適當之情形者，不在此限。

⑤審判長或法官認為必要時，得命家事調查官於期日到場陳述意見。

第一九條　（通譯）104

當事人、證人、鑑定人及其他有關係之人，如有不通曉國語者，由通譯傳譯之；其為聽覺或語言障礙者，除由通譯傳譯之外，並得依其選擇以文字訊問，或命以文字陳述。

第二〇條　（預納裁判費用之規定）

①處理家事事件需支出費用者，法院得定期命當事人預納之。但其預納顯有困難，並為維護公益應依職權調查證據所需費用，法院得裁定暫免預納其全部或一部，由國庫墊付之。

②法院為程序費用之裁判時，應併確定前項國庫墊付之費用額。

第二一條　（家事調查官及諮詢人員之迴避規定）

民事訴訟法有關法院職員迴避之規定，於家事調查官及諮詢人員準用之。

第二二條　（審判長權限）

本法關於審判長權限之規定，於受命法官行準備程序時準用之。

第二編　調解程序

第二三條　（強制調解原則）

①家事事件除第三條所定丁類事件外，於請求法院裁判前，應經法院調解。

②前項事件當事人逕向法院請求裁判者，視為調解之聲請。但當事人應為公示送達或於外國為送達者，不在此限。

③除別有規定外，當事人對丁類事件，亦得於請求法院裁判前，聲請法院調解。

第二四條　（未成年子女權益之保障）

關於未成年子女權利義務行使負擔之內容、方法及其身分地位之調解，不得危害未成年子女之利益。

第二五條　（家事調解事件之管轄法院）

家事調解事件，除別有規定外，由管轄家事事件之法院管轄。

第二六條　（合併調解）

①相牽連之數宗家事事件，法院得依聲請或依職權合併調解。

②兩造合意聲請將相牽連之民事事件合併於家事事件調解，並視為就該民事事件已有民事調解之聲請。

③合併調解之民事事件，如已繫屬於法院者，原民事程序停止進行。調解成立時，程序終結；調解不成立時，程序繼續進行。

④合併調解之民事事件，如原未繫屬於法院者，調解不成立時，依當事人之意願，移付民事裁判程序或其他程序；其不願移付者，程序終結。

第二七條　（法官辦理家事事件之調解程序）

家事事件之調解程序，由法官行之，並得商請其他機構或團體志願協助之。

第二八條　（聲請調解事件之裁定）

①聲請調解事件，法官認為依事件性質調解無實益時，應向聲請人發問或曉諭，依聲請人之意願，裁定改用應行之裁判程序或其他程序；其不願改用者，以裁定駁回之。

②前項裁定，不得聲明不服。

③法官依聲請人之意願，按第一項規定改用裁判程序者，視為自聲請調解時，已請求法院裁判。

第二九條 （移付調解）

①法院得於家事事件程序進行中依職權移付調解；除兩造合意或法律別有規定外，以一次為限。

②前項情形，原程序停止進行。調解成立或第三十三條、第三十六條之裁定確定者，程序終結；調解不成立或未依第三十三條、第三十六條規定裁定或該裁定失其效力者，程序繼續進行。

第三〇條 （調解成立及效力）

①家事事件之調解，就離婚、終止收養關係、分割遺產或其他得處分之事項，經當事人合意，並記載於調解筆錄時成立。但離婚及終止收養關係之調解，須經當事人本人表明合意，始得成立。

②前項調解成立者，與確定裁判有同一之效力。

③因調解成立有關身分之事項，依法應辦理登記者，法院應依職權通知該管戶政機關。

④調解成立者，原當事人得於調解成立之日起三個月內，聲請退還已繳裁判費三分之二。

第三一條 （調解不成立之裁定）

①當事人兩造於調解期日到場而調解不成立者，法院得依一造當事人之聲請，按該事件應適用之程序，命即進行裁判程序，並視為自聲請調解時已請求裁判。但他造聲請延展期日者，應許可之。

②當事人聲請調解而不成立，如聲請人於調解不成立證明書送達後十日之不變期間內請求裁判者，視為自聲請調解時已請求裁判；其於送達前請求裁判者亦同。

③以裁判之請求視為調解之聲請者，如調解不成立，除當事人聲請延展期日外，法院應按該事件應適用之程序，命即進行裁判程序，並仍自原請求裁判時，發生程序繫屬之效力。

④前三項情形，於有第三十三條或第三十六條所定之聲請或裁定者，不適用之。

⑤調解程序中，當事人所為之陳述或讓步，於調解不成立後之本案裁判程序，不得採為裁判之基礎。

⑥前項陳述或讓步，係就程序標的、事實、證據或其他事項成立書面協議者，如為得處分之事項，當事人應受其拘束。但經兩造同意變更，或因不可歸責於當事人之事由或依其他情形協議顯失公平者，不在此限。

第三二條 （家事調解委員任用之訂定）104

①家事調解，應聘任具有性別平權意識、尊重多元文化，並有法律、醫療、心理、社會工作或其他相關專業，或社會經驗者為調解委員。

②關於家事調解委員之資格、聘任、考核、訓練、解任及報酬等事項，由司法院定之。

③調解程序，除本法另有規定者外，準用民事訴訟法第二編第二章

調解程序之規定。

第三三條　（不得處分事項之裁定）

①當事人就不得處分之事項，其解決事件之意思已甚接近或對於原因事實之有無不爭執者，得合意聲請法院爲裁定。

②法院爲前項裁定前，應參酌調解委員之意見及家事調查官之報告，依職權調查事實及必要之證據，並就調查結果使當事人或知悉之利害關係人有陳述意見之機會。當事人聲請辯論者，應予准許。

③前二項程序，準用民事訴訟法第一編第二章第三節關於訴訟參加之規定。

第三四條　（不得處分事項裁定之理由與抗告法院之裁定）

①法院爲前條裁定，應附理由。

②當事人對於前條裁定得爲抗告，抗告中除別有規定外，應停止執行。

③抗告法院之裁定，準用前二項及前條第二項、第三項之規定。

④對於抗告法院之裁定，非以其違背法令爲理由，不得再爲抗告。

⑤前項情形，準用民事訴訟法第四百六十八條、第四百六十九條第一款至第四款、第六款、第四百七十五條及第四百七十六條之規定。

第三五條　（不得處分事項裁定之效力）

①第三十三條裁定確定者，與確定裁判有同一之效力。

②前項確定裁定，得準用民事訴訟法第五編之規定，聲請再審。

③第一項確定裁定效力所及之第三人，得準用民事訴訟法第五編之一之規定，聲請撤銷原裁定。

第三六條　（處分事項調解不成立之裁定情形）

①就得處分之事項調解不成立，而有下列各款情形之一者，法院應參酌調解委員之意見，平衡當事人之權益，並審酌其主要意思及其他一切情形，就本案爲適當之裁定：

一　當事人合意聲請法院爲裁定。

二　當事人合意聲請法院與不得處分之牽連、合併或附帶請求事項合併爲裁定。

三　當事人解決事件之意思已甚接近，而僅就其他牽連、合併或附帶之請求事項有爭執，法院認有統合處理之必要，徵詢兩造當事人同意。

②前項程序準用第三十三條第二項、第三項、第三十四條及第三十五條之規定。

第三編　家事訴訟程序

第一章　通則

第三七條　（法律適用之規定）

第三條所定甲類、乙類、丙類及其他家事訴訟事件，除別有規定

外，適用本編之規定。

第三八條 （起訴之程式）

①起訴，應以訴狀表明下列各款事項，提出於法院為之：
一 當事人及法定代理人。
二 訴訟標的及其原因事實。
三 應受判決事項之聲明。

②訴狀內宜記載下列各款事項：
一 因定法院管轄及其適用程序所必要之事項。
二 準備言詞辯論之事項。
三 當事人間有無共同未成年子女。
四 當事人間有無其他相關事件繫屬於法院。

第三九條 （被告適格要件之一般規定）

①第三條所定甲類或乙類家事訴訟事件，由訟爭身分關係當事人之一方提起者，除別有規定外，以他方為被告。

②前項事件，由第三人提起者，除別有規定外，以訟爭身分關係當事人雙方為共同被告；其中一方已死亡者，以生存之他方為被告。

第四〇條 （訴訟參與權與和解）

①第三條所定甲類或乙類家事訴訟之結果，於第三人有法律上利害關係者，法院應於事實審言詞辯論終結前相當時期，將訴訟事件及進行程度，以書面通知已知悉之該第三人，並將判決書送達之。

②法院為調查有無前項利害關係人，於必要時，得命當事人提出有關資料或為其他必要之處分。

③第一項受通知人依民事訴訟法第五十八條規定參加訴訟者，準用同法第五十六條之規定。

④法律審認有試行和解之必要時，亦得依民事訴訟法第三百七十七條規定，通知有利害關係之第三人參加和解。

第四一條 （合併審理規定）

①數家事訴訟事件，或家事訴訟事件及家事非訟事件請求之基礎事實相牽連者，得向就其中一家事訴訟事件有管轄權之少年及家事法院合併請求，不受民事訴訟法第五十三條及第二百四十八條規定之限制。

②前項情形，得於第一審或第二審言詞辯論終結前為請求之變更、追加或為反請求。

③依前項情形得為請求之變更、追加或反請求者，如另行請求時，法院為統合處理事件認有必要或經當事人合意者，得依聲請或依職權，移由或以裁定移送至家事訴訟事件繫屬最先之第一審或第二審法院合併審理，並準用第六條第三項至第五項之規定。

④受移送之法院於移送裁定確定時，已就繫屬之事件為終局裁判者，應就移送之事件自行處理。

⑤前項終局裁判為第一審法院之裁判，並經合法上訴第二審者，受

移送法院將移送之事件併送第二審法院合併審理。

⑥法院就第一項至第三項所定得合併請求、變更、追加或反請求之數宗事件合併審理時，除本法另有規定外，適用合併審理前各該事件原應適用法律之規定爲審理。

第四二條　（分別審理與分別裁判之情形）

①法院就前條第一項至第三項所定得合併請求、變更、追加或反請求之數宗事件，應合併審理、合併裁判。但有下列各款情形之一者，得分別審理、分別裁判：

一　請求之標的或其攻擊防禦方法不相牽連。

二　兩造合意分別審理、分別裁判，經法院認爲適當。

三　依事件性質，認有分別審理、分別裁判之必要。

②法院就前項合併審理之家事訴訟事件與家事非訟事件合併裁判者，除別有規定外，應以判決爲之。

第四三條　（裁定移送）

依第四十一條第三項規定裁定移送時，繫屬於受移送法院之事件，其全部或一部之裁判，以移送事件之請求是否成立爲前提，或與其請求不相容者，受移送法院得依聲請或依職權，在該移送裁定確定前，以裁定停止訴訟程序。

第四四條　（上訴程序）

①當事人就家事訴訟事件與家事非訟事件之終局裁判聲明不服者，除別有規定外，適用上訴程序。

②當事人僅就家事訴訟事件之終局判決全部或一部聲明不服者，適用上訴程序。

③當事人或利害關係人僅就家事非訟事件之第一審終局裁定全部或一部聲明不服者，適用該家事非訟事件抗告程序。

④對於家事訴訟事件之終局判決聲明不服者，以該判決所認定之法律關係爲據之其他事件之裁判，視爲提起上訴。

第四五條　（訴訟上和解之效力）

①當事人就離婚、終止收養關係、分割遺產或其他得處分之事項得爲訴訟上和解。但離婚或終止收養關係之和解，須經當事人本人表明合意，始行成立。

②前項和解成立者，於作成和解筆錄時，發生與確定判決同一之效力。

③因和解成立有關身分之事項，依法應辦理登記者，法院應依職權通知該管戶政機關。

④民事訴訟法第五編之一第三人撤銷訴訟程序之規定，於第二項情形準用之。

第四六條　（拾棄或認諾之判決處分及例外）

①當事人於言詞辯論期日就前條第一項得處分之事項，爲捨棄或認諾者，除法律別有規定外，法院應本於其捨棄或認諾爲該當事人敗訴之判決。但離婚或終止收養關係事件有下列各款情形之一者，不在此限：

一　其捨棄或認諾未經當事人本人到場陳明。

二　當事人合併為其他請求，而未能為合併或無矛盾之裁判。

三　其捨棄或認諾有危害未成年子女之利益之虞，而未能就其利益保護事項為合併裁判。

②前項情形，本於當事人之捨棄或認諾為判決前，審判長應就該判決及於當事人之利害為闡明。

③當事人本人於言詞辯論期日就不得處分之事項為捨棄者，視為撤回其請求。但當事人合併為其他請求，而以捨棄之請求是否成立為前提者，不在此限。

④民事訴訟法第二百六十二條至第二百六十四條之規定，於前項情形準用之。

第四七條　（審理計畫之擬定與訴訟義務之促進）

①法院於收受訴狀後，審判長應依事件之性質，擬定審理計畫，並於適當時期定言詞辯論期日。

②攻擊或防禦方法，除別有規定外，應依事件進行之程度，於言詞辯論終結前適當時期提出之。

③當事人因故意或重大過失逾時提出攻擊或防禦方法，有礙事件之終結者，法院於裁判時得斟酌其逾時提出之理由。

④離婚、終止收養關係、分割遺產或其他當事人得處分之事項，有前項情形者，準用民事訴訟法第一百九十六條第二項、第二百六十八條之二第二項、第二百七十六條、第四百四十四條之一及第四百四十七條之規定。

⑤前二項情形，法院應使當事人有辯論之機會。

⑥依當事人之陳述為請求之合併、變更、追加或反請求者，法院應向當事人闡明之。

第四八條　（身分關係訴訟之終局判決及例外）

①就第三條所定甲類或乙類家事訴訟事件所為確定之終局判決，對於第三人亦有效力。但有下列各款情形之一者，不在此限：

一　因確認婚姻無效、婚姻關係存在或不存在訴訟判決之結果，婚姻關係受影響之人，非因可歸責於己之事由，於該訴訟之事實審言詞辯論終結前未參加訴訟。

二　因確認親子關係存在或不存在訴訟判決之結果，主張自己與該子女有親子關係之人，非因可歸責於己之事由，於該訴訟之事實審言詞辯論終結前未參加訴訟。

三　因認領子女訴訟判決之結果，主張受其判決影響之非婚生子女，非因可歸責於己之事由，於該訴訟之事實審言詞辯論終結前未參加訴訟。

②前項但書所定之人或其他與家事訴訟事件有法律上利害關係之第三人，非因可歸責於己之事由而未參加訴訟者，得請求撤銷對其不利部分之確定終局判決，並準用民事訴訟法第五編之一第三人撤銷訴訟程序之規定。

第四九條（訴訟程序之停止）

法院認當事人間之家事訴訟事件，有和諧解決之望或解決事件之意思已甚接近者，得定六個月以下之期間停止訴訟程序或爲其他必要之處分。

第五〇條（身分關係訴訟終結之認定）

①身分關係之訴訟，原告於判決確定前死亡者，除別有規定外，關於本案視爲訴訟終結。

②依第三十九條規定提起之訴訟，於判決確定前，共同被告中之一方死亡者，由生存之他方續行訴訟。

③依第三十九條規定提起之訴訟，於判決確定前被告均死亡者，除別有規定外，由檢察官續行訴訟。

第五一條（法律準用之規定）

家事訴訟事件，除本法別有規定者外，準用民事訴訟法之規定。

第二章　婚姻事件程序

第五二條（辦理婚姻事件之專屬管轄法院）

①確認婚姻無效、撤銷婚姻、離婚、確認婚姻關係存在或不存在事件，專屬下列法院管轄：

一　夫妻之住所地法院。

二　夫妻經常共同居所地法院。

三　訴之原因事實發生之夫或妻居所地法院。

②當事人得以書面合意定管轄法院，不受前項規定之限制。

③第一項事件夫或妻死亡者，專屬於夫或妻死亡時住所地之法院管轄。

④不能依前三項規定定法院管轄者，由被告住、居所地之法院管轄。被告之住、居所不明者，由中央政府所在地之法院管轄。

第五三條（涉外婚姻事件之審判管轄權）108

①婚姻事件有下列各款情形之一者，由中華民國法院審判管轄：

一　夫妻之一方爲中華民國國民。

二　夫妻均非中華民國國民而於中華民國境內有住所或持續一年以上有共同居所。

三　夫妻之一方爲無國籍人而於中華民國境內有經常居所。

四　夫妻之一方於中華民國境內持續一年以上有經常居所。但中華民國法院之裁判顯不爲夫或妻所屬國之法律承認者，不在此限。

②被告在中華民國應訴顯有不便者，不適用前項之規定。

第五四條（訴訟參與權之保障）

依第三十九條提起確認婚姻無效、婚姻關係存在或不存在之訴者，法院應依職權通知未被列爲當事人之其餘結婚人參加訴訟，並適用第四十條之規定。

第五五條（監護人代爲訴訟之規定）

①婚姻事件之夫或妻爲受監護宣告之人者，除第十四條第三項之情

形外，由其監護人代爲訴訟行爲，並適用第十五條及第十六條之規定。

②監護人違反受監護宣告人之利益而起訴者，法院應以裁定駁回之。

第五六條　（婚姻關係訴訟之請求與合併裁判規定）

確認婚姻無效、撤銷婚姻、離婚或確認婚姻關係存在或不存在事件，得依第四十一條第二項規定爲請求之變更、追加或反請求者，不得另行請求。其另行請求者，法院應以裁定移送於訴訟繫屬中之第一審或第二審法院合併裁判，並適用第六條第二項至第五項之規定。

第五七條　（獨立上訴之禁止）

有關婚姻關係之訴訟，經判決確定後，當事人不得援以前依請求之合併、變更、追加或反請求所得主張之事實，就同一婚姻關係，提起獨立之訴。但有下列各款情形之一者，不在此限：

一　因法院未闡明致未爲主張。

二　經法院闡明，因不可歸責於當事人之事由而未爲主張。

第五八條　（婚姻關係不適用自認及不爭執事實之效力）

關於訴訟上自認及不爭執事實之效力之規定，在撤銷婚姻，於構成撤銷婚姻之原因、事實，及在確認婚姻無效或婚姻關係存在或不存在之訴，於確認婚姻無效或婚姻不存在及婚姻有效或存在之原因、事實，不適用之。

第五九條　（離婚訴訟終結或撤銷之認定）

離婚之訴，夫或妻於判決確定前死亡者，關於本案視爲訴訟終結；夫或妻提起撤銷婚姻之訴者，亦同。

第六○條　（撤銷婚姻之訴）104

撤銷婚姻之訴，原告於判決確定前死亡者，除依第四十條之規定爲通知外，有權提起同一訴訟之他人，得於知悉原告死亡時起三個月內聲明承受訴訟。但原告死亡後已逾一年者，不得爲之。

第三章　親子關係事件程序

第六一條　（辦理親子關係事件之專屬管轄法院）

①親子關係事件，專屬下列法院管轄：

一　子女或養子女住所地之法院。

二　父、母、養父或養母住所地之法院。

②前項事件，有未成年子女或養子女爲被告時，由其住所地之法院專屬管轄。

第六二條　（收養關係之訴訟及監理人）

①養父母與養子女間之訴訟，如養子女無程序能力，而養父母爲其法定代理人者，應由本生父母代爲訴訟行爲；法院並得依第十五條之規定選任程序監理人。

②無本生父母或本生父母不適任者，依第十五條之規定選任程序監理人。

第六三條 （否認子女之訴）

①否認子女之訴，應以未起訴之夫、妻及子女為被告。

②子女否認推定生父之訴，以法律推定之生父為被告。

③前二項情形，應以被告中之一人死亡者，以生存者為被告；應為被告之人均已死亡者，以檢察官為被告。

第六四條 （否認子女之訴之繼承權訴訟）104

①否認子女之訴，夫妻之一方或子女於法定期間內或期間開始前死亡者，繼承權被侵害之人得提起之。

②依前項規定起訴者，應自被繼承人死亡時起，於一年內為之。

③夫妻之一方或子女於其提起否認子女之訴後死亡者，繼承權被侵害之人得於知悉原告死亡時起十日內聲明承受訴訟。但於原告死亡後已逾二年者，不得為之。

第六五條 （再婚所生子女生父之訴）

①確定母再婚後所生子女生父之訴，得由子女、母、母之配偶或前配偶提起之。

②前項之訴，由母之配偶提起者，以前配偶為被告；由前配偶提起者，以母之配偶為被告；由子女或母提起者，以母之配偶及前配偶為共同被告；母之配偶或前配偶死亡者，以生存者為被告。

③前項情形，應為被告之人均已死亡者，以檢察官為被告。

第六六條 （認領之訴）

①認領之訴，有民法第一千零六十七條第二項後段之情形者，得以社會福利主管機關或檢察官為被告。

②由子女、生母或其他法定代理人提起之認領之訴，原告於判決確定前死亡者，有權提起同一訴訟之他人，得於知悉原告死亡時起十日內聲明承受訴訟。但於原告死亡後已逾三十日者，不得為之。

③前項之訴，被指為生父之被告於判決確定前死亡者，由其繼承人承受訴訟；無繼承人或被告之繼承人於判決確定前均已死亡者，由檢察官續受訴訟。

第六七條 （親子或收養關係確認之訴）

①就法律所定親子或收養關係有爭執，而有即受確認判決之法律上利益者，得提起確認親子或收養關係存在或不存在之訴。

②確認親子關係不存在之訴，如法院就原告或被告為生父之事實在已得心證，而認為得駁回原告之訴者，應闡明當事人得為確認親子關係存在之請求。

③法院就前項請求為判決前，應通知有法律上利害關係之第三人，並使當事人或該第三人就親子關係存在之事實，有辯論或陳述意見之機會。

④依第三十九條規定，由二人以上或對二人以上提起第一項之訴者，法院應合併審理、合併裁判。

第六八條 （確認血緣關係之檢驗程序）

①未成年子女為當事人之親子關係事件，就血緣關係存否有爭執，

法院認有必要時，得依聲請或依職權命當事人或關係人限期接受血型、去氧核醣核酸或其他醫學上之檢驗。但為聲請之當事人應釋明有事實足以懷疑血緣關係存否者，始得為之。

②命為前項之檢驗，應依醫學上認可之程序及方法行之，並應注意受檢驗人之身體、健康及名譽。

③法院為第一項裁定前，應使當事人或關係人有陳述意見之機會。

第六九條　（法律準用之規定）

①第五十二條第二項至第四項、第五十三條、第五十六條、第五十七條及第六十條規定，於本章之事件準用之。

②第五十四條及第五十五條之規定，於第六十二條之訴準用之。

③第五十九條之規定，於撤銷收養、終止收養關係、撤銷終止收養之訴準用之。

第四章　繼承訴訟事件

第七○條　（辦理繼承關係訴訟事件之管轄法院）

因繼承回復、遺產分割、特留分、遺贈、確認遺囑真偽或繼承人間因繼承關係所生請求事件，得由下列法院管轄：

一　繼承開始時被繼承人住所地之法院；被繼承人於國內無住所者，其在國內居所地之法院。

二　主要遺產所在地之法院。

第七一條　（遺產分割訴狀之規定事項）

請求遺產分割之訴外，除應記載第三十八條規定之事項外，並宜附具繼承系統表及遺產清冊。

第七二條　（遺產分割訴訟之請求）

於遺產分割訴訟中，關於繼承權有爭執者，法院應曉諭當事人得於同一訴訟中為請求之追加或提起反請求。

第七三條　（遺產分割協議之裁定）

①當事人全體就遺產分割方法達成協議者，除有適用第四十五條之情形外，法院應斟酌其協議為裁判。

②法院為前項裁判前，應曉諭當事人為辯論或為請求。

第四編　家事非訟程序

第一章　通　則

第七四條　（法律適用之規定）

第三條所定丁類、戊類及其他家事非訟事件，除別有規定外，適用本編之規定。

第七五條　（書狀或筆錄應載明事項）

①聲請或陳述，除別有規定外，得以書狀或言詞為之。

②以言詞為聲請或陳述，應在法院書記官前為之；書記官應作成筆錄，並於筆錄內簽名。

③聲請書狀或筆錄，應載明下列各款事項：
一　聲請人之姓名及住所或居所；聲請人為法人、機關或其他團體者，其名稱及公務所、事務所或營業所。
二　有相對人者，其姓名、住所或居所。
三　有利害關係人者，其姓名、住所或居所。
四　有法定代理人、非訟代理人者，其姓名、住所或居所及法定代理人與關係人之關係。
五　聲請之意旨及其原因事實。
六　供證明或釋明用之證據。
七　附屬文件及其件數。
八　法院。
九　年、月、日。
④聲請書狀或筆錄內宜記載下列各款事項：
一　聲請人、相對人、其他利害關係人、法定代理人或非訟代理人之性別、出生年月日、職業、身分證件號碼、營利事業統一編號、電話號碼及其他足資辨別之特徵。
二　定法院管轄及其適用程序所必要之事項。
三　有其他相關事件繫屬於法院者，其事件。
⑤聲請人或其代理人應於書狀或筆錄內簽名；其不能簽名者，得使他人代書姓名，由聲請人或其代理人蓋章或按指印。
⑥第三項、第四項聲請書狀及筆錄之格式，由司法院定之。
⑦關係人得以電信傳真或其他科技設備將書狀傳送於法院，效力與提出書狀同。其辦法由司法院定之。

第七六條　（書狀或筆錄之送達及陳述）
法院收受書狀或筆錄後，除得定期間命聲請人以書狀或於期日就特定事項詳為陳述外，應速送達書狀或筆錄繕本於前條第三項第二款及第三款之人，並限期命其陳述意見。

第七七條　（程序參與權之保障）
①法院應通知下列之人參與程序。但通知顯有困難者，不在此限：
一　法律規定應依職權通知參與程序之人。
二　親子關係相關事件所涉子女、養子女、父母、養父母。
三　因程序之結果而權利受侵害之人。
②法院得通知因程序之結果而法律上利害受影響之人或該事件相關主管機關或檢察官參與程序。
③前二項之人或其他利害關係人得聲請參與程序。但法院認不合於參與之要件時，應以裁定駁回之。

第七八條　（法院調查事實之責）
①法院應依職權調查事實及必要之證據。
②法院認為關係人之聲明或陳述不完足者，得命其敘明或補充之，並得命就特定事項詳為陳述。

第七九條　（家事非訟事件合併審理、裁定之規定）
家事非訟事件之合併、變更、追加或反聲請，準用第四十一條、

第四十二條第一項及第四十三條之規定。

第八〇條 （承受程序）

①聲請人因死亡、喪失資格或其他事由致不能續行程序者，其他有聲請權人得於該事由發生時起十日內聲明承受程序；法院亦得依職權通知承受程序。

②相對人有前項不能續行程序之事由時，準用前項之規定。

③依聲請或依職權開始之事件，雖無人承受程序，法院認為必要時，應續行之。

第八一條 （裁定之送達）

①裁定應送達於受裁定之人，並應送達於已知之利害關係人。

②第七十七條第一項所定之人，得聲請法院付與裁定書。

第八二條 （裁定送達之效力及抗告）

①裁定，除法律別有規定外，於宣示、公告、送達或以其他適當方法知於受裁定人時發生效力。但有合法之抗告者，抗告中停止其效力。

②以公告或其他適當方法告知者，法院書記官應作記載該事由及年、月、日、時之證書附卷。

第八三條 （法院得撤銷或變更之事由）

①法院認其所為裁定不當，而有下列情形之一者，除法律別有規定外，得撤銷或變更之：

一 不得抗告之裁定。

二 得抗告之裁定，經提起抗告而未將抗告事件送交抗告法院。

三 就關係人不得處分事項所為之裁定。但經抗告法院為裁定者，由其撤銷或變更之。

②法院就關係人得處分之事項為裁定者，其駁回聲請之裁定，非依聲請人之聲請，不得依前項第一款規定撤銷或變更之。

③裁定確定後如情事變更者，法院得撤銷或變更之。

④法院為撤銷或變更裁定前，應使關係人有陳述意見之機會。

⑤裁定經撤銷或變更之效力，除法律別有規定外，不溯及既往。

第八四條 （非訟事件之調解得撤銷或變更之規定）

①法院就家事非訟事件所成立之調解，準用前條之規定。但關係人得處分之事項，非依聲請人或相對人聲請，不得撤銷或變更之。

②就關係人得處分之事項成立調解而應為一定之給付，如其內容尚未實現，因情事變更，依原調解內容顯失公平者，法院得依聲請以裁定變更之。

③法院為前項裁定前，應使關係人有陳述意見之機會。

第八五條 （暫時處分）

①法院就已受理之家事非訟事件，除法律別有規定外，於本案裁定確定前，認有必要時，得依聲請或依職權命為適當之暫時處分。但關係人得處分之事項，非依其聲請，不得為之。

②關係人為前項聲請時，應表明本案請求、應受暫時處分之事項及其事由，並就得處分之事項釋明暫時處分之事由。

③第一項暫時處分，得命令或禁止關係人為一定行為、定暫時狀態或為其他適當之處置。

④第一項暫時處分之裁定，免供擔保。但法律別有規定或法院認有必要者，不在此限。

⑤關於得命暫時處分之類型及其方法，其辦法由司法院定之。

第八六條　（暫時處分之裁定）

暫時處分，由受理本案之法院裁定；本案裁定業經抗告，且於聲請時，卷宗已送交抗告法院者，由抗告法院裁定。但本案繫屬後有急迫情形，不及由本案法院或抗告法院裁定時，得由財產、標的或其相關人所在地之法院裁定，並立即移交本案法院或抗告法院。

第八七條　（暫時處分之效力）

①暫時處分於裁定送達或告知受裁定人時，對其發生效力。但告知顯有困難者，於公告時發生效力。

②暫時處分之裁定得為執行名義。

③暫時處分之執行，除法律別有規定外，得由暫時處分裁定之法院依職權為之。

④暫時處分之裁定就依法應登記事項為之者，法院應依職權通知該管機關；裁定失其效力時亦同。

第八八條　（暫時處分之聲請、撤銷或變更）

①暫時處分之裁定確定後，如認為不當或已無必要者，本案法院得依聲請或依職權撤銷或變更之。

②法院為前項裁定時，應使關係人有陳述意見之機會。但法院認為不適當者，不在此限。

第八九條　（暫時處分之裁定不具效力之情形）

暫時處分之裁定，除法律別有規定或法院另有裁定外，有下列各款情形之一者，失其效力：

一　本案請求經裁判駁回確定。

二　本案程序經撤回請求或因其他事由視為終結。

三　暫時處分之內容與本案請求經裁判准許確定、調解或和解成立之內容相異部分。

四　暫時處分經裁定撤銷或變更確定。

第九〇條　（暫時處分之返還給付或權利）

①暫時處分之裁定有前條所定情形之一者，法院得依聲請或依職權，在失效範圍內，命返還所受領給付或為其他適當之處置。但命給付家庭生活費用或扶養費未逾必要範圍者，不在此限。

②法院為前項裁定前，應使關係人有辯論之機會。

③第一項裁定，準用第八十七條第二項、第三項及第九十一條之規定。

④第一項裁定確定者，有既判力。

第九一條　（暫時處分之抗告）

①暫時處分之裁定，除法律別有規定外，僅對於准許本案請求之裁定

有抗告權之人得為抗告；抗告中不停止執行。但原法院或抗告法院認有必要時，得裁定命供擔保或免供擔保後停止執行。

②前項但書裁定，不得抗告。

③駁回暫時處分聲請之裁定，僅聲請人得為抗告。

④抗告法院為裁定前，應使關係人有陳述意見之機會。但抗告法院認為不適當者，不在此限。

第九二條 （暫時處分之抗告）

①因裁定而權利受侵害之關係人，得為抗告。

②因裁定而公益受影響時，該事件相關主管機關或檢察官得為抗告。

③依聲請就關係得處分之事項為裁定者，於聲請被駁回時，僅聲請人得為抗告。

第九三條 （提起抗告之期限及效力）

①提起抗告，除法律別有規定外，抗告權人應於裁定送達後十日之不變期間內為之。但送達前之抗告，亦有效力。

②抗告權人均未受送達者，前項期間，自聲請人或其他利害關係人受送達後起算。

③第一項或第二項受裁定送達之人如有數人，除法律別有規定外，抗告期間之起算以最初受送達者為準。

第九四條 （合議裁定後提起抗告之理由）

①對於第一審就家事非訟事件所為裁定之抗告，由少年及家事法院以合議裁定之。

②對於前項合議裁定，僅得以其適用法規顯有錯誤為理由，逕向最高法院提起抗告。

③依第四十一條規定於第二審為追加或反請求者，對於該第二審就家事非訟事件所為裁定之抗告，由其上級法院裁定之。

第九五條 （利益關係人程序參與權之保障）

抗告法院為本案裁判前，應使因該裁判結果而法律上利益受影響之關係人有陳述意見之機會。但抗告法院認為不適當者，不在此限。

第九六條 （再審程序之法律準用規定）

民事訴訟法第五編再審程序之規定，於家事非訟事件之確定本案裁定準用之。但有下列各款情形之一者，不得更以同一事由聲請再審：

一 已依抗告、聲請再審、聲請撤銷或變更裁定主張其事由，經以無理由被駁回。

二 知其事由而不為抗告；或抗告而不為主張，經以無理由被駁回。

第九七條 （法律準用之規定）

家事非訟事件，除法律別有規定外，準用非訟事件法之規定。

第二章 婚姻非訟事件

第九八條 （專屬管轄法院之準用規定）

夫妻同居、指定夫妻住所、請求報告夫妻財產狀況、給付家庭生

活費用、扶養費、贍養費或宣告改用分別財產制事件之管轄，準用第五十二條及第五十三條之規定。

第九九條 （聲請狀或筆錄應載明事項）

①請求家庭生活費用、扶養費或贍養費，應於準備書狀或於筆錄載明下列各款事項：

一 請求之金額、期間及給付方法。

二 關係人之收入所得、財產現況及其他個人經濟能力之相關資料，並添具所用書證影本。

②聲請人就前項數項費用之請求，得合併聲明給付之總額或最低額；其聲明有不明瞭或不完足者，法院應曉諭其敘明或補充之。

③聲請人為前項最低額之聲明者，應於程序終結前補充其聲明。其未補充者，法院應告以得為補充。

第一○○條 （各項費用給付方式之原則）

①法院命給付家庭生活費用、扶養費或贍養費之負擔或分擔，得審酌一切情況，定其給付之方法，不受聲請人聲明之拘束。

②前項給付，法院得依聲請或依職權，命為一次給付、分期給付或給付定期金，必要時並命提出擔保。

③法院命分期給付者，得酌定遲誤一期履行時，其後之期間視為亦已到期之範圍或條件。

④法院命給付定期金者，得酌定逾期不履行時，喪失期限利益之範圍或條件，並得酌定加給之金額。但其金額不得逾定期金每期金額之二分之一。

第一○一條 （和解成立）

①本案程序進行中，聲請人與相對人就第九十八條之事件或夫妻間其他得處分之事項成立和解者，於作成和解筆錄時，發生與本案確定裁判同一之效力。

②聲請人與相對人就程序標的以外得處分之事項成立前項和解者，非經為請求之變更、追加或反請求，不得為之。

③就前二項以外之事項經聲請人與相對人合意者，法院應斟酌其內容為適當之裁判。

④第一項及第二項之和解有無效或得撤銷之原因者，聲請人或相對人得請求依原程序繼續審理，並準用民事訴訟法第三百八十條第三項之規定。

⑤因第一項或第二項和解受法律上不利影響之第三人，得請求依原程序撤銷或變更和解對其不利部分，並準用民事訴訟法第五編之一第三人撤銷訴訟程序之規定。

第一○二條 （聲請變更原裁判或和解之內容）

①就第九十九條所定各項費用命為給付之確定裁判或成立之和解，如其內容尚未實現，因情事變更，依原裁判或和解內容顯失公平者，法院得依聲請或相對人聲請變更原確定裁判或和解之內容。

②法院為前項裁判前，應使關係人有陳述意見之機會。

第一○三條 （合併請求裁判）

①第九十九條所定事件程序，關係人就請求所依據之法律關係有爭執者，法院應曉諭其得合併請求裁判。

②關係人為前項合併請求時，除關係人合意適用家事非訟程序外，法院應裁定改用家事訴訟程序，由原法官繼續審理。

③前項裁定，不得聲明不服。

第三章　親子非訟事件

第一○四條 （親子非訟事件管轄法院）

①下列親子非訟事件，專屬子女住所或居所地法院管轄；無住所或居所者，得由法院認為適當之所在地法院管轄：

一　關於未成年子女扶養請求、其他權利義務之行使或負擔之酌定、改定、變更或重大事項權利行使酌定事件。

二　關於變更子女姓氏事件。

三　關於停止親權事件。

四　關於未成年子女選任特別代理人事件。

五　關於交付子女事件。

六　關於其他親子非訟事件。

②未成年子女有數人，其住所或居所不在一法院管轄區域內者，各該住所或居所地之法院俱有管轄權。

③第一項事件有理由時，程序費用由未成年子女之父母或父母之一方負擔。

第一○五條 （移送裁定）

①婚姻或親子訴訟事件與其基礎事實相牽連之親子非訟事件，已分別繫屬於法院者，除別有規定外，法院應將親子非訟事件移送於婚姻或親子訴訟事件繫屬中之第一審或第二審法院合併裁判。

②前項移送之裁定不得聲明不服。受移送之法院應即就該事件處理，不得更為移送。

第一○六條 （聽審請求權）

①法院為審酌子女之最佳利益，得徵詢主管機關或社會福利機構之意見、請其進行訪視或調查，並提出報告及建議。

②法院斟酌前項調查報告為裁判前，應使關係人有陳述意見之機會。但其內容涉及隱私或有不適當之情形者，不在此限。

③法院認為必要時，得通知主管機關或社會福利機構相關人員於期日到場陳述意見。

④前項情形，法院得採取適當及必要措施，保護主管機關或社會福利機構相關人員之隱私及安全。

第一○七條 （給付扶養費方法之準用規定）

①法院酌定、改定或變更父母對於未成年子女權利義務之行使或負擔時，得命交付子女、容忍自行帶回子女、未行使或負擔權利義務之一方與未成年子女會面交往之方式及期間、給付扶養費、交付身分證明文件或其他財物，或命為相當之處分，並得訂定必要

事項。

②前項命給付扶養費之方法，準用第九十九條至第一百零三條規定。

第一○八條　（兒童及少年心理或其他專業人士協助）

①法院就前條事件及其他親子非訟事件為裁定前，應依子女之年齡及識別能力等身心狀況，於法庭內、外，以適當方式，曉諭裁判結果之影響，使其有表達意願或陳述意見之機會；必要時，得請兒童及少年心理或其他專業人士協助。

②前項兒童及少年心理或其他專業人士之報酬，準用第十七條第三項規定。

第一○九條　（程序監理人之選任）

就有關未成年子女權利義務之行使或負擔事件，未成年子女雖非當事人，法院為未成年子女之最佳利益，於必要時，亦得依父母、未成年子女、主管機關、社會福利機構或其他利害關係人之聲請或依職權為未成年子女選任程序監理人。

第一一○條　（合意內容之記載）

①第一百零七條所定事件及其他親子非訟事件程序進行中，父母就該事件得協議之事項達成合意，而其合意符合子女最佳利益時，法院應就合意內容記載於和解筆錄。

②前項情形，準用第一百零一條、第一百零二條及第一百零八條之規定。

第一一一條　（特別代理人之選任）

①法院為未成年子女選任特別代理人時，應斟酌得即時調查之一切證據。

②法院為前項選任之裁定前，應徵詢被選任人之意見。

③前項選任之裁定，得記載特別代理人處理事項之種類及權限範圍。

④選任特別代理人之裁定，於裁定送達或當庭告知被選任人時發生效力。

⑤法院為保護未成年子女之最佳利益，於必要時，得依父母、未成年子女、主管機關、社會福利機構或其他利害關係人之聲請或依職權，改定特別代理人。

第一一二條　（特別代理人報酬額應審酌事項）

①法院得依特別代理人之聲請酌定報酬。其報酬額，應審酌下列事項：

一　選任特別代理人之原因。

二　特別代理人執行職務之勞力。

三　未成年子女及父母之資力。

四　未成年子女與特別代理人之關係。

②前項報酬，除法律另有規定外，由未成年子女負擔。但選任特別代理人之原因係父母所致者，法院得審酌情形命父母負擔全部或一部。

第一一三條 （準用規定）

本章之規定，於父母不繼續共同生活達六個月以上時，關於未成年子女權利義務之行使負擔事件，準用之。

第四章　收養事件

第一一四條 （認可收養事件管轄法院）

①認可收養子女事件，專屬收養人或被收養人住所地之法院管轄；收養人在中華民國無住所者，由被收養人住所地之法院管轄。

②認可終止收養事件、許可終止收養事件及宣告終止收養事件，專屬養子女住所地之法院管轄。

第一一五條 （聲請認可收養事件應附具之文件）

①認可收養事件，除法律別有規定外，以收養人及被收養人為聲請人。

②認可收養之聲請應以書狀或於筆錄載明收養人及被收養人、被收養人之父母、收養人及被收養人之配偶。

③前項聲請應附具下列文件：

一　收養契約書。

二　收養人及被收養人之國民身分證、戶籍謄本、護照或其他身分證明文件。

④第二項聲請，宜附具下列文件：

一　被收養人為未成年人時，收養人之職業、健康及有關資力之證明文件。

二　夫妻之一方被收養時，他方之同意書。但有民法第一千零七十六條但書情形者，不在此限。

三　經公證之被收養人父母之同意書。但有民法第一千零七十六條之一第一項但書、第二項但書或第一千零七十六條之二第三項情形者，不在此限。

四　收養人或被收養人為外國人時，收養符合其本國法之證明文件。

五　經收出養媒合服務者為訪視調查，其收出養評估報告。

⑤前項文件在境外作成者，應經當地中華民國駐外機構驗證或證明；如係外文，並應附具中文譯本。

第一一六條 （未成年人被收養前之處理程序）

法院認可未成年人被收養前，得准收養人與未成年人共同生活一定期間，供法院決定之參考；共同生活期間，對於未成年人權利義務之行使負擔，由收養人為之。

第一一七條 （認可收養之裁定）

①認可收養之裁定，於其對聲請人及第一百十五條第二項所定之人確定時發生效力。

②認可收養之裁定正本，應記載該裁定於確定時發生效力之意旨。

③認可、許可或宣告終止收養之裁定，準用前二項之規定。

第一一八條　（聽審請求權）

被收養人之父母爲未成年人而未結婚者，法院爲認可收養之裁定前，應使該未成年人及其法定代理人有陳述意見之機會。但有礙難情形者，不在此限。

第一一九條　（收養事件準用規定）

第一百零六條及第一百零八條之規定，於收養事件準用之。

第五章　未成年人監護事件

第一二〇條　（未成年人監護事件管轄法院）

①下列未成年人監護事件，專屬未成年人住所地或居所地法院管轄；無住所或居所者，得由法院認爲適當之所在地法院管轄：

一　關於選定、另行選定或改定未成年人監護人事件。

二　關於監護人報告或陳報事件。

三　關於監護人辭任事件。

四　關於酌定監護人行使權利事件。

五　關於酌定監護人報酬事件。

六　關於爲受監護人選任特別代理人事件。

七　關於許可監護人行爲事件。

八　關於交付子女事件。

九　關於監護所生損害賠償事件。

十　關於其他未成年人監護事件。

②第一百零四條第二項、第三項及第一百零五條之規定，於前項事件準用之。

第一二一條　（損害賠償事件之裁定）

①關於監護所生之損害賠償事件，其程序標的之金額或價額逾得上訴第三審利益額者，聲請人與相對人得於第一審程序終結前，合意向法院陳明改用家事訴訟程序，由原法官繼續審理。

②前項損害賠償事件，案情繁雜者，聲請人或相對人得於第一審程序終結前，聲請法院裁定改用家事訴訟程序，由原法官繼續審理。

③前項裁定，不得聲明不服。

第一二二條　（監護人辭任準用規定）

①法院選定之監護人，有下列情形之一者，得聲請法院許可其辭任：

一　滿七十歲。

二　因身心障礙或疾病不能執行監護。

三　住所或居所與法院或受監護人所在地隔離，不便執行監護。

四　其他重大事由。

②法院爲前項許可時，應另行選任監護人。

③第一百零六條及第一百零八條之規定，於監護人辭任事件準用之。

第一二三條 （法院為未成年人選定、另行選定或改定監護人事件準用規定）

第一百零六條至第一百零八條及第一百十一條第一項、第二項之規定，於法院為未成年人選定、另行選定或改定監護人事件準用之。

第一二四條 （法院為受監護人選任特別代理人事件準用規定）

第一百十一條及第一百十二條之規定，於法院為受監護人選任特別代理人事件準用之。

第六章　親屬間扶養事件

第一二五條 （扶養事件管轄法院）

①下列扶養事件，除本法別有規定外，專屬受扶養權利人住所地或居所地法院管轄：

一　關於扶養請求事件。

二　關於請求減輕或免除扶養義務事件。

三　關於因情事變更請求變更扶養之程度及方法事件。

四　關於其他扶養事件。

②第一百零四條第二項、第三項及第一百零五條之規定，於前項事件準用之。

第一二六條 （扶養事件準用規定）

第九十九條至第一百零三條及第一百零七條第一項之規定，於扶養事件準用之。

第七章　繼承事件

第一二七條 （繼承事件管轄法院）

①下列繼承事件，專屬繼承開始時被繼承人住所地法院管轄：

一　關於遺產清冊陳報事件。

二　關於債權人聲請命繼承人提出遺產清冊事件。

三　關於拋棄繼承事件。

四　關於無人承認之繼承事件。

五　關於保存遺產事件。

六　關於指定或另行指定遺囑執行人事件。

七　關於其他繼承事件。

②保存遺產事件，亦得由遺產所在地法院管轄。

③第五十二條第四項之規定，於第一項事件準用之。

④第一項及第二項事件有理由時，程序費用由遺產負擔。

第一二八條 （遺產清冊應載事項）

①繼承人為遺產陳報時，應於陳報書記載下列各款事項，並附具遺產清冊：

一　陳報人。

二　被繼承人之姓名及最後住所。

三　被繼承人死亡之年月日時及地點。
四　知悉繼承之時間。
五　有其他繼承人者，其姓名、性別、出生年月日及住、居所。
②前項遺產清冊應記載被繼承人之財產狀況及繼承人已知之債權人、債務人。

第一二九條（遺產清冊聲請書應載事項）
①債權人聲請命繼承人提出遺產清冊時，其聲請書應記載下列各款事項：
一　聲請人。
二　被繼承人之姓名及最後住所。
三　繼承人之姓名及住、居所。
四　聲請命繼承人提出遺產清冊之意旨。
②繼承人依法院命令提出遺產清冊者，準用前條之規定。

第一三〇條（報明債權之公告）
①法院公示催告被繼承人之債權人報明債權時，應記載下列各款事項：
一　為陳報之繼承人。
二　報明權利之期間及在期間內應為報明之催告。
三　因不報明權利而生之失權效果。
四　法院。
②前項情形應通知其他繼承人。
③第一項公示催告應公告之。
④前項公告應揭示於法院公告處、資訊網路及其他適當處所；法院認為必要時，並得命登載於公報或新聞紙，或用其他方法公告之。
⑤第一項報明期間，自前項揭示之日起，應有六個月以上。

第一三一條（報明債權期間及展延）
①前條報明債權期間屆滿後六個月內，繼承人應向法院陳報償還遺產債務之狀況並提出有關文件。
②前項六個月期間，法院因繼承人之聲請，認為必要時，得延展之。

第一三二條（拋棄繼承）
①繼承人拋棄繼承時，應以書面表明下列各款事項：
一　拋棄繼承人。
二　被繼承人之姓名及最後住所。
三　被繼承人死亡之年月日時及地點。
四　知悉繼承之時間。
五　有其他繼承人者，其姓名、性別、出生年月日及住、居所。
②拋棄繼承為合法者，法院應予備查，通知拋棄繼承人及已知之其他繼承人，並公告之。
③拋棄繼承為不合法者，法院應以裁定駁回之。

第一三三條　（親屬會議報明陳報書之應載事項）

　　親屬會議報明繼承開始及選定遺產管理人時，應由其會員一人以上於陳報書記載下列各款事項，並附具證明文件：

一　陳報人。

二　被繼承人之姓名、最後住所、死亡之年月日時及地點。

三　選定遺產管理人之事由。

四　所選定遺產管理人之姓名、性別、出生年月日及住、居所。

第一三四條　（遺產管理人之消極資格）

①親屬會議選定之遺產管理人，以自然人爲限。

②前項遺產管理人有下列各款情形之一者，法院應解任之，命親屬會議於一個月內另爲選定：

一　未成年。

二　受監護或輔助宣告。

三　受破產宣告或依消費者債務清理條例受清算宣告尚未復權。

四　褫奪公權尚未復權。

第一三五條　（遺產管理人解任原因）

　　親屬會議選定之遺產管理人有下列情形之一者，法院得依利害關係人或檢察官之聲請，徵詢親屬會議會員、利害關係人或檢察官之意見後解任之，命親屬會議於一個月內另爲選定：

一　違背職務上之義務者。

二　違背善良管理人之注意義務，致危害遺產或有危害之虞者。

三　有其他重大事由者。

第一三六條　（聲請選任遺產管理人之聲請書應載事項）

①利害關係人或檢察官聲請選任遺產管理人時，其聲請書應記載下列事項，並附具證明文件：

一　聲請人。

二　被繼承人之姓名、最後住所、死亡之年月日及地點。

三　聲請之事由。

四　聲請人爲利害關係人時，其法律上利害關係之事由。

②親屬會議未依第一百三十四條第二項或前條另爲選定遺產管理人時，利害關係人或檢察官得聲請法院選任遺產管理人，並適用前項之規定。

③法院選任之遺產管理人，除自然人外，亦得選任公務機關。

第一三七條　（公示催告承認繼承之應載事項）

①法院公示催告繼承人承認繼承時，應記載下列事項：

一　陳報人。

二　被繼承人之姓名、最後住所、死亡之年月日及地點。

三　承認繼承之期間及期間內應爲承認之催告。

四　因不於期間內承認繼承而生之效果。

五　法院。

②前項公示催告，準用第一百三十條第三項至第五項之規定。

第一三八條 （法院依遺產管理人聲請為公示催告之應載事項）

法院依遺產管理人聲請為公示催告時，除記載前條第一項第二款及第五款所定事項外，並應記載下列事項：

一 遺產管理人之姓名、住所及處理遺產事務之處所。

二 報明債權及願否受遺贈聲明之期間，並於期間內應為報明或聲明之催告。

三 因不報明或聲明而生之失權效果。

第一三九條 （公告方法及期間計算等規定之準用）

第一百三十條第三項至第五項之規定，除申報權利期間外，於前二條之公示催告準用之。

第一四〇條 （遺產管理人陳報之義務）

法院選任之遺產管理人於職務執行完畢後，應向法院陳報處理遺產之狀況並提出有關文件。

第一四一條 （遺產管理人、遺囑執行人及其他法院選任財產管理人準用規定）

第八章之規定，除法律別有規定外，於遺產管理人、遺囑執行人及其他法院選任財產管理人準用之。

第八章 失蹤人財產管理事件

第一四二條 （失蹤人財產管理事件管轄法院）

①關於失蹤人之財產管理事件，專屬其住所地之法院管轄。

②第五十二條第四項之規定，於前項事件準用之。

第一四三條 （財產管理人選任順序）

①失蹤人未置財產管理人者，其財產管理人依下列順序定之：

一 配偶。

二 父母。

三 成年子女。

四 與失蹤人同居之祖父母。

五 家長。

②不能依前項規定定財產管理人時，法院得因利害關係人或檢察官之聲請，選任財產管理人。

③財產管理人之權限，因死亡、受監護、輔助或破產之宣告或其他原因消滅者，準用前二項之規定。

第一四四條 （財產管理人有數人之選定）

財產管理人有數人者，關於失蹤人之財產管理方法，除法院選任數財產管理人，而另有裁定者外，依協議定之；不為協議或協議不成時，財產管理人或利害關係人得聲請法院酌定之。

第一四五條 （財產管理人之改任及辭任）

①財產管理人不勝任或管理不適當時，法院得依利害關係人或檢察官之聲請改任之；其由法院選任者，法院認為必要時得依職權改任之。

②財產管理人有正當理由者，得聲請法院許可其辭任。

③法院爲前項許可時，應另行選任財產管理人。

第一四六條 （利害關係人及受選任人意見之詢問）

法院選任、改任或另行選任財產管理人時，應詢問利害關係人及受選任人之意見。

第一四七條 （失蹤人財產之登記）

失蹤人財產之取得、設定、喪失或變更，依法應登記者，財產管理人應向該管登記機關爲管理人之登記。

第一四八條 （管理財產目錄之作成）

財產管理人應作成管理財產目錄，並應經公證人公證，其費用由失蹤人之財產負擔之。

第一四九條 （管理財產狀況之報告或計算）

①法院得因利害關係人或檢察官之聲請，命財產管理人報告管理財產狀況或計算；財產管理人由法院選任者，並得依職權爲之。

②前項裁定，不得聲明不服。

第一五〇條 （財產狀況有關文件之聲請閱覽）

利害關係人得釋明原因，向法院聲請閱覽前條之報告及有關計算之文件，或預納費用聲請付與繕本、影本或節本。

第一五一條 （財產管理人之注意義務及權限）

財產管理人應以善良管理人之注意，保存財產，並得爲有利於失蹤人之利用或改良行爲。但其利用或改良有變更財產性質之虞者，非經法院許可，不得爲之。

第一五二條 （財產管理人之提供擔保）

①法院得命財產管理人就財產之管理及返還，供相當之擔保，並得以裁定增減、變更或免除之。

②前項擔保，準用民事訴訟法關於訴訟費用擔保之規定。

第一五三條 （財產管理人之聲請報酬）

法院得依財產管理人之聲請，按財產管理人與失蹤人之關係、管理事務之繁簡及其他情形，就失蹤人之財產，酌給相當報酬。

第九章　宣告死亡事件

第一五四條 （宣告死亡事件管轄法院）

①下列宣告死亡事件，專屬失蹤人住所地法院管轄：

一　關於聲請宣告死亡事件。

二　關於聲請撤銷或變更宣告死亡裁定事件。

三　關於其他宣告死亡事件。

②第五十二條第四項之規定，於前項事件準用之。

③第一項事件之程序費用，除宣告死亡者由遺產負擔外，由聲請人負擔。

第一五五條 （聲請裁定）

宣告死亡或撤銷、變更宣告死亡之裁定，利害關係人或檢察官得聲請之。

第一五六條 （公示催告應載事項）

①法院准許宣告死亡之聲請者，應公示催告。

②公示催告，應記載下列各款事項：

　一　失蹤人應於期間內陳報其生存，如不陳報，即應受死亡之宣告。

　二　凡知失蹤人之生死者，應於期間內將其所知陳報法院。

③前項公示催告，準用第一百三十條第三項至第五項之規定。但失蹤人滿百歲者，其陳報期間，得定為自揭示之日起二個月以上。

第一五七條 （陳報之效力）

為失蹤人生存之陳報在陳報期間屆滿後，而未宣告死亡或宣告死亡之裁定確定前者，與在期間內陳報者，有同一效力。

第一五八條 （宣告死亡之程序）

①宣告死亡程序，除通知顯有困難者外，法院應通知失蹤人之配偶、子女及父母參與程序；失蹤人另有法定代理人者，並應通知之。

②宣告死亡之裁定，應送達前項所定之人。

第一五九條 （宣告死亡之裁定）

①宣告死亡之裁定應確定死亡之時。

②宣告死亡之裁定，於其對聲請人、生存陳報人及前條第一項所定之人確定時發生效力。

③前項裁定生效後，法院應以相當之方法，將該裁定要旨公告之。

第一六〇條 （聲請撤銷或變更宣告死亡之裁定）

宣告死亡裁定確定後，發現受宣告死亡之人尚生存或確定死亡之時不當者，得聲請撤銷或變更宣告死亡之裁定。

第一六一條 （撤銷或變更宣告死亡裁定聲請狀應表明事項）

①聲請撤銷或變更宣告死亡之裁定，應於聲請狀表明下列各款事項：

　一　聲請人、宣告死亡之聲請人及法定代理人。

　二　聲請撤銷或變更之裁定。

　三　應如何撤銷或變更之聲明。

　四　撤銷或變更之事由。

②前項第四款之事由宜提出相關證據。

③第一百五十八條之規定，於撤銷或變更宣告死亡裁定事件準用之。

第一六二條 （程序終結之裁定）

受宣告死亡人於撤銷宣告死亡裁定之裁定確定前死亡者，法院應裁定本案程序終結。

第一六三條 （撤銷或變更宣告死亡裁定之效力）

①撤銷或變更宣告死亡裁定之裁定，不問對於何人均有效力。但裁定確定前之善意行為，不受影響。

②因宣告死亡取得財產者，如因前項裁定失其權利，僅於現受利益之限度內，負歸還財產之責。

③第一百五十九條第二項及第三項之規定，於第一項裁定準用之。

第十章　監護宣告事件

第一六四條　（監護宣告事件管轄法院）108

①下列監護宣告事件，專屬應受監護宣告之人或受監護宣告之人住所地或居所地法院管轄；無住所或居所者，得由法院認為適當之所在地法院管轄：

一　關於聲請監護宣告事件。

二　關於指定、撤銷或變更監護人執行職務範圍事件。

三　關於另行選定或改定監護人事件。

四　關於監護人報告或陳報事件。

五　關於監護人辭任事件。

六　關於酌定監護人行使權利事件。

七　關於酌定監護人報酬事件。

八　關於為受監護宣告之人選任特別代理人事件。

九　關於許可監護人行為事件。

十　關於監護所生損害賠償事件。

十一　關於聲請撤銷監護宣告事件。

十二　關於變更輔助宣告為監護宣告事件。

十三　關於許可終止意定監護契約事件。

十四　關於解任意定監護人事件。

十五　關於其他監護宣告事件。

②前項事件有理由時，程序費用由受監護宣告之人負擔。

③除前項情形外，其費用由聲請人負擔。

第一六五條　（程序監理人之選任）108

於聲請監護宣告事件、撤銷監護宣告事件、另行選定或改定監護人事件、許可終止意定監護契約事件及解任意定監護人事件，應受監護宣告之人及受監護宣告之人有程序能力。如其無意思能力者，法院應依職權為其選任程序監理人。但有事實足認無選任之必要者，不在此限。

第一六六條　（診斷書之提出）

聲請人為監護宣告之聲請時，宜提出診斷書。

第一六七條　（受監護宣告之人之訊問）108

①法院應於鑑定人前，就應受監護宣告之人之精神或心智狀況，訊問鑑定人及應受監護宣告之人，始得為監護之宣告。但有事實足認無訊問之必要者，不在此限。

②鑑定應有精神科專科醫師或具精神科經驗之醫師參與並出具書面報告。

第一六八條　（監護宣告之裁定與送達）

①監護宣告之裁定，應同時選定監護人及指定會同開具財產清冊之人，並附理由。

②法院為前項之選定及指定前，應徵詢被選定人及被指定人之意

見。

③第一項裁定，應送達於聲請人、受監護宣告之人、法院選定之監護人及法院指定會同開具財產清冊之人；受監護宣告之人另有程序監理人或法定代理人者，並應送達之。

第一六九條　（監護宣告裁定之效力與公告）

①監護宣告之裁定，於裁定送達或當庭告知法院選定之監護人時發生效力。

②前項裁定生效後，法院應以相當之方法，將該裁定要旨公告之。

第一七〇條　（監護宣告裁定經廢棄確定前之效力）

①監護宣告裁定經廢棄確定前，監護人所爲之行爲，不失其效力。

②監護宣告裁定經廢棄確定前，受監護宣告之人所爲之行爲，不得本於宣告監護之裁定而主張無效。

③監護宣告裁定經廢棄確定後，應由第一審法院公告其要旨。

第一七一條　（程序終結之裁定）

受監護宣告之人於監護宣告程序進行中死亡者，法院應裁定本案程序終結。

第一七二條　（聲請撤銷監護宣告事件準用規定）

①撤銷監護宣告之裁定，於其對聲請人、受監護宣告之人及監護人確定時發生效力。

②第一百六十六條至第一百六十八條及第一百七十條第三項之規定，於聲請撤銷監護宣告事件準用之。

第一七三條　（裁定變更爲輔助之宣告）

①法院對於撤銷監護宣告之聲請，認爲監護宣告之人受監護原因消滅，而仍有輔助之必要者，得依聲請或依職權以裁定變更爲輔助之宣告。

②前項裁定，準用前條之規定。

第一七四條　（裁定爲輔助之宣告）

①法院對於監護宣告之聲請，認爲未達應受監護宣告之程度，而有輔助宣告之原因者，得依聲請或依職權以裁定爲輔助之宣告。

②法院爲前項裁定前，應使聲請人及受輔助宣告之人有陳述意見之機會。

③第一項裁定，於監護宣告裁定生效時，失其效力。

第一七五條　（法院對於輔助宣告變更之規範）

①受輔助宣告之人，法院認有受監護宣告之必要者，得依聲請以裁定變更爲監護宣告。

②前項裁定，準用第一百七十二條之規定。

第一七六條　（準用規定）

①第一百零六條至第一百零八條之規定，於聲請監護宣告事件、撤銷監護宣告事件、就監護宣告聲請爲輔助宣告事件及另行選定或改定監護人事件準用之。

②第一百二十二條之規定，於監護人辭任事件準用之。

③第一百十二條之規定，於酌定監護人報酬事件準用之。

④第一百十一條及第一百十二條之規定，於法院為受監護宣告之人
選任特別代理人事件準用之。

⑤第一百二十一條之規定，於監護所生損害賠償事件準用之。

第十一章　輔助宣告事件

第一七七條　（輔助宣告事件管轄法院）

①下列輔助宣告事件，專屬應受輔助宣告之人或受輔助宣告之人之
住所地或居所地法院管轄；無住所或居所者，得由法院認為適當
之所在地法院管轄：

一　關於聲請輔助宣告事件。

二　關於另行選定或改定輔助人事件。

三　關於輔助人辭任事件。

四　關於酌定輔助人行使權利事件。

五　關於酌定輔助人報酬事件。

六　關於為受輔助宣告之人選任特別代理人事件。

七　關於指定、撤銷或變更輔助人執行職務範圍事件。

八　關於聲請許可事件。

九　關於輔助所生損害賠償事件。

十　關於聲請撤銷輔助宣告事件。

十一　關於聲請變更監護宣告為輔助宣告事件。

十二　關於其他輔助宣告事件。

②第一百六十四條第二項、第三項之規定，於前項事件準用之。

第一七八條　（聲請輔助宣告事件準用規定）

①輔助宣告之裁定，於裁定送達或當庭告知受輔助宣告之人時發生
效力。

②第一百零六條、第一百零八條、第一百六十六條至第一百六十八
條、第一百六十九條第二項及第一百七十條之規定，於聲請輔助
宣告事件準用之。

第一七九條　（裁定為監護之宣告）

①法院對於輔助宣告之聲請，認有監護宣告之必要者，得依聲請或
依職權以裁定為監護之宣告。

②前項裁定，準用第一百七十四條第二項及第三項之規定。

第一八〇條　（準用規定）

①第一百零六條至第一百零八條之規定，於法院選定、另行選定或
改定輔助人事件準用之。

②第一百二十二條之規定，於輔助人辭任事件準用之。

③第一百十二條之規定，於酌定輔助人報酬事件準用之。

④第一百十一條及第一百十二條之規定，於法院為受輔助宣告之人
選任特別代理人事件準用之。

⑤第一百二十一條之規定，於輔助所生損害賠償事件準用之。

⑥第一百七十二條之規定，於聲請撤銷輔助宣告事件準用之。

⑦第一百七十三條之規定，於聲請變更監護宣告為輔助宣告事件準

用之。

第十二章 親屬會議事件

第一八一條 （親屬會議處理事件之管轄法院）

①關於為未成年人及受監護或輔助宣告之人聲請指定親屬會議會員事件，專屬未成年人、受監護或輔助宣告之人住所地或居所地法院管轄。

②關於為遺產聲請指定親屬會議會員事件，專屬繼承開始時被繼承人住所地法院管轄。

③關於為養子女或未成年子女指定代為訴訟行為人事件，專屬養子女或未成年子女住所地法院管轄。

④關於聲請酌定扶養方法及變更扶養方法或程度事件，專屬受扶養權利人住所地或居所地法院管轄。

⑤聲請法院處理下列各款所定應經親屬會議處理之事件，專屬被繼承人住所地法院管轄：

一 關於酌給遺產事件。

二 關於監督遺產管理人事件。

三 關於酌定遺產管理人報酬事件。

四 關於認定口授遺囑真偽事件。

五 關於提示遺囑事件。

六 關於開視密封遺囑事件。

七 關於其他應經親屬會議處理事件。

⑥第五十二條第四項之規定，於前五項事件準用之。

⑦第一百零四條第二項及第一百零五條之規定，於第四項事件準用之。

⑧第一項事件有理由時，程序費用由未成年人、受監護或輔助宣告之人負擔。

⑨第二項事件有理由時，程序費用由遺產負擔。

⑩第三項事件有理由時，程序費用由養子女或未成年子女負擔。

⑪第五項事件有理由時，程序費用由遺產負擔。

第一八二條 （裁定之調查）

法院就前條第五項所定事件所為裁定時，得調查遺產管理人所為遺產管理事務之繁簡及被繼承人之財產收益狀況。

第一八三條 （準用規定）

①第一百二十二條之規定，於第一百八十一條第一項及第二項事件準用之。

②第九十九條至第一百零三條及第一百零七條之規定，於第一百八十一條第四項事件準用之。

③第一百零六條之規定，於本章之事件準用之。

④本章之規定，於其他聲請法院處理親屬會議處理之事件準用之。

第十三章 保護安置事件

第一八四條 （保護安置事件管轄法院）

① 下列安置事件，專屬被安置人住所地、居所地或所在地法院管轄：

一　關於兒童及少年之繼續安置事件。

二　關於兒童及少年之安置保護事件。

三　關於身心障礙者之繼續安置事件。

四　關於其他法律規定應由法院裁定安置事件。

② 除法律別有規定外，第一百零六條、第一百零八條、第一百六十五條、第一百六十六條、第一百六十九條及第一百七十一條之規定，於前項事件準用之。

第一八五條 （停止事件管轄法院）

① 下列停止事件，專屬嚴重病人住所地、居所地或所在地法院管轄：

一　關於停止緊急安置事件。

二　關於停止強制住院事件。

三　關於其他停止安置、住院事件。

② 除法律別有規定外，第一百零六條、第一百零八條、第一百六十五條至第一百六十七條、第一百六十八條第一項、第一百六十九條第一項及第一百七十一條之規定，於前項事件準用之。

第五編　履行之確保及執行

第一章　通　則

第一八六條 （強制執行）

① 依本法作成之調解、和解及本案裁判，除法律別有規定外，得為強制執行名義。

② 家事事件之強制執行，除法律別有規定外，準用強制執行法之規定，並得請求行政機關、社會福利機構協助執行。

第一八七條 （調查及勸告）

① 債權人於執行名義成立後，除依法聲請強制執行外，亦得聲請法院調查義務之履行狀況，並勸告債務人履行債務之全部或一部。

② 前項調查及勸告，由為裁判或成立調解或和解之第一審法院管轄。

③ 法院於必要時，得命家事調查官為調查及勸告，或囑託其他法院為之。

④ 第一項聲請，徵收費用新臺幣五百元，由聲請人負擔，並準用民事訴訟法第七十七條之二十三第四項規定。

第一八八條 （共同勸告）

① 法院為勸告時，得囑託其他法院或相關機關、團體及其他適當人員共同為之。

② 勸告履行所需費用，由法院酌量情形，命債權人及債務人以比例分擔或命一造負擔，或命各自負擔其支出之費用。

第二章　扶養費及其他費用之執行

第一八九條　（扶養費請求權）

扶養費請求權之執行，暫免繳執行費，由執行所得扣還之。

第一九〇條　（債權之執行）

①債務人依執行名義應定期或分期給付家庭生活費用、扶養費或贍養費，有一期未完全履行者，雖其餘履行期限尚未屆至，債權人亦得聲請執行。

②前項債權之執行，僅得扣押其履行期限屆至後債務人已屆清償期之薪資債權或其他繼續給付之債權。

第一九一條　（裁定給付強制金予債權人）

①債務人依執行名義應定期或分期給付家庭生活費用、扶養費或贍養費，有一期未完全履行者，雖其餘履行期限尚未屆至，執行法院得依債權人之聲請，以裁定命債務人應遵期履行，並命其於未遵期履行時，給付強制金予債權人。但為裁判法院已依第一百條第四項規定酌定加給金額者，不在此限。

②法院為前項裁定時，應斟酌債權人因債務不履行所受之不利益、債務人之資力狀態及以前履行債務之狀況。

③第一項強制金不得逾每期執行債權二分之一。

④第一項債權已屆履行期限者，法院得依債權人之聲請，以裁定命債務人限期履行，並命其於限期屆滿仍不履行時，給付強制金予債權人，並準用前二項之規定。

⑤債務人證明其無資力清償或清償債務將致其生活顯著窘迫者，執行法院應依債務人之聲請或依職權撤銷第一項及前項之裁定。

第一九二條　（裁定停止強制金裁定之執行）

①前條第一項、第四項強制金裁定確定後，情事變更者，執行法院得依債務人之聲請變更之。

②債務人為前項聲請，法院於必要時，得以裁定停止強制金裁定之執行。

③前項裁定，不得聲明不服。

第一九三條　（未成年子女扶養費債權之執行）

未成年子女扶養費債權之執行，不受強制執行法第一百二十二條規定之限制。但應酌留債務人及受其扶養之其他未成年子女生活所需。

第三章　交付子女與子女會面交往之執行

第一九四條　（決定符合子女最佳利益之執行方法審酌因素）

執行名義係命交付子女或會面交往者，執行法院應綜合審酌下列因素，決定符合子女最佳利益之執行方法，並得擇一或併用直接或間接強制方法：

一　未成年子女之年齡及有無意思能力。

二　未成年子女之意願。

三　執行之急迫性。

四　執行方法之實效性。

五　債務人、債權人與未成年子女間之互動狀況及可能受執行影響之程度。

第一九五條　（強制方式執行計畫之擬定）

①以直接強制方式將子女交付債權人時，宜先擬定執行計畫；必要時，得不先通知債務人執行日期，並請求警察機關、社工人員、醫療救護單位、學校老師、外交單位或其他有關機關協助。

②前項執行過程，宜妥爲說明勸導，儘量採取平和手段，並注意未成年子女之身體、生命安全、人身自由及尊嚴，安撫其情緒。

第六編　附　則

第一九六條　（事件移交公告）

本法施行後，已成立少年及家事法院之地區，原管轄之地方法院，應以公告將本法所定家事事件，移送少年及家事法院，並通知當事人及已知之關係人。

第一九七條　（程序從新原則）

①除本法別有規定外，本法於施行前發生之家事事件亦適用之。

②本法施行前已繫屬尚未終結之家事事件，依其進行程度，由繫屬之法院依本法所定程序終結之，已依法定程序進行之行爲，效力不受影響。

③本法施行前已繫屬尚未終結之家事事件，依繫屬時之法律定法院之管轄。

④本法施行前已繫屬尚未終結之家事事件，除依本法施行前民事訴訟法人事訴訟編得合併裁判者外，不得移送合併審理。

⑤本法所定期間之程序行爲，而應於其施行之際爲之者，其期間自本法施行之日起算。但本法施行前，法院依原適用法律裁定之期間已進行者，依其期間。

第一九八條　（非訟事件必要處分程序之規定）

①本法施行前已繫屬尚未終結之非訟事件必要處分程序，由繫屬之法院依本法所定程序終結之；已終結程序之撤銷、擔保金之發還及效力，仍應依原程序所適用之法律。

②本法施行前法院已終結之家事事件，其異議、上訴、抗告及再審之管轄，依原程序所適用之法律定之。

③本法施行前已取得之家事事件執行名義，適用本法所定履行確保及執行程序。

第一九九條　（審理細則及施行細則）

家事事件審理細則、本法施行細則，由司法院定之。

第二○○條　（施行日）

本法施行日期，由司法院定之。

民事訴訟法

①民國19年12月26日國民政府制定公布全文534條。

②民國20年2月13日國民政府增訂公布第五編第四章章名及第535至600條條文。

③民國24年2月1日國民政府修正公布名稱及全文636條；並自24年7月1日施行（原名稱：民事訴訟法）。

④民國34年12月26日國民政府修正公布第15、23、28、38、51、53、64、70、94、109、110、114、138、149、166、168、198、233、248、249、257、265、273、380、385、389、402、433、440、443、451、454、473、487、535、613條條文。

⑤民國57年2月1日總統令修正公布名稱及全文640條（原名稱：中華民國民事訴訟法）。

⑥民國60年11月17日總統令修正公布第32、104、181、262、374、399、442、443、466、478、492、514、518、519、521條文；並刪除第517、520條條文。

⑦民國72年11月9日總統令修正公布第608、622、635條條文；並增訂第95-1條條文。

⑧民國73年6月18日總統令修正公布第466、471、472、478、484條文；並增訂第477-1條條文。

⑨民國75年4月25日總統令修正公布第568、569、582、590、596條文；並增訂第589-1條條文。

⑩民國79年8月20日總統令修正公布第403、406、409、410、416至419、421、426、427、434、435條條文；並增訂第433-1至433-3、436-1至436-7條條文。

⑪民國85年9月25日總統令修正公布第363條條文。

⑫民國88年2月3日總統令修正公布第223、228、403至414、416、417、419至424、426至429、433、433-2、434至436、436-1、436-2、466、470、471、572、574、579及596條條文；刪除第415條條文；並增訂第406-1、406-2、407-1、409-1、410-1、415-1、420-1、427-1、434-1、436-8至436-32、572-1、575-1、582-1條條文及第四章章名。

⑬民國89年2月9日總統令修正公布第83、84、107、116、195、196、199、222、244、246、247、250至252、254至256、258、259、262、265、266至277、279、280、283至285、287至291、293至295、297、298、301、303至306、311至313、316、319至323、326至328、330至335、337、340、342、344至354、356、358、359、363、365至368、370、373、376、433、441、442、446、447、466條條文；刪除第362、436-13、436-17條條文；並增訂第109-1、153-1、199-1、268-1、268-2、270-1、271-1、282-1、296-1、313-1、357-1、第五目之一目名、367-1至367-3、375-1、376-1、376-2、444-1、466-1至466-3條條文。

⑭民國92年2月7日總統令修正公布第1、2、18、23、28、32至38、40、41、44、48至50、52、54、56、58、63、68、69、74至76、第三章章名、第三節節次、79、90至92、94、第四節節次、96、100、102至104、106、第五節節次、108至110、113至

117、119、120、124、127、129、130、132、133、135、136、138、140、141、143、145、146、149、151、152、162、164、167、171、172、180至182、188至191、197、200至202、204至207、211、212、217、221、223至227、231至233、235、238至240、242、243、249、272、294、367-2、377、378至380、383、385、386、389、392至394、396至400、402、406、416、419、420-1、436-11、437、439、440、443、444、444-1、445至447、450、451、454、456、458至460、466-3、467、469、470、474至476、477-1、478、484至488、490至492、496、497、499至501、553、535、536、538、539、542、543、550、551、553、559、562至564條條文；刪除第147、479、489、493、494、534、537條條文；並增訂第44-1至44-4、56-1、67-1、70-1、第三章第一、二節節名、77-1至77-27、80-1、94-1、182-1、182-2、195-1、213-1、第六節之一節名、240-1至240-4、377-1、377-2、380-1、384-1、449-1、451-1、466-4、469-1、477-2、495-1、498-1、505-1、第五編之一編名、507-1至507-5、537-1至537-4、538-1至538-4、549-1條條文。

民國92年7月2日司法院令發布自92年9月1日起施行。

⑮民國92年6月25日總統令修正公布第53、59、81、203、207、213、299、307、308、314、436-32、531、541、568、576、602、628及638條條文。

民國92年7月2日司法院令發布自92年9月1日起施行。

⑯民國96年3月21日總統令修正公布第83、84、403、406-1、420-1、425、463條條文。

⑰民國96年12月26日總統令修正公布第77-23條條文。

⑱民國98年1月21日總統令修正公布第77-19、77-22、77-26、174、182-1、249、486、515條條文；並增訂第31-1至31-3條條文。

⑲民國98年7月8日總統令修正公布第50、56、69、77-19、571、583、585、589、589-1、590、596、597至624條條文及第三章章名；並增訂第45-1、571-1、590-1、609-1、616-1、624-1至624-8條條文；除第583、585、589、589-1、590及590-1條於施行之日施行外，其餘自98年11月23日施行。

⑳民國102年5月8日總統令修正公布第18、39、69、77-19、240-4、380、389、416、420-1、427、431、526條條文；刪除第568至640條條文及第九編編名、第九編第一章至第四章章名；並自公布日施行。

㉑民國104年7月1日總統令修正公布第254、511、514、521條條文；並自公布日施行。

㉒民國106年6月14日總統令修正公布第254條條文；並自公布日施行。

㉓民國107年6月13日總統令修正公布第44-2、77-23、151、152、542、543、562條條文；並自公布日後六個月施行。

㉔民國107年11月28日總統令修正公布第223、224、235條條文；並自公布日施行。

第一編　總　則

第一章　法　院

第一節 管 轄

第一條 （普通審判籍－自然人）

①訴訟，由被告住所地之法院管轄。被告住所地之法院不能行使職權者，由其居所地之法院管轄。訴之原因事實發生於被告居所地者，亦得由其居所地之法院管轄。

②被告在中華民國現無住所或住所不明者，以其在中華民國之居所，視為其住所；無居所或居所不明者，以其在中華民國最後之住所，視為其住所。

③在外國享有治外法權之中華民國人，不能依前二項規定定管轄法院者，以中央政府所在地視為其住所地。

第二條 （普通審判籍－法人及其他團體）

①對於公法人之訴訟，由其公務所所在地之法院管轄；其以中央或地方機關為被告時，由該機關所在地之法院管轄。

②對於私法人或其他得為訴訟當事人之團體之訴訟，由其主事務所或主營業所所在地之法院管轄。

③對於外國法人或其他得為訴訟當事人之團體之訴訟，由其在中華民國之主事務所或主營業所所在地之法院管轄。

第三條 （因財產權涉訟之特別審判籍㈠）

①對於在中華民國現無住所或住所不明之人，因財產權涉訟者，得由被告可扣押之財產或請求標的所在地之法院管轄。

②被告之財產或請求標的之如為債權，以債務人住所或該債權擔保之標的所在地，視為被告財產或請求標的之所在地。

第四條 （因財產權涉訟之特別審判籍㈡）

對於生徒、受僱人或其他寄寓人，因財產權涉訟者，得由寄寓地之法院管轄。

第五條 （因財產權涉訟之特別審判籍㈢）

對於現役軍人或海員因財產權涉訟者，得由其公務所、軍艦本籍或船籍所在地之法院管轄。

第六條 （因業務涉訟之特別審判權）

對於設有事務所或營業所之人，因關於其事務所或營業所之業務涉訟者，得由該事務所或營業所所在地之法院管轄。

第七條 （因船舶涉訟之特別審判權）

對於船舶所有人或利用船舶人，因船舶或航行涉訟者，得由船籍所在地之法院管轄。

第八條 （因船舶涉訟之特別審判籍）

因船舶債權或以船舶擔保之債權涉訟者，得由船舶所在地之法院管轄。

第九條 （因社員資格涉訟之特別審判籍）

①公司或其他團體或其債權人，對於社員或社員對於社員，於其社員之資格有所請求而涉訟者，得由該團體主事務所或主營業所所在地之法院管轄。

②前項規定，於團體或其債權人或社員，對於團體職員或已退社員有所請求而涉訟者，準用之。

第一○條 （因不動產涉訟之特別審判籍）

①因不動產之物權或其分割或經界涉訟者，專屬不動產所在地之法院管轄。

②其他因不動產涉訟者，得由不動產所在地之法院管轄。

第一一條 （因不動產涉訟之特別審判籍）

對於同一被告因債權及擔保該債權之不動產物權涉訟者，得由不動產所在地之法院合併管轄。

第一二條 （因契約涉訟之特別審判籍）

因契約涉訟者，如經當事人定有債務履行地，得由該履行地之法院管轄。

第一三條 （因票據涉訟之特別審判籍）

本於票據有所請求而涉訟者，得由票據付款地之法院管轄。

第一四條 （因財產管理涉訟之特別審判籍）

因關於財產管理有所請求而涉訟者，得由管理地之法院管轄。

第一五條 （因侵權行為涉訟之特別審判籍）

①因侵權行為涉訟者，得由行為地之法院管轄。

②因船舶碰撞或其他海上事故，請求損害賠償而涉訟者，得由受損害之船舶最初到達地，或加害船舶被扣留地，或其船籍港之法院管轄。

③因航空器飛航失事或其他空中事故，請求損害賠償而涉訟者，得由受損害航空器最初降落地，或加害航空器被扣留地之法院管轄。

第一六條 （因海難救助涉訟之特別審判籍）

因海難救助涉訟者，得由救助地或被救助之船舶最初到達地之法院管轄。

第一七條 （因登記涉訟之特別審判籍）

因登記涉訟者，得由登記地之法院管轄。

第一八條 （關於自然人死亡之特別審判籍） 102

①因自然人死亡而生效力之行為涉訟者，得由該自然人死亡時之住所地法院管轄。

②前項法院不能行使職權，或訴之原因事實發生於該自然人居所地，或其為中華民國人，於死亡時，在中華民國無住所或住所不明者，定前項管轄法院時，準用第一條之規定。

第一九條 （關於繼承事件之特別審判籍）

因遺產上之負擔涉訟，如其遺產之全部或一部，在前條所定法院管轄區域內者，得由該法院管轄。

第二○條 （共同訴訟之特別審判籍）

共同訴訟之被告數人，其住所不在一法院管轄區域內者，各該住所地之法院俱有管轄權。但依第四條至前條規定有共同管轄法院者，由該法院管轄。

第二一條 （管轄之競合）

被告住所、不動產所在地、侵權行為地或其他據以定管轄法院之地，跨連或散在數法院管轄區域內者，各該法院俱有管轄權。

第二二條 （管轄競合之效果—選擇管轄）

同一訴訟，數法院有管轄權者，原告得任向其中一法院起訴。

第二三條 （指定管轄—原因及程序）

①有下列各款情形之一者，直接上級法院應依當事人之聲請或受訴法院之請求，指定管轄：

一　有管轄權之法院，因法律或事實不能行使審判權，或因特別情形，由其審判恐影響公安或難期公平者。

二　因管轄區域境界不明，致不能辨別有管轄權之法院者。

②直接上級法院不能行使職權者，前項指定由再上級法院為之。

③第一項之聲請得向受訴法院或直接上級法院為之，前項聲請得向受訴法院或再上級法院為之。

④指定管轄之裁定，不得聲明不服。

第二四條 （合意管轄及其表意方法）

①當事人得以合意定第一審管轄法院。但以關於由一定法律關係而生之訴訟為限。

②前項合意，應以文書證之。

第二五條 （擬制之合意管轄）

被告不抗辯法院無管轄權，而為本案之言詞辯論者，以其法院為有管轄權之法院。

第二六條 （合意管轄之限制）

前二條之規定，於本法定有專屬管轄之訴訟，不適用之。

第二七條 （定管轄之時期）

定法院之管轄，以起訴時為準。

第二八條 （移送訴訟之原因及程序）

①訴訟之全部或一部，法院認為無管轄權者，依原告聲請或依職權以裁定移送於其管轄法院。

②第二十四條之合意管轄，如當事人之一造為法人或商人，依其預定用於同類契約之條款而成立，按其情形顯失公平者，他造於為本案之言詞辯論前，得聲請移送於其管轄法院。但兩造均為法人或商人者，不在此限。

③移送訴訟之聲請被駁回者，不得聲明不服。

第二九條 （移送前有急迫情形時之必要處分）

移送訴訟前如有急迫情形，法院應依當事人聲請或依職權為必要之處分。

第三〇條 （移送裁定之效力(一)）

①移送訴訟之裁定確定時，受移送之法院受其羈束。

②前項法院，不得以該訴訟更行移送於他法院。但專屬於他法院管轄者，不在此限。

第三一條 （移送裁定之效力(二)）

①移送訴訟之裁定確定時，視爲該訴訟自始即繫屬於受移送之法院。

②前項情形，法院書記官應速將裁定正本附入卷宗，送交受移送之法院。

第三一條之一 （一事不再理）

①起訴時法院有受理訴訟權限者，不因訴訟繫屬後事實及法律狀態變更而受影響。

②訴訟已繫屬於不同審判權之法院者，當事人不得就同一事件向普通法院更行起訴。

第三一條之二 （訴訟權限）

①普通法院認其有受理訴訟權限而爲裁判經確定者，其他法院受該裁判之羈束。

②普通法院認其無受理訴訟權限者，應依職權裁定將訴訟移送至有受理訴訟權限之管轄法院。

③當事人就普通法院有無受理訴訟權限有爭執者，普通法院應先爲裁定。

④前項裁定，得爲抗告。

⑤普通法院爲第二項及第三項之裁定前，應先徵詢當事人之意見。

⑥第二十九條、第三十一條規定，於第二項之情形準用之。

第三一條之三 （訴訟費用之徵收）

①其他法院將訴訟移送至普通法院者，依本法定其訴訟費用之徵收。移送前所生之訴訟費用視爲普通法院訴訟費用之一部分。

②應行徵收之訴訟費用，其他法院未加徵收、徵收不足額或溢收者，普通法院應補行徵收或通知原收款法院退還溢收部分。

第二節　法院職員之迴避

第三二條 （法官自行迴避之事由）

法官有下列各款情形之一者，應自行迴避，不得執行職務：

一　法官或其配偶、前配偶或未婚配偶，爲該訴訟事件當事人者。

二　法官爲該訴訟事件當事人八親等內之血親或五親等內之姻親，或曾有此親屬關係者。

三　法官或其配偶、前配偶或未婚配偶，就該訴訟事件與當事人有共同權利人、共同義務人或償還義務人之關係者。

四　法官現爲或曾爲該訴訟事件當事人之法定代理人或家長、家屬者。

五　法官於該訴訟事件，現爲或曾爲當事人之訴訟代理人或輔佐人者。

六　法官於該訴訟事件，曾爲證人或鑑定人者。

七　法官曾參與該訴訟事件之前審裁判或仲裁者。

第三三條 （聲請法官迴避及其事由）

①遇有下列各款情形，當事人得聲請法官迴避：
一　法官有前條所定之情形而不自行迴避者。
二　法官有前條所定以外之情形，足認其執行職務有偏頗之虞者。
②當事人如已就該訴訟有所聲明或為陳述後，不得依前項第二款聲請法官迴避。但迴避之原因發生在後或知悉在後者，不在此限。

第三四條　（聲請法官迴避之程序）

①聲請法官迴避，應舉其原因，向法官所屬法院為之。
②前項原因及前條第二項但書之事實，應自為聲請之日起，於三日內釋明之。
③被聲請迴避之法官，對於該聲請得提出意見書。

第三五條　（聲請法官迴避之裁定）

①法官迴避之聲請，由該法官所屬法院以合議裁定之；其因不足法定人數不能合議者，由兼院長之法官裁定之；如並不能由兼院長之法官裁定者，由直接上級法院裁定之。
②前項裁定，被聲請迴避之法官，不得參與。
③被聲請迴避之法官，以該聲請為有理由者，毋庸裁定，應即迴避。

第三六條　（聲請法官迴避裁定之救濟）

聲請法官迴避經裁定駁回者，得為抗告。其以聲請為正當者，不得聲明不服。

第三七條　（聲請法官迴避之效力）

①法官被聲請迴避者，在該聲請事件終結前，應停止訴訟程序。但其聲請因違背第三十三條第二項，或第三十四條第一項或第二項之規定，或顯係意圖延滯訴訟而為者，不在此限。
②依前項規定停止訴訟程序中，如有急迫情形，仍應為必要處分。

第三八條　（職權裁定迴避與同意迴避）

①第三十五條第一項所定為裁定之法院或兼院長之法官，如認法官有應自行迴避之原因者，應依職權為迴避之裁定。
②法官有第三十三條第一項第二款之情形者，經兼院長之法官同意，得迴避之。

第三九條　（司法事務官、書記官及通譯之迴避）

本節之規定，於司法事務官、法院書記官及通譯準用之。

第二章　當事人

第一節　當事人能力及訴訟能力

第四○條　（當事人能力）

①有權利能力者，有當事人能力。
②胎兒，關於其可享受之利益，有當事人能力。
③非法人之團體，設有代表人或管理人者，有當事人能力。
④中央或地方機關，有當事人能力。

第四一條　（選定當事人之要件及效力）

①多數有共同利益之人，不合於前條第三項所定者，得由其中選定一人或數人，爲選定人及被選定人全體起訴或被訴。

②訴訟繫屬後，經選定前項之訴訟當事人者，其他當事人脫離訴訟。

③前二項被選定之人得更換或增減之。但非通知他造，不生效力。

第四二條　（選定當事人之程序）

前條訴訟當事人之選定及其更換、增減，應以文書證之。

第四三條　（選定當事人喪失其資格之救濟）

第四十一條之被選定人中，有因死亡或其他事由喪失其資格者，他被選定人得爲全體爲訴訟行爲。

第四四條　（選定當事人爲訴訟行爲之限制）

①被選定人有爲選定人爲一切訴訟行爲之權。但選定人得限制其爲捨棄、認諾、撤回或和解。

②選定人中之一人所爲限制，其效力不及於他選定人。

③第一項之限制，應於第四十二條之文書內表明，或以書狀提出於法院。

第四四條之一　（選定法人之要件）

①多數有共同利益之人爲同一公益社團法人之社員者，於章程所定目的範圍內，得選定該法人爲選定人起訴。

②法人依前項規定爲社員提起金錢賠償損害之訴時，如選定人全體以書狀表明願由法院判定被告應給付選定人全體之總額，並就給付總額之分配方法達成協議者，法院得不分別認定被告應給付各選定人之數額，而僅就被告應給付選定人全體之總額爲裁判。

③第一項情形準用第四十二條及第四十四條之規定。

第四四條之二　（公告曉示）107

①因公害、交通事故、商品瑕疵或其他本於同一原因事實而有共同利益之多數人，依第四十一條之規定選定一人或數人爲同種類之法律關係起訴者，法院得徵求原被選定人之同意，或由被選定人聲請經法院認爲適當時，公告曉示其他共同利益人，得於一定期間內以書狀表明其原因事實、證據及應受判決事項之聲明，併案請求。其請求之人，視爲已依第四十一條爲選定。

②其他有共同利益之人，亦得聲請法院依前項規定爲公告曉示。

③併案請求之書狀，應以繕本或影本送達於兩造。

④第一項之期間至少應有二十日，公告應張貼於法院公告處，並公告於法院網站；法院認爲必要時，得命登載公報、新聞紙或以其他傳播工具公告之，其費用由國庫墊付。

⑤第一項原被選定人不同意者，法院得依職權公告曉示其他共同利益人起訴，由法院併案審理。

第四四條之三　（提起不作爲訴訟之權）

①以公益爲目的之社團法人或財團法人，經其目的事業主管機關許可，於章程所定目的範圍內，得對侵害多數人利益之行爲人，提

起不作爲之訴。

②前項許可及監督辦法，由司法院會同行政院定之。

第四四條之四 （訴訟代理人之選任）

①前三條訴訟，法院得依聲請爲原告選任律師爲訴訟代理人。

②前項訴訟代理人之選任，以伸張或防衛權利所必要者爲限。

第四五條 （訴訟能力）

能獨立以法律行爲負義務者，有訴訟能力。

第四五條之一 （受輔助宣告之人爲訴訟行爲之同意）

①輔助人同意受輔助宣告之人爲訴訟行爲，應以文書證之。

②受輔助宣告之人就他造之起訴或上訴爲訴訟行爲時，無須經輔助人同意。

③受輔助宣告之人爲捨棄、認諾、撤回或和解，應經輔助人以書面特別同意。

第四六條 （外國人之訴訟能力）

外國人依其本國法律無訴訟能力，而依中華民國法律有訴訟能力者，視爲有訴訟能力。

第四七條 （法定代理及爲訴訟必要之允許應適用之法規）

關於訴訟之法定代理及爲訴訟所必要之允許，依民法及其他法令之規定。

第四八條 （能力、法定代理權或爲訴訟所必要之允許欠缺之追認）

於能力、法定代理權或爲訴訟所必要之允許有欠缺人所爲之訴訟行爲，經取得能力之本人、取得法定代理權或允許之人、法定代理人或有允許權人之承認，溯及於行爲時發生效力。

第四九條 （能力、法定代理權或爲訴訟所必要之允許欠缺之補正）

能力、法定代理權或爲訴訟所必要之允許有欠缺而可以補正者，審判長應定期間命其補正；如恐久延致當事人受損害時，得許其暫爲訴訟行爲。

第五〇條 （選定當事人能力欠缺之追認或補正）

前二條規定，於第四十一條、第四十四條之一、第四十四條之二被選定人及第四十五條之一受輔助宣告之人爲訴訟行爲者準用之。

第五一條 （特別代理人之選任及其權限）

①對於無訴訟能力人爲訴訟行爲，因其無法定代理人，或其法定代理人不能行代理權，恐致久延而受損害者，得聲請受訴法院之審判長選任特別代理人。

②無訴訟能力人有爲訴訟之必要，而無法定代理人，或法定代理人不能行代理權者，其親屬或利害關係人，得聲請受訴法院之審判長，選任特別代理人。

③選任特別代理人之裁定，並應送達於特別代理人。

④特別代理人於法定代理人或本人承當訴訟以前，代理當事人爲一

切訴訟行為。但不得為捨棄、認諾、撤回或和解。

⑤選任特別代理人所需費用及特別代理人代為訴訟所需費用，得命聲請人墊付。

第五二條 （法定代理規定之準用）

本法關於法定代理之規定，於法人之代表人、第四十條第三項之代表人或管理人、第四項機關之代表人及依法令得為訴訟上行為之代理人準用之。

第二節　共同訴訟

第五三條 （共同訴訟之要件）

二人以上於下列各款情形，得為共同訴訟人，一同起訴或一同被訴：

一　為訴訟標的之權利或義務，為其所共同者。

二　為訴訟標的之權利或義務，本於同一之事實上及法律上原因者。

三　為訴訟標的之權利或義務，係同種類，而本於事實上及法律上同種類之原因者。但以被告之住所在同一法院管轄區域內，或有第四條至第十九條所定之共同管轄法院者為限。

第五四條 （主參加訴訟）

①就他人間之訴訟，有下列情形之一者，得於第一審或第二審本訴訟繫屬中，以其當事人兩造為共同被告，向本訴訟繫屬之法院起訴：

一　對其訴訟標的之全部或一部，為自己有所請求者。

二　主張因其訴訟之結果，自己之權利將被侵害者。

②依前項規定起訴者，準用第五十六條各款之規定。

第五五條 （通常共同訴訟人間之關係）

共同訴訟中，一人之行為或他造對於共同訴訟人中一人之行為及關於其一人所生之事項，除別有規定外，其利害不及於他共同訴訟人。

第五六條 （必要共同訴訟人間之關係）

①訴訟標的對於共同訴訟之各人必須合一確定者，適用下列各款之規定：

一　共同訴訟人中一人之行為有利益於共同訴訟人者，其效力及於全體；不利益者，對於全體不生效力。

二　他造對於共同訴訟人中一人之行為，其效力及於全體。

三　共同訴訟人中之一人生有訴訟當然停止或裁定停止之原因者，其當然停止或裁定停止之效力及於全體。

②前項共同訴訟人中一人提起上訴，其他共同訴訟人為受輔助宣告之人時，準用第四十五條之一第二項之規定。

第五六條之一 （未共同起訴之人追加為原告）

①訴訟標的對於數人必須合一確定而應共同起訴，如其中一人或數人拒絕同為原告而無正當理由者，法院得依原告聲請，以裁定命

該未起訴之人於一定期間內追加爲原告。逾期未追加者，視爲已一同起訴。

②法院爲前項裁定前，應使該未起訴之人有陳述意見之機會。

③第一項未共同起訴之人所在不明，經原告聲請命爲追加，法院認其聲請爲正當者，得以裁定將該未起訴之人列爲原告。但該原告於第一次言詞辯論期日前陳明拒絕爲原告之理由，經法院認爲正當者，得撤銷原裁定。

④第一項及前項裁定，得爲抗告。

⑤第一項及第三項情形，如訴訟費用應由原告負擔者，法院得酌量情形，命僅由原起訴之原告負擔。

第五七條 （續行訴訟權）

①共同訴訟人，各有續行訴訟之權。

②法院指定期日者，應通知各共同訴訟人到場。

第三節　訴訟參加

第五八條 （訴訟參加之要件）

①就兩造之訴訟有法律上利害關係之第三人，爲輔助一造起見，於該訴訟繫屬中，得爲參加。

②參加，得與上訴、抗告或其他訴訟行爲，合併爲之。

③就兩造之確定判決有法律上利害關係之第三人，於前訴訟程序中已爲參加者，亦得輔助一造提起再審之訴。

第五九條 （訴訟參加之程序）

①參加，應提出參加書狀，於本訴訟繫屬之法院爲之。

②參加書狀，應表明下列各款事項：

一　本訴訟及當事人。

二　參加人於本訴訟之利害關係。

三　參加訴訟之陳述。

③法院應將參加書狀，送達於兩造。

第六○條 （當事人對第三人參加訴訟之異議權）

①當事人對於第三人之參加，得聲請法院駁回。但對於參加未提出異議而已爲言詞辯論者，不在此限。

②關於前項聲請之裁定，得爲抗告。

③駁回參加之裁定未確定前，參加人得爲訴訟行爲。

第六一條 （參加人之權限）

參加人得按參加時之訴訟程度，輔助當事人爲一切訴訟行爲。但其行爲與該當事人之行爲牴觸者，不生效力。

第六二條 （獨立參加之效力）

訴訟標的，對於參加人及其所輔助之當事人必須合一確定者，準用第五十六條之規定。

第六三條 （本訴訟裁判對參加人之效力）

①參加人對於其所輔助之當事人，不得主張本訴訟之裁判不當。但參加人因參加時訴訟之程度或因該當事人之行爲，不能用攻擊或

防禦方法，或當事人因故意或重大過失不用參加人所不知之攻擊或防禦方法者，不在此限。

②參加人所輔助之當事人對於參加人，準用前項之規定。

第六四條　（參加人之承擔訴訟）

①參加人經兩造同意時，得代其所輔助之當事人承當訴訟。

②參加人承當訴訟者，其所輔助之當事人，脫離訴訟，但本案之判決，對於脫離之當事人，仍有效力。

第六五條　（告知訴訟）

①當事人得於訴訟繫屬中，將訴訟告知於因自己敗訴而有法律上利害關係之第三人。

②受訴訟之告知者，得遞行告知。

第六六條　（告知訴訟之程序）

①告知訴訟，應以書狀表明理由及訴訟程度提出於法院，由法院送達於第三人。

②前項書狀，並應送達於他造。

第六七條　（告知訴訟之效力）

受告知人不爲參加或參加逾時者，視爲於得行參加時已參加於訴訟，準用第六十三條之規定。

第六七條之一　（訴訟告知制度）

①訴訟之結果，於第三人有法律上利害關係者，法院得於第一審或第二審言詞辯論終結前相當時期，將訴訟事件及進行程度以書面通知該第三人。

②前項受通知人得於通知送達後五日內，爲第二百四十二條第一項之請求。

③第一項受通知人得依第五十八條規定參加訴訟者，準用前條之規定。

第四節　訴訟代理人及輔佐人

第六八條　（訴訟代理人之限制）

①訴訟代理人應委任律師爲之。但經審判長許可者，亦得委任非律師爲訴訟代理人。

②前項之許可，審判長得隨時以裁定撤銷之，並應送達於爲訴訟委任之人。

③非律師爲訴訟代理人之許可準則，由司法院定之。

第六九條　（委任訴訟代理人之方式）102

①訴訟代理人，應於最初爲訴訟行爲時，提出委任書。但由當事人以言詞委任，經法院書記官記明筆錄，或經法院、審判長依法選任者，不在此限。

②前項委任或選任，應於每審級爲之。但當事人就特定訴訟於委任書表明其委任不受審級限制，並經公證者，不在此限。

第七〇條　（訴訟代理人之權限）

①訴訟代理人就其受委任之事件，有爲一切訴訟行爲之權。但捨

棄、認諾、撤回、和解、提起反訴、上訴或再審之訴及選任代理人，非受特別委任不得為之。

②關於強制執行之行為或領取所爭物，準用前項但書之規定。

③如於第一項之代理權加以限制者，應於前條之委任書或筆錄內表明。

第七〇條之一　（訴訟代理人之權限）

①法院或審判長依法律規定為當事人選任律師為訴訟代理人者，該訴訟代理人得代理當事人為一切訴訟行為。但不得為捨棄、認諾、撤回或和解。

②當事人自行委任訴訟代理人或表示自為訴訟行為者，前項訴訟代理人之代理權消滅。

③前項情形，應通知選任之訴訟代理人及他造當事人。

第七一條　（各別代理權）

①訴訟代理人有二人以上者，均得單獨代理當事人。

②違反前項之規定而為委任者，對於他造不生效力。

第七二條　（當事人本人之撤銷或更正權）

訴訟代理人事實上之陳述，經到場之當事人本人，即時撤銷或更正者，不生效力。

第七三條　（訴訟代理權之效力）

訴訟代理權，不因本人死亡、破產或訴訟能力喪失而消滅；法定代理有變更者亦同。

第七四條　（解除訴訟委任之要件及程序）

①訴訟委任之終止，非通知他造，不生效力。

②前項通知，應以書狀或言詞提出於法院，由法院送達或告知於他造。

③由訴訟代理人終止委任者，自為終止之意思表示之日起十五日內，仍應為防衛本人權利所必要之行為。

第七五條　（訴訟代理權欠缺之補正）

①訴訟代理權有欠缺而可以補正者，審判長應定期間命其補正。但得許其暫為訴訟行為。

②第四十八條之規定，於訴訟代理準用之。

第七六條　（輔佐人到場之許可及撤銷）

①當事人或訴訟代理人經審判長之許可，得於期日偕同輔佐人到場。

②前項許可，審判長得隨時撤銷之。

第七七條　（輔佐人所為陳述之效力）

輔佐人所為之陳述，當事人或訴訟代理人不即時撤銷或更正者，視為其所自為。

第三章　訴訟標的價額之核定及訴訟費用

第一節　訴訟標的價額之核定

第七七條之一　（訴訟標的之價額之核定）

①訴訟標的之價額，由法院核定。

②核定訴訟標的之價額，以起訴時之交易價額爲準；無交易價額者，以原告就訴訟標的所有之利益爲準。

③法院因核定訴訟標的之價額，得依職權調查證據。

④第一項之核定，得爲抗告。

第七七條之二　（數項訴訟標的之價額之計算）

①以一訴主張數項標的者，其價額合併計算之。但所主張之數項標的互相競合或應爲選擇者，其訴訟標的之價額，應依其中價額最高者定之。

②以一訴附帶請求其孳息、損害賠償、違約金或費用者，不併算其價額。

第七七條之三　（原告應負擔對待給付之計算）

①原告應負擔之對待給付，不得從訴訟標的之價額中扣除。

②原告並求確定對待給付之額數者，其訴訟標的之價額，應依給付中價額最高者定之。

第七七條之四　（土地權、永佃權涉訟價額計算）

因地上權、永佃權涉訟，其價額以一年租金十五倍爲準；無租金時，以一年所獲可視同租金利益之十五倍爲準；如一年租金或利益之十五倍超過其他價者，以地價爲準。

第七七條之五　（地役權涉訟價額計算）

因地役權涉訟，如係地役權人爲原告，以需役地所增價額爲準；如係供役地人爲原告，以供役地所減價額爲準。

第七七條之六　（擔保債權涉訟價額計算）

因債權之擔保涉訟，以所擔保之債權額爲準；如供擔保之物其價額少於債權額時，以該物之價額爲準。

第七七條之七　（典權涉訟產價額之計算）

因典產回贖權涉訟，以產價爲準；如僅係典價之爭執，以原告主張之利益爲準。

第七七條之八　（水利涉訟價額之計算）

因水利涉訟，以一年水利可望增加收益之額爲準。

第七七條之九　（租賃權涉訟價額之計算）

因租賃權涉訟，其租賃定有期間者，以權利存續期間之租金總額爲準；其租金總額超過租賃物之價額者，以租賃物之價額爲準；未定期間者，動產以二個月租金之總額爲準，不動產以二期租金之總額爲準。

第七七條之一〇　（定期給付涉訟價額之計算）

因定期給付或定期收益涉訟，以權利存續期間之收入總數爲準；期間未確定時，應推定其存續期間。但其期間超過十年者，以十年計算。

第七七條之一一　（分割共有物涉訟價額之計算）

分割共有物涉訟，以原告因分割所受利益之價額爲準。

第七七條之一二 （價額不能核定）

訴訟標的之價額不能核定者，以第四百六十六條所定不得上訴第三審之最高利益額數加十分之一定之。

第二節　訴訟費用之計算及徵收

第七七條之一三 （財產權起訴之裁判費）

因財產權而起訴，其訴訟標的之金額或價額在新臺幣十萬元以下部分，徵收一千元；逾十萬元至一百萬元部分，每萬元徵收一百元；逾一百萬元至一千萬元部分，每萬元徵收九十元；逾一千萬元至一億元部分，每萬元徵收八十元；逾一億元至十億元部分，每萬元徵收七十元；逾十億元部分，每萬元徵收六十元；其畸零之數不滿萬元者，以萬元計算。

第七七條之一四 （非財產權起訴之裁判費）

①非因財產權而起訴者，徵收裁判費新臺幣三千元。

②於非財產權上之訴，並為財產權上之請求者，其裁判費分別徵收之。

第七七條之一五 （反訴之裁判費）

①本訴與反訴之訴訟標的相同者，反訴不另徵收裁判費。

②依第三百九十五條第二項、第五百三十一條第一項所為之聲明，不徵收裁判費。

③訴之變更或追加，其變更或追加後訴訟標的之價額超過原訴訟標的之價額者，就其超過部分補徵裁判費。

第七七條之一六 （上訴之裁判費）

①向第二審或第三審法院上訴，依第七十七條之十三及第七十七條之十四規定，加徵裁判費十分之五；發回或發交更審再行上訴者免徵；其依第四百五十二條第二項為移送，經判決後再行上訴者亦同。

②於第二審為訴之變更、追加或依第五十四條規定起訴者，其裁判費之徵收，依前條第三項規定，並準用前項規定徵收之。提起反訴應徵收裁判費者亦同。

第七七條之一七 （再審之裁判費）

①再審之訴，按起訴法院之審級，依第七十七條之十三、第七十七條之十四及前條規定徵收裁判費。

②對於確定之裁定聲請再審者，徵收裁判費新臺幣一千元。

第七七條之一八 （抗告之裁判費）

抗告，徵收裁判費新臺幣一千元，再為抗告者亦同。

第七七條之一九 （聲請或聲明裁判費之徵收）102

聲請或聲明不徵費用。但下列第一款之聲請，徵收裁判費新臺幣五百元；第二款至第七款之聲請，徵收裁判費新臺幣一千元：

一　聲請發支付命令。

二　聲請參加訴訟或駁回參加。

三　聲請回復原狀。

四　起訴前聲請證據保全。

五　聲請假扣押、假處分或撤銷假扣押、假處分裁定。

六　（刪除）

七　聲請公示催告或除權判決。

第七七條之二〇　（聲請費之徵收）

①因財產權事件聲請調解，其標的之金額或價額未滿新臺幣十萬元者，免徵聲請費；十萬元以上，未滿一百萬元者，徵收一千元；一百萬元以上，未滿五百萬元者，徵收二千元；五百萬元以上，未滿一千萬元者，徵收三千元；一千萬元以上者，徵收五千元。

非因財產權而聲請調解者，免徵聲請費。

②調解不成立後三十日內起訴者，當事人應繳之裁判費，得以其所繳調解之聲請費扣抵之。

第七七條之二一　（調解或支付命令之裁判費）

①依第五百十九條第一項規定以支付命令之聲請視為起訴或聲請調解者，仍應依第七七條之十三或第七七條之二〇規定全額徵收裁判費或聲請費。

②前項應徵收之裁判費或聲請費，當事人得以聲請支付命令時已繳之裁判費扣抵之。

第七七條之二二　（減徵裁判費）

①依第四十四條之二請求賠償之人，其裁判費超過新臺幣六十萬元部分暫免徵收。

②依第四十四條之三規定請求者，免徵裁判費。

③依第一項或其他法律規定暫免徵收之裁判費，第一審法院應於該事件確定後，依職權裁定向負擔訴訟費用之一造徵收之。

第七七條之二三　（其他費用之徵收）107

①訴訟文書之影印費、攝影費、抄錄費、翻譯費，證人、鑑定人之日費、旅費及其他進行訴訟之必要費用，其項目及標準由司法院定之。

②運送費、公告法院網站費、登載公報新聞紙費及法院核定之鑑定人報酬，依實支數計算。

③命當事人預納之前二項費用，應專就該事件所預納之項目支用，並得由法院代收代付之。有剩餘者，應於訴訟終結後返還繳款人。

④郵電送達費及法官、書記官、執達員、通譯於法院外為訴訟行為之食、宿、舟、車費，不另徵收。

第七七條之二四　（到場費用之計算）

①當事人、法定代理人或其他依法令當事人為訴訟行為之人，經法院命其於期日到場或依當事人訊問程序陳述者，其到場之費用為訴訟費用之一部。

②前項費用額之計算，準用證人日費、旅費之規定。

第七七條之二五　（律師酬金）

①法院或審判長依法律規定，為當事人選任律師為特別代理人或訴

訟代理人者，其律師之酬金由法院或審判長酌定之。

②前項酬金及第四百六十六條之三第一項之酬金為訴訟費用之一部，其支給標準，由司法院參酌法務部及中華民國律師公會全國聯合會意見定之。

第七七條之二六 （溢收訴訟費用之返還）

①訴訟費用如有溢收情事者，法院應依聲請並得依職權以裁定返還之。

②前項聲請，至遲應於裁判確定或事件終結後三個月內為之。

③裁判費如有因法院曉示文字記載錯誤或其他類此情形而繳納者，得於繳費之日起五年內聲請返還，法院並得依職權以裁定返還之。

第七七條之二七 （訴訟費用之加徵）

本法應徵收之裁判費，各高等法院得因必要情形，擬定額數，報請司法院核准後加徵之。但其加徵之額數，不得超過原額數十分之五。

第三節　訴訟費用之負擔

第七八條 （訴訟費用負擔之原則）

訴訟費用，由敗訴之當事人負擔。

第七九條 （一部勝訴一部敗訴之負擔標準）

各當事人一部勝訴、一部敗訴者，其訴訟費用，由法院酌量情形，命兩造以比例分擔或命一造負擔，或命兩造各自負擔其支出之訴訟費用。

第八〇條 （原告負擔訴訟費用）

被告對於原告關於訴訟標的之主張逕行認諾，並能證明其無庸起訴者，訴訟費用，由原告負擔。

第八〇條之一 （訴訟費用負擔之例外）

因共有物分割、經界或其他性質上類似之事件涉訟，由敗訴當事人負擔訴訟費用顯失公平者，法院得酌量情形，命勝訴之當事人負擔其一部。

第八一條 （由勝訴人負擔訴訟費用）

因下列行為所生之費用，法院得酌量情形，命勝訴之當事人負擔其全部或一部：

一　勝訴人之行為，非為伸張或防衛權利所必要者。

二　敗訴人之行為，按當時之訴訟程度，為伸張或防衛權利所必要者。

第八二條 （由勝訴人負擔訴訟費用）

當事人不於適當時期提出攻擊或防禦方法，或遲誤期日或期間，或因其他應歸責於己之事由而致訴訟延滯者，雖該當事人勝訴，其因延滯而生之費用，法院得命其負擔全部或一部。

第八三條 （撤回訴訟、上訴或抗告之訴訟費用負擔）

①原告撤回其訴者，訴訟費用由原告負擔。其於第一審言詞辯論終

結前撤回者，得於撤回後三個月內聲請退還該審級所繳裁判費三分之二。

②前項規定，於當事人撤回上訴或抗告者準用之。

第八四條　（和解時之訴訟費用負擔）

①當事人為和解者，其和解費用及訴訟費用各自負擔之。但別有約定者，不在此限。

②和解成立者，當事人得自成立之日起三個月內聲請退還其於該審級所繳裁判費三分之二。

第八五條　（共同訴訟之訴訟費用負擔）

①共同訴訟人，按其人數，平均分擔訴訟費用。但共同訴訟人於訴訟之利害關係顯有差異者，法院得酌量其利害關係之比例，命分別負擔。

②共同訴訟人因連帶或不可分之債敗訴者，應連帶負擔訴訟費用。

③共同訴訟人中有專為自己之利益而為訴訟行為者，因此所生之費用，應由該當事人負擔。

第八六條　（參加人之訴訟費用負擔）

①因參加訴訟所生之費用，由參加人負擔。但他造當事人依第七十八條至第八十四條規定應負擔之訴訟費用，仍由該當事人負擔。

②訴訟標的，對於參加人與其所輔助之當事人必須合一確定者，準用前條之規定。

第八七條　（依職權為訴訟費用之裁判）

①法院為終局判決時，應依職權為訴訟費用之裁判。

②上級法院廢棄下級法院之判決，而就該事件為裁判或變更下級法院之判決者，應為訴訟總費用之裁判；受發回或發交之法院為終局之判決者亦同。

第八八條　（對訴訟費用聲明不服之限制）

訴訟費用之裁判，非對於本案裁判有上訴時，不得聲明不服。

第八九條　（第三人負擔訴訟費用）

①法院書記官、執達員、法定代理人或訴訟代理人，因故意或重大過失，致生無益之訴訟費用者，法院得依聲請或依職權以裁定命該官員或代理人負擔。

②依第四十九條或第七十五條第一項規定，暫為訴訟行為之人不補正其欠缺者，因其訴訟行為所生之費用，法院得依職權以裁定命其負擔。

③前二項裁定，得為抗告。

第九〇條　（依聲請訴訟費用之裁判）

①訴訟不經裁判而終結者，法院應依聲請以裁定為訴訟費用之裁判。

②前項聲請，應於訴訟終結後二十日之不變期間內為之。

第九一條　（聲請確定訴訟費用額之要件及程序）

①法院未於訴訟費用之裁判確定其費用額者，第一審受訴法院於該裁判有執行力後，應依聲請以裁定確定之。

②聲請確定訴訟費用額者，應提出費用計算書、交付他造之計算書繕本或影本及釋明費用額之證書。

③依第一項確定之訴訟費用額，應於裁定送達之翌日起，加給按法定利率計算之利息。

第九二條　（確定訴訟費用額之程序）

①當事人分擔訴訟費用者，法院應於裁判前命他造於一定期間內，提出費用計算書、交付聲請人之計算書繕本或影本及釋明費用額之證書。

②他造遲誤前項期間者，法院得僅就聲請人一造之費用裁判之。但他造嗣後仍得聲請確定其訴訟費用額。

第九三條　（確定之方法）

當事人分擔訴訟費用者，法院為確定費用額之裁判時，除前條第二項情形外，應視為各當事人應負擔之費用，已就相等之額抵銷，而確定其一造應賠償他造之差額。

第九四條　（費用之計算及預納）

法院得命書記官計算訴訟費用額。

第九四條之一　（訴訟費用之預納）

①訴訟行為須支出費用者，審判長得定期命當事人預納之。當事人不預納者，法院得不為該行為。但其不預納費用致訴訟無從進行，經定期通知他造墊支亦不為墊支時，視為合意停止訴訟程序。

②前項但書情形，經當事人於四個月內預納或墊支費用者，續行其訴訟程序。其逾四個月未預納或墊支者，視為撤回其訴或上訴。

第九五條　（裁定程序準用本節規定）

本節之規定，於法院以裁定終結本案或與本案無涉之爭點者準用之。

第九五條之一　（國庫負擔訴訟費用）

檢察官為當事人，依本節之規定應負擔訴訟費用時，由國庫支付。

第四節　訴訟費用之擔保

第九六條　（命供訴訟費用擔保之要件）

①原告於中華民國無住所、事務所及營業所者，法院應依被告聲請，以裁定命原告供訴訟費用之擔保；訴訟中發生擔保不足額或不確實之情事時，亦同。

②前項規定，如原告請求中，被告無爭執之部分，或原告在中華民國有資產，足以賠償訴訟費用時，不適用之。

第九七條　（聲請命供擔保之限制）

被告已為本案之言詞辯論者，不得聲請命原告供擔保。但應供擔保之事由知悉在後者，不在此限。

第九八條　（被告之拒絕本案辯論權）

被告聲請命原告供擔保者，於其聲請被駁回或原告供擔保前，得拒絕本案辯論。

第九九條 （命供擔保裁定之內容）

①法院命原告供擔保者，應於裁定中定擔保額及供擔保之期間。

②定擔保額，以被告於各審應支出之費用總額爲準。

第一〇〇條 （裁定之抗告）

關於聲請命供擔保之裁定，得爲抗告。

第一〇一條 （不遵期提供擔保之效果）

原告於裁定所定供擔保之期間內不供擔保者，法院應以裁定駁回其訴。但在裁定前已供擔保者，不在此限。

第一〇二條 （供擔保之方法）

①供擔保應提存現金或法院認爲相當之有價證券。但當事人別有約定者，不在此限。

②前項擔保，得由保險人或經營保證業務之銀行出具保證書代之。

③應供擔保之原告，不能依前二項規定供擔保者，法院得許由該管區域內有資產之人具保證書代之。

第一〇三條 （擔保之效力）

①被告就前項之提存物，與質權人有同一之權利。

②前條具保證書人，於原告不履行其所負義務時，有就保證金額履行之責任。法院得因被告之聲請，逕向具保證書人爲強制執行。

第一〇四條 （擔保物返還原因及程序）

①有下列各款情形之一者，法院應依供擔保人之聲請，以裁定命返還其提存物或保證書：

一　應供擔保之原因消滅者。

二　供擔保人證明受擔保利益人同意返還者。

三　訴訟終結後，供擔保人證明已定二十日以上之期間，催告受擔保利益人行使權利而未行使，或法院依供擔保人之聲請，通知受擔保利益人於一定期間內行使權利並向法院爲行使權利之證明而未證明者。

②關於前項聲請之裁定，得爲抗告，抗告中應停止執行。

第一〇五條 （供擔保物之變換）

①供擔保之提存物或保證書，除得由當事人約定變換外，法院得依供擔保人之聲請，以裁定許其變換。

②關於前項聲請之裁定，得爲抗告，抗告中應停止執行。

第一〇六條 （其他依法令供訴訟上擔保者準用之規定）

第一百零二條第一項、第二項及第一百零三條至前條之規定，於其他依法令供訴訟上之擔保者準用之；其他就起訴供擔保者，並準用第九十八條、第九十九條第一項、第一百條及第一百零一條之規定。

第五節　訴訟救助

第一〇七條 （本國人訴訟救助之要件）

①當事人無資力支出訴訟費用者，法院應依聲請，以裁定准予訴訟救助。但顯無勝訴之望者，不在此限。

②法院認定前項資力時，應斟酌當事人及其共同生活親屬基本生活之需要。

第一○八條 （外國人訴訟救助之要件）

對於外國人准予訴訟救助，以依條約、協定或其本國法令或慣例，中華民國人在其國得受訴訟救助者為限。

第一○九條 （聲請訴訟救助之程序）

①聲請訴訟救助，應向受訴法院為之。於訴訟繫屬前聲請者，並應陳明關於本案訴訟之聲明及其原因事實。

②無資力支出訴訟費用之事由，應釋明之。

③前項釋明，得由受訴法院管轄區域內有資力之人，出具保證書代之。保證書內，應載明具保證書人於聲請訴訟救助人負擔訴訟費用時，代繳暫免之費用。

第一○九條之一 （訴訟救助之駁回）

駁回訴訟救助聲請之裁定確定前，第一審法院不得以原告未繳納裁判費為由駁回其訴。

第一一○條 （訴訟救助之效力㈠）

①准予訴訟救助，於訴訟終結前，有下列各款之效力：

一　暫免裁判費及其他應預納之訴訟費用。

二　免供訴訟費用之擔保。

三　審判長依法律規定為受救助人選任律師代理訴訟時，暫行免付酬金。

②前項第一款暫免之訴訟費用，由國庫墊付。

第一一一條 （訴訟救助之效力㈡）

准予訴訟救助，於假扣押、假處分、上訴及抗告，亦有效力。

第一一二條 （訴訟救助效力之消滅）

准予訴訟救助之效力，因受救助人死亡而消滅。

第一一三條 （訴訟救助之撤銷）

①當事人能支出訴訟費用而受訴訟救助或其後能支出者，法院應以裁定撤銷救助，並命其補交暫免之費用。

②前項裁定，由訴訟卷宗所在之法院為之。

第一一四條 （暫免訴訟費用之徵收及歸責之請求）

①經准予訴訟救助者，於終局判決確定或訴訟不經裁判而終結後，第一審受訴法院應依職權以裁定確定訴訟費用額，向應負擔訴訟費用之當事人徵收之；其因訴訟救助暫免而應由受救助人負擔之訴訟費用，並得向具保證書人為強制執行。

②為受救助人選任律師之酬金，徵收而無效果時，由國庫墊付。

第一一五條 （裁定之抗告）

本節所定之各裁定，得為抗告。

第四章　訴訟程序

第一節　當事人書狀

第一一六條 （書狀應記載事項）

①當事人書狀，除別有規定外，應記載下列各款事項：

一　當事人姓名及住所或居所；當事人為法人、其他團體或機關
　　者，其名稱及公務所、事務所或營業所。

二　有法定代理人、訴訟代理人者，其姓名、住所或居所，及法
　　定代理人與當事人之關係。

三　訴訟事件。

四　應為之聲明或陳述。

五　供證明或釋明用之證據。

六　附屬文件及其件數。

七　法院。

八　年、月、日。

②書狀內宜記載當事人、法定代理人或訴訟代理人之性別、出生年
月日、職業、國民身分證統一編號、營利事業統一編號、電話號碼及
其他足資辨別之特徵。

③當事人得以電信傳真或其他科技設備將書狀傳送於法院，效力與
提出書狀同，其辦法由司法院定之。

④當事人書狀之格式及其記載方法，由司法院定之。

第一一七條 （書狀之簽名）

當事人或代理人應於書狀內簽名或蓋章。其以指印代簽名者，應
由他人代書姓名，記明其事由並簽名。

第一一八條 （書狀內引用證據）

①當事人於書狀內引用所執之文書者，應添具該文書原本或繕本或
影本；其僅引用一部分者，得祇具節本，摘錄該部分及其所載
年、月、日並全押、印記；如文書係他造所知或浩繁難以備錄
者，得祇表明該文書。

②當事人於書狀內引用非其所執之文書或其他證物者，應表明執有
人姓名及住、居所或保管之機關；引用證人者，應表明該證人姓
名及住、居所。

第一一九條 （書狀繕本之提出）

①書狀及其附屬文件，除提出於法院外，應按應受送達之他造人
數，提出繕本或影本。

②前項繕本或影本與書狀有不符時，以提出於法院者為準。

第一二〇條 （他造對附屬文件原本之閱覽）

①當事人提出於法院之附屬文件原本，他造得請求閱覽；所執原本
未經提出者，法院因他造之聲請，應命其於五日內提出，並於提
出後通知他造。

②他造接到前項通知後，得於三日內閱覽原本，並製作繕本或影
本。

第一二一條 （書狀欠缺之補正）

①書狀不合程式或有其他欠缺者，審判長應定期間命其補正。

②因命補正欠缺，得將書狀發還；如當事人住居法院所在地者，得

命其到場補正。

③書狀之欠缺，經於期間內補正者，視其補正之書狀，與最初提出同。

第一二二條（以筆錄代書狀）

①於言詞辯論外，關於訴訟所為之聲明或陳述，除依本法應用書狀者外，得於法院書記官前以言詞為之。

②前項情形，法院書記官應作筆錄，並於筆錄內簽名。

③第一百十六條及第一百十八條至第一百二十條之規定，於前項筆錄準用之。

第二節　送　達

第一二三條（依職權送達）

送達，除別有規定外，由法院書記官依職權為之。

第一二四條（送達之機關）

①送達，由法院書記官交執達員或郵務機構行之。

②由郵務機構行送達者，以郵務人員為送達人。

第一二五條（囑託送達—於管轄區域外之送達）

法院得向送達地方法院為送達之囑託。

第一二六條（自行交付送達）

法院書記官，得於法院內，將文書付與應受送達人，以為送達。

第一二七條（對無訴訟能力人之送達）

①對於無訴訟能力人為送達者，應向其全體法定代理人為之。

②法定代理人有二人以上，如其中有應為送達處所不明者，送達得僅向其餘之法定代理人為之。

第一二八條（對外國法人團體之送達）

①對於在中華民國有事務所或營業所之外國法人或團體為送達者，應向其在中華民國之代表人或管理人為之。

②前條第二項規定，於前項送達準用之。

第一二九條（對軍人之送達）

對於在軍隊或軍艦服役之軍人為送達者，應囑託該管軍事機關或長官為之。

第一三〇條（對在監所人之送達）

對於在監所人為送達者，應囑託該監所首長為之。

第一三一條（商業訴訟事件之送達）

關於商業之訴訟事件，送達得向經理人為之。

第一三二條（對訴訟代理人之送達）

訴訟代理人受送達之權限未受限制者，送達應向該代理人為之。但審判長認為必要時，得命送達於當事人本人。

第一三三條（送達代收人之指定）

當事人或代理人經指定送達代收人向受訴法院陳明者，應向該代收人為送達。

第一三四條（指定送達代收人之效力）

送達代收人，經指定陳明後，其效力及於同地之各級法院。但該當事人或代理人別有陳明者，不在此限。

第一三五條　（應送達之文書）

送達，除別有規定外，付與該文書之繕本或影本。

第一三六條　（送達處所）

①送達於應受送達人之住居所、事務所或營業所行之。但在他處會晤應受送達人時，得於會晤處所行之。

②不知前項所定送達之處所或不能在該處所為送達時，得在應受送達人就業處所為送達。應受送達人陳明在其就業處所收受送達者，亦同。

③對於法定代理人之送達，亦得於當事人本人之事務所或營業所行之。

第一三七條　（補充送達）

①送達於住、居所、事務所或營業所，不獲會晤應受送達人者，得將文書付與有辨別事理能力之同居人或受僱人。

②如同居人或受僱人為為造當事人者，不適用前項之規定。

第一三八條　（寄存送達）

①送達不能依前二條規定為之者，得將文書寄存送達地之自治或警察機關，並作送達通知書兩份，一份黏貼於應受送達人住居所、事務所、營業所或其就業處所門首，另一份置於該送達處所信箱或其他適當位置，以為送達。

②寄存送達，自寄存之日起，經十日發生效力。

③寄存之文書自寄存之日起，寄存機關應保存二個月。

第一三九條　（留置送達）

①應受送達人拒絕收領而無法律上理由者，應將文書置於送達處所，以為送達。

②前項情形，如有難達留置情事者，準用前條之規定。

第一四○條　（送達時間）

①送達，除依第一百二十四條第二項由郵務人員為之者外，非經審判長或受命法官、受託法官或送達地方法院法官之許可，不得於星期日或其他休息日或日出前、日沒後為之。但應受送達人不拒絕收領者，不在此限。

②前項許可，法院書記官應於送達之文書內記明。

第一四一條　（送達證書）

①送達人應作送達證書，記載下列各款事項並簽名：

一　交送達之法院。
二　應受送達人。
三　應送達之文書。
四　送達處所及年、月、日、時。
五　送達方法。

②送達證書，應於作就後交收領人簽名、蓋章或按指印；如拒絕或不能簽名、蓋章或按指印者，送達人應記明其事由。

③收領人非應受送達人本人者，應由送達人記明其姓名。

④送達證書，應提出於法院附卷。

第一四二條（不能送達時之處置）

①不能為送達者，送達人應作記載該事由之報告書，提出於法院附卷，並繳回應送達之文書。

②法院書記官應將不能送達之事由，通知使為送達之當事人。

第一四三條（送達之證據方法）

依第一百二十六條之規定為送達者，應命受送達人提出收據附卷。

第一四四條（囑託送達—對治外法權人之送達）

於有治外法權人之住、居所或事務所為送達者，得囑託外交部為之。

第一四五條（囑託送達—於外國為送達）

①於外國為送達者，應囑託該國管轄機關或駐在該國之中華民國使領館或其他機構、團體為之。

②不能依前項規定為囑託送達者，得將應送達之文書交郵務機構以雙掛號發送，以為送達，並將掛號回執附卷。

第一四六條（囑託送達—對駐外使節送達）

對於駐在外國之中華民國大使、公使、領事或其他駐外人員為送達者，應囑託外交部為之。

第一四七條（刪除）

第一四八條（受託送達之處理）

受囑託之機關或公務員，經通知已為送達或不能為送達者，法院書記官應將通知書附卷；其不能為送達者，並應將其事由通知使為送達之當事人。

第一四九條（聲請或職權公示送達之事由）

①對於當事人之送達，有下列各款情形之一者，受訴法院得依聲請，准為公示送達：

一　應為送達之處所不明者。

二　於有治外法權人之住居所或事務所為送達而無效者。

三　於外國為送達，不能依第一百四十五條之規定辦理，或預知雖依該條規定辦理而無效者。

②駁回前項聲請之裁定，得為抗告。

③第一項所列各款情形，如無人為公示送達之聲請者，受訴法院為避免訴訟遲延視有必要時，得依職權命為公示送達。

④原告或曾受送達之被告變更其送達之處所，而不向受訴法院陳明，致有第一項第一款之情形者，受訴法院得依職權，命為公示送達。

第一五○條（職權公示送達）

依前條規定為公示送達後，對於同一當事人仍應為公示送達者，依職權為之。

第一五一條 （公示送達之方法）107

①公示送達，應由法院書記官保管應送達之文書，而於法院之公告處黏貼公告，曉示應受送達人應隨時向其領取。但應送達者如係通知書，應將該通知書黏貼於公告處。

②除前項規定外，法院應命將文書之繕本、影本或節本，公告於法院網站；法院認為必要時，得命登載於公報或新聞紙。

第一五二條 （公示送達之生效時期）107

公示送達，自將公告或通知書黏貼公告處之日起，公告於法院網站者，自公告之日起，其登載公報或新聞紙者，自最後登載之日起，經二十日發生效力；就應於外國為送達而為公示送達者，經六十日發生效力。但第一百五十條之公示送達，自黏貼公告處之翌日起，發生效力。

第一五三條 （公示送達證書）

為公示送達者，法院書記官應作記載該事由及年、月、日、時之證書附卷。

第一五三條之一 （科技設備傳送－準送達）

①訴訟文書，得以電信傳真或其他科技設備傳送之；其有下列情形之一者，傳送與送達有同一之效力：

一 應受送達人陳明已收領該文書者。

二 訴訟關係人就特定訴訟文書聲請傳送者。

②前項傳送辦法，由司法院定之。

第三節 期日及期間

第一五四條 （指定期日之人）

期日，除別有規定外，由審判長依職權定之。

第一五五條 （指定期日之限制）

期日，除有不得已之情形外，不得於星期日或其他休息日定之。

第一五六條 （期日之告知）

審判長定期日後，法院書記官應作通知書，送達於訴訟關係人。但經審判長面告以所定之期日命其到場，或訴訟關係人曾以書狀陳明屆期到場者，與送達有同一之效力。

第一五七條 （期日應為行為之處所）

期日應為之行為，於法院內為之。但在法院內不能為或為之而不適當者，不在此限。

第一五八條 （期日之開始）

期日，以朗讀案由為始。

第一五九條 （期日之變更或延展）

①期日，如有重大理由，得變更或延展之。

②變更或延展期日，除別有規定外，由審判長裁定之。

第一六〇條 （裁定期間之酌定及其起算）

①期間，除法定者外，由法院或審判長酌量情形定之。

②法院或審判長所定期間，自送達定期間之文書時起算；無庸送達

者，自宣示定期間之裁判時起算。但別定起算方法者，不在此限。

第一六一條　（期間之計算）

期間之計算，依民法之規定。

第一六二條　（在途期間之扣除）

①當事人不在法院所在地住居者，計算法定期間，應扣除其在途之期間。但有訴訟代理人住居法院所在地，得為期間內應為之訴訟行為者，不在此限。

②前項應扣除之在途期間，由司法院定之。

第一六三條　（期間之伸長或縮短）

①期間，如有重大理由，得伸長或縮短之。但不變期間，不在此限。

②伸長或縮短期間，由法院裁定。但期間係審判長所定者，由審判長裁定。

第一六四條　（回復原狀之聲請）

①當事人或代理人，因天災或其他不應歸責於己之事由，遲誤不變期間者，於其原因消滅後十日內，得聲請回復原狀。

②前項期間，不得伸長或縮短之。但得準用前項之規定，聲請回復原狀。

③遲誤不變期間已逾一年者，不得聲請回復原狀。

第一六五條　（聲請回復原狀之程序）

①因遲誤上訴或抗告期間而聲請回復原狀者，應以書狀向為裁判之原法院為之；遲誤其他期間者，向管轄該期間內應為之訴訟行為之法院為之。

②遲誤期間之原因及其消滅時期，應於書狀內表明並釋明之。

③聲請回復原狀，應同時補行期間內應為之訴訟行為。

第一六六條　（聲請回復原狀之裁判）

回復原狀之聲請，由受聲請之法院與補行之訴訟行為合併裁判之。但原法院認其聲請應行許可，而將該上訴或抗告事件送交上級法院者，應送由上級法院合併裁判。

第一六七條　（受命法官或受託法官之指定期日及期間）

①受命法官或受託法官關於其所為之行為，得定期日及期間。

②第一百五十四條至第一百六十條及第一百六十三條之規定，於受命法官或受託法官定期日及期間者準用之。

第四節　訴訟程序之停止

第一六八條　（當然停止－當事人死亡）

當事人死亡者，訴訟程序在有繼承人、遺產管理人或其他依法令應續行訴訟之人承受其訴訟以前當然停止。

第一六九條　（當然停止－法人合併）

①法人因合併而消滅者，訴訟程序在因合併而設立或合併後存續之法人承受其訴訟以前當然停止。

②前項規定，於其合併不得對抗他造者，不適用之。

第一七〇條 （當然停止—喪失訴訟能力、法定代理人死亡或代理權消滅）

當事人喪失訴訟能力或法定代理人死亡或其代理權消滅者，訴訟程序在有法定代理人或取得訴訟能力之本人，承受其訴訟以前當然停止。

第一七一條 （當然停止—信託任務終了）

受託人之信託任務終了者，訴訟程序在新受託人或其他依法令應續行訴訟之人承受其訴訟以前當然停止。

第一七二條 （當然停止—喪失資格或死亡）

①本於一定資格以自己名義為他人任訴訟當事人之人，喪失其資格或死亡者，訴訟程序在有同一資格之人承受其訴訟以前當然停止。

②依法被選定為訴訟當事人之人全體喪失其資格者，訴訟程序在該有共同利益人全體或新被選定為訴訟當事人之人承受其訴訟以前當然停止。

第一七三條 （當然停止之例外規定）

第一百六十八條、第一百六十九條第一項及第一百七十條至前條之規定，於有訴訟代理人時不適用之。但法院得酌量情形，裁定停止其訴訟程序。

第一七四條 （當然停止—破產宣告）

①當事人受破產之宣告者，關於破產財團之訴訟程序，在依破產法有承受訴訟人或破產程序終結以前當然停止。

②當事人經法院依消費者債務清理條例裁定開始清算程序者，關於清算財團之訴訟程序，於管理人承受訴訟或清算程序終止、終結以前當然停止。

第一七五條 （承受訴訟之聲明）

①第一百六十八條至第一百七十二條及前條所定之承受訴訟人，於得為承受時，應即為承受之聲明。

②他造當事人，亦得聲明承受訴訟。

第一七六條 （聲明承受訴訟之程序）

聲明承受訴訟，應提出書狀於受訴法院，由法院送達於他造。

第一七七條 （法院對承受訴訟聲明之處置）

①承受訴訟之聲明有無理由，法院應依職權調查之。

②法院認其聲明為無理由者，應以裁定駁回之。

③訴訟程序於裁判送達後當然停止者，其承受訴訟之聲明，由為裁判之原法院裁定之。

第一七八條 （命續行訴訟）

當事人不聲明承受訴訟時，法院亦得依職權，以裁定命其續行訴訟。

第一七九條 （裁定之抗告）

前二條之裁定，得為抗告。

第一八○條　（當然停止—法院不能執行職務）

①法院因天災或其他不可避之事故不能執行職務者，訴訟程序在法院公告執行職務前當然停止。但因戰事不能執行職務者，訴訟程序在法院公告執行職務屆滿六個月以前當然停止。

②前項但書情形，當事人於停止期間內均向法院為訴訟行為者，其停止終竣。

第一八一條　（裁定停止—特殊障礙事故）

當事人於戰時服兵役，有停止訴訟程序之必要者，或因天災、戰事或其他不可避之事故與法院交通隔絕者，法院得在障礙消滅前，裁定停止訴訟程序。

第一八二條　（裁定停止—訴訟之裁判以他訴訟法律關係為據）

①訴訟全部或一部之裁判，以他訴訟之法律關係是否成立為據者，法院得在他訴訟終結前以裁定停止訴訟程序。

②前項規定，於應依行政爭訟程序確定法律關係是否成立者準用之。但法律別有規定者，依其規定。

第一八二條之一　（審判權衝突之解決）

①普通法院就其受理訴訟之權限，如與行政法院確定裁判之見解有異時，應以裁定停止訴訟程序，並聲請司法院大法官解釋。但當事人合意願由普通法院為裁判者，由普通法院裁判之。

②經司法院大法官解釋普通法院無受理訴訟權限者，普通法院應將該訴訟移送至有受理訴訟權限之法院。

③第一項之合意，應以文書證之。

第一八二條之二　（程序選擇權）

①當事人就已繫屬於外國法院之事件更行起訴，如有相當理由足認該事件之外國法院判決在中華民國有承認其效力之可能，並於被告在外國應訴無重大不便者，法院得在外國法院判決確定前，以裁定停止訴訟程序。但兩造合意願由中華民國法院裁判者，不在此限。

②法院為前項裁定前，應使當事人有陳述意見之機會。

第一八三條　（裁定停止—犯罪嫌疑涉其裁判）

訴訟中有犯罪嫌疑牽涉其裁判者，法院得在刑事訴訟終結前，以裁定停止訴訟程序。

第一八四條　（裁定停止—提起主參加訴訟）

依第五十四條之規定提起訴訟者，法院得在該訴訟終結前，以裁定停止本訴訟之程序。

第一八五條　（裁定停止—告知訴訟）

依第六十五條之規定告知訴訟，法院如認受告知人能為參加者，得在其參加前，以裁定停止訴訟程序。

第一八六條　（裁定停止之撤銷）

停止訴訟程序之裁定，法院得依聲請或依職權撤銷之。

第一八七條　（裁定之抗告）

關於停止訴訟程序之裁定，及關於撤銷停止之裁定，得為抗告。

第一八八條 （當然停止裁定停止之效力）

①訴訟程序當然或裁定停止間，法院及當事人不得爲關於本案之訴訟行爲。但於言詞辯論終結後當然停止者，本於其辯論之裁判得宣示之。

②訴訟程序當然或裁定停止者，期間停止進行；自停止終竣時起，其期間更始進行。

第一八九條 （合意停止）

①當事人得以合意停止訴訟程序。但不變期間之進行，不受影響。

②前項合意，應由兩造向受訴法院或受命法官陳明。

③前條規定，除第一項但書外，於合意停止訴訟程序準用之。

第一九〇條 （合意停止之期間及次數之限制）

合意停止訴訟程序之當事人，自陳明合意停止時起，如於四個月內不續行訴訟者，視爲撤回其訴或上訴；續行訴訟而再以合意停止訴訟程序者，以一次爲限。如再次陳明合意停止訴訟程序，不生合意停止訴訟之效力，法院得依職權續行訴訟；如兩造無正當理由仍遲誤言詞辯論期日者，視爲撤回其訴或上訴。

第一九一條 （擬制合意停止）

①當事人兩造無正當理由遲誤言詞辯論期日者，除別有規定外，視爲合意停止訴訟程序。如於四個月內不續行訴訟者，視爲撤回其訴或上訴。

②前項訴訟程序停止間，法院於認爲必要時，得依職權續行訴訟，如無正當理由兩造仍遲誤不到者，視爲撤回其訴或上訴。

第五節 言詞辯論

第一九二條 （言詞辯論之開始）

言詞辯論，以當事人聲明應受裁判之事項爲始。

第一九三條 （當事人之陳述㈠）

①當事人應就訴訟關係爲事實上及法律上之陳述。

②當事人不得引用文件以代言詞陳述。但以舉文件之辭句爲必要時，得朗讀其必要之部分。

第一九四條 （聲明證據）

當事人聲明證據，依第二編第一章第三節之規定，聲明所用之證據。

第一九五條 （當事人之陳述㈡）

①當事人就其提出之事實，應爲眞實及完全之陳述。

②當事人對於他造提出之事實及證據，應爲陳述。

第一九五條之一 （保障當事人及第三人之隱私）

當事人之攻擊或防禦方法，涉及當事人或第三人隱私、業務秘密，經當事人聲請，法院認爲適當者，得不公開審判；其經兩造合意不公開審判者，亦同。

第一九六條 （攻擊或防禦方法之提出時期）

①攻擊或防禦方法，除別有規定外，應依訴訟進行之程度，於言詞辯論終結前適當時期提出之。

②當事人意圖延滯訴訟，或因重大過失，逾時始行提出攻擊或防禦方法，有礙訴訟之終結者，法院得駁回之。攻擊或防禦方法之意旨不明瞭，經命其敘明而不爲必要之敘明者，亦同。

第一九七條 （責問權）

①當事人對於訴訟程序規定之違背，得提出異議。但已表示無異議或無異議而就該訴訟有所聲明或陳述者，不在此限。

②前項但書規定，於該訴訟程序之規定，非僅爲當事人之利益而設者，不適用之。

第一九八條 （審判長之職權(一)）

①審判長開閉及指揮言詞辯論，並宣示法院之裁判。

②審判長對於不從其命者，得禁止發言。

③言詞辯論須續行者，審判長應速定其期日。

第一九九條 （審判長之職權(二)）

①審判長應注意令當事人就訴訟關係之事實及法律爲適當完全之辯論。

②審判長應向當事人發問或曉諭，令其爲事實上及法律上陳述、聲明證據或爲其他必要之聲明及陳述；其所聲明或陳述有不明瞭或不完足者，應令其敘明或補充之。

③陪席法官告明審判長後，得向當事人發問或曉諭。

第一九九條之一 （審判長之職權(三)）

①依原告之聲明及事實上之陳述，得主張數項法律關係，而其主張不明瞭或不完足者，審判長應曉諭其敘明或補充之。

②被告如主張有消滅或妨礙原告請求之事由，究爲防禦方法或提起反訴有疑義時，審判長應闡明之。

第二〇〇條 （當事人之發問權）

①當事人得聲請審判長爲必要之發問，並得向審判長陳明後自行發問。

②審判長認爲當事人聲請之發問或自行發問有不當者，得不爲發問或禁止之。

第二〇一條 （對審判長指揮訴訟提出異議裁定）

參與辯論人，如以審判長關於指揮訴訟之裁定，或審判長及陪席法官之發問或曉諭爲違法而提出異議者，法院應就其異議爲裁定。

第二〇二條 （受命法官之指定及法院之囑託）

①凡依本法使受命法官爲行爲者，由審判長指定之。

②法院應爲之囑託，除別有規定外，由審判長行之。

第二〇三條 （法院因闡明或確定訴訟關係得爲之處置）

法院因闡明或確定訴訟關係，得爲下列各款之處置：

一 命當事人或法定代理人本人到場。

二 命當事人提出圖案、表冊、外國文文書之譯本或其他文書、物件。

三 將當事人或第三人提出之文書、物件，暫留置於法院。

四 依第二編第一章第三節之規定，行勘驗、鑑定或囑託機關、團體爲調查。

第二○四條 （分別辯論）

當事人以一訴主張之數項標的，法院得命分別辯論。但該數項標的或其攻擊或防禦方法有牽連關係者，不得爲之。

第二○五條 （合併辯論）

①分別提起之數宗訴訟，其訴訟標的相牽連或得以一訴主張者，法院得命合併辯論。

②命合併辯論之數宗訴訟，得合併裁判。

③第五十四條所定之訴訟，應與本訴訟合併辯論及裁判之。但法院認爲無合併之必要或應適用第一百八十四條之規定者，不在此限。

第二○六條 （限制辯論）

當事人關於同一訴訟標的，提出數種獨立之攻擊或防禦方法者，法院得命限制辯論。

第二○七條 （應用通譯之情形）

①參與辯論人如不通中華民國語言，法院應用通譯；法官不通參與辯論人所用之方言者，亦同。

②參與辯論人如爲聾、啞人，法院應用通譯。但亦得以文字發問或使其以文字陳述。

③關於鑑定人之規定，於前二項通譯準用之。

第二○八條 （對欠缺陳述能力當事人之處置）

①當事人欠缺陳述能力者，法院得禁止其陳述。

②前項情形，除有訴訟代理人或輔佐人同時到場者外，應延展辯論期日；如新期日到場之人再經禁止陳述者，視得同不到場。

③前二項之規定，於訴訟代理人或輔佐人欠缺陳述能力者準用之。

第二○九條 （調查證據之期日）

法院調查證據，除別有規定外，於言詞辯論期日行之。

第二一○條 （再開辯論）

法院於言詞辯論終結後，宣示裁判前，如有必要得命再開言詞辯論。

第二一一條 （更新辯論）

參與言詞辯論之法官有變更者，當事人應陳述以前辯論之要領。但審判長得令書記官朗讀以前筆錄代之。

第二一二條 （言詞辯論筆錄程式應記載之事項）

法院書記官應作言詞辯論筆錄，記載下列各款事項：

一 辯論之處所及年、月、日。

二 法官、書記官及通譯姓名。

三 訴訟事件。

四 到場當事人、法定代理人、訴訟代理人、輔佐人及其他經通知到場之人姓名。

五 辯論之公開或不公開，如不公開者，其理由。

第二一三條　（言詞辯論筆錄應記載之事項）

①言詞辯論筆錄內，應記載辯論進行之要領，並將下列各款事項，記載明確：

一　訴訟標的之捨棄、認諾及自認。

二　證據之聲明或捨棄及對於違背訴訟程序規定之異議。

三　依本法規定應記載筆錄之其他聲明或陳述。

四　證人或鑑定人之陳述及勘驗所得之結果。

五　不作裁判書附卷之裁判。

六　裁判之宣示。

②除前項所列外，當事人所為重要聲明或陳述，及經曉諭而不為聲明或陳述之情形，審判長得命記載於筆錄。

第二一三條之一　（輔助製作筆錄之聲請）

法院得依當事人之聲請或依職權，使用錄音或其他機器設備，輔助製作言詞辯論筆錄。其辦法由司法院定之。

第二一四條　（附於言詞辯論筆錄之書狀）

當事人將其在言詞辯論時所為之聲明或陳述記載於書狀，當場提出，經審判長認為適當者，得命法院書記官以該書狀附於筆錄，並於筆錄內記載其事由。

第二一五條　（筆錄內引用附卷文書之效力）

筆錄內引用附卷之文書或表示將該文書作為附件者，其文書所記載之事項，與記載筆錄者有同一之效力。

第二一六條　（筆錄之朗讀閱覽）

①筆錄或前條文書內所記第二百十三條第一項第一款至第四款事項，應依聲請向法庭向關係人朗讀或令其閱覽，並於筆錄內附記其事由。

②關係人對於筆錄所記有異議者，法院書記官得更正或補充之；如以異議為不當，應於筆錄內附記其異議。

第二一七條　（筆錄之簽名）

審判長及法院書記官應於筆錄內簽名；審判長因故不能簽名者，由資深陪席法官簽名，法官均不能簽名者，僅由書記官簽名，書記官不能簽名者，由審判長或法官簽名，並均應附記其事由。

第二一八條　（筆錄之增刪）

筆錄不得挖補或塗改文字，如有增加、刪除，應蓋章並記明字數，其刪除處應留存字跡，俾得辨認。

第二一九條　（筆錄之效力）

關於言詞辯論所定程式之遵守，專以筆錄證之。

第六節　裁　判

第二二〇條　（裁判之方式）

裁判，除依本法應用判決者外，以裁定行之。

第二二一條　（判決之形式要件—言詞審理、直接審理）

①判決，除別有規定外，應本於當事人之言詞辯論為之。

②法官非參與爲判決基礎之辯論者，不得參與判決。

第二二二條　（判決之實質要件－自由心證）

①法院爲判決時，應斟酌全辯論意旨及調查證據之結果，依自由心證判斷事實之真僞。但別有規定者，不在此限。

②當事人已證明受有損害而不能證明其數額或證明顯有重大困難者，法院應審酌一切情況，依所得心證定其數額。

③法院依自由心證判斷事實之真僞，不得違背論理及經驗法則。

④得心證之理由，應記明於判決。

第二二三條　（判決之公告及宣示；宣示之期日）107

①判決應公告之；經言詞辯論之判決，應宣示之，但當事人明示於宣示期日不到場或於宣示期日未到場者，不在此限。

②宣示判決，應於言詞辯論終結之期日或辯論終結時指定之期日爲之。

③前項指定之宣示期日，自辯論終結時起，獨任審判者，不得逾二星期；合議審判者，不得逾三星期。但案情繁雜或有特殊情形者，不在此限。

④前項判決之宣示，應本於已作成之判決原本爲之。

第二二四條　（宣示及公告判決之程序）107

①宣示判決，應朗讀主文，其理由如認爲須告知者，應朗讀或口述要領。

②公告判決，應於法院公告處或網站公告其主文，法院書記官並應作記載該事由及年、月、日、時之證書附卷。

第二二五條　（宣示判決之效力及主文之公告）

宣示判決，不問當事人是否在場，均有效力。

第二二六條　（判決書之內容）

①判決，應作判決書，記載下列各款事項：

　一　當事人姓名及住所或居所；當事人爲法人、其他團體或機關者，其名稱及公務所、事務所或營業所。

　二　有法定代理人、訴訟代理人者，其姓名、住所或居所。

　三　訴訟事件；判決經言詞辯論者，其言詞辯論終結日期。

　四　主文。

　五　事實。

　六　理由。

　七　年、月、日。

　八　法院。

②事實項下，應記載言詞辯論時當事人之聲明，並表明其聲明爲正當之攻擊或防禦方法要領。

③理由項下，應記載關於攻擊或防禦方法之意見及法律上之意見。

④一造辯論判決及基於當事人就事實之全部自認所爲之判決，其事實及理由得簡略記載之。

第二二七條　（判決書之簽名）

爲判決之法官，應於判決書內簽名；法官中有因故不能簽名者，

由審判長附記其事由；審判長因故不能簽名者，由資深陪席法官附記之。

第二二八條 （判決原本之交付）

①判決原本，應於判決宣示後，當日交付法院書記官；其於辯論終結之期日宣示判決者，應於五日內交付之。

②書記官應於判決原本內，記明收領期日並簽名。

第二二九條 （判決正本之送達）

①判決，應以正本送達於當事人。

②前項送達，自法院書記官收領判決原本時起，至遲不得逾十日。

③對於判決得上訴者，應於送達當事人之正本內，記載其期間及提出上訴狀之法院。

第二三〇條 （判決正本及節本之程式）

判決之正本或節本，應分別記明之，由法院書記官簽名並蓋法院印。

第二三一條 （判決羈束力之發生）

①判決經宣示後，為該判決之法院受其羈束；不宣示者，經公告後受其羈束。

②判決宣示或公告後，當事人得不待送達，本於該判決為訴訟行為。

第二三二條 （判決之更正）

①判決如有誤寫、誤算或其他類此之顯然錯誤者，法院得依聲請或依職權以裁定更正；其正本與原本不符者亦同。

②前項裁定，附記於判決原本及正本；如正本已經送達，不能附記者，應作該裁定之正本送達。

③對於更正或駁回更正聲請之裁定，得為抗告。但對於判決已合法上訴者，不在此限。

第二三三條 （判決之補充）

①訴訟標的之一部或訴訟費用，裁判有脫漏者，法院應依聲請或依職權以判決補充之。

②當事人就脫漏部分聲明不服者，以聲請補充判決論。

③脫漏之部分已經辯論終結者，應即為判決；未終結者，審判長應速定言詞辯論期日。

④因訴訟費用裁判脫漏所為之補充判決，於本案判決有合法之上訴時，上訴審法院應與本案訴訟同為裁判。

⑤駁回補充判決之聲請，以裁定為之。

第二三四條 （裁定之審理—不採言詞辯論主義）

①裁定，得不經言詞辯論為之。

②裁定前不行言詞辯論者，除別有規定外，得命關係人以書狀或言詞為陳述。

第二三五條 （裁定之宣示）107

①經言詞辯論之裁定，應宣示之。但當事人明示於宣示期日不到場或於宣示期日未到場者，得以公告代之。

②終結訴訟之裁定，不經言詞辯論者，應公告之。

第二三六條 （裁定之送達）

①不宜示之裁定，應爲送達。

②已宜示之裁定得抗告者，應爲送達。

第二三七條 （應附理由之裁定）

駁回聲明或就有爭執之聲明所爲裁定，應附理由。

第二三八條 （裁定羈束力之發生）

裁定經宣示後，爲該裁定之法院、審判長、受命法官或受託法官受其羈束；不宜示者，經公告或送達後受其羈束。但關於指揮訴訟或別有規定者，不在此限。

第二三九條 （裁定準用判決之規定）

第二百二十一條第一項、第二百二十三條第二項及第三項、第二百二十四條第二項、第二百二十五條、第二百二十七條至第二百三十條、第二百三十一條第二項、第二百三十二條及第二百三十三條之規定，於裁定準用之。

第二四〇條 （書記官處分之送達及異議）

①法院書記官所爲之處分，應依送達或其他方法通知關係人。

②對於法院書記官之處分，得於送達後或受通知後十日內提出異議，由其所屬法院裁定之。

第六節之一　司法事務官之處理程序

第二四〇條之一 （司法事務官準用之依據）

本法所定事件，依法律移由司法事務官處理者，除別有規定外，適用本節之規定。

第二四〇條之二 （司法事務官處理程序）

①司法事務官處理事件作成之文書，其名稱及應記載事項各依有關法律之規定。

②前項文書之正本或節本由司法事務官簽名，並蓋法院印。

③司法事務官在地方法院簡易庭處理事件時，前項文書之正本或節本得僅蓋簡易庭關防。

第二四〇條之三 （司法事務官處分之效力）

司法事務官處理事件所爲之處分，與法院所爲者有同一之效力。

第二四〇條之四 （終局處分之救濟程序）102

①當事人對於司法事務官處理事件所爲之終局處分，得於處分送達後十日之不變期間內，以書狀向司法事務官提出異議。但支付命令經異議者，除有第五百十八條所定或其他不合法之情形，由司法事務官駁回外，仍適用第五百十九條規定。

②司法事務官認前項異議有理由時，應另爲適當之處分；認異議爲無理由者，應送請法院裁定之。

③法院認第一項之異議爲有理由時，應爲適當之裁定；認異議爲無理由者，應以裁定駁回之。

④前項裁定，應敘明理由，並送達於當事人。

第七節　訴訟卷宗

第二四一條 （訴訟文書之保存）

①當事人書狀、筆錄、裁判書及其他關於訴訟事件之文書，法院應保存者，應由書記官編為卷宗。

②卷宗滅失事件之處理，另以法律定之。

第二四二條 （訴訟文書之利用）

①當事人得向法院書記官聲請閱覽、抄錄或攝影卷內文書，或預納費用聲請付與繕本、影本或節本。

②第三人經當事人同意或釋明有法律上之利害關係，而為前項之聲請者，應經法院裁定許可。

③卷內文書涉及當事人或第三人隱私或業務秘密，如准許前二項之聲請，有致其受重大損害之虞者，法院得依聲請或依職權裁定不予准許或限制前二項之行為。

④前項不予准許或限制裁定之原因消滅者，當事人或第三人得聲請法院撤銷或變更該裁定。

⑤前二項裁定得為抗告。於抗告中，第一項、第二項之聲請不予准許；其已准許之處分及前項撤銷或變更之裁定，應停止執行。

⑥當事人、訴訟代理人、參加人及其他經許可之第三人之閱卷規則，由司法院定之。

第二四三條 （訴訟文書利用之限制）

裁判草案及其準備或評議文件，除法律別有規定外，不得交當事人或第三人閱覽、抄錄、攝影或付與繕本、影本或節本，裁判書在宣示或公告前，或未經法官簽名者亦同。

第二編　第一審程序

第一章　通常訴訟程序

第一節　起　訴

第二四四條 （起訴之程式）

①起訴，應以訴狀表明下列各款事項，提出於法院為之：

一　當事人及法定代理人。

二　訴訟標的及其原因事實。

三　應受判決事項之聲明。

②訴狀內宜記載因定法院管轄及其適用程序所必要之事項。

③第二百六十五條所定準備言詞辯論之事項，宜於訴狀內記載之。

④第一項第三款之聲明，於請求金錢賠償損害之訴，原告得在第一項第二款之原因事實範圍內，僅表明其全部請求之最低金額，而於第一審言詞辯論終結前補充其聲明。其未補充者，審判長應告以得為補充。

⑤前項情形，依其最低金額適用訴訟程序。

第二四五條 （保留關於給付範圍之聲明）

以一訴請求計算及被告因該法律關係所應為之給付者，得於被告為計算之報告前，保留關於給付範圍之聲明。

第二四六條 （將來給付之要件）

請求將來給付之訴，以有預為請求之必要者為限，得提起之。

第二四七條 （提起確認之訴之條件）

①確認法律關係之訴，非原告有即受確認判決之法律上利益者，不得提起之；確認證書真偽或為法律關係基礎事實存否之訴，亦同。

②前項確認法律關係基礎事實存否之訴，以原告不能提起他訴訟者為限。

③前項情形，如得利用同一訴訟程序提起他訴訟者，審判長應闡明之；原告因而為訴之變更或追加時，不受第二百五十五條第一項前段規定之限制。

第二四八條 （客觀訴之合併）

對於同一被告之數宗訴訟，除定有專屬管轄者外，得向就其中一訴訟有管轄權之法院合併提起之。但不得行同種訴訟程序者，不在此限。

第二四九條 （訴訟要件之審查及補正）

①原告之訴，有下列各款情形之一者，法院應以裁定駁回之。但其情形可以補正者，審判長應定期間先命補正：

一　訴訟事件不屬普通法院之權限，不能依第三十一條之二第二項規定移送者。

二　訴訟事件不屬受訴法院管轄而不能為第二十八條之裁定者。

三　原告或被告無當事人能力者。

四　原告或被告無訴訟能力，未由法定代理人合法代理者。

五　由訴訟代理人起訴，而其代理權有欠缺者。

六　起訴不合程式或不備其他要件者。

七　起訴違背第三十一條之一第二項、第二百五十三條、第二百六十三條第二項之規定，或其訴訟標的為確定判決之效力所及者。

②原告之訴，依其所訴之事實，在法律上顯無理由者，法院得不經言詞辯論，逕以判決駁回之。

③前項情形，法院得處原告新臺幣六萬元以下之罰鍰。

④前項裁定得為抗告，抗告中應停止執行。

第二五○條 （言詞辯論期日之指定）

法院收受訴狀後，審判長應速定言詞辯論期日。但應依前條之規定逕行駁回，或依第二十八條之規定移送他法院，或須行書狀先行程序者，不在此限。

第二五一條 （言詞辯論期日通知書之送達及就審期間）

①訴狀，應與言詞辯論期日之通知書，一併送達於被告。

②前項送達，距言詞辯論之期日，至少應有十日為就審期間。但有急迫情形者，不在此限。

③曾行準備程序之事件，前項就審期間至少應有五日。

第二五二條 （言詞辯論期日通知書之記載）

言詞辯論期日之通知書，應記載到場之日、時及處所。除向律師為送達者外，並應記載不到場時之法定效果。

第二五三條 （一事不再理）

當事人不得就已起訴之事件，於訴訟繫屬中，更行起訴。

第二五四條 （當事人恆定原則）106

①訴訟繫屬中為訴訟標的之法律關係，雖移轉於第三人，於訴訟無影響。

②前項情形，第三人經兩造同意，得聲請代移轉之當事人承當訴訟；僅他造不同意者，移轉之當事人或第三人得聲請法院以裁定許第三人承當訴訟。

③前項裁定，得為抗告。

④第一項情形，第三人未參加或承當訴訟者，當事人得為訴訟之告知；當事人未為訴訟之告知者，法院知悉訴訟標的有移轉時，應即以書面將訴訟繫屬之事實通知第三人。

⑤訴訟標的基於物權關係，且其權利或標的物之取得、設定、喪失或變更，依法應登記者，於事實審言詞辯論終結前，原告得聲請受訴法院以裁定許可為訴訟繫屬事實之登記。

⑥前項聲請，應釋明本案請求。法院為裁定前，得使兩造有陳述意見之機會。

⑦前項釋明如有不足，法院得定相當之擔保，命供擔保後為登記。其釋明完足者，亦同。

⑧第五項裁定應載明應受判決事項之聲明、訴訟標的及其原因事實。

⑨第五項裁定由原告持向該管登記機關申請登記。但被告及第三人已就第五項之權利或標的物申請移轉登記，經登記機關受理者，不在此限。

⑩關於第五項聲請之裁定，當事人得為抗告。抗告法院為裁定前，應使當事人有陳述意見之機會。對於抗告法院之裁定，不得再為抗告。

⑪訴訟繫屬事實登記之原因消滅，或有其他情事變更情形，當事人或利害關係人得向受訴法院聲請撤銷許可登記之裁定。其本案已繫屬第三審者，向原裁定許可之法院聲請之。

⑫第六項後段及第十項規定，於前項聲請準用之。

⑬訴訟終結或第五項裁定經廢棄、撤銷確定後，當事人或利害關係人得聲請法院發給證明，持向該管登記機關申請塗銷訴訟繫屬事實之登記。

第二五五條 （訴之變更追加之限制）

①訴狀送達後，原告不得將原訴變更或追加他訴。但有下列各款情

形之一者，不在此限。

一　被告同意者。

二　請求之基礎事實同一者。

三　擴張或減縮應受判決事項之聲明者。

四　因情事變更而以他項聲明代最初之聲明者。

五　該訴訟標的對於數人必須合一確定時，追加其原非當事人之
　　人爲當事人者。

六　訴訟進行中，於某法律關係之成立與否有爭執，而其裁判應
　　以該法律關係爲據，並求對於被告確定其法律關係之判決
　　者。

七　不甚礙被告之防禦及訴訟之終結者。

②被告於訴之變更或追加無異議，而爲本案之言詞辯論者，視爲同
　意變更或追加。

第二五六條　（訴之變更追加限制之例外規定）

不變更訴訟標的，而補充或更正事實上或法律上之陳述者，非爲
訴之變更或追加。

第二五七條　（訴之變更或追加之禁止）

訴之變更或追加，如新訴專屬他法院管轄或不得行同種之訴訟程
序者，不得爲之。

第二五八條　（訴之變更追加之裁判）

①法院因第二百五十五條第一項但書規定，而許訴之變更或追加，
　或以訴爲非變更或無追加之裁判，不得聲明不服。

②因不備訴之追加要件而駁回其追加之裁定確定者，原告得於該裁
　定確定後十日內聲請法院就該追加之訴爲審判。

第二五九條　（反訴之提起）

被告於言詞辯論終結前，得在本訴繫屬之法院，對於原告及就訴
訟標的必合一確定之人提起反訴。

第二六〇條　（反訴之限制）

①反訴之標的，如專屬他法院管轄，或與本訴之標的及其防禦方法
　不相牽連者，不得提起。

②反訴，非與本訴行同種之訴訟程序者，不得提起。

③當事人意圖延滯訴訟而提起反訴者，法院得駁回之。

第二六一條　（訴之變更追加及提起反訴程式）

①訴之變更或追加及提起反訴，得於言詞辯論時爲之。

②於言詞辯論時所爲訴之變更、追加或提起反訴，應記載於言詞辯
　論筆錄；如他造不在場，應將筆錄送達。

第二六二條　（訴訟撤回之要件及程序）

①原告於判決確定前，得撤回訴之全部或一部。但被告已爲本案之
　言詞辯論者，應得其同意。

②訴之撤回應以書狀爲之。但於期日，得以言詞向法院或受命法官
　爲之。

③以言詞所爲訴之撤回，應記載於筆錄，如他造不在場，應將筆錄

送達。

④訴之撤回，被告於期日到場，未為同意與否之表示者，自該期日起；其未於期日到場或係以書狀撤回者，自前項筆錄或撤回書狀送達之日起，十日內未提出異議者，視為同意撤回。

第二六三條　（訴之撤回效力）

①訴經撤回者，視同未起訴。但反訴不因本訴撤回而失效力。

②於本案經終局判決後將訴撤回者，不得復提起同一之訴。

第二六四條　（反訴之撤回）

本訴撤回後，反訴之撤回，不須得原告之同意。

第二節　言詞辯論之準備

第二六五條　（當事人準備書狀記載及提出）

①當事人因準備言詞辯論之必要，應以書狀記載其所用之攻擊或防禦方法，及對於他造之聲明並攻擊或防禦方法之陳述，提出於法院，並以繕本或影本直接通知他造。

②他造就曾否受領前項書狀繕本或影本有爭議時，由提出書狀之當事人釋明之。

第二六六條　（原告準備書狀與被告答辯狀之提出時期）

①原告準備言詞辯論之書狀，應記載下列各款事項：

一　請求所依據之事實及理由。

二　證明應證事實所用之證據。如有多數證據者，應全部記載之。

三　對他造主張之事實及證據為承認與否之陳述；如有爭執，其理由。

②被告之答辯狀，應記載下列各款事項：

一　答辯之事實及理由。

二　前項第二款及第三款之事項。

③前二項各款所定事項，應分別具體記載之。

④第一項及第二項之書狀，應添具所用書證之影本，提出於法院，並以影本直接通知他造。

第二六七條　（補充提出之準備書狀）

①被告於收受訴狀後，如認有答辯必要，應於十日內提出答辯狀於法院，並以繕本或影本直接通知原告；如已指定言詞辯論期日者，至遲應於該日五日前為之。

②應通知他造使為準備之事項，有未記載於訴狀或答辯狀者，當事人應於他造就該事項進行準備所必要之期間內，提出記載該事項之準備書狀於法院，並以繕本或影本直接通知他造；如已指定言詞辯論期日者，至遲應於該日五日前為之。

③對於前二項書狀所記載事項再為主張或答辯之準備書狀，當事人應於收受前二項書狀後五日內提出於法院，並以繕本或影本直接通知他造；如已指定言詞辯論期日者，至遲應於該日三日前為之。

第二六八條 （言詞辯論準備未充足之處置）

審判長如認言詞辯論之準備尚未充足，得定期間命當事人依第二百六十五條至第二百六十七條之規定，提出記載完全之準備書狀或答辯狀，並得命其就特定事項詳為表明或聲明所用之證據。

第二六八條之一 （爭點之協議簡化）

①依前二條規定行書狀先行程序後，審判長或受命法官應速定言詞辯論期日或準備程序期日。

②法院於前項期日，應使當事人整理並協議簡化爭點。

③審判長於必要時，得定期間命當事人就整理爭點之結果提出摘要書狀。

④前項書狀，應以簡明文字，逐項分段記載，不得概括引用原有書狀或言詞之陳述。

第二六八條之二 （提出書狀聲明證據效果）

①當事人未依第二百六十七條、第二百六十八條及前條第三項之規定提出書狀或聲明證據者，法院得依聲請或依職權命該當事人以書狀說明其理由。

②當事人未依前項規定說明者，法院得準用第二百七十六條之規定，或於判決時依全辯論意旨斟酌之。

第二六九條 （法院於言詞辯論前得為之處置）

法院因使辯論易於終結，認為必要時，得於言詞辯論前，為下列各款之處置：

一 命當事人或法定代理人本人到場。

二 命當事人提出文書、物件。

三 通知證人或鑑定人及調取或命第三人提出文書、物件。

四 行勘驗、鑑定或囑託機關、團體為調查。

五 使受命法官或受託法官調查證據。

第二七〇條 （準備程序）

①行合議審判之訴訟事件，法院於必要時以庭員一人為受命法官，使行準備程序。

②準備程序，以闡明訴訟關係為止。但另經法院命於準備程序調查證據者，不在此限。

③命受命法官調查證據，以下列情形為限：

一 有在證據所在地調查之必要者。

二 依法應在法院以外之場所調查者。

三 於言詞辯論期日調查，有致證據毀損、滅失或礙難使用之虞，或顯有其他困難者。

四 兩造合意由受命法官調查者。

④第二百五十一條第一項、第二項之規定，於行準備程序準用之。

第二七〇條之一 （法院為闡明訴訟關係及協議得為之處置）

①受命法官為闡明訴訟關係，得為下列各款事項，並得不用公開法庭之形式行之：

一 命當事人就準備書狀記載之事項為說明。

二　命當事人就事實或文書、物件爲陳述。

三　整理並協議簡化爭點。

四　其他必要事項。

②受命法官於行前項程序認爲適當時，得暫行退席或命當事人暫行退庭，或指定七日以下之期間命當事人就雙方主張之爭點，或其他有利於訴訟終結之事項，爲簡化之協議，並共同向法院陳明。但指定期間命當事人爲協議者，以二次爲限。

③當事人就其主張之爭點，經依第一項第三款或前項爲協議者，應受其拘束。但經兩造同意變更，或因不可歸責於當事人之事由或依其他情形協議顯失公平者，不在此限。

第二七一條　（準備程序筆錄之記載）

準備程序筆錄應記載下列各款事項：

一　各當事人之聲明及所用之攻擊或防禦方法。

二　對於他造之聲明及攻擊或防禦方法之陳述。

三　前條第一項所列各款事項及整理爭點之結果。

第二七一條之一　（獨任審判準備程序之準用）

前二條之規定，於行獨任審判之訴訟事件準用之。

第二七二條　（受命法官之權限）

①第四十四條之四、第四十九條、第六十八條第一項至第三項、第七十五條第一項、第七十六條、第七十七條之一第三項、第九十四條之一第一項前段、第一百二十條第一項、第一百二十一條第一項、第二項、第一百三十二條、第一百九十八條至第二百條、第二百零三條、第二百零七條、第二百零八條、第二百十三條第二項、第二百十三條之一、第二百十四條、第二百十七條、第二百四十九條第一項但書、第二百五十四條第四項、第二百六十八條、第二百六十八條之一第三項、第二百六十八條之二第一項、第二百六十九條第一款至第四款、第三百七十一條第一項、第二項及第三百七十二條關於法院或審判長權限之規定，於受命法官行準備程序時準用之。

②第九十六條第一項及第九十九條關於法院權限之規定，於受命法官行準備程序時，經兩造合意由受命法官行之者，準用之。

第二七三條　（當事人一造不到場法院得爲之處置）

①當事人之一造，於準備程序之期日不到場者，應對於到場之一造，行準備程序，將筆錄送達於未到場人。

②前項情形，除有另定新期日之必要者外，受命法官得終結準備程序。

第二七四條　（準備程序之終結及再開）

①準備程序至終結時，應告知當事人，並記載於筆錄。

②受命法官或法院得命再開已終結之準備程序。

第二七五條　（言詞辯論時應踐行之程序）

於準備程序後行言詞辯論時，當事人應陳述準備程序之要領。但審判長得令書記官朗讀準備程序筆錄代之。

第二七六條（準備程序之效果）

①未於準備程序主張之事項，除有下列情形之一者外，於準備程序後行言詞辯論時，不得主張之：

一　法院應依職權調查之事項。

二　該事項不甚延滯訴訟者。

三　因不可歸責於當事人之事由不能於準備程序提出者。

四　依其他情形顯失公平者。

②前項第三款事由應釋明之。

第三節　證　據

第一目　通　則

第二七七條（舉證責任分配之原則）

　　當事人主張有利於己之事實者，就其事實有舉證之責任。但法律別有規定，或依其情形顯失公平者，不在此限。

第二七八條（舉證責任之例外—顯著或已知事實）

①事實於法院已顯著或為其職務上所已知者，無庸舉證。

②前項事實，雖非當事人提出者，亦得斟酌之。但裁判前應令當事人就其事實有辯論之機會。

第二七九條（舉證責任之例外—自認）

①當事人主張之事實，經他造於準備書狀或言詞辯論時或在受命法官、受託法官前自認者，無庸舉證。

②當事人於自認有所附加或限制者，應否視有自認，由法院審酌情形斷定之。

③自認之撤銷，除別有規定外，以自認人能證明與事實不符或經他造同意者，始得為之。

第二八〇條（舉證責任之例外—視同自認）

①當事人對於他造主張之事實，於言詞辯論時不爭執者，視同自認。但因他項陳述可認為爭執者，不在此限。

②當事人對於他造主張之事實，為不知或不記憶之陳述者，應否視同自認，由法院審酌情形斷定之。

③當事人對於他造主張之事實，已於相當時期受合法之通知，而於言詞辯論期日不到場，亦未提出準備書狀爭執者，準用第一項之規定。但不到場之當事人係依公示送達通知者，不在此限。

第二八一條（舉證責任之例外——法律上推定之事實）

　　法律上推定之事實無反證者，無庸舉證。

第二八二條（舉證責任之例外——事實之推定）

　　法院得依已明瞭之事實，推定應證事實之真偽。

第二八二條之一（妨礙舉證之失權效果）

①當事人因妨礙他造使用，故意將證據滅失、隱匿或致礙難使用者，法院得審酌情形認他造關於該證據之主張或依該證據應證之事實為真實。

②前項情形，於裁判前應令當事人有辯論之機會。

第二八三條 （爲法院所不知之習慣、地方法規及外國法之舉證）

習慣、地方制定之法規及外國法爲法院所不知者，當事人有舉證之責任。但法院得依職權調查之。

第二八四條 （事實之釋明）

釋明事實上之主張者，得用可使法院信其主張爲眞實之一切證據。但依證據之性質不能即時調查者，不在此限。

第二八五條 （證據之聲明）

①聲明證據，應表明應證事實。

②聲明證據，於言詞辯論期日前，亦得爲之。

第二八六條 （證據之調查）

當事人聲明之證據，法院應爲調查。但就其聲明之證據中認爲不必要者，不在此限。

第二八七條 （定調查期間）

因有窒礙不能預定調查證據之時期者，法院得依聲請定其期間。但期間已滿而不致延滯訴訟者，仍應爲調查。

第二八八條 （依職權調查）

①法院不能依當事人聲明之證據而得心證，爲發現眞實認爲必要時，得依職權調查證據。

②依前項規定爲調查時，應令當事人有陳述意見之機會。

第二八九條 （囑託調查）

①法院得囑託機關、學校、商會、交易所或其他團體爲必要之調查；受託者有爲調查之義務。

②法院認爲適當時，亦得商請外國機關、團體爲必要之調查。

第二九〇條 （受命法官調查或囑託調查）

法院於認爲適當時，得囑託他法院指定法官調查證據。

第二九一條 （囑託調查時對當事人之告知）

囑託他法院法官調查證據者，審判長應告知當事人，得於該法院所在地指定應受送達之處所，或委任住居該地之人爲訴訟代理人，陳報受囑託之法院。

第二九二條 （代囑託他法院調查）

①受託法院如知應由他法院調查證據者，得代爲囑託該法院。

②前項情形，受託法院應通知其事由受訴法院及當事人。

第二九三條 （管轄區外調查）

受訴法院、受命法官或受託法官於必要時，得在管轄區域外調查證據。

第二九四條 （調查證據筆錄）

①受訴法院於言詞辯論前調查證據，或由受命法官、受託法官調查證據者，法院書記官應作調查證據筆錄。

②第二百十二條、第二百十三條、第二百十三條之一及第二百十五條至第二百十九條之規定，於前項筆錄準用之。

③受託法官調查證據筆錄，應送交受訴法院。

第二九五條 （於外國調查）

① 應於外國調查證據者，囑託該國管轄機關或駐在該國之中華民國大使、公使、領事或其他機構、團體爲之。

② 外國機關調查證據，雖違背該國法律，如於中華民國之法律無違背者，仍有效力。

第二九六條 （當事人不到場時之調查）

調查證據，於當事人之一造或兩造不到場時，亦得爲之。

第二九六條之一 （爭點曉諭及集中訊問）

① 法院於調查證據前，應將訴訟之爭點曉諭當事人。

② 法院訊問證人及當事人本人，應集中爲之。

第二九七條 （調查證據後法院應爲之處置）

① 調查證據之結果，應曉諭當事人爲辯論。

② 於受訴法院外調查證據者，當事人應於言詞辯論時陳述其調查之結果。但審判長得令書記官朗讀調查證據筆錄或其他文書代之。

第二目 人　證

第二九八條 （人證之聲明）

① 聲明人證，應表明證人及訊問之事項。

② 證人有二人以上時，應一併聲明之。

第二九九條 （通知證人到場之程式）

① 通知證人，應於通知書記載下列各款事項：

　一　證人及當事人。

　二　證人應到場之日、時及處所。

　三　證人不到場時應受之制裁。

　四　證人請求日費及旅費之權利。

　五　法院。

② 審判長如認證人非有準備不能爲證言者，應於通知書記載訊問事項之概要。

第三〇〇條 （通知現役軍人爲證人）

① 通知現役軍人爲證人者，審判長應併通知該管長官令其到場。

② 被通知者如礙難到場，該管長官應通知其事由於法院。

第三〇一條 （通知在監所人爲證人）

① 通知在監所或其他拘禁處所之人爲證人者，審判長應併通知該管長官提送到場或派員提解到場。

② 前條第二項之規定，於前項情形準用之。

第三〇二條 （作證義務）

除法律別有規定外，不問何人，於他人之訴訟，有爲證人之義務。

第三〇三條 （證人不到場之處罰）

① 證人受合法之通知，無正當理由而不到場者，法院得以裁定處新臺幣三萬元以下罰鍰。

② 證人已受前項裁定，經再次通知，仍不到場者，得再處新臺幣六萬元以下罰鍰，並得拘提之。

③拘提證人，準用刑事訴訟法關於拘提被告之規定；證人為現役軍人者，應以拘票囑託該管長官執行。

④處證人罰鍰之裁定，得為抗告；抗告中應停止執行。

第三○四條 （元首為證人之詢問）

元首為證人者，應就其所在詢問之。

第三○五條 （就詢證人）

①遇證人不能到場，或有其他必要情形時，得就其所在訊問之。

②證人須依據文書、資料為陳述，或依事件之性質、證人之狀況，經法院認為適當者，得命兩造會同證人於公證人前作成陳述書狀。

③經兩造同意者，證人亦得於法院外以書狀為陳述。

④依前二項為陳述後，如認證人之書狀陳述須加說明，或經當事人聲請對證人為必要之發問者，法院仍得通知該證人到場陳述。

⑤證人所在與法院間有聲音及影像相互傳送之科技設備而得直接訊問，並經法院認為適當者，得以該設備訊問之。

⑥證人以書狀為陳述者，仍應具結，並將結文附於書狀，經公證人認證後提出。其以科技設備為訊問者，亦應於訊問前或訊問後具結。

⑦證人得以電信傳真或其他科技設備將第二項、第三項及前項文書傳送於法院，效力與提出文書同。

⑧第五項證人訊問、第六項證人具結及前項文書傳送之辦法，由司法院定之。

第三○六條 （公務員為證人之特則）

①以公務員或曾為公務員之人為證人，而就其職務上應守秘密之事項訊問者，應得該監督長官之同意。

②前項同意，除經釋明有妨害國家之利益者外，不得拒絕。

第三○七條 （得拒絕證言之事由）

①證人有下列各款情形之一者，得拒絕證言：

一 證人為當事人之配偶、前配偶、未婚配偶或四親等內之血親、三親等內之姻親或曾有此親屬關係者。

二 證人所為證言，於證人或與證人有前款關係之人，足生財產上之直接損害者。

三 證人所為證言，足致證人或與證人有第一款關係或有監護關係之人受刑事訴追或蒙恥辱者。

四 證人就其職務上或業務上有秘密義務之事項受訊問者。

五 證人非洩漏其技術上或職業上之秘密不能為證者。

②得拒絕證言者，審判長應於訊問前或知有前項情形時告知之。

第三○八條 （不得拒絕證言之事由）

①證人有前條第一項第一款或第二款情形者，關於下列各款事項，仍不得拒絕證言：

一 同居或曾同居人之出生、死亡、婚姻或其他身分上之事項。

二 因親屬關係所生財產上之事項。

三　為證人而知悉之法律行為之成立及其內容。

四　為當事人之前權利人或代理人，而就相爭之法律關係所為之行為。

②證人雖有前條第一項第四款情形，如其秘密之責任已經免除者，不得拒絕證言。

第三〇九條　（拒絕證言之程序）

①證人拒絕證言，應陳明拒絕之原因、事實，並釋明之。但法院酌量情形，得令具結以代釋明。

②證人於訊問期日前拒絕證言者，毋庸於期日到場。

③前項情形，法院書記官應將拒絕證言之事由，通知當事人。

第三一〇條　（拒絕證言當否之裁定）

①拒絕證言之當否，由受訴法院於訊問到場之當事人後裁定之。

②前項裁定，得為抗告；抗告中應停止執行。

第三一一條　（違背證言義務之處罰）

①證人不陳明拒絕之原因、事實而拒絕證言，或以拒絕為不當之裁定已確定而仍拒絕證言者，法院得以裁定處新臺幣三萬元以下罰鍰。

②前項裁定，得為抗告；抗告中應停止執行。

第三一二條　（具結之證人）

①審判長於訊問前，應命證人各別具結。但其應否具結有疑義者，於訊問後行之。

②審判長於證人具結前，應告以具結之義務及偽證之處罰。

③證人以書狀為陳述者，不適用前二項之規定。

第三一三條　（具結之程序）

①證人具結，應於結文內記載當據實陳述，其於訊問後具結者，應於結文內記載係據實陳述，並均記載決無匿、飾、增、減，如有虛偽陳述，願受偽證之處罰等語。

②證人應朗讀結文，如不能朗讀者，由書記官朗讀，並說明其意義。

③結文應命證人簽名，其不能簽名者，由書記官代書姓名，並記明其事由，命證人蓋章或按指印。

第三一三條之一　（書狀陳述之具結程序）

證人以書狀為陳述者，其具結應於結文內記載係據實陳述並無匿、飾、增、減，如有虛偽陳述，願受偽證之處罰等語，並簽名。

第三一四條　（不得令具結者）

①以未滿十六歲或因精神障礙不解具結意義及其效果之人為證人者，不得令其具結。

②以下列各款之人為證人者，得不令其具結：

一　有第三百零七條第一項第一款至第三款情形而不拒絕證言者。

二　當事人之受僱人或同居人。

三 就訴訟結果有直接利害關係者。

第三一五條 （拒絕具結之處罰）

第三百十一條之規定，於證人拒絕具結者準用之。

第三一六條 （隔別訊問與對質）

①訊問證人，應與他證人隔別行之。但審判長認爲必要時，得命與他證人或當事人對質。

②證人在期日終竣前，非經審判長許可，不得離去法院或其他訊問之處所。

第三一七條 （人別訊問）

審判長對於證人，應先訊問其姓名、年齡、職業及住、居所；於必要時，並應訊問證人與當事人之關係及其他關於證言信用之事項。

第三一八條 （連續陳述）

①審判長應命證人就訊問事項之始末，連續陳述。

②證人之陳述，不得朗讀文件或用筆記代之。但經審判長許可者，不在此限。

第三一九條 （法院之發問權）

①審判長因使證人之陳述明瞭完足，或推究證人得知事實之原因，得爲必要之發問。

②陪席法官告明審判長後，得於證人發問。

第三二〇條 （當事人之聲請發問及自行發問）

①當事人得聲請審判長對於證人爲必要之發問，或向審判長陳明後自行發問。

②前項之發問，亦得就證言信用之事項爲之。

③前二項之發問，與應證事實無關、重複發問、誘導發問、侮辱證人或有其他不當情形，審判長得依聲請或依職權限制或禁止之。

④關於發問之限制或禁止有異議者，法院應就其異議爲裁定。

第三二一條 （命當事人退庭之訊問）

①法院如認證人在當事人前不能盡其陳述者，得於其陳述時命當事人退庭。但證人陳述畢後，審判長應命當事人入庭，告以陳述內容之要旨。

②法院如認證人在特定旁聽人前不能盡其陳述者，得於其陳述時命該旁聽人退庭。

第三二二條 （受命受託法官訊問證人之權限）

受命法官或受託法官訊問證人時，與法院及審判長有同一之權限。

第三二三條 （證人法定日費及旅費之請求權）

①證人得請求法定之日費及旅費。但被拘提或無正當理由拒絕具結或證言者，不在此限。

②前項請求，應於訊問完畢後十日內爲之。

③關於第一項請求之裁定，得爲抗告。

④證人所需之旅費，得依其請求預行酌給之。

第三目　鑑定

第三二四條　（準用人證之規定）

鑑定，除本目別有規定外，準用關於人證之規定。

第三二五條　（鑑定之聲請）

聲請鑑定，應表明鑑定之事項。

第三二六條　（鑑定人之選任及撤換）

①鑑定人由受訴法院選任，並定其人數。

②法院於選任鑑定人前，得命當事人陳述意見；其經當事人合意指定鑑定人者，應從其合意選任之。但法院認其人選顯不適當時，不在此限。

③已選任之鑑定人，法院得撤換之。

第三二七條　（受命、受託法官行鑑定之權限）

有調查證據權限之受命法官或受託法官依鑑定調查證據者，準用前條之規定。但經受訴法院選任鑑定人者，不在此限。

第三二八條　（為鑑定人之義務）

具有鑑定所需之特別學識經驗，或經機關委任有鑑定職務者，於他人之訴訟，有為鑑定人之義務。

第三二九條　（拘提之禁止）

鑑定人不得拘提。

第三三○條　（鑑定義務之免除）

①有第三十二條第一款至第五款情形之一者，不得為鑑定人。但無其他適當之人可為選任或經當事人合意指定時，不在此限。

②鑑定人拒絕鑑定，雖其理由不合於第三百零七條第一項之規定，如法院認為正當者，亦得免除其鑑定義務。

第三三一條　（鑑定人之拒卻）

①當事人得依聲請法官迴避之原因拒卻鑑定人。但不得以鑑定人於該訴訟事件曾為證人或鑑定人為拒卻之原因。

②除前條第一項情形外，鑑定人已就鑑定事項有所陳述或已提出鑑定書後，不得聲明拒卻。但拒卻之原因發生在後或知悉在後者，不在此限。

第三三二條　（拒卻鑑定人之程序）

①聲明拒卻鑑定人，應舉其原因，向選任鑑定人之法院或法官為之。

②前項原因及前條第二項但書之事實，應釋明之。

第三三三條　（拒卻鑑定人之裁定）

拒卻鑑定人之聲請經裁定為不當者，得為抗告；其以聲明為正當者，不得聲明不服。

第三三四條　（鑑定人具結之程式）

鑑定人應於鑑定前具結，於結文內記載必為公正、誠實之鑑定，如有虛偽鑑定，願受偽證之處罰等語。

第三三五條　（鑑定人之陳述）

①受訴法院、受命法官或受託法官得命鑑定人具鑑定書陳述意見。

②前項情形，依前條規定具結之結文，得附於鑑定書提出。

③鑑定書須說明者，得命鑑定人到場說明。

第三三六條 （多數鑑定人陳述意見之方法）

鑑定人有數人者，得命其共同或各別陳述意見。

第三三七條 （鑑定資料之利用）

①鑑定所需資料在法院者，應告知鑑定人准其利用。法院於必要時，得依職權或依聲請命證人或當事人提供鑑定所需資料。

②鑑定人因行鑑定，得聲請調取證物或訊問證人或當事人，經許可後，並得對於證人或當事人自行發問；當事人亦得提供意見。

第三三八條 （鑑定人之權利）

①鑑定人於法定之日費、旅費外，得請求相當之報酬。

②鑑定所需費用，得依鑑定人之請求預行酌給之。

第三三九條 （鑑定證人）

訊問依特別知識得知已往事實之人者，適用關於人證之規定。

第三四〇條 （囑託鑑定）

①法院認為必要時，得囑託機關、團體或商請外國機關、團體為鑑定或審查鑑定意見。其須說明者，由該機關或團體所指定之人為之。

②本目關於鑑定人之規定，除第三百三十四條及第三百三十九條外，於前項情形準用之。

第四目　書　證

第三四一條 （聲明書證）

聲明書證，應提出文書為之。

第三四二條 （聲請他造提出文書之方式）

①聲明書證，係使用他造所執之文書者，應聲請法院命他造提出。

②前項聲請，應表明下列各款事項：

一　應命其提出之文書。

二　依該文書應證之事實。

三　文書之內容。

四　文書為他造所執之事由。

五　他造有提出文書義務之原因。

③前項第一款及第三款所列事項之表明顯有困難時，法院得命他造為必要之協助。

第三四三條 （命他造提出文書之裁定）

法院認應證之事實重要，且舉證人之聲請正當者，應以裁定命他造提出文書。

第三四四條 （當事人有提出義務之文書）

①下列各款文書，當事人有提出之義務：

一　該當事人於訴訟程序中曾經引用者。

二　他造依法律規定，得請求交付或閱覽者。

三　為他造之利益而作者。

四　商業帳簿。

五 就與本件訴訟有關之事項所作者。

②前項第五款之文書內容，涉及當事人或第三人之隱私或業務祕密，如予公開，有致該當事人或第三人受重大損害之虞者，當事人得拒絕提出。但法院為判斷其有無拒絕提出之正當理由，必要時，得命其提出，並以不公開之方式行之。

第三四五條 （當事人違背提出文書命令之效果）

①當事人無正當理由不從提出文書之命者，法院得審酌情形認他造關於該文書之主張或依該文書應證之事實為真實。

②前項情形，於裁判前應令當事人有辯論之機會。

第三四六條 （聲請命第三人提出文書）

①聲明書證係使用第三人所執之文書者，應聲請法院命第三人提出，或定由舉證人提出之期間。

②第三百四十二條第二項及第三項之規定，於前項聲請準用之。

③文書為第三人所執之事由及第三人有提出義務之原因，應釋明之。

第三四七條 （命第三人提出文書之裁定）

①法院認應證之事實重要且舉證人之聲請正當者，應以裁定命第三人提出文書或定由舉證人提出文書之期間。

②法院為前項裁定前，應使該第三人有陳述意見之機會。

第三四八條 （第三人提出文書義務之範圍）

關於第三人提出文書之義務，準用第三百零六條至第三百十條、第三百四十四條第一項第二款至第五款及第二項之規定。

第三四九條 （第三人不從提出文書命令之制裁）

①第三人無正當理由不從提出文書之命者，法院得以裁定處新臺幣三萬元以下罰鍰；於必要時，並得以裁定命為強制處分。

②前項強制處分之執行，準用強制執行法關於物之交付請求權執行之規定。

③第一項裁定，得為抗告；處罰鍰之裁定，抗告中應停止執行。

第三五〇條 （書證之調取）

①機關保管或公務員執掌之文書，不問其有無提出之義務，法院得調取之。

②第三百零六條之規定，於前項情形準用之。但法院為判斷其有無拒絕提出之正當理由，必要時，得命其提出，並以不公開之方式行之。

第三五一條 （第三人之權利）

①第三人得請求提出文書之費用。但有第三百四十九條第一項之情形者，不在此限。

②第三百二十三條第二項至第四項之規定，於前項情形準用之。

第三五二條 （文書之提出方法）

①公文書應提出其原本或經認證之繕本或影本。

②私文書應提出其原本。但僅因文書之效力或解釋有爭執者，得提出繕本或影本。

③前二項文書，法院認有送達之必要時，得命當事人提出繕本或影本。

第三五三條 （原本之提出及繕本證據力之斷定）

①法院得命提出文書之原本。

②不從前項之命提出原本或不能提出者，法院依其自由心證斷定該文書繕本或影本之證據力。

第三五四條 （調查文書證據之筆錄）

使受命法官或受託法官就文書調查證據者，受訴法院得定其筆錄內應記載之事項及應添附之文書。

第三五五條 （文書之證據力—公文書）

①文書，依其程式及意旨得認作公文書者，推定爲眞正。

②公文書之眞僞有可疑者，法院得請作成名義之機關或公務員陳述其眞僞。

第三五六條 （文書之證據力—外國公文書）

外國之公文書，其眞僞由法院審究情形斷定之。但經駐在該國之中華民國大使、公使、領事或其他機構證明者，推定爲眞正。

第三五七條 （文書之證據力—私文書㈠）

私文書應由舉證人證其眞正。但他造於其眞正無爭執者，不在此限。

第三五七條之一 （就眞正文書故意爲爭執之處罰）

①當事人或代理人就眞正之文書，故意爭執其眞正者，法院得以裁定處新臺幣三萬元以下罰鍰。

②前項裁定，得爲抗告；抗告中應停止執行。

③第一項之當事人或代理人於第二審言詞辯論終結前，承認該文書爲眞正者，訴訟繫屬之法院得審酌情形撤銷原裁定。

第三五八條 （文書之證據力—私文書㈡）

①私文書經本人或其代理人簽名、蓋章或按指印或有法院或公證人之認證者，推定爲眞正。

②當事人就其本人之簽名、蓋章或按指印爲不知或不記憶之陳述者，應否推定爲眞正，由法院審究情形斷定之。

第三五九條 （文書眞僞之辨別）

①文書之眞僞，得依核對筆跡或印跡證之。

②法院得命當事人或第三人提出可供核對之文書。

③核對筆跡或印跡，適用關於勘驗之規定。

第三六〇條 （鑑別筆跡之方法及違背書寫命令之效果）

①無適當之筆跡可供核對者，法院得指定文字，命該文書之作成名義人書寫，以供核對。

②文書之作成名義人無正當理由不從前項之命者，準用第三百四十五條或第三百四十九條之規定。

③因供核對所寫之文字，應附於筆錄；其他供核對之文件不須發還者亦同。

第三六一條（文書之發還及保管）

①提出之文書原本須發還者，應將其繕本、影本或節本附卷。

②提出之文書原本，如疑為偽造或變造者，於訴訟未終結前，應由法院保管之。但應交付其他機關者，不在此限。

第三六二條（刪除）

第三六三條（準文書）

①本目規定，於文書外之物件有與文書相同之效用者準用之。

②文書或前項物件，須以科技設備始能呈現其內容或提出原件有事實上之困難者，得僅提出呈現其內容之書面並證明其內容與原件相符。

③前二項文書、物件或呈現其內容之書面，法院於必要時得命說明之。

第五目 勘驗

第三六四條（勘驗之聲請）

聲請勘驗，應表明勘驗之標的物及應勘驗之事項。

第三六五條（勘驗之實施）

受訴法院、受命法官或受託法官於勘驗時得命鑑定人參與。

第三六六條（勘驗筆錄）

勘驗，於必要時，應以圖畫或照片附於筆錄；並得以錄音、錄影或其他有關物件附於卷宗。

第三六七條（準用書證提出之規定）

第三百四十一條、第三百四十二條第一項、第三百四十三條至第三百四十五條、第三百四十六條第一項、第三百四十七條至第三百五十一條及第三百五十四條之規定，於勘驗準用之。

第五目之一 當事人訊問

第三六七條之一（當事人訊問）

①法院認為必要時，得依職權訊問當事人。

②前項情形，審判長得於訊問前或訊問後命當事人具結，並準用第三百十二條第二項、第三百十三條及第三百十四條第一項之規定。

③當事人無正當理由拒絕陳述或具結者，法院得審酌情形，判斷應證事實之真偽。

④當事人經法院命其本人到場，無正當理由而不到場者，視為拒絕陳述。但命其到場之通知書係寄存送達或公示送達者，不在此限。

⑤法院命當事人本人到場之通知書，應記載前項不到場及第三項拒絕陳述或具結之效果。

⑥前五項規定，於當事人之法定代理人準用之。

第三六七條之二（虛偽陳述之處罰）

①依前條規定具結而故意為虛偽陳述，足以影響裁判之結果者，法院得以裁定處新臺幣三萬元以下之罰鍰。

②前項裁定，得為抗告；抗告中應停止執行。

③第一項之當事人或法定代理人於第二審言詞辯論終結前，承認其陳述為虛偽者，訴訟繫屬之法院得酌情形撤銷原裁定。

第三六七條之三 (準用證人提出之規定)

第三百條、第三百零一條、第三百零四條、第三百零五條第一項、第五項、第三百零六條、第三百零七條第一項第三款至第五款、第二項、第三百零八條第二項。第三百零九條、第三百十條、第三百十六條第一項、第三百十八條至第三百二十二條之規定，於訊問當事人或其法定代理人時準用。

第六目 證據保全

第三六八條 (聲請證據保全之要件)

①證據有滅失或礙難使用之虞，或經他造同意者，得向法院聲請保全；就確定事、物之現狀有法律上利益並有必要時，亦得聲請為鑑定、勘驗或保全書證。

②前項證據保全，應適用本節有關調查證據方法之規定。

第三六九條 (管轄法院)

①保全證據之聲請，在起訴後，向受訴法院為之；在起訴前，向受訊問人住居地或證物所在地之地方法院為之。

②遇有急迫情形時，於起訴後，亦得向前項地方法院，聲請保全證據。

第三七〇條 (聲請保全證據應記載之事項)

①保全證據之聲請，應表明下列各款事項：
　一　他造當事人，如不能指定他造當事人者，其不能指定之理由。
　二　應保全之證據。
　三　依該證據應證之事實。
　四　應保全證據之理由。

②前項第一款及第四款之理由，應釋明之。

第三七一條 (聲請之裁定)

①保全證據之聲請，由受聲請之法院裁定之。

②准許保全證據之裁定，應表明該證據及應證之事實。

③駁回保全證據聲請之裁定，得為抗告；准許保全證據之裁定，不得聲明不服。

第三七二條 (依職權保全證據)

法院認為必要時，得於訴訟繫屬中，依職權為保全證據之裁定。

第三七三條 (調查證據期日之通知)

①調查證據期日，應通知聲請人，除有急迫或有礙證據保全情形外，並應於期日前送達聲請書狀或筆錄及裁定於他造當事人而通知之。

②當事人於前項期日在場者，得命其陳述意見。

第三七四條 (選任特別代理人)

①他造當事人不明或調查證據期日不及通知他造者，法院因保護該當事人關於調查證據之權利，得為選任特別代理人。

②第五十一條第三項至第五項之規定，於前項特別代理人準用之。

第三七五條 （調查證據筆錄之保管）

調查證據筆錄，由命保全證據之法院保管。但訴訟繫屬他法院者，應送交該法院。

第三七五條之一 （言詞準備程序之證人訊問）

當事人就已於保全證據程序訊問之證人，於言詞辯論程序中聲請再爲訊問時，法院應爲訊問。但法院認爲不必要者，不在此限。

第三七六條 （保全證據程序之費用）

保全證據程序之費用，除別有規定外，應作爲訴訟費用之一部定其負擔。

第三七六條之一 （保全證據之筆錄）

①本案尚未繫屬者，於保全證據程序期日到場之兩造，就訴訟標的、事實、證據或其他事項成立協議時，法院應將其協議記明筆錄。

②前項協議係就訴訟標的成立者，法院並應將協議之法律關係及爭議情形記明筆錄。依其協議之內容，當事人應爲一定之給付者，得爲執行名義。

③協議成立者，應於十日內以筆錄正本送達於當事人。

④第二百十二條至第二百十九條之規定，於前項筆錄準用之。

第三七六條之二 （保全證據文書、物件之處置）

①保全證據程序終結後逾三十日，本案尚未繫屬者，法院得依利害關係人之聲請，以裁定解除因保全證據所爲文書、物件之留置或爲其他適當之處置。

②前項期間內本案尚未繫屬者，法院得依利害關係人之聲請，命保全證據之聲請人負擔程序費用。

③前二項裁定得爲抗告。

第四節　和　解

第三七七條 （試行和解之時期）

①法院不問訴訟程度如何，得隨時試行和解。受命法官或受託法官亦得爲之。

②第三人經法院之許可，得參加和解。法院認爲必要時，亦得通知第三人參加。

第三七七條之一 （擬定和解方案）

①當事人和解之意思已甚接近者，兩造得聲請法院、受命法官或受託法官於當事人表明之範圍內，定和解方案。

②前項聲請，應以書狀表明法院得定和解方案之範圍及願遵守所定之和解方案。

③法院、受命法官或受託法官依第一項定和解方案時，應斟酌一切情形，依衡平法理爲之；並應將所定和解方案，於期日告知當事人，記明筆錄，或將和解方案送達之。

④當事人已受前項告知或送達者，不得撤回第一項之聲請。

⑤兩造當事人於受第三項之告知或送達時,視爲和解成立。

⑥依前條第二項規定參加和解之第三人,亦得與兩造爲第一項之聲請,並適用前四項之規定。

第三七七條之二 (視爲和解)

①當事人有和解之望,而一造到場有困難時,法院、受命法官或受託法官得依當事人一造之聲請或依職權提出和解方案。

②前項聲請,宜表明法院得提出和解方案之範圍。

③依第一項提出之和解方案,應送達於兩造,並限期命爲是否接受之表示;如兩造於期限內表示接受時,視爲已依該方案成立和解。

④前項接受之表示,不得撤回。

第三七八條 (試行和解之處置)

因試行和解或定和解方案,得命當事人或法定代理人本人到場。

第三七九條 (和解筆錄)

①試行和解而成立者,應作成和解筆錄。

②第二百十二條至第二百十九條之規定,於前項筆錄準用之。

③和解筆錄,應於和解成立之日起十日內,以正本送達於當事人及參加和解之第三人。

④依第三百七十七條之一或第三百七十七條之二視爲和解成立者,應於十日內將和解內容及成立日期以書面通知當事人及參加和解之第三人,該通知視爲和解筆錄。

第三八〇條 (和解之效力與繼續審判之請求) 102

①和解成立者,與確定判決有同一之效力。

②和解有無效或得撤銷之原因者,當事人得請求繼續審判。

③請求繼續審判者,應繳納第八十四條第二項所定退還之裁判費。

④第五百條至第五百零二條及第五百零六條之規定,於第二項情形準用之。

⑤第五編之一第三人撤銷訴訟程序之規定,於第一項情形準用之。

第三八〇條之一 (執行名義)

當事人就未聲明之事項或第三人參加和解成立者,得爲執行名義。

第五節 判 決

第三八一條 (終局判決)

①訴訟達於可爲裁判之程度者,法院應爲終局判決。

②命合併辯論之數宗訴訟,其一達於可爲裁判之程度者,應先爲終局判決。但應適用第二百零五條第三項之規定者,不在此限。

第三八二條 (一部終局判決)

訴訟標的之一部或以一訴主張之數項標的,其一達於可爲裁判之程度者,法院得爲一部之終局判決;本訴及反訴達於可爲裁判之程度者亦同。

第三八三條 (中間判決)

①各種獨立之攻擊或防禦方法，達於可爲裁判之程度者，法院得爲中間判決。請求之原因及數額俱有爭執時，法院以其原因爲正當者亦同。

②訴訟程序上之中間爭點，達於可爲裁判之程度者，法院得先爲裁定。

第三八四條 （捨棄認諾判決）

當事人於言詞辯論時爲訴訟標的之捨棄或認諾者，應本於其捨棄或認諾爲該當事人敗訴之判決。

第三八四條之一 （合併記載）

①中間判決或捨棄、認諾判決之判決書，其事實及理由得合併記載其要領。

②法院亦得於宣示捨棄或認諾判決時，命將判決主文所裁判之事項及理由要領，記載於言詞辯論筆錄，不另作判決書。其筆錄正本或節本之送達，與判決正本之送達，有同一之效力。

③第二百三十條之規定，於前項筆錄準用之。

第三八五條 （一造辯論判決）

①言詞辯論期日，當事人之一造不到場者，得依到場當事人之聲請，由其一造辯論而爲判決；不到場之當事人，經再次通知而仍不到場者，並得依職權由一造辯論而爲判決。

②前項規定，於訴訟標的對於共同訴訟之各人必須合一確定者，言詞辯論期日，共同訴訟人中一人到場時，亦適用之。

③如以前已爲辯論或證據調查或未到場人有準備書狀之陳述者，已爲前項判決時，應斟酌之；未到場人以前聲明證據，其必要者，並應調查之。

第三八六條 （不得一造辯論判決之情形）

有下列各款情形之一者，法院應以裁定駁回前條聲請，並延展辯論期日：

一 不到場之當事人未於相當時期受合法之通知者。

二 當事人之不到場，可認爲係因天災或其他正當理由者。

三 到場之當事人於法院應依職權調查之事項，不能爲必要之證明者。

四 到場之當事人所提出之聲明、事實或證據，未於相當時期通知他造者。

第三八七條 （不到場之擬制）

當事人於辯論期日到場不爲辯論者，視同不到場。

第三八八條 （判決之範圍）

除別有規定外，法院不得就當事人未聲明之事項爲判決。

第三八九條 （應依職權宣告假執行之判決）102

①下列各款之判決，法院應依職權宣告假執行：

一 本於被告認諾所爲之判決。

二 （刪除）

三 就第四百二十七條第一項至第四項訴訟適用簡易程序所爲被

告敗訴之判決。

　四　（刪除）

　五　所命給付之金額或價額未逾新臺幣五十萬元之判決。

②計算前項第五款價額，準用關於計算訴訟標的之價額之規定。

③第一項第五款之金額或價額，準用第四百二十七條第七項之規定。

第三九○條　（應依聲請宣告假執行之判決）

①關於財產權之訴訟，原告釋明在判決確定前不爲執行，恐受難於抵償或難於計算之損害者，法院應依其聲請，宣告假執行。

②原告陳明在執行前可供擔保而聲請宣告假執行者，雖無前項釋明，法院應定相當之擔保額，宣告供擔保後，得爲假執行。

第三九一條　（宣告假執行之障礙）

被告釋明因假執行恐受不能回復之損害者，如係第三百八十九條情形，法院應依其聲請宣告不准假執行；如係前條情形，應宣告駁回原告假執行之聲請。

第三九二條　（附條件之假執行或免爲假執行之宣告）

①法院得宣告非經原告供擔保，不得爲假執行。

②法院得依聲請或依職權，宣告被告供擔保，或將請求標的物提存而免爲假執行。

③依前項規定預供擔保或提存而免爲假執行，應於執行標的物拍定、變賣或物之交付前爲之。

第三九三條　（假執行之聲請時期及裁判）

①關於假執行之聲請，應於言詞辯論終結前爲之。

②關於假執行之裁判，應記載於裁判主文。

第三九四條　（補充假執行判決）

法院應依職權宣告假執行而未爲宣告，或忽視假執行或免爲假執行之聲請者，準用第二百三十三條之規定。

第三九五條　（假執行宣告之失效）

①假執行之宣告，因就本案判決或該宣告有廢棄或變更之判決，自該判決宣示時起，於其廢棄或變更之範圍內，失其效力。

②法院廢棄或變更宣告假執行之本案判決者，應依被告之聲明，將其因假執行或免假執行所爲給付及所受損害，於判決內命原告返還及賠償，被告未聲明者，應告以得爲聲明。

③僅廢棄或變更假執行之宣告者，前項規定，於其後廢棄或變更本案判決之判決適用之。

第三九六條　（定履行期間及分次履行之判決）

①判決所命之給付，其性質非長期間不能履行，或斟酌被告之境況，兼顧原告之利益，法院得於判決內定相當之履行期間或命分期給付。經原告同意者，亦同。

②法院依前項規定，定分次履行之期間者，如被告遲誤一次履行，其後之期間視爲亦已到期。

③履行期間，自判決確定或宣告假執行之判決送達於被告時起算。

④法院依第一項規定定履行期間或命分期給付者，於裁判前應令當事人有辯論之機會。

第三九七條　（情事變更法則─增減給付之判決）

①確定判決之內容如尚未實現，而因言詞辯論終結後之情事變更，依其情形顯失公平者，當事人得更行起訴，請求變更原判決之給付或其他原有效果。但以不得依其他法定程序請求救濟者為限。

②前項規定，於和解、調解或其他與確定判決有同一效力者準用之。

第三九八條　（判決確定之時期）

①判決，於上訴期間屆滿時確定。但於上訴期間內有合法之上訴者，阻其確定。

②不得上訴之判決，於宣示時確定；不宣示者，於公告時確定。

第三九九條　（判決確定證明書）

①當事人得聲請法院，付與判決確定證明書。

②判決確定證明書，由第一審法院付與之。但卷宗在上級法院者，由上級法院付與之。

③判決確定證明書，應於聲請後七日內付與之。

④前三項之規定，於裁定確定證明書準用之。

第四○○條　（既判力之客觀範圍）

①除別有規定外，確定之終局判決就經裁判之訴訟標的，有既判力。

②主張抵銷之請求，其成立與否經裁判者，以主張抵銷之額為限，有既判力。

第四○一條　（既判力之主觀範圍）

①確定判決，除當事人外，對於訴訟繫屬後為當事人之繼受人者，及為當事人或其繼受人占有請求之標的物者，亦有效力。

②對於為他人而為原告或被告之確定判決，對於該他人亦有效力。

③前二項之規定，於假執行之宣告準用之。

第四○二條　（外國法院確定判決之效力）

①外國法院之確定判決，有下列各款情形之一者，不認其效力：
一　依中華民國之法律，外國法院無管轄權者。
二　敗訴之被告未應訴者。但開始訴訟之通知或命令已於相當時期在該國合法送達，或依中華民國法律上之協助送達者，不在此限。
三　判決之內容或訴訟程序，有背中華民國之公共秩序或善良風俗者。
四　無相互之承認者。

②前項規定，於外國法院之確定裁定準用之。

第二章　調解程序

第四○三條　（強制調解之事件）

①下列事件，除有第四百零六條第一項各款所定情形之一者外，於

起訴前，應經法院調解：

一　不動產所有人或地上權人或其他利用不動產之人相互間因相鄰關係發生爭執者。

二　因定不動產之界線或設置界標發生爭執者。

三　不動產共有人間因共有物之管理、處分或分割發生爭執者。

四　建築物區分所有人或利用人相互間因建築物或其共同部分之管理發生爭執者。

五　因增加或減免不動產之租金或地租發生爭執者。

六　因定地上權之期間、範圍、地租發生爭執者。

七　因道路交通事故或醫療糾紛發生爭執者。

八　雇用人與受雇人間因僱傭契約發生爭執者。

九　合夥人間或隱名合夥人與出名營業人間因合夥發生爭執者。

十　配偶、直系親屬、四親等內之旁系血親、三親等內之旁系姻親、家長或家屬相互間因財產權發生爭執者。

十一　其他因財產權發生爭執，其標的之金額或價額在新臺幣五十萬元以下者。

②前項第十一款所定數額，司法院得因情勢需要，以命令減至新臺幣二十五萬元或增至七十五萬元。

第四○四條　（聲請調解之事件）

①不合於前條規定之事件，當事人亦得於起訴前，聲請調解。

②有起訴前應先經法院調解之合意，而當事人逕行起訴者，經他造抗辯後，視其起訴為調解之聲請。但已為本案之言詞辯論者，不得再為抗辯。

第四○五條　（聲請調解之程式）

①調解，依當事人之聲請行之。

②前項聲請，應表明為調解標的之法律關係及爭議之情形。有文書為證據者，並應提出其原本或影本。

③聲請調解之管轄法院，準用第一編第一章第一節之規定。

第四○六條　（聲請調解之裁定）

①法院認調解之聲請有下列各款情形之一者，得逕以裁定駁回之：

一　依法律關係之性質，當事人之狀況或其他情事可認為不能調解或顯無調解必要或調解顯無成立之望者。

二　經其他法定調解機關調解未成立者。

三　因票據發生爭執者。

四　係提起反訴者。

五　送達於他造之通知書，應為公示送達或於外國為送達者。

六　金融機構因消費借貸契約或信用卡契約有所請求者。

②前項裁定，不得聲明不服。

第四○六條之一　（調解委員之選任）

①調解程序，由簡易庭法官行之。但依第四百二十條之一第一項移付調解事件，得由原法院、受命法官或受託法官行之。

②調解由法官選任調解委員一人至三人先行調解，俟至相當程度有

成立之望或其他必要情形時，再報請法官到場。但兩造當事人合意或法官認為適當者，亦得逕由法官行之。

③當事人對於前項調解委員人選有異議或兩造合意選任其他適當之人者，法官得另行選任或依其合意選任之。

第四〇六條之二 （地方法院調解委員之列冊、選任）

①地方法院應將其管轄區域內適於為調解委員之人選列冊，以供選任；其人數、資格、任期及其聘任、解任等事項，由司法院定之。

②法官於調解事件認有必要時，亦得選任前項名冊以外之人為調解委員。

第四〇七條 （調解期日之指定與通知書送達）

①調解期日，由法官依職權定之，其續行之調解期日，得委由主任調解委員定之；無主任調解委員者，得委由調解委員定之。

②第一百五十六條、第一百五十九條之規定，於法官定調解期日準用之。

③聲請書狀或言詞聲請之筆錄應與調解期日之通知書，一併送達於他造。

④前項通知書，應記載不到場時之法定效果。

第四〇七條之一 （調解程序之指揮）

調解委員行調解時，由調解委員指揮其程序，調解委員有二人以上時，由法官指定其中一人為主任調解委員指揮之。

第四〇八條 （命當事人或法定代理人到場）

法官於必要時，得命當事人或法定代理人本人於調解期日到場；調解委員認有必要時，亦得報請法官行之。

第四〇九條 （違背到場義務之處罰）

①當事人無正當理由不於調解期日到場者，法院得以裁定處新臺幣三千元以下之罰鍰；其有代理人到場而本人無正當理由不從前條之命者亦同。

②前項裁定得為抗告，抗告中應停止執行。

第四〇九條之一 （聲請命他造為一定之行為或不行為及提供擔保）

①為達成調解目的之必要，法院得依當事人之聲請，禁止他造變更現狀、處分標的物，或命為其他一定行為或不行為；於必要時，得命聲請人供擔保後行之。

②關於前項聲請之裁定，不得抗告。

③法院為第一項處置前，應使當事人有陳述意見之機會。但法院認為不適當或經通知而不為陳述者，不在此限。

④第一項之處置，不得作為執行名義，並於調解事件終結時失其效力。

⑤當事人無正當理由不從第一項處置之命者，法院得以裁定處新臺幣三萬元以下之罰鍰。

⑥前項裁定得為抗告，抗告中應停止執行。

第四一〇條 （調解處所）

①調解程序於法院行之，於必要時，亦得於其他適當處所行之。調解委員於其他適當處所行調解者，應經法官之許可。

②前項調解，得不公開。

第四一〇條之一 （報請法官處理調解之裁定）

調解委員認調解有第四百零六條第一項各款所定情形之一者，報請法官處理之。

第四一一條 （調解委員之報酬）

①調解委員行調解，得支領日費、旅費，並得酌支報酬；其計算方法及數額由司法院定之。

②前項日費、旅費及報酬，由國庫負擔。

第四一二條 （參加調解）

就調解事件有利害關係之第三人，經法官之許可，得參加調解程序；法官並得將事件通知之，命其參加。

第四一三條 （審究爭議之所在）

行調解時，為審究事件關係及兩造爭議之所在，得聽取當事人、具有專門知識經驗或知悉事件始末之人或其他關係人之陳述，察看現場或調解標的物之狀況；於必要時，得由法官調查證據。

第四一四條 （調解之態度）

調解時應本和平懇切之態度，對當事人兩造為適當之勸導，就調解事件酌擬平允方案，力謀雙方之和諧。

第四一五條 （刪除）

第四一五條之一 （調解條款及調解程序筆錄）

①關於財產權爭議之調解，經兩造同意，得由調解委員酌定解決事件之調解條款。

②前項調解條款之酌定，除兩造另有約定外，以調解委員過半數定之。

③調解委員不能依前項規定酌定調解條款時，法官得於徵詢兩造同意後，酌定調解條款，或另定調解期日，或視為調解不成立。

④調解委員酌定之調解條款，應作成書面，記明年月日，或由書記官記明於調解程序筆錄，由調解委員簽名後，送請法官審核；其經法官核定者，視為調解成立。

⑤前項經核定之記載調解條款之書面，視為調解程序筆錄。

⑥法官酌定之調解條款，於書記官記明於調解程序筆錄時，視為調解成立。

第四一六條 （調解成立之效力與調解無效或撤銷）102

①調解經當事人合意而成立；調解成立者，與訴訟上和解有同一之效力。

②調解有無效或得撤銷之原因者，當事人得向原法院提起宣告調解無效或撤銷調解之訴。

③前項情形，原調解事件之聲請人，得就原調解事件合併起訴或提起反訴，請求法院於宣告調解無效或撤銷調解時合併裁判之。並

視爲自聲請調解時，已經起訴。

④第五百條至第五百零二條及第五百零六條之規定，於第二項情形準用之。

⑤調解不成立者，法院應付與當事人證明書。

⑥第五編之一第三人撤銷訴訟程序之規定，於第一項情形準用之。

第四一七條 （依職權提解決事件之方案）

①關於財產權爭議之調解，當事人不能合意但已甚接近者，法官應斟酌一切情形，其有調解委員者，並應徵詢調解委員之意見，求兩造利益之平衡，於不違反兩造當事人之主要意思範圍內，以職權提出解決事件之方案。

②前項方案，應送達於當事人及參加調解之利害關係人。

第四一八條 （對職權調解方案之異議及調解成立之擬制）

①當事人或參加調解之利害關係人對於前條之方案，得於送達後十日之不變期間內，提出異議。

②於前項期間內提出異議者，視爲調解不成立；其未於前項期間內提出異議者，視爲已依該方案成立調解。

③第一項之異議，法院應通知當事人及參加調解之利害關係人。

第四一九條 （調解不成立之效果）

①當事人兩造於期日到場而調解不成立者，法院得依一造當事人之聲請，按該事件應適用之訴訟程序，命即爲訴訟之辯論。但他造聲請延展期日者，應許可之。

②前項情形，視爲調解之聲請人自聲請時已經起訴。

③當事人聲請調解而不成立，如聲請人於調解不成立證明書送達後十日之不變期間內起訴者，視爲自聲請調解時，已經起訴；其於送達前起訴者亦同。

④以起訴視爲調解之聲請或因債務人對於支付命令提出異議而視爲調解之聲請者，如調解不成立，除調解當事人聲請延展期日外，法院應按該事件應適用之訴訟程序，命即爲訴訟之辯論，並仍自原起訴或支付命令聲請時，發生訴訟繫屬之效力。

第四二〇條 （當事人不到場之效果）

當事人兩造或一造於期日不到場者，法官得量情形，得視爲調解不成立或另定調解期日。

第四二〇條之一 （移付調解）102

①第一審訴訟繫屬中，得經兩造合意將事件移付調解。

②前項情形，訴訟程序停止進行。調解成立時，訴訟終結。調解不成立時，訴訟程序繼續進行。

③依第一項規定移付調解而成立者，原告得於調解成立之日起三個月內聲請退還已繳裁判費三分之二。

④第二項調解有無效或得撤銷之原因者，準用第三百八十條第二項規定；請求人並應繳納前項退還之裁判費。

第四二一條 （調解筆錄）

①法院書記官應作調解程序筆錄，記載調解成立或不成立及期日之

延展或訴訟之辯論。但調解委員行調解時，得僅由調解委員自行記錄調解不成立或延展期日情形。

②第四百十七條之解決事件之方案，經法官當場宣示者，應一併記載於筆錄。

③調解成立者，應於十日內以筆錄正本，送達於當事人及參加調解之利害關係人。

④第二百十二條至第二百十九條之規定，於第一項、第二項筆錄準用之。

第四二二條　（調解之陳述或讓步不得為裁判之基礎）

調解程序中，調解委員或法官所為之勸導及當事人所為之陳述或讓步，於調解不成立後之本案訴訟，不得採為裁判之基礎。

第四二三條　（調解不成立費用之負擔）

①調解不成立後起訴者，其調解程序之費用，應作為訴訟費用之一部；不起訴者，由聲請人負擔。

②第八十四條之規定，於調解成立之情形準用之。

第四二四條　（簡易程序訴狀之表明事項）

①第四百三條第一項之事件，如逕向法院起訴者，宜於訴狀內表明其具有第四百零六條第一項所定事由，並添具釋明其事由之證據。其無該項所定事由而逕行起訴者，視為調解之聲請。

②以一訴主張數項標的，其一部非屬第四百零三條第一項之事件者，不適用前項視為調解聲請之規定。

第四二五條　（調解費用一經撤回之負擔）

①調解之聲請經撤回者，視為未聲請調解。

②第八十三條第一項之規定，於前項情形準用之。

第四二六條　（調解事件之保密）

法官、書記官及調解委員因辦理調解事件，知悉他人職務上、業務上之秘密或其他涉及個人隱私之事項，應保守秘密。

第三章　簡易訴訟程序

第四二七條　（簡易訴訟程序之標的）102

①關於財產權之訴訟，其標的之金額或價額在新臺幣五十萬元以下者，適用本章所定之簡易程序。

②下列各款訴訟，不問其標的金額或價額一律適用簡易程序：

一　因建築物或其他工作物定期租賃或定期借貸關係所生之爭執涉訟者。

二　雇用人與受雇人間，因僱傭契約涉訟，其僱傭期間在一年以下者。

三　旅客與旅館主人、飲食店主人或運送人間，因食宿、運送費或因寄存行李、財物涉訟者。

四　因請求保護占有涉訟者。

五　因定不動產之界線或設置界標涉訟者。

六　本於票據有所請求而涉訟者。

七　本於合會有所請求而涉訟者。

八　因請求利息、紅利、租金、退職金或其他定期給付涉訟者。

九　因動產租賃或使用借貸關係所生之爭執涉訟者。

十　因第一款至第三款、第六款至第九款所定請求之保證關係涉訟者。

③不合於前二項規定之訴訟，得以當事人之合意，適用簡易程序，其合意應以文書證之。

④不合於第一項及第二項之訴訟，法院適用簡易程序，當事人不抗辯而為本案之言詞辯論者，視為已有前項之合意。

⑤第二項之訴訟，案情繁雜或其訴訟標的之金額或價額逾第一項所定額數十倍以上者，法院得依當事人聲請，以裁定改用通常訴訟程序，並由原法官繼續審理。

⑥前項裁定，不得聲明不服。

⑦第一項所定數額，司法院得因情勢需要，以命令減至新臺幣二十五萬元，或增至七十五萬元。

第四二七條之一　（同一地方法院事務分配）

同一地方法院適用簡易程序審理之事件，其事務分配辦法由司法院定之。

第四二八條　（言詞起訴）

①第二百四十四條第一項第二款所定事項，原告於起訴時得僅表明請求之原因事實。

②起訴及其他期日外之聲明或陳述，概得以言詞為之。

第四二九條　（言詞起訴之送達與就審期間）

①以言詞起訴者，應將筆錄與言詞辯論期日之通知書，一併送達於被告。

②就審期間，至少應有五日，但有急迫情形者，不在此限。

第四三○條　（通知書應為特別之表明）

言詞辯論期日之通知書，應表明適用簡易訴訟程序，並記載當事人務於期日攜帶所用證物及偕同所舉證人到場。

第四三一條　（準備書狀或答辯狀）102

當事人於其聲明或主張之事實或證據，以認為他造非有準備不能陳述者為限，應於期日前提出準備書狀或答辯狀，並以繕本或影本直接通知他造；其以言詞為陳述者，由法院書記官作成筆錄，送達於他造。

第四三二條　（當事人之自行到庭）

①當事人兩造於法院通常開庭之日，得不待通知，自行到場，為訴訟之言詞辯論。

②前項情形，其起訴應記載於言詞辯論筆錄，並認當事人已有第四百二十七條第三項適用簡易程序之合意。

第四三三條　（證據調查之便宜方法）

通知證人或鑑定人，得不送達通知書，依法院認為便宜之方法行之。但證人或鑑定人如不於期日到場，仍應送達通知書。

第四三三條之一 （簡易訴訟程序辯論期日）

簡易訴訟程序事件，法院應以一次期日辯論終結為原則。

第四三三條之二 （言詞辯論之筆錄）

①言詞辯論筆錄，經法院之許可，得省略應記載之事項，但當事人有異議者，不在此限。

②前項規定，於言詞辯論程式之遵守、捨棄、認諾、撤回、和解、自認及裁判之宣示，不適用之。

第四三三條之三 （一造辯論判決）

言詞辯論期日，當事人之一造不到場者，法院得依職權由一造辯論而為判決。

第四三四條 （判決書之記載）

①判決書內之事實及理由，得合併記載其要領或引用當事人書狀、筆錄或其他文書，必要時得以之作為附件。

②法院亦得於宣示判決時，命將判決主文及其事實、理由之要領，記載於言詞辯論筆錄，不另作判決書；其筆錄正本或節本之送達，與判決正本之送達，有同一之效力。

③第二百三十條之規定，於前項筆錄準用之。

第四三四條之一 （僅記載主文之情形）

有下列各款情形之一者，判決書得僅記載主文：

一　本於當事人對於訴訟標的之捨棄或認諾者。

二　受不利判決之當事人於宣示判決時，捨棄上訴權者。

三　受不利判決之當事人於宣示判決時，履行判決所命之給付者。

第四三五條 （簡易程序變更、追加或反訴）

①因訴之變更、追加或提起反訴，致其訴之全部或一部，不屬第四百二十七條第一項及第二項之範圍者，除當事人合意繼續適用簡易程序外，法院應以裁定改用通常訴訟程序，並由原法官繼續審理。

②前項情形，被告不抗辯而為本案之言詞辯論者，視為已有適用簡易程序之合意。

第四三六條 （簡易程序之實行）

①簡易訴訟程序在獨任法官前行之。

②簡易訴訟程序，除本章別有規定外，仍適用第一章通常訴訟程序之規定。

第四三六條之一 （上訴及抗告程序之準用）

①對於簡易程序之第一審裁判，得上訴或抗告於管轄之地方法院，其審判以合議行之。

②當事人於前項上訴程序，為訴之變更、追加或提起反訴，致應適用通常訴訟程序者，不得為之。

③第一項之上訴及抗告程序，準用第四百三十四條第一項、第四百三十四條之一及第三編第一章、第四編之規定。

④對於依第四百二十七條第五項規定改用通常訴訟程序所為之裁

判，得上訴或抗告於管轄之高等法院。

第四三六條之二 （上訴利益逾法定數額之第二審判決的上訴及抗告）

①對於簡易訴訟程序之第二審裁判，其上訴利益逾第四百六十六條所定之額數者，當事人僅得以其適用法規顯有錯誤為理由，逕向最高法院提起上訴或抗告。

②前項上訴及抗告，除別有規定外，仍適用第三編第二章第三審程序、第四編抗告程序之規定。

第四三六條之三 （上訴利益逾法定數額之第二審判決上訴及抗告之限制）

①對於簡易訴訟程序之第二審裁判，提起第三審上訴或抗告，須經原裁判法院之許可。

②前項許可，以訴訟事件所涉及之法律見解具有原則上之重要性者為限。

③第一項之上訴或抗告，為裁判之原法院認為應行許可者，應添具意見書，敘明合於前項規定之理由，逕將卷宗送最高法院；認為不應許可者，應以裁定駁回其上訴或抗告。

④前項裁定，得逕向最高法院抗告。

第四三六條之四 （上訴及抗告理由）

①依第四百三十六條之二第一項提起上訴或抗告者，應同時表明上訴或抗告理由；其於裁判宣示後送達前提起上訴或抗告者，應於裁判送達後十日內補具之。

②未依前項規定表明上訴或抗告理由者，毋庸命其補正，由原法院裁定駁回之。

第四三六條之五 （上訴或抗告之裁定駁回）

①最高法院認上訴或抗告，不合第四百三十六條之二第一項及第四百三十六條之三第二項之規定而不應許可者，應以裁定駁回之。

②前項裁定，不得聲請再審。

第四三六條之六 （提起再審之訴或聲請再審之限制）

對於簡易訴訟程序之裁判，逕向最高法院提起上訴或抗告，經以上訴或抗告無理由為駁回之裁判者，不得更以同一理由提起再審之訴或聲請再審。

第四三六條之七 （重要證物漏未斟酌的提起再審之訴或聲請再審）

對於簡易訴訟程序之第二審確定終局裁判，如就足影響於裁判之重要證物，漏未斟酌者，亦得提起再審之訴或聲請再審。

第四章 小額訴訟程序

第四三六條之八 （適用小額程序之事件或不適用者之處理）

①關於請求給付金錢或其他代替物或有價證券之訴訟，其標的金額或價額在新臺幣十萬元以下者，適用本章所定之小額程序。

②法院認適用小額程序為不適當者，得依職權以裁定改用簡易程序，並由原法官繼續審理。

③前項裁定。不得聲明不服。

④第一項之訴訟，其標的金額或價額在新臺幣五十萬元以下者，得以當事人之合意適用小額程序，其合意應以文書證之。

第四三六條之九 （約定債務履行地或合意管轄）

小額事件當事人之一造為法人或商人者，於其預定用於同類契約之條款，約定債務履行地或以合意定第一審管轄法院時，不適用第十二條或第二十四條之規定。但兩造均為法人或商人者，不在此限。

第四三六條之一○ （使用表格化訴狀）

依小額程序起訴者，得使用表格化訴狀；其格式由司法院定之。

第四三六條之一一 （得於夜間或休息日進行程序）

①小額程序，得於夜間或星期日或其他休息日行之，但當事人提出異議者，不在此限。

②前項於夜間或星期日或其他休息日之開庭規則，由司法院定之。

第四三六條之一二 （調解期日不到場效果）

①第四百三十六條之八所定事件，依法應行調解程序者，如當事人一造於調解期日五日前，經合法通知無正當理由而不於調解期日到場，法院得依到場當事人之聲請，命即為訴訟之辯論，並得依職權由其一造辯論而為判決。

②調解期日通知書，並應記載前項不到場之效果。

第四三六條之一三 （刪除）

第四三六條之一四 （不調查證據之情形）

下列各款情形之一者，法院得不調查證據，而審酌一切情況，認定事實，為公平之裁判：

一　經兩造同意者。

二　調查證據所需時間、費用與當事人之請求顯不相當者。

第四三六條之一五 （訴之變更、追加或提起反訴之適用）

當事人為訴之變更、追加或提起反訴，除當事人合意繼續適用小額程序並經法院認為適當者外，僅得於第四百三十六條之八第一項之範圍內為之。

第四三六條之一六 （不得為適用小額程序而為一部請求）

當事人不得為適用小額程序而為一部請求。但已向法院陳明就其餘額不另起訴請求者，不在此限。

第四三六條之一七 （刪除）

第四三六條之一八 （簡化判決書）

①判決書得僅記載主文，就當事人有爭執事項，於必要時得加記理由要領。

②前項判決得於訴狀或言詞起訴筆錄上記載之。

③前二項判決之記載得表格化，其格式及正本之製作方式，由司法院定之。

第四三六條之一九 （費用額之計算及文書）

①法院爲訴訟費用之裁判時，應確定其費用額。

②前項情形，法院得命當事人提出費用計算書及釋明費用額之文書。

第四三六條之二〇 （假執行）

法院爲被告敗訴之判決時，應依職權宣告假執行。

第四三六條之二一 （按期清償及免除部分給付）

法院命被告爲給付時，如經原告同意，得爲被告於一定期限內自動清償者，免除部分給付之判決。

第四三六條之二二 （逾期不履行分期給付或緩期清償）

法院依被告之意願而爲分期給付或緩期清償之判決者，得於判決內定被告逾期不履行時應加給原告之金額。但其金額不得逾判決所命原給付金額或價額之三分之一。

第四三六條之二三 （小額程序之準用）

第四百二十八條至第四百三十一條、第四百三十二條第一項、第四百三十三條至第四百三十四條之一及第四百三十六條之規定，於小額程序準用之。

第四三六條之二四 （第一審判決之上訴或抗告）

①對於小額程序之第一審裁判，得上訴或抗告於管轄之地方法院，其審判以合議行之。

②對於前項第一審裁判之上訴或抗告，非以其違背法令爲理由，不得爲之。

第四三六條之二五 （上訴狀之記載事項）

上訴狀內應記載上訴理由，表明下列各款事項：

一　原判決所違背之法令及其具體內容。

二　依訴訟資料可認爲原判決有違背法令之具體事實。

第四三六條之二六 （發原法院或是自爲裁判）

①應適用通常訴訟程序或簡易訴訟程序事件，而第一審法院行小額程序者，第二審法院得廢棄原判決，將該事件發回原法院。但第四百三十六條之八第四項之事件，當事人已表示無異議或知其違背或可得而知其違背，並無異議而爲本案辯論者，不在此限。

②前項情形，應予當事人陳述意見之機會，如兩造同意由第二審法院繼續適用小額程序者，應自爲裁判。

③第一項之判決，得不經言詞辯論爲之。

第四三六條之二七 （訴之變更、追加或提起反訴）

當事人於第二審程序不得爲訴之變更、追加或提起反訴。

第四三六條之二八 （新攻擊或防禦方法之提出）

當事人於第二審程序不得提出新攻擊或防禦方法。但因原法院違背法令致未能提出者，不在此限。

第四三六條之二九 （言詞辯論之例外）

小額程序之第二審判決，有下列情形之一者，得不經言詞辯論爲之。

一　經兩造同意者。

二　依上訴意旨足認上訴為無理由者。

第四三六條之三○　（第二審裁判不得上訴或抗告）

對於小額程序之第二審裁判，不得上訴或抗告。

第四三六條之三一　（上訴或抗告駁回，不得以同理由提起再審）

對於小額程序之第一審裁判，提起上訴或抗告，經以上訴或抗告無理由為駁回之裁判者，不得更以同一理由提起再審之訴或聲請再審。

第四三六條之三二　（上訴、抗告、再審程序之準用）

①第四百三十六條之十四、第四百三十六條之十九、第四百三十六條之二十一及第四百三十六條之二十二之規定，於小額事件之上訴程序準用之。

②第四百三十八條至第四百四十五條、第四百四十八條至第四百五十條、第四百五十四條、第四百五十五條、第四百五十九條、第四百六十二條、第四百六十三條、第四百六十八條、第四百六十九條第一款至第五款、第四百七十一條至第四百七十三條及第四百七十五條第一項之規定，於小額事件之上訴程序準用之。

③第四編之規定，於小額事件之抗告程序準用之。

④第五編之規定，於小額事件之再審程序準用之。

第三編　上訴審程序

第一章　第二審程序

第四三七條　（第二審上訴之特別要件）

對於第一審之終局判決，別有規定外，得上訴於管轄第二審之法院。

第四三八條　（第二審上訴之範圍）

前條判決前之裁判，牽涉該判決者，並受第二審法院之審判。但依本法不得聲明不服或得以抗告聲明不服者，不在此限。

第四三九條　（上訴權之捨棄）

①當事人於第一審判決宣示、公告或送達後，得捨棄上訴權。

②當事人於宣示判決時，以言詞捨棄上訴權者，應記載於言詞辯論筆錄；如他造不在場，應將筆錄送達。

第四四○條　（上訴期間）

提起上訴，應於第一審判決送達後二十日之不變期間內為之。但宣示或公告後送達前之上訴，亦有效力。

第四四一條　（上訴之程式）

①提起上訴，應以上訴狀表明下列各款事項，提出於原第一審法院為之：

一　當事人及法定代理人。

二　第一審判決及對於該判決上訴之陳述。

三　對於第一審判決不服之程度，及應如何廢棄或變更之聲明。

四　上訴理由。

②上訴理由應表明下列各款事項：

一　應廢棄或變更原判決之理由。

二　關於前款理由之事實及證據。

第四四二條　（原審對不合法上訴之處置）

①提起上訴，如逾上訴期間或係對於不得上訴之判決而上訴者，原第一審法院應以裁定駁回之。

②上訴不合程式或有其他不合法之情形而可以補正者，原第一審法院應定期間命其補正，如不於期間內補正，應以裁定駁回之。

③上訴狀未具上訴理由者，不適用前項之規定。

第四四三條　（上訴狀之送達）

①上訴未經依前條規定駁回者，第一審法院應速將上訴狀送達被上訴人。

②各當事人均提起上訴，或其他各當事人之上訴期間已滿後，第一審法院應速將訴訟卷宗連同上訴狀及其他有關文件送交第二審法院。

③前項應送交之卷宗，如為第一審法院所需者，應自備繕本、影本或節本。

第四四四條　（第二審對不合法上訴之處置）

①上訴不合法者，第二審法院應以裁定駁回之。但其情形可以補正者，審判長應定期間先命補正。

②上訴不合法之情形，已經原第一審法院定期間命其補正而未補正者，得不行前項但書之程序。

第四四四條之一　（上訴理由書）

①上訴狀內未表明上訴理由者，審判長得定相當期間命上訴人提出理由書。

②上訴人提出理由書後，除應依前條規定駁回者外，第二審法院應速將上訴理由書送達被上訴人。

③審判長得定相當期間命被上訴人提出答辯狀，及命上訴人就答辯狀提出書面意見。

④當事人逾第一項或前項所定期間提出書狀者，法院得命該當事人以書狀說明其理由。

⑤當事人未依第一項提出上訴理由書或未依前項規定說明者，第二審法院得準用第四百四十七條之規定，或於判決時依全辯論意旨斟酌之。

第四四五條　（言詞辯論之範圍）

①言詞辯論，應於上訴聲明之範圍內為之。

②當事人應陳述第一審言詞辯論之要領。但審判長得令書記官朗讀第一審判決、筆錄或其他卷內文書代之。

第四四六條　（訴之變更、追加或提起反訴之限制）

①訴之變更或追加，非經他造同意，不得爲之。但第二百五十五條第一項第二款至第六款情形，不在此限。

②提起反訴，非經他造同意，不得爲之。但有下列各款情形之一者，不在此限：

一　於某法律關係之成立與否有爭執，而本訴裁判應以該法律關係爲據，並請求確定其關係者。

二　就同一訴訟標的有提起反訴之利益者。

三　就主張抵銷之請求尚有餘額部分，有提起反訴之利益者。

第四四七條　（第一審之續行(一)）

①當事人不得提出新攻擊或防禦方法。但有下列情形之一者，不在此限：

一　因第一審法院違背法令致未能提出者。

二　事實發生於第一審法院言詞辯論終結後者。

三　對於在第一審已提出之攻擊或防禦方法爲補充者。

四　事實於法院已顯著或爲其職務上所已知或應依職權調查證據者。

五　其他非可歸責於當事人之事由，致未能於第一審提出者。

六　如不許其提出顯失公平者。

②前項但書各款事由，當事人應釋明之。

③違反前二項之規定者，第二審法院應駁回之。

第四四八條　（第一審之續行(二)）

在第一審所爲之訴訟行爲，於第二審亦有效力。

第四四九條　（上訴無理由之判決）

①第二審法院認上訴爲無理由者，應爲駁回之判決。

②原判決依其理由雖屬不當，而依其他理由認爲正當者，應以上訴爲無理由。

第四四九條之一　（延滯訴訟之處罰）

①第二審法院依前條第一項規定駁回上訴時，認上訴人之上訴顯無理由或僅係以延滯訴訟之終結爲目的者，得處上訴人新臺幣六萬元以下之罰鍰。

②前項裁定得為抗告，抗告中應停止執行。

第四五〇條　（上訴有理由之判決）

第二審法院認上訴爲有理由者，應於上訴聲明之範圍內，爲廢棄或變更原判決之判決。

第四五一條　（廢棄原判決─將事件發回原法院或自爲判決）

①第一審之訴訟程序有重大之瑕疵者，第二審法院得廢棄原判決，而將該事件發回原法院。但以因維持審級制度認爲必要時爲限。

②前項情形，應予當事人陳述意見之機會，如兩造同意願由第二審法院就該事件爲裁判者，應自爲判決。

③依第一項之規定廢棄原判決者，其第一審訴訟程序有瑕疵之部分，視爲亦經廢棄。

第四五一條之一　（誤用通常訴訟程序之處理）

①應適用簡易訴訟程序之事件，第二審法院不得以第一審法院行通常訴訟程序而廢棄原判決。

②前項情形，應適用簡易訴訟事件第二審程序之規定。

第四五二條　（廢棄原判決—將事件移送於管轄法院）

①第二審法院不得以第一審法院無管轄權而廢棄原判決。但違背專屬管轄之規定者，不在此限。

②因第一審法院無管轄權而廢棄原判決者，應以判決將該事件移送於管轄法院。

第四五三條　（言詞審理之例外）

第四百五十一條第一項及前條第二項之判決，得不經言詞辯論為之。

第四五四條　（第一審判決事實之引用）

①判決書內應記載之事實，得引用第一審判決。當事人提出新攻擊或防禦方法者，應併記載之。

②判決書內應記載之理由，如第二審關於攻擊或防禦方法之意見及法律上之意見與第一審判決相同者，得引用之；如有不同者，應另行記載。關於當事人提出新攻擊或防禦方法之意見，應併記載之。

第四五五條　（假執行上訴之辯論與裁判）

第二審法院應依聲請，就關於假執行之上訴，先為辯論及裁判。

第四五六條　（裁定宣告假執行）

①第一審判決未宣告假執行或宣告附條件之假執行者，其未經聲明不服之部分，第二審法院應依當事人之聲請，以裁定宣告假執行。

②第二審法院認為上訴人係意圖延滯訴訟而提起上訴者，應依被上訴人聲請，以裁定就第一審判決宣告假執行；其逾時始行提出攻擊或防禦方法可認為係意圖延滯訴訟者亦同。

第四五七條　（財產權訴訟之宣告假執行）

①關於財產權之訴訟，第二審法院之判決，維持第一審判決者，應於其範圍內，依聲請宣告假執行。

②前項宣告假執行，如有必要，亦得以職權為之。

第四五八條　（假執行之裁判不得聲明不服）

對於第二審法院關於假執行之裁判，不得聲明不服。但依第三百九十五條第二項及第三項所為之裁判，不在此限。

第四五九條　（上訴之撤回）

①上訴人於終局判決前，得將上訴撤回。但被上訴人已為附帶上訴者，應得其同意。

②訴訟標的對於共同訴訟之各人必須合一確定者，其中一人或數人於提起上訴後撤回上訴時，法院應即通知視為已提起上訴之共同訴訟人，命其於十日內表示是否撤回，逾期未為表示者，視為亦撤回上訴。

③撤回上訴者，喪失其上訴權。

④第二百六十二條第二項至第四項之規定，於撤回上訴準用之。

第四六〇條 （附帶上訴之提起）

①被上訴人於言詞辯論終結前，得為附帶上訴。但經第三審法院發回或發交後，不得為之。

②附帶上訴，雖在被上訴人之上訴期間已滿，或曾捨棄上訴權或撤回上訴後，亦得為之。

③第二百六十一條之規定，於附帶上訴準用之。

第四六一條 （附帶上訴之效力）

上訴經撤回或因不合法而被駁回者，附帶上訴失其效力。但附帶上訴備上訴之要件者，視為獨立之上訴。

第四六二條 （上訴事件終結後對卷宗之處理）

①上訴因判決而終結者，第二審法院書記官應於判決確定後，速將判決正本附入卷宗，送交第一審法院。

②前項規定，於上訴之非因判決而終結者準用之。

第四六三條 （第一審程序之準用）

除本章別有規定外，前編第一章、第二章之規定，於第二審程序準用之。

第二章　第三審程序

第四六四條 （第三審上訴之特別要件）

對於第二審之終局判決，除別有規定外，得上訴於管轄第三審之法院。

第四六五條 （不得上訴之規定—未於第二審聲明不服）

對第一審判決，或其一部未經向第二審法院上訴，或附帶上訴之當事人，對於維持該判決之第二審判決，不得上訴。

第四六六條 （上訴利益之計算）

①對於財產權訴訟之第二審判決，如因上訴所得受之利益，不逾新臺幣一百萬元者，不得上訴。

②對於第四百二十七條訴訟，如依通常訴訟程序所為之第二審判決，仍得上訴於第三審法院。其因上訴所得受之利益不逾新臺幣一百萬元者，適用前項規定。

③前二項所定數額，司法院得因情勢需要，以命令減至新臺幣五十萬元，或增至一百五十萬元。

④計算上訴利益，準用關於計算訴訟標的之價額之規定。

第四六六條之一 （許可上訴之聲請及駁回）

①對於第二審判決上訴，上訴人應委任律師為訴訟代理人。但上訴人或其法定代理人具有律師資格者，不在此限。

②上訴人之配偶、三親等內之血親、二親等內之姻親，或上訴人為法人、中央或地方機關時，其所屬專任人員具有律師資格並經法院認為適當者，亦得為第三審訴訟代理人。

③第一項但書及第二項情形，應於提起上訴或委任時釋明之。

④上訴人未依第一項、第二項規定委任訴訟代理人，或雖依第二項
委任，法院認為不適當者，第二審法院應定期先命補正。逾期未
補正亦未依第四百六十六條之二為聲請者，第二審法院應以上訴
不合法裁定駁回之。

第四六六條之二　（上訴第三審之訴訟代理人）
①上訴人無資力委任訴訟代理人者，得依訴訟救助之規定，聲請第
三審法院為之選任律師為其訴訟代理人。
②上訴人依前項規定聲請者，第二審法院應將訴訟卷宗送交第三審
法院。

第四六六條之三　（聲請選任訴訟代理人）
①第三審律師之酬金，為訴訟費用之一部，並應限定其最高額。
②第四百六十六條之二選任律師為訴訟代理人辦法由司法院定之。
③前項辦法之擬訂，應參酌法務部及中華民國律師公會全國聯合會
之意見。

第四六六條之四　（飛躍上訴）
①當事人對於第一審法院依通常訴訟程序所為之終局判決，就其確
定之事實認為無誤者，得合意逕向第三審法院上訴。
②前項合意，應以文書證之，並連同上訴狀提出於原第一審法院。

第四六七條　（不得上訴之規定－非以第二審判決違法為理
由）
上訴第三審法院，非以原判決違背法令為理由，不得為之。

第四六八條　（違背法令之意義）
判決不適用法規或適用不當者，為違背法令。

第四六九條　（當然違背法令之情形）
有下列各款情形之一者，其判決當然為違背法令：
一　判決法院之組織不合法者。
二　依法律或裁判應迴避之法官參與裁判者。
三　法院於權限之有無辨別不當或違背專屬管轄之規定者。
四　當事人於訴訟未經合法代理者。
五　違背言詞辯論公開之規定者。
六　判決不備理由或理由矛盾者。

第四六九條之一　（上訴許可）
①以前條所列各款外之事由提起第三審上訴者，須經第三審法院之
許可。
②前項許可，以從事法之續造、確保裁判之一致性或其他所涉及之
法律見解具有原則上重要性者為限。

第四七○條　（上訴狀之提出）
①提起上訴，應以上訴狀提出於原判決法院為之。
②上訴狀內，應記載上訴理由，表明下列各款事項：
一　原判決所違背之法令及其具體內容。
二　依訴訟資料合於該違背法令之具體事實。
三　依第四百六十九條之一規定提起上訴者，具體敘述為從事法

之續造、確保裁判之一致性或其他所涉及之法律見解具有原則上重要性之理由。

③上訴狀內，宜記載因上訴所得受之利益。

第四七一條　（補提書狀於第二審法院處置）

①上訴狀內未表明上訴理由者，上訴人應於提起上訴後二十日內，提出理由書於原第二審法院；未提出者，毋庸命其補正，由原第二審法院以裁定駁回之。

②被上訴人得於上訴狀或前項理書送達後十五日內，提出答辯狀於原第二審法院。

③第二審法院送交訴訟卷宗於第三審法院，應於收到答辯狀或前項期間已滿後爲之。

④判決宣示後送達前提起上訴者，第　項之期間自判決送達後起算。

第四七二條　（上訴理由書狀等之提出）

①被上訴人在第三審未判決前，得提出答辯狀及其追加書狀於第三審法院。上訴人亦得提出上訴理由追加書狀。

②第三審法院以認爲有必要時爲限，得將前項書狀送達於他造。

第四七三條　（上訴聲明範圍之限制）

①上訴之聲明，不得變更或擴張之。

②被上訴人，不得爲附帶上訴。

第四七四條　（言詞審理之例外）

①第三審之判決，應經言詞辯論爲之。但法院認爲不必要時，不在此限。

②第三審法院行言詞辯論時，應由兩造委任律師代理爲之。

③被上訴人委任訴訟代理人時，準用第四百六十六條之一第一項至第三項、第四百六十六條之二第一項及第四百六十六條之三之規定。

第四七五條　（調查之範圍）

第三審法院應於上訴聲明之範圍內，依上訴理由調查之。但法院應依職權調查之事項，或有統一法令見解之必要者，不在此限。

第四七六條　（判決之基礎）

①第三審法院，應以原判決確定之事實爲判決基礎。

②言詞辯論筆錄記載當事人陳述之事實，第三審法院得斟酌之。

③以違背訴訟程序之規定爲上訴理由時，所舉違背之事實及以違背法令確定事實、遺漏事實或記載主張事實爲上訴理由時，所舉之該事實，第三審法院亦得斟酌之。

第四七七條　（上訴有理由之判決）

①第三審法院認上訴爲有理由者，就該部分應廢棄原判決。

②因違背訴訟程序之規定廢棄原判決者，其違背之訴訟程序部分，視爲亦經廢棄。

第四七七條之一　（不得廢棄原判決）

除第四百六十九條第一款至第五款之情形外，原判決違背法令而

不影響裁判之結果者，不得廢棄原判決。

第四七七條之二 （不得廢棄原判決）

第三審法院就第四百六十六條之四所定之上訴，不得以原判決確定事實違背法令爲理由廢棄該判決。

第四七八條 （廢棄原判決之處置一發回或發交）

①第三審法院廢棄原判決，而有下列各款情形之一者，應自爲判決：

一 因基於確定之事實或依法得斟酌之事實，不適用法規或適用不當廢棄原判決，而事件已可依該事實爲裁判者。

二 原判決就訴或上訴不合法之事件誤爲實體裁判者。

三 法院應依職權調查之事項，第三審得自行確定事實而爲判斷者。

四 原判決未本於當事人之捨棄或認諾爲裁判者。

五 其他無發回或發交使重爲辯論之必要者。

②除有前項情形外，第三審法院於必要時，得將該事件發回原法院或發交其他同級法院。

③前項發回或發交判決，就應調查之事項，應詳予指示。

④受發回或發交之法院，應以第三審法院所爲廢棄理由之法律上判斷爲其判決基礎。

第四七九條 （刪除）

第四八〇條 （發回或發交所應爲之處置）

爲發回或發交之判決者，第三審法院應速將判決正本附入卷宗，送交受發回或發交之法院。

第四八一條 （第二審程序之準用）

除本章別有規定外，前章之規定，於第三審程序準用之。

第四編　抗告程序

第四八二條 （得抗告之裁定）

對於裁定，得爲抗告。但別有不許抗告之規定者，不在此限。

第四八三條 （程序中裁定不得抗告原則）

訴訟程序進行中所爲之裁定，除別有規定外，不得抗告。

第四八四條 （關於財產權訴訟之抗告限制）

①不得上訴於第三審法院之事件，其第二審法院所爲裁定，不得抗告。但下列裁定，得向原法院提出異議：

一 命法院書記官、執達員、法定代理人、訴訟代理人負擔訴訟費用之裁定。

二 對證人、鑑定人、通譯或執有文書、勘驗物之第三人處以罰鍰之裁定。

三 駁回拒絕證言、拒絕鑑定、拒絕通譯之裁定。

四 強制提出文書、勘驗物之裁定。

②前項異議，準用對於法院同種裁定抗告之規定。

③受訴法院就異議所爲之裁定，不得聲明不服。

第四八五條　（異議之提出－準抗告）

①受命法官或受託法官之裁定，不得抗告。但其裁定如係受訴法院所爲而依法得爲抗告者，得向受訴法院提出異議。

②前項異議，準用對於法院同種裁定抗告之規定。

③受訴法院就異議所爲之裁定，得依本編之規定抗告。

④訴訟繫屬於第三審法院者，其受命法官或受託法官所爲之裁定，得向第三審法院提出異議。不得上訴於第三審法院之事件，第二審法院受命法官或受託法官所爲之裁定，得向受訴法院提出異議。

第四八六條　（再抗告）

①抗告，除別有規定外，由直接上級法院裁定。

②抗告法院之裁定，以抗告不合法而駁回者，不得再爲抗告。但得向原法院提出異議。

③前項異議，準用第四百八十四條第二項及第三項之規定。

④除前二項之情形外，對於抗告法院之裁定再爲抗告，僅得以其適用法規顯有錯誤爲理由。

⑤第四百三十六條之六之規定，於前項之抗告準用之。

第四八七條　（抗告期間）

提起抗告，應於裁定送達後十日之不變期間內爲之。但送達前之抗告，亦有效力。

第四八八條　（提起抗告之程序）

①提起抗告，除別有規定外，應向爲裁定之原法院或原審判長所屬法院提出抗告狀爲之。

②適用簡易或小額訴訟程序之事件或關於訴訟救助提起抗告及由證人、鑑定人、通譯或執有證物之第三人提起抗告者，得以言詞爲之。但依第四百三十六條之二第一項規定提起抗告者，不在此限。

③提起抗告，應表明抗告理由。

第四八九條　（刪除）

第四九〇條　（原法院或審判長對抗告之處置）

①原法院或審判長認抗告爲有理由者，應撤銷或變更原裁定。

②原法院或審判長未以抗告不合法駁回抗告，亦未依前項規定爲裁定者，應速將抗告事件送交抗告法院；如認爲必要時，應送交訴訟卷宗，並得添具意見書。

第四九一條　（抗告之效力）

①抗告，除別有規定外，無停止執行之效力。

②原法院或審判長或抗告法院得在抗告事件裁定前，停止原裁定之執行或爲其他必要處分。

③前項裁定，不得抗告。

第四九二條　（抗告法院之裁定）

抗告法院認抗告爲有理由者，應廢棄或變更原裁定；非有必要，

不得命原法院或審判長更爲裁定。

第四九三條 （刪除）

第四九四條 （刪除）

第四九五條 （擬制抗告或異議）

依本編規定，應爲抗告而誤爲異議者，視爲已提起抗告；應提出異議而誤爲抗告者，視爲已提出異議。

第四九五條之一 （抗告之準用）

①抗告，除本編別有規定外，準用第三編第一章之規定。

②第四百三十六條之二第一項之逕向最高法院抗告、第四百八十六條第四項之再爲抗告，準用第三編第二章之規定。

第五編　再審程序

第四九六條 （再審事由(一)）

①有下列各款情形之一者，得以再審之訴對於確定終局判決聲明不服。但當事人已依上訴主張其事由或知其事由而不爲主張者，不在此限：

一　適用法規顯有錯誤者。

二　判決理由與主文顯有矛盾者。

三　判決法院之組織不合法者。

四　依法律或裁判應迴避之法官參與裁判者。

五　當事人於訴訟未經合法代理者。

六　當事人知他造之住居所，指爲所在不明而涉訟者。但他造已承認其訴訟程序者，不在此限。

七　參與裁判之法官關於該訴訟違背職務犯刑事上之罪者，或關於該訴訟違背職務受懲戒處分，足以影響原判決者。

八　當事人之代理人或他造或其代理人關於該訴訟有刑事上應罰之行爲，影響於判決者。

九　爲判決基礎之證物係僞造或變造者。

十　證人、鑑定人、通譯、當事人或法定代理人經具結後，就爲判決基礎之證言、鑑定、通譯或有關事項爲虛僞陳述者。

十一　爲判決基礎之民事、刑事、行政訴訟判決及其他裁判或行政處分，依其後之確定裁判或行政處分已變更者。

十二　當事人發現就同一訴訟標的在前已有確定判決或和解、調解或得使用該判決或和解、調解者。

十三　當事人發現未經斟酌之證物或得使用該證物者。但以如經斟酌可受較有利益之裁判者爲限。

②前項第七款至第十款情形，以宣告有罪之判決或處罰鍰之裁定已確定，或因證據不足以外之理由，而不能爲有罪之確定判決或罰鍰之確定裁定者爲限，得提起再審之訴。

③第二審法院就該事件已爲本案判決者，對於第一審法院之判決不得提起再審之訴。

第四九七條 (再審事由(二))

依第四百六十六條不得上訴於第三審法院之事件,除前條規定外,其經第二審確定之判決,就足影響於判決之重要證物,漏未斟酌,或當事人有正當理由不到場,法院為一造辯論判決者,亦得提起再審之訴。

第四九八條 (再審事由(三))

為判決基礎之裁判,如有前二條所定之情形者,得據以對於該判決提起再審之訴。

第四九八條之一 (不得提起再審之事由)

再審之訴,法院認無再審理由,判決駁回後,不得以同一事由,對於原確定判決或駁回再審之訴之確定判決,更行提起再審之訴。

第四九九條 (再審管轄法院)

①再審之訴,專屬為判決之原法院管轄。

②對於審級不同之法院就同一事件所為之判決,提起再審之訴者,專屬上級法院合併管轄。但對於第三審法院之判決,係本於第四百九十六條第一項第九款至第十三款事由,聲明不服者,專屬原第二審法院管轄。

第五〇〇條 (提起再審之期間)

①再審之訴,應於三十日之不變期間內提起。

②前項期間,自判決確定時起算,判決於送達前確定者,自送達時起算;其再審之理由發生或知悉在後者,均自知悉時起算。但自判決確定後已逾五年者,不得提起。

③以第四百九十六條第一項第五款、第六款或第十二款情形為再審之理由者,不適用前項但書之規定。

第五〇一條 (提起再審之程式)

①再審之訴,應以訴狀表明下列各款事項,提出於管轄法院為之:

一　當事人及法定代理人。

二　聲明不服之判決及提起再審之訴之陳述。

三　應於如何程度廢棄原判決及就本案如何判決之聲明。

四　再審理由及關於再審理由並遵守不變期間之證據。

②再審訴狀內,宜記載準備本案言詞辯論之事項,並添具確定終局判決繕本或影本。

第五〇二條 (再審之訴之駁回)

①再審之訴不合法者,法院應以裁定駁回之。

②再審之訴顯無再審理由者,得不經言詞辯論,以判決駁回之。

第五〇三條 (本案審理之範圍)

本案之辯論及裁判,以聲明不服之部分為限。

第五〇四條 (再審之訴之駁回)

再審之訴,雖有再審理由,法院如認原判決為正當者,應以判決駁回之。

第五〇五條 (各審程序之準用)

除本編別有規定外,再審之訴訟程序,準用關於各該審級訴訟程

序之規定。

第五〇五條之一 （再審之準用）

第三百九十五條第二項之規定，於再審之訴準用之。

第五〇六條 （判決之效力）

再審之訴之判決，於第三人以善意取得之權利無影響。

第五〇七條 （準再審）

裁定已經確定，而有第四百九十六條第一項或第四百九十七條之情形者，得準用本編之規定，聲請再審。

第五編之一　第三人撤銷訴訟程序

第五〇七條之一 （第三人撤銷訴訟）

有法律上利害關係之第三人，非因可歸責於己之事由而未參加訴訟，致不能提出足以影響判決結果之攻擊或防禦方法者，得以兩造為共同被告對於確定終局判決提起撤銷之訴，請求撤銷對其不利部分之判決。但應循其他法定程序請求救濟者，不在此限。

第五〇七條之二 （專屬管轄法院）

①第三人撤銷之訴，專屬為判決之原法院管轄。

②對於審級不同之法院就同一事件所為之判決合併提起第三人撤銷之訴，或僅對上級法院所為之判決提起第三人撤銷之訴者，專屬原第二審法院管轄。其未經第二審法院判決者，專屬原第一審法院管轄。

第五〇七條之三 （停止判決執行之情況）

①第三人撤銷之訴無停止原確定判決執行之效力。但法院因必要情形或依聲請得相當並確實之擔保，得於撤銷之訴聲明之範圍內對第三人不利部分以裁定停止原確定判決之效力。

②關於前項裁定，得為抗告。

第五〇七條之四 （對第三人不利判決之效力）

①法院認第三人撤銷之訴為有理由者，應撤銷原確定終局判決對該第三人不利之部分，並依第三人之聲明，於必要時，在撤銷之範圍內為變更原判決之判決。

②前項情形，原判決於原當事人間仍不失其效力。但訴訟標的對於原判決當事人及提起撤銷之訴之第三人必須合一確定者，不在此限。

第五〇七條之五 （第三人撤銷之訴之準用）

第五百條第一項、第二項、第五百零一條至第五百零三條、第五百零五條、第五百零六條之規定，於第三人撤銷之訴準用之。

第六編　督促程序

第五〇八條 （聲請支付命令之要件）

①債權人之請求，以給付金錢或其他代替物或有價證券之一定數量

為標的者，得聲請法院依督促程序發支付命令。

②支付命令之聲請與處理，得視電腦或其他科技設備發展狀況，使用其設備為之，其辦法由司法院定之。

第五〇九條　（聲請支付命令之限制）

督促程序，如聲請人應為對待給付尚未履行，或支付命令之送達應於外國為之，或依公示送達為之者，不得為之。

第五一〇條　（管轄法院）

支付命令之聲請，專屬債務人為被告時，依第一條、第二條、第六條或第二十條規定有管轄權之法院管轄。

第五一一條　（聲請支付命令應表明之事項）104

①支付命令之聲請，應表明下列各款事項：

一　當事人及法定代理人。

二　請求之標的及其數量。

三　請求之原因事實。其有對待給付者，已履行之情形。

四　應發支付命令之陳述。

五　法院。

②債權人之請求，應釋明之。

第五一二條　（法院之裁定）

法院應不訊問債務人，就支付命令之聲請為裁定。

第五一三條　（支付命令之駁回）

①支付命令之聲請，不合於第五百零八條至第五百一十一條之規定，或依聲請之意旨債權人之請求為無理由者，法院應以裁定駁回之；就請求之一部不得發支付命令者，應僅就該部分之聲請駁回之。

②前項裁定，不得聲明不服。

第五一四條　（支付命令應載事項）104

①支付命令，應記載下列各款事項：

一　第五百十一條第一項第一款至第三款及第五款所定事項。

二　債務人應向債權人清償其請求並賠償程序費用，否則應於支付命令送達後二十日之不變期間內，向發命令之法院提出異議。

三　債務人未於不變期間內提出異議時，債權人得依法院核發之支付命令及確定證明書聲請強制執行。

②第五百十一條第一項第三款所定事項之記載，得以聲請書狀作為附件代之。

第五一五條　（支付命令之送達）

①發支付命令後，三個月內不能送達於債務人者，其命令失其效力。

②前項情形，法院誤發確定證明書者，自確定證明書所載確定日期起五年內，經撤銷確定證明書時，法院應通知債權人。如債權人於通知送達後二十日之不變期間起訴，視為自支付命令聲請時，已經起訴；其於通知送達前起訴者，亦同。

③前項情形，督促程序費用，應作為訴訟費用或調解程序費用之一部。

第五一六條 （異議之程式及效力）

①債務人對於支付命令之全部或一部，得於送達後二十日之不變期間內，不附理由向發命令之法院提出異議。

②債務人得在調解成立或第一審言詞辯論終結前，撤回其異議。但應負擔調解程序費用或訴訟費用。

第五一七條 （刪除）

第五一八條 （逾期異議之駁回）

債務人於支付命令送達後，逾二十日之不變期間，始提出異議者，法院應以裁定駁回之。

第五一九條 （異議之效力）

①債務人對於支付命令於法定期間合法提出異議者，支付命令於異議範圍內失其效力，以債權人支付命令之聲請，視為起訴或聲請調解。

②前項情形，督促程序費用，應作為訴訟費用或調解程序費用之一部。

第五二〇條 （刪除）

第五二一條 （支付命令之效力）104

①債務人對於支付命令未於法定期間合法提出異議者，支付命令得為執行名義。

②前項情形，為裁定之法院應付與裁定確定證明書。

③債務人主張支付命令上所載債權不存在而提起確認之訴者，法院依債務人聲請，得許其提供相當並確實之擔保，停止強制執行。

第七編　保全程序

第五二二條 （聲請假扣押之要件）

①債權人就金錢請求或得易為金錢請求之請求，欲保全強制執行者，得聲請假扣押。

②前項聲請，就附條件或期限之請求，亦得為之。

第五二三條 （假扣押之限制）

①假扣押，非有日後不能強制執行或甚難執行之虞者，不得為之。

②應在外國為強制執行者，視為有日後甚難執行之虞。

第五二四條 （假扣押之管轄法院）

①假扣押之聲請，由本案管轄法院或假扣押標的所在地之地方法院管轄。

②本案管轄法院，為訴訟已繫屬或應繫屬之第一審法院。但訴訟現繫屬於第二審者，得以第二審法院為本案管轄法院。

③假扣押之標的如係債權或須經登記之財產權，以債務人住所或擔保之標的所在地或登記地，為假扣押標的所在地。

第五二五條 （聲請假扣押之程式）

①假扣押之聲請，應表明下列各款事項：

一　當事人及法定代理人。

二　請求及其原因事實。

三　假扣押之原因。

四　法院。

②請求非關於一定金額者，應記載其價額。

③依假扣押之標的所在地定法院管轄者，應記載假扣押之標的及其所在地。

第五二六條　（請求及假扣押原因之釋明）102

①請求及假扣押之原因，應釋明之。

②前項釋明如有不足，而債權人陳明願供擔保或法院認為適當者，法院得定相當之擔保，命供擔保後為假扣押。

③請求及假扣押之原因雖經釋明，法院亦得命債權人供擔保後為假扣押。

④夫或妻基於剩餘財產差額分配請求權聲請假扣押者，前項法院所命供擔保之金額不得高於請求金額之十分之一。

第五二七條　（免為或撤銷假扣押方法之記載）

假扣押裁定內，應記載債務人供所定金額之擔保或將請求之金額提存，得免為或撤銷假扣押。

第五二八條　（假扣押裁定之送達及抗告）

①關於假扣押聲請之裁定，得為抗告。

②抗告法院為裁定前，應使債權人及債務人有陳述意見之機會。

③抗告法院認抗告有理由者，應自為裁定。

④准許假扣押之裁定，如經抗告者，在駁回假扣押聲請裁定確定前，已實施之假扣押執行程序，不受影響。

第五二九條　（撤銷假扣押原因─未依期起訴）

①本案尚未繫屬者，命假扣押之法院應依債務人聲請，命債權人於一定期間內起訴。

②下列事項與前項起訴有同一效力：

一　依督促程序，聲請發付支付命令者。

二　依本法聲請調解者。

三　依第三百九十五條第二項為聲明者。

四　依法開始仲裁程序者。

五　其他經依法開始起訴前應踐行之程序者。

六　基於夫妻剩餘財產差額分配請求權而聲請假扣押，已依民法第一千零十條請求宣告改用分別財產制者。

③前項第六款情形，債權人應於宣告改用分別財產制裁定確定之日起十日內，起訴請求夫妻剩餘財產差額分配。

④債權人不於第一項期間內起訴或未遵守前項規定者，債務人得聲請假扣押之法院撤銷假扣押裁定。

第五三〇條　（撤銷假扣押原因─原因消滅等）

①假扣押之原因消滅、債權人受本案敗訴判決確定或其他命假扣押

之情事變更者，債務人得聲請撤銷假扣押裁定。

②第五百二十八條第三項、第四項之規定，於前項撤銷假扣押裁定準用之。

③假扣押之裁定，債權人得聲請撤銷之。

④第一項及前項聲請，向命假扣押之法院為之；如本案已繫屬者，向本案法院為之。

第五三一條 （撤銷假扣押時債權人之賠償責任）

①假扣押裁定因自始不當而撤銷，或因第五百二十九條第四項及第五百三十條第三項之規定而撤銷者，債權人應賠償債務人因假扣押或供擔保所受之損害。

②假扣押所保全之請求已起訴者，法院於第一審言詞辯論終結前，應依債務人之聲明，於本案判決內命債權人為前項之賠償。債務人未聲明者，應告以得為聲明。

第五三二條 （假處分之要件）

①債權人就金錢請求以外之請求，欲保全強制執行者，得聲請假處分。

②假處分，非因請求標的之現狀變更，有日後不能強制執行，或甚難執行之虞者，不得為之。

第五三三條 （假扣押規定之準用）

關於假扣押之規定，於假處分準用之。但因第五百三十五條及第五百三十六條之規定而不同者，不在此限。

第五三四條 （刪除）

第五三五條 （假處分之方法）

①假處分所必要之方法，由法院以裁定酌定之。

②前項裁定，得選任管理人及命令或禁止債務人為一定行為。

第五三六條 （假處分撤銷之原因）

①假處分所保全之請求，得以金錢之給付達其目的，或債務人將因假處分而受難以補償之重大損害，或有其他特別情事者，法院始得於假處分裁定內，記載債務人供所定金額之擔保後免為或撤銷假處分。

②假處分裁定未依前項規定為記載者，債務人亦得聲請法院許其供擔保後撤銷假處分。

③法院為前二項裁定前，應使債權人有陳述意見之機會。

第五三七條 （刪除）

第五三七條之一 （債權人自助行為）

①債權人依民法第一百五十一條規定押收債務人之財產或拘束其自由者，應即時聲請法院為假扣押或假處分之裁定。

②前項聲請，專屬押收債務人財產或拘束其自由之行為地地方法院管轄。

第五三七條之二 （調查裁定）

①前條第一項之聲請，法院應即調查裁定之；其不合於民法第一百五十一條之規定，或有其他不應准許之情形者，法院應即以

裁定駁回。

②因拘束債務人自由而為假扣押或假處分之聲請者，法院為准許之裁定，非命債權人及債務人以言詞為陳述，不得為之。

第五三七條之三 （債權人自助行為之程序）

①債權人依第五百三十七條之一為聲請時，應將所押收之財產或被拘束自由之債務人送交法院處理。但有正當理由不能送交者，不在此限。

②法院為裁定及開始執行前，應就前項財產或債務人為適當之處置。但拘束債務人之自由，自送交法院時起，不得逾二十四小時。

③債權人依第一項規定將所押收之財產或拘束自由之債務人送交法院者，如其聲請被駁回時，應將該財產發還於債務人或回復其自由。

第五三七條之四 （起訴時間）

因拘束債務人自由而為假扣押或假處分裁定之本案尚未繫屬者，債權人應於裁定送達後五日內起訴，逾期未起訴時，命假扣押或假處分之法院得依聲請或依職權撤銷假扣押或假處分裁定。

第五三八條 （定暫時狀態之假處分）

①於爭執之法律關係，為防止發生重大之損害或避免急迫之危險或有其他相類之情形而有必要時，得聲請為定暫時狀態之處分。

②前項裁定，以其本案訴訟能確定該爭執之法律關係者為限。

③第一項處分，得命先為一定之給付。

④法院為第一項及前項裁定前，應使兩造當事人有陳述之機會。但法院認為不適當者，不在此限。

第五三八條之一 （緊急處置）

①法院為前條第一項裁定前，於認有必要時，得依聲請以裁定先為一定之緊急處置，其處置之有效期間不得逾七日。期滿前得聲請延長，但延長期間不得逾三日。

②前項期間屆滿前，法院以裁定駁回定暫時狀態處分之聲請者，其先為之處置當然失其效力。其經裁定許為定暫時狀態，而其內容與先為之處置相異時，其相異之處置失其效力。

③第一項之裁定，不得聲明不服。

第五三八條之二 （定暫時狀態處理程序）

①抗告法院廢棄或變更第五百三十八條第三項之裁定時，應依抗告人之聲請，在廢棄或變更範圍內，同時命聲請人返還其所受領之給付。其裁定得為金錢者，並應依聲請附加自受領時起之利息。

②前項命返還給付之裁定，非對於抗告法院廢棄或變更定暫時狀態之裁定再為抗告時，不得聲明不服；抗告中應停止執行。

③前二項規定，於第五百三十八條之一第二項之情形準用之。

第五三八條之三 （無過失賠償責任）

定暫時狀態之裁定因第五百三十一條之事由被撤銷，而應負損害賠償責任者，如聲請人證明其無過失時，法院得視情形減輕或免

除其賠償責任。

第五三八條之四 （準用）

除別有規定外，關於假處分之規定，於定暫時狀態之處分準用之。

第八編　公示催告程序

第五三九條 （一般公示催告之要件及效果）

①申報權利之公示催告，以得依背書轉讓之證券或法律有規定者為限。

②公示催告，對於不申報權利人，生失權之效果。

第五四〇條 （准許之裁定）

①法院應就公示催告之聲請為裁定。

②法院准許聲請者，應為公示催告。

第五四一條 （公示催告之記載）

公示催告，應記載下列各款事項：

一　聲請人。

二　申報權利之期間及在期間內應為申報之催告。

三　因不申報權利而生之失權效果。

四　法院。

第五四二條 （公告方法）107

①公示催告之公告，應黏貼於法院之公告處，並公告於法院網站；法院認為必要時，得命登載於公報或新聞紙。

②前項公告於法院網站、登載公報、新聞紙之日期或期間，由法院定之。

③聲請人未依前項規定聲請公告於法院網站，或登載公報、新聞紙者，視為撤回公示催告之聲請。

第五四三條 （申報權利期間）107

申報權利之期間，除法律別有規定外，自公示催告之公告開始公告於法院網站之日起、最後登載公報、新聞紙之日起，應有二個月以上。

第五四四條 （期間已滿未為除權判決前申報之效力）

申報權利在期間已滿後，而在未為除權判決前者，與在期間內申報者，有同一之效力。

第五四五條 （除權判決之聲請）

①公示催告，聲請人得於申報權利之期間已滿後三個月內，聲請為除權判決。但在期間未滿前之聲請，亦有效力。

②除權判決前之言詞辯論期日，應並通知已申報權利之人。

第五四六條 （除權判決前之職權調查）

法院就除權判決之聲請為裁判前，得依職權為必要之調查。

第五四七條 （駁回聲請之裁判）

駁回除權判決之聲請，以裁定為之。

第五四八條 (對申報權利爭執之處置)

申報權利人,如對於公示催告聲請人所主張之權利有爭執者,法院應酌量情形,在就所報權利有確定裁判前,裁定停止公示催告程序,或於除權判決保留其權利。

第五四九條 (除權判決前之言詞辯論)

①公示催告聲請人,不於言詞辯論期日到場者,法院應依其聲請,另定新期日。

②前項聲請,自有遲誤時起,逾二個月後不得爲之。

③聲請人遲誤新期日者,不得聲請更定新期日。

第五四九條之一 (費用負擔)

法院爲除權判決者,程序費用由聲請人負擔。但因申報權利所生之費用,由申報權利人負擔。

第五五〇條 (除權判決之公告)

法院應以相當之方法,將除權判決之要旨公告之。

第五五一條 (除權判決之撤銷)

①對於除權判決,不得上訴。

②有下列各款情形之一者,得以公示催告聲請人爲被告,向原法院提起撤銷除權判決之訴:

一 法律不許行公示催告程序者。

二 未爲公示催告之公告,或不依法定方式爲公告者。

三 不遵守公示催告之公告期間者。

四 爲除權判決之法官,應自行迴避者。

五 已經申報權利而不依法律於判決中斟酌之者。

六 有第四百九十六條第一項第七款至第十款之再審理由者。

第五五二條 (撤銷除權判決之期間)

①撤銷除權判決之訴,應於三十日之不變期間內提起之。

②前項期間,自原告知悉除權判決時起算。但依前條第四款或第六款所定事由提起撤銷除權判決之訴,如原告於知有除權判決時不知其事由者,自知悉其事由時起算。

③除權判決宣示後已逾五年者,不得提起撤銷之訴。

第五五三條 (再審之程式及裁判準用於撤銷除權判決)

第五百零一條、第五百零二條及第五百零六條之規定,於撤銷除權判決之訴準用之。

第五五四條 (對於除權判決所附限制及保留之抗告)

對於除權判決所附之限制或保留,得爲抗告。

第五五五條 (公示催告程序之合併)

數宗公示催告程序,法院得命合併之。

第五五六條 (宣告證券無效之公示催告)

宣告證券無效之公示催告程序,適用第五百五十七條至第五百六十七條之規定。

第五五七條 (管轄法院)

公示催告,由證券所載履行地之法院管轄;如未載履行地者,由

證券發行人為被告時，依第一條或第二條規定有管轄權之法院管轄；如無此法院者，由發行人於發行之日為被告時，依各該規定有管轄權之法院管轄。

第五五八條　（公示催告之聲請人）
①無記名證券或空白背書之指示證券，得由最後之持有人為公示催告之聲請。
②前項以外之證券，得由能據證券主張權利之人為公示催告之聲請。

第五五九條　（聲請之程序）
聲請人應提出證券繕本、影本，或開示證券要旨及足以辨認證券之事項，並釋明證券被盜、遺失或滅失及有聲請權之原因、事實。

第五六〇條　（公示催告之記載）
公示催告，應記持有證券人應於期間內申報權利及提出證券，並曉示以如不申報及提出者，即宣告證券無效。

第五六一條　（公示催告之公告）
公示催告之公告，除依第五百四十二條之規定外，如法院所在地有交易所者，並應黏貼於該交易所。

第五六二條　（申報權利之期間）107
申報權利之期間，自公示催告之公告開始公告於法院網站之日起、最後登載公報、新聞紙之日起，應有三個月以上，九個月以下。

第五六三條　（申報權利後之處置）
①持有證券人經申報權利並提出證券者，法院應通知聲請人，並酌定期間使其閱覽證券。
②聲請人閱覽證券認其為真正時，其公示催告程序終結，由法院書記官通知聲請人及申報權利人。

第五六四條　（除權判決及撤銷除權判決之公告）
①除權判決，應宣告證券無效。
②除權判決之要旨，法院應以職權依第五百六十一條之方法公告之。
③證券無效之宣告，因撤銷除權判決之訴而撤銷者，為公示催告之法院於撤銷除權判決之判決確定後，應以職權依前項方法公告之。

第五六五條　（除權判決之效力）
①有除權判決後，聲請人對於依證券負義務之人，得主張證券上之權利。
②因除權判決而為清償者，於除權判決撤銷後，仍得以其清償對抗債權人或第三人。但清償時已知除權判決撤銷者，不在此限。

第五六六條　（禁止支付之命令）
①因宣告無記名證券之無效聲請公示催告，法院准許其聲請者，應依聲請不經言詞辯論，對於發行人為禁止支付之命令。

②前項命令，應附記已爲公示催告之事由。

③第一項命令，應準用第五百六十一條之規定公告之。

第五六七條 （禁止支付命令之撤銷）

①公示催告程序，因提出證券或其他原因未爲除權判決而終結者，法院應依職權以裁定撤銷禁止支付之命令。

②禁止支付命令之撤銷，應準用第五百六十一條之規定公告之。

第九編 （刪除）102

第五六八條至第六四〇條 （刪除）102

肆、與非行兒少
　　有關之法規

少年事件處理法

①民國51年1月31日總統令制定公布全文80條。
②民國56年8月1日總統令修正公布第42、64條條文。
③民國60年5月14日總統令修正公布全文87條。
④民國65年2月12日總統令修正公布第3、12、13、18、19、22、23、26、27、39、42、43、45、50、55至57、59至61、74、77、81、84、85條條文及第三章第三節節名；並增訂第23-1、64-1、83-1、85-1條條文。
⑤民國69年7月4日總統令修正公布第85-1、86條條文。
⑥民國86年10月29日總統令修正公布全文87條。
⑦民國89年2月2日總統令修正公布第13、27、43、49、54、55-3、68、78條條文。
⑧民國91年6月5日總統令修正公布第84條條文。
⑨民國94年5月18日總統令修正公布第24、29、42、61、84條條文；並刪除第68條條文。
⑩民國108年6月19日總統令修正公布第3、3-1、17至19、26、26-2、29、38、42、43、49、52、54、55-3、55-3、58、61、64-2、67、71、82、83-1、83-3、84、86、87條條文；增訂3-2至3-4條條文；並刪除第72、85-1條條文；除第18條第2項至第7項自112年7月1日施行；第42條第1項第3款關於交付安置於適當之醫療機構、執行過渡性教育措施或其他適當措施之處所輔導部分及刪除之第85-1自公布一年後施行外，餘自公布日施行。

第一章　總則

第一條　（立法目的）

為保障少年健全之自我成長，調整其成長環境，並矯治其性格，特制定本法。

第一條之一　（少年事件之法律適用）

少年保護事件及少年刑事案件之處理，依本法之規定；本法未規定者，適用其他法律。

第二條　（少年之意義）

本法稱少年者，謂十二歲以上十八歲未滿之人。

第三條　（少年法院之管轄事件）108

①下列事件，由少年法院依本法處理之：

一　少年有觸犯刑罰法律之行為者。

二　少年有下列情形之一，而認有保障其健全自我成長之必要者：

　(一)無正當理由經常攜帶危險器械。

　(二)有施用毒品或迷幻物品之行為而尚未觸犯刑罰法律。

（三）有預備犯罪或犯罪未遂而爲法所不罰之行爲。

②前項第二款所指之保障必要，應依少年之性格及成長環境、經常往來對象、參與團體、出入場所、生活作息、家庭功能、就學或就業等一切情狀而爲判斷。

第三條之一 （成人陪同在場、兒童少年心理衛生或其他專業人士、通譯協助等表意權保障規定）108

①詢問或訊問少年時，應通知其法定代理人、現在保護少年之人或其他適當之人陪同在場。但經合法通知，無正當理由不到場或有急迫情況者，不在此限。

②依法應於二十四小時內護送少年至少年法院之事件，等候前項陪同之人到場之時間不予計入，並應釋明其事由。但等候時間合計不得逾四小時。

③少年因精神或其他心智障礙無法爲完全之陳述者，必要時，得請兒童及少年心理衛生或其他專業人士協助。

④少年不通曉詢問或訊問之人所使用之語言者，應由通譯傳譯之。其爲聽覺、語言或多重障礙者，除由通譯傳譯外，並得以文字、手語或其他適當方式詢問或訊問，亦得許其以上開方式表達。

第三條之二 （詢問或訊問時應告知事項）108新增

①詢問或訊問少年時，應先告知下列事項：

一　所涉之觸犯刑罰法律事實及法條或有第三條第一項第二款各目事由；經告知後，認爲應變更者，應再告知。

二　得保持緘默，無須違背自己之意思而爲陳述。

三　得選任輔佐人；如依法令得請求法律扶助者，得請求之。

四　得請求調查有利之證據。

②少年表示已選任輔佐人時，於被選任之人到場前，應即停止詢問或訊問。但少年及其法定代理人或現在保護少年之人請求或同意續行詢問或訊問者，不在此限。

第三條之三 （少年詢問、訊問、護送及等候過程，應與一般刑事案件嫌疑人或被告隔離）108新增

詢問、訊問、護送少年或使其等候時，應與一般刑事案件之嫌疑人或被告隔離。但偵查、審判中認有對質、詰問之必要者，不在此限。

第三條之四 （連續詢問或訊問少年之限制）108新增

①連續詢問或訊問少年時，得有和緩之休息時間。

②詢問或訊問少年，不得於夜間行之。但有下列情形之一者，不在此限：

一　有急迫之情形。

二　查驗其人有無錯誤。

三　少年、其法定代理人或現在保護少年之人請求立即詢問或訊問。

③前項所稱夜間者，爲日出前，日沒後。

第四條　（應受軍審之例外）

少年犯罪依法應受軍事審判者，得由少年法院依本法處理之。

第二章　少年法庭之組織

第五條　（少年法院及少年法庭）

① 直轄市設少年法院，其他縣（市）得視其地理環境及案件多寡分別設少年法院。

② 尚未設少年法院地區，於地方法院設少年法庭。但得視實際情形，其職務由地方法院原編制內人員兼任，依本法執行之。

③ 高等法院及其分院設少年法庭。

第五條之一　（少年法院之組織）

少年法院分設刑事庭、保護庭、調查保護處、公設輔佐人室，並應配置心理測驗員、心理輔導員及佐理員。

第五條之二　（少年法院組織之法律適用）

少年法院之組織，除本法有特別規定者外，準用法院組織法有關地方法院之規定。

第五條之三　（心理測驗員、心理輔導員、佐理員）

① 心理測驗員、心理輔導員及佐理員配置於調查保護處。

② 心理測驗員、心理輔導員，委任第五職等至薦任第八職等。佐理員委任第三職等至薦任第六職等。

第六條　（刪除）

第七條　（院長、庭長、法官公設輔佐人之遴選）

① 少年法院院長、庭長及法官、高等法院及其分院少年法庭庭長及法官、公設輔佐人除具有一般之資格外，應遴選具有少年保護之學識、經驗及熱忱者充之。

② 前項院長、庭長及法官遴選辦法，由司法院定之。

第八條　（刪除）

第九條　（調查官、保護官之職務）

① 少年調查官職務如左：

　一　調查、蒐集關於少年保護事件之資料。

　二　對於少年觀護所少年之調查事項。

　三　法律所定之其他事務。

② 少年保護官職務如左：

　一　掌理由少年保護官執行之保護處分。

　二　法律所定之其他事務。

③ 少年調查官及少年保護官執行職務，應服從法官之監督。

第一〇條　（調查保護處之配置）

調查保護處置處長一人，由少年調查官或少年保護官兼任，綜理及分配少年調查及保護事務；其人數合計在六人以上者，應分組辦事，各組並以一人兼任組長，襄助處長。

第一一條　（服從義務）

心理測驗員、心理輔導員、書記官、佐理員及執達員隨同少年調

查官或少年保護官執行職務者，應服從其監督。

第一二條 （刪除）

第一三條 （少年調查官、保護官之職等）

①少年法院兼任處長或組長之少年調查官、少年保護官薦任第九職等或簡任第十職等，其餘少年調查官、少年保護官薦任第七職等至第九職等。

②高等法院少年法庭少年調查官薦任第八職等至第九職等或簡任第十職等。

第三章　少年保護事件

第一節　調查及審理

第一四條 （土地管轄）

少年保護事件由行為地或少年之住所、居所或所在地之少年法院管轄。

第一五條 （移送管轄）

少年法院就繫屬中之事件，經調查後認為以由其他有管轄權之少年法院處理，可使少年受更適當之保護者，得以裁定移送於該管少年法院；受移送之法院，不得再行移送。

第一六條 （管轄之準用）

刑事訴訟法第六條第一項、第二項，第七條及第八條前段之規定，於少年保護事件準用之。

第一七條 （少年事件之報告）108

不論何人知有第三條第一項第一款之事件者，得向該管少年法院報告。

第一八條 （少年事件之移送與處理之請求）108

①司法警察官、檢察官或法院於執行職務時，知有第三條第一項第一款之事件者，應移送該管少年法院。

②司法警察官、檢察官或法院於執行職務時，知有第三條第一項第二款之情形者，得通知少年住所、居所或所在地之少年輔導委員會處理之。

③對於少年有監督權人、少年之肄業學校、從事少年保護事業之機關或機構，發現少年有第三條第一項第二款之情形者，得通知少年住所、居所或所在地之少年輔導委員會處理之。

④有第三條第一項第二款情形之少年，得請求住所、居所或所在地之少年輔導委員會協助之。

⑤少年住所、居所或所在地之少年輔導委員會知悉少年有第三條第一項第二款情形之一者，應結合福利、教育、心理、醫療、衛生、戶政、警政、財政、金融管理、勞政、移民及其他相關資源，對少年施以適當期間之輔導。

⑥前項輔導期間，少年輔導委員會如經評估認由少年法院處理，始能保障少年健全之自我成長者，得敘明理由並檢具輔導相關紀錄

及有關資料，請求少年法院處理之，並持續依前項規定辦理。

⑦直轄市、縣（市）政府少年輔導委員會應由具備社會工作、心理、教育、家庭教育或其他相關專業之人員，辦理第二項至第六項之事務；少年輔導委員會之設置、輔導方式、辦理事務、評估及請求少年法院處理等事項之辦法，由行政院會同司法院定之。

⑧於中華民國一百十二年七月一日前，司法警察官、檢察官、法院、對於少年有監督權人、少年之肄業學校、從事少年保護事業之機關或機構，發現少年有第三條第一項第二款之情形者，得移送或請求少年法院處理之。

第一九條 （事件之調查）108

①少年法院接受移送、報告或請求之事件後，應先由少年調查官調查該少年與事件有關之行為、其人之品格、經歷、身心狀況、家庭情形、社會環境、教育程度以及其他必要之事項，於指定之期限內提出報告，並附具建議。

②少年調查官調查之結果，不得採為認定事實之唯一證據。

③少年調查官到庭陳述調查及處理之意見時，除有正當理由外，應由進行第一項之調查者為之。

④少年法院訊問關係人時，書記官應製作筆錄。

第二〇條 （審理獨任制）

少年法院審理少年保護事件，得以法官一人獨任行之。

第二一條 （傳喚與通知書之內容）

①少年法院法官或少年調查官對於事件之調查，必要時得傳喚少年、少年之法定代理人或現在保護少年之人到場。

②前項調查，應於相當期日前將調查之日、時及處所通知少年之輔佐人。

③第一項之傳喚，應用通知書，記載左列事項，由法官簽名；其由少年調查官傳喚者，由少年調查官簽名：

一　被傳喚人之姓名、性別、年齡、出生地及住居所。

二　事由。

三　應到場之日、時及處所。

四　無正當理由不到場者，得強制其同行。

④傳喚通知書應送達於被傳喚人。

第二二條 （同行書及其內容）

①少年、少年之法定代理人或現在保護少年之人，經合法傳喚，無正當理由不到場者，少年法院法官得依職權或依少年調查官之請求發同行書，強制其到場。但少年有刑事訴訟法第七十六條所列各款情形之一，少年法院法官並認為必要時，得不經傳喚，逕發同行書，強制其到場。

②同行書應記載左列事項，由法官簽名：

一　應同行人姓名、性別、年齡、出生地、國民身分證字號、住居所及其他足資辨別之特徵。但年齡、出生地、國民身分證字號或住居所不明者，得免記載。

二 事由。

三 應與執行人同行到達之處所。

四 執行同行之期限。

第二三條　（同行書之執行）

①同行書由執達員、司法警察官或司法警察執行之。

②同行書應備三聯，執行同行時，應各以一聯交應同行人及其指定之親友，並應注意同行人之身體及名譽。

③執行同行後，應於同行書內記載執行之處所及年、月、日；如不能執行者，記載其情形，由執行人簽名提出於少年法院。

第二三條之一　（協尋）

①少年行蹤不明者，少年法院得通知各地區少年法院、檢察官、司法警察機關協尋之。但不得公告或登載報紙或以其他方法公開之。

②協尋少年，應用協尋書，記載左列事項，由法官簽名：

一 少年之姓名、性別、年齡、出生地、國民身分證字號、住居所及其他足資辨別之特徵。但年齡、出生地、國民身分證字號或住居所不明者，得免記載。

二 事件之內容。

三 協尋之理由。

四 應護送之處所。

③少年經尋獲後，少年調查官、檢察官、司法警察官或司法警察，得逕行護送少年至應到之處所。

④協尋於其原因消滅或顯無必要時，應即撤銷。撤銷協尋之通知，準用第一項之規定。

第二四條　（刑訴法有關證據規定之準用）94

刑事訴訟法關於人證、鑑定、通譯、勘驗、證據保全、搜索及扣押之規定，於少年保護事件性質不相違反者準用之。

第二五條　（執行職務之協助）

少年法庭因執行職務，得請警察機關、自治團體、學校、醫院或其他機關團體為必要之協助。

第二六條　（責付、觀護之處置）108

少年法庭於必要時，對於少年得以裁定為下列之處置：

一 責付於少年之法定代理人、家長、最近親屬、現在保護少年之人或其他適當之機關、團體或個人，並得在事件終結前，交付少年調查官為適當之輔導。

二 命收容於少年觀護所進行身心評估及行為觀察，並提供鑑別報告。但以不能責付或以責付為顯不適當，而需收容者為限；少年、其法定代理人、現在保護少年之人或輔佐人，得隨時向少年法院聲請責付，以停止收容。

第二六條之一　（收容書）

①收容少年應用收容書。

②收容書應記載左列事項，由法官簽名：

一　少年之姓名、性別、年齡、出生地、國民身分證字號、住居所及其他足資辨別之特徵。但年齡、出生地、國民身分證字號或住居所不明者，得免記載。

二　事件之內容。

三　收容之理由。

四　應收容之處所。

③第二十三條第二項之規定於執行收容準用之。

第二六條之二　（收容期間之計算）108

①少年觀護所收容少年之期間，調查或審理中均不得逾二月。但有繼續收容之必要者，得於期間未滿前，由少年法院裁定延長之；延長收容期間不得逾一月，以一次為限。收容之原因消滅時，少年法院應依職權或依少年、其法定代理人、現在保護少年之人或輔佐人之聲請，將命收容之裁定撤銷之。

②事件經抗告者，抗告法院之收容期間，自卷宗及證物送交之日起算。

③事件經發回者，其收容及延長收容之期間，應更新計算。

④裁定後送交前之收容期間，算入原審法院之收容期間。

⑤少年觀護所之人員，應於收容前及在職期間接受包括少年保護之相關專業訓練；所長、副所長、執行鑑別及教導業務之主管人員，應遴選具有少年保護之學識、經驗及熱忱者充任。

⑥少年觀護所之組織、人員之遴聘及教育訓練等事項，以法律定之。

第二七條　（移送於檢察官之情形）

①少年法院依調查之結果，認少年觸犯刑罰法律，且有左列情形之一者，應以裁定移送於有管轄權之法院檢察署檢察官：

一　犯最輕本刑為五年以上有期徒刑之罪者。

二　事件繫屬後已滿二十歲者。

②除前項情形外，少年法院依調查之結果，認犯罪情節重大，參酌其品行、性格、經歷等情狀，以受刑事處分為適當者，得以裁定移送於有管轄權之法院檢察署檢察官。

③前二項情形，於少年犯罪時未滿十四歲者，不適用之。

第二八條　（應不付審理之裁定）

①少年法院依調查之結果，認為無付保護處分之原因或以其他事由不應付審理者，應為不付審理之裁定。

②少年因心神喪失而為前項裁定者，得令入相當處所實施治療。

第二九條　（得不付審理之裁定）108

①少年法院依少年調查官調查之結果，認為情節輕微，以不付審理為適當者，得為不付審理之裁定，並就下列處分：

一　告誡。

二　交付少年之法定代理人或現在保護少年之人嚴加管教。

三　轉介福利、教養機構、醫療機構、執行過渡性教育措施或其他適當措施之處所為適當之輔導。

②前項處分，均交由少年調查官執行之。

③少年法院爲第一項裁定前，得斟酌情形，經少年、少年之法定代理人及被害人之同意，轉介適當機關、機構、團體或個人進行修復，或使少年爲下列各款事項：

一　向被害人道歉。

二　立悔過書。

三　對被害人之損害負賠償責任。

④前項第三款之事項，少年之法定代理人應負連帶賠償之責任，並得爲民事強制執行之名義。

第三〇條　（開始審理之裁定）

少年法院依調查之結果，認爲應付審理者，應爲開始審理之裁定。

第三一條　（選任輔佐人及公設輔佐人）

①少年或少年之法定代理人或現在保護少年之人，得隨時選任少年之輔佐人。

②犯最輕本刑爲三年以上有期徒刑之罪，未經選任輔佐人者，少年法院應指定適當之人輔佐少年，其他案件認有必要者亦同。

③前項案件，選任輔佐人無正當理由不到庭者，少年法院亦得指定之。

④前兩項指定輔佐人之案件，而該地區未設置公設輔佐人時，得由少年法院指定適當之人輔佐少年。

⑤公設輔佐人準用公設辯護人條例有關規定。

⑥少年保護事件中之輔佐人，於與少年保護事件性質不相違反者，準用刑事訴訟法辯護人之相關規定。

第三一條之一　（選任非律師爲輔佐人之情形）

選任非律師爲輔佐人者，應得少年法院之同意。

第三一條之二　（輔佐人之任務）

輔佐人除保障少年於程序上之權利外，應協助少年法院促成少年之健全成長。

第三二條　（審理期日之傳喚、通知及就審期間）

①少年法院審理事件應定審理期日。審理期日應傳喚少年、少年之法定代理人或現在保護少年之人，並應通知少年之輔佐人。

②少年法院指定審理期日時，應考慮少年、少年之法定代理人、現在保護少年之人或輔佐人準備審理所需之期間。但經少年及其法定代理人或現在保護少年之人之同意，得及時開始審理。

③第二十一條第三項、第四項之規定，於第一項傳喚準用之。

第三三條　（審理筆錄之製作）

審理期日，書記官應隨同法官出席，製作審理筆錄。

第三四條　（秘密審理與旁聽人員）

調查及審理不公開。但得許少年之親屬、學校教師、從事少年保護事業之人或其他認爲相當之人在場旁聽。

第三五條 （審理態度）

審理應以和藹懇切之態度行之。法官參酌事件之性質與少年之身心、環境狀態，得不於法庭內進行審理。

第三六條 （法定代理人之陳述意見）

審理期日訊問少年時，應予少年之法定代理人或現在保護少年之人及輔佐人以陳述意見之機會。

第三七條 （調查證據）

① 審理期日，應調查必要之證據。

② 少年應受管訓處分之原因、事實，應依證據認定之。

第三八條 （陳述時之處置）108

① 少年法院認為必要時，得為下列處置：

一　少年為陳述時，不令少年以外之人在場。

二　少年以外之人為陳述時，不令少年在場。

② 前項少年為陳述時，少年法院應依其年齡及成熟程度權衡其意見。

第三九條 （調查官之陳述）

① 少年調查官應於審理期日出庭陳述調查及處理之意見。

② 少年法院不採少年調查官陳述之意見者，應於裁定中記載不採之理由。

第四○條 （移送之裁定）

少年法院依審理之結果，認為事件有第二十七條第一項之情形者，應為移送之裁定；有同條第二項之情形者，得為移送之裁定。

第四一條 （不付管訓處分之裁定）

① 少年法院依審理之結果，認為事件不應或不宜付保護處分者，應裁定諭知不付保護處分。

② 第二十八條第二項、第二十九條第三項、第四項之規定，於少年法院認為事件不宜付保護處分，而依前項規定為不付保護處分裁定之情形準用之。

第四二條 （保護處分及禁戒治療之裁定）108

① 少年法院審理事件，除為前二條處置者外，應對少年以裁定諭知下列之保護處分：

一　訓誡，並得予以假日生活輔導。

二　交付保護管束並得命為勞動服務。

三　交付安置於適當之福利、教養機構、醫療機構、執行過渡性教育措施或其他適當措施之處所輔導。

四　令入感化教育處所施以感化教育。

② 少年有下列情形之一者，得於為前項保護處分之前或同時諭知下列處分：

一　少年施用毒品或迷幻物品成癮，或有酗酒習慣者，令入相當處所實施禁戒。

二　少年身體或精神狀態顯有缺陷者，令入相當處所實施治療。

③第一項處分之期間，毋庸諭知。

④第二十九條第三項、第四項之規定，於少年法院依第一項爲保護處分之裁定情形準用之。

⑤少年法院爲第一項裁定前，認有必要時，得徵詢適當之機關（構）、學校、團體或個人之意見，亦得召開協調、諮詢或整合符合少年所需之福利服務、安置輔導、衛生醫療、就學、職業訓練、就業服務、家庭處遇計畫或其他資源與服務措施之相關會議。

⑥前項規定，於第二十六條、第二十八條、第二十九條第一項、第四十一條第一項、第四十四條第一項、第五十一條第三項、第五十五條第一項、第四項、第五十五條之二第二項至第五項、第五十五條之三、第五十六條第一項及第三項情形準用之。

第四三條　（沒收規定之準用）108

①刑法及其他法律有關沒收之規定，於第二十八條、第二十九條、第四十一條及前條之裁定準用之。

②少年法院認供第三條第一項第二款各目行爲所用或所得之物不宜發還者，得沒收之。

第四四條　（交付觀察之裁定）

①少年法院爲決定宜否爲保護處分或應爲何種保護處分，認有必要時，得以裁定將少年交付少年調查官爲六月以內期間之觀察。

②前項觀察，少年法院得徵詢少年調查官之意見，將少年交付適當之機關、學校、團體或個人爲之，並受少年調查官之指導。

③少年調查官應將觀察結果，附具建議提出報告。

④少年法院得依職權或少年調查官之請求，變更觀察期間或停止觀察。

第四五條　（另有裁判處分之撤銷）

①受保護處分之人，另受有期徒刑以上刑之宣告確定者，爲保護處分之少年法院，得以裁定將該處分撤銷之。

②受保護處分之人，另受保安處分之宣告確定者，爲保護處分之少年法院，應以裁定定其應執行之處分。

第四六條　（定應執行之處分與處分之撤銷）

①受保護處分之人，復受另件保護處分，分別確定者，後爲處分之少年法院，得以裁定定其應執行之處分。

②依前項裁定爲執行之處分者，其他處分無論已否開始執行，視爲撤銷。

第四七條　（無審判權時之處置）

①少年法庭爲保護處分後，發見其無審判權者，應以裁定將該處分撤銷之，移送於有審判權之機關。

②保護處分之執行機關，發見足認爲有前項情形之資料者，應通知該少年法院。

第四八條　（裁定之送達）

少年法院所爲裁定，應以正本送達於少年、少年之法定代理人或

現在保護少年之人、輔佐人及被害人，並通知少年調查官。

第四九條 （文書之送達）108

①文書之送達，除本法另有規定外，適用民事訴訟法關於送達之規定。

②前項送達，對少年、少年之法定代理人、現在保護少年之人、輔佐人，及依法不得揭露足以識別其身分資訊之被害人或其法定代理人，不得為公示送達。

③文書之送達，不得於信封、送達證書、送達通知書或其他對外揭示之文書上，揭露足以使第三人識別少年或其他依法應保密其身分者之資訊。

第二節　保護處分之執行

第五〇條 （訓誡之執行及假日生活輔導）

①對於少年之訓誡，應由少年法院法官向少年指明其不良行為，曉諭以將來應遵守之事項，並得命其悔過書。

②行訓誡時，應通知少年之法定代理人或現在保護少年之人及輔佐人到場。

③少年之假日生活輔導為三次至十次，由少年法院交付少年保護官於假日為之，對少年施以個別或群體之品德教育，輔導其學業或其他作業，並命為勞動服務，使其養成勤勉習慣及守法精神；其次數由少年保護官視其輔導成效而定。

④前項假日生活輔導，少年法院得依少年保護官之意見，將少年交付適當之機關、團體或個人為之，受少年保護官之指導。

第五一條 （保護管束之執行）

①對於少年之保護管束，由少年保護官掌理之；少年保護官應告少年以應遵守之事項，與之常保接觸，注意其行動，隨時加以指示；並就少年之教養、醫治疾病、謀求職業及改善環境，予以相當輔導。

②少年保護官因執行前項職務，應與少年之法定代理人或現在保護少年之人為必要之洽商。

③少年法院得依少年保護官之意見，將少年交付適當之福利或教養機構、慈善團體、少年之最近親屬或其他適當之人保護管束，受少年保護官之指導。

第五二條 （感化教育之執行）108

①對於少年之交付安置輔導及施以感化教育時，由少年法院依其行為性質、身心狀況、學業程度及其他必要事項，分類交付適當之福利、教養機構、醫療機構、執行過渡性教育措施、其他適當措施之處所或感化教育機構執行之，受少年法院之指導。

②感化教育機構之組織及其教育之實施，以法律定之。

第五三條 （保護管束及感化教育之期間）

保護管束與感化教育之執行，其期間均不得逾三年。

第五四條 （轉介輔導及保護處分之限制）108

①少年轉介輔導處分及保護處分之執行，至多執行至滿二十一歲為止。

②執行安置輔導之福利及教養機構之設置及管理辦法，由兒童及少年福利機構之中央主管機關定之。

第五五條　（保護管束之考核）

①保護管束之執行，已逾六月，著有成效，認為無繼續之必要者，或因事實上原因，以不繼續執行為宜者，少年保護官得檢具事證，聲請少年法院免除其執行。

②少年、少年之法定代理人、現在保護少年之人認保護管束之執行有前項情形時，得請求少年保護官為前項之聲請，除顯無理由外。少年保護官不得拒絕。

③少年在保護管束執行期間，違反應遵守之事項，不服從勸導達二次以上，而有觀察之必要者，少年保護官得聲請少年法院裁定留置少年於少年觀護所中，予以五日以內之觀察。

④少年在保護管束期間違反應遵守之事項，情節重大，或曾受前項觀察處分後，再違反應遵守之事項，足認保護管束難收效果者，少年保護官得聲請少年法院裁定撤銷保護管束，將所餘之執行期間令入感化處所施以感化教育，其所餘之期間不滿六月者，應執行至六月。

第五五條之一　（勞動服務）

保護管束所命之勞動服務為三小時以上五十小時以下，由少年保護官執行，其期間視輔導之成效而定。

第五五條之二　（安置輔導）108

①第四十二條第一項第三款之安置輔導為二月以上二年以下。

②前項執行已逾二月，著有成效，認無繼續執行之必要者，或有事實上原因以不繼續執行為宜者，少年保護官、負責安置輔導之福利、教養機構、醫療機構、執行過渡性教育措施或其他適當措施之處所、少年、少年之法定代理人或現在保護少年之人得檢具事證，聲請少年法院免除其執行。

③安置輔導期滿，少年保護官、負責安置輔導之福利、教養機構、醫療機構、執行過渡性教育措施或其他適當措施之處所、少年、少年之法定代理人或現在保護少年之人認有繼續安置輔導之必要者，得聲請少年法院裁定延長，延長執行之次數以一次為限，其期間不得逾二年。

④第一項執行已逾二月，認有變更安置輔導之福利、教養機構、醫療機構、執行過渡性教育措施或其他適當措施之處所之必要者，少年保護官、少年、少年之法定代理人或現在保護少年之人得檢具事證或敘明理由，聲請少年法院裁定變更。

⑤少年在安置輔導期間違反應遵守之事項，情節重大，或曾受第五十五條之三留置觀察處分後，再違反應遵守之事項，足認安置輔導難收效果者，少年保護官、負責安置輔導之福利、教養機構、醫療機構、執行過渡性教育措施或其他適當措施之處所、少

年之法定代理人或現在保護少年之人得檢具事證，聲請少年法院裁定撤銷安置輔導，將所餘之執行期間令入感化處所施以感化教育，其所餘之期間不滿六月者，應執行至六月。

第五五條之三 （聲請核發勸導書）108

少年無正當理由拒絕接受第二十九條第一項或第四十二條第一項第一款、第三款之處分，少年調查官、少年保護官、少年之法定代理人或現在保護少年之人、福利、教養機構、醫療機構、執行過渡性教育措施或其他適當措施之處所，得聲請少年法院核發勸導書，經勸導無效者，各該聲請人得聲請少年法院裁定留置少年於少年觀護所中，予以五日內之觀察。

第五六條 （感化教育之免除或停止執行）

①執行感化教育已逾六月，認無繼續執行之必要者，得由少年保護官或執行機關檢具事證，聲請少年法院裁定免除或停止其執行。

②少年或少年之法定代理人認感化教育之執行有前項情形者，得請求少年保護官為前項之聲請，除顯無理由外，少年保護官不得拒絕。

③第一項停止感化教育之執行者，所餘之執行期間，應由少年法庭裁定交付保護管束。

④第五十五條之規定，於前項之保護管束準用之；依該條第四項應繼續執行感化教育時，其停止期間不算入執行期間。

第五七條 （保護處分之執行）

①第二十九條第一項之處分、第四十二條第一項第一款之處分及第五十五條第三項或第五十五條之三之留置觀察，應自處分裁定之日起，二年內執行之；逾期免予執行。

②第四十二條第一項第二款、第三款、第四款及同條第二項之處分，自應執行之日起，經過三年未執行者，非經少年法院裁定應執行時，不得執行之。

第五八條 （禁戒治療之期間及執行）108

①第四十二條第二項第一款、第二款之處分期間，以戒絕治癒或至滿二十歲為止。但認無繼續執行之必要者，少年法院得免除之。

②前項處分與保護管束一併諭知者，同時執行之；與安置輔導或感化教育一併諭知者，先執行之。但其執行無礙於安置輔導或感化教育之執行者，同時執行之。

③依禁戒或治療處分之執行，少年法院認為無執行保護處分之必要者，得免其保護處分之執行。

第五九條 （協尋書及通知書）

①少年法院法官因執行轉介處分、保護處分或留置觀察，於必要時，得對少年發通知書、同行書或請有關機關協尋之。

②少年保護官因執行保護處分，於必要時得對少年發通知書。

③第二十一條第三項、第四項、第二十二條第二項、第二十三條及第二十三條之一規定，於前二項通知書、同行書及協尋書準用之。

第六〇條　（教養費用之負擔及執行）

①少年法院諭知管訓處分之裁定確定後，其執行保護處分所需教養費用，得斟酌少年本人或對少年負扶養義務人之資力，以裁定命其負擔全部或一部；其特殊清寒無力負擔者，豁免之。

②前項裁定，得為民事強制執行名義，由少年法院囑託各該法院民事執行處強制執行，免徵執行費。

第三節　抗告及重新審理

第六一條　（抗告）108

少年、少年之法定代理人、現在保護少年之人或輔佐人，對於少年法院所為下列之裁定有不服者，得提起抗告。但輔佐人提起抗告，不得與選任人明示之意思相反：

一　第二十六條第一款交付少年調查官為適當輔導之裁定。

二　第二十六條第二款命收容或駁回聲請付之裁定。

三　第二十六條之二第一項延長收容或駁回聲請撤銷收容之裁定。

四　第二十七條第一項、第二項之裁定。

五　第二十九條第一項之裁定。

六　第四十條之裁定。

七　第四十二條之處分。

八　第五十五條第三項、第五十五條之三留置觀察之裁定及第五十五條第四項之撤銷保護管束執行感化教育之處分。

九　第五十五條之二第三項延長安置輔導期間之裁定、第五項撤銷安置輔導執行感化教育之處分。

十　駁回第五十六條第一項聲請免除或停止感化教育執行之裁定。

十一　第五十六條第四項命繼續執行感化教育之處分。

十二　第六十條命負擔教養費用之裁定。

第六二條　（被害人之抗告）

①少年行為之被害人或其法定代理人，對於少年法院之左列裁定，得提起抗告：

一　依第二十八條第一項所為不付審理之裁定。

二　依第二十九條第一項所為不付審理，並為轉介輔導、交付嚴加管教或告誡處分之裁定。

三　依第四十一條第一項諭知不付保護處分之裁定。

四　依第四十二條第一項諭知保護處分之裁定。

②被害人已死亡或有其他事實上之原因不能提起抗告者，得由其配偶、直系血親、三親等內之旁系血親、二親等內之姻親或家長家屬提起抗告。

第六三條　（抗告管轄法院）

①抗告以少年法院之上級法院為管轄法院。

②對於抗告法院之裁定，不得再行抗告。

第六四條 （刑訴法抗告之準用）

①抗告期間為十日，自送達裁定後起算。但裁定宣示後送達前之抗告亦有效力。

②刑事訴訟法第四百零七條至第四百十四條及本章第一節有關之規定，於本節抗告準用之。

第六四條之一 （重新審理）

①諭知保護處分之裁定確定後，有左列情形之一，認為應不付保護處分者，少年保護官、少年、少年之法定代理人、現在保護少年之人或輔佐人得聲請為保護處分之少年法院重新審理：

一 適用法規顯有錯誤，並足以影響裁定之結果者。

二 因發見確實之新證據，足認受保護處分之少年，應不付保護處分者。

三 有刑事訴訟法第四百二十條第一項第一款、第二款、第四款或第五款所定得為再審之情形者。

②刑事訴訟法第四百二十三條、第四百二十九條、第四百三十條前段、第四百三十一條至第四百三十四條、第四百三十五條第一項、第二項、第四百三十六條之規定，於前項之重新審理程序準用之。

③為保護處分之少年法院發見有第一項各款所列情形之一者，亦得依職權為應重新審理之裁定。

④少年受保護處分之執行完畢後，因重新審理之結果，須受刑事訴追者，其不利益不及於少年，毋庸裁定移送於有管轄權之法院檢察署檢察官。

第六四條之二 （重新審理）108

①諭知不付保護處分之裁定確定後有下列情形之一，認為應諭知保護處分者，少年行為之被害人或其法定代理人得聲請為不付保護處分之少年法院重新審理：

一 有刑事訴訟法第四百二十二條第一款得為再審之情形者。

二 經少年自白或發見確實之新證據，足認其有第三條第一項行為應諭知保護處分。

②刑事訴訟法第四百二十九條、第四百三十一條至第四百三十四條、第四百三十五條第一項、第二項及第四百三十六條之規定，於前項之重新審理程序準用之。

③為不付保護處分之少年法院發見有第一項各款所列情形之一者，亦得依職權為應重新審理之裁定。

④第一項或前項之重新審理於諭知不付保護處分之裁定確定後，經過一年者不得為之。

第四章　少年刑事案件

第六五條 （少年刑事案件之範圍及自訴之禁止）

①對於少年犯罪之刑事追訴及處罰，以依第二十七條第一項、第二項移送之案件為限。

②刑事訴訟法關於自訴之規定，於少年刑事案件不適用之。

③本章之規定，於少年犯罪後已滿十八歲者適用之。

第六六條 （開始偵查）

檢察官受理少年法院移送之少年刑事案件，應即開始偵查。

第六七條 （起訴與不起訴處分）108

①檢察官依偵查之結果，對於少年犯最重本刑五年以下有期徒刑之罪，參酌刑法第五十七條有關規定，認以不起訴處分而受保護處分爲適當者，得爲不起訴處分，移送少年法院依少年保護事件審理；認應起訴者，應向少年法院提起公訴。

②前項經檢察官爲不起訴處分而移送少年法院依少年保護事件審理之案件，如再經少年法院裁定移送，檢察官不得依前項規定，再爲不起訴處分而移送少年法院依少年保護事件審理。

第六八條 （刪除）94

第六九條 （同一事件之處理）

對於少年犯罪已依第四十二條爲保護處分者，不得就同一事件再爲刑事追訴或處罰。但其保護處分經依第四十五條或第四十七條之規定撤銷者，不在此限。

第七○條 （偵查及審判程序）

少年刑事案件之偵查及審判，準用第三章第一節及第三節有關之規定。

第七一條 （羈押之限制）108

①少年被告非有不得已之情形，不得羈押之。

②少年被告應羈押於少年觀護所。於年滿二十歲時，應移押於看守所。

③少年刑事案件，前於法院調查及審理中之收容，視爲未判決前之羈押，準用刑法第三十七條之二折抵刑期之規定。

第七二條 （刪除）108

第七三條 （秘密審判）

①審判得不公開之。

②第三十四條但書之規定，於審判不公開時準用之。

③少年、少年之法定代理人或現在保護少年之人請求公開審判者，除有法定不得公開之原因外，法院不得拒絕。

第七四條 （免刑及免刑後之處分）

①法院審理第二十七條之少年刑事案件，對於少年犯最重本刑十年以下有期徒刑之罪，如顯可憫恕，認爲依刑法第五十九條規定減輕其刑仍嫌過重，且以受保護處分爲適當者，得免除其刑，諭知第四十二條第一項第二款至第四款之保護處分，並得同時諭知同條第二項各款之處分。

②前項處分之執行，適用第三章第二節有關之規定。

第七五條至第七七條 （刪除）

第七八條 （宣告褫奪公權之禁止）

①對於少年不得宣告褫奪公權及強制工作。

②少年受刑之宣告，經執行完畢或赦免者，適用關於公權資格之法令時，視爲未曾犯罪。

第七九條　（宣告緩刑之要件）

刑法第七十四條緩刑之規定，於少年犯罪受三年以下有期徒刑、拘役或罰金之宣告者適用之。

第八〇條　（執行徒刑應注意事項）

少年受刑人徒刑之執行，應注意監獄行刑法第三條、第八條及第三十九條第二項之規定。

第八一條　（假釋之要件）

①少年受徒刑之執行而有悛悔實據者，無期徒刑逾七年後，有期徒刑逾執行期三分之一後，得予假釋。

②少年於本法施行前，已受徒刑之執行者，或在本法施行前受徒刑宣告確定之案件於本法施行後受執行者，準用前項之規定。

第八二條　（緩刑假釋中保護管束之執行）108

①少年在緩刑或假釋期中應付保護管束。

②前項保護管束，於受保護管束人滿二十三歲前，由檢察官囑託少年法院少年保護官執行之。

第五章　附　則

第八三條　（少年事件之保密）

①任何人不得於媒體、資訊或以其他公示方式揭示有關少年保護事件或少年刑事案件之記事或照片，使閱者由該項資料足以知悉其人爲該保護事件受調查、審理之少年或該刑事案件之被告。

②違反前項規定者，由主管機關依法予以處分。

第八三條之一　（記錄之塗銷）108

①少年受第二十九條第一項之處分執行完畢二年後，或受保護處分或刑之執行完畢或赦免三年後，或受不付審理或不付保護處分之裁定確定後，視爲未曾受各該宣告。

②少年有前項或下列情形之一者，少年法院應通知保存少年前案紀錄及有關資料之機關、機構及團體，將少年之前案紀錄及有關資料予以塗銷：

一　受緩刑之宣告期滿未經撤銷，或受無罪、免訴、不受理判決確定。

二　經檢察機關將緩起訴處分期滿，未經撤銷之事由通知少年法院。

三　經檢察機關將不起訴處分確定，毋庸移送少年法院依少年保護事件審理之事由通知少年法院。

③前項紀錄及資料，除下列情形或本法另有規定外，少年法院及其他任何機關、機構、團體或個人不得提供：

一　爲少年本人之利益。

二　經少年本人同意，並應依其年齡及身心發展程度衡酌其意見；必要時得聽取其法定代理人或現在保護少年之人之意

見。

④少年之前案紀錄及有關資料之塗銷、利用、保存、提供、統計及研究等相關事項之辦法，由司法院定之。

第八三條之二 （應塗銷而不為之處罰）

違反前條規定未將少年之前科記錄及有關資料塗銷或無故提供者，處六月以下有期徒刑、拘役或新臺幣三萬元以下罰金。

第八三條之三 （驅逐出境）108

①外國少年受轉介處分、保護處分、緩刑或假釋期內交付保護管束者，少年法院得裁定以驅逐出境代之。

②前項裁定，得由少年調查官或少年保護官聲請；裁定前，應予少年、其法定代理人或現在保護少年之人陳述意見之機會。但經合法通知，無正當理由不到場者，不在此限。

③對於第一項裁定，得提起抗告，並準用第六十一條、第六十三條及第六十四條之規定。

④驅逐出境由司法警察機關執行之。

第八四條 （少年法定代理人或監護人之處罰）108

①少年之法定代理人，因忽視教養，致少年有第三條第一項之情形，而受保護處分或刑之宣告，或致保護處分之執行難收效果者，少年法院得裁定命其接受八小時以上五十小時以下之親職教育輔導，以強化其親職功能。

②少年法院為前項親職教育輔導裁定前，認為必要時，得先命少年調查官就忽視教養之事實，提出調查報告並附具建議。

③親職教育輔導之執行，由少年法院交付少年保護官為之，並得依少年保護官之意見，交付適當之機關、團體或個人為之，受少年保護官之指導。

④親職教育輔導應於裁定之日起三年內執行之；逾期免予執行，或至多執行至少年滿二十歲為止。但因事實上原因以不繼續執行為宜者，少年保護官得檢具事證，聲請少年法院免除其執行。

⑤拒不接受親職教育輔導或時數不足者，少年法院得裁定處新臺幣六千元以上三萬元以下罰鍰；經再通知仍不接受者，得按次連續處罰，至其接受為止。其經連續處罰三次以上者，並得裁定公告法定代理人之姓名。

⑥前項罰鍰之裁定，得為民事強制執行名義，由少年法院囑託各該地方法院民事執行處強制執行之，免徵執行費。

⑦少年之法定代理人或監護人有第一項情形，情況嚴重者，少年法院並得裁定公告其姓名。

⑧第一項、第五項及前項之裁定，受處分人得提起抗告，並準用第六十三條、第六十四條之規定。

第八五條 （成年參與犯之加重處罰）

①成年人教唆、幫助或利用未滿十八歲之人犯罪或與之共同實施犯罪者，依其所犯之罪，加重其刑至二分之一。

②少年法院得裁定命前項之成年人負擔第六十條第一項教養費用之

部或一部，並得公告其姓名。

第八五條之一 （刪除）108

第八六條 （補助法規之制定）

①本法施行細則，由司法院會同行政院定之。

②少年保護事件審理細則，由司法院定之。

③少年保護事件執行辦法，由行政院會同司法院定之。

④少年不良行為及虞犯之預防辦法，由內政部會同法務部、教育部定之。

第八七條 （施行日）108

①本法自中華民國六十年七月一日施行。

②本法修正條文，除中華民國一百零八年五月三十一日修正公布之第十八條第二項至第七項自一百十二年七月一日施行；第四十二條第一項第三款關於交付安置於適當之醫療機構、執行過渡性教育措施或其他適當措施之處所輔導部分及刪除第八十五條之一自公布一年後施行外，自公布日施行。

少年事件處理法修正前後條文對照表

	108年6月19日公布	94年5月18日公布
第三條（修正）	下列事件，由少年法院依本法處理之： 一、少年有觸犯刑罰法律之行為者。 二、少年有下列情形之一，而認有保障其健全自我成長之必要者： （一）無正當理由經常攜帶危險器械。 （二）有施用毒品或迷幻物品之行為而尚未觸犯刑罰法律。 （三）有預備犯罪或犯罪未遂而為法所不罰之行為。 前項第二款所指之保障必要，應依少年之性格及成長環境、經常往來對象、參與團體、出入場所、生活作息、家庭功能、就學或就業等一切情狀而為判斷。	左列事件，由少年法院依本法處理之： 一、少年有觸犯刑罰法律之行為者。 二、少年有左列情形之一，依其性格及環境，而有觸犯刑罰法律之虞者： （一）經常與有犯罪習性之人交往者。 （二）經常出入少年不當進入之場所者。 （三）經常逃學或逃家者。 （四）參加不良組織者。 （五）無正當理由經常攜帶刀械者。 （六）吸食或施打煙毒或麻醉藥品以外之迷幻物品者。 （七）有預備犯罪或犯罪未遂而為法所不罰之行為者。

第三條之一 （修正）	詢問或訊問少年時，應通知其法定代理人、現在保護少年之人或其他適當之人陪同在場。但經合法通知，無正當理由不到場或有急迫情況者，不在此限。 依法應於二十四小時內護送少年至少年法院之事件，等候前項陪同之人到場之時間不予計入，並應釋明其事由。但等候時間合計不得逾四小時。 少年因精神或其他心智障礙無法為完全之陳述者，必要時，得請兒童及少年心理衛生或其他專業人士協助。 少年不通曉詢問或訊問之人所使用之語言者，應由通譯傳譯之。其為聽覺、語言或多重障礙者，除由通譯傳譯外，並得以文字、手語或其他適當方式詢問或訊問，亦得許其以上開方式表達。	警察、檢察官、少年調查官、法官於偵查、調查或審理少年事件時，應告知少年犯罪事實或虞犯事由，聽取其陳述，並應告知其有選任輔佐人之權利。
第十七條 （修正）	不論何人知有第三條第一項第一款之事件者，得向該管少年法院報告。	不論何人知有第三條第一款之事件者，得向該管少年法院報告。
第十八條 （修正）	司法警察官、檢察官或法院於執行職務時，知有第三條第一項第一款之事件者，應移送該管少年法院。 司法警察官、檢察官或法院於執行職務時，知有第三條第一項第二款之情形者，得通知少年住所、居所或所在地之少年輔導委員會處理之。	檢察官、司法警察官或法院於執行職務時，知有第三條之事件者，應移送該管少年法院。 對於少年有監督權人、少年之肄業學校或從事少年保護事業之機構，發現少年有第三條第二款之事件者，亦得請求少年法院處理之。

對於少年有監督權人、少年之肄業學校、從事少年保護事業之機關或機構，發現少年有第三條第一項第二款之情形者，得通知少年住所、居所或所在地之少年輔導委員會處理之。

有第三條第一項第二款情形之少年，得請求住所、居所或所在地之少年輔導委員會協助之。

少年住所、居所或所在地之少年輔導委員會知悉少年有第三條第一項第二款情形之一者，應結合福利、教育、心理、醫療、衛生、戶政、警政、財政、金融管理、勞政、移民及其他相關資源，對少年施以適當期間之輔導。

前項輔導期間，少年輔導委員會如經評估認由少年法院處理，始能保障少年健全之自我成長者，得敘明理由並檢具輔導相關紀錄及有關資料，請求少年法院處理之，並持續依前項規定辦理。

直轄市、縣（市）政府少年輔導委員會應由具備社會工作、心理、教育、家庭教育或其他相關專業之人員，辦理第二項至第六項之事務；少年輔導委員會之設置、輔導方式、辦理事務、評估及請求少年法院處理等事項之辦法，由行政院會同司法院定之。

於中華民國一百十二年七月一日前，司法警察官、檢察官、法院、對

	於少年有監督權人、少年之肄業學校、從事少年保護事業之機關或機構，發現少年有第三條第一項第二款之情形者，得移送或請求少年法院處理之。	
第十九條（修正）	少年法院接受移送、報告或請求之事件後，應先由少年調查官調查該少年與事件有關之行為、其人之品格、經歷、身心狀況、家庭情形、社會環境、教育程度以及其他必要之事項，於指定之期限內提出報告，並附具建議。 少年調查官調查之結果，不得採為認定事實之唯一證據。 少年調查官到庭陳述調查及處理之意見時，除有正當理由外，應由進行第一項之調查者為之。 少年法院訊問關係人時，書記官應製作筆錄。	少年法院接受第十五條、第十七條及前條之移送、請求或報告事件後，應先由少年調查官調查該少年與事件有關之行為、其人之品格、經歷、身心狀況、家庭情形、社會環境、教育程度以及其他必要之事項，提出報告，並附具建議。 少年調查官調查之結果，不得採為認定事實之唯一證據。 少年法院訊問關係人時，書記官應製作筆錄。
第二十六條（修正）	少年法院於必要時，對於少年得以裁定為下列之處置： 一、責付於少年之法定代理人、家長、最近親屬、現在保護少年之人或其他適當之機關（構）、團體或個人，並得在事件終結前，交付少年調查官為適當之輔導。 二、命收容於少年觀護所進行身心評估及行為觀察，並提供鑑別報告。但以不能責付或以責付為	少年法院於必要時，對於少年得以裁定為左列之處置： 一、責付於少年之法定代理人、家長、最近親屬、現在保護少年之人或其他適當之機關、團體或個人，並得在事件終結前，交付少年調查官為適當之輔導。 二、命收容於少年觀護所。但以不能責付或以責付為顯不適當，而需收容者為限。

	顯不適當，而需收容者為限；少年、其法定代理人、現在保護少年之人或輔佐人，得隨時向少年法院聲請責付，以停止收容。	
第二十六條之二（修正）	少年觀護所收容少年之期間，調查或審理中均不得逾二月。但有繼續收容之必要者，得於期間未滿前，由少年法院裁定延長之；延長收容期間不得逾一月，以一次為限。收容之原因消滅時，少年法院應依職權或依少年、其法定代理人、現在保護少年之人或輔佐人之聲請，將命收容之裁定撤銷之。事件經抗告者，抗告法院之收容期間，自卷宗及證物送交之日起算。事件經發回者，其收容及延長收容之期間，應更新計算。裁定後送交前之收容期間，算入原審法院之收容期間。少年觀護所之人員，應於職前及在職期間接受包括少年保護之相關專業訓練；所長、副所長、執行鑑別及教導業務之主管人員，應遴選具有少年保護之學識、經驗及熱忱者充任。少年觀護所之組織、人員之遴聘及教育訓練等事項，以法律定之。	少年觀護所收容少年之期間，調查或審理中均不得逾二月。但有繼續收容之必要者，得於期間未滿前，由少年法院裁定延長之；延長收容期間不得逾一月，以一次為限。收容之原因消滅時，少年法院應將命收容之裁定撤銷之。事件經抗告者，抗告法院之收容期間，自卷宗及證物送交之日起算。事件經發回者，其收容及延長收容之期間，應更新計算。裁定後送交前之收容期間，算入原審法院之收容期間。少年觀護所之組織，以法律定之。
第二十九條（修正）	少年法院依少年調查官調查之結果，認為情節輕微，以不付審理為適當者，得為不付審理之裁定，並為下列處分：	少年法院依少年調查官調查之結果，認為情節輕微，以不付審理為適當者，得為不付審理之裁定，並為下列處分：

	一、告誡。 二、交付少年之法定代理人或現在保護少年之人嚴加管教。 三、轉介福利、教養機構、醫療機構、執行過渡性教育措施或其他適當措施之處所爲適當之輔導。 前項處分，均交由少年調查官執行之。 少年法院爲第一項裁定前，得斟酌之情形，經少年、少年之法定代理人及被害人之同意，轉介適當機關、機構、團體或個人進行修復，或使少年爲下列各款事項： 一、向被害人道歉。 二、立悔過書。 三、對被害人之損害負賠償責任。 前項第三款之事項，少年之法定代理人應負連帶賠償之責任，並得爲民事強制執行之名義。	一、轉介兒童或少年福利或教養機構爲適當之輔導。 二、交付兒童或少年之法定代理人或現在保護少年之人嚴加管教。 三、告誡。 前項處分，均交由少年調查官執行之。 少年法院爲第一項裁定前，得斟酌之情形，經少年、少年之法定代理人及被害人之同意，命少年爲下列各款事項： 一、向被害人道歉。 二、立悔過書。 三、對被害人之損害負賠償責任。 前項第三款之事項，少年之法定代理人應負連帶賠償之責任，並得爲民事強制執行之名義。
第三十八條 （修正）	少年法院認爲必要時，得爲下列處置： 一、少年爲陳述時，不令少年以外之人在場。 二、少年以外之人爲陳述時，不令少年在場。 前項少年爲陳述時，少年法院應依其年齡及成熟程度權衡其意見。	少年法院認爲必要時，得爲左列處置： 一、少年爲陳述時，不令少年以外之人在場。 二、少年以外之人爲陳述時，不令少年在場。
第四十二條 （修正）	少年法院審理事件，除爲前二條處置者外，應對少年以裁定諭知下列之保護處分： 一、訓誡，並得予以假日生活輔導。	少年法院審理事件，除爲前二條處置者外，應對少年以裁定諭知下列之保護處分： 一、訓誡，並得予以假日生活輔導。

二、交付保護管束並得命爲勞動服務。 三、交付安置於適當之福利或教養機構輔導。 四、令入感化教育處所施以感化教育。 少年有下列情形之一者，得於爲前項保護處分之前或同時諭知下列處分： 一、少年染有煙毒或吸用麻醉、迷幻物品成癮，或有酗酒習慣者，令入相當處所實施禁戒。 二、少年身體或精神狀態顯有缺陷者，令入相當處所實施治療。 第一項處分之期間，毋庸諭知。 第二十九條第三項、第四項之規定，於少年法院依第一項爲保護處分之裁定情形準用之。	二、交付保護管束並得命爲勞動服務。 三、交付安置於適當之福利、教養機構、醫療機構、執行過渡性教育措施或其他適當措施之處所輔導。 四、令入感化教育處所施以感化教育。 少年有下列情形之一者，得於爲前項保護處分之前或同時諭知下列處分： 一、少年施用毒品或迷幻物品成癮，或有酗酒習慣者，令入相當處所實施禁戒。 二、少年身體或精神狀態顯有缺陷者，令入相當處所實施治療。 第一項處分之期間，毋庸諭知。 第二十九條第三項、第四項之規定，於少年法院依第一項爲保護處分之裁定情形準用之。 少年法院爲第一項裁定前，認有必要時，得徵詢適當之機關（構）、學校、團體或個人之意見，亦得召開協調、諮詢或整合符合少年所需之福利服務、安置輔導、衛生醫療、就學、職業訓練、就業服務、家庭處遇計畫或其他資源與服務措施之相關會議。 前項規定，於第二十六條、第二十八條、第二十九條第一項、第四十一條第一項、第四十四條第一項、第五十一條第三項、第

	五十五條第一項、第四項、第五十五條之二第二項至第五項、第五十五條之三、第五十六條第一項及第三項情形準用之。	
第四十三條（修正）	刑法及其他法律有關沒收之規定，於第二十八條、第二十九條、第四十一條及前條之裁定準用之。 少年法院認供第三條第一項第二款各自行爲所用或所得之物不宜發還者，得沒收之。	刑法及其他法律有關沒收之規定，於第二十八條、第二十九條、第四十一條及前條之裁定準用之。 少年法院認供本法第三條第二款各自行爲所用或所得之物不宜發還者，得沒收之。
第四十九條（修正）	文書之送達，除本法另有規定外，適用民事訴訟法關於送達之規定。 前項送達，對少年、少年之法定代理人、現在保護少年之人、輔佐人，及依法不得揭露足以識別其身分資訊之被害人或其法定代理人，不得爲公示送達。 文書之送達，不得於信封、送達證書、送達通知書或其他對外揭示之文書上，揭露足以使第三人識別少年或其他依法應保密其身分者之資訊。	文書之送達，適用民事訴訟法關於送達之規定。但對於少年、少年之法定代理人、現在保護少年之人或輔佐人，及被害人或其法定代理人不得爲左列之送達： 一、公示送達。 二、因未陳明送達代收人，而交付郵局以爲送達。
第五十二條（修正）	對於少年之交付安置輔導及施以感化教育時，由少年法院依其行爲性質、身心狀況、學業程度及其他必要事項，分類交付適當之福利、教養機構、醫療機構、執行過渡性教育措施、其他適當措施之處所或感化教育機構執行之，受少年法院之指導。 感化教育機構之組織及	對於少年之交付安置輔導及施以感化教育時，由少年法院依其行爲性質、身心狀況、學業程度及其他必要事項，分類交付適當之福利、教養機構或感化教育機構執行之，受少年法院之指導。 感化教育機構之組織及其教育之實施，以法律定之。

	其教育之實施，以法律定之。	
第五十四條（修正）	少年轉介輔導處分及保護處分之執行，至多執行至滿二十一歲為止。執行安置輔導之福利及教養機構之設置及管理辦法，由兒童及少年福利機構之中央主管機關定之。	少年轉介輔導處分及保護處分之執行，至多執行至滿二十一歲為止。執行安置輔導之福利及教養機構之設置及管理辦法，由少年福利機構及兒童福利機構之中央主管機關定之。
第五十五條之二（修正）	第四十二條第一項第三款之安置輔導為二月以上二年以下。前項執行已逾二月，著有成效，認無繼續執行之必要者，或有事實上原因以不繼續執行為宜者，少年保護官、負責安置輔導之福利、教養機構、醫療機構、執行過渡性教育措施或其他適當措施之處所、少年、少年之法定代理人或現在保護少年之人得檢具事證，聲請少年法院免除其執行。安置輔導期滿，少年保護官、負責安置輔導之福利、教養機構、醫療機構、執行過渡性教育措施或其他適當措施之處所、少年、少年之法定代理人或現在保護少年之人認有繼續安置輔導之必要者，得聲請少年法院裁定延長，延長執行之次數以一次為限，其期間不得逾二年。第一項執行已逾二月，認有變更安置輔導之福利、教養機構、醫療機構、執行過渡性教育措施或其他適當措施之處所之必要者，少年保護	第四十二條第一項第三款之安置輔導為二月以上二年以下。前項執行已逾二月，著有成效，認無繼續執行之必要者，或有事實上原因以不繼續執行為宜者，負責安置輔導之福利或教養機構、少年、少年之法定代理人或現在保護少年之人得檢具事證，聲請少年法院免除其執行。安置輔導期滿，負責安置輔導之福利或教養機構、少年、少年之法定代理人或現在保護少年之人認有繼續安置輔導之必要者，得聲請少年法院裁定延長，延長執行之次數以一次為限，其期間不得逾二年。第一項執行已逾二月，認有變更安置輔導之福利或教養機構之必要者，少年、少年之法定代理人或現在保護少年之人得檢具事證或敘明理由，聲請少年法院裁定變更。少年在安置輔導期間違反應遵守之事項，情節重大，或曾受第五十五條之三留置觀察處分後，再違反應遵守之事項，足認安置輔

	官、少年、少年之法定代理人或現在保護少年之人得檢具事證或敘明理由，聲請少年法院裁定變更。 少年在安置輔導期間違反應遵守之事項，情節重大，或曾受第五十五條之三留置觀察處分後，再違反應遵守之事項，足認安置輔導難收效果者，少年保護官、負責安置輔導之福利、教養機構、醫療機構、執行過渡性教育措施或其他適當措施之處所、少年之法定代理人或現在保護少年之人得檢具事證，聲請少年法院裁定撤銷安置輔導，將所餘之執行期間令入感化處所施以感化教育，其所餘之期間不滿六月者，應執行至六月。	導難收效果者，負責安置輔導之福利或教養機構、少年之法定代理人或現在保護少年之人得檢具事證，聲請少年法院裁定撤銷安置輔導，將所餘之執行期間令入感化處所施以感化教育，其所餘之期間不滿六月者，應執行至六月。
第五十五條之三 （修正）	少年無正當理由拒絕接受第二十九條第一項或第四十二條第一項第一款、第三款之處分，少年調查官、少年保護官、少年之法定代理人或現在保護少年之人、福利、教養機構、醫療機構、執行過渡性教育措施或其他適當措施之處所，得聲請少年法院核發勸導書，經勸導無效者，各該聲請人得聲請少年法院裁定留置少年於少年觀護所中，予以五日內之觀察。	少年無正當理由拒絕接受第二十九條第一項或第四十二條第一項第一款、第三款之處分，少年調查官、少年保護官、少年之法定代理人或現在保護少年之人、少年福利或教養機構，得聲請少年法院核發勸導書，經勸導無效者，各該聲請人得聲請少年法院裁定留置少年於少年觀護所中，予以五日內之觀察。
第五十八條 （修正）	第四十二條第二項第一款、第二款之處分期間，以戒絕治癒或至滿二十歲為止。但認無繼續執行之必要者，少年	第四十二條第二項第一款、第二款之處分期間，以戒絕治癒或至滿二十歲為止；其處分與保護管束一併諭知者，

	法院得免除之。 前項處分與保護管束一併諭知者，同時執行之；與安置輔導或感化教育一併諭知者，先執行之。但其執行無礙於安置輔導或感化教育之執行者，同時執行之。 依禁戒或治療處分之執行，少年法院認為無執行保護處分之必要者，得免其保護處分之執行。	同時執行之；與安置輔導或感化教育一併諭知者，先執行之。但其執行無礙於安置輔導或感化教育之執行者，同時執行之。 依禁戒或治療處分之執行，少年法院認為無執行保護處分之必要者，得免其保護處分之執行。
第六十一條 （修正）	少年、少年之法定代理人、現在保護少年之人或輔佐人，對於少年法院所為下列之裁定有不服者，得提起抗告。但輔佐人提起抗告，不得與選任人明示之意思相反： 一、第二十六條第一款交付少年調查官為適當輔導之裁定。 二、第二十六條第二款命收容或駁回聲請責付之裁定。 三、第二十六條之二第一項延長收容或駁回聲請撤銷收容之裁定。 四、第二十七條第一項、第二項之裁定。 五、第二十九條第一項之裁定。 六、第四十條之裁定。 七、第四十二條之處分。 八、第五十五條第三項、第五十五條之三留置觀察之裁定及第五十五條第四項之撤銷保護管束執行感化教育之處分。	少年、少年之法定代理人、現在保護少年之人或輔佐人，對於少年法院所為下列之裁定有不服者，得提起抗告。但輔佐人提起抗告，不得與選任人明示之意思相反： 一、第二十六條第一款交付少年調查官為適當輔導之裁定。 二、第二十六條第二款命收容之裁定。 三、第二十六條之二第一項延長收容之裁定。 四、第二十七條第一項、第二項之裁定。 五、第二十九條第一項之裁定。 六、第四十條之裁定。 七、第四十二條之處分。 八、第五十五條第三項、第五十五條之三留置觀察之裁定及第五十五條第四項之撤銷保護管束執行感化教育之處分。 九、第五十五條之二第三項延長安置輔導

	九、第五十五條之二第三項延長安置輔導期間之裁定、第五項撤銷安置輔導執行感化教育之處分。 十、駁回第五十六條第一項聲請免除或停止感化教育執行之裁定。 十一、第五十六條第四項命繼續執行感化教育之處分。 十二、第六十條命負擔教養費用之裁定。	期間之裁定、第五項撤銷安置輔導執行感化教育之處分。 十、駁回第五十六條第一項聲請免除或停止感化教育執行之裁定。 十一、第五十六條第四項命繼續執行感化教育之處分。 十二、第六十條命負擔教養費用之裁定。
第六十四條之二 （修正）	諭知不付保護處分之裁定確定後有下列情形之一，認為應諭知保護處分者，少年行為之被害人或其法定代理人得聲請為不付保護處分之少年法院重新審理： 一、有刑事訴訟法第四百二十二條第一款得為再審之情形。 二、經少年自白或發現確實之新證據，足認其有第三條第一項行為應諭知保護處分。 刑事訴訟法第四百二十九條、第四百三十一條至第四百三十四條、第四百三十五條第一項、第二項及第四百三十六條之規定，於前項之重新審理程序準用之。 為不付保護處分之少年法院發見有第一項各款所列情形之一者，亦得依職權為應重新審理之裁定。	諭知不付保護處分之裁定確定後有左列情形之一，認為應諭知保護處分者，少年行為之被害人或其法定代理人得聲請為不付保護處分之少年法院重新審理： 一、有刑事訴訟法第四百二十二條第一款得為再審之情形者。 二、經少年自白或發現確實之新證據，足認其有第三條行為應諭知保護處分者。 刑事訴訟法第四百二十九條、第四百三十一條至第四百三十四條、第四百三十五條第一項、第二項及第四百三十六條之規定，於前項之重新審理程序準用之。 為不付保護處分之少年法院發見有第一項各款所列情形之一者，亦得依職權為應重新審理之裁定。 第一項或前項之重新審理於諭知不付保護處分

	第一項或前項之重新審理於諭知不付保護處分之裁定確定後，經過一年者不得爲之。	之裁定確定後，經過一年者不得爲之。
第六十七條（修正）	檢察官依偵查之結果，對於少年犯最重本刑五年以下有期徒刑之罪，參酌刑法第五十七條有關規定，認以不起訴處分而受保護處分爲適當者，得爲不起訴處分，移送少年法院依少年保護事件審理；認應起訴者，應向少年法院提起公訴。 前項經檢察官爲不起訴處分而移送少年法院依少年保護事件審理之案件，如再經少年法院裁定移送，檢察官不得依前項規定，再爲不起訴處分而移送少年法院依少年保護事件審理。	檢察官依偵查之結果，對於少年犯最重本刑五年以下有期徒刑之罪，參酌刑法第五十七條有關規定，認以不起訴處分而受保護處分爲適當者，得爲不起訴處分，移送少年法院依少年保護事件審理；認應起訴者，應向少年法院提起公訴。依第六十八條規定由少年法院管轄之案件，應向少年法院起訴。 前項經檢察官爲不起訴處分而移送少年法院依少年保護事件審理之案件，如再經少年法院裁定移送，檢察官不得依前項規定，再爲不起訴處分而移送少年法院依少年保護事件審理。
第七十一條（修正）	少年被告非有不得已情形，不得覊押之。 少年被告應覊押於少年觀護所。於年滿二十歲時，應移押於看守所。 少年刑事案件，前於法院調查及審理中之收容，視爲未判決前之覊押，準用刑法第三十七條之二折抵刑期之規定。	少年被告非有不得已情形，不得覊押之。 少年被告應覊押於少年觀護所。於年滿二十歲時，應移押於看守所。 少年刑事案件，前於少年法院調查中之收容，視爲未判決前之覊押，準用刑法第四十六條折抵刑期之規定。
第七十二條（刪除）	（刪除）	少年被告於偵查審判時，應與其他被告隔離。但與一般刑事案件分別審理顯有困難或認有對質之必要時，不在此限。

第八十二條（修正）		少年在緩刑或假釋期中應付保護管束。 前項保護管束，於受保護管束人滿二十三歲前，由檢察官囑託少年法院少年保護官執行之。	少年在緩刑或假釋期中應付保護管束，由少年法院少年保護官行之。 前項保護管束之執行，準用第三章第二節保護處分之執行之規定。
第八十三條之一（修正）		少年受第二十九條第一項之處分執行完畢二年後，或受保護處分或刑之執行完畢或赦免三年後，或受不付審理或不付保護處分之裁定確定後，視爲未曾受各該宣告。 少年有前項或下列情形之一者，少年法院應通知保存少年前案紀錄及有關資料之機關、機構及團體，將少年之前案紀錄及有關資料予以塗銷： 一、受緩刑之宣告期滿未經撤銷，或受無罪、免訴、不受理判決確定。 二、經檢察機關將緩起訴處分期滿，未經撤銷之事由通知少年法院。 三、經檢察機關將不起訴處分確定，毋庸移送少年法院依少年保護事件審理之事由通知少年法院。 前項紀錄及資料，除下列情形或本法另有規定外，少年法院及其他任何機關、機構、團體或個人不得提供： 一、爲少年本人之利益。 二、經少年本人同意，並應依其年齡及身	少年受第二十九條第一項之轉介處分執行完畢二年後，或受保護處分或刑之執行完畢或赦免三年後，或受不付審理或不付保護處分之裁定確定後，視爲未曾受各該宣告。 少年法院於前項情形應通知保存少年前科紀錄及有關資料之機關，將少年之前科紀錄及有關資料予以塗銷。 前項紀錄及資料非爲少年本人之利益或經少年本人同意，少年法院及其他任何機關不得提供。

	心發展程度衡酌其意見；必要時得聽取其法定代理人或現在保護少年之人之意見。 少年之前案紀錄及有關資料之塗銷、利用、保存、提供、統計及研究等相關事項之辦法，由司法院定之。	
第八十三條之三 （修正）	外國少年受轉介處分、保護處分、緩刑或假釋期內交付保護管束者，少年法院得裁定以驅逐出境代之。 前項裁定，得由少年調查官或少年保護官聲請；裁定前，應予少年、其法定代理人或現在保護少年之人陳述意見之機會。但經合法通知，無正當理由不到場者，不在此限。 對於第一項裁定，得提起抗告，並準用第六十一條、第六十三條及第六十四條之規定。 驅逐出境由司法警察機關執行之。	外國少年受轉介處分、保護處分或緩刑期內交付保護管束者，得以驅逐出境代之。 前項驅逐出境，得由少年調查官或少年保護官，向少年法院聲請，由司法警察機關執行之。
第八十四條 （修正）	少年之法定代理人，因忽視教養，致少年有第三條第一項之情形，而受保護處分或刑之宣告，或致保護處分之執行難收效果者，少年法院得裁定命其接受八小時以上五十小時以下之親職教育輔導，以強化其親職功能。 少年法院為前項親職教育輔導裁定前，認為必要時，得先命少年調查官就忽視教養之事實，提出調查報告並附具建議。	少年之法定代理人或監護人，因忽視教養，致少年有觸犯刑罰法律之行為，或有第三條第二款觸犯刑罰法律之虞之行為，而受保護處分或刑之宣告，少年法院得裁定命其接受八小時以上五十小時以下之親職教育輔導。 拒不接受前項親職教育輔導或時數不足者，少年法院得裁定處新臺幣三千元以上一萬元以下罰鍰；經再通知仍不接受者，得按次連續處

	親職教育輔導之執行，由少年法院交付少年保護官為之，並得依少年保護官之意見，交付適當之機關、團體或個人為之，受少年保護官之指導。 親職教育輔導應於裁定之日起三年內執行之；逾期免予執行，或至多執行至少年滿二十歲為止。但因事實上原因以不繼續執行為宜者，少年保護官得檢具事證，聲請少年法院免除其執行。 拒不接受親職教育輔導或時數不足者，少年法院得裁定處新臺幣六千元以上三萬元以下罰鍰；經再通知仍不接受者，得按次連續處罰，至其接受為止。其經連續處罰三次以上者，並得裁定公告法定代理人之姓名。 前項罰鍰之裁定，得為民事強制執行名義，由少年法院囑託各該地方法院民事執行處強制執行之，免徵執行費。 少年之法定代理人或監護人有第一項情形，情況嚴重者，少年法院並得裁定公告其姓名。 第一項、第五項及前項之裁定，受處分人得提起抗告，並準用第六十三條、第六十四條之規定。	罰，至其接受為止。其經連續處罰三次以上者，並得裁定公告法定代理人或監護人之姓名。 前項罰鍰之裁定，得為民事強制執行名義，由少年法院囑託各該地方法院民事執行處強制執行之，免徵執行費。 第一項及第二項罰鍰之裁定，受處分人得提起抗告，並準用第六十三條及刑事訴訟法第四百零六條至第四百十四條之規定。 少年之法定代理人或監護人有第一項前段情形，情況嚴重者，少年法院並得裁定公告其姓名。 前項裁定不得抗告。
第八十五條之一 （刪除）	（刪除）	七歲以上未滿十二歲之人，有觸犯刑罰法律之行為者，由少年法院適用少年保護事件之規定處理之。

		前項保護處分之執行，應參酌兒童福利法之規定，由行政院會同司法院訂定辦法行之。
第八十六條（修正）	本法施行細則，由司法院會同行政院定之。 少年保護事件審理細則，由司法院定之。 少年法院與相關行政機關處理少年事件聯繫辦法，由司法院會同行政院定之。 少年偏差行為之輔導及預防辦法，由行政院會同司法院定之。	本法施行細則，由司法院會同行政院定之。 少年保護事件審理細則，由司法院定之。 少年保護事件執行辦法，由行政院會同司法院定之。 少年不良行為及虞犯之預防辦法，由內政部會同法務部、教育部定之。
第八十七條（修正）	本法自中華民國六十年七月一日施行。 本法修正條文，除中華民國一百零八年五月三十一日修正公布之第十八條第二項至第七項自一百十二年七月一日施行；第四十二條第一項第三款關於交付安置於適當之醫療機構、執行過渡性教育措施或其他適當措施之處所輔導部分及刪除第八十五條之一自公布一年後施行外，自公布日施行。	本法自中華民國六十年七月一日施行。 本法修正條文自公布日施行

少年事件處理法施行細則

①民國60年6月21日司法行政部令訂定發布全文14條。
②民國65年2月12日司法行政部令修正發布全文19條。
③民國87年5月4日司法院、行政院令會銜修正公布全文21條。
④民國90年6月29日司法院、行政院令會銜修正發布第1、8、9條條文；增訂第3-1條條文；並刪除第17條條文。
⑤民國108年8月21日司法院、行政院令會同修正發布全文19條；並自發布日施行。

第一條
本細則依少年事件處理法（以下簡稱本法）第八十六條第一項規定訂定之。

第二條
本法規定由少年法院行使之職權，於未設少年及家事法院地區，由地方法院設少年法庭依本法辦理之。

第三條
本法所稱少年刑事案件，係指少年於十四歲以上未滿十八歲時，有觸犯刑罰法律之行為，經少年法院依本法第二十七條裁定移送檢察官開始偵查之案件。本細則第七條第二項規定之案件，亦同。

第四條
少年觸犯刑罰法律，於滿十八歲後，始經報告或移送少年法院之事件，仍由少年法院依本法第三章之規定處理。但事件繫屬後少年已滿二十歲，且少年法院依調查之結果，認少年觸犯刑罰法律者，應以裁定移送有管轄權之檢察署檢察官。

第五條
本法修正施行前已受理之事件，除有特別規定外，其調查、審理及執行程序，應依修正後之規定處理；於本法修正施行前已依法定程序進行之處理，其效力不受影響。

第六條
①本法中華民國一百零八年六月十九日修正公布之第三條施行前，僅依修正前該條第二款第一目至第四目規定移送少年法院之事件，於修正施行後，應視其進行情形，分別諭知不付審理或不付保護處分之裁定；收容中之少年，並應立即釋放。

②前項事件經裁定交付轉介輔導或保護處分確定，其尚未執行或未執行完畢者，自本法中華民國一百零八年六月十九日修正公布之第三條施行之日起，免予執行或中止執行。

③前二項少年之法定代理人或監護人經少年法院裁定命接受親職教

育確定，其尚未執行或未執行完畢者，自本法中華民國一百零八年六月十九日修正公布之第三條施行之日起，免予執行或中止執行。

④前三項情形，少年法院尚未通知保存少年前案紀錄及有關資料之機關、機構及團體，將少年之前案紀錄及有關資料塗銷者，自本法中華民國一百零八年六月十九日修正公布之第三條施行之日起，應通知予以塗銷。

第七條

①檢察官受理一般刑事案件，發現被告於犯罪時未滿十八歲者，應移送該管少年法院。但被告已滿二十歲者，不在此限。

②前項但書情形，檢察官應適用本法第四章之規定進行偵查，認應起訴者，應向少年法院提起公訴。

③少年刑事案件，少年法院就犯罪事實之一部移送者，其效力及於全部，檢察官應就全部犯罪事實加以偵查。

第八條

本法中華民國八十九年二月二日修正公布施行前，已依修正前第二十七條第一項或第二項規定移送檢察官或提起公訴之案件，依修正施行後之規定處理。但案件已判決確定者，不在此限。

第九條

①少年法院於調查或審理中，對於犯親告訴乃論之罪，而其未經告訴、告訴已經撤回或已逾告訴期間之十四歲以上少年，應逕依少年保護事件處理，毋庸裁定移送檢察官。

②檢察官偵查少年刑事案件，認有前項情形者，應依刑事訴訟法第二百五十二條第五款規定為不起訴處分，並於處分確定後，將案件移送少年法院依少年保護事件處理。其因未經告訴或告訴不合法而未為處分者，亦同。

③少年法院審理少年刑事案件，認有第一項情形者，應依刑事訴訟法第三百零三條第三款規定諭知不受理判決，並於判決確定後，依少年保護事件處理。其因檢察官起訴違背本法第六十五條第一項、第三項規定，經依刑事訴訟法第三百零三條第一款規定諭知不受理判決確定，而應以少年保護事件處理者，亦同。

④前三項所定應依保護事件處理之情形，於少年超過二十一歲者，不適用之。

第一〇條

①檢察官、司法警察官或法院於執行職務時，知七歲以上未滿十二歲之兒童有觸犯刑罰法律之行為者，應依本法第八十五條之一第一項規定移送該管少年法院。

②不論何人知兒童有前項之行為者，得向該管少年法院報告。

③前二項規定自本法修正刪除第八十五條之一中華民國一百零九年六月十九日施行之日起，不再適用；已移送少年法院之事件，應準用第六條規定處理之。

第一一條

檢察官對少年法院依本法第二十七條第一項第一款規定移送之案件，經偵查結果，認為係犯該款規定以外之罪者，應依刑事訴訟法第二百五十五條第一項規定為不起訴處分，並於處分確定後，將案件移送少年法院。

第一二條

少年受保安處分之保護管束宣告，並另受保護處分之保護管束宣告，依本法第四十五條第二項定其應執行處分者，少年法院得裁定執行其一，或併執行之。

第一三條

本法修正施行前規定不得抗告之裁定，依修正後本法規定得為抗告，其確定在修正施行前者，仍不得抗告；其確定在修正施行後者，適用修正後之規定。

第一四條

本法第六十四條之二規定，於本法中華民國八十六年十月二十九日修正公布施行後受理之案件始有適用。

第一五條

少年保護官於本法中華民國一百零八年六月十九日修正公布之第八十二條施行前辦理之保護管束案件，執行期間受保護管束人滿二十三歲者，應報請檢察官交由檢察署觀護人執行之。

第一六條

少年法院審理少年刑事案件認有必要時，得依本法第十九條規定辦理。

第一七條

①本法中華民國一百零八年六月十九日修正公布之第八十三條之一第二項、第三項關於塗銷少年前案紀錄及有關資料與不得無故提供之規定，及依同條第四項所定之辦法，於本法修正施行前之少年事件，亦有適用。

②前項紀錄及有關資料塗銷之規定，於法院不適用之。

③本法所稱塗銷，係指予以塗抹、刪除或遮掩，使一般人無法直接或經比對後可辨識為少年者而言；經塗銷後紀錄及檔案資料之保存及銷毀，仍依保存機關、機構或團體對各該檔案之保存及銷毀有關法規辦理。

第一八條

本法所稱之少年前案紀錄及有關資料，係指保存機關、機構及團體依其業務就本法第八十三條之一第一項事件或案件所建立之移送、調查、偵查、審理、執行之紀錄。但不含保存機關、機構及團體因調查、偵查、審理、執行該事件或案件所編纂之卷宗。

第一九條

本細則自發布日施行。

少年及家事法院組織法

①民國99年12月8日總統令制定公布全文53條；本法施行日期，由司法院以命令定之。
民國101年2月7日司法院令發布定自101年6月1日施行。
②民國102年5月8日總統令修正公布第2、6、7、9條條文；並增訂第19-1條條文；施行日期，由司法院以命令定之。
民國102年5月24日司法院令發布第2、6、7、9條條文定自102年5月10日施行；第19-1條條文定自103年1月1日施行。
③民國103年1月29日總統令修正公布第11條條文；施行日期，由司法院以命令定之。
民國103年2月11日司法院令發布定自103年1月31日施行。

第一章 總 則

第一條 （立法目的）
　　爲保障未成年人健全之自我成長、妥適處理家事紛爭，並增進司法專業效能，特制定本法。

第二條 （少年及家事法院管轄事件之類別）102
①少年及家事法院，除法律別有規定外，管轄下列第一審事件：
一　少年事件處理法之案件。
二　家事事件法之事件。
三　其他法律規定由少年及家事法院、少年法院、地方法院少年法庭或家事法庭處理之事件。
②前項第二款及第三款所生非訟事件之抗告事件，除法律別有規定外，由少年及家事法院管轄。
③前二項事件，於未設少年及家事法院地區，由地方法院少年法庭、家事法庭辦理之。但得視實際情形，由專人兼辦之。
④第一項及第二項之第一審事件，由少年及家事法院所在地之地方法院檢察署檢察官對應執行之。

第三條 （少年及家事法院之設置地點）
①少年及家事法院之設置地點，由司法院定之，並得視地理環境及案件多寡，增設少年及家事法院分院。
②少年及家事法院管轄區域之劃分或變更，由司法院以命令定之。
③高等法院及其分院設少年法庭、家事法庭。但得視實際情形由專人兼辦之。

第四條 （少年及家事法院案件之審理）
①少年及家事法院審判案件，以法官一人獨任或三人合議之。
②合議審判，以庭長充審判長；無庭長或庭長有事故時，以庭員中資深者充之，資同以年長者充之。

③獨任審判，即以該法官行審判長之職權。

第五條　（法院之類別、員額及應適用之類別、變更）

①少年及家事法院之類別及員額，依附表之規定。

②少年及家事法院應適用之類別及其變更，由司法院以命令定之。

第二章　法院組織編制及職等

第六條　（法官之設置及法官助理之聘用）102

①少年及家事法院置法官。

②少年及家事法院於必要時，得置法官助理，依相關法令聘用各種專業人員充任之；承法官之命，辦理訴訟案件程序之審查、法律問題之分析、資料之蒐集等事務。

③具律師執業資格，經聘用充任法官助理期間，計入其律師執業年資。

第七條　（設置院長）102

少年及家事法院置院長一人，由法官兼任，綜理全院行政事務。

第八條　（少年及家事法庭之設立）

①少年及家事法院設少年法庭、家事法庭。

②少年法庭得分設保護庭、刑事庭；家事法庭得應法律規定或業務特性，分設專庭。

第九條　（設置庭長）102

少年及家事法院之庭長，除由兼任院長之法官兼任者外，餘由其他法官兼任，監督各該庭事務。

第一○條　（執行處之設立及人員配置）

①少年及家事法院為辦理強制執行事務，得設執行處，或囑託地方法院民事執行處代為執行。

②執行處置法官或司法事務官、書記官及執達員，辦理執行事務。

第一一條　（公設辯護人室、人員及職等之設置）103

①少年及家事法院設公設辯護人室，置公設辯護人，薦任第七職等至第九職等或簡任第十職等至第十一職等；其公設辯護人合計在二人以上者，置主任公設辯護人，薦任第九職等或簡任第十職等至第十二職等。

②實任公設辯護人服務滿十五年以上，成績優良，經審查合格者，得晉敘至簡任第十二職等。

③曾任高等法院或其分院、智慧財產法院公設辯護人四年以上，調少年及家事法院之公設辯護人，成績優良，經審查合格者，得晉敘至簡任第十二職等。

④曾任高等法院或其分院、智慧財產法院公設辯護人之服務年資，合併計算。

⑤第二項、第三項之審查辦法，由司法院定之。

⑥具律師資格者於擔任公設辯護人期間，計入其律師執業期間。

第一二條　（設置司法事務官、職等及年資之採計）

①少年及家事法院設司法事務官室，置司法事務官，薦任第七職等

至第九職等；司法事務官在二人以上者，置主任司法事務官一人，薦任第九職等至簡任第十職等。

②具律師執業資格者，擔任司法事務官期間，計入其律師執業年資。

第一三條 （調查保護室及家事調查官之設置）

①少年及家事法院設調查保護室，置少年調查官、少年保護官、家事調查官、心理測驗員、心理輔導員及佐理員。少年調查官、少年保護官及家事調查官合計在二人以上者，置主任調查保護官一人；合計在六人以上者，得分組辦事，組長由少年調查官、少年保護官或家事調查官兼任，不另列等。

②少年調查官、少年保護官及家事調查官，薦任第七職等至第九職等；主任調查保護官，薦任第九職等至簡任第十職等；心理測驗員及心理輔導員，薦任第六職等至第八職等；佐理員，委任第四職等至第五職等，其中二分之一得列薦任第六職等。

第一四條 （書記處之設置、強制執行及提存事務之掌理）

①少年及家事法院設書記處，置書記官長一人，薦任第九職等至簡任第十職等，承院長之命處理行政事務；一等書記官，薦任第八職等至第九職等；二等書記官，薦任第六職等至第七職等；三等書記官，委任第四職等至第五職等；分掌紀錄、強制執行、提存、文書、研究考核、總務、資料及訴訟輔導等事務，並得視業務需要分科、分股辦事，科長由一等書記官兼任，股長由一等書記官或二等書記官兼任，均不另列等。

②前項一等書記官、二等書記官總額，不得逾同一法院一等書記官、二等書記官、三等書記官總額二分之一。

第一五條 （通譯、技士、執達員、錄事、庭務員、法警之設置及職等）

①少年及家事法院置一等通譯，薦任第七職等至第八職等；二等通譯，薦任第六職等至第七職等；三等通譯，委任第四職等至第五職等；技士，委任第五職等或薦任第六職等至第七職等；執達員，委任第三職等至第五職等；錄事、庭務員，均委任第一職等至第三職等。

②前項一等通譯、二等通譯總額，不得逾同一法院一等通譯、二等通譯、三等通譯總額二分之一。

③少年及家事法院為辦理值庭、執行、警衛、解送人犯及有關司法警察事務，置法警；法警長，委任第五職等或薦任第六職等至第七職等；副法警長，委任第四職等至第五職等或薦任第六職等；法警，委任第三職等至第五職等。

第一六條 （人事室之組成及人員之職等與職掌）

少年及家事法院設人事室，置主任一人，薦任第八職等至第九職等；科員，委任第五職等或薦任第六職等至第七職等，依法辦理人事管理事項。

第一七條　（會計室、統計室之組成及人員之職等與職掌）

少年及家事法院設會計室、統計室，各置會計主任、統計主任一人，均薦任第八職等至第九職等；科員，委任第五職等或薦任第六職等至第七職等，依法分別辦理歲計、會計、統計等事項。

第一八條　（政風室之組成及人員之職等與職掌）

少年及家事法院設政風室，置主任一人，薦任第八職等至第九職等；科員，委任第五職等或薦任第六職等至第七職等，依法辦理政風事項。

第一九條　（資訊室之組成及人員之職等與職掌）

少年及家事法院設資訊室，置主任一人，薦任第八職等至第九職等，承院長之命處理資訊室之行政事項；資訊管理師，薦任第七職等；助理設計師，委任第四職等至第五職等，其中二分之一得列薦任第六職等，處理資訊事項。

第一九條之一　（資源整合連結服務處所之協助設置）102

少年及家事法院應提供場所、必要之軟硬體設備及其他相關協助，供直轄市、縣（市）主管機關自行或委託民間團體設置資源整合連結服務處所，於經費不足時，由司法院編列預算補助之。

前項之補助辦法，由司法院定之。

第三章　庭長、法官及其他人員之任用

第二〇條　（庭長及法官之積極資格與法院人員在職進修義務之規定）

①少年及家事法院庭長及法官，應遴選具有處理少年或家事業務之學識、經驗及熱忱者任用之。

②前項遴選辦法，由司法院定之。

③少年及家事法院人員應定期在職進修，以充實其法學及相關專業素養，提升裁判品質。

④前項進修得由司法院或其他適當機關辦理之。

第二一條　（少年調查官之任用資格）

少年調查官、少年保護官，應就具有下列資格之一者任用之：

一　經公務人員高等考試或公務人員特種考試司法人員考試相當等級之少年調查官、少年保護官、觀護人考試及格。

二　具有法官、檢察官任用資格。

三　曾任少年調查官、少年保護官、家事調查官、觀護人，經銓敘合格。

四　曾在公立或經立案之私立大學、獨立學院社會、社會工作、心理、教育、輔導、法律、犯罪防治、青少年兒童福利或其他與少年調查保護業務相關學系、研究所畢業，具有薦任職任用資格。

第二二條　（家事調查官之任用資格）

家事調查官，應就具有下列資格之一者任用之：

一　經公務人員高等考試或公務人員特種考試司法人員考試相當

　　等級之家事調查官考試及格。

二　具有法官、檢察官任用資格。

三　曾任家事調查官、少年調查官、少年保護官、觀護人，經銓
　　敘合格。

四　曾在公立或經立案之私立大學、獨立學院社會、社會工作、
　　心理、教育、輔導、法律、犯罪防治、青少年兒童福利或其
　　他與家事調查業務相關學系、研究所畢業，具有薦任職任用
　　資格。

第二三條（調查保護室主任之任用資格）

調查保護室之主任調查保護官，應就具有少年調查官、少年保護
官或家事調查官及擬任職務所列職等之任用資格，並有領導才能
者遴任之。

第二四條（心理測驗員及心理輔導員之任用資格）

心理測驗員、心理輔導員，應就具有下列資格之一者任用之：

一　經公務人員高等考試或公務人員特種考試司法人員考試相當
　　等級之心理測驗員、心理輔導員考試及格。

二　曾在公立或經立案之私立大學、獨立學院心理、社會、社會
　　工作、教育、輔導或其他與心理測驗或輔導業務相關學系、
　　研究所畢業，具有薦任職任用資格。

第四章　法官以外人員之職務

第二五條（司法事務官辦理之事務）

①司法事務官辦理下列事務：

一　返還擔保金事件、調解程序事件、督促程序事件、保全程序
　　事件、公示催告程序裁定事件、確定訴訟費用額事件。

二　拘提、管收以外之強制執行事件。

三　非訟事件法及其他法律所定之非訟事件。

四　其他法律所定之事務。

②司法事務官辦理前項各款事件之範圍及日期，由司法院定之。

第二六條（少年調查官及少年保護官之職務及服從監督義
　　　　　　務）

①少年調查官應服從法官之監督，執行下列職務：

一　調查、蒐集關於少年事件之資料。

二　對於責付、收容少年之調查、輔導事項。

三　其他法令所定之事務。

②少年保護官應服從法官之監督，執行下列職務：

一　掌理由少年保護官執行之保護處分。

二　其他法令所定之事務。

③少年調查官、少年保護官得相互兼理之。

第二七條（家事調查官之職掌及服從監督義務）

家事調查官應服從法官之監督，執行下列職務：

一　調查、蒐集關於第二條第一項第二款至第九款事件之資料。

二 其他法令所定之事務。

第二八條 （心理測驗員之職掌及服從監督義務）

心理測驗員應服從法官、司法事務官、少年調查官、少年保護官及家事調查官之監督，執行下列職務：

一 對所交付個案進行心理測驗、解釋及分析，並製作書面報告等事項。

二 其他法令所定之事務。

第二九條 （心理輔導員之職掌及服從監督義務）

心理輔導員應服從法官、司法事務官、少年調查官、少年保護官及家事調查官之監督，執行下列職務：

一 對所交付個案進行心理輔導、轉介心理諮商或治療之先期評估，並製作書面報告等事項。

二 其他法令所定之事務。

第三〇條 （書記官、佐理員及執達員之服從監督義務）

書記官、佐理員及執達員隨同司法事務官、少年調查官、少年保護官或家事調查官執行職務者，應服從其監督。

第三一條 （司法事務官執行職務時少年調查官及家事調查官之協助）

司法事務官執行職務時，少年調查官、家事調查官應協助之。

第五章 司法年度及事務分配

第三二條 （少年及家事法院司法年度起迄日期）

司法年度，每年自一月一日起至同年十二月三十一日止。

第三三條 （少年及家事法院處務規程之訂定）

少年及家事法院之處務規程，由司法院定之。

第三四條 （司法事務分配、代理次序及合議審判時法官之配置）

①少年及家事法院於每年度終結前，由院長、庭長、法官舉行會議，按照處務規程及其他法令規定，預定次年度司法事務之分配及代理次序。

②前項會議並應預定次年度關於合議審判時法官之配置。

第三五條 （年度事務分配會以院長為主席及其決議方式）

前條會議，以院長為主席，其決議以過半數之意見定之，可否同數時，取決於主席。

第三六條 （年度中事務分配事項有變更必要時之處理方式）

事務分配、代理次序及合議審判時法官之配置，經預定後，因案件或法官增減或他項事故，有變更之必要時，得由院長徵詢有關庭長、法官意見後定之。

第六章 法庭之開閉及秩序

第三七條 （少年及家事法院之開庭地點、法庭席位布置、旁聽規則）

① 少年及家事法院開庭，於法院內為之。但法律別有規定者，不在此限。

② 少年及家事法院法庭席位布置及旁聽規則，由司法院定之。

第三八條　（少年及家事法院臨時開庭之處理）

少年及家事法院於必要時，得在管轄區域內指定地點臨時開庭。

前項臨時開庭辦法，由司法院定之。

第三九條　（審判長之職權）

審判長於法之開閉及審理訴訟，有指揮及維持秩序之權。

第四〇條　（審判長之職權）

① 有妨害法庭秩序或其他不當行為者，審判長得禁止其進入法庭或命其退出法庭，必要時得命看管至閉庭時。

② 前項處分，不得聲明不服。

③ 前二項之規定，於審判長在法庭外執行職務時準用之。

第四一條　（審判長之職權）

訴訟代理人、辯護人、輔佐人在法庭代理訴訟、辯護或輔佐案件，其言語行動如有不當，審判長得加以警告或禁止其開庭當日之代理、辯護或輔佐。

第四二條　（處分事由之筆錄記載）

審判長為前二條之處分時，應記明其事由於筆錄。

第四三條　（受命法官或受託法官執行職務時準用審判長之職權）

本章有關審判長之規定，於受命法官或受託法官執行職務時準用之。

第四四條　（違反維持法庭秩序命令時之處罰）

違反審判長、受命法官、受託法官所發維持法庭秩序之命令，致妨害法院執行職務，經制止不聽者，處三月以下有期徒刑、拘役或科新臺幣九千元以下罰金。

第七章　司法行政之監督

第四五條　（少年及家事法院之司法行政監督）

少年及家事法院行政之監督，依下列規定：

一　司法院院長監督少年及家事法院及其分院。

二　高等法院院長監督少年及家事法院及其分院。

三　少年及家事法院院長監督該法院及其分院。

第四六條　（監督權之限制）

依前條規定有監督權者，對於被監督之人員得下列處分：

一　關於職務上之事項，得發命令使之注意。

二　有廢弛職務、逾越權限或行為不檢者，加以警告。

第四七條　（監督權之限制）

被監督之人員，如有前條第二款情事，而情節較重或經警告無效者，監督長官得依公務員懲戒法辦理。

第四八條 （審判獨立權）

本章各條之規定，不影響審判權之獨立行使。

第八章　附　則

第四九條 （授權司法院訂定案件之審理期限）

少年及家事法院之審理，應規定期限，其期限由司法院以命令定之。

第五〇條 （準用法院組織法之規定）

本法未規定者，準用法院組織法及其他有關法律之規定。

第五一條 （準用之規定）

本法於少年及家事法院分院及於未設少年及家事法院地區之地方法院少年法庭、家事法庭準用之。

第五二條 （預算支應）

少年及家事法院於年度預算執行中成立，其因調配人力移撥員額及業務時，所需各項相關經費，得由移撥機關在原預算範圍內調整支應，不受預算法第六十二條及第六十三條規定之限制。

第五三條 （施行日期）

本法施行日期，由司法院以命令定之。

少年及兒童保護事件執行辦法

①民國70年3月6日行政院、司法院令會銜訂定發布全文35條。
②民國86年2月14日行政院、司法院令會銜修正發布第2、3、16、31、35條條文；並刪除第21、24條條文。
③民國89年9月20日行政院、司法院令會銜修正發布名稱及全文45條；並自發布日起施行（原名稱：少年及兒童管訓事件執行辦法）。
民國102年7月19日行政院公告第32條第2項第1款所列屬「內政部性侵害防治委員會或家庭暴力防治委員會」之權責事項，自102年7月23日起改由「衛生福利部」管轄。

第一章 通　則

第一條

①本辦法依少年事件處理法（以下簡稱本法）第八十五條之一第二項及第八十六條第三項規定訂定之。

②少年保護處分之執行，適用本辦法之規定。未滿十二歲之兒童，應受保護處分之執行者，亦同。

③前項受保護處分之兒童，執行開始前或執行中已滿十五歲者，逕依本辦法第二章之規定執行之，不適用第三章之規定。

第二條

保護事件之執行，應注意受執行人之安全、智能、體能、名譽及尊嚴。

第三條

少年依其他法律應受感化教育或保護管束之執行者，仍適用本法及本辦法之規定；其行為時未滿十八歲而裁判時已滿十八歲者，亦同。本法及本辦法未規定者，仍適用其他法律之規定。

第二章 少年保護處分之執行

第四條

①訓誡處分由少年法院法官執行，書記官應製作筆錄，由少年及其到場之法定代理人或現在保護少年之人與輔佐人簽名。

②前項處分宣示時，少年及其法定代理人或現在保護少年之人在場捨棄抗告權，且無被害人者，得於宣示後當場執行。

③執行訓誡處分時，少年法院法官應以淺顯易懂之言語加以勸導，並將曉諭少年應遵守之事項，以書面告知少年及其法定代理人或現在保護少年之人。

第五條

①假日生活輔導處分由少年法院法官於訓誡處分執行後，將少年交付少年保護官或依少年保護官之意見，交付其他具有社會、教育、輔導、心理或醫學等專門知識之適當機關（構）、團體或個人，於假日利用適當場所行之。

②前項所稱假日，不以國定例假日為限，凡少年非上課、非工作或無其他正當待辦事項之時間均屬之。

③假日生活輔導交付適當機關（構）、團體或個人執行時，應由少年保護官指導，並與各該機關（構）、團體或個人共同擬訂輔導計畫，並保持聯繫；其以集體方式辦理者，應先訂定集體輔導計畫，經少年法院核定後為之。

④少年於假日生活輔導期間，無正當理由遲到、早退且情節重大者，該次假日生活輔導不予計算。

第六條

①保護管束及勞動服務處分由少年法院法官簽發執行書，連同裁判書及其他相關資料，交付少年保護官執行或依少年保護官之意見，將少年交付其他適當之福利或教養機構、慈善團體、少年之最近親屬或其他適當之人執行之。

②少年法院法官為前項指揮執行時，除應以書面指定日期，命少年前往執行者之處所報到外，另應以書面通知少年之法定代理人或現在保護少年之人。

③少年無正當理由未依指定日期報到，經少年保護官限期通知其報到，屆期仍不報到者，少年保護官得前往受執行少年住居所查訪，或報請少年法院法官簽發同行書，強制其到場；其有協尋之必要者，並應報請協尋之。

第七條

保護管束處分交由適當之福利或教養機構、慈善團體、少年之最近親屬或其他適當之人執行時，應由少年保護官指導，並與各該執行者共同擬訂輔導計畫，及隨時保持聯繫。少年有前條第三項或本法第五十五條規定情事時，執行者應即通知指導之少年保護官為適當之處置。

第八條

保護管束處分之執行期間，自少年報到之日起算，至期間屆滿或免除、撤銷執行之日終止。

第九條

執行保護管束應依少年個別情狀告知其應遵守之事項，輔導其行為或就學、就醫、就業、就養及改善環境等事項，並應將輔導內容詳為記錄。

第一〇條

①少年保護官每三個月應將執行或指導執行保護管束之少年輔導案卷，送調查保護處組長、處長檢閱後轉少年法院法官核備。

②組長、處長應詳細檢閱少年輔導紀錄，並提供少年保護官必要之

指導。

第一一條

①調查保護處處長每三個月應召開個案研討會一次，請少年法院庭長、法官列席指導，召集全體少年保護官討論執行或指導執行之特殊個案。必要時，並得隨時召開之。

②前項個案研討會，得邀集與討論個案有關之社政、教育、輔導、衛生醫療等機關（構）、團體或個人參加。

第一二條

①勞動服務處分之執行期間，自少年開始勞動服務之時起算，至服務時間屆滿之時終止。

②前項執行期間，少年未依指示從事勞動服務者，其時間不予計算。

第一三條

①在保護管束期間，少年應遵守下列事項：

一 保持善良品性，不得與素行不良之人交往。

二 服從少年法院及執行保護管束者之命令。

三 不得對被害人、告訴人或告發人尋釁。

四 將身體健康、生活情況及工作環境等情形報告執行保護管束者。

五 非經執行保護管束者許可，不得離開受保護管束地七日以上。

六 經諭知勞動服務者，應遵照執行保護管束者之命令，從事勞動服務。

七 其他經少年保護官指定必須遵守之事項。

②少年違反前項應遵守事項，少年保護官依本法第五十五條第三項或第四項規定，聲請少年法院裁定時，應檢具輔導紀錄及其他相關事證。

第一四條

①少年違反前條規定，經少年法院依本法第五十五條第三項或第五十六條第四項規定裁定留置觀察時，由少年法院法官簽發通知書傳喚之。

②少年經合法傳喚無正當理由不到場者，得發同行書強制其到場，並於少年到場後，通知少年保護官。

③留置觀察期間，少年保護官應與少年觀護所保持聯繫，並由少年觀護所將留置觀察之輔導紀錄函報少年法院。

④依本法第五十五條之三規定裁定留置觀察者，準用前二項之規定。

第一五條

少年於保護管束及勞動服務處分執行中，遷往他少年法院管轄區域者，原少年法院得檢送有關資料，移轉該少年住居所或所在地之少年法院繼續執行。

第一六條

受保護管束少年應徵集、志願入營服役或入軍事學校就讀時，除依本法第五十五條第一項規定認為以不繼續執行為宜者外，少年法院得交由其服役部隊或就讀學校之長官執行之。但退役離營或離校時，原保護管束期間尚未屆滿，又無免除執行之事由者，應由原少年法院繼續執行之。

第一七條

少年法院如認執行保護管束者不宜執行時，得另行指定執行保護管束者執行之。

第一八條

少年法院得視實際需要，聘請志願服務之機構、團體或個人協助輔導少年。

第一九條

①安置輔導處分由少年法院法官簽發執行書，連同裁判書及其他相關資料，交付少年保護官執行之。
②少年保護官應通知少年依執行書指定之日期報到，轉付福利或教養機構執行之。
③第六條第二項後段、第三項之規定，於前項執行準用之。

第二〇條

安置輔導處分之執行期間，自少年報到之日起算，至期間屆滿或免除、撤銷執行之日終止。

第二一條

①少年保護官與執行安置輔導者，應共同訂定輔導計畫，並保持聯繫。
②前項計畫，宜使少年有重返家庭、學校及參加社會活動之機會，期能達成安置輔導之目的。

第二二條

①執行安置輔導，應提供適當之居住處所，並予安善之生活照顧，對少年施以個別或群體之品德教育，輔導其學業或其他作業，使其養成勤勉習慣及守法精神。
②執行安置輔導，應按月將少年安置輔導紀錄函報少年法院，並應於輔導結束後十日內，將結束日期連同執行情形相關資料，通知原發交執行之少年法院。

第二三條

感化教育處分由少年法院法官簽發執行書，連同裁判書及其他相關資料，交付感化教育機關（構）執行。依本法第五十五條第四項、第五十五條之二第五項及第五十六條第四項規定將所餘之執行期間交付感化教育時，並應附送保護管束或安置輔導期間執行紀錄及相關資料。

第二四條

①感化教育處分之執行期間，自交付執行之日起算，至期間屆滿或免除、停止執行之日終止。

②前項處分確定前，經少年法院裁定命收容或羈押於少年觀護所者，得以收容與羈押期間折抵感化教育處分執行之期間；少年觀護所並應將少年在所期間實施矯治之成績，移送感化教育執行機關（構），作爲執行成績之一部。

第二五條

感化教育處分之執行，除本法及本辦法有特別規定者外，適用其他法律有關之規定。

第二六條

少年法院得指派少年保護官與感化教育執行機關（構）隨時保持聯繫，並得指派適當之人共同輔導少年。

第二七條

①少年法院受理本法第五十六條第一項免除或停止感化教育之聲請，得命感化教育執行機關（構）提供該少年在感化教育期間之紀錄及相關資料，並得指派少年保護官實地查證，瞭解詳情。

②前項規定，於少年保護官受理本法第五十六條第二項規定之請求時，準用之。

第二八條

①少年經依本法第五十六條第一項及第三項規定交付保護管束者，感化教育機關（構）應將該少年感化教育期間之紀錄及相關資料函送少年法院，並應將預定移出之日期，與執行保護管束之少年保護官密切聯繫。

②感化教育機關（構）已依前條規定將少年之紀錄及相關資料函送少年法院者，如無其他新紀錄、資料，得免再函送。

第二九條

少年保護官於受本法第五十五條第二項或第五十六條第二項之請求而拒絕時，應自受請求時起十四日內，以書面敘明拒絕理由，函復請求人。

第三〇條

宣告多數保護管束或感化教育處分時，除依本法第四十五條、第四十六條或本法施行細則第十三條規定處理外，準用保安處分執行法第四條之一之有關規定執行之；保護處分與保安處分併存時，亦同。

第三一條

①少年法院於少年有下列情形之一時，應通知各保存少年前科紀錄及有關資料之機關（構），將其依主管業務所建立之移送、調查、偵查、審理及執行等紀錄及資料塗銷之：

一 受本法第二十九條第一項之轉介處分執行完畢滿二年。

二 受保護處分之執行完畢或撤銷確定滿三年。

三 受刑之執行完畢或赦免滿三年。

四 受不付審理之裁定確定。但本法第二十九條第一項之裁定，不在此限。

五 受不付保護處分之裁定確定。

非行兒少

六 受無罪判決確定。

②少年法院應於下列期限前，為前項之通知：

一 不付審理裁定、不付保護處分裁定或無罪判決確定者，裁判確定後十日內。

二 受轉介處分、受保護處分或刑之執行者，應塗銷日期十日前。

第三二條

①前條應通知塗銷紀錄及資料及機關（構），依下列情形定之：

一 轉介處分、假日生活輔導、保護管束、安置輔導、不付審理、不付保護處分裁定：受轉介之福利或教養機關（構）、受交付執行假日生活輔導之機關（構）、團體、受交付執行保護管束之福利或教養機構、慈善團體、執行安置輔導機關（構）、內政部警政署、少年案發時戶籍地警察局、原移案機關、禁戒或勒戒機關（構）、治療或戒治機關（構）。

二 感化教育：臺灣高等法院檢察署、少年矯正機關（構）、內政部警政署、少年案發時戶籍地警察局、原移案機關。

三 刑事判決、不起訴處分：臺灣高等法院檢察署、原偵查地方法院檢察署、少年矯正機關（構）、內政部警政署、少年案發時戶籍地警察局、原移案機關。

②少年前科紀錄及有關資料之塗銷，除應依前項規定通知有關機關（構）外，並依下列規定辦理：

一 少年為性侵害犯罪防治法或家庭暴力防治法之加害人者，另應通知內政部性侵害防治委員會或家庭暴力防治委員會。

二 曾通知少年輔導委員會、更生保護會、直轄市、縣（市）社政、勞工或教育主管機關者，另應通知各該曾受通知機關或單位。

三 有其他曾受通知之機關（構）、團體者，另應通知該機關（構）、團體。

第三三條

①少年之法定代理人或監護人受親職教育輔導處分者，由少年法院法官簽發執行書，連同裁定書及其他相關資料，交由少年保護官自行或轉交適當之教育訓練機構或團體執行之。

②前項受執行之人自行參加經少年保護官認可之訓練課程者，以其訓練課程之時數折抵相當執行時數。

③執行親職教育輔導認有必要時，得報請少年保護官通知少年到場，共同接受家族團體輔導。

第三章 兒童保護處分之執行

第三四條

兒童保護處分之執行，除本章有特別規定外，準用前章之規定。

第三五條

兒童不解簽名之意義者，免在訓誡處分執行筆錄簽名。

第三六條

① 少年法院指揮執行兒童保護管束處分時，應以書面指定日期，命兒童之法定代理人或現在保護兒童之人，帶領兒童向少年保護官報到。

② 兒童無正當理由未依指定日期報到時，由少年保護官限期通知其法定代理人或現在保護兒童之人帶領其前來報到。

第三七條

少年法院執行兒童保護管束處分時，應遴選具有兒童教育、兒童福利或兒童心理學之專門知識者，充任執行保護管束者。

第三八條

執行保護管束者與受保護管束兒童接談時，應選擇適當之處所為之。

第三九條

少年法院交付留置觀察、安置輔導或感化教育之兒童，以能自理生活者為限。

第四〇條

① 對於兒童之安置輔導、感化教育處分，應視個案情節及矯治不良習性之需要，分別交由寄養家庭、兒童福利、教養、身心障礙福利服務機構或其他適當處所執行之。

② 各少年法院得在管轄區域內徵聘生活美滿並熱心兒童福利之家庭為寄養家庭，接受兒童之寄養。

③ 第一項之教養處所設置前，得將受感化教育處分兒童交付少年矯正機關（構）執行之。但應與受感化教育處分少年隔離，並採家庭型態之教養方式執行之。

第四一條

對兒童之感化教育處分，其執行期間應給予維護身心健康、促進正常發育及增進生活知識所必要之教養；為課業輔導時，應力求配合現行國民教育學制。

第四章 附 則

第四二條

少年法院執行保護處分認有必要時，得洽請少年及兒童福利主管機關為必要之協助。

第四三條

① 少年法院、少年保護官及其他執行保護處分者，應督促受執行人之法定代理人或現在保護受執行人之人善盡親職教育之責。受執行人如係在學中，並應加強與其就讀學校聯繫。

② 前項受執行人之法定代理人或現在保護受執行人之人為政府機關時，由少年法院、少年保護官負督促之責。

第四四條

① 轉介處分或保護處分執行者，應於執行完畢或執行中經撤銷確定而停止執行後十日內，報請少年法院備查；其為受囑託執行者，

應報請原裁定少年法院備查。

②檢察機關應於少年刑罰執行完畢或赦免後十日內，將執行完畢日期連同執行情形相關資料，通知原發交執行之少年法院。

第四五條

本辦法自發布日施行。

少年保護事件審理細則

①民國88年3月5日司法院函修正發布全文51條及名稱（原名稱：少年管訓事件審理細則）。
②民國90年5月30日司法院令修正發布第20條條文。
③民國93年10月28日司法院令修正發布第42條條文。
④民國98年3月5日司法院令修正發布第2、9、19、20、22、23、49、50條條文；並刪除第4條條文。

第一條
本細則依少年事件處理法（以下簡稱為本法）第八十六條第二項規定訂定之。

第二條 98
①本法第十七條之報告及第十八條之移送或請求，應表明下列事項：
一　少年、少年之法定代理人或現在保護少年之人姓名、住居所、電話號碼，少年性別、出生年月日、出生地、國民身分證字號或其他足資辨別之特徵。
二　少年觸犯刑罰法律或虞犯之事實。
三　有關證據及可資參考之資料。
②本法第十八條第一項之移送，應以書面為之，同法第十七條之報告及第十八條第二項之請求，得以書面或言詞為之。其以言詞為之者，報告人或請求人應就前項各款所列事項分別陳明，由書記官記明筆錄，交報告人或請求人簽名或按指印。
③少年法院為受理前項言詞報告或請求，得設置適當處所，並印製報告或請求之書面格式備用。

第三條
警察機關之移送書，除應記載前條所規定之事項外，並應一併附送扣押物及有關資料。

第四條 （刪除）

第五條
少年法院先後受理同一少年之本法第三條所列事件，應併案處理之。

第六條
少年法院對於保護事件管轄權之有無，除別有規定外，應以受理時為準。

第七條
少年法院受理本法第三條之事件，依調查結果，認無管轄權者，應以裁定移送於有管轄權之少年法院。

非行兒少

第八條

①少年法院之法官、書記官、通譯之迴避，準用刑事訴訟法有關之規定。

②少年調查官、少年保護官、心理測驗員、心理輔導員之迴避，準用刑事訴訟法有關書記官迴避之規定。

第九條 98

①本法第三十一條第二項之事件，如未選任輔佐人，或其選任之非律師爲少年法院所不同意者，少年法院應於調查及審理程序中指定適當之人輔佐少年。

②少年法院依前項或本法第三十一條第三項規定指定適當之人時，得指定法院公設辯護人或律師輔佐少年。

第一〇條

①選任輔佐人應以書面爲之，除律師外，並應記載受選任人與少年之關係。

②前項選任之輔佐人，除律師外，少年法院認爲被選任人不適當時，得禁止之。

③輔佐人之選任，應於每審級爲之。

④輔佐人於審理中得檢閱卷宗及證物，並得抄錄或攝影。調查中經法官同意者，亦同。

第一一條

少年保護事件之調查及審理，法官、書記官執行職務時，均得不著制服，其他人員在少年法院執行職務時，亦同。

第一二條

執行同行時，應各以同行書之一聯交付應同行人及其指定之親友。應同行人不願或無法指定親友者，應記明筆錄或於同行書上註記事由。

第一三條

①執行同行認有必要時，得檢查應同行人之身體。

②檢查婦女之身體，應命婦女行之。但不能由婦女行之者，不在此限。

第一四條

①少年法院於將少年責付於其他適當之機關、團體或個人前，得通知少年調查官先行聯繫。

②少年法院於少年責付後，得將少年交付少年調查官爲適當之輔導。

③前項情形，少年法院得依少年之需要，就輔導方法爲適當之指示，並得準用有關保護管束之規定。

④第二項事件終結前，少年調查官應提出輔導報告。

第一五條

①少年法院受理少年事件後，應即通知少年調查官爲必要之調查，並得指示應調查之事項、範圍與期限。

②少年調查官除有特殊情事經陳明法官外，應如期完成調查，提出

報告，並附具對少年處遇之具體建議。

第一六條

①少年調查官依本法第十九條第一項為調查，須與少年、少年之法定代理人或現在保護少年之人及其他關係人談話時，得現場訪談或以通知書傳喚到院談話，談話時並得錄音及製作筆錄，筆錄由陳述人簽名或按指印。

②前項錄音、筆錄及調查報告，少年法院於審理時，經踐行證據調查程序後，得為裁定之依據。

③第一項情形，少年調查官於必要時，得以電話或其他科技設備談話，並製作談話紀錄或留存談話往來紀錄，少年法院審理時，經踐行證據調查程序並經當事人承認者，得為裁定之依據。

第一七條

①同一少年同時有本法第三條第一款、第二款之二件以上事件繫屬，少年法院依調查或審理結果，將第一款之事件裁定移送檢察官者，在少年刑事案件處分或裁判確定前，少年法院得停止少年保護事件之調查或審理。

②前項情形，少年經受有期徒刑以上刑之宣告確定，少年法院除認有另付保護處分之必要者外，得依本法第二十八條第一項以其他事由不應付審理或依第四十一條第一項以事件不宜付保護處分為由，裁定諭知不付審理或不付保護處分。

第一八條

少年法院得囑託其他少年法院或相關之機關，就繫屬中之少年事件，為必要之協助。

第一九條 98

①少年法院對於少年調查官提出之處遇意見之建議，經徵詢少年、少年之法定代理人或現在保護少年之人及輔佐人之同意，依本法第二十九條第一項為不付審理之裁定並當場宣示者，得僅由書記官將主文記載於筆錄，不另作裁定書。但認定之事實與報告、移送或請求之內容不同者，應於宣示時一併告知事實及理由要旨，並記載於筆錄。

②前項筆錄正本或節本之送達，準用本法第四十八條之規定，並與裁定正本之送達，有同一之效力。

第二○條 98

少年調查官為執行本法第二十九條第一項各款之處分，得通知少年、少年之法定代理人或現在保護少年之人到場。

第二一條

少年法院依調查結果，認為有下列情形之一者，應諭知不付審理之裁定：

一　報告、移送或請求之要件不備，而無法補正或不遵限補正者。

二　本法第三條第一款之事件，如屬告訴乃論之罪未經告訴或其告訴已經撤回或已逾告訴期間，而於裁定前已滿二十一歲

者。

三　本法第三條第二款之事件，裁定前少年已滿二十一歲者。

四　同一事件，業經有管轄權之少年法院為實體上之裁定確定者。

五　少年因受感化教育處分之裁判確定，無再受其他保護處分執行之必要者。

六　少年現居國外，於滿二十一歲前無法回國，事實上無法進行調查，或罹疾病，短期內顯難痊癒，無法受保護處分之執行，或已死亡者。

七　其他不應或不宜付審理之事由。

第二二條 98

①少年法院開始審理之裁定，得於調查時以言詞為之，並由書記官記明筆錄。其經到場之少年及其法定代理人或現在保護少年之人同意者，得即時開始審理。

②前項即時開始審理情形，於少年輔佐人聲請檢閱卷宗及證物時，少年法院應另行指定審理期日。

第二三條 98

①少年法院依本法第四十四條規定將少年交付觀察時，應於裁定內指定其觀察期間，並得就應觀察事項為適當之指示。

②少年經依本法第四十四條第二項交付適當之機關、學校、團體或個人為觀察時，少年調查官應與各該受交付者隨時保持聯繫，並為適當之指導。

③前二項觀察之執行，除另有規定外，得準用有關執行保護管束之規定。

④少年調查官應於觀察期滿後十四日內，就觀察結果提出報告，並附具對少年處遇之具體建議。

第二四條

第一次審理期日之傳喚通知書，至遲應於五日前送達。

第二五條

審理期日除有特別規定外，少年不到庭不得審理。

第二六條

審理期日，少年拒絕陳述或未受許可而退庭者，得不待陳述逕行審理及裁定。

第二七條

審理期日，少年、少年之法定代理人或現在保護少年之人經合法傳喚無正當理由不到場者，少年法院認為應依本法第二十七條第一項、第二項、第四十一條或第四十二條第一項第一款裁定之事件，得不待其陳述，逕行審理及裁定。

第二八條

審理期日，應由審理之法官始終出庭，如有更易者，應更新審理程序。

第二九條

審理非一次期日所能終結者，除有特別情形者外，應於次日連續開庭；如下次開庭因故間隔至十五日以上者，應更新審理程序。

第三〇條

①審理期日，應由書記官製作審理筆錄，記載下列事項及其他一切審理程序：

一　審理之少年法院及年月日時。

二　法官、少年調查官、書記官、通譯之姓名。

三　少年、少年之法定代理人或現在保護少年之人、輔佐人之姓名。

四　少年不出庭者，其事由。

五　訊問證人、鑑定人或其他關係人事項。

六　少年調查官、少年之法定代理人或現在保護少年之人、輔佐人陳述之要旨。

七　當庭宣讀或告以要旨之文書。

八　當庭出示之證據。

九　當庭實施之扣押或勘驗。

十　法官命令記載或關係人聲請經法官許可記載之事項。

十一　最後與少年陳述之機會。

十二　裁定之宣示。

②受訊問人就前項筆錄中，關於其陳述之部分，得請求朗讀或交其閱覽，如請求將記載增、刪、變更者，應附記其陳述。

第三一條

審理筆錄，應於每次開庭後二日內整理之。

第三二條

審理筆錄應由法官簽名，法官有事故時，僅由書記官簽名，書記官有事故時，僅由法官簽名，並分別附記其事由。

第三三條

審理期日之審理程序專以審理筆錄為證。

第三四條

審理筆錄內，引用附卷之文書或表示將文書附錄者，其文書所記載之事項與記載筆錄者，有同一之效力。

第三五條

已審理終結之事件在宣示前，遇有必要情形，少年法院得裁定重開審理。

第三六條

宣示裁定，應自審理終結之日起，七日內為之。

第三七條

宣示裁定應向少年為之。但少年不到庭者，不在此限。

第三八條

宣示裁定，不以參與審理之法官為限。

第三九條

未經審理程序之裁定毋庸宣示。

第四〇條

① 保護處分之裁定書，應分別記載主文、事實與理由。

② 第十九條之規定，於前項保護處分之裁定時準用之。

第四一條

① 諭知安置輔導處分之裁定書，應於主文中指明受交付之機構名稱。

② 前項情形，如受交付機構無法接受少年，應由少年法院另以裁定指定之。

第四二條 93

諭知保護處分之裁定書，應於理由內分別記載下列事項：

一　認定應付保護處分事實所憑之證據及其認定之理由。

二　對於少年有利之證據不採納者，其理由。

三　依本法第四十二條第一項各款諭知保護處分及其執行方式所審酌之理由。

四　對於少年調查官到庭陳述意見不採納者，其理由。

五　諭知沒收或附隨處分者，其理由。

六　適用之法律。

第四三條

① 諭知親職教育輔導處分之裁定書，應於主文中指明其執行之時數。

② 第十九條之規定，於為前項親職教育輔導處分之裁定時準用之。

第四四條

不得抗告之裁定經當庭宣示者，得僅命記載於筆錄；未經當庭宣示者，應以適當方法通知受裁定人。

第四五條

裁定得為抗告者，其抗告期間及提出抗告狀之法院，應於宣示時一併告知，並應記載於送達之裁定正本、筆錄正本或節本。

第四六條

本法第六十一條及第六十二條規定得為抗告之人，對於少年法院依第十九條第一項、第四十條第二項及第四十三條第二項規定製作筆錄之事件提起合法抗告者，原裁定法院應於七日內補行製作理由書，送達於少年及其他關係人。

第四七條

① 少年保護事件經抗告者，收容中之少年應連同卷宗及證物，一併解送抗告法院。

② 抗告法院受理少年抗告事件，除抗告不合法定程式或顯無理由而應裁定駁回外，得準用有關少年法院調查及審理之規定，並通知少年調查官再為調查。

③ 高等法院或其分院少年法庭對於抗告事件，除有由原裁定法院續為調查之必要外，應自為裁定。

第四八條

收容於少年觀護所之少年，經諭知不付審理、不付保護處分或訓誡者，視為撤銷收容。但抗告期間得命責付。

第四九條 98

被收容之少年，於抗告期間內，向少年觀護所長官提出抗告書狀，視為已向原審少年法院提起抗告。少年不能自作抗告書狀者，少年觀護所公務員應為之代作。

第五○條 98

少年觀護所長官接受抗告書狀後，應附記接受之年、月、日、時，送交原審之少年法院。

第五一條

本細則自發布日施行。

少年安置輔導之福利及教養機構設置管理辦法

①民國91年3月28日內政部令訂定發布全文11條；並自發布日施行。
②民國94年11月1日內政部令修正發布全文11條；並自發布日施行。
③民國108年7月11日衛生福利部令修正發布全文11條；並自發布日施行。

第一條

本辦法依少年事件處理法（以下簡稱本法）第五十四條第二項規定訂定之。

第二條

本辦法所稱少年安置輔導之福利及教養機構（以下簡稱安置機構），指依兒童及少年福利與權益保障法及其相關法規許可設立辦理安置及教養業務之兒童及少年福利機構。

第三條

本辦法所稱主管機關，指安置機構之主管機關。

第四條

安置機構收容之對象，為法院依本法第四十二條第一項第三款裁定交付安置之少年或兒童。

第五條

安置機構辦理安置輔導業務時，應依本法、兒童及少年福利與權益保障法、少年及兒童保護事件執行辦法及本辦法之相關規定辦理。

第六條

①安置機構受託辦理安置輔導業務時，應與法院訂定契約。

②前項契約內容，應包括委託期間、費用基準、個案管理及其他相關事項。

③法院交付安置個案時，安置機構應以資訊管理系統、電信傳真或其他科技設備傳送方式，通知主管機關、安置機構所在地及個案戶籍地之直轄市、縣（市）政府；安置輔導結束時，亦同。

第七條

①安置機構應與法院指定之少年保護官，自個案交付安置之日起三十日內，依個案最佳利益、健全自我成長及輔導之需求，共同擬訂安置輔導計畫，並隨時為必要之調整。

②安置機構執行前項安置輔導計畫，應按月將安置輔導紀錄函報法院及個案戶籍地之直轄市、縣（市）政府，並應於輔導結束後十

日內，將執行情形相關資料，通知原發交執行之法院及個案戶籍地之直轄市、縣（市）政府。

第八條

安置機構執行安置輔導期間，得視個案輔導情形，依本法第五十五條之二第二項、第三項或第五項規定，聲請法院裁定免除、延長其執行或撤銷安置輔導，或依本法第五十五條之三規定，聲請法院核發勸導書；其經勸導無效者，並得聲請法院裁定留置少年於少年觀護所予以五日內之觀察。

第九條

①主管機關應依兒童及少年福利與權益保障法及其相關法規，輔導、監督、檢查安置機構業務之執行及財務之管理。

②前項機構辦理不善者，主管機關除依兒童及少年福利與權益保障法及其相關法規處理外，並應通知各法院。

第一○條

安置機構執行安置輔導計畫時，就涉及司法、教育、衛生、勞工、警政、戶政或其他各目的事業主管機關職掌事項，得主動或請求法院、主管機關協調各目的事業主管機關配合辦理。

第一一條

本辦法自發布日施行。

少年不良行爲及虞犯預防辦法

①民國61年9月27日司法行政部、教育部、內政部令會銜訂定發布全文12條；並自61年12月1日施行。
②民國65年8月30日司法行政部、教育部、內政部令會銜修正發布全文18條。
③民國70年3月4日內政部、法務部、教育部函會銜修正發布全文18條。
④民國88年11月17日內政部、法務部、教育部令會銜修正發布全文17條；並自發布日施行。
⑤民國102年12月9日內政部、法務部、教育部令會銜修正發布第6至8、11、12條條文。

第一條

本辦法依少年事件處理法（以下簡稱本法）第八十六條第四項規定訂定之。本辦法未規定者，適用其他法令之規定。

第二條

七歲以上未滿十二歲之人，有不良行爲或觸犯刑罰法律之虞者，準用本辦法之規定。

第三條

本辦法所稱少年不良行爲，指少年有下列行爲之一者：

一　與有犯罪習性之人交往。

二　出入妨害身心健康場所或其他少年不當進入之場所。

三　逃學或逃家。

四　無正當理由攜帶具有殺傷力之器械、化學製劑或其他危險物品。

五　深夜遊蕩。

六　對父母、尊長或教師態度傲慢，舉止粗暴。

七　於非公共場所或非公眾得出入之職業賭博場所，賭博財物。

八　以猥褻之言語、舉動或其他方法，調戲他人。

九　持有猥褻圖片、文字、錄影帶、光碟、出版品或其他物品。

十　加暴行於人或互相鬥毆未至傷害。

十一　無正當理由跟追他人，經勸阻不聽。

十二　藉端滋擾住戶、工廠、公司行號、公共場所或公眾得出入之場所。

十三　吸菸、嚼檳榔、飲酒或在公共場所高聲喧嘩。

十四　無照駕駛汽車、機車。

十五　其他有妨害善良風俗或公共秩序之行爲。

第四條

本辦法所稱少年虞犯，指有本法第三條第二款各目所列行爲之一

者。

第五條

① 警察機關對於少年不良行為及虞犯之預防，除應利用巡邏查察等各種勤務經常注意勸導、檢查、盤詰、制止外，於週末、假日及寒暑假期間，並應協調主管教育行政機關邀集學校、社會團體派員組成聯合巡邏查察隊，加強實施上開工作。

② 學校、社會團體、各目的事業主管機關（構）得知少年有不良行為或虞犯等情事，必要時通知警察機關協助處理。

第六條 102

① 警察機關發現少年不良行為及虞犯時，除得予登記或勸導制止外，應視其情節依下列規定處理：

一　少年不良行為違反社會秩序維護法或觸犯其他法令者，分別依各該規定處理。

二　少年虞犯依本法移送法院處理。

三　少年虞犯事件與違反社會秩序維護法案件相牽連者，應先送法院處理。經法院裁定不付審理或不付保護處分者，其違反社會秩序維護法部分，如未逾二個月，仍得依社會秩序維護法處罰。

② 警察機關依前項規定處理完畢後，得酌情採適當方式通知少年之家長、就讀學校或在職機構加強管教。

第七條 102

法院處理之少年事件，於裁判後均應將裁判書正本分送原移送之警察機關；非警察機關移送者，應分送該少年住居地之警察機關。

第八條 102

法院將少年交付警察機關以外之機構、社會團體或其他適當之人保護管束時，應通知該少年住居地之警察機關。

第九條

受刑事或保護處分執行完畢之少年，應由執行機關將曾受處分之人製作名冊並附有關考核等資料，送該少年住居地或原移送之警察機關。

第一〇條

警察機關對於受刑事或保護處分執行完畢之少年，應根據其素行隨時瞭解其生活情形，如發現異狀，即予適當之處理。

第一一條 102

① 各直轄市、縣（市）政府應設置少年輔導委員會，綜理規劃並協調推動預防少年犯罪之相關事宜。

② 少年輔導委員會應依受輔導少年之需要，協同或會同各目的事業主管機關及少年輔導機構，加強少年之輔導；並視其情形辦理各種技藝訓練、輔導就業與舉辦有關少年福利服務及其他輔導活動。

③ 少年輔導委員會得遴聘當地熱心公益人士、具輔導專業學識或經

驗人士或大專校院相關科系學生，協助少年不良行為及虞犯之預防工作。

④少年輔導委員會設置及實施要點，由內政部會同法務部、教育部及衛生福利部定之。

第一二條 102

①少年有下列情形之一者，應由少年輔導委員會綜理協調，予以妥善輔導：

一　受刑事、保護處分或經社會秩序維護法處罰執行完畢而在失學、失業或失養中。

二　經法院裁定不付審理，諭知少年之法定代理人或現在保護少年之人對該少年嚴加管教或由少年調查官予以告誡。

三　家庭失去功能，致少年無法獲得適當管教。

四　其他認有輔導必要。

②前項規定之少年，得由有關機關或少年之法定代理人或有監護權人送請輔導之。

第一三條

依前條規定應予輔導之少年，有下列情形之一者，終止輔導：

一　年滿十八歲者。

二　實施輔導滿三年者。

三　具有其他法令上或事實上原因者。

第一四條

為發揮整體功能，強化少年不良行為及虞犯預防績效，得由內政部邀集相關機關或單位及有關少年輔導機構、社會團體或專家學者，舉行「預防少年犯罪協調會報」，從事預防工作之規劃、協調、聯繫及推動事宜。

第一五條

父母或監護人發現子女或受監護之少年有不良傾向難以管教時，得商請少年輔導委員會綜理協調教育、衛生、社政、警察及有關少年輔導機構、社會團體協助管教或作必要之矯治輔導。

第一六條

①各級學校為預防在學少年不良行為及虞犯之發生，應加強執行輔導管教措施，推廣生活教育活動，並與學生家長及警察機關保持密切聯繫。

②各級主管教育行政機關應嚴格督導考核各級學校對於前項規定之執行成效。

③各級主管教育行政機關、社政機關、社會教育機構及少年福利機構應經常舉辦有益少年身心健康之各項活動。

④主管文化、新聞、出版之機關應協調大眾傳播媒體加強預防少年犯罪之宣導；對足以戕害少年身心健康之傳播並依法嚴加處分。

第一七條

本辦法自發布日施行。

少年法院（庭）與司法警察機關處理少年事件聯繫辦法

①民國61年9月1日司行政部令訂定發布全文16條。
②民國69年12月31日司法院、行政院令會銜修正發布名稱及全文17條（原名稱：少年法庭與司法警察機關處理少年事件聯繫辦法）。
③民國84年9月27日司法院、行政院令會銜修正發布第1至3、11、14、16條條文。
④民國88年7月14日司法院函修正發布名稱及全文22條；並自發布日起施行（原名稱：地方法院少年法庭與司法警察機關處理少年事件聯繫辦法）。
⑤民國90年5月30日司法院令修正發布第2條條文。
⑥民國91年3月12日司法院令修正發布第4條條文；並自發布日起施行。
⑦民國92年1月22日司法院、行政院令會銜修正發布第1條條文。

第一條 92
少年法院（庭）依少年事件處理法處理少年事件與司法警察機關之聯繫，適用本辦法之規定；本辦法未規定者，準用檢察官與司法警察機關執行職務聯繫辦法之規定。

第二條 90
①司法警察機關依少年事件處理法第十八條第一項，將少年事件移送少年法院（庭）處理時，應將該少年、少年之法定代理人或現在保護少年之人之姓名、出生年月日、出生地、國民身分證統一編號、住居所、電話號碼，及少年觸犯刑罰法律或虞犯之事實、證據，分別詳為記載，並附具該少年之素行調查表，連同贓證物品，隨案移送。
②司法警察機關對於觸犯刑罰法律之少年，於其滿十八歲後，二十歲未滿前，應移送該管少年法院處理。

第三條
司法警察官或司法警察如需經法官同意始得於夜間詢問少年者，應先以電話、傳真或其他適當方式報請法官許可，並將許可之書面、電話紀錄或傳真覆函附於警卷內。

第四條 91
①司法警察機關逮捕、拘提少年，應自逮捕、拘提時起二十四小時內，指派妥適人員，將少年連同卷證，送請少年法院（庭）處理。但法官命其即時解送者，應即解送。
②前項情形，其關係人之談話筆錄或有關證據，如因情形緊急，不及蒐集調查者，得由原承辦之司法警察機關，於三日內補送之。

第五條

司法警察官、司法警察逮捕或接受符合刑事訴訟法第九十二條第二項但書所定之少年現行犯、準現行犯，得填載不解送報告書，以傳真或其他適當方式，報請法官許可後，不予解送，逕行釋放。但法官未許可者，應即解送。

第六條

司法警察官、司法警察依前條規定不解送少年時，應將法官批示許可不解送報告書附於卷內，檢同相關卷證於七日內將案件移送該管少年法院（庭）處理。

第七條

法官對於司法警察官或司法警察移送或報告之少年事件，認為調查未完備者，得於收案後十日內以書面敘明應調查或補足之部分，並指定期間將卷證發回命其補足或發交其他司法警察官或司法警察調查。司法警察官或司法警察應於限定之期間內補正。

第八條

少年事件與一般刑事案件相牽連者，司法警察機關應分別移送該管少年法院（庭）處理及該管檢察署偵辦，並應於各該移送書內分別敘明。證物如無法分別移送者，尤應註明其去處，並應製作影本、繪本或照片附卷。

第九條

司法警察機關將少年事件移送少年法院（庭）處理後，如續發現有關證據或其他可供參考之資料，應儘速調查蒐集補送。

第一○條

少年法院（庭）為執行同行，實施勘驗、搜索、扣押，或因執行其他職務得以書面、言詞或其他適當方式，請求司法警察機關為必要之協助，司法警察機關應予協助。

第一一條

司法警察官或司法警察執行同行時，應於同行書記載之期限內執行之。如不能執行者，應於同行書內記載其情形並簽名，於上開期限屆滿後三日內提出少年法院（庭）。

第一二條

少年法院（庭）因少年行蹤不明，通知司法警察機關協尋，或因協尋原因消滅或顯無必要而撤銷協尋時，應將協尋或撤銷協尋書密送各地司法警察機關。

第一三條

少年法院（庭）認為必要時，得將傳喚通知書或其他文件準用刑事訴訟文書送達有關規定，囑託司法警察機關送達。

第一四條

司法警察機關接受少年法院（庭）通知塗銷少年前科紀錄及有關資料時，應即塗銷。

第一五條

司法警察機關接受少年法院（庭）通知執行外國少年驅逐出境

時，應儘速執行。

第一六條

少年調查官、少年保護官執行職務，請求司法警察機關協助時，司法警察機關應予協助。

第一七條

司法警察機關處理少年事件，發生法律上疑義時，得隨時以書面、言詞、電話或傳真文件，請求法官解答或指示。

第一八條

司法警察機關移送少年法院（庭）處理之少年事件，少年法院（庭）於事件終結時，應將裁判送達移送之司法警察機關。

第一九條

少年法院（庭）與司法警察機關，對於辦理該管區少年事件，應隨時聯繫，必要時得召開聯席會。

第二〇條

少年法院（庭）法官處理少年保護事件，得準用調度司法警察條例之規定。

第二一條

對於協助少年法院（庭）執行職務之司法警察官或司法警察，該管法院院長應依調度司法警察條例之規定，切實獎懲。

第二二條

本辦法自發布日施行。

法務部矯正署少年矯正學校組織準則

民國99年12月31日法務部令訂定發布全文10條；並自100年1月1日施行。

第一條

法務部矯正署爲辦理少年刑罰及感化教育之執行業務，特設各少年矯正學校（以下簡稱矯正學校）。

第二條

①矯正學校應以中學方式設置，必要時並得附設職業類科及國民小學部，其學校名稱某某中學。

②矯正學校應就執行刑罰者及感化教育處分者分別設置。

第三條

矯正學校掌理下列事項：

一　學生之教育技訓。

二　學生之文康教化。

三　學生之輔導及生活管理。

四　學生之戒護管理。

五　學生之衛生保健。

六　學生之名籍、給養及保管。

七　其他有關矯正學校管理事項。

第四條

①矯正學校置校長一人，聘任，應就曾任高級中學校長或具有高級中學校長任用資格，並具有關於少年矯正之學識及經驗者遴任之。

②校長之聘任，由法務部爲之，並準用教育人員任用條例及其相關規定。

第五條

矯正學校置副校長一人，職務列薦任第九職等，應就具有下列資格之一者遴任之：

一　曾任或現任矯正機關副首長或秘書，並具有關於少年矯正之學識及經驗，成績優良者。

二　曾任中等學校主任三年以上，並具有公務人員任用資格，成績優良者。

三　曾任司法行政工作薦任三年以上，並具有關於少年矯正之學識及經驗者。

第六條

矯正學校置秘書，職務列薦任第八職等至第九職等。

第七條

　矯正學校各職稱之官等職等或級別及員額，另以編制表定之。

　各職稱之官等職等，依職務列等表之規定。

第八條

①矯正學校設假釋審查會，置委員七人至十一人，除校長、訓導主任及輔導主任為當然委員外，其餘委員由校長報請法務部核准後，延聘心理、教育、社會、法律、犯罪、監獄學等學者專家及其他社會公正人士擔任之。

②關於學生之假釋事項，應經假釋審查會之決議，並報請法務部核准後，假釋出校。

第九條

①矯正學校置教師及輔導教師，每班二人，均依教師法及教育人員任用條例之規定聘任。但法務部矯正署得視需要增訂輔導教師資格。

②每班置導師一人，由前項教師兼任之。

③矯正學校得視教學及其他特殊需要，聘請兼任之教師、軍訓教官、護理教師及職業訓練師。

第一〇條

　本準則自中華民國一百年一月一日施行。

法務部矯正署所屬少年矯正學校假釋審查委員會設置要點

民國100年1月5日法務部函訂定發布全文7點；並溯自100年1月1日起生效。

一　少年矯正學校為落實公平、公正及客觀之假釋審查，特設少年矯正學校假釋審查委員會（以下簡稱假釋審查委員會）。

二　假釋審查委員會置委員七至十一人，除校長、訓導主任及輔導主任為當然委員外，其餘委員由少年矯正學校就心理、教育、社會、法律、犯罪、監獄學等學者專家及其他社會公正人士中，符合下列各款條件者遴選之：

　(一)身心健康。

　(二)品行端正，無犯罪前科紀錄。

　(三)有參與假釋審查工作之熱忱。

　前項非當然委員經遴選後，少年矯正學校應詳填「假釋審查委員會非當然委員聘任名冊」（如附件），報請法務部矯正署核准後延聘之。

三　假釋審查委員會非當然委員任期六月，期滿得續聘。

　非當然委員經聘任後，發現有不符前點第一項各款所列條件或因其他事由致不宜擔任委員者，少年矯正學校得隨時報請法務部矯正署核准後解聘，另行遴選適當人士聘任之。

四　假釋審查委員會由校長擔任召集人，所需工作人員就機關員額內派兼之。

五　假釋審查委員會議每月至少舉行一次為原則，由召集人擔任主席，召集人因故不克出席時，由召集人於會前指定委員一人擔任之。

六　假釋審查委員會議須有全體委員過半數之出席始得開會；對學生假釋審查之決議，採無記名投票方式，由出席委員過半數之同意為通過。

七　假釋審查委員會委員均為無給職。但非當然委員得依規定支領交通費，費用由少年矯正學校相關經費項下勻支。

少年矯正學校設置及教育實施通則

①民國86年5月28日總統令制定公布全文86條。
　民國87年4月3日行政院令發布定自87年4月10日施行。
②民國92年1月22日總統令修正公布第33條；並增訂第33-1條條
　文。
③民國99年5月19日總統令修正公布第39條條文。
　民國99年7月5日行政院令發布定自99年7月1日施行。

第一章　總　則

第一條　（立法依據）

為使少年受刑人及感化教育受處分人經由學校教育矯正不良習
性，促其改過自新，適應社會生活，依少年事件處理法第五十二
條第二項及監獄行刑法第三條第四項規定，制定本通則。

第二條　（適用範圍）

少年矯正學校（以下簡稱矯正學校）之設置及矯正教育之實施，
依本通則之規定；本通則未規定者，適用其他有關法律之規定。

第三條　（矯正教育之實施對象及方式）

①本通則所稱矯正教育之實施，係指少年徒刑、拘役及感化教育處
　分之執行，應以學校教育方式實施之。

②未滿十二歲之人，受感化教育處分之執行，適用本通則之有關規
　定，並得視個案情節及矯正需要，交其他適當兒童教養處所或國
　民小學執行之。

第四條　（隸屬機關）

①矯正學校隸屬於法務部，有關教育實施事項，並受教育部督導。

②檢察官及地方法院少年法庭就有關刑罰、感化教育之執行事項，
　得隨時考核矯正學校。

③第一項督導辦法，由教育部會同法務部定之。前項考核辦法，由
　行政院會同司法院定之。

第五條　（矯正教育指導委員會之設置）

①教育部應會同法務部設矯正教育指導委員會並遴聘學者專家參
　與，負責矯正學校之校長、教師遴薦，師資培育訓練，課程教材
　編撰、研究、選用及其他教育指導等事宜。

②前項委員會之設置辦法，由教育部會同法務部定之。

第六條　（學籍）

①矯正學校分一般教學部及特別教學部實施矯正教育，除特別教學
　部依本通則規定外，一般教學部應依有關教育法令，辦理高級中
　等教育及國民中、小學教育，兼受省（市）主管教育行政機關之

督導。

②矯正學校之學生（以下簡稱學生），除依本通則規定參與特別教學部者外，應參與一般教學部，接受教育。

③第一項一般教學部學生之學籍，應報請省（市）主管教育行政機關備查。其爲國民教育階段者，由學生戶籍所在地學校爲之；其爲高級中等教育階段者，由學生學籍所屬學校爲之。

④前項學生學籍管理辦法，由教育部定之。

第七條　（學生有陳述意見之機會）

學生對矯正學校所實施各項矯正教育措施，得陳述意見，矯正學校對於學生陳述之意見未予採納者，應以書面告知。

第八條　（申訴之方式及申訴、再申訴委員會之成立）

①學生於其受不當侵害或不服矯正學校之懲罰或對其生活、管教之不當處置時，其本人或法定代理人得以言詞或書面向矯正學校申訴委員會申訴。

②申訴委員會對前項申訴，除依監獄行刑法第七十八條、第七十九條或保安處分執行法第六十一條規定外，認有理由者，應予撤銷或變更原懲罰或處置；認無理由者，應予駁回。

③學生對申訴委員會之決定仍不服時，得向法務部再申訴。法務部得成立再申訴委員會處理。學生並不得因其申訴或再申訴行爲，受更不利之懲罰或處置。

④申訴委員會由校長、副校長、秘書、教務主任、訓導主任及輔導主任組成之，並邀請社會公正人士三至五人參與，以校長爲主席；法務部成立之再申訴委員會，應邀請總人數三分之一以上之社會公正人士參與。

⑤申訴、再申訴案件處理辦法，由法務部定之。

第九條　（救濟方式及對違法人員責任之追究）

①原懲罰或處置之執行，除有前條第二項之情形外，不因申訴或再申訴而停止。但再申訴提起後，法務部於必要時得命矯正學校停止其執行。

②申訴、再申訴案件經審查爲有理由者，除對受不當侵害者，應予適當救濟外，對原懲罰或處置已執行完畢者，矯正學校得視情形依下列規定處理之：

一　消除或更正不利於該學生之紀錄。

二　以適當之方法回復其榮譽。

③申訴、再申訴案件經審查爲有理由者，對於違法之處置，應追究承辦人員之責任。

第二章　矯正學校之設置

第一〇條　（矯正學校之設置及管轄）

①法務部應分就執行刑罰者及感化教育處分者設置矯正學校。

②前項學校之設置及管轄，由法務部定之。

第一一條 （附設職業類科及國民小學部）

① 矯正學校應以中學方式設置，必要時並得附設職業類科、國民小學部，其校名稱某某中學。

② 矯正學校得視需要會同職業訓練主管機關辦理職業訓練。

第一二條 （組織）

矯正學校設教務、訓導、輔導、總務四處、警衛隊及醫護室；各處事務較繁者，得分組辦事。

第一三條 （教務處之職掌）

教務處掌理事項如下：

一　教育實施計畫之擬訂事項。

二　學生之註冊、編班、編級及課程之編排事項。

三　學生實習指導及建教合作事項。

四　學生技能訓練、技能檢定之規劃及執行事項。

五　學生課業及技訓成績之考核事項。

六　圖書管理及學生閱讀書刊之審核事項。

七　校內出版書刊之設計及編印事項。

八　教學設備、教具圖書資料供應及教學研究事項。

九　與輔導處配合辦理輔導業務事項。

十　其他有關教務事項。

第一四條 （訓導處之職掌）

訓導處掌理事項如下：

一　訓育實施計畫之擬訂事項。

二　學生生活、品德之指導及管教事項。

三　學生累進處遇之審查事項。

四　學生假釋、免除或停止執行之建議、陳報等事項。

五　學生紀律及獎懲事項。

六　學生體育訓練事項。

七　學生課外康樂活動事項。

八　與輔導處配合實施生活輔導事項。

九　其他有關訓導事項。

第一五條 （輔導處之職掌）

輔導處掌理事項如下：

一　輔導實施計畫之擬訂事項。

二　建立學生輔導資料事項。

三　學生個案資料之調查、蒐集及研究事項。

四　學生智力、性向與人格等各種心理測驗之實施及解析事項。

五　學生個案資料之綜合研判與分析及鑑定事項。

六　實施輔導及諮商事項。

七　學生輔導成績之考核事項。

八　輔導性刊物之編印事項。

九　學生家庭訪問、親職教育、出校後之追蹤輔導及更生保護等社會聯繫事項。

十　輔導工作績效報告、檢討及研究事項。

十一　其他有關學生輔導暨社會資源運用之規劃及執行事項。

第一六條　（總務處之職掌）

總務處掌理事項如下：

一　文件收發、撰擬及保管事項。

二　印信典守事項。

三　學生指紋、照相、名籍簿、身分簿之編製及管理事項。

四　經費出納事項。

五　學生制服、書籍供應及給養事項。

六　房屋建築及修繕事項。

七　物品採購、分配及保管事項。

八　技訓器械、材料之購置及保管事項。

九　學生入校、出校之登記事項。

十　學生死亡及遺留物品處理事項。

十一　其他不屬於各處、隊、室之事項。

第一七條　（警衛隊之職掌）

警衛隊掌理事項如下：

一　矯正學校之巡邏查察及安全防護事項。

二　學生戒護及校外護送事項。

三　天災事變、脫逃及其他緊急事故發生時之處置事項。

四　武器、戒具之保管及使用事項。

五　警衛勤務之分配及執行事項。

六　其他有關戒護事項。

第一八條　（醫護室之職掌）

醫護室掌理事項如下：

一　學校衛生計畫之擬訂及其設施與環境衛生清潔檢查指導事項。

二　學生之健康檢查、疾病醫療、傳染病防治及健康諮詢事項。

三　學生健康資料之管理事項。

四　學生心理衛生之指導及矯治事項。

五　藥品之調劑、儲備與醫療、檢驗器材之購置及管理事項。

六　病舍管理及看護訓練事項。

七　學生疾病與死亡之陳報及通知事項。

八　其他有關醫護事項。

第一九條　（校長之資格）

①矯正學校置校長一人，聘任，綜理校務，應就曾任高級中學校長或具有高級中學校長任用資格，其具有關於少年矯正之學識與經驗者遴任之。

②校長之聘任，由法務部為之，並準用教育人員任用條例及其有關之規定。

第二○條　（副校長之資格）

矯正學校置副校長一人，職務列薦任第九職等，襄理校務，應就

具有下列資格之一者遴任之：

一　曾任或現任矯正機構副首長或秘書，並具有少年矯正之學識與經驗，成績優良者。

二　曾任中等學校主任三年以上，並具有公務人員任用資格，成績優良者。

三　曾任司法行政工作薦任三年以上，並具有關於少年矯正之學識與經驗者。

第二一條　（教師及輔導教師兼任主任）

矯正學校置教務主任、訓導主任、輔導主任各一人，分由教師及輔導教師中聘兼之。

第二二條　（教師員額標準）

①矯正學校一般教學部及特別教學部置教師、輔導教師，每班二人，均依教師法及教育人員任用條例之規定聘任。但法務部得視需要增訂輔導教師資格。

②每班置導師一人，由前項教師兼任之。

③矯正學校得視教學及其他特殊需要，聘請兼任之教師、軍訓教官、護理教師及職業訓練師。

第二三條　（教導員之職掌及資洛）

①教導員負責學生日常生活指導、管理及課業督導業務，並協助輔導教師從事教化考核、性行輔導及社會連繫等相關事宜。

②教導員應就具備下列資格之一者，優先遴任之：

一　具有少年矯正教育專長者。

二　具有社會工作專長或相當實務經驗者。

第二四條　（人員編制）

①矯正學校置秘書一人，職務列薦任第八職等至第九職等；總務主任、隊長各一人，職務均列薦任第七職等至第九職等；教導員三十人至四十五人，職務列薦任第六職等至第八職等；組員七人至十三人、技士一人，職務均列委任第五職等或薦任第六職等至第七職等；主任管理員三人至五人，職務列委任第四職等至第五職等，其中二人，得列薦任第六職等；管理員二十一人至三十五人、辦事員四人至六人，職務均列委任第三職等至第五職等；書記三人至五人，職務列委任第一職等至第三職等。

②醫護室置主任一人，職務列薦任第七職等至第九職等；醫師一人，職務列薦任第六職等至第八職等；醫事檢驗師、藥師、護理師各一人，職務均列委任第五職等或薦任第六職等至第七職等；護士一人，職務列委任第三職等至第五職等。

第二五條　（各組組長）

依第十二條規定分組辦事者，各置組長一人，由教師或薦任人員兼任，不另列等。但訓導處設有女生組者，其組長應由女性教導員兼任。

第二六條　（人事室之設置）

矯正學校設人事室，置主任一人，職務列薦任第七職等至第九職

等；事務較簡者，置人事管理員，職務列委任第五職等至薦任第七職等，依法辦理人事管理事項；其餘所需工作人員，就本通則所定員額內派充之。

第二七條　（會計室之設置）

矯正學校設會計室，置會計主任一人，職務列薦任第七職等至第九職等；事務較簡者，置會計一人，職務列委任第五職等至薦任第七職等，依法辦理歲計、會計及統計事項；其餘所需工作人員，就本通則所定員額內派充之。

第二八條　（政風室之設置）

矯正學校設政風室，置主任一人，職務列薦任第七職等至第九職等，依法辦理政風事項；其餘所需工作人員，就本通則所定員額內派充之。事務較簡者，其政風業務由其上級機關之政風機構統籌辦理。

第二九條　（聘任人員管理規定及獎勵）

①聘任人員之權利義務及人事管理事項，均適用或準用教育人事法令之規定辦理。

②前項從事矯正教育者，應給予特別獎勵及加給；其獎勵及加給辦法，由教育部會同法務部擬訂，報行政院核定。

第三〇條　（有關人員職系之適用）

第二十條、第二十四條、第二十六條至第二十八條所定列有官等、職等人員，其職務所適用之職系，依公務人員任用法第八條之規定，就有關職系選用之。

第三一條　（未具聘任或任用資格人員之留用及改派）

①本通則施行前，少年輔育院原聘任之導師四十九人、訓導員三十人，其未具任用資格者，得占用第二十四條教導員之職缺，以原進用方式繼續留用至其離職或取得任用資格為止。

②前項人員之留用，應先經法務部之專業訓練合格。訓練成績不合格者，其聘約於原聘任之輔育院完成矯正學校之設置前到期者，得續任至其聘約屆滿為止；其聘約於該矯正學校完成設置後到期者，得續任至該矯正學校完成設置為止。

③前項之專業訓練，由法務部於本法公布後三年內分次辦理之，每人以參加一次為限；其專業訓練辦法，由法務部定之。

④本通則施行前，原任少年輔育院之技師十二人、技術員九人，其未具任用資格者，得占用第二十四條技士、管理員、辦事員或書記之職缺，以原進用方式繼續留用至其離職或取得任用資格為止。

⑤第一項及第四項人員於具有其他職務之任用資格者，應優先改派。

⑥本通則施行前，原任少年輔育院之雇員九十六人，其未具公務人員任用資格者，得占用第二十四條管理員、書記之職缺，繼續其僱用至離職時為止。

⑦第一項、第四項及前項人員之留用、改派，應依第八十三條矯正

學校之分階段設置，分別處理。

第三二條　（校務會議之組成）

矯正學校設校務會議，由校長、副校長、秘書、各處、室主管及全體專任教師、輔導教師或其代表及教導員代表組成之，以校長為主席，討論校務興革事宜。每學期至少開會一次，必要時得召開臨時會議。

第三三條　（學生處遇審查委員會之組成）92

① 矯正學校設學生處遇審查委員會，由校長、副校長、秘書、教務主任、訓導主任、輔導主任、總務主任、醫護室主任及四分之一導師代表組成之，以校長為主席。

② 關於學生之累進處遇、感化教育之免除或停止執行之聲請及其他重大處遇事項，應經學生處遇審查委員會之決議；必要時，得請有關之教導員列席說明。但有急速處分之必要時，得先由校長行之，提報學生處遇審查委員會備查。

③ 學生處遇審查委員會會議規則，由法務部定之。

第三三條之一　（假釋審查委員會之設置）92

① 矯正學校設假釋審查委員會，置委員七人至十一人，除校長、訓導主任、輔導主任為當然委員外，其餘委員由校長報請法務部核准後，延聘心理、教育、社會、法律、犯罪、監獄學等學者專家及其他社會公正人士擔任之。

② 關於學生之假釋事項，應經假釋審查委員會之決議，並報請法務部核准後，假釋出校。

第三四條　（教務會議之組成）

矯正學校設教務會議，由教務主任、訓導主任、輔導主任及專任教師、輔導教師代表組成之，以教務主任為主席，討論教務上重要事項。

第三五條　（訓導會議之組成）

矯正學校設訓導會議，由訓導主任、教務主任、輔導主任、醫護室主任、全體導師、輔導教師及教導員代表組成之，以訓導主任為主席，討論訓導上重要事項。

第三六條　（輔導會議）

矯正學校設輔導會議，由輔導主任、教務主任、訓導主任、醫護室主任、全體輔導教師、導師及教導員代表組成之，以輔導主任為主席，討論輔導上重要事項。

第三章　矯正教育之實施

第一節　入校出校

第三七條　（學生入校之查驗文件）

① 學生入校時，矯正學校應查驗其判決書或裁定書、執行指揮書或交付書、身分證明及其他應備文件。

② 執行徒刑者，指揮執行機關應將其犯罪原因、動機、性行、境

遇、學歷、經歷、身心狀況及可供處遇參考之事項通知矯正學校；執行感化教育處分者，少年法庭應附送該少年與其家庭及事件有關之資料。

第三八條 （個人名籍調查表之製作）

學生入校時，矯正學校應依規定個別製作其名籍調查表等基本資料。

第三九條 （學生暫緩入校之情形）99

①學生入校時，應行健康檢查；其有下列情形之一者，應令其暫緩入校，並敘明理由，請指揮執行機關或少年法庭斟酌情形送交其父母、監護人、醫院或轉送其他適當處所：

一 心神喪失。

二 現罹疾病，因執行而有喪生之虞。

三 罹法定傳染病、後天免疫缺乏症候群或其他經中央衛生主管機關指定之傳染病。

四 懷胎五月以上或分娩未滿二月。

五 身心障礙不能自理生活。

②發現前項第三款情事時，應先為必要之處置。

第四〇條 （檢查身體及衣物）

學生入校時，應檢查其身體及衣物。女生之檢查，由女性教導員為之。

第四一條 （應遵守事項之告知）

學生入校時，應告以應遵守之事項，並應將校內各主管人員姓名及接見、通訊等有關規定，告知其父母或監護人。

第四二條 （矯正學校之編班原則）

①學生入校後，依下列規定編班：

一 學生入校後之執行期間，得以完成一學期以上學業者，應編入一般教學部就讀。

二 學生入校後之執行期間，無法完成一學期學業者，或具有相當於高級中等教育階段之學力者，編入特別教學部就讀。但學生願編入一般教學部就讀者，應盡量依其意願。

三 學生已完成國民中學教育，不願編入一般教學部就讀，或已完成高級中等教育者，編入特別教學部就讀。

②未滿十五歲國民教育階段之學生，除有第三條第二項之情形外，應盡量編入一般教學部就讀。

第四三條 （個案分析報告）

①學生入校後，應由輔導處根據各有關處、室提供之調查資料，作成個案分析報告。但對於一年內分期執行或多次執行而入校者，得以覆查報告代之。

②前項個案分析報告，應依據心理學、教育學、社會學及醫學判斷。一般教學部者，應於一個月內完成；特別教學部者，應於十五日內完成後，提報學生處遇審查委員會決定分班、分級施教方法。

第四四條 （辦畢出校手續離校）

學生出校時，應於核准命令預定出校日期或期滿之翌日午前，辦畢出校手續離校。

第四五條 （矯正學校對學生出校後之就學、就業及保護事項之計畫）

①學生出校後之就學、就業及保護等事項，應於出校六週前完成調查並預行籌劃。但對執行期間爲四個月以內者，得於行第四十三條之調查時，一併爲之。

②矯正學校應於學生出校前，將其預定出校日期通知其父母、監護人或最近親屬；對應付保護管束者，並應通知觀護人。

③矯正學校對於出校後就學之學生，應通知地方主管教育行政機關，並應將學生人別資料由主管教育行政機關納入輔導網路，優先推介輔導；主管教育行政機關對於學生之相關資料，應予保密。

④矯正學校對於出校後就業之學生，應通知地方政府或公立就業服務機構協助安排技能訓練或適當協助或輔導。

⑤矯正學校對於出校後未就學、就業之學生，應通知其戶籍地或所在地之地方政府予以適當就業機會。

⑥矯正學校對於出校後因經濟困難、家庭變故或其他情形需要救助之學生，應通知更生保護會或社會福利機構協助；該等機構對於出校之學生請求協助時，應本於權責盡力協助。

⑦第二項至第六項之通知，應於學生出校一個月前爲之。矯正學校對於出校後之學生，應於一年內定期追蹤，必要時，得繼續連繫相關機關或機構協助。

第四六條 （對於出校並付保護管束之學生，附送其有關資料）

矯正學校對於因假釋或停止感化教育執行而付保護管束之學生，應於其出校時，分別報知該管地方法院檢察署或少年法庭，並附送其在校之鑑別、學業及言行紀錄。

第四七條 （學生校內死亡之處理）

①學生在校內死亡者，矯正學校應即通知其父母、監護人或最近親屬，並即報知檢察官相驗，聽候處理。

②前項情形如無法通知或經通知無人請領屍體者，應冰存屍體並公告三個月招領。屆期無人請領者，埋葬之。

③前二項情形，應專案報告法務部。

第四八條 （死亡學生遺留物之處理）

①死亡學生遺留之金錢及物品，矯正學校應通知其父母或監護人具領；其無父母或監護人者，通知其最近親屬具領。無法通知者，應公告之。

②前項遺留物，經受通知人拋棄或經通知逾六個月或公告後逾一年無人具領者，如係金錢，其所有權歸屬國庫；如係物品，得於拍賣後將其所得歸屬國庫；無價值者毀棄之。

第四九條 （學生脫逃之報告）

①學生脫逃者，矯正學校除應分別情形報知檢察官偵查或少年法庭調查外，並應報告法務部。

②前項情形如有必要者，應函告主管教育行政機關。

第五〇條 （脫逃學生遺留物之處理）

①脫逃學生遺留之金錢或物品，自脫逃之日起，經過一年尚未緝獲者，矯正學校應通知其父母或監護人具領；其無父母或監護人者，通知其最近親屬具領。無法通知者，應公告之。

②前項遺留物，經受通知人拋棄或經通知或公告後逾六個月無人具領者，依第四十八條第二項規定辦理。

第二節　教學實施

第五一條 （矯正學校之教學目標）

①矯正學校之教學，應以人格輔導、品德教育及知識技能傳授爲目標，並應強化輔導工作，以增進其社會適應能力。

②一般教學部應提供完成國民教育機會及因材適性之高級中等教育環境，提昇學生學習及溝通能力。

③特別教學部應以調整學生心性、適應社會環境爲教學重心，並配合職業技能訓練，以增進學生生活能力。

第五二條 （矯正學校兩種教學部之時程）

矯正學校之一般教學部爲一年兩學期；特別教學部爲一年四期，每期以三個月爲原則。

第五三條 （學生人數）

①矯正學校每班學生人數不超過二十五人。但一班之人數過少，得行複式教學。

②男女學生應分別管理。但教學時得合班授課。

第五四條 （教學課程之設計）

①矯正學校應依矯正教育指導委員會就一般教學部及特別教學部之特性所指導、設計之課程及教材，實施教學，並對教學方法保持彈性，以適合學生需要。

②矯正學校就前項之實施教學效果，應定期檢討，並送請矯正教育指導委員會作調整之參考。

③一般教學部之課程，參照高級中學、高級職業學校、國民中學、國民小學課程標準辦理。職業訓練課程，參照職業訓練規範辦理。

④爲增進學生重返社會之適應能力，得視學生需要，安排法治、倫理、人際關係、宗教與人生及生涯規劃等相關課程。

第五五條 （輔導工作）

①矯正學校對學生之輔導，應以個別或團體輔導之方式爲之。一般教學部，每週不得少於二小時；特別教學部，每週不得少於十小時。

②前項個別輔導應以會談及個別諮商方式進行；團體輔導應以透過

集會、班會、聯誼活動、社團活動及團體諮商等方式進行。

③輔導處為實施輔導，應定期召開會議，研討教案之編排、實施並進行專案督導。

第五六條 （運用社會資源舉辦教化活動）

矯正學校應儘量運用社會資源，舉辦各類教化活動，以增進學生學習機會，提昇輔導功能。

第五七條 （校外教學活動辦理）

矯正學校得視實際需要，辦理校外教學活動；其辦法由法務部會同教育部定之。

第五八條 （國中技藝教育班、實用技能班及特殊教育班之辦理）

①矯正學校之一般教學部得依實際需要辦理國中技藝教育班、實用技能班及特殊教育班等班級。

②一般教學部之學生，於寒暑假期間，得依其意願參與特別教學部；必要時並得命其參與。

第五九條 （矯正學校各級教育階段學生之入學年齡）

①矯正學校各級教育階段學生之入學年齡，依下列規定：

一 國民教育階段：六歲以上十五歲未滿。

二 高級中學、高級職業教育階段：十五歲以上十八歲未滿。

②前項入學年齡得針對個別學生身心發展狀況或學習、矯正需要，予以提高或降低。

③前項入學年齡之提高或降低，應由矯正學校報請省（市）主管教育行政機關備查。

第六〇條 （補救教學之實施）

①矯正學校對於入校前曾因特殊情形遲延入學或休學之學生，應鑑定其應編入之適當年級，向主管教育行政機關申請入學或復學，並以個別或特別班方式實施補救教學。

②原主管教育行政機關或原就讀學校於矯正學校索取學生學歷證明或成績證明文件時，應即配合提供。

第六一條 （矯正學校各級教育階段修業年限）

矯正學校對於學生於各級教育階段之修業年限，認為有延長之必要者，得報請主管教育行政機關核定之。但每級之延長，不得超過二年或其執行期限。

第六二條 （矯正學校對於學生完成各級教育階段之處置）

①學生於完成各級教育階段後，其賸餘在校時間尚待進入高一級教育階段者，逕行編入就讀。

②矯正學校對於下列學生得輔導其轉讀職業類科、特別教學部或其他適當班級就讀：

一 已完成國民義務教育，不適於或不願接受高級中學教育者。

二 已完成高級中等教育者。

第六三條 （畢業證書之發給）

學生於各級教育階段修業期滿或修畢應修課程，成績及格者，國

民教育階段，由學生戶籍所在地學校發給畢業證書；高級中等教育階段，由學生學籍所屬學校發給畢業證書，併同原校畢（結）業冊報單（結）業資格，送請各該主管教育行政機關備查。

第六四條 （課業或技藝輔導之辦理）

矯正學校得依學生之興趣及需要，於正常教學課程外，辦理課業或技藝輔導。

第六五條 （中途學校之寄讀）

學生符合出校條件而未完成該教育階段者，學生學籍所屬學校應許其繼續就讀；其符合出校條件時係於學期或學年終了前者，矯正學校亦得提供食、宿、書籍許其以住校方式繼續就讀至學期或學年終了為止或安排其轉至中途學校寄讀至畢業為止。

第六六條 （學生轉學之辦理）

①前條學生欲至學籍所屬以外之學校繼續就讀者，得於其出校前，請求矯正學校代向其學籍所屬之學校申請轉學證明書。

②學生之轉學相關事宜，各該主管教育行政機關應於其權責範圍內協助辦理。

第六七條 （其他各級學校不得拒絕其報考、入學）

①矯正學校畢（肄）業學生，依其志願，報考或經轉學編級試驗及格進入其他各級學校者，各該學校不得以過去犯行為由拒其報考、入學。

②前項學生之報考、入學事宜，各該主管教育行政機關應於其權責範圍內協助辦理。

第六八條 （特別教學部學生不適用條文）

第五十九條至第六十一條、第六十二條第一項、第六十三條及第六十五條至第六十七條規定，於特別教學部學生不適用之。

第三節　生活管教

第六九條 （班級生活公約之訂定）

①學生之生活及管教，應以輔導、教化方式為之，以養成良好生活習慣，增進生活適應能力。

②學生生活守則之訂定或修正，得由累進處遇至第二級（等）以上之學生推派代表參與；各班級並得依該守則之規定訂定班級生活公約。

第七○條 （學生住宿管理）

①學生之住宿管理，以班級為範圍，分類群居為原則；對於未滿十二歲學生之住宿管理，以擬家庭方式為原則。

②執行拘役之學生，應與執行徒刑之學生分別住宿。

③十二歲以上之學生，有違反團體生活紀律之情事而情形嚴重者，得使獨居；其獨居期間，每次不得逾五日。

第七一條 （在校學生禁用菸酒、檳榔）

學生禁用菸、酒及檳榔。

第七二條 （無妨害之書刊得許學生閱讀）

矯正學校對於送入予學生或學生持有之書刊，經檢查後，認無妨害矯正教育之實施或學生之學習者，得許閱讀。

第七三條　（接見親友及發受書信）

①學生得接見親友。但有妨害矯正教育之實施或學生之學習者，得禁止或限制之；學生接見規則，由法務部定之。

②學生得發、受書信，矯正學校並得檢閱之，如認有前項但書情形，學生發信者，得述明理由並經其同意刪除後再行發出；學生受信者，得述明理由並經其同意刪除再交學生收受；學生不同意刪除者，得禁止其發、放該書信。

第七四條　（學生累進處遇之考核）

①對於執行徒刑、拘役或感化教育處分六個月以上之學生，為促其改悔向上，適於社會生活，應將其劃分等級，以累進方法處遇之。

②學生之累進處遇，應分輔導、操行及學習三項進行考核，其考核人員及分數核給辦法，由法務部另定之。

③第一項之處遇，除依前項規定辦理外，受徒刑、拘役之執行者，依監獄行刑法、行刑累進處遇條例及其相關規定辦理；受感化教育之執行者，依保安處分執行法及其相關規定辦理。

第七五條　（矯正學校於學生罹病時之處理）

①矯正學校對於罹患疾病之學生，認為在校內不能為適當之醫治者，得斟酌情形，報請法務部許可戒送醫院或保外醫治。但有緊急情形時，得先行處理，並即報請法務部核示。

②前項情形，戒送醫院就醫者，其期間計入執行期間；保外就醫者，其期間不計入執行期間。

③為第一項處理時，應通知學生之父母、監護人或最近親屬。

第七六條　（自費延醫診治）

前條所定患病之學生，請求自費延醫至校內診治者，應予許可。

第四節　獎　懲

第七七條　（予以獎勵之行為）

學生有下列各款行為之一時，予以獎勵：

一　行為善良，足為其他學生之表率者。

二　學習成績優良者。

三　有特殊貢獻，足以增進榮譽者。

四　有具體之事實，足認其已有顯著改善者。

五　有其他足資獎勵之事由者。

第七八條　（獎勵方法）

前條獎勵方法如下：

一　公開嘉獎。

二　發給獎狀或獎章。

三　增給累進處遇成績分數。

四　給與書籍或其他獎品。

五　給與適當數額之獎學金。

六　其他適當之獎勵。

第七九條　（懲罰）

①執行徒刑、拘役之學生，有違背紀律之行為時，得施以下列一款或數款之懲罰：

一　告誡。

二　勞動服務一日至五日，每日以二小時為限。

三　停止戶外活動一日至三日。

②執行感化教育之學生，有前項之行為時，得施以下列一款或二款之懲罰：

一　告誡。

二　勞動服務一日至五日，每日以二小時為限。

③前二項情形，輔導教師應立即對受懲罰之學生進行個別輔導。

第八〇條　（學生受獎懲應通知家屬）

學生受獎懲時，矯正學校應即通知其父母、監護人或最近親屬。

第四章　附　則

第八一條　（教養費用編列預算）

學生之教養相關費用，由法務部編列預算支應之。

第八二條　（親職教育或親子交流活動之舉辦）

矯正學校應視需要，定期舉辦親職教育或親子交流活動，導正親職觀念，強化學生與家庭溝通。

第八三條　（法務部得於六年內分期完成矯正學校之設置）

本通則施行後，法務部得於六年內就現有之少年輔育院、少年監獄分階段完成矯正學校之設置。

第八四條　（就學權益）

本通則施行後，原就讀少年監獄、少年輔育院補習學校分校者或就讀一般監獄附設補習學校之未滿二十三歲少年受刑人應配合矯正學校之分階段設置，將其原學籍轉入依第六條第三項所定之學籍所屬學校，並由矯正學校鑑定編入適當年級繼續就讀。

第八五條　（少年輔育院條例不適用期限）

少年輔育院條例於法務部依本通則規定就少年輔育院完成矯正學校之設置後，不再適用。

第八六條　（施行日）

本通則施行日期，由行政院以命令定之。

少年矯正教育指導委員會設置辦法

①民國87年5月6日教育部、法務部令會銜訂定發布全文11條。
民國101年12月25日行政院公告第4條所列屬「教育部訓育委員會」之權責事項，自102年1月1日起改由「教育部國民及學前教育署」管轄。
②民國102年12月17日教育部、法務部令會銜修正發布第4條條文。
③民國108年4月17日教育部、法務部令會銜修正發布名稱及第2、3、5條條文（原名稱：少年矯正學校矯正教育指導委員會設置辦法；新名稱：少年矯正教育指導委員會設置辦法）。

第一條

本辦法依少年矯正學校設置及教育實施通則第五條第二項規定訂定之。

第二條 108

少年矯正教育指導委員會（以下簡稱本委員會）之任務如下：

一　矯正學校校長、教師遴任之指導。

二　矯正教育師資培育訓練之指導。

三　矯正教育課程教材編撰、研究及選用之指導。

四　其他矯正教育指導事宜。

第三條 108

①本委員會置主任委員一人，綜理會務，由教育部部長指派教育部次長一人兼任之；副主任委員一人，襄助主任委員處理會務，由法務部部長指派法務部次長一人兼任之。

②本委員會置委員二十三人至三十一人，除主任委員、副主任委員外，其餘委員由教育部就司法院、行政院所屬機關推薦之行政機關代表、專家學者、民間團體、實務工作者及其他關心矯正教育人員遴派（聘）兼之；其中專家學者，以教育、心理、輔導、社會、法律、犯罪、矯治等領域為限；任一性別委員人數不得少於委員總數三分之一。

③委員任期均為二年，期滿得續派（聘）兼之。但機關代表及民間團體出任者，應隨其本職進退。

第四條 102

①本委員會置執行秘書二人，由教育部國民及學前教育署署長及法務部矯正署署長兼任；承主任委員之指示，辦理本委員會有關業務。

②本委員會幕僚作業，由教育部國民及學前教育署及法務部矯正署擔任。

第五條 108

本委員會委員、執行秘書均為無給職。

第六條

本委員會得聘請諮詢顧問，提供諮詢服務，協助重要業務之規劃及諮詢。

第七條

本委員會為因應需要，得設專案小組，其主持人由主任委員指定。

第八條

①本委員會議由主任委員每三個月召集之，並為主席，必要時得召開臨時會議；主任委員未能出席時，由副主任委員代理之。

②本委員會開會時，得邀請諮詢顧問、相關機關及專家學者列席或報告。

第九條

本委員會會務所需經費，由教育部及法務部預算支應之；專案小組所需經費，依其主題由主管業務單位預算支應之。

第一〇條

本委員會會議之決議事項，依其業務性質，分別送請教育部或法務部長核定後，由兩部分別或協同執行。

第一一條

本辦法自發布日施行。

少年矯正學校學生學籍管理辦法

①民國89年5月5日教育部令訂定發布全文12條；並自發布日起施行。
②民國90年7月4日教育部令修正發布第2、4、8、9條條文。

第一條

本辦法依少年矯正學校設置及教育實施通則第六條第四項規定訂定之。

第二條 90

①矯正學校學生之入校，依下列規定辦理：

一　國小部、國中部學生入校後，矯正學校應依規定編班，並於學生入校十四日內繕造該入校學生名冊五份，除一份報法務部外，一份存校，一份報學生戶籍所在地之主管教育行政機關，由其督責學生學籍之歸屬，二份送學生戶籍所在地學區之學校，由其於收到學生名冊十四日內編列學生學籍並報其主管教育行政機關備查。

二　高中部及高職部學生入校後，矯正學校應依規定編定科別、班級並於學生入校十四日內繕造該入校學生名冊五份，除一份報法務部外，一份存校，一份報學生學籍所在地之主管教育行政機關，由其督責學生學籍之歸屬，二份送學生學籍所屬學校，由其於收到學生名冊十四日內編列學生學籍並報主管教育行政機關備查。

三　矯正學校應會同學生學籍所屬學校追溯學生入校前之學籍。

四　入校學生名冊，以主管教育行政機關備查之文號，為入校核准文號，應永久保存。

五　矯正學校對學生入校所繳之畢業證書或證明文件，應嚴予審核並妥為保管，學生出校時應即發還，不得藉故扣留。

②矯正學校高中部及高職部之學生學籍所屬學校，應由矯正學校主動洽定，必要時報請主管教育行政機關予以協助。

第三條

矯正學校學生之學籍資料，依下列規定辦理：

一　矯正學校應詳細填載學生學籍表，並送學生學籍所屬學校，按學年度永久保存，以備查考。

二　學生學籍資料如有錯誤，學校應予更正。如因戶籍資料登錄錯誤者，應即通知學生家長向戶政機關申請更正。

第四條 90

矯正學校學生之出校，依下列規定辦理：

一　學生出校時，應回其學籍所屬學校就讀，如有轉學需要，依一般轉學規定辦理。

二　高中部及高職部學生出校時，矯正學校應協助學生，依其意願繼續接受銜接教育。

三　矯正學校應於學生出校後十四日內繕造學生異動名冊五份，除一份報法務部外，一份存校，一份報學生學籍所在地之主管教育行政機關，二份送學生學籍所屬學校，由其於收到學生名冊十四日內報其主管教育行政機關備查。

第五條

矯正學校高中部及高職部學生校內轉科，依下列規定辦理：

一　學生如因就讀科別與志趣不合，得轉科。

二　學生之轉科資料，矯正學校應即函知學生學籍所屬學校。

第六條

矯正學校學生之成績，依下列規定辦理：

一　學生成績考查應參酌國民中小學學生成績評量規定、高級中學學生成績考查辦法及職業學校學生成績考查辦法規定辦理之。

二　學生各定期及日常考查成績紀錄表應予保存一學年；畢業生三學年成績及短期修業學生成績考查紀錄應永久保存。

三　入校學生如其部分課業成績無法連貫計算時，得參酌其入校前就讀學校之課業成績計算，或按學科測驗之成績評定之。

四　高職部學生出校後，其已修習之科目如與轉入之學校所開科目不盡相符時，轉入之學校應准其以補修方式繼續完成學業。

第七條

矯正學校學生之畢業證書或修業證明書核發，依下列規定辦理：

一　矯正學校應檢具其畢業或短期修業學生名冊送學生學籍所屬學校，由其依規定編列名冊，繕製畢業證書或修業證明書，並於當年七月底前，造冊名冊三份，一份存校，一份送矯正學校，一份報其主管教育行政機關備查，並永久保存。

二　學生學籍所屬學校，應以前款主管教育行政機關備查之文號，為矯正學校學生畢業證書或修業證明書之文號。

第八條 90

①矯正學校應成立學生學籍安置小組，依本辦法規定妥適安置入校及出校學生學籍歸屬。

②遇特殊個案，得報請主管教育行政機關，由其邀集相關機關專案處理。

第九條 90

矯正學校學生學籍之管理，主管教育行政機關得派員訪視與督導。

第一○條

矯正學校為應實際需要，得訂定學生學籍管理補充規定，報請教

育部備查。

第一一條

矯正學校設立後，本辦法施行前，矯正學校已出校學生之學籍，依本辦法規定辦理之。

第一二條

本辦法自發布日施行。

少年矯正學校學生申訴再申訴案件處理辦法

①民國88年6月30日法務部令訂定發布全文12條。
②民國99年12月30日法務部令修正發布第3條條文。
民國100年12月16日行政院公告第3條所列屬「政風司」之權責事項，自101年1月1日起停止辦理。

第一條
本辦法依少年矯正學校設置及教育實施通則第八條第五項規定訂定之。

第二條
少年矯正學校（以下簡稱學校）設申訴委員會，由校長、副校長、秘書、教務主任、訓導主任及輔導主任組成之，並邀請社會公正人士三至五人參與，以校長爲主席。

第三條 99
法務部（以下簡稱本部）得成立再申訴委員會，由法規委員會、檢察司、保護司、政風司、人事處、本部矯正署代表及社會公正人士三人組成之，以本部矯正署副署長爲主席。

第四條
①學生於受不當侵害或不服學校之懲罰或對其生活、管教之不當處置（以下簡稱申訴事由）時，其本人或法定代理人（以下簡稱申訴人）得於申訴事由發生之日起十日內，以言詞或書面向學校申訴委員會提出申訴。
②前項申訴以言詞提出者，由校長指定專人受理，並將申訴事由詳記於申訴簿；以書面提出者，應記載下列事項，並簽名、蓋章或按指印：（如附表一）
一　學生之姓名；其由法定代理人提出者，其姓名。
二　罪名或接受感化教育之事由。
三　刑期或接受感化教育之期間。
四　申訴事由及申訴理由。
五　申訴年、月、日。

第五條
申訴委員會受理前條申訴時，應先爲程序上之審查，如發現有程序不合而其情形可補正者，應酌定相當期間，通知申訴人補正。

第六條
申訴委員會須有應出席人數過半數之出席，始得開會；其決議以出席人數過半數同意行之，可否同數時，取決於主席。對決議有

不同意見者，得列入紀錄，以備查考。

第七條

申訴委員會之決定，應自受理申訴之次日起二月內爲之。其尚待補正者，自補正之次日起算。逾期不爲決定者，申訴人得向再申訴委員會提出再申訴。

第八條

① 申訴人不服申訴委員會之決定，應於收受決定通知之日起十日內，向再申訴委員會提出再申訴。

② 再申訴之提出，應以書面記載下列事項，並簽名、蓋章或按指印：（如附表二）

一 學生之姓名；其由法定代理人提出者，其姓名。

二 罪名或接受感化教育之事由。

三 刑期或接受感化教育之期間。

四 申訴委員會之決定。

五 申訴事由及再申訴理由。

六 再申訴年、月、日。

第九條

① 再申訴委員會受理再申訴案件，必要時，得指定適當人員前往學校爲必要之調查；調查時，非經調查人員許可，學校人員不得在場。

② 第五條至第七條之規定於再申訴委員會準用之。

第一〇條

申訴、再申訴案件經審查爲有理由者，除對受不當侵害之學生，應予以適當救濟外，對原懲罰或處置已執行完畢者，學校得視情形，依下列規定處理之：

一 消除或更正不利於該學生之紀錄。

二 以適當之方法回復其榮譽。

第一一條

學校對於學生之申訴或再申訴行爲，不得令其受更不利之懲罰或處置。

第一二條

本辦法自發布日施行。

附表一　　（機關全銜）學生不服處分申訴表

學生之法定代理人		學生之編號、姓名		出生年月日	
罪名或接受感化教育之事由				刑期或接受感化教育之期間	
班　　級		申訴日期		申訴人簽名、蓋章或按指印	
申訴事由					
申訴理由					
委員會之審查結果				初 審	

附表二　（機關全銜）學生不服處分再申訴表

學生之法定代理人		學生之編號、姓名			出生年月日	
罪名或接受感化教育之事由				刑期或接受感化教育之期間		
班　級		申訴日期		申訴人簽名、蓋章或按指印		
申訴委員會之決定						
申訴事由						
申訴理由						
委員會之審查結果				初		
				審		

少年矯正學校學生累進處遇分數核給辦法

民國88年6月30日法務部令訂定發布全文24條；並自發布日起施行。

第一條

本辦法依少年矯正學校設置及教育實施通則第七十四條第二項規定訂定之。

第二條

本辦法所稱之學生係指依法宣付執行徒刑、拘役或感化教育之人。

第三條

①少年矯正學校（以下簡稱矯正學校）對於學生入校後，應由各有關單位就學生個人關係、犯罪原因、性向、境遇、經歷、身心狀況、教育程度及其他可供執行參考之資料詳加調查，並交由輔導處作成個案分析報告。

②前項個案分析報告應綜合心理學、教育學、社會學及醫學等相關學門判斷之。

③個案分析報告，一般教學部應於一個月內完成，特別教學部應於十五日內完成。

第四條

矯正學校依前條第一項規定做成調查分析報告後，應提報學生處遇審查委員會決定學生之分班、分級及應否適用累進處遇，並告知學生本人。

第五條

①累進處遇分下列四級（等），自第四級（等）依次漸進：

一　第四級（等）。
二　第三級（等）。
三　第二級（等）。
四　第一級（等）。

②矯正學校學生，如品性善良，具有適於共同生活之情形者，得逕編入第三級（等）。

第六條

①受徒刑執行學生之累進處遇分數，依其刑期及級別定其責任分數。

②行刑累進處遇條例第十九條之規定於受徒刑執行之學生準用之。

第七條

受感化教育執行學生之累進處遇分數，依其執行期間每月十五分定其責任總分數，以其總分數十分之四為第一等之責任分數，十分之三為第二等之責任分數，十分之二為第三等之責任分數，十分之一為第四等之責任分數。

第八條

① 受徒刑執行之學生，各級每月成績最高分數如下：
一 輔導成績、最高五分。
二 操行成績、最高四分。
三 學習成績、最高三分。

② 前項第一款之輔導成績，應以學生每月接受輔導後之態度、觀念及行為改變為依據，詳實核給分數。

③ 第一項第二款之操行成績，應以獎懲紀錄、書信、接見紀錄、言行表現為依據，詳實核給分數。

④ 第一項第三款之學習成績，應以學生每月參加教育課程、技藝課程之原始分數，相加後平均並予換算，詳實核給分數。

第九條

① 受感化教育處分之學生，每月成績最高分數如下：
一 操行成績、最高二十二分。
二 輔導成績、最高十六分。
三 學習成績、最高十六分。

② 前項第一款之操行分數，應以獎懲紀錄、書信、接見紀錄、言行表現為依據，詳實核給分數。

③ 第一項第二款之輔導分數，應以學生每月接受輔導後之態度、觀念及行為改變為依據，詳實核給分數。

④ 第一項第三款之學習分數，應以學生每月參加教育課程、技藝課程之原始分數，相加後平均並予換算，詳實核給分數。

第一〇條

① 矯正學校各級管教人員，對執行徒刑各級學生之成績分數，應依照累進處遇由嚴而寬之原則嚴加核記。各級學生每月輔導、操行成績分數，在下列標準以上者，應提出具體事證，學生處遇審查委員會並得複查核減之。
一 第四級學生輔導三‧五分，操行二‧五分。
二 第三級學生輔導四‧〇分，操行三‧〇分。
三 第二級學生輔導四‧五分，操行三‧五分。
四 第一級學生輔導五‧〇分，操行四‧〇分。

② 於中華民國八十六年刑法第七十七條修正施行前犯罪之學生，其累進處遇之輔導、操行各級成績分數，依下列標準核記之。
一 第四級學生輔導三‧九分，操行二‧九分。
二 第三級學生輔導四‧三分，操行三‧三分。
三 第二級學生輔導四‧七分，操行三‧七分。
四 第一級學生輔導五‧〇分，操行四‧〇分。

第一一條

矯正學校各級管教人員，對執行感化教育學生之成績分數，應依照累進處遇由嚴而寬之原則嚴加核記。各等學生每月操行、輔導成績分數，在下列標準以上者，應提出具體事證，學生處遇審查會並得複查核減之。

一　第四等學生操行七分，輔導四分。
二　第三等學生操行十二分，輔導八分。
三　第二等學生操行十七分，輔導十二分。
四　第一等學生操行二十二分，輔導十六分。

第一二條

受懲罰之學生，依下列規定扣減其所得之責任分數：

一　告誡者，每次○‧五分。
二　停止戶外活動一日至三日者，每日○‧五分。
三　勞動服務一至五日者，每日○‧五分。

第一三條

①學生之操行、輔導、學習各項成績分數，分別由下列人員依其平日表現考核記分：

一　操行成績分數：由導師會同教導員考核登記，由訓導主任初核。
二　輔導成績分數：由輔導老師會同教導員考核登記，由輔導主任初核。
三　學習成績分數：由各科老師、技士會同導師考核登記，由教務主任初核。

②前項成績分數經初核後，由學生審查委員會決議之。

第一四條

學生記分表之種類如下：

一　操行記分表。
二　輔導結果記分表。
三　學習成績記分表。
四　各項成績記分總表。

第一五條

學生在執行中由其他機關借提者，應由矯正學校函請寄禁之監獄、看守所或少年觀護所代為考核記分。

第一六條

①進級（等）之決定，至遲不得逾應進級（等）之月之末日。
②前項決定，應即通知學生本人。

第一七條

學生處遇審查委員會開會前，訓導處應將學生各項成績分數及有關提會審查資料妥善準備，以便提會審查。

第一八條

①學生處遇審查委員會對學生之成績分數、編級（等）、獎懲等事項應切實審核，必要時得請承辦人列席備詢。

②前項會議紀錄提經審定後，報請法務部備查。

第一九條

①受徒刑執行之學生有悛悔實據並符合下列之情形者，應速報請假釋，經法務部核准後，得許假釋出校，假釋期間並應交付保護管束：

一　無期徒刑逾七年，有期徒刑逾三分之一。

二　已進入第一級。

三　最近三個月成績，輔導分數應在四分以上，操行分數應在三分以上，學習分數應在二分以上。

②受徒刑執行之學生如有悛悔實據並符合下列之情形者，得報請假釋，經法務部核准後得許假釋出校，假釋期間並應交付保護管束：

一　無期徒刑逾七年，有期徒刑逾三分之一。

二　進入第二級。

三　最近三個月成績，輔導分數應在四分以上，操行分數應在三分以上，學習分數應在二分以上。

③第一項第一款、第二項第一款有期徒刑之執行未滿六個月者，不得報請假釋。

第二〇條

受感化教育執行之學生如有下列情形之一者，得免予繼續執行：

一　依刑法宣告之感化教育受處分學生，執行逾一年，已進入第一等，而其第一等成績最近三個月內，每月得分在四十二分以上，矯正學校認為無繼續執行之必要者，得檢具事證，報經法務部核准後，報請檢察官聲請法院裁定免予繼續執行。

二　依少年事件處理法諭知之感化教育受處分學生，執行逾六個月，已進入第一等，而其第一等成績最近三個月內，每月得分在四十二分以上，矯正學校認為無繼續執行之必要者，得檢具事證，聲請少年法院裁定免除執行。

第二一條

受感化教育執行之學生如有下列情形之一者，得停止執行：

一　依刑法宣告之感化教育受處分學生，執行逾一年，已進入第二等，而其第二等成績最近三個月內，每月得分在四十二分以上，矯正學校認為無繼續執行之必要者，得檢具事證，報經法務部核准後，報請檢察官聲請法院裁定停止其處分之執行，停止期間並交付保護管束。

二　依少年事件處理法諭知之感化教育受處分學生，執行逾六個月，已進入第二等，而其第二等成績最近三個月內，每月得分在四十二分以上，矯正學校認為無繼續執行之必要，得檢具事證，聲請少年法院裁定停止其處分之執行，停止期間並交付保護管束。

第二二條

前條所定矯正學校認為無繼續執行之必要者，應審酌下列事項加

以認定：

一　離校後須能繼續就學或就業。

二　離校後須有謀生技能。

三　離校後須有固定之住所或居所。

四　離校後須能適應社會生活。

第二三條

本辦法適用於矯正學校設置後執行徒刑、拘役或感化教育之學生。其在監獄或少年輔育院執行徒刑、拘役或感化教育者，仍適用現行法令相關規定。

第二四條

本辦法自發布日施行。

檢察官及少年法院（地方法院少年法庭）考核少年矯正學校辦法

民國91年12月4日行政院、司法院令會銜訂定發布全文6條；並自發布日施行。

第一條
本辦法依少年矯正學校設置及教育實施通則第四條第三項規定訂定之。

第二條
少年矯正學校所在之地方法院檢察署及少年法院（地方法院少年法庭）應指派檢察官、法官前往少年矯正學校實施考核。

第三條
前條應考核之內容為少年矯正學校有關刑罰、感化教育事項之執行情形，每年至少一次。

第四條
依前二條規定考核結果及改進建議事項，應由檢察官、少年法院（地方法院少年法庭）法官填載考核報告表通知少年矯正學校，並副知法務部列為追蹤考核資料；其報告表格式如附表。

第五條
少年矯正學校於檢察官及少年法院（地方法院少年法庭）法官前往考核時，應提供相關資料以供參考。

第六條
本辦法自發布日施行。

法院遴選安置輔導機構要點

①中華民國94年3月10日司法院函訂定發布全文5點；並自即日起
　生效。
②中華民國106年7月3日司法院函修正發布名稱及全文6點，並自
　即日起生效（原名稱：地方（少年）法院遴選安置輔導機構要
　點）。

一　為法院遴選機構，以執行少年事件處理法第四十二條第一項第
　　三款交付安置於適當之福利或教養機構輔導之保護處分，訂定
　　本要點。

二　本要點所稱機構，係指依兒童及少年福利與權益保障法等相關
　　規定許可設立，並得辦理安置輔導業務之兒童及少年福利機
　　構。

三　法院遴選機構時，應斟酌其安全性、專業性及對受安置少年之
　　權益保障等事項，並得請機構提出其基本資料供參（如附件
　　一）。

四　機構有下列情形之一者，法院不得遴選之：
　　㈠經主管機關評鑑為丙等以下。
　　㈡收容人數超過主管機關核定人數。
　　㈢未經主管機關許可設立、其許可經撤銷或廢止。

五　法院應與遴選之機構訂定委託安置輔導契約（合約書參考範本
　　如附件二）；訂約後機構有前點各款情形之一或停辦、停業、
　　歇業、解散者，法院得解除契約。

六　法院應針對少年之性行狀況、人格特質、非行行為及特殊需
　　求，並考量其最佳利益，裁定交付適當之機構安置輔導。

少年輔育院條例

①民國56年8月28日總統令制定公布全文52條；並自60年11月1日起施行。
②民國68年4月4日總統令修正公布第14條條文。
③民國70年1月12日總統令修正公布第4、39、40、44、51條條文。
④民國96年7月11日總統令修正公布第5條條文。
⑤民國99年5月26日總統令修正公布第24條條文。
　民國99年7月5日行政院令發布定自99年7月1日施行。

第一章　總　則

第一條 （立法依據）
　　本條例依少年事件處理法第五十二條第二項制定之。

第二條 （輔育院目的）
　　少年輔育院，依法執行感化教育處分，其目的在矯正少年不良習性，使其悔過自新；授予生活智能，俾能自謀生計；並按其實際需要，實施補智教育，得有繼續求學機會。

第三條 （學生之管理）
　　在院接受感化教育之少年稱為學生，男女學生分別管理。但為教學上之便利，得合班授課。

第四條 （輔育院之設置）
　　少年輔育院，由法務部或由法務部委託地方行政最高機關設置，受法務部指導、監督。

第二章　編制及職掌

第五條 （院長資格）96
　　少年輔育院置院長一人，薦任第九職等至簡任第十職等或聘任，綜理全院事務。

第六條 （院長任用資格及資歷）
　　少年輔育院院長，應就具有薦任或薦聘任用資格，並有左列資歷之一者遴任之：
一　曾任少年法庭主任觀護人，成績優良者。
二　曾任少年感化教育機構主管人員，成績優良者。
三　曾任中等以上學校校長三年以上，或國民學校校長七年以上，成績卓著者。
四　曾任司法、社會或教育行政人員五年以上，並具有關於少年管訓之學識與經驗者。
五　曾任專科以上學校副教授或教授，對於少年之管訓，具有專

門研究者。

第七條 （秘書任用資格）

少年輔育院置秘書一人，薦任：輔助院長處理全院事務。

第八條 （組之設置）

少年輔育院分設教務、訓導、保健、總務四組，每組置組長一人，薦任或薦派；承院長之命，掌理各該組事務。

第九條 （教務組掌理事項）

教務組掌理事項如左：

一　關於學生之註冊、編級及課程之編排事項。

二　關於教學實施及習藝計劃之擬訂事項。

三　關於學生課業成績及習藝成績之考核事項。

四　關於學生閱讀書刊之審核事項。

五　關於院內出版書刊之設計及編印事項。

六　關於習藝場所之管理及成品獎金之核算與分配事項。

七　關於其他教務事項。

第一〇條 （訓導組掌理事項）

訓導組掌理事項如左：

一　關於訓導實施計劃之擬訂事項。

二　關於學生生活之指導及管理事項。

三　關於學生思想行為之指導及考查事項。

四　關於學生之指紋及照相事項。

五　關於學生個案資料之調查、蒐集及研究與分析事項。

六　關於學生體育訓練事項。

七　關於學生課外康樂活動事項。

八　關於學生紀律及獎懲事項。

九　關於學生家庭訪問及社會聯繫事項。

十　關於戒護勤務分配及執行事項。

十一　關於學生出院升學、就業指導及通訊連繫事項。

第一一條 （保健組掌理事項）

保健組掌理事項如左：

一　關於全院衛生之計劃、設施及考核事項。

二　關於學生之健康診查、疾病醫療及傳染病防治事項。

三　關於學生心理健康測驗、生理檢查及智力測驗事項。

四　關於學生個案資料之研判及心理狀態之分析與鑑定事項。

五　關於學生心理衛生之指導與矯治事項。

六　關於藥品之調劑、儲備及醫療、檢驗器材之購置與管理事項。

七　關於病房管理事項。

八　關於學生疾病及死亡之呈報與通知事項。

第一二條 （總務組掌理事項）

總務組掌理事項如左：

一　關於文件收發、撰擬及保管事項。

二　關於印信典守事項。

三　關於經費出納事項。

四　關於房屋建築及修繕事項。

五　關於物品採購、分配及保管事項。

六　關於習藝器械、材料之購置及保管事項。

七　關於學生入院、出院之登記事項。

八　關於學生死亡及遺留物品處理事項。

九　其他不屬於各組之事項。

第一三條　（導師設置）

①少年輔育院學生人數在一百人以下者，置導師及訓導員各四人，聘任；學生人數在一百人以上者，每編滿一班，增設導師及訓導員各一人。但最多均不得超過十六人。

②每班學生以三十人為原則；女生或有其他特殊情形不足三十人者，亦得另編一班。

第一四條　（人員之設置及其職等）

少年輔育院置技師四人至八人，薦派或聘任；技術員二人至八人，委任或委派；調查員四人至八人，心理測驗員及智力測驗員各一人或二人，均薦派或聘任；醫師二人至五人，聘任，其中一人兼任保健組組長；藥師一人，聘任；護士二人至五人，委任或委派；組員六人至十二人，委任或委派，分配各組辦事。

第一五條　（秘書導師等任用資歷）

少年輔育院秘書、教務組組長、訓導組組長、導師、訓導員及調查員，應就左列資歷之一，並具有各該職務任用資格者遴任之：

一　曾任少年法庭觀護人，成績優良者。

二　曾任少年輔育院導師兼員或社會工作人員，成績優良者。

三　曾任中等以上學校教員或曾任小學教員五年以上，具有訓導工作經驗者。

四　曾任司行行政或社會行政人員，並具有關於少年管訓之學識與經驗者。

第一六條　（雇員）

少年輔育院得雇用雇員十六人至三十六人，分別擔任戒護、紀錄或繕寫等工作。

第一七條　（兼任教師之授課）

少年輔育院得視實際需要，聘請兼任教師授課。

第一八條　（主計室）

少年輔育院設主計室，置主任一人，薦任；主計佐理員二人至四人，委任；依法辦理主計事務。

第一九條　（人事室）

少年輔育院設人事室，置主任一人，薦任；人事佐理員一人至三人，委任；依法辦理人事管理事務。

第二○條　（院務委員會之組成）

①少年輔育院設院務委員會，由院長、秘書、組長及各主管人員組織之，以院長為主席。

②關於學生之管理，感化教育之免除或停止執行之聲請及其他院內行政之重要事項，應經院務委員會之決議。但有急速處分之必要時，得先由院長行之，提報院務委員會。

第二一條　（委員會種類）

①少年輔育院為指導習藝、保健、心理衛生及就學、就業之實施，得設立左列各種委員會：

一　習藝指導委員會。

二　保健指導委員會

三　心理衛生指導委員會。

四　就學就業指導委員會。

②前項委員會之委員為無給職，由院長延聘社會熱心人士或專家擔任之。

第三章　入院出院

第二二條　（入院身份之查驗）

①少年輔育院於學生入院時，應查驗少年法庭之裁定及交付書，並核對其身分證件。

②少年法庭交付執行感化教育處分時，應附送該少年及其家庭與事件有關之資料。

第二三條　（調查表製作）

學生入院時，應製作調查表，並捺印指紋及照相。

第二四條　（健康檢查）99

①學生入院時，應行健康檢查；其有下列情形之一者，應暫緩令其入院，並敘明理由，請由少年法庭斟酌情形送交醫院，或交其父母或監護人，或交其他適當處所：

一　心神喪失。

二　現罹疾病，因執行而有身心障礙或喪生之虞。

三　罹急性傳染病。

四　懷胎五月以上或分娩未滿二月。

②發現前項第三款情事時，應先為必要之處置。

第二五條　（身體、衣物之檢查）

學生入院時，應檢查其身體及衣物。女生之檢查，由女訓導員或調查員為之。

第二六條　（入院告知事項）

學生入院時，應告以應遵守之事項，並應將院內各主管人員姓名及接見、通訊等有關規則，通知其父母或監護人。

第二七條　（出院日）

學生出院時，應於核准命令預定出院日期或期滿之次日午前，辦畢出院手續離院。

第二八條（出院後之保護）

①學生出院後之保護事項，應於初入院時即行調查；將出院時，再予復查；對於出院後之升學或就業輔導，預行策劃，予以適當解決。

②學生出院前，應將預定出院日期，通知其父母或監護人，或有關保護機關及團體。

第二九條（出院通知）

停止感化教育執行交付保護管束之學生出院時，應報知該管少年法庭，並附送在院之鑑別、學業、習藝及其言行紀錄。

第三〇條（死亡通知）

①學生在院內死亡時，應即報知檢察官檢驗，並通知其父母、監護人或最近親屬領取屍體，經通知後滿二十四小時無人請領者，埋葬之。

②前項情形，應專案報告主管機關。

第三一條（遺留物之處置）

死亡學生遺留之金錢、物品及其應得之獎金，應通知其父母、監護人或其他最近親屬具領。逾一年無人請領者，其所有權歸屬國庫。

第三二條（學生逃亡）

在院學生逃亡者，除報知檢察官查緝外，應報告主管機關，並報知少年法庭。

第三三條（逃亡學生、遺留物品之處置）

逃亡學生遺留之金錢及物品，自逃亡之日起，經過一年尚未緝獲者，應通知其父母、監護人或最近親屬領回；無法通知者，應公告之，經通知或公告後逾六個月無人請領者，其所有權歸屬國庫。

第四章　個案分析

第三四條（新生入院之調查分析）

①少年輔育院對於新入院學生，由有關各組聯合組織接收小組，根據少年法庭移送之資料，加以調查分析，提經院務委員會決定分班、分級施教方法。

②前項個案分析，應依據心理學、教育學、社會學及醫學判斷之。

第三五條（資料保全）

前條調查分析期間，不得逾一個月，其所得資料，應設卡詳為記載，分別保存之。

第三六條（教育實施參考）

少年輔育院應隨時訪問學生家庭及有關社會機關、團體，調查蒐集個案資料，分析研究，作為教育實施之參考。

第三七條（分析期間內之生活管理）

對於調查分析期間內之學生，應予以表現個性之機會，其生活之管理，應在防止脫逃、自殺、暴行或其他違反紀律之原則下行

之。

第五章　教育及管理

第三八條　（生活管理方式）

在院學生生活之管理，應採學校方式，兼施童子軍訓練及軍事管理；對於未滿十四歲之學生，併採家庭方式。

第三九條　（班級劃分）

①在院學生，為促其改悔向上，適於社會生活，應劃分班級，以積分進級方法管理之。

②前項積分進級規則，由法務部定之。

第四○條　（教育）

①少年輔育院應以品德教育為主，知識技能教育為輔：

一　品德教育之內容，應包括公民訓練、童子軍訓練、軍事訓練、體育活動、康樂活動及勞動服務等項目。

二　入院前原在中等以上學校肄業，或已完成國民教育而適合升學之學生，應在院內實施補習教育；尚未完成國民教育之學生，應在院內補足其學業，其課程應按教育行政機關規定之課程標準實施。

三　技能教育應按學生之性別、學歷、性情、體力及其志願分組實施。

②前項實施辦法，由法務部會同教育部定之。

第四一條　（學生教養費用負擔）

①在院學生之被服、飲食、日用必需品及書籍簿冊，均由少年輔育院供給，其經少年法庭依少年事件處理法第六十條之規定，由少年本人或對少年負扶養義務人負全部或一部教養費用者，應以市價折算，命其繳納之。

②學生私有之書籍，經檢查後，得許閱讀。

第四二條　（待遇平等）

在院學生之飲食及其他保持健康所需之物品，不因班級或教育種類組別不同而有差異。

第四三條　（分類離居）

①在院學生應斟酌情形予以分類離居。但有違反團體生活紀律之情事而情形嚴重者，經院長核定，得使獨居。

②前項獨居之期間，每次不得逾七日。

第四四條　（接見親友及發受書信）

①在院學生得接見親友及發受書信。但院長認為有妨礙感化教育之執行或學生之利益者，得禁止之。

②前項接見，每週不得逾二次，每次以三十分鐘為限。但經院長特許者，得增加或延長之。

③學生發受書信，訓導組組長得檢閱之，如發現第一項但書情形，得不予發受或命刪除後再行發受。

④學生接見規則，由法務部定之。

第四五條 （保外就醫）

①在院學生罹傳染病或其他重大疾病，認爲在院內不能爲適當之醫治者，得斟酌情形，呈請主管機關許可移送醫院，或保外醫治。

②院長認爲有緊急情形時，得先爲前項處理，再行呈報主管機關核備。

③移送醫院者，視爲在院執行，保外就醫期間，不算入感化教育期內。

④爲第一項處理時，應通知學生之父母、監護人或其最近親屬。

第四六條 （自費延醫）

前條所定患病之學生，請求自費延醫診治者，應許其與院醫會同診治。

第六章 獎 懲

第四七條 （獎勵）

在院學生有左列各款行爲之一時，予以獎勵：

一 行爲善良，足爲其他學生之表率者。

二 學習教育課程或技能，成績優良者。

三 體育優異者。

四 有特殊貢獻，足以增進榮譽者。

第四八條 （獎勵方法）

前條之獎勵方法如左：

一 公開嘉獎。

二 發給獎狀或獎章。

三 發給獎金、書籍或其他獎品。

第四九條 （懲罰）

在院學生有違背紀律行爲時，得施以左列一款或數款之懲罰：

一 誥誡。

二 停止發受書信。但每次不得逾七日。

三 停止接見一次至三次。

四 勞動服務一日至三日，每日以二小時爲限。

第五〇條 （獎懲通知）

學生受獎懲時，應即通知其父母、監護人或最近親屬。

第七章 附 則

第五一條 （施行細則）

本條例施行細則，由法務部會同內政部、教育部定之。

第五二條 （施行日）

本條例施行日期，由行政院以命令定之。

法務部矯正署少年輔育院組織準則

民國99年12月31日法務部令訂定發布全文7條；並自100年1月1日施行。

第一條

法務部矯正署為執行感化教育處分業務，特設各少年輔育院。

第二條

少年輔育院掌理下列事項：

一　學生之教務。

二　學生之訓導。

三　學生之輔導。

四　學生之衛生保健。

五　學生之名籍、給養及保管。

六　其他有關少年輔育院管理事項。

第三條

少年輔育院置院長一人，職務列薦任第九職等至簡任第十職等。

第四條

少年輔育院置秘書，職務列薦任第八職等至第九職等。

第五條

①少年輔育院各職稱之官等職等或級別及員額，另以編制表定之。

②各職稱之官等職等，依職務列等表之規定。

第六條

少年輔育院得視實際需要，聘請兼任教師授課。

第七條

本準則自中華民國一百年一月一日施行。

法務部矯正署少年輔育院辦事細則

民國99年12月31日法務部令訂定發布全文13條；並自100年1月1日施行。

第一條

法務部矯正署所屬少年輔育院（以下簡稱少年輔育院）為處理內部單位之分工職掌，特訂定本細則。

第二條

院長處理院務，並指揮、監督所屬人員。

第三條

秘書權責如下：

一　工作計畫之擬編。

二　文稿之綜核及代判。

三　各單位業務之協調。

四　行政事務之管理。

五　會議之籌備、出席或主持。

六　其他交辦事項。

第四條

①少年輔育院設下列科、室：

一　教務科。

二　訓導科。

三　衛生科。

四　總務科。

五　人事室。

六　政風室。

七　會計室。

②少年輔育院得設女生部。

第五條

教務科掌理事項如下：

一　學生之註冊與編級及課程之編排。

二　教學實施及習藝計畫之擬訂。

三　學生課業成績及習藝成績之考核。

四　學生技能訓練、技能檢定之規劃及執行。

五　學生閱讀書刊之審核。

六　院內出版書刊之設計及編印。

七　習藝場所之管理。

八　其他有關教務事項。

第六條

①訓導科掌理事項如下：

一　訓育實施計畫之擬訂。

二　學生生活、身心、行爲之指導及管理。

三　學生之指紋、照相、名籍簿、身分簿之編製及管理。

四　學生個案資料之調查、蒐集與研究及分析。

五　學生體育訓練及課外康樂活動。

六　學生規範訓練、獎懲與停止或免除感化教育之建議及陳報。

七　學生家庭與社會關係聯繫、評估及處理。

八　學生出院後之通訊聯繫、升學及就業指導。

九　戒護勤務分配及執行。

十　其他有關訓導事項。

②女性收容少年之直接管理戒護工作由女性擔任。

第七條

衛生科掌理事項如下：

一　衛生計畫及設施之指導。

二　學生之健康檢查、疾病醫療、傳染病防治及健康諮詢。

三　學生健康資料之管理。

四　學生心理衛生指導。

五　藥品調劑、儲備及醫療器械之管理。

六　病舍管理。

七　學生保護性個案通報處理。

八　學生疾病、保外醫治或死亡陳報及通知。

九　其他有關身心及衛生保健事項。

第八條

總務科掌理下列事項：

一　印信典守及文書、檔案之管理。

二　出納、財物、營繕、採購及其他事務之管理。

三　學生入院、出院之登記與攜帶物品之受付及保管。

四　學生糧食之收支、保管、核算及造報。

五　公產及公物之管理。

六　工友（含技工、駕駛）之管理。

七　學生死亡及遺留物品處理。

八　不屬其他各科、室事項。

第九條

人事室掌理少年輔育院人事事項。

第一〇條

政風室掌理少年輔育院政風事項。

第一一條

會計室掌理少年輔育院歲計、會計及統計事項。

第一二條

少年輔育院處理業務，實施分層負責制度，依分層負責明細表逐

級授權決定。

第一三條

本細則自中華民國一百年一月一日施行。

少年觀護所設置及實施通則

①民國53年9月4日總統令制定公布全文34條。
民國60年9月16日行政院令發布定自60年7月1日施行。
②民國61年1月29日總統令修正公布第3、5至8、13至16條條文；
並增訂第17條條文，原第17條改為第18條，以下依次遞改。
③民國63年12月21日總統令修正公布第5至7、13至16條條文；並
刪除第17條條文。
④民國68年4月4日總統令修正公布第13條條文。
⑤民國69年7月23日總統令修正公布第4、19條條文。
⑥民國91年1月25日總統令修正公布名稱及全文37條；並自公布日
施行（原名稱：少年觀護所條例）。
⑦民國96年7月11日總統令修正公布第11條條文。

第一章　總　則

第一條　（立法依據）

本通則依少年事件處理法第二十六條之二第五項制定之。

第二條　（隸屬及督導）

①少年觀護所隸屬於高等法院檢察署，其設置地點及管轄，由高等
法院檢察署報請法務部核定之。

②關於少年保護事件少年之收容及少年刑事案件審理中少年之羈押
事項，並受該管法院及其檢察署之督導。

第三條　（設置目的）

少年觀護所以協助調查依法收容少年之品性、經歷、身心狀況、
教育程度、家庭情形、社會環境及其他必要之事項，供處理時之
參考。

第四條　（適用範圍）

①少年觀護所之組織及被收容少年之處理，依本通則之規定。

②依少年事件處理法第七十一條收容之刑事被告，與依同法第
二十六條收容之少年，應予分界。

③女性少年與男性少年，應分別收容。

第二章　組　織

第五條　（組之設置）

少年觀護所分設鑑別、教導及總務三組；容額在三百人以上者，
並設醫務組。

第六條　（鑑別組掌理事項）

鑑別組掌理事項如下：

一　少年之個案調查事項。

二　少年之心理測驗事項。

三　少年指紋、照相等事項。

四　少年處遇之建議事項。

五　少年社會環境之協助調查事項。

六　其他鑑別事項。

第七條　（教導組掌理事項）

教導組掌理事項如下：

一　少年生活之指導事項。

二　少年之教學事項。

三　少年習藝之指導事項。

四　少年之康樂活動事項。

五　少年之同行護送及戒護事項。

六　少年接見、發受書信及送入物品之處理事項。

七　少年紀律之執行事項。

八　少年之飲食、衣類、臥具用品之分給、保管事項。

九　所內戒護勤務之分配及管理事項。

十　其他教導事項。

第八條　（醫務組掌理事項）

①醫務組掌理事項如下：

一　全所衛生計畫設施事項。

二　少年之健康檢查事項。

三　傳染病之預防事項。

四　少年疾病之醫治事項。

五　病室之管理事項。

六　藥品調劑、儲備及醫療器材之管理事項。

七　藥物濫用之防治及輔導等事項。

八　少年疾病、死亡之陳報及通知事項。

九　其他醫務事項。

②未設醫務組者，前項業務由教導組兼辦。

第九條　（總務組掌理事項）

總務組掌理事項如下：

一　文件之收發、撰擬及保存事項。

二　印信之典守事項。

三　經費之出納事項。

四　建築修繕事項。

五　少年之入所、出所登記事項。

六　名籍簿、身分簿之編製及管理事項。

七　糧食之收支、保管、核算及造報事項。

八　其他不屬於各組之事項。

第一○條　（類別及員額）

①少年觀護所之類別及員額，依附表之規定。

②各少年觀護所應適用之類別，由法務部視其容額擬訂，報請行政

院核定之。

第一一條　（所長、副所長之設置）96

少年觀護所置所長一人，職務列薦任第九職等至簡任第十職等，承監督長官之命，綜理全所事務，並指揮監督所屬職員；置副所長一人，職務列薦任第八職等至第九職等，襄助所長處理全所事務。

第一二條　（人員編制）

①少年觀護所置組長，職務列薦任第七職等至第八職等；專員、調查員、導師，職務均列薦任第六職等至第八職等；管理師，職務列薦任第七職等；組員、技士，職務均列薦任第五職等或薦任第六職等至第七職等；主任管理員、操作員，職務均列委任第四職等至第五職等，其中二分之一職等得列薦任第六職等；管理員、辦事員，職務均列委任第三職等至第五職等；書記，職務列委任第一職等至第三職等。

②醫務組組長，列師（二）級；醫師、藥師、醫事檢驗師、護理師均列師（三）級，藥劑生、醫事檢驗生、護士，均列士（生）級。

③本通則修正施行前僱用之管理員、僱員，其未具公務人員任用資格者，得繼續僱用至其離職爲止。

第一三條　（女所之設置）

①少年觀護所設女所者，置主任一人，職務列薦任第七職等至第八職等，管理女所事務。

②女所之主任、主任管理員及管理員均以女性擔任。

第一四條　（所長、副所長、鑑別教導組組長及女所主任之資格）

①少年觀護所所長、副所長、鑑別、教導組組長及女所主任，應就具有下列資格之一者遴任之：

一　經觀護人考試或觀護官考試及格者。

二　經少年調查官、少年保護官考試及格者。

三　經監獄官考試或犯罪防治人員特考及格者。

②前項所稱人員，應遴選具有少年保護之學識、經驗及熱忱者充任之。

第一五條　（人事室之設置）

少年觀護所設人事室，置主任一人，職務列薦任第七職等至第八職等，依法辦理人事管理事項；所需工作人員應就本通則所定員額內派充之。

第一六條　（會計室之設置）

少年觀護所設會計室，置會計主任一人，職務列薦任第七職等至第八職等，依法辦理歲計、會計事項；所需工作人員應就本通則所定員額內派充之。

第一七條　（統計室之設置）

少年觀護所設統計室，置統計主任一人，職務列薦任第七職等至

第八職等，依法辦理統計事項；所需工作人員應就本通則所定員額內派充之。

第一八條 （政風室之設置）

少年觀護所設政風室，置主任一人，職務列薦任第七職等至第八職等，依法辦理政風事項；事務較簡者，其政風業務由其上級機關之政風機構統籌辦理；所需工作人員應就本通則所定員額內派充之。

第一九條 （職系）

①第十一條至第十三條、第十五條至第十八條所定列有官等職等人員，其所適用之職系，依公務人員任用法之規定，就有關職系選用之。

②醫事人員依醫事人員人事條例規定進用之。

第三章 入所及出所

第二〇條 （入所時辦理事項）

少年觀護所於少年入所時，應辦理下列事項：

一 查驗身分證及法官或檢察官簽署之文件。

二 製作調查表及身分單，並捺印指紋及照相。

三 檢查身體、衣物。女性少年之檢查由女管理員為之。

四 指定所房並編號。

第二一條 （釋放之禁止）

少年觀護所非有該管法官或檢察官之通知，不得將被收容之少年釋放。

第二二條 （釋放）

被收容之少年應釋放者，觀護所於接到釋放通知書之當日，即予釋放。釋放前，應令其按捺指紋，並與調查表詳為對照。移送法院之少年，經法院法官或檢察官當庭將其釋放者，應即通知觀護所。

第二三條 （移送感化教育）

被收容之少年移送感化教育機構者，應附送調查表、身分單及觀護鑑別之紀錄。

第二四條 （死亡通知）

被收容之少年在所死亡者，應即陳報該管法官、檢察官，並通知其家屬。

第四章 處遇及賞罰

第二五條 （教養費用之負擔及執行）

①被收容少年之飲食，由所供應，並注意其營養。衣被及日常必需品自備，其無力負擔或自備者，由所供應。

②前項經諭知保護處分，並受裁定負擔全部或一部教養費用，已先由所供應飲食、衣被或日常必需品者，應依少年事件處理法第六十條之規定辦理。

第二六條　（禁用煙酒）

被收容之少年禁用菸、酒。

第二七條　（書報之閱讀）

被收容之少年得閱讀書報。但私有之書報，須經檢查。

第二八條　（禁止接見）

①被收容之少年得接見親友、發受書信。但少年觀護所所長認爲有礙於案情之調查與被收容少年之利益者，得不許其接見。

②被收容少年之書信，觀護所所長認爲必要時，得檢閱之。

第二九條　（接見時間）

接見時間，自上午九時至下午五時止，每次不得逾三十分鐘。但經少年觀護所所長許可者，不在此限。

第三〇條　（在校少年之收容）

①依少年事件處理法第三條第二款收容之在校少年，應通知其所肄業之學校，在觀護期內，學校應保留其學籍。

②前項被收容之少年，經依同法第二十六條之二第一項撤銷收容裁定者，其原肄業之學校，應許其返校就讀。

第三一條　（技藝學習）

①少年觀護所得令被收容之少年，學習適當技藝，每日以二小時至四小時爲限。

②前項習藝所需之工具材料費用，由觀護所供給之，其習藝成品之盈餘，得充獎勵習藝少年之用。

第三二條　（肄業少年之課程）

被收容之少年，其在學校肄業者，得減少其學習技藝時間，督導進修學校所規定之課程。

第三三條　（保外就醫）

被收容之少年罹患疾病，認爲在所內不能適當之醫治者，得斟酌情形，報請該管法官或檢察官許可，保外醫治或移送病院。觀護所所長認爲有緊急情形時，得先爲前項處分，再行報核。

第三四條　（獎賞）

被收容之少年有下列各款行爲之一時，應予獎賞：

一　學習教育課程或技藝，成績優良者。

二　行爲善良，足爲其他收容少年之表率者。

第三五條　（獎賞方法）

前條之獎賞方法如下：

一　公開嘉獎。

二　給與獎金、書籍或其他獎品。

第三六條　（處罰）

被收容之少年有違背觀護所所規之行爲時，得施以下列一款或數款之處罰：

一　告誡。

二　勞動服務一日至三日，每日以二小時爲限。

第五章 附 則

第三七條（施行日期）

　本通則自公布日施行。

法務部矯正署少年觀護所組織準則

民國99年12月31日法務部令訂定發布全文6條；並自100年1月1日施行。

第一條

法務部矯正署為辦理少年之收容及羈押業務，特設各少年觀護所。

第二條 105

少年觀護所掌理下列事項：

一　少年之鑑別輔導。

二　少年之衛生保健。

三　少年之戒護管理。

四　少年之名籍、給養及保管。

五　其他有關少年觀護所管理事項。

第三條

少年觀護所得置所長一人，職務列薦任第九職等至簡任第十職等；副所長一人，職務列薦任第八職等至第九職等。

第四條

少年觀護所與其他矯正機關合署辦公者，前條之人員得為兼任或兼辦。

第五條

①少年觀護所各職稱之官等職等或級別及員額，另以編制表定之。

②各職稱之官等職等，依職務列等表之規定。

第六條

本準則自中華民國一百年一月一日施行。

法務部矯正署少年觀護所辦事細則

①民國99年12月31日法務部令訂定發布全文13條；並自100年1月1日施行。
②民國105年5月27日法務部令修正發布第3、13條條文；並自發布日施行。

第一條

法務部矯正署所屬少年觀護所（以下簡稱少年觀護所）為處理內部單位之分工職掌，特訂定本細則。

第二條

所長處理所務，並指揮、監督所屬人員；副所長襄助所長處理所務。

第三條 105

①少年觀護所得設下列科、室：

一 輔導科。

二 訓導科。

三 衛生科。

四 總務科。

五 人事室。

六 政風室。

七 會計室。

八 統計室。

②與監獄或看守所合署辦公之少年觀護所不分科、室辦事，其業務並得由合署辦公之監獄或看守所兼任或兼辦。

③容額未滿三百人之少年觀護所，不設政風室。

④未設人事室者，得置人事管理員。

⑤統計業務經進行區域整併者，統計事項由設統計室之矯正機關派員辦理。

⑥少年觀護所得設分所、女所。

第四條

輔導科掌理事項如下：

一 少年之諮商輔導。

二 少年智藝之教學習藝。

三 少年之文康活動。

四 少年之個案調查。

五 少年之心理測驗。

六 少年指紋、照相分類及其保管。

七　少年處遇之建議。

八　少年社會環境調查之協助。

九　其他有關輔導事項。

第五條

①訓導科掌理事項如下：

一　少年生活之指導。

二　少年之戒護安全。

三　少年接見、發受書信及送入物品之處理。

四　少年紀律之執行。

五　少年飲食、衣類、臥具用品之分給及保管。

六　所內戒護勤務之分配及管理。

七　其他有關訓導事項。

②女性收容少年之直接管理戒護工作由女性擔任。

第六條

衛生科掌理事項如下：

一　衛生計畫及設施之指導。

二　少年之健康檢查及疾病醫療。

三　傳染病之預防。

四　病舍之管理。

五　環境衛生清潔檢查及指導。

六　藥品調劑、儲備及醫療器械之管理。

七　藥物濫用之防治。

八　少年疾病、死亡之陳報及通知。

九　其他有關身心及衛生保健事項。

第七條

總務科掌理事項如下：

一　印信典守及文書、檔案之管理。

二　出納、財物、營繕、採購及其他事務之管理。

三　少年入所及出所登記與攜帶物品之受付及保管。

四　名籍簿、身分簿之編製及管理。

五　糧食之收支、保管、核算及造報。

六　公產及公物之管理。

七　工友（含技工、駕駛）之管理。

八　不屬其他各科、室事項。

第八條

人事室掌理少年觀護所人事事項。

第九條

政風室掌理少年觀護所政風事項。

第一〇條

會計室掌理少年觀護所歲計及會計事項。

第一一條

統計室掌理少年觀護所統計事項。

第一二條

少年觀護所處理業務，實施分層負責制度，依分層負責明細表逐級授權決定。

第一三條 105

①本細則自中華民國一百年一月一日施行。

②本細則修正條文，自發布日施行。

中華民國刑法

①民國24年1月1日國民政府制定公布全文357條；並自24年7月1日施行。
②民國37年11月7日總統令修正公布第5條條文。
③民國43年7月21日總統令修正公布第77條條文。
④民國43年10月23日總統令修正公布第160條條文。
⑤民國58年12月26日總統令修正公布第235條條文。
⑥民國81年年5月16日總統令修正公布第100條條文。
⑦民國83年1月28日總統令修正公布第77至79條條文；並增訂第79-1條條文。
⑧民國86年10月8日總統令修正公布第220、315、323及352條條文；並增訂第318-1、318-2、339-1至339-3條條文。
⑨民國86年11月26日總統令修正公布第77、79、79-1條條文。
⑩民國88年2月3日總統令修正公布第340、343條條文。
⑪民國88年4月21日總統令修正公布第10、77、第十六章章名、221、222、224至236、240、241、243、298、300、319、332、334、348條條文；刪除第223條條文；並增訂第91-1、185-1至185-4、186-1、187-1至187-3、189-1、189-2、190-1、191-1、224-1、226-1、227-1、229-1、第十六章之一章名、231-1、296-1、315-1至315-3條條文。
⑫民國90年1月10日總統令修正公布第41條條文。
⑬民國90年6月20日總統令修正公布第204、205條條文；並增訂第201-1條條文。
⑭民國90年11月7日總統令修正公布第131條條文。
⑮民國91年1月30日總統令修正公布第328、330至332、347、348條條文；並增訂第334-1、348-1條條文。
⑯民國92年6月25日總統令修正公布第323及352條條文；並增訂第三十六章章名及第358、363條條文。
⑰民國94年2月2日總統令修正公布第1至3、5、10、11、15、16、19、25至27、第四章章名、28至31、33至38、40至42、46、47、49、51、55、57至59、61至65、67、68、74至80、83至90、91-1、93、96、98、99、157、182、220、222、225、229-1、231、231-1、296-1、297、315-1、315-2、316、341、343條條文；刪除第56、81、94、97、267、322、327、331、340、345、350條條文；增訂第40-1、75-1條條文；並自95年7月1日施行。
⑱民國95年5月17日總統令修正公布第333、334條條文。
⑲民國96年1月24日總統令修正公布第146條條文。
⑳民國97年1月2日總統令修正公布第185-3條條文。
㉑民國98年1月21日總統令修正公布第41條條文；並自98年9月1日施行。
㉒民國98年6月10日總統令修正公布第42、44、74、75、75-1條條文；並增訂第42-1條條文；其中第42條自公布日施行，第42-1、44、74、75、75-1條自98年9月1日施行。
㉓民國98年12月30日總統令修正公布第41、42-1條條文。

㉔民國99年1月27日總統令修正公布第295條條文；增訂第294-1條條文；並自公布日施行。

㉕民國100年1月26日總統令修正公布第321條條文；並自公布日施行。

㉖民國100年11月30日總統令修正公布第185-3條條文；並自公布日施行。

㉗民國101年12月5日總統令修正公布第286條條文；並自公布日施行。

㉘民國102年1月23日總統令修正公布第50條條文；並自公布日施行。

㉙民國102年6月11日總統令修正公布第185-3、185-4條條文；並自公布日施行。

㉚民國103年1月15日總統令修正公布第315-1條條文；並自公布日施行。

㉛民國103年6月18日總統令修正公布第251、285、339至339-3、341至344、347、349條條文；增訂第339-4、344-1條條文；並自公布日施行。

㉜民國104年12月30日總統令修正公布第2、11、36、38、40、51、74、84條條文；增訂第37-1、37-2、38-1至38-3、40-2條條文及第五章之一、第五章之二章名；刪除第34、39、40-1、45、46條條文；並自105年7月1日施行。

㉝民國105年6月22日總統令修正公布第38-3條條文；並自105年7月1日施行。

㉞民國105年11月30日總統令修正公布第5條條文。

㉟民國107年5月23日總統令修正公布第121、122、131、143條條文。

㊱民國107年6月13日總統令修正公布第190-1條條文。

㊲民國108年5月10日總統令修正公布第113條條文；並增訂第115-1條條文。

㊳民國108年5月29日總統令修正公布第10、61、80、98、139、183、184、189、272、274至279、281至284、286、287、315-2、320、321條條文；並刪除第91、285條條文。

㊴民國108年6月19日總統令修正公布第185-3條條文。

㊵民國108年12月25日總統令修正公布第108、110、117、118、127、129、132、133、135至137、140、141、144、147、148、149、150、153、154、158至160、163、164、165、171、173至175、177至181、185、185-2、186、186-1、187-2、188、189-1、190、191、192至194、195至199、201至204、206至208、212、214、215、233至235、240、241、243、246、252至255、256至260、262、263、266、268、269、288、290、292、293、298、300、302、304至307、309、310、312、313、315、317至318-1、328、335至337、346、352、354至356、358至360、362條條文。

㊶民國108年12月31日總統令修正公布第83、85條條文。

㊷民國109年1月15日總統令修正公布第149、150條條文。

㊸民國109年1月15日總統令修正公布第251、313條條文。

第一編 總 則

第一章 法 例

第一條 （罪刑法定主義）

行為之處罰，以行為時之法律有明文規定者為限。拘束人身自由之保安處分，亦同。

第二條 （從舊從輕主義）104

①行為後法律有變更者，適用行為時之法律。但行為後之法律有利於行為人者，適用最有利於行為人之法律。

②沒收、非拘束人身自由之保安處分適用裁判時之法律。

③處罰或保安處分之裁判確定後，未執行或執行未完畢，而法律有變更，不處罰其行為或不施以保安處分者，免其刑或保安處分之執行。

第三條 （屬地主義）

本法於中華民國領域內犯罪者，適用之。在中華民國領域外之中華民國船艦或航空器內犯罪者，以在中華民國領域內犯罪論。

第四條 （隔地犯）

犯罪之行為或結果，有一在中華民國領域內者，為在中華民國領域內犯罪。

第五條 （保護主義、世界主義—國外犯罪之適用）105

本法於凡在中華民國領域外犯下列各罪者，適用之：

一 內亂罪。

二 外患罪。

三 第一百三十五條、第一百三十六條及第一百三十八條之妨害公務罪。

四 第一百八十五條之一及第一百八十五條之二之公共危險罪。

五 偽造貨幣罪。

六 第二百零一條至第二百零二條之偽造有價證券罪。

七 第二百十一條、第二百十四條、第二百十八條及第二百十六條行使第二百十一條、第二百十三條、第二百十四條文書之偽造文書罪。

八 毒品罪。但施用毒品及持有毒品、種子、施用毒品器具罪，不在此限。

九 第二百九十六條及第二百九十六條之一之妨害自由罪。

十 第三百三十三條及第三百三十四條之海盜罪。

十一 第三百三十九條之四之加重詐欺罪。

第六條 （屬人主義—公務員國外犯罪之適用）

本法於中華民國公務員在中華民國領域外犯下列各罪者，適用之：

一 第一百二十一條至第一百二十三條、第一百二十五條、第一百二十六條、第一百二十九條、第一百三十一條、第

一百三十二條及第一百三十四條之瀆職罪。

二 第一百六十三條之脫逃罪。

三 第二百十三條之偽造文書罪。

四 第三百三十六條第一項之侵占罪。

第七條 （屬人主義－國民國外犯罪之適用）

本法於中華民國人民在中華民國領域外犯前二條以外之罪，而其最輕本刑為三年以上有期徒刑者，適用之。但依犯罪地之法律不罰者，不在此限。

第八條 （國外對國人犯罪之適用）

前條之規定，於在中華民國領域外對於中華民國人民犯罪之外國人，準用之。

第九條 （外國裁判服刑之效力）

同一行為雖經外國確定裁判，仍得依本法處斷。但在外國已受刑之全部或一部執行者，得免其刑之全部或一部之執行。

第一〇條 （名詞定義）108

① 稱以上、以下、以內者，俱連本數或本刑計算。

② 稱公務員者，謂下列人員：

一 依法令服務於國家、地方自治團體所屬機關而具有法定職務權限，以及其他依法令從事於公共事務，而具有法定職務權限者。

二 受國家、地方自治團體所屬機關依法委託，從事與委託機關權限有關之公共事務者。

③ 稱公文書者，謂公務員職務上製作之文書。

④ 稱重傷者，謂下列傷害：

一 毀敗或嚴重減損一目或二目之視能。

二 毀敗或嚴重減損一耳或二耳之聽能。

三 毀敗或嚴重減損語能、味能或嗅能。

四 毀敗或嚴重減損一肢以上之機能。

五 毀敗或嚴重減損生殖之機能。

六 其他於身體或健康，有重大不治或難治之傷害。

⑤ 稱性交者，謂非基於正當目的所為之下列性侵入行為：

一 以性器進入他人之性器、肛門或口腔，或使之接合之行為。

二 以性器以外之其他身體部位或器物進入他人之性器、肛門，或使之接合之行為。

⑥ 稱電磁紀錄者，謂以電子、磁性、光學或其他相類之方式所製成，而供電腦處理之紀錄。

⑦ 稱凌虐者，謂以強暴、脅迫或其他違反人道之方法，對他人施以凌辱虐待行為。

第一一條 （本總則對於其他刑罰法規之適用）104

本法總則於其他法律有刑罰、保安處分或沒收之規定者，亦適用之。但其他法律有特別規定者，不在此限。

第二章　刑事責任

第一二條 （犯罪之責任要件─故意、過失）

① 行為非出於故意或過失者，不罰。

② 過失行為之處罰，以有特別規定者，為限。

第一三條 （直接故意與間接故意）

① 行為人對於構成犯罪之事實，明知並有意使其發生者，為故意。

② 行為人對於構成犯罪之事實，預見其發生而其發生並不違背其本意者，以故意論。

第一四條 （有認識之過失與無認識之過失）

① 行為人雖非故意。但按其情節應注意，並能注意，而不注意者，為過失。

② 行為人對於構成犯罪之事實，雖預見其能發生而確信其不發生者，以過失論。

第一五條 （不作為犯）

① 對於犯罪結果之發生，法律上有防止之義務，能防止而不防止者，與因積極行為發生結果者同。

② 因自己行為致有發生犯罪結果之危險者，負防止其發生之義務。

第一六條 （法律之不知與減刑）

除有正當理由而無法避免者外，不得因不知法律而免除刑事責任。但按其情節，得減輕其刑。

第一七條 （加重結果犯）

因犯罪致發生一定之結果，而有加重其刑之規定者，如行為人不能預見其發生時，不適用之。

第一八條 （未成年人、滿八十歲人之責任能力）

① 未滿十四歲人之行為，不罰。

② 十四歲以上未滿十八歲人之行為，得減輕其刑。

③ 滿八十歲人之行為，得減輕其刑。

第一九條 （責任能力─精神狀態）

① 行為時因精神障礙或其他心智缺陷，致不能辨識其行為違法或欠缺依其辨識而行為之能力者，不罰。

② 行為時因前項之原因，致其辨識行為違法或依其辨識而行為之能力，顯著減低者，得減輕其刑。

③ 前二項規定，於因故意或過失自行招致者，不適用之。

第二○條 （責任能力─身理狀態）

瘖啞人之行為，得減輕其刑。

第二一條 （依法令之行為）

① 依法令之行為，不罰。

② 依所屬上級公務員命令之職務上行為，不罰。但明知命令違法者，不在此限。

第二二條 （業務上正當行為）

業務上之正當行為，不罰。

第二三條 （正當防衛）

對於現在不法之侵害，而出於防衛自己或他人權利之行爲，不罰。但防衛行爲過當者，得減輕或免除其刑。

第二四條 （緊急避難）

①因避免自己或他人生命、身體、自由、財產之緊急危難而出於不得已之行爲，不罰。但避難行爲過當者，得減輕或免除其刑。

②前項關於避免自己危難之規定，於公務上或業務上有特別義務者，不適用之。

第三章 未遂犯

第二五條 （未遂犯）

①已著手於犯罪行爲之實行而不遂者，爲未遂犯。

②未遂犯之處罰，以有特別規定者爲限，並得按既遂犯之刑減輕之。

第二六條 （不能犯之處罰）

行爲不能發生犯罪之結果，又無危險者，不罰。

第二七條 （中止犯）

①已著手於犯罪行爲之實行，而因己意中止或防止其結果之發生者，減輕或免除其刑。結果之不發生，非防止行爲所致，而行爲人已盡力爲防止行爲者，亦同。

②前項規定，於正犯或共犯中之一人或數人，因己意防止犯罪結果之發生，或結果之不發生，非防止行爲所致，而行爲人已盡力爲防止行爲者，亦適用之。

第四章 正犯與共犯

第二八條 （共同正犯）

二人以上共同實行犯罪之行爲者，皆爲正犯。

第二九條 （教唆犯及其處罰）

①教唆他人使之實行犯罪行爲者，爲教唆犯。

②教唆犯之處罰，依其所教唆之罪處罰之。

第三〇條 （幫助犯及其處罰）

①幫助他人實行犯罪行爲者，爲幫助犯。雖他人不知幫助之情者，亦同。

②幫助犯之處罰，得按正犯之刑減輕之。

第三一條 （正犯或共犯與身分）

①因身分或其他特定關係成立之罪，其共同實行、教唆或幫助者，雖無特定關係，仍以正犯或共犯論。但得減輕其刑。

②因身分或其他特定關係致刑有重輕或免除者，其無特定關係之人，科以通常之刑。

第五章 刑

第三二條 （刑罰之種類）

刑分為主刑及從刑。

第三三條 （主刑之種類）

主刑之種類如下：

一 死刑。

二 無期徒刑。

三 有期徒刑：二月以上十五年以下。但遇有加減時，得減至二月未滿，或加至二十年。

四 拘役：一日以上，六十日未滿。但遇有加重時，得加至一百二十日。

五 罰金：新臺幣一千元以上，以百元計算之。

第三四條 （刪除）104

第三五條 （主刑之重輕標準）

①主刑之重輕，依第三十三條規定之次序定之。

②同種之刑，以最高度之較長或較多者為重。最高度相等者，以最低度之較長或較多者為重。

③刑之重輕，以最重主刑為準，依前二項標準定之。最重主刑相同者，參酌下列各款標準定其輕重：

一 有選科主刑者與無選科主刑者，以無選科主刑者為重。

二 有併科主刑者與無併科主刑者，以有併科主刑者為重。

三 次重主刑同為選科刑或併科刑者，以次重主刑為準，依前二項標準定之。

第三六條 （褫奪公權之內容）104

①從刑為褫奪公權。

②褫奪公權者，褫奪下列資格：

一 為公務員之資格。

二 為公職候選人之資格。

第三七條 （褫奪公權之宣告）

①宣告死刑或無期徒刑者，宣告褫奪公權終身。

②宣告一年以上有期徒刑，依犯罪之性質認為有褫奪公權之必要者，宣告一年以上十年以下褫奪公權。

③褫奪公權，於裁判時併宣告之。

④褫奪公權之宣告，自裁判確定時發生效力。

⑤依第二項宣告褫奪公權者，其期間自主刑執行完畢或赦免之日起算。但同時宣告緩刑者，其期間自裁判確定時起算之。

第三七條之一 （刑期起算日）104

①刑期自裁判確定之日起算。

②裁判雖經確定，其尚未受拘禁之日數，不算入刑期內。

第三七條之二 （羈押之日數）104

①裁判確定前羈押之日數，以一日抵有期徒刑或拘役一日，或第四十二條第六項裁判所定之罰金額數。

②羈押之日數，無前項刑罰可抵，如經宣告拘束人身自由之保安處

分者，得以一日抵保安處分一日。

第五章之一　沒　收 104

第三八條　（沒收物）104

① 違禁物，不問屬於犯罪行為人與否，沒收之。

② 供犯罪所用、犯罪預備之物或犯罪所生之物，屬於犯罪行為人者，得沒收之。但有特別規定者，依其規定。

③ 前項之物屬於犯罪行為人以外之自然人、法人或非法人團體，而無正當理由提供或取得者，得沒收之。但有特別規定者，依其規定。

④ 前二項之沒收，於全部或一部不能沒收或不宜執行沒收時，追徵其價額。

第三八條之一　（沒收犯罪所得）104

① 犯罪所得，屬於犯罪行為人者，沒收之。但有特別規定者，依其規定。

② 犯罪行為人以外之自然人、法人或非法人團體，因下列情形之一取得犯罪所得者，亦同：

　一　明知他人違法行為而取得。

　二　因他人違法行為而無償或以顯不相當之對價取得。

　三　犯罪行為人為他人實行違法行為，他人因而取得。

③ 前二項之沒收，於全部或一部不能沒收或不宜執行沒收時，追徵其價額。

④ 第一項及第二項之犯罪所得，包括違法行為所得、其變得之物或財產上利益及其孳息。

⑤ 犯罪所得已實際合法發還被害人者，不予宣告沒收或追徵。

第三八條之二　（犯罪所得及追徵之範圍與價額以估算認定）104

① 前條犯罪所得及追徵之範圍與價額，認定顯有困難時，得以估算認定之。第三十八條之追徵，亦同。

② 宣告前二條之沒收或追徵，有過苛之虞、欠缺刑法上之重要性、犯罪所得價值低微，或為維持受宣告人生活條件之必要者，得不宣告或酌減之。

第三八條之三　（沒收裁判確定時移轉為國家所有）105

① 第三十八條之物及第三十八條之一之犯罪所得之所有權或其他權利，於沒收裁判確定時移轉為國家所有。

② 前項情形，第三人對沒收標的之權利或因犯罪而得行使之債權均不受影響。

③ 第一項之沒收裁判，於確定前，具有禁止處分之效力。

第三九條　（刪除）104

第四〇條　（沒收之宣告）104

① 沒收，除有特別規定者外，於裁判時併宣告之。

② 違禁物或專科沒收之物得單獨宣告沒收。

③ 第三十八條第二項、第三項之物、第三十八條之一第一項、第二

項之犯罪所得，因事實上或法律上原因未能追訴犯罪行為人之犯罪或判決有罪者，得單獨宣告沒收。

第四〇條之一（刪除）104

第四〇條之二（宣告多數沒收者一併執行）104

①宣告多數沒收者，併執行之。

②沒收，除違禁物及有特別規定者外，逾第八十條規定之時效期間，不得為之。

③沒收標的在中華民國領域外，而逾前項之時效完成後五年者，亦同。

④沒收之宣告，自裁判確定之日起，逾十年未開始或繼續執行者，不得執行。

第五章之二　易　刑 104

第四一條（易科罰金）

①犯最重本刑為五年以下有期徒刑以下之刑之罪，而受六月以下有期徒刑或拘役之宣告者，得以新臺幣一千元、二千元或三千元折算一日，易科罰金。但易科罰金，難收矯正之效或難以維持法秩序者，不在此限。

②依前項規定得易科罰金而未聲請易科罰金者，得以提供社會勞動六小時折算一日，易服社會勞動。

③受六月以下有期徒刑或拘役之宣告，不符第一項易科罰金之規定者，得依前項折算規定，易服社會勞動。

④前二項之規定，因身心健康之關係，執行顯有困難者，或易服社會勞動，難收矯正之效或難以維持法秩序者，不適用之。

⑤第二項及第三項之易服社會勞動履行期間，不得逾一年。

⑥無正當理由不履行社會勞動，情節重大，或履行期間屆滿仍未履行完畢者，於第二項之情形應執行原宣告刑或易科罰金；於第三項之情形應執行原宣告刑。

⑦已繳納之罰金或已履行之社會勞動時數依所定之標準折算日數，未滿一日者，以一日論。

⑧第一項至第四項及第七項之規定，於數罪併罰之數罪均得易科罰金或易服社會勞動，其應執行之刑逾六月者，亦適用之。

⑨數罪併罰應執行之刑易服社會勞動者，其履行期間不得逾三年。但其應執行之刑未逾六月者，履行期間不得逾一年。

⑩數罪併罰應執行之刑易服社會勞動有第六項之情形者，應執行所定之執行刑，於數罪均得易科罰金者，另得易科罰金。

第四二條（易服勞役）

①罰金應於裁判確定後二個月內完納。期滿而不完納者，強制執行。其無力完納者，易服勞役。但依其經濟或信用狀況，不能於二個月內完納者，得許期滿後一年內分期繳納。遲延一期不繳或未繳足者，其餘未完納之罰金，強制執行或易服勞役。

②依前項規定應強制執行者，如已查明確無財產可供執行時，得逕

予易服勞役。

③易服勞役以新臺幣一千元、二千元或三千元折算一日。但勞役期限不得逾一年。

④依第五十一條第七款所定之金額，其易服勞役之折算標準不同者，從勞役期限較長者定之。

⑤罰金總額折算逾一年之日數者，以罰金總額與一年之日數比例折算。依前項所定之期限，亦同。

⑥科罰金之裁判，應依前三項之規定，載明折算一日之額數。

⑦易服勞役不滿一日之零數，不算。

⑧易服勞役期內納罰金者，以所納之數，依裁判所定之標準折算，扣除勞役之日期。

第四二條之一　（罰金易服勞役得易服社會勞動之適用）

①罰金易服勞役，除有下列情形之一者外，得以提供社會勞動六小時折算一日，易服社會勞動：

一　易服勞役期間逾一年。

二　入監執行逾六月有期徒刑併科或併執行之罰金。

三　因身心健康之關係，執行社會勞動顯有困難。

②前項社會勞動之履行期間不得逾二年。

③無正當理由不履行社會勞動，情節重大，或履行期間屆滿仍未履行完畢者，執行勞役。

④社會勞動已履行之時數折算勞役日數，未滿一日者，以一日論。

⑤社會勞動履行期間內繳納罰金者，以所納之數，依裁判所定罰金易服勞役之標準折算，扣除社會勞動之日數。

⑥依第三項執行勞役，於勞役期間內納罰金者，以所納之數，依裁判所定罰金易服勞役之標準折算，扣除社會勞動與勞役之日數。

第四三條　（易以訓誡）

受拘役或罰金之宣告，而犯罪動機在公益或道義上顯可宥恕者，得易以訓誡。

第四四條　（易刑之效力）

易科罰金、易服社會勞動、易服勞役或易以訓誡執行完畢者，其所受宣告之刑，以已執行論。

第四五條　（刪除）104

第四六條　（刪除）104

第六章　累　犯

第四七條　（累犯）

①受徒刑之執行完畢，或一部之執行而赦免後，五年以內故意再犯有期徒刑以上之罪者，為累犯，加重本刑至二分之一。

②第九十八條第二項關於因強制工作而免其刑之執行者，於受強制工作處分之執行完畢或一部之執行而免除後，五年以內故意再犯有期徒刑以上之罪者，以累犯論。

第四八條 （裁判確定後發覺累犯之處置）

裁判確定後。發覺為累犯者。依前條之規定更定其刑。但刑之執行完畢或赦免後發覺者。不在此限。

第四九條 （累犯適用之除外）

累犯之規定，於前所犯罪在外國法院受裁判者，不適用之。

第七章　數罪併罰

第五〇條 （數罪併罰與限制）102

①裁判確定前犯數罪者，併合處罰之。但有下列情形之一者，不在此限：

一　得易科罰金之罪與不得易科罰金之罪。

二　得易科罰金之罪與不得易服社會勞動之罪。

三　得易服社會勞動之罪與不得易科罰金之罪。

四　得易服社會勞動之罪與不得易服社會勞動之罪。

②前項但書情形，受刑人請求檢察官聲請定應執行刑者，依第五十一條規定定之。

第五一條 （數罪併罰之執行）104

數罪併罰，分別宣告其罪之刑，依下列各款定其應執行者：

一　宣告多數死刑者，執行其一。

二　宣告之最重刑為死刑者，不執行他刑。但罰金及從刑不在此限。

三　宣告多數無期徒刑者，執行其一。

四　宣告之最重刑為無期徒刑者，不執行他刑。但罰金及從刑不在此限。

五　宣告多數有期徒刑者，於各刑中之最長期以上，各刑合併之刑期以下，定其刑期。但不得逾三十年。

六　宣告多數拘役者，比照前款定其刑期。但不得逾一百二十日。

七　宣告多數罰金者，於各刑中之最多額以上，各刑合併之金額以下，定其金額。

八　宣告多數褫奪公權者，僅就其中最長期間執行之。

九　依第五款至前款所定之刑，併執行之。但應執行者為三年以上有期徒刑與拘役時，不執行拘役。

第五二條 （裁判確定後餘罪之處理）

數罪併罰，於裁判確定後，發覺未經裁判之餘罪者，就餘罪處斷。

第五三條 （執行刑）

數罪併罰，有二裁判以上者，依第五十一條之規定，定其應執行之刑。

第五四條 （各罪中有受赦免時餘罪之執行）

數罪併罰，已經處斷，如各罪中有受赦免者，餘罪仍依第五十一條之規定，定其應執行之刑。僅餘一罪者，依其宣告之刑執行之。

第五五條 （想像競合犯）

一行為而觸犯數罪名者，從一重處斷。但不得科以較輕罪名所定最輕本刑以下之刑。

第五六條 （刪除）

第八章　刑之酌科及加減

第五七條 （刑罰之酌量）

科刑時應以行為人之責任為基礎，並審酌一切情狀，尤應注意下列事項，為科刑輕重之標準：

一　犯罪之動機、目的。

二　犯罪時所受之刺激。

三　犯罪之手段。

四　犯罪行為人之生活狀況。

五　犯罪行為人之品行。

六　犯罪行為人之智識程度。

七　犯罪行為人與被害人之關係。

八　犯罪行為人違反義務之程度。

九　犯罪所生之危險或損害。

十　犯罪後之態度。

第五八條 （罰金之酌量）

科罰金時，除依前條規定外，並應審酌犯罪行為人之資力及犯罪所得之利益。如所得之利益超過罰金最多額時，得於所得利益之範圍內酌量加重。

第五九條 （酌量減輕）

犯罪之情狀顯可憫恕，認科以最低度刑仍嫌過重者，得酌量減輕其刑。

第六〇條 （酌量減輕）

依法律加重或減輕者，仍得依前條之規定酌量減輕其刑。

第六一條 （裁判免除）108

犯下列各罪之一，情節輕微，顯可憫恕，認為依第五十九條規定減輕其刑仍嫌過重者，得免除其刑：

一　最重本刑為三年以下有期徒刑、拘役或專科罰金之罪。但第一百三十二條第一項、第一百四十三條、第一百四十五條、第一百八十六條及對於直系血親尊親屬犯第二百七十一條第三項之罪，不在此限。

二　第三百二十條、第三百二十一條之竊盜罪。

三　第三百三十五條、第三百三十六條第二項之侵占罪。

四　第三百三十九條、第三百四十一條之詐欺罪。

五　第三百四十二條之背信罪。

六　第三百四十六條之恐嚇罪。

七　第三百四十九條第二項之贓物罪。

第六二條 （自首減輕）

　　對於未發覺之罪自首而受裁判者，得減輕其刑。但有特別規定者，依其規定。

第六三條 （老幼處刑之限制）

　　未滿十八歲或滿八十歲人犯罪者，不得處死刑或無期徒刑，本刑為死刑或無期徒刑者，減輕其刑。

第六四條 （死刑加重之限制與減輕）

①死刑不得加重。

②死刑減輕者，為無期徒刑。

第六五條 （無期徒刑加重之限制與減輕）

①無期徒刑不得加重。

②無期徒刑減輕者，為二十年以下十五年以上有期徒刑。

第六六條 （有期徒刑、拘役、罰金之減輕方法）

　　有期徒刑、拘役、罰金減輕者，減輕其刑至二分之一。但同時有免除其刑之規定者，其減輕得減至三分之二。

第六七條 （有期徒刑、罰金之加減例）

　　有期徒刑或罰金加減者，其最高度及最低度同加減之。

第六八條 （拘役之加減例）

　　拘役加減者，僅加減其最高度。

第六九條 （二種主刑以上併加減例）

　　有二種以上之主刑者，加減時併加減之。

第七〇條 （遞加遞減例）

　　有二種以上刑之加重或減輕者，遞加或遞減之。

第七一條 （主刑加減之順序）

①刑有加重及減輕者，先加後減。

②有二種以上之減輕者，先依較少之數減輕之。

第七二條 （零數不算）

　　因刑之加重、減輕，而有不滿一日之時間或不滿一元之額數者，不算。

第七三條 （酌量減輕之準用）

　　酌量減輕其刑者，準用減輕其刑之規定。

第九章　緩刑

第七四條 （緩刑要件）104

①受二年以下有期徒刑、拘役或罰金之宣告，而有下列情形之一，認以暫不執行為適當者，得宣告二年以上五年以下之緩刑，其期間自裁判確定之日起算：

　一　未曾因故意犯罪受有期徒刑以上刑之宣告者。

　二　前因故意犯罪受有期徒刑以上刑之宣告，執行完畢或赦免後，五年以內未曾因故意犯罪受有期徒刑以上刑之宣告者。

②緩刑宣告，得斟酌情形，命犯罪行為人為下列各款事項：

　一　向被害人道歉。

二　立悔過書。

三　向被害人支付相當數額之財產或非財產上之損害賠償。

四　向公庫支付一定之金額。

五　向指定之政府機關、政府機構、行政法人、社區或其他符合公益目的之機構或團體，提供四十小時以上二百四十小時以下之義務勞務。

六　完成戒癮治療、精神治療、心理輔導或其他適當之處遇措施。

七　保護被害人安全之必要命令。

八　預防再犯所爲之必要命令。

③前項情形，應附記於判決書內。

④第二項第三款、第四款得爲民事強制執行名義。

⑤緩刑之效力不及於從刑、保安處分及沒收之宣告。

第七五條　（緩刑宣告之撤銷）

①受緩刑之宣告，而有下列情形之一者，撤銷其宣告：

一　緩刑期內因故意犯他罪，而在緩刑期內受逾六月有期徒刑之宣告確定者。

二　緩刑前因故意犯他罪，而在緩刑期內受逾六月有期徒刑之宣告確定者。

②前項撤銷之聲請，於判決確定後六月以內爲之。

第七五條之一　（緩刑宣告之撤銷）

①受緩刑之宣告而有下列情形之一，足認原宣告之緩刑難收其預期效果，而有執行刑罰之必要者，得撤銷其宣告：

一　緩刑前因故意犯他罪，而在緩刑期內受六月以下有期徒刑、拘役或罰金之宣告確定者。

二　緩刑期內因故意犯他罪，而在緩刑期內受六月以下有期徒刑、拘役或罰金之宣告確定者。

三　緩刑期內因過失更犯罪，而在緩刑期內受有期徒刑之宣告確定者。

四　違反第七十四條第二項第一款至第八款所定負擔情節重大者。

②前條第二項之規定，於前項第一款至第三款情形亦適用之。

第七六條　（緩刑之效力）

緩刑期滿，而緩刑之宣告未經撤銷者，其刑之宣告失其效力。但依第七十五條第二項、第七十五條之一第二項撤銷緩刑宣告者，不在此限。

第十章　假　釋

第七七條　（假釋之要件）

①受徒刑之執行而有悛悔實據者，無期徒刑逾二十五年，有期徒刑逾二分之一、累犯逾三分之二，由監獄報請法務部，得許假釋出獄。

②前項關於有期徒刑假釋之規定，於下列情形，不適用之：
一　有期徒刑執行未滿六個月者。
二　犯最輕本刑為五年以上有期徒刑之累犯，於假釋期間、受徒刑之執行完畢，或一部之執行而赦免後，五年以內故意再犯最輕本刑為五年以上有期徒刑之罪者。
三　犯第九十一條之一所列之罪，於徒刑執行期間接受輔導或治療後，經鑑定、評估其再犯危險未顯著降低者。
③無期徒刑裁判確定前逾一年部分之羈押日數算入第一項已執行之期間內。

第七八條（假釋之撤銷）

①假釋中因故意更犯罪，受有期徒刑以上刑之宣告者，於判決確定後六月以內，撤銷其假釋。但假釋期滿逾三年者，不在此限。
②假釋撤銷後，其出獄日數不算入刑期內。

第七九條（假釋之效力）

①在無期徒刑假釋後滿二十年或在有期徒刑所餘刑期內未經撤銷假釋者，其未執行之刑，以已執行論。但依第七十八條第一項撤銷其假釋者，不在此限。
②假釋中另受刑之執行、羈押或其他依法拘束人身自由之期間，不算入假釋期內。但不起訴處分或無罪判決確定前曾受之羈押或其他依法拘束人身自由之期間，不在此限。

第七九條之一（合併刑期）

①二以上徒刑併執行者，第七十七條所定最低應執行之期間，合併計算之。
②前項情形，併執行無期徒刑者，適用無期徒刑假釋之規定；二以上有期徒刑合併刑期逾四十年，而接續執行逾二十年者，亦得許假釋。但有第七十七條第二項第二款之情形者，不在此限。
③依第一項規定合併計算執行期間而假釋者，前條第一項規定之期間，亦合併計算之。
④前項合併計算後之期間逾二十年者，準用前條第一項無期徒刑假釋之規定。
⑤經撤銷假釋執行殘餘刑期者，無期徒刑於執行滿二十五年，有期徒刑於全部執行完畢後，再接續執行他刑，第一項有關合併計算執行期間之規定不適用之。

第十一章　時　效

第八〇條（追訴權之時效期間）108

①追訴權，因下列期間內未起訴而消滅：
一　犯最重本刑為死刑、無期徒刑或十年以上有期徒刑之罪者，三十年。但發生死亡結果者，不在此限。
二　犯最重本刑為三年以上十年未滿有期徒刑之罪者，二十年。
三　犯最重本刑為一年以上三年未滿有期徒刑之罪者，十年。
四　犯最重本刑為一年未滿有期徒刑、拘役或罰金之罪者，五

年。

②前項期間自犯罪成立之日起算。但犯罪行為有繼續之狀態者，自行為終了之日起算。

第八一條（刪除）

第八二條（本刑應加減時追訴權時效期間之計算）

本刑應加重或減輕者，追訴權之時效期間，仍依本刑計算。

第八三條（追訴權時效之停止）108

①追訴權之時效，因起訴而停止進行。依法應停止偵查或因犯罪行為人逃匿而通緝者，亦同。

②前項時效之停止進行，有下列情形之一者，其停止原因視為消滅：

一　諭知公訴不受理判決確定，或因程序上理由終結自訴確定者。

二　審判程序依法律之規定或因被告逃匿而通緝，不能開始或繼續，而其期間已達第八十條第一項各款所定期間三分之一者。

三　依第一項後段規定停止偵查或通緝，而其期間已達第八十條第一項各款所定期間三分之一者。

③前二項之時效，自停止原因消滅之日起，與停止前已經過之期間，一併計算。

第八四條（行刑權之時效期間）104

①行刑權因下列期間內未執行而消滅：

一　宣告死刑、無期徒刑或十年以上有期徒刑者，四十年。

二　宣告三年以上十年未滿有期徒刑者，三十年。

三　宣告一年以上三年未滿有期徒刑者，十五年。

四　宣告一年未滿有期徒刑、拘役或罰金者，七年。

②前項期間，自裁判確定之日起算。但因保安處分先於刑罰執行者，自保安處分執行完畢之日起算。

第八五條（行刑權時效之停止）108

①行刑權之時效，因刑之執行而停止進行。有下列情形之一而不能開始或繼續執行時，亦同：

一　依法應停止執行者。

二　因刑人逃匿而通緝或執行期間脫逃未能繼續執行者。

三　受刑人依法另受拘束自由者。

②停止原因繼續存在之期間，如達於第八十四條第一項各款所定期間三分之一者，其停止原因視為消滅。

③第一項之時效，自停止原因消滅之日起，與停止前已經過之期間，一併計算。

第十二章　保安處分

第八六條（感化教育處分）

①因未滿十四歲而不罰者，得令入感化教育處所，施以感化教育。

②因未滿十八歲而減輕其刑者，得於刑之執行完畢或赦免後，令入感化教育處所，施以感化教育。但宣告三年以下有期徒刑、拘役或罰金者，得於執行前為之。

③感化教育之期間為三年以下。但執行已逾六月，認無繼續執行之必要者，法院得免其處分之執行。

第八七條　（監護處分）

①因第十九條第一項之原因而不罰者，其情狀足認有再犯或危害公共安全之虞時，令入相當處所，施以監護。

②有第十九條第二項及第二十條之原因，其情狀足認有再犯或有危害公共安全之虞時，於刑之執行完畢或赦免後，令入相當處所，施以監護。但必要時，得於刑之執行前為之。

③前二項之期間為五年以下，但執行中認無繼續執行之必要者，法院得免其處分之執行。

第八八條　（禁戒處分）

①施用毒品成癮者，於刑之執行前令入相當處所，施以禁戒。

②前項禁戒期間為一年以下。但執行中認無繼續執行之必要者，法院得免其處分之執行。

第八九條　（禁戒處分）

①因酗酒而犯罪，足認其已酗酒成癮並有再犯之虞者，於刑之執行前，令入相當處所，施以禁戒。

②前項禁戒期間為一年以下。但執行中認無繼續執行之必要者，法院得免其處分之執行。

第九〇條　（強制工作處分）

①有犯罪之習慣或因遊蕩或懶惰成習而犯罪者，於刑之執行前，令入勞動場所，強制工作。

②前項之處分期間為三年。但執行滿一年六月後，認無繼續執行之必要者，法院得免其處分之執行。

③執行期間屆滿前，認為有延長之必要者，法院得許可延長之，其延長之期間不得逾一年六月，並以一次為限。

第九一條　（刪除）108

第九一條之一　（治療處分）

①犯第二百二十一條至第二百二十七條、第二百二十八條、第二百二十九條、第二百三十條、第二百三十四條、第三百三十二條第二項第二款、第三百三十四條第二款、第三百四十八條第二項第一款及其特別法之罪，而有下列情形之一者，得令入相當處所，施以強制治療：

一　徒刑執行期滿前，於接受輔導或治療後，經鑑定、評估，認有再犯之危險者。

二　依其他法律規定，於接受身心治療或輔導教育後，經鑑定、評估，認有再犯之危險者。

②前項處分期間至其再犯危險顯著降低為止，執行期間應每年鑑定、評估有無停止治療之必要。

非行兒少

第九二條 （代替保安處分之保護管束）

①第八十六條至第九十條之處分，按其情形得以保護管束代之。

②前項保護管束期間爲三年以下，其不能收效者，得隨時撤銷之。仍執行原處分。

第九三條 （緩刑與假釋之保護管束）

①受緩刑之宣告者，除有下列情形之一，應於緩刑期間付保護管束外，得於緩刑期間付保護管束：

一 犯第九十一條之一所列之罪者。

二 執行第七十四條第二項第五款至第八款所定之事項者。

②假釋出獄者，在假釋中付保護管束。

第九四條 （刪除）

第九五條 （驅逐出境處分）

外國人受有期徒刑以上刑之宣告者，得於刑之執行完畢或赦免後，驅逐出境。

第九六條 （保安處分之宣告）

保安處分於裁判時併宣告之。但本法或其他法律另有規定者，不在此限。

第九七條 （刪除）

第九八條 （保安處分執行之免除）108

①依第八十六條第二項、第八十七條第二項規定宣告之保安處分，其先執行徒刑者，於刑之執行完畢或赦免後，認爲無執行之必要者，法院得免其處分之執行；其先執行保安處分者，於處分執行完畢或一部執行而免除後，認爲無執行刑之必要者，法院得免其刑之全部或一部執行。

②依第八十八條第一項、第八十九條第一項、第九十條第一項規定宣告之保安處分，於處分執行完畢或一部執行而免除後，認爲無執行刑之必要者，法院得免其刑之全部或一部執行。

③前二項免刑之執行，以有期徒刑或拘役爲限。

第九九條 （保安處分之執行時效）

保安處分自應執行之日起逾三年未開始或繼續執行者，非經法院認爲原宣告保安處分之原因仍繼續存在時，不得許可執行；逾七年未開始或繼續執行者，不得執行。

第二編 分 則

第一章 内亂罪

第一〇〇條 （普通内亂罪）

①意圖破壞國體、竊據國土，或以非法之方法變更國憲、顚覆政府，而以強暴或脅迫著手實行者，處七年以上有期徒刑；首謀者，處無期徒刑。

②預備犯前項之罪者，處六月以上、五年以下有期徒刑。

第一○一條 （暴動內亂罪）

①以暴動犯前條第一項之罪者，處無期徒刑或七年以上有期徒刑；首謀者，處死刑或無期徒刑。

②預備或陰謀犯前項之罪者，處一年以上、七年以下有期徒刑。

第一○二條 （內亂罪自首之減刑）

犯第一百條第二項或第一百零一條第二項之罪而自首者，減輕或免除其刑。

第二章　外患罪

第一○三條 （通謀開戰端罪）

①通謀外國或其派遣之人，意圖使該國或他國對於中華民國開戰端者，處死刑或無期徒刑。

②前項之未遂犯罰之。

③預備或陰謀犯第一項之罪者，處三年以上、十年以下有期徒刑。

第一○四條 （通謀喪失領域罪）

①通謀外國或其派遣之人，意圖使中華民國領域屬於該國或他國者，處死刑或無期徒刑。

②前項之未遂犯罰之。

③預備或陰謀犯第一項之罪者，處三年以上、十年以下有期徒刑。

第一○五條 （直接抗敵民國罪）

①中華民國人民在敵軍執役，或與敵國械抗中華民國或其同盟國者，處死刑或無期徒刑。

②前項之未遂犯罰之。

③預備或陰謀犯第一項之罪者，處三年以上、十年以下有期徒刑。

第一○六條 （單純助敵罪）

①在與外國開戰或將開戰期內，以軍事上之利益供敵國，或以軍事上之不利益害中華民國或其同盟國者，處無期徒刑或七年以上有期徒刑。

②前項之未遂犯罰之。

③預備或陰謀犯第一項之罪者，處五年以下有期徒刑。

第一○七條 （加重助敵罪）

①犯前條第一項之罪而有左列情形之一者，處死刑或無期徒刑：

一　將軍隊交付敵國，或將要塞、軍港、軍營、軍用船艦、航空機及其他軍用處所建築物，與供中華民國軍用之軍械、彈藥、錢糧及其他軍需品，或橋樑、鐵路、車輛、電線、電機、電局及其他供轉運之器物，交付敵國或毀壞或致令不堪用者。

二　代敵國招募軍隊，或煽惑軍人使其降敵者。

三　煽惑軍人不執行職務，或不守紀律，或逃叛者。

四　以關於要塞、軍港、軍營、軍用船艦、航空機及其他軍用處所建築物，或軍隊之秘密文書、圖畫、消息或物品，洩漏或交付於敵國者。

五　為敵國之間諜，或幫助敵國之間諜者。

②前項之未遂罰之。

③預備或陰謀犯第一項之罪者，處三年以上、十年以下有期徒刑。

第一〇八條　（戰時不履行軍需契約罪）108

①在與外國開戰或將開戰期內，不履行供給軍需之契約或不照契約履行者，處一年以上七年以下有期徒刑，得併科十五萬元以下罰金。

②因過失犯前項之罪者，處二年以下有期徒刑、拘役或三萬元以下罰金。

第一〇九條　（洩漏交付國防秘密罪）

①洩漏或交付關於中華民國國防應秘密之文書、圖畫、消息或物品者，處一年以上、七年以下有期徒刑。

②洩漏或交付前項之文書、圖畫、消息或物品於外國或其派遣之人者，處三年以上、十年以下有期徒刑。

③前二項之未遂罰之。

④預備或陰謀犯第一項或第二項之罪者，處二年以下有期徒刑。

第一一〇條　（公務員過失洩漏交付國防秘密罪）108

公務員對於職務上知悉或持有前條第一項之文書、圖畫、消息或物品，因過失而洩漏或交付者，處二年以下有期徒刑、拘役或三萬元以下罰金。

第一一一條　（刺探搜集國防秘密罪）

①刺探或收集第一百零九條第一項之文書、圖畫、消息或物品者，處五年以下有期徒刑。

②前項之未遂罰之。

③預備或陰謀犯第一項之罪者，處一年以下有期徒刑。

第一一二條　（不法侵入或留滯軍用處所罪）

意圖刺探或收集第一百零九條第一項之文書、圖畫、消息或物品，未受允准而入要塞、軍港、軍艦及其他軍用處所建築物，或留滯其內者，處一年以下有期徒刑。

第一一三條　（私與外國訂約罪）108

應經政府授權之事項，未獲授權，私與外國政府或其派遣之人為約定，處五年以下有期徒刑、拘役或科或併科五十萬元以下罰金；足以生損害於中華民國者，處無期徒刑或七年以上有期徒刑。

第一一四條　（違背對外事務委任罪）

受政府之委任，處理對於外國政府之事務，而違背其委任，致生損害於中華民國者，處無期徒刑或七年以上有期徒刑。

第一一五條　（毀匿國權證據罪）

偽造、變造、毀棄或隱匿可以證明中華民國對於外國所享權利之文書、圖畫或其他證據者，處五年以上、十二年以下有期徒刑。

第一一五條之一　（外患罪適用規定之處斷）108

本章之罪，亦適用於地域或對象為大陸地區、香港、澳門、境外

敵對勢力或其派遣之人，行為人違反各條規定者，依各該條規定處斷之。

第三章　妨害國交罪

第一一六條　（侵害友邦元首或外國代表罪）

對於友邦元首或派至中華民國之外國代表，犯故意傷害罪、妨害自由罪或妨害名譽罪者，得加重其刑至三分之一。

第一一七條　（違背中立命令罪）108

於外國交戰之際，違背政府局外中立之命令者，處一年以下有期徒刑、拘役或九萬元以下罰金。

第一一八條　（侮辱外國旗章罪）108

意圖侮辱外國，而公然損壞、除去或污辱外國之國旗、國章者，處一年以下有期徒刑、拘役或九千元以下罰金。

第一一九條　（請求乃論）

第一百十六條之妨害名譽罪及第一百十八條之罪，須外國政府之請求乃論。

第四章　瀆職罪

第一二〇條　（委棄守地罪）

公務員不盡其應盡之責，而委棄守地者，處死刑、無期徒刑或十年以上有期徒刑。

第一二一條　（不違背職務之受賄罪）107

公務員或仲裁人對於職務上之行為，要求、期約或收受賄賂或其他不正利益者，處七年以下有期徒刑，得併科七十萬元以下罰金。

第一二二條　（違背職務受賄罪及行賄罪）107

①公務員或仲裁人對於違背職務之行為，要求、期約或收受賄賂或其他不正利益者，處三年以上十年以下有期徒刑，得併科二百萬元以下罰金。

②因而為違背職務之行為者，處無期徒刑或五年以上有期徒刑，得併科四百萬元以下罰金。

③對於公務員或仲裁人關於違背職務之行為，行求、期約或交付賄賂或其他不正利益者，處三年以下有期徒刑，得併科三十萬元以下罰金。但自首者減輕或免除其刑。在偵查或審判中自白者，得減輕其刑。

第一二三條　（準受賄罪）

於未為公務員或仲裁人時，預以職務上之行為，要求、期約或收受賄賂或其他不正利益，而於為公務員或仲裁人後履行者，以公務員或仲裁人要求、期約或收受賄賂或其他不正利益論。

第一二四條　（枉法裁判或仲裁罪）

有審判職務之公務員或仲裁人，為枉法之裁判或仲裁者，處一年以上七年以下有期徒刑。

第一二五條　（濫權追訴處罰罪）

①有追訴或處罰犯罪職務之公務員，為左列行為之一者，處一年以上、七年以下有期徒刑：

一　濫用職權為逮捕或羈押者。

二　意圖取供而施強暴、脅迫者。

三　明知為無罪之人，而使其受追訴或處罰，或明知為有罪之人，而無故不使其受追訴或處罰者。

②因而致人於死者，處無期徒刑或七年以上有期徒刑。致重傷者，處三年以上、十年以下有期徒刑。

第一二六條　（凌虐人犯罪）

①有管收、解送或拘禁人犯職務之公務員，對於人犯施以凌虐者，處一年以上、七年以下有期徒刑。

②因而致人於死者，處無期徒刑或七年以上有期徒刑。致重傷者，處三年以上、十年以下有期徒刑。

第一二七條　（違法行刑罪）108

①有執行刑罰職務之公務員，違法執行或不執行刑罰者，處五年以下有期徒刑。

②因過失而執行不應執行之刑罰者，處一年以下有期徒刑、拘役或九千元以下罰金。

第一二八條　（越權受理罪）

公務員對於訴訟事件，明知不應受理而受理者，處三年以下有期徒刑。

第一二九條　（違法徵收、抑留或剋扣款物罪）108

①公務員對於租稅或其他入款，明知不應徵收而徵收者，處一年以上七年以下有期徒刑，得併科二十一萬元以下罰金。

②公務員對於職務上發給之款項、物品，明知應發給而抑留不發或剋扣者，亦同。

③前二項之未遂犯罰之。

第一三〇條　（廢弛職務釀成災害罪）

公務員廢弛職務釀成災害者，處三年以上、十年以下有期徒刑。

第一三一條　（公務員圖利罪）107

公務員對於主管或監督之事務，明知違背法令，直接或間接圖自己或其他私人不法利益，因而獲得利益者，處一年以上七年以下有期徒刑，得併科一百萬元以下罰金。

第一三二條　（洩漏國防以外之秘密罪）108

①公務員洩漏或交付關於中華民國國防以外應秘密之文書、圖畫、消息或物品者，處三年以下有期徒刑。

②因過失犯前項之罪者，處一年以下有期徒刑、拘役或九千元以下罰金。

③非公務員因職務或業務知悉或持有第一項之文書、圖畫、消息或物品，而洩漏或交付之者，處一年以下有期徒刑、拘役或九千元以下罰金。

第一三三條　（郵電人員妨害郵電秘密罪）108

在郵務或電報機關執行職務之公務員，開拆或隱匿投寄之郵件或電報者，處三年以下有期徒刑、拘役或一萬五千元以下罰金。

第一三四條　（公務員犯罪加重處罰之規定）

公務員假借職務上之權力、機會或方法，以故意犯本章以外各罪者，加重其刑至二分之一。但因公務員之身分已特別規定其刑者，不在此限。

第五章　妨害公務罪

第一三五條　（妨害公務執行及職務強制罪）108

①對於公務員依法執行職務時，施強暴脅迫者，處三年以下有期徒刑、拘役或九千元以下罰金。

②意圖使公務員執行一定之職務或妨害其依法執行一定之職務或使公務員辭職，而施強暴脅迫者，亦同。

③犯前二項之罪，因而致公務員於死者，處無期徒刑或七年以上有期徒刑；致重傷者，處三年以上十年以下有期徒刑。

第一三六條　（聚眾妨害公務罪）108

①公然聚眾犯前條之罪者，在場助勢之人，處一年以下有期徒刑、拘役或九千元以下罰金；首謀及下手實施強暴、脅迫者，處一年以上七年以下有期徒刑。

②因而致公務員於死或重傷者，首謀及下手實施強暴脅迫之人，依前條第三項之規定處斷。

第一三七條　（妨害考試罪）108

①對於依考試法舉行之考試，以詐術或其他非法之方法，使其發生不正確之結果者，處一年以下有期徒刑、拘役或九千元以下罰金。

②前項之未遂犯罰之。

第一三八條　（妨害職務上掌管之文書物品罪）

毀棄、損壞或隱匿公務員職務上掌管或委託第三人掌管之文書、圖畫、物品，或致令不堪用者，處五年以下有期徒刑。

第一三九條　（污損封印、查封標示或違背其效力罪）108

①損壞、除去或污穢公務員依法所施之封印或查封之標示，或為違背其效力之行為者，處二年以下有期徒刑、拘役或二十萬元以下罰金。

②為違背公務員依法所發具扣押效力命令之行為者，亦同。

第一四〇條　（侮辱公務員公署罪）108

①於公務員依法執行職務時，當場侮辱或對於其依法執行之職務公然侮辱者，處六月以下有期徒刑、拘役或三千元以下罰金。

②對於公署公然侮辱者，亦同。

第一四一條　（侵害文告罪）108

意圖侮辱公務員或公署，而損壞、除去或污穢實貼公共場所之文告者，處拘役或三千元以下罰金。

第六章　妨害投票罪

第一四二條　（妨害投票自由罪）

①以強暴脅迫或其他非法之方法，妨害他人自由行使法定之政治上選舉或其他投票權者，處五年以下有期徒刑。

②前項之未遂犯罰之。

第一四三條　（投票受賄罪）107

有投票權之人，要求、期約或收受賄賂或其他不正利益，而許以不行使其投票權或為一定之行使者，處三年以下有期徒刑，得併科三十萬元以下罰金。

第一四四條　（投票行賄罪）108

對於有投票權之人，行求、期約或交付賄賂或其他不正利益，而約其不行使投票權或為一定之行使者，處五年以下有期徒刑，得併科二十一萬元以下罰金。

第一四五條　（利誘投票罪）

以生計上之利害，誘惑投票人不行使其投票權或為一定之行使者，處三年以下有期徒刑。

第一四六條　（妨害投票正確罪）

①以詐術或其他非法之方法，使投票發生不正確之結果或變造投票之結果者，處五年以下有期徒刑。

②意圖使特定候選人當選，以虛偽遷徙戶籍取得投票權而為投票者，亦同。

③前二項之未遂犯罰之。

第一四七條　（妨害投票秩序罪）108

妨害或擾亂投票者，處二年以下有期徒刑、拘役或一萬五千元以下罰金。

第一四八條　（妨害投票秘密罪）108

於無記名之投票，刺探票載之內容者，處九千元以下罰金。

第七章　妨害秩序罪

第一四九條　（公然聚眾不遵令解散罪）109

在公共場所或公眾得出入之場所聚集三人以上，意圖為強暴脅迫，已受該管公務員解散命令三次以上而不解散者，在場助勢之人，處六月以下有期徒刑、拘役或八萬元以下罰金；首謀者，處三年以下有期徒刑。

第一五○條　（公然聚眾施強暴脅迫罪）109

①在公共場所或公眾得出入之場所聚集三人以上，施強暴脅迫者，在場助勢之人，處一年以下有期徒刑，拘役或十萬元以下罰金；首謀及下手實施者，處六月以上五年以下有期徒刑。

②犯前項之罪，而有下列情形之一者，得加重其刑至二分之一：

　一　意圖供行使之用而攜帶兇器或其他危險物品犯之。

　二　因而致生公眾或交通往來之危險。

第一五一條 （恐嚇公眾罪）

以加害生命、身體、財產之事恐嚇公眾，致生危害於公安者，處二年以下有期徒刑。

第一五二條 （妨害合法集會罪）

以強暴、脅迫或詐術，阻止或擾亂合法之集會者，處二年以下有期徒刑。

第一五三條 （煽惑他人犯罪或違背法令罪）108

以文字、圖畫、演說或他法，公然為下列行為之一者，處二年以下有期徒刑、拘役或三萬元以下罰金：

一　煽惑他人犯罪者。

二　煽惑他人違背法令，或抗拒合法之命令者。

第一五四條 （參與犯罪結社罪）108

①參與以犯罪為宗旨之結社者，處三年以下有期徒刑、拘役或一萬五千元以下罰金；首謀者，處一年以上七年以下有期徒刑。

②犯前項之罪而自首者，減輕或免除其刑。

第一五五條 （煽惑軍人背叛罪）

煽惑軍人不執行職務，或不守紀律，或逃叛者，處六月以上、五年以下有期徒刑。

第一五六條 （私招軍隊罪）

未受允准，召集軍隊，發給軍需或率帶軍隊者，處五年以下有期徒刑。

第一五七條 （挑唆包攬訴訟罪）

意圖漁利，挑唆或包攬他人訴訟者，處一年以下有期徒刑、拘役或五萬元以下罰金。

第一五八條 （僭行公務員職權罪）108

①冒充公務員而行使其職權者，處三年以下有期徒刑、拘役或一萬五千元以下罰金。

②冒充外國公務員而行使其職權者，亦同。

第一五九條 （冒充公務員服章官銜罪）108

公然冒用公務員服飾、徽章或官銜者，處一萬五千元以下罰金。

第一六○條 （侮辱國旗國徽及國父遺像罪）108

①意圖侮辱中華民國，而公然損壞、除去或污辱中華民國之國徽、國旗者，處一年以下有期徒刑、拘役或九千元以下罰金。

②意圖侮辱創立中華民國之孫先生，而公然損壞、除去或污辱其遺像者，亦同。

第八章　脫逃罪

第一六一條 （脫逃罪）

①依法逮捕、拘禁之人脫逃者，處一年以下有期徒刑。

②損壞拘禁處所械具或以強暴脅迫犯前項之罪者，處五年以下有期徒刑。

③聚眾以強暴脅迫犯第一項之罪者，在場助勢之人，處三年以上十

年以下有期徒刑。首謀及下手實施強暴脅迫者，處五年以上有期徒刑。

④前三項之未遂犯罰之。

第一六二條　（縱放或便利脫逃罪）

①縱放依法逮捕拘禁之人或便利其脫逃者，處三年以下有期徒刑。

②損壞拘禁處所械具或以強暴脅迫犯前項之罪者，處六月以上、五年以下有期徒刑。

③聚眾以強暴脅迫犯第一項之罪者，在場助勢之人，處五年以上、十二年以下有期徒刑；首謀及下手實施強暴脅迫者，處無期徒刑或七年以上有期徒刑。

④前三項之未遂犯罰之。

⑤配偶、五親等內之血親或三親等內之姻親，犯第一項之便利脫逃罪者，得減輕其刑。

第一六三條　（公務員縱放或便利脫逃罪）108

①公務員縱放職務上依法逮捕、拘禁之人或便利其脫逃者，處一年以上七年以下有期徒刑。

②因過失致前項之人脫逃者，處六月以下有期徒刑、拘役或九千元以下罰金。

③第一項之未遂犯罰之。

第九章　藏匿人犯及湮滅證據罪

第一六四條　（藏匿人犯或使之隱避、頂替罪）108

①藏匿犯人或依法逮捕、拘禁之脫逃人或使之隱避者，處二年以下有期徒刑、拘役或一萬五千元以下罰金。

②意圖犯前項之罪而頂替者，亦同。

第一六五條　（湮滅刑事證據罪）108

偽造、變造、湮滅或隱匿關係他人刑事被告案件之證據，或使用偽造、變造之證據者，處二年以下有期徒刑、拘役或一萬五千元以下罰金。

第一六六條　（犯湮滅證據自白之減免）

犯前條之罪，於他人刑事被告案件裁判確定前自白者，減輕或免除其刑。

第一六七條　（親屬間犯本章之罪之減免）

配偶、五親等內之血親或三親等內之姻親，圖利犯人或依法逮捕拘禁之脫逃人，而犯第一百六十四條或第一百六十五條之罪者，減輕或免除其刑。

第十章　偽證及誣告罪

第一六八條　（偽證罪）

於執行審判職務之公署審判時，或於檢察官偵查時，證人、鑑定人、通譯於案情有重要關係之事項，供前或供後具結，而為虛偽陳述者，處七年以下有期徒刑。

第一六九條 （誣告罪）

①意圖他人受刑事或懲戒處分，向該管公務員誣告者，處七年以下有期徒刑。

②意圖他人受刑事或懲戒處分，而偽造、變造證據，或使用偽造、變造之證據者，亦同。

第一七〇條 （加重誣告罪）

意圖陷害直系血親尊親屬，而犯前條之罪者，加重其刑至二分之一。

第一七一條 （未指定犯人誣告罪）108

①未指定犯人，而向該管公務員誣告犯罪者，處一年以下有期徒刑、拘役或九千元以下罰金。

②未指定犯人，而偽造、變造犯罪證據，或使用偽造、變造之犯罪證據，致開始刑事訴訟程序者，亦同。

第一七二條 （偽證、誣告自白減免）

犯第一百六十八條至第一百七十一條之罪，於所虛偽陳述或所誣告之案件，裁判或懲戒處分確定前自白者，減輕或免除其刑。

第十一章　公共危險罪

第一七三條 （放火或失火燒燬現住建築物及交通工具罪）108

①放火燒燬現供人使用之住宅或現有人所在之建築物、礦坑、火車、電車或其他供水、陸、空公眾運輸之舟、車、航空機者，處無期徒刑或七年以上有期徒刑。

②失火燒燬前項之物者，處一年以下有期徒刑、拘役或一萬五千元以下罰金。

③第一項之未遂犯罰之。

④預備犯第一項之罪者，處一年以下有期徒刑、拘役或九千元以下罰金。

第一七四條 （放火失火燒燬非現住建築物及交通工具罪）108

①放火燒燬現非供人使用之他人所有住宅或現未有人所在之他人所有建築物、礦坑、火車、電車或其他供水、陸、空公眾運輸之舟、車、航空機者，處三年以上十年以下有期徒刑。

②放火燒燬前項之自己所有物，致生公共危險者，處六月以上五年以下有期徒刑。

③失火燒燬第一項之物者，處六月以下有期徒刑、拘役或九千元以下罰金；失火燒燬前項之物，致生公共危險者，亦同。

④第一項之未遂犯罰之。

第一七五條 （放火燒燬住宅等以外之物）108

①放火燒燬前二條以外之他人所有物，致生公共危險者，處一年以上七年以下有期徒刑。

②放火燒燬前二條以外之自己所有物，致生公共危險者，處三年以

下有期徒刑。

③失火燒燬前二條以外之物，致生公共危險者，處拘役或九千元以下罰金。

第一七六條 （準放火罪）

故意或因過失，以火藥、蒸氣、電氣、煤氣或其他爆裂物，炸燬前三條之物者，準用各該條放火、失火之規定。

第一七七條 （漏逸或間隔氣體罪）108

①漏逸或間隔蒸氣、電氣、煤氣或其他氣體，致生公共危險者，處三年以下有期徒刑、拘役或九千元以下罰金。

②因而致人於死者，處無期徒刑或七年以上有期徒刑；致重傷者，處三年以上十年以下有期徒刑。

第一七八條 （決水浸害現供人使用之住宅或現有人所在之建築物及交通工具罪）108

①決水浸害現供人使用之住宅或現有人所在之建築物、礦坑或火車、電車者，處無期徒刑或五年以上有期徒刑。

②因過失決水浸害前項之物者，處一年以下有期徒刑、拘役或一萬五千元以下罰金。

③第一項之未遂犯罰之。

第一七九條 （決水浸害現非供人使用之住宅或現未有人在之建築物罪）108

①決水浸害現非供人使用之他人所有住宅或現未有人所在之他人所有建築物或礦坑者，處一年以上七年以下有期徒刑。

②決水浸害前項之自己所有物，致生公共危險者，處六月以上五年以下有期徒刑。

③因過失決水浸害第一項之物者，處六月以下有期徒刑、拘役或九千元以下罰金。

④因過失決水浸害前項之物者，致生公共危險者，亦同。

⑤第一項之未遂犯罰之。

第一八〇條 （決水浸害住宅等以外之物罪）108

①決水浸害前二條以外之他人所有物，致生公共危險者，處五年以下有期徒刑。

②決水浸害前二條以外之自己所有物，致生公共危險者，處二年以下有期徒刑。

③因過失決水浸害前二條以外之物，致生公共危險者，處拘役或九千元以下罰金。

第一八一條 （破壞防水蓄水設備罪）108

①決潰隄防、破壞水閘或損壞自來水池，致生公共危險者，處五年以下有期徒刑。

②因過失犯前項之罪者，處拘役或九千元以下罰金。

③第一項之未遂犯罰之。

第一八二條 （妨害救災罪）

於火災、水災、風災、震災、爆炸或其他相類災害發生之際，隱

匿或損壞防禦之器械或以他法妨害救災者，處三年以下有期徒刑、拘役或三萬元以下罰金。

第一八三條（傾覆破壞現有人所在交通工具罪）108

①傾覆或破壞現有人所在之火車、電車或其他供水、陸、空公眾運輸之舟、車、航空機者，處無期徒刑或五年以上有期徒刑。

②因過失犯前項之罪者，處三年以下有期徒刑、拘役或三十萬元以下罰金。

③第一項之未遂犯罰之。

第一八四條（妨害舟車及航空機行駛安全罪）108

①損壞軌道、燈塔、標識或以他法致生火車、電車或其他供水、陸、空公眾運輸之舟、車、航空機往來之危險者，處三年以上十年以下有期徒刑。

②因而致前項之舟、車、航空機傾覆或破壞者，依前條第一項之規定處斷。

③因過失犯第一項之罪者，處二年以下有期徒刑、拘役或二十萬元以下罰金。

④第一項之未遂犯罰之。

第一八五條（妨害公眾往來安全罪）108

①損壞或壅塞陸路、水路、橋樑或其他公眾往來之設備或以他法致生往來之危險者，處五年以下有期徒刑、拘役或一萬五千元以下罰金。

②因而致人於死者，處無期徒刑或七年以上有期徒刑；致重傷者，處三年以上十年以下有期徒刑。

③第一項之未遂犯罰之。

第一八五條之一（劫持交通工具之罪）

①以強暴、脅迫或其他非法方法劫持使用中之航空器或控制其飛航者，處死刑、無期徒刑或七年以上有期徒刑。其情節輕微者，處七年以下有期徒刑。

②因而致人於死者，處死刑或無期徒刑；致重傷者，處死刑、無期徒刑或十年以上有期徒刑。

③以第一項之方法劫持使用中供公眾運輸之舟、車或控制其行駛者，處五年以上有期徒刑。其情節輕微者，處三年以下有期徒刑。

④因而致人於死者，處無期徒刑或十年以上有期徒刑；致重傷者，處七年以上有期徒刑。

⑤第一項、第三項之未遂犯罰之。

⑥預備犯第一項之罪者，處三年以下有期徒刑。

第一八五條之二（危害飛航安全或其設施罪）108

①以強暴、脅迫或其他非法方法危害飛航安全或其設施者，處七年以下有期徒刑、拘役或九十萬元以下罰金。

②因而致航空器或其他設施毀損者，處三年以上十年以下有期徒刑。

③因而致人於死者，處死刑、無期徒刑或十年以上有期徒刑；致重傷者，處五年以上十二年以下有期徒刑。

④第一項之未遂犯罰之。

第一八五條之三 （不能安全駕駛罪）108

①駕駛動力交通工具而有下列情形之一者，處二年以下有期徒刑，得併科二十萬元以下罰金：

一　吐氣所含酒精濃度達每公升零點二五毫克或血液中酒精濃度達百分之零點零五以上。

二　有前款以外之其他情事足認服用酒類或其他相類之物，致不能安全駕駛。

三　服用毒品、麻醉藥品或其他相類之物，致不能安全駕駛。

②因而致人於死者，處三年以上十年以下有期徒刑；致重傷者，處一年以上七年以下有期徒刑。

③曾犯本條或陸海空軍刑法第五十四條之罪，經有罪判決確定或經緩起訴處分確定，於五年內再犯第一項之罪因而致人於死者，處無期徒刑或五年以上有期徒刑；致重傷者，處三年以上十年以下有期徒刑。

第一八五條之四 （肇事遺棄罪）102

駕駛動力交通工具肇事，致人死傷而逃逸者，處一年以上七年以下有期徒刑。

第一八六條 （單純危險物罪）108

未受允准，而製造、販賣、運輸或持有炸藥、棉花藥、雷汞或其他相類之爆裂物或軍用槍砲、子彈而無正當理由者，處二年以下有期徒刑、拘役或一萬五千元以下罰金。

第一八六條之一 （不法使用爆裂物及其加重結果犯）108

①無正當理由使用炸藥、棉花藥、雷汞或其他相類之爆裂物爆炸，致生公共危險者，處一年以上七年以下有期徒刑。

②因而致人於死者，處無期徒刑或七年以上有期徒刑；致重傷者，處三年以上十年以下有期徒刑。

③因過失致炸藥、棉花藥、雷汞或其他相類之爆裂物爆炸而生公共危險者，處二年以下有期徒刑、拘役或一萬五千元以下罰金。

④第一項之未遂犯罰之。

第一八七條 （加重危險物罪）

意圖供自己或他人犯罪之用，而製造、販賣、運輸或持有炸藥、棉花藥、雷汞或其他相類之爆裂物或軍用槍砲、子彈者，處五年以下有期徒刑。

第一八七條之一 （不法使用核子原料等物之處罰）

不依法令製造、販賣、運輸或持有核子原料、燃料、反應器、放射性物質或其原料者，處五年以下有期徒刑。

第一八七條之二 （放逸核能、放射線致生公共危險罪）108

①放逸核能、放射線，致生公共危險者，處五年以下有期徒刑。

②因而致人於死者，處無期徒刑或十年以上有期徒刑；致重傷者，

處五年以上有期徒刑。

③因過失犯第一項之罪者，處二年以下有期徒刑、拘役或一萬五千元以下罰金。

④第一項之未遂犯罰之。

第一八七條之三　（無正當理由使用放射線之處罰）

①無正當理由使用放射線，致傷害人之身體或健康者，處三年以上十年以下有期徒刑。

②因而致人於死者，處無期徒刑或十年以上有期徒刑；致重傷者，處五年以上有期徒刑。

③第一項之未遂犯罰之。

第一八八條　（妨害公用事業罪）108

妨害鐵路、郵務、電報、電話或供公眾之用水、電氣、煤氣事業者，處五年以下有期徒刑、拘役或一萬五千元以下罰金。

第一八九條　（損壞保護生命設備）108

①損壞礦坑、工廠或其他相類之場所內關於保護生命之設備，致生危險於他人生命者，處一年以上七年以下有期徒刑。

②因而致人於死者，處無期徒刑或七年以上有期徒刑；致重傷者，處三年以上十年以下有期徒刑。

③因過失犯第一項之罪者，處二年以下有期徒刑、拘役或二十萬元以下罰金。

④第一項之未遂犯罰之。

第一八九條之一　（損壞保護生命設備致生危險於他人生命健康罪）108

①損壞礦場、工廠或其他相類之場所內關於保護生命之設備或致令不堪用，致生危險於他人之身體健康者，處一年以下有期徒刑、拘役或九千元以下罰金。

②損壞前項以外之公共場所內關於保護生命之設備或致令不堪用，致生危險於他人之身體健康者，亦同。

第一八九條之二　（阻塞逃生通道之處罰）

①阻塞醫院、商場、餐廳、旅店或其他公眾得出入之場所或公共場所之逃生通道，致生危險於他人生命、身體或健康者，處三年以下有期徒刑。阻塞集合住宅或共同使用大廈之逃生通道，致生危險於他人生命、身體或健康者，亦同。

②因而致人於死者，處七年以下有期徒刑；致重傷者，處五年以下有期徒刑。

第一九〇條　（妨害公眾飲水罪）108

①投放毒物或混入妨害衛生物品於供公眾所飲之水源、水道或自來水池者，處一年以上七年以下有期徒刑。

②因而致人於死者，處無期徒刑或七年以上有期徒刑；致重傷者，處三年以上十年以下有期徒刑。

③因過失犯第一項之罪者，處六月以下有期徒刑、拘役或九千元以下罰金。

④第一項之未遂犯罰之。

第一九〇條之一 （流放毒物罪及結果加重犯）107

①投棄、放流、排出、放逸或以他法使毒物或其他有害健康之物污染空氣、土壤、河川或其他水體者，處五年以下有期徒刑、拘役或科或併科一千萬元以下罰金。

②廠商或事業場所之負責人、監督策劃人員、代理人、受僱人或其他從業人員，因事業活動而犯前項之罪者，處七年以下有期徒刑，得併科一千五百萬元以下罰金。

③犯第一項之罪，因而致人於死者，處三年以上十年以下有期徒刑；致重傷者，處一年以上七年以下有期徒刑。

④犯第二項之罪，因而致人於死者，處無期徒刑或七年以上有期徒刑；致重傷者，處三年以上十年以下有期徒刑。

⑤因過失犯第一項之罪者，處一年以下有期徒刑、拘役或科或併科二百萬元以下罰金。

⑥因過失犯第二項之罪者，處三年以下有期徒刑、拘役或科或併科六百萬元以下罰金。

⑦第一項或第二項之未遂犯罰之。

⑧犯第一項、第五項或第一項未遂犯之罪，其情節顯著輕微者，不罰。

第一九一條 （製造販賣陳列妨害衛生物品罪）108
製造、販賣或意圖販賣而陳列妨害衛生之飲食物品或其他物品者，處六月以下有期徒刑、拘役或科或併科三萬元以下罰金。

第一九一條之一 （流通食品下毒之罪及結果加重犯）

①對他人公開陳列、販賣之飲食物品或其他物品滲入、添加或塗抹毒物或其他有害人體健康之物質者，處七年以下有期徒刑。

②將已滲入、添加或塗抹毒物或其他有害人體健康之飲食物品或其他物品混雜於公開陳列、販賣之飲食物品或其他物品者，亦同。

③犯前二項之罪而致人於死者，處無期徒刑或七年以上有期徒刑；致重傷者，處三年以上十年以下有期徒刑。

④第一項及第二項之未遂犯罰之。

第一九二條 （違背預防傳染病令罪及散布傳染病菌罪） 108

①違背關於預防傳染病所公布之檢查或進口之法令者，處二年以下有期徒刑、拘役或三萬元以下罰金。

②暴露有傳染病菌之屍體，或以他法散布病菌，致生公共危險者，亦同。

第一九三條 （違背建築術成規罪）108
承攬工程人或監工人於營造或拆卸建築物時，違背建築術成規，致生公共危險者，處三年以下有期徒刑、拘役或九萬元以下罰金。

第一九四條 （不履行賑災契約罪）108
於災害之際，關於與公務員或慈善團體締結供給糧食或其他必需

品之契約，而不履行或不照契約履行，致生公共危險者，處五年以下有期徒刑，得併科九萬元以下罰金。

第十二章　偽造貨幣罪

第一九五條　（偽造變造通貨、幣券罪）108

①意圖供行使之用，而偽造、變造通用之貨幣、紙幣、銀行券者，處五年以上有期徒刑，得併科十五萬元以下罰金。

②前項之未遂犯罰之。

第一九六條　（行使收集或交付偽造變造通貨、幣券罪）108

①行使偽造、變造之通用貨幣、紙幣、銀行券，或意圖供行使之用而收集或交付於人者，處三年以上十年以下有期徒刑，得併科十五萬元以下罰金。

②收受後方知為偽造、變造之通用貨幣、紙幣、銀行券而仍行使，或意圖供行使之用而交付於人者，處一萬五千元以下罰金。

③第一項之未遂犯罰之。

第一九七條　（減損通用貨幣罪）108

①意圖供行使之用而減損通用貨幣之分量者，處五年以下有期徒刑，得併科九萬元以下罰金。

②前項之未遂犯罰之。

第一九八條　（行使減損通用貨幣罪）108

①行使減損分量之通用貨幣，或意圖供行使之用而收集或交付於人者，處三年以下有期徒刑，得併科三萬元以下罰金。

②收受後方知為減損分量之通用貨幣而仍行使，或意圖供行使之用而交付於人者，處三千元以下罰金。

③第一項之未遂犯罰之。

第一九九條　（預備偽造變造幣券或減損貨幣罪）108

意圖供偽造、變造通用之貨幣、紙幣、銀行券或意圖供減損通用貨幣分量之用，而製造、交付或收受各項器械、原料者，處五年以下有期徒刑，得併科三萬元以下罰金。

第二〇〇條　（沒收物之特例）

偽造、變造之通用貨幣、紙幣、銀行券，減損分量之通用貨幣及前條之器械原料，不問屬於犯人與否，沒收之。

第十三章　偽造有價證券罪

第二〇一條　（有價證券之偽造、變造與行使罪）108

①意圖供行使之用，而偽造、變造公債票、公司股票或其他有價證券者，處三年以上十年以下有期徒刑，得併科九萬元以下罰金。

②行使偽造、變造之公債票、公司股票或其他有價證券，或意圖供行使之用而收集或交付於人者，處一年以上七年以下有期徒刑，得併科九萬元以下罰金。

第二〇一條之一　（信用卡之偽造、變造與行使罪）108

①意圖供行使之用，而偽造、變造信用卡、金融卡、儲值卡或其他

相類作爲簽帳、提款、轉帳或支付工具之電磁紀錄物者，處一年以上七年以下有期徒刑，得併科九萬元以下罰金。

②行使前項僞造、變造之信用卡、金融卡、儲值卡或其他相類作爲簽帳、提款、轉帳或支付工具之電磁紀錄物，或意圖行使之用，而收受或交付於人者，處五年以下有期徒刑，得併科九萬元以下罰金。

第二○二條 （郵票、印花稅票之僞造、變造與行使塗抹罪）108

①意圖行使之用，而僞造、變造郵票或印花稅票者，處六月以上五年以下有期徒刑，得併科三萬元以下罰金。

②行使僞造、變造之郵票或印花稅票，或意圖供行使之用而收集或交付於人者，處三年以下有期徒刑，得併科三萬元以下罰金。

③意圖行使之用，而塗抹郵票或印花稅票上之註銷符號者，處一年以下有期徒刑、拘役或九千元以下罰金；其行使之者，亦同。

第二○三條 （僞造、變造及行使往來客票罪）108

意圖供行使之用，而僞造、變造船票、火車、電車票或其他往來客票者，處一年以下有期徒刑、拘役或九千元以下罰金；其行使之者，亦同。

第二○四條 （預備僞造、變造有價證券罪）108

①意圖供僞造、變造有價證券、郵票、印花稅票、信用卡、金融卡、儲值卡或其他相類作爲簽帳、提款、轉帳或支付工具之電磁紀錄物之用，而製造、交付或收受各項器械、原料、或電磁紀錄者，處二年以下有期徒刑，得併科一萬五千元以下罰金。

②從事業務之人利用職務上機會犯前項之罪者，加重其刑至二分之一。

第二○五條 （沒收物）

僞造、變造之有價證券、郵票、印花稅票、信用卡、金融卡、儲值卡或其他相類作爲提款、簽帳、轉帳或支付工具之電磁紀錄物及前條之器械原料及電磁紀錄，不問屬於犯人與否，沒收之。

第十四章 僞造度量衡罪

第二○六條 （僞造、變造度量衡定程罪）108

意圖供行使之用，而製造違背定程之度量衡，或變更度量衡之定程者，處一年以下有期徒刑、拘役或九千元以下罰金。

第二○七條 （販賣違背定程之度量衡罪）108

意圖供行使之用，而販賣違背定程之度量衡者，處六月以下有期徒刑、拘役或九千元以下罰金。

第二○八條 （行使違背定程之度量衡罪）108

①行使違背定程之度量衡者，處九千元以下罰金。

②從事業務之人，關於其業務犯前項之罪者，處六月以下有期徒刑、拘役或一萬五千元以下罰金。

第二〇九條 （沒收物）

違背定程之度量衡，不問屬於犯人與否，沒收之。

第十五章 偽造文書印文罪

第二一〇條 （偽造變造私文書罪）

偽造、變造私文書，足以生損害於公眾或他人者，處五年以下有期徒刑。

第二一一條 （偽造變造公文書罪）

偽造、變造公文書，足以生損害於公眾或他人者，處一年以上、七年以下有期徒刑。

第二一二條 （偽造變造特種文書罪）108

偽造、變造護照、旅券、免許證、特許證及關於品行、能力、服務或其他相類之證書、介紹書，足以生損害於公眾或他人者，處一年以下有期徒刑、拘役或九千元以下罰金。

第二一三條 （公文書不實登載罪）

公務員明知爲不實之事項，而登載於職務上所掌之公文書，足以生損害於公眾或他人者，處一年以上七年以下有期徒刑。

第二一四條 （使公務員登載不實罪）108

明知爲不實之事項，而使公務員登載於職務上所掌之公文書，足以生損害於公眾或他人者，處三年以下有期徒刑、拘役或一萬五千元以下罰金。

第二一五條 （業務上文書登載不實罪）108

從事業務之人，明知爲不實之事項，而登載於其業務上作成之文書，足以生損害於公眾或他人者，處三年以下有期徒刑、拘役或一萬五千元以下罰金。

第二一六條 （行使偽造變造或登載不實文書罪）

行使第二百十條至第二百十五條之文書者，依偽造、變造文書或登載不實事項或使登載不實事項之規定處斷。

第二一七條 （偽造盜用印章、印文或署押罪）

①偽造印章、印文或署押，足以生損害於公眾或他人者，處三年以下有期徒刑。

②盜用印章、印文或署押，足以生損害於公眾或他人者，亦同。

第二一八條 （偽造或盜用公印或公印文罪）

①偽造公印或公印文者，處五年以下有期徒刑。

②盜用公印或公印文，足以生損害於公眾或他人者，亦同。

第二一九條 （沒收之特例）

偽造之印章、印文或署押，不問屬於犯人與否，沒收之。

第二二〇條 （準文書）

①在紙上或物品上之文字、符號、圖畫、照像，依習慣或特約，足以爲表示其用意之證明者，關於本章及本章以外各罪，以文書論。

②錄音、錄影或電磁紀錄，藉機器或電腦之處理所顯示之聲音、影

像或符號，足以爲表示其用意之證明者，亦同。

第十六章　妨害性自主罪

第二二一條 （強制性交罪）

①對於男女以強暴、脅迫、恐嚇、催眠術或其他違反其意願之方法而爲性交者，處三年以上十年以下有期徒刑。

②前項之未遂犯罰之。

第二二二條 （加重強制性交罪）

①犯前條之罪而有下列情形之一者，處七年以上有期徒刑：

一　二人以上共同犯之者。

二　對未滿十四歲之男女犯之者。

三　對精神、身體障礙或其他心智缺陷之人犯之者。

四　以藥劑犯之者。

五　對被害人施以凌虐者。

六　利用駕駛供公衆或不特定人運輸之交通工具之機會犯之者。

七　侵入住宅或有人居住之建築物、船艦或隱匿其內犯之者。

八　攜帶兇器犯之者。

②前項之未遂犯罰之。

第二二三條 （刪除）

第二二四條 （強制猥褻罪）

對於男女以強暴、脅迫、恐嚇、催眠術或其他違反其意願之方法，而爲猥褻之行爲者，處六月以上五年以下有期徒刑。

第二二四條之一 （加重強制猥褻罪）

犯前條之罪而有第二百二十二條第一項各款情形之一者，處三年以上十年以下有期徒刑。

第二二五條 （乘機性交猥褻罪）

①對於男女利用其精神、身體障礙、心智缺陷或其他相類之情形，不能或不知抗拒而爲性交者，處三年以上十年以下有期徒刑。

②對於男女利用其精神、身體障礙、心智缺陷或其他相類之情形，不能或不知抗拒而爲猥褻之行爲者，處六月以上五年以下有期徒刑。

③第一項之未遂犯罰之。

第二二六條 （強制性交猥褻罪加重結果犯）

①犯第二百二十一條、第二百二十二條、第二百二十四條、第二百二十四條之一或第二百二十五條之罪，因而致被害人於死者，處無期徒刑或十年以上有期徒刑；致重傷者，處十年以上有期徒刑。

②因而致被害人羞忿自殺或意圖自殺而致重傷者，處十年以上有期徒刑。

第二二六條之一 （強制性交猥褻等罪之殺人重傷害之結合犯）

犯第二百二十一條、第二百二十二條、第二百二十四條、第二百二十四條之一或第二百二十五條之罪，而故意殺害被害人

者，處死刑或無期徒刑；使被害人受重傷者，處無期徒刑或十年以上有期徒刑。

第二二七條 （未成年人）

①對於未滿十四歲之男女爲性交者，處三年以上十年以下有期徒刑。

②對於未滿十四歲之男女爲猥褻之行爲者，處六月以上五年以下有期徒刑。

③對於十四歲以上未滿十六歲之男女爲性交者，處七年以下有期徒刑。

④對於十四歲以上未滿十六歲之男女爲猥褻之行爲者，處三年以下有期徒刑。

⑤第一項、第三項之未遂犯罰之。

第二二七條之一 （減刑或免刑）

十八歲以下之人犯前條之罪者，減輕或免除其刑。

第二二八條 （利用權勢性交或猥褻罪）

①對於因親屬、監護、教養、教育、訓練、救濟、醫療、公務、業務或其他相類關係受自己監督、扶助、照護之人，利用權勢或機會爲性交者，處六月以上五年以下有期徒刑。

②因前項情形而爲猥褻之行爲者，處三年以下有期徒刑。

③第一項之未遂犯罰之。

第二二九條 （詐術性交罪）

①以詐術使男女誤信爲自己配偶，而聽從其爲性交者，處三年以上十年以下有期徒刑。

②前項之未遂犯罰之。

第二二九條之一 （告訴乃論）

對配偶犯第二百二十一條、第二百二十四條之罪者，或未滿十八歲之人犯第二百二十七條之罪者，須告訴乃論。

第十六章之一　妨害風化罪

第二三〇條 （血親爲性交罪）

與直系或三親等內旁系血親爲性交者，處五年以下有期徒刑。

第二三一條 （媒介性猥褻罪）

①意圖使男女與他人爲性交或猥褻之行爲，而引誘、容留或媒介以營利者，處五年以下有期徒刑，得併科十萬元以下罰金。以詐術犯之者，亦同。

②公務員包庇他人犯前項之罪者，依前項之規定加重其刑至二分之一。

第二三一條之一 （圖利強制使人爲性交猥褻罪）

①意圖營利，以強暴、脅迫、恐嚇、監控、藥劑、催眠術或其他違反本人意願之方法使男女與他人爲性交或猥褻之行爲者，處七年以上有期徒刑，得併科三十萬元以下罰金。

②媒介、收受、藏匿前項之人或使之隱避者，處一年以上七年以下

③公務員包庇他人犯前二項之罪者，依各該項之規定加重其刑至二分之一。

④第一項之未遂犯罰之。

第二三二條 （利用權勢或圖利使人性交之加重其刑）

對於第二百二十八條所受自己監督、扶助、照護之人，或夫對於妻，犯第二百三十一條第一項、第二百三十一條之一第一項、第二項之罪者，依各該條項之規定加重其刑至二分之一。

第二三三條 （使未滿十六歲之男女為性交或猥褻罪）108

①意圖使未滿十六歲之男女與他人為性交或猥褻之行為，而引誘、容留或媒介之者，處五年以下有期徒刑、拘役或一萬五千元以下罰金。以詐術犯之者，亦同。

②意圖營利犯前項之罪者，處一年以上七年以下有期徒刑，得併科十五萬元以下罰金。

第二三四條 （公然猥褻罪）108

①意圖供人觀覽，公然為猥褻之行為者，處一年以下有期徒刑、拘役或九千元以下罰金。

②意圖營利犯前項之罪者，處二年以下有期徒刑、拘役或科或併科三萬元以下罰金。

第二三五條 （散布、販賣猥褻物品及製持有罪）108

①散布、播送或販賣猥褻之文字、圖畫、聲音、影像或其他物品，或公然陳列，或以他法供人觀覽、聽聞者，處二年以下有期徒刑、拘役或科或併科九萬元以下罰金。

②意圖散布、播送、販賣而製造、持有前項文字、圖畫、聲音、影像及其附著物或其他物品者，亦同。

③前二項之文字、圖畫、聲音或影像之附著物及物品，不問屬於犯人與否，沒收之。

第二三六條 （告訴乃論）

第二百三十條之罪，須告訴乃論。

第十七章　妨害婚姻及家庭罪

第二三七條 （重婚罪）

有配偶而重為婚姻或同時與二人以上結婚者，處五年以下有期徒刑。其相婚者，亦同。

第二三八條 （詐術結婚罪）

以詐術締結無效得撤銷之婚姻，因而致婚姻無效之裁判或撤銷婚姻之裁判確定者，處三年以下有期徒刑。

第二三九條 （通姦罪）

有配偶而與人通姦者，處一年以下有期徒刑，其相姦者，亦同。

第二四〇條 （和誘罪）108

①和誘未滿二十歲之男女，脫離家庭或其他有監督權之人者，處三年以下有期徒刑。

②和誘有配偶之人脫離家庭者，亦同。

③意圖營利，或意圖使被誘人爲猥褻之行爲或性交，而犯前二項之罪者，處六月以上五年以下有期徒刑，得併科三萬元以下罰金。

④前三項之未遂犯罰之。

第二四一條 （略誘罪）108

①略誘未滿二十歲之男女，脫離家庭或其他有監督權之人者，處一年以上七年以下有期徒刑。

②意圖營利，或意圖使被誘人爲猥褻之行爲或性交，而犯前項之罪者，處三年以上十年以下有期徒刑，得併科三萬元以下罰金。

③和誘未滿十六歲之男女，以略誘論。

④前三項之未遂犯罰之。

第二四二條 （移送被誘人出國罪）

①移送前二條之被誘人出中華民國領域外者，處無期徒刑或七年以上有期徒刑。

②前項之未遂犯罰之。

第二四三條 （藏匿被誘人或使之隱避罪）108

①意圖營利、或意圖使第二百四十條或第二百四十一條之被誘人爲猥褻之行爲或性交，而收受、藏匿被誘人或使之隱避者，處六月以上五年以下有期徒刑，得併科一萬五千元以下罰金。

②前項之未遂犯罰之。

第二四四條 （減刑之特例）

犯第二百四十條至第二百四十三條之罪，於裁判宣告前送回被誘人或指明所在地因而尋獲者，得減輕其刑。

第二四五條 （告訴乃論與不得告訴）

①第二百三十八條、第二百三十九條之罪及第二百四十條第二項之罪，須告訴乃論。

②第二百三十九條之罪，配偶縱容或有恕者，不得告訴。

第十八章 　褻瀆祀典及侵害墳墓屍體罪

第二四六條 （侮辱宗教建築物或紀念場所罪、妨害祭禮罪）108

①對於壇廟、寺觀、教堂、墳墓或公衆紀念處所公然侮辱者，處六月以下有期徒刑、拘役或九千元以下罰金。

②妨害喪、葬、祭禮、說教、禮拜者，亦同。

第二四七條 （侵害屍體罪、侵害遺骨遺髮殮物遺灰罪）

①損壞、遺棄、污辱或盜取屍體者，處六月以上、五年以下有期徒刑。

②損壞、遺棄或盜取遺骨、遺髮、殮物或火葬之遺灰者，處五年以下有期徒刑。

③前二項之未遂犯罰之。

第二四八條 （發掘墳墓罪）

①發掘墳墓者，處六月以上、五年以下有期徒刑。

②前項之未遂犯罰之。

第二四九條（發掘墳墓結合罪）

①發掘墳墓而損壞、遺棄、污辱或盜取屍體者，處三年以上、十年以下有期徒刑。

②發掘墳墓而損壞、遺棄或盜取遺骨、遺髮、殮物或火葬之遺灰者，處一年以上、七年以下有期徒刑。

第二五〇條（侵害直系血親尊親屬屍體墳墓罪）

對於直系血親尊親屬，犯第二百四十七條至第二百四十九條之罪者，加重其刑至二分之一。

第十九章　妨害農工商罪

第二五一條（不法囤積物品哄抬價格牟利罪）109

①意圖抬高交易價格，囤積下列物品之一，無正當理由不應市銷售者，處三年以下有期徒刑、拘役或科或併科三十萬元以下罰金：

一　糧食、農產品或其他民生必需之飲食物品。

二　種苗、肥料、原料或其他農業、工業必需之物品。

三　前二款以外，經行政院公告之生活必需用品。

②以強暴、脅迫妨害前項物品之販運者，處五年以下有期徒刑、拘役或科或併科五十萬元以下罰金。

③意圖影響第一項物品之交易價格，而散布不實資訊者，處二年以下有期徒刑、拘役或科或併科二十萬元以下罰金。

④以廣播電視、電子通訊、網際網路或其他傳播工具犯前項之罪者，得加重其刑至二分之一。

⑤第二項之未遂犯罰之。

第二五二條（妨害農事水利罪）108

意圖加損害於他人而妨害其農事上之水利者，處二年以下有期徒刑、拘役或九千元以下罰金。

第二五三條（偽造、仿造商標商號罪）108

意圖欺騙他人而偽造或仿造已登記之商標、商號者，處二年以下有期徒刑、拘役或科或併科九萬元以下罰金。

第二五四條（販賣陳列輸入偽造仿造商標商號之貨物罪）108

明知為偽造或仿造之商標、商號之貨物而販賣，或意圖販賣而陳列，或自外國輸入者，處六萬元以下罰金。

第二五五條（對商品為虛偽標記與販賣陳列輸入該商品罪）108

①意圖欺騙他人，而就商品之原產國或品質，為虛偽之標記或其他表示者，處一年以下有期徒刑、拘役或三萬元以下罰金。

②明知為前項商品而販賣，或意圖販賣而陳列，或自外國輸入者，亦同。

第二十章　鴉片罪

第二五六條 （製造鴉片、毒品罪）108

①製造鴉片者，處七年以下有期徒刑，得併科九萬元以下罰金。

②製造嗎啡、高根、海洛因或其化合質料者，處無期徒刑或五年以上有期徒刑，得併科十五萬元以下罰金。

③前二項之未遂犯罰之。

第二五七條 （販賣運輸鴉片、毒品罪）108

①販賣或運輸鴉片者，處七年以下有期徒刑，得併科九萬元以下罰金。

②販賣或運輸嗎啡、高根、海洛因或其化合質料者，處三年以上十年以下有期徒刑，得併科十五萬元以下罰金。

③自外國輸入前二項之物者，處無期徒刑或五年以上有期徒刑，得併科三十萬元以下罰金。

④前三項之未遂犯罰之。

第二五八條 （製造販運吸食鴉片器具罪）108

①製造、販賣或運輸專供吸食鴉片之器具者，處三年以下有期徒刑，得併科一萬五千元以下罰金。

②前項之未遂犯罰之。

第二五九條 （為人施打嗎啡或以館舍供人吸食鴉片罪）108

①意圖營利，為人施打嗎啡或以館舍供人吸食鴉片或其化合質料者，處一年以上七年以下有期徒刑，得併科三萬元以下罰金。

②前項之未遂犯罰之。

第二六〇條 （栽種與販運罌粟種子罪）108

①意圖供製造鴉片、嗎啡之用而栽種罌粟者，處五年以下有期徒刑，得併科九萬元以下罰金。

②意圖供製造鴉片、嗎啡之用而販賣或運輸罌粟種子者，處三年以下有期徒刑，得併科九萬元以下罰金。

③前二項之未遂犯罰之。

第二六一條 （公務員強迫他人栽種或販運罌粟種子罪）

公務員利用權力強迫他人犯前條之罪者，處死刑或無期徒刑。

第二六二條 （吸用煙毒罪）108

吸食鴉片或施打嗎啡或使用高根、海洛因或其化合質料者，處六月以下有期徒刑、拘役或一萬五千元以下罰金。

第二六三條 （持有煙毒或吸食鴉片器具罪）108

意圖供犯本章各罪之用，而持有鴉片、嗎啡、高根、海洛因或其化合質料，或專供吸食鴉片之器具者，處拘役或一萬五千元以下罰金。

第二六四條 （公務員包庇煙毒罪）

公務員包庇他人犯本章各條之罪者，依各該條之規定，加重其刑至二分之一。

第二六五條 （沒收物）

犯本章各條之罪者，其鴉片、嗎啡、高根、海洛因或其化合質料，或種子或專供吸食鴉片之器具，不問屬於犯人與否，沒收

之。

第二十一章　賭博罪

第二六六條　（普通賭博罪與沒收物）108
① 在公共場所或公眾得出入之場所賭博財物者，處三萬元以下罰金。但以供人暫時娛樂之物為賭者，不在此限。
② 當場賭博之器具與在賭檯或兌換籌碼處之財物，不問屬於犯人與否，沒收之。

第二六七條　（刪除）

第二六八條　（圖利供給賭場或聚眾賭博）108
意圖營利，供給賭博場所或聚眾賭博者，處三年以下有期徒刑，得併科九萬元以下罰金。

第二六九條　（辦理有獎儲蓄或發行彩券罪、經營或媒介之罪）108
① 意圖營利，辦理有獎儲蓄或未經政府允准而發行彩票者，處一年以下有期徒刑或拘役，得併科九萬元以下罰金。
② 經營前項有獎儲蓄或為買賣前項彩票之媒介者，處六月以下有期徒刑、拘役或科或併科三萬元以下罰金。

第二七〇條　（公務員包庇賭博罪）
公務員包庇他人犯本章各條之罪者，依各該條之規定，加重其刑至二分之一。

第二十二章　殺人罪

第二七一條　（普通殺人罪）
① 殺人者，處死刑、無期徒刑或十年以上有期徒刑。
② 前項之未遂犯罰之。
③ 預備犯第一項之罪者，處二年以下有期徒刑。

第二七二條　（殺直系血親尊親屬罪）108
對於直系血親尊親屬，犯前條之罪者，加重其刑至二分之一。

第二七三條　（義憤殺人罪）
① 當場激於義憤而殺人者，處七年以下有期徒刑。
② 前項之未遂犯罰之。

第二七四條　（母殺嬰兒罪）108
① 母因不得已之事由，於生產時或甫生產後，殺其子女者，處六月以上五年以下有期徒刑。
② 前項之未遂犯罰之。

第二七五條　（加工自殺罪）108
① 受他人囑託或得其承諾而殺之者，處一年以上七年以下有期徒刑。
② 教唆或幫助他人使之自殺者，處五年以下有期徒刑。
③ 前二項之未遂犯罰之。
④ 謀為同死而犯前三項之罪者，得免除其刑。

第二七六條　（過失致死罪）108
　　因過失致人於死者，處五年以下有期徒刑、拘役或五十萬元以下罰金。

第二十三章　傷害罪

第二七七條　（普通傷害罪）108
①傷害人之身體或健康者，處五年以下有期徒刑、拘役或五十萬元以下罰金。
②犯前項之罪，因而致人於死者，處無期徒刑或七年以上有期徒刑；致重傷者，處三年以上十年以下有期徒刑。

第二七八條　（重傷罪）108
①使人受重傷者，處五年以上十二年以下有期徒刑。
②犯前項之罪因而致人於死者，處無期徒刑或十年以上有期徒刑。
③第一項之未遂犯罰之。

第二七九條　（義憤傷害罪）108
　　當場激於義憤犯前二條之罪者，處二年以下有期徒刑、拘役或二十萬元以下罰金。但致人於死者，處五年以下有期徒刑。

第二八〇條　（傷害直系血親尊親屬）
　　對於直系血親尊親屬，犯第二百七十七條或第二百七十八條之罪者，加重其刑至二分之一。

第二八一條　（加暴行於直系血親尊親屬罪）108
　　施強暴於直系血親尊親屬，未成傷者，處一年以下有期徒刑、拘役或十萬元以下罰金。

第二八二條　（加工自傷罪）108
①受他人囑託或得其承諾而傷害之，因而致死者，處六月以上五年以下有期徒刑；致重傷者，處三年以下有期徒刑。
②教唆或幫助他人使之自傷，因而致死者，處五年以下有期徒刑；致重傷者，處二年以下有期徒刑。

第二八三條　（聚眾鬥毆罪）108
　　聚眾鬥毆致人於死或重傷者，在場助勢之人，處五年以下有期徒刑。

第二八四條　（過失傷害罪）108
　　因過失傷害人者，處一年以下有期徒刑、拘役或十萬元以下罰金；致重傷者，處三年以下有期徒刑、拘役或三十萬元以下罰金。

第二八五條　（刪除）108

第二八六條　（妨害幼童發育罪）108
①對於未滿十八歲之人，施以凌虐或以他法足以妨害其身心之健全或發育者，處六月以上五年以下有期徒刑。
②意圖營利，而犯前項之罪者，處五年以上有期徒刑，得併科三百萬元以下罰金。
③犯第一項之罪，因而致人於死者，處無期徒刑或十年以上有期徒

非行兒少

刑；致重傷者，處五年以上十二年以下有期徒刑。

④犯第二項之罪，因而致人於死者，處無期徒刑或十二年以上有期徒刑；致重傷者，處十年以上有期徒刑。

第二八七條　（告訴乃論） 108

第二百七十七條第一項、第二百八十一條及第二百八十四條之罪，須告訴乃論。但公務員於執行職務時，犯第二百七十七條第一項之罪者，不在此限。

第二十四章　墮胎罪

第二八八條　（自行或聽從墮胎罪） 108

①懷胎婦女服藥或以他法墮胎者，處六月以下有期徒刑、拘役或三千元以下罰金。

②懷胎婦女聽從他人墮胎者，亦同。

③因疾病或其他防止生命上危險之必要，而犯前二項之罪者，免除其刑。

第二八九條　（加工墮胎罪）

①受懷胎婦女之囑託或得其承諾，而使之墮胎者，處二年以下有期徒刑。

②因而致婦女於死者，處六月以上、五年以下有期徒刑；致重傷者，處三年以下有期徒刑。

第二九〇條　（意圖營利加工墮胎罪） 108

①意圖營利而犯前條第一項之罪者，處六月以上五年以下有期徒刑，得併科一萬五千元以下罰金。

②因而致婦女於死者，處三年以上十年以下有期徒刑，得併科一萬五千元以下罰金；致重傷者，處一年以上七年以下有期徒刑，得併科一萬五千元以下罰金。

第二九一條　（未得孕婦同意使之墮胎罪）

①未受懷胎婦女之囑託或未得其承諾，而使之墮胎者，處一年以上、七年以下有期徒刑。

②因而致婦女於死者，處無期徒刑或七年以上有期徒刑。致重傷者，處三年以上、十年以下有期徒刑。

③第一項之未遂犯罰之。

第二九二條　（介紹墮胎罪） 108

以文字、圖畫或他法，公然介紹墮胎之方法或物品，或公然介紹自己或他人為墮胎之行為者，處一年以下有期徒刑、拘役或科或併科三萬元以下罰金。

第二十五章　遺棄罪

第二九三條　（無義務者之遺棄罪） 108

①遺棄無自救力之人者，處六月以下有期徒刑、拘役或三千元以下罰金。

②因而致人於死者，處五年以下有期徒刑；致重傷者，處三年以下

有期徒刑。

第二九四條 （違背義務之遺棄罪）

①對於無自救力之人，依法令或契約應扶助、養育或保護，而遺棄之，或不爲其生存所必要之扶助、養育或保護者，處六月以上、五年以下有期徒刑。

②因而致人於死者，處無期徒刑或七年以上有期徒刑。致重傷者，處三年以上、十年以下有期徒刑。

第二九四條之一 （阻卻遺棄罪成立之事由）

對於無自救力之人，依民法親屬編應扶助、養育或保護，因有下列情形之一，而不爲無自救力之人生存所必要之扶助、養育或保護者，不罰：

一 無自救力之人前爲最輕本刑六月以上有期徒刑之罪之行爲，而侵害其生命、身體或自由者。

二 無自救力之人前對其爲第二百二十七條第三項、第二百二十八條第二項、第二百三十一條第一項、第二百八十六條之行爲或人口販運防制法第三十二條、第三十三條之行爲者。

三 無自救力之人前侵害其生命、身體、自由，而故意犯前二款以外之罪，經判處逾六月有期徒刑確定者。

四 無自救力之人前對其無正當理由未盡扶養義務持續逾二年，且情節重大者。

第二九五條 （遺棄直系血親尊親屬罪）

對於直系血親尊親屬犯第二百九十四條之罪者，加重其刑至二分之一。

第二十六章 妨害自由罪

第二九六條 （使人爲奴隸罪）

①使人爲奴隸或使人居於類似奴隸之不自由地位者，處一年以上、七年以下有期徒刑。

②前項之未遂犯罰之。

第二九六條之一 （買賣、質押人口罪）

①買賣、質押人口者，處五年以上有期徒刑，得併科五十萬元以下罰金。

②意圖使人爲性交或猥褻之行爲而犯前項之罪者，處七年以上有期徒刑，得併科五十萬元以下罰金。

③以強暴、脅迫、恐嚇、監控、藥劑、催眠術或其他違反本人意願之方法犯前二項之罪者，加重其刑至二分之一。

④媒介、收受、藏匿前三項被買賣、質押之人或使之隱避者，處一年以上七年以下有期徒刑，得併科三十萬元以下罰金。

⑤公務員包庇他人犯前四項之罪者，依各該項之規定加重其刑至二分之一。

⑥第一項至第三項之未遂犯罰之。

第二九七條 （圖利以詐術使人出國罪）

①意圖營利，以詐術使人出中華民國領域外者，處三年以上十年以下有期徒刑，得併科三十萬元以下罰金。

②前項之未遂犯罰之。

第二九八條 （略誘婦女結婚、加重略誘罪）108

①意圖使婦女與自己或他人結婚而略誘之者，處五年以下有期徒刑。

②意圖營利、或意圖使婦女為猥褻之行為或性交而略誘之者，處一年以上七年以下有期徒刑，得併科三萬元以下罰金。

③前二項之未遂犯罰之。

第二九九條 （移送被略誘人出國罪）

①移送前條被略誘人出中華民國領域外者，處五年以上有期徒刑。

②前項之未遂犯罰之。

第三〇〇條 （收藏隱避被略誘人罪）108

①意圖營利，或意圖使被略誘人為猥褻之行為或性交，而收受、藏匿被略誘人或使之隱避者，處六月以上五年以下有期徒刑，得併科一萬五千元以下罰金。

②前項之未遂犯罰之。

第三〇一條 （減輕之特例）

犯第二百九十八條至第三百條之罪，於裁判宣告前，送回被誘人或指明所在地因而尋獲者，得減輕其刑。

第三〇二條 （剝奪他人行動自由罪）108

①私行拘禁或以其他非法方法，剝奪人之行動自由者，處五年以下有期徒刑、拘役或九千元以下罰金。

②因而致人於死者，處無期徒刑或七年以上有期徒刑；致重傷者，處三年以上十年以下有期徒刑。

③第一項之未遂犯罰之。

第三〇三條 （剝奪直系血親尊親屬行動自由罪）

對於直系血親尊親屬犯前條第一項或第二項之罪者，加重其刑至二分之一。

第三〇四條 （強制罪）108

①以強暴、脅迫使人行無義務之事或妨害人行使權利者，處三年以下有期徒刑、拘役或九千元以下罰金。

②前項之未遂犯罰之。

第三〇五條 （恐嚇危害安全罪）108

以加害生命、身體、自由、名譽、財產之事恐嚇他人，致生危害於安全者，處二年以下有期徒刑、拘役或九千元以下罰金。

第三〇六條 （侵入住居罪）108

①無故侵入他人住宅、建築物或附連圍繞之土地或船艦者，處一年以下有期徒刑、拘役或九千元以下罰金。

②無故隱匿其內，或受退去之要求而仍留滯者，亦同。

第三〇七條 （違法搜索罪） 108

不依法令搜索他人身體、住宅、建築物、舟、車或航空機者，處二年以下有期徒刑、拘役或九千元以下罰金。

第三〇八條 （告訴乃論）

①第二百九十八條及第三百零六條之罪，須告訴乃論。

②第二百九十八條第一項之罪，其告訴以不違反被略誘人之意思為限。

第二十七章 妨害名譽及信用罪

第三〇九條 （公然侮辱罪） 108

①公然侮辱人者，處拘役或九千元以下罰金。

②以強暴犯前項之罪者，處一年以下有期徒刑、拘役或一萬五千元以下罰金。

第三一〇條 （誹謗罪） 108

①意圖散布於眾，而指摘或傳述足以毀損他人名譽之事者，為誹謗罪，處一年以下有期徒刑、拘役或一萬五千元以下罰金。

②散布文字、圖畫犯前項之罪者，處二年以下有期徒刑、拘役或三萬元以下罰金。

③對於所誹謗之事，能證明其為真實者，不罰。但涉於私德而與公共利益無關者，不在此限。

第三一一條 （免責條件）

以善意發表言論，而有左列情形之一者，不罰：

一 因自衛、自辯或保護合法之利益者。

二 公務員因職務而報告者。

三 對於可受公評之事，而為適當之評論者。

四 對於中央及地方之會議或法院或公眾集會之記事，而為適當之載述者。

第三一二條 （侮辱誹謗死者罪） 108

①對於已死之人公然侮辱者，處拘役或九千元以下罰金。

②對於已死之人犯誹謗罪者，處一年以下有期徒刑、拘役或三萬元以下罰金。

第三一三條 （妨害信用罪） 109

①散布流言或以詐術損害他人之信用者，處二年以下有期徒刑、拘役或科或併科二十萬元以下罰金。

②以廣播電視、電子通訊、網際網路或其他傳播工具犯前項之罪者，得加重其刑至二分之一。

第三一四條 （告訴乃論）

本章之罪，須告訴乃論。

第二十八章 妨害秘密

第三一五條 （妨害書信秘密罪） 108

無故開拆或隱匿他人之封緘信函、文書或圖畫者，處拘役或九千

元以下罰金。無故以開拆以外之方法，窺視其內容者，亦同。

第三一五條之一 （妨害秘密罪）103

有下列行為之一者，處三年以下有期徒刑、拘役或三十萬元以下罰金：

一 無故利用工具或設備窺視、竊聽他人非公開之活動、言論、談話或身體隱私部位者。

二 無故以錄音、照相、錄影或電磁紀錄竊錄他人非公開之活動、言論、談話或身體隱私部位者。

第三一五條之二 （圖利便利妨害秘密罪）108

①意圖營利供給場所、工具或設備，便利他人為前條之行為者，處五年以下有期徒刑、拘役或科或併科五十萬元以下罰金。

②意圖散布、播送、販賣而有前條第二款之行為者，亦同。

③製造、散布、播送或販賣前二項或前條第二款竊錄之內容者，依第一項之規定處斷。

④前三項之未遂犯罰之。

第三一五條之三 （持有妨害秘密之物品）

前二條竊錄內容之附著物及物品，不問屬於犯人與否，沒收之。

第三一六條 （洩露業務上秘密罪）

醫師、藥師、藥商、助產士、心理師、宗教師、律師、辯護人、公證人、會計師或其業務上佐理人，或曾任此等職務之人，無故洩漏因業務知悉或持有之他人秘密者，處一年以下有期徒刑、拘役或五萬元以下罰金。

第三一七條 （洩漏業務上知悉工商秘密罪）108

依法令或契約有守因業務知悉或持有工商秘密之義務而無故洩漏之者，處一年以下有期徒刑、拘役或三萬元以下罰金。

第三一八條 （洩漏職務上工商秘密罪）108

公務員或曾任公務員之人，無故洩漏因職務知悉或持有他人之工商秘密者，處二年以下有期徒刑、拘役或六萬元以下罰金。

第三一八條之一 （洩漏電腦取得秘密罪）108

無故洩漏因利用電腦或其他相關設備知悉或持有他人之秘密者，處二年以下有期徒刑、拘役或一萬五千元以下罰金。

第三一八條之二 （加重其刑）

利用電腦或其相關設備犯第三百十六條至第三百十八條之罪者，加重其刑至二分之一。

第三一九條 （告訴乃論）

第三百十五條、第三百十五條之一及第三百十六條至第三百十八條之二之罪，須告訴乃論。

第二十九章 竊盜罪

第三二〇條 （普通竊盜罪、竊佔罪）108

①意圖為自己或第三人不法之所有，而竊取他人之動產者，為竊盜罪，處五年以下有期徒刑、拘役或五十萬元以下罰金。

②意圖為自己或第三人不法之利益，而竊佔他人之不動產者，依前項之規定處斷。

③前項之未遂罰之。

第三二一條 （加重竊盜罪）108

①犯前條第一項、第二項之罪而有下列情形之一者，處六月以上五年以下有期徒刑，得併科五十萬元以下罰金：

　一　侵入住宅或有人居住之建築物、船艦或隱匿其內而犯之。

　二　毀越門窗、牆垣或其他安全設備而犯之。

　三　攜帶兇器而犯之。

　四　結夥三人以上而犯之。

　五　乘火災、水災或其他災害之際而犯之。

　六　在車站、港埠、航空站或其他供水、陸、空公眾運輸之舟、車、航空機內而犯之。

②前項之未遂犯罰之。

第三二二條 （刪除）

第三二三條 （準動產）

電能、熱能及其他能量，關於本章之罪，以動產論。

第三二四條 （親屬相盜免刑與告訴乃論）

①於直系血親、配偶或同財共居親屬之間，犯本章之罪者，得免除其刑。

②前項親屬或其他五親等內血親或三親等內姻親之間，犯本章之罪者，須告訴乃論。

第三十章　搶奪強盜及海盜罪

第三二五條 （普通搶奪罪）

①意圖為自己或第三人不法之所有，而搶奪他人之動產者，處六月以上、五年以下有期徒刑。

②因而致人於死者，處無期徒刑或七年以上有期徒刑。致重傷者，處三年以上、十年以下有期徒刑。

③第一項之未遂犯罰之。

第三二六條 （加重搶奪罪）

①犯前條第一項之罪，而有第三百二十一條第一項各款情形之一者，處一年以上、七年以下有期徒刑。

②前項之未遂犯罰之。

第三二七條 （刪除）

第三二八條 （普通強盜罪）108

①意圖為自己或第三人不法之所有，以強暴、脅迫、藥劑、催眠術或他法，至使不能抗拒，而取他人之物或使其交付者，為強盜罪，處五年以上有期徒刑。

②以前項方法得財產上不法之利益或使第三人得之者，亦同。

③犯強盜罪因而致人於死者，處死刑、無期徒刑或十年以上有期徒刑；致重傷者，處無期徒刑或七年以上有期徒刑。

④第一項及第二項之未遂犯罰之。

⑤預備犯強盜罪者，處一年以下有期徒刑、拘役或九千元以下罰金。

第三二九條　（準強盜罪）

竊盜或搶奪，因防護贓物、脫免逮捕或湮滅罪證，而當場施以強暴、脅迫者，以強盜論。

第三三〇條　（加重強盜罪）

①犯強盜罪而有第三百二十一條第一項各款情形之一者，處七年以上有期徒刑。

②前項之未遂犯罰之。

第三三一條　（刪除）

第三三二條　（強盜結合罪）

①犯強盜罪而故意殺人者，處死刑或無期徒刑。

②犯強盜罪而有下列行為之一者，處死刑、無期徒刑或十年以上有期徒刑：

一　放火者。

二　強制性交者。

三　擄人勒贖者。

四　使人受重傷者。

第三三三條　（海盜罪、準海盜罪）

①未受交戰國之允准或不屬於各國之海軍，而駕駛船艦，意圖施強暴、脅迫於他船或他船之人或物者，為海盜罪，處死刑、無期徒刑或七年以上有期徒刑。

②船員或乘客意圖掠奪財物，施強暴、脅迫於其他船員或乘客，而駕駛或指揮船艦者，以海盜論。

③因而致人於死者，處死刑、無期徒刑或十二年以上有期徒刑；致重傷者，處死刑、無期徒刑或十年以上有期徒刑。

第三三四條　（準海盜罪）

①犯海盜罪而故意殺人者，處死刑或無期徒刑。

②犯海盜罪而有下列行為之一，處死刑、無期徒刑或十二年以上有期徒刑：

一　放火者。

二　強制性交者。

三　擄人勒贖者。

四　使人受重傷者。

第三三四條之一　（竊能量罪之準用）

第三百二十三條之規定，於本章之罪準用之。

第三十一章　侵占罪

第三三五條　（普通侵占罪） 108

①意圖為自己或第三人不法之所有，而侵占自己持有他人之物者，處五年以下有期徒刑、拘役或科或併科三萬元以下罰金。

②前項之未遂犯罰之。

第三三六條 （公務公益侵占罪、業務侵占罪）108

①對於公務上或因公益所持有之物，犯前條第一項之罪者，處一年以上七年以下有期徒刑，得併科十五萬元以下罰金。

②對於業務上所持有之物，犯前條第一項之罪者，處六月以上五年以下有期徒刑，得併科九萬元以下罰金。

③前二項之未遂犯罰之。

第三三七條 （侵占遺失物罪）108

意圖爲自己或第三人不法之所有，而侵占遺失物、漂流物或其他離本人所持有之物者，處一萬五千元以下罰金。

第三三八條 （準用竊盜罪之規定）

第三百二十三條及第三百二十四條之規定，於本章之罪準用之。

第三十二章　詐欺背信及重利罪

第三三九條 （普通詐欺罪）103

①意圖爲自己或第三人不法之所有，以詐術使人將本人或第三人之物交付者，處五年以下有期徒刑、拘役或科或併科五十萬元以下罰金。

②以前項方法得財產上不法之利益或使第三人得之者，亦同。

③前二項之未遂犯罰之。

第三三九條之一 （違法由收費設備取得他人之物之處罰）103

①意圖爲自己或第三人不法之所有，以不正方法由收費設備取得他人之物者，處一年以下有期徒刑、拘役或十萬元以下罰金。

②以前項方法得財產上不法之利益或使第三人得之者，亦同。

③前二項之未遂犯罰之。

第三三九條之二 （違法由自動付款設備取得他人之物之處罰）103

①意圖爲自己或第三人不法之所有，以不正方法由自動付款設備取得他人之物者，處三年以下有期徒刑、拘役或三十萬元以下罰金。

②以前項方法得財產上不法之利益或使第三人得之者，亦同。

③前二項之未遂犯罰之。

第三三九條之三 （違法製作財產權之處罰）103

①意圖爲自己或第三人不法之所有，以不正方法將虛偽資料或不正指令輸入電腦或其相關設備，製作財產權之得喪、變更記錄，而取得他人之財產者，處七年以下有期徒刑，得併科七十萬元以下罰金。

②以前項方法得財產上不法之利益或使第三人得之者，亦同。

③前二項之未遂犯罰之。

第三三九條之四 （加重詐欺罪）103

①犯第三百三十九條詐欺罪而有下列情形之一者，處一年以上七年以下有期徒刑，得併科一百萬元以下罰金：

一　冒用政府機關或公務員名義犯之。

二　三人以上共同犯之。

三　以廣播電視、電子通訊、網際網路或其他媒體等傳播工具，對公眾散布而犯之。

②前項之未遂犯罰之。

第三四〇條 （刪除）

第三四一條 （準詐欺罪）103

①意圖為自己或第三人不法之所有，乘未滿十八歲人之知慮淺薄，或乘人精神障礙、心智缺陷而致其辨識能力顯有不足或其他相類之情形，使之將本人或第三人之物交付者，處五年以下有期徒刑、拘役或科或併科五十萬元以下罰金。

②以前項方法得財產上不法之利益或使第三人得之者，亦同。

③前二項之未遂犯罰之。

第三四二條 （背信罪）103

①為他人處理事務，意圖為自己或第三人不法之利益，或損害本人之利益，而為違背其任務之行為，致生損害於本人之財產或其他利益者，處五年以下有期徒刑、拘役或科或併科五十萬元以下罰金。

②前項之未遂犯罰之。

第三四三條 （準用之規定）103

第三百二十三條及第三百二十四條之規定，於第三百三十九條至前條之罪準用之。

第三四四條 （重利罪）103

①乘他人急迫、輕率、無經驗或難以求助之處境，貸以金錢或其他物品，而取得與原本顯不相當之重利者，處三年以下有期徒刑、拘役或科或併科三十萬元以下罰金。

②前項重利，包括手續費、保管費、違約金及其他與借貸相關之費用。

第三四四條之一 （加重重利罪）103

①以強暴、脅迫、恐嚇、侵入住宅、傷害、毀損、監控或其他足以使人心生畏懼之方法取得前條第一項之重利者，處六月以上五年以下有期徒刑，得併科五十萬元以下罰金。

②前項之未遂犯罰之。

第三四五條 （刪除）

第三十三章　恐嚇及擄人勒贖罪

第三四六條 （單純恐嚇罪）108

①意圖為自己或第三人不法之所有，以恐嚇使人將本人或第三人之物交付者，處六月以上五年以下有期徒刑，得併科三萬元以下罰金。

②以前項方法得財產上不法之利益或使第三人得之者，亦同。

③前二項之未遂犯罰之。

第三四七條　（擄人勒贖罪） 103

①意圖勒贖而擄人者，處無期徒刑或七年以上有期徒刑。

②因而致人於死者，處死刑、無期徒刑或十二年以上有期徒刑；致重傷者，處無期徒刑或十年以上有期徒刑。

③第一項之未遂犯罰之。

④預備犯第一項之罪者，處二年以下有期徒刑。

⑤犯第一項之罪，未經取贖而釋放被害人者，減輕其刑；取贖後而釋放被害人者，得減輕其刑。

第三四八條　（擄人勒贖結合罪）

①犯前條第一項之罪而故意殺人者，處死刑或無期徒刑。

②犯前條第一項之罪而有下列行為之一者，處死刑、無期徒刑或十二年以上有期徒刑：

一　強制性交者。

二　使人受重傷者。

第三四八條之一　（意圖勒贖而擄人）

擄人後意圖勒贖者，以意圖勒贖而擄人論。

第三十四章　贓物罪

第三四九條　（普通贓物罪） 103

①收受、搬運、寄藏、故買贓物或媒介者，處五年以下有期徒刑、拘役或科或併科五十萬元以下罰金。

②因贓物變得之財物，以贓物論。

第三五〇條　（刪除）

第三五一條　（親屬贓物罪）

於直系血親、配偶或同財共居親屬之間，犯本章之罪者，得免除其刑。

第三十五章　毀棄損壞罪

第三五二條　（毀損文書罪） 108

毀棄、損壞他人文書或致令不堪用，足以生損害於公眾或他人者，處三年以下有期徒刑、拘役或三萬元以下罰金。

第三五三條　（毀壞建築物、礦坑、船艦罪）

①毀壞他人建築物、礦坑、船艦或致令不堪用者，處六月以上、五年以下有期徒刑。

②因而致人於死者，處無期徒刑或七年以上有期徒刑；致重傷者，處三年以上、十年以下有期徒刑。

③第一項之未遂犯罰之。

第三五四條　（毀損器物罪） 108

毀棄、損壞前二條以外之他人之物或致令不堪用，足以生損害於公眾或他人者，處二年以下有期徒刑、拘役或一萬五千元以下罰金。

第三五五條　（間接毀損罪）108
　　意圖損害他人，以詐術使本人或第三人為財產上之處分，致生財產上之損害者，處三年以下有期徒刑、拘役或一萬五千元以下罰金。

第三五六條　（損害債權罪）108
　　債務人於將受強制執行之際，意圖損害債權人之債權，而毀壞、處分或隱匿其財產者，處二年以下有期徒刑、拘役或一萬五千元以下罰金。

第三五七條　（告訴乃論）
　　第三百五十二條、第三百五十四條至第三百五十六條之罪，須告訴乃論。

第三十六章　妨害電腦使用罪

第三五八條　（入侵電腦或其相關設備罪）108
　　無故輸入他人帳號密碼、破解使用電腦之保護措施或利用電腦系統之漏洞，而入侵他人之電腦或其相關設備者，處三年以下有期徒刑、拘役或科或併科三十萬元以下罰金。

第三五九條　（破壞電磁紀錄罪）108
　　無故取得、刪除或變更他人電腦或其相關設備之電磁紀錄，致生損害於公眾或他人者，處五年以下有期徒刑、拘役或科或併科六十萬元以下罰金。

第三六〇條　（干擾電腦或其相關設備罪）108
　　無故以電腦程式或其他電磁方式干擾他人電腦或其相關設備，致生損害於公眾或他人者，處三年以下有期徒刑、拘役或科或併科三十萬元以下罰金。

第三六一條　（加重其刑）
　　對於公務機關之電腦或其相關設備犯前三條之罪者，加重其刑至二分之一。

第三六二條　（製作犯罪電腦程式罪）108
　　製作專供犯本章之罪之電腦程式，而供自己或他人犯本章之罪，致生損害於公眾或他人者，處五年以下有期徒刑、拘役或科或併科六十萬元以下罰金。

第三六三條　（告訴乃論）
　　第三百五十八條至第三百六十條之罪，須告訴乃論。

毒品危害防制條例

① 民國44年6月3日總統令制定公布全文22條。
② 民國62年6月21日總統令修正公布第4、9條條文。
③ 民國81年7月27日總統令修正公布名稱及第1、4、5、7至12、14條條文（原名稱：戡亂時期肅清煙毒條例）。
④ 民國87年5月20日總統令修正公布名稱及全文36條（原名稱：肅清煙毒條例）。
⑤ 民國92年7月9日總統令修正公布全文36條；並自公布後六個月施行。
⑥ 民國97年4月30日總統令修正公布第24條條文；並自公布後六個月施行。
⑦ 民國98年5月20日總統令修正公布第4、11、11-1、17、20、25條條文；並自公布後六個月施行。
⑧ 民國99年11月24日總統令修正公布第2、27、28及36條條文；並增訂第2-1條條文；除第2條自公布後六個月施行外，餘自公布日施行。
民國101年12月25日行政院公告第33-1條第1項第3款所列屬「國防部憲兵司令部」之權責事項，自102年1月1日起改由「國防部憲兵指揮部」管轄。
民國102年7月19日行政院公告第2條第3項、第11-1條第4項、第18條第2項、第21條第1項、第27條第1、3、5項、第28條第1項、第33-1條第1項第1、2款、第2、3項、第34條所列屬「行政院衛生署」之權責事項，自102年7月23日起改由「衛生福利部」管轄。
民國102年10月25日行政院公告第27條第1、3、5項、第28條第1項所列屬「行政院國軍退除役官兵輔導委員會」之權責事項，自102年11月1日起改由「國軍退除役官兵輔導委員會」管轄。
⑨ 民國104年2月4日總統令修正公布第4、9、36條條文；並自公布日施行。
⑩ 民國105年6月22日總統令修正公布第18、19、36條條文；並自105年7月1日施行。
⑪ 民國106年6月14日總統令修正公布第36條條文；增訂第2-2、31-1條條文；並自公布日施行。
⑫ 民國109年1月15日總統令修正公布第2、4、9、11、15、17至20、21、23、24、27、28、32-1、33-1、34、36條條文；並增訂第35-1條條文；除第18、24、33-1條之施行日期，由行政院定之，餘自公布後六個月施行。

第一條 （立法目的）
為防制毒品危害，維護國民身心健康，制定本條例。

第二條 （毒品之定義、分級及品項）109

① 本條例所稱毒品，指具有成癮性、濫用性、對社會危害性之麻醉藥品與其製品及影響精神物質與其製品。

②毒品依其成癮性、濫用性及對社會危害性，分為四級，其品項如下：

②毒品依其成癮性、濫用性及對社會危害性，分為四級，其品項如下：

一 第一級 海洛因、嗎啡、鴉片、古柯鹼及其相類製品（如附表一）。
二 第二級 罌粟、古柯、大麻、安非他命、配西汀、潘他唑新及其相類製品（如附表二）。
三 第三級 西可巴比妥、異戊巴比妥、納洛芬及其相類製品（如附表三）。
四 第四級 二丙烯基巴比妥、阿普唑他及其相類製品（如附表四）。

一 第一級 海洛因、嗎啡、鴉片、古柯鹼及其相類製品（如附表一）。

二 第二級 罌粟、古柯、大麻、安非他命、配西汀、潘他唑新及其相類製品（如附表二）。

三 第三級 西可巴比妥、異戊巴比妥、納洛芬及其相類製品（如附表三）。

四 第四級 二丙烯基巴比妥、阿普唑他及其相類製品（如附表四）。

③前項毒品之分級及品項，由法務部會同衛生福利部組成審議委員會，每三個月定期檢討，審議委員會並得將具有成癮性、濫用性、對社會危害性之虞之麻醉藥品與其製品、影響精神物質與其製品及與該等藥品、物質或製品具有類似化學結構之物質進行審議，並經審議通過後，報由行政院公告調整、增減之，並送請立法院查照。

④醫藥及科學上需用之麻醉藥品與其製品及影響精神物質與其製品之管理，另以法律定之。

第二條之一（毒品防制專責組織之成立及應辦事項）99

①直轄市、縣（市）政府為執行毒品防制工作，應由專責組織辦理下列事項：

一 毒品防制教育宣導。

二 提供施用毒品者家庭重整及心理輔導等關懷訪視輔導。

三 提供或轉介施用毒品者各項社會救助、法律服務、就學服務、保護安置、危機處理服務、職業訓練及就業服務。

四 提供或轉介施用毒品者接受戒癮治療及追蹤輔導。

五 依法採驗尿液及訪查施用毒品者。

六 追蹤及管理轉介服務案件。

七 其他毒品防制有關之事項。

②直轄市、縣（市）政府應編列預算辦理前項事宜；必要時，得由各中央目的事業主管機關視實際情形酌予補助。

第二條之二（毒品防制業務基金來源及用途）106

①法務部為推動毒品防制業務，應設基金，其來源如下：

一 循預算程序之撥款。

二 犯本條例之罪所科罰金及沒收、追徵所得款項之部分提撥。

三 違反本條例所處罰鍰之部分提撥。

四 基金孳息收入。

五 捐贈收入。

六 其他有關收入。

②前項基金之用途如下：

一 補助直轄市、縣（市）政府辦理前條第一項所列事項。

二 辦理或補助毒品檢驗、戒癮治療及研究等相關業務。

三 辦理或補助毒品防制宣導。

四 提供或補助施用毒品者安置、就醫、就學、就業及家庭扶助等輔導與協助。

五 辦理或補助與其他國家或地區間毒品防制工作之合作及交流事項。

六 辦理或補助其他毒品防制相關業務。

七 管理及總務支出。

八 其他相關支出。

第三條 （適用範圍）

本條例有關法院、檢察官、看守所、監獄之規定，於軍事法院、軍事檢察官、軍事看守所及軍事監獄之規定亦適用之。

第四條 （販賣製造毒品罪）108

①製造、運輸、販賣第一級毒品者，處死刑或無期徒刑；處無期徒刑者，得併科新臺幣三千萬元以下罰金。

②製造、運輸、販賣第二級毒品者，處無期徒刑或十年以上有期徒刑，得併科新臺幣一千五百萬元以下罰金。

③製造、運輸、販賣第三級毒品者，處七年以上有期徒刑，得併科新臺幣一千萬元以下罰金。

④製造、運輸、販賣第四級毒品者，處五年以上十二年以下有期徒刑，得併科新臺幣五百萬元以下罰金。

⑤製造、運輸、販賣專供製造或施用毒品之器具者，處一年以上七年以下有期徒刑，得併科新臺幣一百五十萬元以下罰金。

⑥前五項之未遂犯罰之。

第五條 （意圖販賣而持有毒品罪）

①意圖販賣而持有第一級毒品者，處無期徒刑或十年以上有期徒刑，得併科新臺幣七百萬元以下罰金。

②意圖販賣而持有第二級毒品者，處五年以上有期徒刑，得併科新臺幣五百萬元以下罰金。

③意圖販賣而持有第三級毒品者，處三年以上十年以下有期徒刑，得併科新臺幣三百萬元以下罰金。

④意圖販賣而持有第四級毒品或專供製造、施用毒品之器具者，處一年以上七年以下有期徒刑，得併科新臺幣一百萬元以下罰金。

第六條 （強迫或欺瞞使人施用毒品罪）

①以強暴、脅迫、欺瞞或其他非法之方法使人施用第一級毒品者，處死刑、無期徒刑或十年以上有期徒刑；處無期徒刑或十年以上有期徒刑者，得併科新臺幣一千萬元以下罰金。

②以前項方法使人施用第二級毒品者，處無期徒刑或七年以上有期徒刑，得併科新臺幣七百萬元以下罰金。

③以第一項方法使人施用第三級毒品者，處五年以上有期徒刑，得併科新臺幣五百萬元以下罰金。

④以第一項方法使人施用第四級毒品者，處三年以上十年以下有期徒刑，得併科新臺幣三百萬元以下罰金。

⑤前四項之未遂犯罰之。

第七條 （引誘他人施用毒品罪）

①引誘他人施用第一級毒品者，處三年以上十年以下有期徒刑，得併科新臺幣三百萬元以下罰金。

②引誘他人施用第二級毒品者，處一年以上七年以下有期徒刑，得併科新臺幣一百萬元以下罰金。

③引誘他人施用第三級毒品者，處六月以上五年以下有期徒刑，得併科新臺幣七十萬元以下罰金。

④引誘他人施用第四級毒品者，處三年以下有期徒刑，得併科新臺幣五十萬元以下罰金。

⑤前四項之未遂犯罰之。

第八條 （轉讓毒品罪）

①轉讓第一級毒品者，處一年以上七年以下有期徒刑，得併科新臺幣一百萬元以下罰金。

②轉讓第二級毒品者，處六月以上五年以下有期徒刑，得併科新臺幣七十萬元以下罰金。

③轉讓第三級毒品者，處三年以下有期徒刑，得併科新臺幣三十萬元以下罰金。

④轉讓第四級毒品者，處一年以下有期徒刑，得併科新臺幣十萬元以下罰金。

⑤前四項之未遂犯罰之。

⑥轉讓毒品達一定數量者，加重其刑至二分之一，其標準由行政院定之。

第九條 （加重其刑）109

①成年人對未成年人販賣毒品或犯前三條之罪者，依各該條項規定加重其刑至二分之一。

②明知為懷胎婦女而對之販賣毒品或犯前三條之罪者，亦同。

③犯前五條之罪而混合二種以上之毒品者，適用其中最高級別毒品之法定刑，並加重其刑至二分之一。

第一〇條 （施用毒品罪）

①施用第一級毒品者，處六月以上五年以下有期徒刑。

②施用第二級毒品者，處三年以下有期徒刑。

第一一條 （持有毒品罪）109

①持有第一級毒品者，處三年以下有期徒刑、拘役或新臺幣三十萬元以下罰金。

②持有第二級毒品者，處二年以下有期徒刑、拘役或新臺幣二十萬元以下罰金。

③持有第一級毒品純質淨重十公克以上者，處一年以上七年以下有期徒刑，得併科新臺幣一百萬元以下罰金。

④持有第二級毒品純質淨重二十公克以上者，處六月以上五年以下有期徒刑，得併科新臺幣七十萬元以下罰金。

⑤持有第三級毒品純質淨重五公克以上者，處二年以下有期徒刑，

得併科新臺幣二十萬元以下罰金。

⑥持有第四級毒品純質淨重五公克以上者，處一年以下有期徒刑，得併科新臺幣十萬元以下罰金。

⑦持有專供製造或施用第一級、第二級毒品之器具者，處一年以下有期徒刑、拘役或新臺幣十萬元以下罰金。

第一一條之一　（不得擅自持有毒品及器具）

①第三級、第四級毒品及製造或施用毒品之器具，無正當理由，不得擅自持有。

②無正當理由持有或施用第三級或第四級毒品者，處新臺幣一萬元以上五萬元以下罰鍰，並應限期令其接受四小時以上八小時以下之毒品危害講習。

③少年施用第三級或第四級毒品者，應依少年事件處理法處理，不適用前項規定。

④第二項裁罰之基準及毒品危害講習之方式、內容、時機、時數、執行單位等事項之辦法，由法務部會同內政部、行政院衛生署定之。

第一二條　（栽種罌粟、古柯、大麻罪）

①意圖供製造毒品之用，而栽種罌粟或古柯者，處無期徒刑或七年以上有期徒刑，得併科新臺幣七百萬元以下罰金。

②意圖供製造毒品之用，而栽種大麻者，處五年以上有期徒刑，得併科新臺幣五百萬元以下罰金。

③前二項之未遂犯罰之。

第一三條　（販運罌粟、古柯、大麻種子罪）

①意圖供栽種之用，而運輸或販賣罌粟種子或古柯種子者，處五年以下有期徒刑，得併科新臺幣五十萬元以下罰金。

②意圖供栽種之用，而運輸或販賣大麻種子者，處二年以下有期徒刑，得併科新臺幣二十萬元以下罰金。

第一四條　（持有或轉讓罌粟、古柯、大麻種子罪）

①意圖販賣而持有或轉讓罌粟種子、古柯種子者，處三年以下有期徒刑。

②意圖販賣而持有或轉讓大麻種子者，處二年以下有期徒刑。

③持有罌粟種子、古柯種子者，處二年以下有期徒刑、拘役或新臺幣三萬元以下罰金。

④持有大麻種子者，處一年以下有期徒刑、拘役或新臺幣一萬元以下罰金。

第一五條　（公務員加重其刑）109

①公務員假借職務上之權力、機會或方法犯第四條第二項或第六條第一項之罪者，處死刑或無期徒刑；處無期徒刑者，得併科新臺幣三千萬元以下罰金。犯第四條第三項至第五項、第五條、第六條第二項至第四項、第七條第一項至第四項、第八條第一項至第四項、第九條至第十四條之罪者，依各該條項規定加重其刑至二分之一。

②公務員明知他人犯第四條至第十四條之罪而予以庇護者，處一年以上七年以下有期徒刑。

第一六條 （刪除）

第一七條 （減輕或免除其刑）109

①犯第四條至第八條、第十條或第十一條之罪，供出毒品來源，因而查獲其他正犯或共犯者，減輕或免除其刑。

②犯第四條至第八條之罪於偵查及歷次審判中均自白者，減輕其刑。

③被告因其自己施用而犯第四條之運輸毒品罪，且情節輕微者，得減輕其刑。

第一八條 （查獲毒品或器具之銷燬）109

①查獲之第一級、第二級毒品及專供製造或施用第一級、第二級毒品之器具，不問屬於犯罪行為人與否，均沒收銷燬之；查獲之第三級、第四級毒品及製造或施用第三級、第四級毒品之器具，無正當理由而擅自持有者，均沒入銷燬之。但合於醫藥、研究或訓練之用者，得不予銷燬。

②查獲易生危險、有喪失毀損之虞、不便保管或保管需費鉅之毒品，易取樣後於判決確定前得銷燬之；其取樣之數量、方式、程序及其他相關事項之辦法，由法務部定之。

③毒品檢驗機構檢驗出含有新興毒品或成分而有製成標準品之需者，得由衛生福利部或其他政府機關依法設置之檢驗機關（構）領用部分檢體，製成標準品使用或供其他檢驗機構使用。

④第一項但書與前項合於醫藥、研究或訓練用毒品或器具、檢驗機關（構）領用檢體之要件、程序、管理及其他相關事項之辦法，由法務部會同衛生福利部定之。

第一九條 （供犯罪所用物或交通工具之沒收及擴大沒收制度）109

①犯第四條至第九條、第十二條、第十三條或第十四條第一項、第二項之罪者，其供犯罪所用之物，不問屬於犯罪行為人與否，均沒收之。

②犯第四條之罪所使用之水、陸、空交通工具，沒收之。

③犯第四條至第九條、第十二條、第十三條或第十四條第一項、第二項之罪，有事實足以證明行為人所得支配之前二項規定以外之財物或財產上利益，係取自其他違法行為所得者，沒收之。

第二〇條 （施用毒品者之觀察、勒戒或強制戒治）109

①犯第十條之罪者，檢察官應聲請法院裁定，或少年法院（地方法院少年法庭）應先裁定，令被告或少年入勒戒處所觀察、勒戒，其期間不得逾二月。

②觀察、勒戒後，檢察官或少年法院（地方法院少年法庭）依據勒戒處所之陳報，認受觀察、勒戒人無繼續施用毒品傾向者，應即釋放，並為不起訴之處分或不付審理之裁定；認受觀察、勒戒人有繼續施用毒品傾向者，檢察官應聲請法院裁定或由少年法院

（地方法院少年法庭）裁定令入戒治處所強制戒治，其期間為六個月以上，至無繼續強制戒治之必要為止。但最長不得逾一年。

③依前項規定為觀察、勒戒或強制戒治執行完畢釋放後，三年後再犯第十條之罪者，適用前二項之規定。

④受觀察、勒戒或強制戒治處分之人，於觀察、勒戒或強制戒治期滿後，由公立就業輔導機構輔導就業。

第二○條之一　（重新審理之聲請）

①觀察、勒戒及強制戒治之裁定確定後，有下列情形之一，認為應不施以觀察、勒戒或強制戒治者，受觀察、勒戒或強制戒治處分之人，或其法定代理人、配偶，或檢察官得以書狀敍述理由，聲請原裁定確定法院重新審理：

一　適用法規顯有錯誤，並足以影響裁定之結果者。

二　原裁定所憑之證物已證明為偽造或變造者。

三　原裁定所憑之證言、鑑定或通譯已證明其為虛偽者。

四　參與原裁定之法官，或參與聲請之檢察官，因該案件犯職務上之罪，已經證明者。

五　因發現確實之新證據足認為觀察、勒戒或強制戒治處分之人，應不施以觀察、勒戒或強制戒治者。

六　受觀察、勒戒或強制戒治處分之人，已證明其係被誣告者。

②聲請重新審理，應於裁定確定後三十日內提起。但聲請之事由，知悉在後者，自知悉之日起算。

③聲請重新審理，無停止觀察、勒戒或強制戒治執行之效力。但原裁定確定法院認為有停止執行之必要者，得依職權或依聲請人之聲請，停止執行之。

④法院認為無重新審理之理由，或程序不合法者，應以裁定駁回之；認為有理由者，應重新審理，更為裁定。法院認為無理由裁定駁回聲請者，不得更以同一原因，聲請重新審理。

⑤重新審理之聲請，於裁定前得撤回之。撤回重新審理之人，不得更以同一原因，聲請重新審理。

第二一條　（施用毒品者之自動請求治療者）109

①犯第十條之罪者，於犯罪未發覺前，自動向衛生福利部指定之醫療機構請求治療，醫療機構免將請求治療者送法院或檢察機關。

②依前項規定治療中經查獲之被告或少年，應由檢察官為不起訴之處分或由少年法院（地方法院少年法庭）為不付審理之裁定。但以一次為限。

第二二條　（刪除）

第二三條　（強制戒治期滿之法律豁免及再犯之刑事處遇）109

①依第二十條第二項強制戒治期滿，應即釋放，由檢察官為不起訴之處分或少年法院（地方法院少年法庭）為不付審理之裁定。

②觀察、勒戒或強制戒治執行完畢釋放後，三年內再犯第十條之罪者，檢察官或少年法院（地方法院少年法庭）應依法追訴或裁定交付審理。

第二三條之一 （拘提逮捕者之裁定觀察、勒戒）

①被告因拘提或逮捕到場者，檢察官依第二十條第一項規定聲請法院裁定觀察、勒戒，應自拘提或逮捕之時起二十四小時內為之，並將被告移送該管法院訊問；被告因傳喚、自首或自行到場，經檢察官予以逮捕者，亦同。

②刑事訴訟法第九十三條之一之規定，於前項情形準用之。

第二三條之二 （觀察、勒戒或強制戒治者之裁定處分）

①少年經裁定觀察、勒戒或強制戒治者，不適用少年事件處理法第四十五條第二項規定。

②少年法院（地方法院少年法庭）依第二十條第二項、第二十三條第一項規定為不付審理之裁定，或依第三十五條第一項第四款規定為不付保護處分之裁定者，得並為下列處分：

一　轉介少年福利或教養機構為適當之輔導。

二　交付少年之法定代理人或現在保護少年之人嚴加管教。

三　告誡。

③前項處分，均交由少年調查官執行之。

第二四條 （緩起訴處分之多元處遇）109

①第二十條第一項及第二十三條第二項之程序，於檢察官先依刑事訴訟法第二百五十三條之一第一項、第二百五十三條之二第一項第四款至第六款或第八款規定，為附條件之緩起訴處分時，或於少年法院（地方法院少年法庭）認以依少年事件處理法程序處理為適當時，不適用之。

②前項緩起訴處分，經撤銷者，檢察官應繼續偵查或起訴。

③檢察官依刑事訴訟法第二百五十三條之二第一項第六款規定為緩起訴處分前，應徵詢醫療機構之意見；必要時，並得徵詢其他相關機關（構）之意見。

④刑事訴訟法第二百五十三條之二第一項第六款規定之緩起訴處分，其適用戒癮治療之種類、實施對象、內容、方式、執行醫療機構或其他機構與其他相關事項之辦法及完成戒癮治療之認定標準，由行政院定之。

第二四條之一 （觀察、勒戒或強制戒治處分之執行時效）

觀察、勒戒或強制戒治處分於受處分人施用毒品罪之追訴權消滅時，不得執行。

第二五條 （強制採驗尿液）

①犯第十條之罪而付保護管束者，或因施用第一級或第二級毒品經裁定交付保護管束之少年，於保護管束期間，警察機關或執行保護管束者應定期或於其有事實可疑為施用毒品時，通知其於指定之時間到場採驗尿液，無正當理由不到場，得報請檢察官或少年法院（地方法院少年法庭）許可，強制採驗。到場而拒絕採驗者，得違反其意思強制採驗，於採驗後，應即時報請檢察官或少年法院（地方法院少年法庭）補發許可書。

②依第二十條第二項前段、第二十一條第二項、第二十三條第一項

規定爲不起訴之處分或不付審理之裁定，或依第三十五條第一項第四款規定爲免刑之判決或不付保護處分之裁定，或犯第十條之罪經執行刑罰或保護處分完畢後二年內，警察機關得適用前項之規定採驗尿液。

③前二項人員採驗尿液實施辦法，由行政院定之。

④警察機關或執行保護管束者依第一項規定通知少年到場採驗尿液時，應併爲通知少年之法定代理人。

第二六條 （行刑權時效）

犯第十條之罪者，於送觀察、勒戒或強制戒治期間，其所犯他罪之行刑權時效，停止進行。

第二七條 （勒戒處所之設立）109

①勒戒處所，由法務部、國防部於所屬戒治處所、看守所、少年觀護所或所屬醫院內附設，或委託國軍退除役官兵輔導委員會、衛生福利部、直轄市或縣（市）政府指定之醫院內附設。

②受觀察、勒戒人因他案依法應予羈押、留置或收容者，其觀察、勒戒應於看守所或少年觀護所附設之勒戒處所執行。

③戒治處所、看守所或少年觀護所附設之勒戒處所，由國防部、國軍退除役官兵輔導委員會、衛生福利部或直轄市或縣（市）政府指定之醫療機構負責其醫療業務。

④第一項受委託醫院附設之勒戒處所，其戒護業務由法務部及國防部負責，所需相關戒護及醫療經費，由法務部及國防部編列預算支應。

⑤第一項之委託辦法，由法務部會同國防部、國軍退除役官兵輔導委員會、衛生福利部定之。

第二八條 （戒治處所之設立）109

戒治處所，由法務部及國防部設立。未設立前，得先於監獄或少年矯正機構內設立，並由國防部、衛生福利部、國軍退除役官兵輔導委員會、直轄市或縣（市）政府指定之醫療機構負責其醫療業務；其所需員額及經費，由法務部及國防部編列預算支應。

第二九條 （觀察、勒戒及強制戒治執行之規定）

觀察、勒戒及強制戒治之執行，另以法律定之。

第三〇條 （觀察、勒戒及強制戒治費用）

①觀察、勒戒及強制戒治之費用，由勒戒處所及戒治處所填發繳費通知單向受觀察、勒戒或強制戒治處分人或上開處分少年之扶養義務人收取並解繳國庫。但自首或貧困無力負擔者，得免予繳納。

②前項費用經限期繳納，屆期未繳納者，由勒戒處所及戒治處所，依法移送強制執行。

第三〇條之一 （請求返還已繳納之觀察、勒戒或強制戒治費用）

①受觀察、勒戒或強制戒治處分人其原受觀察、勒戒或強制戒治處分之裁定經撤銷確定者，得請求返還原已繳納之觀察、勒戒或強

制戒治費用；尚未繳納者，不予以繳納。

②受觀察、勒戒或強制戒治處分人其原受觀察、勒戒或強制戒治處分之裁定經撤銷確定者，其觀察、勒戒或強制戒治處分之執行，得準用冤獄賠償法之規定請求賠償。

第三一條　（工業原料之種類及申報、檢查）

①經濟部爲防制先驅化學品之工業原料流供製造毒品，得命廠商申報該項工業原料之種類及輸出入、生產、銷售、使用、貯存之流程、數量，並得檢查其簿冊及場所；廠商不得規避、妨礙或拒絕。

②前項工業原料之種類及申報、檢查辦法，由經濟部定之。

③違反第一項之規定不爲申報者，處新臺幣三萬元以上三十萬元以下罰鍰，並通知限期補報，屆期仍未補報者，按日連續處罰。

④規避、妨礙或拒絕第一項之檢查者，處新臺幣三萬元以上三十萬元以下罰鍰，並得按次處罰及強制檢查。

⑤依前二項所處之罰鍰，經限期繳納，屆期未繳納者，依法移送強制執行。

第三一條之一　（特定營業場所之防制措施）106

①爲防制毒品危害，特定營業場所應執行下列防制措施：

一　於入口明顯處標示毒品防制資訊，其中應載明持有毒品之人不得進入。

二　指派一定比例之從業人員參與毒品危害防制訓練。

三　備置負責人及從業人員名冊。

四　發現疑似施用或持有毒品之人，通報警察機關處理。

②特定營業場所未執行前項各款所列防制措施之一者，由直轄市、縣（市）政府令負責人限期改善；屆期未改善者，處負責人新臺幣五萬元以上五十萬元以下罰鍰，並得按次處罰；其屬法人或合夥組織經營者，併同處罰之。

③特定營業場所人員知悉有人在內施用或持有毒品，未通報警察機關處理者，由直轄市、縣（市）政府處負責人新臺幣十萬元以上一百萬元以下罰鍰；其屬法人或合夥組織經營者，併同處罰之。其情節重大者，各目的事業主管機關得令其停止營業六個月以上一年六個月以下或勒令歇業。

④直轄市、縣（市）政府應定期公布最近一年查獲前項所定情節重大之特定營業場所名單。

⑤第一項特定營業場所之種類、毒品防制資訊之內容與標示方式、負責人及從業人員名冊之格式、毒品危害防制訓練、執行機關與執行程序之辦法，由法務部會商相關機關定之。

第三二條　（獎懲辦法）

防制毒品危害有功人員或檢舉人，應予獎勵，防制不力者，應予懲處；其獎懲辦法，由行政院定之。

第三二條之一　（控制下交付之實施）109

①爲偵辦跨國性毒品犯罪，檢察官或刑事訴訟法第二百二十九條之

司法警察官，得由其檢察長或其最上級機關首長向最高檢察署提出偵查計畫書，並檢附相關文件資料，經最高檢察署檢察總長核可後，核發偵查指揮書，由入、出境管制相關機關許可毒品及人員入、出境。

②前項毒品、人員及其相關人、貨之入、出境之協調管制作業辦法，由行政院定之。

第三二條之二 （偵查計畫書應載事項）

前條之偵查計畫書，應記載下列事項：

一　犯罪嫌疑人或被告之年籍資料。

二　所犯罪名。

三　所涉犯罪事實。

四　使用控制下交付調查犯罪之必要性。

五　毒品數量及起迄處所。

六　毒品及犯罪嫌疑人入境航次、時間及方式。

七　毒品及犯罪嫌疑人入境後，防制毒品散逸及犯罪嫌疑人逃逸之監督作為。

八　偵查犯罪所需期間、方法及其他作為。

九　國際合作情形。

第三三條 （特定人員及採驗尿液實施辦法）

①為防制毒品氾濫，主管機關對於所屬或監督之特定人員於必要時，得要求其接受採驗尿液，受要求之人不得拒絕；拒絕接受採驗者，並得拘束其身體行之。

②前項特定人員之範圍及採驗尿液實施辦法，由行政院定之。

第三三條之一 （尿液之檢驗機關（構）及驗餘檢體之處理）
109

①尿液之檢驗，應由下列機關（構）為之：

一　衛生福利部認證之檢驗及醫療機構。

二　衛生福利部指定之衛生機關。

三　法務部調查局、內政部警政署刑事警察局、國防部憲兵指揮部或其他政府機關依法設置之檢驗機關（構）。

②檢驗機構對於前項驗餘尿液檢體之處理，應依相關規定或與委驗機構之約定為之。但合於人體代謝物研究供開發檢驗方法或試劑之用者，於不起訴處分、緩起訴處分或判決確定，經去識別化方式後，得供醫藥或研究機構領用。

③第一項第一款檢驗及醫療機構之認證標準、認證與認證之撤銷或廢止及管理等事項之辦法；第二款、第三款檢驗機關（構）之檢驗設置標準，由衛生福利部定之。

④第一項各類機關（構）尿液檢驗之方式、判定基準、作業程序、檢體保管，與第二項驗餘檢體之處理、領用及其他相關事項之準則，由衛生福利部定之。

第三四條 （施行細則）109

本條例施行細則，由法務部會同內政部、衛生福利部擬訂，報請

行政院核定之。

第三五條 （本條例繫屬施用毒品案件之處理）

①於中華民國九十二年六月六日本條例修正施行前繫屬之施用毒品案件，於修正施行後，適用修正後之規定，並依下列方式處理：

一　觀察、勒戒及強制戒治中之案件，適用修正後觀察、勒戒及強制戒治之規定。

二　偵查中之案件，由檢察官依修正後規定處理之。

三　審判中之案件，由法院或少年法院（地方法院少年法庭）依修正後規定處理之。

四　審判中之案件，依修正後之規定應為不起訴之處分或不付審理之裁定者，法院或少年法院（地方法院少年法庭）應為免刑之判決或不付保護處分之裁定。

②前項情形，依修正前之規定有利於行為人者，適用最有利於行為人之法律。

第三五條之一 （本條例修正施行前犯施用毒品罪案件處理之過渡規定）109

本條例中華民國一百零八年十二月十七日修正之條文施行前犯第十條之罪之案件，於修正施行後，依下列規定處理：

一　偵查中之案件，由檢察官依修正後規定處理。

二　審判中之案件，由法院或少年法院（地方法院少年法庭）依修正後規定處理；依修正後規定應為不起訴處分或不付審理之裁定者，法院或少年法院（地方法院少年法庭）應為免刑之判決或不付審理之裁定。

三　判決確定尚未執行或執行中之案件，適用修正前之規定。

第三六條 （施行日）109

本條例除中華民國九十九年十一月五日修正之第二條之一、第二十七條及第二十八條，一百零四年一月二十三日、一百零六年五月二十六日修正之條文，自公布日施行；一百零五年五月二十七日修正之條文，自一百零五年七月一日施行；一百零八年十二月十七日修正之第十八條、第二十四條及第三十三條之一之施行日期，由行政院定之外，自公布後六個月施行。

觀察勒戒處分執行條例

①民國87年5月20日總統令制定公布全文18條；並自公布日施行。
②民國99年5月26日總統令修正公布第6條條文。
③民國107年6月13日總統令修正公布第8條條文。

第一條　（立法依據）
本條例依毒品危害防制條例第二十九條規定制定之。

第二條　（適用法律之順序）
觀察、勒戒處分之執行，依本條例之規定，本條例未規定者，適用保安處分執行法之相關規定。

第三條　（觀察、勒戒處分執行之程序）
①檢察官依毒品危害防制條例第二十條第一項規定命送勒戒處所執行觀察、勒戒處分者，應先向法院聲請裁定，法院應於受理聲請後二十四小時內為之。
②前項聲請裁定期間，法院得依檢察官之聲請將被聲請人留置於勒戒處所。留置期間得折抵執行觀察、勒戒期間。
③法院為不付觀察、勒戒之裁定或逾期不為裁定者，受留置人應即釋放。
④對第一項之裁定不服，而提出抗告者，適用刑事訴訟法第四百零六條至第四百十四條之規定。但不得提起再抗告。

第四條　（少年觀察、勒戒處分執行之程序）
①少年法院（庭）對毒品危害防制條例第二十條第一項之少年，於付觀察、勒戒之裁定前，得先行收容於勒戒處所；該裁定應於收容後二十四小時內為之。收容期間，得折抵執行觀察、勒戒處分期間。
②少年法院（庭）為不付觀察、勒戒之裁定或逾期不為裁定者，收容之少年應即釋放。
③少年及其法定代理人、現在保護少年之人或輔佐人，對第一項裁定不服者，得提起抗告；並準用刑事訴訟法第四百零六條至第四百十四條之規定。但不得提起再抗告。

第五條　（受觀察、勒戒人收容處所及收容方式）
①受觀察、勒戒人應收容於勒戒處所，執行觀察、勒戒處分。但對於少年得由少年法院（庭）另行指定適當處所執行。
②勒戒處所附設於看守所或少年觀護所者，應與其他被告或少年分別收容。
③受觀察、勒戒人為女性者，應與男性嚴為分界。

第六條　（受觀察、勒戒人入所時應調查文件及拒絕入所之情形）

①受觀察、勒戒人入所時，應調查其所之裁定書、移送公函及其他應備文件，如文件不備時，得拒絕入所或通知補送。

②受觀察、勒戒人入所時，應行健康檢查。有下列情形之一者，應拒絕入所：

一　衰老、身心障礙，不能自理生活。

二　心神喪失或現罹疾病，因勒戒而有身心障礙或死亡之虞。

三　懷胎五月以上或分娩未滿二月。

③勒戒處所附設於看守所或少年觀護所者，對罹法定傳染病、後天免疫缺乏症候群或其他經中央衛生主管機關指定之傳染病者，得拒絕入所。

④前二項被拒絕入所者，應由檢察官或少年法院（庭）斟酌情形，交監護人、法定代理人、最近親屬、醫院或其他適當處所。

⑤第二項、第三項被拒絕入所之原因消滅後，應通知受觀察、勒戒人至勒戒處所執行。

第七條　（受觀察、勒戒人在所之醫療處置）

受觀察、勒戒人在所進行觀察、勒戒之醫療處置，應依醫師之指示為之。

第八條　（勒戒處所之權責）107

①勒戒處所應注意觀察受觀察、勒戒人在所情形，經醫師研判其有或無繼續施用毒品傾向後，至遲應於觀察、勒戒期滿之十五日前，陳報該管檢察官或少年法院（庭）。

②受觀察、勒戒人經觀察、勒戒結果，無繼續施用毒品傾向者，檢察官或少年法院（庭）應即命令或裁定將其釋放；有繼續施用毒品傾向者，檢察官應至遲於觀察、勒戒期滿之七日前向法院聲請強制戒治，法院或少年法院（庭）應於觀察、勒戒期滿前裁定並宣示或送達。

③前項聲請經法院裁定強制戒治者，於裁定宣示或送達後至移送戒治處所前之繼續收容期間，計入戒治期間。少年法院（庭）裁定強制戒治者，亦同。

④觀察、勒戒期間屆滿當日下午五時前，未經法院或少年法院（庭）宣示或送達執行強制戒治裁定正本者，勒戒處所應即將受觀察、勒戒人釋放，同時通知檢察官、法院或少年法院（庭）。

第九條　（輔導及教誨事宜之辦理）

勒戒處所得辦理戒毒輔導及宗教教誨等事宜，使受觀察、勒戒人堅定戒毒決心。

第一〇條　（尿液篩檢之實施）

勒戒處所對於受觀察、勒戒人得經常不定期實施尿液篩檢。

第一一條　（送入必需物品及飲食之規定）

送入必需物品之種類及數量，得加限制。但飲食不得送入。

第一二條　（受觀察、勒戒人之接見及發受書信）

①受觀察、勒戒人之接見及發受書信，除有特別理由經勒戒處所長官許可，得與其他人為之外，以與配偶、直系血親為之為限。但

有妨礙觀察、勒戒處分之執行或受觀察、勒戒人之利益者，得禁止或限制之。

②前項接見，每週一次，每次以三十分鐘爲限。但經勒戒處所長官許可者，得增加或延長之。

③受觀察、勒戒人得發受書信，勒戒處所並得檢閱之，如認有第一項但書情形，受觀察、勒戒人發信者，得述明理由，令其刪除後再行發出；受觀察、勒戒人受信者，得述明理由，逕予刪除再交受觀察、勒戒人收受。

第一三條 （勒戒處所對無法防避天災、事變之因應措施）

①天災、事變在所內無法防避時，得將受觀察、勒戒人護送至相當處所；不及護送時，已完成觀察、勒戒程序者，得逕行釋放；未完成觀察、勒戒程序者，得暫行釋放。

②前項之釋放應即陳報該管檢察官或少年法院（庭）。

③對於依第一項規定逕行釋放之受觀察、勒戒人，檢察官或少年法院（庭）應依毒品危害防制條例第二十條第二項之規定處理。

④第一項暫行釋放之受觀察、勒戒人，於離所後七十二小時內，應自行返所報到，繼續執行觀察、勒戒之程序；逾時無正當理由不報到者，以脫逃罪論處。

第一四條 （勒戒費用之收取規定）

①勒戒之費用，依毒品危害防制條例第三十條之規定辦理。

②前項費用，勒戒處所得逕自受觀察、勒戒人之保管金中扣繳。

第一五條 （受觀察、勒戒人之處遇）

受觀察、勒戒人之處遇，除本條例有規定者外，準用監獄行刑法第二十六條之一、第四十二條至第四十四條、第四十八條至第五十二條、第八十八條及第八十九條之規定。

第一六條 （少年於觀察、勒戒期間滿十八歲之處理）

少年於事件繫屬後於觀察、勒戒期間滿十八歲者，少年法院（庭）得以裁定移送檢察官；檢察官應視事件進行程度，向法院聲請爲觀察、勒戒處分之裁定、執行、繼續執行觀察、勒戒處分，或逕依毒品危害防制條例第二十條規定辦理。

第一七條 （軍事機關觀察、勒戒處分之執行）

軍事機關依毒品危害防制條例第二十條第一項、第二十九條之規定執行觀察、勒戒處分，準用本條例之規定。

第一八條 （公布日）

本條例自公布日施行。

戒治處分執行條例

①民國87年5月20日總統令制定公布全文33條；並自公布日施行。
②民國93年1月7日總統令修正公布第2至4、7、11、17、18、21、22、25、30、32條條文；並刪除第26、28、29條條文。
③民國95年5月30日總統令修正公布第22、33條條文；並自95年7月1日施行。
④民國96年3月21日總統令修正公布第7條條文。

第一章 總 則

第一條 （立法依據）
　　本條例依毒品危害防制條例第二十九條規定制定之。

第二條 （受戒治人收容處所及收容方式）
①受戒治人應收容於戒治所，執行戒治處分。戒治所附設於（軍事）監獄或少年矯正機構者，應與其他收容人分別收容。
②受戒治人為女性者，應與男性受戒治人之收容嚴為分界。

第三條 （視察戒治所）
　　法務部、國防部得隨時派員視察戒治所。

第四條 （受戒治人申訴程序）
①受戒治人不服戒治所之處分時，得經由戒治所所長向法務部、國防部申訴，或逕向視察人員申訴。
②前項申訴，無停止處分執行之效力。

第二章 入 所

第五條 （受戒治人入所應調查之文件）
　　受戒治人入所時，應調查其入所裁定書、移送公函及其他應備文件。如文件不備時，得拒絕入所或通知補送。

第六條 （女性受戒治人攜帶未滿三歲子女之處理）
①女性受戒治人請求攜帶未滿三歲子女入所者，得准許之。
②前項子女滿三歲後，應交受戒治人以外之撫養義務人撫養，無撫養義務人或其他相當之人可交付時，得延期六月；期滿後仍不能交付撫養者，由戒治所或該受戒治人依兒童福利法第十七條第一項規定，申請兒童福利主管機關安置或輔助。
③前二項規定，於所內分娩之子女亦適用之。

第七條 （拒絕入所之原因及對被拒入所者之處置）
①受戒治人入所時，應行健康檢查，有下列情形之一者，應拒絕入所：
　　一　罹法定傳染病，因戒治有引起群聚感染之虞。

二　衰老、身心障礙，致不能自理生活。

三　現罹疾病，因戒治而有病情加重或死亡之虞。

四　懷胎五月以上或分娩未逾二月。

②前項被拒絕入所者，應由檢察官或少年法院（地方法院少年法庭）斟酌情形，交監護人、法定代理人、最近親屬、醫院或其他適當處所。

③第一項被拒絕入所之原因消滅後，應通知受戒治人至戒治所執行。

第八條　（建立入所受戒治人之個人檔案）

受戒治人入所時，戒治所應詳細調查其個人之學經歷、性行嗜好、身心狀況、家庭背景、宗教信仰、社會關係及其他可供執行戒治處分參考之資料，以建立其個人檔案。

第九條　（受戒治人入所之檢查）

①受戒治人入所時，應檢查其身體、衣類及攜帶物品，並捺印指紋及照相；在戒治期間認為有必要時，亦同。

②受戒治人為女性者，前項檢查由女性管理員為之。

第一〇條　（戒治所應告知事項）

受戒治人入所時，應告以戒治期間之處遇及應遵守之事項。

第三章　處　遇

第一一條　（戒治處分執行之階段）

①戒治處分之執行，其期間為六個月以上，至無繼續強制戒治之必要為止。但最長不得逾一年。

②戒治分下列三階段依序行之：

一　調適期。

二　心理輔導期。

三　社會適應期。

第一二條　（調適期處遇之重點）

調適期處遇重點在培養受戒治人之體力及毅力，增進其戒毒信心。

第一三條　（心理輔導期處遇之重點）

心理輔導期處遇重點在激發受戒治人之戒毒動機及更生意志，協助其戒除對毒品之心理依賴。

第一四條　（社會適應期處遇之重點）

社會適應期處遇重點在重建受戒治人之人際關係及解決問題能力，協助其復歸社會。

第一五條　（個別階段處遇計畫）

戒治所應依據受戒治人之需要，擬訂其個別階段處遇計畫。

第一六條　（社會適應期之處遇於所外行之）

受戒治人在社會適應期之處遇，如於所外行之有益於復歸社會，報經法務部核准後，得於所外行之；其辦法於本條例施行後六個[月]內由法務部定之。

第一七條 （各階段處遇成效之評估）

戒治所對受戒治人各階段之處遇成效應予評估，作為停止戒治之依據；其評估辦法，由法務部定之。

第一八條 （戒治處分之優先執行）

①戒治處分應優先於徒刑、拘役、感訓處分、保護處分及中途學校之特殊教育執行之。

②法院或法院檢察署借提執行中之受戒治人，應於當日解還；當日不能解還者，寄禁於當地或鄰近地區之戒治所，其期間不得逾一個月。

③受戒治人因刑事案件經偵查審判機關借提，為本案羈押者，其原執行之戒治處分中斷，於其解還之日接續執行。

第四章 管 理

第一九條 （分類收容及隔離收容）

受戒治人應斟酌情形予以分類收容。但因戒治上之需要或有違反團體生活紀律之情事者，經所長核定，得將其隔離收容。

第二○條 （尿液篩檢之實施）

戒治所對於受戒治人應經常不定期實施尿液篩檢。

第二一條 （送入必需物品及飲食之規定）

①送入必需物品之種類及數量，得加限制。

②飲食不得送入。但下列節日有送入飲食之必要時，依前項之規定辦理：

一 農曆除夕至正月初五。

二 一月一日、二日、母親節、端午節、父親節及中秋節。

③前二項限制送入必需物品、飲食之種類、數量及其相關規定之辦法，由法務部定之。

第二二條 （受戒治人之接見及發受書信）

①受戒治人得與最近親屬、家屬接見及發受書信；於進入心理輔導期後，受戒治人與非親屬、家屬之接見及發受書信，以有益於其戒治處分之執行為限，得報經所長許可後行之。

②前項接見或書信內容，有下列各款情形之一者，得限制或禁止之：

一 誘騙、侮辱或恐嚇之不當陳述，使他人有受騙、造成心理壓力或不安之虞。

二 使用符號、暗語或其他方法，致使無法瞭解或檢閱。

三 有脫逃或湮滅、偽造、變造證據或勾串其他正犯、共犯或證人之虞。

四 述及戒治處所之警備狀況、房舍配置等事項，有影響戒護安全之虞。

五 要求親友寄入金錢或物品，顯超日常生活及醫療所需，違背強制戒治之宗旨。

六 其他對戒治處遇之公平、適切實施，有妨礙之虞。

③第一項接見，每週一次，每次以三十分鐘為限。但必要時經所長許可者，得增加或延長之。

④戒治所檢閱受戒治人發受之書信，有第二項所列各款情形之一，其為發信者，得述明理由，令其刪除後再行寄發；其為受信者，得述明理由，逕予刪除後再交受戒治人收受。

第二三條 （戒治所對無法防避天災、事變之因應措施）

①天災、事變在所內無法防避時，得將受戒治人護送至相當處所；不及護送時，得暫行釋放。

②前項暫行釋放之受戒治人，自離所起七十二小時內，應自行返所報到，繼續戒治處分之執行；逾時無正當理由不報到者，以脫逃罪論處。

第二四條 （戒治費用之收取規定）

①戒治之費用，依毒品危害防制條例第三十條之規定辦理。

②前項費用，戒治所得自受戒治人之保管金或勞作金中扣繳。

第五章 出 所

第二五條 （戒治之成效合格者得辦理出所）

受戒治人接受戒治處遇屆滿六個月後，經依第十七條所為之評估，認無繼續強制戒治之必要者，戒治所得隨時檢具事證，報請指揮執行之檢察官、法院或少年法院（地方法院少年法庭）命令或裁定停止戒治後，辦理出所。

第二六條 （刪除）

第二七條 （戒治處分執行期滿）

戒治處分執行期滿者，應於屆滿之次日午前辦理出所。

第二八條 （刪除）

第二九條 （刪除）

第三○條 （戒治所應函知出所事由）

受戒治人出所時，戒治所應將出所事由函知指揮執行之檢察官、法院或少年法院（地方法院少年法庭），並通知其居住地或戶籍地之警察機關。

第六章 附 則

第三一條 （戒治處分執行之準用）

戒治處分之執行，除本條例有規定外，準用監獄行刑法第四章至第十一章、第十三章及第十四章之規定。

第三二條 （軍事機關戒治處分之執行）

本條例有關法院、檢察官、監獄之規定，於軍事法院、軍事檢察官及軍事監獄，亦適用之。

第三三條 （施行日期）

①本條例自公布日施行。

本條例中華民國九十五年五月五日修正之條文，自中華民國九十五年七月一日施行。

組織犯罪防制條例

①民國85年12月11日總統令制定公布全文19條；並自公布日施行。

②民國105年7月20日總統令修正公布第7條條文。

③民國106年4月19日總統令修正公布第2至4、8條條文；增訂第7-1條條文；並刪除第5、17、18條條文。

④民國107年1月3日總統令修正公布第2、3、12條條文。

第一條　（立法目的）

①為防制組織犯罪，以維護社會秩序，保障人民權益，特制定本條例。

②本條例未規定者，適用其他法律之規定。

第二條　（犯罪組織之定義）107

①本條例所稱犯罪組織，指三人以上，以實施強暴、脅迫、詐術、恐嚇為手段或最重本刑逾五年有期徒刑之刑之罪，所組成具有持續性或牟利性之有結構性組織。

②前項之有結構性組織，指非為立即實施犯罪而隨意組成，不以具有名稱、規約、儀式、固定處所、成員持續參與或分工明確為必要。

第三條　（犯罪處罰）107

①發起、主持、操縱或指揮犯罪組織者，處三年以上十年以下有期徒刑，得併科新臺幣一億元以下罰金；參與者，處六月以上五年以下有期徒刑，得併科新臺幣一千萬元以下罰金。但參與情節輕微者，得減輕或免除其刑。

②具公務員或經選舉產生之公職人員之身分，犯前項之罪者，加重其刑至二分之一。

③犯第一項之罪者，應於刑之執行前，令入勞動場所，強制工作，其期間為三年。

④前項之強制工作，準用刑法第九十條第二項但書、第三項及第九十八條第二項、第三項規定。

⑤以言語、舉動、文字或其他方法，明示或暗示其為犯罪組織之成員，或與犯罪組織或其成員有關聯，而要求他人為下列行為之一者，處三年以下有期徒刑，得併科新臺幣三百萬元以下罰金：

一　出售財產、商業組織之出資或股份或放棄經營權。

二　配合辦理都市更新重建之處理程序。

三　購買商品或支付勞務報酬。

四　履行債務或接受債務協商之內容。

⑥前項犯罪組織，不以現存者為必要。

⑦以第五項之行為，使人行無義務之事或妨害其行使權利者，亦

同。

⑧第五項、第七項之未遂犯罰之。

第四條 （招募他人加入犯罪組織者之處罰）106

①招募他人加入犯罪組織者，處六月以上五年以下有期徒刑，得併科新臺幣一千萬元以下罰金。

②成年人招募未滿十八歲之人加入犯罪組織者，依前項規定加重其刑至二分之一。

③以強暴、脅迫或其他非法之方法，使他人加入犯罪組織或妨害其成員脫離者，處一年以上七年以下有期徒刑，得併科新臺幣二千萬元以下罰金。

④前項之未遂犯罰之。

第五條 （刪除）106

第六條 （資助犯罪組織之處罰）

非犯罪組織之成員而資助犯罪組織者，處六月以上五年以下有期徒刑，得併科新臺幣一千萬元以下罰金。

第七條 （犯罪財產之追繳、沒收）105

①犯第三條之罪者，其參加之組織所有之財產，除應發還被害人者外，應予沒收。

②犯第三條之罪者，對於參加組織後取得之財產，未能證明合法來源者，亦同。

第七條之一 （法人及僱用人等因執行業務，犯本條例相關犯罪之處罰）106

法人之代表人、法人或自然人之代理人、受僱人或其他從業人員，因執行業務，犯第三條至第六條之罪者，除處罰其行為人外，並對該法人或自然人科以各該條之罰金。但法人或自然人為被害人或對於犯罪之發生，已盡監督責任或為防止行為者，不在此限。

第八條 （自首之減刑）106

①犯第三條之罪自首，並自動解散或脫離其所屬之犯罪組織者，減輕或免除其刑；因其提供資料，而查獲該犯罪組織者，亦同；偵查及審判中均自白者，減輕其刑。

②犯第四條、第六條之罪自首，並因其提供資料，而查獲各該條之犯罪組織者，減輕或免除其刑；偵查及審判中均自白者，減輕其刑。

第九條 （包庇之處罰）

公務員或經選舉產生之公職人員明知為犯罪組織有據予以包庇者，處五年以上十二年以下有期徒刑。

第一〇條 （檢舉獎金辦法）

檢舉人於本條例所定之犯罪未發覺前檢舉，其所檢舉之犯罪，經法院判決有罪者，給與檢舉人檢舉獎金。其辦法由行政院定之。

一一條 （檢舉人之保護）

檢舉人之身分資料應予保密。

②檢察機關、司法警察機關為保護檢舉人，對於檢舉人之身分資料，應另行封存，不得附入移送法院審理之文書內。

③公務員洩漏或交付前項檢舉人之消息、身分資料或足資辨別檢舉人之物品者，處一年以上七年以下有期徒刑。

第一二條　（證人之保護）107

①關於本條例之罪，證人之姓名、性別、年齡、出生地、職業、身分證字號、住所或居所或其他足資辨別之特徵等資料，應由檢察官或法官另行封存，不得閱卷。訊問證人之筆錄，以在檢察官或法官面前作成，並經踐行刑事訴訟法所定訊問證人之程序者為限，始得採為證據。但有事實足認被害人或證人有受強暴、脅迫、恐嚇或其他報復行為之虞者，法院、檢察機關得依被害人或證人之聲請或依職權拒絕被告與之對質、詰問或其選任辯護人檢閱、抄錄、攝影可供指出被害人或證人真實姓名、身分之文書及詰問。法官、檢察官應將作為證據之筆錄或文書向被告告以要旨，訊問其有無意見陳述。

②於偵查或審判中對組織犯罪之被害人或證人為訊問、詰問或對質，得依聲請或依職權在法庭外為之，或利用聲音、影像傳真之科技設備或其他適當隔離方式將被害人或證人與被告隔離。

③組織犯罪之被害人或證人於境外時，得於我國駐外使領館或代表處內，利用聲音、影像傳真之科技設備為訊問、詰問。

④檢舉人、被害人及證人之保護，另以法律定之。

第一三條　（參選之限制）
犯本條例之罪，經判處有期徒刑以上之刑確定者，不得登記為公職人員候選人。

第一四條　（政黨之連帶責任）

①本條例施行後辦理之各類公職人員選舉，政黨所推薦之候選人，於登記為候選人之日起五年內，經法院判決犯本條例之罪確定者，每有一名，處該政黨新臺幣一千萬元以上五千萬元以下之罰鍰。

②前項情形，如該類選舉應選名額中有政黨比例代表者，該屆其缺額不予遞補。

③前二項處分，由辦理該類選舉之選務主管機關為之。

第一五條　（簽訂防制組織犯罪協定）
為防制國際性之組織犯罪活動，政府或其授權之機構依互惠原則，得與外國政府、機構或國際組織簽訂防制組織犯罪之合作條約或其他國際協定。

第一六條　（準用軍事審判機關偵查、審判之規定）
第十條至第十二條之規定，於軍事審判機關偵查、審判組織犯罪時，準用之。

第一七條　（刪除）106

第一八條　（刪除）106

第一九條　（施行日）
本條例自公布日施行。

槍砲彈藥刀械管制條例

①民國72年6月27日總統令制定公布全文15條。
②民國74年1月18日總統令修正公布第7條條文；並增訂第13-1條條文。
③民國79年7月16日總統令增訂公布第13-2、13-3條條文。
④民國85年9月25日總統令修正公布第4、6、13-2、14條條文；並增訂第9-1條條文。
⑤民國86年11月24日總統令修正公布全文25條；並自公布日施行。
⑥民國89年7月5日總統令修正公布第3、6、11條條文。
⑦民國90年11月14日總統令修正公布第6、10、20條條文；增訂第5-1、6-1條條文；並刪除第19、23、24條條文。
⑧民國93年6月2日總統令修正公布第6-1、20條條文；並增訂第5-2條條文。
⑨民國94年1月26日總統令修正公布第4、8、16、20條條文；增訂20-1條條文；並刪除第10、11、17條條文。
⑩民國97年11月26日總統令修正公布第7條條文。
⑪民國98年5月27日總統令修正公布第5-2、25條條文；並自98年11月23日施行。
⑫民國100年1月5日總統令修正公布第8、20條條文。
⑬民國100年11月23日總統令修正公布第7條條文。
⑭民國106年6月14日總統令修正公布第5-2條條文。

第一條 （立法目的）

為管制槍砲、彈藥、刀械，維護社會秩序、保障人民生命財產安全，特制定本條例。

第二條 （適用範圍）

槍砲、彈藥、刀械，除依法令規定配用者外，悉依本條例之規定。

第三條 （主管機關）

槍砲、彈藥、刀械管制之主管機關：中央為內政部；直轄市為直轄市政府；縣（市）為縣（市）政府。

第四條 （槍砲、彈藥、刀械之意義）

①本條例所稱槍砲、彈藥、刀械如下：

一　槍砲：指火砲、肩射武器、機關槍、衝鋒槍、卡柄槍、自動步槍、普通步槍、馬槍、手槍、鋼筆槍、瓦斯槍、麻醉槍、獵槍、空氣槍、魚槍及其他可發射金屬或子彈具有殺傷力之各式槍砲。

二　彈藥：指前款各式槍砲所使用之砲彈、子彈及其他具有殺傷力或破壞性之各類炸彈、爆裂物。

刀械：指武士刀、手杖刀、鴛鴦刀、手指虎、鋼（鐵）鞭、

扁鑽、匕首（各如附圖例式）及其他經中央主管機關公告查禁，非供正當使用具有殺傷力之刀械。

②前項第一款、第二款槍砲、彈藥，包括其主要組成零件。但無法供組成槍砲、彈藥之用者，不在此限。

③槍砲、彈藥主要組成零件種類，由中央主管機關公告之。

第五條（槍砲、彈藥之禁止事項）

前條所列槍砲、彈藥，非經中央主管機關許可，不得製造、販賣、運輸、轉讓、出租、出借、持有、寄藏或陳列。

第五條之一（槍砲彈藥之禁止事項）

手槍、空氣槍、獵槍及其他槍砲、彈藥專供射擊運動使用者，非經中央主管機關許可，不得製造、販賣、運輸、轉讓、出租、出借、持有、寄藏或陳列。

第五條之二（槍砲彈藥刀械送交銷毀、留用及經許可持有之原住民適用規定）106

①依本條例許可之槍砲、彈藥、刀械，有下列情形之一，撤銷或廢止其許可；其持有之槍砲、彈藥、刀械，由中央主管機關給價收購。但政府機關（構）購置使用之槍砲、彈藥、刀械或違反本條例之罪者，不予給價收購：

一 許可原因消滅者。

二 不需置用或毀損致不堪使用者。

三 持有人喪失原住民或漁民身分者。

四 持有人規避、妨礙或拒絕檢查者。

五 持有人死亡者。

六 持有人受判處有期徒刑以上之刑確定者。

七 持有人受監護或輔助宣告，尚未撤銷者。

八 持有槍砲、彈藥、刀械之團體解散者。

九 其他違反應遵行事項之規定者。

②刀械持有人死亡、團體解散，重新申請許可持有者，或自製獵槍持有人死亡，其繼用人申請繼續持有者，經許可後，不予給價收購。

③前項自製獵槍繼用人，以享有法定繼承權人之一人為限。但未成年人或無行為能力人者，不得申請繼續持有。

④第一項給價收購經費由中央主管機關逐年編列預算支應；其價格標準由中央主管機關擬定之，並委由直轄市、縣（市）政府執行。

⑤第一項收購之槍砲、彈藥、刀械及收繳之證照，由中央主管機關送交內政部警政署銷毀。但經留用者，不予銷毀。

⑥第一項第六款規定，於經許可持有自製獵槍或魚槍之原住民，以其故意犯最輕本刑為三年以上有期徒刑之罪或犯下列規定之一之罪為限，適用之：

一 刑法第一百八十五條之二第一項、第四項、第一百八十六條、第一百八十六條之一第一項、第四項、第一百八十七條、第二百二十四條、第二百三十一條之一第二項、

第二百七十一條第三項、第二百七十二條第三項、第二百七十三條、第二百七十四條、第二百七十五條、第二百七十七條第一項、第二百七十九條、第二百八十一條、第二百八十二條、第二百九十六條、第二百九十八條、第三百零二條第一項、第三項、第三百零三條、第三百零四條、第三百零五條、第三百二十一條、第三百二十五條第一項、第三項、第三百二十六條、第三百二十八條第五項、第三百四十六條或第三百四十七條第四項。

二　森林法第五十一條第二項、第五十二條、第五十三條第二項或第五十四條。

三　野生動物保育法第四十條、第四十一條或第四十二條。但於本條文修正前，基於原住民族之傳統文化、祭儀或非營利自用而犯野生動物保育法第四十一條之罪者，不在此限。

四　本條例第九條、第十二條第一項、第二項、第四項、第五項、第十三條第二項、第四項、第五項、第十四條或第十五條。

五　懲治走私條例第二條、第三條或第七條。

六　組織犯罪防制條例第三條第一項後段或第六條。

七　毒品危害防制條例第四條第五項、第六項、第五條第四項、第七條第二項、第三項、第四項、第五項、第八條、第十條、第十一條、第十三條、第十四條或第十五條。

⑦本條例中華民國一百零六年五月二十六日修正之本條文施行前，原住民犯前項規定以外之罪，經直轄市、縣（市）主管機關依第一項第六款規定撤銷或廢止其自製獵槍或魚槍之許可，尚未給價收購者，直轄市、縣（市）主管機關應通知其於三個月內重新申請許可；屆期未申請許可或其申請未經許可者，仍依規定給價收購。

第六條　（刀械之禁止事項）
　　第四條第一項第三款所列之各式刀械，非經主管機關許可，不得製造、販賣、運輸、轉讓、出租、出借、持有。

第六條之一　（槍砲彈藥之許可申請）
①第五條及第六條所定槍砲、彈藥、刀械之許可申請、條件、廢止、檢查及其他應遵行事項之管理辦法，由中央主管機關定之。
②第五條之一所定槍砲、彈藥之許可申請、條件、期限、廢止、檢查及其他應遵行事項之管理辦法，由中央目的事業主管機關會同中央主管機關定之。
③違反前項所定之管理辦法者，處新臺幣五萬元以下之罰鍰。但違反第五條之一，或意圖供自己或他人犯罪而使用經許可之槍砲、彈藥者，不適用之。

第七條　（製造販賣或運輸重型槍砲罪）100
　　許可，製造、販賣或運輸火砲、肩射武器、機關槍、衝鋒
　　柄槍、自動步槍、普通步槍、馬槍、手槍或各類砲彈

炸彈、爆裂物者，處無期徒刑或七年以上有期徒刑，併科新臺幣
三千萬元以下罰金。

②未經許可，轉讓、出租或出借前項所列槍砲、彈藥者，處無期徒
刑或五年以上有期徒刑，併科新臺幣一千萬元以下罰金。

③意圖供自己或他人犯罪之用，而犯前二項之罪者，處死刑或無期
徒刑；處徒刑者，併科新臺幣五千萬元以下罰金。

④未經許可，持有、寄藏或意圖販賣而陳列第一項所列槍砲、彈藥
者，處五年以上有期徒刑，併科新臺幣一千萬元以下罰金。

⑤意圖供自己或他人犯罪之用，以強盜、搶奪、竊盜或其他非法方
法，持有依法執行公務之人所持有之第一項所列槍砲、彈藥者，
得加重其刑至二分之一。

⑥第一項至第三項之未遂犯罰之。

第八條　（製造販賣或運輸輕型槍砲罪） 100

①未經許可，製造、販賣或運輸鋼筆槍、瓦斯槍、麻醉槍、獵槍、
空氣槍或第四條第一項第一款所定其他可發射金屬或子彈具有殺
傷力之各式槍砲者，處無期徒刑或五年以上有期徒刑，併科新臺
幣一千萬元以下罰金。

②未經許可，轉讓、出租或出借前項所列槍枝者，處五年以上有期
徒刑，併科新臺幣一千萬元以下罰金。

③意圖供自己或他人犯罪之用，而犯前二項之罪者，處無期徒刑或
七年以上有期徒刑，併科新臺幣一千萬元以下罰金。

④未經許可，持有、寄藏或意圖販賣而陳列第一項所列槍枝者，處
三年以上十年以下有期徒刑，併科新臺幣七百萬元以下罰金。

⑤第一項至第三項之未遂犯罰之。

⑥犯第一項、第二項或第四項有關空氣槍之罪，其情節輕微者，得
減輕其刑。

第九條　（製造販賣魚槍罪）

①未經許可，製造、販賣、轉讓、出租或出借魚槍者，處一年以下
有期徒刑、拘役或新臺幣五十萬元以下罰金。

②意圖供自己或他人犯罪之用，而犯前項之罪者，處二年以下有期
徒刑、拘役或新臺幣一百萬元以下罰金。

③未經許可，持有、寄藏或意圖販賣而陳列魚槍者，處六月以下有
期徒刑、拘役或新臺幣五十萬元以下罰金。

④第一項及第二項之未遂犯罰之。

第一〇條　（刪除）

第一一條　（刪除）

第一二條　（製造、販賣或運輸子彈罪）

①未經許可，製造、販賣或運輸子彈者，處一年以上七年以下有期
徒刑，併科新臺幣五百萬元以下罰金。

②未經許可，轉讓、出租或出借子彈者，處六月以上五年以下有期
徒刑，併科新臺幣三百萬元以下罰金。

③意圖供自己或他人犯罪之用，而犯前二項之罪者，處三年以上十

年以下有期徒刑，併科新臺幣七百萬元以下罰金。

④未經許可，持有、寄藏或意圖販賣而陳列子彈者，處五年以下有期徒刑，併科新臺幣三百萬元以下罰金。

⑤第一項至第三項之未遂犯罰之。

第一三條 （製造、販賣或運輸槍砲、彈藥組成零件罪）

①未經許可，製造、販賣或運輸槍砲、彈藥之主要組成零件者，處三年以上十年以下有期徒刑，併科新臺幣七百萬元以下罰金。

②未經許可，轉讓、出租或出借前項零件者，處一年以上七年以下有期徒刑，併科新臺幣五百萬元以下罰金。

③意圖供自己或他人犯罪之用，而犯前二項之罪者，處五年以上有期徒刑，併科新臺幣一千萬元以下罰金。

④未經許可，持有、寄藏或意圖販賣而陳列第一項所列零件者，處六月以上五年以下有期徒刑，併科新臺幣三百萬元以下罰金。

⑤第一項至第三項之未遂犯罰之。

第一四條 （製造、販賣或運輸刀械罪）

①未經許可，製造、販賣或運輸刀械者，處三年以下有期徒刑，併科新臺幣一百萬元以下罰金。

②意圖供自己或他人犯罪之用，而犯前項之罪者，處六月以上五年以下有期徒刑，併科新臺幣三百萬元以下罰金。

③未經許可，持有或意圖販賣而陳列刀械者，處一年以下有期徒刑、拘役或新臺幣五十萬元以下罰金。

④第一項及第二項之未遂犯罰之。

第一五條 （加重攜帶刀械罪）

未經許可攜帶刀械而有下列情形之一者，處二年以下有期徒刑：

一　於夜間犯之者。

二　於車站、埠頭、航空站、公共場所或公眾得出入之場所犯之者。

三　結夥犯之者。

第一六條 （公務員或公職人員予以包庇者加重其刑）

公務員或經選舉產生之公職人員明知犯第七條、第八條或第十二條之罪有據予以包庇者，依各該條之規定加重其刑至二分之一。

第一七條 （刪除）

第一八條 （減輕或免除其刑）

①犯本條例之罪自首，並報繳其持有之全部槍砲、彈藥、刀械者，減輕或免除其刑；其已移轉持有而據實供出全部槍砲、彈藥、刀械之來源或去向，因而查獲者，亦同。

②前項情形，於中央主管機關報經行政院核定辦理公告期間自首者，免除其刑。

③前二項情形，其報繳不實者，不實部分仍依本條例所定之罪論之。

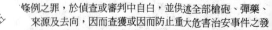

……條例之罪，於偵查或審判中自白，並供述全部槍砲、彈藥、……來源及去向，因而查獲或因而防止重大危害治安事件之發

生者，減輕或免除其刑。拒絕供述或供述不實者，得加重其刑至三分之一。

第一九條　（刪除）

第二〇條　（原住民、漁民製造、運輸或持有自製獵槍、漁槍之規定）100

①原住民未經許可，製造、運輸或持有自製之獵槍、魚槍，或漁民未經許可，製造、運輸或持有自製之魚槍，供作生活工具之用者，處新臺幣二千元以上二萬元以下罰鍰，本條例有關刑罰之規定，不適用之。

②原住民相互間或漁民相互間未經許可，販賣、轉讓、出租、出借或寄藏前項獵槍或魚槍，供作生活工具之用者，亦同。

③前二項之許可申請、條件、期限、廢止、檢查及其他應遵行事項之管理辦法，由中央主管機關定之。

④於中華民國九十年十一月十四日本條例修正施行前，原住民單純僅犯未經許可製造、運輸、持有及相互間販賣、轉讓、出租、出借或寄藏自製之獵槍、魚槍之罪，受判處有期徒刑以上之刑確定者，仍得申請自製獵槍、魚槍之許可。

⑤主管機關應輔導原住民及漁民依法申請自製獵槍、魚槍。

⑥第一項、第二項情形，於中央主管機關報經行政院核定辦理公告期間自動報繳者，免除其處罰。

第二〇條之一　（模擬槍之公告查禁及處罰）

①具打擊底火且外型、構造、材質類似真槍者，為模擬槍。模擬槍，足以改造成具有殺傷力之槍枝者，由中央主管機關會同目的事業主管機關公告查禁。

②模擬槍之輸入，應先取得內政部警政署之同意文件。

③製造、販賣、運輸或轉讓第一項公告查禁之模擬槍者，處新臺幣五十萬元以下罰鍰；其情節重大者，得併命其停止營業或勒令歇業。但專供外銷或研發並向警察機關報備者，不在此限。

④出租、出借、持有、寄藏或意圖販賣而陳列第一項公告查禁之模擬槍者，處新臺幣三萬元以下罰鍰。

⑤改造模擬槍可供發射金屬或子彈，未具殺傷力者，處新臺幣十萬元以下罰鍰。

⑥警察機關為查察經公告查禁之模擬槍，得依法派員進入模擬槍製造、儲存或販賣場所，並應會同目的事業主管機關就其零組件、成品、半成品、各種簿冊及其他必要之物件實施檢查，並得詢問關係人。

⑦前項規定之檢查人員於執行檢查任務時，應主動出示身分證件，並不得妨礙該場所正常業務之進行。

⑧規避、妨礙或拒絕第六項之檢查或提供資料者，處新臺幣二十萬元以上五十萬元以下罰鍰，並得按次處罰及強制執行檢查。

⑨公告查禁前已持有第一項模擬槍之人民或團體，應自公告查禁之日起六個月內，向警察機關報備。於期限內完成報備者，其持有

之行爲不罰。

⑩第一項公告查禁之模擬槍，不問屬於何人所有，沒入之。但專供外銷及研發並向警察機關報備或前項情形者，不在此限。

第二一條（從重處罰）

犯本條例之罪，其他法律有較重處罰之規定者，從其規定。

第二二條（檢舉破案獎金）

①因檢舉而破獲違反本條例之案件，應給與檢舉人獎金。

②前項獎金給獎辦法，由行政院定之。

第二三條（刪除）

第二四條（刪除）

第二五條（施行日）

①本條例自公布日施行。

②本條例中華民國九十八年五月十二日修正之條文，自九十八年十一月二十三日施行。

社會秩序維護法

①民國80年6月29日總統令制定公布全文94條。
②民國99年5月19日總統令修正公布第79條條文
③民國100年11月4日總統令修正公布第53、80、81、93條條文；
　增訂第91-1條條文；並刪除第47條條文。
④民國105年5月25日總統令修正公布第91-1條條文；並增訂第18-1
　條條文。
⑤民國105年6月1日總統令修正公布第85條條文。
⑥民國108年12月31日總統令修正公布第20條條文；並刪除第21條
　條文。

第一編　總　則

第一章　法　例

第一條　（立法目的）

為維護公共秩序，確保社會安寧，特制定本法。

第二條　（罰刑法定主義）

違反社會秩序行為之處罰，以行為時本法有明文規定者為限。

第三條　（從新從輕原則）

行為後本法有變更者，適用裁處時之規定，但裁處前之規定有利
於行為人者，適用最有利於行為人之規定。

第四條　（屬地主義）

①在中華民國領域內違反本法者，適用本法。
②在中華民國領域外之中華民國船艦或航空器內違反本法者，以在
　中華民國領域內違反論。

第五條　（以上、以下、以內之定義）

稱以上、以下、以內者，俱連本數計算。

第六條　（書面主義）

本法規定之解散命令、檢查命令、禁止或勸阻，應以書面為之。
但情況緊急時，得以口頭為之。

第二章　責　任

第七條　（責任要件）

違反本法行為，不問出於故意或過失，均應處罰。但出於過失
者，不得罰以拘留，並得減輕之。

第八條　（無責任能力人）

①左列各款之人之行為，不罰：

一　未滿十四歲。

二　心神喪失人。

②未滿十四歲人有違反本法之行為者，得責由其法定代理人或其他相當之人加以管教；無人管教時，得送交少年或兒童福利機構收容。

③心神喪失人有違反本法之行為者，得責由其監護人加以監護；無人監護或不能監護時，得送交療養處所監護或治療。

第九條　（限制責任能力人）

①左列各款之人之行為，得減輕處罰：

一　十四歲以上未滿十八歲人。

二　滿七十歲人。

三　精神耗弱或瘖啞人。

②前項第一款之人，於處罰執行完畢後，得責由其法定代理人或其他相當之人加以管教。

③第一項第三款之人，於處罰執行完畢後，得責由其監護人加以監護；無人監護或不能監護時，得送交療養處所監護或治療。

第一〇條　（法定代理人或監護人）

未滿十八歲人、心神喪失人或精神耗弱人，因其法定代理人或監護人疏於管教或監護，致有違反本法之行為者，除依前兩條規定處理外，按其違反本法之行為處罰其法定代理人或監護人。但處罰以罰鍰或申誡為限。

第一一條　（依法令行為）

依法令之行為，不罰。

第一二條　（正當防衛）

對於現在不法之侵害，而出於防衛自己或他人權利之行為，不罰。

第一三條　（緊急避難）

因避免自己或他人之緊急危難，而出於不得已之行為，不罰。

第一四條　（不可抗力之免責）

因不可抗力之行為，不罰。

第一五條　（共犯之處罰）

二人以上，共同實施違反本法之行為者，分別處罰。其利用他人實施者，依其所利用之行為處罰之。

第一六條　（教唆之處罰）

教唆他人實施違反本法之行為者，依其所教唆之行為處罰。

第一七條　（從犯之處罰）

幫助他人實施違反本法之行為者，得減輕處罰。

第一八條　（營業負責人之處罰）

①經營特種工商業者之代表、受僱人或其他從業人員關於業務上違反本法之行為，得併罰其營業負責人。

②前項特種工商業，指與社會秩序或善良風俗有關之營業；其範圍，由內政部定之。

第一八條之一 （公司、有限合夥或商業勒令歇業之情形）105

① 公司、有限合夥或商業之負責人、代表人、受雇人或其他從業人員，因執行業務而犯刑法妨害風化罪、妨害自由罪、妨害秘密罪，或犯人口販運防制法、通訊保障及監察法之罪，經判決有期徒刑以上之刑者，得處該公司、有限合夥或商業勒令歇業。

② 前項情形，其他法律已有勒令歇業規定者，從其規定。

第三章　處　罰

第一九條 （處罰之種類）

① 處罰之種類如左：
  一　拘留：一日以上，三日以下；遇有依法加重時，合計不得逾五日。
  二　勒令歇業。
  三　停止營業：一日以上，二十日以下。
  四　罰鍰：新臺幣三百元以上，三萬元以下；遇有依法加重時，合計不得逾新臺幣六萬元。
  五　沒入。
  六　申誡：以書面或言詞為之。

② 勒令歇業或停止營業之裁處，應符合比例原則。

第二〇條 （罰鍰完納期限及分期繳納）108

① 罰鍰應於裁處確定之翌日起十日內完納。

② 被處罰人依其經濟狀況不能即時完納者，得准許其於三個月內分期完納。但遲誤一期不繳納者，以遲誤當期之到期日為餘額之完納期限。

第二一條 （刪除）108

第二二條 （沒入物）

① 左列之物沒入之：
  一　因違反本法行為所生或所得之物。
  二　查禁物。

② 前項第一款沒入之物，以屬於行為人所有者為限；第二款之物，不問屬於行為人與否，沒入之。

③ 供違反本法行為所用之物。以行為人所有者為限，得沒入之。但沒入，應符合比例原則。

第二三條 （沒入之宣告）

沒入，與其他處罰併宣告之，但有左列各款情形之一者，得單獨宣告沒入：
  一　免除其他處罰者。
  二　行為人逃逸者。
  三　查禁物。

第二四條 （數罪併罰及從一重處罰）

① 違反本法之數行為，分別處罰。但於警察機關通知單送達或逕行通知前，違反同條款之規定者，以一行為論，並得加重其處罰。

②一行為而發生二以上之結果者，從一重處罰；其違反同條款之規定者，從重處罰。

第二五條　（數罪併罰）

違反本法之數行為，分別裁處並分別執行。但執行前之數確定裁處，依左列各款規定執行之：

一　裁處多數拘留者，併執行之，合計不得逾五日。

二　裁處多數勒令歇業，其營業處所相同者，執行其一；營業處所不同者，併執行之。

三　裁處多數停止營業者，併執行之；同一營業所停止營業之期間，合計不得逾二十日。

四　分別裁處勒令歇業及停止營業，其營業處所相同者，僅就勒令歇業執行之；營業處所不同者，併執行之。

五　裁處多數罰鍰者，併執行之，合計不得逾新臺幣六萬元；如易以拘留，合計不得逾五日。

六　裁處多數沒入者，併執行之。

七　裁處多數申誡者，併一次執行之。

八　裁處不同種類之處罰者，併執行之。其中有勒令歇業及停止營業者，依第四款執行之。

第二六條　（加重處罰之行為）

經依本法處罰執行完畢，三個月內再有違反本法行為者，得加重處罰。

第二七條　（自首）

違反本法之行為人，於其行為未被發覺以前自首而受裁處者，減輕或免除其處罰。

第二八條　（量罰輕重之事由）

違反本法之案件，量罰時應審酌一切情狀，尤應注意左列事項，為量罰輕重之標準：

一　違反之動機、目的。

二　違反時所受之刺激。

三　違反之手段。

四　行為人之生活狀況。

五　行為人之品行。

六　行為人之智識程度。

七　行為人與被害人之關係。

八　行為人違反義務之程度。

九　行為所生之危險或損害。

十　行為後之態度。

第二九條　（裁決酌減）

①違反本法行為之情節可憫恕者，得減輕或免除其處罰。

②依法令加重或減輕者，仍得依前項之規定，減輕其處罰。

第三〇條　（處罰之加減標準）

本法處罰之加重或減輕標準如左：

一　拘留或罰鍰之加重或減輕，得加至或減至本罰之二分之一。

二　因處罰之加重或減輕，致拘留有不滿一日、罰鍰不滿新臺幣三百元之零數者，其零數不算。

三　因處罰之減輕，致拘留不滿一日、罰鍰不滿新臺幣三百元者，易處申誡或免除之。

第四章　時　效

第三一條　（偵訊、處罰之時效期間）

①違反本法行為，逾二個月者。警察機關不得訊問、處罰，並不得移送法院。

②前項期間，自違反本法行為成立之日起算。但其行為有連續或繼續之狀態者，自行為終了之日起算。

第三二條　（執行之時效）

①違反本法行為之處罰，其為停止營業、罰鍰、沒入、申誡者，自裁處確定之日起，逾三個月未執行者，免予執行；為拘留、勒令歇業者，自裁處確定之日起，逾六個月未執行者，免予執行。

②分期繳納罰鍰而遲誤者，前項三個月之期間，自其遲誤當期到期日之翌日起算。其經易以拘留者，自法院裁定易以拘留確定之日起，逾三個月未執行者，免予執行。

第二編　處罰程序

第一章　管　轄

第三三條　（管轄機關）

違反本法之案件，由行為地或行為人之住所、居所或所在地之地方法院或其分院或警察機關管轄。

第三四條　（土地管轄）

在中華民國領域外之中華民國船艦或航空器內違反本法者，船艦本籍地、航空器出發地或行為後停泊地之地方法院或其分院或警察機關有管轄權。

第三五條　（警察機關之管轄權）

①警察局及其分局，就該管區域內之違反本法案件有管轄權。

②在地域遼闊交通不便地區，得由上級警察機關授權該管警察所、警察分駐所行使其管轄權。

③專業警察機關，得經內政部核准就該管區域內之違反本法案件行使其管轄權。

第三六條　（簡易庭及普通庭之設置）

地方法院或其分院為處理違反本法案件，視警察轄區及實際需要，分設簡易庭及普通庭。

第三七條　（簡易庭及普通庭之組織）

①地方法院或其分院簡易庭（以下簡稱簡易庭），以法官一人獨任

行之。

②地方法院或其分院普通庭（以下簡稱普通庭），以法官三人合議行之。

第三八條　（與刑事法律或少事法相牽連之管轄）

違反本法之行為，涉嫌違反刑事法律或少年事件處理法者，應移送檢察官或少年法庭依刑事法律或少年事件處理法規定辦理。但其行為應處停止營業、勒令歇業、罰鍰或沒入之部分，仍依本法規定處罰。

第二章　調　查

第三九條　（調查原因）

警察機關因警察人員發現、民眾舉報、行為人自首或其他情形知有違反本法行為之嫌疑者，應即開始調查。

第四〇條　（證據或沒入物之處理）

可為證據或應予沒入之物，應妥予保管。但在裁處確定後，保管物未經沒入者，予以發還所有人、持有人或保管人；如無所有人、持有人或保管人者，依法處理。

第四一條　（傳喚）

①警察機關為調查違反本法行為之事實，應通知嫌疑人，並得通知證人或關係人。

②前項通知書應載明左列事項：

一　被通知人之姓名、性別、出生年月日、籍貫及住所或居所。

二　事由。

三　應到之日、時、處所。

四　無正當理由不到場者，得逕行裁處之意旨。

五　通知機關之署名。

③被通知人之姓名不明或因其他情形有必要時，應記載其足資辨別之特徵；其出生年月日、籍貫、住所或居所不明者，得免記載。

④訊問嫌疑人，應先告以通知之事由，再訊問姓名、出生年月日、職業、住所或居所，並給予申辯之機會。

⑤嫌疑人於審問中或調查中得委任代理人到場。但法院或警察機關認為必要時，仍得命本人到場。

第四二條　（逕行傳喚及強制到場）

對於現行違反本法之行為人，警察人員得即時制止其行為，並得逕行通知到場；其不服通知者，得強制其到場。但確悉其姓名、住所或居所而無逃亡之虞者，得依前條規定辦理。

第三章　裁　處

第四三條　（處分書之製作）

①左列各款案件，警察機關於訊問後，除有繼續調查必要者外，應即作成處分書：

一　違反本法行為專處罰鍰或申誡之案件。

二　違反本法行為選擇處罰鍰或申誡之案件。

三　依第一款、第二款之處分，併宣告沒入者。

四　單獨宣告沒入者。

五　認為對第一款、第二款之案件應免除處罰者。

②前項處分書應載明左列事項：

一　行為人之姓名、性別、出生年月日、國民身分證統一號碼、職業、住所或居所。

二　主文。

三　事實及理由，得僅記載其要領。

四　適用之法條。

五　處分機關及年、月、日。

六　不服處分者，得於處分書送達之翌日起五日內，以書狀敘述理由，經原處分之警察機關，向該管簡易庭聲明異議。

第四四條　（直接逕行處分）

警察機關對於情節輕微而事實明確之違反本法案件，得不經通知、訊問逕行處分。但其處罰以新臺幣一千五百元以下罰鍰或申誡為限。

第四五條　（即時裁定）

①第四十三條第一項所列各款以外之案件，警察機關於訊問後，應即移送該管簡易庭裁定。

②前項警察機關移請裁定之案件，該管簡易庭認為不應處罰或以不處拘留、勒令歇業、停止營業為適當者，得逕為不罰或其他處罰之裁定。

第四六條　（裁定書之製作）

①法院受理警察機關移送之違反本法案件後，除須審問或調查者外，應迅速制作裁定書。

②前項裁定書應載明左列事項：

一　行為人之姓名、性別、出生年月日、國民身分證統一號碼、職業、住所或居所。

二　主文。

三　事實及理由，得僅記載其要領。

四　適用之法條。

五　裁定機關及年、月、日。

六　不服裁定者，得於裁定書送達之翌日起五日內，以書狀敘述理由，經原裁定之簡易庭，向同法院普通庭提起抗告。

第四七條　（刪除）100

第四八條　（逕行裁處）

警察機關對於違反本法之嫌疑人，經合法通知，無正當理由不到場者，得逕行裁處之。

第四九條　（文書之交付）

①違反本法案件之裁定書或處分書作成時，受裁定人或受處分人在場者，應宣示或宣告之，並當場交付裁定書或處分書。

②未經當場宣示或宣告或不經訊問而逕行裁處之案件，其裁定書或處分書，應由警察機關於五日內送達。

③前二項之裁定書並應送達原移送之警察機關。

第四章 執 行

第五〇條 （執行機關）
處罰之執行，由警察機關為之。

第五一條 （處罰之執行）
違反本法案件之處罰，於裁處確定後執行。

第五二條 （拘留之執行）
裁定拘留確定，經通知執行，無正當理由不到場者，強制其到場。

第五三條 （拘留執行之處所）100
拘留，應在拘留所內執行之。

第五四條 （拘留期間之限制）
①拘留之執行，即時起算，並以二十四小時為一日。

②前項執行，期滿釋放。但於零時至八時間期滿者，得經本人同意於當日八時釋放之。

第五章 救 濟

第五五條 （救濟方式與期限）
①被處罰人不服警察機關之處分者，得於處分書送達之翌日起五日內聲明異議。

②聲明異議，應以書狀敘明理由，經原處分之警察機關向該管簡易庭為之。

第五六條 （原處分機關對異議之處理）
原處分之警察機關認為聲明異議有理由者，應撤銷或變更其處分；認為不合法定程式或聲明異議權已經喪失或全部或一部無理由者，應於收受聲明異議書狀之翌日起三日內，送交簡易庭，並得添具意見書。

第五七條 （簡易庭對聲明異議之處理）
①簡易庭認為聲明異議不合法定程式或聲明異議權已經喪失者，應以裁定駁回之。但其不合法定程式可補正者，應定期先命其補正。

②簡易庭認為聲明異議無理由者，應以裁定駁回之。認為有理由者，以裁定將原處分撤銷或變更之。

③對於簡易庭關於聲明異議所為之裁定，不得抗告。

第五八條 （抗告）
受裁定人或原移送之警察機關對於簡易庭就第四十五條移送之案件所為之裁定，有不服者，得向同法院普通庭提起抗告；對於普通庭之裁定，不得再行抗告。

第五九條 （抗告期間及程式）
①抗告期間為五日，自送達裁定之翌日起算。

②提起抗告，應以書狀敘述理由提出於簡易庭為之。

第六〇條（捨棄之管轄及程式）

①被處罰人或原移送之警察機關，得捨棄其抗告權。

②前項捨棄，應以書狀向原裁定機關為之。

第六一條（撤回及程式）

①聲明異議或抗告，於裁定前得撤回之。

②撤回聲明異議或抗告，應以書狀向受理機關為之。但於該案卷宗送交受理機關以前，得向原裁處機關為之。

第六二條（捨棄、撤回之效力）

捨棄抗告權、撤回聲明異議或抗告者，喪失其聲明異議或抗告權。

第三編　分　則

第一章　妨害安寧秩序

第六三條（妨害安寧秩序之處罰）

①有左列各款行為之一者，處三日以下拘留或新臺幣三萬元以下罰鍰：

一　無正當理由攜帶具有殺傷力之器械、化學製劑或其他危險物品者。

二　無正當理由鳴槍者。

三　無正當理由，攜帶用於開啟或破壞門、窗、鎖或其他安全設備之工具者。

四　放置、投擲或發射有殺傷力之物品而有危害他人身體或財物之虞者。

五　散佈謠言，足以影響公共之安寧者。

六　蒙面偽裝或以其他方面驚嚇他人有危害安全之虞者。

七　關於製造、運輸、販賣、貯存易燃、易爆或其他危險物品之營業，未經主管機關許可；或其營業設備及方法，違反法令規定者。

八　製造、運輸、販賣、攜帶或公然陳列經主管機關公告查禁之器械者。

②前項第七款、第八款，其情節重大或再次違反者，處或併處停止營業或勒令歇業。

第六四條（妨害安寧秩序之處罰）

有左列各款行為之一者，處三日以下拘留或新臺幣一萬八千元以下罰鍰：

一　意圖滋事，於公園、車站、輪埠、航空站或其他公共場所，任意聚集，有妨害公共秩序之虞，已受該管公務員解散命令，而不解散者。

二　非供自用，購買運輸、遊樂票券而轉售圖利者。

三　車、船、旅店服務人員或搬運工人或其他接待人員，糾纏旅客或強制攬載者。

四　交通運輸從業人員，於約定報酬後，強索增加，或中途刁難或雖未約定，事後故意訛索，超出慣例者。

五　主持、操縱或參加不良組織有危害社會秩序者。

第六五條　（妨害安寧秩序之處罰）

有左列各款行為之一者，處三日以下拘留或新臺幣一萬八千元以下罰鍰：

一　船隻當狂風之際或黑夜航行有危險之虞，而不聽禁止者。

二　對於非病死或可疑為非病死或來歷不明之屍體，未經報請相驗，私行殮葬或移置者。

三　無正當理由，攜帶類似真槍之玩具槍，而有危害安全之虞者。

四　不注意燃料物品之堆置使用，或在燃料物品之附近攜用或放置易起火警之物，不聽禁止者。

第六六條　（妨害安寧秩序之處罰）

有左列各款行為之一者，處三日以下拘留或新臺幣一萬八千元以下罰鍰：

一　吸食或施打煙毒或麻醉藥品以外之迷幻物品者。

二　冒用他人身分或能力之證明文件者。

第六七條　（妨害安寧秩序之處罰）

①有左列各款行為之一者，處三日以下拘留或新臺幣一萬二千元以下罰鍰：

一　禁止特定人涉足之場所之負責人或管理人，明知其身分不加勸阻而不報告警察機關者。

二　於警察人員依法調查或查察時，就其姓名、住所或居所為不實之陳述或拒絕陳述者。

三　意圖他人受本法處罰而向警察機關誣告者。

四　關於他人違反本法，向警察機關為虛偽之證言或通譯者。

五　藏匿違反本法之人或使之隱避者。

六　偽造、變造、湮滅或隱匿關係他人違反本法案件之證據者。

②因圖利配偶、五親等內之血親或三親等內之姻親，而為前項第四款至第六款行為之一者，處以申誡或免除其處罰。

第六八條　（妨害安寧秩序之處罰）

有左列各款行為之一者，處三日以下拘留或新臺幣一萬二千元以下罰鍰：

一　無正當理由，於公共場所、房屋近旁焚火而有危害安全之虞者。

二　藉端滋事擾住戶、工廠、公司行號、公共場所或公眾得出入之場所者。

三　強買、強賣物品或強索財務者。

第六九條　（妨害安寧秩序之處罰）

有左列各款行爲之一者，處三日以下拘留或新臺幣一萬二千元以下罰鍰：

一　渡船、橋樑或道路經主管機關定有通行費額，而超額收費或藉故阻礙通行者。

二　無票或不依定價擅自搭乘公共交通工具或進入遊樂場所，不聽勸阻或不照章補票或補價者。

第七〇條　（妨害安寧秩序之處罰）

有左列各款行爲之一者，處三日以下拘留或新臺幣一萬二千元以下罰鍰：

一　畜養危險動物，影響鄰居安全者。

二　畜養之危險動物，出入有人所在之道路、建築物或其他場所者。

三　驅使或縱容動物嚇人者。

第七一條　（妨害安寧秩序之處罰）

於主管機關明示禁止出入之處所，擅行出入不聽勸阻者，處新臺幣六千元以下罰鍰。

第七二條　（妨害安寧秩序之處罰）

有左列各款行爲之一者，處新臺幣六千元以下罰鍰：

一　於公共場所或公衆得出入之場所，酗酒滋事、謾罵喧鬧，不聽禁止者。

二　無正當理由，擅吹警笛或擅發其他警號者。

三　製造噪音或深夜喧嘩，妨害公衆安寧者。

第七三條　（妨害安寧秩序之處罰）

有左列各款行爲之一者，處新臺幣六千元以下罰鍰：

一　於學校、博物館、圖書館、展覽會、運動會或其他公共場所，口角紛爭或喧嘩滋事，不聽禁止者。

二　於自己經營地界內，當通行之處，有溝、井、坎、穴等，不設覆蓋或防圍者。

三　於發生災變之際，停聚圍觀，妨礙救助或處理，不聽禁止者。

四　污損祠宇、教堂、墓碑或公衆紀念之處所或設施者。

第七四條　（妨害安寧秩序之處罰）

有左列各款行爲之一者，處新臺幣六千元以下罰鍰：

一　深夜遊蕩，行跡可疑，經詢問無正當理由，不聽禁止而有危害安全之虞者。

二　無正當理由，隱藏於無人居住或無人看守之建築物、礦坑、壕洞、車、船或航空器內，而有危害安全之虞者。

三　收容或僱用身分不明之人，未即時向警察機關報告，而有危害安全之虞者。

四　未經警察機關許可，在公路兩旁，燃燒草木、雜物，有礙車輛駕駛人視線，影響交通安全者。

五　婚喪喜慶、迎神賽會結眾而行，未將經過路線報告警察機
　　關，致礙公眾通行者。
六　無正當理由，停屍不殮、停厝不葬或藉故抬棺或抬屍滋擾
　　者。

第七五條　（妨害安寧秩序之處罰）
有左列各款行為之一者，處新臺幣六千元以下罰鍰：
一　擅自操縱路燈或交通號誌者。
二　毀損路燈、交通號誌、道旁樹木或其他公共設施者。

第七六條　（妨害安寧秩序之處罰）
①有左列各款行為之一者，處新臺幣三萬元以下罰鍰：
一　當舖、各種加工、寄存、買賣、修配業，發現來歷不明之物
　　品，不迅即報告警察機關者。
二　發現槍械、彈藥或其他爆裂物，而不報告警察機關者。
②前項第一款其情節重大或再次違反者，處或併處停止營業或勒令
歇業。

第七七條　（妨害安寧秩序之處罰）
公共遊樂場所之負責人或管理人，縱容兒童。少年於深夜聚集其
內，而不即時報告警察機關者，處新臺幣一萬五千元以下罰鍰；
其情節重大或再次違反者，處或併處停止營業或勒令歇業。

第七八條　（妨害安寧秩序之處罰）
有左列各款行為之一者，處新臺幣一萬五千元以下罰鍰：
一　影印、縮印、放大通用之紙幣，並散布或販賣者。
二　製造、散布或販賣通用紙幣、硬幣之仿製品者。

第七九條　（妨害安寧秩序之處罰）
有左列各款行為之一者，處新臺幣三千元以下罰鍰或申誡：
一　於公共場所任意叫賣物品，妨礙交通，不聽禁止者。
二　跨越巷、道或在通道晾掛衣、物，不聽禁止者。
三　虐待動物，不聽勸阻者。

第二章　妨害善良風俗

第八〇條　（妨害善良風俗之處罰）100
有下列各款行為之一者，處新臺幣三萬元以下罰鍰：
一　從事性交易。但符合第九十一條之一第一項至第三項之自治
　　條例規定者，不適用之。
二　在公共場所或公眾得出入之場所，意圖與人性交易而拉客。

第八一條　（妨害善良風俗之處罰）100
有下列各款行為之一者，處三日以下拘留，併處新臺幣一萬元以
上五萬元以下罰鍰；其情節重大者，得加重拘留至五日：
一　媒合性交易。但媒合符合前條第一款但書規定之性交易者，
　　不適用之。
二　在公共場所或公眾得出入之場所，意圖媒合性交易而拉客。

第八二條　（妨害善良風俗之處罰）

①有左列各款行為之一者，處三日以下拘留或新臺幣一萬二千元以下罰鍰。

一　於公共場所或公眾得出入之場所，乞討叫化不聽勸阻者。

二　於公共場所或公眾得出入之場所唱演或播放淫詞、穢劇或其他妨害善良風俗之技藝者。

②前項第二款唱演或播放之處所，為戲院、書場、夜總會、舞廳或同類場所，其情節重大或再次違反者，得處或併處停止營業或勒令歇業。

第八三條　（妨害善良風俗之處罰）

有左列各款行為之一者，處新臺幣六千元以下罰鍰：

一　故意窺視他人臥室、浴室、廁所、更衣室，足以妨害其隱私者。

二　於公共場所或公眾得出入之場所，任意裸體或為放蕩之姿勢，而有妨害善良風俗，不聽勸阻者。

三　以猥褻之言語、舉動或其他方法。調戲異性者。

第八四條　（妨害善良風俗之處罰）

於非公共場所或非公眾得出入之職業賭博場所，賭博財物者，處新臺幣九千元以下罰鍰。

第三章　妨害公務

第八五條　（妨害公務之處罰）105

有左列各行為之一者，處拘留或新臺幣一萬二千元以下罰鍰：

一　於公務員依法執行職務時，以顯然不當之言詞或行動相加，尚未達強暴脅迫或侮辱之程度者。

二　於公務員依法執行職務時，聚眾喧嘩，致礙公務進行者。

三　故意向該公務員謊報災害者。

四　無故撥打警察機關報案專線，經勸阻不聽者。

第八六條　（妨害公務之處罰）

於政府機關或其他辦公處所，任意喧嘩或兜售物品，不聽禁止者，處新臺幣三千元以下罰鍰或申誡。

第四章　妨害他人身體財產

第八七條　（妨害他人身體財產之處罰）

有左列各行為之一者，處三日以下拘留或新臺幣一萬八千元以下罰鍰：

一　加暴行於人者。

二　互相鬥毆者。

三　意圖鬥毆而聚眾者。

第八八條　（妨害他人身體財產之處罰）

有左列各款行為之一者，處新臺幣三千元以下罰鍰：

一　未經他人許可，釋放他人之動物、船筏或其他物品，或擅駛

他人之車、船者。

二　任意採折他人竹木、菜果、花卉或其他植物者。

第八九條　（妨害他人身體財產之處罰）

有左列各款行為之一者，處新臺幣三千元以下罰鍰或申誡：

一　無正當理由，為人施催眠術或施以藥物者。

二　無正當理由，跟追他人。經勸阻不聽者。

第九〇條　（妨害他人身體財產之處罰）

有左列各款行為之一者，處新臺幣三千元以下罰鍰或申誡：

一　污損他人之住宅題誌、店舖招牌或其他正當之告白或標誌者。

二　未經他人許可，張貼、塗抹或畫刻於他人之交通工具、圍牆、房屋或其他建築物者。

第九一條　（妨害他人身體財產之處罰）

有左列各款行為之一者，處新臺幣一千五百元以下罰鍰或申誡：

一　污濕他人之身體、衣著或物品而情節重大者。

二　故意踐踏他人之田園或縱入牲畜者。

三　於他人之土地內，擅自釣魚、牧畜，不聽勸阻者。

四　於他人之土地內，擅自挖掘土石、棄置廢棄物或取水，不聽勸阻者。

第四編　附　則

第九一條之一　（地方政府規劃得從事性交易之區域及其管理）105

①直轄市、縣（市）政府得因地制宜，制定自治條例，規劃得從事性交易之區域及其管理。

②前項自治條例，應包含下列各款規定：

一　該區域於都市計畫地區，限於商業區範圍內。

二　該區域於非都市土地，限於以供遊憩為主之遊憩用地範圍內。但不包括兒童或青少年遊憩場。

三　前二款之區域，應與學校、幼兒園、寺廟、教會（堂）等建築物保持適當之距離。

四　性交易場所應辦理登記及申請執照，未領有執照，不得經營性交易。

五　曾犯刑法第二百三十一條、第二百三十一條之一、第二百三十三條、第二百四十條、第二百四十一條、第二百九十六條之一、兒童及少年性交易防制條例第二十三條至第二十七條、兒童及少年性剝削防制條例第三十二條至第三十七條或人口販運防制法之罪，經判決有罪者，不得擔任性交易場所之負責人。

六　性交易場所之負責人犯前款所定之罪，經判決有罪者，撤銷或廢止性交易場所執照。

七 性交易服務者，應辦理登記及申請證照，並定期接受健康檢查。性交易場所負責人，亦應負責督促其場所內之性交易服務者定期接受健康檢查。

八 性交易服務者犯刑法第二百八十五條或人類免疫缺乏病毒傳染防治及感染者權益保障條例第二十一條之罪者，撤銷或廢止其證照。

九 性交易服務者經健康檢查發現有前款所定之疾病者，吊扣其證照，依法通知其接受治療，並於治療痊癒後發還證照。

十 不得有意圖性交易或媒介性交易，於公共場所或公眾得出入之場所廣告之行為。

③本法中華民國一百年十一月四日修正之條文施行前，已依直轄市、縣（市）政府制定之自治條例管理之性交易場所，於修正施行後，得於原地址依原自治條例之規定繼續經營。

④依前二項規定經營性交易場所者，不適用刑法第二百三十一條之規定。

⑤直轄市、縣（市）政府應依第八十條、本條第一項及第二項性交易服務者之申請，提供輔導轉業或推介參加職業訓練。

第九二條 （刑事訴訟法之準用）

法院受理違反本法案件，除本法有規定者外，準用刑事訴訟法之規定。

第九三條 （各子法之訂定機關）100

①違反本法案件處理辦法，由行政院會同司法院定之。

②拘留所設置管理辦法、沒入物品處分規則，由行政院定之。

第九四條 （施行日）

本法自公布日施行。

刑事訴訟法

① 民國17年7月28日國民政府制定公布全文513條;並自17年9月1日施行。

② 民國24年1月4日國民政府修正公布全文516條。

③ 民國34年12月26日國民政府修正公布第6、22、50、67、68、108、109、114、120、121、173、207、217、221、232、235、238、252、287、306、308、311、312、317、318、323、335、362、374至376、378、385、387、389、390、400、415、440、441、495、499、505、507、508、515條條文。

④ 民國56年1月28日總統令修正公布名稱及全文512條(原名稱:中華民國刑事訴訟法)。

⑤ 民國57年12月5日總統令修正公布第344、506條條文。

⑥ 民國71年8月4日總統令修正公布第27、29至31、33、34、150、245及255條條文;並增訂第71-1、88-1條條文。

⑦ 民國79年8月3日總統令修正公布第308、451及454條條文;並增訂第310-1、451-1、455-1條條文。

⑧ 民國82年7月30日總統令修正公布第61條條文。

⑨ 民國84年10月20日總統令修正公布第253、373、376、449、451、454條條文;並增訂第449-1條條文。

⑩ 民國86年12月19日總統令修正公布第27、31、35、91至93、95、98、101至103、105至108、110、111、114、117至119、121146、226、228至230、259、271、311、379、449、451、451-1、452條條文;刪除第104、120條條文;並增訂第93-1、100-1、100-2、101-1、101-2、103-1、116-1、231-1條條文。

⑪ 民國87年1月21日總統令修正公布第248-1條條文。

⑫ 民國88年2月3日總統令修正公布第93-1、146條條文。

⑬ 民國88年4月21日總統令修正公布第101-1、147條條文。

⑭ 民國89年2月9日總統令修正公布第38、117、323、326、328、338、441、442條條文;並增訂第116-2、117-1條條文。

⑮ 民國89年7月19日總統令修正公布第245條條文。

⑯ 民國90年1月12日總統令修正公布第122、127、128、130、131、136、137、143至154、154、228、230、231、404、416條條文;刪除第129條條文;增訂第128-1、128-2、131-1、132-1條條文;並自90年7月1日施行。

⑰ 民國91年2月8日總統令修正公布第61、131、161、163、177、178、218、253、255至260、326條條文;並增訂第253-1至253-3、256-1、258-1至258-4、259-1條條文。

⑱ 民國91年6月5日總統令修正公布第101-1條條文。

⑲ 民國92年2月6日總統令修正公布第31、35、37、38、43、44、117-1、118、121、154至156、159、160、164、165至167、169至171、175、180、182至184、186、189、190、192、193、195、196、198、200、201、203至205、208、209、214、215、219、229、258-1、273、274、276、279、287、288、289、303、307、309、320、327、329、331、449及455條條文;刪除第162、172至174、191、340條條文;並增訂第43-1、44-1、

158-1至158-4、159、159-5、161-1至161-3、163-1、163-2、
165-1、166-1至166-7、167-1至167-7、168-1、176-1、176-2、
181-1、196-1、203-1至203-4、204-1至204-3、205-1、205-2、
206-1、第五節節名、219-1至219-8、236-1、236-2、271-1、
273-1、273-2、284-1、287-1、287-2、288-1至288-3條條文；
其中第117-1、118、121、175、182、183、189、193、195、
198、200、201、205、229、236-1、236-2、258-1、271-1、
303、307條自公布日施行，餘自92年9月1日施行。
⑳民國93年4月7日總統令增訂公布第七編之一編名及第455-2至
455-11條條文。
㉑民國93年6月23日總統令修正公布第308、309、310-1、326、
454條條文；並增訂第310-2、314-1條條文。
㉒民國95年5月25日總統令修正公布第31條條文。
㉓民國95年6月14日總統令修正公布第101-1、301、470、481條條
文；並自95年7月1日施行。
㉔民國96年3月21日總統令修正公布第284-1條條文。
㉕民國96年7月4日總統令修正公布第33、108、344、354、361、
367、455-1條條文。
㉖民國96年12月12日總統令修正公布第121條條文。
㉗民國98年7月8日總統令修正公布第93、253-2、449、479、480
條條文；其中第253-2、449、479、480條自98年9月1日施行；
第93條自99年1月1日施行。
㉘民國99年6月23日總統令修正公布第34、404及416條條文；並增
訂第34-1條條文。
㉙民國101年6月13日總統令修正公布第245條條文。
㉚民國102年1月23日總統令修正公布第31、95條條文。
㉛民國103年1月29日總統令修正公布第119、404、416條條文。
㉜民國103年6月4日總統令修正公布第253-2、370、455-2條條文。
㉝民國103年6月18日總統令增訂公布第119-1條條文；並自公布後
六個月施行。
㉞民國103年12月24日總統令修正公布第376條條文。
㉟民國104年1月14日總統令修正公布第27、31、35及93-1條條
文。
㊱民國104年2月4日總統令修正公布第420條條文。
㊲民國105年6月22日總統令修正公布第133、136、137、141、
143、145、259-1、309、310、404、416、455-2、470、473、
475條條文；增訂第3-1、133-1、133-2、142-1、310-3、455-12
至455-37條條文及第七編之二編名；並自105年7月1日施行。
㊳民國106年4月26日總統令修正公布第93、101條條文；並增訂第
31-1、33-1條條文；除第31-1條自107年1月1日施行外，自公布
日施行。
㊴民國106年11月16日總統令修正公布第253、284-1、376條條
文。
㊵民國107年11月21日總統令修正公布第57、61條條文。
㊶民國107年11月28日總統令修正公布第311條條文。
㊷民國108年6月19日總統令修正公布第33、404、416條條文；增
訂第93-2至93-6條條文及第八章之一章名；並自修正公布後六個
月施行。
㊸民國108年7月17日總統令修正公布第116-2、117、121、456、
469條條文。

㊹民國109年1月8日總統令修正公布第248-1、429、433、434條
　條文；並增訂第248-2、248-3、271-2至271-4、429-1至429-3、
　455-38至455-47條文及第七編之三編名。

㊺民國109年1月15日總統令修正公布第15、17至26、38、41、46、
　50、51、58、60、63、67、68、71、76、85、88-1、89、99、101-
　1、114、121、142、158-2、163、192、256、256-1、271-1、280、
　289、292、313、344、349、382、390、391、394、426、454、457
　條條文；並增訂38-1、89-1條文。

第一編　總　則

第一章　法　例

第一條　（犯罪追訴處罰之限制及本法之適用範圍）
①犯罪，非依本法或其他法律所定之訴訟程序，不得追訴、處罰。
②現役軍人之犯罪，除犯軍法應受軍事裁判者外，仍應依本法規定
　追訴、處罰。
③因受時間或地域之限制，依特別法所為之訴訟程序，於其原因消
　滅後，尚未判決確定者，應依本法追訴、處罰。

第二條　（有利不利一律注意）
①實施刑事訴訟程序之公務員，就該管案件，應於被告有利及不利
　之情形，一律注意。
②被告得請求前項公務員，為有利於己之必要處分。

第三條　（刑事訴訟之當事人）
　本法稱當事人者，謂檢察官、自訴人及被告。

第三條之一　（刑事訴訟之沒收）105
　本法所稱沒收，包括其替代手段。

第二章　法院之管轄

第四條　（事物管轄）
　地方法院於刑事案件，有第一審管轄權。但左列案件，第一審管
　轄權屬於高等法院：
　一　內亂罪。
　二　外患罪。
　三　妨害國交罪。

第五條　（土地管轄）
①案件由犯罪地或被告之住所、居所或所在地之法院管轄。
②在中華民國領域外之中華民國船艦或航空機內犯罪者，船艦本籍
　地、航空機出發地或犯罪後停泊地之法院，亦有管轄權。

第六條　（牽連管轄）
①數同級法院管轄之案件相牽連者，得合併由其中一法院管轄。
②前項情形，如各案件已繫屬於數法院者，經各該法院之同意，得

以裁定將其案件移送於一法院合併審判之。有不同意者，由共同之直接上級法院裁定之。

③不同級法院管轄之案件相牽連者，得合併於其上級法院管轄。已繫屬於下級法院者，其上級法院得以裁定命其移送上級法院合併審判。但第七條第三款之情形，不在此限。

第七條 （相牽連案件）

有左列情形之一者，為相牽連之案件：

一 一人犯數罪者。

二 數人共犯一罪或數罪者。

三 數人同時在同一處所各別犯罪者。

四 犯與本罪有關係之藏匿人犯、湮滅證據、偽證、贓物各罪者。

第八條 （管轄競合）

同一案件繫屬於有管轄權之數法院者，由繫屬在先之法院審判之。但經共同之直接上級法院裁定，亦得由繫屬在後之法院審判。

第九條 （指定管轄）

①有左列情形之一者，由直接上級法院以裁定指定該案件之管轄法院：

一 數法院於管轄權有爭議者。

二 有管轄權之法院經確定裁判為無管轄權，而無他法院管轄該案件者。

三 因管轄區域境界不明，致不能辨別有管轄權之法院者。

②案件不能依前項及第五條之規定，定其管轄法院者，由最高法院以裁定指定管轄法院。

第一○條 （移轉管轄）

①有左列情形之一者，由直接上級法院，以裁定將案件移轉於其管轄區域內與原法院同級之他法院：

一 有管轄權之法院因法律或事實不能行使審判權者。

二 因特別情形由有管轄權之法院審判，恐影響公安或難期公平者。

②直接上級法院不能行使審判權時，前項裁定由再上級法院為之。

第一一條 （指定或移轉管轄之聲請）

指定或移轉管轄由當事人聲請者，應以書狀敘述理由向該管法院為之。

第一二條 （無管轄權法院所為訴訟程序之效力）

訴訟程序不因法院無管轄權而失效力。

第一三條 （轄區外行使職務）

法院因發見真實之必要或遇有急迫情形時，得於管轄區域外行其職務。

第一四條 （無管轄權法院之必要處分）

法院雖無管轄權，如有急迫情形，應於其管轄區域內為必要之處

分。

第一五條　（牽連管轄之偵查與起訴）109

第六條所規定之案件，得由一檢察官合併偵查或合併起訴；如該管他檢察官有不同意者，由共同之直接上級檢察署檢察長或檢察總長命令之。

第一六條　（檢察官必要處分之準用規定）

第十三條及第十四條之規定，於檢察官行偵查時準用之。

第三章　法院職員之迴避

第一七條　（自行迴避事由）109

法官於該管案件有左列情形之一者，應自行迴避，不得執行職務：

一　法官為被害人者。

二　法官現為或曾為被告或被害人之配偶、八親等內之血親、五親等內之姻親或家長、家屬者。

三　法官與被告或被害人訂有婚約者。

四　法官現為或曾為被告或被害人之法定代理人者。

五　法官曾為被告之代理人、辯護人、輔佐人或曾為自訴人、附帶民事訴訟當事人之代理人、輔佐人者。

六　法官曾為告訴人、告發人、證人或鑑定人者。

七　法官曾執行檢察官或司法警察之職務者。

八　法官曾參與前審之裁判者。

第一八條　（聲請迴避―事由）109

當事人遇有左列情形之一者，得聲請法官迴避：

一　法官有前條情形而不自行迴避者。

二　法官有前條以外情形，足認其執行職務有偏頗之虞者。

第一九條　（聲請迴避―時期）109

①前條第一款情形，不問訴訟程度如何。當事人得隨時聲請法官迴避。

②前條第二款情形，如當事人已就該案件有所聲明或陳述後，不得聲請法官迴避。但聲請迴避之原因發生在後或知悉在後者，不在此限。

第二○條　（聲請迴避―程序）109

①聲請法官迴避，應以書狀舉其原因向法官所屬法院為之。但於審判期日或受訊問時，得以言詞為之。

②聲請迴避之原因及前條第二項但書之事實，應釋明之。

③被聲請迴避之法官，得提出意見書。

第二一條　（聲請迴避―裁定）109

①法官迴避之聲請，由該法官所屬之法院以合議裁定之，其因不足法定人數不能合議者，由院長裁定之；如並不能由院長裁定者，由直接上級法院裁定之。

②前項裁定，被聲請迴避之法官不得參與。

③被聲請迴避之法官，以該聲請爲有理由者，毋庸裁定，即應迴避。

第二二條 （聲請迴避—效力）109

法官被聲請迴避者，除因急速處分或以第十八條第二款爲理由者外，應即停止訴訟程序。

第二三條 （聲請迴避—裁定駁回之救濟）109

聲請法官迴避經裁定駁回者，得提起抗告。

第二四條 （職權裁定迴避）109

①該管聲請迴避之法院或院長，如認法官有應自行迴避之原因者，應依職權爲迴避之裁定。

②前項裁定，毋庸送達。

第二五條 （書記官、通譯迴避之準用）109

①本章關於法官迴避之規定，於法院書記官及通譯準用之。但不得以曾於下級法院執行書記官或通譯之職務，爲迴避之原因。

②法院書記官及通譯之迴避，由所屬法院院長裁定之。

第二六條 （檢察官、辦理檢察事務書記官迴避之準用）109

①第十七條至第二十條及第二十四條關於法官迴避之規定，於檢察官及辦理檢察事務之書記官準用之。但不得以曾於下級法院執行檢察官、書記官或通譯之職務，爲迴避之原因。

②檢察官及前項書記官之迴避，應聲請所屬首席檢察官或檢察長核定之。

③首席檢察官之迴避，應聲請直接上級法院首席檢察官或檢察長核定之，其檢察官僅有一人者亦同。

第四章　辯護人、輔佐人及代理人

第二七條 （辯護人之選任）104

①被告得隨時選任辯護人。犯罪嫌疑人受司法警察官或司法警察調查者，亦同。

②被告或犯罪嫌疑人之法定代理人、配偶、直系或三親等內旁系血親或家長、家屬，得獨立爲被告或犯罪嫌疑人選任辯護人。

③被告或犯罪嫌疑人因精神障礙或其他心智缺陷無法爲完全之陳述者，應通知前項之人得爲被告或犯罪嫌疑人選任辯護人。但不能通知者，不在此限。

第二八條 （辯護人—人數限制）

每一被告選任辯護人，不得逾三人。

第二九條 （辯護人—資格）

辯護人應選任律師充之。但審判中經審判長許可者，亦得選任非律師爲辯護人。

第三〇條 （辯護人—選任程序）

①選任辯護人，應提出委任書狀。

②前項委任書狀，於起訴前應提出於檢察官或司法警察官；起訴後應於每審級提出於法院。

第三一條 （強制辯護案件與指定辯護人）104

①有下列情形之一，於審判中未經選任辯護人者，審判長應指定公設辯護人或律師為被告辯護：

一　最輕本刑為三年以上有期徒刑案件。

二　高等法院管轄第一審案件。

三　被告因精神障礙或其他心智缺陷無法為完全之陳述者。

四　被告具原住民身分，經依通常程序起訴或審判者。

五　被告為低收入戶或中低收入戶而聲請指定者。

六　其他審判案件，審判長認有必要者。

②前項案件選任辯護人於審判期日無正當理由而不到庭者，審判長得指定公設辯護人或律師。

③被告有數人者，得指定一人辯護。但各被告之利害相反者，不在此限。

④指定辯護人後，經選任律師為辯護人者，得將指定之辯護人撤銷。

⑤被告或犯罪嫌疑人因精神障礙或其他心智缺陷無法為完全之陳述或具原住民身分者，於偵查中未經選任辯護人，檢察官、司法警察官或司法警察應通知依法設立之法律扶助機構指派律師到場為其辯護。但被告或犯罪嫌疑人主動請求立即訊問或詢問，或等候律師逾四小時未到場者，得逕行訊問或詢問。

第三一條之一 （偵查中之羈押審查程序適用強制辯護制度）106

①偵查中之羈押審查程序未經選任辯護人者，審判長應指定公設辯護人或律師為被告辯護。但等候指定辯護人逾四小時未到場，經被告主動請求訊問者，不在此限。

②前項選任辯護人無正當理由而不到庭者，審判長得指定公設辯護人或律師。

③前條第三項、第四項之規定，於第一項情形準用之。

第三二條 （數辯護人送達文書之方法）

被告有數辯護人者，送達文書應分別為之。

第三三條 （辯護人之閱卷、抄錄、重製或攝影）108

①辯護人於審判中得檢閱卷宗及證物並得抄錄、重製或攝影。

②被告於審判中得預納費用請求付與卷宗及證物之影本。但卷宗及證物之內容與被告被訴事實無關或足以妨害另案之偵查，或涉及當事人或第三人之隱私或業務秘密者，法院得限制之。

③被告於審判中經法院許可者，得在確保卷宗及證物安全之前提下檢閱之。但有前項但書情形，或非屬其有效行使防禦權之必要者，法院得限制之。

④對於前二項之但書所為限制，得提起抗告。

⑤持有第一項及第二項卷宗及證物內容之人，不得就該內容為非正當目的之使用。

第三三條之一 （辯護人偵查中之羈押審查程序得檢閱卷宗及證物並得抄錄或攝影）106

①辯護人於偵查中之羈押審查程序，除法律另有規定外，得檢閱卷

宗及證物並得抄錄或攝影。

②辯護人持有或獲知之前項證據資料，不得公開、揭露或為非正當目的之使用。

③無辯護人之被告於偵查中之羈押審查程序，法院應以適當之方式使其獲知卷證之內容。

第三四條 （辯護人之接見、通信權及限制之條件）

①辯護人得接見羈押之被告，並互通書信。非有事證足認其有湮滅、偽造、變造證據或勾串共犯或證人者，不得限制之。

②辯護人與偵查中受拘提或逮捕之被告或犯罪嫌疑人接見或互通書信，不得限制之。但接見時間不得逾一小時，且以一次為限。接見經過之時間，同為第九十三條之一第一項所定不予計入二十四小時計算之事由。

③前項接見，檢察官遇有急迫情形且具正當理由時，得暫緩之，並指定即時得為接見之時間及場所。該指定不得妨害被告或犯罪嫌疑人之正當防禦及辯護人依第二百四十五條第二項前段規定之權利。

第三四條之一 （限制書應載明之事項）

①限制辯護人與羈押之被告接見或互通書信，應用限制書。

②限制書，應記載下列事項：

一　被告之姓名、性別、年齡、住所或居所，及辯護人之姓名。

二　案由。

三　限制之具體理由及其所依據之事實。

四　具體之限制方法。

五　如不服限制處分之救濟方法。

③第七十一條第三項規定，於限制書準用之。

④限制書，由法官簽名後，分別送交檢察官、看守所、辯護人及被告。

⑤偵查中檢察官認羈押中被告有限制之必要者，應以書面記載第二項第一款至第四款之事項，並檢附相關文件，聲請該管法院限制。但遇有急迫情形時，得先為必要之處分，並應於二十四小時內聲請該管法院補發限制書；法院應於受理後四十八小時內核復。檢察官未於二十四小時內聲請，或其聲請經駁回者，應即停止限制。

⑥前項聲請，經法院駁回者，不得聲明不服。

第三五條 （輔佐人之資格及權限）104

①被告或自訴人之配偶、直系或三親等內旁系血親或家長、家屬或被告之法定代理人於起訴後，得向法院以書狀或於審判期日以言詞陳明為被告或自訴人之輔佐人。

②輔佐人得為本法所定之訴訟行為，並得在法院陳述意見。但不得與被告或自訴人明示之意思相反。

③被告或犯罪嫌疑人因精神障礙或其他心智缺陷無法為完全之陳述者，應有第一項得為輔佐人之人或其委任之人或主管機關、相關

社福機構指派之社工人員或其他專業人員為輔佐人陪同在場。但經合法通知無正當理由不到場者，不在此限。

第三六條　（被告得委任代理人者）

最重本刑為拘役或專科罰金之案件，被告於審判中或偵查中得委任代理人到場。但法院或檢察官認為必要時，仍得命本人到場。

第三七條　（自訴人得委任代理人者）

①自訴人應委任代理人到場。但法院認為必要時，得命本人到場。

②前項代理人應選任律師充之。

第三八條　（被告或自訴人之代理人準用之規定）109

第二十八條、第三十條、第三十二條及第三十三條第一項之規定，於被告或自訴人之代理人準用之；第二十九條之規定，於被告之代理人並準用之。

第三八條之一　（閱卷規則之訂定）109

依本法於審判中得檢閱卷宗及證物或抄錄、重製或攝影之閱卷規則，由司法院會同行政院定之。

第五章　文　書

第三九條　（公文書製作之程序）

文書，由公務員制作者，應記載制作之年、月、日及其所屬機關，由制作人簽名。

第四○條　（公文書之增刪附記）

公務員制作之文書，不得竄改或挖補；如有增加、刪除或附記者，應蓋章其上，並記明字數，其刪除處應留存字跡，俾得辨認。

第四一條　（訊問筆錄之製作）109

①訊問被告、自訴人、證人、鑑定人及通譯，應當場制作筆錄，記載下列事項：

一　對於受訊問人之訊問及其陳述。

二　證人、鑑定人或通譯如未具結者，其事由。

三　訊問之年、月、日及處所。

②前項筆錄應向受訊問人朗讀或令其閱覽，詢以記載有無錯誤。受訊問人為被告者，在場之辯護人得協助其閱覽，並得對筆錄記載有無錯誤表示意見。

③受訊問人及在場之辯護人請求將記載增、刪、變更者，應將其陳述附記於筆錄。但附記辯護人之陳述，應使被告明瞭後為之。

④筆錄應命受訊問人緊接其記載之末行簽名、蓋章或按指印。但受訊問人拒絕時，應附記其事由。

第四二條　（搜索、扣押、勘驗筆錄之製作）

①搜索、扣押及勘驗，應制作筆錄，記載實施之年、月、日及時間、處所並其他必要之事項。

②扣押應於筆錄內詳記扣押物之名目，或製作目錄附後。

③勘驗得制作圖畫或照片附於筆錄。

④筆錄應令依本法命其在場之人簽名、蓋章或按指印。

第四三條　（筆錄之製作人）

前二條筆錄應由在場之書記官制作之。其行訊問或搜索、扣押、勘驗之公務員應在筆錄內簽名；如無書記官在場，得由行訊問或搜索、扣押、勘驗之公務員親自或指定其他在場執行公務之人員制作筆錄。

第四三條之一　（詢問、搜索、扣押之準用）

①第四十一條、第四十二條之規定，於檢察事務官、司法警察官、司法警察行詢問、搜索、扣押時，準用之。

②前項犯罪嫌疑人詢問筆錄之製作，應由行詢問以外之人為之。但因情況急迫或事實上之原因不能為之，而有全程錄音或錄影者，不在此限。

第四四條　（審判筆錄之製作）

①審判期日應由書記官製作審判筆錄，記載下列事項及其他一切訴訟程序：

一　審判之法院及年、月、日。

二　法官、檢察官、書記官之官職、姓名及自訴人、被告或其代理人並辯護人、輔佐人、通譯之姓名。

三　被告不出庭者，其事由。

四　禁止公開者，其理由。

五　檢察官或自訴人關於起訴要旨之陳述。

六　辯論之要旨。

七　第四十一條第一項第一款及第二款所定之事項。但經審判長徵詢訴訟關係人之意見後，認為適當者，得僅記載其要旨。

八　當庭曾向被告宣讀或告以要旨之文書。

九　當庭曾示被告之證物。

十　當庭實施之扣押及勘驗。

十一　審判長命令記載及依訴訟關係人聲請許可記載之事項。

十二　最後曾與被告陳述之機會。

十三　裁判之宣示。

②受訊問人於前項筆錄中關於其陳述之部分，得請求朗讀或交其閱覽，如請求將記載增、刪、變更者，應附記其陳述。

第四四條之一　（審判期日錄音錄影）

①審判期日應全程錄音；必要時，並得全程錄影。

②當事人、代理人、辯護人或輔佐人如認為審判筆錄之記載有錯誤或遺漏者，得於次一期日前，其案件已辯論終結者，得於辯論終結後七日內，聲請法院定期播放審判期日錄音或錄影內容核對更正之。其經法院許可者，亦得於法院指定之期間內，依據審判期日之錄音或錄影內容，自行就有關被告、自訴人、證人、鑑定人或通譯之訊問及其陳述之事項轉譯為文書提出於法院。

③前項後段規定之文書，經書記官核對後，認為其記載適當者，得作為審判筆錄之附錄，並準用第四十八條之規定。

第四五條　（審判筆錄之整理）
審判筆錄，應於每次開庭後三日內整理之。

第四六條　（審判筆錄之簽名）109
審判筆錄應由審判長簽名；審判長有事故時，由資深陪席法官簽名；獨任法官有事故時，僅由書記官簽名；書記官有事故時，僅由審判長或法官簽名；並分別附記其事由。

第四七條　（審判筆錄之效力）
審判期日之訴訟程序，專以審判筆錄為證。

第四八條　（審判筆錄內引用文件之效力）
審判筆錄內引用附卷之文書或表示將該文書作為附錄者，其文書所記載之事項，與記載筆錄者，有同一之效力。

第四九條　（辯護人攜同速記之許可）
辯護人經審判長許可，得於審判期日攜同速記到庭記錄。

第五〇條　（裁判書之製作）109
裁判，應由法官制作裁判書。但不得抗告之裁定當庭宣示者，得僅命記載於筆錄。

第五一條　（裁判書之程式）109
①裁判書，除依特別規定外，應記載受裁判人之姓名、性別、年齡、職業、住所或居所；如係判決書，並應記載檢察官或自訴人並代理人、辯護人之姓名。
②裁判書之原本，應由為裁判之法官簽名；審判長有事故不能簽名者，由資深法官附記其事由；法官有事故者，由審判長附記其事由。

第五二條　（裁判書、起訴書、不起訴處分書正本之製作）
①裁判書或記載裁判之筆錄之正本，應由書記官依原本制作之，蓋用法院之印，並附記證明與原本無異字樣。
②前項規定，於檢察官起訴書及不起訴處分書之正本準用之。

第五三條　（非公務員自作文書之程式）
文書由非公務員制作者，應記載年、月、日並簽名。其非自作者，應由本人簽名，不能簽名者，應使他人代書姓名，由本人蓋章或按指印。但代書之人，應附記其事由並簽名。

第五四條　（卷宗之編訂與滅失之處理）
①關於訴訟之文書，法院應保存者，由書記官編為卷宗。
②卷宗滅失案件之處理，另以法律定之。

第六章　送　達

第五五條　（應受送達人與送達處所之陳明）
①被告、自訴人、告訴人、附帶民事訴訟當事人、代理人、辯護人、輔佐人或被害人為接受文書之送達，應將其住所、居所或事務所向法院或檢察官陳明。被害人死亡者，由其配偶、子女或父母陳明之。如在法院所在地無住所、居所或事務所者，應陳明以在該地有住所、居所或事務所之人為送達代收人。

②前項之陳明，其效力及於同地之各級法院。

③送達向送達代收人為之者，視為送達於本人。

第五六條　（囑託送達）

①前條之規定，於在監獄或看守所之人，不適用之。

②送達於在監獄或看守所之人，應囑託該監所長官為之。

第五七條　（文書送達）107

應受送達人雖未為第五十五條之陳明，而其住、居所或事務所為書記官所知者，亦得向該處送達之。

第五八條　（對檢察官之送達）109

對於檢察官之送達，應向承辦檢察官為之；承辦檢察官不在辦公處所時，向檢察長或檢察總長為之。

第五九條　（公示送達―事由）109

被告、自訴人、告訴人或附帶民事訴訟當事人，有左列情形之一者，得為公示送達：

一　住、居所、事務所及所在地不明者。

二　掛號郵寄而不能達到者。

三　因住居於法權所不及之地，不能以其他方法送達者。

第六〇條　（公示送達―程序與生效期）109

①公示送達應由書記官分別經法院或檢察總長、檢察長或檢察官之許可，除將應送達之文書或其節本，張貼於法院或檢察署牌示處外，並應以其繕本登載報紙，或以其他適當方法通知或公告之。

②前項送達，自最後登載報紙或通知公告之日起，經三十日發生效力。

第六一條　（文書送達方式）107

①送達文書由司法警察或郵務機構行之。

②前項文書為判決、裁定、不起訴或緩起訴處分書者，送達人應作收受證書、記載送達證書所列事項，並簽名交受領人。

③拘提前之傳喚，如由郵務機構行送達者，以郵務人員為送達人，且應以掛號郵寄；其實施辦法由司法院會同行政院定之。

第六二條　（民事訴訟法送達規定之準用）

送達文書，除本章有特別規定外，準用民事訴訟法之規定。

第七章　期日及期間

第六三條　（期日之傳喚通知義務）109

審判長、受命法官、受託法官或檢察官指定期日行訴訟程序者，應傳喚或通知訴訟關係人使其到場。但訴訟關係人在場或本法有特別規定者，不在此限。

第六四條　（期日之變更或延展）

①期日，除有特別規定外，非有重大理由，不得變更或延展之。

②期日，經變更或延展者，應通知訴訟關係人。

第六五條　（期間之計算）

期間之計算，依民法之規定。

第六六條 （在途期間之扣除）

① 應於法定期間內為訴訟行為之人，其住所、居所或事務所不在法院所在地者，計算該期間時，應扣除其在途之期間。

② 前項應扣除之在途期間，由司法行政最高機關定之。

第六七條 （回復原狀一條件）109

① 非因過失，遲誤上訴、抗告或聲請再審之期間，或聲請撤銷或變更審判長、受命法官、受託法官裁定或檢察官命令之期間者，於其原因消滅後五日內，得聲請回復原狀。

② 許用代理人之案件，代理人之過失，視為本人之過失。

第六八條 （回復原狀一聲請之程序）109

① 因遲誤上訴或抗告或聲請再審期間而聲請回復原狀者，應以書狀向原審法院為之。其遲誤聲請撤銷或變更審判長、受命法官、受託法官裁定或檢察官命令之期間者，向管轄該聲請之法院為之。

② 非因過失遲誤期間之原因及其消滅時期，應於書狀內釋明之。

③ 聲請回復原狀，應同時補行期間內應為之訴訟行為。

第六九條 （回復原狀一聲請之裁判）

① 回復原狀之聲請，由受聲請之法院與補行之訴訟行為合併裁判之；如原審法院認其聲請應行許可者，應繕具意見書，將該上訴或抗告案件送由上級法院合併裁判。

② 受聲請之法院於裁判回復原狀之聲請前，得停止原裁判之執行。

第七〇條 （回復原狀一聲請再議期間之回復）

遲誤聲請再議之期間者，得準用前三條之規定，由原檢察官准予回復原狀。

第八章　被告之傳喚及拘提

第七一條 （書面傳喚）109

① 傳喚被告，應用傳票。

② 傳票，應記載下列事項：

一　被告之姓名、性別、出生年月日、身分證明文件編號及住、居所。

二　案由。

三　應到之日、時、處所。

四　無正當理由不到場者，得命拘提。

③ 被告之姓名不明或因其他情形有必要時，應記載其足資辨別之特徵。被告之出生年月日、身分證明文件編號、住、居所不明者，得免記載。

④ 傳票，於偵查中由檢察官簽名，審判中由審判長或受命法官簽名。

第七一條之一 （到場詢問通知書）

① 司法警察官或司法警察，因調查犯罪嫌疑人犯罪情形及蒐集證據之必要，得使用通知書，通知犯罪嫌疑人到場詢問。經合法通知，無正當理由不到場者，得報請檢察官核發拘票。

②前項通知書，由司法警察機關主管長官簽名，其應記載事項，準用前條第二項第一款至第三款之規定。

第七二條　（口頭傳喚）

對於到場之被告，經面告以下次應到之日、時、處所及如不到場得命拘提，並記明筆錄者，與已送達傳票有同一之效力。被告經以書狀陳明屆期到場者亦同。

第七三條　（對在監所被告之傳喚）

傳喚在監獄或看守所之被告，應通知該監所長官。

第七四條　（傳喚之效力—按時訊問）

被告因傳喚到場者，除確有不得已之事故外，應按時訊問之。

第七五條　（傳喚之效力—拘提）

被告經合法傳喚，無正當理由不到場者，得拘提之。

第七六條　（不經傳喚逕行拘提事由）109

被告犯罪嫌疑重大，而有下列情形之一者，得不經傳喚逕行拘提：

一　無一定之住、居所者。

二　逃亡或有事實足認為有逃亡之虞者。

三　有事實足認為有湮滅、偽造、變造證據或勾串共犯或證人之虞者。

四　所犯為死刑、無期徒刑或最輕本刑為五年以上有期刑之罪者。

第七七條　（拘提—拘票）

①拘提被告，應用拘票。

②拘票，應記載左列事項：

一　被告之姓名、性別、年齡、籍貫及住、居所。但年齡、籍貫、住、居所不明者，得免記載。

二　案由。

三　拘提之理由。

四　應解送之處所。

③第七十一條第三項及第四項之規定，於拘票準用之。

第七八條　（拘提—執行機關）

①拘提，由司法警察或司法警察官執行，並得限制其執行之期間。

②拘票得作數通，分交數人各別執行。

第七九條　（拘提—執行程序）

拘票應備二聯，執行拘提時，應以一聯交被告或其家屬。

第八○條　（拘提—執行後之處置）

執行拘提後，應於拘票記載執行之處所及年、月、日、時，如不能執行者，記載其事由，由執行人簽名，提出於命拘提之公務員。

第八一條　（警察轄區外之拘提）

司法警察或司法警察官於必要時，得於管轄區域外執行拘提，或請求該地之司法警察官執行。

第八二條 （囑託拘提）

審判長或檢察官得開具拘票應記載之事項，囑託被告所在地之檢察官拘提被告；如被告不在該地者，受託檢察官得轉囑託其所在地之檢察官。

第八三條 （對現役軍人之拘提）

被告為現役軍人者，其拘提應以拘票知該管長官協助執行。

第八四條 （通緝—法定原因）

被告逃亡或藏匿者，得通緝之。

第八五條 （通緝—通緝書）109

①通緝被告，應用通緝書。

②通緝書，應記載下列事項：

一 被告之姓名、性別、出生年月日、身分證明文件編號、住、居所，及其他足資辨別之特徵。但出生年月日、住、居所不明者，得免記載。

二 被訴之事實。

三 通緝之理由。

四 犯罪之日、時、處所。但日、時、處所不明者，得免記載。

五 應解送之處所。

③通緝書，於偵查中由檢察總長或檢察長簽名，審判中由法院院長簽名。

第八六條 （通緝—方法）

通緝，應以通緝書通知附近或各處檢察官，司法警察機關；遇有必要時，並得登載報紙或以其他方法公告之。

第八七條 （通緝—效力及撤銷）

①通緝經通知或公告後，檢察官、司法警察官得拘提被告或逕行逮捕之。

②利害關係人，得逕行逮捕通緝之被告，送交檢察官、司法警察官，或請求檢察官、司法警察官逮捕之。

③通緝於其原因消滅或已顯無必要時，應即撤銷。

④撤銷通緝之通知或公告，準用前條之規定。

第八八條 （現行犯與準現行犯）

①現行犯，不問何人得逕行逮捕之。

②犯罪在實施中或實施後即時發覺者，為現行犯。

③有左列情形之一者，以現行犯論：

一 被追呼為犯罪人者。

二 因持有兇器、贓物或其他物件、或於身體、衣服等處露有犯罪痕跡，顯可疑為犯罪人者。

第八八條之一 （偵察犯罪逕行拘提事由）109

①檢察官、司法警察官或司法警察偵查犯罪，有下列情形之一而情況急迫者，得逕行拘提之：

一 因現行犯之供述，且有事實足認為共犯嫌疑重大者。

二 在執行或在押中之脫逃者。

三 有事實足認為犯罪嫌疑重大，經被盤查而逃逸者。但所犯顯係最重本刑為一年以下有期徒刑、拘役或專科罰金之罪者，不在此限。

四 所犯為死刑、無期徒刑或最輕本刑為五年以上有期徒刑之罪，嫌疑重大，有事實足認為有逃亡之虞者。

②前項拘提，由檢察官親自執行時，得不用拘票；由司法警察官或司法警察執行時，以其急迫情況不及報告檢察官者為限，於執行後，應即報請檢察官簽發拘票。如檢察官不簽發拘票時，應即將被拘提人釋放。

③檢察官、司法警察官或司法警察，依第一項規定程序拘提犯罪嫌疑人，應告知本人及其家屬，得選任辯護人到場。

第八九條 （拘捕之告知及注意事項）109

①執行拘提或逮捕，應當場告知被告或犯罪嫌疑人拘提或逮捕之原因及第九十五條第一項所列事項，並注意其身體及名譽。

②前項情形，應以書面將拘提或逮捕之原因通知被告或犯罪嫌疑人及其指定之親友。

第八九條之一 （戒具之使用）109

①執行拘提、逮捕或解送，得使用戒具。但不得逾必要之程度。

②前項情形，應注意被告或犯罪嫌疑人之身體及名譽，避免公然暴露其戒具；認已無繼續使用之必要時，應即解除。

③前二項使用戒具之範圍、方式、程序及其他應遵行事項之實施辦法，由行政院會同司法院定之。

第九〇條 （強制拘捕）

被告抗拒拘提、逮捕或脫逃者，得用強制力拘提或逮捕之。但不得逾必要之程度。

第九一條 （拘捕被告之解送）

拘提或因通緝逮捕之被告，應即解送指定之處所；如二十四小時內不能達到指定之處所者，應分別其命拘提或通緝者為法院或檢察官，先行解送較近之法院或檢察機關，訊問其人有無錯誤。

第九二條 （逮捕現行犯之解送）

①無偵查犯罪權限之人逮捕現行犯者，應即送交檢察官、司法警察官或司法警察。

②司法警察官、司法警察逮捕或接受現行犯者，應即解送檢察官。但所犯最重本刑為一年以下有期徒刑、拘役或專科罰金之罪、告訴或請求乃論之罪，其告訴或請求已經撤回或已逾告訴期間者，得經檢察官之許可，不予解送。

③對於第一項逮捕現行犯之人，應詢其姓名、住所或居所及逮捕之事由。

第九三條 （即時訊問及漏夜應訊之規定）106

①被告或犯罪嫌疑人因拘提或逮捕到場者，應即時訊問。

②偵查中經檢察官訊問後，認有羈押之必要者，應自拘提或逮捕之時起二十四小時內，以聲請書敘明犯罪事實並所犯法條及證據

與羈押之理由，備具繕本並檢附卷宗及證物，聲請該管法院羈押之。但有事實足認有湮滅、偽造、變造證據或勾串共犯或證人等危害偵查目的或危害他人生命、身體之虞之卷證，應另行分卷敘明理由，請求法院以適當之方式限制或禁止被告及其辯護人獲知。

③前項情形，未經聲請者，檢察官應即將被告釋放。但如認有第一百零一條第一項或第一百零一條之一第一項各款所定情形之一而無聲請羈押之必要者，得逕命具保、責付或限制住居；如不能具保、責付或限制住居，而有必要情形者，仍得聲請法院羈押之。

④前三項之規定，於檢察官接受法院依少年事件處理法或軍事審判機關依軍事審判法移送之被告時，準用之。

⑤法院於受理前三項羈押之聲請，付予被告及其辯護人聲請書之繕本後，應即時訊問。但至深夜仍未訊問完畢，被告、辯護人及得為被告輔佐人之人得請求法院於翌日日間訊問，法院非有正當理由，不得拒絕。深夜始受理聲請者，應於翌日日間訊問。

⑥前項但書所稱深夜，指午後十一時至翌日午前八時。

第九三條之一（訊問不予計時之情形）104

①第九十一條及前條第二項所定之二十四小時，有下列情形之一者，其經過之時間不予計入。但不得有不必要之遲延：

一　因交通障礙或其他不可抗力事由所生不得已之遲滯。

二　在途解送時間。

三　依第一百條之三第一項規定不得為詢問者。

四　因被告或犯罪嫌疑人身體健康突發之事由，事實上不能訊問者。

五　被告或犯罪嫌疑人因表示選任辯護人之意思，而等候辯護人到場致未予訊問者。但等候時間不得逾四小時。其等候第三十一條第五項律師到場致未予訊問或因精神障礙或其他心智缺陷無法為完全之陳述，因等候第三十五條第三項經通知陪同在場之人到場致未予訊問者，亦同。

六　被告或犯罪嫌疑人須由通譯傳譯，因等候其通譯到場致未予訊問者。但等候時間不得逾六小時。

七　經檢察官命具保或責付之被告，在候保或候責付中者。但候保或候責付時間不得逾四小時。

八　犯罪嫌疑人經法院提審之期間。

②前項各款情形之經過時間內不得訊問。

③因第一項之法定障礙事由致二十四小時內無法移送該管法院者，檢察官聲請羈押時，並應釋明其事由。

第八章之一　限制出境、出海 108

第九三條之二（被告犯罪嫌疑重大，檢察官或法官得逕行限制出境、出海之情形）108

① 被告犯罪嫌疑重大，而有下列各款情形之一者，必要時檢察官或法官得逕行限制出境、出海。但所犯係最重本刑為拘役或專科罰金之案件，不得逕行限制之：

一 無一定之住、居所者。

二 有相當理由足認有逃亡之虞者。

三 有相當理由足認有湮滅、偽造、變造證據或勾串共犯或證人之虞者。

② 限制出境、出海，應以書面記載下列事項：

一 被告之姓名、性別、出生年月日、住所或居所、身分證明文件編號或其他足資辨別之特徵。

二 案由及觸犯之法條。

三 限制出境、出海之理由及期間。

四 執行機關。

五 不服限制出境、出海處分之救濟方法。

③ 除被告住、居所不明而不能通知者外，前項書面至遲應於為限制出境、出海後六個月內通知。但於通知前已訊問被告者，應當庭告知，並付與前項之書面。

④ 前項前段情形，被告於收受書面通知前獲知經限制出境、出海者，亦得請求交付第二項之書面。

第九三條之三 （偵查或審判中限制出境、出海之期限）108

① 偵查中檢察官限制被告出境、出海，不得逾八月。但有繼續限制之必要者，應附具體理由，至遲於期間屆滿之二十日前，以書面記載前條第二項第一款至第四款所定之事項，聲請該管法院裁定之，並同時以聲請書繕本通知被告及其辯護人。

② 偵查中檢察官聲請延長限制出境、出海，第一次不得逾四月，第二次不得逾二月，以延長二次為限。審判中限制出境、出海每次不得逾八月，犯最重本刑為有期徒刑十年以下之罪者，累計不得逾五年；其餘之罪，累計不得逾十年。

③ 偵查或審判中限制出境、出海之期間，因被告逃匿而通緝之期間，不予計入。

④ 法院延長限制出境、出海裁定前，應給予被告及其辯護人陳述意見之機會。

⑤ 起訴或判決後案件繫屬法院或上訴審時，原限制出境、出海所餘期間未滿一月者，延長為一月。

⑥ 前項起訴後繫屬法院之法定延長期間及偵查中所餘限制出境、出海之期間，算入審判中之期間。

第九三條之四 （視為撤銷限制出境、出海之情形）108

被告受不起訴處分、緩起訴處分，或經諭知無罪、免訴、免刑、緩刑、罰金或易以訓誡或第三百零三條第三款、第四款不受理之判決者，視為撤銷限制出境、出海。但上訴期間內或上訴中，如有必要，得繼續限制出境、出海。

第九三條之五 （被告及其辯護人得聲請撤銷或變更限制出境、出海）108

①被告及其辯護人得向檢察官或法院聲請撤銷或變更限制出境、出海。檢察官於偵查中亦得為撤銷之聲請，並得於聲請時先行通知入出境、出海之主管機關，解除限制出境、出海。

②偵查中之撤銷限制出境、出海，除依檢察官聲請者外，應徵詢檢察官之意見。

③偵查中檢察官所為限制出境、出海，得由檢察官依職權撤銷或變更。但起訴後案件繫屬法院時，偵查中所餘限制出境、出海之期間，得由法院依職權或聲請為之。

④偵查及審判中法院所為之限制出境、出海，得由法院依職權撤銷或變更之。

第九三條之六 （得命具保、責付或限制住居者亦得命限制出境、出海之準用規定）108

依本章以外規定得命具保、責付或限制住居者，亦得命限制出境、出海，並準用第九十三條之二第二項及第九十三條之三至第九十三條之五之規定。

第九章　被告之訊問

第九四條 （人別訊問）

訊問被告，應先詢其姓名、年齡、籍貫、職業、住所或居所，以查驗其人有無錯誤，如係錯誤，應即釋放。

第九五條 （訊問被告應先告知事項）102

①訊問被告應先告知下列事項：

一　犯罪嫌疑及所犯所有罪名。罪名經告知後，認為應變更者，應再告知。

二　得保持緘默，無須違背自己之意思而陳述。

三　得選任辯護人。如為低收入戶、中低收入戶、原住民或其他依法令得請求法律扶助者，得請求之。

四　得請求調查有利之證據。

②無辯護人之被告表示已選任辯護人時，應即停止訊問。但被告同意續行訊問者，不在此限。

第九六條 （訊問方法－罪嫌之辯明）

訊問被告，應與以辯明犯罪嫌疑之機會；如有辯明，應命就其始末連續陳述；其陳述有利之事實者，應命其指出證明之方法。

第九七條 （訊問方法－隔別訊問與對質）

①被告有數人時，應分別訊問之；其未經訊問者，不得在場。但因發見真實之必要，得命其對質。被告亦得請求對質。

②對於被告之請求對質，除顯無必要者外，不得拒絕。

第九八條 （訊問之態度）

訊問被告應出以懇切之態度，不得用強暴、脅迫、利誘、詐欺、疲勞訊問或其他不正之方法。

第九九條 （訊問方法－通譯之使用）109

① 被告為聽覺或語言障礙或語言不通者，應由通譯傳譯之；必要時，並得以文字訊問或命以文字陳述。

② 前項規定，於其他受訊問或詢問人準用之。但法律另有規定者，從其規定。

第一○○條 （被告陳述之記載）

被告對於犯罪之自白及其他不利之陳述，並其所陳述有利之事實與指出證明之方法，應於筆錄內記載明確。

第一○○條之一 （錄音、錄影資料）

① 訊問被告，應全程連續錄音；必要時，並應全程連續錄影。但有急迫情況且經記明筆錄者，不在此限。

② 筆錄內所載之被告之陳述與錄音、或錄影之內容不符者，除有前項但書情形外，其不符之部分，不得作為證據。

③ 第一項錄音、錄影資料之保管方法，分別由司法院、行政院定之。

第一○○條之二 （本章之準用）

本章之規定，於司法警察官或司法警察詢問犯罪嫌疑人時，準用之。

第一○○條之三 （准許夜間訊問之情形）

① 司法警察官或司法警察詢問犯罪嫌疑人，不得於夜間行之。但有左列情形之一者，不在此限：

一 經受詢問人明示同意者。

二 於夜間經拘提或逮捕到場而查驗其人有無錯誤者。

三 經檢察官或法官許可者。

四 有急迫之情形者。

② 犯罪嫌疑人請求立即詢問者，應即時為之。

③ 稱夜間者，為日出前，日沒後。

第十章 被告之羈押

第一○一條 （羈押－要件(一)）106

① 被告經法官訊問後，認為犯罪嫌疑重大，而有下列情形之一，非予羈押，顯難進行追訴、審判或執行者，得羈押之：

一 逃亡或有事實足認為有逃亡之虞者。

二 有事實足認為有湮滅、偽造、變造證據或勾串共犯或證人之虞者。

三 所犯為死刑、無期徒刑或最輕本刑為五年以上有期徒刑之罪，有相當理由認為有逃亡、湮滅、偽造、變造證據或勾串共犯或證人之虞者。

② 法官為前項之訊問時，檢察官得到場陳述聲請羈押之理由及提出必要之證據。但第九十三條第二項但書之情形，檢察官應到場敘明理由，並指明限制或禁止之範圍。

③ 第一項各款所依據之事實、各項理由之具體內容及有關證據，應

告知被告及其辯護人，並記載於筆錄。但依第九十三條第二項但書規定，經法院禁止被告及其辯護人獲知之卷證，不得作為羈押審查之依據。

④被告、辯護人得於第一項訊問前，請求法官給予適當時間為答辯之準備。

第一〇一條之一　（預防性羈押之適用範圍）109

①被告經法官訊問後，認為犯下列各款之罪，其嫌疑重大，有事實足認為有反覆實行同一犯罪之虞，而有羈押之必要者，得羈押之：

一　刑法第一百七十三條第一項、第三項、第一百七十四條第一項、第二項、第四項、第一百七十五條第一項、第二項之放火罪、第一百七十六條之準放火罪、第一百八十五條之一之劫持交通工具罪。

二　刑法第二百二十一條之強制性交罪、第二百二十二條之加重強制性交罪、第二百二十四條之強制猥褻罪、第二百二十四條之一之加重強制猥褻罪、第二百二十五條之乘機性交猥褻罪、第二百二十六條之一之強制性交猥褻之結合罪、第二百二十七條之與幼年男女性交或猥褻罪、第二百七十一條第一項、第二項之殺人罪、第二百七十二條之殺直系血親尊親屬罪、第二百七十七條第一項之傷害罪、第二百七十八條第一項之重傷罪、性騷擾防治法第二十五條第一項之罪。但其須告訴乃論，而未經告訴或其告訴已經撤回或已逾告訴期間者，不在此限。

三　刑法第二百九十六條之一之買賣人口罪、第二百九十九條之移送被略誘人出國罪、第三百零二條之妨害自由罪。

四　刑法第三百零四條之強制罪、第三百零五條之恐嚇危害安全罪。

五　刑法第三百二十條、第三百二十一條之竊盜罪。

六　刑法第三百二十五條、第三百二十六條之搶奪罪、第三百二十八條第一項、第二項、第四項之強盜罪、第三百三十條之加重強盜罪、第三百三十二條之強盜結合罪、第三百三十三條之海盜罪、第三百三十四條之海盜結合罪。

七　刑法第三百三十九條、第三百三十九條之三之詐欺罪、第三百三十九條之四之加重詐欺罪。

八　刑法第三百四十六條之恐嚇取財罪、第三百四十七條第一項、第三項之擄人勒贖罪、第三百四十八條之擄人勒贖結合罪、第三百四十八條之一之準擄人勒贖罪。

九　槍砲彈藥刀械管制條例第七條、第八條之罪。

十　毒品危害防制條例第四條第一項至第四項之罪。

十一　人口販運防制法第三十四條之罪。

②前條第二項至第四項之規定，於前項情形準用之。

第一○一條之二 （羈押―要件㈢）

被告經法官訊問後。雖有第一百零一條第一項或第一百零一條之一第一項各款所定情形之一而無羈押之必要者。得逕命具保。責付或限制住居。其有第一百十四條各款所定情形之一者。非有不能具保。責付或限制住居之情形。不得羈押。

第一○二條 （羈押―押票）

①羈押被告，應用押票。

②押票，應按被告指印，並記載左列事項：

一　被告之姓名、性別、年齡、出生地及住所或居所。

二　案由及觸犯之法條。

三　羈押之理由及其所依據之事實。

四　應羈押之處所。

五　羈押期間及其起算日。

六　如不服羈押處分之救濟方法。

③第七十一條第三項之規定，於押票準用之。

④押票，由法官簽名。

第一○三條 （羈押―執行）

①執行羈押，偵查中依檢察官之指揮；審判中依審判長或受命法官之指揮，由司法警察將被告解送指定之看守所，該所長官查驗人別無誤後。應於押票附記解到之年、月、日、時並簽名。

②執行羈押時，押票應分別送交檢察官、看守所、辯護人、被告及其指定之親友。

③第八十一條、第八十九條及第九十條之規定，於執行羈押準用之。

第一○三條之一 （聲請變更羈押處所）

①偵查中檢察官、被告或其辯護人認有維護看守所及在押被告安全或其他正當事由者，得聲請法院變更在押被告之羈押處所。

②法院依前項聲請變更被告之羈押處所時，應即通知檢察官、看守所、辯護人、被告及其指定之親友。

第一○四條 （刪除）

第一○五條 （羈押之方法）

①管束羈押之被告，應以維持羈押之目的及押所之秩序所必要者為限。

②被告得自備飲食及日用必需物品，並與外人接見、通信、受授書籍及其他物件。但押所得監視或檢閱之。

③法院認被告為前項之接見、通信及受授物件有足致其脫逃或湮滅、偽造、變造證據或勾串共犯或證人之虞者，得依檢察官之聲請或依職權命禁止或扣押之。但檢察官或押所遇有急迫情形時，得先為必要之處分，並應即時陳報法院核准。

④依前項所為之禁止或扣押，其對象、範圍及期間等，偵查中由檢察官；審判中由審判長或受命法官指定並指揮看守所為之。但不得限制被告正當防禦之權利。

⑤被告非有事實足認爲有暴行或逃亡、自殺之虞者，不得束縛其身體。束縛身體之處分，以有急迫情形者爲限，由押所長官行之，並應即時陳報法院核准。

第一○六條　（押所之視察）

羈押被告之處所，檢察官應勤加視察，按旬將視察情形陳報主管長官，並通知法院。

第一○七條　（羈押之撤銷）

①羈押於其原因消滅時，應即撤銷羈押，將被告釋放。

②被告、辯護人及得爲被告輔佐人之人得聲請法院撤銷羈押。檢察官於偵查中亦得爲撤銷羈押之聲請。

③法院對於前項之聲請得聽取被告、辯護人或得爲被告輔佐人之人陳述意見。

④偵查中經檢察官聲請撤銷羈押者，法院應撤銷羈押，檢察官得於聲請時先行釋放被告。

⑤偵查中之撤銷羈押，除依檢察官聲請者外，應徵詢檢察官之意見。

第一○八條　（羈押之期間）

①羈押被告，偵查中不得逾二月，審判中不得逾三月。但有繼續羈押之必要者，得於期間未滿前，經法院依第一百零一條或第一百零一條之一之規定訊問被告後，以裁定延長之。在偵查中延長羈押期間，應由檢察官附具理由，至遲於期間屆滿之五日前聲請法院裁定。

②前項裁定，除當庭宣示者外，於期間未滿前以正本送達被告者，發生延長羈押之效力。羈押期滿，延長羈押之裁定未經合法送達者，視爲撤銷羈押。

③審判中之羈押期間，自卷宗及證物送交法院之日起算。起訴或裁判後送交前之羈押期間算入偵查中或原審法院之羈押期間。

④羈押期間自簽發押票之日起算。但羈押前之逮捕、拘提期間，以一日折算裁判確定前之羈押日數一日。

⑤延長羈押期間，偵查中不得逾二月，以延長一次爲限。審判中每次不得逾二月，如所犯最重本刑爲十年以下有期徒刑以下之刑者，第一審、第二審以三次爲限，第三審以一次爲限。

⑥案件經發回者，其延長羈押期間之次數，應更新計算。

⑦羈押期間已滿未經起訴或裁判者，視爲撤銷羈押，檢察官或法院應將被告釋放；由檢察官釋放被告者，並應即時通知法院。

⑧依第二項及前項視爲撤銷羈押者，於釋放前，偵查中，檢察官得聲請法院命被告具保、責付或限制住居。如認爲不能具保、責付或限制住居，而有必要者，並得附具理由一併聲請法院依第一百零一條或第一百零一條之一之規定訊問被告後繼續羈押之。審判中，法院得命具保、責付或限制住居；如不能具保、責付或限制住居，而有必要者，並得依第一百零一條或第一百零一條之一之規定訊問被告後繼續羈押之。但所犯爲死刑、無期徒刑或最

輕本刑為七年以上有期徒刑之罪者，法院就偵查中案件，得依檢察官之聲請；就審判中案件，得依職權，逕依第一百零一條之規定訊問被告後繼續羈押之。

⑨前項繼續羈押之期間自視為撤銷羈押之日起算，以二月為限，不得延長。繼續羈押期間屆滿者，應即釋放被告。

⑩第一百十一條、第一百十三條、第一百十五條、第一百十六條、第一百十六條之二、第一百十七條、第一百十八條第一項、第一百十九條之規定，於第八項之具保、責付或限制住居準用之。

第一○九條 （羈押之撤銷一逾刑期）

案件經上訴者，被告羈押期間如已逾原審判決之刑期者，應即撤銷羈押，將被告釋放。但檢察官為被告之不利益而上訴者，得命具保、責付或限制住居。

第一一○條 （具保聲請停止羈押）

①被告及得為其輔佐人之人或辯護人，得隨時具保，向法院聲請停止羈押。

②檢察官於偵查中得聲請法院命被告具保停止羈押。

③前二項具保停止羈押之審查，準用第一百零七條第三項之規定。

④偵查中法院為具保停止羈押之決定時，除有第一百十四條及本條第二項之情形者外，應徵詢檢察官之意見。

第一一一條 （許可具保停止羈押之條件）

①許可停止羈押之聲請者，應命提出保證書，並指定相當之保證金額。

②保證書以該管區域內殷實之人所具者為限，並應記載保證金額及依法繳納之事由。

③指定之保證金額，如聲請人願繳納或許由第三人繳納者，免提出保證書。

④繳納保證金，得許以有價證券代之。

⑤許可停止羈押之聲請者，得限制被告之住居。

第一一二條 （保釋一保證金之限制）

被告係犯專科罰金之罪者，指定之保證金額，不得逾罰金之最多額。

第一一三條 （保釋一生效期）

許可停止羈押之聲請者，應於接受保證書或保證金後，停止羈押，將被告釋放。

第一一四條 （駁回聲請停止羈押之限制）109

羈押之被告，有下列情形之一者，如經具保聲請停止羈押，不得駁回：

一　所犯最重本刑為三年以下有期徒刑、拘役或專科罰金之罪者。但累犯、有犯罪之習慣、假釋中更犯罪或依第一百零一條之一第一項羈押者，不在此限。

二　懷胎五月以上或生產後二月未滿者。

三　現罹疾病，非保外治療顯難痊癒者。

第一一五條 （停止羈押─責付）

①羈押之被告，得不命具保而責付於得為其輔佐人之人或該管區域內其他適當之人，停止羈押。

②受責付者，應出具證書，載明如經傳喚應令被告隨時到場。

第一一六條 （停止羈押─限制住居）

羈押之被告，得不命具保而限制其住居，停止羈押。

第一一六條之一 （有關法條之準用）

第一百十條第二項至第四項之規定，於前二條之責付、限制住居準用之。

第一一六條之二 （許可停止羈押時應遵守事項）108

①法院許可停止羈押時，經審酌人權保障及公共利益之均衡維護，認有必要者，得定相當期間，命被告遵守下列事項：

一　定期向法院、檢察官或指定之機關報到。

二　不得對被害人、證人、鑑定人、辦理本案偵查、審判之公務員或其配偶、直系血親、三親等內之旁系血親、二親等內之姻親、家長、家屬之身體或財產實施危害、恐嚇、騷擾、接觸、跟蹤之行為。

三　因第一百十四條第三款之情形停止羈押者，除維持日常生活及職業所必需者外，未經法院或檢察官許可，不得從事與治療目的顯然無關之活動。

四　接受適當之科技設備監控。

五　未經法院或檢察官許可，不得離開住、居所或一定區域。

六　交付護照、旅行文件；法院亦得通知主管機關不予核發護照、旅行文件。

七　未經法院或檢察官許可，不得就特定財產為一定之處分。

八　其他經法院認為適當之事項。

②前各款規定，得依聲請或依職權變更、延長或撤銷之。

③法院於審判中許可停止羈押者，得命被告於宣判期日到庭。

④違反法院依第一項或第三項所定應遵守之事項者，得逕行拘提。

⑤第一項第四款科技設備監控之實施機關（構）、人員、方式及程序等事項之執行辦法，由司法院會同行政院定之。

第一一七條 （再執行羈押之事由）108

①停止羈押後有下列情形之一者，得命再執行羈押：

一　經合法傳喚無正當之理由不到場者。

二　受住居之限制而違背者。

三　本案新發生第一百零一條第一項、第一百零一條之一第一項各款所定情形之一者。

四　違背法院依前條所定應遵守之事項者。

五　依第一百零一條第一項第三款羈押之被告，因第一百十四條第三款之情形停止羈押後，其停止羈押之原因已消滅，而仍有羈押之必要者。

②偵查中有前項情形之一者，由檢察官聲請法院行之。

③再執行羈押之期間，應與停止羈押前已經過之期間合併計算。

④法院依第一項之規定命再執行羈押時，準用第一百零一條第一項之規定。

第一一七條之一 （命具保、責付、限制居住）

①前二條之規定，於檢察官依第九十三條第三項但書或第二百二十八條第四項逕命具保、責付、限制住居，或法院依第一百零一條之二逕命具保、責付、限制住居之情形，準用之。

②法院依前項規定羈押被告時，適用第一百零一條、第一百零一條之一之規定。檢察官聲請法院羈押被告時，適用第九十三條第二項之規定。

③因第一項之規定執行羈押者，免除具保之責任。

第一一八條 （被告逃匿時具保人之責任）

①具保之被告逃匿者，應命具保人繳納指定之保證金額，並沒入之。不繳納者，強制執行。保證金已繳納者，沒入之。

②前項規定，於檢察官依第九十三條第三項但書及第二百二十八條第四項命具保者，準用之。

第一一九條 （免除具保責任與退保） 103

①撤銷羈押、再執行羈押、受不起訴處分、有罪判決確定而入監執行或因裁判而致羈押之效力消滅者，免除具保之責任。

②被告及具保證書或繳納保證金之第三人，得聲請退保，法院或檢察官得准其退保。但另有規定者，依其規定。

③免除具保之責任或經退保者，應將保證書註銷或將未沒入之保證金發還。

④前三項規定，於受責付者準用之。

第一一九條之一 （刑事保證金之存管、計息及發還作業辦法） 103

①以現金繳納保證金具保者，保證金應給付利息，並於依前條第三項規定發還時，實收利息併發還之。其應受發還人所在不明，或因其他事故不能發還者，法院或檢察官應公告之；自公告之日起滿十年，無人聲請發還者，歸屬國庫。

②依第一百十八條規定沒入保證金時，實收利息併沒入之。

③刑事保證金存管、計息及發還作業辦法，由司法院會同行政院定之。

第一二〇條 （刪除）

第一二一條 （有關羈押各項處分之裁定或命令機關） 109

①第一百零七條第一項之撤銷羈押、第一百零九條之命具保、責付或限制住居、第一百十條第一項、第一百十五條及第一百十六條之停止羈押、第一百十六條之二第二項之變更、延長或撤銷、第一百十八條第一項之沒入保證金、第一百十九條第二項之退保，以法院之裁定行之。

②案件在第三審上訴中，而卷宗及證物已送交該法院者，前項處分、羈押、其他關於羈押事項及第九十三條之二至第九十三條之

五關於限制出境、出海之處分，由第二審法院裁定之。

③第二審法院於受前項裁定前，得向第三審法院調取卷宗及證物。

④檢察官依第一百十七條之一第一項之變更、延長或撤銷被告應遵守事項、第一百十八條第二項之沒入保證金、第一百十九條第二項之退保及第九十三條第三項但書、第二百二十八條第四項命具保、責付或限制住居，於偵查中以檢察官之命令行之。

第十一章　搜索及扣押

第一二二條　（搜索之客體）

①對於被告或犯罪嫌疑人之身體、物件、電磁紀錄及住宅或其他處所，必要時，得搜索之。

②對於第三人之身體、物件、電磁紀錄及住宅或其他處所，以有相當理由可信為被告或犯罪嫌疑人或應扣押之物或電磁紀錄存在時為限，得搜索之。

第一二三條　（搜索限制─搜索婦女）

搜索婦女之身體，應命婦女行之。但不能由婦女行之者，不在此限。

第一二四條　（搜索之應注意事項）

搜索，應保守秘密，並應注意受搜索人之名譽。

第一二五條　（證明書之付與）

經搜索而未發見應扣押之物者，應付與證明書於受搜索人。

第一二六條　（扣押限制─一般公物、公文書）

政府機關或公務員所持有或保管之文書及其他物件應扣押者，應請求交付。但於必要時得搜索之。

第一二七條　（搜索之限制─軍事秘密處所）

①軍事上應秘密之處所，非經該管長官之允許，不得搜索。

②前項情形，除有妨害國家重大利益者外，不得拒絕。

第一二八條　（搜索票）

①搜索，應用搜索票。

②搜索票，應記載下列事項：

　一　案由。

　二　應搜索之被告、犯罪嫌疑人或應扣押之物。但被告或犯罪嫌疑人不明時，得不予記載。

　三　應加搜索之處所、身體、物件或電磁紀錄。

　四　有效期間，逾期不得執行搜索及搜索後應將搜索票交還之意旨。

③搜索票，由法官簽名。法官並得於搜索票上，對執行人員為適當之指示。

④核發該搜索票之程序，不公開之。

第一二八條之一　（聲請核發搜索票）

①偵查中檢察官認有搜索之必要者，除第一百三十一條第二項所定情形外，應以書面記載前條第二項各款之事項，並敘述理由，聲

請該管法院核發搜索票。

②司法警察官因調查犯罪嫌疑人犯罪情形及蒐集證據，認有搜索之必要時，得依前項規定報請檢察官許可後，向該管法院聲請核發搜索票。

③前二項之聲請經法院駁回者，不得聲明不服。

第一二八條之二 （搜索之執行）

①搜索，除由法官或檢察官親自實施外，由檢察事務官、司法警察官或司法警察執行。

②檢察事務官為執行搜索，必要時，得請求司法警察官或司法警察輔助。

第一二九條 （刪除）

第一三○條 （附帶搜索）

檢察官、檢察事務官、司法警察官或司法警察逮捕被告、犯罪嫌疑人或執行拘提、羈押時，雖無搜索票，得逕行搜索其身體、隨身攜帶之物件、所使用之交通工具及其立即可觸及之處所。

第一三一條 （逕行搜索）

①有左列情形之一者，檢察官、檢察事務官、司法警察官或司法警察，雖無搜索票，得逕行搜索住宅或其他處所：

一　因逮捕被告、犯罪嫌疑人或執行拘提、羈押，有事實足認被告或犯罪嫌疑人確實在內者。

二　因追躡現行犯或逮捕脫逃人，有事實足認現行犯或脫逃人確實在內者。

三　有明顯事實信為有人在內犯罪而情形急迫者。

②檢察官於偵查中確有相當理由認為情況急迫，非迅速搜索，二十四小時內證據有偽造、變造、湮滅或隱匿之虞者，得逕行搜索，或指揮檢察事務官、司法警察官或司法警察執行搜索，並層報檢察長。

③前二項搜索，由檢察官為之者，應於實施後三日內陳報該管法院；由檢察事務官、司法警察官或司法警察為之者，應於執行後三日內報告該管檢察署檢察官及法院。法院認為不應准許者，應於五日內撤銷之。

④第一項、第二項之搜索執行後未陳報該管法院或經法院撤銷者，審判時法院得宣告所扣得之物，不得作為證據。

第一三一條之一 （同意搜索）

搜索，經受搜索人出於自願性同意者，得不使用搜索票。但執行人員應出示證件，並將其同意之意旨記載於筆錄。

第一三二條 （強制搜索）

抗拒搜索者，得用強制力搜索之。但不得逾必要之程度。

第一三二條之一 （搜索結果之陳報）

檢察官或司法警察官於聲請核發之搜索票執行後，應將執行結果陳報核發搜索票之法院，如未能執行者，應敘明其事由。

第一三三條　（扣押之客體）105

①可爲證據或得沒收之物，得扣押之。

②爲保全追徵，必要時得酌量扣押犯罪嫌疑人、被告或第三人之財產。

③對於應扣押物之所有人、持有人或保管人，得命其提出或交付。

④扣押不動產、船舶、航空器，得以通知主管機關爲扣押登記之方法爲之。

⑤扣押債權得以發扣押命令禁止向債務人收取或爲其他處分，並禁止向被告或第三人清償之方法爲之。

⑥依本法所爲之扣押，具有禁止處分之效力，不妨礙民事假扣押、假處分及終局執行之查封、扣押。

第一三三條之一　（扣押之裁定及應記載事項）105

①非附隨於搜索之扣押，除以得爲證據之物而扣押或經受扣押標的權利人同意者外，應經法官裁定。

②前項之同意，執行人員應出示證件，並先告知受扣押標的權利人得拒絕扣押，無須違背自己之意思而爲同意，並將其同意之意旨記載於筆錄。

③第一項裁定，應記載下列事項：

　一　案由。

　二　應受扣押裁定之人及扣押標的。但應受扣押裁定之人不明時，得不予記載。

　三　得執行之有效期間及逾期不得執行之意旨；法官並得於裁定中，對執行人員爲適當之指示。

④核發第一項裁定之程序，不公開之。

第一三三條之二　（扣押裁定之程序）105

①偵查中檢察官認有聲請前條扣押裁定之必要時，應以書面記載前條第三項第一款、第二款之事項，並敘述理由，聲請該管法院裁定。

②司法警察官認有爲扣押之必要時，得依前項規定報請檢察官許可後，向該管法院聲請核發扣押裁定。

③檢察官、檢察事務官、司法警察官或司法警察於偵查中有相當理由認爲情況急迫，有立即扣押之必要時，得逕行扣押；檢察官亦得指揮檢察事務官、司法警察官或司法警察執行。

④前項之扣押，由檢察官爲之者，應於實施後三日內陳報該管法院；由檢察事務官、司法警察官或司法警察爲之者，應於執行後三日內報告該管檢察署檢察官及法院。法院認爲不應准許者，應於五日內撤銷之。

⑤第一項及第二項之聲請經駁回者，不得聲明不服。

第一三四條　（扣押之限制一應守密之公物、公文書）

①政府機關、公務員或曾爲公務員之人所持有或保管之文書及其他物件，如爲其職務上應守秘密者，非經該管監督機關或公務員允許，不得扣押。

②前項允許，除有妨害國家之利益者外，不得拒絕。

第一三五條　（扣押之限制—郵電）

①郵政或電信機關，或執行郵電事務之人員所持有或保管之郵件、電報，有左列情形之一者，得扣押之：

一　有相當理由可信其與本案有關係者。

二　為被告所發或寄交被告者，但與辯護人往來之郵件、電報，以可認為犯罪證據或有湮滅、偽造、變造證據或勾串共犯或證人之虞或被告已逃亡者為限。

②為前項扣押者，應即通知郵件、電報之發送人或收受人。但於訴訟程序有妨害者，不在此限。

第一三六條　（扣押之執行機關）105

①扣押，除由法官或檢察官親自實施外，得命檢察事務官、司法警察官或司法警察執行。

②命檢察事務官、司法警察官或司法警察執行扣押者，應於交與之搜索票或扣押裁定內，記載其事由。

第一三七條　（附帶扣押）105

①檢察官、檢察事務官、司法警察官或司法警察執行搜索或扣押時，發現本案應扣押之物為搜索票或扣押裁定所未記載者，亦得扣押之。

②第一百三十一條第三項之規定，於前項情形準用之。

第一三八條　（強制扣押）

應扣押物之所有人、持有人或保管人，無正當理由拒絕提出或交付或抗拒扣押者，得用強制力扣押之。

第一三九條　（扣押後處置—收據、封緘）

①扣押，應製作收據，詳記扣押物之名目，付與所有人、持有人或保管人。

②扣押物，應加封緘或其他標識，由扣押之機關或公務員蓋印。

第一四〇條　（扣押後處置—看守、保管、毀棄）

①扣押物，因防其喪失或毀損，應為適當之處置。

②不便搬運或保管之扣押物，得命人看守，或命所有人或其他適當之人保管。

③易生危險之扣押物，得毀棄之。

第一四一條　（扣押物之變價）105

①得沒收或追徵之扣押物，有喪失毀損、減低價值之虞或不便保管、保管需費過鉅者，得變價之，保管其價金。

②前項變價，偵查中由檢察官為之，審理中法院得囑託地方法院民事執行處代為執行。

第一四二條　（扣押物之發還或付與影本）109

①扣押物若無留存之必要者，不待案件終結，應以法院之裁定或檢察官命令發還之；其係贓物而無第三人主張權利者，應發還被害人。

②扣押物因所有人、持有人或保管人之請求，得命其負保管之責，

暫行發還。

③扣押物之所有人、持有人或保管人，有正當理由者，於審判中得預納費用請求付與扣押物之影本。

第一四二條之一 （扣押物之聲請撤銷扣押）105

①得沒收或追徵之扣押物，法院或檢察官依所有人或權利人之聲請，認爲適當者，得以裁定或命令定相當之擔保金，於繳納後，撤銷扣押。

②第一百十九條之一之規定，於擔保金之存管、計息、發還準用之。

第一四三條 （留存物之準用規定）105

被告、犯罪嫌疑人或第三人遺留在犯罪現場之物，或所有人、持有人或保管人任意提出或交付之物，經留存者，準用前五條之規定。

第一四四條 （搜索、扣押之必要處分）

①因搜索及扣押得開啓鎖局、封緘或爲其他必要之處分。

②執行扣押或搜索時，得封鎖現場，禁止在場人員離去，或禁止前條所定之被告、犯罪嫌疑人或第三人以外之人進入該處所。

③對於違反前項禁止命令者，得命其離開或交由適當之人看守至執行終了。

第一四五條 （搜索票或扣押裁定之提示）105

法官、檢察官、檢察事務官、司法警察官或司法警察執行搜索及扣押，除依法得不用搜索票或扣押裁定之情形外，應以搜索票或扣押裁定示第一百四十八條在場之人。

第一四六條 （搜索或扣押時間之限制）

①有人住居或看守之住宅或其他處所，不得於夜間入內搜索或扣押。但經住居人、看守人或可爲其代表之人承諾或有急迫之情形者，不在此限。

②於夜間搜索或扣押者，應記明其事由於筆錄。

③日間已開始搜索或扣押者，得繼續至夜間。

④第一百條之三第三項之規定，於夜間搜索或扣押準用之。

第一四七條 （搜索、扣押共同限制－例外）

左列處所，夜間亦得入內搜索或扣押：

一　假釋人住居或使用者。

二　旅店，飲食店或其他於夜間公衆可以出入之處所，仍在公開時間內者。

三　常用爲賭博、妨害性自主或妨害風化之行爲者。

第一四八條 （搜索、扣押時之在場人）

在有人住居或看守之住宅或其他處所內行搜索或扣押者，應命住居人、看守人或可爲其代表之人在場；如無此等人在場時，得命鄰居之人或就近自治團體之職員在場。

第一四九條 （搜索、扣押時之在場人）

在政府機關、軍營、軍艦或軍事上秘密處所內行搜索或扣押者，

應通知該管長官或可爲其代表之人在場。

第一五〇條（搜索、扣押時之在場人）

①當事人及審判中之辯護人得於搜索或扣押時在場。但被告受拘禁，或認其在場於搜索或扣押有妨害者，不在此限。

②搜索或扣押時，如認有必要，得命被告在場。

③行搜索或扣押之日、時及處所，應通知前二項得在場之人。但有急迫情形時，不在此限。

第一五一條（暫停搜索、扣押應爲之處分）

搜索或扣押暫時中止者，於必要時，應將該處所閉鎖，並命人看守。

第一五二條（另案扣押）

實施搜索或扣押時，發現另案應扣押之物，亦得扣押之，分別送交該管法院或檢察官。

第一五三條（囑託搜索或扣押）

①搜索或扣押，得由審判長或檢察官囑託應行搜索、扣押地之法官或檢察官行之。

②受託法官或檢察官發現應在他地行搜索、扣押者，該法官或檢察官得轉囑託該地之法官或檢察官。

第十二章　證　據

第一節　通　則

第一五四條（證據裁判主義）

①被告未經審判證明有罪確定前，推定其爲無罪。

②犯罪事實應依證據認定之，無證據不得認定犯罪事實。

第一五五條（自由心證主義）

①證據之證明力，由法院本於確信自由判斷。但不得違背經驗法則及論理法則。

②無證據能力、未經合法調查之證據，不得作爲判斷之依據。

第一五六條（自白之證據力、證明力與緘默權）

①被告之自白，非出於強暴、脅迫、利誘、詐欺、疲勞訊問、違法羈押或其他不正之方法，且與事實相符者，得爲證據。

②被告或共犯之自白，不得作爲有罪判決之唯一證據，仍應調查其他必要之證據，以察其是否與事實相符。

③被告陳述其自白係出於不正之方法者，應先於其他事證而爲調查。該自白如係經檢察官提出者，法院應命檢察官就自白之出於自由意志，指出證明之方法。

④被告未經自白，又無證據，不得僅因其拒絕陳述或保持緘默，而推斷其罪行。

第一五七條（舉證責任例外—公知事實）

公衆週知之事實，無庸舉證。

第一五八條（舉證責任例外—職務已知事實）

事實於法院已顯著，或爲其職務上所已知者，無庸舉證。

第一五八條之一 （無庸舉證—當事人意見陳述）

前二條無庸舉證之事實，法院應予當事人就其事實有陳述意見之機會。

第一五八條之二 （不得作爲證據之情事）109

①違背第九十三條之一第二項、第一百條之三第一項之規定，所取得被告或犯罪嫌疑人之自白及其他不利之陳述，不得作爲證據。但經證明其違背非出於惡意，且該自白或陳述係出於自由意志者，不在此限。

②檢察事務官、司法警察官或司法警察詢問受拘提、逮捕之被告或犯罪嫌疑人時，違反第九十五條第一項第二款、第三款或第二項之規定者，準用前項規定。

第一五八條之三 （不得作爲證據之情事）

證人、鑑定人依法應具結而未具結者，其證言或鑑定意見，不得作爲證據。

第一五八條之四 （證據排除法則）

除法律另有規定外，實施刑事訴訟程序之公務員因違背法定程序取得之證據，其有無證據能力之認定，應審酌人權保障及公共利益之均衡維護。

第一五九條 （傳聞法則之適用及例外）

①被告以外之人於審判外之言詞或書面陳述，除法律有規定者外，不得作爲證據。

②前項規定，於第一百六十一條第二項之情形及法院以簡式審判程序或簡易判決處刑者，不適用之。其關於羈押、搜索、鑑定留置、許可、證據保全及其他依法所爲強制處分之審查，亦同。

第一五九條之一 （傳聞法則之適用）

①被告以外之人於審判外向法官所爲之陳述，得爲證據。

②被告以外之人於偵查中向檢察官所爲之陳述，除顯有不可信之情況者外，得爲證據。

第一五九條之二 （傳聞法則之適用）

被告以外之人於檢察事務官、司法警察官或司法警察調查中所爲之陳述，與審判中不符時，其先前之陳述具有較可信之特別情況，且爲證明犯罪事實存否所必要者，得爲證據。

第一五九條之三 （傳聞法則之適用及例外）

被告以外之人於審判中有下列情形之一，其於檢察事務官、司法警察官或司法警察調查中所爲之陳述，經證明具有可信之特別情況，且爲證明犯罪事實之存否所必要者，得爲證據：

一　死亡者。

二　身心障礙致記憶喪失或無法陳述者。

三　滯留國外或所在不明而無法傳喚或傳喚不到者。

四　到庭後無正當理由拒絕陳述者。

第一五九條之四 （傳聞證據）

除前三條之情形外，下列文書亦得爲證據：

一 除顯有不可信之情況外，公務員職務上製作之紀錄文書、證明文書。

二 除顯有不可信之情況外，從事業務之人於業務上或通常業務過程所須製作之紀錄文書、證明文書。

三 除前二款之情形外，其他於可信之特別情況下所製作之文書。

第一五九條之五 （傳聞證據之能力）

①被告以外之人於審判外之陳述，雖不符前四條之規定，而經當事人於審判程序同意作爲證據，法院審酌該言詞陳述或書面陳述作成時之情況，認爲適當者，亦得爲證據。

②當事人、代理人或辯護人於法院調查證據時，知有第一百五十九條第一項不得爲證據之情形，而未於言詞辯論終結前聲明異議者，視爲有前項之同意。

第一六〇條 （不得作爲證據）

證人之個人意見或推測之詞，除以實際經驗爲基礎者外，不得作爲證據。

第一六一條 （檢察官之舉證責任）

①檢察官就被告犯罪事實，應負舉證責任，並指出證明之方法。

②法院於第一次審判期日前，認爲檢察官指出之證明方法顯不足認定被告有成立犯罪之可能時，應以裁定定期通知檢察官補正；逾期未補正者，得以裁定駁回起訴。

③駁回起訴之裁定已確定者，非有第二百六十條各款情形之一，不得對於同一案件再行起訴。

④違反前項規定，再行起訴者，應諭知不受理之判決。

第一六一條之一 （被告主動證明權）

被告得就被訴事實指出有利之證明方法。

第一六一條之二 （當事人等陳述意見）

①當事人、代理人、辯護人或輔佐人應就調查證據之範圍、次序及方法提出意見。

②法院應依前項所提意見而爲裁定。必要時，得因當事人、代理人、辯護人或輔佐人之聲請變更之。

第一六一條之三 （自白之調查順序）

法院對於得爲證據之被告自白，除有特別規定外，非於有關犯罪事實之其他證據調查完畢後，不得調查。

第一六二條 （刪除）

第一六三條 （聲請或職權調查證據）109

①當事人、代理人、辯護人或輔佐人得聲請調查證據，並得於調查證據時，詢問證人、鑑定人或被告。審判長除認爲有不當者外，不得禁止之。

②法院爲發見眞實，得依職權調查證據。但於公平正義之維護或對

被告之利益有重大關係事項，法院應依職權調查之。

③法院為前項調查證據前，應予當事人、代理人、辯護人或輔佐人陳述意見之機會。

④告訴人得就證據調查事項向檢察官陳述意見，並請求檢察官向法院聲請調查證據。

第一六三條之一　（調查證據之程式）

①當事人、代理人、辯護人或輔佐人聲請調查證據，應以書狀分別具體記載下列事項：

一　聲請調查之證據及其與待證事實之關係。

二　聲請傳喚之證人、鑑定人、通譯之姓名、性別、住居所及預期詰問所需之時間。

三　聲請調查之證據文書或其他文書之目錄。若僅聲請調查證據文書或其他文書之一部分者，應將該部分明確標示。

②調查證據聲請書狀，應按他造人數提出繕本。法院於接受繕本後，應速送達。

③不能提出第一項之書狀而有正當理由或其情況急迫者，得以言詞為之。

④前項情形，聲請人應就第一項各款所列事項分別陳明，由書記官製作筆錄；如他造不在場者，應將筆錄送達。

第一六三條之二　（聲請調查證據之駁回）

①當事人、代理人、辯護人或輔佐人聲請調查之證據，法院認為不必要者，得以裁定駁回之。

②下列情形，應認為不必要：

一　不能調查者。

二　與待證事實無重要關係者。

三　待證事實已臻明瞭無再調查之必要者。

四　同一證據再行聲請者。

第一六四條　（普通物證之調查）

①審判長應將證物提示當事人、代理人、辯護人或輔佐人，使其辨認。

②前項證物如係文書而被告不解其意義者，應告以要旨。

第一六五條　（書證之調查）

①卷宗內之筆錄及其他文書可為證據者，審判長應向當事人、代理人、辯護人或輔佐人宣讀或告以要旨。

②前項文書，有關風化、公安或有毀損他人名譽之虞者，應交當事人、代理人、辯護人或輔佐人閱覽，不得宣讀；如被告不解其意義者，應告以要旨。

第一六五條之一　（文書外證物之準用）

①前條之規定，於文書外之證物有與文書相同之效用者，準用之。

②錄音、錄影、電磁紀錄或其他相類之證物可為證據者，審判長應以適當之設備，顯示聲音、影像、符號或資料，使當事人、代理人、辯護人或輔佐人辨認或告以要旨。

第一六六條　（詰問之次序）

①當事人、代理人、辯護人及輔佐人聲請傳喚之證人、鑑定人，於審判長為人別訊問後，由當事人、代理人或辯護人直接詰問之。被告如無辯護人，而不欲行詰問時，審判長仍應予詢問證人、鑑定人之適當機會。

②前項證人或鑑定人之詰問，依下列次序：

一　先由聲請傳喚之當事人、代理人或辯護人為主詰問。

二　次由他造之當事人、代理人或辯護人為反詰問。

三　再由聲請傳喚之當事人、代理人或辯護人為覆主詰問。

四　再次由他造當事人、代理人或辯護人為覆反詰問。

③前項詰問完畢後，當事人、代理人或辯護人，經審判長之許可，得更行詰問。

④證人、鑑定人經當事人、代理人或辯護人詰問完畢後，審判長得為訊問。

⑤同一被告、自訴人有二以上代理人、辯護人時，該被告、自訴人之代理人、辯護人對同一證人、鑑定人之詰問，應推由其中一人代表為之。但經審判長許可者，不在此限。

⑥兩造同時聲請傳喚之證人、鑑定人，其主詰問次序由兩造合意決定，如不能決定時，由審判長定之。

第一六六條之一　（主詰問之內容）

①主詰問應就待證事項及其相關事項行之。

②為辯明證人、鑑定人陳述之證明力，得就必要之事項為主詰問。

③行主詰問時，不得為誘導詰問。但下列情形，不在此限：

一　未為實體事項之詰問前，有關證人、鑑定人之身分、學歷、經歷、與其交游所關之必要準備事項。

二　當事人顯無爭執之事項。

三　關於證人、鑑定人記憶不清之事項，為喚起其記憶所必要者。

四　證人、鑑定人對詰問者顯示敵意或反感者。

五　證人、鑑定人故為規避之事項。

六　證人、鑑定人為與先前不符之陳述時，其先前之陳述。

七　其他認有誘導詰問必要之特別情事者。

第一六六條之二　（反詰問之內容）

①反詰問應就主詰問所顯現之事項及其相關事項或為辯明證人、鑑定人之陳述證明力所必要之事項行之。

②行反詰問於必要時，得為誘導詰問。

第一六六條之三　（反詰問之情形）

①行反詰問時，就支持自己主張之新事項，經審判長許可，得為詰問。

②依前項所為之詰問，就該新事項視為主詰問。

第一六六條之四　（覆主詰問）

①覆主詰問應就反詰問所顯現之事項及其相關事項行之。

②行覆主詰問，依主詰問之方式爲之。
③前條之規定，於本條準用之。

第一六六條之五 （覆反詰問）

①覆反詰問，應就辯明覆主詰問所顯現證據證明力必要之事項行之。

②行覆反詰問，依反詰問之方式行之。

第一六六條之六 （詰問次序）

①法院依職權傳喚之證人或鑑定人，經審判長訊問後，當事人、代理人或辯護人得詰問之，其詰問之次序由審判長定之。

②證人、鑑定人經當事人、代理人或辯護人詰問後，審判長得續行訊問。

第一六六條之七 （詰問之限制）

①詰問證人、鑑定人及證人、鑑定人之回答，均應就個別問題具體爲之。

②下列之詰問不得爲之，但第五款至第八款之情形，於有正當理由時，不在此限：

　一　與本案及因詰問所顯現之事項無關者。

　二　以恫嚇、侮辱、利誘、詐欺或其他不正之方法者。

　三　抽象不明確之詰問。

　四　爲不合法之誘導者。

　五　對假設性事項或無證據支持之事實爲之者。

　六　重覆之詰問。

　七　要求證人陳述個人意見或推測、評論者。

　八　恐證言於證人或與其有第一百八十條第一項關係之人之名譽、信用或財產有重大損害者。

　九　對證人未親身經歷事項或鑑定人未行鑑定事項爲之者。

　十　其他爲法令禁止者。

第一六七條 （禁止詰問及續行訊問）

當事人、代理人或辯護人詰問證人、鑑定人時，審判長除認其有不當者外，不得限制或禁止之。

第一六七條之一 （就詰問聲明異議）

當事人、代理人或辯護人就證人、鑑定人之詰問及回答，得以違背法令或不當爲由，聲明異議。

第一六七條之二 （聲明異議之處理）

①前條之異議，應就各個行爲，立即以簡要理由爲之。

②審判長對於前項異議，應立即處分。

③他造當事人、代理人或辯護人，得於審判長處分前，就該異議陳述意見。

④證人、鑑定人於當事人、代理人或辯護人聲明異議後，審判長處分前，應停止陳述。

第一六七條之三 （異議之駁回）

審判長認異議有遲誤時機、意圖延滯訴訟或其他不合法之情形

者，應以處分駁回之。但遲誤時機所提出之異議事項與案情有重要關係者，不在此限。

第一六七條之四 （異議無理由之駁回）

審判長認異議無理由者，應以處分駁回之。

第一六七條之五 （異議有理由之中止處分）

審判長認異議有理由者，應視其情形，立即分別為中止、撤回、撤銷、變更或其他必要之處分。

第一六七條之六 （處分不得聲明不服）

對於前三條之處分，不得聲明不服。

第一六七條之七 （詢問之準用）

第一百六十六條之七第二項、第一百六十七條至第一百六十七條之六之規定，於行第一百六十三條第一項之詢問準用之。

第一六八條 （證人、鑑定人之在庭義務）

證人、鑑定人雖經陳述完畢，非得審判長之許可，不得退庭。

第一六八條之一 （當事人、代理人、辯護人或輔佐人之在場）

①當事人、代理人、辯護人或輔佐人得於訊問證人、鑑定人或通譯時在場。

②前項訊問之日、時及處所，法院應預行通知之。但事先陳明不願到場者，不在此限。

第一六九條 （被告在庭權之限制）

審判長預料證人、鑑定人或共同被告於被告前不能自由陳述者，經聽取檢察官及辯護人之意見後，得於其陳述時，命被告退庭。但陳述完畢後，應再命被告入庭，告以陳述之要旨，並予詰問或對質之機會。

第一七〇條 （陪席推事之訊問）

參與合議審判之陪席法官，得於告知審判長後，訊問被告或準用第一百六十六條第四項及第一百六十六條之六第二項之規定，訊問證人、鑑定人。

第一七一條 （審判期日前訊問之準用規定）

法院或受命法官於審判期日前為第二百七十三條第一項或第二百七十六條之訊問者，準用第一百六十四條至第一百七十條之規定。

第一七二條至第一七四條 （刪除）

第二節　人　證

第一七五條 （傳喚證人之傳票）

①傳喚證人，應用傳票。

②傳票，應記載下列事項：

一　證人之姓名、性別及住所、居所。

二　待證之事由。

三　應到之日、時、處所。

四　無正當理由不到場者，得科罰鍰及命拘提。

五　證人得請求日費及旅費。

③傳票，於偵查中由檢察官簽名，審判中由審判長或受命法官簽名。

④傳票至遲應於到場期日二十四小時前送達。但有急迫情形者，不在此限。

第一七六條　（監所證人之傳喚與口頭傳喚）

第七十二條及第七十三條之規定，於證人之傳喚準用之。

第一七六條之一　（爲證人之義務）

除法律另有規定者外，不問何人，於他人之案件，有爲證人之義務。

第一七六條之二　（促使證人到場）

法院因當事人、代理人、辯護人或輔佐人聲請調查證據，而有傳喚證人之必要者，爲聲請之人應促使證人到場。

第一七七條　（就訊證人）

①證人不能到場或有其他必要情形，得於聽取當事人及辯護人之意見後，就其所在或於其所在地法院訊問之。

②前項情形，證人所在與法院間有聲音及影像相互傳送之科技設備而得直接訊問，經法院認爲適當者，得以該設備訊問之。

③當事人、辯護人及代理人得於前二項訊問證人時在場並得詰問之；其訊問之日時及處所，應預行通知之。

④第二項之情形，於偵查中準用之。

第一七八條　（證人之到場義務及制裁）

①證人經合法傳喚，無正當理由而不到場者，得科以新臺幣三萬元以下之罰鍰，並得拘提之；再傳不到者，亦同。

②前項科罰鍰之處分，由法院裁定之。檢察官爲傳喚者，應聲請該管法院裁定之。

③對於前項裁定，得提起抗告。

④拘提證人，準用第七十七條至第八十三條及第八十九條至第九十一條之規定。

第一七九條　（拒絕證言—公務員）

①以公務員或曾爲公務員之人爲證人，而就其職務上應守秘密之事項訊問者，應得該管監督機關或公務員之允許。

②前項允許，除有妨害國家之利益者外，不得拒絕。

第一八〇條　（拒絕證言—身分關係）

①證人有下列情形之一者，得拒絕證言：

一　現爲或曾爲被告或自訴人之配偶、直系血親、三親等內之旁系血親、二親等內之姻親或家長、家屬者。

二　與被告或自訴人訂有婚約者。

三　現爲或曾爲被告或自訴人之法定代理人或現由或曾由被告或自訴人爲其法定代理人者。

②對於共同被告或自訴人中一人或數人有前項關係，而就僅關於他共同被告或他共同自訴人之事項爲證人者，不得拒絕證言。

第一八一條 （拒絕證言－身分與利害關係）

證人恐因陳述致自己或與其前條第一項關係之人受刑事追訴或處罰者，得拒絕證言。

第一八一條之一 （不得拒絕證言）

被告以外之人於反詰問時，就主詰問所陳述有關被告本人之事項，不得拒絕證言。

第一八二條 （拒絕證言－業務關係）

證人為醫師、藥師、助產士、宗教師、律師、辯護人、公證人、會計師或其業務上佐理人或曾任此等職務之人，就其因業務所知悉有關他人秘密之事項受訊問者，除經本人允許者外，得拒絕證言。

第一八三條 （拒絕證言原因之釋明）

① 證人拒絕證言者，應將拒絕之原因釋明之。但於第一百八十一條情形，得命具結以代釋明。

② 拒絕證言之許可或駁回，偵查中由檢察官命令之，審判中由審判長或受命法官裁定之。

第一八四條 （證人之隔別訊問與對質）

① 證人有數人者，應分別訊問之；其未經訊問者，非經許可，不得在場。

② 因發見真實之必要，得命證人與他證人或被告對質，亦得依被告之聲請，命與證人對質。

第一八五條 （證人之人別訊問）

① 訊問證人，應先調查其人有無錯誤及與被告或自訴人有無第一百八十條第一項之關係。

② 證人與被告或自訴人有第一百八十條第一項之關係者，應告以得拒絕證言。

第一八六條 （具結義務與不得令具結事由）

① 證人應命具結。但有下列情形之一者，不得令其具結：

一 未滿十六歲者。

二 因精神障礙，不解具結意義及效果者。

② 證人有第一百八十一條之情形者，應告以得拒絕證言。

第一八七條 （具結程序）

① 證人具結前，應告以具結之義務及偽證之處罰。

② 對於不令具結之證人，應告以當據實陳述，不得匿、飾、增、減。

第一八八條 （具結時期）

具結，應於訊問前為之。但應否具結有疑義者，得命於訊問後為之。

第一八九條 （結文之作成）

① 具結應於結文內記載當據實陳述，決無匿、飾、增、減等語；其於訊問後具結者，結文內應記載係實據陳述，並無匿、飾、增、減等語。

②結文應命證人朗讀；證人不能朗讀者，應命書記官朗讀，於必要時並說明其意義。

③結文應命證人簽名、蓋章或按指印。

④證人係依第一百七十七條第二項以科技設備訊問者，經具結之結文得以電信傳真或其他科技設備傳送予法院或檢察署，再行補送原本。

⑤第一百七十七條第二項證人訊問及前項結文傳送之辦法，由司法院會同行政院定之。

第一九○條 （訊問證人之方法）

訊問證人，得命其就訊問事項之始末連續陳述。

第一九一條 （刪除）

第一九二條 （訊問證人之準用規定）109

第七十四條、第九十八條、第九十九條、第一百條之一第一項、第二項之規定，於證人之訊問準用之。

第一九三條 （拒絕具結或證言及不實具結之處罰）

①證人無正當理由拒絕具結或證言者，得科以新臺幣三萬元以下之罰鍰，於第一百八十三條第一項但書情形為不實之具結者，亦同。

②第一百七十八條第二項及第三項之規定，於前項處分準用之。

第一九四條 （證人請求日費及旅費之權利）

①證人得請求法定之日費及旅費。但被拘提或無正當理由，拒絕具結或證言者，不在此限。

②前項請求，應於訊問完畢後十日內，向法院為之。但旅費得請求預行酌給。

第一九五條 （囑託訊問證人）

①審判長或檢察官得囑託證人所在地之法官或檢察官訊問證人；如證人不在該地者，該法官、檢察官得轉囑其所在地之法官、檢察官。

②第一百七十七條第三項之規定，於受託訊問證人時準用之。

③受託法官或檢察官訊問證人者，與本案繫屬之法院審判長或檢察官有同一之權限。

第一九六條 （再行傳訊之限制）

證人已由法官合法訊問，且於訊問時予當事人詰問之機會，其陳述明確別無訊問之必要者，不得再行傳喚。

第一九六條之一 （通知書之使用）

①司法警察官或司法警察因調查犯罪嫌疑人犯罪情形及蒐集證據之必要，得使用通知書通知證人到場詢問。

②第七十一條之一第二項、第七十三條、第七十四條、第一百七十五條第二項第一款至第三款、第四項、第一百七十七條第一項、第三項、第一百七十九條至第一百八十二條、第一百八十四條、第一百八十五條及第一百九十二條之規定，於前項證人之通知及詢問準用之。

第三節　鑑定及通譯

第一九七條　（鑑定事項之準用規定）

鑑定，除本節有特別規定外，準用前節關於人證之規定。

第一九八條　（鑑定人之選任）

鑑定人由審判長、受命法官或檢察官就下列之人選任一人或數人充之：

一　就鑑定事項有特別知識經驗者。

二　經政府機關委任有鑑定職務者。

第一九九條　（拘提之禁止）

鑑定人，不得拘提。

第二〇〇條　（聲請拒卻鑑定人之原因及時期）

①當事人得依聲請法官迴避之原因，拒卻鑑定人。但不得以鑑定人於該案件曾為證人或鑑定人為拒卻之原因。

②鑑定人已就鑑定事項為陳述或報告後，不得拒卻。但拒卻之原因發生在後或知悉在後者，不在此限。

第二〇一條　（拒卻鑑定人之程序）

①拒卻鑑定人，應將拒卻之原因及前條第二項但書之事實釋明之。

②拒卻鑑定人之許可或駁回，偵查中由檢察官命令之，審判中由審判長或受命法官裁定之。

第二〇二條　（鑑定人之具結義務）

鑑定人應於鑑定前具結，其結文內應記載必為公正誠實之鑑定等語。

第二〇三條　（於法院外為鑑定）

①審判長、受命法官或檢察官於必要時，得使鑑定人於法院外為鑑定。

②前項情形，得將關於鑑定之物，交付鑑定人。

③因鑑定被告心神或身體之必要，得預定七日以下之期間，將被告送入醫院或其他適當之處所。

第二〇三條之一　（鑑定留置票之內容）

①前條第三項情形，應用鑑定留置票。但經拘提、逮捕到場，其期間未逾二十四小時者，不在此限。

②鑑定留置票，應記載下列事項：

一　被告之姓名、性別、年齡、出生地及住所或居所。

二　案由。

三　應鑑定事項。

四　應留置之處所及預定之期間。

五　如不服鑑定留置之救濟方法。

③第七十一條第三項之規定，於鑑定留置票準用之。

④鑑定留置票，由法官簽名。檢察官認有鑑定留置必要時，向法院聲請簽發之。

第二〇三條之二　（執行鑑定留置）

①執行鑑定留置，由司法警察將被告送入留置處所，該處所管理人員查驗人別無誤後，應於鑑定留置票附記送入之年、月、日、時並簽名。

②第八十九條、第九十條之規定，於執行鑑定留置準用之。

③執行鑑定留置時，鑑定留置票應分別送交檢察官、鑑定人、辯護人、被告及其指定之親友。

④因執行鑑定留置有必要時，法院或檢察官得依職權或依留置處所管理人員之聲請，命司法警察看守被告。

第二〇三條之三 （鑑定留置期間及住所）

①鑑定留置之預定期間，法院得於審判中依職權或偵查中依檢察官之聲請裁定縮短或延長之。但延長之期間不得逾二月。

②鑑定留置之處所，因安全或其他正當事由之必要，法院得於審判中依職權或偵查中依檢察官之聲請裁定變更之。

③法院為前二項裁定，應通知檢察官、鑑定人、辯護人、被告及其指定之親友。

第二〇三條之四 （鑑定留置日數視為羈押日數）

對被告執行第二百零三條第三項之鑑定者，其鑑定留置期間之日數，視為羈押之日數。

第二〇四條 （鑑定之必要處分）

①鑑定人因鑑定之必要，得經審判長、受命法官或檢察官之許可，檢查身體、解剖屍體、毀壞物體或進入有人住居或看守之住宅或其他處所。

②第一百二十七條、第一百四十六條至第一百四十九條、第二百十五條、第二百十六條第一項及第二百十七條之規定，於前項情形準用之。

第二〇四條之一 （鑑定許可書）

①前條第一項之許可，應用許可書。但於審判長、受命法官或檢察官前為之者，不在此限。

②許可書，應記載下列事項：

一　案由。

二　應檢查之身體、解剖之屍體、毀壞之物體或進入有人住居或看守之住宅或其他處所。

三　應鑑定事項。

四　鑑定人之姓名。

五　執行之期間。

③許可書，於偵查中由檢察官簽名，審判中由審判長或受命法官簽名。

④檢查身體，得於第一項許可書內附加認為適當之條件。

第二〇四條之二 （出示及交還許可書）

①鑑定人為第二百零四條第一項之處分時，應出示前條第一項之許可書及可證明其身分之文件。

②許可書於執行期間屆滿後不得執行，應即將許可書交還。

第二〇四條之三 （拒絕檢查之處分）

①被告以外之人無正當理由拒絕第二百零四條第一項之檢查身體處分者，得科以新臺幣三萬元以下之罰鍰，並準用第一百七十八條第二項及第三項之規定。

②無正當理由拒絕第二百零四條第一項之處分者，審判長、受命法官或檢察官得率同鑑定人實施之，並準用關於勘驗之規定。

第二〇五條 （鑑定之必要處分）

①鑑定人因鑑定之必要，得經審判長、受命法官或檢察官之許可，檢閱卷宗及證物，並得請求蒐集或調取之。

②鑑定人得請求訊問被告、自訴人或證人，並許其在場及直接發問。

第二〇五條之一 （執行鑑定之程序）

①鑑定人因鑑定之必要，得經審判長、受命法官或檢察官之許可，採取分泌物、排泄物、血液、毛髮或其他出自或附著身體之物，並得採取指紋、腳印、聲調、筆跡、照相或其他相類之行為。

②前項處分，應於第二百零四條之一第二項許可書中載明。

第二〇五條之二 （司法警察人員採證）

檢察事務官、司法警察官或司法警察因調查犯罪情形及蒐集證據之必要，對於經拘提或逮捕到案之犯罪嫌疑人或被告，得違反犯罪嫌疑人或被告之意思，採取其指紋、掌紋、腳印，予以照相、測量身高或類似之行為；有相當理由認為採取毛髮、唾液、尿液、聲調或吐氣得作為犯罪之證據時，並得採之。

第二〇六條 （鑑定報告）

①鑑定之經過及其結果，應命鑑定人以言詞或書面報告。

②鑑定人有數人時，得使其共同報告之。但意見不同者，應使其各別報告。

③以書面報告者，於必要時得使其以言詞說明。

第二〇六條之一 （當事人之在場權）

①行鑑定時，如有必要，法院或檢察官得通知當事人、代理人或辯護人到場。

②第一百六十八條之一第二項之規定，於前項情形準用之。

第二〇七條 （鑑定人之增加或變更）

鑑定有不完備者，得命增加人數或命他人繼續或另行鑑定。

第二〇八條 （機關鑑定）

①法院或檢察官得囑託醫院、學校或其他相當之機關、團體為鑑定，或審查他人之鑑定，並準用第二百零三條至第二百零六條之一之規定；其須以言詞報告或說明時，得命實施鑑定或審查之人為之。

②第一百六十三條第一項、第一百六十六條至第一百六十七條之七、第二百零二條之規定，於前項由實施鑑定或審查之人為言詞報告或說明之情形準用之。

第二○九條 （鑑定人之費用請求權）

鑑定人於法定之日費、旅費外，得向法院請求相當之報酬及預行酌給或償還因鑑定所支出之費用。

第二一○條 （鑑定證人）

訊問依特別知識得知已往事實之人者，適用關於人證之規定。

第二一一條 （通譯準用本節規定）

本節之規定，於通譯準用之。

第四節　勘　驗

第二一二條 （勘驗之機關及原因）

法院或檢察官因調查證據及犯罪情形，得實施勘驗。

第二一三條 （勘驗之處分）

勘驗，得為左列處分：

一　履勘犯罪場所或其他與案情有關係之處所。

二　檢查身體。

三　檢驗屍體。

四　解剖屍體。

五　檢查與案情有關係之物件。

六　其他必要之處分。

第二一四條 （勘驗時之到場人）

①行勘驗時，得命證人、鑑定人到場。

②檢察官實施勘驗，如有必要，得通知當事人、代理人或辯護人到場。

③前項勘驗之日、時及處所，應預行通知之。但事先陳明不願到場或有急迫情形者，不在此限。

第二一五條 （檢查身體處分之限制）

①檢查身體，如係對於被告以外之人，以有相當理由可認為於調查犯罪情形有必要者為限，始得為之。

②行前項檢查，得傳喚其人到場或指定之其他處所，並準用第七十二條、第七十三條、第一百七十五條及第一百七十八條之規定。

③檢查婦女身體，應命醫師或婦女行之。

第二一六條 （檢驗或解剖屍體處分）

①檢驗或解剖屍體，應先查明屍體有無錯誤。

②檢驗屍體，應命醫師或檢驗員行之。

③解剖屍體，應命醫師行之。

第二一七條 （檢驗或解剖屍體處分）

①因檢驗或解剖屍體，得將該屍體或其一部暫行留存，並得開棺及發掘墳墓。

②檢驗或解剖屍體及開棺發掘墳墓，應通知死者之配偶或其他同居或較近之親屬，許其在場。

第二一八條 （相驗）

①遇有非病死或可疑爲非病死者，該管檢察官應速相驗。

②前項相驗，檢察官得命檢察事務官會同司法醫師、醫師或檢驗員行之。但檢察官認顯無犯罪嫌疑者，得調度司法警察官會同司法醫師、醫師或檢驗員行之。

③依前項規定相驗完畢後，應即將相關之卷證陳報檢察官。檢察官如發現有犯罪嫌疑時，應繼續爲必要之勘驗及調查。

第二一九條　（強制勘驗之準用）

第一百二十七條、第一百三十二條、第一百四十六條至第一百五十一條及第一百五十三條之規定，於勘驗準用之。

第五節　證據保全

第二一九條之一　（聲請保全證據之程序）

①告訴人、犯罪嫌疑人、被告或辯護人於證據有湮滅、僞造、變造、隱匿或礙難使用之虞時，偵查中得聲請檢察官爲搜索、扣押、鑑定、勘驗、訊問證人或其他必要之保全處分。

②檢察官受理前項聲請，除認其爲不合法或無理由予以駁回者外，應於五日內爲保全處分。

③檢察官駁回前項聲請或未於前項期間內爲保全處分者，聲請人得逕向該管法院聲請保全證據。

第二一九條之二　（證據保全之處理）

①法院對於前條第三項之聲請，於裁定前應徵詢檢察官之意見，認爲不合法律上之程式或法律上不應准許或無理由者，應以裁定駁回。但其不合法律上之程式可以補正者，應定期間先命補正。

②法院認爲聲請有理由者，應爲准許保全證據之裁定。

③前二項裁定，不得抗告。

第二一九條之三　（受理聲請保全證據之機關）

第二百十九條之一之保全證據聲請，應向偵查中之該管檢察官爲之。但案件尚未移送或報告檢察官者，應向調查之司法警察官或司法警察所屬機關所在地之地方法院檢察署檢察官聲請。

第二一九條之四　（審判期日前之證據保全）

①案件於第一審法院審判中，被告或辯護人認爲證據有保全之必要者，得在第一次審判期日前，聲請法院或受命法官爲保全證據處分。遇有急迫情形時，亦得向受訊問人住居地或證物所在地之地方法院聲請之。

②檢察官或自訴人於起訴後，第一次審判期日前，認有保全證據之必要者，亦同。

③第二百七十九條第二項之規定，於受命法官爲保全證據處分之情形準用之。

④法院認爲保全證據之聲請不合法律上之程式或法律上不應准許或無理由者，應即以裁定駁回。但其不合法律上之程式可以補正者，應定期間先命補正。

⑤法院或受命法官認爲聲請有理由者，應爲准許保全證據之裁定。

⑥前二項裁定，不得抗告。

第二一九條之五 （保全證據書狀）

①聲請保全證據，應以書狀為之。

②聲請保全證據書狀，應記載下列事項：

一　案情概要。

二　應保全之證據及保全方法。

三　依該證據應證之事實。

四　應保全證據之理由。

③前項第四款之理由，應釋明之。

第二一九條之六 （保全證據在場權）

①告訴人、犯罪嫌疑人、被告、辯護人或代理人於偵查中，除有妨害證據保全之虞者外，對於其聲請保全之證據，得於實施保全證據時在場。

②保全證據之日、時及處所，應通知前項得在場之人。但有急迫情形致不能及時通知，或犯罪嫌疑人、被告受拘禁中者，不在此限。

第二一九條之七 （保全證據之保管）

①保全之證據於偵查中，由該管檢察官保管。但案件在司法警察官或司法警察調查中，經法院為准許保全證據之裁定者，由該司法警察官或司法警察所屬機關所在地之地方法院檢察署檢察官保管之。

②審判中保全之證據，由命保全之法院保管，但案件繫屬他法院者，應送交該法院。

第二一九條之八 （準用之規定）

證據保全，除有特別規定外，準用本章、前章及第二百四十八條之規定。

第十三章　裁　判

第二二○條 （裁判之方式）

裁判，除依本法應以判決行之者外，以裁定行之。

第二二一條 （言詞辯論主義）

判決，除有特別規定外，應經當事人之言詞辯論為之。

第二二二條 （裁定之審理）

①裁定，因當庭之聲明而為之者，應經訴訟關係人之言詞陳述。

②為裁定前有必要時，得調查事實。

第二二三條 （裁判之理由敘述）

判決應敘述理由，得為抗告或駁回聲明之裁定亦同。

第二二四條 （應宣示之裁判）

①判決應宣示之。但不經言詞辯論之判決，不在此限。

②裁定以當庭所為者為限，應宣示之。

第二二五條 （裁判之宣示方法）

①宣示判決，應朗讀主文，說明其意義，並告以理由之要旨。

②宣示裁定，應告以裁定之意旨；其敘述理由者，並告以理由。

③前二項應宣示之判決或裁定，於宣示之翌日公告之，並通知當事人。

第二二六條　（裁判書之製作）

①裁判應制作裁判書者，應於裁判宣示後，當日將原本交付書記官。但於辯論終結之期日宣示判決者，應於五日內交付之。

②書記官應於裁判原本記明接受之年、月、日並簽名。

第二二七條　（裁判正本之送達）

①裁判制作裁判書者，除有特別規定外，應以正本送達於當事人、代理人、辯護人及其他受裁判之人。

②前項送達，自接受裁判原本之日起，至遲不得逾七日。

第二編　第一審

第一章　公　訴

第一節　偵　查

第二二八條　（偵查之發動）

①檢察官因告訴、告發、自首或其他情事知有犯罪嫌疑者，應即開始偵查。

②前項偵查，檢察官得限期命檢察事務官、第二百三十條之司法警察官或第二百三十一條之司法警察調查犯罪情形及蒐集證據，並提出報告。必要時，得將相關卷證一併發交。

③實施偵查非有必要，不得先行傳訊被告。

④被告經傳喚、自首或自行到場者，檢察官於訊問後，認有第一百零一條第一項各款或第一百零一條之一第一項各款所定情形之一而無聲請羈押之必要者，得命具保、責付或限制住居。但認有羈押之必要者，得予逮捕，並將逮捕所依據之事實告知被告後，聲請法院羈押之。第九十三條第二項、第三項、第五項之規定於本項之情形準用之。

第二二九條　（協助檢察官偵查之司法警察官）

①下列各員，於其管轄區域內爲司法警察官，有協助檢察官偵查犯罪之職權：

一　警政署署長、警察局局長或警察總隊總隊長。

二　憲兵隊長官。

三　依法令關於特定事項，得行相當於前二款司法警察官之職權者。

②前項司法警察官，應將調查之結果，移送該管檢察官；如接受被拘提或逮捕之犯罪嫌疑人，除有特別規定外，應解送該管檢察官。但檢察官命其解送者，應即解送。

③被告或犯罪嫌疑人未經拘提或逮捕者，不得解送。

第二三○條　（聽從檢察官指揮之司法警察官）

①下列各員為司法警察官，應受檢察官之指揮，偵查犯罪：

一　警察官長。

二　憲兵隊官長、士官。

三　依法令關於特定事項，得行司法警察官之職權者。

②前項司法警察官知有犯罪嫌疑者，應即開始調查，並將調查之情形報告該管檢察官及前條之司法警察官。

③實施前項調查有必要時，得封鎖犯罪現場，並為即時之勘察。

第二三一條　（司法警察）

①下列各員為司法警察，應受檢察官及司法警察官之命令，偵查犯罪：

一　警察。

二　憲兵。

三　依法令關於特定事項，得行司法警察之職權者。

②司法警察知有犯罪嫌疑者，應即開始調查，並將調查之情形報告該管檢察官及司法警察官。

③實施前項調查有必要時，得封鎖犯罪現場，並為即時之勘察。

第二三一條之一　（案件之補足或調查）

①檢察官對於司法警察官或司法警察移送或報告之案件，認為調查未完備者，得將卷證發回，命其補足，或發交其他司法警察官或司法警察調查。司法警察官或司法警察應於補足或調查後，再行移送或報告。

②對於前項之補足或調查，檢察官得限定時間。

第二三二條　（被害人之告訴權）

犯罪之被害人，得為告訴。

第二三三條　（獨立及代理告訴人）

①被害人之法定代理人或配偶，得獨立告訴。

②被害人已死亡者，得由其配偶、直系血親、三親等內之旁系血親、二親等內之姻親或家長、家屬告訴。但告訴乃論之罪，不得與被害人明示之意思相反。

第二三四條　（專屬告訴人）

①刑法第二百三十條之妨害風化罪，非左列之人不得告訴：

一　本人之直系血親尊親屬。

二　配偶或其直系血親尊親屬。

②刑法第二百三十九條之妨害婚姻及家庭罪，非配偶不得告訴。

③刑法第二百四十條第二項之妨害婚姻及家庭罪，非配偶不得告訴。

④刑法第二百九十八條之妨害自由罪，被略誘人之直系血親、三親等內之旁系血親，二親等內之姻親或家長、家屬亦得告訴。

⑤刑法第三百十二條之妨害名譽及信用罪，已死者之配偶、直系血親、三親等內之旁系血親、二親等內之姻親或家長、家屬得告訴。

第二三五條 （特定犯罪人之獨立告訴人）

被害人之法定代理人爲被告，或該法定代理人之配偶或四親等內之血親、三親等內之姻親或家長、家屬爲被告者，被害人之直系血親、三親等內之旁系血親、二親等內之姻親或家長、家屬得獨立告訴。

第二三六條 （代行告訴人）

①告訴乃論之罪，無得爲告訴之人或得爲告訴之人不能行使告訴權者，該管檢察官得依利害關係人之聲請，或依職權指定代行告訴人。

②第二百三十三條第二項但書之規定，本條準用之。

第二三六條之一 （委任代理人告訴）

①告訴，得委任代理人行之。但檢察官或司法警察官認爲必要時，得命本人到場。

②前項委任應提出委任書狀於檢察官或司法警察官，並準用第二十八條及第三十二條之規定。

第二三六條之二 （指定代行告訴人不得再委任代理人）

前條及第二百七十一條之一之規定，於指定代行告訴人不適用之。

第二三七條 （告訴乃論之告訴期間）

①告訴乃論之罪，其告訴應自得爲告訴之人知悉犯人之時起，於六個月內爲之。

②得爲告訴之人有數人，其一人遲誤期間者，其效力不及於他人。

第二三八條 （告訴乃論之撤回告訴）

①告訴乃論之罪，告訴人於第一審辯論終結前，得撤回其告訴。

②撤回告訴之人，不得再行告訴。

第二三九條 （告訴不可分原則）

告訴乃論之罪，對於共犯之一人告訴或撤回告訴者，其效力及於其他共犯。但刑法第二百三十九條之罪，對於配偶撤回告訴者，其效力不及於相姦人。

第二四○條 （權利告發）

不問何人知有犯罪嫌疑者，得爲告發。

第二四一條 （義務告發）

公務員因執行職務，知有犯罪嫌疑者，應爲告發。

第二四二條 （告訴之程式）

①告訴、告發，應以書狀或言詞向檢察官或司法警察官爲之；其以言詞爲之者，應製作筆錄。爲便利言詞告訴、告發，得設置申告鈴。

②檢察官或司法警察官實施偵查，發見犯罪事實之全部或一部係告訴乃論之罪而未經告訴者，於被害人或其他得告訴之人到案陳述時，應訊問其是否告訴，記明筆錄。

③第四十一條第二項至第四項及第四十三條之規定，於前二項筆錄準用之。

第二四三條　（請求之程序）

①刑法第一百十六條及第一百十八條請求乃論之罪，外國政府之請求，得經外交部長函請司法行政最高長官令知該管檢察官。

②第二百三十八條及第二百三十九條之規定，於外國政府之請求準用之。

第二四四條　（自首準用告訴之程序）

自首向檢察官或司法警察官為之者，準用第二百四十二條之規定。

第二四五條　（偵查不公開或揭露原則）101

①偵查，不公開之。

②被告或犯罪嫌疑人之辯護人，得於檢察官、檢察事務官、司法警察官或司法警察訊問該被告或犯罪嫌疑人時在場，並得陳述意見。但有事實足認其在場有妨害國家機密或有湮滅、偽造、變造證據或勾串共犯或證人或妨害他人名譽之虞，或其行為不當足以影響偵查秩序者，得限制或禁止之。

③檢察官、檢察事務官、司法警察官、司法警察、辯護人、告訴代理人或其他於偵查程序依法執行職務之人員，除依法令或為維護公共利益或保護合法權益有必要者外，偵查中因執行職務知悉之事項，不得公開或揭露於執行法定職務必要範圍以外之人員。

④偵查中訊問被告或犯罪嫌疑人時，應將訊問之日、時及處所通知辯護人。但情形急迫者，不在此限。

⑤第一項偵查不公開作業辦法，由司法院會同行政院定之。

第二四六條　（就地訊問被告）

遇被告不能到場，或有其他必要情形，得就其所在訊問之。

第二四七條　（偵查之輔助—該管機關）

關於偵查事項，檢察官得請該管機關為必要之報告。

第二四八條　（人證之訊問與詰問）

①訊問證人、鑑定人時，如被告在場者，被告得親自詰問；詰問有不當者，檢察官得禁止之。

②預料證人、鑑定人於審判時不能訊問者，應命被告在場。但恐證人、鑑定人於被告前不能自由陳述者，不在此限。

第二四八條之一　（被害人之訊問陪同人員）109

①被害人於偵查中受訊問或詢問時，其法定代理人、配偶、直系或三親等內旁系血親、家長、家屬、醫師、心理師、輔導人員、社工人員或其信賴之人，經被害人同意後，得陪同在場，並得陳述意見。

②前項規定，於受陪同在場之人為被告，或檢察官、檢察事務官、司法警察官或司法警察認其在場，有礙偵查程序之進行時，不適用之。

第二四八條之二　（偵查中之移付調解及轉介修復式司法程序）109

①檢察官於偵查中得將案件移付調解；或依被告及被害人之聲請，

轉介適當機關、機構或團體進行修復。

②前項修復之聲請，被害人無行為能力、限制行為能力或死亡者，得由其法定代理人、直系血親或配偶為之。

第二四八條之三 （偵查中之隱私保護及隔離措施）109

①檢察官於偵查中應注意被害人及其家屬隱私之保護。

②被害人於偵查中受訊問時，檢察官依被害人之聲請或依職權，審酌案件情節及被害人之身心狀況後，得利用遮蔽設備，將被害人與被告、第三人適當隔離。

③前二項規定，於檢察事務官、司法警察官或司法警察調查時，準用之。

第二四九條 （偵查之輔助—軍民）

實施偵查遇有急迫情形，得命在場或附近之人為相當之輔助，檢察官於必要時，並得請附近軍事官長派遣軍隊輔助。

第二五○條 （無管轄權時之通知與移送）

檢察官知有犯罪嫌疑而不屬其管轄或於開始偵查後，認為案件不屬其管轄者，應即分別通知或移送該管檢察官；但有急迫情形時，應為必要之處分。

第二五一條 （公訴之提起）

①檢察官依偵查所得之證據，足認被告有犯罪嫌疑者，應提起公訴。

②被告之所在不明者，亦應提起公訴。

第二五二條 （絕對不起訴處分）

案件有左列情形之一者，應為不起訴之處分：

一　曾經判決確定者。
二　時效已完成者。
三　曾經大赦者。
四　犯罪後之法律已廢止其刑罰者。
五　告訴或請求乃論之罪，其告訴或請求已經撤回或已逾告訴期間者。
六　被告死亡者。
七　法院對於被告無審判權者。
八　行為不罰者。
九　法律應免除其刑者。
十　犯罪嫌疑不足者。

第二五三條 （相對不起訴案件）106

第三百七十六條第一項各款所規定之案件，檢察官參酌刑法第五十七條所列事項，認為以不起訴為適當者，得為不起訴之處分。

第二五三條之一 （緩起訴處分之適用範圍及期間）

①被告所犯為死刑、無期徒刑或最輕本刑三年以上有期徒刑以外之罪，檢察官參酌刑法第五十七條所列事項及公共利益之維護，認以緩起訴為適當者，得定一年以上三年以下之緩起訴期間為緩起

訴處分，其期間自緩起訴處分確定之日起算。

②追訴權之時效，於緩起訴之期間內，停止進行。

③刑法第八十三條第三項之規定，於前項之停止原因，不適用之。

④第三百二十三條第一項但書之規定，於緩起訴期間，不適用之。

第二五三條之二 （緩起訴得命被告履行之規定）103

①檢察官為緩起訴處分者，得命被告於一定期間內遵守或履行下列各款事項：

一　向被害人道歉。

二　立悔過書。

三　向被害人支付相當數額之財產或非財產上之損害賠償。

四　向公庫支付一定金額，並得由該管檢察署依規定提撥一定比率補助相關公益團體或地方自治團體。

五　向該管檢察署指定之政府機關、政府機構、行政法人、社區或其他符合公益目的之機構或團體提供四十小時以上二百四十小時以下之義務勞務。

六　完成戒癮治療、精神治療、心理輔導或其他適當之處遇措施。

七　保護被害人安全之必要命令。

八　預防再犯所為之必要命令。

②檢察官命被告遵守或履行前項第三款至第六款之事項，應得被告之同意；第三款、第四款並得為民事強制執行名義。

③第一項情形，應附記於緩起訴處分書內。

④第一項之期間，不得逾緩起訴期間。

⑤第一項第四款提撥比率、收支運用及監督管理辦法，由行政院會同司法院另定之。

第二五三條之三 （緩起訴處分之撤銷）

①被告於緩起訴期間內，有左列情形之一者，檢察官得依職權或依告訴人之聲請撤銷原處分，繼續偵查或起訴：

一　於期間內故意更犯有期徒刑以上刑之罪，經檢察官提起公訴者。

二　緩起訴前，因故意犯他罪，而在緩起訴期間內受有期徒刑以上刑之宣告者。

三　違背第二百五十三條之二第一項各款之應遵守或履行事項者。

②檢察官撤銷緩起訴之處分時，被告已履行之部分，不得請求返還或賠償。

第二五四條 （相對不起訴處分─於執行之刑無實益）

被告犯數罪時，其一罪已受重刑之確定判決，檢察官認為他罪雖行起訴，於應執行之刑無重大關係者，得為不起訴之處分。

第二五五條 （不起訴處分之程序）

①檢察官依第二百五十二條、第二百五十三條、第二百五十三條之一、第二百五十三條之三、第二百五十四條規定為不起訴、緩起

訴或撤銷緩起訴或因其他法定理由爲不起訴處分者，應製作處分書敘述其處分之理由。但處分前經告訴人或告發人同意者，處分書得僅記載處分之要旨。

②前項處分書，應以正本送達於告訴人、告發人、被告及辯護人。緩起訴處分書，並應送達與遵守或履行行爲有關之被害人、機關、團體或社區。

③前項送達，自書記官接受處分書原本之日起，不得逾五日。

第二五六條　（再議之聲請及期間）109

①告訴人接受不起訴或緩起訴處分書後，得於十日內以書狀敘述不服之理由，經原檢察官向直接上級檢察署檢察長或檢察總長聲請再議。但第二百五十三條、第二百五十三條之一之處分曾經告訴人同意者，不得聲請再議。

②不起訴或緩起訴處分得聲請再議者，其再議期間及聲請再議之直接上級檢察署檢察長或檢察總長，應記載於送達告訴人處分書正本。

③死刑、無期徒刑或最輕本刑三年以上有期徒刑之案件，因犯罪嫌疑不足，經檢察官爲不起訴之處分，或第二百五十三條之一之案件經檢察官爲緩起訴之處分者，如無得聲請再議之人時，原檢察官應依職權逕送直接上級檢察署檢察長或檢察總長再議，並通知告發人。

第二五六條之一　（聲請再議—撤銷緩起訴處分）109

①被告接受撤銷緩起訴處分書後，得於十日內以書狀敘述不服之理由，經原檢察官向直接上級檢察署檢察長或檢察總長聲請再議。

②前條第二項之規定，於送達被告之撤銷緩起訴處分書準用之。

第二五七條　（聲請再議處理—原檢察官或首席）

①再議之聲請，原檢察官認爲有理由者，應撤銷其處分，除前條情形外，應繼續偵查或起訴。

②原檢察官認聲請爲無理由者，應即將該案卷宗及證物送交上級法院檢察署檢察長或檢察總長。

③聲請已逾前二條之期間者，應駁回之。

④原法院檢察署檢察長認爲必要時，於依第二項之規定送交前，得親自或命令他檢察官再行偵查或審核，分別撤銷或維持原處分；其維持原處分者，應即送交。

第二五八條　（聲請再議之處理—上級首席或檢察長）

上級法院檢察署檢察長或檢察總長認再議爲無理由者，應駁回之；認爲有理由者，第二百五十六條之一之情形應撤銷原處分，第二百五十六條之情形應分別爲左列處分：

一　偵查未完備者，得親自或命令他檢察官再行偵查，或命令原法院檢察署檢察官續行偵查。

二　偵查已完備者，命令原法院檢察署檢察官起訴。

第二五八條之一　（不服駁回處分之聲請交付審判）

①告訴人不服前條之駁回處分者，得於接受處分書後十日內委任律

師提出理由狀，向該管第一審法院聲請交付審判。

②律師受前項之委任，得檢閱偵查卷宗及證物並得抄錄或攝影。但涉及另案偵查不公開或其他依法應予保密之事項，得限制或禁止之。

③第三十條第一項之規定，於前二項之情形準用之。

第二五八條之二　（撤回交付審判之聲請）

①交付審判之聲請，於法院裁定前，得撤回之，於裁定交付審判後第一審辯論終結前，亦同。

②撤回交付審判之聲請，書記官應速通知被告。

③撤回交付審判聲請之人，不得再行聲請交付審判。

第二五八條之三　（聲請交付審判之裁定）

①聲請交付審判之裁定，法院應以合議行之。

②法院認交付審判之聲請不合法或無理由者，應駁回之；認為有理由者，應為交付審判之裁定，並將正本送達於聲請人、檢察官及被告。

③法院為前項裁定前，得為必要之調查。

④法院為交付審判之裁定時，視為案件已提起公訴。

⑤被告對於第二項交付審判之裁定，得提起抗告；駁回之裁定，不得抗告。

第二五八條之四　（交付審判程序之準用）

交付審判之程序，除法律別有規定外，適用第二編第一章第三節之規定。

第二五九條　（不起訴處分對羈押之效力）

①羈押之被告受不起訴或緩起訴之處分者，視為撤銷羈押，檢察官應將被告釋放，並應即時通知法院。

②為不起訴或緩起訴之處分者，扣押物應即發還。但法律另有規定、再議期間內、聲請再議中或聲請法院交付審判中遇有必要情形，或應沒收或為偵查他罪或他被告之用應留存者，不在此限。

第二五九條之一　（宣告沒收之聲請）105

檢察官依第二百五十三條或第二百五十三條之一不起訴或緩起訴之處分者，對刑法第三十八條第二項、第三項之物及第三十八條之一第一項、第二項之犯罪所得，得單獨聲請法院宣告沒收。

第二六〇條　（不起訴處分之效力－再行起訴）

不起訴處分已確定或緩起訴處分期滿未經撤銷者，非有左列情形之一，不得對於同一案件再行起訴：

一　發現新事實或新證據者。

二　有第四百二十條第一項第一款、第二款、第四款或第五款所定得為再審原因之情形者。

第二六一條　（停止偵查－民事訴訟終結前）

犯罪是否成立或刑罰應否免除，以民事法律關係為斷者，檢察官應於民事訴訟終結前，停止偵查。

第二六二條 （終結偵查之限制）

犯人不明者，於認有第二百五十二條所定之情形以前，不得終結偵查。

第二六三條 （起訴書之送達）

第二百五十五條第二項及第三項之規定，於檢察官之起訴書準用之。

第二節 起 訴

第二六四條 （起訴之程式與起訴書應記載事項）

①提起公訴，應由檢察官向管轄法院提出起訴書為之。

②起訴書，應記載左列事項：

一 被告之姓名、性別、年齡、籍貫、職業、住所或居所或其他足資辨別之特徵。

二 犯罪事實及證據並所犯法條。

③起訴時，應將卷宗及證物一併送交法院。

第二六五條 （追加起訴之期間、限制及方式）

①於第一審辯論終結前，得就與本案相牽連之犯罪或本罪之誣告罪，追加起訴。

②追加起訴，得於審判期日以言詞為之。

第二六六條 （起訴對人的效力）

起訴之效力，不及於檢察官所指被告以外之人。

第二六七條 （起訴對事的效力—公訴不可分）

檢察官就犯罪事實一部起訴者，其效力及於全部。

第二六八條 （不告不理原則）

法院不得就未經起訴之犯罪審判。

第二六九條 （撤回起訴之時期、原因及程式）

①檢察官於第一審辯論終結前，發見有應不起訴或以不起訴為適當之情形者，得撤回起訴。

②撤回起訴，應提出撤回書敘述理由。

第二七○條 （撤回起訴之效力）

撤回起訴與不起訴處分有同一之效力，以其撤回書視為不起訴處分書，準用第二百五十五條至第二百六十條之規定。

第三節 審 判

第二七一條 （審判期日之傳喚及通知）

①審判期日，應傳喚被告或其代理人，並通知檢察官、辯護人、輔佐人。

②審判期日，應傳喚被害人或其家屬並予陳述意見之機會。但經合法傳喚無正當理由不到場，或陳明不願到場，或法院認為不必要或不適宜者，不在此限。

第二七一條之一 （委任告訴代理人之程式及準用規定）109

①告訴人得於審判中委任代理人到場陳述意見。但法院認為必要

時，得命本人到場。

②前項委任應提出委任書狀於法院，並準用第二十八條、第三十二條及第三十三條第一項之規定，但代理人為非律師者於審判中，對於卷宗及證物不得檢閱、抄錄或攝影。

第二七一條之二 （審判中之隱私保護及隔離遮蔽）109

①法院於審判中應注意被害人及其家屬隱私之保護。

②被害人依第二百七十一條第二項之規定到場者，法院依被害人之聲請或依職權，審酌案件情節及被害人之身心狀況，並聽取當事人及辯護人之意見後，得利用遮蔽設備，將被害人與被告、旁聽人適當隔離。

第二七一條之三 （審判中之被害人陪同措施）109

①被害人之法定代理人、配偶、直系或三親等內旁系血親、家長、家屬、醫師、心理師、輔導人員、社工人員或其信賴之人，經被害人同意後，得於審判中陪同被害人在場。

②前項規定，於爲陪同在場之人爲被告時，不適用之。

第二七一條之四 （審判中之移付調解及轉介修復式司法程序）109

①法院於言詞辯論終結前，得將案件移付調解；或依被告及被害人之聲請，於聽取檢察官、代理人、辯護人及輔佐人之意見後，轉介適當機關、機構或團體進行修復。

②前項修復之聲請，被害人無行爲能力、限制行爲能力或死亡者，得由其法定代理人、直系血親或配偶爲之。

第二七二條 （第一次審判期日傳票送達期間）

第一次審判期日之傳票，至遲應於七日前送達；刑法第六十一條所列各罪之案件至遲應於五日前送達。

第二七三條 （審判期日前對被告之訊問及訴訟行爲欠缺程式之定期補正）

①法院得於第一次審判期日前，傳喚被告或其代理人，並通知檢察官、辯護人、輔佐人到庭，行準備程序，爲下列各款事項之處理：

一　起訴效力所及之範圍與有無應變更檢察官所引應適用法條之情形。

二　訊問被告、代理人及辯護人對檢察官起訴事實是否爲認罪之答辯，及決定可否適用簡式審判程序或簡易程序。

三　案件及證據之重要爭點。

四　有關證據能力之意見。

五　曉諭爲證據調查之聲請。

六　證據調查之範圍、次序及方法。

七　命提出證物或可爲證據之文書。

八　其他與審判有關之事項。

②於前項第四款之情形，法院依本法之規定認定無證據能力者，該證據不得於審判期日主張之。

③前條之規定，於行準備程序準用之。

④第一項程序處理之事項，應由書記官製作筆錄，並由到庭之人緊接其記載之末行簽名、蓋章或按指印。

⑤第一項之人經合法傳喚或通知，無正當理由不到庭者，法院得對到庭之人行準備程序。

⑥起訴或其他訴訟行為，於法律上必備之程式有欠缺而其情形可補正者，法院應定期間，以裁定命其補正。

第二七三條之一 （簡式審判程序）

①除被告所犯為死刑、無期徒刑、最輕本刑為三年以上有期徒刑之罪或高等法院管轄第一審案件者外，於前條第一項程序進行中，被告先就被訴事實為有罪之陳述時，審判長得告知被告簡式審判程序之旨，並聽取當事人、代理人、辯護人及輔佐人之意見後，裁定進行簡式審判程序。

②法院為前項裁定後，認有不得或不宜者，應撤銷原裁定，依通常程序審判之。

③前項情形，應更新審判程序。但當事人無異議者，不在此限。

第二七三條之二 （簡式審判程序之證據調查方法）

簡式審判程序之證據調查，不受第一百五十九條第一項、第一百六十一條之二、第一百六十一條之三、第一百六十三條之一及第一百六十四條至第一百七十條規定之限制。

第二七四條 （期日前之傳喚及證據之蒐集）

法院於審判期日前，得調取或命提出證物。

第二七五條 （期日前之舉證權利）

當事人或辯護人，得於審判期日前，提出證據及聲請法院為前條之處分。

第二七六條 （期日前人證之訊問）

①法院預料證人不能於審判期日到場者，得於審判期日前訊問之。

②法院得於審判期日前，命為鑑定及通譯。

第二七七條 （期日前物之強制處分）

法院得於審判期日前，為搜索、扣押及勘驗。

第二七八條 （期日前公署之報告）

法院得於審判期日前，就必要之事項，請求該管機關報告。

第二七九條 （受命法官之指定及其權限）

①行合議審判之案件，為準備審判起見，得以庭員一人為受命法官，於審判期日前，使行準備程序，以處理第二百七十三條第一項、第二百七十四條、第二百七十六條至第二百七十八條規定之事項。

②受命法官行準備程序，與法院或審判長有同一之權限。但第一百二十一條之裁定，不在此限。

第二八○條 （審判庭之組織）109

審判期日，應由法官、檢察官及書記官出庭。

第二八一條　（被告到庭之義務）

①審判期日，除有特別規定外，被告不到庭者，不得審判。

②許被告用代理人之案件，得由代理人到庭。

第二八二條　（在庭之身體自由）

被告在庭時，不得拘束其身體。但得命人看守。

第二八三條　（被告之在庭義務）

①被告到庭後，非經審判長許可，不得退庭。

②審判長因命被告在庭，得為相當處分。

第二八四條　（強制辯護案件辯護人之到庭）

第三十一條第一項所定之案件無辯護人到庭者，不得審判。但宣示判決，不在此限。

第二八四條之一　（第一審合議審判之除外）106

除簡式審判程序、簡易程序及第三百七十六條第一項第一款、第二款所列之罪之案件外，第一審應行合議審判。

第二八五條　（審判開始─朗讀案由）

審判期日，以朗讀案由為始。

第二八六條　（人別訊問與起訴要旨之陳述）

審判長依第九十四條訊問被告後，檢察官應陳述起訴之要旨。

第二八七條　（訊問被告）

檢察官陳述起訴要旨後，審判長應告知被告第九十五條規定之事項。

第二八七條之一　（共同被告之調查辯論之合併分離）

①法院認為適當時，得依職權或當事人或辯護人之聲請，以裁定將共同被告之調查證據或辯論程序分離或合併。

②前項情形，因共同被告之利害相反，而有保護被告權利之必要者，應分離調查證據或辯論。

第二八七條之二　（共同被告人證之準用）

法院就被告本人之案件調查共同被告時，該共同被告準用有關人證之規定。

第二八八條　（調查證據）

①調查證據應於第二百八十七條程序完畢後行之。

②審判長對於準備程序中當事人不爭執之被告以外之人之陳述，得僅以宣讀或告以要旨代之。但法院認有必要者，不在此限。

③除簡式審判程序案件外，審判長就被告被訴事實為訊問者，應於調查證據程序之最後行之。

④審判長就被告科刑資料之調查，應於前項事實訊問後行之。

第二八八條之一　（陳述意見提出有利證據告知）

①審判長每調查一證據畢，應詢問當事人有無意見。

②審判長應告知被告得提出有利之證據。

第二八八條之二　（證據證明力之辯論）

法院應予當事人、代理人、辯護人或輔佐人，以辯論證據證明力之適當機會。

第二八八條之三 （聲明異議權）

①當事人、代理人、辯護人或輔佐人對於審判長或受命法官有關證據調查或訴訟指揮之處分不服者，除有特別規定外，得向法院聲明異議。

②法院應就前項異議裁定之。

第二八九條 （言詞辯論）109

①調查證據完畢後，應命依下列次序就事實及法律分別辯論之：

一　檢察官。

二　被告。

三　辯護人。

②前項辯論後，應命依同一次序，就科刑範圍辯論之。於科刑辯論前，並應予到場之告訴人、被害人或其家屬或其他依法得陳述意見之人就科刑範圍表示意見之機會。

③已依前二項辯論者，得再為辯論，審判長亦得命再行辯論。

第二九〇條 （被告最後陳述）

審判長於宣示辯論終結前，最後應詢問被告有無陳述。

第二九一條 （再開辯論）

辯論終結後，遇有必要情形，法院得命再開辯論。

第二九二條 （更新審判事由）109

①審判期日，應由參與之法官始終出庭；如有更易者，應更新審判程序。

②參與審判期日前準備程序之法官有更易者，毋庸更新其程序。

第二九三條 （連續開庭與更新審判事由）

審判非一次期日所能終結者，除有特別情形外，應於次日連續開庭；如下次開庭因事故間隔至十五日以上者，應更新審判程序。

第二九四條 （停止審判─心神喪失與一造缺席判決）

①被告心神喪失者，應於其回復以前停止審判。

②被告因疾病不能到庭者，應於其能到庭以前停止審判。

③前二項被告顯有應諭知無罪或免刑判決之情形者，得不待其到庭，逕行判決。

④許用代理人案件委任有代理人者，不適用前三項之規定。

第二九五條 （停止審判─相關之他罪判決）

犯罪是否成立以他罪為斷，而他罪已經起訴者，得於其判決確定前，停止本罪之審判。

第二九六條 （停止審判─無關之他罪判決）

被告犯有他罪已經起訴應受重刑之判決，法院認為本罪科刑於應執行之刑無重大關係者，得於他罪判決確定前停止本罪之審判。

第二九七條 （停止審判─民事判決）

犯罪是否成立或刑罰應否免除，以民事法律關係為斷，而民事已經起訴者，得於其程序終結前停止審判。

第二九八條 （停止審判之回復）

第二百九十四條第一項、第二項及第二百九十五條至第

二百九十七條停止審判之原因消滅時，法院應繼續審判，當事人亦得聲請法院繼續審判。

第二九九條 （科刑或免刑判決）

①被告犯罪已經證明者，應諭知科刑之判決。但免除其刑者，應諭知免刑之判決。

②依刑法第六十一條規定，為前項免刑判決前，並得斟酌情形經告訴人或自訴人同意，命被告為左列各款事項：

一　向被害人道歉。

二　立悔過書。

三　向被害人支付相當數額之慰撫金。

③前項情形，應附記於判決書內。

④第二項第三款並得為民事強制執行名義。

第三〇〇條 （變更法條）

前條之判決，得就起訴之犯罪事實，變更檢察官所引應適用之法條。

第三〇一條 （無罪判決）

①不能證明被告犯罪或其行為不罰者應諭知無罪之判決。

②依刑法第十八條第一項或第十九條第一項其行為不罰，認為有諭知保安處分之必要者，並應諭知其處分及期間。

第三〇二條 （免訴判決）

案件有左列情形之一者，應諭知免訴之判決：

一　曾經判決確定者。

二　時效已完成者。

三　曾經大赦者。

四　犯罪後之法律已廢止其刑罰者。

第三〇三條 （不受理判決）

案件有下列情形之一者，應諭知不受理之判決：

一　起訴之程序違背規定者。

二　已經提起公訴或自訴之案件，在同一法院重行起訴者。

三　告訴或請求乃論之罪，未經告訴、請求或其告訴、請求經撤回或已逾告訴期間者。

四　曾為不起訴處分、撤回起訴或緩起訴期滿未經撤銷，而違背第二百六十條之規定再行起訴者。

五　被告死亡或為被告之法人已不存續者。

六　對於被告無審判權者。

七　依第八條之規定不得為審判者。

第三〇四條 （管轄錯誤判決）

無管轄權之案件，應諭知管轄錯誤之判決，並同時諭知移送於管轄法院。

第三〇五條 （一造缺席判決）

被告拒絕陳述者，得不待其陳述逕行判決；其未受許可而退庭者亦同。

第三〇六條　（一造缺席判決）

法院認為應科拘役、罰金或應諭知免刑或無罪之案件，被告經合法傳喚無正當理由不到庭者，得不待其陳述逕行判決。

第三〇七條　（言詞審理之例外）

第一百六十一條第四項、第三百零二條至第三百零四條之判決，得不經言詞辯論為之。

第三〇八條　（判決書之內容）

判決書應分別記載其裁判之主文與理由；有罪之判決書並應記載犯罪事實，且得與理由合併記載。

第三〇九條　（有罪判決書之主文應記載事項）105

有罪之判決書，應於主文內載明所犯之罪，並分別情形，記載下列事項：

一　諭知之主刑、從刑、刑之免除或沒收。

二　諭知有期徒刑或拘役者，如易科罰金，其折算之標準。

三　諭知罰金者，如易服勞役，其折算之標準。

四　諭知易以訓誡者，其諭知。

五　諭知緩刑者，其緩刑之期間。

六　諭知保安處分者，其處分及期間。

第三一〇條　（有罪判決書之理由記載事項）105

有罪之判決書，應於理由內分別情形記載下列事項：

一　認定犯罪事實所憑之證據及其認定之理由。

二　對於被告有利之證據不採納者，其理由。

三　科刑時就刑法第五十七條或第五十八條規定事項所審酌之情形。

四　刑罰有加重、減輕或免除者，其理由。

五　易以訓誡或緩刑者，其理由。

六　諭知沒收、安安處分者，其理由。

七　適用之法律。

第三一〇條之一　（有罪判決之記載）

①有罪判決，諭知六月以下有期徒刑或拘役得易科罰金、罰金或免刑者，其判決書得僅記載判決主文、犯罪事實、證據名稱、對於被告有利證據不採納之理由及應適用之法條。

②前項判決，法院認定之犯罪事實與起訴書之記載相同者，得引用之。

第三一〇條之二　（適用簡式審判程序之有罪判決書製作）

適用簡式審判程序之有罪判決書之製作，準用第四百五十四條之規定。

第三一〇條之三　（諭知沒收之判決）105

除於有罪判決諭知沒收之情形外，諭知沒收之判決，應記載其裁判之主文、構成沒收之事實與理由。理由內應分別情形記載認定事實所憑之證據及其認定之理由、對於被告有利證據不採納之理由及應適用之法律。

第三一一條 （宣示判決之時期）107

行獨任審判之案件宣示判決，應自辯論終結之日起二星期內為之；行合議審判者，應於三星期內為之。但案情繁雜或有特殊情形者，不在此限。

第三一二條 （宣示判決—被告不在庭）

宣示判決，被告雖不在庭亦應為之。

第三一三條 （宣示判決—主體）109

宣示判決，不以參與審判之法官為限。

第三一四條 （得上訴判決之宣示及送達）

①判決得為上訴者，其上訴期間及提出上訴狀之法院，應於宣示時一併告知，並應記載於送達被告之判決正本。

②前項判決正本，並應送達於告訴人及告發人，告訴人於上訴期間內，得向檢察官陳述意見。

第三一四條之一 （判決正本附錄論罪法條全文）

有罪判決之正本，應附記論罪之法條全文。

第三一五條 （判決書之登報）

犯刑法偽證及誣告罪章或妨害名譽及信用罪章之罪者，因被害人或其他有告訴權人之聲請，得將判決書全部或一部登報，其費用由被告負擔。

第三一六條 （判決對羈押之效力）

羈押之被告，經諭知無罪、免訴、免刑、緩刑、罰金或易以訓誡或第三百零三條第三款、第四款不受理之判決者，視為撤銷羈押。但上訴期間內或上訴中，得命具保、責付或限制住居，如不能具保、責付或限制住居，而有必要情形者，並得繼續羈押之。

第三一七條 （判決後扣押物之處分）

扣押物未經諭知沒收者，應即發還。但上訴期間內或上訴中遇有必要情形，得繼續扣押之。

第三一八條 （贓物之處理）

①扣押之贓物，依第一百四十二條第一項應發還被害人者，應不待其請求即行發還。

②依第一百四十二條第二項暫行發還之物無他項諭知者，視為已有發還之裁定。

第二章 自 訴

第三一九條 （適格之自訴人及審判不可分原則）

①犯罪之被害人得提起自訴。但無行為能力或限制行為能力或死亡者，得由其法定代理人、直系血親或配偶為之。

②前項自訴之提起，應委任律師行之。

③犯罪事實之一部提起自訴者，他部雖不得自訴亦以得提起自訴論。但不得提起自訴部分係較重之罪，或其第一審屬於高等法院管轄，或第三百二十一條之情形者，不在此限。

第三二〇條 （自訴狀）

① 自訴，應向管轄法院提出自訴狀為之。

② 自訴狀應記載下列事項：

一　被告之姓名、性別、年齡、住所或居所，或其他足資辨別之特徵。

二　犯罪事實及證據並所犯法條。

③ 前項犯罪事實，應記載構成犯罪之具體事實及其犯罪之日、時、處所、方法。

④ 自訴狀應按被告之人數，提出繕本。

第三二一條 （自訴之限制—親屬）

對於直系尊親屬或配偶，不得提起自訴。

第三二二條 （自訴限制—不得告訴請求者）

告訴或請求乃論之罪，已不得為告訴或請求者，不得再行自訴。

第三二三條 （自訴限制—偵查終結）

① 同一案件經檢察官依第二百二十八條規定開始偵查者，不得再行自訴。但告訴乃論之罪，經犯罪之直接被害人提起自訴者，不在此限。

② 於開始偵查後，檢察官知有自訴在先或前項但書之情形者，應即停止偵查，將案件移送法院。但遇有急迫情形，檢察官仍應為必要之處分。

第三二四條 （自訴效力—不得再行告訴、請求）

同一案件經提起自訴者，不得再行告訴或為第二百四十三條之請求。

第三二五條 （自訴人之撤回自訴）

① 告訴或請求乃論之罪，自訴人於第一審辯論終結前，得撤回其自訴。

② 撤回自訴，應以書狀為之。但於審判期日或受訊問時，得以言詞為之。

③ 書記官應速將撤回自訴之事由，通知被告。

④ 撤回自訴之人，不得再行自訴或告訴或請求。

第三二六條 （曉諭撤回自訴或裁定駁回自訴）

① 法院或受命法官，得於第一次審判期日前，訊問自訴人、被告及調查證據，於發見案件係民事或利用自訴程序恫嚇被告者，得曉諭自訴人撤回自訴。

② 前項訊問不公開之；非有必要，不得先行傳訊被告。

③ 第一項訊問及調查結果，如認為案件有第二百五十二條、第二百五十三條、第二百五十四條之情形者，得以裁定駁回自訴，並準用第二百五十三條之二第一項第一款至第四款、第二項及第三項之規定。

④ 駁回自訴之裁定已確定者，非有第二百六十條各款情形之一，不得對於同一案件再行自訴。

第三二七條 （自訴人之傳喚拘提）

①命自訴代理人到場，應通知之；如有必要命自訴人本人到場者，應傳喚之。

②第七十一條、第七十二條及第七十三條之規定，於自訴人之傳喚準用之。

第三二八條 （自訴狀繕本之送達）

法院於接受自訴狀後，應速將其繕本送達於被告。

第三二九條 （自訴人得爲之訴訟行爲）

①檢察官於審判期日所得爲之訴訟行爲，於自訴程序，由自訴代理人爲之。

②自訴人未委任代理人，法院應定期間以裁定命其委任代理人，逾期仍不委任者，應諭知不受理之判決。

第三三〇條 （檢察官之協助）

①法院應將自訴案件之審判期日通知檢察官。

②檢察官對於自訴案件，得於審判期日出庭陳述意見。

第三三一條 （撤回自訴之擬制、擔當訴訟與一造缺席判決）

自訴代理人經合法通知無正當理由不到庭，應再行通知，並告知自訴人。自訴代理人無正當理由仍不到庭者，應諭知不受理之判決。

第三三二條 （承受或擔當訴訟與缺席判決）

自訴人於辯論終結前，喪失行爲能力或死亡者，得由第三百十九條第一項所列得爲提起自訴之人，於一個月內聲請法院承受訴訟；如無承受訴訟之人或逾期不爲承受者，法院應分別情形，逕行判決或通知檢察官擔當訴訟。

第三三三條 （停止審判—民事判決）

犯罪是否成立或刑罰應否免除，以民事法律關係爲斷，而民事未起訴者，停止審判，並限期命自訴人提起民事訴訟，逾期不提起者，應以裁定駁回其自訴。

第三三四條 （不受理判決）

不得提起自訴而提起者，應諭知不受理之判決。

第三三五條 （管轄錯誤判決）

諭知管轄錯誤之判決者，非經自訴人聲明，毋庸移送案件於管轄法院。

第三三六條 （自訴判決書送達與檢察官之處分）

①自訴案件之判決書，並應送達於該管檢察官。

②檢察官接受不受理或管轄錯誤之判決書後，認爲應提起公訴者，應即開始或續行偵查。

第三三七條 （得上訴判決宣示方法之準用）

第三百四十四條第一項之規定，於自訴人準用之。

第三三八條 （提起反訴之要件）

提起自訴之被害人犯罪，與自訴事實直接相關，而被告爲其被害人者，被告得於第一審辯論終結前，提起反訴。

第三三九條　（反訴準用自訴程序）

反訴，準用自訴之規定。

第三四○條　（刪除）

第三四一條　（反訴與自訴之判決時期）

反訴應與自訴同時判決。但有必要時，得於自訴判決後判決之。

第三四二條　（反訴之獨立性）

自訴之撤回，不影響於反訴。

第三四三條　（自訴準用公訴程序）

自訴程序，除本章有特別規定外，準用第二百四十六條、第二百四十九條及前章第二節、第三節關於公訴之規定。

第三編　上　訴

第一章　通　則

第三四四條　（上訴權人－當事人）109

①當事人對於下級法院之判決有不服者，得上訴於上級法院。

②自訴人於辯論終結後喪失行為能力或死亡者，得由第三百十九條第一項所列得為提起自訴之人上訴。

③告訴人或被害人對於下級法院之判決有不服者，亦得具備理由，請求檢察官上訴。

④檢察官為被告之利益，亦得上訴。

⑤宣告死刑之案件，原審法院應不待上訴依職權逕送該管上級法院審判，並通知當事人。

⑥前項情形，視為被告已提起上訴。

第三四五條　（上訴權人－獨立上訴）

被告之法定代理人或配偶，得為被告之利益獨立上訴。

第三四六條　（上訴權人－代理上訴）

原審之代理人或辯護人，得為被告之利益而上訴。但不得與被告明示之意思相反。

第三四七條　（上訴權人－自訴案件檢察官）

檢察官對於自訴案件之判決，得獨立上訴。

第三四八條　（上訴範圍）

①上訴得對於判決之一部為之；未聲明為一部者，視為全部上訴。

②對於判決之一部上訴者，其有關係之部分，視為亦已上訴。

第三四九條　（上訴期間）109

上訴期間為二十日，自送達判決後起算。但判決宣示後送達前之上訴，亦有效力。

第三五○條　（提起上訴之程式）

①提起上訴，應以上訴書狀提出於原審法院為之。

②上訴書狀，應按他造當事人之人數，提出繕本。

第三五一條　（在監所被告之上訴）

①在監獄或看守所之被告,於上訴期間內向監所長官提出上訴書狀者,視為上訴期間內之上訴。

②被告不能自作上訴書狀者,監所公務員應為之代作。

③監所長官接受上訴書狀後,應附記接受之年、月、日、時,送交原審法院。

④被告之上訴書狀,未經監所長官提出者,原審法院之書記官於接到上訴書狀後,應即通知監所長官。

第三五二條 (上訴狀繕本之送達)

原審法院書記官,應速將上訴書狀之繕本,送達於他造當事人。

第三五三條 (上訴權之捨棄)

當事人得捨棄其上訴權。

第三五四條 (上訴之撤回)

上訴於判決前,得撤回之。案件經第三審法院發回原審法院,或發交與原審法院同級之他法院者,亦同。

第三五五條 (撤回上訴之限制—被告同意)

為被告之利益而上訴者,非得被告之同意,不得撤回。

第三五六條 (撤回上訴之限制—檢察官同意)

自訴人上訴者,非得檢察官之同意,不得撤回。

第三五七條 (捨棄或撤回上訴之管轄)

①捨棄上訴權,應向原審法院為之。

②撤回上訴,應向上訴審法院為之。但於該案卷宗送交上訴審法院以前,得向原審法院為之。

第三五八條 (捨棄或撤回上訴之程式)

①捨棄上訴權及撤回上訴,應以書狀為之。但於審判期日,得以言詞為之。

②第三百五十一條之規定,於被告捨棄上訴權或撤回上訴準用之。

第三五九條 (捨棄或撤回上訴之效力)

捨棄上訴權或撤回上訴者,喪失其上訴權。

第三六〇條 (捨棄或撤回上訴之通知)

捨棄上訴權或撤回上訴,書記官應速通知他造當事人。

第二章 第二審

第三六一條 (第二審上訴之管轄)

①不服地方法院之第一審判決而上訴者,應向管轄第二審之高等法院為之。

②上訴書狀應敘述具體理由。

③上訴書狀未敘述上訴理由者,應於上訴期間屆滿後二十日內補提理由書於原審法院。逾期未補提者,原審法院應定期間先命補正。

第三六二條 (原審對不合法上訴之處置—裁定駁回與補正)

原審法院認為上訴不合法律上之程式或法律上不應准許或其上訴權已經喪失者,應以裁定駁回之。但其不合法律上之程式可補正

者，應定期間先命補正。

第三六三條 （卷宗證物送交與監所被告之解送）

① 除前條情形外，原審法院應速將該案卷宗及證物送交第二審法院。

② 被告在看守所或監獄而不在第二審法院所在地者，原審法院應命將被告解送第二審法院所在地之看守所或監獄，並通知第二審法院。

第三六四條 （第一審程序之準用）

第二審之審判，除本章有特別規定外，準用第一審審判之規定。

第三六五條 （上訴人陳述上訴要旨）

審判長依第九十四條訊問被告後，應命上訴人陳述上訴之要旨。

第三六六條 （第二審調查範圍）

第二審法院，應就原審判決經上訴之部分調查之。

第三六七條 （第二審對不合法上訴之處量—判決駁回補正）

第二審法院認爲上訴書狀未敘述理由或上訴有第三百六十二條前段之情形者，應以判決駁回之。但其情形可以補正而未經原審法院命其補正者，審判長應定期間先命補正。

第三六八條 （上訴無理由之判決）

第二審法院認爲上訴無理由者，應以判決駁回之。

第三六九條 （撤銷原判決—自爲判決或發回）

① 第二審法院認爲上訴有理由，或上訴雖無理由，而原判不當或違法者。應將原審判決經上訴之部分撤銷，就該案件自爲判決。但因原審判決諭知管轄錯誤、免訴、不受理不當而撤銷之者，得以判決將該案件發回原審法院。

② 第二審法院因原審判決未諭知管轄錯誤係不當而撤銷之者，如第二審法院有第一審管轄權，應爲第一審之判決。

第三七〇條 （禁止不利益變更原則）103

① 由被告上訴或爲被告之利益而上訴者，第二審法院不得諭知較重於原審判決之刑。但因原審判決適用法條不當而撤銷之者，不在此限。

② 前項所稱刑，指宣告刑及數罪併罰所定應執行之刑。

③ 第一項規定，於第一審或第二審數罪併罰之判決，一部上訴經撤銷後，另以裁定定其應執行之刑時，準用之。

第三七一條 （一造缺席判決）

被告經合法傳喚，無正當之理由不到庭者，得不待其陳述，逕行判決。

第三七二條 （言詞審理之例外）

第三百六十七條之判決及對於原審諭知管轄錯誤、免訴或不受理之判決上訴時，第二審法院認爲其無理由而駁回上訴，或認爲有理由而發回該案件之判決，得不經言詞辯論爲之。

第三七三條 （第一審判決書之引用）

第二審判決書，得引用第一審判決書所記載之事實、證據與理

由，對案情重要事項第一審未予論述，或於第二審提出有利於被告之證據或辯解不予採納者，應補充記載其理由。

第三七四條 （得上訴判決正本之記載方法）

第二審判決，被告或自訴人得為上訴者，應併將提出上訴理由書之期間，記載於送達之判決正本。

第三章　第三審

第三七五條 （第三審上訴之管轄）

①不服高等法院之第二審或第一審判決而上訴者，應向最高法院為之。

②最高法院審判不服高等法院第一審判決之上訴，亦適用第三審程序。

第三七六條 （不得上訴第三審之判決）106

①下列各罪之案件，經第二審判決者，不得上訴於第三審法院。但第一審法院所為無罪、免訴、不受理或管轄錯誤之判決，經第二審法院撤銷並諭知有罪之判決者，被告或得為被告利益上訴之人得提起上訴：

　一　最重本刑為三年以下有期徒刑、拘役或專科罰金之罪。

　二　刑法第三百二十條、第三百二十一條之竊盜罪。

　三　刑法第三百三十五條、第三百三十六條第二項之侵占罪。

　四　刑法第三百三十九條、第三百四十一條之詐欺罪。

　五　刑法第三百四十二條之背信罪。

　六　刑法第三百四十六條之恐嚇罪。

　七　刑法第三百四十九條第一項之贓物罪。

②依前項但書規定上訴，經第三審法院撤銷並發回原審法院判決者，不得上訴於第三審法院。

第三七七條 （上訴第三審理由－違背法令）

上訴於第三審法院，非以判決違背法令為理由，不得為之。

第三七八條 （違背法令之意義）

判決不適用法則或適用不當者，為違背法令。

第三七九條 （當然違背法令之事由）

有左列情形之一者，其判決當然違背法令：

　一　法院之組織不合法者。

　二　依法律或裁判應迴避之法官參與審判者。

　三　禁止審判公開非依法律之規定者。

　四　法院所認管轄之有無係不當者。

　五　法院受理訴訟或不受理訴訟係不當者。

　六　除有特別規定外，被告未於審判期日到庭而逕行審判者。

　七　依本法應用辯護人之案件或已經指定辯護人之案件，辯護人未經到庭辯護而逕行審判者。

　八　除有特別規定外，未經檢察官或自訴人到庭陳述而為審判者。

九　依本法應停止或更新審判而未經停止或更新者。

十　依本法於審判期日調查之證據而未予調查者。

十一　未與被告以最後陳述之機會者。

十二　除本法有特別規定外，已受請求之事項未予判決，或未受請求之事項予以判決者。

十三　未經參與審理之法官參與判決者。

十四　判決不載理由或所載理由矛盾者。

第三八〇條　（上訴第三審之限制－上訴理由）

除前條情形外，訴訟程序雖違背法令而顯然判決無影響者，不得為上訴之理由。

第三八一條　（上訴第三審之理由－刑罰變、廢、免除）

原審判決後，刑罰有廢止、變更或免除者，得為上訴之理由。

第三八二條　（上訴理由及理由書補提）109

①上訴書狀應敘述上訴之理由；其未敘述者，得於提起上訴後二十日內補提理由書於原審法院；未補提者，毋庸命其補提。

②第三百五十條第二項、第三百五十一條及第三百五十二條之規定，於前項理由書準用之。

第三八三條　（答辯書之提出）

①他造當事人接受上訴書狀或補提理由書之送達後，得於十日內提出答辯書於原審法院。

②如係檢察官為他造當事人者，應就上訴之理由提出答辯書。

③答辯書應提出繕本，由原審法院書記官送達於上訴人。

第三八四條　（原審法院對不合法上訴之處置－裁定駁回與補正）

原審法院認為上訴不合法律上之程式或法律上不應准許或其上訴權已經喪失者，應以裁定駁回之。但其不合法律上之程式可補正者，應定期間先命補正。

第三八五條　（卷宗及證物之送交第三審）

①除前條情形外，原審法院於接受答辯書或提出答辯書之期間已滿後，應速將該案卷宗及證物，送交第三審法院之檢察官。

②第三審法院之檢察官接受卷宗及證物後，應於七日內添具意見書送交第三審法院。但於原審法院檢察官提出之上訴書或答辯書外無他意見者，毋庸添具意見書。

③無檢察官為當事人之上訴案件，原審法院應將卷宗及證物逕送交第三審法院。

第三八六條　（書狀之補提）

①上訴人及他造當事人，在第三審法院未判決前，得提出上訴理由書、答辯書、意見書或追加理由書於第三審法院。

②前項書狀，應提出繕本，由第三審法院書記官送達於他造當事人。

第三八七條　（第一審審判程序之準用）

第三審之審判，除本章有特別規定外，準用第一審審判之規定。

第三八八條 （強制辯護規定之排除）

第三十一條之規定，於第三審之審判不適用之。

第三八九條 （言詞審理之例外）

①第三審法院之判決，不經言詞辯論為之。但法院認為有必要者，得命辯論。

②前項辯論，非以律師充任之代理人或辯護人，不得行之。

第三九○條 （指定受命法官及製作報告書）109

第三審法院於命辯論之案件，得以庭員一人為受命法官，調查上訴及答辯之要旨，制作報告書。

第三九一條 （朗讀報告書與陳述上訴意旨）109

①審判期日，受命法官應於辯論前，朗讀報告書。

②檢察官或代理人、辯護人應先陳述上訴之意旨，再行辯論。

第三九二條 （一造辯論與不行辯論）

審判期日，被告或自訴人無代理人、辯護人到庭者，應由檢察官或他造當事人之代理人、辯護人陳述後，即行判決。被告及自訴人均無代理人、辯護人到庭者，得不行辯論。

第三九三條 （第三審調查範圍－上訴理由）

第三審法院之調查，以上訴理由所指摘之事項為限。但左列事項，得依職權調查之：

一　第三百七十九條各款所列之情形。

二　免訴事由之有無。

三　對於確定事實援用法令之當否。

四　原審判決後刑罰之廢止、變更或免除。

五　原審判決後之赦免或被告死亡。

第三九四條 （第三審調查範圍－事實調查）109

①第三審法院應以第二審判決所確認之事實為判決基礎。但關於訴訟程序及得依職權調查之事項，得調查事實。

②前項調查，得以受命法官行之，並得囑託他法院之法官調查。

③前二項調查之結果，認為起訴程序違背規定者，第三審法院得命其補正；其法院無審判權而依原審判決後之法令有審判權者，不以無審判權論。

第三九五條 （上訴不合法之判決－判決駁回）

第三審法院認為上訴有第三百八十四條之情形者，應以判決駁回之；其以逾第三百八十二條第一項所定期間，而於第三審法院未判決前，仍未提出上訴理由書狀者，亦同。

第三九六條 （上訴無理由之判決－判決駁回）

①第三審法院認為上訴無理由者，應以判決駁回之。

②前項情形，得同時諭知緩刑。

第三九七條 （上訴有理由之判決－撤銷原判）

第三審法院認為上訴有理由者，應將原審判決中經上訴之部分撤銷。

第三九八條 (撤銷原判—自爲判決)

第三審法院因原審判決有左列情形之一而撤銷之者，應就該案件自爲判決。但應爲後二條之判決者，不在此限：

一　雖係違背法令，而不影響於事實之確定，可據以爲裁判者。

二　應諭知免訴或不受理者。

三　有第三百九十三條第四款或第五款之情形者。

第三九九條 (撤銷原判—發回更審)

第三審法院因原審判決諭知管轄錯誤、免訴或不受理係不當而撤銷之者，應以判決將該案件發回原審法院。但有必要時，得逕行發回第一審法院。

第四○○條 (撤銷原判—發交審判)

第三審法院因原審法院未諭知管轄錯誤係不當而撤銷之者，應以判決將該案件發交該管第二審或第一審法院。但第四條所列之案件，經有管轄權之原審法院爲第二審判決者，不以管轄錯誤論。

第四○一條 (撤銷原判—發回更審或發交審判)

第三審法院因前三條以外之情形而撤銷原審判決者，應以判決將該案件發回原審法院，或發交與原審法院同級之他法院。

第四○二條 (爲被告利益而撤銷原判決之效力)

爲被告之利益而撤銷原審判決時，如於共同被告有共同之撤銷理由者，其利益並及於共同被告。

第四編　抗　告

第四○三條 (抗告權人及管轄法院)

①當事人對於法院之裁定有不服者，除有特別規定外，得抗告於直接上級法院。

②證人、鑑定人、通譯及其他非當事人受裁定者，亦得抗告。

第四○四條 (抗告之限制及例外) 108

①對於判決前關於管轄或訴訟程序之裁定，不得抗告。但下列裁定，不在此限：

一　有得抗告之明文規定者。

二　關於羈押、具保、責付、限制住居、限制出境、限制出海、搜索、扣押或扣押物發還、變價、擔保金、身體檢查、通訊監察、因鑑定將被告送入醫院或其他處所之裁定及依第一百零五條第三項、第四項所爲之禁止或扣押之裁定。

三　對於限制辯護人與被告接見或互通書信之裁定。

②前項第二款、第三款之裁定已執行終結，受裁定人亦得提起抗告，法院不得以已執行終結而無實益爲由駁回。

第四○五條 (抗告之限制)

不得上訴於第三審法院之案件，其第二審法院所爲裁定，不得抗告。

第四○六條 (抗告期間)

抗告期間，除有特別規定外，爲五日，自送達裁定後起算。但裁定經宣示者，宣示後送達前之抗告，亦有效力。

第四○七條　（抗告之程式）

提起抗告，應以抗告書狀，敘述抗告之理由，提出於原審法院爲之。

第四○八條　（原審法院對抗告之處置）

①原審法院認爲抗告不合法律上之程式或法律上不應准許，或其抗告權已經喪失者，應以裁定駁回之。但其不合法律上之程式可補正者，應定期間先命補正。

②原審法院認爲抗告有理由者，應更正其裁定；認爲全部或一部無理由者，應於接受抗告書狀後三日內，送交抗告法院，並得添具意見書。

第四○九條　（抗告之效力）

①抗告無停止執行裁判之效力。但原審法院於抗告法院之裁定前，得以裁定停止執行。

②抗告法院得以裁定停止裁判之執行。

第四一○條　（卷宗及證物之送交及裁定期間）

①原審法院認爲有必要者，應將該案卷宗及證物送交抗告法院。

②抗告法院認爲有必要者，得請原審法院送交該案卷宗及證物。

③抗告法院收到該案卷宗及證物後，應於十日內裁定。

第四一一條　（抗告法院對不合法抗告之處置）

抗告法院認爲抗告有第四百零八條第一項前段之情形者，應以裁定駁回之。但其情形可以補正而未經原審法院命其補正者，審判長應定期間先命補正。

第四一二條　（對無理由之抗告之裁定）

抗告法院認爲抗告無理由者，應以裁定駁回之。

第四一三條　（對有理由之抗告之裁定）

抗告法院認爲抗告有理由者，應以裁定將原裁定撤銷，於有必要時，並自爲裁定。

第四一四條　（裁定之通知）

抗告法院之裁定，應速通知原審法院。

第四一五條　（得再抗告之裁定）

①對於抗告法院之裁定，不得再行抗告。但對於其就左列抗告所爲之裁定，得提起再抗告：

一　對於駁回上訴之裁定抗告者。

二　對於因上訴逾期聲請回復原狀之裁定抗告者。

三　對於聲請再審之裁定抗告者。

四　對於第四百七十七條定刑之裁定抗告者。

五　對於第四百八十六條聲明疑義或異議之裁定抗告者。

六　證人、鑑定人、通譯及其他非當事人對於所受之裁定抗告者。

②前項但書之規定，於依第四百零五條不得抗告之裁定，不適用

之。

第四一六條 （準抗告之範圍、聲請期間及其裁判）108

①對於審判長、受命法官、受託法官或檢察官所為下列處分有不服者，受處分人得聲請所屬法院撤銷或變更之。處分已執行終結，受處分人亦得聲請，法院不得以已執行終結而無實益為由駁回：

一 關於羈押、具保、責付、限制住居、限制出境、限制出海、搜索、扣押或扣押物發還、變價、擔保金、因鑑定將被告送入醫院或其他處所之處分、身體檢查、通訊監察及第一百零五條第三項、第四項所為之禁止或扣押之處分。

二 對於證人、鑑定人或通譯科罰鍰之處分。

三 對於限制辯護人與被告接見或互通書信之處分。

四 對於第三十四條第三項指定之處分。

②前項之搜索、扣押經撤銷者，審判時法院得宣告所扣得之物，不得作為證據。

③第一項聲請期間為五日，自為處分之日起算，其為送達者，自送達後起算。

④第四百零九條至第四百十四條規定，於本條準用之。

⑤第二十一條第一項規定，於聲請撤銷或變更受託法官之裁定者準用之。

第四一七條 （準抗告之聲請程式）

前項聲請應以書狀敘述不服之理由，提出於該管法院為之。

第四一八條 （準抗告之救濟及錯誤提起抗告或聲請準抗告）

①法院就第四百十六條之聲請所為裁定，不得抗告。但對於其就撤銷罰鍰之聲請而為者，得提起抗告。

②依本編規定得提起抗告，而誤為撤銷或變更之聲請者，視為已提抗告；其誤為撤銷或變更之聲請而誤為抗告者，視為已有聲請。

第四一九條 （抗告準用上訴之規定）

抗告，除本章有特別規定外，準用第三編第一章關於上訴之規定。

第五編　再　審

第四二〇條 （為受判決人利益聲請再審之事由）104

①有罪之判決確定後，有下列情形之一者，為受判決人之利益，得聲請再審：

一 原判決所憑之證物已證明其為偽造或變造者。

二 原判決所憑之證言、鑑定或通譯已證明其為虛偽者。

三 受有罪判決之人，已證明其係被誣告者。

四 原判決所憑之通常法院或特別法院之裁判已經確定裁判變更者。

五 參與原判決或前審判決或判決前所行調查之法官，或參與偵查或起訴之檢察官，或參與調查犯罪之檢察事務官、司法警

察官或司法警察，因該案件犯職務上之罪已經證明者，或因該案件違法失職已受懲戒處分，足以影響原判決者。

六　因發現新事實或新證據，單獨或與先前之證據綜合判斷，足認受有罪判決之人應受無罪、免訴、免刑或輕於原判決所認罪名之判決者。

②前項第一款至第三款及第五款情形之證明，以經判決確定，或其刑事訴訟不能開始或續行非因證據不足者為限，得聲請再審。

③第一項第六款之新事實或新證據，指判決確定前已存在或成立而未及調查斟酌，及判決確定後始存在或成立之事實、證據。

第四二一條　（為受判決人利益聲請再審理由）
不得上訴於第三審法院之案件，除前條規定外，其經第二審確定之有罪判決，如就足生影響於判決之重要證據漏未審酌者，亦得為受判決人之利益，聲請再審。

第四二二條　（為受判決人之不利益聲請再審之理由）
有罪、無罪、免訴或不受理之判決確定後，有左列情形之一者，為受判決人之不利益，得聲請再審：

一　有第四百二十條第一款、第二款、第四款或第五款之情形者。

二　受無罪或輕於相當之刑之判決，而於訴訟上或訴訟外自白，或發見確實之新證據，足認其有應受有罪或重刑判決之犯罪事實者。

三　受免訴或不受理之判決，而於訴訟上或訴訟外自述，或發見確實之新證據，足認其並無免訴或不受理之原因者。

第四二三條　（聲請再審之期間）
聲請再審於刑罰執行完畢後，或已不受執行時，亦得為之。

第四二四條　（聲請再審之期間）
依第四百二十一條規定，因重要證據漏未審酌而聲請再審者，應於送達判決後二十日內為之。

第四二五條　（聲請再審之期間）
為受判決人之不利益聲請再審，於判決確定後，經過刑法第八十條第一項期間二分之一者，不得為之。

第四二六條　（再審之管轄法院）109
①聲請再審，由判決之原審法院管轄。
②判決之一部曾經上訴，一部未經上訴，對於各該部分均聲請再審，而經第二審法院就其在上訴審確定之部分為開始再審之裁定者，其對於在第一審確定之部分聲請再審，亦應由第二審法院管轄。
③判決在第三審確定者，對於該判決聲請再審，除以第三審法院之法官有第四百二十條第一項第五款情形為原因者外，應由第二審法院管轄之。

第四二七條　（聲請再審權人─為受判決人利益）
為受判決人之利益聲請再審，得由左列各人為之：

一　管轄法院之檢察官。
二　受判決人。
三　受判決人之法定代理人或配偶。
四　受判決人已死亡者，其配偶、直系血親、三親等內之旁系血親、二親等內之姻親或家長、家屬。

第四二八條　（聲請再審權人一為受判決人不利益）

①為受判決人之不利益聲請再審，得由管轄法院之檢察官及自訴人為之。但自訴人聲請再審者，以有第四百二十二條第一款規定之情形為限。

②自訴人已喪失行為能力或死亡者，得由第三百十九條第一項所列得為提起自訴之人，為前項之聲請。

第四二九條　（聲請之程式）109

聲請再審，應以再審書狀敘述理由，附具原判決之繕本及證據，提出於管轄法院為之。但經釋明無法提出原判決之繕本，而有正當理由者，亦得同時請求法院調取之。

第四二九條之一　（聲請再審得委任律師為代理人及準用之規定）109

①聲請再審，得委任律師為代理人。

②前項委任，應提出委任狀於法院，並準用第二十八條及第三十二條之規定。

③第三十三條之規定，於聲請再審之情形，準用之。

第四二九條之二　（聲請再審之通知到場義務）109

聲請再審之案件，除顯無必要者外，應通知聲請人及其代理人到場，並聽取檢察官及受判決人之意見。但無正當理由不到場，或陳明不願到場者，不在此限。

第四二九條之三　（再審聲請人得聲請調查證據）109

①聲請再審得同時釋明其事由聲請調查證據，法院認有必要者，應為調查。

②法院為查明再審之聲請有無理由，得依職權調查證據。

第四三〇條　（聲請再審之效力）

聲請再審，無停止刑罰執行之效力。但管轄法院之檢察官於再審之裁定前，得命停止。

第四三一條　（再審聲請之撤回及其效力）

①再審之聲請，於再審判決前，得撤回之。

②撤回再審聲請之人，不得更以同一原因聲請再審。

第四三二條　（撤回上訴規定之準用）

第三百五十八條及第三百六十條之規定，於聲請再審及其撤回準用之。

第四三三條　（聲請不合法之裁定一裁定駁回）109

法院認為聲請再審之程序違背規定者，應以裁定駁回之。但其不合法律上之程式可以補正者，應定期間先命補正。

第四三四條 （聲請無理由之裁定—裁定駁回）109

①法院認為無再審理由者，應以裁定駁回之。

②聲請人或受裁定人不服駁回聲請之裁定者，得於裁定送達後十日內抗告。

③經前項裁定後，不得更以同一原因聲請再審。

第四三五條 （聲請有理由之裁定—開始再審之裁定）

①法院認為有再審理由者，應為開始再審之裁定。

②為前項裁定後，得以裁定停止刑罰之執行。

③對於第一項之裁定，得於三日內抗告。

第四三六條 （再審之審判）

開始再審之裁定確定後，法院應依其審級之通常程序，更為審判。

第四三七條 （言詞審理之例外）

①受判決人已死亡者，為其利益聲請再審之案件，應不行言詞辯論，由檢察官或自訴人以書狀陳述意見後，即行判決。但自訴人已喪失行為能力或死亡者，得由第三百三十二條規定得為承受訴訟之人於一個月內聲請法院承受訴訟；如無承受訴訟之人或逾期不為承受者，法院得逕行判決，或通知檢察官陳述意見。

②為受判決人之利益聲請再審之案件，受判決人於再審判決前死亡者，準用前項規定。

③依前二項規定所為之判決，不得上訴。

第四三八條 （終結再審程序）

為受判決人之不利益聲請再審之案件，受判決人於再審判決前死亡者，其再審之聲請及關於再審之裁定，失其效力。

第四三九條 （禁止不利益變更原則）

為受判決人之利益聲請再審之案件，諭知有罪之判決者，不得重於原判決所諭知之刑。

第四四〇條 （再審諭知無罪判決之公示）

為受判決人之利益聲請再審之案件，諭知無罪之判決者，應將該判決書刊登公報或其他報紙。

第六編　非常上訴

第四四一條 （非常上訴之原因及提起權人）

判決確定後，發見該案件之審判係違背法令者，最高法院檢察署檢察總長得向最高法院提起非常上訴。

第四四二條 （聲請提起非常上訴之程式）

檢察官發見有前條情形者，應具意見書將該案卷宗及證物送交最高法院檢察署檢察總長，聲請提起非常上訴。

第四四三條 （提起非常上訴之程式）

提起非常上訴，應以非常上訴書敘述理由，提出於最高法院為之。

第四四四條 （言詞審理之例外）

非常上訴之判決，不經言詞辯論為之。

第四四五條 （調查之範圍）

①最高法院之調查，以非常上訴理由所指摘之事項為限。

②第三百九十四條之規定，於非常上訴準用之。

第四四六條 （非常上訴無理由之處置—駁回判決）

認為非常上訴無理由者，應以判決駁回之。

第四四七條 （非常上訴有理由之處置）

①認為非常上訴有理由者，應分別為左列之判決。

一 原判決違背法令者，將其違背之部分撤銷。但原判決不利於
被告者，應就該案件另行判決。

二 訴訟程序違背法令者，撤銷其程序。

②前項第一款情形，如係誤認為無審判權而不受理，或其他有維持
被告審級利益之必要者，得將原判決撤銷，由原審法院依判決前
之程序更為審判。但不得諭知較重於原確定判決之刑。

第四四八條 （非常上訴判決之效力）

非常上訴之判決，除依前條第一項第一款但書及第二項規定者
外，其效力不及於被告。

第七編 簡易程序

第四四九條 （聲請簡易判決之要件）

①第一審法院依被告在偵查中之自白或其他現存之證據，已足認定
其犯罪者，得因檢察官之聲請，不經通常審判程序，逕以簡易判
決處刑。但有必要時，應於處刑前訊問被告。

②前項案件檢察官依通常程序起訴，經被告自白犯罪，法院認為宜
以簡易判決處刑者，得不經通常審判程序，逕以簡易判決處刑。

③依前二項規定所科之刑以宣告緩刑、得易科罰金或得易服社會勞
動之有期徒刑及拘役或罰金為限。

第四四九條之一 （簡易程序案件之辦理）

簡易程序案件，得由簡易庭辦理之。

第四五〇條 （法院簡易判決—處刑、免刑判決）

①以簡易判決處刑時，得併科沒收或為其他必要之處分。

②第二百九十九條第一項但書之規定，於前項判決準用之。

第四五一條 （簡易判決之聲請）

①檢察官審酌之案件情節，認為宜以簡易判決處刑者，應即以書面為
聲請。

②第二百六十四條之規定，於前項聲請準用之。

③第一項聲請，與起訴有同一之效力。

④被告於偵查中自白者，得請求檢察官為第一項之聲請。

第四五一條之一 （檢察官得為具體之求刑）

①前條第一項之案件，被告於偵查中自白者，得向檢察官表示願受

科刑之範圍或願意接受緩刑之宣告，檢察官同意者，應記明筆錄，並即以被告之表示為基礎，向法院求刑或為緩刑宣告之請求。

②檢察官為前項之求刑或請求前，得徵詢被害人之意見，並斟酌情形，經被害人同意，命被告為左列各款事項：

一 向被害人道歉。

二 向被害人支付相當數額之賠償金。

③被告自白犯罪未為第一項之表示者，在審判中得向法院為之，檢察官亦得依被告之表示向法院求刑或請求為緩刑之宣告。

④第一項及前項情形，法院應於檢察官求刑或緩刑宣告請求之範圍內為判決。但有左列情形之一者，不在此限：

一 被告所犯之罪不合第四百四十九條所定得以簡易判決處刑之案件者。

二 法院認定之犯罪事實顯然與檢察官據以求處罪刑之事實不符，或於審判中發現其他裁判上一罪之犯罪事實，足認檢察官之求刑顯不適當者。

三 法院於審理後，認應為無罪、免訴、不受理或管轄錯誤判決之諭知者。

四 檢察官之請求顯有不當或顯失公平者。

第四五二條 （審判程序）

檢察官聲請以簡易判決處刑之案件，經法院認為有第四百五十一條之一第四項但書之情形者，應適用通常程序審判之。

第四五三條 （法院之簡易判決－立即處分）

以簡易判決處刑案件，法院應立即處分。

第四五四條 （簡易判決應載事項）108三讀

①簡易判決，應記載下列事項：

一 第五十一條第一項之記載。

二 犯罪事實及證據名稱。

三 應適用之法條。

四 第三百零九條各款所列事項。

五 自簡易判決送達之日起二十日內，得提起上訴之曉示。但不得上訴者，不在此限。

②前項判決書，得以簡略方式為之，如認定之犯罪事實、證據及應適用之法條，與檢察官聲請簡易判決處刑或起訴書之記載相同者，得引用之。

第四五五條 （簡易判決正本之送達）

書記官接受簡易判決原本後，應立即製作正本為送達，並準用第三百十四條第二項之規定。

第四五五條之一 （對簡易判決不服之上訴）

①對於簡易判決有不服者，得上訴於管轄之第二審地方法院合議庭。

②依第四百五十一條之一之請求所為之科刑判決，不得上訴。

③第一項之上訴，準用第三編第一章及第二章除第三百六十一條外之規定。

④對於適用簡易程序案件所爲裁定有不服者，得抗告於管轄之第二審地方法院合議庭。

⑤前項之抗告，準用第四編之規定。

第七編之一　協商程序

第四五五條之二　（協商程序之聲請）105

①除所犯爲死刑、無期徒刑、最輕本刑三年以上有期徒刑之罪或高等法院管轄第一審案件者外，案件經檢察官提起公訴或聲請簡易判決處刑，於第一審言詞辯論終結前或簡易判決處刑前，檢察官得於徵詢被害人之意見後，逕行或依被告或其代理人、辯護人之請求，經法院同意，就下列事項於審判外進行協商，經當事人雙方合意且被告認罪者，由檢察官聲請法院改依協商程序而爲判決：

一　被告願受科刑及沒收之範圍或願意接受緩刑之宣告。

二　被告向被害人道歉。

三　被告支付相當數額之賠償金。

四　被告向公庫支付一定金額，並得由該管檢察署依規定提撥一定比率補助相關公益團體或地方自治團體。

②檢察官就前項第二款、第三款事項與被告協商，應得被害人之同意。

③第一項之協商期間不得逾三十日。

④第一項第四款提撥比率、收支運用及監督管理辦法，由行政院會同司法院另定之。

第四五五條之三　（撤銷協商）

①法院應於接受前條之聲請後十日內，訊問被告並告以所認罪名、法定刑及所喪失之權利。

②被告得於前項程序終結前，隨時撤銷協商之合意。被告違反與檢察官協議之內容時，檢察官亦得於前項程序終結前，撤回協商程序之聲請。

第四五五條之四　（不得爲協商判決之情形）

①有下列情形之一者，法院不得爲協商判決：

一　有前條第二項之撤銷合意或撤回協商聲請者。

二　被告協商之意思非出於自由意志者。

三　協商之合意顯有不當或顯失公平者。

四　被告所犯之罪非第四百五十五條之二第一項所定得以聲請協商判決者。

五　法院認定之事實顯與協商合意之事實不符者。

六　被告有其他較重之裁判上一罪之犯罪事實者。

七　法院認應諭知免刑或免訴、不受理者。

②除前項所定情形之一者外，法院應不經言詞辯論，於協商合意範圍內爲判決。法院爲協商判決所科之刑，以宣告緩刑、二年以下有期徒刑、拘役或罰金爲限。

③當事人如有第四百五十五條之二第一項第二款至第四款之合意，法院應記載於筆錄或判決書內。

④法院依協商範圍爲判決時，第四百五十五條之二第一項第三款、第四款並得爲民事強制執行名義。

第四五五條之五 (指定公設辯護人)

①協商之案件，被告表示所願受科之刑逾有期徒刑六月，且未受緩刑宣告，其未選任辯護人者，法院應指定公設辯護人或律師爲辯護人，協助進行協商。

②辯護人於協商程序，得就協商事項陳述事實上及法律上之意見。但不得與被告明示之協商意見相反。

第四五五條之六 (裁定駁回)

①法院對於第四百五十五條之二第一項協商之聲請，認有第四百五十五條之四第一項各款所定情形之一者，應以裁定駁回之，適用通常、簡式審判或簡易程序審判。

②前項裁定，不得抗告。

第四五五條之七 (協商陳述不得採爲不利證據)

法院未爲協商判決者，被告或其代理人、辯護人在協商過程中之陳述，不得於本案或其他案件採爲對被告或其他共犯不利之證據。

第四五五條之八 (協商判決書之製作送達之準用)

協商判決書之製作及送達，準用第四百五十四條、第四百五十五條之規定。

第四五五條之九 (宣示協商判決筆錄送達之準用)

①協商判決，得僅由書記官將主文、犯罪事實要旨及處罰條文記載於宣示判決筆錄，以代判決書。但於宣示判決之日起十日內，當事人聲請法院交付判決書者，法院仍應爲判決書之製作。

②前項筆錄正本或節本之送達，準用第四百五十五條之規定，並與判決書之送達有同一之效力。

第四五五條之一〇 (不得上訴之除外情形)

①依本編所爲之科刑判決，不得上訴。但有第四百五十五條之四第一項第一款、第二款、第四款、第六款、第七款所定情形之一，或協商判決違反同條第二項之規定者，不在此限。

②對於前項但書之上訴，第二審法院之調查以上訴理由所指摘之事項爲限。

③第二審法院認爲上訴有理由者，應將原審判決撤銷，將案件發回第一審法院依判決前之程序更爲審判。

第四五五條之一一 (協商判決上訴之準用)

①協商判決之上訴，除本編有特別規定外，準用第三編第一章及第二章之規定。

②第一百五十九條第一項、第二百八十四條之一之規定，於協商程序不適用之。

第七編之二　沒收特別程序 105

第四五五條之一二 （財產可能被沒收之第三人得聲請參與沒收程序）105

①財產可能被沒收之第三人得於本案最後事實審言詞辯論終結前，向該管法院聲請參與沒收程序。

②前項聲請，應以書狀記載下列事項為之：

一　本案案由及被告之姓名、性別、出生年月日、身分證明文件編號或其他足資辨別之特徵。

二　參與沒收程序之理由。

三　表明參與沒收程序之意旨。

③第三人未為第一項聲請，法院認有必要時，應依職權裁定命該第三人參與沒收程序。但該第三人向法院或檢察官陳明對沒收其財產不提出異議者，不在此限。

④前三項規定，於自訴程序、簡易程序及協商程序之案件準用之。

第四五五條之一三 （沒收第三人財產之通知義務）105

①檢察官有相當理由認應沒收第三人財產者，於提起公訴前應通知該第三人，予其陳述意見之機會。

②檢察官提起公訴時認應沒收第三人財產者，應於起訴書記載該意旨，並即通知該第三人下列事項：

一　本案案由及其管轄法院。

二　被告之姓名、性別、出生年月日、身分證明文件編號或其他足資辨別之特徵。

三　應沒收財產之名稱、種類、數量及其他足以特定之事項。

四　構成沒收理由之事實要旨及其證據。

五　得向管轄法院聲請參與沒收程序之意旨。

③檢察官於審理中認應沒收第三人財產者，得以言詞或書面向法院聲請。

第四五五條之一四 （參與沒收程序聲請裁定前之通知義務）105

法院對於參與沒收程序之聲請，於裁定前應通知聲請人、本案當事人、代理人、辯護人或輔佐人，予其陳述意見之機會。

第四五五條之一五（沒收之聲請顯不相當法院得免予沒收）105

①案件調查證據所需時間、費用與沒收之聲請顯不相當者，經檢察官或自訴代理人同意後，法院得免予沒收。

②檢察官或自訴代理人得於本案最後事實審言詞辯論終結前，撤回前項之同意。

第四五五條之一六 （聲請參與沒收程序之駁回）105

①法院認為聲請參與沒收程序不合法律上之程式或法律上不應准許

或無理由者，應以裁定駁回之。但其不合法律上之程式可補正者，應定期間先命補正。

②法院認為聲請參與沒收程序有理由者，應為准許之裁定。

③前項裁定，不得抗告。

第四五五條之一七　（法院所為第三人參與沒收程序之裁定應記載事項）105

法院所為第三人參與沒收程序之裁定，應記載訴訟進行程度、參與之理由及得不待其到庭陳述逕行諭知沒收之旨。

第四五五條之一八　（經法院裁定參與沒收程序者，適用通常程序審判）105

行簡易程序、協商程序之案件，經法院裁定第三人參與沒收程序者，適用通常程序審判。

第四五五條之一九　（參與人就沒收其財產事項之準用規定）105

參與人就沒收其財產之事項，除本編有特別規定外，準用被告訴訟上權利之規定。

第四五五條之二○　（審判期日及沒收財產事項文書之通知及送達）105

法院應將審判期日通知參與人並送達關於沒收其財產事項之文書。

第四五五條之二一　（參與人及委任代理人到場之準用規定）105

①參與人得委任代理人到場。但法院認為必要時，得命本人到場。

②第二十八條至第三十條、第三十二條、第三十三條第一項及第三十五條第二項之規定，於參與人之代理人準用之。

③第一項情形，如有必要命參與人本人到場者，應傳喚之；其經合法傳喚，無正當理由不到場者，得拘提之。

④第七十一條、第七十二條至第七十四條、第七十七條至第八十三條及第八十九條至第九十一條之規定，於前項參與人之傳喚及拘提準用之。

第四五五條之二二　（審判長應於審判期日向到場之參與人告知事項）105

審判長應於審判期日向到場之參與人告知下列事項：

一　構成沒收理由之事實要旨。

二　訴訟進行程度。

三　得委任代理人到場。

四　得請求調查有利之證據。

五　除本編另有規定外，就沒收其財產之事項，準用被告訴訟上權利之規定。

第四五五條之二三　（參與沒收程序不適用交互詰問規則）105

參與沒收程序之證據調查，不適用第一百六十六條第二項至第六項、第一百六十六條之一至第一百六十六條之六之規定。

第四五五條之二四　（言詞辯論之順序及程序）105

①參與人就沒收其財產事項之辯論，應於第二百八十九條程序完畢後，依同一次序行之。

②參與人經合法傳喚或通知而不到庭者，得不待其陳述逕行判決；其未受許可而退庭或拒絕陳述者，亦同。

第四五五條之二五　（撤銷參與沒收程序之裁定）105

法院裁定第三人參與沒收程序後，認有不應參與之情形者，應撤銷原裁定。

第四五五條之二六　（判決及其應載事項）105

①參與人財產經認定應沒收者，應對參與人諭知沒收該財產之判決；認不應沒收者，應諭知不予沒收之判決。

②前項判決，應記載其裁判之主文、構成沒收之事實與理由。理由內應分別情形記載認定事實所憑之證據及其認定應否沒收之理由、對於參與人有利證據不採納之理由及應適用之法律。

③第一項沒收應與本案同時判決。但有必要時，得分別為之。

第四五五條之二七　（對判決提起上訴其效力應及於相關之沒收判決）105

①對於本案之判決提起上訴者，其效力及於相關之沒收判決；對於沒收之判決提起上訴者，其效力不及於本案判決。

②參與人提起第二審上訴時，不得就原審認定犯罪事實與沒收其財產相關部分再行爭執。但有下列情形之一者，不在此限：

一　非因過失，未於原審就犯罪事實與沒收其財產相關部分陳述意見或聲請調查證據。

二　參與人以外得爭執犯罪事實之其他上訴權人，提起第二審上訴爭執犯罪事實與沒收參與人財產相關部分。

三　原審有第四百二十條第一項第一款、第二款、第四款或第五款之情形。

第四五五條之二八　（參與沒收程序審判、上訴及抗告之準用規定）105

參與沒收程序之審判、上訴及抗告，除本編有特別規定外，準用第二編第一章第三節、第三編及第四編之規定。

第四五五條之二九　（第三人得聲請撤銷沒收之確定判決）105

①經法院判決沒收財產確定之第三人，非因過失，未參與沒收程序者，得於知悉沒收確定判決之日起三十日內，向諭知該判決之法院聲請撤銷。但自判決確定後已逾五年者，不得為之。

②前項聲請，應以書面記載下列事項：

一　本案案由。

二　聲請撤銷宣告沒收判決之理由及其證據。

三　遵守不變期間之證據。

第四五五條之三〇　（聲請撤銷沒收確定判決無停止執行之效力）105

聲請撤銷沒收確定判決，無停止執行之效力。但管轄法院之檢察官於撤銷沒收確定判決之裁定前，得命停止。

第四五五條之三一 (聲請撤銷沒收確定判決之陳述意見) 105

法院對於撤銷沒收確定判決之聲請,應通知聲請人、檢察官及自訴代理人,予其陳述意見之機會。

第四五五條之三二 (聲請撤銷沒收確定判決之駁回) 105

①法院認為撤銷沒收確定判決之聲請不合法律上之程式或法律上不應准許或無理由者,應以裁定駁回之。但其不合法律上之程式可以補正者,應定期間先命補正。

②法院認為聲請撤銷沒收確定判決有理由者,應以裁定將沒收確定判決中經聲請之部分撤銷。

③對於前二項抗告法院之裁定,得提起再抗告。

④聲請撤銷沒收確定判決之抗告及再抗告,除本編有特別規定外,準用第四編之規定。

第四五五條之三三 (撤銷沒收確定判決之裁定確定後,更為審判) 105

撤銷沒收確定判決之裁定確定後,法院應依判決前之程序,更為審判。

第四五五條之三四 (單獨宣告沒收之裁定) 105

單獨宣告沒收由檢察官聲請違法行為地、沒收財產所在地或其財產所有人之住所、居所或所在地之法院裁定之。

第四五五條之三五 (聲請單獨宣告沒收之書狀應載事項) 105

前條聲請,檢察官應以書狀記載下列事項,提出於管轄法院為之:

一 應沒收財產之財產所有人姓名、性別、出生年月日、住居所、身分證明文件編號或其他足資辨別之特徵。但財產所有人不明時,得不予記載。

二 應沒收財產之名稱、種類、數量及其他足以特定沒收物或財產上利益之事項。

三 應沒收財產所由來之違法事實及證據並所涉法條。

四 構成單獨宣告沒收理由之事實及證據。

第四五五條之三六 (聲請單獨宣告沒收之駁回) 105

①法院認為單獨宣告沒收之聲請不合法律上之程式或法律上不應准許或無理由者,應以裁定駁回之。但其不合法律上之程式可以補正者,應定期間先命補正。

②法院認為聲請單獨宣告沒收有理由者,應為准許之裁定。

③對於前二項抗告法院之裁定,得提起再抗告。

第四五五條之三七 (準用第三人參與沒收程序之規定) 105

本編關於第三人參與沒收程序之規定,於單獨宣告沒收程序準用之。

第七編之三　被害人訴訟參與 109

第四五五條之三八 (犯罪被害人得聲請參與訴訟之資格及案

① 下列犯罪之被害人得於檢察官提起公訴後第二審言詞辯論終結前，向該管法院聲請參與本案訴訟。

一　因故意、過失犯罪行為而致人於死或致重傷之罪。

二　刑法第二百三十一條、第二百三十一條之一、第二百三十二條、第二百三十三條、第二百四十條、第二百四十一條、第二百四十二條、第二百四十三條、第二百七十一條第一項、第二項、第二百七十二條、第二百七十三條、第二百七十五條第一項至第三項、第二百七十八條第一項、第三項、第二百八十條、第二百八十六條第一項、第二項、第二百九十一條、第二百九十六條、第二百九十六條之一、第二百九十七條、第二百九十八條、第二百九十九條、第三百條、第三百二十八條第一項、第二項、第四項、第三百二十九條、第三百三十條、第三百三十二條第一項、第二項第一款、第三款、第四款、第三百三十三條第一項、第二項、第三百三十四條第一項、第二項第一款、第三款、第四款、第三百四十七條第一項、第三項、第三百四十八條第一項、第二項第二款之罪。

三　性侵害犯罪防治法第二條第一項所定之罪。

四　人口販運防制法第三十一條至第三十四條、第三十六條之罪。

五　兒童及少年性剝削防制條例第三十二條至第三十五條、第三十六條第一項至第五項、第三十七條第一項之罪。

② 前項各款犯罪之被害人無行為能力、限制行為能力、死亡或因其他不得已之事由而不能聲請者，得由其法定代理人、配偶、直系血親、三親等內之旁系血親、二親等內之姻親或家長、家屬為之。但被告具前述身分之一，而無其他前述身分之人聲請者，得由被害人戶籍所在地之直轄市、縣（市）政府或財團法人犯罪被害人保護協會為之。被害人戶籍所在地不明者，得由其住（居）所或所在地之直轄市、縣（市）政府或財團法人犯罪被害人保護協會為之。

第四五五條之三九　（聲請訴訟參與之法定程式及訴訟參與聲請書狀之應載事項） 109

① 聲請訴訟參與，應於每審級向法院提出聲請書狀。

② 訴訟參與聲請書狀，應記載下列事項：

一　本案案由。

二　被告之姓名、性別、出生年月日、身分證明文件編號或其他足資辨別之特徵。

三　非被害人者，其與被害人之身分關係。

四　表明參與本案訴訟程序之意旨及理由。

第四五五條之四○　（聲請訴訟參與之裁定） 109

① 法院對於前條之聲請，認為不合法律上之程式或法律上不應准許

者，應以裁定駁回之。但其不合法律上之程式可補正者，應定期間先命補正。

②法院於徵詢檢察官、被告、辯護人及輔佐人之意見，並斟酌案件情節、聲請人與被告之關係、訴訟進行之程度及聲請人之利益，認為適當者，應為准許訴訟參與之裁定；認為不適當者，應以裁定駁回之。

③法院裁定准許訴訟參與後，認有不應准許之情形者，應撤銷原裁定。

④前三項裁定，不得抗告。

第四五五條之四一　（訴訟參與人之選任代理人及指定代理人）109

①訴訟參與人得隨時選任代理人。

②第二十八條至第三十條、第三十二條之規定，於訴訟參與人之代理人準用之；第三十一條第一項第三款至第六款、第二項至第四項之規定，於訴訟參與人未經選任代理人者並準用之。

第四五五條之四二　（訴訟參與人之資訊取得權）109

①代理人於審判中得檢閱卷宗及證物並得抄錄、重製或攝影。但代理人為非律師者，於審判中對於卷宗及證物不得檢閱、抄錄、重製或攝影。

②無代理人或代理人為非律師之訴訟參與人於審判中得預納費用請求付與卷宗及證物之影本。但卷宗及證物之內容與被告被訴事實無關或足以妨害另案之偵查，或涉及當事人或第三人之隱私或業務秘密者，法院得限制之。

③前項但書之限制，得提起抗告。

第四五五條之四三　（訴訟參與人於準備程序期日受通知、在場權及對準備程序事項陳述意見之權利）109

①準備程序期日，應通知訴訟參與人及其代理人到場。但經合法通知無正當理由不到場或陳明不願到場者，不在此限。

②第二百七十三條第一項各款事項，法院應聽取訴訟參與人及其代理人之意見。

第四五五條之四四　（訴訟參與人於審判期日受通知及在場權之權利）109

審判期日，應通知訴訟參與人及其代理人。但經合法通知無正當理由不到場或陳明不願到場者，不在此限。

第四五五條之四五　（有多數訴訟參與人之選定或指定代表人）109

①多數訴訟參與人得由其中選定一人或數人，代表全體或一部訴訟參與人參與訴訟。

②未依前項規定選定代表人者，法院認為必要時，得限期命為選定，逾期未選定者，法院得依職權指定之。

③前二項經選定或指定之代表人得更換、增減之。

④本編所定訴訟參與之權利，由經選定或指定之代表人行使之。

第四五五條之四六　（訴訟參與人對證據表示意見及辯論證據證明力之權利）109

①每調查一證據畢，審判長應詢問訴訟參與人及其代理人有無意見。

②法院應予訴訟參與人及其代理人，以辯論證據證明力之適當機會。

第四五五條之四七　（訴訟參與人就科刑範圍表示意見之權利）109

審判長於行第二百八十九條關於科刑之程序前，應予訴訟參與人及其代理人、陪同人就科刑範圍表示意見之機會。

第八編　執　行

第四五六條　（執行裁判之時期）108

①裁判除關於保安處分者外，於確定後執行之。但有特別規定者，不在此限。

②前項情形，檢察官於必要時，得於裁判法院送交卷宗前執行之。

第四五七條　（指揮執行之機關）109

①執行裁判由為裁判法院之檢察官指揮。但其性質應由法院或審判長、受命法官、受託法官指揮，或有特別規定者，不在此限。

②因駁回上訴抗告之裁判，或因撤回上訴、抗告而應執行下級法院之裁判者，由上級法院對應之檢察署檢察官指揮之。

③前二項情形，其卷宗在下級法院者，由下級法院對應之檢察署檢察官指揮執行。

第四五八條　（指揮執行之方式）

指揮執行，應以指揮書附具裁判書或筆錄之繕本或節本為之。但執行刑罰或保安處分以外之指揮，毋庸制作指揮書者，不在此限。

第四五九條　（主刑之執行順序）

二以上主刑之執行，除罰金外，應先執行其重者。但有必要時，檢察官得命先執行他刑。

第四六○條　（死刑之執行—審核）

諭知死刑之判決確定後，檢察官應速將該案卷宗送交司法行政最高機關。

第四六一條　（死刑執行—執行時期與再審核）

死刑，應經司法行政最高機關令准，於令到三日內執行之。但執行檢察官發見案情確有合於再審或非常上訴之理由者，得於三日內電請司法行政最高機關，再加審核。

第四六二條　（死刑之執行—場所）

死刑，於監獄內執行之。

第四六三條　（死刑執行—在場人）

① 執行死刑，應由檢察官蒞視並命書記官在場。

② 執行死刑，除經檢察官或監獄長官之許可者外，不得入行刑場內。

第四六四條 （死刑執行—筆錄）

① 執行死刑，應由在場之書記官制作筆錄。

② 筆錄應由檢察官及監獄長官簽名。

第四六五條 （停止執行死刑事由及恢復執行）

① 受死刑之諭知者，如在心神喪失中，由司法行政最高機關命令停止執行。

② 受死刑諭知之婦女懷胎者，於其生產前，由司法行政最高機關命令停止執行。

③ 依前二項規定停止執行者，於其痊癒或生產後，非有司法行政最高機關命令，不得執行。

第四六六條 （自由刑之執行）

處徒刑及拘役之人犯，除法律別有規定外，於監獄內分別拘禁之，令服勞役。但得因其情節，免服勞役。

第四六七條 （停止執行自由刑之事由）

受徒刑或拘役之諭知而有左列情形之一者，依檢察官之指揮，於其痊癒或該事故消滅前，停止執行：

一 心神喪失者。

二 懷胎五月以上者。

三 生產未滿二月者。

四 現罹疾病，恐因執行而不能保其生命者。

第四六八條 （停止執行受刑人之醫療）

依前條第一款及第四款情形停止執行者，檢察官得將受刑人送入醫院或其他適當之處所。

第四六九條 （刑罰執行前之強制處分）108

① 受罰金以外主刑之諭知，而未經羈押者，檢察官於執行時，應傳喚之；傳喚不到者，應行拘提。但經諭知死刑、無期徒刑或逾二年有期徒刑，而有相當理由認為有逃亡之虞者，得逕行拘提。

② 前項前段受刑人，檢察官得依第七十六條第一款及第二款之規定，逕行拘提，及依第八十四條之規定通緝之。

第四七〇條 （財產刑之執行）105

① 罰金、罰鍰、沒收及沒入之裁判，應依檢察官之命令執行之。但罰金、罰鍰於裁判宣示後，如經受裁判人同意而檢察官不在場者，得由法官當庭指揮執行。

② 前項命令與民事執行名義有同一之效力。

③ 罰金及沒收，得就受刑人之遺產執行。

第四七一條 （民事裁判執行準用及囑託執行）

① 前條裁判之執行，準用執行民事裁判之規定。

② 前項執行，檢察官於必要時，得囑託地方法院民事執行處為之。

③ 檢察官之囑託執行，免徵執行費。

第四七二條　（沒收物之處分機關）

沒收物，由檢察官處分之。

第四七三條　（沒收物、追徵財產之聲請發還或給付）105

①沒收物、追徵財產，於裁判確定後一年內，由權利人聲請發還者，或因犯罪而得行使債權請求權之人已取得執行名義者聲請給付，除應破毀或廢棄者外，檢察官發還或給付之；其已變價者，應給與變價所得之價金。

②聲請人對前項關於發還、給付之執行不服者，準用第四百八十四條之規定。

③第一項之變價、分配及給付，檢察官於必要時，得囑託法務部行政執行署所屬各分署為之。

④第一項之請求權人、聲請發還或給付之範圍、方式、程序與檢察官得發還或給付之範圍及其他應遵行事項之執行辦法，由行政院定之。

第四七四條　（發還偽造變造物時之處置）

偽造或變造之物，檢察官於發還時，應將其偽造、變造之部分除去或加以標記。

第四七五條　（扣押物不能發還之公告）105

①扣押物之應受發還人所在不明，或因其他事故不能發還者，檢察官應公告之；自公告之日起滿二年，無人聲請發還者，以其物歸屬國庫。

②雖在前項期間內，其無價值之物得廢棄之；不便保管者，得命變價保管其價金。

第四七六條　（撤銷緩刑宣告之聲請）

緩刑之宣告應撤銷者，由受刑人所在地或其最後住所地之地方法院檢察官聲請該法院裁定之。

第四七七條　（更定其刑之聲請）

①依刑法第四十八條應更定其刑者，或依刑法第五十三條及第五十四條應依刑法第五十一條第五款至第七款之規定，定其應執行之刑者，由該案犯罪事實最後判決之法院之檢察官，聲請該法院裁定之。

②前項其應執行之刑者，受刑人或其法定代理人、配偶，亦得請求前項檢察官聲請之。

第四七八條　（免服勞役之執行）

依本法第四百六十六條但書應免服勞役者，由指揮執行之檢察官命之。

第四七九條　（易服勞役之執行）

①依刑法第四十一條、第四十二條及第四十二條之一易服社會勞動或易服勞役者，由指揮執行之檢察官命之。

②易服社會勞動，由指揮執行之檢察官命令向該管檢察署指定之政府機關、政府機構、行政法人、社區或其他符合公益目的之機構或團體提供勞動，並定履行期間。

第四八○條　（易服勞役之分別執行與準用事項）

①罰金易服勞役者，應與處徒刑或拘役之人犯，分別執行。

②第四百六十七條及第四百六十九條之規定，於易服勞役準用之。

③第四百六十七條規定，於易服社會勞動準用之。

第四八一條　（保安處分之執行）

①依刑法第八十六條第三項、第八十七條第三項、第八十八條第二項、第八十九條第二項、第九十條第二項或第九十八條第一項前段免其處分之執行，第九十條第三項許可延長處分，第九十三條第二項之付保護管束，或第九十八條第一項後段、第二項免其刑之執行，及第九十九條許可處分之執行，由檢察官聲請該案犯罪事實最後裁判之法院裁定之。第九十一條之一第一項之施以強制治療及同條第二項之停止強制治療，亦同。

②檢察官依刑法第十八條第一項或第十九條第一項而為不起訴之處分者，如認有宣告保安處分之必要，得聲請法院裁定之。

③法院裁判時未併宣告保安處分，而檢察官認為有宣告之必要者，得於裁判後三個月內，聲請法院裁定之。

第四八二條　（易以訓誡之執行）

依刑法第四十三條易以訓誡者，由檢察官執行之。

第四八三條　（聲明疑義—有罪判決之文義）

當事人對於有罪裁判之文義有疑義者，得向諭知該裁判之法院聲明疑義。

第四八四條　（聲明異議—檢察官之執行指揮）

受刑人或其法定代理人或配偶，以檢察官執行之指揮為不當者，得向諭知該裁判之法院聲明異議。

第四八五條　（疑義或異議之聲明及撤回）

①聲明疑義或異議，應以書狀為之。

②聲明疑義或異議，於裁判前得以書狀撤回之。

③第三百五十一條之規定，於疑義或異議之聲明及撤回準用之。

第四八六條　（疑義、異議聲明之裁定）

法院應就疑義或異議之聲明裁定之。

第九編　附帶民事訴訟

第四八七條　（附帶民事訴訟當事人及請求範圍）

①因犯罪而受損害之人，於刑事訴訟程序得附帶提起民事訴訟，對於被告及依民法負賠償責任之人，請求回復其損害。

②前項請求之範圍，依民法之規定。

第四八八條　（提起之期間）

提起附帶民事訴訟，應於刑事訴訟起訴後第二審辯論終結前為之。但在第一審辯論終結後提起上訴前，不得提起。

第四八九條　（管轄法院）

①法院就刑事訴訟為第六條第二項、第八條至第十條之裁定者，視

爲就附帶民事訴訟有同一之裁定。

②就刑事訴訟諭知管轄錯誤及移送該案件者，應併就附帶民事訴訟
爲同一之諭知。

第四九○條　（適用法律之準據─刑訴法）

附帶民事訴訟除本編有特別規定外，準用關於刑事訴訟之規定。
但經移送或發回、發交於民事庭後，應適用民事訴訟法。

第四九一條　（適用法律之準據─民訴法）

民事訴訟法關於左列事項之規定，於附帶民事訴訟準用之：

一　當事人能力及訴訟能力。

二　共同訴訟。

三　訴訟參加。

四　訴訟代理人及輔佐人。

五　訴訟程序之停止。

六　當事人本人之到場。

七　和解。

八　本於捨棄之判決。

九　訴及上訴或抗告之撤回。

十　假扣押、假處分及假執行。

第四九二條　（提起之程式─訴狀）

①提起附帶民事訴訟，應提出訴狀於法院爲之。

②前項訴狀，準用民事訴訟法之規定。

第四九三條　（訴狀及準備書狀之送達）

訴狀及各當事人準備訴訟之書狀，應按他造人數提出繕本，由法
院送達於他造。

第四九四條　（當事人及關係人之傳喚）

刑事訴訟之審判期日，得傳喚附帶民事訴訟當事人及關係人。

第四九五條　（提起之程式─言詞）

①原告於審判期日到庭時，得以言詞提起附帶民事訴訟。

②其以言詞起訴者，應陳述訴狀所應表明之事項，記載於筆錄。

③第四十一條第二項至第四項之規定，於前項筆錄準用之。

④原告以言詞起訴而他造不在場，或雖在場而請求送達筆錄者，應
將筆錄送達於他造。

第四九六條　（審理之時期）

附帶民事訴訟之審理，應於審理刑事訴訟後行之。但審判長如認
爲適當者，亦得同時調查。

第四九七條　（檢察官之毋庸參與）

檢察官於附帶民事訴訟之審判，毋庸參與。

第四九八條　（得不待陳述而爲判決）

當事人經合法傳喚，無正當之理由不到庭或到庭不爲辯論者，得
不待其陳述而爲判決，其未受許可而退庭者亦同。

第四九九條　（調查證據之方法）

①就刑事訴訟所調查之證據，視爲就附帶民事訴訟亦經調查。

②前項之調查，附帶民事訴訟當事人或代理人得陳述意見。

第五○○條 （事實之認定）

附帶民事訴訟之判決，應以刑事訴訟判決所認定之事實爲據。但本於捨棄而爲判決者，不在此限。

第五○一條 （判決期間）

附帶民事訴訟，應與刑事訴訟同時判決。

第五○二條 （裁判—駁回或敗訴判決）

①法院認爲原告之訴不合法或無理由者，應以判決駁回之。

②認爲原告之訴有理由者，應依其關於請求之聲明，爲被告敗訴之判決。

第五○三條 （裁判—駁回或移送民庭）

①刑事訴訟諭知無罪、免訴或不受理之判決者，應以判決駁回原告之訴。但經原告聲請時，應將附帶民事訴訟移送管轄法院之民事庭。

②前項判決，非對於刑事訴訟之判決有上訴時，不得上訴。

③第一項但書移送案件，應繳納訴訟費用。

④自訴案件經裁定駁回自訴者，應以裁定駁回原告之訴，並準用前三項之規定。

第五○四條 （裁判—移送民庭）

①法院認附帶民事訴訟確係繁雜，非經長久時日不能終結其審判者，得以合議裁定移送該法院之民事庭；其因不足法定人數不能合議者，由院長裁定之。

②前項移送案件，免納裁判費。

③對於第一項裁定，不得抗告。

第五○五條 （裁判—移送民庭）

①適用簡易訴訟程序案件之附帶民事訴訟，準用第五百零一條或第五百零四條之規定。

②前項移送案件，免納裁判費用。

③對於第一項裁定，不得抗告。

第五○六條 （上訴第三審之限制）

①刑事訴訟之第二審判決不得上訴於第三審法院者，對於其附帶民事訴訟之第二審判決，得上訴於第三審法院。但應受民事訴訟法第四百六十六條之限制。

②前項上訴，由民事庭審理之。

第五○七條 （附帶民訴上訴第三審理由之省略）

刑事訴訟之第二審判決，經上訴於第三審法院，對於其附帶民事訴訟之判決所提起之上訴，已有刑事上訴書狀之理由之可資引用者，得不敘述上訴之理由。

第五○八條 （第三審上訴之判決—無理由駁回）

第三審法院認爲刑事訴訟之上訴無理由而駁回之者，應分別情形，就附帶民事訴訟之上訴，爲左列之判決：

一 附帶民事訴訟之原審判決無可爲上訴理由之違背法令者，應

　　　駁回其上訴。

二　附帶民事訴訟之原審判決有可爲上訴理由之違背法令者，應
　　將其判決撤銷，就該案件自爲判決。但有審理事實之必要
　　時，應將該案件發回原審法院之民事庭，或發交與原審法院
　　同級之他法院民事庭。

第五〇九條　（第三審上訴之判決—自爲判決）

第三審法院認爲刑事訴訟之上訴有理由，將原審判決撤銷而就該
案件自爲判決者，應分別情形，就附帶民事訴訟之上訴爲左列之
判決：

一　刑事訴訟判決之變更，其影響及於附帶民事訴訟，或附帶民
　　事訴訟之原審判決有可爲上訴理由之違背法令者，應將原審
　　判決撤銷，就該案件自爲判決。但有審理事實之必要時，應
　　將該案件發回原審法院之民事庭，或發交與原審法院同級之
　　他法院民事庭。

二　刑事訴訟判決之變更，於附帶民事訴訟無影響，且附帶民事
　　訴訟之原審判決無可爲上訴理由之違背法令者，應將上訴駁
　　回。

第五一〇條　（第三審上訴之判決—發回更審、發交審判）

第三審法院認爲刑事訴訟之上訴有理由，撤銷原審判決，而將該
案件發回或發交原審法院或他法院者，應併就附帶民事訴訟之上
訴，爲同一之判決。

第五一一條　（裁判—移送民庭）

①法院如僅應就附帶民事訴訟爲審判者，應以裁定將該案件移送該
法院之民事庭。但附帶民事訴訟之上訴不合法者，不在此限。

②對於前項裁定，不得抗告。

第五一二條　（附帶民事之再審）

對於附帶民事訴訟之判決聲請再審者，應依民事訴訟法向原判決
法院之民事庭提起再審之訴。

羈押法

① 民國35年1月19日國民政府制定公布全文39條；並自36年6月10日施行。
② 民國43年12月25日總統令修正公布全文39條。
③ 民國46年1月17日總統令修正公布第17條條文。
④ 民國65年5月15日總統令修正公布第5～7、10、14、15、17、22、38條條文；並增訂第5-1、7-1、38-1條條文。
⑤ 民國69年7月4日總統令修正公布第4、17、34、38-1條條文。
⑥ 民國86年5月21日總統令修正公布第4、6、17條條文。
⑦ 民國98年5月13日總統令修正公布第23條條文；增訂第23-1條條文；並刪除第28條條文。
⑧ 民國99年5月26日總統令修正公布第14條條文。
⑨ 民國109年1月15日總統令修正公布全文117條；並自公布日後六個月施行。

第一章 總　則

第一條 （立法目的）

為確保受羈押被告之權利及訴訟程序順利進行，並達成羈押之目的，特制定本法。

第二條 （主管機關、監督機關及羈押少年被告之訪視）

① 本法之主管機關為法務部。
② 看守所之監督機關為法務部矯正署。
③ 監督機關應派員視察看守所，每季至少一次。
④ 少年法院法官得隨時訪視其命羈押之少年被告。

第三條 （羈押處所及分別羈押）

① 刑事被告應羈押者，於看守所羈押之。
② 少年被告，應羈押於少年觀護所。於年滿二十歲時，應移押於看守所。
③ 看守所對羈押之被告，應按其性別嚴為分界。
④ 少年被告羈押相關事項，其他法律另有規定者，從其規定。

第四條 （被告之人權保障）

① 看守所人員執行職務應尊重被告之尊嚴及維護其人權，不得逾越所欲達成羈押目的及維護羈押處所秩序之必要限度。
② 對羈押被告不得因人種、膚色、性別、語言、宗教、政治立場、國籍、種族、社會階級、財產、出生、身心障礙或其他身分而有歧視。
③ 看守所應保障身心障礙被告在看守所內之無障礙權益，並採取適當措施為合理調整。

④看守所不得對被告施以逾十五日之單獨監禁。看守所因對被告依法執行職務，而附隨有單獨監禁之狀態時，應定期報監督機關備查，並由醫事人員持續評估被告身心狀況。經醫事人員認為不適宜繼續單獨監禁者，應停止之。

第五條　（外部視察小組之設置及報告提出）

①為落實透明化原則，保障被告權益，看守所應設立之外部視察小組，置委員三人至七人，任期二年，均為無給職，由監督機關陳報法務部核定後遴聘之。

②前項委員應就法律、醫學、公共衛生、心理、犯罪防治或人權領域之專家學者遴選之。其中任一性別委員不得少於三分之一。

③視察小組應就看守所運作及被告權益等相關事項，進行視察並每季提出報告，由看守所經監督機關陳報法務部備查，並以適當方式公開，由相關權責機關回應處理之。

④前三項視察小組之委員資格、遴（解）聘、視察方式、權限、視察報告之製作、提出與公開期間等事項及其他相關事項之辦法，由法務部定之。

第六條　（看守所得同意媒體採訪或民眾參觀）

看守所得依媒體之請求，同意其進入適當處所採訪或參觀；並得依民眾之請求，同意其進入適當處所參觀。

第二章　入　所

第七條　（入所文件之查驗）

①被告入所時，看守所應查驗法院簽署之押票；其附送身分證明者，應一併查驗。

②無前項押票者，應拒絕入所。

第八條　（入所後號數之編列、身分簿及名籍資料之編製）

被告入所後，看守所應編列號數，並編製身分簿及名籍資料。

第九條　（被告有關資料之調查）

①被告入所時，看守所應調查與被告有關之資料。

②為實施前項調查，得於必要範圍內蒐集、處理或利用被告之個人資料，並得請求機關（構）、法人、團體或個人提供相關資料，機關（構）、法人、團體或個人無正當理由不得拒絕。

③第一項與被告有關之資料調查之範圍、期間、程序、方法、審議及其他應遵行事項之辦法，由法務部定之。

第一〇條　（入所或在所婦女請求攜帶子女之准許及相關安置規定）

①入所或在所婦女請求攜帶未滿三歲之子女，經看守所檢具相關資料通知子女戶籍所在地直轄市、縣（市）社會福利主管機關評估認符合子女最佳利益者，看守所得准許之。

②前項直轄市、縣（市）社會福利主管機關評估期間以二個月為限，並應將評估報告送交看守所。

③於前項評估期間，看守所得於所內暫時安置入所或在所婦女攜入

之子女。

④子女隨母入所最多至滿三歲為止。但經第一項社會福利主管機關評估，認在所符合子女最佳利益者，最多得延長在所安置期間至子女滿三歲六個月為止。

⑤安置在所之子女有下列情形之一，看守所應通知子女戶籍所在地直轄市、縣（市）社會福利主管機關進行訪視評估，辦理轉介安置或為其他必要處置：

一　子女出現畏懼、退縮或其他顯不適於在所安置之狀況。

二　滿三歲或前項但書安置期間屆滿。

三　經第一項評估認在所安置不符合子女最佳利益。

四　因情事變更須離開看守所。

⑥被告於所內生產之子女，適用前五項規定；其出生證明書不得記載與羈押有關之事項。

⑦為照顧安置在所之子女，看守所應規劃活動空間及提供必要之設施或設備，並得洽請社會福利及相關機關（構）、法人、團體或個人協助被告育兒相關教育與指導。子女戶籍所在地直轄市、縣（市）社會福利主管機關對於在所子女照顧安置事項，應提供必要之協助。

⑧子女戶籍所在地直轄市、縣（市）社會福利主管機關於必要時得委託其他直轄市、縣（市）社會福利主管機關辦理第一項、第二項、第四項、第五項及前項所定事項。

第一一條　（入所之健康檢查及應護送醫院等處置之情形）

①被告入所時，應行健康檢查，被告不得拒絕；有下列情形之一者，應收容於病舍、隔離、護送醫院或為其他適當之處置，並即通報為裁定羈押之法院或檢察官：

一　有客觀事實足認其身心狀況欠缺辨識能力，致不能處理自己事務。

二　現罹患疾病，因羈押而不能保其生命。

三　懷胎五月以上，或生產未滿二月。

四　罹患法定傳染病，因羈押有引起群聚感染之虞。

五　衰老、身心障礙，不能於看守所自理生活。

六　有明顯外傷且自述遭刑求。

②看守所於被告有前項第一款、第二款、第六款之情形，且知其有辯護人者，應通知其辯護人。

③施行第一項檢查時，應由醫師進行，並得為醫學上之必要處置。經檢查後認有必要時，看守所得委請其他專業人士協助之。

④第一項之檢查，在所內不能實施者，得戒送醫院為之。

⑤經裁定羈押之法院禁止其接見通信者，有前項情形時，看守所應依職權或依被告申請檢具診斷及相關資料速送裁定羈押之法院為准駁之裁定，經法院核准後由看守所護送至醫療機構檢查。但有急迫情形時，看守所得先將其護送至醫療機構檢查，並即時通知為裁定羈押之法院，法院認為不應准許者，應於五日內裁定撤銷

之。

⑥經裁定羈押之法院禁止其接見通信者，有第一項後段護送醫院之必要時，看守所得依職權或依被告申請檢具診斷資料速送裁定羈押之法院為准駁之裁定，經裁定核准後由看守所護送至醫療機構醫治。但有急迫情形時，看守所得先將其護送至醫療機構治療，並即時通知為裁定羈押之法院，法院認為不應准許者，應於五日內裁定撤銷之。

第一二條 （入所身體衣物之檢查及相關人權維護；被告身分辨識之機制）

①為維護看守所秩序及安全，防止違禁物品流入，被告入所時，應檢查其身體、衣類及攜帶之物品，必要時，得採集其尿液檢驗，並得運用科技設備輔助之。

②前項檢查身體，如須脫衣檢查時，應於有遮蔽之處所為之，並注意維護被告隱私及尊嚴。男性被告應由男性職員執行，女性被告應由女性職員執行。

③非有事實足認被告有夾藏違禁物品或有其他危害看守所秩序及安全之虞，不得為侵入性檢查；如須為侵入性檢查，應經看守所長官核准，並由醫事人員為之。

④為辨識被告身分，應照相、採取指紋或記錄其他身體特徵，並得運用科技設備輔助之。

第一三條 （被告入所後應准其通知或代為通知指定之親友及辯護人；代為通知之事項）

①被告入所後，看守所應准其通知指定之親屬、友人及辯護人。但裁定羈押之法院或檢察官禁止其通信者，由看守所代為通知。

②前項代為通知，應包含下列事項：

一　被告羈押之處所。

二　被告羈押之原因。

三　刑事訴訟法第二十七條得選任辯護人之規定。

第一四條 （入所講習應告知之事項及對身障等被告之適當協助；在所權利義務之適當公開）

①被告入所講習時，應告知下列事項，並製作手冊交付其使用：

一　在所應遵守事項。

二　接見及通信事項。

三　獎懲事項。

四　陳情、申訴及訴訟救濟之規定。

五　衛生保健及醫療事項。

六　金錢及物品保管之規定。

七　法律扶助事項之宣導。

八　其他應注意事項。

②被告為身心障礙者、不通中華民國語言或有其他理由，致其難以瞭解前項各款所涉內容之意涵者，看守所應提供適當之協助。

③與被告在所權利義務相關之重要法規、行政規則及函釋等，宜以

適當方式公開，使被告得以知悉。

第三章　監禁及戒護

第一五條　（監禁舍房之種類及分配原則）

①監禁之舍房分爲單人舍房及多人舍房。

②被告入所後，以分配於多人舍房爲原則。看守所得依其管理需要配房。

③共同被告或案件相關者，應分配於不同舍房。

④被告因衰老、疾病或身心障礙，不宜與其他被告群居者，得收容於病舍。

第一六條　（看守所得運用科技設備輔助嚴密戒護）

①看守所應嚴密戒護，並得運用科技設備輔助之。

②看守所認有必要時，得對被告居住之舍房及其他處所實施搜檢，並準用第十二條有關檢查身體及辨識身分之規定。

③爲戒護安全目的，看守所得於必要範圍內，運用第一項科技設備蒐集、處理、利用被告或進出人員之個人資料。

④看守所爲維護安全，得檢查出入者之衣類或攜帶物品，並得運用科技設備輔助之。

⑤第一項、第二項與前項之戒護、搜檢及檢查，不得逾必要之程度。

⑥第一項至第四項科技設備之種類、設置、管理、運用、資料保存及其他應遵行事項之辦法，由法務部定之。

第一七條　（隔離保護之要件及相關程序）

①有下列情形之一者，看守所得施以隔離保護：

　一　被告有危害看守所安全之虞。

　二　被告之安全有受到危害之虞。

②前項隔離保護應經看守所長官核准。但情況緊急時，得先行爲之，並立即報告看守所長官。

③看守所應將第一項措施之決定定期報監督機關備查。看守所施以隔離保護後，除應以書面告知被告外，應通知其家屬或最近親屬，並安排醫事人員持續評估其身心狀況。醫事人員認爲不適宜繼續隔離保護者，應停止之。其家屬或最近親屬有數人者，得僅通知其中一人。

④第一項隔離保護不得逾必要之程度，於原因消滅時應即解除之，最長不得逾十五日。

⑤第一項施以隔離保護之生活作息、處遇、限制、禁止、第三項通知及其他應遵行事項之辦法，由法務部定之。

第一八條　（刑事被告之行動限制；對被告施用戒具、施以固定保護或收容於保護室之要件、程序、期限及身心健康維護）

①看守所對於刑事被告，爲達羈押之目的及維持秩序之必要時，得限制其行動。

②被告有下列情形之一，經爲羈押之法院裁定核准，看守所得單獨或合併施用戒具、施以固定保護或收容於保護室，並應通知被告之辯護人：

一　有脫逃、自殘、暴行、其他擾亂秩序行爲之虞。

二　有救護必要，非管束不能預防危害。

③前項施用戒具、施以固定保護或收容於保護室，看守所不得作爲懲罰被告之方法。施以固定保護，每次最長不得逾四小時；收容於保護室，每次最長不得逾二十四小時。看守所除應以書面告知被告外，並應通知其家屬或最近親屬。家屬或最近親屬有數人者，得僅通知其中一人。

④第二項情形如屬急迫，得由看守所先行爲之，並應即時陳報爲羈押之法院裁定核准，法院不予核准時，應立即停止使用。

⑤戒具以腳鐐、手銬、聯鎖、束繩及其他經法務部核定之戒具爲限，施用戒具逾四小時者，看守所應製作紀錄使被告簽名，並交付繕本；每次施用戒具最長不得逾四十八小時，並應記明起訖時間，但被告有暴行或其他擾亂秩序行爲致發生騷動、暴動事故，看守所認爲仍有繼續施用之必要者，不在此限。

⑥第四項措施應經看守所長官核准。但情況緊急時，得先行爲之，並立即報告看守所長官核准之。看守所應定期將第二項、第四項措施實施情形，陳報監督機關備查。

⑦被告有第二項、第四項情形者，看守所應儘速安排醫事人員評估其身心狀況，並提供適當之協助。如認有必要終止或變更措施，應即報告看守所長官，看守所長官應爲適當之處理。

⑧第二項及第四項施用戒具、固定保護及收容於保護室之程序、方式、規格、第二項、第三項之通知及其他應遵行事項之辦法，由法務部定之。

第一九條　（戒護被告外出得施用戒具或施以電子監控措施）

①看守所戒護被告外出，認其有脫逃、自殘、暴行之虞時，得經看守所長官核准後施用戒具。但不得逾必要之程度。

②被告外出時，看守所得運用科技設備，施以電子監控措施。

第二〇條　（得使用核定器械爲必要處置之情形及限制）

①有下列情形之一，看守所人員得使用法務部核定之棍、刀、槍及其他器械爲必要處置：

一　被告對於他人之生命、身體、自由爲強暴、脅迫或有事實足認爲將施強暴、脅迫時。

二　被告持有足供施強暴、脅迫之物，經命其放棄而不遵從時。

三　被告聚衆騷動或爲其他擾亂秩序之行爲，經命其停止而不遵從時。

四　被告脫逃，或圖謀脫逃不服制止時。

五　看守所之裝備、設施遭受劫奪、破壞或有事實足認爲有受危害之虞時。

②看守所人員使用槍械，以自己或他人生命遭受緊急危害爲限，並不得逾必要之程度。

③前二項棍、刀、槍及器械之種類、使用時機、方法及其他應遵行事項之辦法，由法務部定之。

第二一條　（遇重大特殊情形得請求警察或相關機關之協助；遇天災事變得由被告分任災害防救工作）

①看守所遇有重大特殊情形，爲加強安全戒備及被告之戒護，必要時得請求警察機關或其他相關機關協助。

②遇有天災、事變，爲防護看守所設施及被告安全時，得由被告分任災害防救工作。

第二二條　（遇天災事變得將被告護送於相當處所或暫行釋放）

①遇有天災、事變在看守所內無法防避時，得將被告護送於相當處所；不及護送時，得暫行釋放。

②前項暫行釋放之被告，由離所時起限四十八小時內，至該所或警察機關報到。其按時報到者，在外期間予以計算羈押日數；屆不報到者，以脫逃罪論處，並通報爲羈押之法院及檢察官。

第二三條　（被告返家探視之規定）

①被告之祖父母、父母、配偶、子女、兄弟姐妹或配偶之父母喪亡時，得經看守所長官核准戒護返家探視，並於二十四小時內回所；其在外期間，予以計算羈押日數。

②被告因重大或特殊事故，有返家探視之必要者，經報請監督機關核准後，準用前項之規定。

③被告返家探視條件、對象、次數、期間、費用、實施方式、核准程序、審查基準、核准後之變更或取消及其他應遵行事項之辦法，由法務部定之。

第四章　志願作業

第二四條　（看守所得准被告依其志願參加作業）

①看守所得准被告依其志願參加作業。監督機關得商洽勞動部協助各看守所發展作業項目，提升作業效能。

②作業應斟酌衛生、生活輔導、經濟效益與被告之健康、知識、技能及出所後之生計定之。

③看守所應按作業性質分設各種工場或其他特定場所；其作業之種類、設備及材料，應注意被告之安全及衛生。

④第一項作業之項目，得依當地經濟環境、社區產業、物品供求狀況及未來發展趨向，妥爲選定，以符合社會及市場需求。

⑤被告從事炊事、打掃、營繕、看護及其他由看守所指定之事務，視同作業。

⑥監督機關得商洽勞動部協助各看守所發展職業訓練項目，提升訓練效能。

第二五條 （作業時間上限及給與超時勞作金之規定）

① 作業時間應斟酌生活輔導、數量、作業之種類、設備之狀況及其他情形定之，每日不得逾八小時。但有特殊情形，得將作業時間延長之，延長之作業時間連同正常作業時間，一日不得超過十二小時。

② 前項延長被告作業時間，應經本人同意後實施，並應給與超時勞作金。

第二六條 （作業課程之訂定及作業之協同指導）

① 被告之作業以勞動能率或作業時間作為課程；其勞動能率應依一般人平均工作產能酌定。

② 看守所得延聘具有專業之人員協同指導被告之作業。

第二七條 （作業之方式及核准）

① 看守所作業方式，以自營、委託加工、承攬或其他作業為之。

② 前項作業之開辦計畫及相關契約，應報經監督機關核准。

第二八條 （停止作業之情形）

① 有下列情形之一者，得停止被告之作業：

　一　國定例假日。

　二　被告之配偶、直系親屬或三親等內旁系親屬喪亡。但停止作業期間最長以七日為限。

　三　因其他情事，看守所認為必要時。

② 就炊事、打掃及其他需急速之作業者，除前項第二款外，不停止作業。

③ 第一項之情形，經被告請求繼續作業，且符合看守所管理需求者，從其意願。

第二九條 （勞作金之給與及計算方式）

① 參加作業者應給與勞作金。

② 前項勞作金之計算及給與，應將勞作金總額依比率分別提撥，並依被告實際作業時間及勞動能率合併計算給與金額。其提撥比率設定及給與分配等相關事項之辦法，由法務部定之。

第三〇條 （作業賸餘之分配項目及比例）

作業收入扣除作業支出後稱作業賸餘，分配如下：

　一　提百分之六十充前條勞作金。

　二　提百分之十充被告飲食補助費用。

　三　其餘充被告職業訓練、改善生活設施及照顧被告與其家屬之補助費用。

　四　如有賸餘，撥充法務部矯正機關作業基金（以下簡稱作業基金）循環應用。

第三一條 （補償金之發給）

① 被告因作業或職業訓練致受傷、罹病、重傷、失能或死亡者，應發給補償金。

② 前項補償金由作業基金項下支付；其受傷、罹病、重傷、失能認定基準、發給金額、申請程序、領受人資格及其他應遵行事項之

辦法，由法務部定之。

第三二條 （死亡時勞作金、補償金依法處理未領回或申請發還者歸入作業基金）

被告死亡時，其勞作金或補償金，經依第七十三條及第七十四條第一項第四款規定處理而未領回或請求發還者，歸入作業基金。

第五章　生活輔導及文康

第三三條 （生活輔導及其紀錄之製作）

看守所對於被告應施以生活輔導，並製作生活輔導紀錄。

第三四條 （閱讀權益之維護及資訊設備之提供使用）

①看守所得設置圖書設施、提供圖書資訊服務或發行出版物，供被告閱讀。

②除法律另有規定外，看守所得提供適當之資訊設備予被告使用。

第三五條 （書報之自備或紙筆等用品之請求使用）

被告得自備書籍、報紙、點字讀物或請求使用紙筆及其他必要之用品。但有礙看守所作息、管理或安全之虞者，得限制或禁止之。

第三六條 （各種文化及康樂活動之辦理）

為增進被告之身心健康，看守所應適時辦理各種文化及康樂活動。

第三七條 （修復式司法相關宣導課程之辦理；被告與被害人間調解及修復事宜之配合進行）

看守所得辦理修復式司法相關宣導課程，並配合進行被告與被害人間之調解及修復事宜。

第三八條 （得提供廣電視聽器材或資訊設備為生活輔導及收聽、收看權益之保護）

①除法律另有規定外，看守所得提供廣播、電視設施、視聽器材或資訊設備為生活輔導。

②被告經看守所之許可，得持有個人之收音機、電視機或視聽器材為收聽、收看。

③看守所對身心障礙被告應考量收容特性、現有設施狀況及身心障礙者特殊需求，提供視、聽、語等無障礙輔助措施。

④前二項收聽、收看，於有礙看守所生活作息，或看守所管理或安全之虞時，得限制或禁止之。

第三九條 （宗教信仰自由及宗教活動之舉行）

①被告有信仰宗教之自由，不得限制或禁止之。但宗教活動有妨害看守所秩序或安全者，不在此限。

②看守所得依被告請求安排適當之宗教師，實施輔導。

③看守所得邀請宗教人士舉行有助於被告生活輔導之宗教活動。

④被告得持有與其宗教信仰有關之物品或典籍。但有妨害看守所秩序、安全及管理之情形，得限制或禁止之。

第四〇條 （運用社會人力資源協助生活輔導事項之推展）

①看守所得聘請或邀請具生活輔導相關知識或熱誠之社會人士，協助輔導活動，並得延聘熱心公益社會人士為志工，協助生活輔導工作。

②前項志工，由看守所報請監督機關核定後延聘之。

第六章 給 養

第四一條 （飲食及必要衣物器具之提供）

①為維護被告之身體健康，看守所應供給飲食，並提供必要之衣類、寢具、物品及其他器具。

②被告得因宗教信仰或其他因素，請求看守所提供適當之飲食。

第四二條 （攜帶入所或在所生產子女必需用品之自備或提供）

攜帶入所或在所生產之被告子女，其食物、衣類及必需用品，均應由被告自備；無力自備者，得由看守所提供之。

第四三條 （酒類檳榔之禁用；吸菸管理、菸害防制教育宣導及戒菸獎勵）

①被告禁用酒類、檳榔。

②看守所得許被告於指定之時間、處所吸菸，並應對被告施以菸害防制教育及宣導，對戒菸之被告給予適當之獎勵。

③前項被告吸菸之資格、時間、地點、設施、數量、菸害防制教育與宣導、戒菸計畫、獎勵及其他應遵行事項之辦法，由法務部定之。

第七章 衛生及醫療

第四四條 （疾病醫療、預防保健等事項之辦理及相關醫事人員之備置）

①看守所應掌握被告身心狀況，辦理被告疾病醫療、預防保健、篩檢、傳染病防治及飲食衛生等事項。

②看守所依其規模及收容對象、特性，得在資源可及範圍內備相關醫事人員，於夜間及假日為戒護外醫之諮詢判斷。

③前二項業務，看守所得委由醫療機構或其他專業機構辦理。

④衛生福利部、教育部、國防部、國軍退除役官兵輔導委員會、直轄市或縣（市）政府所屬之醫療機構，應協助看守所辦理第一項及第二項業務。

⑤衛生主管機關應定期督導、協調、協助改善前四項業務，看守所並應協調所在地之衛生主管機關辦理之。

第四五條 （清潔維護及衛生檢查）

看守所內應保持清潔，定期舉行環境衛生檢查，並適時使被告從事打掃、洗濯及整理衣被、器具等必要事務。

第四六條 （舍房、作業場所等空間、光線及通風之維持；衛浴設施之充足；物品衛生安全需求之符合）

①被告舍房、作業場所及其他處所，應維持保健上必要之空間、光線及通風，且有足供被告生活所需之衛浴設施。

②看守所提供予被告使用之物品，須符合衛生安全需求。

第四七條　（用水供應、沐浴及理剃鬚髮之規定）

為維護被告之健康及衛生，應依季節供應冷熱水及清潔所需之用水，要求其沐浴，並得依其意願理剃鬚髮。

第四八條　（運動場地、器材設備之提供及運動之時間）

①看守所應提供被告適當之運動場地、器材及設備。

②看守所除國定例假日、休息日或有特殊事由外，應給予被告每日運動一小時。

③為維持被告健康，運動處所以安排於戶外為原則；必要時，得使其於室內適當處所從事運動或其他舒展身心之活動。

第四九條　（健康評估、健康檢查及自主健康管理措施）

①看守所對於被告應定期為健康評估，並視實際需要施行健康檢查及推動自主健康管理措施。

②施行前項健康檢查時，得為醫學上之必要處置。

③被告或其最近親屬及家屬，在不妨礙看守所秩序及經醫師評估有必要之情形下，得請求看守所准許自費延請醫事人員於看守所內實施健康檢查。

④第一項健康檢查結果，看守所得應被告之請求提供之。

⑤被告因健康需求，在不妨害看守所安全及秩序之情形下，經醫師評估可行性後，得請求自費購入或送入低風險性醫療器材或衛生保健物品。

⑥前項購入或送入物品之退回或領回，準用第七十條、第七十二條至第七十四條規定。

第五〇條　（病歷、醫療及個人資料之蒐集、處理或利用）

①為維護被告健康或掌握其身心狀況，看守所得蒐集、處理或利用被告之病歷、醫療及前條第一項之個人資料，以作適當之處置。

②前項情形，看守所得請求機關（構）、法人、團體或個人提供相關資料，機關（構）、法人、團體或個人無正當理由不得拒絕。

③第一項與被告健康有關資料調查之範圍、期間、程序、方法、審議及其他應遵行事項之辦法，由法務部定之。

第五一條　（傳染病之防治及處理方式）

①經看守所通報有疑似傳染病病人時，地方衛生主管機關應協助看守所預防及處理。必要時，得請求中央衛生主管機關協助之。

②收容來自傳染病流行地或經過其地之被告，得為一定期間之隔離；其攜帶物品，應為必要之處置。

③看守所所收容經醫師診斷疑似或確診罹患傳染病之被告，得由醫師評估為一定期間之隔離，並給予妥適治療，治療期間之長短或方式應遵循醫師之醫囑或衛生主管機關之處分或指導，且應對於其攜帶物品，施行必要之處置。

④經衛生主管機關依傳染病防治法規定，通知罹患傳染病之被告於

指定隔離治療機構施行治療者，看守所應即與治療機構協調戒送及戒護之作業，並陳報監督機關。接受隔離治療之被告視為在所羈押。

第五二條 （得於病舍收容之情形）

罹患疾病經醫師評估認需切實觀察及處置之被告，得於看守所病舍收容之。

第五三條 （依全民健康保險法規定應納保者應以全民健康保險保險對象身分就醫）

①依全民健康保險法規定應納保之被告或其攜帶入所或在所生產之子女罹患疾病時，除已獲准自費醫療者外，應以全民健康保險保險對象身分就醫；其無全民健康保險憑證者，得由看守所逕行代為申請。

②被告為全民健康保險保險對象，經暫行停止保險給付者，其罹患疾病時之醫療費用由被告自行負擔。

③被告應繳納下列各項費用時，看守所得由被告保管金或勞作金中扣除：
一　接受第一項全民健康保險醫療衍生之費用。
二　換發、補發、代為申請全民健康保險憑證衍生之費用。
三　前項應自行負擔之醫療費用。

④被告或其攜帶入所或在所生產之子女如不具全民健康保險之保險資格，或被告因經濟困難無力繳納前項第一款之費用，其於收容或安置期間罹患疾病時，由看守所委請醫療機構或醫師診治。

⑤前項經濟困難資格之認定、申請程序及其他應遵行事項之辦法，由法務部定之。

第五四條 （受傷或患病拒不就醫致有生命危險之虞之處理）

①被告因受傷或罹患疾病，拒不就醫，致有生命危險之虞，看守所應即請醫師逕行救治或將被告逕送醫療機構治療。

②前項逕送醫療機構治療之醫療及交通費用，由被告自行負擔。

③第一項逕送醫療機構治療期間，視為在所羈押。

第五五條 （自費延醫之請求）

①受傷或罹患疾病之被告接受全民健康保險提供之醫療服務或經看守所委請之醫師醫治後，有正當理由認需由其他醫師診治，而請求自費於看守所內延醫診治時，看守所得予准許。

②前項自費延醫診治需護送醫療機構進行者，應於事後以書面陳報為裁定羈押之法院或檢察官。

③經裁定羈押之法院禁止其接見通信者，有前項護送醫療機構進行自費延醫診治情形時，看守所應依職權或依被告申請檢具診斷資料速送裁定羈押之法院為准駁之裁定，經裁定核准後由看守所護送至醫療機構醫治。但有急迫情形時，看守所得先將其護送至醫療機構治療，並即陳通知為裁定羈押之法院，法院認為不應准許者，應於五日內裁定撤銷之。

④第一項自費延醫之申請程序、要件、實施方式、時間、地點、費

用支付及其他應遵行事項之辦法，由法務部定之。

第五六條 （戒護外醫之要件及程序）

①被告受傷或罹患疾病，經醫師診治後認有必要時，看守所得護送醫療機構醫治，事後由看守所檢具診斷資料以書面陳報為裁定羈押之法院或檢察官。

②經裁定羈押之法院禁止其接見通信者，有前項情形時，看守所應依職權或依被告申請檢具診斷資料速送裁定羈押之法院為准駁之裁定，經裁定核准後由看守所護送至醫療機構醫治。但有急迫情形時，看守所得先將其護送至醫療機構治療，並即時通知為裁定羈押之法院，法院認為不應准許者，應於五日內裁定撤銷。

③看守所於被告有前二項之情形，且知其有辯護人者，應通知其辯護人。

④護送至醫療機構治療之交通費用，應由被告自行負擔。但被告經濟困難無力負擔者，不在此限。

⑤被告經護送至醫療機構治療者，視為在所羈押。

第五七條 （強制營養或醫療上強制措施之實施）

被告因拒絕飲食或未依醫囑服藥而有危及生命之虞時，看守所應即請醫師進行診療，並得由醫師施以強制營養或採取醫療上必要之強制措施。

第五八條 （有損健康之醫學或科學試驗之禁止；取得血液或其他檢體為目的之外利用之禁止）

①任何可能有損健康之醫學或科學試驗，除法律另有規定外，縱經被告同意，亦不得為之。

②因診療或健康檢查而取得之被告血液或其他檢體，除法律另有規定外，不得為目的外之利用。

第八章　接見及通信

第五九條 （接見及通信權之保障）

①被告之接見或通信對象，除法規另有規定或依被告意願拒絕外，看守所不得限制或禁止。

②看守所依被告之請求，應協助其與所屬國或地區之外交、領事人員或可代表其國家或地區之人員接見及通信。

第六〇條 （接見時間、次數及時限）

①看守所應於平日辦理接見；國定例假日或其他休息日之接見，得由看守所斟酌情形辦理之。

②被告接見，每日一次；其接見時間，不得逾三十分鐘。但看守所長官認有必要時，得增加或延長之。

第六一條 （接見之程序、限制、處所及人數）

①請求接見者，應繳驗身分證明文件，登記其姓名、職業、年齡、住居所、被告姓名及與被告之關係。

②看守所對於請求接見者認為有妨害看守所秩序或安全時，得拒絕之。

③接見應於接見室爲之。但因患病或於管理上之必要，得准於適當處所行之。

④接見，每次不得逾三人。但本法或其他法規另有規定，或經看守所長官許可者，不在此限。

⑤被許可接見者，得攜帶未滿十二歲之兒童，不計入前項人數限制。

第六二條（接見之監看及影音記錄、中止事由；接見使用通訊影音器材之禁止）

①看守所對被告之接見，除法律另有規定外，應監看並以錄影、錄音方式記錄之，其內容不得違法利用。

②有事實足認有妨害看守所秩序或安全之虞者，看守所得於被告接見時聽聞或於接見後檢視錄影、錄音內容。

③接見過程中發現有妨害看守所秩序或安全時，戒護人員得中止其接見，並以書面載明事由。

④與被告接見者不得使用通訊、錄影或錄音器材；違者，得依前項規定辦理。

第六三條（電話或其他通訊方式接見之使用）

①看守所認被告或請求接見者有相當理由時，得准其使用電話或其他通訊方式接見。

②前項通訊費用，由被告或請求接見者自付。但被告無力負擔且看守所認爲適當時，得由看守所支付之。

③前二項接見之條件、對象、次數之限制、通訊方式、通訊申請程序、時間、監看、聽聞、收費及其他應遵行事項之辦法，由法務部定之。

第六四條（接見例外之彈性處理）

看守所基於管理、生活輔導、被告個人重大事故或其他事由，認爲必要時，得酌准被告於看守所內指定處所辦理接見，並彈性放寬第六十條及第六十一條第三項、第四項有關接見時間、次數、場所及人數之限制。

第六五條（與律師、辯護人接見之訴訟權保障及準用規定）

①被告與其律師、辯護人接見時，除法律另有規定外，看守所人員僅得監看而不與聞，不予錄影、錄音；除有事實上困難外，不限制接見次數及時間。

②爲維護看守所秩序及安全，除法律另有規定外，看守所人員對被告與其律師、辯護人接見時往來之文書，僅得檢查有無夾藏違禁物品。

③第一項之接見，於看守所指定之處所爲之。

④第五十九條第一項、第六十條第一項、第六十一條第一項及第六十二條第三項、第四項規定，於律師、辯護人接見時準用之。

⑤前四項規定於未受委任之律師請求接見被告洽談委任事宜時，準用之。

第六六條 （檢查書信之方式；得閱讀或刪除書信之情形及處理方式；投稿權益之保障）

①被告寄發及收受之書信，看守所人員得開拆或以其他適當方式檢查有無夾藏違禁物品。

②前項情形，有下列各款情形之一者，除法律另有規定外，看守所人員得閱讀其書信內容。但稿被告與其律師、辯護人或公務機關互通之書信，不在此限：

　一　被告有妨害看守所秩序或安全之行為，尚在調查中。

　二　被告於受懲罰期間內。

　三　有事實而合理懷疑被告有脫逃之虞。

　四　矯正機關收容人間互通之書信。

　五　有事實而合理懷疑有危害看守所安全或秩序之虞。

③看守所閱讀被告書信後，有下列各款情形之一者，得敘明理由刪除之：

　一　顯有危害看守所之安全或秩序。

　二　教唆、煽惑他人犯罪或違背法規。

　三　使用符號、暗語或其他方法，使檢查人員無法瞭解書信內容。

　四　涉及脫逃情事。

　五　敘述矯正機關之警備狀況、舍房、工場位置，足以影響戒護安全。

④前項書信之刪除，依下列方式處理：

　一　被告係發信者，看守所應敘明理由，退還被告保管或要求其修改後再行寄發，如拒絕修改，看守所得逕予刪除後寄發。

　二　被告係受信者，看守所應敘明理由，逕予刪除再行交付。

⑤前項刪除之書信，應影印原文由看守所保管，並於被告出所時發還之。被告於出所前死亡者，依第七十三條及第七十四條第一項第四款規定處理。

⑥被告發送之文件，屬文稿性質者，得准其投寄報章雜誌或媒體，並準用前五項之規定。

⑦發信郵資，由被告自付。但被告無力負擔且看守所認為適當時，得由看守所支付之。

第六七條 （公務請求或送達文書之速為轉送）

被告以書面向法院、檢察官或其他公務機關有所請求，或公務機關送達被告之文書，看守所應速為轉送。

第九章　保　管

第六八條 （攜帶或送入財物之檢查、保管、處理及孳息運用）

①被告攜帶、在所取得或外界送入之金錢及物品，經檢查後，由看守所代為保管。但認有必要且無妨害看守所秩序或安全之虞者，得准許被告在所使用，或依被告之請求交由他人領回。

②前項物品屬易腐敗、有危險性、有害或不適於保管者，看守所得

通知被告後予以毀棄或爲其他適當之處理。

③看守所代爲保管之金錢，除酌留一定金額作爲週轉金外，應設專戶管理。

④前項專戶管理之金錢，其所孳生之利息統籌運用於增進被告生活福利事項。

⑤前四項被告之金錢與物品送入、檢查、登記、保管、使用、毀棄、處理、領回、查核、孳息運用、週轉金保留額度及其他應遵行事項之辦法，由法務部定之。

第六九條 （財物之送入、檢查、限制或禁止）

①外界得對被告送入金錢、飲食、必需物品或其他經看守所長官許可之財物。

②看守所對於前項外界送入之金錢、飲食、必需物品及其他財物，所實施之檢查不得逾必要之程度。

③經前項檢查認有妨害看守所秩序或安全時，得限制或禁止送入。

④前三項金錢、飲食、必需物品及其他財物之送入方式、時間、次數、種類、數額、數量、限制或禁止方式及其他應遵行事項之辦法，由法務部定之。

第七〇條 （送入財物之退回、歸屬國庫或毀棄）

①看守所對前條外界送入之金錢、飲食及物品，因送入人或其居處所不明，或爲被告拒絕收受者，應退回之；無法退回者，經公告六個月後仍無人領取時，歸屬國庫或毀棄。

②於前項待領回或公告期間，看守所得將易腐敗、有危險性、有害或不適於保管物品毀棄之。

第七一條 （未經許可持有財物之歸屬國庫、毀棄或另爲適當處理）

經檢查發現被告未經許可持有之金錢或物品，看守所得視情節予以歸屬國庫、毀棄或另爲其他適當之處理；其金錢或物品持有人不明者，亦同。

第七二條 （保管財物之交還或限期通知領回）

看守所代被告保管之金錢及物品，於其出所時交還之；其未領回者，應限期通知其領回。

第七三條 （死亡後遺留財物之通知或公告限期領回）

①被告死亡後遺留之金錢及物品，應限期通知其繼承人領回。

②前項繼承人有數人者，看守所得僅通知其中一人或由其中一人領回。

③前二項情形，因其繼承人有無或居住處所不明無法通知，應予公告並限期領回。

第七四條 （所留財物歸屬國庫、毀棄或另爲適當處理之情形）

①被告有下列各款情形之一，自各款規定之日起算，經六個月後，未申領發還者，其所留之金錢及物品，予以歸屬國庫、毀棄或另爲其他適當處理：

一　出所者，依第七十二條限期通知期滿日起算。

　二　脫逃者，自脫逃之日起算。

　三　依第二十二條第一項規定釋放，未遵守同條第二項報到規定，自最後應報到之日起算。

　四　被告死亡者，依前條第一項、第三項通知或公告限期領回期滿之日起算。

②於前項待領回、通知或公告期間，看守所得將易腐敗、有危險性、有害或不適於保管之物品予以毀棄或另為其他適當處理。

第十章　獎懲及賠償

第七五條　（獎勵事由）

被告除依法規定應予獎勵外，有下列各款行為之一者，得予以獎勵：

　一　舉發其他被告圖謀脫逃、暴行或將為脫逃、暴行。

　二　救護人命或捕獲脫逃。

　三　於天災、事變或傳染病流行時，擔任應急事務有勞績。

　四　作業成績優良。

　五　有特殊貢獻，足以增進看守所榮譽。

　六　對作業技術、產品、機器、設備、衛生、醫藥等有特殊設計，足資利用。

　七　對看守所管理之改進，有卓越建議。

　八　其他優良行為確有獎勵必要。

第七六條　（獎勵方式）

①前條情形，得給予下列一款或數款之獎勵：

　一　公開表揚。

　二　發給獎狀。

　三　增加接見次數。

　四　給與適當之獎金或獎品。

　五　其他特別獎勵。

②前項獎勵之基準、第五款特別獎勵之種類、對象、實施方式、程序及其他應遵行事項之辦法，由法務部定之。

第七七條　（懲罰原則及限制）

看守所非依本法或其他法律規定，對於被告不得加以懲罰，同一事件不得重複懲罰。

第七八條　（妨害秩序或安全行為施以懲罰之種類及期間）

①被告有妨害看守所秩序或安全之行為時，得施以下列一款或數款之懲罰：

　一　警告。

　二　停止接受送入飲食一日至三日。

　三　停止使用自費購買之非日常生活必需品三日至十日。

　四　移入違規舍七日至二十日。

②前項妨害秩序或安全之行為態樣與應施予懲罰之種類、期間、違規舍之生活管理、限制、禁止及其他應遵行事項之辦法，由法務

部定之。

第七九條 （陳述意見、懲罰原因內容之告知；免、緩罰或停止執行之情形；違規之區隔調查）

①看守所依本法或其他法律懲罰前，應給予被告陳述意見之機會，並告知其違規之原因事實及科處之懲罰。

②被告違規情節輕微或顯堪憫恕者，得免其懲罰之執行或緩予執行。

③被告罹患疾病或有其他特別事由者，得停止執行。

④看守所爲調查被告違規事項，得對相關被告施以必要之區隔，期間不得逾二十日。

第八〇條 （懲罰廢止、不再或終止執行之情形）

①依前條第二項規定免予執行或緩予執行後，如受懲罰者已保持一月以上之改悔情狀，得廢止其懲罰。

②依前條第三項規定停止執行者，於其停止原因消滅後繼續執行。但停止執行逾六個月不再執行。

③受懲罰者，在執行中有改悔情狀時，得終止其執行。

第八一條 （損害器具物品之賠償事宜）

①被告因故意或重大過失，致損害器具、成品、材料或其他物品時，應賠償之。

②前項賠償之金額，被告未爲給付者，得自其保管金或勞作金內扣還之。

第十一章　陳情、申訴及起訴

第八二條 （處分或管理措施執行不因提起陳情或申訴而停止）

看守所對被告處分或管理措施之執行，不因提起陳情或申訴而停止。但看守所於必要時，得停止其執行。

第八三條 （因陳情、申訴或訴訟救濟提出而施以歧視或藉故懲罰之禁止）

看守所對於被告，不得因陳情、申訴或訴訟救濟之提出，而施以歧視待遇或藉故懲罰。

第八四條 （陳情之方式、對象、意見箱設置及適當處理）

①被告得以言詞或書面向看守所、視察小組或其他視察人員提出陳情。

②看守所應於適當處所設置意見箱，供被告提出陳情或提供意見使用。

③看守所對於被告之陳情或提供意見，應爲適當之處理。

第八五條 （申訴之類型及不變期間；申訴有理由之處理方式）

①被告因羈押有下列情形之一者，得以書面或言詞向看守所提起申訴：

一　不服看守所所爲影響其個人權益之處分或管理措施。

二　因看守所對其依本法請求之事件，拒絕其請求或於二個月內不依其請求作成決定，認爲其權利或法律上利益受損害。

三 因羈押之公法上原因發生之財產給付爭議。

②前項第一款處分或管理措施、第二款、第三款拒絕請求之申訴，應自被告收受或知悉處分或管理措施之次日起，十日不變期間內為之。前項第二款、第三款不依請求作成決定之申訴，應自被告提出請求屆滿二個月之次日起，十日不變期間內為之。

③看守所認為被告之申訴有理由者，應逕為立即停止、撤銷或變更原處分、管理措施之決定或執行，或依其請求或申訴作成決定。

④以書面以外方式所為之處分或管理措施，其相對人有正當理由請求作成書面時，看守所不得拒絕。

⑤前項書面應附記理由，並表明救濟方法、期間及受理機關。

第八六條　（申訴及訴訟救濟得委任律師為代理人；輔佐人之相關規定）

①被告提起前條申訴及第一百零二條第二項之訴訟救濟，得委任律師為代理人行之，並應向看守所或法院提出委任狀。

②被告或代理人經看守所或法院之許可，得偕同輔佐人到場。

③看守所或法院認為必要時，得命被告或代理人偕同輔佐人到場。

④前二項之輔佐人，看守所或法院認為不適當時，得撤銷其許可或禁止其陳述。

⑤輔佐人所為之陳述，被告或代理人未立即提出異議者，視為其所自為。

第八七條　（申訴審議小組之設置）

看守所為處理申訴事件，應設申訴審議小組（以下簡稱審議小組），置委員九人，經監督機關核定後，由所長指派之代表三人及學者專家或社會公正人士六人組成之，並由所長指定之委員為主席。其中任一性別委員不得少於三分之一。

第八八條　（申訴書之應載事項及以言詞申訴之辦理方式）

①以書面提起申訴者，應填具申訴書，並載明下列事項，由申訴人簽名或捺印：

一 申訴人之姓名。有委任代理人或輔佐人者，其姓名、住居所。

二 申訴事實及發生時間。

三 申訴理由。

四 申訴年、月、日。

②申訴人以言詞提起申訴者，由看守所人員代為填具申訴書，經向申訴人朗讀或使其閱覽，確認內容無誤後，交其簽名或捺印。

第八九條　（申訴書補正之期限）

審議小組認為申訴書不合法定程式，而其情形可補正者，應通知申訴人於五日內補正。

第九〇條　（審議小組開會之出席人數、會議程序及表決方式）

①審議小組須有全體委員過半數之出席，始得開會；其決議以出席人數過半數同意行之，可否同數時，取決於主席。

②審議小組決議時，迴避之委員不計入出席委員人數。

第九一條 （審議小組委員自行迴避、申請迴避與職權迴避之要件及程序事項）

① 審議小組委員於申訴事件有下列情形之一者，應自行迴避，不得參與決議：

一 審議小組委員現為或曾為申訴人之配偶、四親等內之血親、三親等內之姻親或家長、家屬。

二 審議小組委員現為或曾為申訴人之代理人、辯護人、輔佐人。

三 審議小組委員現為申訴人、其申訴對象、或申訴人曾提起申訴之對象。

② 有具體事實足認審議小組委員就申訴事件有偏頗之虞者，申訴人得舉其原因及事實，向審議小組申請迴避。

③ 前項申請，由審議小組決議之。不服審議小組之駁回決定者，得於五日內提請監督機關覆決，監督機關除有正當理由外，應於十日內為適當之處置。

④ 申訴人不服監督機關所為覆決決定，僅得於對實體決定提起行政訴訟時一併聲明不服。

⑤ 審議小組委員有第一項情形不自行迴避，而未經申訴人申請迴避者，應由看守所依職權命其迴避。

第九二條 （申訴之撤回）

提起申訴後，於決定書送達申訴人前，申訴人得撤回之。申訴經撤回者，不得就同一原因事實重行提起申訴。

第九三條 （審議小組作成決定之期限及屆期不為決定之效果）

① 審議小組應自受理申訴之次日起二十日內作成決定，必要時得延長十日，並通知申訴人。

② 前項期間，於依第八十九條通知補正情形，自補正之次日起算。

③ 審議小組屆期不為決定者，視為撤銷原處分。

第九四條 （審議之陳述意見）

① 審議小組進行審議時，應通知申訴人、委任代理人及輔佐人列席陳述意見。

② 申訴人因素收容於其他處所者，其陳述意見得以書面、影音、視訊、電話或其他方式為之。

③ 前項以書面以外方式陳述意見者，看守所應作成紀錄，經向陳述人朗讀或使閱覽確認其內容無誤後，由陳述人簽名或捺印；其拒絕簽名或捺印者，應記明其事由。陳述人對紀錄有異議者，應更正。

第九五條 （審議資料含與申訴事項無關資料之禁止）

申訴審議資料，不得含與申訴事項無關之罪名、刑期、犯次或之前違規紀錄等資料。

第九六條 （審議小組應依職權調查證據）

審議小組應依職權調查證據，不受申訴人主張之拘束，對申訴人有利及不利事項一律注意。

第九七條　（申訴程序中事實及證據調查之申請）

申訴人於申訴程序中，得申請審議小組調查事實及證據。審議小組認無調查必要者，應於申訴決定中敘明不為調查之理由。

第九八條　（會議紀錄之製作及應載事項）

①審議小組應製作會議紀錄。

②前項會議紀錄應載明到場人所為陳述之要旨及其提出之文書、證據。委員於審議中所持與決議不同之意見，經其請求者，亦應列入紀錄。

第九九條　（申訴應為不受理決定之情形）

審議小組認申訴有下列情形之一者，看守所應為不受理之決定：

一　申訴內容非屬第八十五條第一項之事項。

二　提起申訴已逾第八十五條第二項所定期間。

三　申訴書不合法定程式不能補正，或經依第八十九條規定通知補正，屆期不補正。

四　對於已決定或已撤回之申訴事件，就同一原因事實重行提起申訴。

五　申訴人非受第八十五條第一項第一款處分或管理措施之相對人，或非第八十五條第一項第二款、第三款之請求人。

六　看守所已依第八十五條第三項為停止、撤銷或變更原處分、管理措施之決定或執行，或已依其請求或申訴作成決定。

第一〇〇條　（申訴有無理由應為之決定及不利益變更禁止原則）

①審議小組認申訴有理由者，看守所應為停止、撤銷或變更原處分、管理措施之決定或執行，或依被告之請求或申訴作成決定。但不得為更不利益之變更、處分或管理措施。

②審議小組認申訴無理由者，看守所應為駁回之決定。

③原處分或管理措施所憑理由雖屬不當，但依其他理由認為正當者，應以申訴為無理由。

第一〇一條　（申訴決定書之製作義務、應載事項及送達等規定）

①審議小組依前二條所為之決定，看守所應作成決定書。

②申訴決定書，應載明下列事項：

一　申訴人姓名、出生年月日、住居所、身分證明文件字號。

二　有委任代理人或輔佐人者，其姓名、住居所。

三　主文、事實及理由。其係不受理決定者，得不記載事實。

四　附記如依本法規定得向法院起訴者，其救濟方法、期間及其受理機關。

五　決定機關及其首長。

六　年、月、日。

③前項決定書應送達申訴人及委任代理人，並副知監督機關及為裁定羈押之法院或檢察官。

④監督機關收受前項決定書後，應詳閱其內容，如認看守所之原處

分或管理措施有缺失情事者，應督促其改善。

⑤申訴決定書附記提起行政訴訟期間錯誤時，應由看守所以通知更正之，並自更正通知送達之日起，計算法定期間。

⑥申訴決定書未依第二項第四款規定為附記，或附記錯誤而未依前項規定通知更正，致被告遲誤行政訴訟期間者，如自申訴決定書送達之日起三個月內提起行政訴訟，視為於法定期間內提起。

第一○二條 （抗告、聲明異議及行政訴訟等救濟程序）

①不服裁定羈押法院或檢察官依本法所為裁定或處分，除有特別規定外，得提起抗告或聲請撤銷或變更之，並準用刑事訴訟法第一編第十三章關於裁定及第四編抗告之規定。

②被告對看守所執行刑事訴訟法第一百零五條第三項、第四項所為禁止或扣押處置所生之爭議，得於原禁止或扣押之指揮解除前，以書面或言詞向看守所聲明異議，看守所應於三日內作成決定。看守所認聲明異議有理由者，應為停止、撤銷或變更原處置，或依被告之請求或聲明異議作成決定；認聲明異議無理由者，應為駁回之決定。

③被告不服前項看守所所為決定，應於五日內，偵查中向檢察官；審判中向裁定羈押之法院聲以處分或裁定撤銷或變更之。對於法院之裁定，不得聲明不服。

④除前三項之情形及法律另有規定外，被告因羈押所生之公法上爭議，應依本法提起行政訴訟。

⑤被告依本法提起申訴而不服其決定者，應向看守所所在地之地方法院行政訴訟庭提起下列各款訴訟：

一　認為看守所處分逾越達成羈押目的所必要之範圍，而不法侵害其憲法所保障之基本權利且非顯屬輕微者，得提起撤銷訴訟。

二　認為前款處分違法，因已執行而無回復原狀可能或已消滅，有即受確認判決之法律上利益者，得提起確認處分違法之訴訟。其認為前款處分無效，有即受確認判決之法律上利益者，得提起確認處分無效之訴訟。

三　因看守所對其依本法請求之事件，拒絕其請求或未於二個月內依其請求作成決定，認為其權利或法律上利益受損害，或因羈押之公法上原因發生財產上給付之爭議，得提起給付訴訟。就看守所之管理措施認為逾越達成羈押目的所必要之範圍，而不法侵害其憲法所保障之基本權利且非顯屬輕微者，亦同。

⑥前項各款訴訟之提起，應以書狀為之。

第一○三條 （與其他訴訟合併提起及請求損害賠償之禁止；起訴不變期間及申訴不為決定逕提訴訟）

①前條訴訟，不得與其他訴訟合併提起，且不得合併請求損害賠償。

②前條訴訟之提起，應於申訴決定書送達後三十日之不變期間內為

之。

③審議小組逾二十日不爲決定或延長申訴決定期間逾十日不爲決定者，被告自該應爲決定期限屆滿後，得逕提起前條第五項第二款、第三款之訴訟。但自該應爲決定期限屆滿後逾六個月者，不得提起。

第一〇四條 （提出起訴狀或撤回書狀之規定）

①被告於起訴期間內向看守所長官提出起訴狀，或於法院裁判確定前向看守所長官提出撤回書狀者，分別視爲起訴期間內之起訴或法院裁判確定前之撤回。

②被告不能自作起訴狀者，看守所人員應爲之代作。

③看守所長官接受起訴狀或撤回書狀後，應附記接受之年、月、日、時，儘速送交法院。

④被告之起訴狀或撤回書狀，非經看守所長官提出，法院之書記官於接受起訴狀或撤回書狀後，應即通知看守所長官。

⑤看守所應依職權或依法院之通知，將與申訴案件有關之卷宗及證物送交法院。

第一〇五條 （依法適用簡易訴訟程序事件、裁判費用減徵及得不經言詞辯論等規定）

①依第一百零二條規定提起之訴訟，爲簡易訴訟程序事件，除本法或其他法律另有規定外，適用行政訴訟法簡易訴訟程序之規定，其裁判費用減徵二分之一。

②前項裁判得不經言詞辯論爲之，並得引用申訴決定書所記載之事實、證據及理由，對案情重要事項申訴決定書未予論述，或不採被告之主張、有利於被告之證據，應補充記載其理由。

第十二章　釋放及保護

第一〇六條 （釋放通知書）

①看守所非有法院或檢察官之釋放通知書，不得將被告釋放。

②前項通知書格式由法務部定之。

第一〇七條 （釋放前之核對及當庭釋放之通知）

①看守所收受前條通知書後，應立即釋放被告，釋放前應與入所時所建立之人別辨識資料核對明確。

②法院或檢察官當庭釋放被告者，應即通知看守所。

第一〇八條 （附送人相表等資料供送監執行之參考）

被告移送監獄執行時，應附送人相表、身分單、生活輔導紀錄及獎懲紀錄，以作爲執行之參考。

第一〇九條 （出所時衣類及旅費之準備、提供或給與）

①被告出所時，應斟酌其身體狀況，並按時令使其準備相當之衣類及出所旅費。

②前項衣類、旅費不敷時，得由看守所提供，或通知適當公益團體斟酌給與之。

第一一〇條　（釋放衰老、重病、身障被告之通知義務及其他依法通知之辦理）

①釋放衰老、重病、身心障礙不能自理生活之被告前，應通知家屬或被告認為適當之人來所領回。無法通知或經通知後拒絕接回者，看守所應檢具相關資料通知被告戶籍所在地直轄市、縣（市）社會福利主管機關辦理轉介安置或為其他必要之處置。

②依其他法規定於被告釋放前應通知相關個人、法人、團體或機關（構）者，看守所應依規定辦理。

第十三章　死　亡

第一一一條　（在所死亡之相驗及通知等事宜）

①被告在所死亡，看守所應即通知其家屬或最近親屬、辯護人、承辦檢察官及法院，並逕報檢察署指派檢察官相驗。家屬或最近親屬有數人者，得僅通知其中一人。

②看守所如知前項被告有委任律師，且其委任事務尚未處理完畢，亦應通知之。

③第一項情形，看守所應檢附相關資料，陳報監督機關。

第一一二條　（屍體無人請領或無法通知之處理）

死亡者之屍體，經依前條相驗並通知後七日內無人請領或無法通知者，得火化之，並存放於骨灰存放設施。

第十四章　附　則

第一一三條　（先行支付之交通費用得由保管金或勞作金扣除款項、命限期償還及移送行政執行）

依第五十四條第二項及第五十六條第四項規定，應由被告自行負擔之交通費用，由看守所先行支付者，看守所得由被告保管金或勞作金扣除，無可供扣除之款項，由看守所以書面行政處分命被告於三十日內償還；屆期未償還者，得移送行政執行。

第一一四條　（申訴及訴訟救濟之新舊法銜接規定）

①本法中華民國一百零八年十二月十日修正之條文施行前已受理之申訴事件，尚未作成決定者，適用修正施行後之規定。

②本法中華民國一百零八年十二月十日修正之條文施行前得提起申訴之事件，於修正施行日尚未逾法定救濟期間者，得於修正施行日之次日起算十日內，依本法規定提起申訴。

③本法中華民國一百零八年十二月十日修正之條文施行前，有第八十五條第一項第二款、第三款之情形，其按第八十五條第二項計算之申訴期間於修正施行日尚未屆滿者，其申訴自修正施行日之次日起算十日不變期間。

④本法中華民國一百零八年十二月十日修正之條文施行前，依司法院釋字第七二〇號解釋已繫屬於法院之準抗告案件，尚未終結者，於修正施行後，仍由原法院依司法院釋字第七二〇號解釋意旨，依刑事訴訟法之規定審理。

⑤本法中華民國一百零八年十二月十日修正之條文施行前，依司法院釋字第七二〇號解釋得提起準抗告之案件，得於修正施行日之次日起算三十日內，依本法規定向管轄地方法院行政訴訟庭提起訴訟。

第一一五條 （依軍事審判法羈押之準用規定）

依軍事審判法羈押之被告，準用本法之規定。

第一一六條 （施行細則）

本法施行細則，由行政院會同司法院定之。

第一一七條 （施行日）

本法自公布日後六個月施行。

監獄行刑法

① 民國35年1月19日國民政府制定公布全文98條。
② 民國43年12月25日總統令修正公布全文94條。
③ 民國46年1月7日總統令修正公布第27、32、33條條文。
④ 民國63年12月12日總統令修正發布第11、14、15、18、24、26、30、33、34、58、70、71、75、76、81、82、84、88、90條條文；並增訂第26-1、93-1條條文。
⑤ 民國69年12月1日總統令修正公布第5、26-1、27、32、33、75、81、90、93-1條條文。
⑥ 民國81年4月6日總統令修正公布第75條條文。
⑦ 民國82年7月28日總統令修正公布第24、25、26-1、31、34、44、47、51、66、69、87、90條；並增訂第93-2條條文。
⑧ 民國83年6月1日總統令修正公布第19、20條條文。
⑨ 民國86年5月14日總統令修正公布第3、32、33、35、36、81、93條條文；並增訂第26-2條條文。
⑩ 民國91年6月12日總統令修正公布第58條條文。
⑪ 民國92年1月22日總統令修正公布第81條條文。
⑫ 民國94年6月1日總統令修正公布第81、83、94條條文；增訂第82-1條條文；並自95年7月1日施行。
⑬ 民國99年5月26日總統令修正公布第11、17、26-2、58條條文。
⑭ 民國109年1月15日總統令修正公布全文156條；並自公布日後六個月施行。

第一章　總　則

第一條　（立法目的）

為達監獄行刑矯治處遇之目的，促使受刑人改悔向上，培養其適應社會生活之能力，特制定本法。

第二條　（主管機關、監督機關及少年矯正學校或監獄之訪視）

① 本法之主管機關為法務部。

② 監獄之監督機關為法務部矯正署。

③ 監督機關應派員視察監獄，每季至少一次。

④ 少年法院法官、檢察官執行刑罰有關事項，得隨時訪視少年矯正學校、監獄。

第三條　（徒刑、拘役與罰金易服勞役之執行處所及分別監禁）

① 處徒刑、拘役及罰金易服勞役之受刑人，除法律另有規定外，於監獄內執行之。

② 處拘役及罰金易服勞役者，應與處徒刑者分別監禁。

第四條　（少年受刑人矯正教育之實施）

① 未滿十八歲之少年受刑人，應收容於少年矯正學校，並按其性別

分別收容。

②收容中滿十八歲而殘餘刑期未滿三個月者，得繼續收容於少年矯正學校。

③滿十八歲之少年受刑人，得依其教育需要，收容於少年矯正學校至滿二十三歲為止。

④前三項受刑人滿二十三歲而未完成該級教育階段者，得由少年矯正學校報請監督機關同意，收容至完成該級教育階段為止。

⑤本法所稱少年受刑人，指犯罪行為時未滿十八歲之受刑人。

⑥第一項至第四項所定少年受刑人矯正教育之實施，其他法律另有規定者，從其規定。

第五條　（監獄收容應按性別分界）

監獄對收容之受刑人，應按其性別嚴為分界。

第六條　（受刑人之人權保障）

①監獄人員執行職務應尊重受刑人之尊嚴及維護其人權，不得逾越所欲達成矯治處遇目的之必要限度。

②監獄對受刑人不得因種族、膚色、性別、語言、宗教、政治立場、國籍、種族、社會階級、財產、出生、身心障礙或其他身分而有歧視。

③監獄應保障身心障礙受刑人在監獄內之無障礙權益，並採取適當措施為合理調整。

④監獄應以積極適當之方式及措施，使受刑人瞭解其所受處遇及刑罰執行之目的。

⑤監獄不得對受刑人施以逾十五日之單獨監禁。監獄因對受刑人依法執行職務，而附隨有單獨監禁之狀態時，應定期報監督機關備查，並由醫事人員持續評估受刑人身心狀況。經醫事人員認為不適宜繼續單獨監禁者，應停止之。

第七條　（外部視察小組之設置及報告提出）

①為落實透明化原則，保障受刑人權益，監獄應設獨立之外部視察小組，置委員三人至七人，任期二年，均為無給職，由監督機關陳報法務部核定後遴聘之。

②前項委員應就法律、醫學、公共衛生、心理、犯罪防治或人權領域之專家學者遴選之。其中任一性別委員不得少於三分之一。

③視察小組應就監獄運作及受刑人權益等相關事項，進行視察並每季提出報告，由監獄經監督機關陳報法務部備查，並以適當方式公開，由相關權責機關回應處理之。

④前三項視察小組之委員資格、遴（解）聘、視察方式、權限、視察報告之製作、提出與公開期間等事項及其他相關事項之辦法，由法務部定之。

第八條　（監獄得同意媒體採訪或民眾參觀）

監獄得依媒體之請求，同意其進入適當處所採訪或參觀；並得依民眾之請求，同意其進入適當處所參觀。

第九條　（受刑人有關資料之調查）

①為達到矯治處遇之目的，監獄應調查與受刑人有關之資料。

②為實施前項調查，得於必要範圍內蒐集、處理或利用受刑人之個人資料，並得請求機關（構）、法人、團體或個人提供相關資料，機關（構）、法人、團體或個人無正當理由不得拒絕。

③第一項與受刑人有關資料調查之範圍、期間、程序、方法、審議及其他應遵行事項之辦法，由法務部定之。

第二章　入　監

第一〇條　（入監應備文件之送交）

①受刑人入監時，指揮執行之檢察署應將指揮書附具裁判書及其他應備文件，以書面、電子傳輸或其他適當方式送交監獄。

②前項文件不具備時，得拒絕收監，或通知補送。

③第一項之應備文件，於少年受刑人入少年矯正學校或監獄時，應包括其犯罪原因、動機、境遇、學歷、經歷、身心狀況及可供處遇之參考事項。

第一一條　（新入監者相關事項之調查及個別處遇計畫之訂定）

①對於新入監者，應就其個性、身心狀況、經歷、教育程度及其他相關事項，加以調查。

②前項調查期間，不得逾二個月。

③監獄應於受刑人入監後三個月內，依第一項之調查資料，訂定其個別處遇計畫，並適時修正。

第一二條　（入監或在監婦女請求攜帶子女之准許及相關安置規定）

①殘餘刑期在二個月以下之入監或在監婦女請求攜帶未滿三歲之子女，監獄得准許之。

②殘餘刑期逾二個月之入監或在監婦女請求攜帶未滿三歲之子女，經監獄檢具相關資料通知子女戶籍所在地直轄市、縣（市）社會福利主管機關評估符合子女最佳利益者，監獄得准許之。

③前項直轄市、縣（市）社會福利主管機關評估期間以二個月為限，並應將評估報告送交監獄。

④在前項評估期間，監獄得於監內暫時安置入監或在監婦女攜之子女。

⑤子女隨母入監最多至滿三歲為止。但經第二項社會福利主管機關評估，認在監符合子女最佳利益者，最多得延長在監安置期間至子女滿三歲六個月為止。

⑥安置在監之子女有下列情形之一，監獄應通知子女戶籍所在地直轄市、縣（市）社會福利主管機關進行訪視評估，辦理轉介安置或為其他必要處置：

一　子女出現畏懼、退縮或其他顯不適於在監安置之狀況。

二　滿三歲或前項但書安置期間屆滿。

三　經第二項評估認在監安置不符合子女最佳利益。

四　因情事變更須離開監獄。

⑦受刑人於監獄內生產之子女，適用前六項規定；其出生證明書不得記載與監獄有關之事項。

⑧為照顧安置在監子女，監獄應規劃活動空間及提供必要之設施或設備，並得洽請社會福利及相關機關（構）、法人、團體或個人協助受刑人育兒相關教育與指導。子女戶籍所在地直轄市、縣（市）社會福利主管機關對於在監子女照顧安置事項，應提供必要之協助。

⑨子女戶籍所在地直轄市、縣（市）社會福利主管機關於必要時得委託其他直轄市、縣（市）社會福利主管機關辦理第二項、第三項、第五項、第六項及前項所定事項。

第一三條　（入監之健康檢查與拒絕收監之情形、處置及救濟準用規定）

①受刑人入監時，應行健康檢查，受刑人不得拒絕；有下列情形之一者，應拒絕收監：

一　有客觀事實足認其身心狀況欠缺辨識能力，致不能處理自己事務。

二　現罹患疾病，因執行而不能保其生命。

三　懷胎五月以上，或生產未滿二月。

四　罹患法定傳染病，因執行有引起群聚感染之虞。

五　衰老、身心障礙，不能於監獄自理生活。

②施行前項檢查時，應由醫師進行，並得為醫學上必要處置。經檢查後認有必要時，監獄得委請其他專業人士協助之。

③第一項之檢查，在監獄內不能實施者，得戒送醫院為之。

④前三項之檢查未能於當日完成者，監獄得同意暫時收容。但收容檢查期間不得逾十日。

⑤收容檢查結果符合第一項所列各款拒絕收監之情形者，其收容檢查之日數，以一日抵有期徒刑或拘役一日，或刑法第四十二條第六項裁判所定之罰金額數。

⑥第一項被拒絕收監者，應送交檢察官斟酌情形為具保、責付、限制住居、限制出境、出海或為其他適當之處置，並準用刑事訴訟法第九十三條之二第二項至第四項、第九十三條之五第一項前段及第三項前段、第一百十一條之命提出保證書、指定保證金額、限制住居、第一百十五條至第一百十六條、第一百十八條第一項之沒入保證金、第一百十九條第二項、第三項之退保、第一百二十一條第四項准其退保及第四百十六條第一項第一款、第三項、第四項、第四百十七條、第四百十八條第一項本文聲請救濟之規定。

第一四條　（入監身體衣物之檢查及相關人權維護；受刑人身分辨識之機制）

①為維護監獄秩序及安全，防止違禁物品流入，受刑人入監時，應檢查其身體、衣類及攜帶之物品，必要時，得採集其尿液檢驗，

並得運用科技設備輔助之。

②前項檢查身體，如須脫衣檢查時，應於有遮蔽之處所爲之，並注意維護受刑人隱私及尊嚴。男性受刑人應由男性職員執行，女性受刑人應由女性職員執行。

③非有事實足認受刑人有夾藏違禁物品或有其他危害監獄秩序及安全之虞，不得爲侵入性檢查；如須爲侵入性檢查，應經監獄長官核准，並由醫事人員爲之。

④爲辨識受刑人身分，應照相、採取指紋或記錄其他身體特徵，並得運用科技設備輔助之。

第一五條　（入監講習應告知之事項及對身障等受刑人之適當協助；在監服刑權利義務之適當公開）

①受刑人入監講習時，應告知下列事項，並製作手冊交付其使用：

一　在監應遵守事項。

二　接見及通信事項。

三　獎懲事項。

四　編級及累進處遇事項。

五　報請假釋應備條件及相關救濟事項。

六　陳情、申訴及訴訟救濟之規定。

七　衛生保健及醫療事項。

八　金錢及物品保管之規定。

九　法律扶助事項之宣導。

十　其他應注意事項。

②受刑人爲身心障礙者、不通中華民國語言或有其他理由，致其難以瞭解前項各款所涉內容之意涵者，監獄應提供適當之協助。

③與受刑人在監服刑權利義務相關之重要法規、行政規則及函釋等，宜以適當方式公開，使受刑人得以知悉。

第三章　監　禁

第一六條　（監禁舍房之種類及分配原則）

①監禁之舍房分爲單人舍房及多人舍房。

②受刑人入監，以分配於多人舍房爲原則。監獄得依其管理需要配房。

第一七條　（受刑人移監之要件及程序）

①監獄受刑人人數嚴重超額時，監督機關視各監獄收容之實際狀況，必要時得機動調整移監。

②有下列情形之一者，監獄得報請監督機關核准移送指定之監獄：

一　受刑人有特殊且必要之處遇需求，而本監無法提供相應之資源。

二　監獄依據受刑人調查分類之結果，認須加強教化。

三　受刑人對於其他受刑人有顯著之不良影響，有離開本監之必要。

四　因不可抗力，致本監須爲重大之施工、修繕；或有急迫之安

全或衛生危險。

五　出於其他獄政管理上之正當且必要之理由。

六　經受刑人主動提出申請，經監獄認為有正當必要之理由。

③前二項移監之程序與條件、受刑人審查條件、移送之審查程序、辦理方式、對受刑人本人、家屬或最近親屬之告知、前項第六款得提出申請之資格條件及其他相關事項之辦法，由法務部定之。

第一八條　（累進處遇之適用）

①對於刑期六月以上之受刑人，為促使其改悔向上，培養其適應社會生活之能力，其處遇應分為數個階段，以累進方法為之。但因身心狀況或其他事由認為不適宜者，得暫緩適用累進處遇。

②累進處遇事項及方法，另以法律定之。

第一九條　（給予和緩處遇之情形及程序）

①前條適用累進處遇之受刑人有下列情形之一者，監獄得給予和緩處遇：

一　患有疾病經醫師證明需長期療養。

二　有客觀事實足認其身心狀況欠缺辨識能力，致不能處理自己事務，或其辨識能力顯著減低。

三　衰老、身心障礙、行動不便或不能自理生活。

四　懷胎期間或生產未滿二月。

五　依其他事實認為有必要。

②依前項給予和緩處遇之受刑人，應報請監督機關核定之。

③和緩處遇原因消滅後，回復依累進處遇規定辦理。

第二○條　（和緩處遇之方法及準用對象）

①前條受刑人之和緩處遇，依下列方法為之：

一　教化：以個別教誨及有益其身心之方法行之。

二　作業：依其志趣，並斟酌其身心健康狀況參加輕便作業，每月所得之勞作金並得自由使用。

三　監禁：視其個別情況定之。為維護其身心健康，並得與其他受刑人分別監禁。

四　接見及通信：因患病或於管理教化上之必要，得許其與最近親屬、家屬或其他人接見及發受書信，並得於適當處所辦理接見。

五　給養：罹患疾病者之飲食，得依醫師醫療行為需要換發適當之飲食。

六　編級：適用累進處遇者，依行刑累進處遇條例之規定予以編級，編級後之責任分數，依同條例第十九條之標準八成計算。

②刑期未滿六個月之受刑人，有前條第一項各款情形之一者，得準用前項第一款至第五款之規定。

第四章　戒　護

第二一條　（監獄得運用科技設備輔助嚴密戒護）

①監獄應嚴密戒護，並得運用科技設備輔助之。

②監獄認有必要時，得對受刑人居住之舍房及其他處所實施搜檢，並準用第十四條有關檢查身體及辨識身分之規定。

③爲維護安全目的，監獄得於必要範圍內，運用第一項科技設備蒐集、處理、利用受刑人或進出人員之個人資料。

④監獄爲維護安全，得檢查出入者之衣類及攜帶物品，並得運用科技設備輔助之。

⑤第一項、第二項與前項之戒護、搜檢及檢查，不得逾必要之程度。

⑥第一項至第四項科技設備之種類、設置、管理、運用、資料保存及其他應遵行事項之辦法，由法務部定之。

第二二條　（隔離保護之要件及相關程序）

①有下列情形之一者，監獄得施以隔離保護：
一　受刑人有危害監獄安全之虞。
二　受刑人之安全有受到危害之虞。

②前項隔離保護應經監獄長官核准。但情況緊急時，得先行爲之，並立即報告監獄長官。

③監獄應將第一項措施之決定定期報監督機關備查。監獄施以隔離保護後，除應以書面告知受刑人外，應通知其家屬或最近親屬，並安排醫事人員持續評估其身心狀況。醫事人員認爲不適宜繼續隔離保護者，應停止之。家屬或最近親屬有數人者，得僅通知其中一人。

④第一項隔離保護不得逾必要之程度，於原因消滅時應即解除之，最長不得逾十五日。

⑤第一項施以隔離保護之生活作息、處遇、限制、禁止、第三項之通知及其他應遵行事項之辦法，由法務部定之。

第二三條　（對受刑人施用戒具、施以固定保護或收容於保護室之要件、程序、期限及身心健康維護）

①受刑人有下列情形之一，監獄得單獨或合併施用戒具、施以固定保護或收容於保護室：
一　有脫逃、自殘、暴行、其他擾亂秩序行爲之虞。
二　有救護必要，非管束不能預防危害。

②前項施用戒具、施以固定保護或收容於保護室，監獄不得作爲懲罰受刑人之方法。施以固定保護，每次最長不得逾四小時；收容於保護室，每次最長不得逾二十四小時。監獄除應以書面告知受刑人外，並應通知其家屬或最近親屬。家屬或最近親屬有數人者，得僅通知其中一人。

③戒具以腳鐐、手銬、聯鎖、束繩及其他經法務部核定之戒具爲限，施用戒具逾四小時者，監獄應製作記錄使受刑人簽名，並交付繕本；每次施用戒具最長不得逾四十八小時，並應記明起訖時間，但受刑人有暴行或其他擾亂秩序行爲致發生騷動、暴動事故，監獄認爲仍有繼續施用之必要者，不在此限。

非行兒少

④第一項措施應經監獄長官核准。但情況緊急時，得先行爲之，並立即報請監獄長官核准之。監獄應定期將第一項措施實施情形，陳報監督機關備查。

⑤受刑人有第一項情形者，監獄應儘速安排醫事人員評估其身心狀況，並提供適當之協助。如認有必要終止或變更措施，應即報告監獄長官，監獄長官爲適當之處理。

⑥第一項施用戒具、固定保護及收容於保護室之程序、方式、規格、第二項之通知及其他應遵行事項之辦法，由法務部定之。

第二四條　（戒護受刑人外出得用戒具或施以電子監控措施）

①監獄戒護受刑人外出，認其有脫逃、自殘、暴行之虞時，得經監獄長官核准後施用戒具。但不得逾必要之程度。

②受刑人外出或於監獄外從事活動時，監獄得運用科技設備，施以電子監控措施。

第二五條　（得使用核定器械爲必要處置之情形及限制）

①有下列情形之一，監獄人員得使用法務部核定之棍、刀、槍及其他器械爲必要處置：

一　受刑人對於他人之生命、身體、自由爲強暴、脅迫或有事實足認爲將施強暴、脅迫時。

二　受刑人持有足供施強暴、脅迫之物，經命其放棄而不遵從時。

三　受刑人聚眾騷動或爲其他擾亂秩序之行爲，經命其停止而不遵從時。

四　受刑人脫逃，或圖謀脫逃不服制止時。

五　監獄之裝備、設施遭受劫奪、破壞或有事實足認爲有受危害之虞時。

②監獄人員使用槍械，以自己或他人生命遭受緊急危害爲限，並不得逾必要之程度。

③前二項棍、刀、槍及器械之種類、使用時機、方法及其他應遵行事項之辦法，由法務部定之。

第二六條　（遇重大特殊情形得請求警察或相關機關之協助；遇天災事變得由受刑人分任災害防救工作）

①監獄遇有重大特殊情形，爲加強安全戒備及受刑人之戒護，必要時得請求警察機關或其他相關機關協助。

②遇有天災、事變，爲防護監獄設施及受刑人安全時，得由受刑人分任災害防救工作。

第二七條　（遇天災事變得將受刑人護送於相當處所或暫行釋放）

①遇有天災、事變在監獄內無法防避時，得將受刑人護送於相當處所；不及護送時，得暫行釋放。

②前項暫行釋放之受刑人，由離監時起限四十八小時內，至該監或警察機關報到。其按時報到者，在外期間予以計算刑期；屆期不報到者，以脫逃罪論處。

第二八條　（受刑人返家探視之規定）

①受刑人之祖父母、父母、配偶之父母、配偶、子女或兄弟姊妹喪亡時，得經監獄長官核准戒護返家探視，並於二十四小時內回監；其在外期間，予以計算刑期。

②受刑人因重大或特殊事故，有返家探視之必要者，經報請監督機關核准後，準用前項之規定。

③受刑人返家探視條件、對象、次數、期間、費用、實施方式、核准程序、審查基準、核准後之變更或取消及其他應遵行事項之辦法，由法務部定之。

第二九條　（受刑人外出制度）

①受刑人在監執行逾三月，行狀善良，得報請監督機關核准其於一定期間內外出。但受刑人有不適宜外出之情事者，不在此限。

②經核准外出之受刑人，應於指定時間內回監，必要時得向指定處所報到。

③受刑人外出期間，違反外出應遵守規定或發現有不符合第五項所定辦法有關資格、條件之規定者，得變更或取消其外出之核准；外出核准經取消者，其在外期間不算入執行刑期。外出期間表現良好者，得予以獎勵。

④受刑人外出，無正當理由未於指定時間內回監或向指定處所報到者，其在外期間不算入執行刑期，並以脫逃罪論處。

⑤受刑人外出之資格、條件、實施方式與期間、安全管理方式、應遵守規定、核准程序、變更、取消及其他相關事項之辦法，由法務部定之。

第三〇條　（受刑人戒護外出參加有助教化活動之規定）

監獄得遴選具有特殊才藝或技能之受刑人，於徵得其同意後，報請監督機關核准，戒護外出參加公益活動、藝文展演、技職檢定、才藝競賽或其他有助於教化之活動。

第五章　作　業

第三一條　（受刑人參加作業之義務及作業項目之訂定）

①受刑人除罹患疾病、入監調查期間、戒護安全或法規別有規定者外，應參加作業。為落實復歸社會目的，監督機關得洽商勞動部協助各監獄發展作業項目，提升作業效能。

②監獄對作業應斟酌衛生、教化、經濟效益與受刑人之刑期、健康、知識、技能及出獄後之生計定之，並按作業性質，使受刑人在監內、外工場或其他特定場所為之。監獄應與受刑人晤談後，於個別處遇計畫中訂定適當作業項目，並得依職權適時調整之。

③受刑人從事炊事、打掃、營繕、看護及其他由監獄指定之事務，視同作業。

④受刑人在監外作業，應於指定時間內回監，必要時得向指定處所報到。其無正當理由未於指定時間內回監或向指定處所報到者，在外期間不算入執行刑期，並以脫逃罪論處。

⑤第二項在監內、外作業項目、遴選條件、編組作業、契約要項、安全管理方式及其他應遵行事項之辦法，由法務部定之。

⑥監督機關得商洽勞動部協助各監獄發展職業訓練項目，提升訓練效能。

第三二條　（作業時間上限及給與超時勞作金之規定）

①作業時間應斟酌教化、數量、作業之種類、設備之狀況及其他情形定之，每日不得逾八小時。但有特殊情形，得將作業時間延長之，延長之作業時間連同正常作業時間，一日不得超過十二小時。

②前項延長受刑人作業時間，應經本人同意後實施，並應給與超時勞作金。

第三三條　（作業課程之訂定及作業之協同指導）

①受刑人之作業以勞動能率或作業時間為課程；其勞動能率應依一般人平均工作產能酌定。

②監獄得延聘具有專業之人員協同指導受刑人之作業。

第三四條　（作業之方式及核准）

①監獄作業方式，以自營、委託加工、承攬、指定監外作業或其他作業為之。

②前項作業之開辦計畫及相關契約，應報經監督機關核准。

第三五條　（停止作業之情形）

①有下列情形之一者，得停止受刑人之作業：

一　國定例假日。

二　受刑人之配偶、直系親屬或三親等內旁系親屬喪亡。但停止作業期間最長以七日為限。

三　因其他情事，監獄認為必要時。

②就炊事、打掃及其他需急速之作業者，除前項第二款外，不停止作業。

③第一項之情形，經受刑人請求繼續作業，且符合監獄管理需求者，從其意願。

第三六條　（勞作金之給與及計算方式）

①參加作業者應給與勞作金。

②前項勞作金之計算及給與，應將勞作金總額依比率分別提撥，並依受刑人實際作業時間及勞動能率合併計算給與金額。其提撥比率設定及給與分配等相關事項之辦法，由法務部定之。

第三七條　（作業賸餘之分配項目及比例）

①作業收入扣除作業支出後稱作業賸餘，分配如下：

一　提百分之六十充前條勞作金。

二　提百分之十充犯罪被害人補償費用。

三　提百分之十充受刑人飲食補助費用。

四　其餘充受刑人職業訓練、改善生活設施及照顧受刑人與家屬之補助費用。

五　如有賸餘，撥充法務部矯正機關作業基金（以下簡稱作業基

　金）循環應用。

②前項第二款提撥犯罪被害人補償費用，應專戶存儲，並依犯罪被害人保護法規定支付。

第三八條　（補償金之發給）

①受刑人因作業或職業訓練致受傷、罹病、重傷、失能或死亡者，應發給補償金。

②前項補償金由作業基金項下支付；其受傷、罹病、重傷、失能認定基準、發給金額、申請程序、領受人資格及其他應遵行事項之辦法，由法務部定之。

第三九條　（死亡時勞作金、補償金依法處理未領回或申請發還者歸入作業基金）

受刑人死亡時，其勞作金或補償金，經依第八十一條及第八十二條第一項第四款規定處理而未領回或申請發還者，歸入作業基金。

第六章　教化及文康

第四○條　（對受刑人之教化施以適當輔導及教育）

①對於受刑人，應施以教化。

②前項教化，應參酌受刑人之入監調查結果及個別處遇計畫，施以適當之輔導與教育。

③前項輔導內容，得委由心理學、社會工作、醫療、教育學、犯罪學或法律學等相關領域專家設計、規劃，並得以集體、類別及個別輔導等方式為之。

④第二項之教育，監獄得自行或與學校合作辦理補習教育、進修教育或推廣教育；其辦理方式、協助支援、師資、課程與教材、學習評量、修業期限、學籍管理、證書之頒發、撤銷、廢止及其他相關事項之辦法，由法務部會同教育部定之。

第四一條　（宗教信仰自由及宗教活動之舉行）

①受刑人有信仰宗教之自由，不得限制或禁止之。但宗教活動有妨害監獄秩序或安全者，不在此限。

②監獄得依受刑人請求安排適當之宗教師，實施教誨。

③監獄得邀請宗教人士舉行有助於受刑人之宗教活動。

④受刑人得持有與其宗教信仰有關之物品或典籍。但有妨害監獄秩序、安全及管理之情形，得限制或禁止之。

第四二條　（受刑人與被害人進行調解及修復事宜之安排協助）

監獄得安排專人或轉介機關（構）、法人、團體協助受刑人與被害人進行調解及修復事宜。

第四三條　（運用社會人力資源協助教化活動之推展）

①監獄得聘請或邀請具矯治處遇相關知識或熱誠之社會人士，協助教化活動，並得延聘熱心公益社會人士為志工，協助教化工作。

②前項志工，由監獄報請監督機關核定後延聘之。

第四四條　（知識自由及各種文化及康樂活動之辦理）

①監獄得設置圖書設施、提供圖書資訊服務或發行出版物，供受刑人閱讀。

②受刑人得自備書籍、報紙、點字讀物或請求使用紙筆及其他必要之用品。但有礙監獄作息、管理、教化或安全之虞者，得限制或禁止之。

③監獄得辦理圖書展示，供受刑人購買優良圖書，以達教化目的。

④監獄得提供適當之資訊設備予受刑人使用。

⑤為增進受刑人之身心健康，監獄應適時辦理各種文化及康樂活動。

第四五條　（得提供廣電視聽器材或資訊設備實施教化及收聽、收看權益之保護）

①監獄得提供廣播、電視設施、資訊設備或視聽器材實施教化。

②受刑人經監獄許可，得持有個人之收音機、電視機或視聽器材為收聽、收看。

③監獄對身心障礙受刑人應考量收容特性、現有設施狀況及身心障礙者特殊需求，提供視、聽、語等無障礙輔助措施。

④前二項收聽、收看，於有礙受刑人生活作息，或監獄管理、教化、安全之虞時，得限制或禁止之。

第七章　給　養

第四六條　（飲食及必要衣物器具之提供）

①為維護受刑人之身體健康，監獄應供給飲食，並提供必要之衣類、寢具、物品及其他器具。

②受刑人得因宗教信仰或其他因素，請求監獄提供適當之飲食。

第四七條　（攜帶入監或在監生產子女必需用品之自備或提供）

攜帶入監或在監生產之受刑人子女，其食物、衣類及必需用品，均應由受刑人自備；無力自備者，得由監獄提供之。

第四八條　（酒類檳榔之禁用；吸菸管理、菸害防制教育宣導及戒菸獎勵）

①受刑人禁用酒類、檳榔。

②監獄應許受刑人於指定之時間、處所吸菸，並應對受刑人施以菸害防制教育、宣導，對戒菸之受刑人給予適當之獎勵。

③前項受刑人吸菸之資格、時間、地點、設施、數量、菸害防制教育與宣導、戒菸計畫、獎勵及其他應遵行事項之辦法，由法務部定之。

第八章　衛生及醫療

第四九條　（疾病醫療、預防保健等事項之辦理及相關醫事人員之備置）

①監獄應掌握受刑人身心狀況，辦理受刑人疾病醫療、預防保健、篩檢、傳染病防治及飲食衛生等事項。

②監獄依其規模及收容對象、特性，得在資源可及範圍內備置相關醫事人員，於夜間及假日為戒護外醫之諮詢判斷。

③前二項業務，監獄得委由醫療機構或其他專業機構辦理。

④衛生福利部、教育部、國防部、國軍退除役官兵輔導委員會、直轄市或縣（市）政府所屬之醫療機構，應協助監獄辦理第一項及第二項業務。

⑤衛生主管機關應定期督導、協調、協助改善前四項業務，監獄並應協調所在地之衛生主管機關辦理之。

第五〇條　（醫療監獄之設置及業務事項）

①為維護受刑人在監獄內醫療品質，並提供住院或療養服務，監督機關得設置醫療監獄；必要時，得於監獄附設之。

②醫療監獄辦理受刑人疾病醫療、預防保健、篩檢、傳染病防治及飲食衛生等業務，得委由醫療機構或其他專業機構辦理。

第五一條　（清潔維護及衛生檢查）

監獄內應保持清潔，定期舉行環境衛生檢查，並適時使受刑人從事打掃、洗濯及整理衣被、器具等必要事務。

第五二條　（舍房、作業場所等空間、光線及通風之維持；衛浴設施之充足；物品衛生安全需求之符合）

①受刑人舍房、作業場所及其他處所，應維持保健上必要之空間、光線及通風，且有足供生活所需之衛浴設施。

②監獄提供受刑人使用之物品，須符合衛生安全需求。

第五三條　（用水供應、沐浴及理剃鬚髮之規定）

為維護受刑人之健康及衛生，應依季節供應冷熱水及清潔所需之用水，並要求其沐浴及理剃鬚髮。

第五四條　（運動場地、器材設備之提供及運動之時間）

①監獄應提供受刑人適當之運動場地、器材及設備。

②監獄除國定例假日、休息日或有特殊事由外，應給予受刑人每日運動一小時。

③為維持受刑人健康，運動處所以安排於戶外為原則；必要時，得使其於室內適當處所從事運動或其他舒展身心之活動。

第五五條　（健康評估、健康檢查及自主健康管理措施）

①監獄對於受刑人應定期為健康評估，並視實際需要施行健康檢查及推動自主健康管理措施。

②施行前項健康檢查時，得為醫學上之必要處置。

③受刑人或其最近親屬及家屬，在不妨礙監獄秩序及經醫師評估有必要之情形下，得請求監獄准許自費延請醫事人員於監獄內實施健康檢查。

④第一項健康檢查結果，監獄得應受刑人之請求提供之。

⑤受刑人因健康需求，在不妨害監獄安全及秩序之情形下，經醫師評估可行性後，得請求自費購買或送入低風險性醫療器材或衛生保健物品。

⑥前項購買或送入物品之退回或領回，準用第七十八條、第八十條

至第八十二條規定。

第五六條　（病歷、醫療及個人資料之蒐集、處理或利用）

①為維護受刑人健康或掌握其身心狀況，監獄得蒐集、處理或利用受刑人之病歷、醫療及前條第一項之個人資料，以作適當之處置。

②前項情形，監獄得請求機關（構）、法人、團體或個人提供相關資料，機關（構）、法人、團體或個人無正當理由不得拒絕。

③第一項與受刑人健康有關資料調查之範圍、期間、程序、方法、審議及其他應遵行事項之辦法，由法務部定之。

第五七條　（傳染病之防治及處理方式）

①經監獄通報有疑似傳染病病人時，地方衛生主管機關應協助監獄預防及處理。必要時，得請求中央衛生主管機關協助之。

②監獄收容來自傳染病流行地或經過其地之受刑人，得為一定期間之隔離；其攜帶物品，應為必要之處置。

③監獄收容經醫師診斷疑似或確診罹患傳染病之受刑人，得由醫師評估為一定期間之隔離，並給予妥適治療，治療期間之長短或方式應遵循醫師之醫囑或衛生主管機關之處分或指導，且應對於其攜帶物品，施行必要之處置。

④經衛生機關依據傳染病防治法規定，通知罹患傳染病之受刑人於指定隔離治療機構施行治療者，監獄應即與治療機構協調戒送及戒護之作業，並陳報監督機關。接受隔離治療之受刑人視為在監執行。

第五八條　（得於病舍或病監收容之情形）

罹患疾病經醫師評估認需密切觀察及處置之受刑人，得於監獄病舍或附設之病監收容之。

第五九條　（依全民健康保險法規定應納保者應以全民健康保險保險對象身分就醫）

①依全民健康保險法規定應納保之受刑人或其攜帶入監或在監生產之子女罹患疾病時，除已獲准自費醫療者外，應以全民健康保險保險對象身分就醫；其無全民健康保險憑證者，得由監獄逕行代為申請。

②受刑人為全民健康保險保險對象，經暫行停止保險給付者，其罹患疾病時之醫療費用由受刑人自行負擔。

③受刑人應繳納下列各項費用時，監獄得由受刑人保管金或勞作金中扣除：

一　接受第一項全民健康保險醫療衍生之費用。

二　換發、補發、代為申請全民健康保險憑證衍生之費用。

三　前項應自行負擔之醫療費用。

④受刑人或其攜帶入監或在監生產子女如不具全民健康保險之保險資格，或受刑人因經濟困難無力繳納前項第一款之費用，其於收容或安置期間罹患疾病時，由監獄委請醫療機構或醫師診治。

⑤前項經濟困難資格之認定、申請程序及其他應遵行事項之辦法，

由法務部定之。

第六〇條　（受傷或患病拒不就醫致有生命危險之虞之處理）

①受刑人因受傷或罹患疾病，拒不就醫，致有生命危險之虞，監獄應即請醫師逕行救治或將受刑人逕送醫療機構治療。

②前項逕送醫療機構治療之醫療及交通費用，由受刑人自行負擔。

③第一項逕送醫療機構治療期間，視爲在監執行。

第六一條　（自費延醫之請求）

①受傷或罹患疾病之受刑人接受全民健康保險提供之醫療服務或經監獄委請之醫師醫治後，有正當理由認需由其他醫師診治，而請求自費於監獄內延醫診治時，監獄得予准許。

②前項自費延醫之申請程序、要件、實施方式、時間、地點、費用支付及其他應遵行事項之辦法，由法務部定之。

第六二條　（戒送醫療機構或病監醫治之要件）

①受刑人受傷或罹患疾病，有醫療急迫情形，或經醫師診治後認有必要，監獄得戒送醫療機構或病監醫治。

②前項經醫師診治後認有必要戒送醫療機構醫治之交通費用，應由受刑人自行負擔。但受刑人經濟困難無力負擔者，不在此限。

③第一項戒送醫療機構醫治期間，視爲在監執行。

第六三條　（保外醫治之核准及準用規定）

①經採行前條第一項醫治方式後，仍不能或無法爲適當之醫治者，監獄得報請監督機關參酌醫囑後核准保外醫治；其有緊急情形時，監獄得先行准予保外醫治，再報請監督機關備查。

②前項保外醫治期間，不算入刑期。

③依第一項核准保外醫治者，監獄應即報由檢察官命具保、責付、限制住居或限制出境、出海後釋放之。

④前項命具保、責付、限制住居或限制出境、出海者，準用刑事訴訟法第九十三條之二第二項至第四項、第九十三條之五第一項前段及第三項前段、第一百十一條之命提出保證書、指定保證金額、限制住居、第一百十五條至第一百十六條、第一百十八條第一項之沒入保證金、第一百十九條第二項、第三項之退保、第一百二十一條第四項准其退保及第四百十六條第一項第一款、第三項、第四項、第四百十七條、第四百十八條第一項本文聲請救濟之規定。

⑤保外醫治受刑人違反保外醫治應遵守事項者，監督機關或監獄得廢止保外醫治之核准。

⑥第一項核准保外醫治之基準，及前項保外醫治受刑人應遵守事項、廢止核准之要件、程序及其他應遵行事項之辦法，由法務部定之。

⑦懷胎五月以上或生產未滿二月者，得準用前條及第一項前段、第二項至前項之規定。

第六四條　（保外醫治轉介安置之辦理）

依前條報請保外醫治受刑人，無法辦理具保、責付、限制住居

時，監獄應檢具相關資料通知監獄所在地直轄市、縣（市）社會福利主管機關辦理轉介安置或為其他必要之處置。

第六五條　（強制營養或醫療上強制措施之實施）

受刑人因拒絕飲食或未依醫囑服藥而有危及生命之虞時，監獄應即請醫師進行診療，並得由醫師施以強制營養或採取醫療上必要之強制措施。

第六六條　（有損健康之醫學或科學試驗之禁止；取得血液或其他檢體為目的外利用之禁止）

①任何可能有損健康之醫學或科學試驗，除法律另有規定外，縱經受刑人同意，亦不得為之。

②因診療或健康檢查而取得之受刑人血液或其他檢體，除法律另有規定外，不得為目的外之利用。

第九章　接見及通信

第六七條　（接見及通信權之保障）

①受刑人之接見或通信對象，除法規另有規定或依受刑人意願拒絕外，監獄不得限制或禁止。

②監獄依受刑人之請求，應協助其與所屬國或地區之外交、領事人員或可代表其國家或地區之人員接見及通信。

第六八條　（接見時間、次數及時限）

①監獄應於平日辦理接見；國定例假日或其他休息日之接見，得由監獄斟酌情形辦理之。

②受刑人之接見，除法規另有規定外，每星期一次，接見時間以三十分鐘為限。但監獄長官認有必要時，得增加或延長之。

第六九條　（接見之程序、限制、處所及人數）

①請求接見者，應繳驗身分證明文件，登記其姓名、職業、年齡、住居所、受刑人姓名及與受刑人之關係。

②監獄對於請求接見者認為有妨害監獄秩序、安全或受刑人利益時，得拒絕之。

③接見應於接見室為之。但因患病或於管理教化上之必要，得准於適當處所行之。

④接見，每次不得逾三人。但本法或其他法規另有規定，或經監獄長官許可者，不在此限。

⑤被許可接見者，得攜帶未滿十二歲之兒童，不計入前項人數限制。

第七〇條　（接見例外之彈性處理）

監獄基於管理、教化輔導、受刑人個人重大事故或其他事由，認為必要時，監獄長官得准受刑人於監獄內指定處所辦理接見，並得予調整第六十八條及前條第三項、第四項有關接見場所、時間、次數及人數之限制。

第七一條　（接見之監看及影音記錄、中止事由；接見使用通訊影音器材之禁止）

①監獄對受刑人之接見，除法律另有規定外，應監看並以錄影、錄音方式記錄之，其內容不得違法利用。

②有事實足認有妨害監獄秩序或安全之虞者，監獄得於受刑人接見時聽聞或於接見後檢視錄影、錄音內容。

③接見過程中發現有妨害監獄秩序或安全時，戒護人員得中止其接見，並以書面載明事由。

④與受刑人接見者不得使用通訊、錄影或錄音器材；違者，得依前項規定辦理。

第七二條　（與律師、辯護人接見之法律協助權益保障及準用規定）

①受刑人與其律師、辯護人接見時，除法律另有規定外，監獄人員僅得監看而不與聞，不予錄影、錄音；除有事實上困難外，不限制接見次數及時間。

②為維護監獄秩序及安全，除法律另有規定外，監獄人員對受刑人與其律師、辯護人接見時往來之文書，僅得檢查有無夾藏違禁物品。

③第一項之接見，於監獄指定之處所為之。

④第六十七條第一項、第六十八條第一項、第六十九條第一項及前條第三項、第四項規定，於律師、辯護人接見時準用之。

⑤前四項規定於未受委任之律師請求接見受刑人洽談委任事宜時，準用之。

第七三條　（電話或其他通訊方式接見之使用）

①監獄認受刑人或請求接見者有相當理由時，得准其使用電話或其他通訊方式接見。

②前項通訊費用，由受刑人或請求接見者自付。但受刑人無力負擔且監獄認為適當時，得由監獄支付之。

③前二項接見之條件、對象、次數之限制、通訊方式、通訊申請程序、時間、監看、聽聞、收費及其他應遵行事項之辦法，由法務部定之。

第七四條　（檢查書信之方式；得閱讀或刪除書信之情形及處理方式；投稿權益之保障）

①受刑人寄發及收受之書信，監獄人員得開拆或以其他適當方式檢查有無夾藏違禁物品。

②前項情形，除法律另有規定外，有下列各款情形之一者，監獄人員得閱讀其書信內容。但屬受刑人與其律師、辯護人或公務機關互通之書信，不在此限：

一　受刑人有妨害監獄秩序或安全之行為，尚在調查中。

二　受刑人於受懲罰期間內。

三　有事實而合理懷疑受刑人有脫逃之虞。

四　有事實而合理懷疑有意圖加害或騷擾他人之虞。

五　矯正機關收容人間互通之書信。

六　有事實而合理懷疑有危害監獄安全或秩序之虞。

③監獄閱讀受刑人書信後，有下列各款情形之一者，得敘明理由刪除之：
一 顯有危害監獄之安全或秩序。
二 教唆、煽惑他人犯罪或違背法規。
三 使用符號、暗語或其他方法，使檢查人員無法瞭解書信內容。
四 涉及脫逃情事。
五 敘述矯正機關之警備狀況、舍房、工場位置，足以影響戒護安全。

④前項書信之刪除，依下列方式處理：
一 受刑人係發信者，監獄應敘明理由，退還受刑人保管或要求其修改後再行寄發，如拒絕修改，監獄得逕予刪除後寄發。
二 受刑人係受信者，監獄應敘明理由，逕予刪除再行交付。

⑤前項刪除之書信，應影印原文由監獄保管，並於受刑人出監時發還之。受刑人於出監前死亡者，依第八十一條及第八十二條第一項第四款規定處理。

⑥受刑人發送之文件，屬文稿性質者，得准其投寄報章雜誌或媒體，並準用前五項之規定。

⑦發信郵資，由受刑人自付。但受刑人無力負擔且監獄認為適當時，得由監獄支付之。

第七五條 （公務請求或送達文書之速為轉送）
受刑人以書面向法院、檢察官或其他公務機關有所請求，或公務機關送達受刑人之文書，監獄應速為轉送。

第十章 保 管

第七六條 （攜帶或送入財物之檢查、保管、處理及孳息運用）
①受刑人攜帶、在監取得或外界送入之金錢及物品，經檢查後，由監獄代為保管。但認有必要且無妨害監獄秩序或安全之虞者，得准許受刑人在監使用，或依受刑人之請求交由他人領回。
②前項物品屬易腐敗、有危險性、有害或不適於保管者，監獄得通知受刑人後予以毀棄或為其他適當之處理。
③監獄代為保管之金錢，除酌留一定金額作為週轉金外，應設專戶管理。
④前項專戶管理之金錢，其所孳生之利息統籌運用於增進受刑人生活福利事項。
⑤前四項受刑人之金錢與物品送入、檢查、登記、保管、使用、毀棄、處理、領回、查核、孳息運用、週轉金保留額度及其他應遵行事項之辦法，由法務部定之。

第七七條 （財物之送入、檢查、限制或禁止）
①外界得對受刑人送入金錢、飲食、必需物品或其他經監獄長官許可之財物。
②監獄對於前項外界送入之金錢、飲食、必需物品及其他財物，所

實施之檢查不得逾必要之程度。

③經前項檢查認有妨害監獄秩序或安全時，得限制或禁止送入。

④前三項金錢、飲食、必需物品及其他財物之送入方式、時間、次數、種類、數額、限制或禁止方式及其他應遵行事項之辦法，由法務部定之。

第七八條 （送入財物之退回、歸屬國庫或毀棄）

①監獄對前條外界送入之金錢、飲食及物品，因送入人或其居住處所不明，或爲受刑人拒絕收受者，應退回之；無法退回者，經公告六個月後仍無人領取時，歸屬國庫或毀棄。

②於前項待領回或公告期間，監獄得將易腐敗、有危險性、有害或不適於保管之物品毀棄之。

第七九條 （未經許可持有財物之歸屬國庫、毀棄或另爲適當處理）

經檢查發現受刑人未經許可持有之金錢或物品，監獄得視情節予以歸屬國庫、毀棄或另爲其他適當之處理；其金錢或物品持有人不明者，亦同。

第八○條 （保管財物之交還或限期通知領回）

受刑人經釋放者，監獄應將代爲保管之金錢及物品交還之；其未領回者，應限期通知其領回。

第八一條 （死亡後遺留物之通知或公告限期領回）

①受刑人死亡後遺留之金錢及物品，應限期通知其繼承人領回。前項繼承人有數人者，監獄得僅通知其中一人或由其中一人領回。

②前二項情形，因其繼承人有無或居住處所不明無法通知，應予公告並限期領回。

第八二條 （所留財物歸屬國庫、毀棄或另爲適當處理之情形）

①受刑人有下列各款情形之一，自各款規定之日起算，經六個月後，未申請發還者，其所留之金錢及物品，予以歸屬國庫、毀棄或另爲其他適當處理：

一　釋放者，依第八十條限期通知期滿之日起算。

二　脫逃者，自脫逃之日起算。

三　依第二十七條第一項規定暫行釋放，未遵守同條第二項報到規定，自最後應報到之日起算。

四　受刑人死亡者，依前條第一項、第三項通知或公告限期領回期滿之日起算。

②於前項待領回、通知或公告期間，監獄得將易腐敗、有危險性、有害或不適於保管之物品予以毀棄或另爲其他適當處理。

第十一章　獎懲及賠償

第八三條 （獎勵事由）

受刑人除依法規規定應予獎勵外，有下列各款行爲之一者，得予以獎勵：

一　舉發受刑人圖謀脫逃、暴行或將爲脫逃、暴行。

二　救護人命或捕獲脫逃。

三　於天災、事變或傳染病流行時，充任應急事務有勞績。

四　作業成績優良。

五　有特殊貢獻，足以增進監獄榮譽。

六　對作業技術、產品、機器、設備、衛生、醫藥等有特殊設計，足資利用。

七　對監內外管理之改進，有卓越建議。

八　其他優良行為確有獎勵必要。

第八四條　（獎勵方式）

①前條情形，得給予下列一款或數款之獎勵：

一　公開表揚。

二　增給成績分數。

三　給與書籍或其他獎品。

四　增加接見或通信次數。

五　發給獎狀。

六　給與相當數額之獎金。

七　其他特別獎勵。

②前項獎勵之基準、第七款特別獎勵之種類、對象、實施方式、程序及其他應行事項之辦法，由法務部定之。

第八五條　（懲罰原則及限制）

監獄非依本法或其他法律規定，對於受刑人不得加以懲罰，同一事件不得重複懲罰。

第八六條　（妨害秩序或安全行為施以懲罰之種類及期間）

①受刑人有妨害監獄秩序或安全之行為時，得施以下列一款或數款之懲罰：

一　警告。

二　停止接受送入飲食三日至七日。

三　停止使用自費購買之非日常生活必需品七日至十四日。

四　移入違規舍十四日至六十日。

②前項妨害監獄秩序或安全之行為態樣與應施予懲罰之種類、期間、違規舍之生活管理、限制、禁止及其他應行事項之辦法，由法務部定之。

第八七條　（陳述意見、懲罰原因內容之告知；免、緩罰或停止執行之情形；違規之區隔調查）

①監獄依本法或其他法律懲罰前，應給予受刑人陳述意見之機會，並告知其違規之原因事實及科處之懲罰。

②受刑人違規情節輕微或顯堪憫恕者，得免其懲罰之執行或緩予執行。

③受刑人罹患疾病或有其他特別事由者，得停止執行。

④監獄為調查受刑人違規事項，得對相關受刑人施以必要之區隔，期間不得逾二十日。

第八八條 （懲罰廢止、不再或終止執行之情形）

① 依前條第二項規定免予執行或緩予執行後，如受懲罰者已保持一月以上之改悔情狀，得廢止其懲罰。

② 依前條第三項規定停止執行者，於其停止原因消滅後繼續執行。但停止執行逾六個月不再執行。

③ 受懲罰者，在執行中有改悔情狀時，得終止其執行。

第八九條 （損害器具物品之賠償事宜）

① 受刑人因故意或重大過失，致損害器具、成品、材料或其他物品時，應賠償之。

② 前項賠償之金額，受刑人未為給付者，得自其保管金或勞作金內扣還之。

第十二章　陳情、申訴及起訴

第九〇條 （處分或管理措施執行不因提起陳情或申訴而停止）

監獄對受刑人處分或管理措施之執行，不因提起陳情或申訴而停止。但監獄於必要時，得停止其執行。

第九一條 （因陳情、申訴或訴訟救濟提出而施以歧視或藉故懲罰之禁止）

監獄對於受刑人，不得因陳情、申訴或訴訟救濟之提出，而施以歧視待遇或藉故懲罰。

第九二條 （陳情之方式、對象、意見箱設置及適當處理）

① 受刑人得以書面或言詞向監獄、視察小組或其他視察人員提出陳情。

② 監獄應於適當處所設置意見箱，供受刑人提出陳情或提供意見使用。

③ 監獄對於受刑人之陳情或提供意見，應為適當之處理。

第九三條 （申訴之類型及不變期間；申訴有理由之處理方式）

① 受刑人因監獄行刑有下列情形之一者，得以書面或言詞向監獄提起申訴：

一　不服監獄所為影響其個人權益之處分或管理措施。

二　因監獄對其依本法請求之事件，拒絕其請求或於二個月內不依其請求作成決定，認為其權利或法律上利益受損害。

三　因監獄行刑之公法上原因發生之財產給付爭議。

② 前項第一款處分或管理措施、第二款、第三款拒絕請求之申訴，應自受刑人收受或知悉處分或管理措施之次日起，十日不變期間內為之。前項第二款、第三款不依請求作成決定之申訴，應自受刑人提出請求屆滿二個月之次日起，十日不變期間內為之。

③ 監獄認為受刑人之申訴有理由者，應逕為立即停止、撤銷或變更原處分、管理措施之決定或執行，或依其請求或申訴作成決定。

④ 以書面以外方式所為之處分或管理措施，其相對人有正當理由請求作成書面時，監獄不得拒絕。

⑤ 前項書面應附記理由，並表明救濟方法、期間及受理機關。

第九四條　（申訴及訴訟救濟得委任律師為代理人；輔佐人之相關規定）

①受刑人提起前條申訴及第一百十一條第二項之訴訟救濟，得委任律師為代理人行之，並應向監獄或法院提出委任狀。

②受刑人或代理人經監獄或法院之許可，得偕同輔佐人到場。

③監獄或法院認為必要時，得命受刑人或代理人偕同輔佐人到場。

④前二項之輔佐人，監獄或法院認為不適當時，得撤銷其許可或禁止其陳述。

⑤輔佐人所為之陳述，受刑人或代理人未立即提出異議者，視為其所自為。

第九五條　（申訴審議小組之設置）

監獄為處理申訴事件，應設申訴審議小組（以下簡稱審議小組），置委員九人，經監督機關核定後，由典獄長指派之代表三人及學者專家或社會公正人士六人組成之，並由典獄長指定之委員為主席。其中任一性別委員不得少於三分之一。

第九六條　（申訴書之應載事項及以言詞申訴之辦理方式）

①以書面提起申訴者，應填具申訴書，載明下列事項，由申訴人簽名或捺印：

一　申訴人之姓名。有委任代理人或輔佐人者，其姓名、住居所。

二　申訴事實及發生時間。

三　申訴理由。

四　申訴年、月、日。

②以言詞提起申訴者，由監獄人員代為填具申訴書，經向申訴人朗讀或使其閱覽，確認內容無誤後，交其簽名或捺印。

第九七條　（申訴書補正之期限）

審議小組認為申訴書不合法定程式，而其情形可補正者，應通知申訴人於五日內補正。

第九八條　（審議小組開會之出席人數、會議程序及表決方式）

①審議小組須有全體委員過半數之出席，始得開會；其決議以出席人數過半數同意行之，可否同數時，取決於主席。

②審議小組決議時，迴避之委員不計入出席委員人數。

第九九條　（審議小組委員自行迴避、申請迴避與職權迴避之要件及程序事項）

①審議小組委員於申訴事件有下列情形之一者，應自行迴避，不得參與決議：

一　審議小組委員現為或曾為申訴人之配偶、四親等內之血親、三親等內之姻親或家長、家屬。

二　審議小組委員現為或曾為申訴人之代理人、辯護人、輔佐人。

三　審議小組委員現為申訴人、其申訴對象、或申訴人曾提起申訴之對象。

②有具體事實足認審議小組委員就申訴事件有偏頗之虞者，申訴人得舉其原因及事實，向審議小組申請迴避。

③前項申請，由審議小組決定之。不服審議小組之駁回決定者，得於五日內提請監督機關覆決，監督機關除有正當理由外，應於十日內爲適當之處置。

④申訴人不服監督機關所爲覆決決定，僅得於對實體決定提起行政訴訟時一併聲明不服。

⑤審議小組委員有第一項情形不自行迴避，而未經申訴人申請迴避者，應由監獄依職權命其迴避。

第一〇〇條　（申訴之撤回）
提起申訴後，於決定書送達申訴人前，申訴人得撤回之。申訴經撤回者，不得就同一原因事實重行提起申訴。

第一〇一條　（審議小組作成決定之期限及屆期不爲決定之效果）

①審議小組應自受理申訴之次日起三十日內作成決定，必要時得延長十日，並通知申訴人。

②前項期間，於依第九十七條通知補正情形，自補正之次日起算。

③審議小組屆期不爲決定者，視爲撤銷原處分。

第一〇二條　（申訴審議之陳述意見）

①審議小組進行審議時，應通知申訴人、委任代理人及輔佐人列席陳述意見。

②申訴人因案收容於其他處所者，其陳述意見得以書面、影音、視訊、電話或其他方式爲之。

③前項以書面以外方式陳述意見者，監獄應作成紀錄，經向陳述人朗讀或使閱覽確認其內容無誤後，由陳述人簽名或捺印；其拒絕簽名或捺印者，應記明其事由。陳述人對紀錄有異議者，應更正之。

第一〇三條　（審議資料含與申訴事項無關資料之禁止）
申訴審議資料，不得含與申訴事項無關之罪名、刑期、犯次或之前違規紀錄等資料。

第一〇四條　（審議小組應依職權調查證據）
審議小組應依職權調查證據，不受申訴人主張之拘束，對申訴人有利及不利事項一律注意。

第一〇五條　（申訴程序中事實及證據調查之申請）
申訴人於申訴程序中，得申請審議小組調查事實及證據。審議小組認無調查必要者，應於申訴決定中敘明不爲調查之理由。

第一〇六條　（會議紀錄之製作及應載事項）

①審議小組應製作會議紀錄。

②前項會議紀錄應載明到場人所爲陳述之要旨及其提出之文書、證據。委員於審議中所持與決議不同之意見，經其請求者，亦應列入紀錄。

第一〇七條 （申訴應為不受理決定之情形）

審議小組認申訴有下列情形之一者，監獄應為不受理之決定：

一 申訴內容非屬第九十三條第一項之事項。

二 提起申訴已逾第九十三條第二項所定期間。

三 申訴書不合法定程式不能補正，或經依第九十七條規定通知補正，屆期不補正。

四 對於已決定或已撤回之申訴事件，就同一原因事實重行提起申訴。

五 申訴人非受第九十三條第一項第一款處分或管理措施之相對人，或非第九十三條第一項第二款、第三款之請求人。

六 監獄已依第九十三條第三項為停止、撤銷或變更原處分、管理措施之決定或執行，或已依其請求或中訴作成決定。

第一〇八條 （申訴有無理由應為之決定及不利益變更禁止原則）

①審議小組認申訴有理由者，監獄應為停止、撤銷或變更原處分、管理措施之決定或執行，或依受刑人之請求或申訴作成決定。但不得為更不利益之變更、處分或管理措施。

②審議小組認申訴無理由者，監獄應為駁回之決定。

③原處分或管理措施所憑理由雖屬不當，但依其他理由認為正當者，應以申訴為無理由。

第一〇九條 （申訴決定書之製作義務、應載事項及送達等規定）

①審議小組依前二條所為之決定，監獄應作成決定書。

②申訴決定書，應載明下列事項：

一 申訴人姓名、出生年月日、住居所、身分證明文件字號。

二 有委任代理人或輔佐人者，其姓名、住居所。

三 主文、事實及理由。其係不受理決定者，得不記載事實。

四 附記如依本法規定得向法院起訴者，其救濟方法、期間及其受理機關。

五 決定機關及其首長。

六 年、月、日。

③前項決定書應送達申訴人及委任代理人，並副知監督機關。

④監督機關收受前項決定書後，應詳閱其內容，如認監獄之原處分或管理措施有缺失情事者，應督促其改善。

⑤申訴決定書附記提起行政訴訟期間錯誤時，應由監獄以通知更正之，並自更正通知送達之日起，計算法定期間。

⑥申訴決定書未依第二項第四款規定為附記，或附記錯誤而未為前項規定通知更正，致受刑人遲誤行政訴訟期間者，如自申訴決定書送達之日起三個月內提起行政訴訟，視為於法定期間內提起。

第一一〇條 （對監督機關提起申訴或訴訟救濟之規範及準用規定）

①受刑人與監督機關間，因監獄行刑有第九十三條第一項各款情

事，得以書面向監督機關提起申訴，並準用第九十條、第九十三條第二項至第五項、第九十四條第一項、第九十五條、第九十六條第一項、第九十七條至第一百零一條、第一百零二條第二項、第三項、第一百零五條至第一百零八條及前條第一項至第三項、第五項、第六項規定。

②受刑人依前項規定提起申訴而不服其決定，或提起申訴逾三十日不為決定或延長申訴決定期間逾三十日不為決定者，準用第一百十一條至第一百十四條之規定。

第一一一條 （行政訴訟之救濟程序）

①受刑人因監獄行刑所生之公法爭議，除法律另有規定外，應依本法提起行政訴訟。

②受刑人依本法提起申訴而不服其決定者，應向監獄所在地之地方法院行政訴訟庭提起下列各款訴訟：

一　認為監獄處分逾越達成監獄行刑目的所必要之範圍，而不法侵害其憲法所保障之基本權利且非顯屬輕微者，得提起撤銷訴訟。

二　認為前款處分違法，因已執行而無回復原狀可能或已消滅，有即受確認判決之法律上利益者，得提起確認處分違法之訴訟。其認為前款處分無效，有即受確認判決之法律上利益者，得提起確認處分無效之訴訟。

三　因監獄對其依本法請求之事件，拒絕其請求或未於二個月內依其請求作成決定，認為其權利或法律上利益受損害，或因監獄行刑之公法上原因發生財產上給付之爭議，得提起給付訴訟。就監獄之管理措施認為逾越達成監獄行刑目的所必要之範圍，而不法侵害其憲法所保障之基本權利且非顯屬輕微者，亦同。

③前項各款訴訟之提起，應以書狀為之。

第一一二條 （與其他訴訟合併提起及請求損害賠償之禁止；
　　　　　　　起訴不變期間及申訴不為決定逕提訴訟）

①前條訴訟，不得與其他訴訟合併提起，且不得合併請求損害賠償。

②前條訴訟之提起，應於申訴決定書送達後三十日之不變期間內為之。

③審議小組逾三十日不為決定或延長申訴決定期間逾十日不為決定者，受刑人自該應為決定期限屆滿後，得逕提起前條第二項第二款、第三款之訴訟。但自該應為決定期限屆滿後逾六個月者，不得提起。

第一一三條 （提出起訴狀或撤回書狀之規定）

①受刑人於起訴期間內向監獄長官提出起訴狀，或於法院裁判確定前向監獄長官提出撤回書狀者，分別視為起訴期間內之起訴或法院裁判確定前之撤回。

②受刑人不能自作起訴狀者，監獄人員應為之代作。

非行兒少

③監獄長官接受起訴狀或撤回書狀後，應附記接受之年、月、日、時，儘速送交法院。

④受刑人之起訴狀或撤回書狀，非經監獄長官提出者，法院之書記官於接受起訴狀或撤回書狀後，應即通知監獄長官。

⑤監獄應依職權或依法院之通知，將與申訴案件有關之卷宗及證物送交法院。

第一一四條 （依法適用簡易訴訟程序事件、裁判費用減徵及得不經言詞辯論等規定）

①依第一百十一條規定提起之訴訟，爲簡易訴訟程序事件，除本法或其他法律另有規定外，適用行政訴訟法簡易訴訟程序之規定，其裁判費用減徵二分之一。

②前項裁判得不經言詞辯論爲之，並得引用申訴決定書所記載之事實、證據及理由，對案情重要事項申訴決定書未予論述，或不採受刑人之主張、有利於受刑人之證據，應補充記載其理由。

第十三章　假　釋

第一一五條 （陳報假釋之程序）

①監獄對於受刑人符合假釋要件者，應提報其假釋審查委員會議後，報請法務部審查。

②依刑法第七十七條第二項第三款接受強制身心治療或輔導教育之受刑人，應附具曾受治療或輔導之紀錄及個案自我控制再犯預防成效評估報告，如顯有再犯之虞，不得報請假釋。

③前項強制身心治療或輔導教育之處理程序、評估機制及其他相關事項之辦法，由法務部定之。

第一一六條 （假釋審查應參酌之事項及假釋審查參考基準之訂定公開）

①假釋審查應參酌受刑人之犯行情節、在監行狀、犯罪紀錄、教化矯治處遇成效、更生計畫及其他有關事項，綜合判斷其悛悔情形。

②法務部應依前項規定內容訂定假釋審查參考基準，並以適當方式公開之。

第一一七條 （陳述意見及請求假釋審查相關資料）

①監獄召開假釋審查會前，應以適當之方式給予受刑人陳述意見之機會。

②受刑人得向監獄請求閱覽、抄錄、複製假釋審查相關資料。但所涉資料屬政府資訊公開法第十八條第一項或檔案法第十八條所定情形者，不在此限。

第一一八條 （對陳報假釋決議之處分及再行陳報之提出時間）

①法務部參酌監獄依第一百十五條第一項陳報假釋之決議，應爲許可假釋或不予許可假釋之處分；如認原決議所載理由或所憑資料未臻完備，得通知監獄再行補正，其不能補正者，得予退回。

②經法務部不予許可假釋之處分案，除進級者外，監獄應逾四月始

得再行陳報。但該受刑人嗣後獲第八十四條第一項第五款所列之獎勵者，監獄得提前一個月陳報。

第一一九條 （假釋審查會之設置）

①監獄應設假釋審查會，置委員七人至十一人，除典獄長及其指派監獄代表二人為當然委員外，其餘委員由各監獄遴選具有心理、教育、法律、犯罪、監獄學、觀護、社會工作或相關專門學識之人士，報請監督機關核准後聘任之。其中任一性別委員不得少於三分之一。

②監獄得將所設分監受刑人假釋案件審查之事項，委託該分監所在之矯正機關辦理。

③第一百十五條陳報假釋之程序、文件資料，與第一項假釋審查會委員任期、召開方式、審議事項、委員迴避、釋放程序及其他相關事項之辦法，由法務部定之。

第一二〇條 （維持或廢止假釋）

①假釋出監受刑人刑期變更者，監獄於接獲相關執行指揮書後，應依刑法第七十七條規定重新核算，並提報其假釋審查會決議後，報請法務部辦理維持或廢止假釋。

②前項經維持假釋者，監督機關應通知該假釋案犯罪事實最後裁判法院相對應檢察署向法院聲請裁定假釋中付保護管束；經廢止假釋者，由監獄通知原指揮執行檢察署辦理後續執行事宜。

③第一項情形，假釋期間已屆滿且假釋未經撤銷者，已執行保護管束日數全部計入刑期；假釋尚未期滿者，已執行保護管束日數，應於日後再假釋時，折抵假釋及保護管束期間。

④受刑人於假釋核准後，未出監前，發生重大違背紀律情事，監獄應立即報請法務部停止其假釋處分之執行，並提報假釋審查會決議後，再報請法務部廢止假釋，如法務部不同意廢止，停止假釋之處分即失其效力。

⑤受刑人不服停止假釋處分時，僅得於對廢止假釋處分聲明不服時一併聲明之。

第一二一條 （不服處分之救濟及可提起復審之對象及期間）

①受刑人對於前條廢止假釋及第一百十八條不予許可假釋之處分，如有不服，得於收受處分書之翌日起十日內向法務部提起復審。假釋出監之受刑人以其假釋之撤銷為不當者，亦同。

②前項復審無停止執行之效力。

③在監之復審人於第一項所定期間向監獄提起復審者，視為已在復審期間內提起復審。

第一二二條 （復審及訴訟救濟得委任律師為代理人；輔佐人之相關規定）

①受刑人提起前條復審及第一百三十四條第一項之訴訟救濟，得委任律師為代理人行之，並應向法務部或法院提出委任狀。

②受刑人或代理人經法務部或法院之許可，得偕同輔佐人到場。

③法務部或法院認為必要時，得命受刑人或代理人偕同輔佐人到

場。

④前二項之輔佐人，法務部或法院認爲不適當時，得撤銷其許可或禁止其陳述。

⑤輔佐人所爲之陳述，受刑人或代理人未立即提出異議者，視爲其所自爲。

第一二三條　（復審審議小組之設置）

法務部爲處理復審事件，應設復審審議小組，置委員九人，由法務部或所屬機關代表四人、學者專家或社會公正人士五人組成之，由部長指定之委員爲主席。其中任一性別委員不得少於三分之一。

第一二四條　（復審書之應載事項）

復審應填具復審書，並載明下列事項，由復審人簽名或捺印：

一　復審人之姓名。有委任代理人或輔佐人者，其姓名、住居所。

二　復審事實。

三　復審理由。

四　復審年、月、日。

第一二五條　（復審書補正之期限）

復審審議小組認爲復審書不合法定程式，而其情形可補正者，應通知復審人於五日內補正。

第一二六條　（復審審議小組開會之出席人數、會議程序及表決方式）

①復審審議小組須有全體委員過半數之出席，始得開會；其決議以出席人數過半數同意行之，可否同數時，取決於主席。

②復審審議小組會議決議時，迴避之委員不計入出席委員人數。

第一二七條　（復審審議小組委員自行迴避、申請迴避與依職權命其迴避之要件及程序事項）

①復審審議小組委員於復審事件有下列情形之一者，應自行迴避，不得參與決議：

一　復審審議小組委員現爲或曾爲復審人之配偶、四親等內血親、三親等內姻親或家長、家屬。

二　復審審議小組委員現爲或曾爲復審人之代理人、辯護人、輔佐人。

三　復審審議小組委員現爲復審人、其申訴對象、或復審人曾提起申訴之對象。

②有具體事實足認復審審議小組委員就復審事件有偏頗之虞者，復審人應舉其原因及事實，向復審審議小組申請迴避。

③前項申請，由復審審議小組決議之。

④不服復審審議小組之駁回決定者，得於五日內提請法務部覆決，法務部除有正當理由外，應於十日內爲適當之處置。

⑤復審人不服法務部所爲覆決決定，僅得於對實體決定提起行政訴訟時，一併聲明不服。

⑥復審議小組委員有第一項情形不自行迴避，而未經復審人申請迴避者，應由法務部依職權命其迴避。

第一二八條　（復審之撤回）

提起復審後，於決定書送達復審人前，復審人得撤回之。復審經撤回者，不得就同一原因事實重行提起復審。

第一二九條　（復審審議小組作成決定之期限及得提起行政訴訟救濟之規定）

①復審審議小組之決定，應自受理復審之次日起二個月內為之。

②前項期間，於依第一百二十五條通知補正情形，自補正之次日起算。未為補正者，自補正期間屆滿之次日起算。

③復審事件不能於第一項期間內決定者，得予延長，並通知復審人。延長以一次為限，最長不得逾二個月。

④受刑人不服復審決定，或提起復審逾二個月不為決定，或延長復審決定期間逾二個月不為決定者，得依本法規定提起行政訴訟。

第一三○條　（復審審議之陳述意見）

①復審審議小組審議時，應通知復審人、委任代理人及輔佐人陳述意見，其陳述意見得以書面、影音、視訊、電話或其他方式為之。

②前項以書面以外方式陳述意見者，應作成紀錄，經向陳述人朗讀或使閱覽確認其內容無誤後，由陳述人簽名或捺印；其拒絕簽名或捺印者，應記明其事由。陳述人對紀錄有異議者，應更正之。

第一三一條　（復審應為不受理決定之情形）

復審有下列情形之一者，應為不受理之決定：

一　復審內容非屬第一百二十一條之事項。

二　提起復審已逾第一百二十一條所定期間。

三　復審書不合法定程式不能補正，或經依第一百二十五條規定通知補正，屆期不補正。

四　對於已決定或已撤回之復審事件，就同一原因事實重行提起復審。

五　復審人非受第一百二十一條處分之當事人。

六　原處分已撤銷或變更。

第一三二條　（復審有理由及無理由應為之決定）

①復審有理由者，應為撤銷或變更原處分。

②復審無理由者，應為駁回之決定。

③原處分所憑理由雖屬不當，但依其他理由認為正當者，應以復審為無理由。

第一三三條　（復審決定書之應載事項及送達等規定）

①復審決定書，應載明下列事項：

一　復審人姓名、出生年月日、住居所、身分證明文件字號。

二　有委任代理人或輔佐人者，其姓名、住居所。

三　主文、事實及理由。其係不受理決定者，得不記載事實。

四　附記如依本法規定得向法院起訴，其救濟方法、期間及其受

理機關。

　五　決定機關及其首長。

　六　年、月、日。

②前項決定書應送達復審人及委任代理人。

③復審決定書附記提起行政訴訟期間錯誤時，應由法務部以通知更正之，並自更正通知送達之日起，計算法定期間。

④復審決定書未依第一項第四款規定爲附記，或附記錯誤而未依前項規定通知更正，致受刑人遲誤行政訴訟期間者，如自復審決定書送達之日起三個月內提起行政訴訟，視爲於法定期間內提起。

第一三四條　（行政訴訟之救濟程序）

①受刑人對於廢止假釋、不予許可假釋或撤銷假釋之處分不服，經依本法提起復審而不服其決定，或提起復審逾二個月不爲決定或延長復審決定期間逾二個月不爲決定者，應向監獄所在地或執行保護管束地之地方法院行政訴訟庭提起撤銷訴訟。

②前項處分因已執行而無回復原狀可能或已消滅，有即受確定判決之法律上利益者，得提起確認處分違法之訴訟。其認爲前項處分無效，有即受確認處分之法律上利益者，得提起確認處分無效之訴訟。

③前二項訴訟之提起，應以書狀爲之。

第一三五條　（與其他訴訟合併提起及請求損害賠償之禁止；起訴不變期間及申訴不爲決定得提起訴訟）

①前條訴訟，不得與其他訴訟合併提起，且不得合併請求損害賠償。

②前條訴訟之提起，應於復審決定書送達後三十日之不變期間內爲之。

③復審逾二個月不爲決定或延長復審決定期間逾二個月不爲決定者，前條訴訟自該應爲決定期限屆滿後始得提起。但自該應爲決定期限屆滿後逾六個月者，不得提起。

第一三六條　（對假釋處分所提訴訟之準用規定）

　第一百十一條第一項、第一百十三條、第一百十四條之規定，於第一百三十四條之訴訟準用之。

第一三七條　（假釋相關事項權限之委任辦理）

　法務部得將假釋之審查、維持、停止、廢止、撤銷、本章有關復審審議及其相關事項之權限，委任所屬矯正署辦理。

第十四章　釋放及保護

第一三八條　（釋放及其時間限制）

①執行期滿者，應於其刑期終了之當日午前釋放之。

②核准假釋者，應於保護管束命令送交監獄後二十四小時內釋放之。但有移交、接管、護送、安置、交通、銜接保護管束措施或其他安全顧慮特殊事由者，得於指定日期辦理釋放。

③前項釋放時，由監獄給與假釋證書，並告知如不於特定時間內向

執行保護管束檢察署檢察官報到，得撤銷假釋之規定，並將出監日期通知執行保護管束之機關。

④受赦免者，應於公文到達後至遲二十四小時內釋放之。

第一三九條　（保護扶助事項之調查及覆查）

釋放後之保護扶助事項，除法規另有規定外，應於受刑人執行期滿出監前或提報假釋前先行調查，必要時，得於釋放前再予覆查。

第一四〇條　（出監後強制治療宣告之聲請）

①受刑人依刑法第九十一條之一或性侵害犯罪防治法第二十二條之一規定，經鑑定、評估，認有再犯之危險，而有施以強制治療之必要者，監獄應於刑期屆滿前四月，將受刑人應接受強制治療之鑑定、評估報告等相關資料，送請該管檢察署檢察官，檢察官至遲應於受刑人刑期屆滿前二月，向法院聲請出監後強制治療之宣告。

②前項強制治療宣告之執行，應於監獄以外之適當醫療機構為之。

③第一項受刑人實際入監執行之刑期不足六月，無法進行評估者，監獄應檢具相關資料通知其戶籍所在地之直轄市、縣（市）主管機關，於受刑人出監後依性侵害犯罪防治法第二十條規定辦理。

第一四一條　（釋放時衣類及旅費之準備或給與）

①釋放時，應斟酌被釋放者之健康，並按時令使其準備相當之衣類及出獄旅費。

②前項衣類、旅費不敷時，監獄應通知當地更生保護團體或相關團體斟酌給與之。

第一四二條　（釋放衰老、重病、身障受刑人之通知義務及其他依法通知之辦理）

①釋放衰老、重病、身心障礙不能自理生活之受刑人前，應通知家屬或受刑人認為適當之人來監接回。無法通知或經通知後拒絕接回者，監獄應檢具相關資料通知受刑人戶籍所在地直轄市、縣（市）社會福利主管機關辦理轉介安置或為其他必要之處置。

②依其他法規定於受刑人釋放前應通知相關個人、法人、團體或機關（構）者，監獄應依規定辦理。

第十五章　死　亡

第一四三條　（執行中死亡之相驗及通知等事宜）

①受刑人於執行中死亡，監獄應即通知家屬或最近親屬，並逐報檢察署指派檢察官相驗。家屬或最近親屬有數人者，得僅通知其中一人。

②監獄如知前項受刑人有委任律師，且其委任事務尚未處理完畢，亦應通知之。

③第一項情形，監獄應檢附相關資料，陳報監督機關。

第一四四條　（屍體無人請領或無法通知之處理）

死亡者之屍體，經依前條相驗並通知後七日內無人請領或無法通

知者，得火化之，並存放於骨灰存放設施。

第十六章　死刑之執行

第一四五條　（執行死刑之場所）
①死刑在監獄特定場所執行之。
②執行死刑之方式、限制、程序及相關事項之規則，由法務部定之。

第一四六條　（執行死刑之告知）
執行死刑，應於當日告知本人。

第一四七條　（執行死刑屍體之準用規定）
第一百四十四條之規定，於執行死刑之屍體準用之。

第一四八條　（死刑定讞待執行者之收容程序及準用規定）
①死刑定讞待執行者，應由檢察官簽發死刑確定待執行指揮書，交由監獄收容。
②死刑定讞待執行者，得準用本法有關戒護、作業、教化與文康、給養、衛生及醫療、接見及通信、保管、陳情、申訴及訴訟救濟等規定。
③監獄得適度放寬第一項之待執行者接見、通信，並依其意願提供作業及教化輔導之機會。

第十七章　附　則

第一四九條　（外役監之設置）
為使受刑人從事生產事業、服務業、公共建設或其他特定作業，並實施階段性處遇，使其逐步適應社會生活，得設外役監；其管理及處遇之實施另以法律定之。

第一五〇條　（先行支付之交通費用得由保管金或勞作金扣除款項、命限期償還及移送行政執行）
依第六十條第二項及第六十二條第二項規定，應由受刑人自行負擔之交通費用，由監獄先行支付者，監獄得由受刑人保管金或勞作金中扣除，無可供扣除之款項，由監獄以書面行政處分命受刑人於三十日內償還；屆期未償還者，得移送行政執行。

第一五一條　（申訴及訴訟救濟之新舊法銜接規定）
①本法中華民國一零八年十二月十七日修正之條文施行前已受理之申訴事件，尚未作成決定者，適用修正施行後之規定。
②本法中華民國一零八年十二月十七日修正之條文施行前得提起申訴之事件，於修正施行日尚未逾法定救濟期間者，得於修正施行日之次日起算十日內，依本法規定提起申訴。
③本法中華民國一零八年十二月十七日修正之條文施行前，有第九十三條第一項第二款、第三款之情形，其按第九十三條第二項計算之申訴期間於修正施行日尚未屆滿者，其申訴自修正施行日之次日起算十日不變期間。

第一五二條 （尚未繫屬法院假釋相關救濟事件之銜接規定）

① 本法中華民國一零八年十二月十七日修正之條文施行前，已受理之假釋訴願事件，尚未作成決定者，於修正施行後仍由原受理訴願機關依訴願法之規定決定之。訴願人不服其決定，或提起訴願逾三個月不為決定，或延長訴願決定期間逾二個月不為決定者，得依本法規定向管轄地方法院行政訴訟庭提起訴訟。

② 本法中華民國一零八年十二月十七日修正之條文施行前曾提起假釋訴願之事件，於修正施行日尚未逾法定救濟期間者，得於修正施行日之次日起算十日內，依本法規定提起復審。

③ 本法中華民國一零八年十二月十七日修正之條文施行前曾提起假釋行政訴訟之事件，於修正施行日尚未逾法定救濟期間者，得於修正施行日之次日起算十日內，依本法規定向管轄地方法院行政訴訟庭提起訴訟。

第一五三條 （已繫屬法院假釋相關救濟事件之銜接規定）

① 本法中華民國一零八年十二月十七日修正之條文施行前，因撤銷假釋已繫屬於法院之聲明異議案件，尚未終結者，於修正施行後，仍由原法院依司法院釋字第六八一號解釋意旨，依刑事訴訟法之規定審理。

② 前項裁定之抗告、再抗告及本法中華民國一零八年十二月十七日修正之條文施行前已由地方法院或高等法院終結之聲明異議案件之抗告、再抗告案件，尚未終結者，於修正施行後由高等法院或最高法院依司法院釋字第六八一號解釋意旨，依刑事訴訟法之規定審理。

③ 本法中華民國一零八年十二月十七日修正之條文施行前，因撤銷假釋得聲明異議之案件，得於修正施行日之次日起算三十日內，依本法規定向管轄地方法院行政訴訟庭提起訴訟。

④ 本法中華民國一零八年十二月十七日修正之條文施行前，因不予許可假釋而依司法院釋字第六九一號解釋已繫屬於高等行政法院之行政訴訟事件，於修正施行後，依下列規定辦理：

　一　尚未終結者：由高等行政法院裁定移送管轄之地方法院行政訴訟庭，依本法規定審理；其上訴、抗告，亦同。

　二　已終結者：其上訴、抗告，仍依原訴訟程序規定辦理，不適用修正施行後之規定。

⑤ 本法中華民國一零八年十二月十七日修正之條文施行前，因不予許可假釋而依司法院釋字第六九一號解釋已繫屬於最高行政法院，而於修正施行時，尚未終結之前項事件，仍依原訴訟程序規定辦理，不適用修正施行後之規定。如認上訴或抗告不合法或無理由者，應予駁回；有理由者，應為上訴人或抗告人勝訴之裁判；必要時，發交管轄之地方法院行政訴訟庭依修正施行後之條文審判之。

⑥ 本法中華民國一零八年十二月十七日修正之條文施行前確定之不予許可假釋行政訴訟事件裁判，其再審之提起或聲請，由高等行

政法院、最高行政法院依原訴訟程序規定辦理，不適用修正施行後之規定。

第一五四條 （軍事受刑人之準用規定）

依軍事審判法執行之軍事受刑人準用本法之規定。

第一五五條 （施行細則）

本法施行細則，由法務部定之。

第一五六條 （施行日）

本法自公布日後六個月施行。

非行死步

伍、與兒少被害人有關之法規

兒童及少年性剝削防制條例

①民國84年8月11日總統令制定公布全文39條；並自公布日施行。
②民國88年4月21日總統令修正公布第2、27條條文；並刪除第37條條文。
③民國88年6月2日總統令修正公布第9、22、29、33、34條條文。
④民國89年11月8日總統令修正公布第3、13至16、33條條文；並增訂第36-1條條文。
⑤民國94年2月5日總統令修正公布第14、20、23至26、28、31條條文；並增訂第36-2條條文。
⑥民國95年5月30日總統令修正公布第23至25、27、39條條文；並自95年7月1日施行。
⑦民國96年7月4日總統令修正公布第9、28條條文。
民國102年7月19日行政院公告第3條第1項、第6、8條、第14條第1項所列屬「內政部」之權責事項，自102年7月23日起改由「衛生福利部」管轄。
⑧民國104年2月4日總統令修正公布名稱及全文55條（原名稱：兒童及少年交易防制條例）。
民國105年11月17日行政院令發布定自106年1月1日施行。
⑨民國106年11月29日總統令修正公布第36、38、39、51條條文。
民國107年3月19日行政院令發布定自107年7月1日施行。
⑩民國107年1月3日總統令修正公布第2、7、8、15、19、21、23、30、44、45、49、51條條文。
民國107年3月19日行政院令發布定自107年7月1日施行。

第一章 總 則

第一條 （立法目的）

為防制兒童及少年遭受任何形式之性剝削，保護其身心健全發展，特制定本條例。

第二條 （兒童或少年性剝削之定義）107

①本條例所稱兒童或少年性剝削，係指下列行為之一：

一 使兒童或少年為有對價之性交或猥褻行為。

二 利用兒童或少年為性交、猥褻之行為，以供人觀覽。

三 拍攝、製造兒童或少年為性交或猥褻行為之圖畫、照片、影片、影帶、光碟、電子訊號或其他物品。

四 使兒童或少年坐檯陪侍或涉及色情之伴遊、伴唱、伴舞等行為。

②本條例所稱被害人，係指遭受性剝削或疑似遭受性剝削之兒童或少年。

第三條 （主管機關）

①本條例所稱主管機關：在中央為衛生福利部；在直轄市為直轄市

政府；在縣（市）為縣（市）政府。主管機關應獨立編列預算，並置專職人員辦理兒童及少年性剝削防制業務。

②內政、法務、教育、國防、文化、經濟、勞動、交通及通訊傳播等相關目的事業主管機關涉及兒童及少年性剝削防制業務時，應全力配合並辦理防制教育宣導。

③主管機關應會同前項相關機關定期公布並檢討教育宣導、救援及保護、加害者處罰、安置及服務等工作成效。

④主管機關應邀集相關學者或專家、民間相關機構、團體代表及目的事業主管機關代表，協調、研究、審議、諮詢及推動兒童及少年性剝削防制政策。

⑤前項學者、專家及民間相關機構、團體代表不得少於二分之一，任一性別不得少於三分之一。

第四條　（高中以下學校應辦理兒童及少年性剝削防制教育課程或宣導之內容）

①高級中等以下學校每學年應辦理兒童及少年性剝削防制教育課程或教育宣導。

②前項兒童及少年性剝削教育課程或教育宣導內容如下：

一　性不得作為交易對象之宣導。

二　性剝削犯罪之認識。

三　遭受性剝削之處境。

四　網路安全及正確使用網路之知識。

五　其他有關性剝削防制事項。

第二章　救援及保護

第五條　（檢警專責指揮督導辦理）

中央法務主管機關及內政主管機關應指定所屬機關專責指揮督導各地方法院檢察署、警察機關辦理有關本條例犯罪偵查工作；各地方法院檢察署及警察機關應指定經專業訓練之專責人員辦理本條例事件。

第六條　（主管機關應提供緊急庇護等其他必要之服務）

為預防兒童及少年遭受性剝削，直轄市、縣（市）主管機關對於脫離家庭之兒童及少年應提供緊急庇護、諮詢、關懷、連繫或其他必要服務。

第七條　（報告主管機關之義務）107

①醫事人員、社會工作人員、教育人員、保育人員、移民管理人員、移民業務機構從業人員、戶政人員、村里幹事、警察、司法人員、觀光業從業人員、電子遊戲場業從業人員、資訊休閒業從業人員、就業服務人員及其他執行兒童福利或少年福利業務人員，知有本條例應保護之兒童或少年，或知有第四章之犯罪嫌疑人，應即向當地直轄市、縣（市）主管機關或第五條所定機關或人員報告。

②本條例報告人及告發人之身分資料，應予保密。

第八條 （網路、電信業者協助調查之義務）107

①際際網路平臺提供者、網際網路應用服務提供者及電信事業知悉或透過網路內容防護機構、其他機關、主管機關而知有第四章之犯罪嫌疑情事，應先行移除該資訊，並通知警察機關且保留相關資料至少九十天，提供司法及警察機關調查。

②前項相關資料至少應包括本條例第四章犯罪網頁資料、嫌疑人之個人資料及網路使用紀錄。

第九條 （偵查或審判時應通知社工人員之陪同）

①警察及司法人員於調查、偵查或審判時，詢（訊）問被害人，應通知直轄市、縣（市）主管機關指派社會工作人員陪同在場，並得陳述意見。

②被害人於前項案件偵查、審判中，已經合法訊問，其陳述明確別無訊問之必要者，不得再行傳喚。

第一〇條 （可陪同在場之相關人員）

①被害人於偵查或審理中受詢（訊）問或詰問時，其法定代理人、直系或三親等內旁系血親、配偶、家長、家屬、醫師、心理師、輔導人員或社會工作人員得陪同在場，並陳述意見。於司法警察官或司法警察調查時，亦同。

②前項規定，於得陪同在場之人為本條例所定犯罪嫌疑人或被告時，不適用之。

第一一條 （準用之規定）

性剝削案件之證人、被害人、檢舉人、告發人或告訴人，除依本條例規定保護外，經檢察官或法官認有必要者，得準用證人保護法第四條至第十四條、第十五條第二項、第二十條及第二十一條規定。

第一二條 （安全環境與措施之提供）

①偵查及審理中訊問兒童或少年時，應注意其人身安全，並提供確保其安全之環境與措施，必要時，應採取適當隔離方式為之，另得依聲請或依職權於法庭外為之。

②於司法警察官、司法警察調查時，亦同。

第一三條 （得為證據之情形）

兒童或少年於審理中有下列情形之一者，其於檢察事務官、司法警察官、司法警察調查中所為之陳述，經證明具有可信之特別情況，且為證明犯罪事實否所必要者，得為證據：

一 因身心創傷無法陳述。

二 到庭後因身心壓力，於訊問或詰問時，無法為完全之陳述或拒絕陳述。

三 非在臺灣地區或所在不明，而無法傳喚或傳喚不到。

第一四條 （兒童及少年被害人身分資訊之保護規定）

①宣傳品、出版品、廣播、電視、網際網路或其他媒體不得報導或記載有被害人之姓名或其他足以識別身分之資訊。

②行政及司法機關所製作必須公開之文書，不得揭露足以識別前項

被害人身分之資訊。但法律另有規定者，不在此限。

③前二項以外之任何人不得以媒體或其他方法公開或揭露第一項被害人之姓名及其他足以識別身分之資訊。

第三章　安置及服務

第一五條　（查獲之被害人或自行求助者之處理）107

①檢察官、司法警察官及司法警察查獲及救援被害人後，應於二十四小時內將被害人交由當地直轄市、縣（市）主管機關處理。

②前項直轄市、縣（市）主管機關應即評估被害人就學、就業、生活適應、人身安全及其家庭保護教養功能，經列為保護個案者，為下列處置：

一　通知父母、監護人或親屬帶回，並為適當之保護及教養。

二　送交適當場所緊急安置、保護及提供服務。

三　其他必要之保護及協助。

③前項被害人未列為保護個案者，直轄市、縣（市）主管機關得視其需求，轉介相關服務資源協助。

④前二項規定於直轄市、縣（市）主管機關接獲報告、自行發現或被害人自行求助者，亦同。

第一六條　（繼續安置之評估及採取之措施）

①直轄市、縣（市）主管機關依前條緊急安置被害人，應於安置起七十二小時內，評估有無繼續安置之必要，經評估無繼續安置必要者，應不付安置，將被害人交付其父母、監護人或其他適當之人；經評估有安置必要者，應提出報告，聲請法院裁定。

②法院受理前項聲請後，認無繼續安置必要者，應裁定不付安置，並將被害人交付其父母、監護人或其他適當之人；認有繼續安置必要者，應交由直轄市、縣（市）主管機關安置於兒童及少年福利機構、寄養家庭或其他適當之醫療、教育機構，期間不得逾三個月。

③安置期間，法院得依職權或依直轄市、縣（市）主管機關、被害人、父母、監護人或其他適當之人之聲請，裁定停止安置，並交由被害人之父母、監護人或其他適當之人保護及教養。

④直轄市、縣（市）主管機關收到第二項裁定前，得繼續安置。

第一七條　（緊急安置時限之計算及不予計入之時間）

前條第一項所定七十二小時，自依第十五條第二項第二款規定緊急安置被害人之時起，即時起算。但下列時間不予計入：

一　在途護送時間。

二　交通障礙時間。

三　依其他法律規定致無法就是否有安置必要進行評估之時間。

四　其他不可抗力之事由所生之遲滯時間。

第一八條　（主管機關審前報告之提出及其內容項目）

①直轄市、縣（市）主管機關應於被害人安置後四十五日內，向法

院提出審前報告，並聲請法院裁定。審前報告如有不完備者，法院得命於七日內補正。

②前項審前報告應包括安置評估及處遇方式之建議，其報告內容、項目及格式，由中央主管機關定之。

第一九條（審前報告之裁定）107

①法院依前條之聲請，於相關事證調查完竣後七日內對被害人為下列裁定：

一　認無安置必要者應不付安置，並交付父母、監護人或其他適當之人。其為無合法有效之停（居）留許可之外國人、大陸地區人民、香港、澳門居民或臺灣地區無戶籍國民，亦同。

二　認有安置之必要者，應裁定安置於直轄市、縣（市）主管機關自行設立或委託之兒童及少年福利機構、寄養家庭、中途學校或其他適當之醫療、教育機構，期間不得逾二年。

三　其他適當之處遇方式。

②前項第一款後段不付安置之被害人，於遣返前，直轄市、縣（市）主管機關應委託或補助民間團體續予輔導，移民主管機關應儘速安排遣返事宜，並安全遣返。

第二○條（不服法院裁定得提起抗告之期限）

①直轄市、縣（市）主管機關、檢察官、父母、監護人、被害人或其他適當之人對於法院裁定有不服者，得於裁定送達後十日內提起抗告。

②對於抗告法院之裁定，不得再抗告。

③抗告期間，不停止原裁定之執行。

第二一條（定期評估、聲請繼續安置及停止安置之規定）107

①被害人經依第十九條安置後，主管機關應每三個月進行評估。經評估無繼續安置、有變更安置處所或為其他更適當處遇方式之必要者，得聲請法院為停止安置、變更處所或其他適當處遇之裁定。

②經法院依第十九條第一項第二款裁定安置期滿前，直轄市、縣（市）主管機關認有繼續安置之必要者，應於安置期滿四十五日前，向法院提出評估報告，聲請法院裁定延長安置，其每次延長之期間不得逾一年。但以延長至被害人年滿二十歲為止。

③被害人於安置期間年滿十八歲，經評估有繼續安置之必要者，得繼續安置至期滿或年滿二十歲。

④因免除、不付或停止安置者，直轄市、縣（市）主管機關應協助該被害人及其家庭預為必要之返家準備。

第二二條（中途學校之設置、員額編制、經費來源及課程等相關規定）

①中央教育主管機關及中央主管機關應聯合協調直轄市、縣（市）主管機關設置安置被害人之中途學校。

②中途學校之設立，準用少年矯正學校設置及教育實施通則規定辦理；中途學校之員額編制準則，由中央教育主管機關會同中央主

管機關定之。

③中途學校應聘請社會工作、心理、輔導及教育等專業人員，並結合民間資源，提供選替教育及輔導。

④中途學校學生之學籍應分散設於普通學校，畢業證書應由該普通學校發給。

⑤前二項之課程、教材及教法之實施、學籍管理及其他相關事項之辦法，由中央教育主管機關定之。

⑥安置對象逾國民教育階段者，中途學校得提供其繼續教育。

⑦中途學校所需經費來源如下：

　一　各級政府按年編列之預算。

　二　社會福利基金。

　三　私人或團體捐款。

　四　其他收入。

⑧中途學校之設置及辦理，涉及其他機關業務權責者，各該機關應予配合及協助。

第二三條　（社工人員之訪視輔導及輔導期限）107

①經法院依第十九條第一項第一款前段、第三款裁定之被害人，直轄市、縣（市）主管機關應指派社會工作人員進行輔導處遇，期間至少一年或至其年滿十八歲止。

②前項輔導期間，直轄市、縣（市）主管機關或父母、監護人或其他適當之人認為難收輔導成效者或認仍有安置必要者，得檢具事證及說明理由，由直轄市、縣（市）主管機關自行或接受父母、監護人或其他適當之人之請求，聲請法院為第十九條第一項第二款之裁定。

第二四條　（受指派社會工作人員對交付者之輔導義務）

經法院依第十六條第二項或第十九條第一項裁定之受交付者，應協助直轄市、縣（市）主管機關指派之社會工作人員對被害人為輔導。

第二五條　（對免除、停止或結束安置無法返家者之處遇）

直轄市、縣（市）主管機關對於免除、停止或結束安置，無法返家之被害人，應依兒童及少年福利與權益保障法為適當之處理。

第二六條　（有無另犯其他罪之處理）

①兒童或少年遭受性剝削或有遭受性剝削之虞者，如無另犯其他之罪，不適用少年事件處理法及社會秩序維護法規定。

②前項之兒童或少年如另犯其他之罪，應先依第十五條規定移送直轄市、縣（市）主管機關處理後，再依少年事件處理法移送少年法院（庭）處理。

第二七條　（受交付安置之機構行使負擔父母對未成年子女之權利義務）

安置或保護教養期間，直轄市、縣（市）主管機關或受其交付或經法院裁定交付之機構、學校、寄養家庭或其他適當之人，在安置或保護教養被害人之範圍內，行使、負擔父母對於未成年子女

之權利義務。

第二八條（父母、養父母或監護人之另行選定）

①父母、養父母或監護人對未滿十八歲之子女、養子女或受監護人犯第三十二條至第三十八條、第三十九條第二項之罪者，被害人、檢察官、被害人最近尊親屬、直轄市、縣（市）主管機關、兒童及少年福利機構或其他利害關係人，得向法院聲請停止其行使、負擔父母對於被害人之權利義務，另行選定監護人。對於養父母，並得請求法院宣告終止其收養關係。

②法院依前項規定選定或改定監護人時，得指定直轄市、縣（市）主管機關、兒童及少年福利機構或其他適當之人為被害人之監護人，並得指定監護方法、命其父母、原監護人或其他扶養義務人交付子女、支付選定或改定監護人相當之扶養費用及報酬、命為其他必要處分或訂定必要事項。

③前項裁定，得為執行名義。

第二九條（加強親職教育輔導，並實施家庭處遇計畫）

直轄市、縣（市）主管機關得令被害人之父母、監護人或其他實際照顧之人接受八小時以上五十小時以下之親職教育輔導，並得實施家庭處遇計畫。

第三○條（被害人續予追蹤輔導之情形）107

①直轄市、縣（市）主管機關應對有下列情形之一之被害人進行輔導處遇及追蹤，並提供就學、就業、自立生活或其他必要之協助，其期間至少一年或至其年滿二十歲止：

一 經依第十五條第二項第一款及第三款規定處遇者。

二 經依第十六條第一項、第二項規定不付安置之處遇者。

三 經依第十六條第二項規定安置於兒童及少年福利機構、寄養家庭或其他適當之醫療、教育機構，屆期返家者。

四 經依第十六條第三項規定裁定停止安置，並交由被害人之父母、監護人或其他適當之人保護及教養者。

五 經依第十九條第一項第二款規定之安置期滿。

六 經依第二十一條規定裁定安置期滿或停止安置。

②前項輔導處遇及追蹤，教育、勞動、衛生、警察等單位，應全力配合。

第四章 罰 則

第三一條（與未滿十六歲之人為有對價之性交或猥褻行為等之處罰）

①與未滿十六歲之人為有對價之性交或猥褻行為者，依刑法之規定處罰之。

②十八歲以上之人與十六歲以上未滿十八歲之人為有對價之性交或猥褻行為者，處三年以下有期徒刑、拘役或新臺幣十萬元以下罰金。

③中華民國人民在中華民國領域外犯前二項之罪者，不問犯罪地之

法律有無處罰規定，均依本條例處罰。

第三二條　（罰則）

①引誘、容留、招募、媒介、協助或以他法，使兒童或少年為有對價之性交或猥褻行為者，處一年以上七年以下有期徒刑，得併科新臺幣三百萬元以下罰金。以詐術犯之者，亦同。

②意圖營利而犯前項之罪者，處三年以上十年以下有期徒刑，併科新臺幣五百萬元以下罰金。

③媒介、交付、收受、運送、藏匿前二項被害人或使之隱避者，處一年以上七年以下有期徒刑，得併科新臺幣三百萬元以下罰金。

④前項交付、收受、運送、藏匿行為之媒介者，亦同。

⑤前四項之未遂犯罰之。

第三三條　（罰則）

①以強暴、脅迫、恐嚇、監控、藥劑、催眠術或其他違反本人意願之方法，使兒童或少年為有對價之性交或猥褻行為者，處七年以上有期徒刑，得併科新臺幣七百萬元以下罰金。

②意圖營利而犯前項之罪者，處十年以上有期徒刑，併科新臺幣一千萬元以下罰金。

③媒介、交付、收受、運送、藏匿前二項被害人或使之隱避者，處三年以上十年以下有期徒刑，得併科新臺幣五百萬元以下罰金。

④前項交付、收受、運送、藏匿行為之媒介者，亦同。

⑤前四項之未遂罰之。

第三四條　（罰則）

①意圖使兒童或少年為有對價之性交或猥褻行為，而買賣、質押或以他法，為他人人身之交付或收受者，處七年以上有期徒刑，併科新臺幣七百萬元以下罰金。以詐術犯之者，亦同。

②以強暴、脅迫、恐嚇、監控、藥劑、催眠術或其他違反本人意願之方法，犯前項之罪者，加重其刑至二分之一。

③媒介、交付、收受、運送、藏匿前二項被害人或使之隱避者，處三年以上十年以下有期徒刑，併科新臺幣五百萬元以下罰金。

④前項交付、收受、運送、藏匿行為之媒介者，亦同。

⑤前四項未遂犯罰之。

⑥預備犯第一項、第二項之罪者，處二年以下有期徒刑。

第三五條　（罰則）

①招募、引誘、容留、媒介、協助、利用或以他法，使兒童或少年為性交、猥褻之行為以供人觀覽，處一年以上七年以下有期徒刑，得併科新臺幣五十萬元以下罰金。

②以強暴、脅迫、藥劑、詐術、催眠術或其他違反本人意願之方法，使兒童或少年為性交、猥褻之行為以供人觀覽者，處七年以上有期徒刑，得併科新臺幣三百萬元以下罰金。

③意圖營利犯前二項之罪者，依各該項之規定，加重其刑至二分之一。

④前三項之未遂罰之。

第三六條　（罰則）106

①拍攝、製造兒童或少年爲性交或猥褻行爲之圖畫、照片、影片、影帶、光碟、電子訊號或其他物品，處一年以上七年以下有期徒刑，得併科新臺幣一百萬元以下罰金。

②招募、引誘、容留、媒介、協助或以他法，使兒童或少年被拍攝、製造性交或猥褻行爲之圖畫、照片、影片、影帶、光碟、電子訊號或其他物品，處三年以上七年以下有期徒刑，得併科新臺幣三百萬元以下罰金。

③以強暴、脅迫、藥劑、詐術、催眠術或其他違反本人意願之方法，使兒童或少年被拍攝、製造性交或猥褻行爲之圖畫、照片、影片、影帶、光碟、電子訊號或其他物品者，處七年以上有期徒刑，得併科新臺幣五百萬元以下罰金。

④意圖營利犯前三項之罪者，依各該條項之規定，加重其刑至二分之一。

⑤前四項之未遂犯罰之。

⑥第一項至第四項之物品，不問屬於犯罪行爲人與否，沒收之。

第三七條　（罰則）

①犯第三十三條第一項、第二項、第三十四條第二項、第三十五條第二項或第三十六條第三項之罪，而故意殺害被害人者，處死刑或無期徒刑；使被害人受重傷者，處無期徒刑或十二年以上有期徒刑。

②犯第三十三條第一項、第二項、第三十四條第二項、第三十五條第二項或第三十六條第三項之罪，因而致被害人於死者，處無期徒刑或十二年以上有期徒刑；致重傷者，處十二年以上有期徒刑。

第三八條　（罰則）106

①散布、播送或販賣兒童或少年爲性交、猥褻行爲之圖畫、照片、影片、影帶、光碟、電子訊號或其他物品，或公然陳列，或以他法供人觀覽、聽聞者，處三年以下有期徒刑，得併科新臺幣五百萬元以下罰金。

②意圖散布、播送、販賣或公然陳列而持有前項物品者，處二年以下有期徒刑，得併科新臺幣二百萬元以下罰金。

③查獲之前二項物品，不問屬於犯罪行爲人與否，沒收之。

第三九條　（罰則）106

①無正當理由持有前條第一項物品，第一次被查獲者，處新臺幣一萬元以上十萬元以下罰鍰，並命令其接受二小時以上十小時以下之輔導教育，其物品不問屬於持有人與否，沒入之。

②無正當理由持有前條第一項物品第二次以上被查獲者，處新臺幣二萬元以上二十萬元以下罰金，其物品不問屬於犯罪行爲人與否，沒收之。

第四〇條　（罰則）

①以宣傳品、出版品、廣播、電視、電信、網際網路或其他方法，

散布、傳送、刊登或張貼足以引誘、媒介、暗示或其他使兒童或少年有遭受第二條第一項第一款至第三款之虞之訊息者，處三年以下有期徒刑，得併科新臺幣一百萬元以下罰金。

②意圖營利而犯前項之罪者，處五年以下有期徒刑，得併科新臺幣一百萬元以下罰金。

第四一條　（公務員加重處罰之規定）

公務員或經選舉產生之公職人員犯本條例之罪，或包庇他人犯本條例之罪者，依各該條項之規定，加重其刑至二分之一。

第四二條　（罰則）

①意圖犯第三十二條至第三十六條或第三十七條第一項後段之罪，而移送被害人入出臺灣地區者，依各該條項之規定，加重其刑至二分之一。

②前項之未遂犯罰之。

第四三條　（罰則）

①父母對其子女犯本條例之罪，因自白或自首，而查獲第三十二條至第三十八條、第三十九條第二項之犯罪者，減輕或免除其刑。

②犯第三十一條之罪自白或自首，因而查獲第三十二條至第三十八條、第三十九條第二項之犯罪者，減輕或免除其刑。

第四四條　（罰鍰）107

觀覽兒童或少年為性交、猥褻之行為而支付對價者，處新臺幣一萬元以上十萬元以下罰鍰，並得令其接受二小時以上十小時以下之輔導教育。

第四五條　（利用兒童或少年從事陪酒或涉及色情之侍應工作者之處罰）107

①利用兒童或少年從事坐檯陪酒或涉及色情之伴遊、伴唱、伴舞等侍應工作者，處新臺幣六萬元以上三十萬元以下罰鍰，並命其限期改善；屆期未改善者，由直轄市、縣（市）主管機關移請目的事業主管機關命其停業一個月以上一年以下。

②招募、引誘、容留、媒介、協助、利用或以他法，使兒童或少年坐檯陪酒或涉及色情之伴遊、伴唱、伴舞等行為，處一年以下有期徒刑，得併科新臺幣三十萬元以下罰金。以詐術犯之者，亦同。

③以強暴、脅迫、藥劑、詐術、催眠術或其他違反本人意願之方法，使兒童或少年坐檯陪酒或涉及色情之伴遊、伴唱、伴舞等行為，處三年以上五年以下有期徒刑，得併科新臺幣一百五十萬元以下罰金。

④意圖營利犯前二項之罪者，依各該條項之規定，加重其刑至二分之一。

⑤前三項之未遂犯罰之。

第四六條　（罰鍰）

違反第七條第一項規定者，處新臺幣六千元以上三萬元以下罰鍰。

第四七條　（罰鍰）

違反第八條規定者，由目的事業主管機關處新臺幣六萬元以上三十萬元以下罰鍰，並命其限期改善，屆期未改善者，得按次處罰。

第四八條　（罰鍰）

① 廣播、電視事業違反第十四條第一項規定者，由目的事業主管機關處新臺幣三萬元以上三十萬元以下罰鍰，並命其限期改正；屆期未改正者，得按次處罰。

② 前項以外之宣傳品、出版品、網際網路或其他媒體之負責人違反第十四條第一項規定者，由目的事業主管機關處新臺幣三萬元以上三十萬元以下罰鍰，並得沒入第十四條第一項規定之物品、命其限期移除內容、下架或其他必要之處置；屆期不履行者，得按次處罰至履行為止。

③ 宣傳品、出版品、網際網路或其他媒體無負責人或負責人對行為人之行為不具監督關係者，第二項所定之罰鍰，處罰行為人。

第四九條　（不接受親職教育輔導等之罰則）107

① 不接受第二十九條規定之親職教育輔導或拒不完成其時數者，處新臺幣三千元以上一萬五千元以下罰鍰，並得按次處罰。

② 父母、監護人或其他實際照顧之人，因未善盡督促配合之責，致兒童或少年不接受第二十三條第一項及第三十條規定之輔導處遇及追蹤者，處新臺幣一千二百元以上六千元以下罰鍰。

第五〇條　（罰則）

① 宣傳品、出版品、廣播、電視、網際網路或其他媒體，為他人散布、傳送、刊登或張貼足以引誘、媒介、暗示或其他使兒童或少年有遭受第二條第一項第一款至第三款之虞之訊息者，由各目的事業主管機關處新臺幣五萬元以上六十萬元以下罰鍰。

② 各目的事業主管機關對於違反前項規定之媒體，應發布新聞並公開之。

③ 第一項網際網路或其他媒體若已善盡防止任何人散布、傳送、刊登或張貼使兒童或少年有遭受第二條第一項第一款至第三款之虞之訊息者，經各目的事業主管機關邀集兒童及少年福利團體與專家學者代表審議同意後，得減輕或免除其罰鍰。

第五一條　（不接受輔導教育等之罰則）107

① 犯第三十一條第二項、第三十二條至第三十八條、第三十九條第二項、第四十條或第四十五條之罪，經判決或緩起訴處分確定者，直轄市、縣（市）主管機關應對其實施四小時以上五十小時以下之輔導教育。

② 前項輔導教育之執行，主管機關得協調矯正機關於犯罪行為人服刑期間辦理，矯正機關應提供場地及必要之協助。

③ 無正當理由不接受第一項或第三十九條第一項之輔導教育，或拒不完成其時數者，處新臺幣六千元以上三萬元以下罰鍰，並得按次處罰。

第五二條 （從重處罰；軍人犯罪之準用）

①違反本條例之行為，其他法律有較重處罰之規定者，從其規定。

②軍事審判機關於偵查、審理現役軍人犯罪時，準用本條例之規定。

第五章　附　則

第五三條 （行為人服刑期間執行輔導教育相關辦法之訂定）

第三十九條第一項及第五十一條第一項之輔導教育對象、方式、內容及其他應遵行事項之辦法，由中央主管機關會同法務主管機關定之。

第五四條 （施行細則）

本條例施行細則，由中央主管機關定之。

第五五條 （施行日）

本條例施行日期，由行政院定之。

兒童及少年性剝削防制條例施行細則

①民國85年2月10日行政院令訂定發布全文44條；並自發布日施行。
②民國89年2月2日內政部令修正發布第2、17、40條條文。
③民國89年12月30日內政部令修正發布第2、17條條文。
④民國105年12月13日衛生福利部令修正發布名稱及全文23條；並自106年1月1日施行（原名稱：兒童及少年性交易防制條例施行細則）。
⑤民國107年6月22日衛生福利部令修正發布第3、12、21條條文。

第一條

本細則依兒童及少年性剝削防制條例（以下簡稱本條例）第五十四條規定訂定之。

第二條

受理本條例第七條第一項報告之機關或人員，對報告人及告發人之身分資料應另行封存，不得附入移送法院審理之文書內。

第三條

①本條例第九條第一項、第十五條、第十六條、第十八條第一項、第十九條第二項及第二十六條第二項所稱直轄市、縣（市）主管機關，指檢察官、司法警察官及司法警察救援被害人所在地之直轄市、縣（市）主管機關。

②本條例第十九條第一項第二款、第二十一條第一項、第二項、第四項、第二十三條至第二十五條、第二十七條、第二十九條及第三十條第一項所稱主管機關或直轄市、縣（市）主管機關，指被害人戶籍地之直轄市、縣（市）主管機關。

③本條例第四十七條、第四十八條第一項、第二項及第五十條第一項、第二項所稱各目的事業主管機關，指下列機關：
一　廣播、電視、電信事業：國家通訊傳播委員會。
二　網際網路平臺提供者、網際網路應用服務提供者、出版品、宣傳品或其他媒體：行為人或所屬公司、商業所在地之直轄市、縣（市）政府。

④本條例第五十一條第一項及第二項所稱直轄市、縣（市）主管機關或主管機關，指犯罪行為人戶籍地之直轄市、縣（市）主管機關。

第四條

本條例第九條第一項、第十條第一項所稱社會工作人員，指下列人員：
一　直轄市、縣（市）主管機關編制內或聘僱之社會工作及社會行政人員。

二　受直轄市、縣（市）主管機關委託之兒童及少年福利機構與民間團體之社會工作人員。

第五條

本條例第十三條第三款、第十九條第一項第一款、第四十二條所稱臺灣地區，指臺灣、澎湖、金門、馬祖及政府統治權所及之其他地區。

第六條

① 警察及司法人員依本條例第九條第一項規定進行詢（訊）問前，直轄市、縣（市）主管機關指派之社會工作人員得要求與被害人單獨晤談。

② 前項社會工作人員未到場，警察及司法人員應記明事實，並得在不妨礙被害人身心情況下，逕送請檢察官進行本條例第九條第一項之訊問。

第七條

法院為本條例第三章事件之審理、裁定，或司法機關為第四章案件之偵查、審判，傳喚安置之被害人時，該被害人之主管機關應指派社會工作人員護送被害人到場。

第八條

司法警察官或司法警察依本條例第十五條第一項將被害人交由當地直轄市、縣（市）主管機關處理時，應檢具報告（通報）單等相關資料。

第九條

① 本條例第十五條第一項所定二十四小時，自依本條例第九條第一項規定通知直轄市、縣（市）主管機關時起算。

② 本條例第十六條第一項所定七十二小時期間之終止，逾法定上班時間者，以次日上午代之。其次日為休息日時，以其休息日之次日上午代之。

第一〇條

下列時間不計入本條例第十五條第一項所定期間之計算：

一　在途護送時間。
二　交通障礙時間。
三　因不可抗力事由所致之遲滯時間。

第一一條

直轄市、縣（市）主管機關依本條例第十五條第二項第二款安置被害人後，應向其法定代理人或最近尊親屬敘明安置之依據，並告知其應配合事項。但無法通知其法定代理人或最近尊親屬者，不在此限。

第一二條

直轄市、縣（市）主管機關於依本條例第十五條、第十六條安置被害人期間，發現另有本條例第三十一條至第四十條、第四十五條第二項至第五項之犯罪情事者，應通知該管檢察署或警察機關。

第一三條

①直轄市、縣（市）主管機關於依本條例第十五條第二項第二款、第十六條及第十九條第一項第二款安置被害人時，應建立個案資料；必要時，得請被害人戶籍地、住所地或居所地之直轄市、縣（市）主管機關配合提供資料。

②前項個案資料，應於個案結案後保存七年。

第一四條

依本條例第十六條第一項、第十八條第一項規定聲請法院裁定，不得隨案移送被害人。但法院請求隨案移送者，不在此限。

第一五條

①法院依本條例第十六條第二項為有安置必要之裁定時，該繼續安置期間，由同條第一項安置七十二小時後起算。

②本條例第十八條第一項所定四十五日內，由本條例第十六條第二項繼續安置時起算。

第一六條

直轄市、縣（市）主管機關對法院依本條例第十六條第二項、第十九條第一項第一款裁定不付安置之被害人，應通知法院裁定交付對象戶籍地之直轄市、縣（市）主管機關。

第一七條

①被害人逾假未歸，或未假離開兒童及少年福利機構、寄養家庭、中途學校或其他醫療與教育機構者，直轄市、縣（市）主管機關應立即以書面通知當地警察機關協尋；尋獲被害人時，直轄市、縣（市）主管機關應即評估及適當處理。

②協尋原因消滅或被害人年滿二十歲時，直轄市、縣（市）主管機關應以書面通知前項警察機關撤銷協尋。

第一八條

①直轄市、縣（市）主管機關對十五歲以上未就學之被害人，認有提供職業訓練或就業服務必要時，應移請當地公共職業訓練機構或公立就業服務機構依其意願施予職業訓練或推介就業。

②直轄市、縣（市）主管機關對前項接受職業訓練或就業服務之被害人，應定期或不定期派社會工作人員訪視，協助其適應社會生活。

第一九條

直轄市、縣（市）主管機關對被害人因就學、接受職業訓練或就業等因素，經其法定代理人同意遷離住居所，主管機關認有續予輔導及協助之必要者，得協調其他直轄市、縣（市）主管機關協助處理。

第二○條

本條例第三十八條所定電子訊號，包括全部或部分電子訊號。

第二一條

本條例第四十四條及第四十五條第一項所定處罰之裁罰機關，為查獲地直轄市、縣（市）主管機關。

第二二條

直轄市、縣（市）主管機關接獲警察機關、檢察署或法院對行為人為移送、不起訴、緩起訴、起訴或判決之書面通知，應建立資料檔案，並通知被害人所在地或戶籍地直轄市、縣（市）主管機關。

第二三條

本細則自本條例施行之日施行。

中途學校教育實施辦法

①民國95年2月10日教育部令訂定發布全文19條；並自發布日施行。
②民國101年3月23日教育部令修正發布第5至7條條文。
③民國102年7月19日行政院公告第2、18條所列屬「內政部」之權責事項，自102年7月23日起改由「衛生福利部」管轄。
④民國105年12月8日教育部令修正發布全文25條；並自106年1月1日施行。

第一條
本辦法依兒童及少年性剝削防制條例（以下簡稱本條例）第二十二條第五項規定訂定之。

第二條
本辦法所稱中途學校，指中央教育主管機關及中央主管機關依本條例第二十二條第一項規定聯合協調直轄市、縣（市）主管機關設置，安置遭受性剝削或疑似遭受性剝削之兒童或少年之學校。

第三條
①中途學校每班學生人數，應依下列規定。但因學生身心程度或學校設施設備之特殊考量，經直轄市、縣（市）主管機關核准者，不在此限：
一 國民小學：每班不得超過十人。
二 國民中學：每班不得超過十二人。
三 高級中等學校：每班不得超過十五人。
②中途學校應依安置學生之學力及身心狀態，經測試評估編入相當程度之班級就讀。

第四條
①中途學校之教學，應秉持有教無類、因材施教之精神，以人格輔導、品德教育及基本知識技能傳授爲目標，並應加強法治觀念，建立學生正確之價值觀。
②前項教學，應以調整學生心性、提升學生學習能力及適應社會環境爲重心，並配合職業技能訓練，以增進學生生活能力。

第五條
中途學校教學之實施方式區分如下：
一 一般教學：比照普通學校分上、下學期制；必要時得調整之。
二 假期教學：於夜間、假日及寒暑假實施。

第六條
①一般教學課程之實施，除依本辦法及各級學校課程綱要進行外，並應包括生涯發展教育課程及身心輔導課程等；其實施應考量學

生個別差異及需要，設計彈性、多元之選替教育課程；必要時，得實施補救教學。

②前項身心輔導課程，應配合個別諮商、團體輔導之實施，強化輔導及性剝削防制之內容；每學年應將性剝削防制教育課程融入至教學課程中。

③中途學校教師實施第一項教學，其授課節數得參酌學生人數、教師專長、學生能力及需求彈性分配，並得合併計算全校教師授課總節數。但調整後不得減少學生上課總節數。

第七條

①假期教學課程之實施，應包括一般學科補救教學、輔導探索課程、主題課程、校外教學、社團活動、技藝訓練、藥物濫用防制教育、家庭教育等課程，並應考量學生個別差異及需要，設計適合且彈性之課程。

②前項師資，得聘請校內外教師、專業輔導人員或助理人員兼任；其鐘點費，依相關法令規定從優核給。

第八條

①中央教育主管機關應對中途學校課程，提供必要之諮詢協助，並促進校際之聯繫。

②直轄市、縣（市）主管機關應成立中途學校課程諮詢小組，提供相關之諮詢協助。

③前項課程諮詢小組，其成員應包括直轄市、縣（市）主管機關人員、專家、學者、專業輔導人員、學校行政人員代表、教師代表、社會福利團體代表等人員，開會時並得邀請家長代表列席。

第九條

①中途學校應成立課程發展小組，訂定課程計畫，報直轄市、縣（市）主管機關備查。

②前項課程發展小組，其成員應包括專業輔導人員、學校行政人員代表、教師代表、社會福利團體代表等人員，開會時並得邀請家長代表列席。

③第一項課程計畫，應包括課程、領域、科目及教學時數，並彈性運用教材、教法、教學時數及評量方式。

第一〇條

中途學校教育之教材編選應保持彈性，依據學生能力及需求，考量個別差異，充分運用各項教學設備及社會資源，啟發學生多元潛能。

第一一條

①中途學校教育之教法，應依下列原則為之：

一 活動設計多樣，提供學生學習策略及技巧，適時檢視教學效能及學習成果。

二 透過各種教學及班級經營策略，提供學生充分參與機會及成功經驗。

三 進行跨專業、跨專長、跨領域或科目之協同、合作教學或合

作諮詢。

②前項教法依下列方式實施：

一　個別指導。

二　班級內小組教學。

三　跨班級、年級或學校之分組教學。

四　其他適合之多元選替教育教法。

第一二條

中途學校學生之學習評量，應以個別化及彈性化為原則；其種類應包括形成性評量及總結性評量，並依評量結果隨時調整教學及輔導計畫。

第一三條

①中途學校學生之學籍應分散設於普通學校，畢業證書應由該普通學校發給。

②前項學生為國民教育階段者，由學生戶籍所在地學校為之；其為高級中等教育階段者，由直轄市、縣（市）主管機關所協調合作之學籍學校為之。

③前二項學生之學籍，分別依國民教育法第六條及高級中等教育法第四十七條規定辦理。

第一四條

中途學校學生之學籍管理項目如下：

一　學生編班之實施。

二　學籍資料之管理。

三　學籍表冊之陳報。

四　學籍合作學校之辦理。

五　轉銜及轉學之實施。

六　畢業證書及成績證明書之核（轉）發。

第一五條

中途學校應積極運用設有輔導諮商、社會工作、心理、犯罪防治、醫學、法律、教育系（所）、學程及中心之大學院校資源，協助進行教學及身心輔導之研究發展。

第一六條

①中途學校應成立個案評估小組，以專業分工合作模式，整合教師、專業人員、社會工作人員、行政人員及民間資源等共同運作，以提供學生適性、多元與具有體驗性及服務性之學習機會，並於學生入校一個月內擬具輔導安置計畫。

②前項計畫內容應包括學生之基本資料、家庭資源與功能、問題分析、課程安排、個別與團體輔導策略及相關資源之整合分工等，並得視個案適應情形彈性調整之。

第一七條

①中途學校對學生之輔導，應依學生輔導法等相關法規辦理，並以個別或團體輔導之方式為之。

②前項個別輔導應以會談及個別諮商方式進行；團體輔導應以透過

集會、班會、社團活動及團體諮商等方式進行。

③中途學校為實施輔導，應定期召開會議，辦理個案研討並進行專業督導。

第一八條

①中途學校隸屬之直轄市、縣（市）主管機關應辦理課程、教材教法及輔導等在職進修活動。

②中途學校應聘請社會工作、心理、輔導及教育等專業人員，並結合民間資源，提供多元之選替教育及輔導。

③前項專業人員，每年應至少接受六小時以上與本條例有關之專業訓練課程。

第一九條

①中途學校教職員工、專業人員及相關人員應善盡學生資料保護及保密之責，非依法律規定，不得提供或揭示。

②前項學生資料包括如下：

　一　轉介單位提供之學生個人資料、評估報告、衡鑑資料、法院裁定書、心理輔導等相關紀錄。

　二　各業務單位因業務、課程或活動需要所建立之書面或電子檔案資料（影像、文字檔）及照片（肖像）。

　三　其他足以辨別學生身分之資訊。

第二〇條

中途學校應邀請學生家長參與家長座談會、親職教育或其他學校為輔導學生所辦理之各項活動。

第二一條

中途學校應訂定學生獎懲規定，建立學生申訴制度，並報直轄市、縣（市）主管機關備查。

第二二條

被害人戶籍地之直轄市、縣（市）主管機關依本條例第二十一條規定辦理評估作業時，中途學校應配合辦理。

第二三條

中途學校學生戶籍地與中途學校所在地之直轄市、縣（市）主管機關應密切合作，並提供中途學校教育所需之行政及教學支援。

第二四條

中央教育主管機關及中央主管機關應定期會同直轄市、縣（市）主管機關訪視中途學校，並督導直轄市、縣（市）主管機關辦理中途學校考核。

第二五條

本辦法自本條例施行之日施行。

兒童及少年性剝削行爲人輔導教育辦法

①民國89年4月27日內政部令訂定發布全文12條；並自發布日起施行。

②民國95年3月31日內政部令修正發布全文11條；並自發布日施行。

③民國106年1月4日衛生福利部、法務部令會銜修正發布名稱及全文18條；並自106年1月1日施行（原名稱：兒童及少年性交易犯罪行爲人輔導教育辦法）。

④民國108年1月11日衛生福利部、法務部令會銜修正發布第2、4、8、15、18條條文；並自發布日施行。

第一條

本辦法依兒童及少年性剝削防制條例（以下簡稱本條例）第五十三條規定訂定之。

第二條

本辦法所稱行爲人，指下列人員：

一 犯本條例第三十一條第二項、第三十二條至第三十八條、第三十九條第二項、第四十條或第四十五條之罪，經判決有罪或緩起訴處分確定，應接受輔導教育之人。

二 違反本條例第三十九條第一項，經主管機關令其接受輔導教育之人。

第三條

直轄市、縣（市）主管機關實施本辦法所定輔導教育，得參酌本條例第四條第二項所定性剝削教育課程或教育宣導內容辦理之。

第四條

①輔導教育處分及執行，由行爲人戶籍地直轄市、縣（市）主管機關爲之。但本條例施行細則第二十一條另有規定者，從其規定。

②前項輔導教育之執行，有下列情形之一者，原處分機關得委託其他直轄市、縣（市）主管機關執行：

一 行爲人於轄區外之矯正機關接受輔導教育。

二 行爲人因工作、服役或其他因素申請轉換執行機關，經原處分機關同意。

三 經原處分機關協調後，同意接受委託。

第五條

行爲人爲無合法有效停（居）留許可之外國人、大陸地區人民、香港、澳門居民或臺灣地區無戶籍國民者，其輔導教育處分及執行，由住、居所地之直轄市、縣（市）主管機關爲之。

第六條

行爲人經判決有罪或經緩起訴處分確定者，檢察機關應將判決書

或緩起訴處分書提供行為人戶籍地之直轄市、縣（市）主管機關。

第七條

①矯正機關應於行為人入監後一個月內，將其檔案資料提供戶籍地之直轄市、縣（市）主管機關。

②前項檔案資料內容，應包括行為人姓名、性別、出生年月日、國民身分證統一編號、戶籍地址、總刑期、刑期起迄日、罪名或其他相關資料。

第八條

①直轄市、縣（市）主管機關接獲前條資料後，應執行輔導教育，並按次填寫紀錄。

②依第四條但書受委託執行輔導教育之直轄市、縣（市）主管機關，應按次填寫紀錄，送交原處分機關。

第九條

行為人移監、奉准假釋後尚未釋放前或刑期屆滿前二個月，矯正機關應通知戶籍地直轄市、縣（市）主管機關。

第一○條

①行為人無正當理由持有本條例第三十八條第一項物品，第一次被查獲者，查獲機關應將調查卷證資料提供戶籍地之直轄市、縣（市）主管機關。但為第五條所定行為人者，查獲機關應將調查卷證資料提供其住、居所之直轄市、縣（市）主管機關。

②前項調查卷證資料內容，應包括查處或詢問紀錄、查獲本條例第三十八條第一項物品之截圖、扣留物品清冊或其他相關資料。

第一一條

①直轄市、縣（市）主管機關接獲第六條至前條有關卷證資料後，應即妥善建檔。

②前項檔案資料，除法律另有規定外，應予保密。

第一二條

①直轄市、縣（市）主管機關應以書面通知行為人接受輔導教育。

②行為人有正當理由無法如期接受輔導教育者，得於接獲通知後十日內或實施輔導教育前十日以書面向直轄市、縣（市）主管機關申請延期，或申請轉由其他直轄市、縣（市）主管機關代為執行。

③前項申請延期以二次為限。

④第二項之申請結果，直轄市、縣（市）主管機關應以書面通知行為人。

第一三條

本辦法輔導教育相關書、表，應以密件處理及利用。

第一四條

辦理輔導教育之費用，由行為人戶籍地之直轄市、縣（市）主管機關負擔。於矯正機關接受輔導教育者，由執行輔導教育之直轄市、縣（市）主管機關負擔。

第一五條

行為人同時為受保護管束人者，直轄市、縣（市）主管機關應請執行保護管束之檢察機關觀護人或法院少年保護官加強督促行為人接受輔導教育。

第一六條

直轄市、縣（市）主管機關得委託依法設立之相關專業機構或團體辦理輔導教育。

第一七條

①輔導教育之執行方式，得以實體授課、數位教學或其他方式辦理。

②直轄市、縣（市）主管機關執行輔導教育時，應指派或協調適當人員為之。

第一八條

①本辦法自本條例施行之日施行。

②本辦法修正條文，自發布日施行。

家庭暴力防治法

① 民國87年6月24日總統令制定公布全文54條；其中第二、四、六章及第40、41條，自公布後一年施行。
② 民國96年3月28日總統令修正公布全文66條；並自公布日施行。
③ 民國97年1月9日總統令修正公布第10條條文。
④ 民國98年4月22日總統令修正公布第50條條文。
⑤ 民國98年4月29日總統令修正公布第58條條文。
民國102年7月19日行政院公告第4條所列屬「內政部」之權責事項，自102年7月23日起改由「衛生福利部」管轄。
⑥ 民國104年2月4日總統令修正公布第2、4至6、8、11、14至17、19、20、31、32、34、36、37、38、42、48至50、55、58、59、60條條文；並增訂第30-1、34-1、36-1、36-2、50-1、58-1、61-1、63-1條條文；除第63-1條公布後一年施行外，餘自公布日施行。

第一章　通　則

第一條　（立法宗旨）
為防治家庭暴力行為及保護被害人權益，特制定本法。

第二條　（用詞定義）104
本法用詞定義如下：
一　家庭暴力：指家庭成員間實施身體、精神或經濟上之騷擾、控制、脅迫或其他不法侵害之行為。
二　家庭暴力罪：指家庭成員間故意實施家庭暴力行為而成立其他法律所規定之犯罪。
三　目睹家庭暴力：指看見或直接聽聞家庭暴力。
四　騷擾：指任何打擾、警告、嘲弄或辱罵他人之言語、動作或製造使人心生畏怖情境之行為。
五　跟蹤：指任何以人員、車輛、工具、設備、電子通訊或其他方法持續性監視、跟追或掌控他人行蹤及活動之行為。
六　加害人處遇計畫：指對於加害人實施之認知教育輔導、親職教育輔導、心理輔導、精神治療、戒癮治療或其他輔導、治療。

第三條　（家庭成員定義）
本法所定家庭成員，包括下列各員及其未成年子女：
一　配偶或前配偶。
二　現有或曾有同居關係、家長家屬或家屬間關係者。
三　現為或曾為直系血親或直系姻親。
四　現為或曾為四親等以內之旁系血親或旁系姻親。

第四條　（主管機關）104

①本法所稱主管機關：在中央為衛生福利部；在直轄市為直轄市政府；在縣（市）為縣（市）政府。

②本法所定事項，主管機關及目的事業主管機關應就其權責範圍，針對家庭暴力防治之需要，尊重多元文化差異，主動規劃所需保護、預防及宣導措施，對涉及相關機關之防治業務，並應全力配合之，其權責事項如下：

一 主管機關：家庭暴力防治政策之規劃、推動、監督、訂定跨機關（構）合作規範及定期公布家庭暴力相關統計等事宜。

二 衛生主管機關：家庭暴力被害人驗傷、採證、身心治療、諮商及加害人處遇等相關事宜。

三 教育主管機關：各級學校家庭暴力防治教育、目睹家庭暴力兒童及少年之輔導措施、家庭暴力被害人及其子女就學權益之維護等相關事宜。

四 勞工主管機關：家庭暴力被害人職業訓練及就業服務等相關事宜。

五 警政主管機關：家庭暴力被害人及其未成年子女人身安全之維護及緊急處理、家庭暴力犯罪偵查與刑事案件資料統計等相關事宜。

六 法務主管機關：家庭暴力犯罪之偵查、矯正及再犯預防等刑事司法相關事宜。

七 移民主管機關：設籍前之外籍、大陸或港澳配偶因家庭暴力造成逾期停留、居留及協助其在臺居留或定居權益維護等相關事宜。

八 文化主管機關：出版品違反本法規定之處理等相關事宜。

九 通訊傳播主管機關：廣播、電視及其他通訊傳播媒體違反本法規定之處理等相關事宜。

十 戶政主管機關：家庭暴力被害人與其未成年子女身分資料與戶籍等相關事宜。

十一 其他家庭暴力防治措施，由相關目的事業主管機關依職權辦理。

第五條 （中央主管機關辦理事項）104

①中央主管機關應辦理下列事項：

一 研擬家庭暴力防治法規及政策。

二 協調、督導有關機關家庭暴力防治事項之執行。

三 提高家庭暴力防治有關機構之服務效能。

四 督導及推展家庭暴力防治教育。

五 協調被害人保護計畫及加害人處遇計畫。

六 協助公立、私立機構建立家庭暴力處理程序。

七 統籌建立、管理家庭暴力電子資料庫，供法官、檢察官、警察、醫師、護理人員、心理師、社會工作人員及其他政府機關使用，並對被害人之身分予以保密。

八 協助地方政府推動家庭暴力防治業務，並提供輔導及補助。

九　每四年對家庭暴力問題、防治現況成效與需求進行調查分析，並定期公布家庭暴力致死人數、各項補助及醫療救護支出等相關之統計分析資料。各相關單位應配合調查，提供統計及分析資料。

十　其他家庭暴力防治有關事項。

②中央主管機關辦理前項事項，應遴聘（派）學者專家、民間團體及相關機關代表提供諮詢，其中學者專家、民間團體代表之人數，不得少於總數二分之一；且任一性別人數不得少於總數三分之一。

③第一項第七款規定電子資料庫之建立、管理及使用辦法，由中央主管機關定之。

第六條　（家庭暴力及性侵害防治基金之設置）104

①中央主管機關為加強推動家庭暴力及性侵害相關工作，應設置基金；其收支保管及運用辦法，由行政院定之。

②前項基金來源如下：

一　政府預算撥充。

二　緩起訴處分金。

三　認罪協商金。

四　本基金之孳息收入。

五　受贈收入。

六　依本法所處之罰鍰。

七　其他相關收入。

第七條　（家庭暴力防治委員會之設置）

直轄市、縣（市）主管機關為協調、研究、審議、諮詢、督導、考核及推動家庭暴力防治工作，應設家庭暴力防治委員會；其組織及會議事項，由直轄市、縣（市）主管機關定之。

第八條　（家庭暴力防治中心辦理事項）104

①直轄市、縣（市）主管機關應整合所屬警政、教育、衛生、社政、民政、戶政、勞工、新聞等機關、單位業務及人力，設立家庭暴力防治中心，並協調司法、移民相關機關，辦理下列事項：

一　提供二十四小時電話專線服務。

二　提供被害人二十四小時緊急救援、協助診療、驗傷、採證及緊急安置。

三　提供或轉介被害人經濟扶助、法律服務、就學服務、住宅輔導，並以階段性、支持性及多元性提供職業訓練與就業服務。

四　提供被害人及其未成年子女短、中、長期庇護安置。

五　提供或轉介被害人、經評估有需要之目睹家庭暴力兒童及少年或家庭成員身心治療、諮商、社會與心理評估及處置。

六　轉介加害人處遇及追蹤輔導。

七　追蹤及管理轉介服務案件。

八　推廣家庭暴力防治教育、訓練及宣導。

九　辦理危險評估，並召開跨機構網絡會議。

十　其他家庭暴力防治有關之事項。

②前項中心得與性侵害防治中心合併設立，並應配置社會工作、警察、衛生及其他相關專業人員；其組織，由直轄市、縣（市）主管機關定之。

第二章　民事保護令

第一節　聲請及審理

第九條　（保護令）

民事保護令（以下簡稱保護令）分為通常保護令、暫時保護令及緊急保護令。

第一〇條　（保護令之聲請）

①被害人得向法院聲請通常保護令、暫時保護令；被害人為未成年人、身心障礙者或因故難以委任代理人者，其法定代理人、三親等以內之血親或姻親，得為其向法院聲請之。

②檢察官、警察機關或直轄市、縣（市）主管機關得向法院聲請保護令。

③保護令之聲請、撤銷、變更、延長及抗告，均免徵裁判費，並準用民事訴訟法第七十七條之二十三第四項規定。

第一一條　（保護令聲請之管轄）104

①保護令之聲請，由被害人之住居所地、相對人之住居所地或家庭暴力發生地之地方法院管轄。

②前項地方法院，於設有少年及家事法院地區，指少年及家事法院。

第一二條　（保護令之聲請）

①保護令之聲請，應以書面為之。但被害人有受家庭暴力之急迫危險者，檢察官、警察機關或直轄市、縣（市）主管機關，得以言詞、電信傳真或其他科技設備傳送之方式聲請緊急保護令，並得於夜間或休息日為之。

②前項聲請得不記載聲請人或被害人之住居所，僅記載其送達處所。

③法院為定管轄權，得調查被害人之住居所。經聲請人或被害人要求保密被害人之住居所，法院應以秘密方式訊問，將該筆錄及相關資料密封，並禁止閱覽。

第一三條　（保護令事件之審理）

①聲請保護令之程式或要件有欠缺者，法院應以裁定駁回之。但其情形可以補正者，應定期間先命補正。

②法院得依職權調查證據，必要時得隔別訊問。

③前項隔別訊問，必要時得依聲請或依職權在法庭外為之，或採有聲音及影像相互傳送之科技設備或其他適當隔離措施。

④被害人得於審理時，聲請其親屬或個案輔導之社工人員、心理師

陪同被害人在場，並得陳述意見。

⑤保護令事件之審理不公開。

⑥法院於審理終結前，得聽取直轄市、縣（市）主管機關或社會福利機構之意見。

⑦保護令事件不得進行調解或和解。

⑧法院受理保護令之聲請後，應即行審理程序，不得以當事人間有其他案件偵查或訴訟繫屬為由，延緩核發保護令。

第一四條 （核發通常保護令）104

①法院於審理終結後，認有家庭暴力之事實且有必要者，應依聲請或依職權核發包括下列一款或數款之通常保護令：

一　禁止相對人對於被害人、目睹家庭暴力兒童及少年或其特定家庭成員實施家庭暴力。

二　禁止相對人對於被害人、目睹家庭暴力兒童及少年或其特定家庭成員為騷擾、接觸、跟蹤、通話、通信或其他非必要之聯絡行為。

三　命相對人遷出被害人、目睹家庭暴力兒童及少年或其特定家庭成員之住居所；必要時，並得禁止相對人就該不動產為使用、收益或處分行為。

四　命相對人遠離下列場所特定距離：被害人、目睹家庭暴力兒童及少年或其特定家庭成員之住居所、學校、工作場所或其他經常出入之特定場所。

五　定汽車、機車及其他個人生活上、職業上或教育上必需品之使用權；必要時，並得命交付之。

六　定暫時對未成年子女權利義務之行使或負擔，由當事人之一方或雙方共同任之、行使或負擔之內容及方法；必要時，並得命交付子女。

七　定相對人對未成年子女會面交往之時間、地點及方式；必要時，並得禁止會面交往。

八　命相對人給付被害人住居所之租金或被害人及其未成年子女之扶養費。

九　命相對人交付被害人或特定家庭成員之醫療、輔導、庇護所或財物損害等費用。

十　命相對人完成加害人處遇計畫。

十一　命相對人負擔相當之律師費用。

十二　禁止相對人查閱被害人及受其暫時監護之未成年子女戶籍、學籍、所得來源相關資訊。

十三　命其他保護被害人、目睹家庭暴力兒童及少年或其特定家庭成員之必要命令。

②法院為前項第六款、第七款裁定前，應考量未成年子女之最佳利益，必要時並得徵詢未成年子女或社會工作人員之意見。

③第一項第十款之加害人處遇計畫，法院得逕命相對人接受認知教育輔導、親職教育輔導及其他輔導，並得命相對人接受有無必要

被　害　兒　少

施以其他處遇計畫之鑑定；直轄市、縣（市）主管機關得於法院裁定前，對處遇計畫之實施方式提出建議。

④第一項第十款之裁定應載明處遇計畫完成期限。

第一五條 （通常保護令之效力）104

①通常保護令之有效期間爲二年以下，自核發時起生效。

②通常保護令失效前，法院得依當事人或被害人之聲請撤銷、變更或延長之。延長保護令之聲請，每次延長期間爲二年以下。

③檢察官、警察機關或直轄市、縣（市）主管機關得爲前項延長保護令之聲請。

④通常保護令所定之命令，於期間屆滿前經法院另爲裁判確定者，該命令失其效力。

第一六條 （核發暫時保護令或緊急保護令）104

①法院核發暫時保護令或緊急保護令，得不經審理程序。

②法院爲保護被害人，得於通常保護令審理終結前，依聲請或依職權核發暫時保護令。

③法院核發暫時保護令或緊急保護令時，得依聲請或依職權核發第十四條第一項第一款至第六款、第十二款及第十三款之命令。

④法院於受理緊急保護令之聲請後，依聲請人到庭或電話陳述家庭暴力之事實，足認被害人有受家庭暴力之急迫危險者，應於四小時內以書面核發緊急保護令，並得以電信傳真或其他科技設備傳送緊急保護令予警察機關。

⑤聲請人於聲請通常保護令前聲請暫時保護令或緊急保護令，其經法院准許核發者，視爲已有通常保護令之聲請。

⑥暫時保護令、緊急保護令自核發時起生效，於聲請人撤回通常保護令之聲請、法院審理終結核發通常保護令或駁回聲請時失其效力。

⑦暫時保護令、緊急保護令失效前，法院得依當事人或被害人之聲請或依職權撤銷或變更之。

第一七條 （命遠離被害人保護令之效力）104

法院對相對人核發第十四條第一項第三款及第四款之保護令，不因被害人、目睹家庭暴力兒童及少年或其特定家庭成員同意相對人不遷出或不遠離而失其效力。

第一八條 （保護令送達當事人之時限）

①保護令除緊急保護令外，應於核發後二十四小時內發送當事人、被害人、警察機關及直轄市、縣（市）主管機關。

②直轄市、縣（市）主管機關應登錄法院所核發之保護令，並供司法及其他執行保護令之機關查閱。

第一九條 （提供安全出庭之環境與措施）104

①法院應提供被害人或證人安全出庭之環境與措施。

②直轄市、縣（市）主管機關應於所在地地方法院自行或委託民間團體設置家庭暴力事件服務處所，法院應提供場所、必要之軟硬體設備及其他相關協助。但離島法院有礙難情形者，不在此限。

③前項地方法院，於設有少年及家事法院地區，指少年及家事法院。

第二○條 （保護令之裁定及程序）104

①保護令之程序，除本章別有規定外，適用家事事件法有關規定。

②關於保護令之裁定，除有特別規定者外，得為抗告；抗告中不停止執行。

第二節　執行

第二一條 （保護令之執行）

①保護令核發後，當事人及相關機關應確實遵守，並依下列規定辦理：

　　不動產之禁止使用、收益或處分行為及金錢給付之保護令，得為強制執行名義，由被害人依強制執行法聲請法院強制執行，並暫免徵收執行費。

二　於直轄市、縣（市）主管機關所設處所未成年子女會面交往，及由直轄市、縣（市）主管機關或其所屬人員監督未成年子女會面交往之保護令，由相對人向直轄市、縣（市）主管機關申請執行。

三　完成加害人處遇計畫之保護令，由直轄市、縣（市）主管機關執行之。

四　禁止查閱相關資訊之保護令，由被害人向相關機關申請執行。

五　其他保護令之執行，由警察機關為之。

②前項第二款及第三款之執行，必要時得請求警察機關協助之。

第二二條 （保護被害人或相對人之住居所）

①警察機關應依保護令，保護被害人至被害人或相對人之住居所，確保其安全占有住居所、汽車、機車或其他個人生活上、職業上或教育上必需品。

②前項汽車、機車或其他個人生活上、職業上或教育上必需品，相對人應依保護令交付而未交付者，警察機關得依被害人之請求，進入住宅、建築物或其他標的物所在處所解除相對人之占有或扣留交被害人。

第二三條 （必需品相對人應交付有關憑證）

①前條所定必需品，相對人應一併交付有關證照、書據、印章或其他憑證而未交付者，警察機關得將之取交被害人。

②前項憑證取交無著時，其屬被害人所有者，被害人得向相關主管機關申請變更、註銷或補行發給；其屬相對人所有而為行政機關製發者，被害人得請求原核發機關發給保護令有效期間之代用憑證。

第二四條 （強制執行）

義務人不依保護令交付未成年子女時，權利人得聲請警察機關限期命義務人交付，屆期未交付者，命交付未成年子女之保護令得

為強制執行名義，由權利人聲請法院強制執行，並暫免徵收執行費。

第二五條 （執行機關或權利人得聲請變更保護令）

義務人不依保護令之內容辦理未成年子女之會面交往時，執行機關或權利人得依前條規定辦理，並得向法院聲請變更保護令。

第二六條 （未成年子女戶籍遷徙登記之申請）

當事人之一方依第十四條第一項第六款規定取得暫時對未成年子女權利義務之行使或負擔者，得持保護令逕向戶政機關申請未成年子女戶籍遷徙登記。

第二七條 （聲明異議）

①當事人或利害關係人對於執行保護令之方法、應遵行之程序或其他侵害利益之情事，得於執行程序終結前，向執行機關聲明異議。

②前項聲明異議，執行機關認其有理由者，應即停止執行並撤銷或更正已為之執行行為；認其無理由者，應於十日內加具意見，送原核發保護令之法院裁定之。

③對於前項法院之裁定，不得抗告。

第二八條 （外國法院保護令聲請之執行或駁回）

①外國法院關於家庭暴力之保護令，經聲請中華民國法院裁定承認後，得執行之。

②當事人聲請法院承認之外國法院關於家庭暴力之保護令，有民事訴訟法第四百零二條第一項第一款至第三款所列情形之一者，法院應駁回其聲請。

③外國法院關於家庭暴力之保護令，其核發地國對於中華民國法院之保護令不予承認者，法院得駁回其聲請。

第三章　刑事程序

第二九條 （家庭暴力罪現行犯或嫌疑重大者應逕行逮捕或拘提）

①警察人員發現家庭暴力罪之現行犯時，應逕行逮捕之，並依刑事訴訟法第九十二條規定處理。

②檢察官、司法警察官或司法警察偵查犯罪認被告或犯罪嫌疑人犯家庭暴力罪或違反保護令罪嫌疑重大，且有繼續侵害家庭成員生命、身體或自由之危險，而情況急迫者，得逕行拘提之。

③前項拘提，由檢察官親自執行時，得不用拘票；由司法警察官或司法警察執行時，以其急迫情形不及報請檢察官者為限，於執行後，應即報請檢察官簽發拘票。如檢察官不簽發拘票時，應即將被拘提人釋放。

第三〇條 （逕行拘提或簽發拘票時應注意事項）

檢察官、司法警察官或司法警察依前條第二項、第三項規定逕行拘提或簽發拘票時，應審的一切情狀，尤應注意下列事項：

一　被告或犯罪嫌疑人之暴力行為已造成被害人身體或精神上傷

害或騷擾，不立即隔離者，被害人或其家庭成員生命、身體或自由有遭受侵害之危險。

二　被告或犯罪嫌疑人有長期連續實施家庭暴力或有違反保護令之行為、酗酒、施用毒品或濫用藥物之習慣。

三　被告或犯罪嫌疑人有利用兇器或其他危險物品恐嚇或施暴行於被害人之紀錄，被害人有再度遭受侵害之虞者。

四　被害人為兒童、少年、老人、身心障礙或具有其他無法保護自身安全之情形。

第三○條之一　（犯違反保護令者有反覆實行犯罪之虞，必要時得羈押之）

被告經法官訊問後，認為犯違反保護令者、家庭成員間故意實施家庭暴力行為而成立之罪，其嫌疑重大，有事實足認為有反覆實行前開犯罪之虞，而有羈押之必要者，得羈押之。

第三一條　（無羈押必要之被告得附條件命其遵守）104

①家庭暴力罪或違反保護令罪之被告經檢察官或法院訊問後，認無羈押之必要，而命具保、責付、限制住居或釋放者，對被害人、目睹家庭暴力兒童及少年或其特定家庭成員得附下列一款或數款條件命被告遵守：

一　禁止實施家庭暴力。

二　禁止為騷擾、接觸、跟蹤、通話、通信或其他非必要之聯絡行為。

三　遷出住居所。

四　命相對人遠離其住居所、學校、工作場所或其他經常出入之特定場所特定距離。

五　其他保護安全之事項。

②前項所附條件有效期間自具保、責付、限制住居或釋放時起生效，至刑事訴訟終結時為止，最長不得逾一年。

③檢察官或法院得依當事人之聲請或依職權撤銷或變更依第一項規定所附之條件。

第三二條　（被告違反條件，檢查官或法院得為之行為）104

①被告違反檢察官或法院依前條第一項規定所附之條件者，檢察官或法院得撤銷原處分，另為適當之處分；如有繳納保證金者，並得沒入其保證金。

②被告違反檢察官或法院依前條第一項第一款所定應遵守之條件，犯罪嫌疑重大，且有事實足認被告有反覆實施家庭暴力行為之虞，而有羈押之必要者，偵查中檢察官得聲請法院羈押之；審判中法院得命羈押之。

第三三條　（得命停止羈押之被告遵守條件）

①第三十一條及前條第一項規定，於羈押中之被告，經法院裁定停止羈押者，準用之。

②停止羈押之被告違反法院依前項規定所附之條件者，法院於認有羈押必要時，得命再執行羈押。

第三四條　（附條件處分或裁定應以書面爲之）104

檢察官或法院爲第三十一條第一項或前條第一項之附條件處分或裁定時，應以書面爲之，並送達於被告、被害人及被害人住居所所在地之警察機關。

第三四條之一　（法院或檢察官應即時通報被害人所在地之警察機關及家庭暴力防治中心之情形）104

①法院或檢察署有下列情形之一，應即時通知被害人所在地之警察機關及家庭暴力防治中心：

一　家庭暴力罪或違反保護令罪之被告解送法院或檢察署經檢察官或法官訊問後，認無羈押之必要，而命具保、責付、限制住居或釋放者。

二　羈押中之被告，經法院撤銷或停止羈押者。

②警察機關及家庭暴力防治中心於接獲通知後，應立即通知被害人或其家庭成員。

③前二項通知應於被告釋放前通知，且得以言詞、電信傳眞或其他科技設備傳送之方式通知。但被害人或其家庭成員所在不明或通知顯有困難者，不在此限。

第三五條　（警員發現被告違反條件應即報告）

警察人員發現被告違反檢察官或法院依第三十一條第一項、第三十三條第一項規定所附之條件者，應即報告檢察官或法院。第二十九條規定，於本條情形，準用之。

第三六條　（訊問或詰問採取適當隔離措施）104

①對被害人之訊問或詰問，得依聲請或依職權在法庭外爲之，或採取適當隔離措施。

②警察機關於詢問被害人時，得採取適當之保護及隔離措施。

第三六條之一　（被害人於偵察訊問時，得自行指定其陪同人員，該陪同人並得陳述意見）104

①被害人於偵查中受訊問時，得自行指定其親屬、醫師、心理師、輔導人員或社工人員陪同在場，該陪同人並得陳述意見。

②被害人前項之請求，檢察官除認其在場有妨礙偵查之虞者，不得拒絕之。

③陪同人之席位應設於被害人旁。

第三六條之二　（被害人受訊問前，檢察官應告知得自行選任符合資格之人陪同在場）104

被害人受訊問前，檢察官應告知被害人得自行選任符合第三十六條之一資格之人陪同在場。

第三七條　（起訴書等應送達於被害人）104

對於家庭暴力罪或違反保護令罪案件所爲之起訴書、聲請簡易判決處刑書、不起訴處分書、緩起訴處分書、撤銷緩起訴處分書、裁定書或判決書，應送達於被害人。

第三八條　（緩刑期內付保護管束者應守事項）104

①犯家庭暴力罪或違反保護令罪而受緩刑之宣告者，在緩刑期內應

付保護管束。

②法院為前項緩刑宣告時，除顯無必要者外，應命被告於付緩刑保護管束期間內，遵守下列一款或數款事項：

一　禁止實施家庭暴力。

二　禁止對被害人、目睹家庭暴力兒童及少年或其特定家庭成員為騷擾、接觸、跟蹤、通話、通信或其他非必要之聯絡行為。

三　遷出被害人、目睹家庭暴力兒童及少年或其特定家庭成員之住居所。

四　命相對人遠離下列場所特定距離：被害人、目睹家庭暴力兒童及少年或其特定家庭成員之住居所、學校、工作場所或其他經常出入之特定場所。

五　完成加害人處遇計畫。

六　其他保護被害人、目睹家庭暴力兒童及少年或其特定家庭成員安全之事項。

③法院依前項第五款規定，命被告完成加害人處遇計畫前，得準用第十四條第三項規定。

④法院為第一項之緩刑宣告時，應即通知被害人及其住居所所在地之警察機關。

⑤受保護管束人違反第二項保護管束事項情節重大者，撤銷其緩刑之宣告。

第三九條　（假釋付保護管束者應遵守事項）

前條規定，於受刑人經假釋出獄付保護管束者，準用之。

第四○條　（直轄市、縣（市）主管機關或警察機關執行）

檢察官或法院依第三十一條第一項、第三十三條第一項、第三十八條第二項或前條規定所附之條件，得通知直轄市、縣（市）主管機關或警察機關執行之。

第四一條　（受刑人之處遇計畫）

①法務部應訂定並執行家庭暴力罪或違反保護令罪受刑人之處遇計畫。

②前項計畫之訂定及執行之相關人員，應接受家庭暴力防治教育及訓練。

第四二條　（受刑人出獄日期或脫逃應通知被害人）104

矯正機關應將家庭暴力罪或違反保護令罪受刑人預定出獄之日期通知被害人、其住居所所在地之警察機關及家庭暴力防治中心。但被害人之所在不明者，不在此限。

第四章　父母子女

第四三條　（推定加害人不適負擔子女之權利義務）

法院依法為未成年子女酌定或改定權利義務之行使或負擔之人時，對已發生家庭暴力者，推定由加害人行使或負擔權利義務不利於該子女。

第四四條 （為子女之最佳利益改定裁判）

法院依法為未成年子女酌定或改定權利義務之行使或負擔之人或會面交往之裁判後，發生家庭暴力時，法院得依被害人、未成年子女、直轄市、縣（市）主管機關、社會福利機構或其他利害關係人之請求，為子女之最佳利益改定之。

第四五條 （加害人會面其子女時得為之命令）

①法院依法准許家庭暴力加害人會面交往其未成年子女時，應審酌子女及被害人之安全，並得為下列一款或數款命令：

一 於特定安全場所交付子女。

二 由第三人或機關、團體監督會面交往，並得定會面交往時應遵守之事項。

三 完成加害人處遇計畫或其他特定輔導為會面交往條件。

四 負擔監督會面交往費用。

五 禁止過夜會面交往。

六 準時、安全交還子女，並繳納保證金。

七 其他保護子女、被害人或其他家庭成員安全之條件。

②法院如認有違背前項命令之情形，或准許會面交往無法確保被害人或其子女之安全者，得依聲請或依職權禁止之。如違背前項第六款命令，並得沒入保證金。

③法院於必要時，得命有關機關或有關人員保密被害人或子女住居所。

第四六條 （會面交往處所或委託其他機關、團體辦理）

①直轄市、縣（市）主管機關應設未成年子女會面交往處所或委託其他機關（構）、團體辦理。

②前項處所，應有受過家庭暴力安全及防制訓練之人員；其設置、監督會面交往與交付子女之執行及收費規定，由直轄市、縣（市）主管機關定之。

第四七條 （得進行和解或調解之情形）

法院於訴訟或調解程序中如認為有家庭暴力之情事時，不得進行和解或調解。但有下列情形之一者，不在此限：

一 行和解或調解之人曾受家庭暴力防治之訓練並以確保被害人安全之方式進行和解或調解。

二 准許被害人選定輔助人參與和解或調解。

三 其他行和解或調解之人認為能使被害人免受加害人脅迫之程序。

第五章 預防及處遇

第四八條 （警員處理家庭暴力案件可採取之方法）104

①警察人員處理家庭暴力案件，必要時應採取下列方法保護被害人及防止家庭暴力之發生：

一 於法院核發緊急保護令前，在被害人住居所守護或採取其他保護被害人或其家庭成員之必要安全措施。

二 保護被害人及其子女至庇護所或醫療機構。

三 告知被害人其得行使之權利、救濟途徑及服務措施。

四 查訪並告誡相對人。

五 訪查被害人及其家庭成員，並提供必要之安全措施。

②警察人員處理家庭暴力案件，應製作書面紀錄；其格式，由中央警政主管機關定之。

第四九條 （請求警察機關提供必要之協助）104

醫事人員、社會工作人員、教育人員及保育人員為防治家庭暴力行為或保護家庭暴力被害人之權益，有受到身體或精神上不法侵害之虞者，得請求警察機關提供必要之協助。

第五○條 （執行人員知有疑似家庭暴力情事者應予通報）104

①醫事人員、社會工作人員、教育人員、保育人員、警察人員、移民業務人員及其他執行家庭暴力防治人員，在執行職務時知有疑似家庭暴力，應立即通報當地主管機關，至遲不得逾二十四小時。

②前項通報之方式及內容，由中央主管機關定之；通報人之身分資料，應予保密。

③主管機關接獲通報後，應即行處理，並評估有無兒童及少年目睹家庭暴力之情事；必要時得自行或委請其他機關（構）、團體進行訪視、調查。

④主管機關或受其委請之機關（構）或團體進行訪視、調查時，得請求警察機關、醫療（事）機構、學校、公寓大廈管理委員會或其他相關機關（構）協助，被請求者應予配合。

第五○條之一 （被害人及其未成年子女身分資訊之保護）104

宣傳品、出版品、廣播、電視、網際網路或其他媒體，不得報導或記載被害人及其未成年子女之姓名，或其他足以識別被害人及其未成年子女身分之資訊。但經有行為能力之被害人同意、犯罪偵查機關或司法機關依法認為有必要者，不在此限。

第五一條 （撥打專線得追查其電話號碼及地址之情形）

直轄市、縣（市）主管機關對於撥打依第八條第一項第一款設置之二十四小時電話專線者，於有下列情形之一時，得追查其電話號碼及地址：

一 為免除當事人之生命、身體、自由或財產上之急迫危險。

二 為防止他人權益遭受重大危害而有必要。

三 無正當理由撥打專線電話，致妨害公務執行。

四 其他為增進公共利益或防止危害發生。

第五二條 （不得無故拒絕診療及開立驗傷診斷書）

醫療機構對於家庭暴力之被害人，不得無故拒絕診療及開立驗傷診斷書。

第五三條 （擬訂及推廣家庭暴力防治宣導計畫）

衛生主管機關應擬訂及推廣有關家庭暴力防治之衛生教育宣導計畫。

第五四條 （加害人處遇計畫規範內容）

①中央衛生主管機關應訂定家庭暴力加害人處遇計畫規範；其內容包括下列各款：

一 處遇計畫之評估標準。

二 司法機關、家庭暴力被害人保護計畫之執行機關（構）、加害人處遇計畫之執行機關（構）間之連繫及評估制度。

三 執行機關（構）之資格。

②中央衛生主管機關應會同相關機關負責家庭暴力加害人處遇計畫之推動、發展、協調、督導及其他相關事宜。

第五五條 （執行加害人處遇計畫之機關得為事項）

①加害人處遇計畫之執行機關（構）得為下列事項：

一 將加害人接受處遇情事告知司法機關、被害人及其辯護人。

二 調閱加害人在其他機關之處遇資料。

三 將加害人之資料告知司法機關、監獄監務委員會、家庭暴力防治中心及其他有關機構。

②加害人有不接受處遇計畫、接受時數不足或不遵守處遇計畫內容及恐嚇、施暴等行為時，加害人處遇計畫之執行機關（構）應告知直轄市、縣（市）主管機關；必要時並得通知直轄市、縣（市）主管機關協調處理。

第五六條 （製作救濟服務之書面資料）

①直轄市、縣（市）主管機關應製作家庭暴力被害人權益、救濟及服務之書面資料，供被害人取閱，並提供醫療機構及警察機關使用。

②醫事人員執行業務時，知悉其病人為家庭暴力被害人時，應將前項資料交付病人。

③第一項資料，不得記明庇護所之地址。

第五七條 （家庭暴力防治資料之提供）

①直轄市、縣（市）主管機關應提供醫療機構、公、私立國民小學及戶政機關家庭暴力防治之相關資料，俾醫療機構、公、私立國民小學及戶政機關將該相關資料提供新生兒之父母、辦理小學新生註冊之父母、辦理結婚登記之新婚夫妻及辦理出生登記之人。

②前項資料內容應包括家庭暴力對於子女及家庭之影響及家庭暴力之防治服務。

第五八條 （核發家庭暴力被害人之補助）104

①直轄市、縣（市）主管機關得核發家庭暴力被害人下列補助：

一 緊急生活扶助費用。

二 非屬全民健康保險給付範圍之醫療費用及身心治療、諮商與輔導費用。

三 訴訟費用及律師費用。

四 安置費用、房屋租金費用。

五 子女教育、生活費用及兒童托育費用。

六 其他必要費用。

②第一項第一款、第二款規定，於目睹家庭暴力兒童及少年，準用之。

③第一項補助對象、條件及金額等事項規定，由直轄市、縣（市）主管機關定之。

④家庭暴力被害人年滿二十歲者，得申請創業貸款；其申請資格、程序、利息補助金額、名額及期限等，由中央目的事業主管機關定之。

⑤為辦理第一項及第四項補助業務所需之必要資料，主管機關得洽請相關機關（構）、團體、法人或個人提供之，受請求者不得拒絕。

⑥主管機關依前項規定所取得之資料，應盡善良管理人之注意義務，確實辦理資訊安全稽核作業；其保有、處理及利用，並應遵循個人資料保護法之規定。

第五八條之一（有就業意願而就業能力不足之家庭暴力被害人，勞工主管機關應提供預備性或支持性就業服務）104

①對於具就業意願而就業能力不足之家庭暴力被害人，勞工主管機關應提供預備性就業或支持性就業服務。

②前項預備性就業或支持性就業服務相關辦法，由勞工主管機關定之。

第五九條（辦理防治家庭暴力之在職教育）104

①社會行政主管機關應辦理社會工作人員、居家式托育服務提供者、托育人員、保育人員及其他相關社會行政人員防治家庭暴力在職教育。

②警政主管機關應辦理警察人員防治家庭暴力在職教育。

③司法院及法務部應辦理相關司法人員防治家庭暴力在職教育。

④衛生主管機關應辦理或督促相關醫療團體對醫護人員防治家庭暴力在職教育。

⑤教育主管機關應辦理學校、幼兒園之輔導人員、行政人員、教師、教保服務人員及學生防治家庭暴力在職教育及學校教育。

⑥移民主管機關應辦理移民業務人員防治家庭暴力在職教育。

第六○條（家庭暴力防治課程）104

高級中等以下學校每學年應有四小時以上之家庭暴力防治課程。但得於總時數不變下，彈性安排於各學年實施。

第六章　罰　則

第六一條（違反保護令罪之處罰）

違反法院依第十四條第一項、第十六條第三項所為之下列裁定者，為本法所稱違反保護令罪，處三年以下有期徒刑、拘役或科或併科新臺幣十萬元以下罰金：

一　禁止實施家庭暴力。

二　禁止騷擾、接觸、跟蹤、通話、通信或其他非必要之聯絡行

爲。

三　遷出住居所。

四　遠離住居所、工作場所、學校或其他特定場所。

五　完成加害人處遇計畫。

第六一條之一　（違反被害人及其未成年子女身分資訊保護之處罰）104

①廣播、電視事業違反第五十條之一規定者，由目的事業主管機關處新臺幣三萬元以上十五萬元以下罰鍰，並命其限期改正；屆期未改正者，得按次處罰。

②前項以外之宣傳品、出版品、網際網路或其他媒體之負責人違反第五十條之一規定者，由目的事業主管機關處新臺幣三萬元以上十五萬元以下罰鍰，並得沒入第五十條之一規定之物品、命其限期移除內容、下架或其他必要之處置；屆期不履行者，得按次處罰至履行爲止。但被害人死亡，經目的事業主管機關權衡社會公益，認有報導之必要者，不罰。

③宣傳品、出版品、網際網路或其他媒體無負責人或負責人對行爲人之行爲不具監督關係者，第二項所定之罰鍰，處罰行爲人。

第六二條　（處罰）

①違反第五十條第一項規定者，由直轄市、縣（市）主管機關處新臺幣六千元以上三萬元以下罰鍰。但醫事人員爲避免被害人身體緊急危難而違反者，不罰。

②違反第五十二條規定者，由直轄市、縣（市）主管機關處新臺幣六千元以上三萬元以下罰鍰。

第六三條　（處罰）

違反第五十一條第三款規定，經勸阻不聽者，直轄市、縣（市）主管機關得處新臺幣三千元以上一萬五千元以下罰鍰。

第六三條之一　（被害人年滿十六歲，遭現有或曾有親密關係之未同居伴侶施以身體或精神上不法侵害情事之處罰）104

①被害人年滿十六歲，遭受現有或曾有親密關係之未同居伴侶施以身體或精神上不法侵害之情事者，準用第九條至第十三條、第十四條第一項第一款、第二款、第四款、第九款至第十三款、第三項、第四項、第十五條至第二十條、第二十一條第一項第一款、第三款至第五款、第二項、第二十七條、第二十八條、第四十八條、第五十條之一、第五十二條、第五十四條、第五十五條及第六十一條之規定。

②前項所稱親密關係伴侶，指雙方以情感或性行爲爲基礎，發展親密之社會互動關係。

③本條自公布後一年施行。

第七章　附　則

第六四條 （執行辦法之訂定）

行政機關執行保護令及處理家庭暴力案件辦法，由中央主管機關定之。

第六五條 （施行細則）

本法施行細則，由中央主管機關定之。

第六六條 （施行日）

本法自公布日施行。

被　害　兒　少

性侵害犯罪防治法

① 民國86年1月22日總統令制定公布全文20條；並自公布日施行。
② 民國91年5月15日總統令修正公布第3條條文。
③ 民國91年6月12日總統令增訂公布第6-1、6-2條條文。
④ 民國94年2月5日總統令修正公布全文25條；並自公布後六個月施行。
⑤ 民國99年1月13日總統令修正公布第11、25條條文；並自98年11月23日施行。
⑥ 民國100年11月9日總統令修正公布第4、7至9、12至14、20、21、23、25條條文；增訂第22-1、23-1條條文；刪除第5條條文；並自101年1月1日施行。
　　民國102年7月19日行政院公告第3條、第20條第7項、第22-1條第5項所列屬「內政部」及「行政院衛生署」之權責事項，自102年7月23日起改由「衛生福利部」管轄。
⑦ 民國104年12月23日總統令修正公布第2、3、8、13、17、20、22-1、25條條文；並增訂第13-1、15-1、16-1、16-2條條文；除第15-1條自106年1月1日施行外，餘自公布日施行。

第一條 （立法目的）
　爲防治性侵害犯罪及保護被害人權益，特制定本法。

第二條 （名詞定義）104
① 本法所稱性侵害犯罪，係指觸犯刑法第二百二十一條至第二百二十七條、第二百二十八條、第二百二十九條、第三百三十二條第二項第二款、第三百三十四條第二項第二款、第三百四十八條第二項第一款及其特別法之罪。
② 本法所稱加害人，係指觸犯前項各罪經判決有罪確定之人。
③ 犯第一項各罪經緩起訴處分確定者及犯性騷擾防治法第二十五條判決有罪確定者，除第九條、第二十二條、第二十二條之一及第二十三條規定外，適用本法關於加害人之規定。

第三條 （主管機關及其權責範圍）104
① 本法所稱主管機關：在中央爲衛生福利部；在直轄市爲直轄市政府；在縣（市）爲縣（市）政府。
② 本法所定事項，主管機關及目的事業主管機關應就其權責範圍，針對性侵害防治之需要，尊重多元文化差異，主動規劃所需保護、預防及宣導措施，對涉及相關機關之防治業務，並應全力配合之，其權責事項如下：
一　社政主管機關：性侵害被害人保護扶助工作、性侵害防治政策之規劃、推動、監督及定期公布性侵害相關統計等相關事宜。
二　衛生主管機關：性侵害被害人驗傷、採證、身心治療及加害

人身心治療、輔導教育等相關事宜。

三　教育主管機關：各級學校性侵害防治教育、性侵害被害人及其子女就學權益之維護等相關事宜。

四　勞工主管機關：性侵害被害人職業訓練及就業服務等相關事宜。

五　警政主管機關：性侵害被害人人身安全之維護、性侵害犯罪偵查、資料統計、加害人登記報到、查訪、查閱等相關事宜。

六　法務主管機關：性侵害犯罪之偵查、矯正、獄中治療等刑事司法相關事宜。

七　移民主管機關：外籍人士、大陸地區人民或港澳居民因遭受性侵害致逾期停留、居留及協助其在臺居留或定居權益維護與加害人為外籍人士、大陸地區人民或港澳居民，配合協助辦理後續遣返事宜。

八　文化主管機關：出版品違反本法規定之處理等相關事宜。

九　通訊傳播主管機關：廣播、電視及其他由該機關依法管理之媒體違反本法規定之處理等相關事宜。

十　戶政主管機關：性侵害被害人及其未成年子女身分資料及戶籍等相關事宜。

十一　其他性侵害防治措施，由相關目的事業主管機關依職權辦理。

第四條　（中央主管機關辦理事項）100

①中央主管機關應辦理下列事項：

一　研擬性侵害防治政策及法規。

二　協調及監督有關性侵害防治事項之執行。

三　監督各級政府建立性侵害事件處理程序、防治及醫療網絡。

四　督導及推展性侵害防治教育。

五　性侵害事件各項資料之建立、彙整、統計及管理。

六　性侵害防治有關問題之研議。

七　其他性侵害防治有關事項。

②中央主管機關辦理前項事項，應遴聘（派）學者專家、民間團體及相關機關代表提供諮詢；其中任一性別代表人數不得少於三分之一，學者專家、民間團體代表之人數不得少於二分之一。

第五條　（刪除）100

第六條　（地方政府性侵害防治中心之設置及措施）

①直轄市、縣（市）主管機關應設性侵害防治中心，辦理下列事項：

一　提供二十四小時電話專線服務。

二　提供被害人二十四小時緊急救援。

三　協助被害人就醫診療、驗傷及取得證據。

四　協助被害人心理治療、輔導、緊急安置及提供法律服務。

五　協調醫院成立專門處理性侵害事件之醫療小組。

六　加害人之追蹤輔導及身心治療。
七　推廣性侵害防治教育、訓練及宣導。
八　其他有關性侵害防治及保護事項。
②前項中心應配置社工、警察、醫療及其他相關專業人員；其組織由直轄市、縣（市）主管機關定之。
③地方政府應編列預算辦理前二項事宜，不足由中央主管機關編列專款補助。

第七條　（性侵害防治教育課程）100
①各級中小學每學年應至少有四小時以上之性侵害防治教育課程。
②前項所稱性侵害防治教育課程應包括：
一　兩性性器官構造與功能。
二　安全性行為與自我保護性知識。
三　性別平等之教育。
四　正確性心理之建立。
五　對他人性自由之尊重。
六　性侵害犯罪之認識。
七　性侵害危機之處理。
八　性侵害防範之技巧。
九　其他與性侵害有關之教育。
③第一項教育課程，學校應運用多元方式進行教學。
④機關、部隊、學校、機構或僱用人之組織成員、受僱用或受服務人數達三十人以上，應定期舉辦或鼓勵所屬人員參與性侵害防治教育訓練。

第八條　（通報義務）104
①醫事人員、社工人員、教育人員、保育人員、警察人員、勞政人員、司法人員、移民業務人員、矯正人員、村（里）幹事人員，於執行職務時知有疑似性侵害犯罪情事者，應立即向當地直轄市、縣（市）主管機關通報，至遲不得超過二十四小時。
②前項通報內容、通報人之姓名、住居所及其他足資識別其身分之資訊，除法律另有規定外，應予保密。
③直轄市、縣（市）主管機關於知悉或接獲第一項通報時，應立即進行分級分類處理，至遲不得超過二十四小時。
④前項通報及分級分類處理辦法，由中央主管機關定之。

第九條　（性侵害加害人檔案資料之建立及保密）100
①中央主管機關應建立全國性侵害加害人之檔案資料；其內容應包含姓名、性別、出生年月日、國民身分證統一編號、住居所、相片、犯罪資料、指紋、去氧核醣核酸紀錄等資料。
②前項檔案資料應予保密，非依法律規定，不得提供；其內容管理及使用等事項之辦法，由中央主管機關定之。

第一〇條　（醫療單位不得拒診或拒開驗傷診斷書）
①醫院、診所對於被害人，不得無故拒絕診療及開立驗傷診斷書。
②醫院、診所對被害人診療時，應有護理人員陪同，並應保護被害

人之隱私，提供安全及合適之就醫環境。

③第一項驗傷診斷書之格式，由中央衛生主管機關會商有關機關定之。

④違反第一項規定者，由衛生主管機關處新臺幣一萬元以上五萬元以下罰鍰。

第一一條 （驗傷取證、保全證物及鑑驗）

①對於被害人之驗傷及取證，除依刑事訴訟法、軍事審判法之規定或被害人無意識或無法表意者外，應經被害人之同意。被害人為受監護宣告或未滿十二歲之人時，應經其監護人或法定代理人之同意。但監護人或法定代理人之有無不明、通知顯有困難或為該性侵害犯罪之嫌疑人時，得逕行驗傷及取證。

②取得證據後，應保全證物於證物袋內，司法、軍法警察並應即送請內政部警政署鑑驗，證物鑑驗報告並應依法保存。

③性侵害犯罪案件屬告訴乃論者，尚未提出告訴或自訴時，內政部警政署應將證物移送犯罪發生地之直轄市、縣（市）主管機關保管，除未能知悉犯罪嫌疑人外，證物保管六個月後得逕行銷毀。

第一二條 （被害人資料之保密）100

①因職務或業務知悉或持有性侵害被害人姓名、出生年月日、住居所或其他足資識別其身分之資料者，除法律另有規定外，應予保密。警察人員必要時須採取保護被害人之安全措施。

②行政機關、司法機關及軍法機關所製作必須公示之文書，不得揭露被害人之姓名、出生年月日、住居所或其他足資識別被害人身分之資訊。

第一三條 （禁止媒體或其他方法公開揭露被害人身分之資訊）104

①宣傳品、出版品、廣播、電視、際際網路或其他媒體不得報導或記載被害人之姓名或其他足資辨別其身分之資訊。但經有行為能力之被害人同意、檢察官或法院依法認為有必要者，不在此限。

②前項以外之任何人不得以媒體或其他方法公開或揭露第一項被害人之姓名及其他足資識別身分之資訊。

③第一項但書規定，於被害人死亡經目的事業主管機關權衡社會公益，認有報導或揭露必要者，亦同。

第一三條之一 （被害人身分資訊違反保護規定之罰則）104

①廣播、電視事業違反前條第一項規定者，由目的事業主管機關處新臺幣六萬元以上六十萬元以下罰鍰，並命其限期改正；屆期未改正者，得按次處罰。

②前項以外之宣傳品、出版品、網際網路或其他媒體違反前條第一項規定者，由目的事業主管機關處負責人新臺幣六萬元以上六十萬元以下罰鍰，並得沒入前條規定之物品、命其限期移除內容、下架或其他必要之處置；屆期不履行者，得按次處罰至履行為止。

③前二項以外之任何人違反前條第二項規定而無正當理由者，處新

臺幣二萬元以上十萬元以下罰鍰。

④宣傳、出版品、網際網路或其他媒體無負責人或負責人對行為人之行為不具監督關係者，第二項所定之罰鍰，處罰行為人。

第一四條 （性侵害事件應由經專業訓練之專人處理）100

①法院、檢察署、軍事法院、軍事法院檢察署、司法、軍法警察機關及醫療機構，應由經專業訓練之專人處理性侵害事件。

②前項專責人員，每年應至少接受性侵害防治專業訓練課程六小時以上。

③第一項醫療機構，係指由中央衛生主管機關指定設置處理性侵害事件醫療小組之醫療機構。

第一五條 （被害人之一定親屬及社工人員得陪同出庭）

①被害人之法定代理人、配偶、直系或三親等內旁系血親、家長、家屬、醫師、心理師、輔導員或社工人員得於偵查或審判中，陪同被害人在場，並得陳述意見。

②前項規定，於得同在場之人為性侵害犯罪嫌疑人或被告時，不適用之。

③被害人為兒童或少年時，除顯無必要者外，直轄市、縣（市）主管機關應指派社工人員於偵查或審判中陪同在場，並得陳述意見。

第一五條之一 （專業人士在場協助詢問）104

①兒童或心智障礙之性侵害被害人於偵查或審判階段，經司法警察、司法警察官、檢察事務官、檢察官或法官認有必要時，應由具相關專業人士在場協助詢（訊）問。但司法警察、司法警察官、檢察事務官、檢察官或法官受有相關訓練者，不在此限。

②前項專業人士於協助詢（訊）問時，司法警察、司法警察官、檢察事務官、檢察官或法官，得透過單面鏡、聲音影像相互傳送之科技設備，或適當隔離措施為之。

③當事人、代理人或辯護人詰問兒童或心智障礙之性侵害被害人時，準用前二項之規定。

第一六條 （心智障礙或身心創傷被害人審判保護措施）

①對被害人之訊問或詰問，得依聲請或依職權在法庭外為之，或利用聲音、影像傳送之科技設備或其他適當隔離措施，將被害人與被告或法官隔離。

②被害人經傳喚到庭作證時，如因心智障礙或身心創傷，認當庭詰問有致其不能自由陳述或完全陳述之虞者，法官、軍事審判官應採取前項隔離詰問之措施。

③審判長因當事人或辯護人詰問被害人不當而禁止其詰問者，得以訊問代之。

④性侵害犯罪之被告或其辯護人不得詰問或提出有關被害人與被告以外之人之性經驗證據。但法官、軍事審判官認有必要者，不在此限。

第一六條之一 （專家證人之指定或選任）104

①於偵查或審判中，檢察官或法院得依職權或依聲請指定或選任相關領域之專家證人，提供專業意見，經傳喚到庭陳述，得為證據。

②前項規定，準用刑事訴訟法第一百六十三條至第一百七十一條、第一百七十五條及第一百九十九條。

第一六條之二 （審判中任何性別歧視之陳述與舉止應予制止）104

性侵害犯罪之被告或其辯護人於審判中對被害人有任何性別歧視之陳述與舉止，法官應予即時制止。

第一七條 （調查中之陳述得為證據之情形）104

被害人於審判中有下列情形之一，其於檢察事務官、司法警察官或司法警察調查中所為之陳述，經證明具有可信之特別情況，且為證明犯罪事實之存否所必要者，得為證據：

一　因性侵害致身心創傷無法陳述。

二　到庭後因身心壓力於訊問或詰問時無法為完全之陳述或拒絕陳述。

三　依第十五條之一之受詢問者。

第一八條 （審判不公開）

性侵害犯罪之案件，審判不得公開。但有下列情形之一，經法官或軍事審判官認有必要者，不在此限：

一　被害人同意。

二　被害人為無行為能力或限制行為能力者，經本人及其法定代理人同意。

第一九條 （被害人補償原則）

①直轄市、縣（市）主管機關得依被害人之申請，核發下列補助：

一　非屬全民健康保險給付範圍之醫療費用及心理復健費用。

二　訴訟費用及律師費用。

三　其他費用。

②前項補助對象、條件及金額等事項之規定，由直轄市、縣（市）主管機關定之。

第二〇條 （加害人經評估應接受身心治療或輔導教育之情形）104

①加害人有下列情形之一，經評估認有施以治療、輔導之必要者，直轄市、縣（市）主管機關應命其接受身心治療或輔導教育：

一　有期徒刑或保安處分執行完畢。但有期徒刑經易服社會勞動者，於准易服社會勞動時起執行之。

二　假釋。

三　緩刑。

四　免刑。

五　赦免。

六　經法院、軍事法院依第二十二條之一第三項裁定停止強制治

療。

②前項規定對於有觸犯第二條第一項行為，經依少年事件處理法裁定保護處分確定而法院認有必要者，得準用之。

③觀護人對於付保護管束之加害人，得採取下列一款或數款之處遇方式：

一 實施約談、訪視，並得進行團體活動或問卷等輔助行為。

二 有事實足認其有再犯罪之虞或需加強輔導及管束者，得密集實施約談、訪視；必要時，並得請警察機關派員定期或不定期查訪之。

三 有事實可疑為施用毒品時，得命其接受採驗尿液。

四 無一定之居住處所，或其居住處所不利保護管束之執行者，得報請檢察官、軍事檢察官許可，命其居住於指定之處所。

五 有於特定時間犯罪之習性，或有事實足認其有再犯罪之虞時，得報請檢察官、軍事檢察官，命於監控時段內，未經許可，不得外出。

六 得報請檢察官、軍事檢察官許可，對其實施測謊。

七 得報請檢察官、軍事檢察官許可，對其實施科技設備監控。

八 有固定犯罪模式，或有事實足認其有再犯罪之虞時，得報請檢察官、軍事檢察官許可，禁止其接近特定場所或對象。

九 轉介適當機構或團體。

十 其他必要處遇。

④第一項之執行期間為三年以下。但經評估認有繼續執行之必要者，直轄市、縣（市）主管機關得延長之，最長不得逾一年；其無繼續執行之必要者，得免其處分之執行。

⑤第一項之評估，除徒刑之受刑人由監獄或軍事監獄、受感化教育少年由感化教育機關辦理外，由直轄市、縣（市）主管機關辦理。

⑥第一項評估之內容、基準、程序與身心治療或輔導教育之內容、程序、成效評估等事項之辦法，由中央主管機關會同法務主管機關及國防主管機關定之。

⑦第三項第三款採驗尿液之執行方式、程序、期間、次數、檢驗機構及項目等，由法務主管機關會商相關機關定之。

⑧第三項第六款之測謊及第七款之科技設備監控，其實施機關（構）、人員、方式及程序等事項之辦法，由法務主管機關會商相關機關定之。

第二一條 （處罰）100

①前項加害人有下列情形之一者，得處新臺幣一萬元以上五萬元以下罰鍰，並限期命其履行：

一 經直轄市、縣（市）主管機關通知，無正當理由不到場或拒絕接受評估、身心治療或輔導教育者。

二 經直轄市、縣（市）主管機關通知，無正當理由不按時到場接受身心治療或輔導教育或接受之時數不足者。

三　未依第二十三條第一項、第二項及第四項規定定期辦理登記、報到、資料異動或接受查訪者。

②前項加害人屆期仍不履行者，處一年以下有期徒刑、拘役或科或併科新臺幣五萬元以下罰金。

③直轄市、縣（市）主管機關對於假釋、緩刑、受緩起訴處分或有期徒刑得易服社會勞動之加害人為第一項之處分後，應即通知該管地方法院檢察署檢察官、軍事法院檢察署檢察官。

④地方法院檢察署檢察官、軍事法院檢察署檢察官接獲前項通知後，得通知原執行監獄典獄長報請法務部、國防部撤銷假釋或向法院、軍事法院聲請撤銷緩刑或依職權撤銷緩起訴處分及易服社會勞動。

第二二條　（強制治療）

加害人依第二十條第一項規定接受身心治療或輔導教育，經鑑定、評估其自我控制再犯預防仍無成效者，直轄市、縣（市）主管機關得檢具相關評估報告，送請該管地方法院檢察署檢察官、軍事檢察署檢察官依法聲請強制治療。

第二二條之一　（強制治療）104

①加害人於徒刑執行期滿前，接受輔導或治療後，經鑑定、評估，認有再犯之危險，而不適用刑法第九十一條之一者，監獄、軍事監獄得檢具相關評估報告，送請該管地方法院檢察署檢察官、軍事法院檢察署檢察官聲請法院、軍事法院裁定命其進入醫療機構或其他指定處所，施以強制治療。

②加害人依第二十條接受身心治療或輔導教育後，經鑑定、評估其自我控制再犯預防仍無成效，而不適用刑法第九十一條之一者，該管地方法院檢察署檢察官、軍事法院檢察署檢察官或直轄市、縣（市）主管機關得檢具相關評估報告聲請法院、軍事法院裁定命其進入醫療機構或其他指定處所，施以強制治療。

③前二項之強制治療期間至其再犯危險顯著降低為止，執行期間應每年至少一次鑑定、評估有無停止治療之必要。其經鑑定、評估認無繼續強制治療必要者，加害人、該管地方法院檢察署檢察官、軍事法院檢察署檢察官或直轄市、縣（市）主管機關得聲請法院、軍事法院裁定停止強制治療。

④第二項之加害人經通知依指定期日到場接受強制治療而未按時到場者，處一年以下有期徒刑、拘役、科或併科新臺幣五萬元以下罰金。

⑤第一項、第二項之聲請程序、強制治療之執行機關（構）、處所、執行程序、方式、經費來源及第三項停止強制治療之聲請程序、方式、鑑定及評估審議會之組成等，由法務主管機關會同中央主管機關及國防主管機關定之。

第二三條　（定期向警察機關辦理資料登記及報到）100

①犯刑法第二百二十一條、第二百二十二條、第二百二十四條之一、第二百二十五條第一項、第二百二十六條、第二百二十六條

之一、第三百三十二條第二項第二款、第三百三十四條第二款、第三百四十八條第二項第一款或其特別法之罪之加害人，有第二十條第一項各款情形之一者，應定期向警察機關辦理身分、就學、工作、車籍及其異動等資料之登記及報到；其登記、報到之期間為七年。

②犯刑法第二百二十四條、第二百二十五條第二項、第二百二十八條之罪，或曾犯刑法第二百二十七條之罪再犯同條之罪之加害人，有第二十條第一項各款情形之一者，亦適用前項之規定；其登記、報到之期間為五年。

③前二項規定於犯罪時未滿十八歲者，不適用之。

④第一項、第二項之加害人於登記報到期間應定期或不定期接受警察機關查訪及於登記內容變更之七日內辦理資料異動。

⑤登記期間之事項，為維護公共利益及社會安全之目的，於登記期間得提供特定人員查閱。

⑥登記、報到、查訪之期間、次數、程序與前項供查閱事項之範圍、內容、執行機關、查閱人員之資格、條件、查閱程序及其他應遵行事項之辦法，由中央警政主管機關定之。

第二三條之一　（加害人逃亡或藏匿通緝公告）100

①第二十一條第二項之被告或判決有罪確定之加害人逃亡或藏匿經通緝者，該管警察機關得將其身分資訊登載於報紙或以其他方法公告之；其經拘提、逮捕或已死亡或顯無必要時，該管警察機關應即停止公告。

②前項規定於犯罪時未滿十八歲者，不適用之。

第二四條　（施行細則）

本法施行細則，由中央主管機關定之。

第二五條　（施行日）104

①本法自公布後六個月施行。

②本法中華民國九十八年十二月二十二日修正之條文，自九十八年十一月二十三日施行。

③本法中華民國一百年十月二十五日修正之條文，自一百零一年一月一日施行。

④本法中華民國一百零四年十二月八日修正之條文，除第十五條之一自一百零六年一月一日施行外，自公布日施行。

性侵害犯罪加害人身心治療及輔導教育辦法

①中華民國87年11月11日內政部、教育部、法務部、行政院衛生署令會銜訂定發布全文14條；並自發布日施行。
②中華民國94年10月14日內政部、國防部、行政院衛生署令會銜修正發布全文15條；並自發布日施行。
③中華民國101年3月5日內政部、法務部、國防部、行政院衛生署令會銜修正發布全文16條；並自101年1月1日施行。

第一條
　本辦法依性侵害犯罪防治法（以下簡稱本法）第二十條第七項規定訂定之。

第二條
　身心治療或輔導教育之內容包括認知教育、行為矯治、心理治療、精神治療或其他必要之治療及輔導教育。

第三條
①身心治療或輔導教育之實施，由加害人戶籍所在地之直轄市、縣（市）主管機關為之。
②直轄市、縣（市）主管機關得聘請或委託下列機構、團體或人員（以下簡稱執行機構或人員），進行身心治療或輔導教育：
　一　經中央衛生主管機關評鑑合格設有精神科門診或精神科病房之醫院。
　二　經中央衛生主管機關評鑑合格之精神科專科醫院。
　三　領有醫事、社工相關專業證照或具有性侵害犯罪防治實務經驗之專業人員。
　四　經政府立案且具性侵害防治實務經驗之機構、團體。
③依前項規定實際執行身心治療或輔導教育人員，應依中央主管機關公告之性侵害加害人身心治療及輔導教育處遇人員訓練課程標準接受相關教育訓練，每年不得少於六小時。

第四條
①監獄、軍事監獄應成立性侵害受刑人評估小組。
②直轄市、縣（市）主管機關應成立性侵害加害人評估小組（以下簡稱評估小組）。
③前項評估小組由直轄市、縣（市）政府性侵害防治中心醫療服務組組長擔任召集人，並遴聘至少五人以上熟稔性侵害犯罪特性之精神科專科醫師、心理師、社會工作師、觀護人、少年保護官及專家學者等組成。
④第一項規定於感化教育機關準用之。

第五條

評估小組之評估，應參酌加害人之判決書、前科紀錄、家庭生長背景、婚姻互動關係、就學經驗、生理及精神狀態評估、治療輔導紀錄及加害人再犯危險評估等相關資料，除顯無再犯之虞或自我控制再犯預防已有成效者外，作成應接受身心治療或輔導教育之處遇建議。

第六條

①檢察機關應儘速將加害人之受緩刑宣告判決書、緩起訴處分書、有期徒刑經易科罰金執行完畢之指揮書或准予服社會勞動通知書、前科紀錄及相關資料提供其戶籍所在地之直轄市、縣（市）主管機關。

②監獄、軍事監獄應於加害人刑期屆滿前二個月，或奉准假釋後尚未釋放前，將加害人治療成效報告、再犯危險評估報告與身心治療或輔導教育處遇建議書，連同判決書、前科紀錄、直接間接調查表、個案入監所之評估報告書、治療紀錄、輔導紀錄及鑑定等相關資料，提供其戶籍所在地之直轄市、縣（市）主管機關。

③有本法第二十條第二項所定之情形者，少年法院（庭）應於保護處分之裁定確定後，儘速將裁定書或宣示筆錄、前科紀錄及相關資料等提供其戶籍所在地之直轄市、縣（市）主管機關或感化教育機關。但前科紀錄及資料非為少年本人之利益或經少年本人同意，不得提供。

④感化教育機關應於前項受感化教育處分少年執行屆滿前二個月或停止、免除處分裁定書收到一週內將裁定書或宣示筆錄、前科紀錄及評估報告書等相關資料，提供其戶籍所在地之直轄市、縣（市）主管機關。

⑤加害人有刑法第八十七條之情形者，檢察機關應於受監護處分期間屆滿前一個月，或收受法院免其監護處分執行之裁定後二週內，將判決書、前科紀錄、治療紀錄及鑑定等相關資料，提供其戶籍所在地之直轄市、縣（市）主管機關。

第七條

①直轄市、縣（市）主管機關接獲前條第一項資料，應即通知加害人依指定之時間及地點到場進行加害人個案資料之建立，並於二個月內召開評估小組會議。

②直轄市、縣（市）主管機關接獲前條第二項資料，應即安排加害人接受身心治療或輔導教育，並於其出監後一個月內執行。

③直轄市、縣（市）主管機關為前二項通知應載明指定之時間及地點，並以書面送達加害人。

④第一項個案資料之建立，直轄市、縣（市）主管機關得委託相關機關（構）、團體或人員辦理。

第八條

①直轄市、縣（市）主管機關應依評估小組作成之再犯危險評估報告及處遇建議，決定加害人身心治療或輔導教育實施期間及內

容。

②實施身心治療或輔導教育之期間不得少於三個月，每月不得少於二小時。

③前項身心治療或輔導教育於實施期間，經評估已無實施必要時，得終止之。

④直轄市、縣（市）主管機關爲第一項決定時，無須徵詢加害人意見。

第九條

直轄市、縣（市）主管機關依前條第一項規定決定加害人身心治療或輔導教育實施內容，涉及心理治療或精神治療者，應有相關專業人員之參與。

第一〇條

執行機構或人員於加害人實施身心治療或輔導教育期間，應依評估小組處遇建議，擬定適當之治療及輔導計畫，並按次填寫執行紀錄，送交直轄市、縣（市）主管機關。

第一一條

①執行機構或人員於加害人實施身心治療或輔導教育期間，應每半年提出成效報告；實施期間未滿半年者，應於實施期滿前十日提出。

②執行機構或人員認有終止或變更加害人身心治療或輔導教育實施期間、內容之必要時，應向直轄市、縣（市）主管機關報告，由評估小組進行再犯危險評估及作成處遇建議。

第一二條

加害人係受保護管束、有期徒刑經准易服社會勞動、緩起訴或服役之人，直轄市、縣（市）主管機關應將前二條之執行紀錄、成效報告、再犯危險評估報告及處遇建議等，儘速分別通知執行保護管束、易服社會勞動或緩起訴之檢察機關、少年法院（庭）或服役（勤）單位。

第一三條

受保護管束加害人於實施身心治療或輔導教育期間，直轄市、縣（市）主管機關經評估認有必要採行本法第二十條第三項第二款及第四款至第八款之處遇時，應檢附再犯危險評估報告及處遇建議、治療輔導紀錄等資料及具體建議送觀護人參考。

第一四條

直轄市、縣（市）主管機關辦理加害人評估、身心治療或輔導教育，因加害人工作、服役或其他因素無法繼續時，得視實際情形協調加害人實際住居地之直轄市、縣（市）主管機關協助繼續辦理。

第一五條

有本法第二十條第二項及第六項所定之情形者，其身心治療或輔導教育之實施除法律或本辦法另有規定外，準用本辦法之規定。

第一六條

本辦法自中華民國一百零一年一月一日施行。

寄養家庭安置兒童及少年性侵害事件處理原則

民國102年11月7日衛生福利部函修正發布全文7點。

一　爲協助主管機關及受委託辦理兒童及少年寄養安置服務之單位（以下簡稱受委託單位）預防與處理寄養家庭性侵害事件，特訂定本處理原則。

二　主管機關及受委託單位應定期舉辦相關工作人員及寄養家庭性侵害防治專業訓練；並對兒童少年舉辦性侵害防治教育，強化寄養兒童及少年對性侵害之識別及自我保護能力。

三　地方主管機關及受委託單位應建立督導寄養家庭機制，以協助預防並察覺寄養家庭內性侵害事件之發生。

四　地方主管機關應將受委託單位對於寄養兒童少年性侵害事件之預防及處理納入寄養家庭服務方案之評鑑項目。

五　受委託單位工作人員或其他人員發現寄養家庭內，疑有兒童及少年遭受性侵害，應逕依兒童及少年福利與權益保障法第五十三條規定，至遲於二十四小時內通報主管機關，不須經受委託單位主管同意，並依寄養家庭安置兒童及少年性侵害事件處遇流程辦理。

六　地方主管機關及受委託單位處理寄養家庭疑似性侵害事件之過程，應予予保密並維護被害人名譽，對於通報人身份資料亦應嚴加保密。

七　寄養家庭內遇有疑似性侵害事件，請參考下列處遇模式辦理：

(一)地方主管機關於接獲通報後應成立危機評估處理小組或指定專人處理，除邀集受委託單位及專家進行密集之個別晤談，記錄事件之發生與發生原因，提出晤談報告外，並視需要安排兒童少年接受心理鑑定。涉入人員不宜過多，以避免造成兒童、少年及寄養家庭不安。

(二)事件調查期間，對寄養家庭應保持誠實與尊重態度。

(三)地方主管機關應協調各相關單位，針對法律問題取得共識，並建立統一窗口對外發言。

(四)兒童及少年復原期間，依個案之個別狀況進行個別或團體之輔導或治療。

(五)事件發生後，加害者如疑似爲寄養家庭之成員，應立即爲受害寄養兒童少年更換寄養家庭，並暫停該寄養家庭之寄養服務及轉換安置該家庭之其他寄養兒童少年。

(六)加害者如確認爲寄養家庭之成員，應立即取消該寄養家庭之

資格。

(七)加害者如非屬寄養家庭之成員，應輔導寄養家庭強化防治措施，或予評估是否轉換安置，避免事件再次發生。

兒童及少年安置及教養機構性侵害事件處理原則

民國101年5月25日內政部函修正發布全文12點。

一　為協助兒童及少年安置及教養機構（以下簡稱機構）處理機構內性侵害事件，特訂定本處理原則。

二　主管機關及機構應定期舉辦或派員參與機構工作人員性侵害防治專業訓練。
　　前項性侵害防治專業訓練，應以實務性課程為主，理論性課程為輔。

三　機構應強化其服務對象性侵害之識別能力，定期或視服務對象需求狀況舉辦性侵害自我保護訓練。
　　前項自我保護訓練，應依性侵害犯罪防治法第七條規定性侵害防治教育課程辦理。

四　機構應建立機構外部監督機制，適時聘用外部督導，以協助預防並察覺機構內性侵害或相關虐待等事件。
　　機構無外聘督導者，主管機關應適時提供相關資源，必要時得提供專業意見。

五　主管機關應將機構對於性侵害事件之預防及處理納入兒童及少年福利機構之評鑑項目，並積極督導所屬機構建立性侵害事件之標準處理流程。

六　機構任用或聘僱相關工作人員時，應依兒童及少年福利與權益保障法第八十一條規定，主動查證是否有該條所列不得擔任負責人或工作人員之情事，並請員工遵守倫理守則，且得簽署有關員工不得對兒童及少年性侵害或有其他虐待情事等約定。
　　機構應依性侵害犯罪加害人登記報到查訪及查閱辦法規定，將工作人員列冊送主管機關查閱有無性侵害犯罪加害人登記資料，並送教育主管機關查閱是否有疑似性侵害或性騷擾所致之不適任教師之情形。
　　機構召募志願服務人員認有必要時，得依性侵害犯罪加害人登記報到查訪及查閱辦法規定，向目的事業主管機關申請核轉所在地直轄市、縣（市）主管機關查閱有無性侵害犯罪加害人登記資料。

七　機構工作人員或其他人員發現機構內，疑似有兒童及少年遭受性侵害，應逕依兒童及少年福利與權益保障法第五十三條規定，於二十四小時內通報當地家庭暴力暨性侵害防治中心與機構主管機關，不須經機構主管同意。

前項主管機關接獲前項通報後，得評估個案需要，依性別平等教育法及相關法規，請兒童及少年當事人學校協助後續教育輔導事宜。

八 機構內主管人員、醫事人員、社會工作人員、保育人員及其他執行兒童及少年福利之人員，知悉兒童及少年有疑似被性侵害情形而未通報直轄市、縣（市）主管機關者，除依兒童及少年福利與權益保障法第一百條規定處罰外，並應負行政責任。

九 主管機關及機構處理疑似性侵害事件過程，應妥予保密並維護兒童及少年當事人名譽及隱私權，對於通報人之身分資料亦應予保密。主管機關並應與機構建立信任關係，達成疑似性侵害事件不公開處理之協議。

十 主管機關接獲通報機構發生疑似性侵害事件，應指定專業人員處理或成立危機評估處遇小組，小組成員得包括專家、機構之主管機關人員、性侵害防治中心人員及案主之個案管理人員（包括委託安置之主管機關）及機構相關人員等。但疑似加害人為機構主管或其他工作人員時，該主管及工作人員應予迴避，以確保機構處理性侵害事件之客觀及公平性。

十一 機構於三個月內發生二以上性侵害事件時，應由主管機關召開專案督導會議，並得邀請專家學者提供諮詢及輔導等協助。

十二 機構內遇有疑似性侵害事件，參考下列處遇模式辦理：

㈠機構知悉疑似性侵害事件應即通報，並由性侵害防治中心協助評估處遇或協調機構工作人員進行晤談，提出晤談報告，並記錄事件之發生過程與原因，涉入人員不宜過多，以避免造成機構之不安。

㈡主管機關介入或完成通報程序期間，各單位應緊急會商，針對相關問題取得共識，並建立統一窗口對外發言。

㈢事件發生初期，機構得視需要提供機構內兒童及少年相關輔導。

㈣兒童及少年當事人於復原期間，機構得視案情與專家進行討論，並依個案之個別狀況進行個別或團體之輔導。

性騷擾防治法

①民國94年2月5日總統令制定公布全文28條；並自公布後一年施行。
②民國95年1月18日總統令修正公布第18、26條條文。
③民國98年1月23日總統令修正公布第1條條文。
　民國102年7月19日行政院公告第4條所列屬「內政部」之權責事項，自102年7月23日起改由「衛生福利部」管轄。

第一章　總　則

第一條　（立法目的及適用範圍）98

①為防治性騷擾及保護被害人之權益，特制定本法。

②有關性騷擾之定義及性騷擾事件之處理及防治，依本法之規定，本法未規定者，適用其他法律。但適用性別工作平等法及性別平等教育法者，除第十二條、第二十四條及第二十五條外，不適用本法之規定。

第二條　（性騷擾）

本法所稱性騷擾，係指性侵害犯罪以外，對他人實施違反其意願而與性或性別有關之行為，且有下列情形之一者：

一　以該他人順服或拒絕該行為，作為其獲得、喪失或減損與工作、教育、訓練、服務、計畫、活動有關權益之條件。

二　以展示或播送文字、圖畫、聲音、影像或其他物品之方式，或以歧視、侮辱之言行，或以他法，而有損害他人人格尊嚴，或造成使人心生畏怖、感受敵意或冒犯之情境，或不當影響其工作、教育、訓練、服務、計畫、活動或正常生活之進行。

第三條　（名詞定義）

①本法所稱公務員者，指依法令從事於公務之人員。

②本法所稱機關者，指政府機關。

③本法所稱部隊者，指國防部所屬軍隊及學校。

④本法所稱學校者，指公私立各級學校。

⑤本法所稱機構者，指法人、合夥、設有代表人或管理人之非法人團體及其他組織。

第四條　（主管機關）

本法所稱主管機關：在中央為內政部；在直轄市為直轄市政府；在縣（市）為縣（市）政府。

第五條　（中央主管機關掌理事項）

中央主管機關辦理下列事項。但涉及各中央目的事業主管機關職

掌者，由各中央目的事業主管機關辦理：
一　關於性騷擾防治政策、法規之研擬及審議事項。
二　關於協調、督導及考核各級政府性騷擾防治之執行事項。
三　關於地方主管機關設立性騷擾事件處理程序、諮詢、醫療及服務網絡之督導事項。
四　關於推展性騷擾防治教育及宣導事項。
五　關於性騷擾防治績效優良之機關、學校、機構、僱用人、團體或個人之獎勵事項。
六　關於性騷擾事件各項資料之彙整及統計事項。
七　關於性騷擾防治趨勢及有關問題研究之事項。
八　關於性騷擾防治之其他事項。

第六條　（性騷擾防治委員會之設立及職掌）
①直轄市、縣（市）政府應設性騷擾防治委員會，辦理下列事項。但涉及各直轄市、縣（市）目的事業主管機關職掌者，由各直轄市、縣（市）目的事業主管機關辦理：
一　關於性騷擾防治政策及法規之擬定事項。
二　關於協調、督導及執行性騷擾防治事項。
三　關於性騷擾爭議案件之調查、調解及移送有關機關事項。
四　關於推展性騷擾防治教育訓練及宣導事項。
五　關於性騷擾事件各項資料之彙整及統計事項。
六　關於性騷擾防治之其他事項。
②前項性騷擾防治委員會置主任委員一人，由直轄市市長、縣（市）長或副首長兼任；有關機關高級職員、社會公正人士、民間團體代表、學者、專家為委員；其中社會公正人士、民間團體代表、學者、專家人數不得少於二分之一；其中女性代表不得少於二分之一；其組織由地方主管機關定之。

第二章　性騷擾之防治與責任

第七條　（相關措施之訂定）
①機關、部隊、學校、機構或僱用人，應防治性騷擾行為之發生。於知悉有性騷擾之情形時，應採取立即有效之糾正及補救措施。
②前項組織成員、受僱人或受服務人員人數十人以上者，應設立申訴管道協調處理；其人數達三十人以上者，應訂定性騷擾防治措施，並公開揭示之。
③為預防與處理性騷擾事件，中央主管機關應訂定性騷擾防治之準則；其內容應包括性騷擾防治原則、申訴管道、懲處辦法、教育訓練方案及其他相關措施。
第八條　（定期舉辦或參與相關教育訓練）
前條所定之機關、部隊、學校、機構或僱用人應定期舉辦或鼓勵所屬人員參與防治性騷擾之相關教育訓練。
第九條　（故意或過失者之損害賠償責任）
①對他人為性騷擾者，負損害賠償責任。

②前項情形，雖非財產上之損害，亦得請求賠償相當之金額，其名譽被侵害者，並得請求回復名譽之適當處分。

第一〇條 （差別待遇者之損害賠償責任）

①機關、部隊、學校、機構、僱用人對於性騷擾事件申訴、調查、偵查或審理程序中，為申訴、告訴、告發、提起訴訟、作證、提供協助或其他參與行為之人，不得為不當之差別待遇。

②違反前項規定者，負損害賠償責任。

第一一條 （請求回復名譽提供適當協助）

①受僱人、機構負責人利用執行職務之便，對他人為性騷擾，依第九條第二項對被害人為回復名譽之適當處分時，僱主、機構應提供適當之協助。

②學生、接受教育或訓練之人員於學校、教育或訓練機構接受教育或訓練時，對他人為性騷擾，依第九條第二項對被害人為回復名譽之適當處分時，學校或教育訓練機構應提供適當之協助。

③前二項之規定於機關不適用之。

第一二條 （大眾傳播媒體不得報導或記載被害人身分之資訊）

廣告物、出版品、廣播、電視、電子訊號、電腦網路或其他媒體，不得報導或記載被害人之姓名或其他足資識別被害人身分之資訊。但經有行為能力之被害人同意或犯罪偵查機關依法認為有必要者，不在此限。

第三章　申訴及調查程序

第一三條 （提出申訴、再申訴）

①性騷擾事件被害人除可依相關法律請求協助外，並得於事件發生後一年內，向加害人所屬機關、部隊、學校、機構、僱用人或直轄市、縣（市）主管機關提出申訴。

②前項直轄市、縣（市）主管機關受理申訴後，應即將該案件移送加害人所屬機關、部隊、學校、機構或僱用人調查，並登錄案件列管；加害人不明或不知有無所屬機關、部隊、學校、機構或僱用人時，應移請事件發生地警察機關調查。

③機關、部隊、學校、機構或僱用人，應於申訴或移送到達之日起七日內開始調查，並應於二個月內調查完成；必要時，得延長一個月，並應通知當事人。

④前項調查結果應以書面通知當事人及直轄市、縣（市）主管機關。

⑤機關、部隊、學校、機構或僱用人逾期未完成調查或當事人不服其調查結果者，當事人得於期限屆滿或調查結果通知到達之次日起三十日內，向直轄市、縣（市）主管機關提出再申訴。

⑥當事人逾期提出申訴或再申訴時，直轄市、縣（市）主管機關得不予受理。

第一四條 （組成調查小組）

直轄市、縣（市）主管機關受理性騷擾再申訴案件後，性騷擾防

治委員會主任委員應於七日內指派委員三人至五人組成調查小組，並推選一人為小組召集人，進行調查。並依前條第三項及第四項規定辦理。

第一五條　（停止偵查或審判程序）

性騷擾事件已進入偵查或審判程序者，直轄市或縣（市）性騷擾防治委員會認有必要時，得議決於該程序終結前，停止該事件之處理。

第四章　調解程序

第一六條　（申請調解）

①性騷擾事件雙方當事人得以書面或言詞向直轄市、縣（市）主管機關申請調解；其以言詞申請者，應製作筆錄。

②前項申請應表明調解事由及爭議情形。

③有關第一項調解案件之管轄、調解案件保密、規定期日不到場之效力、請求有關機關協助等事項，由中央主管機關另以辦法定之。

第一七條　（勘驗費）

調解除勘驗費，應由當事人核實支付外，不得收取任何費用或報酬。

第一八條　（調解書）

①調解成立者，應作成調解書。

②前項調解書之作成及效力，準用鄉鎮市調解條例第二十五條至第二十九條之規定。

第一九條　（調解不成移送司法機關）

調解不成立者，當事人得向該管地方政府性騷擾防治委員會申請將調解事件移送該管司法機關；其第一審裁判費暫免徵收。

第五章　罰　則

第二〇條　（罰則）

對他人為性騷擾者，由直轄市、縣（市）主管機關處新臺幣一萬元以上十萬元以下罰鍰。

第二一條　（罰則）

對於因教育、訓練、醫療、公務、業務、求職或其他相類關係受自己監督、照護之人，利用權勢或機會為性騷擾者，得加重科處罰鍰至二分之一。

第二二條　（罰則）

違反第七條第一項後段、第二項規定者，由直轄市、縣（市）主管機關處新臺幣一萬元以上十萬元以下罰鍰。經通知限期改正仍不改正者，得按次連續處罰。

第二三條　（罰則）

機關、部隊、學校、機構或僱用人為第十條第一項規定者，由直轄市、縣（市）主管機關處新臺幣一萬元以上十萬元以下罰鍰。

經通知限期改正仍不改正者，得按次連續處罰。

第二四條 （罰則）

違反第十二條規定者，由各該目的事業主管機關處新臺幣六萬元以上三十萬元以下罰鍰，並得沒入第十二條之物品或採行其他必要之處置。其經通知限期改正，屆期不改正者，得按次連續處罰。

第二五條 （罰則）

①意圖性騷擾，乘人不及抗拒而為親吻、擁抱或觸摸其臀部、胸部或其他身體隱私處之行為者，處二年以下有期徒刑、拘役或科或併科新臺幣十萬元以下罰金。

②前項之罪，須告訴乃論。

第六章 附 則

第二六條 （性侵害犯罪準用規定）

①第七條至第十一條、第二十二條及第二十三條之規定，於性侵害犯罪準用之。

②前項行政罰鍰之科處，由性侵害犯罪防治主管機關為之。

第二七條 （施行細則）

本法施行細則，由中央主管機關定之。

第二八條 （施行日）

本法自公布後一年施行。

校園性侵害性騷擾或性霸凌防治準則

①民國94年3月30日教育部令訂定發布全文29條；並自發布日施行。
②民國100年2月10日教育部令修正發布全文36條；並自發布日施行。
③民國101年5月24日教育部令修正發布名稱及全文37條；並自發布日施行（原名稱：校園性侵害或性騷擾防治準則）。

第一章　總　則

第一條

本準則依性別平等教育法（以下簡稱本法）第二十條第一項規定訂定之。

第二條

學校應積極推動校園性侵害、性騷擾及性霸凌防治教育，以提升教職員工生尊重他人與自己性或身體自主之知能，並採取下列措施：

一　針對教職員工生，每年定期舉辦校園性侵害、性騷擾及性霸凌防治之教育宣導活動，並評鑑其實施成效。
二　針對性別平等教育委員會（以下簡稱性平會）及負責校園性侵害、性騷擾及性霸凌事件處置相關單位人員，每年定期辦理相關之在職進修活動。
三　鼓勵前款人員參加校內外校園性侵害、性騷擾及性霸凌事件處置研習活動，並予以公差登記及經費補助。
四　利用多元管道，公告周知本準則所規範之事項，並納入教職員工聘約及學生手冊。
五　鼓勵校園性侵害、性騷擾及性霸凌事件被害人或檢舉人儘早申請調查或檢舉，以利蒐證及調查處理。

第三條

①學校或主管機關應蒐集校園性侵害、性騷擾及性霸凌防治與救濟等資訊，並於處理事件時，主動提供予相關人員。
②前項資訊應包括下列事項：

一　校園性侵害、性騷擾及性霸凌事件之界定、類型及相關法規。
二　被害人之權益保障及學校所提供之必要協助。
三　申請調查、申復及救濟之機制。
四　相關之主管機關及權責單位。
五　提供資源協助之團體及網絡。
六　其他該校或主管機關性平會認為必要之事項。

第二章　校園安全規劃

第四條

① 學校為防治校園性侵害、性騷擾及性霸凌，應採取下列措施改善校園危險空間：

一　依空間配置、管理與保全、標示系統、求救系統與安全路線、照明與空間穿透及其他空間安全要素等，定期檢討校園空間與設施之規劃與使用情形及檢視校園整體安全。

二　記錄校園內曾經發生校園性侵害、性騷擾或性霸凌事件之空間，並依實際需要繪製校園危險地圖。

② 前項第一款檢討校園空間與設施之規劃，應考量學生之身心功能或語言文化差異之特殊性，提供符合其需要之安全規劃及說明方式；其範圍，應包括校園內所設之宿舍、衛浴設備、校車等。

第五條

學校應定期舉行校園空間安全檢視說明會，邀集專業空間設計者、教職員工生及其他校園使用者參與，公告前條檢視成果及相關紀錄，並檢視校園危險空間改善進度。

第三章　校內外教學及人際互動注意事項

第六條

學校教職員工生於進行校內外教學活動、執行職務及人際互動時，應尊重性別多元及個別差異。

第七條

① 教師於執行教學、指導、訓練、評鑑、管理、輔導或提供學生工作機會時，在與性或性別有關之人際互動上，不得發展有違專業倫理之關係。

② 教師發現其與學生之關係有違反前項專業倫理之虞，應主動迴避或陳報學校處理。

第八條

教職員工生應尊重他人與自己之性或身體之自主，避免不受歡迎之追求行為，並不得以強制或暴力手段處理與性或性別有關之衝突。

第四章　校園性侵害、性騷擾或性霸凌之處理機制、程序及救濟方法

第九條

① 本法第二條第七款所定校園性侵害、性騷擾或性霸凌事件，包括不同學校間所發生者。

② 本法第二條第七款之名詞定義如下：

一　教師：指專任教師、兼任教師、代理教師、代課教師、護理教師、教官及其他執行教學、研究或教育實習之人員。

二　職員、工友：指前款教師以外，固定或定期執行學校事務之

人員。

三　學生：指具有學籍、接受進修推廣教育者或交換學生。

第一○條

①校園性侵害、性騷擾或性霸凌事件之被害人或其法定代理人（以下簡稱申請人）、檢舉人，得以書面向行為人於行為發生時所屬之學校（以下簡稱事件管轄學校）申請調查或檢舉。但行為人為學校首長者，應向學校所屬主管機關（以下簡稱事件管轄機關）申請。

②前項事件管轄學校，於行為人在兼任學校所為者，為該兼任學校。

第一一條

①事件管轄學校或機關與行為人現所屬學校不同者，應以書面通知行為人現所屬學校派代表參與調查，被通知之學校不得拒絕。

②前項事件管轄學校或機關完成調查後，其成立校園性侵害、性騷擾或性霸凌事件者，應將調查報告及懲處建議移送行為人現所屬學校依第三十條規定處理。

第一二條

①第十條第二項之情形，事件管轄學校應以書面通知行為人現所屬專任學校派代表參與調查，被通知之學校不得拒絕。

②前項事件管轄學校完成調查後，其成立校園性侵害、性騷擾或性霸凌事件者，應將調查報告及懲處建議移送行為人現所屬專任學校依第三十條規定處理。

第一三條

①行為人於行為發生時，同時具有校長、教師、職員、工友或學生二種以上不同身分者，以其與被害人互動時之身分，定其受調查之身分及事件管轄學校或機關。

②無法判斷行為人於行為發生時之身分，或於學制轉銜期間，尚未確定行為人就讀學校者，以受理申請調查或檢舉之學校為事件管轄學校，相關學校應派代表參與調查。

第一四條

行為人在二人以上，分屬不同學校者，以先受理申請調查或檢舉之行為人所屬學校為事件管轄學校，相關學校應派代表參與調查。

第一五條

①接獲申請調查或檢舉之學校或主管機關無管轄權者，應將該案件於七個工作日內移送其他有管轄權者，並通知當事人。

②學制轉銜期間申請調查或檢舉之事件，管轄權有爭議時，由其共同上級機關決定之，無共同上級機關時，由各該上級機關協議定之。

第一六條

①學校校長、教師、職員或工友知悉服務學校發生疑似校園性侵害、性騷擾或性霸凌事件者，依本法第二十一條第一項規定，應

被害兒少

立即按學校防治規定所定權責向學校權責人員通報，並由學校權責人員依相關法律規定向直轄市、縣（市）社政及教育主管機關通報，至遲不得超過二十四小時。

②依本條規定為通報時，除有調查必要、基於公共安全考量或法規另有特別規定者外，對於當事人及檢舉人之姓名或其他足以辨識其身分之資料，應予以保密。

第一七條

①校園性侵害、性騷擾或性霸凌事件之申請人或檢舉人得以言詞、書面或電子郵件申請調查或檢舉；其以言詞或電子郵件為之者，受理申請調查或檢舉之事件管轄學校或機關應作成紀錄，經向申請人或檢舉人朗讀或使閱覽，確認其內容無誤後，由其簽名或蓋章。

②前項書面或言詞、電子郵件作成之紀錄，應載明下列事項：
- 一　申請人或檢舉人姓名、身分證明文件字號、服務或就學之單位及職稱、住居所、聯絡電話及申請調查日期。
- 二　申請人申請調查者，應載明被害人之出生年月日。
- 三　申請人委任代理人代為申請調查者，應檢附委任書，並載明其姓名、身分證明文件字號、住居所、聯絡電話。
- 四　申請調查或檢舉之事實內容。如有相關證據，亦應記載或附卷。

第一八條

①校園性侵害、性騷擾或性霸凌事件管轄學校或機關接獲申請調查或檢舉時，其收件單位如下：
- 一　專科以上學校：學生事務處或學校指定之專責單位。
- 二　高級中等以下學校：學生事務處或教導處。
- 三　主管機關：負責性平會之業務單位。

②前項收件單位收件後，除有本法第二十九條第二項所定事由外，應於三日內將申請人或檢舉人所提事證資料交付性平會調查處理。

③前項本法第二十九條第二項所定事由，必要時得由性平會指派委員三人以上組成小組認定之。學校並得於防治規定中明定前述小組之工作權責範圍。

第一九條

①經媒體報導之校園性侵害、性騷擾或性霸凌事件，應視同檢舉，學校或主管機關應主動將事件交由所設之性平會調查處理。疑似被害人不願配合調查時，學校或主管機關仍應提供必要之輔導或協助。

②學校處理霸凌事件，發現有疑似性侵害、性騷擾或性霸凌情事者，視同檢舉，由學校防治霸凌因應小組依前條規定辦理。

第二〇條

①事件管轄學校或機關應於接獲申請調查或檢舉後二十日內，以書面通知申請人或檢舉人是否受理。不受理之書面通知應依本法第

二十九條第三項規定敘明理由，並告知申請人或檢舉人申復之期
限及受理單位。

②申請人或檢舉人於前項之期限內，未收到通知或接獲不受理通知
之次日起二十日內，得以書面具明理由，向事件管轄學校或機關
提出申復；其以言詞爲之者，事件管轄學校或機關應作成紀錄，
經向申請人或檢舉人朗讀或使閱覽，確認其內容無誤後，由其簽
名或蓋章。

③前項不受理之申復以一次爲限。

④事件管轄學校或機關接獲申復後，應於二十日內以書面通知申復
人申復結果。申復有理由者，應將申請調查或檢舉案交付性平會
處理。

第二一條

①事件管轄學校或機關之性平會處理校園性侵害、性騷擾或性霸凌
事件時，得成立調查小組調查之。調查小組以三人或五人爲原
則，其成員之組成，依本法第三十條第三項規定。

②校園性侵害、性騷擾或性霸凌事件當事人之輔導人員，應迴避該
事件之調查工作；參與校園性侵害、性騷擾或性霸凌事件之調查
及處理人員，亦應迴避對該當事人之輔導工作。

③學校或主管機關針對擔任調查小組之成員，應予公差（假）登
記。交通費或相關費用由負責調查之學校或主管機關支應。

第二二條

①本法第三十條第三項所定具性侵害、性騷擾或性霸凌事件調查專
業素養之專家學者，應符合下列資格之一：

一 持有中央或直轄市、縣（市）主管機關校園性侵害、性騷擾
　或性霸凌調查知能培訓結業證書，且經中央或直轄市、縣
　（市）主管機關所設性平會核可並納入調查專業人才庫者。

二 曾調查處理校園性侵害、性騷擾或性霸凌事件有具體績效，
　且經中央或直轄市、縣（市）主管機關所設性平會核可並納
　入調查專業人才庫者。

②前項第一款之校園性侵害、性騷擾或性霸凌調查知能培訓，應由
中央或直轄市、縣（市）主管機關所設性平會負責規劃，其內容
應包括下列課程：

一 性侵害、性騷擾或性霸凌基本概念及相關法規。

二 校園性侵害、性騷擾或性霸凌事件調查知能。

三 校園性侵害、性騷擾或性霸凌事件處理程序及行政協調。

四 校園性侵害、性騷擾或性霸凌事件之懲處及救濟。

五 其他由性平會建議之課程。

③中央或直轄市、縣（市）主管機關應定期培訓校園性侵害、性騷
擾或性霸凌調查專業人員，並建立人才庫，提供各級學校或主管
機關爲延聘之參考。

第二三條

事件管轄學校或機關調查處理校園性侵害、性騷擾或性霸凌事件

時，應依下列方式辦理：

一 當事人為未成年者，接受調查時得由法定代理人陪同。

二 行為人與被害人、檢舉人或受邀協助調查之人有權力不對等之情形者，應避免其對質。

三 基於調查之必要，得於不違反保密義務之範圍內另作成書面資料，交由行為人、被害人或受邀協助調查之人閱覽或告以要旨。

四 就行為人、被害人、檢舉人或受邀協助調查之人之姓名及其他足以辨識身分之資料，應予保密。但有調查之必要或基於公共安全考量者，不在此限。

五 申請人撤回申請調查時，為釐清相關法律責任，事件管轄學校或機關得經所設之性平會決議，或經行為人請求，繼續調查處理。學校所屬主管機關認情節重大者，應命事件管轄學校繼續調查處理。

第二四條

① 依前條第四款規定負有保密義務者，包括參與處理校園性侵害、性騷擾或性霸凌事件之所有人員。

② 依前項規定負保密義務者洩密時，應依刑法或其他相關法規處罰。

③ 學校或主管機關就記載有當事人、檢舉人、證人姓名之原始文書應予封存，不得供閱覽或提供予偵查、審判機關以外之人。但法律另有規定者，不在此限。

④ 除原始文書外，調查處理校園性侵害、性騷擾或性霸凌事件人員對外所另行製作之文書，應將當事人、檢舉人、證人之真實姓名及其他足以辨識身分之資料刪除，並以代號為之。

第二五條

① 為保障校園性侵害、性騷擾或性霸凌事件當事人之受教權或工作權，事件管轄學校或機關於必要時得依本法第二十三條規定，採取下列處置，並報主管機關備查：

一 彈性處理當事人之出缺勤紀錄或成績考核，並積極協助其課業或職務，得不受請假、教師及學生成績考核相關規定之限制。

二 尊重被害人之意願，減低當事人雙方互動之機會。

三 避免報復情事。

四 預防、減低行為人再度加害之可能。

五 其他性平會認為必要之處置。

② 當事人非事件管轄學校之人員時，應通知當事人所屬學校，依前項規定處理。

③ 前二項必要之處置，應經性平會決議通過後執行。

第二六條

① 事件管轄學校或機關應依本法第二十四條第一項規定，視當事人之身心狀況，主動轉介至各相關機構，以提供必要之協助。但事

件管轄學校或機關就該事件仍應依本法為調查處理。

②當事人非事件管轄學校之人員時，應通知當事人所屬學校，依前項規定提供必要之協助。

第二七條

①事件管轄學校或機關依本法第二十四條第一項規定，於必要時，應對當事人提供下列適當協助：

一 心理諮商輔導。

二 法律諮詢管道。

三 課業協助。

四 經濟協助。

五 其他性平會認為必要之保護措施或協助。

②當事人非事件管轄學校之人員時，應通知當事人所屬學校，依前項規定提供適當協助。

③前二項協助得委請醫師、心理師、社會工作師或律師等專業人員為之，其所需費用，學校或主管機關應編列預算支應之。

第二八條

①性平會之調查處理，不受該事件司法程序是否進行及處理結果之影響。

②前項之調查程序，不因行為人喪失原身分而中止。

第二九條

①基於尊重專業判斷及避免重複詢問原則，事件管轄學校或機關對於與校園性侵害、性騷擾或性霸凌事件有關之事實認定，應依據性平會之調查報告。

②加害人依本法第二十五條第四項規定，提出書面陳述意見，應依下列規定辦理：

一 決定懲處之權責單位於召開會議審議前，應通知加害人提出書面陳述意見。

二 教師涉性侵害事件者，於性平會召開會議前，應通知加害人提出書面陳述意見，並依前款規定辦理。

③加害人前項所提書面意見，除有本法第三十二條第三項所定之情形外，決定懲處之權責單位不得要求性平會重新調查，亦不得自行調查。

第三○條

①校園性侵害、性騷擾或性霸凌事件經事件管轄學校或機關所設性平會調查屬實後，事件管轄學校或機關應自行依相關法律或法規規定懲處。其他機關依相關法律或法規有懲處權限者，事件管轄學校或機關應將該事件移送其他權責機關懲處；其經證實有誣告之事實者，並應依法對申請人或檢舉人為適當之懲處。

②本法第二十五條第二項對加害人所為處置，應由該懲處之學校或主管機關命加害人為之，執行時並應採取必要之措施，以確保加害人之配合遵守。

③依本法第二十五條第二項第二款規定命加害人接受八小時之性別

平等教育課程，應由學校所屬主管機關規劃。

第三一條

①事件管轄學校或機關將處理結果，以書面通知申請人及行為人時，應一併提供調查報告，並告知申復之期限及受理之學校或機關。

②申請人或行為人對事件管轄學校或機關處理之結果不服者，得於收到書面通知次日起二十日內，以書面具明理由向事件管轄學校或機關申復；其以言詞為之者，受理之學校或機關應作成紀錄，經向申請人或行為人朗讀或使閱覽，確認其內容無誤後，由其簽名或蓋章。

③學校或主管機關接獲申復後，依下列程序處理：

一　由學校或主管機關指定之專責單位收件後，應即組成審議小組，並於三十日內作成附理由之決定，以書面通知申復人申復結果。

二　前款審議小組應包括性別平等教育相關專家學者、法律專業人員三人或五人，其小組成員中，女性人數比例應占成員總數二分之一以上，具校園性侵害、性騷擾或性霸凌事件調查專業素養之專家學者人數比例於學校應占成員總數三分之一以上，於主管機關應占成員總數二分之一以上。

三　原性平會委員及原調查小組成員不得擔任審議小組成員。

四　審議小組召開會議時由小組成員推舉召集人，並主持會議。

五　審議會議進行時，得視需要給予申復人陳述意見之機會，並得邀所設性平相關委員或調查小組成員列席說明。

六　申復有理由時，將申復決定通知相關權責單位，由其重為決定。

七　前款申復決定送達申復人前，申復人得準用前項規定撤回申復。

第三二條

①事件管轄學校或機關依本法第二十七條第一項規定建立之檔案資料，應指定專責單位保管。

②依前項規定所建立之檔案資料，分為原始檔案與報告檔案。

③前項原始檔案應予保密，其內容包括下列資料：

一　事件發生之時間、樣態。

二　事件相關當事人（包括檢舉人、被害人、加害人）。

三　事件處理人員、流程及紀錄。

四　事件處理所製作之文書、取得之證據及其他相關資料。

五　加害人之姓名、職稱或學籍資料、家庭背景等。

④第二項報告檔案，應包括下列資料：

一　事件發生之時間、樣態及以代號呈現之各該當事人。

二　事件處理過程及結論。

第三三條

①事件管轄學校或機關依本法第二十七條第二項規定為通報時，其

通報內容應限於加害人經查證屬實之校園性侵害、性騷擾或性霸凌事件時間、樣態、加害人姓名、職稱或學籍資料。

②事件管轄學校或機關就加害人追蹤輔導後，評估無再犯情事者，得於前項通報內容註記加害人之改過現況。

第五章 附 則

第三四條

①學校應依本準則內容，訂定校園性侵害、性騷擾或性霸凌防治規定，並將第七條及第八條規定納入教職員工聘約及學生手冊。

②前項規定之內容，應包括下列事項：

一 校園安全規劃。

二 校內外教學及人際互動注意事項。

三 校園性侵害、性騷擾或性霸凌防治之政策宣示。

四 校園性侵害、性騷擾或性霸凌事件之界定及樣態。

五 校園性侵害、性騷擾或性霸凌事件之申請調查或檢舉之收件單位、電話、電子郵件等資訊及程序。

六 校園性侵害、性騷擾或性霸凌事件之調查及處理程序。

七 校園性侵害、性騷擾或性霸凌事件之申復及救濟程序。

八 禁止報復之警示。

九 隱私之保密。

十 其他校園性侵害、性騷擾或性霸凌防治相關事項。

第三五條

高級中等以下學校調查處理校園性侵害、性騷擾或性霸凌事件及對當事人實施教育輔導所需之經費，得向學校所屬主管機關申請補助。

第三六條

①事件管轄學校於校園性侵害、性騷擾或性霸凌事件調查處理完成，調查報告經性平會議決後，應將處理情形、處理程序之檢視情形、調查報告及性平會之會議紀錄報所屬主管機關。申請人及行為人提出申復之事件，並應於申復審議完成後，將申復審議結果報所屬主管機關。

②學校所屬主管機關應依本法第四條、第五條及第十一條規定，定期對學校進行督導考核；並將第四條、第五條之校園安全規劃、校園危險空間改善情形，及學校防治與調查處理校園性侵害、性騷擾或性霸凌事件之成效列入定期考核事項。

③學校所屬主管機關於學校調查處理校園性侵害、性騷擾或性霸凌事件時，應對學校提供諮詢服務、輔導協助、適法監督或予糾正。

第三七條

本準則自發布日施行。

性別平等教育法

①民國93年6月23日總統令制定公布全文38條；並自公布日施行。
②民國99年5月26日總統令修正公布第34、36條條文。
③民國100年6月22日總統令修正公布第2、12～14、20～28、30、36、38條條文及第四章章名；增訂第14-1、36-1條條文。
④民國100年11月15日行政院令發布除第36-1條外定自100年11月15日施行。
⑤民國100年12月30日行政院令發布第36-1條定自100年12月2日施行。
⑥民國102年12月11日總統令修正公布第25條條文。
⑦民國107年12月28日總統令修正公布第21、24、25、27、28、30、36條條文；並增訂第27-1條條文。

第一章 總 則

第一條（立法目的）

①為促進性別地位之實質平等，消除性別歧視，維護人格尊嚴，厚植並建立性別平等之教育資源與環境，特制定本法。

②本法未規定者，適用其他法律之規定。

第二條（名詞定義）100

本法用詞定義如下：

一 性別平等教育：指以教育方式教導尊重多元性別差異，消除性別歧視，促進性別地位之實質平等。

二 學校：指公私立各級學校。

三 性侵害：指性侵害犯罪防治法所稱性侵害犯罪之行為。

四 性騷擾：指符合下列情形之一，且未達性侵害之程度者：

　(一)以明示或暗示之方式，從事不受歡迎且具有性意味或性別歧視之言詞或行為，致影響他人之人格尊嚴、學習、或工作之機會或表現者。

　(二)以性或性別有關之行為，作為自己或他人獲得、喪失或減損其學習或工作有關權益之條件者。

五 性霸凌：指透過語言、肢體或其他暴力，對於他人之性別特徵、性別特質、性傾向或性別認同進行貶抑、攻擊或威脅之行為且非屬性騷擾者。

六 性別認同：指個人對自我歸屬性別的自我認知與接受。

七 校園性侵害、性騷擾或性霸凌事件：指性侵害、性騷擾或性霸凌事件之一方為學校校長、教師、職員、工友或學生，他方為學生者。

第三條（主管機關）

本法所稱主管機關：在中央為教育部；在直轄市為直轄市政府；在縣（市）為縣（市）政府。

第四條　（中央主管機關設性別平等教育委員會及其任務）

中央主管機關應設性別平等教育委員會，其任務如下：

一　研擬全國性之性別平等教育相關法規、政策及年度實施計畫。

二　協調及整合相關資源，協助並補助地方主管機關及所主管學校、社教機構落實性別平等教育之實施與發展。

三　督導考核地方主管機關及所主管學校、社教機構性別平等教育相關工作之實施。

四　推動性別平等教育之課程、教學、評量與相關問題之研究與發展。

五　規劃及辦理性別平等教育人員之培訓。

六　提供性別平等教育相關事項之諮詢服務及調查、處理與本法有關之案件。

七　推動全國性有關性別平等之家庭教育及社會教育。

八　其他關於全國性之性別平等教育事務。

第五條　（地方主管機關設性別平等教育委員會及其任務）

直轄市、縣（市）主管機關應設性別平等教育委員會，其任務如下：

一　研擬地方之性別平等教育相關法規、政策及年度實施計畫。

二　協調及整合相關資源，並協助所主管學校、社教機構落實性別平等教育之實施與發展。

三　督導考核所主管學校、社教機構性別平等教育相關工作之實施。

四　推動性別平等教育之課程、教學、評量及相關問題之研究發展。

五　提供所主管學校、社教機構性別平等教育相關事項之諮詢服務及調查、處理與本法有關之案件。

六　辦理所主管學校教育人員及相關人員之在職進修。

七　推動地方有關性別平等之家庭教育及社會教育。

八　其他關於地方之性別平等教育事務。

第六條　（各級學校設性別平等教育委員會及其任務）

學校應設性別平等教育委員會，其任務如下：

一　統整學校各單位相關資源，擬訂性別平等教育實施計畫，落實並檢視其實施成果。

二　規劃或辦理學生、教職員工及家長性別平等教育相關活動。

三　研發並推廣性別平等教育之課程、教學及評量。

四　研擬性別平等教育實施與校園性侵害及性騷擾之防治規定，建立機制，並協調及整合相關資源。

五　調查及處理與本法有關之案件。

六　規劃及建立性別平等之安全校園空間。

　　七　推動社區有關性別平等之家庭教育與社會教育。

　　八　其他關於學校或社區之性別平等教育事務。

第七條　（中央主管機關性別平等教育委員會之組織）

①中央主管機關之性別平等教育委員會，置委員十七人至二十三人，採任期制，以教育部部長為主任委員，其中女性委員應占委員總數二分之一以上；性別平等教育相關領域之專家學者、民間團體代表及實務工作者之委員合計，應占委員總數三分之二以上。

②前項性別平等教育委員會每三個月應至少開會一次，並應由專人處理有關業務；其組織、會議及其他相關事項，由中央主管機關定之。

第八條　（地方主管機關性別平等教育委員會之組織）

①直轄市、縣（市）主管機關之性別平等教育委員會，置委員九人至二十三人，採任期制，以直轄市、縣（市）首長為主任委員，其中女性委員應占委員總數二分之一以上；性別平等教育相關領域之專家學者、民間團體代表及實務工作者之委員合計，應占委員總數三分之一以上。

②前項性別平等教育委員會每三個月應至少開會一次，並應由專人處理有關業務；其組織、會議及其他相關事項，由直轄市、縣（市）主管機關定之。

第九條　（各級學校性別平等教育委員會之組織）

①學校之性別平等教育委員會，置委員五人至二十一人，採任期制，以校長為主任委員，其中女性委員應占委員總數二分之一以上，並得聘具性別平等意識之教師代表、職工代表、家長代表、學生代表及性別平等教育相關領域之專家學者為委員。

②前項性別平等教育委員會每學期應至少開會一次，並應由專人處理有關業務；其組織、會議及其他相關事項，由學校定之。

第一〇條　（編列經費預算）

中央、直轄市、縣（市）主管機關及學校每年應參考所設之性別平等教育委員會所擬各項實施方案編列經費預算。

第一一條　（主管機關給予必要之協助、獎勵及糾正）

主管機關應督導考核所主管學校、社教機構或下級機關辦理性別平等教育相關工作，並提供必要之協助；其績效優良者，應給予獎勵，績效不良者，應予糾正並輔導改進。

第二章　學習環境與資源

第一二條　（安全平等環境）100

①學校應提供性別平等之學習環境，尊重及考量學生與教職員工之不同性別、性別特質、性別認同或性傾向，並建立安全之校園空間。

②學校應訂定性別平等教育實施規定，並公告周知。

第一三條 （平等學習）100

學校之招生及就學許可不得有性別、性別特質、性別認同或性傾向之差別待遇。但基於歷史傳統、特定教育目標或其他非因性別因素之正當理由，經該管主管機關核准而設置之學校、班級、課程者，不在此限。

第一四條 （平等待遇）100

①學校不得因學生之性別、性別特質、性別認同或性傾向而給予教學、活動、評量、獎懲、福利及服務上之差別待遇。但性質僅適合特定性別、性別特質、性別認同或性傾向者，不在此限。

②學校應對因性別、性別特質、性別認同或性傾向而處於不利處境之學生積極提供協助，以改善其處境。

第一四條之一 （懷孕學生受教權維護及協助）

學校應積極維護懷孕學生之受教權，並提供必要之協助。

第一五條 （職前教育、在職進修及儲訓課程）

教職員工之職前教育、新進人員培訓、在職進修及教育行政主管人員之儲訓課程，應納入性別平等教育之內容；其中師資培育之大學之教育專業課程，應有性別平等教育相關課程。

第一六條 （各委員會之組成）

①學校之考績委員會、申訴評議委員會、教師評審委員會及中央與直轄市、縣（市）主管機關之教師申訴評議委員會之組成，任一性別委員應占委員總數三分之一以上。但學校之考績委員會及教師評審委員會因該校任一性別教師人數少於委員總數三分之一者，不在此限。

②學校或主管機關相關組織未符合前項規定者，應自本法施行之日起一年內完成改組。

第三章　課程、教材與教學

第一七條 （課程設置及活動設計）

①學校之課程設置及活動設計，應鼓勵學生發揮潛能，不得因性別而有差別待遇。

②國民中小學除應將性別平等教育融入課程外，每學期應實施性別平等教育相關課程或活動至少四小時。

③高級中等學校及專科學校五年制前三年應將性別平等教育融入課程。

④大專校院應廣開性別研究相關課程。

⑤學校應發展符合性別平等之課程規劃與評量方式。

第一八條 （教材內容）

學校教材之編寫、審查及選用，應符合性別平等教育原則；教材內容應平衡反映不同性別之歷史貢獻及生活經驗，並呈現多元之性別觀點。

第一九條 （具備性別平等意識）

①教師使用教材及從事教育活動時，應具備性別平等意識，破除性

別刻板印象，避免性別偏見及性別歧視。

②教師應鼓勵學生修習非傳統性別之學科領域。

第四章　校園性侵害、性騷擾及性霸凌之防治

第二○條　（校園性侵害、性騷擾或性霸凌防治準則之訂定）100

①為預防與處理校園性侵害、性騷擾或性霸凌事件，中央主管機關應訂定校園性侵害、性騷擾或性霸凌之防治準則；其內容應包括學校安全規劃、校內外教學與人際互動注意事項、校園性侵害、性騷擾或性霸凌之處理機制、程序及救濟方法。

②學校應依前項準則訂定防治規定，並公告周知。

第二一條　（通報及調查處理）107

①學校校長、教師、職員或工友知悉服務學校發生疑似校園性侵害、性騷擾或性霸凌事件者，除應立即依學校防治規定所定權責，依性侵害犯罪防治法、兒童及少年福利與權益保障法、身心障礙者權益保障法及其他相關法律規定通報外，並應向學校及當地直轄市、縣（市）主管機關通報，至遲不得超過二十四小時。

②學校校長、教師、職員或工友不得偽造、變造、湮滅或隱匿他人所犯校園性侵害、性騷擾或性霸凌事件之證據。

③學校或主管機關處理校園性侵害、性騷擾或性霸凌事件，應將該事件交由所設之性別平等教育委員會調查處理，任何人不得另設調查機制，違反者其調查無效。

第二二條　（避免重複詢問及資料保密）100

①學校或主管機關調查處理校園性侵害、性騷擾或性霸凌事件時，應秉持客觀、公正、專業之原則，給予雙方當事人充分陳述意見及答辯之機會。但應避免重複詢問。

②當事人及檢舉人之姓名或其他足以辨識身分之資料，除有調查之必要或基於公共安全之考量者外，應予保密。

第二三條　（必要處置）100

學校或主管機關於調查處理校園性侵害、性騷擾或性霸凌事件期間，得採取必要之處置，以保障當事人之受教權或工作權。

第二四條　（權益及各種救濟途徑之告知）107

①學校或主管機關處理校園性侵害、性騷擾或性霸凌事件，應告知當事人或其法定代理人其得主張之權益及各種救濟途徑，或轉介至相關機構處理，必要時，應提供心理輔導、保護措施或其他協助；對檢舉人有受侵害之虞者，並應提供必要之保護措施或其他協助。

②前項心理輔導、保護措施或其他協助，學校或主管機關得委請醫師、臨床心理師、諮商心理師、社會工作師或律師等專業人員為之。

第二五條　（懲處）107

①校園性侵害、性騷擾或性霸凌事件經學校或主管機關調查屬實

後，應依相關法律或法規規定自行或將行為人移送其他權責機關，予以申誡、記過、解聘、停聘、不續聘、免職、終止契約關係、終止運用關係或其他適當之懲處。

②學校、主管機關或其他權責機關為性騷擾或性霸凌事件之懲處時，應命行為人接受心理輔導之處置，並得命其為下列一款或數款之處置：

一 經被害人或其法定代理人之同意，向被害人道歉。

二 接受八小時之性別平等教育相關課程。

三 其他符合教育目的之措施。

③前項心理輔導，學校或主管機關得委請醫師、臨床心理師、諮商心理師、社會工作師或律師等專業人員為之。

④校園性騷擾或性霸凌事件情節輕微者，學校、主管機關或其他權責機關得僅依第二項規定為必要之處置。

⑤第一項懲處涉及行為人身分之改變時，應給予其書面陳述意見之機會。

⑥第二項之處置，應由該懲處之學校或主管機關執行，執行時並應採取必要之措施，以確保行為人之配合遵守。

第二六條 （事件說明及公布）100

學校或主管機關調查校園性侵害、性騷擾或性霸凌事件過程中，得視情況就相關事項、處理方式及原則予以說明，並於事件處理完成後，經被害人或其法定代理人之同意，將事件之有無、樣態及處理方式予以公布。但不得揭露當事人之姓名或其他足以識別其身分之資料。

第二七條 （建立檔案及追蹤輔導）107

①學校或主管機關應建立校園性侵害、性騷擾或性霸凌事件之檔案資料。

②行為人如為學生者，轉至其他學校就讀時，主管機關及原就讀之學校認為有追蹤輔導之必要者，應於知悉後一個月內，通報行為人次一就讀之學校。

③行為人為學生以外者，轉至其他學校服務時，主管機關及原服務之學校應追蹤輔導，並應通報行為人次一服務之學校。

④接獲前二項通報之學校，應對行為人實施必要之追蹤輔導，非有正當理由，不得公布行為人之姓名或其他足以識別其身分之資料。

⑤第一項檔案資料之建立、保存方式、保存年限、銷毀、運用與第二項及第三項之通報及其他相關事項，於依第二十條第一項所定防治準則定之。

第二七條之一 （應予解聘、免職、終止契約關係或終止運用關係之情形）107

①學校聘任、任用之教育人員或進用、運用之其他人員，經學校性別平等教育委員會或依法組成之相關委員會調查確認有下列各款情形之一者，學校應予解聘、免職、終止契約關係或終止運用關

係：

一　有性侵害行為，或有情節重大之性騷擾或性霸凌行為。

二　有性騷擾或性霸凌行為，非屬情節重大，而有必要予以解聘、免聘、終止契約關係或終止運用關係，並經審酌案件情節，議決一年至四年不得聘任、任用、進用或運用。

②有前項第一款情事者，各級學校均不得聘任、任用、進用或運用，已聘任、任用、進用或運用者，學校應予解聘、免職、終止契約關係或終止運用關係；有前項第二款情事者，於該議決一年至四年不得聘任、任用、進用或運用期間，亦同。

③非屬依第一項規定予以解聘、免職、終止契約關係或終止運用關係之人員，有性侵害行為或有情節重大之性騷擾或性霸凌行為，經學校性別平等教育委員會查證屬實者，不得聘任、任用、進用或運用；已聘任、任用、進用或運用者，學校應予解聘、免職、終止契約關係或終止運用關係；非屬情節重大之性騷擾、性霸凌行為，經學校性別平等教育委員會查證屬實並議決一年至四年不得聘任、任用、進用或運用者，於該議決期間，亦同。

④有前三項情事者，各級主管機關及各級學校應辦理通報、資訊之蒐集及查詢。

⑤學校聘任、任用教育人員或進用、運用其他人員前，應依性侵害犯罪防治法之規定，查詢其有無性侵害之犯罪紀錄，及依第七項所定辦法查詢是否曾有性侵害、性騷擾或性霸凌行為；已聘任、任用、進用或運用者，應定期查詢。

⑥各級主管機關協助學校辦理前項查詢，得使用中央社政主管機關建立之依性騷擾防治法第二十條規定受處罰者之資料庫。

⑦前三項之通報、資訊之蒐集、查詢、處理、利用及其他相關事項之辦法，由中央主管機關定之。

⑧第一項至第三項之人員適用教師法、教育人員任用條例、公務人員相關法律或陸海空軍相關法律者，其解聘、停聘、免職、撤職、停職或退伍，依各該法律規定辦理，並適用第四項至前項規定；其未解聘、免職、撤職或退伍者，應調離學校現職。

⑨前項以外人員，涉有第一項或第三項情形，於調查期間，學校或主管機關應經性別平等教育委員會決議令其暫時停職；停職原因消滅後復職者，其未發給之薪資應依相關規定予以補發。

第五章　申請調查及救濟

第二八條　（申請調查及檢舉）107

①學校違反本法規定時，被害人或其法定代理人得向學校所屬主管機關申請調查。

②校園性侵害、性騷擾或性霸凌事件之被害人或其法定代理人得以書面向行為人所屬學校申請調查。但學校之首長為行為人時，應向學校所屬主管機關申請調查。

③任何人知悉前二項之事件時，得依其規定程序向學校或主管機關

檢舉之。

第二九條 （調查或檢舉不予受理之情形）

①學校或主管機關於接獲調查申請或檢舉時，應於二十日內以書面通知申請人或檢舉人是否受理。

②學校或主管機關於接獲調查申請或檢舉時，有下列情形之一者，應不予受理：

一 非屬本法所規定之事項者。

二 申請人或檢舉人未具真實姓名。

三 同一事件已處理完畢者。

③前項不受理之書面通知，應敘明理由。

④申請人或檢舉人於第一項之期限內未收到通知或接獲不受理通知之次日起二十日內，得以書面具明理由，向學校或主管機關申復。

第三〇條 （調查小組之成立及成員）107

①學校或主管機關接獲前條第一項之申請或檢舉後，除有前條第二項所定事由外，應於三日內交由所設之性別平等教育委員會調查處理。

②學校或主管機關之性別平等教育委員會處理前項事件時，得成立調查小組調查之；必要時，調查小組成員得一部或全部外聘。本法中華民國一百零七年十二月七日修正之條文施行前，亦同。

③調查小組成員應具性別平等意識，女性成員不得少於成員總數二分之一，且其成員中具性侵害、性騷擾或性霸凌事件調查專業素養之專家學者人數，於學校應占成員總數三分之一以上，於主管機關應占成員總數二分之一以上；事件當事人分屬不同學校時，並應有被害人現所屬學校之代表。

④性別平等教育委員或調查小組依本法規定進行調查時，行為人、申請人及受邀協助調查之人或單位，應予配合，並提供相關資料。

⑤行政程序法有關管轄、移送、迴避、送達、補正等相關規定，於本法適用或準用之。

⑥性別平等教育委員會之調查處理，不受該事件司法程序進行之影響。

⑦性別平等教育委員會為調查處理時，應衡酌雙方當事人之權力差距。

第三一條 （調查延長及書面報告）

①學校或主管機關性別平等教育委員會應於受理申請或檢舉後二個月內完成調查。必要時，得延長之，延長以二次為限，每次不得逾一個月，並應通知申請人、檢舉人及行為人。

②性別平等教育委員會調查完成後，應將調查報告及處理建議，以書面向其所屬學校或主管機關提出報告。

③學校或主管機關於接獲前項調查報告後二個月內，自行或移送相關權責機關依本法或相關法律或法規定議處，並將處理之結

果，以書面載明事實及理由通知申請人、檢舉人及行爲人。

④學校或主管機關爲前項議處前，得要求性別平等教育委員會之代表列席說明。

第三二條　（申復）

①申請人及行爲人對於前條第三項處理之結果有不服者，得於收到書面通知次日起二十日內，以書面具明理由向學校或主管機關申復。

②前項申復以一次爲限。

③學校或主管機關發現調查程序有重大瑕疵或有足以影響原調查認定之新事實、新證據時，得要求性別平等教育委員會重新調查。

第三三條　（重新調查另組調查小組）

性別平等教育委員會於接獲前條學校或主管機關重新調查之要求時，應另組調查小組；其調查處理程序，依本法之相關規定。

第三四條　（提起救濟之規定）99

申請人或行爲人對學校或主管機關之申復結果不服，得於接獲書面通知書之次日起三十日內，依下列規定提起救濟：

一　公私立學校校長、教師：依教師法之規定。

二　公立學校依公務人員任用法任用之職員及中華民國七十四年五月三日教育人員任用條例施行前未納入銓敘之職員：依公務人員保障法之規定。

三　私立學校職員：依性別工作平等法之規定。

四　公私立學校工友：依性別工作平等法之規定。

五　公私立學校學生：依規定向所屬學校提起申訴。

第三五條　（事實認定之依據）

①學校及主管機關對於與本法事件有關之事實認定，應依據其所設性別平等教育委員會之調查報告。

②法院對於前項事實之認定，應審酌各級性別平等教育委員會之調查報告。

第六章　罰　則

第三六條　（罰則）107

①學校校長、教師、職員或工友有下列情形之一者，處新臺幣三萬元以上十五萬元以下罰鍰：

一　違反第二十一條第一項規定，未於二十四小時內，向學校及當地直轄市、縣（市）主管機關通報。

二　違反第二十一條第二項規定，僞造、變造、湮滅或隱匿他人所犯校園性騷擾或性霸凌事件之證據。

②學校違反第二十一條第三項、第二十二條第二項或第二十七條第四項規定者，處新臺幣一萬元以上十五萬元以下罰鍰；其他人員違反者，亦同。

③學校違反第十三條、第十四條、第十四條之一　第十六條或第二十條第二項規定者，處新臺幣一萬元以上十萬元以下罰鍰。

④行為人違反第二十五條第六項不配合執行，或第三十條第四項不配合調查，而無正當理由者，由學校報請主管機關處新臺幣一萬元以上五萬元以下罰鍰，並得按次處罰至其配合或提供相關資料為止。但行為人為學校校長時，由主管機關逕予處罰。

⑤學校校長或學校財團法人董事怠於行使職權，致學校未依第二十五條第一項、第二項或第六項規定，執行行為人之懲處或處置，或採取必要之措施確保行為人配合遵守者，處校長或董事新臺幣一萬元以上五萬元以下罰鍰。

第三六條之一 （接獲申訴後未及時通報或隱匿案情人員之處罰）100

①學校校長、教師、職員或工友違反第二十一條第一項所定疑似校園性侵害事件之通報規定，致再度發生校園性侵害事件；或偽造、變造、湮滅或隱匿他人所犯校園性侵害事件之證據者，應依法予以解聘或免職。

②學校或主管機關對違反前項規定之人員，應依法告發。

第七章　附　則

第三七條 （施行細則）
本法施行細則，由中央主管機關定之。

第三八條 （施行日）100
本法施行日期，除中華民國一百年六月七日修正之條文，由行政院定之外，自公布日施行。

人口販運防制法

①民國98年1月23日總統令制定公布全文45條。
民國98年5月26日行政院令發布定自98年6月1日施行。
民國103年12月26日行政院公告第4條所列屬「內政部入出國及移民署」之權責事項，自104年1月2日起改由「內政部移民署」管轄。
②民國105年5月25日總統令修正公布第2、4、20條條文。
民國105年6月29日行政院令發布第4條定自105年5月27日施行。
民國105年12月15日行政院令發布第2、20條定自106年6月1日施行。
民國107年4月27日行政院公告第5條第4款所列屬「海岸巡防主管機關」之權責事項，自107年4月28日起改由「海岸委員會海巡署及所屬機關（構）」管轄。

第一章　總則

第一條　（立法目的）

為防制人口販運行為及保護被害人權益，特制定本法。

第二條　（名詞定義）105

本法用詞，定義如下：

一　人口販運：

(一)指意圖使人從事性交易、勞動與報酬顯不相當之工作或摘取他人器官，而以強暴、脅迫、恐嚇、拘禁、監控、藥劑、催眠術、詐術、故意隱瞞重要資訊、不當債務約束、扣留重要文件、利用他人不能、不知或難以求助之處境，或其他違反本人意願之方法，從事招募、買賣、質押、運送、交付、收受、藏匿、隱避、媒介、容留國內外人口，或以前述方法使之從事性交易、勞動與報酬顯不相當之工作或摘取其器官。

(二)指意圖使未滿十八歲之人從事性交易、勞動與報酬顯不相當之工作或摘取其器官，而招募、買賣、質押、運送、交付、收受、藏匿、隱避、媒介、容留未滿十八歲之人，或使未滿十八歲之人從事性交易、勞動與報酬顯不相當之工作或摘取其器官。

二　人口販運罪：指從事人口販運，而犯本法、刑法、勞動基準法、兒童及少年性剝削防制條例或其他相關之罪。

三　不當債務約束：指以內容或清償方式不確定或顯不合理之債務約束他人，使其從事性交易、提供勞務或摘取其器官，以履行或擔保債務之清償。

第三條 （中央主管機關掌理事項）

①本法所稱主管機關：在中央為內政部；在直轄市為直轄市政府；在縣（市）為縣（市）政府。

②中央主管機關掌理下列事項：

一 人口販運防制政策、法規與方案之研究、規劃、訂定、宣導及執行。

二 對直轄市、縣（市）政府執行人口販運防制事項之協調及督導。

三 人口販運案件之查緝與犯罪案件之移送、人口販運被害人之鑑別、人口販運被害人人身安全之保護等之規劃、推動、督導及執行。

四 非持有由為來台工作之停留或居留簽證（以下簡稱工作簽證）之人口販運被害人權益保障、安置保護、資源整合與轉介、推動、督導及執行。

五 人口販運防制預防宣導與相關專業人員訓練之規劃、推動、督導及執行。

六 地方政府及各目的事業主管機關推動人口販運防制業務之輔導及協助。

七 人口販運案件資料之統整及公布。

八 國際人口販運防制業務之聯繫、交流及合作。

九 其他全國性人口販運防制有關事項之規劃、督導及執行。

第四條 （直轄市、縣（市）政府之辦理事項） 105

直轄市、縣（市）政府應定期召開防制人口販運協調聯繫會議，並指定專責機關或單位，整合所屬警政、衛政、社政、勞政與其他執行人口販運防制業務之機關、單位及人力，並協調內政部移民署所屬各專勤隊或服務站，辦理下列事項，必要時，並得請求司法機關協助：

一 中央人口販運防制政策、法規與方案之執行及相關資源之整合。

二 人口販運案件之查緝與犯罪案件之移送、人口販運被害人之鑑別及人身安全保護之執行。

三 人口販運被害人指定傳染病篩檢、就醫診療、驗傷與採證、心理諮商及心理治療之協助提供。

四 居住臺灣地區設有戶籍國民之人口販運被害人之權益保障、安置保護及安置機構之監督、輔導。

五 人口販運被害人就業服務、就業促進與保障、勞動權益、職場安全及其他相關權益之規劃、執行。

六 人口販運案件資料之統計。

七 其他與人口販運防制有關事項之執行。

第五條 （中央主管機關之權責劃分）

本法所定事項，涉及中央各目的事業主管機關職掌者，由中央各目的事業主管機關辦理；其權責劃分如下：

一　法務主管機關：人口販運被害人鑑別法制事項、人口販運罪之偵查與起訴之規劃、推動及督導。

二　衛生主管機關：人口販運被害人指定傳染病篩檢、就醫診療、驗傷與採證、心理諮商與心理治療之規劃、推動及督導。

三　勞工主管機關：人口販運被害人就業服務、就業促進與保障、勞動權益與職場安全衛生等政策、法規與方案之擬訂、修正、持有工作簽證人口販運被害人之安置保護、工作許可核發之規劃、推動、督導及執行。

四　海岸巡防主管機關：人口販運案件之查緝與犯罪案件之移送、人口販運被害人之鑑別、人口販運被害人人身安全保護之規劃、推動、督導及執行。

五　大陸事務主管機關：人口販運案件涉及大陸地區、香港或澳門及其相關事項之協調、聯繫及督導。

六　外交主管機關：人口販運案件與人口販運防制涉外事件之協調、聯繫、國際情報交流共享、雙邊國家與非政府組織合作之規劃、推動及督導。

七　其他人口販運防制措施，由各相關目的事業主管機關依職權規劃辦理。

第二章　預防及鑑別

第六條　（人口販運之相關業務）
中央主管機關應結合相關目的事業主管機關、地方政府及民間團體，積極辦理人口販運之宣導、偵查、救援、保護、安置及送返原籍國（地）等相關業務，並與國際政府或非政府組織辦理各項合作事宜，致力杜絕人口販運案件。

第七條　（人員之專業訓練）
辦理人口販運案件之查緝、偵查、審理、被害人鑑別、救援、保護及安置等人員應經相關專業訓練。

第八條　（人身安全維護措施）
人口販運被害人及協助辦理人口販運案件之社工人員或相關專業人員，於人口販運案件偵查、審理期間，人身安全有危險之虞者，司法警察機關應派員執行安全維護。

第九條　（通報責任）
①警察人員、移民管理人員、勞政人員、社政人員、醫事人員、民政人員、戶政人員、教育人員、觀光業及移民業務機構從業人員或其他執行人口販運防制業務人員，在執行職務時，發現有疑似人口販運案件，應立即通報當地司法警察機關。司法警察機關接獲通報後，應即接辦處理及採取相關保護措施。

②前項以外之人知悉有疑似人口販運案件時，得通報當地司法警察機關。

③前二項通報人之姓名、住居所及其他足資識別其身分之資訊，除

法律另有規定外，應予保密。

第一○條 （檢舉機關之設置）

　司法警察機關及勞工主管機關應設置檢舉通報窗口或報案專線。

第一一條 （被害人之鑑別）

①司法警察機關查獲或受理經通報之疑似人口販運案件時，應即進行人口販運被害人之鑑別。

②檢察官偵查中，發現疑似人口販運案件時，應即進行被害人之鑑別；法院審理中，知悉有人口販運嫌疑者，應立即移請檢察官處理。

③司法警察、檢察官於人口販運被害人鑑別中，必要時，得請求社工人員或相關專業人員協助；疑似人口販運被害人亦得請求社工人員或相關專業人員協助。

④鑑別人員實施人口販運被害人鑑別前，應告知疑似人口販運被害人後續處理流程及相關保護措施。

第三章　被害人保護

第一二條 （被害人傳染病之篩檢）

①疑似人口販運被害人有診療必要者，司法警察應即通知轄區衛生主管機關，並協助護送其至當地醫療機構接受診療及指定傳染病之篩檢。

②疑似人口販運被害人經篩檢無傳染之虞者，由司法警察機關協助依本法或其他相關法律提供安置保護或予以收容。

第一三條 （安置保護之評估）

　人口販運被害人為居住臺灣地區設有戶籍之國民，經直轄市、縣（市）主管機關評估有安置保護之必要者，直轄市、縣（市）主管機關應依第十七條規定提供安置保護。

第一四條 （非本國籍被害人之收容安置）

　疑似人口販運被害人為臺灣地區無戶籍國民、外國人、無國籍人民、大陸地區人民、香港或澳門居民，有合法有效之停（居）留許可者，應依第十七條規定提供安置保護。其無合法有效之停（居）留許可者，於依第十一條規定完成鑑別前，應與違反入出國（境）管理法受收容之人分別收容，並得依第十七條規定提供協助。

第一五條 （分別收容之安置規定）

①依前條分別收容之疑似人口販運被害人，經鑑別為人口販運被害人者，應依第十七條規定提供安置保護，不適用入出國及移民法第三十八條、臺灣地區與大陸地區人民關係條例第十八條第二項及香港澳門關係條例第十四條第二項有關收容之規定。

②依前條安置保護之疑似人口販運被害人，經鑑別為人口販運被害人者，應繼續依第十七條規定提供安置保護。

第一六條 （臨時停留許可之效期）

　經鑑別為人口販運被害人，且無合法有效之停（居）留許可者，

中央主管機關應核發六個月以下效期之臨時停留許可。

第一七條　（安置協助及處所設置）

①各級主管機關、勞工主管機關對於安置保護之人口販運被害人及疑似人口販運被害人，應自行或委託民間團體，提供下列協助：

一　人身安全保護。

二　必要之醫療協助。

三　通譯服務。

四　法律協助。

五　心理輔導及諮詢服務。

六　於案件偵查或審理中陪同接受詢（訊）問。

七　必要之經濟補助。

八　其他必要之協助。

②各級主管機關、勞工主管機關為安置保護人口販運被害人及疑似人口販運被害人，應設置或指定適當處所為之；其安置保護程序、管理方式及其他應遵行事項之規則，由中央主管機關會商中央勞工主管機關定之。

第一八條　（遣送費用之分擔）

①依前條第一項規定提供協助所需之費用及送返原籍國（地）之費用，應由加害人負擔；加害人有數人者，應負連帶責任。

②前項應由加害人負擔之費用，由負責安置保護之各級主管機關或勞工主管機關命加害人限期繳納；屆期未繳納者，依法移送強制執行。

第一九條　（停留許可期間之違法處置）

人口販運被害人為臺灣地區無戶籍國民、外國人、無國籍人民、大陸地區人民、香港或澳門居民，無合法有效之停（居）留許可，經安置保護並核發臨時停留許可後，有擅離安置處所或違反法規情事，經各級主管機關、勞工主管機關認定為情節重大者，中央主管機關得廢止其臨時停留許可，並予以收容或遣送出境。

第二〇條　（兒童及少年被害人之優先保護措施）105

為疑似人口販運被害人或人口販運被害人之兒童或少年，有下列情形之一者，優先適用兒童及少年性剝削防制條例予以安置保護；該條例未規定者，適用本法之規定：

一　經查獲疑似從事性交易。

二　有前款所定情形，經法院依兒童及少年性剝削防制條例審理認有從事性交易。

第二一條　（保密義務）

①因職務或業務知悉或持有人口販運被害人姓名、出生年月日、住居所及其他足資識別其身分之資料者，除法律另有規定外，應予保密。

②政府機關公示有關人口販運案件之文書時，不得揭露前項人口販運被害人之個人身分資訊。

第二二條　（被害人身分之保密及例外）

①廣告物、出版品、廣播、電視、電子訊號、網際網路或其他媒體，不得報導或記載人口販運被害人之姓名或其他足資識別被害人身分之資訊。但有下列情形之一者，不在此限：

一　經有行為能力之被害人同意。

二　犯罪偵查機關依法認為有必要。

②前項但書規定，於人口販運被害人為兒童及少年者，不適用之。

第二三條　（準用證人保護之適用範圍）

①人口販運被害人於檢察官偵查中或法院審理時到場作證，陳述自己見聞之犯罪或事證，並依法接受對質及詰問，除依本法相關規定保護外，其不符證人保護法規定者，得準用證人保護法第四條至第十四條、第二十條及第二十一條規定。

②人口販運犯罪案件之檢舉人、告發人、告訴人或被害人，經檢察官或法官認有保護之必要者，準用證人保護法第四條至第十四條、第十五條第二項、第二十條及第二十一條規定。

第二四條　（陪同在場人員之限制）

①人口販運被害人於偵查或審理中受訊問或詰問時，其法定代理人、配偶、直系血親或三親等內旁系血親、家長、家屬、醫師、心理師、輔導人員或社工人員得陪同在場，並陳述意見；於司法警察官或司法警察調查時，亦同。

②前項規定，於得陪同在場之人為人口販運犯罪嫌疑人或被告時，不適用之。

第二五條　（隔離訊問）

①於偵查或審判中對人口販運被害人為訊問、詰問或對質，得依聲請或依職權在法庭外為之，或利用聲音、影像傳真之科技設備或其他適當隔離方式將被害人與被告隔離。

②人口販運被害人於境外時，得於我國駐外使領館或代表處內，利用聲音、影像傳真之科技設備為訊問、詰問。

第二六條　（隔離訊問）

司法警察、檢察官、法院於調查、偵查及審理期間，應注意人口販運被害人之人身安全，必要時應將被害人與其他犯罪嫌疑人或被告隔離。

第二七條　（傳聞法則之適用及例外）

人口販運被害人於審理中有下列情形之一者，其於檢察事務官、司法警察官或司法警察調查中所為之陳述，經證明具有可信之特別情況，且為證明犯罪事實之存否所必要者，得為證據：

一　因身心創傷無法陳述。

二　到庭後因身心壓力，於訊問或詰問時，無法為完全之陳述或拒絕陳述。

三　非在臺灣地區或所在不明，而無法傳喚或傳喚不到。

第二八條　（停（居）留許可之認定）

①人口販運被害人為臺灣地區無戶籍國民、外國人、無國籍人民、

大陸地區人民、香港或澳門居民，無合法有效之停（居）留許可，經核發六個月以下效期之臨時停留留許可者，中央主管機關得視案件偵辦或審理情形，延長其臨時停（居）留許可。

②前項人口販運被害人持有合法有效之停（居）留許可者，中央主管機關得視案件偵辦或審理情形，延長其停（居）留許可。

③人口販運被害人因協助偵查或審判而於送返原籍國（地）後人身安全有危險之虞者，中央主管機關得專案許可人口販運被害人停留、居留。其在我國合法連續居留五年，每年居住超過二百七十日者，得申請永久居留。專案許可人口販運被害人停留、居留及申請永久居留之程序、應備文件、資格條件、核發證件種類、撤銷或廢止許可及其他應遵行事項之辦法，由中央主管機關定之。

④第一項及第二項人口販運被害人得逕向中央勞工主管機關申請工作許可，不受就業服務法及臺灣地區與大陸地區人民關係條例第十一條規定之限制，其許可工作期間，不得逾停（居）留許可期間。

⑤前項申請許可、撤銷或廢止許可、管理及其他應遵行事項之辦法，由中央勞工主管機關定之。

第二九條 （責任之減免）

人口販運被害人因被販運而觸犯其他刑罰或行政罰規定者，得減輕或免除其責任。

第三〇條 （審理終結之遣送）

人口販運被害人為臺灣地區無戶籍國民、外國人、無國籍人民、大陸地區人民、香港或澳門居民者，經司法機關認無繼續協助偵查或審理必要時，中央主管機關得協調相關機關或民間團體，聯繫被害人原籍國（地）之政府機關、駐華使領館或授權機構、非政府組織或其家屬，儘速安排將其安全送返原籍國（地）。

第四章 罰 則

第三一條 （罰則）

①意圖營利，利用不當債務約束或他人不能、不知或難以求助之處境，使人從事性交易者，處六月以上五年以下有期徒刑，得併科新臺幣三百萬元以下罰金。

②前項之未遂犯罰之。

第三二條 （罰則）

①意圖營利，以強暴、脅迫、恐嚇、拘禁、監控、藥劑、詐術、催眠術或其他違反本人意願之方法，使人從事勞動與報酬顯不相當之工作者，處七年以下有期徒刑，得併科新臺幣五百萬元以下罰金。

②意圖營利，利用不當債務約束或他人不能、不知或難以求助之處境，使人從事勞動與報酬顯不相當之工作者，處三年以下有期徒刑，得併科新臺幣一百萬元以下罰金。

③前二項之未遂犯罰之。

第三三條 （罰則）

①意圖營利，招募、運送、交付、收受、藏匿、隱避、媒介、容留未滿十八歲之人，使之從事勞動與報酬顯不相當之工作者，處七年以下有期徒刑，得併科新臺幣五百萬元以下罰金。

②前項之未遂犯罰之。

第三四條 （罰則）

①意圖營利，以強暴、脅迫、恐嚇、拘禁、監控、藥劑、詐術、催眠術或其他違反本人意願之方法，摘取他人器官者，處七年以上有期徒刑，得併科新臺幣七百萬元以下罰金。

②意圖營利，利用不當債務約束或他人不能、不知或難以求助之處境，摘取他人器官者，處五年以上十二年以下有期徒刑，得併科新臺幣五百萬元以下罰金。

③意圖營利，招募、運送、交付、收受、藏匿、隱避、媒介、容留未滿十八歲之人，摘取其器官者，處七年以上有期徒刑，得併科新臺幣七百萬元以下罰金。

④前三項之未遂犯罰之。

第三五條 （財物沒入及財產抵償之追徵）

①犯人口販運罪者，其因犯罪所得財物或財產上利益，除應發還被害人外，不問屬於加害人與否，沒收之。全部或一部不能沒收時，追徵其價額或以其財產抵償之。

②為保全前項財物或財產上利益追徵或財產之抵償，必要時，得酌量扣押其財產。

③依第一項沒收之現金及變賣所得，由法務部撥交中央主管機關，作為補償人口販運被害人之用。

④前項沒收之現金及變賣所得撥交及人口販運被害人補償之辦法，由中央主管機關會同法務部定之。

第三六條 （公務員包庇之加重處罰）

公務員包庇他人犯人口販運罪者，依各該條之規定加重其刑至二分之一。

第三七條 （自首之減刑）

犯人口販運罪自首或於偵查中自白，並提供資料因而查獲其他正犯或共犯者，減輕或免除其刑。

第三八條 （罰則）

違反第二十二條規定者，由各該目的事業主管機關處新臺幣六萬元以上六十萬元以下罰鍰，並得沒入該條所定物品或採行其他必要之處置；其經命限期改正，屆期不改正者，得按次處罰之。但被害人死亡，經目的事業主管機關權衡社會公益，認有報導必要者，不在此限。

第三九條 （罰則）

法人之代表人、法人或自然人之代理人、受僱人或其他從業人員，因執行業務犯人口販運罪者，對該法人或自然人科以各該人口販運罪所定罰金。但法人之代表人或自然人對於違反之發生，

已盡力為防止行為者，不在此限。

第四○條 （違反運輸之證照處罰）

中華民國船舶、航空器或其他運輸工具所有人、營運人或船長、機長、其他運輸工具駕駛人從事人口販運之運送行為者，目的事業主管機關得處該中華民國船舶、航空器或其他運輸工具一定期間停駛，或廢止其有關證照，並得停止或廢止該船長、機長或駕駛人之職業證照或資格。

第四一條 （通報責任之處罰）

無正當理由違反第九條第一項通報責任之規定者，處新臺幣六千元以上三萬元以下罰鍰。

第四二條 （國外犯罪之適用）

本法於中華民國領域外犯本法第三十一條至第二十四條之罪適用之。

第五章 附 則

第四三條 （軍事案件之準用）

本法規定，於軍事法院及軍事檢察官受理之人口販運罪案件，準用之。

第四四條 （施行細則）

本法施行細則，由中央主管機關定之。

第四五條 （施行日）

本法施行日期，由行政院定之。

刑事補償法

①民國96年7月11日總統令修正公布全文34條；並自公布日施行。
②民國100年7月6日總統令修正公布名稱及全文41條；並自100年9月1日施行（原名稱：冤獄賠償法）。

第一條　（刑事補償之範圍）

依刑事訴訟法、軍事審判法或少年事件處理法受理之案件，具有下列情形之一者，受害人得依本法請求國家補償：

一　因行為不罰或犯罪嫌疑不足而經不起訴處分或撤回起訴、受駁回起訴裁定或無罪之判決確定前，曾受羈押、鑑定留置或收容。

二　依再審、非常上訴或重新審理程序裁判無罪、撤銷保安處分或駁回保安處分聲請確定前，曾受羈押、鑑定留置、收容、刑罰或拘束人身自由保安處分之執行。

三　因無付保護處分之原因而經不付審理或不付保護處分之裁定確定前，曾受鑑定留置或收容。

四　因無付保護處分之原因而依重新審理程序裁定不付保護處分確定前，曾受鑑定留置、收容或感化教育之執行。

五　羈押、鑑定留置或收容期間，或刑罰之執行逾有罪確定裁判所定之刑。

六　羈押、鑑定留置或收容期間、刑罰或拘束人身自由保安處分之執行逾依再審或非常上訴程序確定判決所定之刑罰或保安處分期間。

七　非依法律受羈押、鑑定留置、收容、刑罰或拘束人身自由保安處分之執行。

第二條　（刑事補償之範圍）

前條法律受理之案件，有下列情形之一者，受害人亦得依本法請求國家補償：

一　因行為不罰或犯罪嫌疑不足以外之事由而經不起訴處分或撤回起訴前，曾受羈押、鑑定留置或收容，如有證據足認為無該事由即應認行為不罰或犯罪嫌疑不足。

二　免訴或不受理判決確定前曾受羈押、鑑定留置或收容，如有證據足認為如無該判決免訴或不受理之事由即應為無罪判決。

三　依再審或非常上訴程序判決免訴或不受理確定前曾受羈押、鑑定留置、收容、刑罰或拘束人身自由保安處分之執行，如有證據足認為如無該判決免訴或不受理之事由即應為無罪判

決。

四　因同一案件重行起訴或曾經判決確定而經不起訴處分、免訴或不受理判決確定前，曾受羈押、鑑定留置或收容，且該同一案件業經判決有罪確定。

五　因同一案件重行起訴或曾經判決確定，依再審或非常上訴程序判決免訴或不受理確定前，曾受羈押、鑑定留置、收容、刑罰或拘束人身自由保安處分之執行，且該同一案件業經判決有罪確定。

六　因死亡或刑法第十九條第一項規定之事由而經不付審理或不付保護處分之裁定確定前，曾受鑑定留置或收容，如有證據足認為無該事由即應認無付保護處分之原因。

第三條　（補償請求之限制）

前二條之人，有下列情形之一者，不得請求補償：

一　因刑法第十八條第一項或第十九條第一項規定之事由而受不起訴處分或無罪判決時，如有證據足認為無該事由即應起訴或為科刑、免刑判決。

二　因判決合併處罰之一部受無罪之宣告，而其他部分受有罪之宣告時，其羈押、鑑定留置或收容期間未逾有罪確定裁判所定之刑、拘束人身自由保安處分期間。

第四條　（受害人意圖招致犯罪嫌疑者不為補償）

①補償請求之事由係因受害人意圖招致犯罪嫌疑，而為誤導偵查或審判之行為所致者，受理補償事件之機關得不為補償。

②前項受害人之行為，應經有證據能力且經合法調查之證據證明之。

第五條　（少年保護事件之補償請求）

少年保護事件之補償請求，係因受害人不能責付而經收容所致者，受理補償事件之機關得不為一部或全部之補償。

第六條　（補償金額之決定）

①羈押、鑑定留置、收容及徒刑、拘役、感化教育或拘束人身自由保安處分執行之補償，依其羈押、鑑定留置、收容或執行之日數，以新臺幣三千元以上五千元以下折算一日支付之。

②罰金及易科罰金執行之補償，應依已繳罰金加倍金額附加依法定利率計算之利息返還之。

③易服勞役執行之補償，準用第一項規定支付之。

④易服社會勞動執行之補償，依其執行折算之日數，以新臺幣七百五十元以上一千五百元以下折算一日支付之。

⑤沒收、追徵、追繳或抵償執行之補償，除應銷燬者外，應返還之；其已拍賣者，應支付與賣得價金加倍之金額，並附加依法定利率計算之利息。

⑥死刑執行之補償，除其羈押依第一項規定補償外，並應按受刑人執行死刑當年度國人平均餘命計算受刑人餘命，以新臺幣五千元折算一日支付撫慰金。但其總額不得低於新臺幣一千萬元。

⑦羈押、鑑定留置或收容之日數，應自拘提、同行或逮捕時起算。

第七條　（補償金額決定之標準）

①補償請求之受害人具有可歸責事由者，就其個案情節，依社會一般通念，認為依第六條之標準支付補償金顯然過高時，得依下列標準決定補償金額：

一　羈押、鑑定留置、收容、徒刑、拘役、感化教育、拘束人身自由保安處分及易服勞役執行之補償，依其執行日數，以新臺幣一千元以上三千元未滿之金額折算一日支付之。

二　罰金及易科罰金之補償，依已繳納罰金附加依法定利率計算之利息返還之。

三　易服社會勞動執行之補償，依其執行折算之日數，以新臺幣二百元以上五百元未滿之金額折算一日支付之。

四　沒收、追徵、追繳或抵償執行之補償，其已拍賣者，依賣得價金附加依法定利率計算之利息支付之。

②前項受害人可歸責之事由，應經有證據能力且經合法調查之證據證明之。

第八條　（受理補償金額注意事項）

受理補償事件之機關決定第六條第一項、第三項、第四項、第六項或前條第一款、第三款之補償金額時，應審酌一切情狀，尤應注意下列事項：

一　公務員行為違法或不當之情節。

二　受害人所受損失及可歸責事由之程度。

第九條　（管轄機關）

①刑事補償，由原處分或撤回起訴機關，或為駁回起訴、無罪、免訴、不受理、不付審理、不付保護處分、撤銷保安處分或駁回保安處分之聲請、諭知第一條第五款、第六款裁判之機關管轄。但依第一條第七款規定請求補償者，由為羈押、鑑定留置、收容或執行之機關所在地或受害人之住所地、居所地或最後住所地之地方法院管轄；軍法案件，由地方軍事法院管轄。

②前項原處分或裁判之軍事審判機關，經裁撤或改組者，由承受其業務之軍事法院或檢察署為管轄機關。

第一〇條　（補償之請求）

補償之請求，應以書狀記載下列事項，向管轄機關提出之：

一　補償請求人姓名、性別、年齡、住所或居所。

二　有代理人者，其姓名、性別、年齡、住所或居所。

三　請求補償之標的。

四　事實及理由，並應附具請求補償所憑之不起訴處分書、撤回起訴書，或裁判書之正本或其他相關之證明文件。

五　管轄機關。

六　年、月、日。

第一一條　（法定繼承人之請求補償）

①受害人死亡者，法定繼承人得請求補償。

②前項之請求，除死亡者係受死刑之執行者外，不得違反死亡者本人或順序在前繼承人明示之意思。

第一二條 （繼承人請求時之釋明及多數繼承人中單獨請求及撤回之效力）

①繼承人為請求時，應釋明其與死亡者之關係，及有無同一順序繼承人。

②繼承人有數人時，其中一人請求補償者，其效力及於全體。但撤回請求，應經全體同意。

第一三條 （請求之期間及起算日）

補償之請求，應於不起訴處分、撤回起訴或駁回起訴、無罪、免訴、不受理、不付審理、不付保護處分、撤銷保安處分或駁回保安處分之聲請、第一條第五款或第六款之裁判確定日起二年內，向管轄機關為之。但依第一條第七款規定請求者，自停止羈押、鑑定留置、收容或執行之日起算。

第一四條 （請求之委任）

①補償之請求，得委任代理人為之。

②委任代理人應提出委任書。

③代理人撤回請求，非受特別委任不得為之。

第一五條 （請求之撤回）

①補償之請求，得於決定前撤回。

②請求經撤回者，不得再請求。

第一六條 （違背法律上程式請求之補正）

補償之請求，違背法律上之程式，經定期命其補正，而逾期不補正者，應以決定駁回之。

第一七條 （請求之受理）

①受理補償事件之機關認為無管轄權者，應諭知移送於管轄機關；認為已逾請求期間或請求無理由者，應以決定駁回之；認為請求有理由者，應為補償之決定。

②前項機關，應於收到補償請求後三個月內，製作決定書，送達於最高法院檢察署及補償請求人。

③前項之送達，準用刑事訴訟法之規定。

④補償之請求，經受理機關決定後，不得以同一事由，更行請求。

第一八條 （覆審機關）

①補償請求人不服前條第一項機關之決定者，得聲請司法院刑事補償法庭覆審。

②補償決定違反第一條至第三條規定，或有其他依法不應補償而補償之情形者，最高法院檢察署亦得聲請覆審。

第一九條 （刑事補償法庭之組織）

①司法院刑事補償法庭法官，由司法院院長指派最高法院院長及法官若干人兼任之，並以最高法院院長為審判長。

②司法院刑事補償法庭職員，由司法院調用之。

第二〇條　（聲請覆審之期間程序及機關）

聲請覆審，應於決定書送達後二十日內，以書狀敘述理由，經原決定機關，向司法院刑事補償法庭為之。

第二一條　（聲請重審之情形）

不利於補償請求人之決定確定後，有下列情形之一，足以影響決定之結果者，原補償請求人、或其法定代理人或法定繼承人得向為原確定決定機關聲請重審：

一　適用法規顯有錯誤。

二　原決定理由與主文顯有矛盾。

三　原決定所憑之證物已證明其為偽造或變造。

四　原決定所憑之證言、鑑定或通譯已證明其為虛偽。

五　參與原決定之檢察官、軍事檢察官或法官、軍事審判官因該補償決定事件犯職務上之罪已經證明者，或因該事件違法失職已受懲戒處分。

六　發現確實之新證據。

第二二條　（聲請重審之期間及起算）

聲請重審，應於決定確定之日起三十日之不變期間內為之；其聲請之事由發生或知悉在確定之後者，上開不變期間自知悉時起算。但自決定確定後已逾五年者，不得聲請。

第二三條　（聲請重審之程序）

聲請重審，應以書狀敘述理由，附具原確定決定之繕本及證據，向原確定決定機關為之。

第二四條　（駁回決定）

①受理重審機關認為無重審理由，或逾聲請期限，或聲請程式不合法者，應以決定駁回之；認為聲請有理由者，應撤銷原決定，並更為決定。

②聲請重審，經受理機關認為無理由駁回後，不得以同一事由，更行聲請。

第二五條　（撤回重審之聲請）

①重審之聲請，得於受理機關決定前撤回之。重審之聲請經撤回者，不得更以同一事由，聲請重審。

②撤回重審之聲請，應提出撤回書狀。

第二六條　（聲請重審或撤回之準用規定）

聲請人依本法聲請重審或撤回時，準用第十二條第二項及第十四條規定。

第二七條　（決定之公告與公示）

原決定機關應於決定確定後十日內，將主文及決定要旨公告，並登載公報及受害人所在地之報紙。

第二八條　（補償支付請求之要件、期間及賠償額之扣除）

①補償支付之請求，應於補償決定送達後五年內，以書狀並附戶籍謄本向原決定機關為之，逾期不為請求者，其支付請求權消滅。

②繼承人為前項請求時，準用第十二條之規定。

③受害人就同一原因，已依其他法律受有賠償或補償者，應於依本法支付補償額內扣除之。

第二九條 （補償請求權及補償支付請求權之禁止扣押、讓與或供擔保）

補償請求權及補償支付請求權，均不得扣押、讓與或供擔保。

第三〇條 （支付補償金、返還罰金沒收物之期限）

補償金之支付、罰金或沒收物之返還，應於收受請求支付或返還請求書狀後十五日內爲之。

第三一條 （補償審理程序之停止）

①補償事件繫屬中有本案再行起訴、再審或重新審理之聲請時，於其裁判確定前，停止補償審理之程序。

②前項停止之程序，於本案再行起訴、再審或重新審理之裁判確定時，續行之。

第三二條 （補償支付之停止及補償決定之失效）

①補償決定確定後，有本案再行起訴、再審或重新審理之聲請時，於其裁判確定前，停止補償之交付。

②前項情形，本案重新審理經裁定保護處分確定時，其決定失其效力；本案再行起訴或再審經判決有罪確定時，於判決諭知刑罰或保安處分期間之範圍內，其決定失其效力。

第三三條 （補償金返還命令）

①前條第二項之情形，已爲補償之支付者，原決定機關就補償決定失其效力部分，應以決定命其返還。

②前項決定，具有執行名義。

第三四條 （補償經費之負擔及求償權）

①補償經費由國庫負擔。

②依第一條所列法律執行職務之公務員，因故意或重大過失而違法，致生補償事件者，補償機關於補償後，應依國家賠償法規定，對該公務員求償。

③前項求償權自支付補償金之日起，因二年間不行使而消滅。

④行使求償權，應審的公務員應負責事由輕重之一切情狀，決定一部或全部求償。被求償者有數人時，應斟酌情形分別定其求償額。

第三五條 （審理規則及程序費）

①刑事補償審理規則，由司法院會同行政院定之。

②刑事補償事件之初審決定機關，應傳喚補償請求人、代理人，並予陳述意見之機會。但經合法傳喚無正當理由不到場者，不在此限。

③刑事補償程序，不徵收費用。

第三六條 （外國人準用規定）

本法於外國人準用之。但以依國際條約或該外國人之本國法律，中華民國人民得享同一權利者爲限。

第三七條　（請求國家賠償）

受害人有不能依本法受補償之損害者，得依國家賠償法之規定請求賠償。

第三八條　（溯及適用及請求補償法定期間）

①本法中華民國九十六年六月十四日修正之條文施行前，依軍事審判法受理之案件，亦適用之。

②依前項規定請求補償者，應自本法中華民國九十六年六月十四日修正之條文施行之日起二年內為之。

第三九條　（溯及適用及聲請重審法定期間）

①本法中華民國九十六年六月十四日修正之條文施行前，有第二十一條得聲請重審事由者，應自本法中華民國九十六年六月十四日修正之條文施行之日起二年內為之。

②本法中華民國一百年九月一日修正施行前五年，依本法中華民國一百年六月十三日修正前條文第二條第三款駁回請求賠償之案件，受害人得自中華民國一百年九月一日起二年內，以原確定決定所適用之法律牴觸憲法為由，由原確定決定機關聲請重審。

第四○條　（支付補償請求權）

本法中華民國一百年九月一日修正施行前，補償支付請求權消滅時效業已完成，或其時效期間尚未完成者，得於本法修正施行之日起五年內行使請求權。但自其時效完成後，至本法修正施行時已逾五年者，不在此限。

第四一條　（施行日）

本法自中華民國一百年九月一日施行。

犯罪被害人保護法

①民國87年5月27日總統令制定公布全文36條。
民國87年9月25日行政院令發布定自87年10月1日施行。
②民國91年7月10日總統令修正公布第12、25、27、29條條文；並
增訂第12-1條條文。
民國91年9月26日行政院令發布定自91年10月1日起施行。
③民國98年5月27日總統令修正公布第1、3至5、7、9、29、30
條條文；並增訂第4-1條條文。
民國98年7月21日行政院令發布定自98年8月1日施行。
④民國100年11月30日總統令修正公布第30條條文；並刪除第33條
條文。
民國100年12月9日行政院令發布定自100年12月10日施行。
⑤民國102年5月22日總統令修正公布第9、11、29、30、32條條
文；並增訂第29-1、30-1、34-1至34-6條條文。
民國102年5月31日行政院令發布定自102年6月1日施行。
⑥民國104年12月30日總統令修正公布第3條條文。
民國105年11月21日行政院令發布定自106年1月1日施行。

第一條 （立法宗旨）

為保護因犯罪行為被害而死亡者之遺屬、受重傷者及性侵害犯罪
行為被害人，以保障人民權益，促進社會安全，特制定本法。

第二條 （適用）

犯罪被害人之保護，依本法之規定。但其他法律另有規定者，從
其規定。

第三條 （用詞定義）104

本法用詞，定義如下：

一 犯罪行為：指在中華民國領域內，或在中華民國領域外之中
華民國船艦或航空器內，故意或過失侵害他人生命、身體，
依中華民國法律有刑罰規定之行為及刑法第十八條第一項、
第十九條第一項及第二十四條第一項前段規定不罰之行為。

二 性侵害犯罪行為被害人：指犯刑法第二百二十一條、第
二百二十二條、第二百二十四條、第二百二十四條之一、第
二百二十五條、第二百二十六條、第二百二十六條之一、
第二百二十八條、第二百二十九條、第三百三十二條第二
項第二款、第三百三十四條第二項第二款、第三百四十八條
第二項第一款與兒童及少年性剝削防制條例第三十三條、第
三十四條第一項至第五項、第三十五條第二項或其未遂犯、
第三十六條第三項或其未遂犯、第三十七條之罪之被害人。
犯刑法第二百二十七條之罪而被害人有精神、身體障礙、心
智缺陷或其他相類情形或因受利誘、詐術等不正當方法而被

　　害，或加害人係利用權勢而犯之，或加害人與被害人爲家庭暴力防治法第三條所定之家庭成員者，亦同。

三　犯罪被害補償金：指國家依本法補償因犯罪行爲被害而死亡者之遺屬、受重傷者及性侵害犯罪行爲被害人所受財產及精神上損失之金錢。

第四條　（犯罪被害補償金及其經費來源）

①因犯罪行爲被害而死亡者之遺屬、受重傷者及性侵害犯罪行爲被害人，得申請犯罪被害補償金。

②前項犯罪被害補償金，由地方法院或其分院檢察署支付；所需經費來源如下：

一　法務部編列預算。

二　監所作業者之勞作金總額提撥部分金額。

三　犯罪行爲人因犯罪所得或其財產經依法沒收變賣者。

四　犯罪行爲人因宣告緩刑、緩起訴處分或協商判決而應支付一定之金額總額提撥部分金額。

五　其他收入。

第四條之一　（犯罪被害人保護基金之設置）

　　法務部爲加強推動犯罪被害保護相關工作，得設犯罪被害人保護基金。

第五條　（犯罪被害補償金種類及支付對象）

①犯罪被害補償金之種類及支付對象如下：

一　遺屬補償金：支付因犯罪行爲被害而死亡者之遺屬。

二　重傷補償金：支付因犯罪行爲被害而受重傷者。

三　性侵害補償金：支付因性侵害犯罪行爲而被害者。

②前項補償金應一次支付。但得因申請人之申請分期支付。

第六條　（遺屬補償金申請之遺屬順序）

①得申請遺屬補償金之遺屬，依下列順序定之：

一　父母、配偶及子女。

二　祖父母。

三　孫子女。

四　兄弟姊妹。

②前項第二、三、四款所列遺屬，申請第九條第一項第三款所定補償金者，以依賴被害人扶養維持生活者爲限。

第七條　（代爲申請重傷或性侵害補償金）

①被害人因重傷或受性侵害，無法申請重傷或性侵害補償金時，得委任代理人代爲申請。被害人無法委任代理人者，得由其最近親屬、戶籍所在地之各直轄市及縣（市）政府或財團法人犯罪被害人保護協會代爲申請。

②受重傷或性侵害犯罪行爲之被害人如係未成年、受監護宣告或輔助宣告之人，而其法定代理人或輔助人爲加害人時，被害人之最近親屬、戶籍所在地之各直轄市及縣（市）政府或財團法人犯罪被害人保護協會得代爲申請。

第八條 （不得申請遺屬補償金之情形）

有下列各款情形之一者，不得申請遺屬補償金：

一　故意或過失使被害人死亡者。

二　被害人死亡前，故意使因被害人死亡而得申請遺屬補償金之先順序或同順序之遺屬死亡者。

三　被害人死亡後，故意使得申請遺屬補償金之先順序或同順序之遺屬死亡者。

第九條 （補償之項目及其最高金額）102

①補償之項目及其金額如下：

一　因被害人受傷所支出之醫療費，最高金額不得逾新臺幣四十萬元。

二　因被害人死亡所支出之殯葬費，最高金額不得逾新臺幣三十萬元。但申請殯葬費於二十萬元以內者，得不檢具憑證，即逕行核准，並優先於其他申請項目核發予遺屬。

三　因被害人死亡致無法履行之法定扶養義務，最高金額不得逾新臺幣一百萬元。

四　受重傷或性侵害犯罪行為之被害人所喪失或減少之勞動能力或增加之生活上需要，最高金額不得逾新臺幣一百萬元。

五　精神撫慰金，最高金額不得逾新臺幣四十萬元。

②因犯罪行為被害而死亡之遺屬，得申請前項第一款至第三款及第五款所定補償金；因犯罪行為被害而受重傷者或性侵害犯罪行為而被害者，得申請前項第一款、第四款及第五款所定補償金。

③得申請補償金之遺屬有數人時，除殯葬費外，每一遺屬均得分別申請，其補償金額於第一項各款所定金額內酌定之。

④申請第一項第三款、第五款補償金之遺屬如係未成年人，於其成年前、受監護宣告或輔助宣告之人於撤銷宣告前，其補償金額得委交犯罪被害人保護機構信託管理，分期或以其孳息按月支付之。申請第一項補償金之性侵害犯罪行為被害人如係未成年人、受監護宣告或輔助宣告之人，而其法定代理人或輔助人為加害人時，亦同。

第一〇條 （不補償損失全部或一部之情形）

有下列各款情形之一者，得不補償其損失之全部或一部：

一　被害人對其被害有可歸責之事由者。

二　斟酌被害人或其遺屬與犯罪行為人之關係及其他情事，依一般社會觀念，認為支付補償金有失妥當者。

第一一條 （應減除補償金之情形）102

依本法請求補償之人，因犯罪行為被害已受有損害賠償給付、依強制汽車責任保險法或其他法律規定受之金錢給付，應自犯罪被害補償金中減除之。

第一二條 （國家支付補償金後之求償權）

①國家於支付犯罪被害補償金後，於補償金額範圍內，對犯罪行為人或依法應負賠償責任之人有求償權。

②前項求償權，由支付補償金之地方法院或其分院檢察署行使。必要時，得報請上級法院檢察署指定其他地方法院或其分院檢察署為之。

③第一項之求償權，因二年間不行使而消滅。於支付補償金時，犯罪行為人或應負賠償責任之人不明者，自得知犯罪行為人或應負賠償責任之人時起算。

第一二條之一 （財產狀況調查）

地方法院或其分院檢察署依前條規定行使求償權時，得向稅捐及其他有關機關、團體，調查犯罪行為人或依法應負賠償責任之人之財產狀況，受調查者不得拒絕。

第一三條 （返還補償金之情形）

受領之犯罪被害補償金有下列情形之一者，應予返還：

一　有第十一條所定應減除之情形或復受損害賠償者，於其所受或得受之金額內返還之。

二　經查明其係不得申請犯罪被害補償金者，全部返還之。

三　以虛偽或其他不正當方法受領犯罪被害補償金者，全部返還之，並加計自受領之日起計算之利息。

第一四條 （補償審議及覆審委員會之設置）

①地方法院及其分院檢察署設犯罪被害人補償審議委員會（以下簡稱審議委員會），掌理補償之決定及其他有關事務。

②高等法院及其分院檢察署設犯罪被害人補償覆審委員會（以下簡稱覆審委員會），就有關犯罪被害人補償事務，指揮監督審議委員會，並受理不服審議委員會決定之覆議事件及逕為決定事件。

③覆審委員會及審議委員會均置主任委員一人，分別由高等法院或其分院檢察署檢察長、地方法院或其分院檢察署檢察長兼任；委員六人至十人，由檢察長遴選檢察官及其他具有法律、醫學或相關專門學識之人士，報請法務部核定後聘兼之；職員由檢察署就其員額內調兼之。

第一五條 （申請補償金）

①申請犯罪被害補償金者，應以書面向犯罪地之審議委員會為之。

②有下列各款情形之一者，由中央政府所在地之覆審委員會指定應受理之審議委員會：

一　犯罪地不明者。

二　應受理之委員會有爭議者。

三　無應受理之委員會者。

第一六條 （申請補償金之期限）

前條申請，自知有犯罪被害時起已逾二年或自犯罪被害發生時起已逾五年者，不得為之。

第一七條 （審議委員會作成決定之期限）

審議委員會對於補償申請之決定，應參酌司法機關調查所得資料，自收受申請書之日起三個月內，以書面為之。

第一八條（申請覆議之程序）

①申請人不服審議委員會之決定者，得於收受決定書後三十日內，以書面敘明理由向覆審委員會申請覆議。

②審議委員會未於前條所定期間內為決定者，申請人得於期間屆滿後三十日內，以書面向覆審委員會申請逕為決定。

③前條規定，於覆審委員會為覆議決定及逕為決定時準用之。

第一九條（行政訴訟之提起）

申請人不服覆審委員會之覆議決定或逕為決定，或覆審委員會未於第十七條所定期間內為決定者，得於收受決定書或期間屆滿後三十日內，逕行提起行政訴訟。

第二〇條（覆審及審議委員會之調查權）

①覆審委員會及審議委員會因調查之必要，得通知申請人及關係人到場陳述意見、提出文書或其他必要之資料或接受醫師診斷，並得請有關機關或團體為必要之協助。

②申請人無正當理由，拒絕到場陳述意見、提出文書或其他必要之資料或接受醫師之診斷者，覆審委員會及審議委員會得逕行駁回其申請或逕為決定。

第二一條（暫時補償金）

①覆審委員會或審議委員會對於補償之申請為決定前，於申請人因犯罪行為被害致有急迫需要者，得先為支付暫時補償金之決定。

②關於暫時補償金之決定，不得申請覆議或提起行政訴訟。

第二二條（暫時補償金之額度及返還）

①暫時補償金不得超過新臺幣四十萬元。

②經決定支付犯罪被害補償金者，應扣除已領取之暫時補償金後支付之。暫時補償金多於補償總額或補償申請經駁回者，審議委員會應命其返還差額或全數返還。

第二三條（補償金額度之調整）

第九條第一項各款所定最高金額及前條第一項所定數額，法務部得因情勢變更需要，報請行政院核定調整之。

第二四條（補償金之領取期限）

犯罪被害補償金及暫時補償金之領取，自通知受領之日起逾二年，不得為之。

第二五條（返還補償金）

①審議委員會依第十三條或第二十二條第二項規定，以決定書決定應返還之補償金，該項決定經確定者，得為執行名義。審議委員會應於決定書或另以書面命義務人限期返還，屆期未返還者，依法移送強制執行。

②前項應返還之補償金，優先於普通債權而受償。

③不服第一項應返還之決定者，準用第十七條、第十八條第一項及第十九條之規定。

第二六條（受領補償金之權利不得為之行為）

受領犯罪被害補償金及暫時補償金之權利，不得扣押、讓與或供

擔保。

第二七條 （聲請假扣押犯罪行為人之財產以保全行使償權）

①地方法院或其分院檢察署為保全第十二條求償權之行使，得對犯罪行為人或其他依法應負賠償責任之人之財產，向法院聲請假扣押。

②民事訴訟法第七編保全程序之規定，於地方法院或其分院檢察署為前項行為時適用之。但民事訴訟法第五百二十三條、第五百二十六條第二項至第四項及第五百三十一條不在此限。

第二八條 （訴訟費用及假扣押擔保金）

①被害人或本法第六條之人非依刑事附帶民事訴訟程序向加害人起訴請求本法第九條第一項各款之損害賠償時，暫免繳納訴訟費用。

②前項當事人無資力支出假扣押擔保金者，得由犯罪被害人保護機構出具之保證書代之。但顯無勝訴之望者，不在此限。

第二九條 （犯罪被害人保護機構之成立及經費來源）102

①為協助重建被害人或其遺屬生活，法務部應會同內政部成立犯罪被害人保護機構。

②犯罪被害人保護機構為財團法人，受法務部之指揮監督；登記前應經法務部許可；其組織及監督辦法，由法務部定之。

③犯罪被害人保護機構經費之來源如下：
一　法務部、內政部編列預算。
二　私人或團體捐贈。
三　犯罪行為人因宣告緩刑、緩起訴處分或協商判決者應支付一定之金額總額中提撥部分金額。

第二九條之一 （相關機關之協力義務及告知義務）102

①對於本法保護及扶助對象，相關機關與相關駐外單位應提供必要之協助及主動告知其相關權益。

②檢察機關因執行職務認有符合本法保護及扶助對象時，應告知其得依本法申請補償及保護措施之權益。

第三〇條 （犯罪被害人保護機構辦理業務）102

①犯罪被害人保護機構應辦理下列業務：
一　緊急之生理、心理醫療及安置之協助。
二　偵查、審判中及審判後之協助。
三　申請補償、社會救助及民事求償等之協助。
四　調查犯罪行為人或依法應負賠償責任人財產之協助。
五　安全保護之協助。
六　生理、心理治療、生活重建及職業訓練之協助。
七　被害人保護之宣導。
八　其他之協助。

②前項規定之保護措施除第三款申請補償外，於下列之對象準用之：
一　家庭暴力或人口販運犯罪行為未死亡或受重傷之被害人。

二　兒童或少年為第一條以外之犯罪行為之被害人。

三　依第三十四條之一得申請扶助金之遺屬。

四　依第三十四條之三第二款不得申請扶助金之遺屬。

③其他法律對前項保護對象，有相同或較優保護措施規定者，應優先適用。

④第一項保護措施之提供，以在臺灣地區為限。

⑤第一項保護措施之提供，犯罪被害人保護機構及政府機關駐外單位應為緊急之必要協助。

第三○條之一　（媒體關於被害人或其遺屬名譽及隱私之注意義務與相關責任）102

①媒體於報導犯罪案件或製作相關節目時，應注意被害人或其遺屬之名譽及隱私。

②被害人或其遺屬如認為媒體之報導有錯誤時，得於該報導播送或刊登之日起十五日內要求更正。媒體應於接到要求後十五日內，在該報導播送之原節目或同一時段之節目或刊登報導之同一刊物、同一版面加以更正。媒體如認為報導無誤時，應將理由以書面答覆被害人或其遺屬。

③被害人或其遺屬因媒體報導受有損害，媒體與其負責人及有關人員應依相關法律規定負民事、刑事及行政責任。

第三一條　（送達文書準用之規定）

送達文書，準用民事訴訟法之規定。

第三二條　（大陸地區人民為被害人不適用本法）102

本法於大陸地區人民、香港或澳門居民於大陸地區、香港或澳門因犯罪行為被害時，不適用之。

第三三條　（刪除）

第三四條　（本法施行後之犯罪得申請補償）

依本法規定申請補償者，以犯罪行為或犯罪結果發生在本法施行後者為限。

第三四條之一　（於本國領域外被害者其遺屬申請扶助金之規定）102

中華民國國民於中華民國領域外，因他人之故意行為被害，於中華民國一百年十二月九日以後死亡，且符合下列條件者，其遺屬得申請扶助金：

一　被害人於臺灣地區設有戶籍，且未為遷出國外登記。

二　被害人無非法出境或因案遭我國通緝情事。

三　故意行為依行為時中華民國法律有刑罰規定。

第三四條之二　（得申請扶助金之遺屬之順序）102

①得申請扶助金之遺屬，依下列順序定之：

一　父母、配偶及子女。

二　祖父母。

三　孫子女。

四　兄弟姊妹。

②前項同一順序之遺屬有數人時，其扶助金均分之。

第三四條之三　（不得申請扶助金之情形）102

有下列各款情形之一者，不得申請扶助金：

一　有第八條各款所定故意行為之一。

二　已受有損害賠償或外國犯罪被害補償之給付。

第三四條之四　（扶助金額度、國家求償權之行使及受領扶助
　　　　　　　　金後應返還之情形）102

①被害人之遺屬得申請扶助金之總額為新臺幣二十萬元。

②國家於支付扶助金後，於扶助金額範圍內，對犯罪行為人或依法
應負賠償責任之人有求償權。但求償權之行使耗費過鉅或礙難行
使時，得不予求償。

③受領之扶助金有下列情形之一者，返還之：

一　經查明其係不得申請扶助金。

二　以虛偽或其他不正當方法受領扶助金者，並加計自受領日起
計算之法定利息。

三　已受有損害賠償或外國犯罪被害補償之給付者，於其所受之
金額內返還之。

第三四條之五　（扶助金申請方式）102

申請扶助金者，應以書面向被害人在我國戶籍所在地之審議委員
會為之。

第三四條之六　（同法規定之準用）102

第四條第二項、第十條、第十二條第二項、第三項、第十二條之
一、第十四條、第十六條至第二十條、第二十四條至第二十八條
之規定，於申請扶助金時，準用之。

第三五條　（施行細則）

本法施行細則，由法務部定之。

第三六條　（施行日）

本法施行日期，由行政院定之。

證人保護法

①民國89年2月9日總統令制定公布全文23條；並自公布日起施行。
②民國95年5月30日總統令修正公布第2、14、23條條文；並自95年7月1日施行。
③民國103年6月18日總統令修正公布第2、14條條文。
④民國105年4月13日總統令修正公布第2、23條條文。
民國105年12月14日行政院令發布定自106年1月1日施行。
⑤民國107年1月17日總統令修正公布第14條條文。
⑥民國107年6月13日總統令修正公布第2條條文。

第一條 （立法目的）
①為保護刑事案件及檢肅流氓案件之證人，使其勇於出面作證，以利犯罪之偵查、審判，或流氓之認定、審理，並維護被告或被移送人之權益，特制定本法。
②本法未規定者，適用其他法律之規定。

第二條 （刑事案件之範圍）107
本法所稱刑事案件，以下列各款所列之罪為限：

一 最輕本刑為三年以上有期徒刑之罪。

二 刑法第一百條第二項之預備內亂罪、第一百零一條第二項之預備暴動內亂罪或第一百零六條第三項、第一百零九條第一項、第三項、第四項、第一百二十一條第一項、第一百二十二條第三項、第一百三十一條第一項、第一百四十二條、第一百四十三條第一項、第一百四十四條、第一百四十五條、第二百五十六條第一項、第三項、第二百五十七條第一項、第四項、第二百九十六條之一第三項、第二百九十八條第二項、第三百條、第三百三十九條、第三百三十九條之三或第三百四十六條之罪。

三 貪污治罪條例第十一條第一項、第二項之罪。

四 懲治走私條例第二條第一項、第二項或第三項之罪。

五 藥事法第八十二條第一項、第二項或第八十三條第一項、第三項之罪。

六 銀行法第一百二十五條之罪。

七 證券交易法第一百七十一條或第一百七十三條第一項之罪。

八 期貨交易法第一百十二條或第一百十三條第一項、第二項之罪。

九 槍砲彈藥刀械管制條例第八條第四項、第十一條第四項、第十二條第一項、第二項、第四項、第五項或第十三條第二項、第四項、第五項之罪。

十　公職人員選舉罷免法第八十八條第一項、第八十九條第一
　　項、第二項、第九十條之一第一項、第九十一條第一項第一
　　款或第九十一條之一第一項之罪。

十一　農會法第四十七條之一或第四十七條之二之罪。

十二　漁會法第五十條之一或第五十條之二之罪。

十三　兒童及少年性剝削防制條例第三十二條第一項、第三項、
　　　第四項之罪。

十四　洗錢防制法第十四條第一項、第二項、第十五條或第十七
　　　條之罪。

十五　組織犯罪防制條例第三條第一項後段、第二項、第五項、第
　　　七項、第八項、第四條、第六條或第十一條第三項之罪。

十六　營業秘密法第十三條之二之罪。

十七　陸海空軍刑法第四十二條第一項、第四十三條第一項、第
　　　四十四條第二項前段、第五項、第四十五條、第四十六條
　　　之罪。

第三條　（保護證人之範圍）

依本法保護之證人，以願在檢察官偵查中或法院審理中到場作
證，陳述自己見聞之犯罪或流氓事證，並依法接受對質及詰問之
人為限。

第四條　（證人保護書之核發、採取必要的保護措施及管轄法
　　　　　院）

① 證人或與其有密切利害關係之人因證人到場作證，致生命、身
體、自由或財產有遭受危害之虞，而有受保護之必要者，法院
於審理中或檢察官於偵查中得依職權或依證人、被害人或其代理
人、被告或其辯護人、被移送人或其選任律師、輔佐人、司法警
察官、案件移送機關、自訴案件之自訴人之聲請，核發證人保護
書。但時間急迫，不及核發證人保護書者，得先採取必要之保護
措施。

② 司法警察機關於調查刑事或流氓案件時，如認證人有前項受保護
必要之情形者，得先採取必要之保護措施，並於七日內將所採保
護措施陳報檢察官或法院。檢察官或法院如認該保護措施不適當
者，得命變更或停止之。

③ 聲請保護之案件，以該管刑事或檢肅流氓案件之法院，為管轄法
院。

第五條　（聲請證人保護書應以書面記載之事項）

聲請核發證人保護書時，應以書面記載下列事項：

一　聲請人及受保護人之姓名、性別、出生年月日、住所、身分
　　證統一編號或護照號碼。

二　作證之案件。

三　作證事項。

四　請求保護之事由。

五　有保護必要之理由。

　　六　請求保護之方式。

第六條　（核發證人保護書應參酌之事項）

檢察官或法院依職權或依聲請核發證人保護書，應參酌下列事項定之：

一　證人或與其有密切利害關係之人受危害之程度及迫切性。

二　犯罪或流氓行為之情節。

三　犯罪或流氓行為人之危險性。

四　證言之重要性。

五　證人或與其有密切利害關係之人之個人狀態。

六　證人與犯罪或流氓活動之關連性。

七　案件進行之程度。

八　被告或被移送人權益受限制之程度。

九　公共利益之維護。

第七條　（核發證人保護書應記載之事項）

①檢察官或法院核發證人保護書，應記載下列事項：

一　聲請人及受保護人之姓名、性別、出生年月日、住所、身分證統一編號或護照號碼。

二　作證之案件。

三　保護之事由。

四　有保護必要之理由。

五　保護之措施。

六　保護之期間。

七　執行保護之機關。

②前項第五款之保護措施，應就第十一條至第十三條所列方式酌定之。

第八條　（證人保護之執行機關）

①證人保護書，由檢察官或法院自行或發交司法警察機關或其他執行保護機關執行之。

②前項執行機關，得依證人保護書之意旨，命受保護人遵守一定之事項，並得於管轄區域外，執行其職務。

③所有參與核發及執行第一項保護措施之人，對保護相關事項，均負保密義務。

第九條　（證人保護之停止或變更措施）

執行證人保護之案件有下列情形之一者，檢察官或法院得依職權或依第四條第一項之人或執行保護機關之聲請，停止或變更保護措施：

一　經受保護人同意者。

二　證人就本案有偽證或誣告情事，經有罪判決確定者。

三　受保護人違反前條第二項應遵守之事項者。

四　受保護人因案經羈押、鑑定留置、收容、觀察勒戒、強制戒治或移送監獄或保安處分處所執行者。

五　應受保護之事由已經消滅或已無保護之必要者。

第一○條 （繼續保護及重新保護之措施）

①保護措施之執行機關，應隨時檢討執行情形，如危害之虞已消失或無繼續保護之必要者，經法院、檢察官或司法警察官同意後，停止執行保護措施。但其因情事變更仍有繼續保護之必要者，得經法院、檢察官或司法警察官同意，變更原有之保護措施。

②停止執行保護之案件，有重新保護之必要者，檢察官或法院得依職權或依第四條第一項之人或執行保護機關之聲請，再許可執行保護證人之措施。

第一一條 （身分資料之處理及保密、訊問證人之方式）

①有保護身分必要之證人，除法律另有規定者外，其真實姓名及身分資料，公務員於製作筆錄或文書時，應以代號為之，不得記載證人之年籍、住居所、身分證統一編號或護照號碼及其他足資識別其身分之資料。該證人之簽名以按指印代之。

②載有保密證人真實身分資料之筆錄或文書原本，應另行製作卷面封存之。其他文書足以顯示應保密證人之身分者，亦同。

③前項封存之筆錄、文書，除法律另有規定者外，不得供閱覽或提供偵查、審判機關以外之其他機關、團體或個人。

④對依本法有保密身分必要之證人，於偵查或審判中為訊問時，應以蒙面、變聲、變像、視訊傳送或其他適當隔離方式為之。於其依法接受對質或詰問時，亦同。

第一二條 （隨身保護及禁止或限制之裁定）

①證人或與其有密切利害關係之人之生命、身體或自由有遭受立即危害之虞時，法院或檢察官得命令司法警察機關派員於一定期間內隨身保護證人或與其有密切利害關係之人之人身安全。

②前項情形於必要時，並得禁止或限制特定之人接近證人或與其有密切利害關係之人之身體、住居所、工作之場所或為一定行為。

③法院或檢察官為前項之禁止或限制時，應核發證人保護書行之，並載明下列事項：

一　受保護之人及保護地點。

二　受禁止或限制之特定人。

三　執行保護之司法警察機關。

四　禁止或限制特定人對受保護人為特定行為之內容。

五　執行保護之司法警察機關應對受保護人為特定行為之內容。

④前項證人保護書，應送達聲請人、應受禁止或限制之人及執行保護措施之司法警察或其他相關機關。

⑤受禁止或限制之人，得對檢察官或法院第二項之命令或裁定聲明不服，其程序準用刑事訴訟法之規定。

第一三條 （短期生活安置）

①證人或與其有密切利害關係之人之生命、身體、自由或財產有遭受危害之虞，且短期內有變更生活、工作地點及方式之確實必要者，法院或檢察官得命令短期生活安置，指定安置機關，在一定期間內將受保護人安置於適當環境或協助轉業，並給予生活照

料。

②前項期間最長不得逾一年，但必要時，經檢察官或法院之同意，得延長一年。所需安置相關經費，由內政部編列預算支應。

③法院或檢察官為第一項短期生活安置之決定，應核發證人保護書行之，並應送達聲請人、安置機關及執行保護措施之相關機關。

第一四條 （證人免責協商）107

①第二條所列刑事案件之被告或犯罪嫌疑人，於偵查中供述與該案案情有重要關係之待證事項或其他正犯或共犯之犯罪事證，因而使檢察官得以追訴該案之其他正犯或共犯者，以經檢察官事先同意者為限，就其因供述所涉之犯罪，減輕或免除其刑。

②被告或犯罪嫌疑人雖非前項案件之正犯或共犯，但於偵查中供述其犯罪之前手、後手或相關犯罪之網絡，因而使檢察官得以追訴與該犯罪相關之第二條所列刑事案件之被告者，參酌其犯罪情節之輕重、被害人所受之損害、防止重大犯罪危害社會治安之重要性及公共利益等事項，以其所供述他人之犯罪情節或法定刑較重於其本身所涉之罪且經檢察官事先同意者為限，就其因供述所涉之犯罪，得為不起訴處分。

③被告或犯罪嫌疑人非第一項案件之正犯或共犯，於偵查中供述其犯罪之前手、後手或相關犯罪之網絡，因而使檢察官得以追訴與該犯罪相關之第二條所列刑事案件之被告，如其因供述所涉之犯罪經檢察官起訴者，以其所供述他人之犯罪情節或法定刑較重於其本身所涉之罪且曾經檢察官於偵查中為第二項之同意者為限，得減輕或免除其刑。

④刑事訴訟法第二百五十五條至第二百六十條之規定，於第二項情形準用之。

第一五條 （檢舉人、告發人、告訴人或被害人之準用）

①檢舉人、告發人、告訴人或被害人有保護必要時，準用保護證人之規定。

②政府機關依法受理人民檢舉案件而認應保密檢舉人之姓名及身分資料者，於案件移送司法機關或司法警察機關時，得請求法院、檢察官或司法警察官依本法身分保密之規定施以保護措施。

第一六條 （洩密罪之處罰）

①公務員洩漏或交付關於依本法應受身分保密證人之文書、圖畫、消息、相貌、身分資料或其他足資辨別證人之物品者，處一年以上七年以下有期徒刑。

②前項之未遂犯，罰之。

③因過失犯前兩項之罪者，處二年以下有期徒刑、拘役或科新臺幣三十萬元以下罰金。

④非公務員因職務或業務知悉或持有第一項之文書、圖畫、消息、相貌、身分資料或其他足資辨別證人之物品，而洩漏或交付之者，處三年以下有期徒刑、拘役或科新臺幣五十萬元以下罰金。

第一七條 （違反禁或限制裁定之處罰）

受禁止或限制之人故意違反第十二條第二項之規定，經執行機關制止不聽者，處三年以下有期徒刑、拘役或科新臺幣五十萬元以下罰金。

第一八條 （妨害或報復證人到場作證之加重處罰）

意圖妨害或報復依本法保護之證人到場作證，而對被保護人實施犯罪行為者，依其所犯之罪，加重其刑至二分之一。

第一九條 （偽證罪之處罰）

依本法保護之證人，於案情有重要關係之事項，向該管公務員為虛偽陳述者，以偽證論，處一年以上七年以下有期徒刑。

第二〇條 （訴訟辯論之不公開）

訴訟之辯論，有危害證人生命、身體或自由之虞者，法院得決定不公開。

第二一條 （軍事案件之準用）

本法之規定，於軍事法院及軍事法院檢察署檢察官受理之案件，準用之。

第二二條 （施行細則）

本法之施行細則，由行政院會同司法院定之。

第二三條 （施行日）105

本法施行日期，除中華民國九十五年五月三十日修正公布之條文，自九十五年七月一日施行，及一百零五年三月二十五日修正之條文，由行政院定之外，自公布日施行。

陸、附　錄

司法院大法官解釋文（兒少相關選錄）

釋字第87號解釋
收養子女違反民法第一千零七十三條收養者之年齡應長於被收養者二十歲以上之規定者，僅得請求法院撤銷之，並非當然無效。本院解字第三一一二號第五項就此部分所為之解釋，應予維持。（49、12、9）

釋字第129號解釋
未滿十四歲人參加叛亂組織，於滿十四歲時，尚未經自首，亦無其他事實證明其確已脫離者，自應負刑事責任。本院釋字第六十八號解釋並應有其適用。（59、10、30）（註：依據司法院釋字第五五六號解釋，本解釋與該解釋意旨不符部分，應予變更。）

釋字第171號解釋
民法第一千零九十條：「父母濫用其對於子女之權利時，其最近尊親屬或親屬會議，得糾正之。糾正無效時，得請求法院宣告停止其權利之全部或一部」之規定，所稱其最近尊親屬之「其」字，係指父母本身而言，本院院字第一三九八號解釋，應予維持。（70、10、23）

釋字第365號解釋
民法第一千零八十九條，關於父母對於未成年子女權利之行使意思不一致時，由父行使之規定部分，與憲法第七條人民無分男女在法律上一律平等，及憲法增修條文第九條第五項消除性別歧視之意旨不符，應予檢討修正，並應自本解釋公布之日起，至遲於屆滿二年時，失其效力。（83、9、23）

釋字第502號解釋
民法第一千零七十三條關於收養者之年齡應長於被收養者二十歲以上，及第一千零七十九條之一關於違反第一千零七十三條者無效之規定，符合我國倫常觀念，為維持社會秩序、增進公共利益所必要，與憲法保障人民自由權利之意旨並無牴觸。收養者與被收養者之年齡合理差距，固屬立法裁量事項，惟基於家庭和諧並兼顧養子女權利之考量，上開規定於夫妻共同收養或夫妻之一方收養他方子女時，宜有彈性之設，以符合社會生活之實際需要，有關機關應予檢討修正。（89、4、7）

釋字第514號解釋
人民營業之自由為憲法上工作權及財產權所保障。有關營業許可之條件，營業應遵守之義務及違反義務應受之制裁，依憲法第二十三條規定，均應以法律定之，其內容更須符合該條規定之要件。若其限制，於性質上得由法律授權以命令補充規定時，授權之目的、內容及範圍應具體明確，始得據以發布命令，送經本

院解釋在案。教育部中華民國八十一年三月十一日台（八一）參字第一二五○○號令修正發布之遊藝場業輔導管理規則，係主管機關為維護社會安寧、善良風俗及兒童暨少年之身心健康，於法制未臻完備之際，基於職權所發布之命令，固有其實際需要，惟該規則第十三條第十二款關於電動玩具業不得容許未滿十八歲之兒童及少年進入其營業場所之規定，第十七條第三項關於違反第十三條第十二款規定者，撤銷其許可之規定，涉及人民工作權及財產權之限制，自應符合首開憲法意旨。相關之事項已制定法律加以規範者，主管機關尤不得沿用其未獲法律授權所發布之命令。前述管理規則之上開規定，有違憲法第二十三條之法律保留原則，應不予援用。（89、10、13）

釋字第587號解釋

子女獲知其血統來源，確定其真實父子身分關係，攸關子女之人格權，應受憲法保障。民法第一千零六十三條規定：「妻之受胎，係在婚姻關係存續中者，推定其所生子女為婚生子女。前項推定，如夫妻之一方能證明妻非自夫受胎者，得提起否認之訴。但應於知悉子女出生之日起，一年內為之。」係為兼顧身分安定及子女利益而設，惟其得提起否認之訴者僅限於夫妻之一方，子女本身則無獨立提起否認之訴之資格，且未顧及子女得獨立提起該否認之訴時應有之合理期間及起算日，是上開規定使子女之訴訟權受到不當限制，而不足以維護其人格權益，在此範圍內與憲法保障人權及訴訟權之意旨不符。最高法院二十三年上字第三四七三號及同院七十五年台上字第二○七一號判例與此意旨不符之部分，應不再援用。有關機關並應適時就得提起否認生父之訴之主體、起訴除斥期間之長短及其起算日等相關規定檢討改進，以符前開法意旨。

確定終局裁判所適用之法規或判例，經本院依人民聲請解釋認為與憲法意旨不符時，其受不利確定終局裁判者，得以該解釋為基礎，依法定程序請求救濟，業經本院釋字第一七七號、第一八五號解釋闡釋在案。本件聲請人如不能以再審之訴救濟者，應許其於本解釋公布之日起一年內，以法律推定之生父為被告，提起否認生父之訴。其訴訟程序，準用民事訴訟法關於親子關係事件程序中否認子女之訴部分之相關規定，至由法定代理人代為起訴者，應為子女之利益為之。

法律不許親生父對受推定為他人之婚生子提起否認之訴，係為避免因訴訟而破壞他人婚姻之安定、家庭之和諧及影響子女受教養之權益，與憲法尚無牴觸。至於將來立法是否有限度放寬此類訴訟，則屬立法形成之自由。（93、12、30）

釋字第623號解釋

憲法第十一條保障人民之言論自由，乃在保障意見之自由流通，使人民有取得充分資訊及自我實現之機會，包括政治、學術、宗教及商業言論等，並依其性質而有不同之保護範疇及限制之準

則。商業言論所提供之訊息，內容爲眞實，無誤導性，以合法交易爲目的而有助於消費大衆作出經濟上之合理抉擇者，應受憲法言論自由之保障。惟憲法之保障並非絕對，立法者於符合憲法第二十三條規定意旨之範圍內，得以法律明確規定對之予以適當之限制，業經本院釋字第四一四號、第五七七號及第六一七號解釋在案。

促使人爲性交易之訊息，固爲商業言論之一種，惟係促使非法交易活動，因此立法者基於維護公益之必要，自可對之爲合理之限制。中華民國八十八年六月二日修正公布之兒童及少年性交易防制條例第二十九條規定：「以廣告物、出版品、廣播、電視、電子訊號、電腦網路或其他媒體，散布、播送或刊登足以引誘、媒介、暗示或其他促使人爲性交易之訊息者，處五年以下有期徒刑，得併科新臺幣一百萬元以下罰金」，乃以科處刑罰之方式，限制人民傳布任何以兒童少年性交易或促使其爲性交易爲內容之訊息，或向兒童少年或不特定年齡之多數人，傳布足以促使一般人爲性交易之訊息。是行爲人所傳布之訊息如非以兒童少年性交易或促使其爲性交易爲內容，且已採取必要之隔絕措施，使其訊息之接收人僅限於十八歲以上之人者，即不屬該條規定規範之範圍。上開規定乃爲達成防制、消弭以兒童少年爲性交易對象事件之國家重大公益目的，所採取之合理與必要手段，與憲法第二十三條規定之比例原則，尚無牴觸。惟電子訊號、電腦網路與廣告物、出版品、廣播、電視等其他媒體之資訊取得方式尚有不同，如衡酌科技之發展可嚴格區分其閱聽對象，應由主管機關建立分級管理制度，以符比例原則之要求，併此指明。（96、1、26）

釋字第664號解釋

少年事件處理法第三條第二款第三目規定，經常逃學或逃家之少年，依其性格及環境，而有觸犯刑罰法律之虞者，由少年法院依該法處理之，係爲維護虞犯少年健全自我成長所設之保護制度，尚難逕認其爲違憲；惟該規定仍有涵蓋過廣與不明確之嫌，應盡速檢討改進。又少年事件處理法第二十六條第二款及第四十二條第一項第四款規定，就限制經常逃學或逃家虞犯少年人身自由部分，不符憲法第二十三條之比例原則，亦與憲法第二十二條保障少年人格權之意旨有違，應自本解釋公布之日起，至遲於屆滿一個月時，失其效力。（98、7、31）

釋字第784號解釋

本於憲法第十六條保障人民訴訟權之意旨，各級學校學生認其權利因學校之教育或管理等公權力措施而遭受侵害時，即使非屬退學或類此之處分，亦得按相關措施之性質，依法提起相應之行政爭訟程序以爲救濟，無特別限制之必要。於此範圍內，本院釋字第三八二號解釋應予變更。（108、10、25）

法規名稱索引

法規名稱《簡稱》	異動日期	頁次
人口販運防制法	105. 5.25	5-84
中途學校教育實施辦法	105.12. 8	5-19
中華民國刑法	109. 1.15	4-126
中華民國憲法	36.12.25	1-3
中華民國憲法增修條文	94. 6.10	1-19
六歲以下弱勢兒童主動關懷方案	105.11. 4	3-134
少年不良行為及虞犯預防辦法	102.12. 9	4-66
少年及兒童保護事件執行辦法	89. 9.20	4-49
少年安置輔導之福利及教養機構設置管理辦法	108. 7.11	4-64
少年事件處理法	108. 6.19	4-3
少年事件處理法施行細則	108. 8.21	4-38
少年法院（庭）與司法警察機關處理少年事件聯繫辦法	92. 1.22	4-69
少年保護事件審理細則	98. 3. 5	4-57
少年輔育院條例	99. 5.26	4-105
少年矯正學校設置及教育實施通則	99. 5.19	4-75
少年矯正學校學生申訴再申訴案件處理辦法	99.12.30	4-94
少年矯正學校學生累進處遇分數核給辦法	88. 6.30	4-98
少年矯正學校學生學籍管理辦法	90. 7. 4	4-91
少年觀護所設置及實施通則	96. 7.11	4-116
出版品及錄影節目帶分級管理辦法	105. 6.17	3-105
幼兒教育及照顧法	107. 6.27	3-204
幼兒園幼童專用車輛與其駕駛人及隨車人員督導管理辦法	108. 3.29	3-85
民事訴訟法	107.11.28	3-316
民法親屬編	108. 6.19	3-240
民法繼承編	104. 1.14	3-267
犯罪被害人保護法	104.12.30	5-100
刑事訴訟法	109. 1.15	4-224
刑事補償法	100. 7. 6	5-93
行政院兒童及少年福利與權益推動小組設置要點	108.10.22	3-55
戒治處分執行條例	96. 3.21	4-195
私立兒童及少年福利機構設立許可及管理辦法	106.11.27	3-176
育有未滿二歲兒童育兒津貼申領作業要點	108.10. 4	3-101

法規名稱索引

法規名稱《簡稱》	異動日期	頁次
身心障礙者權利公約	95.12.13	2-18
身心障礙者權利公約施行法	103. 8.20	2-36
兒童及少年安置及教養機構性侵害事件處理原則	101. 5.25	5-58
兒童及少年收出養媒合服務者許可及管理辦法	104.12.18	3-59
兒童及少年收出養資訊管理及使用辦法	101. 4.20	3-68
兒童及少年受安置輔導或感化教育之學籍轉銜及復學辦法	102.10.31	3-136
兒童及少年性剝削行為人輔導教育辦法	108. 1.11	5-23
兒童及少年性剝削防制條例	107. 3.19	5-3
兒童及少年性剝削防制條例施行細則	107. 6.22	5-15
兒童及少年保護通報與分級分類處理及調查辦法	108.10.30	3-114
兒童及少年高風險家庭通報及協助辦法	104.10.28	3-128
兒童及少年高風險家庭關懷輔導處遇實施計畫	104. 2.10	3-130
兒童及少年結束家外安置後續追蹤輔導及自立生活服務作業規定	106.12.21	3-138
兒童及少年福利與權益保障法	109. 1.15	3-3
兒童及少年福利與權益保障法施行細則	104.11.11	3-51
兒童及少年福利機構專業人員訓練實施計畫	101.12. 7	3-184
兒童及少年福利機構專業人員資格及訓練辦法	106. 3.31	3-163
兒童及少年福利機構設置標準	102.12.31	3-142
兒童及少年醫療補助辦法	103. 1. 3	3-83
兒童遊戲場設施安全管理規範	106. 1.25	3-96
兒童課後照顧服務班與中心設立及管理辦法	104. 7.22	3-152
兒童權利公約	78.11.20	2-3
兒童權利公約施行法	108. 6.19	2-16
居家式托育服務提供者登記及管理辦法	107. 7.16	3-78
性別平等教育法	107.12.28	5-74
性侵害犯罪加害人身心治療及輔導教		

法規名稱索引

法規名稱《簡稱》	異動日期	頁次
育辦法	101. 3. 5	5-52
性侵害犯罪防治法	104.12.23	5-43
性騷擾防治法	98. 1.23	5-60
法院遴選安置輔導機構要點	106. 7. 3	4-104
法務部矯正署少年輔育院組織準則	99.12.31	4-112
法務部矯正署少年輔育院辦事細則	99.12.31	4-113
法務部矯正署少年矯正學校組織準則	99.12.31	4-72
法務部矯正署少年觀護所組織準則	99.12.31	4-122
法務部矯正署少年觀護所辦事細則	105. 5.27	4-123
法務部矯正署所屬少年矯正學校假釋審查委員會設置要點	100. 1. 5	4-74
社政主管機關處理國際網路內容違反兒童及少年相關法規處理原則	105.12	3-140
社會秩序維護法	108.12.31	4-209
社會救助法	104.12.30	3-223
毒品危害防制條例	109. 1.15	4-180
家事事件法	108. 6.19	3-279
家庭暴力防治法	104. 2. 4	5-26
弱勢兒童及少年生活扶助與托育及醫療費用補助辦法	104.12.11	3-71
弱勢家庭兒童及少年緊急生活扶助計畫	103. 9.11	3-99
校園性侵害性騷擾或性霸凌防治準則	101. 5.24	5-65
特殊境遇家庭扶助條例	109. 1.15	3-199
高級中等以下學校及各該主管機關專業輔導人員設置辦法	107. 6. 1	3-171
國民小學與國民中學未入學或中途輟學學生通報及復學輔導辦法	106. 8.23	3-237
寄養家庭安置兒童及少年性侵害事件處理原則	102.11. 7	5-56
組織犯罪防制條例	107. 1. 3	4-199
勞動基準法（童工）節錄	108. 6.19	3-235
無依兒童及少年安置處理辦法	101. 4. 3	3-76
發展遲緩疑似發展遲緩或身心障礙兒童及少年指紋管理辦法	101. 5.30	3-92
資深與績優兒童及少年安置及教養機構專業人員及寄養家庭獎勵要點	95. 1.20	3-197
遊戲軟體分級管理辦法	108. 5.23	3-109
槍砲彈藥刀械管制條例	106. 6.14	4-202
疑似發展遲緩兒童通報流程及檔案管		

法規名稱索引

法規名稱《簡稱》	異動日期	頁次
理辦法	101. 5.29	3-94
監獄行刑法	109. 1.15	4-343
衛生福利部老人之家辦理兒童及少年安置及教養業務實施要點	104.11.13	3-190
衛生福利部兒童之家辦理安置及教養業務實施要點	102.10. 8	3-186
衛生福利部兒童及少年安置及教養機構院生特殊獎勵金發放基準	102.11.26	3-193
衛生福利部兒童及少年安置教養機構院生及離院院生升學獎助金發放作業規定	102.11.26	3-195
衛生福利部兒童及少年事故傷害防制推動小組設置要點	106. 3. 9	3-58
衛生福利部兒童及少年福利與權益推動小組設置要點	108. 9.17	3-55
衛生福利部兒童及少年福利機構評鑑及獎勵辦法	103. 1. 3	3-182
衛生福利部所屬少年教養機構學員安置輔導實施要點	102.11.26	3-188
學生交通車管理辦法	102. 7. 4	3-88
檢察官及少年法院（地方法院少年法庭）考核少年矯正學校辦法	91.12. 4	4-103
證人保護法	107. 6.13	5-108
羈押法	109. 1.15	4-318
觀察勒戒處分執行條例	107. 6.13	4-192

國家圖書館出版品預行編目資料

兒少法規 / 林士欽編著 . -- 1 版 . -- 臺北市：
五南，2020.02
　　面；　公分
ISBN 978-957-763-765-9（平裝）

1. 社會福利法規　2. 少年福利法
3. 兒童保護

547.7　　　　　　　　　　　　　108019227

1QB6
兒少法規

編　　著	林士欽	

出 版 者	五南圖書出版股份有限公司	
發 行 人	楊榮川	
地　　址	台北市大安區（106）和平東路二段339號4樓	
	電話：(02)27055066　傳真：(02)27066100	
網　　址	http://www.wunan.com.tw	
電子郵件	wunan@wunan.com.tw	
劃撥帳號	06068953	
戶　　名	五南圖書出版股份有限公司	
法律顧問	林勝安律師事務所　林勝安律師	

出版日期　2020 年 2 月初版一刷

定　　價　350 元整